KB252152

매튜헨리주석 요한복음

저자 **매튜 헨리** Matthew Henry 1662-1714

성경 주석가. 영국국교회의 복음주의 목사의 아들인 그는 통일령으로 아버지가 성직에서 쫓겨난 직후에 태어났다. 학문을 좋아하는 소년이었으며 1672년에 회심하였다. 옥스퍼드와 케임브리지의 학문성이 차츰 떨어지므로 1680년 런던 이슬링턴 대학에서 신학 교육을 받았다. 그 대학은 신앙을 저버린 시대에 높은 학문을 유지해왔다. 그 대학의 학장은 케임브리지에서 온 토머스 두리틀이었고, 부학장은 옥스퍼드에서 온 토머스 빈센트였다. 그 후에는 그레이 법학원에서 법률을 공부하였다. 그는 국교회 목사가 되려고 생각하였지만, 비국교도가 되기로 결심하였고, 개인적으로 장로교 목사 안수를 받았다. 첫 목회지는 체스터(1687-1712)였으며 그 뒤에 런던의 해크니(1712-1714)로 옮겼다. 청교도들에게서 크게 영향을 받은 그는 성경 해설을 목회의 중심으로 삼았다. 날마다 4시 또는 5시에 일을 시작하였던 그는 시간을 최대한 사용하는 것을 목적으로 삼았다. 1704년에 「성경 주석」을 집필하기 시작하였는데, 그는 사도행전까지 탈고하였으며, 그의 사후 목회 동역자들이 그의 노트와 저서들을 참고하여 신약성경 주석을 완성하였다. 그 주석은 성경에 대한 자세하고 종종 대단히 영적인 해설 양식을 취하였는데, 그 양식은 그 이후의 복음주의적 목회의 형태를 결정하였다. 스펄전은 자신이 매튜 헨리에게 큰 도움을 받았다는 사실을 인정하였다.

역자 **박문재**

역자는 서울대학교 법과대학, 장로회신학대학교 신대원 및 대학원(Th.M.)을 졸업하였다. 역서로 비슬리 머리의 「예수와 하나님 나라」, 존 브라이트의 「이스라엘 역사」, F.F. 브루스의 「바울」, B.S. 차일즈의 「구약신학」, 아이히로트의 「구약성서신학 I , II」, 제임스 D.G. 던의 「바울 신학」 외에 다수 있다.

매튜
헨리
주석
전집

18

매튜 헨리주석
요한복음

박문재 옮김

Matthew Henry

크리스찬
다이제스트

서론

이 책은 요한복음이 언제 어디서 집필되었는지 연구하기 위한 자료가 아니다. 우리는 이 복음서의 내용이 하나님의 영감을 통해 열두 사도의 한 사람인 야고보의 형제 요한에게 부여되었다는 것을 확신한다. 요한은 "예수께서 사랑하시는 그 제자"(요 21:20)의 고결한 성품으로 유명한 사도로서, 다윗의 자손이신 예수를 가까이에서 모신 세 제자 가운데 한 사람이었고, 예수께서 무리를 떠나 한적한 곳으로 물러가실 때, 특히 변화하실 때와 번민하실 때 가까운 거리에서 보고 증인이 되게 하신 제자였다. 고대의 문헌들은 요한이 열두 사도들 가운데 가장 오래 살았고, 나머지 사도들은 다 순교의 죽음을 당한 데 반해 유일하게 수를 누리다 죽었다고 전한다.

그 중 어떤 문헌들은 요한이 에베소에서 소아시아 여러 교회들의 목회자들로부터 우리 주님이 단지 사람이셨다고 주장하던 케린투스(Cerinthus)와 에비온파의 이단설을 막고 바른 복음을 전해 달라는 요청을 받고서 이 복음서를 기록했다고 말한다. 저작 시기는 사도가 밧모 섬으로 유배되기 전으로 보는 것이 가장 유력하다. 밧모 섬에서는 성경의 정경을 마감하는 듯한 말씀을 담은 계시록을 기록했기 때문이다. 그렇다면 복음서는 계시록에 앞서 기록한 셈이다. 이런 이유에서 나는 요한이 복음서를 유배 기간 중이나 유배에서 돌아온 후, 즉 예루살렘이 멸망하고 여러 해가 지난 뒤에, 즉 아흔 살이나 백 살에 기록했다고 말하는 후기 교부들의 말을 신뢰할 수 없다.

하지만 분명한 것은 요한이 네 복음서 기자들 가운데 마지막으로 복음서를 기록했다는 점인데, 그의 복음서를 다른 복음서들과 비교해 보면 다음과 같은 특징을 관찰할 수 있다: 1. 요한은 다른 복음서 기자들이 생략한 부분을 진술한다. 그는 후방을 맡으며, 그의 복음서는 후방 지향적인 혹은 떨어져 있는 무리를 모으는 성격을 띤다. 다른 복음서 기자들이 빠뜨리고 간 이삭들을 주워 모은다. 예를 들어 솔로몬의 잠언이 후대에 편집되었는데(잠 25:1), 그 내용은 솔로몬이 원래 남긴 것(왕상 4:32)에 비해 훨씬 분량이 작았다. 2. 요한은 다른 복음서 기자들이 역사만 전하는 내용에 거기에 담긴 비밀을 더하여 전한다. "무릇 예수께서 행하시며 가르치시기를 시작하심부터……의 일을 기록하였노라" 같은 소개의 내용(눅 1:1; 행 1:1)을 먼저 밝힐 필요가 있었다. 그러나 이 일을 두세 증인의 입을 빌려 완수한 요한은 교훈의 터를 다시 닦지 않고 그 위에 세워감으로써 완전한 데로 나아간다(히 6:1, 2).

몇몇 교부들은 다른 복음서 기자들이 그리스도의 육체에 관련된 일들(타 소마티카)에 비중을 두어 쓴 반면에, 요한은 복음의 영적인 일들(타 프뉴마티카), 곧 복음의 생명과 영혼에 비중을 두어 쓴다고 관찰한다. 그러므로 어떤 이들은 이 복음서를 다른 복음서들을 이해하는 열쇠라고 불렀다. 이 복음서에서는 하늘 문이 열리고, 거기서 가장 먼저 이리로 오라, 이 높은 곳으로 오라는 음성이 울려 퍼진다. 요한이 본 이상에 등장하는 네 생물이 네 복음서 기자를 상징한다고 추정하면서, 요한 자신은 날아오르는 독수리로 해석했다. 그처럼 요한은 높이 날아올라, 신적이고 천상적인 일들을 명료하게 바라본다는 뜻이다.

제 1 장

개요

이 장의 범위와 구도는 그리스도를 하나님의 영원하신 아들과 참 메시야, 세상의 구주로 믿는 우리의 믿음을 확증하게 하여, 그리스도를 우리의 선지자와 제사장, 왕으로 영접하고 의지하며, 우리 자신을 드려 그리스도의 다스림과 교훈과 구원을 받도록 하는 데 있다. 이 목적을 위하여 다음 내용이 기록된다. I. 성령의 영감을 받은 인간 저자 자신이 그리스도에 관해 증언하는 내용; 1-5절에서 그것을 먼저 책 전체의 구도로 제시하고, 10-14절과 16-18절에서 거듭 증언한다. II. 세례 요한이 그리스도에 관해 증언한 내용(6-9, 15절); 그의 증언은 19-37절에 구체적으로 소개된다. III. 그리스도께서 안드레와 베드로(38-42절), 빌립과 나다나엘(43-51절)에게 자신을 나타내신 내용.

¹태초에 말씀이 계시니라 이 말씀이 하나님과 함께 계셨으니 이 말씀은 곧 하나님이시라 ²그가 태초에 하나님과 함께 계셨고 ³만물이 그로 말미암아 지은 바 되었으니 지은 것이 하나도 그가 없이는 된 것이 없느니라 ⁴그 안에 생명이 있었으니 이 생명은 사람들의 빛이라 ⁵빛이 어둠에 비치되 어둠이 깨닫지 못하더라.

아우구스티누스는 심플리키우스(Simplicius)라는 친구에게 들은 말을 전하는데, 그 친구에 따르면 어느 플라톤 철학자가 요한복음의 이 처음 몇 절들이 황금서에 기록될 가치가 있다고 말했다고 한다(하나님의 도성〈*De Civitate Dei*〉, 제10권 29장). 박식한 프란키쿠스 유니우스(Francicus Junius)는 자신의 생애를 기술하는 중에, 청년 시절에 느슨한 신앙관에 감염되었던 자신이 하나님의 은혜로 자기 아버지가 의도적으로 펼쳐 놓은 성경의 이 단락을 우연히 읽고 크게 깨우치고 그릇된 생각을 버리게 되었다고 전한다. 그 선포에서 두려운 신성을 느끼고 문체에서 큰 권위와 위엄을 발견한 그는 온 몸이 떨리고 깊은 경이감에 사로잡힌 나머지 종일 자신이 어디에 있는지, 무엇을 하고 있는지 모를 정도였다고 한다. 그는 자신이 신자로서 살기 시작한 것이 그때부터였다고 말한다. 대체 이 단락에 무슨 말씀이 선포되어 있기에 그런 반응들을 보였는 지, 우리도 한번 살펴보자. 이 단락에서 복음서 기자는 자신이 증명하고자 하 는 위대한 진리, 즉 예수 그리스도께서 성부 하나님과 동일한 하나님이심을 천 명한다.

I. 기자가 전하려 하는 분 — 말씀: 호 로고스. 이 단어는 요한의 저작에 고유 하게 쓰이는 관용어이다(참조. 요일 1:1; 5:7; 계 19:13). 그런데 어떤 이들은 사 도행전 20:32, 히브리서 4:12, 누가복음 1:2의 예를 들어 말씀(Word)이 그리스 도를 뜻한다고 생각한다. 갈대아 성경(the Chaldee paraphrases)은 빈번히 메 시야를 가리켜 **멤라**(Memra), 즉 여호와의 말씀이라 부르며, 구약성경에서 여호 와께서 이루시리라고 하신 많은 일들에 대해 여호와의 말씀이 이룰 것이라고 말한다. 심지어 일반 유대인들조차 하나님의 말씀을 하나님과 같다고 배웠다. 복음서 기자는 강론의 한 부분을 마치면서(1:18) 자신이 그리스도를 말씀이라 고 부른 이유를 분명히 밝힌다: 본래 하나님을 본 사람이 없으되 아버지 품 속에 있 는 독생하신 하나님이 나타내셨느니라. 본래 말(word)은 이중의 구조, 즉 인식한 (속에 품은) 말(로고스 엔디아테토스)과 발언한 말(로고스 프로포리코스)로 구성 된다. 이것을 헬라어로는 로고스 호 에소와 로고스 호 엑소, 라틴어로는 라티오와 오라티오라 표기하며, 지성(intelligence)과 발언(utterance)이라 옮길 수 있다.

1. 인식한 말 곧 생각이 있다. 이것은 영혼(생각에 의해 이루어지는 모든 작 용들)의 처음이자 유일한 직접적 산물인 인식(conception)이며, 영혼과 동일하 다. 따라서 삼위일체의 제2위를 가리켜 말씀이라 함이 마땅하다. 그분은 마치 영혼이 자신의 생각을 지니듯이 여호와께서 그 조화의 시작 곧 태초에 일하시기 전에 가지셨던 영원한 본질적 지혜(Wisdom)이시기 때문이다(잠 8:22). 우리에 게는 우리가 생각한다는 것보다 더 확실한 것이 없는 반면에, 생각이 어떻게 이루 어지는가 하는 것보다 더 불확실한 것도 없다. 영혼 안에서 생각이 발생하는 경 위를 누가 확실히 말할 수 있겠는가? 그러므로 영원한 정신의 발생들과 출생들 은 우리가 그 바닥을 잴 수 없는 신성의 위대한 신비로 놔둔 채 그 깊음을 앙모 할 수밖에 없다.

2. 발언한 말이 있으며, 이것은 마음을 가리키는 가장 주되고 자연스러운 표 시인 발언이다. 이런 의미에서 볼 때, 그리스도께서는 말씀이시다. 이는 하나님 께서 이 모든 날 마지막에는 그분을 통하여 말씀하셨고(히 1:2), 우리로 그분 말

씀을 들으라 분부하셨기 때문이다(마 17:5). 마치 인간의 말이나 발언이 자신의 생각을 자신이 원하는 만큼 알리듯이, 그리스도께서는 하나님의 마음을 우리에게 알리셨다. 세례 요한은 소리였으나, 그리스도께서는 **말씀**이셨다. **말씀**이시므로 진리시요 아멘이시며, 하나님의 마음에 대한 신실한 증인이시다.

Ⅱ. 요한이 그리스도에 관해서 전하는 말은 그분이 하나님이심을 아무런 모순 없이 입증하기에 넉넉하다. 그는 이렇게 주장한다.

1. 말씀은 태초부터 계셨다: **태초에 말씀이 계시니라.** 그리스도께서 성육신 이전뿐 아니라 시간이 있기 전부터 계셨다는 뜻이다. 만물이 창조되어 존재하기 시작한 태초(시간의 시작)에 이미 이 영원하신 말씀이 존재하고 계셨다. 세상은 태초로부터 존재했지만, 말씀은 태초 안에 계셨다. 영원은 대개 세계의 기초에 놓이기 전에 존재한 것으로 표현된다. 하나님의 영원성이 그런 식으로 표현된다: **산이 생기기 전, 땅과 세계도 주께서 조성하시기 전 곧 영원부터 영원까지 주는 하나님이시니이다**(시 90:2). 잠언 8:23이 말하는 것도 그것이다. 말씀은 세계가 존재하기 전부터 계셨다. 태초에 이미 계셨던 그분은 시작하신 때가 없으시며, 따라서 항상 아크로노스, 즉 시간의 시작이 없으신 분이시다(노누스 〈nonnus〉).

2. 말씀은 아버지와 함께 계셨다: **이 말씀이 하나님과 함께 계셨으니 이 말씀은 곧 하나님이시니라.** 사람들을 그리스도께로 인도하면 그것은 곧 하나님께로 인도하는 것과 같다. 그리스도는 하나님과 함께 계시기 때문이요 하나님이시기 때문이다. 이 교훈이 2절에서도 반복된다. 우리가 믿고 전파하는 바로 그분이 태초에 하나님과 함께 계셨다. 즉, 그분은 영원하신 분이시다. 세상은 태초에 하나님에 의해 창조되었을 뿐 아니라 하나님으로부터 말미암았으나, 말씀은 하나님과 함께 계셨으며, 항상 하나님과 함께 계시다. 말씀은 하나님과 함께 계셨다. (1) 본질과 실체의 관점에서. 이 말씀은 곧 하나님이시기 때문이다. 말씀은 독자적인 위격(person) 혹은 실체(substance)이시다. 하나님과 함께 계셨기 때문이다. 그럼에도 실체에서 동등이시다. 말씀은 곧 하나님이시기 때문이다(참조. 히 1:3). (2) 만족과 복됨의 관점에서. 그리스도께서 창세 전에 하나님과 함께 가지셨던 영화와 행복이 있었다(17:5). 아들이 아버지 품에서 누리신 행복은 무한했고, 아버지가 사랑하는 아들로 말미암아 얻으신 기쁨도 무한했다(참조. 잠 8:30). (3) 경륜과 계획의 관점에서. 인간이 성육신하신 말씀에 의해 구

속되는 신비는 창세 전에 하나님 속에 감추어져 있었다(참조. 엡 3:9). 우리를 하나님 앞으로 인도하신 그리스도(벧전 3:18)는 영원부터 하나님과 함께 계셨으며, 따라서 인간을 하나님과 화목케 하는 이 원대한 사역은 영원부터 아버지와 아들 사이에서 조율되었으며, 이 일에 관하여 아버지와 아들은 서로를 온전히 이해하신다(참조. 슥 6:13; 마 11:27). 아들은 이 일을 위하여 항상 아버지 곁에 계셨다(잠 8:30). 이처럼 말씀은 하나님과 함께 계셨으며, 그러므로 아버지에게서 나오셨다고 언급된다.

3. 말씀이 세상 창조에서 수행하신 일(3절). (1) 만물이 그로 말미암아 지은 바 되었으니. 말씀이 하나님과 함께 계시되, 그로써 영원부터 하나님의 경륜을 익히 잘 알고 계셨을 뿐 아니라, 태초에 하나님이 하신 일에 적극 참여하셨다. 또 땅의 기초를 정하실 때에 내가 그 곁에 있어서(잠 8:29-30). 하나님께서 세상을 말씀으로 지으셨는데(시 33:6), 그리스도께서 말씀이셨다. 하나님께서는 말씀을 종속된 도구가 아닌 협력적 주체로 삼아 모든 세계를 지으셨다(히 1:2). 그 방식은 노동자가 도끼로 다듬는 것이 아닌, 몸이 눈을 통해서 사물을 바라보는 것에 해당한다. (2) 앞 구절과 반대되는 생각을 부정한다: 지은 것이 하나도 그가 없이는 된 것이 없느니라. 가장 높은 서열의 천사에서부터 지극히 미천한 벌레에 이르기까지 말씀 없이는 된 것이 없다. 성부 하나님께서는 세상을 창조하실 때 말씀을 떠나서는 아무 일도 하지 않으셨다. 그렇다면, [1] 이것은 말씀이 하나님이심을 입증한다. 만물을 지으신 이는 하나님이시니라(히 3:4). 이스라엘의 하나님께서는 종종 만물을 지으신 이 사실을 들어 친히 하나님이심을 입증하셨다(사 40:12, 28; 41:4. 참조. 렘 10:11, 12). [2] 이것은 기독교 신앙의 비류(比類) 없음을 입증한다. 기독교의 창시자가 세상의 창조자와 같은 분이신 것이다. 모든 뛰어난 것의 근원이신 분으로부터 제도와 조직이 나온 기독교 신앙은 그러므로 얼마나 뛰어난 것인가! 우리가 그리스도를 경배할 때는 족장들이 천지의 창조자로서 경배하던 분, 만물을 붙들고 계신 분에게 경배하는 것이다. [3] 이것은 그리스도께서 우리를 구속하시고 구원하시는 일에 얼마나 충분한 자격을 갖추셨는지 잘 보여준다. 진실로 권능이신 분에게 우리의 도움이 있다. 만물을 지으신 분이 우리를 도우시는 것이다. 우리를 존재케 하신 분이 우리에게 복 주시는 분으로 세움을 입으셨다.

4. 말씀 안에 있는 근원적인 생명과 빛: 그 안에 생명이 있었으니(4절). 이 구

절은 말씀이 하나님이시며, 맡으신 일을 감당할 자격을 모든 점에서 구비하셨음을 더욱 입증한다. 그 이유는, (1) 말씀은 원래부터 생명을 지니시기 때문이다. 그분은 참 하나님이실 뿐 아니라, 살아 계신 하나님이기도 하시다. 하나님은 생명이시다. 하나님께서는 맹세하실 때 친히 살아 계심을 들어 맹세하신다. (2) 모든 살아 있는 피조물들은 말씀 안에 생명의 근거를 둔다. 창조 만물의 물질만 말씀에 의해 지으심을 받지 않고, 창조 만물 안에 있는 모든 생명도 말씀으로부터 말미암고 말씀에 의해 유지 보존된다. 생명 있는 모든 피조물들을 생기게 하신 분이 하나님의 말씀이었다(참조. 창 1:20; 행 17:25). 그분은 인간이 밥보다 더 크게 의지하여 살아가는 말씀이시다(마 4:4). (3) 이성을 지닌 인간들은 말씀으로부터 빛을 얻는다. 인간들의 빛인 그 생명이 말씀으로부터 온다. 인간 안에 있는 생명은 다른 피조물들 안에 있는 생명보다 더 위대하고 숭고한 것이다. 그것은 단지 동물적인 생명이 아니라 이성적인 생명이다. 인간이 생령(生靈, living soul)이 되었을 때, 그의 생명은 빛이었고, 그의 기능과 역량은 소멸하는 짐승들과 확연히 구분되었다. 인간의 영혼은 주님의 등불이었으며, 이 등불을 켜시는 분이 영원하신 말씀이었다. 감각의 생명뿐 아니라 이성의 빛도 말씀으로 말미암고 말씀에 의존한다. 이 사실은 말씀이 우리의 구원을 담당하기에 적합하심을 입증한다. 생명과 빛, 영적인 생명과 영원한 생명과 빛은 사망과 어둠의 권세에 잡혀 있는 타락한 인간에게 절대적으로 필요한 두 가지이다. 우리에게 인간 이성의 빛을 주신 분 말고 다른 누구에게 가서 신적 계시의 빛을 구할 수 있겠는가? 그리고 만일 하나님께서 우리에게 자연적인 생명을 주셨을 때 그 생명이 아들 안에 있는 생명이었다고 한다면, 하나님의 아들이 우리에게 영원한 생명을 주셨고, 그 생명 역시 아들 안에 있다는 복음의 교훈을 우리가 얼마나 기쁘게 받아야 할 것인가!

5. 말씀이 사람의 아들들에게 나타남. 이런 반론이 제기될 수 있다. 만일 이 영원하신 말씀이 과연 창조 때에 계셨다면, 이처럼 인간 사회에서 주목과 존경을 거의 받지 못하는 이유가 무엇인가? 이 질문에 복음서 기자는 이렇게 답한다(5절). 빛이 어둠에 비치되 어둠이 깨닫지 못하더라. 이 점을 생각해 보자.

(1) 영원하신 말씀은 육체로 나타나시기 전부터 타락한 세상에 빛을 비추셨다. 빛이 어둠에 비치되. 빛은 스스로를 증명하며, 자체를 알리신다. 인간들의 빛의 근원인 이 빛이 대대로 비쳤고, 지금도 비치고 있다. [1] 하나님으로서, 영

원하신 말씀은 자연적인 양심의 어둠을 비추신다. 인간들이 타락함으로써 어둠이 되었을지라도, 하나님에 관하여 알 만한 것들이 그들 안에 나타나 있다(참조. 롬 1:19, 20). 자연의 빛은 어둠을 비추는 이 빛이다. 모든 인간은 창조하실 뿐 아니라 명령하시는 신적 말씀의 권능의 일단을 아는 내면의 감각을 지닌다. 만일 이것이 없다면 세상은 철저한 흑암에 덮인 지옥이 될 것이다. 하나님의 자비로 인하여 아직은 그렇게 되지 않았다. [2] 중보자로서, 영원하신 말씀은 구약의 모형과 예표들의 어둠을 밝히시며, 시초부터 메시야에 관해 되어졌던 예언과 약속들을 비추신다. 세상의 빛더러 어둠을 비추라 명하셨던 분 자신이 내내 어둠을 비추는 빛이셨다. 다만 이 빛에는 수건이 덮여 있었다(참조. 고후 3:13).

(2) 타락한 세상은 이 빛을 받을 수 없었다: 빛이 어둠에 비치되 어둠이 깨닫지 못하더라. 대다수 사람들은 이 빛 가운데 나타난 하나님의 은혜를 헛되이 받는다. [1] 인간 세상은 자신들의 이성에 있는 자연의 빛을 깨닫지 못하고, 오히려 영원하신 하나님과 영원하신 말씀에 관해 생각이 허망하여졌다(롬 1:21, 28). 오류와 죄의 어둠이 이 빛을 덮어 가렸다. 하나님은 한 번 말씀하시고 다시 말씀하시되 사람은 관심이 없도다(욥 33:14). [2] 구약의 빛을 지닌 유대인들도 그 안에 계신 그리스도를 깨닫지 못했다. 모세의 얼굴을 수건이 가렸던 것처럼, 사람들의 마음에도 수건이 덮였다. 모형과 그림자들의 어둠 속에서 빛이 비쳤다. 그러나 그들의 이성의 어둠이 워낙 심했던 까닭에 그것을 볼 수 없었다. 그러므로 그리스도께서 오셔서 이방 세계의 오류를 바로잡고 유대인들의 진리를 비추어 밝게 드러나게 하실 필요가 있었다.

[6]하나님께로부터 보내심을 받은 사람이 있으니 그의 이름은 요한이라 [7]그가 증언하러 왔으니 곧 빛에 대하여 증언하고 모든 사람이 자기로 말미암아 믿게 하려 함이라 [8]그는 이 빛이 아니요 이 빛에 대하여 증언하러온 자라 [9]참 빛 곧 세상에 와서 각 사람에게 비추는 빛이 있었나니 [10]그가 세상에 계셨으며 세상은 그로 말미암아 지은 바 되었으되 세상이 그를 알지 못하였고 [11]자기 땅에 오매 자기 백성이 영접하지 아니하였으나 [12]영접하는 자 곧 그 이름을 믿는 자들에게는 하나님의 자녀가 되는 권세를 주셨으니 [13]이는 혈통으로나 육정으로나 사람의 뜻으로 나지 아니하고 오직 하나님께로부터 난 자들이니라 [14]말씀이 육신이 되어 우리 가운데 거하시매 우리가

그의 영광을 보니 아버지의 독생자의 영광이요 은혜와 진리가 충만하더라.

복음서 기자는 세례 요한을 통하여 예수 그리스도에 대해 존귀한 증언을 하게 한다. 그 일을 위하여 먼저 소개하고 설명하는 바가 있다.

I. 복음서 기자는 자신이 소개하고자 하는 증인에 관하여 간단히 설명한다. 그의 이름은 요한이었으며, 그 뜻은 은혜롭다이다. 그의 설교는 엄하였지만 인격은 적지 않게 은혜로웠다. 그런데,

1. 여기서 우리는 그가 하나님께로부터 보내심을 받은 사람이라는 개괄적인 소개를 듣는다. 복음서 기자는 예수 그리스도에 관해서는 그분이 하나님과 함께 계셨으며 하나님이셨다고 말했다. 그러나 여기서 요한에 관해서는 그가 사람이되 그저 한 사람이었다고 말한다. 하나님께서는 우리와 같은 사람들을 통해 우리에게 말씀하시기를 기뻐하신다. 요한은 위대한 사람이었으나, 일개의 사람이었고 사람의 아들이었다. 그는 하나님께로부터 보내심을 받은 사람이었으므로 하나님의 사자라 불린다(참조. 말 3:1). 하나님께서는 그에게 사명과 메시지, 신임장과 교훈을 함께 주셨다. 요한은 기적을 일으키지도 않았고, 환상과 계시를 보았다는 기록도 없다. 그러나 엄격하고 청빈한 생활과 가르침, 세상을 개혁하고 백성들 가운데 하나님 나라에 대한 관심을 되살리려는 적극적인 열심이 그가 하나님께로부터 보내심을 받은 사람이라는 명백한 증거였다.

2. 여기서 우리는 요한의 직분과 사역에 관하여 듣는다(7절): 그가 증언하러 왔으니. 그가 온 목적은 에이스 마르튀리안, 즉 증언하러 온 것이었다. 구약 교회에서는 율법의 제도들이 오랫동안 하나님을 증언해왔다. 그 제도들에 의해 계시 종교가 유지되었다. 따라서 구약성경에서 증거막, 증거궤, 율법과 증거에 관해 읽게 된다. 그러나 이제는 신적 진리가 또 다른 통로를 통하여 임한다. 이제는 그리스도의 증언이 곧 하나님의 증언이다(참조. 고전 1:6; 2:1). 이방인들에게도 하나님께서 친히 당신을 증언하지 않으신 것이 아니지만(행 14:17), 그러나 구주께서는 그들 사이에 아무런 증언도 하지 않으셨다. 세례 요한이 구주를 증언하러 오기 전까지는 그에 관하여 심오한 침묵이 있었다. 그러면 이제 다음 사항들을 주목하라.

(1) 세례 요한이 증언한 내용: 그가 증언하러 왔으니 곧 빛에 대하여 증언하고. 빛은 스스로를 증언하고, 자체의 증거를 지닌다. 그러나 빛에 대해 눈을 감는

사람들에게는 빛에 관하여 증언해 줄 사람이 있어야 한다. 그리스도의 빛은 인간의 증언을 필요로 하지 않고 세상의 어둠이 필요하다. 요한은 읍을 돌아다니며 잠자리에서 짐짓 눈을 감고 있는 사람들에게 새벽이 왔다고 외치는 파수꾼과 같았다. 혹은 밤이 어떻게 되었느냐고 묻는 사람들에게 아침이 왔다고 알리고, 물으려거든 물으라고 말해줄 의무를 지닌 파수꾼과 같았다(참조. 사 21:11, 12). 그는 세상을 향해서 오래 대망하던 메시야께서 마침내 오셨고, 그분은 이방을 비추는 빛이요 주의 백성 이스라엘의 영광(눅 2:32)이심을 알리고, 생명과 불멸을 가져올 시대가 도래했음을 선포하도록 하나님께로부터 보내심을 받았다.

(2) 그의 증언의 목적: 모든 사람이 자기로 말미암아 믿게 하려 함이라. 물론 자신을 믿게 하려는 것이 아니요 그리스도를 믿게 하려 함이다. 그는 그리스도의 길을 예비하기 위해 보내심을 받았다. 그는 사람들에게 자신을 통해 그리스도를 바라보라고 가르쳤다. 회개의 교훈을 통해 그리스도를 믿는 믿음을 갖도록 가르쳤다. 사람들에게 자기들의 죄를 보고 느끼도록 일깨움으로써 그리스도와 그분의 복음을 영접하도록 준비시켰다. 그들의 눈이 열리게 하여, 메시야의 인격과 교리 안에서 이제 그들의 얼굴을 향해 비칠 수 있게 된 신적 빛의 광선을 볼 수 있도록 했다. 만일 그들이 이러한 사람의 증거를 받아들인다면 하나님의 증거는 더욱 크다는 것을 알게 될 것이었다(요일 5:9; 참조. 요 10:41). 주목할 점은, 요한의 증언은 하나님의 뜻을 거역함으로써 하나님의 은혜를 헛되이 받는 허다한 사람들과 달리, 그의 은혜로운 사역으로부터 아무도 배제되지 않고 오히려 모든 사람이 그를 통해 믿도록 하려는 데 목적이 있었다는 것이다.

3. 여기서 우리는 빛에 대해 증언하러 왔을 뿐인 요한과 빛 자체를 혼동해서는 안 된다는 주의를 받는다(8절): 그는 이 빛이 아니요 이 빛에 대하여 증언하러 온 자라. 요한은 약속되고 기대된 빛 자체가 아니라, 큰 빛을 증언하기 위해 보내심을 받은 사람일뿐이었다. 그는 동방박사들을 새벽 별이신 그리스도께 인도했던 하나의 별이었다. 그러나 그는 그 태양도 그 신랑도 아니고, 다만 신랑의 친구였다. 그 왕자가 아니라 그의 선발대였다. 에베소 사람들처럼 요한의 세례만 믿고 그 이상을 바라보지 못하던 사람들이 있었다(행 19:3). 이런 잘못을 바로잡기 위해, 복음서 기자는 요한을 매우 공경하여 말하면서도, 그가 그리스도께 자리를 내어드려야 함을 지적한다. 그는 지극히 높으신 이의 선지자로서 위대한 인물이었으나, 지극히 높으신 이 자신은 아니었다. 여기서 우리는 말씀

사역자들을 업신여겨서도 안 되지만 과도히 높여서도 안 된다는 교훈을 받게 된다. 그들은 우리의 주(主)가 아니고 우리의 믿음을 주관할 권세도 없지만, 우리가 믿고 따르는 사역자들이요 주님의 집을 섬기는 청지기들이다. 그들의 행동을 무조건 믿고 따르는 맹신(盲信)은 옳지 않다. 그들은 그 빛이 아니기 때문이다. 하지만 그들의 증언을 주의하여 듣고 받아야 한다. 그들은 그 빛에 대해 증언하도록 보내심을 받은 사람들이기 때문이다. 그렇다면 그들을 존경하되 맹신해서는 안 될 일이다. 만일 요한이 그 빛으로 자임했다면 신실한 증인이 되지 못했을 것이다. 그리스도의 영광을 가로채는 사람들은 그리스도의 종으로서 지니는 명예를 저버리는 것이다. 하지만 요한은 그 빛에 대해 증인 역할을 충성스럽게 했다. 요한의 태도는 반사된 빛으로 빛을 비추는 우리들에게 큰 교훈이 된다.

Ⅱ. 복음서 기자는 요한의 증언을 진술해 가다가, 잠시 중단하고 자신이 붓을 든 목적인 **예수님에 관한 이야기를 좀 더 해나간다.** 서두에서 예수님의 신성의 영광을 설명한 그는, 여기서는 예수님의 성육신의 은혜와 그분이 중보자로서 인간에게 베푸시는 호의를 설명한다.

1. 그리스도는 참 빛이셨다(9절). 세례 요한이 가짜 빛이었다는 뜻이 아니라, 그리스도와 비교할 때 아주 작은 빛이었다는 뜻이다. 그리스도는 그렇게 불리실 만한 위대한 빛이시다. 다른 빛들은 다만 상징적으로 모호하게 빛이라 불릴 뿐이지만, 그리스도는 참 빛이시다. 모든 지식과 모든 위로의 근원은 참 빛 아니고는 안 된다. 그런데 그리스도는 참 빛이시다. 그 증거를 우리는 보이지 않는 세계에 발산되는 그분의 영광에서 찾지 않고, 이 낮고 어두운 세상을 비추신 그 영광의 광채에서 찾는다. 하지만 이 세상에 태어나는 각 사람을 그리스도께서 어떻게 비추시는가? (1) 그리스도께서는 창조의 능력으로 각 사람을 이성의 빛으로 비추신다. 사람들의 빛인 생명은 그분에게서 온다. 이성에 의한 모든 발견과 예측, 이성이 주는 위로, 이성이 우리에게 입혀주는 온갖 아름다움이 다 그리스도에게서 온다. (2) 그리스도께서는 복음이 만방에 전파되게 하심으로써 실제로 모든 사람을 비추신다. 세례 요한은 빛이었지만, 마치 촛불이 실내 한 곳만 밝히듯이 예루살렘과 유다, 요단 강 일대만 비추었을 뿐이다. 그러나 그리스도께서는 참 빛이시다. 모든 이방 세계를 비추는 빛이셨던 것이다. 그의 영원한 복음은 모든 민족 모든 방언에 전파될 것이다(계 14:6). 복음 전파

는 눈을 떠서 빛을 받아들이는 모든 사람을 비추는 태양에 비유된다(시 19:6; 참조. 롬 10:18). 하나님의 계시가 과거처럼 하나의 민족에 국한되지 않고 만민에게 전파된다(마 5:15). (3) 그리스도께서는 성령과 은혜의 사역으로 빛을 얻고 구원에 이르는 모든 사람들을 비추신다. 그 빛을 받지 못하는 사람들은 어둠 가운데 멸망한다. 성경은 **하나님의 영광을 아는 빛**이 예수 그리스도의 얼굴에 있다 하며, 그 빛을 태초에 어두운 가운데서 비추라 명령된 빛, 그리고 세상에 태어나는 모든 사람을 비추는 빛과 비교한다(고후 4:6). 각 사람이 지닌 것이 자연적인 빛이든 초자연적인 빛이든, 그것은 그리스도에게서 나온 것이다.

2. 그리스도께서는 **세상에 계셨다**(10절). 물론 성육신 전에도 진리의 말씀으로서 세상에 계시면서 만물을 붙드셨다. 그러나 이 구절은 그 점을 말하지 않고, 우리의 본성을 취하시고 우리 가운데 거하신 일을 말한다(참조. 16:28. 내가 아버지에게서 나와 세상에 왔고). 지극히 높으신 이의 아들이 이 낮은 세상에 오셨다. 이 어두운 세상에 빛이 오셨고, 이 죄로 오염된 세상에 거룩하신 분이 오셨다. 복락과 영광의 세계를 버리고 비참함과 슬픔이 있는 이 세상에 오셨다. 세상에 오신 목적은 세상을 하나님과 화목케 하시기 위함이었고, 그 과업을 수행하시기 위하여 세상에 계셨다. 세상을 위하여 하나님의 공의를 만족시키시고, 세상으로 하나님의 호의를 얻게 하셨다. 세상에 계시되 세상에 속하지는 않으셨으며, 나는 세상에 더 있지 아니하오나(17:11)라는 말씀에는 승리의 개가의 분위기가 묻어난다. 광대한 우주에서 보잘것없는 한 점에 불과한 이 세상이 간직하고 있는 가장 큰 영예는 하나님의 아들이 한때 이 세상에 계셨다는 사실이다. 이 영예로운 사실을 기억할 때, 우리는 그리스도께서 계시는 위의 것을 사모해야 하는 동시에, 한때 그리스도께서 계셨던 이 세상에 거하는 현실도 귀하게 여겨야 한다. 그리스도께서 세상에 잠시 계셨으되 지금은 그 일을 과거의 일로 말하듯이, 우리도 잠시 후면 한때 우리도 세상에 있었다고 말하게 될 것이다. 이 세상에 더 있지 아니하고 그리스도께서 계시는 곳에 있을 수 있다면 얼마나 좋을 것인가! 그렇다면 이 점을 생각하자.

(1) 그리스도께서 이 세상에서 가장 따뜻하고 존경어린 환대를 받으셔야 할 이유가 무엇이었는가? 만물이 그로 말미암아 지은 바 되었기 때문이다. 친히 지으신 세상이기에 멸망한 세상을 구원하시기 위하여 오신 것이다. 친히 밝히셨던 빛을 다시 비추게 하고, 친히 불어넣으신 생명을 회복시키시고, 원래 당

신을 닮도록 지으신 형상을 새롭게 하시는 일에 어찌 관심을 갖지 않으시겠는 가? 세상은 그로 말미암아 지은 바 되었으므로 마땅히 그리스도께 존경을 바쳐 야 한다.

(2) 그런데도 그리스도께서는 세상에 오셨을 때 모진 냉대를 받으셨다. 세상이 그를 알지 못하였고. 세상의 위대하신 창조자시요 주재(主宰)이시요 구주 이신 분이 세상에 오셨으나, 세상의 거민들은 그를 알아보지 못했다. 소도 제 주인을 알건만, 짐승보다 나을 게 없게 되어버린 세상은 제 주인을 알아보지 못 했다. 세상이 그리스도를 영접하지 않은 이유는 그분을 알지 못했기 때문이다. 세상이 그리스도를 알지 못한 이유는 그리스도께서 세상이 기대하던 방식으로 당신을 알리시지 않았기 때문이다. 세상은 늘 겉으로 찬란히 드러나는 영광과 위엄을 기대하는 것이다. 그리스도의 나라는 보이는 방식으로 임하지 않았다. 세상에서 그 나라는 믿음과 시련 가운데 나타나도록 되어 있기 때문이다. 하지 만 장차 그리스도께서 다시 오실 때는 세상이 그분을 알아볼 것이다.

3. 그리스도께서는 자기 땅에 오셨다(11절). 단지 세상에 오신 것이 아니라 — 물론 세상도 그분의 것이지만 — 모든 민족 가운데 특히 그분의 소유였던 이스라엘 백성에게 오셨다. 그들을 목적으로 삼아 오시고 그들 가운데 거하시 고, 그들에게 먼저 보내심을 받았다. 당시에 유대인들은 미천한 민족이었다. 면 류관이 그들의 머리에서 벗겨져 있었다. 악한 데다 미천하고 가련한 백성들인 이 들을, 그러나 그리스도께서는 옛 언약을 기억하시고 자기 것(his own)으로 여 기기를 부끄러워하지 않으셨다. **자기 사람들**(투스 이디우스)이 아닌 자기 것들 (타 이디아), 이것이 참 신자들을 주께서 부르시는 호칭이다(참조. 13:1. 개역개 정판과 한글개역판은 **자기 사람들**). 마치 사람의 가옥과 토지와 물건이 그의 것 이듯, 유대인들은 주께서 쓰시고 소유하시는 주의 것이었다. 하지만 신자들은 사람의 아내와 자녀들이 그 사람의 것이듯, 주께서 사랑하시고 기쁨을 거두시 는 주의 것들이다. 그리스도께서 자기 것들에게 오사 그들을 찾고 구원하신 이 유는 그들이 주의 것이었기 때문이다. 그리스도께서 이스라엘 집의 잃어버린 양들에게 보내심을 받은 것은 그 양들이 주의 것이기 때문이었다. 그렇다면 다 음 사항을 살펴보자.

(1) 백성의 대다수는 그리스도를 배척했다. 자기 백성이 영접하지 아니하였으 나. 이스라엘 백성이 주님께 대해 얼마나 큰 의무를 짊어지고 있는지, 주님을

알 수 있는 얼마나 좋은 기회를 갖게 된 것인지를 생각할 때, 그리스도께는 그들에게 영접하라고 명령할 만한 충분한 이유가 있었다. 그들은 그리스도가 언제 어디서, 어느 지파 어느 권속에서 일어나실지 미리 일러준 하나님의 계시를 갖고 있었다. 그리고 친히 그들 가운데 오셨을 때는 표적과 기사들을 보여주셨고, 무엇보다도 주님 자신이 가장 큰 표적과 기사였다. 그러므로 그들에 대해서는 세상에 대해서(10절)와 달리 그를 알지 못하였고라고 말하지 않는다. 오히려 주의 것이 주님을 모를 수 없는데도 영접하지 아니하였다. 그분의 가르침을 영접하지 않고, 그분을 메시야로 영접하지 않았을 뿐 아니라, 주님 자신에게 등을 돌렸다. 특별한 의미에서 주의 것인 대제사장들(레위 지파는 하나님의 지파였던 까닭에)이 오히려 주님을 멸시하는 데 앞장섰다. 이것은 대단히 부조리한 일이었다. 그들은 주의 것이었고, 따라서 주님은 그들에게 존경을 받으실 권리가 있었기 때문이다. 또한 이것은 대단히 불친절하고 배은망덕한 일이었다. 주님은 그들을 찾아 구원하심으로써 그들에게 영광을 받으시기 위해서 오셨기 때문이다. 오늘날도 많은 사람들이 입으로는 주의 것이라고 하면서 실제로는 죄의 달콤함을 버릴 뜻도 없고 주님의 다스림을 받을 생각도 없기 때문에 주님을 영접하지 않는 현실을 주목할 필요가 있다.

(2) 그럴지라도 주님을 붙잡고 신실하게 따른 남은 자들이 있었다. 주의 것은 주님을 영접하지 않았으나, 주님을 영접한 사람들이 있었다(12절). 영접하는 자 곧 그 이름을 믿는 자들에게는 하나님의 자녀가 되는 권세를 주셨으니. 이스라엘이 모이지 아니하였을지라도 그리스도는 영광스러우셨다. 민족 집단은 불신앙을 고집하다가 그 가운데 멸망했으나, 그 가운데 적지 않은 수가 그리스도를 믿고 따랐으며, 우리에 들지 아니했던 많은 사람들이 그 대열에 가담했다. 다음 사항을 주목하라.

[1] 진정한 그리스도인의 표시와 특성. 그것은 그리스도를 영접하고 그의 이름을 믿는 것이다. 후자가 전자를 설명한다. 첫째, 진정으로 그리스도인이 된다는 것은 그리스도의 이름을 믿는 것이다. 복음의 교훈에 동의하는 것이고, 그리스도에 관하여 복음이 제안하는 것을 받는 것이다. 그의 이름은 하나님의 말씀, 왕들의 왕, 우리의 의가 되신 주, 구주 예수이다. 이러한 그의 이름을 믿는다는 것은 이 위대한 이름들이 그에 관하여 말하는 바를 인정하고, 그 안에 거하여 과연 우리에게 그러한 분이 되어 주시도록 하는 것이다. 둘째, 그리스도의 이름을

믿는 것은 그를 하나님이 보내신 선물로 영접하는 것이다. 우리는 그의 교훈을 참되고 선한 것으로 받고, 그의 율법을 의롭고 거룩한 것으로 받고, 그의 제의를 친절하고 유익한 것으로 받으며, 그 은혜의 이미지와 그 사랑의 인상을 우리의 정서와 행동의 큰 원리로 삼아야 한다.

[2] 진정한 그리스도인의 존엄성과 특권은 두 가지이다.

첫째, 하나님의 자녀들의 수에 들게 하는 양자됨의 특권이다. 그 이름을 믿는 자들에게는 하나님의 자녀가 되는 권세를 주셨으니. 과거에는 양자의 권리가 유대인들에게만 있었으나(이스라엘은 내 아들 내 장자라, 출 4:22), 이제는 이방인들도 그리스도를 믿음으로 하나님의 자녀들이 되었다(갈 3:26). 그들에게 이 권세(엑수시안) 곧 권위가 있다. 복음의 특허장으로 허락받지 않으면 아무도 이러한 권세를 지니지 못하기 때문이다. 그리스도께서 그들에게 이러한 권리와 뛰어난 지위를 주셨다. 모든 성도는 이러한 권세를 지닌다. 1. 하나님의 자녀가 되는 것은 모든 선량한 그리스도인들이 받는 말할 수 없는 특권이다. 그들은 본성상 진노의 자녀요 이 세상의 자식이었다. 만일 그들이 하나님의 자녀가 되면 실제로도 명실상부한 자녀가 된다. 테르툴리아누스가 말했듯이, 그리스도인으로 태어나는 게 아니라 그렇게 만들어져 간다(Fiunt, non nascuntur Christiani). 보라 아버지께서 어떠한 사랑을 우리에게 베푸사 하나님의 자녀라 일컬음을 받게 하셨는가(요일 3:1). 하나님께서는 그들을 자녀들이라 부르시고, 그들은 하나님을 아버지라 부르며, 자녀로서의 모든 특권을 부여받는다. 2. 양자가 되는 특권은 전적으로 예수 그리스도의 공로로 말미암은 것이다. 그리스도께서 자기 이름을 믿는 사람들에게 이러한 권세를 주셨다. 이로써 하나님은 예수 그리스도의 아버지이시며 또한 우리의 아버지이시다. 우리가 하나님을 아버지로 섬기게 된 것은 예수 그리스도를 믿고 그와 연합함으로써 된 일이다. 그리스도 안에서 우리가 양자가 되도록 예정되었다. 그리스도로부터 우리는 양자의 특성과 정신을 받으며, 그가 많은 형제들 가운데 맏아들이시다. 하나님의 아들이 사람의 아들이 되신 목적은 사람들의 아들과 딸들이 전능하신 하나님의 아들과 딸들이 되도록 하심이다.

둘째, 거듭남의 특권(13절): 하나님께로부터 난 자들이니라. 하나님의 모든 자녀들은 거듭난 사람들이다. 하나님의 양자가 된 사람들은 다 거듭난 것이다. 진정한 변화가 항상 그 관계상의 변화에 따른다. 하나님께서 자녀의 지위를 주실 때는 반드시 자녀에 합당한 본성과 성향을 일으키신다. 사람들은 양자를 삼더라도 그렇게 할 능력이 없다. 이러한 거듭남에 관하여 구체적으로 살펴보자. 1. 부정적인 의미에서. (1) 그것은 부모로부터의 자연 발생에 의한 번식이 아니다. 혈통으로나 육정으로나 사람의 뜻으로 된 것이 아니라, 썩지 아니할 씨로 된 것이다(벧전 1:23). 사람이 혈과 육이라 불리는 이유는 그것이 그의 근본이기 때문이다. 그러나 우리가 하나님의 자녀가 된 것은 육체의 부모에게서 태어나는 방식으로 된 것이 아니다. 혈통에는 타락이 흐를 뿐 은혜가 흐르지 않는다는 점을 유의하라. 타락한 인간은 자기의 형상과 같은 아들을 낳았다(창 5:3). 그러나 거룩하고 새롭게 된 인간은 그러한 형상의 아들을 낳지 않는다. 유대인들은 조상들과 고상한 혈통을 자랑했다: 우리가 아브라함의 자손이라(요 8:33). 아브라함의 혈통을 물려받았으니 그의 자손이라 할 만했다. 그러나 새 언약의 양자 됨은 그러한 혈육의 관계에 토대를 두지 않는다. (2) 거듭남은 우리의 의지력에 달려 있지 않다. 이 일은 혈통으로도 육정으로도 되지 않는 것과 같이, 사람의 뜻으로도 되지 않는다. 사람의 뜻(will)에는 스스로 선한 것을 결정할 도덕적 능력이 없다. 따라서 신적 삶의 원리들은 우리가 내놓는 것이 아니라, 우리 마음에 주의 것이 되고자 하는 소원을 일으키는 하나님의 은혜로 오는 것이다. 인간의 법률과 저서들도 영혼을 거룩하게 하고 거듭나게 할 수 없다. 만일 그렇게 할 수 있다면 거듭나는 일이 사람의 뜻으로 되는 셈이다. 그러나, 2. 긍적적인 의미에서: 거듭나는 것은 하나님의 뜻으로 된다. 하나님의 말씀이 방편으로 쓰이고(벧전 1:23), 성령께서 유일한 시행자가 되신다. 진정한 신자들은 하나님께로부터 난다(요일 3:9; 5:1). 이것이 양자가 되는 데 필수적이다. 이는 하나님의 형상과 같은 것이 있지 않으면 하나님의 사랑을 기대할 수 없기 때문이요, 거듭나게 하는 능력 아래 있지 않으면 양자됨의 특권을 말할 수 없기 때문이다.

4. 말씀이 육신이 되어(14절). 이 구절은 앞의 내용보다 더 뚜렷하게 그리스도의 성육신을 표시한다. 말씀은 신적 임재로 말미암아 항상 세상에 계셨으며, 선지자들을 통하여 자기 백성에게 오셨다. 그러나 이제 때가 차매 여자에게서 태어나는 다른 방식으로 보내심을 받았다(갈 4:4). 욥의 믿음과 소망대로 하나님께서 육체로 임하셨다: 내가 나의 육체 안에서[개역개정판:육체 밖에서] 하나님을 보리라(욥 19:26). 다음 사항을 살펴보자.

(1) 그리스도의 인성. 이것이 두 가지 방식으로 표현되었다.

[1] 말씀이 육신이 되어. 자녀들은 혈과 육에 속하였으매 그도 또한 같은 모양으로 혈과 육을 함께 지니심은(히 2:14). 소키누스주의자들은 그리스도가 하나님이신 동시에 사람이시라는 교훈에 동의하지만, 본래 사람이셨다가 모세가 바로 앞에서 신이 되었던 것처럼 하나님이 되셨다(출 7:1)고 말함으로써, 본문에서 요한이 가르치는 바와 반대되는 입장을 취한다. 요한은 테오스 엔, 즉 그가 하나님이셨으나, 사르크스 에게네토, 즉 육신이 되셨다고 말하는 것이다. 1절과 14절을 비교하라. 14절은 그리스도께서 실제로 참된 인간이셨을 뿐 아니라, 인성의 비참하고 불행한 것들에 친히 종속되셨음을 말한다. 그는 인간의 가장 초라하고 비천한 부분인 육체가 되셨다. 육체는 인간의 약함을 말하는데, 그리스도께서는 약하심으로 십자가에 못 박히셨다(고후 13:4). 육체는 인간의 사멸성(死滅性)을 말하는데(시 78:39), 그리스도께서는 육체로 죽임을 당하셨다(벧전 3:18). 또한 육체는 인간의 타락함을 말하는데(창 6:3), 그리스도께서는 완전히 거룩하시고 순전하신 분인데도 죄 있는 육신의 모양으로 나타나시고(롬 8:3), 우리를 대신하여 죄가 되셨다(고후 5:21). 아담이 범죄했을 때, 하나님께서는 그에게 너는 흙이니 하고 말씀하셨다. 그것은 그가 흙으로 지음을 받았기 때문이기도 하지만, 죄로 인하여 흙으로 내려앉았기 때문이기도 하다. 그의 타락은 그를 소마툰 텐 프쉬켄, 즉 육체로 전락시켰고, 흙이 되게 했다. 그러므로 우리를 위하여 저주가 되신 그리스도께서는 육체로 정죄를 받으셨다(롬 8:3). 영원하신 말씀이 수치스러운 오명이 붙게 된 육체가 되셨다는 것과, 만물을 지으신 창조자께서 세상에서 가장 비천한 것의 하나인 육체가 되시어 가장 거리가 먼 상태가 되셨다는 것은 참으로 기이한 일이다. 복음의 문이 열릴 때 울려 퍼진 모든 육체는 풀이요라는 소리(사 40:6)는 우리 구주의 사랑을 더욱 기이하게 만든다. 구주께서 우리를 구속하시고 구원하시기 위하여 육체가 되시어 풀처럼 마르고 시드셨던 것이다. 그러나 육신이 되신 우리 하나님의 말씀은 영원히 서 있다. 구주께서는 육신이 되셨을 때조차 하나님의 말씀이기를 중단하지 않으셨던 것이다.

[2] 우리 가운데 거하시매. 영원하신 말씀이 이 낮은 땅에 오셔서 우리 가운데 거하셨다. 친히 인성을 취하사 여느 사람과 같은 처지와 상태에 처하셨다. 말씀이 육신이 되어 천사들 가운데 거할 수도 있으셨지만, 오히려 우리와 똑같은

육신을 입고 오셔서 우리와 똑같이 세상에 거하셨다. 우리는 땅의 벌레와 같고, 하나님께 아무 쓸모도 없고, 취하실 것이 하나도 없고, 부패하고 타락하고, 하나님께 반역한 자들인데, 그러한 우리들 가운데 거하셨다. 주 하나님께서 오셔서 심지어 반역자들 가운데 거하셨다(시 68:18). 고상하고 뛰어난 존재들인 천사들 가운데 거하시던 분이 우리 독사의 자식들, 우리 죄인들 가운데 거하셨다. 하나님의 눈에는 우리가 다윗이 말한 메섹과 게달의 장막이나, 에스겔이 말한 전갈들의 거처나, 버가모 교회가 거하던 사탄의 권좌가 있는 곳보다 더 악한 자들이다. 영들이 거하는 하늘을 바라볼 때 우리가 입고 사는 이 육체와 우리의 운명이 던져진 이 세상이 얼마나 비천하고 욕되며, 사려 깊은 정신으로 그 가운데 사는 것이 얼마나 고된 일인가! 그러나 영원하신 말씀이 육신이 되어 우리와 같은 육신을 입으시고 우리가 사는 이 세상에 거하신 사실로 인하여 육신과 세상은 존귀를 입으며, 하나님께서 우리를 위해 하실 일이 남아 있는 동안 우리도 육신을 입고 살아야 하는 처지에서 더욱 용기와 힘을 내야 할 것이다. 그리스도께서 친히 이 낮고 천한 세상에 거하시면서 하실 일을 온전히 이루셨기 때문이다(17:4). 그리스도께서는 성경을 성취하시기 위하여 유대인들 가운데 거하셨다(참조. 창 9:27; 슥 2:10). 유대인들이 몰라보고 박대했는데도 여전히 그들 가운데 거하셨다. (고대의 저자들이 전하듯이) 에데사의 왕 아브가루스(Abgarus)에게 더 나은 대접을 약속받으셨으나 다른 나라로 가지 않으셨다. 오로지 우리 가운데 거하셨다. 세상에 계시되 나그네처럼 하룻밤 머물고 떠나시지 않고, 우리 가운데 거처를 정하사 오래 거하셨다.

원어의 표기를 주목할 만하다. 에스케노센 엔 헤민, 우리 가운데 거하시되 마치 장막 안에 거하시듯 거하셨다는 뜻이다. 첫째로, 그리스도께서는 장막에 거하는 목자들처럼 매우 비천한 이 땅의 환경에 거하셨다. 우리 가운데 거하실 때 왕궁에 거하시듯 하시지 않고, 장막에 거하시듯 하셨다. 머리 둘 곳이 없어서 항상 옮겨다니셔야 했다. 둘째로, 그리스도께서는 군사적 상태에서 땅에 거하셨다. 군인들은 막사에 거하는데, 이미 오래 전에 뱀의 후손에게 전쟁을 선포해 놓으신 그리스도께서는 이제 전쟁을 치르시기 위하여 친히 전쟁터에 임하시어 군기(軍旗)를 세우시고, 장막을 치셨다. 셋째로, 그리스도께서 우리 가운데 거하신 것은 항구적인 방법이 아니었다. 이 땅에서 집이 아닌 장막에 거하셨던 것이다. 족장들이 장막에 거함으로써 땅에서는 외국인과 나그네임을 증언하면서 더 나은 본향을 사모하였던 것과 같이, 그리스도께서도 우리에게 본을 보이셨다 (참조. 히 13:13, 14). 넷째로, 하나님께서는 구약시대에 모세의 장막에서 그룹들 사이에 쉐키나(성막과 성전을 가득 채웠던 영광의 구름: 역자주)로 거하셨듯이, 이제는 그리스도의 인성 안에 거하신다. 그리스도의 인성이 이제는 하나님의 임재의 독특한 상징인 진정한 쉐키나이다. 이제 우리는 그리스도를 통하여 하나님께 모든 말씀을 아뢰기도 하고, 계시의 말씀을 전해 듣기도 한다.

(2) 육체의 수건을 뚫고 찬란하게 비친 그리스도의 신적 영광의 광채: 우리가 그의 영광을 보니 아버지의 독생자의 영광이요 은혜와 진리가 충만하더라. 구름과 일식(혹은 월식)에 가린다 해도, 태양은 여전히 빛의 근원이다. 마찬가지로 그리스도께서는 이 낮은 세상에 오셔서 우리 가운데 거하실 때조차 여전히 아버지의 영광의 광채이셨다. 유대인들이 그리스도를 알아보지 못하고 박대했을지라도, 수건을 통해서 비치는 영광을 본 사람들이 있었다.

[1] 누가 이 영광의 증인들이었는가? 우리 곧 그리스도와 매우 자유롭고 친밀하게 대화를 나눈 제자들이었다. 그러한 우리 가운데 그리스도께서 거하셨다. 사람들은 대개 서로 잘 아는 사이일수록 약점을 발견하지만, 그리스도는 그렇지 않으셨다. 그리스도를 가장 친숙히 알던 사람들이 그분에게서 하나님의 영광을 보았던 것이다. 교훈을 놓고 볼 때도, 제자들은 그 비밀을 깨달았지만, 다른 사람들에게는 그리스도의 교훈이 비유의 수건에 가려져 있었다. 그리스도의 인격도 마찬가지였다. 제자들은 그리스도의 인격에서 신성의 영광을 보았으나, 다른 사람들은 인성이라는 수건밖에 보지 못했다. 그리스도께서는 당신을 자기 백성들에게는 나타내셨으나 세상에는 나타내지 않으셨다. 이 증인들, 특히 그 가운데서 열두 사도는 충분한 자격과 역량을 갖춘 사람들이었다. 분명하고 정직하여, 속셈과 음모와는 거리가 먼 사람들이었다.

[2] 그들이 지닌 증거가 무엇이었는가? 우리가 …… 보니. 그들은 남에게 전해 들은 간접적인 증거를 갖고 있지 않고, 그들 자신이 증인들이었으며, 자신들이 직접 본 증거 위에 그리스도께서 살아 계신 하나님의 아들이시라는 증언을 수립했다. 이 말은 그들이 오랫동안 관심 있게 지켜보아 알게 되었다는 뜻이다. 요한 사도 자신이 이 점을 설명한다: 태초부터 있는 생명의 말씀에 관하여는 우리가 들은 바요 눈으로 본 바요 자세히 보고 우리의 손으로 만진 바라(요일 1:1).

[3] 그 영광이 무엇이었는가? 아버지의 독생자의 영광이요. 육신이 되신 말씀의

영광은 다른 아무에게서도 볼 수 없고 오직 하나님의 독생자에게서만 나올 수 있는 영광이었다. 첫째로, 예수 그리스도는 아버지의 독생자이시다. 신자들은 양자의 특별한 호의와 거듭남의 특별한 은혜로 하나님의 자녀들이 된다. 어떤 의미에서는 신자들도 유사 본질(호모이우시오이)을 지닌 사람들로서(벧후 1:4, 신의 성품에 참여하는 자) 온전하신 하나님의 형상을 지니고 있지만, 그리스도께서는 동일 본질(호모우시오스)이시고, 하나님 위격의 분명한 형상이시며, 영원한 출생에 의한 하나님의 아들이시다. 천사들도 하나님의 아들들이지만, 하나님께서는 천사들 중 어느 누구에게 너는 내 아들이라. 오늘 내가 너를 낳았다고 하신 적이 없다(히 1:5). 둘째로, 예수 그리스도는 우리 가운데 거하실 때 나타내신 영광에 의하여 아버지의 독생자이심이 분명히 선포되었다. 비록 외적인 상황에 관련해서는 종의 형상으로 계셨으나, 은혜에 관련해서는 극렬히 타는 풀무불 속에서 세 사람과 함께 계셨던 하나님의 아들과 같은 넷째 사람의 형상을 지니셨다. 예수 그리스도의 신적 능력은 그 가르침의 거룩함과 천상적 성격에서 나타났고, 많은 사람들에게 하나님의 아들이심을 인정하지 않을 수 없게 만든, 친히 행하신 기적들에서 나타났으며, 친히 나누신 대화의 순결하고 선하고 자비로움에서 나타났다. 하나님의 선하심이 그리스도의 영광인 까닭에, 그리스도께서는 두루 다니시며 착한 일을 행하셨다. 모든 일에서 성육신하신 하나님으로서 말씀하시고 행동하셨다. 아마도 복음서 기자는 자신이 직접 목격한 바 변화산에서 나타난 영광에 각별한 관심을 둔 듯하다(참조. 벧후 1:16-18). 그 때 하나님께서 그리스도를 향하여 이는 내 사랑하는 아들이요 내 기뻐하는 자라고 하신 말씀은 그분이 아버지의 독생자이심을 암시했다. 하지만 그 충분한 증거는 부활 때 나타났다.

[4] 그리스도께서 친히 거하신 사실로부터 주의 백성들이 받는 유익. 예수 그리스도는 그들 가운데 은혜와 진리가 충만한 상태로 거하셨다. 하나님께서 거하셨던 옛 성막에 율법이 있었다면, 예수 그리스도 안에는 은혜가 있었다. 옛 성막에 모형들이 있었다면, 예수 그리스도 안에는 진리가 있었다. 성육신하신 말씀은 모든 면에서 중보자의 일을 수행하실 만한 자격을 구비하셨다. 타락한 인간들에게 가장 절실한 은혜와 진리가 그분 안에 충만했기 때문이다. 이 점이 신적 능력과 엄위 못지않게 그리스도께서 하나님의 아들이심을 입증했다. 첫째로, 예수 그리스도는 스스로 은혜와 진리가 충만했다. 성령을 한량없이 지니고

계셨다. 은혜가 충만하여서 하나님께 온전히 받으신 바 되시고, 우리를 위해 대언해 주실 자격이 있으셨으며, 진리가 충만하여서 친히 계시하시는 내용을 온전히 보증하시고 그로써 우리를 가르치시기에 적합하셨다. 지식이 충만하시고 긍휼이 충만하셨다. 둘째로, 예수 그리스도는 우리를 위하여 은혜와 진리가 충만하셨다. 그는 친히 베푸실 수 있는 것을 받으셨으며, 하나님께서는 그를 기뻐하사 그 안에서 우리를 받으실 수 있었다. 이것이 법률적 면에서의 진리였다.

[15]요한이 그에 대하여 증언하여 외쳐 이르되 내가 전에 말하기를 내 뒤에 오시는 이가 나보다 앞선 것은 나보다 먼저 계심이라 한 것이 이 사람을 가리킴이라 하니라 [16]우리가 다 그의 충만한 데서 받으니 은혜 위에 은혜러라 [17]율법은 모세로 말미암아 주어진 것이요 은혜와 진리는 예수 그리스도로 말미암아 온 것이라 [18]본래 하나님을 본 사람이 없으되 아버지 품 속에 있는 독생하신 하나님이 나타내셨느니라.

　　이 단락에서,
Ⅰ. 복음서 기자는 세례 요한이 그리스도에 관해 증언한 말로 다시 돌아간다
(15절). 앞에서 증언하러 왔으니 하고 말했던 세례 요한은 여기서는 그에 따라 증언을 한다.

　　1. 세례 요한이 증언한 방법: 그는 자신이 외치는 자의 소리가 되어야 한다는 예언에 따라 외쳤다. 구약의 선지자들은 백성들에게 그들의 죄를 보게 하기 위하여 큰 소리로 외쳤다. 이 신약의 선지자는 백성들에게 그들의 구주를 보게 하기 위하여 큰 소리로 외쳤다. 외쳤다는 사실은 다음을 암시한다. (1) 그것은 많은 사람들이 있는 데서 온갖 계층의 사람들이 주의하여 듣도록 공식적으로 선포한 증언이었다. 거짓 교사들은 은밀히 유혹하지만, 지혜는 길거리에서, 광장에서, 시끄러운 길목에서 자신의 뜻을 당당히 전한다. (2) 요한은 자원하는 심정으로 기쁨으로 이 증언을 했다. 자신이 전하는 것이 진리임을 분명히 확신했을 뿐 아니라, 그것을 사모했다. 모친의 복중에서 그리스도께서 다가오시자 뛰었던 그가, 이제는 공식적으로 나타나신 그리스도를 벅찬 심정으로 영접했다.

　　2. 세례 요한이 증언한 내용: 그는 사역 초기에 자신이 말했던 내용에 호소한다. 백성들에게 자기 뒤에 오시는 분을 기대하게 하고, 자신은 그의 길을 예비하는 자에 불과하다고 밝히고, 그들을 주님께 인도하고 그의 길을 예비하는 일

외에는 다른 의도를 품지 않았다. 이 점을 처음부터 백성들에게 주지시켰다. 무릇 목회자에게는 그리스도의 영광과 명예에만 눈을 두고 정직한 원리들과 진실한 의도로 목회를 시작했다는 양심의 증언을 갖는 것이 항상 큰 위로가 되는 법이다. 세례 요한은 자신이 과거에 말한 내용을 얼마 전에 자신에게 세례를 받으시고 하늘로부터 큰 증거를 받으신 예수님에게 적용한다: 내가 전에 말하기를 …… 한 것이 이 사람을 가리킴이라. 요한은 사람들에게 얼마 후면 그들 가운데 한 사람이 올 것이라고 말해 놓고 그들에게 그 사람을 찾도록 내버려두지 않았다. 오히려 그는 오실 그분을 구체적으로 지목했다는 점에서 구약의 모든 선지자들을 능가했다: 내가 전에 말하기를 내 뒤에 오시는 이가 나보다 앞선 것은 나보다 먼저 계심이라 한 것이 이 사람을 가리킴이라. 그렇다면 그가 전에 무슨 말을 했는가?

(1) 그는 이 예수를 자신보다 앞세웠다: 출생과 공적 사역의 시점에서 내 뒤에 오시는 이를 자신 앞에 두었다. 자신의 뒤를 이어 전도를 하고 제자를 삼으실 이가 모든 점에서 자신보다 뛰어나신 분이라고 말했다. 예수님에 대한 자신의 관계를 왕이나 귀족이 행차하기 전에 먼저 와서 사전 준비를 하는 선발대나 의전관으로 설명했다. 다른 복음서가 예수 그리스도를 지극히 높으신 이의 아들(눅 1:32)이라 부른 데 비해 세례 요한을 지극히 높으신 이의 선지자(눅 1:76)라고만 부름으로써 예수님을 그의 앞에 둔 사실을 주목하라. 요한은 새 언약의 일꾼이었으나, 그리스도는 새 언약의 중보자이셨다. 비록 요한은 큰 명성과 주목을 받는 위대한 인물이었음에도 그리스도를 당연히 앞세워야 할 분으로 알아 자신 앞에 두었다. 무릇 그리스도의 모든 사역자들은 그리스도와 그분의 일을 자신들과 자신들의 이해관계보다 중시해야 한다. 그리스도의 사역자들이라 하면서 자기 일을 구하고 그리스도 예수의 일을 구하지 아니하는 사람들(빌 2:21)은 장차 그리스도 앞에서 낭패를 당하게 될 것이다. 요한은 자기 뒤에 오시는 분이 자기보다 앞섰다고 말했다. 하나님께서는 기쁘신 뜻대로 사람들에게 은사를 나눠주시되, 야곱의 경우처럼 연장자보다 연소자에게 훨씬 많은 것을 주시는 경우가 적지 않다. 바울은 자기보다 먼저 그리스도 안에 있던 제자들보다 훨씬 많은 것을 받았다.

(2) 세례 요한은 자신보다 예수님을 앞세운 이유를 설명한다: 나보다 먼저 계심이라(프로토스 무 엔 — 그가 나의 첫째였다 혹은 그가 내게 첫째였다). 그분이

나의 제일 원인(first Cause)이시요 나의 근본이셨다는 뜻이다. 처음(첫째)은 하나님의 이름들 가운데 하나이다(참조. 사 44:6). 따라서 요한의 말은 그분이 내 앞에 계시며, 나의 처음이시라는 뜻이다. [1] 연장자라는 관점에서: 예수님이 요한보다 앞서신 이유는 아브라함보다 먼저 계셨기 때문이다(요 8:58). 아니, 예수님은 만물보다 먼저 계셨다(골 1:17). 나는 고작 엊그제 세상에 나왔으나, 예수님은 영원부터 계신다. 세례 요한이 온 것은 다만 그 때였지만(마 3:1), 우리 주 예수님의 근본은 상고에, 영원에 있다(미 5:2). 이 점은 그리스도의 두 본성을 입증한다. 그리스도께서는 인간으로서는 요한보다 뒤에 사역을 시작하셨으나, 하나님으로서는 요한보다 먼저 계셨다. 영원한 존재가 아니고서야 어떻게 요한보다 먼저 계실 수 있었겠는가? [2] 우위(supremacy)의 관점에서: 그리스도는 요한의 상전이셨다. 상전들도 더러는 처음(프로톤)이라 불린다. 따라서 요한의 말은, "나는 그분을 위하여 섬기도록 보내심을 받은 사람이다. 그분은 나의 상전이시요 나는 그분의 일꾼이요 사자이다"라는 뜻이다.

II. 복음서 기자는 잠시 예수 그리스도에게로 돌아가 말하다가, 19절에 이르러서는 **다시 세례 요한의 증언을 소개한다.** 16절은 14절에서 성육신하신 말씀을 가리켜 은혜와 진리라고 말한 것과 직결된다. 16절에서 요한은 이것을 우리의 경배의 주제로 삼을 뿐 아니라 감사의 주제로도 삼는다. 우리가 다 그의 충만한 데서 받기 때문이다. 그리스도께서 선물들을 사람들에게서 취하신(시 68:18) 목적은 사람들에게 선물을 주시기 위함이다(엡 4:8). 그리스도께서 충만하신 목적은 만물을 충만하게 하시기 위함이요(엡 1:23), 재물을 얻어서 그[우리의] 곳간에 채우게 하려 함이다(잠 8:21). 그리스도께는 넘쳐흐르는 충만의 샘이 있다: 우리가 다 그의 충만한 데서 받으니. 우리 곧 사도들이 받았고, 사도들 안에서 믿는 자들이 받았다. 사도들은 사도 직분에 따르는 호의 곧 은혜를 받았고, 사도 직분을 위한 자격 곧 진리를 받았다. 혹은 그보다는 우리 모든 신자들이 그리스도의 충만한 데서 받았다(16절). 모든 신자들이 그리스도의 충만한 데서 받는다는 점을 주목하라. 아무리 훌륭하고 위대한 성인이라도 그리스도를 떠나서는 살 수 없고, 아무리 천하고 미약한 신자라도 그리스도를 힘입어야 살 수 있다. 이처럼 우리가 가진 것은 다 받은 것뿐이므로 교만한 마음을 버리게 되며, 원하는 것이 다 받아야 하는 것이기 때문에 경외심을 품고 입을 다물게 된다. 그렇다면 우리가 받은 것이 무엇인지 살펴보자.

1. 우리는 은혜 위에 은혜(grace for grace)를 받았다. 우리가 그리스도께 받은 것들이 은혜라는 한 단어로 요약된다. 우리는 카이 카린, 즉 그처럼 크고 값비싸고 귀한 은혜까지도(even grace) 받았다. 다름 아닌 은혜를 받은 것이다. 이것은 강조해서 언급해야 할 선물이기에 은혜 위에 은혜라고 반복한다. 이 건물을 구성하는 모든 돌들은 맨 꼭대기의 돌까지도 은혜이고 은혜로다 하고 경탄할 만하다. 다음 사항을 살펴보자.

(1) 우리가 받은 복. 하나님께서 우리에게 나타내신 선한 뜻과 우리 안에서 행하신 선한 일, 이것이 은혜이다. 하나님의 선한 뜻이 선한 일을 이루며, 우리에게 해주신 선한 일을 보고 우리를 향한 하나님의 선한 뜻을 더욱 확신하게 된다. 저수지가 샘이 충만하여 흘러넘치는 물을 받고, 가지가 뿌리의 충만한 데서 수액을 받으며, 낮이 태양의 충만한 데서 빛을 받듯이, 우리는 그리스도의 충만한 데서 은혜를 받는다.

(2) 복을 받은 방법: 은혜 위에 은혜(카린 안티 카리토스). 이 구절은 단수이며, 해석자들마다 각기 다른 해석을 제시했는데, 저마다 그리스도께서 베푸신 은혜의 측량할 수 없이 풍성함을 설명하는 데 도움이 된다. 은혜 위에 은혜라는 구절이 의미하는 바는 다음과 같다. [1] 이 은혜의 **값없이 베풀어진 성격**. 그것은 은혜를 위한 은혜이다(그로티우스⟨Grotius⟩). 우리가 은혜를 받는 것은 우리에게 무슨 자격이 있어서 받는 것이 아니라, 아버지께서 그것을 선하게 보시기 때문이다. 그것은 은혜대로 받은 은사이다(롬 12:6). 그것은 그리스도로 말미암아 우리에게 베푸신 은혜이다. 하나님께서는 그리스도 안에서 흡족히 기뻐하시며, 그러므로 그리스도 안에서 우리를 기뻐하신다(엡 1:6). [2] 이 은혜의 **충만함**. 은혜 위에 은혜는 은혜의 풍성함을 뜻한다(카메로⟨Camero⟩의 견해). 한 번 베푸신 은혜에 다른 은혜를 더 얹어 주시는 것이다. 가죽으로 가죽을(skin for skin)이란 표현이 가죽 뒤의 가죽으로서 사람이 지닌 모든 것을 뜻하는 것과 같다(참조. 욥 2:4). 그것은 더 이상 받아들일 자리가 없을 만큼 부어 주신 은혜로서 풍성한 구속이다. 한 번 베푸신 은혜는 더 큰 은혜를 베푸시겠다는 보증인 것이다. 요셉의 이름에 담긴 의미가 그것이었다(여호와께서 더하여 주시리로다). 우리를 충만하게 한 것은 하나님의 충만하심이라 불리는 그러한 충만함이다. 만일 우리가 스스로 마음이 좁아지지 않는다면, 그리스도의 은혜 안에는 우리가 들어갈 자리가 넉넉하다. [3] 이 은혜의 **섬기는 성격**. 은혜 위에 은혜(grace for

grace)는 은혜를 촉진하고 진작하기 위한 은혜이다. 우리 자신이 발휘해야 할 은혜요, 은혜의 행동을 발휘하는 은혜로운 습관이다. 다른 사람들을 섬기도록 해주는 은혜요, 은혜를 실천할 수 있게 하는 은혜의 보증이다. 은혜는 주고받게끔 되어 있는 은사이다. 사도들이 은혜를 받은 것(롬 1:5; 엡 3:8)은 그것을 전하기 위함이었다(벧전 4:10). [4] 신약의 은혜가 구약의 은혜를 대체함(베자 〈Beza〉의 견해). 이 견해는 다음 절(17절)에 의해 뒷받침된다. 구약성경은 모형 안에 은혜를 지녔고, 신약성경은 진리 안에 은혜를 지녔기 때문이다. 구약 아래에도 은혜가 있었고, 그 때에도 복음이 선포되었지만(갈 3:8), 은혜가 그 자리를 대체하게 됨으로써 우리는 율법의 은혜 대신 복음의 은혜 곧 더 이상 영광될 것이 없는 더 큰 영광을 얻게 되었다(참조. 고후 3:10). 이제는 구약시대에 비해 은혜가 더 분명히 나타났으며, 베풀어지는 은혜도 더욱 풍성하다. 이것은 은혜 대신 임한 은혜이다. [5] 그것은 은혜의 증가와 지속을 뜻한다. 은혜 위에 은혜는 한 가지 은혜가 다른 은혜를 향상시키고 확증하고 온전케 하는 것이다. 우리는 하나님의 형상으로 변화하여 영광에서 영광으로, 한 등급의 영광스러운 은혜에서 다른 등급의 은혜로 변화되어 나아간다(참조. 고후 3:18). 참된 은혜를 받은 것은 더 큰 은혜를 받기 위함이다(참조. 약 4:6). 하나님께서 말씀하신 은혜를 주실 때는 그것이 부분적인 것인 줄을 알고 받아야 한다. 온전한 은혜는 약속하신 분이 친히 이루실 것이기 때문이다. [6] 그것은 성도 안에 있는 은혜가 예수 그리스도 안에 있는 은혜와 일치하고 융합하는 것을 뜻한다(클라크 〈Clark〉의 견해). 은혜 위에 은혜는 마치 문서에 찍힌 도장이 밀랍 도장에 새겨진 문양과 일치하듯이 우리 안에 있는 은혜가 그리스도 안에 있는 은혜와 일치하는 것을 말한다. 우리가 그리스도에게서 받는 은혜는 우리를 그와 같은 형상으로 변화하게 한다(고후 3:18). 그것은 아들의 형상이요(롬 8:29), 하늘에 속한 이의 형상이다(고전 15:49).

2. 우리는 은혜와 진리를 받았다(17절). 기자는 14절에서 그리스도 안에 은혜와 진리가 충만했다고 말했는데, 여기서는 그리스도로 말미암아 은혜와 진리가 우리에게 임했다고 말한다. 우리는 그리스도에게서 은혜를 받는다. 이 표현이 기자가 항상 떠나지 않고 즐겨 연주하는 현(絃)이다. 기자는 이 절에서 은혜에 관하여 두 가지를 더 관찰한다. (1) 그리스도께서 주시는 은혜는 모세의 율법보다 우선한다: 율법은 모세로 말미암아 주어진 것이요. 모세의 율법도 하나님

께서 사람에 관하여 품으신 뜻과 사람에 대하여 품으신 선한 뜻을 나타낸 영광스러운 것이었지만, 그리스도의 복음은 의무와 행복 모두를 더욱 밝히 드러낸 것이다. 모세로 말미암아 주신 것은 사람을 형벌의 경고로 두려움에 떨게 만들 뿐, 생명은 주지 못하고 심한 공포 가운데 선포된 율법이지만(히 12:18), 예수 그리스도로 말미암아 주신 복음은 성격이 전혀 다르다. 복음은 율법의 선한 용도를 그대로 담고 있지만 공포를 일으키지 않는다. 그것은 은혜이기 때문이다. 가르치고 양육하는 은혜요(딛 2:12), 왕처럼 다스리는 은혜이다(롬 5:21). 복음의 정신은 사랑의 친밀함이지, 율법과 저주의 두려운 경고가 아니다. (2) 은혜가 진리와 맺고 있는 관계: 은혜와 진리. 복음에서 우리는 의지와 감정으로 받아야 할 지극히 풍성한 은혜뿐 아니라, 지식으로 받아야 할 지극히 위대한 진리들도 발견한다. 복음은 미쁜[신실한] 말이요, 모든 사람이 받을 만한 말이다. 즉, 복음은 은혜와 진리이다. 은혜에 담긴 제안들은 진실하여 우리의 영혼을 의뢰할 만하다. 그 제안들은 은혜와 진리이기에 진실하다. 복음은 모세로 말미암아 주어진 율법에 대하여 은혜와 진리이다. 그 이유는, [1] 복음은 구약의 모든 약속들의 성취이기 때문이다. 구약에서 우리는 자비와 진리가 함께 붙어 있는 경우, 즉 약속에 자비가 실리는 경우를 자주 본다. 따라서 여기서 은혜와 진리는 약속에 따른 은혜를 가리킨다(참조. 눅 1:72; 왕상 8:56). [2] 복음은 구약의 모든 모형과 그림자들의 실체이다. 이스라엘을 위하여 제정된 규례들과 이스라엘과 관련하여 행해진 섭리들에는 은혜에 속하는 어떤 것이 있다. 그러나 그것들은 장차 올 좋은 것들의 그림자일 뿐이요, 예수 그리스도의 계시로 말미암아 우리에게 전해질 은혜에 대해서는 더욱 그러하다. 예수 그리스도는 참된 유월절 양이시요, 참된 속죄양이시며, 참된 만나이시다. 구약 백성들은 그림 안에 있는 은혜를 간직했으나, 우리는 인격 안에 있는 은혜, 즉 은혜와 진리를 지닌다. 은혜와 진리는 왔다(에게네토 — 지어졌다). 이 단어는 그리스도께서 만물을 지으셨다고 말한 데서 쓰인 것과 동일하다(3절). 율법은 모세로 말미암아 알려졌을 뿐이지만, 이 은혜와 진리가 있게 된 것과 그것이 알려지게 된 것은 예수 그리스도로 말미암은 일이다. 세상과 마찬가지로 이것도 그리스도로 말미암아 지어졌다. 그리스도로 말미암아 이 은혜와 진리가 존재한다.

3. 우리가 그리스도에게서 받는 또 한 가지는 하나님에 대한 분명한 계시이다(18절): 본래 하나님을 본 사람이 없으되 아버지 품 속에 있는 독생하신 하나님이

나타내셨느니라. 하나님을 알고 친밀한 관계를 맺게 된 이것이 그리스도로 말미암아 온 은혜와 진리이다. 다음 사항들을 살펴보자.

(1) 다른 모든 발견들의 불충분성: 본래 하나님을 본 사람이 없으되. 이 말씀이 암시하는 바는 다음과 같다: [1] 하나님은 신(神)이시므로 육체의 눈에 보이지 않으신다. 어떤 사람도 보지 못하였고 또 볼 수 없는 이시니(딤전 6:16). 그러므로 우리는 믿음으로 살아야 한다. 믿음으로 보이지 않으시는 분을 보는 것이다(히 11:27). [2] 구약에서 하나님이 당신에 관하여 알리신 계시는 그리스도로 말미암아 나타내신 계시와 비교할 때 매우 짧고 불완전했다. 그러므로 본래 하나님을 본 사람이 없었다. 즉, 그리스도의 성육신 이전에 사람들이 하나님에 관해서 보고 안 것은 오늘날 보고 아는 것과 비교할 때 아무것도 아니라는 뜻이다. 하나님께 있는 생명과 불멸이 구약시대에 비해 훨씬 더 분명하게 나타났다. [3] 구약의 선지자들 가운데 아무도 하나님의 마음과 뜻을 우리 주 예수님만큼 사람들에게 전달할 자격을 갖춘 이가 없었다. 그들은 아무도 하나님을 본 적이 없기 때문이다. 모세는 여호와의 형상을 보았으나(민 12:8), 얼굴은 볼 수 없었다(출 33:20). 이 점에서 그리스도의 거룩한 종교는 과연 우리가 믿을 만하다. 하나님을 직접 뵙고 그 누구보다 하나님의 마음을 잘 아는 그리스도께서 세우신 종교이기 때문이다.

(2) 그리스도께서 입증하신 바, 복음에 나타난 하나님의 계시의 충분성: 아버지 품 속에 있는 독생하신 하나님이 나타내셨느니라.

[1] 그리스도는 하나님의 계시를 알리시기에 적합하셨고, 모든 점에서 자격을 갖추셨다. 오직 그리스도만 두루마리를 가지시고 그 인봉을 떼기에 합당하시다(계 5:9). 그 이유는, 첫째로, 그리스도는 하나님의 독생자이시기 때문이다. 아들만큼 아버지를 잘 아는 이가 누구이겠는가? 아버지께서 아들만큼 당신을 잘 알리신 이가 누구이겠는가? 참조. 마태복음 11:27. 그리스도는 아버지와 동일한 본질을 지니시므로, 그를 본 자는 아버지를 본 것이다(요 14:9). 종은 주인이 하는 것을 아들만큼 잘 알지 못한다(요 15:15). 모세는 종으로서 충성을 다하였으나, 그리스도께서는 아들로서 그리하셨다. 둘째로, 그리스도는 아버지 품 속에 계시다. 영원부터 아버지의 품 속에 계셨다. 이 땅에 오셨을 때도 여전히 하나님으로서 아버지의 품 속에 계셨으며, 승천하셨을 때도 아버지의 품 속에 계신다. 아버지의 품 속의 의미는 다음과 같다. 1. 아들을 항상 사랑하고 기뻐하시는

아버지의 특별한 사랑. 하나님의 모든 성도는 하나님의 손에 있으나, 아들은 품에 계신다. 두 분은 본질과 본체가 하나이시며, 따라서 사랑 안에서 철저히 하나이시다. 2. 하나님의 은밀한 뜻의 품. 아버지와 아들 사이에는 상호간의 만족이 있으셨듯이 상호간의 의식(consciousness)이 있으셨다(마 11:27). 아들만큼 아버지의 마음을 아는 이가 없기에, 아무도 그리스도만큼 하나님을 알리기에 적합하지 못했다. 대개 은밀한 뜻은 품 속에(인 펙토레) 감춰둔다고 한다. 그런데 그리스도는 아버지의 품 속에 감춰진 뜻에 관여하셨다. 선지자들은 학자들로서 하나님의 발 앞에 앉았지만, 그리스도는 벗으로서 아버지의 품에 기대 누우셨다. 참조. 에베소서 3:11.

[2] 그리스도는 지극히 자유롭게 하나님의 뜻을 나타내셨다. "아버지 품 속에 있는 독생하신 하나님이 나타내셨느니라." 그리스도는 아무도 본 적도 없고 알지도 못한 하나님을 나타내셨다. 하나님에 관하여 감춰진 것뿐 아니라, 하나님 안에 감춰진 것까지 나타내셨다(엡 3:9). "나타내셨느니라"에 해당하는 엑세게사토는 일반적이고 모호한 암시로 나타내는 것이 아닌, 구체적인 설명으로 분명하고도 충분하게 나타내는 것을 가리킨다. 이제 믿음으로 분발하는 사람은 하나님의 뜻과 구원의 길을 이해할 수 있다. 이것이 예수 그리스도로 말미암아 온 은혜와 진리이다.

[19]유대인들이 예루살렘에서 제사장들과 레위인들을 요한에게 보내어 네가 누구냐 물을 때에 요한의 증언이 이러하니라 [20]요한이 드러내어 말하고 숨기지 아니하니 드러내어 하는 말이 나는 그리스도가 아니라 한대 또 묻되 그러면 누구냐 네가 엘리야냐 이르되 나는 아니라 또 묻되 네가 그 선지자냐 대답하되 아니라 또 말하되 누구냐 우리를 보낸 이들에게 대답하게 하라 너는 네게 대하여 무엇이라 하느냐 [23]이르되 나는 선지자 이사야의 말과 같이 주의 길을 곧게 하라고 광야에서 외치는 자의 소리로다 하니라 [24]그들은 바리새인들이 보낸 자라 [25]또 물어 이르되 네가 만일 그리스도도 아니요 엘리야도 아니요 그 선지자도 아닐진대 어찌하여 세례를 베푸느냐 [26]요한이 대답하되 나는 물로 세례를 베풀거니와 너희 가운데 너희가 알지 못하는 한 사람이 섰으니 [27]곧 내 뒤에 오시는 그이라 나는 그의 신발끈을 풀기도 감당하지 못하겠노라 하더라 [28]이 일은 요한이 세례 베풀던 곳 요단 강 건너편 베다니에서 일어난 일이니라.

본문에 기록된 요한의 증언은 자신을 시험하기 위하여 예루살렘으로 부터 파견된 사람들에게 전한 것이다. 여기서 관찰할 점은,

I. 요한에게 사람들을 보낸 자들은 누구였고, 보냄을 받은 자들은 누구였는가? 1. 요한에게 사람들을 보낸 자들은 예루살렘의 유대인들이었다. 그들은 산헤드린 공회원들로서, 종교에 관련된 모든 문제들을 다루는 유대 민족 교회의 대표였다. 그들이 유대 학문의 본산이었고 교회의 지도자 그룹이었으므로 당연히 많은 책들을 통하여 시대를 분별하고 메시야의 임박한 도래를 예측하고 있어야 했고, 따라서 그의 길을 예비하러 온 사람을 알아보고 기쁘게 영접했어야 했다고 생각할 법하다. 하지만 그들은 그렇게 하는 대신에 그에게 사람들을 보내 비판적인 질문을 던졌다. 세상 학문과 명예와 권력은 사람의 마음으로 신적인 빛을 받아들이게 하지 않는 법이다. 2. 보냄을 받은 사람들은, (1) 제사장들과 레위인들이었다. 아마도 학식과 비중과 권위를 지닌 공회 구성원들이었던 듯하다. 세례 요한 자신도 아론 계열의 제사장이었으며, 따라서 제사장 아닌 다른 사람이 그를 심문하기에 부적합했다. 요한의 사역에 관하여는 구약 성경에 레위 지손을 깨끗하게 할 것이라고 예언되었으며(말 3:3), 그러므로 제사장들은 요한과 그의 개혁을 질시했다. (2) 그들은 자부심이 강한 율법주의자들이었다. 스스로 회개할 필요를 느끼지 못했고, 따라서 회개하라 외치는 일을 사명으로 삼고 있던 그를 감내할 수 없었다.

II. 그들이 보냄을 받은 목적. 그들의 임무는 요한과 그의 세례에 관해 조사하는 것이었다. 그들을 보내 요한을 붙잡아 오도록 한 것이 아니었다. 아마도 백성들을 두려워했기 때문이었을 것이다. 그를 체포할 경우 주변에 있던 사람들이 들고일어날 수가 있고, 혹은 동정 여론이 확산될 수 있음을 의식했던 것 같다. 어쨌든 그들은 요한을 일정한 거리를 두고 대하는 것이 좋겠다고 생각했다. 그들이 요한에게 질문한 목적은, 1. 자신들의 호기심을 채우기 위함이었다. 아테네 사람들이 바울의 전하는 도가 새로운 것임을 보고 그에게 물었던 것과 같다(참조. 행 17:19, 20). 그러한 교만한 자부심을 지닌 사람들이었기에, 회개의 전도가 낯선 교리였다. 2. 자신들의 권위를 과시하기 위함이었다. 모든 사람이 선지자로 받드는 사람을 불러 세워 심문하면 자신들이 크게 보일 것이라 생각했다. 3. 조금이라도 혐의가 발견되면 억압하여 입 다물게 하려는 의도였다. 요한의 인기가 갈수록 증가하는 것을 질투한 데다, 그의 사역이 자신들에

게 익숙한 모세적 경륜이나 자신들이 메시야 왕국에 관해 형성해온 개념과 맞지 않았기 때문이다.

Ⅲ. 요한이 그들에게 제시한 답변과, 자신과 자신의 세례에 관하여 설명하며 그리스도를 증언한 내용.

1. 요한이 자신을 소개한 말. 그들은 요한에게 네가 누구냐(쉬 티스 에이)라고 물었다. 요한이 세상에 나타난 방식에는 비범한 면이 있었다. 이스라엘에 모습을 드러내기까지 광야에서 지냈던 것이다. 그의 정신과 언행, 교리에는 존경을 자아내는 무엇인가가 있었다. 하지만 그는 유혹자들과 달리 자신을 훌륭한 인물로 나타내지 않았다. 훌륭하게 보이기보다 선한 일을 행하는 데 더욱 관심을 기울였다. 따라서 법적으로 질문을 받기까지 자신에 관해서 일체 입을 다물었다. 그리스도를 가장 훌륭하게 증언하는 길은 자신에 관해서 입을 다물고, 자신의 입술이 아닌 자신의 행위로 그리스도께서 높임을 받으시게 하는 것이다. 요한은 그들의 질문에 다음과 같이 답변했다.

(1) 부정적으로. 그는 어떤 사람들이 생각하듯 그런 위대한 인물이 아니었다. 하나님의 신실한 증인들은 부당한 경멸보다 차라리 부당한 존경을 더욱 경계한다. 바울은 자신을 과소평가하여 그의 말이 시원치 않다고 하던 사람들 못지않게, 자신을 과대평가하여 나는 바울에게 속했다고 말하는 사람들에 대해서도 점잖게 책망했다. 그리고 사람들이 자신을 가리켜 신(神)이라 할 때는 옷을 찢었다.

[1] 요한은 자신이 그리스도가 아님을 분명히 밝힌다(20절): 드러내어 하는 말이 나는 그리스도가 아니라 한대. 자신은 그리스도가 아니고, 그리스도는 기대하고 기다려야 할 분이라고 말했다. 그리스도의 사역자들은 자신들이 그리스도가 아님을 기억해야 하며, 따라서 주님의 권위와 권세를 사취하거나 주님께만 돌아가야 할 칭송과 존경을 가로채지 말아야 한다. 그들은 그리스도가 아니다. 그러므로 하나님의 자녀들 위에 군림해서도 안 되고, 그들의 믿음을 주관하려 해서도 안 된다. 그들은 은혜와 평안을 지어낼 수 없다. 마음을 밝힐 수도, 돌이키게 할 수도, 소성(蘇醒)시킬 수도, 위로를 줄 수도 없다. 그들은 그리스도가 아니기 때문이다. 요한의 태도가 얼마나 강조되는지 주의하여 보라: 요한이 드러내어 말하고 숨기지 아니하니 드러내어 하는 말이 나는 그리스도가 아니라 한대. 그가 항상 그렇게 적극적인 태도로 자신이 그리스도가 아님을 부인했음을 잘

보여주는 말이다. 교만의 유혹과 우리 것이 아닌 명예를 취하려는 유혹은 어떠한 일이 있든 뿌리쳐야 한다. 요한은 사람들이 자신을 메시야라고 생각했을 때, 사람들이 굳이 그렇게 생각한다면 그냥 오해하도록 놔두자라는 생각을 마음에 들여놓지 않았다. 오히려 공개적으로 엄숙하게 조금도 모호한 것 없이 나는 그리스도가 아니라(호티 우크 에이미 에고 호 크리스토스)고 고백했다. 곧 다른 이가 오실 것이며, 자신은 아니라고 했다. 자신이 그리스도임을 부인하면서, 그리스도를 부인하지 않고 시인했다. 자신을 겸손하게 낮추는 사람들은 그로써 그리스도를 시인하고 그리스도께 영광을 돌리지만, 자신을 부인하지 않는 사람들은 결국 그리스도를 부인한다.

[2] 요한은 자신이 엘리야가 아니라고 말했다(21절). 유대인들은 엘리야가 하늘에서 돌아와 자기들 가운데 거하면서 큰일을 이루어줄 것을 기대했다. 따라서 요한의 인물됨, 가르침, 세례에 관하여 듣고, 엘리야가 하늘로 올라갈 때 거했던 지역에서 마치 하늘에서 내려온 사람처럼 나타난 것을 보고는 그를 기꺼이 엘리야로 인정하려 한 것은 뜻밖의 일이 아니었다. 그러나 요한은 이 명예도 부인했다. 그는 실제로 엘리야라는 이름으로 예언되었고(말 4:5), 엘리야의 심정과 능력으로 왔으며(눅 1:17), 장차 오리라 한 엘리야였으나(마 11:14), 불 병거를 타고 하늘로 올라간 엘리야, 변화산에서 그리스도를 만난 그 엘리야 자신은 아니었다. 하나님께서 약속하신 엘리야였지, 사람들이 어리석게 꿈꾸던 그 엘리야는 아니었던 것이다. 엘리야가 왔으되 사람들은 알지 못했다(마 17:12). 요한도 자신을 엘리야로 알리지 않았다. 하나님께서 약속하신 적이 없는 그러한 엘리야를 사람들이 기대하고 있었기 때문이다.

[3] 요한은 자신이 그 선지자가 아니라고 분명히 밝힌다. 첫째로, 그는 여호와께서 너희 가운데 네 형제 중에서 너를 위하여 나와 같은 선지자 하나를 일으키시리니(신 18:15) 하고 모세가 말한 그 선지자가 아니었다. 만일 그들이 이런 뜻으로 질문을 한 것이라면, 그것은 아예 할 필요가 없는 질문이었다. 그 선지자는 다름 아닌 메시야이신데, 요한 자신이 이미 나는 그리스도가 아니라고 말했기 때문이다. 둘째로, 요한은 사람들이 기대하고 바라던 선지자, 즉 사무엘과 엘리야처럼 국가 사회의 일에 개입하여 그들을 로마의 압제에서 구출해줄 그런 선지자가 아니었다. 셋째로, 요한은 사람들이 엘리야가 메시야에 앞서 오듯 엘리야에 앞서 오리라고 기대하던 바, 죽은 자 가운데서 살아난 옛 선지자들 가운

데 한 사람이 아니었다. **넷째로,** 요한은 선지자였고 과연 선지자보다 큰 인물이었으나, 구약의 선지자들과 달리 꿈이나 이상을 통해 계시를 받지 않았다. 요한의 사명은 구약의 선지자들과 다른 것으로서, 다른 시대[경륜]에 속해 있었다. 혹시 요한이 스스로 엘리야라고 했거나 선지자라 했어도 그 말이 틀린 것은 아니었을 것이다. 그러나 사역자들은 어떤 경우에든 자신을 나타내는 데 조심함으로써, 사람들에게 잘못된 생각을 심어주거나, 특히 과도한 평가를 하지 않도록 해야 한다.

(2) 긍정적으로. 요한을 조사하도록 파견된 사람들은 자신들을 보낸 사람들의 권위를 강조하면서 적극적인 대답을 촉구했다: 너는 네게 대하여 무엇이라 하느냐. 대답해주면 그를 믿겠다는 것도 아니고 세례를 받겠다는 것도 아니고, 다만 자신들을 보낸 사람들에게 대답하기 위하여, 그래서 미련한 심부름꾼들을 보냈다는 말을 듣지 않기 위하여 대답을 촉구한 것이다. 그들은 요한을 정직한 사람으로 간주했고, 따라서 그가 모호하게 회피하는 대답을 하지 않고, 솔직하게 대답해 줄 것을 믿고서 너는 네게 대하여 무엇이라 하느냐고 물었다. 이에 요한은 나는 광야에서 외치는 자의 소리로라 하고 대답했다. 요한의 대답을 생각해보자.

[1] 요한은 성경이 자신에게서 응하였고, 자신의 직분이 신적 권위의 뒷받침을 받는다는 것을 입증하기 위하여 성경의 말로 대답한다. 말씀 사역자들도 오직 성경이 그 직분에 관하여 말한 바에 따라 자신들의 직분을 평가해야 한다.

[2] 요한은 매우 겸손하게 자신을 부인하는 태도로 대답한다. 자신의 권위를 가리키지 않고 자신의 의무와 의존성을 가리키는, 따라서 자신을 낮추는 성경의 표현을 자신에게 적용하기를 택한다: 나는 … 소리니라. 자신이 그저 소리일 뿐(vox et praeterea nihil)이라고 말했다.

[3] 요한은 사람들에게 유익을 끼치고, 그들의 마음을 흔들어 깨워 일으켜 줄 만한 방법으로 자신을 소개한다. 그는 소리이되(참조. 사 40:3), 경종을 울리는 소리요, 훈계하는 또렷한 소리였다. 말씀 사역자들은 소리에 지나지 않는다. 하나님께서 당신의 마음을 전하실 때 쓰시는 매체일 뿐이다. 바울과 아볼로가 보냄을 받은 사자들이 아니고 무엇이었던가? 주목할 점은, **첫째로,** 요한은 인간의 소리였다. 구약의 백성들은 공포감을 일으킬 만큼 큰 우레와 나팔 소리 가운데 율법을 받았지만, 요한 앞에 선 사람들은 우리와 똑같은 사람의 소리

로, 하나님께서 엘리야에게 임하시어 말씀하셨던 세미한 음성으로(참조. 왕상 19:12) 복음을 듣게 되었다. 둘째로, 요한은 외치는 자의 소리였다. 이 말이 의미하는 바는 다음과 같다. 1. 요한이 사람들에게 회개를 촉구할 때 보여준 간절하고 끈덕진 태도. 그는 크게 외치고, 목청을 아끼지 않았다. 말씀 사역자들은 간절한 마음으로 말씀을 전해야 하며, 회중에게 끼치고자 하는 감화를 자신들이 받아야 한다. 설교자의 입에서 얼어붙은 설교는 회중의 마음을 녹이지 못한다. 2. 요한이 말씀을 널리 반포한 것. 그는 외치는 자의 소리였던 까닭에 온갖 부류의 사람들이 듣고 주목할 수 있었다. 지혜가 부르지 아니하느냐(잠 8:1). 셋째로, 이 소리가 울려 퍼진 곳이 광야, 즉 세상의 소음과 분주함으로부터 벗어나 고요하고 한적한 장소였다는 점. 세상의 분요(紛擾)함으로부터 멀리 벗어날수록 하나님의 음성을 들을 환경이 조성된다. 넷째로, 요한이 외친 것은 주의 길을 곧게 하라는 것이었다. 이 말씀의 의미는 이와 같다. 1. 요한은 사람들이 하나님의 길에 관하여 잘못 알고 있는 것을 바로잡기 위해 왔다. 원래 그 길은 올곧았으나, 서기관과 바리새인들이 율법을 곡해하여 가르침으로써 굽게 만들어 놓았다. 이제 세례 요한이 와서 백성들에게 원래의 규율로 돌아오라고 부른다. 2. 요한이 백성들을 부른 목적은 그들로 그리스도와 그분의 복음을 영접하여 누릴 수 있도록 준비시키기 위함이었다. 그것은 왕이나 귀족의 선발대가 앞서 와서 길을 예비하라고 외치는 것과 같다. 하나님께서 우리에게 오실 때 우리는 하나님을 만날 준비를 해야 하며, 그로써 주님의 말씀이 우리 안에 자유롭게 들어올 수 있도록 해야 한다. 참조. 시편 24:7.

2. 요한이 자신의 세례에 관하여 증언한 말.

(1) 요한을 심문하던 자들이 던진 질문: 네가 만일 그리스도도 아니요 엘리야도 아니요 그 선지자도 아닐진대 어찌하여 세례를 베푸느냐(25절). [1] 그들은 세례가 거룩한 의식 혹은 예식으로 사용되는 것을 적합한 일로 이해했다. 유대 민족의 교회는 할례와 더불어 세례를 개종자를 받아들일 때 전의 상태의 오염을 씻어내는 것을 상징하는 의식으로 사용했기 때문이다. 그 의식을 기독교 교회에서도 사용했다. 그리스도께서 새로운 의식을 만들지 않으신 사실을 그분의 사역자들은 유념해야 한다. [2] 그들은 세례가 메시야의 시대에 사용될 것을 기대했다. 그 날이 오면 죄와 더러움을 씻는 샘이 열릴 것이고(슥 13:1), 맑은 물을 뿌릴 것(슥 13:1)이라고 약속되었기 때문이다. 메시야와 엘리야, 그 선지자가

오면 더러워진 세상을 정결하게 하신다는 것이 백성들의 기대였다. 하나님의 공의는 옛 세상을 그 더러움과 함께 물로 멸망시켰으나, 하나님의 은혜는 이 새로운 세상의 더러움을 씻어낼 길을 냈다. [3] 그러므로 그들은 요한이 무슨 권위로 세례를 주는지 알았을 것이다. 그런데 요한이 스스로 엘리야도 아니고 그 선지자도 아니라고 부인하자 어찌하여 세례를 베푸느냐고 질문하게 되었다. 사람이 겸손한 태도를 취함으로써 오히려 손해를 당하고 편견의 대상이 되는 것은 새로운 현상이 아니다. 하지만 자신을 높이 생각하다가 마귀의 올무에 빠져 교만해져서 그의 정죄 속으로 끌려들어가는 것보다, 차라리 자신을 낮추어 겸손한 태도를 취하는 것이 낫다.

(2) 요한의 설명(26, 27절).

[1] 요한은 자신이 다만 외적 상징을 가지고 섬기는 자라고 밝혔다: 나는 물로 세례를 베풀거니와. 이 말은 이런 뜻이다. 나는 물로 세례를 베푸는데, 그것이 전부이다. 나는 그 이상의 존재가 아니며, 너희가 보는 것 이상의 일을 하지 않는다. 내게는 세례자 요한이라는 칭호밖에 없다. 나는 물세례가 상징하는 영적인 은혜는 주지 못한다. 바울은 다른 사람들이 자신을 지나치게 생각하지 않게 하려고 주의했는데(고후 12:6), 세례 요한이 그랬다. 말씀 사역자들은 자신들이 주님인 체해서는 안 된다.

[2] 요한은 자신보다 더 큰 분을 소개하면서, 그분이 오시면 자신이 할 수 없는 일을 그들을 위해 해주실 것이라고 말했다. 나는 물로 세례를 베푸는데, 그것이 내가 위임받은 사명이다. 나는 이것으로 너희를 내 뒤에 오시는 분에게 인도하여 넘겨드릴 뿐이다. 그리스도의 사역자들에게 부과된 큰 사명이 모든 사람을 그리스도에게로 인도하는 것임을 유념해야 한다. 우리는 우리 자신을 전하지 않고 주 예수 그리스도를 전한다. 요한의 증언은 바람에 흔들리는 갈대와 같지 않고 항상 일관되었다. 산헤드린은 백성들 가운데 요한의 인기가 많은 것을 질시했으나, 요한은 그들에게 자기보다 크신 분이 문에 서 계심을 두려워하지 않고 말했다. 첫째로, 요한은 그리스도께서 바로 그 시점에 그들 가운데 서 계심을 말한다: [지금] 너희 가운데 너희가 알지 못하는 한 사람이 섰으니. 그리스도께서 평민들 가운데 그들 중 하나로 서 계셨다. 주목할 점: 1. 정말로 참되고 가치 있는 것은 이 세상에는 감춰져 있다. 무명(無名)의 상태가 진정으로 탁월한 인물의 몫인 경우가 많다. 성도는 하나님의 감춰진 사람들이며, 그러므로 세상은 그

들을 알아보지 못한다. 2. 하나님께서는 우리가 의식하는 것보다 더 우리에게
가까이 계시는 때가 많다. 여호와께서 과연 여기 계시거늘 내가 알지 못하였도다
(창 28:16). 유대인들은 메시야의 오심을 기대하여 주시하고 있었다. 그러나 또
여기 있다 저기 있다고도 못하리니 하나님의 나라는 너희 안에 있느니라(눅 17:21).
둘째로, 요한은 사람들에게 그리스도께서 자신보다 크신 분임을 말했다. 앞에
서 내 뒤에 오시는 이가 나보다 앞선 것은 나보다 먼저 계심이라고 했던 말에, 새로
다음과 같이 덧붙인다: 나는 그의 신발끈을 풀기도 감당하지 못하겠노라. 같은 날
주님과 함께 호명되는 것조차 감당하지 못하겠다는 뜻이며, 주님에 관한 지극
히 작은 직분조차 내게는 극진한 영광이라는 뜻이다. 참조. 사무엘상 25:41. 그
리스도를 존귀하게 여기는 사람들은 주님의 사역을 비록 그로 인하여 경멸을
당할지라도 명예롭게 여긴다. 참조. 시편 84:10. 요한처럼 큰 인물이 그리스도
곁에 있는 명예조차 감당치 못할 것으로 여겼다면, 우리는 우리 자신을 어떻게
생각해야 할 것인가! 그런데 이처럼 제사장들과 바리새인들이 요한에게서 메
시야의 오심에 관하여 들었으니 그 높으신 분이 누구이시며 어디에 계시는지
당장 질문했으리라 자연스럽게 생각하게 된다. 이런 중대한 소식을 요한만큼
잘 말해줄 수 있는 사람이 어디 있었겠는가? 그러나 그들은 자신들의 일이나
관심사로 여기지 않았다. 그들이 찾아온 목적은 요한을 훼방하려는 것이었지,
그에게 무슨 교훈을 받으려는 것이 아니었다. 따라서 그들의 무지는 고의적인
것이었다. 마음만 있으면 그리스도에 관하여 알 수 있었으나 그렇게 할 마음이
없었다.

마지막으로, 이 모든 일이 행해진 지역이 요단 강 건너편 벳다바라[개역개정
판:베다니]였음을 주목할 필요가 있다(28절). 벳다바라는 통과의 집이라는 뜻이
다. 어떤 이들은 이 장소가 이스라엘이 여호수아의 영도하에 약속의 땅으로 들
어가기 위해 요단 강을 건너던 지점이었다고 생각한다. 이제 그곳에 예수 그리
스도로 말미암아 복음으로 들어가는 길이 열려 있었다. 이곳은 예루살렘으로
부터 아주 멀리 떨어진, 요단 강 건너편이었다. 아마도 요한이 그곳에서 사역
했기 때문에 그곳에서 한 일이 정권의 비위를 덜 거슬렸을 것이다. 아모스는
궁정 근처가 아닌 농촌에 가서 예언하도록 보내심을 받았다. 그러나 예루살렘
이 평강에 관한 일에서 그처럼 멀리 떨어져 있었다는 것은 슬픈 일이었다. 요
한은 자신이 세례를 주던 곳에서 예수 그리스도에 관하여 증언했기 때문에, 그

의 세례를 받은 사람들은 그의 증언을 다 들었을 것이며, 그리스도에 관하여 모른다 말할 수 없었을 것이다.

[29]이튿날 요한이 예수께서 자기에게 나아오심을 보고 이르되 보라 세상 죄를 지고 가는 하나님의 어린 양이로다 [30]내가 전에 말하기를 내 뒤에 오는 사람이 있는데 나보다 앞선 것은 그가 나보다 먼저 계심이라 한 것이 이 사람을 가리킴이라 [31]나도 그를 알지 못하였으나 내가 와서 물로 세례를 베푸는 것은 그를 이스라엘에 나타내려 함이라 하니라 [32]요한이 또 증언하여 이르되 내가 보매 성령이 비둘기 같이 하늘로부터 내려와서 그의 위에 머물렀더라 [33]나도 그를 알지 못하였으나 나를 보내어 물로 세례를 베풀라 하신 그이가 나에게 말씀하시되 성령이 내려서 누구 위에든지 머무는 것을 보거든 그가 곧 성령으로 세례를 베푸는 이인 줄 알라 하셨기에 [34]내가 보고 그가 하나님의 아들이심을 증언하였노라 하니라 [35]또 이튿날 요한이 자기 제자 중 두 사람과 함께 섰다가 [36]예수께서 거니심을 보고 말하되 보라 하나님의 어린 양이로다.

이 단락은 요한이 자신을 따르는 제자들에게 예수 그리스도에 관하여 증언한 내용을 전한다. 그리스도께서는 요한에게 세례를 받으신 직후에 곧장 광야로 들어가 시험을 받으시며 사십 일을 거기서 유하셨다. 그리스도께서 안 계시는 동안 요한은 계속해서 사람들에게 그리스도에 관하여 증언했다. 그러다가 마침내 예수께서 시험의 광야에서 돌아와 요한에게 나아오심을 보게 된다. 광야에서의 싸움이 끝난 뒤에 그리스도께서는 곧장 회개의 도를 전파하며 세례를 주던 요한에게 돌아오신 것이다. 그런데 그리스도께서 시험을 당하신 목적은 우리에게 본과 격려가 되시기 위함이다. 이 사실에서 배우게 되는 점: 1. 시험을 당할 때 겪는 고난으로 인하여 오히려 계명을 더욱 철저히 지켜야 한다. 고난을 당할 때 오히려 하나님의 성소에 들어가야 한다(시 73:17). 사탄의 공격을 받아 맞서 싸울 때 우리는 성도의 사귐을 더욱 가까이 해야 한다. 둘이 하나보다 낫다. 2. 승리했다고 하여 자신을 계명 위에 두어서는 안 된다. 그리스도께서는 사탄에게 승리를 거두시고 천사들의 수종을 받으셨지만, 결국 요한이 전도를 하고 세례를 주던 장소로 돌아오셨다. 하늘 이편에 사는 동안에는 아무리 특별한 하나님의 은혜를 받았다 하더라도 여전히 정규적인 은혜의 방편과 위로에 착념하고, 그 안에서 하나님과 동행해야 한다. 요한이 그리스도에 관하여 증언한 것은 두 가지이지만 그 둘이 실은 하나이다.

I. 그리스도께서 광야에서 돌아오신 첫 날 그리스도에 관하여 행한 증언. 요한은 그리스도를 바라보며 네 가지 점을 증언했다.

1. 그리스도께서는 세상 죄를 지고 가는 하나님의 어린 양이시다(29절). 여기서 배울 점은,

(1) 예수 그리스도는 하나님의 어린 양이시다. 죄를 위하여 속죄를 이루시어 사람을 하나님과 화목시키시는 큰 희생 제물이시다. 요한이 율법의 모든 희생 제물들 가운데 굳이 어린 양을 택하여 말한 것은 어린 양이 온유함의 상징이고 그리스도께서 도수장으로 끌려가는 어린 양처럼 되셔야 하기 때문이기도 했지만(사 53:7), 더 나아가 다음과 같은 점을 말하려는 뜻도 있었다. [1] 상번제의 어린 양. 매일 아침저녁으로 드리는 제사에는 항상 어린 양을 드려야 했다(출 29:38). 상번제로 드린 어린 양은 영원한 속죄 제물이시고 그 피가 항상 살아서 말하는 그리스도의 모형이었다. [2] 유월절 어린 양. 문설주와 인방에 뿌려진 유월절 어린 양의 피가 이스라엘 자손을 멸망의 천사의 손에서 구했다. 그리스도께서는 우리의 유월절 양이시다(고전 5:7). 하나님의 어린 양으로서, 하나님께서 친히 세우셨고(롬 3:25), 하나님께 거룩히 구별되셨으며, 그 안에서 하나님께서 만족을 얻으셨다. 속죄제를 위해 바칠 염소에게 뽑힌 제비를 가리켜 여호와를 위하여 뽑힌 제비라 했다(레 16:8, 9). 마찬가지로 죄를 속하실 그리스도께서는 하나님의 어린 양이라 불리셨다.

(2) 예수 그리스도께서는 세상 죄를 지고 가는 하나님의 어린 양이시다. 이것이 그리스도의 과업이었다. 그리스도께서 세상에 오신 목적은 자기를 단번에 제물로 드려 죄를 없이 하시려는 것이었다(히 9:26). 세례 요한은 백성들이 죄 사함을 얻도록 그들에게 회개하라고 외쳤다. 여기서 요한은 죄 사함이 어떻게 누구에 의해 이루어질 것인지, 회개하면 죄 사함을 받는다는 소망의 근거가 무엇인지를 보여준다. 우리가 갖고 있는 소망의 근거는, 예수 그리스도께서 하나님의 어린 양이시라는 데 있다. [1] 그리스도께서는 죄를 짊어지신다. 하나님과 사람 사이의 중보자로서, 하나님의 거룩하심을 훼손하고 인간의 행복을 파괴한 죄를 짊어지신다. 그리스도께서 오신 목적은, 첫째로, 친히 죽으심의 공로에 의하여 죄책(罪責)을 없애시고, 단번의 면죄 행위에 의해 심판을 무효로 만들고, 인간이 박탈당한 권리를 회복시키시는 데 있다. 둘째로, 은혜의 성령에 의해 죄

의 권세를 제거하심으로써 죄가 신자를 주관하지 못하게 하시는 데 있다(롬 6:14). 그리스도께서는 하나님의 어린 양으로서 친히 보혈로 우리의 죄를 씻으신다. 즉, 우리를 의롭다 하실 뿐 아니라 거룩하게 하시며, 죄를 없애신다. 그리스도께서는 호 아이론, 세상 죄를 없애시는 분이시다. 이 단어는 그것이 단회적이지 않고 연속적인 행위임을 가리킨다. 죄를 없애시는 것이 그리스도께서 항상 하시는 일이다. 그것은 항구적인 사역이어서, 시간이 존재하지 않게 될 때까지는 완성되지 않을 것이다. 그리스도께서는 하늘에서는 피의 간구로, 땅에서는 끊임없는 은혜의 역사로 항상 죄를 없애신다. [2] 그리스도께서는 세상 죄를 없애신다. 모든 나라와 모든 민족과 모든 방언에서 회개하고 복음을 믿고 나오는 모든 사람들을 값을 치르고 구속하신다. 율법의 제사들은 이스라엘의 죄에만 관계가 있고, 그들의 죄만 속죄한다. 그러나 하나님의 어린 양은 온 세상의 죄를 속하시기 위하여 드려졌다(요일 2:2). 이것이 우리의 믿음에 큰 격려가 된다. 만일 그리스도께서 세상 죄를 없애신다면, 나의 죄를 없애지 않으실 이유가 있는가? 그리스도께서는 죄의 세력의 주요부에 공격의 좌표를 두시고, 온 세상이 안겨 있는 그 악한 자의 뿌리를 쳐서 넘어뜨리셨다. 하나님께서 그리스도 안에서 세상을 당신과 화목시키고 계셨다. [3] 그리스도께서는 세상 죄를 친히 짊어지신다. 그분은 세상 죄를 지고 가는 하나님의 어린 양이시다. 우리를 위해 죄를 짊어지셨고, 따라서 우리에게서 죄를 가져가신다. 속죄 염소의 머리에 이스라엘의 죄가 전가되었듯이, 그리스도께서는 많은 사람의 죄를 짊어지셨다(참조. 레 16:21). 하나님께서는 옛 세상의 죄를 제거하신 방법대로 죄인들을 없애심으로써 죄를 없애실 수도 있었지만, 당신의 아들을 우리를 위한 죄로 만드심으로써 죄를 없애면서도 죄인을 살리시는 길을 내셨다.

(3) 우리의 할 일은 믿음의 눈으로 세상 죄를 없애시는 하나님의 어린 양을 바라보는 것이다. 그리스도께서 죄를 짊어지신 것을 보고 우리도 죄를 미워하는 마음을 더욱 가지며, 죄를 짓지 않기로 결심하는 것이다. 우리 죄를 짊어지시기 위하여 오시는 하나님의 어린 양 앞에서 머뭇거려서는 안 된다. 그리스도께서는 우리의 죄를 없애지 않으시면 우리를 없애실 것이기 때문이다. 그 점을 생각하고 "우리를 사랑하사 그의 피로 우리 죄에서 우리를 해방"하신 그리스도를 더욱 사랑하자(계 1:5). 하나님께서 우리 죄를 없애시면서 동시에 우리에게서 제거하기를 기뻐하시는 것이 있다면 그것이 무엇이든 불평하지 않고 감

사할 이유가 있다.

2. 요한 앞에 나타나신 그리스도는 전에 요한이 백성들에게 전했던 그분이었다(30, 31절). 그래서 요한은, 여러분 앞에 서 계신 저 분, 내가 가리키는 저 분이 내가 전에 말하기를 내 뒤에 오는 사람이 있다고 한 분입니다 하고 말했다. 관찰할 점은, (1) 이 점에서 요한의 특권이 다른 모든 선지자들보다 더 컸다. 그들은 오실 분에 관하여 말했으나, 요한은 그분이 이미 와 계신 것을 보았다. 내가 전에 …… 한 것이 이 사람을 가리킴이라. 지금 가까이에서 보았다(참조. 민 24:17). 그런데 그만한 차이가 현재의 믿음과 미래의 대면 사이에도 있다. 지금 우리는 눈에 보이지 않는 분을 사랑하지만, 그 날에는 사랑하는 주님을 뵙고서 이분이 내가 땅에서 나의 그리스도, 나의 모든 것, 나의 사랑, 나의 벗이라 부르던 분이다 하고 말하게 될 것이다. (2) 요한은 그리스도를 사람(내 뒤에 오는 사람)이라 부른다. 사람이란 단어에 아네르라는 단어가 쓰였는데, 강한 사람이라는 뜻이다. 큰 권세를 가지고 하나님의 우편에 앉으신 그리스도를 생각하게 된다. (3) 요한은 자신이 전에 그리스도에 관해서 했던 말을 상기시킨다: 내가 전에 … 한 것이 이 사람을 가리킴이라. 그리스도에 관하여 존귀하게 말한 사람들에게는 그 말이 그들을 실망시키지 않을 것이다. 그리스도를 더욱 알아갈수록 주님에 대한 자신들의 평가가 옳았음을 더욱 확인하게 된다. 요한은 여전히 자신은 낮추어 생각하고 그리스도는 높인다. 그리스도께서는 권세자의 외양을 갖추고 오시지 않았으나, 요한은 내가 전에 말하기를 … 그가 나보다 먼저 계심이라 한 것이 이 사람을 가리킴이라 하고 말하기를 부끄러워하지 않았다. 요한으로서는 사람들 앞에서 그리스도를 소개할 필요가 있었다. 아무 말 없이 지나간다면 겉으로 평범하게 보이는 사람이 요한에게 그처럼 큰 증거를 받은 인물임을 믿지 못했을 것이다. (4) 요한은 자신이 예수님과 무슨 협력 관계에 있지 않음을 강조한다: 나도 그를 알지 못하였으나. 예수님과 요한 사이에는 관계가 없지 않았으나(엘리사벳은 동정녀 마리아의 사촌이었다), 두 분 사이에는 일면식도 없었다. 요한은 예수께서 세례받으러 나오시기 전까지는 개인적으로 그분을 알지 못했다. 요한과 예수님이 살아오신 방법도 달랐다. 요한은 광야에서 홀로 지냈으나, 예수님은 나사렛에서 사람들과 대화를 나누며 사셨다. 두 분 사이에는 서신 왕래도 접견도 없었던 까닭에, 요한이 예수님을 알아본 것은 전적으로 하늘의 지시와 뜻에 따른 것이었을 뿐, 서로 간의 계획과 합의에 따른 것이 아니었다. 요한은

예수님과의 사전 연락을 부인하면서도, 예수님에 대한 편견이나 경계를 드러
내지 않았다. 예수님과의 사이에 아무런 교분이 없었던 까닭에 친구 대하듯 친
밀하게 말할 수도 없었고, 낯선 분이었던 까닭에 주제넘게 호의적으로 말할 수
도 없었다. 다만 위로부터 받은 것 외에는 아무것도 말할 수 없었다(참조. 3:27).
이처럼 하나님의 말씀을 배우는 사람들은 눈에 보이지 않는 주님을 믿고 고백
하는 것인데, 그렇게 믿는 사람들은 복되다. (5) 요한의 사역과 세례의 큰 목적
은 예수 그리스도를 소개하는 것이었다. 내가 와서 물로 세례를 베푸는 것은 그를
이스라엘에 나타내려 함이라. 관찰할 점. [1] 비록 요한은 예수님과 일면식도 없
었으나, 그분을 나타내는 데 자신의 사명이 있음을 알았다. 우리도 본질과 의
도를 충분히 모를지라도 확실히 알 수 있는 것들이 있다. 천국의 복이 장차 주
의 백성들에게 나타날 것을 우리는 알지만, 그것을 말로 다 표현할 수가 없다. [2]
요한이 품었던 그리스도를 나타내야 한다는 큰 확신이 그로 하여금 비록 구체적
인 상황을 모르는 가운데서도 굳은 의지로 부지런히 사역을 할 수 있도록 지탱
해 주었다. 그리스도께서 이루셨고 또한 장차 이루실 일들에 대한 확신은 우리
에게도 분발하여 사역하도록 하기에 충분하다. [3] 하나님께서 자기 백성들에
게 당신을 계시하실 때는 차서 있게 하신다. 처음에 요한은 자신이 그리스도를
나타내야 한다는 당위 외에는 그리스도에 관하여 알지 못했다. 그 당위에 대한
확신을 품고 세례를 베풀었으나, 이제는 그리스도를 직접 뵙는 은혜를 입는다.
하나님의 말씀을 토대로 눈에 보이지 않는 것을 믿는 사람들은 지금 자신들이
믿고 있는 것을 곧 눈으로 보게 될 것이다. [4] 말씀과 성례 사역의 목표는 사람
들은 그리스도에게로 인도하고, 그리스도를 더욱 밝히 나타내는 데에만 있다.
[5] 요한이 베푼 물세례는 우리의 부패와 더러움을 상정하고, 열린 샘이신 그리
스도께서 씻어주실 일을 상징했으므로, 그리스도를 나타내기 위한 길을 예비
했다.

3. 바로 이 예수님에게 성령이 비둘기 같이 하늘로부터 내려와서 그의 위에 머
물렀다. 요한은 그리스도에 관한 자신의 증언을 확실하게 하기 위하여 그리스
도께 세례를 베풀 때 나타난 기이한 현상, 즉 하나님께서 친히 당신을 증언하
신 일을 전한다. 이 일은 그리스도의 사명을 말해주는 유력한 증언이었다. 요
한은 이 일의 참됨을 확신시키기 위하여 몇 가지를 말한다(32-34절).

(1) 세례 요한이 그 일을 직접 보았다: 내가 보매. 그 일을 단순히 이야기로

전하지 않고, 증인으로서의 진지하고 엄숙한 어조로 확고하게 전한다. 증인으로 선서하듯이 기술했다: 내가 보매 성령이 비둘기 같이 하늘로부터 내려와서 그의 위에 머물렀더라. 요한은 성령을 볼 수 없었으나, 성령의 상징인 비둘기를 보았다. 성령께서 그리스도 위에 임하신 것은 사역에 적합하도록 만드시려는 것이요, 그를 세상에 알리시려는 것이다. 그리스도께서 사역을 위한 자격을 갖춘 분임이 공포된 방식은 왕관을 머리에 쓰시는 것도, 변화하는 것도 아닌, 성령께서 비둘기 같이 그 위에 강림하시는 것이었다. 훗날 사도들이 받은 최초의 증거도 성령께서 그들 위에 강림하시는 방식으로 이루어졌다. 하나님의 자녀들은 그들이 받은 은혜로 세상에 알려진다. 하지만 그들이 받을 영광은 미래를 위해 예비되어 있다. 관찰할 점. [1] 성령께서는 하늘로부터 내려오셨다. 모든 선하고 완전한 선물은 위로부터 내려온다. [2] 성령께서는 비둘기 같이 내려오셨다. 비둘기는 온유하고 부드럽고 인자함이 상징으로서, 임하는 대상을 가르치기에 적합하게 만드신다. 비둘기는 평화를 상징하는 감람나무 가지를 가져왔다(참조. 창 8:11). [3] 그리스도께 내려오신 성령은 예언대로 그 위에 머무셨다(참조. 사 11:2). 삼손의 경우처럼 때에 따라 떠나시지 않고(삿 13:25) 항상 머무셨다. 성령께서는 그리스도께 한량없이 부어지셨다. 어느 때나 사역을 감당할 자격과 역량이 부족하게 되거나, 은혜를 얻기 위해 당신 앞에 나아가는 사람들을 빈손으로 돌려보내는 일이 없도록 항상 성령이 그 위에 임하여 계시게 하는 것이 그리스도의 권한이다.

(2) 요한은 그 일을 미리 고지받았으며, 그 사실이 큰 확증이 된다. 성령이 내려서 임하는 이가 하나님의 아들이라는 것은 요한의 어림짐작이 아니라, 그로 확실히 알게끔 미리 고지된 상징이었다(33절): 나도 그를 알지 못하였으나. 요한은 다른 사람들과 마찬가지로 그리스도를 알지 못했고, 다만 계시를 통하여 알게 되었음을 크게 강조한다. 자신도 그리스도를 몰랐는데, 나를 보내어 물로 세례를 베풀라 하신 분이 성령이 내려서 누구 위에든지 머무는 것을 보거든 그가 곧 성령으로 세례를 베푸는 이인 줄 알라는 말씀을 해주셔서 알게 되었다고 말한다. [1] 여기서 요한이 얼마나 확고한 토대 위에서 사역하며 세례를 베풀었는가 하는 것을 알게 된다. 첫째로, 그는 보냄을 받지 않은 채 달려가는 일이 없었다: 나를 보내어 물로 세례를 베풀라 하신 그이가. 자신이 행하는 일에 대해 하늘로부터 받은 보증이 있었던 것이다. 목사로서의 소명이 분명하면 비록 사역이 항상 성공

적이지 못할지라도 안심하고 사역해 나갈 수 있다. 둘째로, 그는 태만하게 사역하지 않았다. 물로 세례를 베풀라는 명령을 받았을 때부터 성령으로 세례를 베푸실 분을 지향했다. 이러한 의식 하에서, 세례 요한은 그리스도께서 오셔서 자신이 백성들에게 촉구하는 회개와 믿음을 주실 것과, 자신이 지금 터를 닦고 있는 복된 건물을 세워 완성하실 것을 기대하는 법을 배웠다. 그리스도의 사역자들은 비록 자신들은 외적인 상징들을 집례하지만 그리스도께서는 그 상징들이 의미하는 은혜를 베푸시어 자신들의 사역에 생명과 영혼과 능력을 부여하실 수 있다는 사실과, 비록 자신들은 사람들의 귀에 대고 말하지만 그리스도께서는 마음에 말하시고 마른 뼈에 생기를 불어넣으실 수 있다는 사실이 큰 위로가 된다. [2] 요한이 얼마나 확고한 터 위에서 메시야를 가리킬 수 있었는가를 알게 된다. 하나님께서는 옛적에 사무엘에게 사울과 관련하여 표지를 주셨듯이, 요한에게도 표지를 주셨다: 성령이 내려서 누구 위에든지 머무는 것을 보거든 그가 곧 성령으로 세례를 베푸는 이인 줄 알라. 이 사실이 실수를 방지했을 뿐 아니라, 더 나아가 그의 증언을 더욱 담대하게 만들어 주었다. 주님께서 그런 확신을 주셨을 때 그는 큰 확신을 가지고 말할 수 있었다. 요한은 전에 이 말씀을 들었을 때 큰 기대를 가지게 되었을 것이다. 그리고 예언에 꼭 부합한 사건이 발생하는 것을 보면서 그의 믿음이 매우 확고하게 되었을 것이다. 이런 일들이 성경에 기록된 이유는 우리로 같은 믿음을 갖도록 함이다.

4. 그분은 하나님의 아들이셨다. 이것이 요한이 전한 증언의 결론이다. 이 증언이 다른 모든 각론들의 중심이 된다(34절): 내가 보고 그가 하나님의 아들이심을 증언하였노라 하니라. (1) 요한이 강조한 진리는 그가 하나님의 아들이시라는 것이다. 하늘로부터 울려 퍼진 음성은 그가 신적 권위에 힘입어 성령으로 세례를 주시는 분일 뿐 아니라 신적 본질을 지니신 분임을 선포했다. 예수님이 하나님의 아들이시라는 것이 기독교의 독특한 신조인데(마 16:16), 이 진리가 여기서 최초로 선포된다. (2) 그 진리에 대한 요한의 증언: 내가 보고 … 증언하였노라. [1] 요한은 자신이 본 것을 증언했다. 사도들의 태도도 그와 같았다: 우리는 보고 들은 것을 말하지 아니할 수 없다 하니(행 4:20). [2] 그가 증언한 것은 그가 본 것이었다. 그리스도의 증인들은 눈으로 목격한 사람들이므로 그들의 증언은 더욱 믿을 만하다. 그들은 남의 말을 듣고서 증언하지 않았다. 참조. 베드로후서 1:16.

Ⅱ. 이튿날 요한이 그리스도에 관하여 증언한 내용(35, 36절). 1. 요한은 기회가 있을 때마다 백성들을 그리스도에게 인도했다: 또 이튿날 요한이 자기 제자 중 두 사람과 함께 섰다가 예수께서 거니심을 보고 말하되. 지금 요한은 대중으로부터 물러나서 자신의 제자들 가운데 두 사람과 함께 친밀한 대화를 나누고 있었다. 이처럼 목회자들은 공적인 설교뿐 아니라 사적인 대화로도 그리스도를 증거하고 그분의 유익을 위하여 봉사해야 한다. 그는 예수께서 거니심을 보았으나 직접 달려가 뵙지 않았다. 밀착된 관계라는 인상을 조금이라도 주지 않기 위함이었다. 그리하여 예수를 바라보고 있었다(엠블렙사스). 예수님에게서 눈을 떼지 않고 계속 바라보았다. 다른 사람들을 그리스도에게 인도하려는 사람들은 먼저 자신들이 예수님을 묵상하는 데 부지런해야 한다. 요한은 전에 그리스도를 뵌 적이 있으나, 이제도 그분을 응시했다(참조. 요일 1:1). 2.어제도 뵙고 증거했으니, 오늘은 어제와 다른 각도에서 그리스도에 관해 위대한 진리를 전할 수도 있었으나, 어제 했던 증언을 반복했다. 이로써 자신의 증인이 통일성과 일관성이 있음을 나타냈다. 그의 교훈은 공적으로 전하든 사적으로 전하든 동일했다. 바울도 같았다(참조. 행 20:20, 21). 한 번 들은 복음을 반복해서 듣는 것이 잘하는 일이다(참조. 빌 3:1). 특히 그리스도께서 세상 죄를 지시기 위하여 제물이 되셨다는 교훈이야말로 모든 목회자들이 힘써 가르쳐야 할 내용이다. 하나님의 어린 양이신 그리스도, 십자가에 못 박히신 그리스도를 목회자들은 끊임없이 전해야 한다. 3. 요한이 이 말을 한 의도는 구체적으로 곁에 섰던 두 제자를 위함이었다. 그들로 그리스도를 따르게 하려 했던 것이다. 이 목적으로 그들이 듣는 데서 그리스도를 증언하였고, 그로써 자신들의 모든 것을 버리되 요한 자신마저 버린 채 그리스도를 따르게 했다. 마치 교사가 자신이 가르친 학생들을 대학교로 보내는 것을 상실로 여기지 않듯, 요한도 자신의 제자들을 그리스도께 보내는 것을 상실로 여기지 않았다. 요한이 제자들을 모은 것은 자신을 위함이 아니었고, 그리스도 곧 주의 길을 예비하기 위함이었다(눅 1:17). 그는 그리스도께서 갈수록 인기를 얻으시는 것을 조금도 시샘하지 않았다. 그것만큼 그가 바라던 소원이 없었다. 겸손하고 너그러운 영혼들은 자신들의 존재가 위축될까봐 두려워하지 않은 채 다른 사람들에게 마땅히 돌려야 할 찬사를 흔쾌히 돌린다. 우리의 명예뿐 아니라 다른 모든 것도 모든 사람에게 그들의 것을 인정한다 해서 조금이라도 줄어들지 않는다.

[37]두 제자가 그의 말을 듣고 예수를 따르거늘 [38]예수께서 돌이켜 그 따르는 것을 보시고 물어 이르시되 무엇을 구하느냐 이르되 랍비여 어디 계시오니이까 하니 (랍비는 번역하면 선생이라) [39]예수께서 이르시되 와서 보라 그러므로 그들이 가서 계신 데를 보고 그 날 함께 거하니 때가 열 시쯤 되었더라 [40]요한의 말을 듣고 예수를 따르는 두 사람 중의 하나는 시몬 베드로의 형제 안드레라 [41]그가 먼저 자기의 형제 시몬을 찾아 말하되 우리가 메시야를 만났다 하고 (메시야는 번역하면 그리스도라) [42]데리고 예수께로 오니 예수께서 보시고 이르시되 네가 요한의 아들 시몬이니 장차 게바라 하리라 하시니라(게바는 번역하면 베드로라.)

이 단락에서는 두 제자가 요한과 작별하고 그리스도를 따르게 되며, 그 중 한 사람이 세 번째 제자를 데리고 오는데, 이 세 사람이 그리스도의 첫 열매들이다. 교회가 초창기에 얼마나 작게 시작했으며, 그 위대한 역사의 새벽이 어떻게 열렸는지 눈여겨보라.

I. 안드레와 또 한 제자가 세례 요한이 그리스도께 안내한 두 제자였다(37절). 그 다른 제자가 누구였는지 언급되지 않는다. 어떤 이들은 21:2과 비교하여 그가 도마였을 것으로 추정하고, 다른 이들은 이 복음서의 기자 요한이 어떻게든 자신의 이름을 감추려고 한 점을 들어, 요한 자신이었을 것으로 추정한다(참조. 13:23; 20:3).

1. 두 제자는 주저하지 않고 그리스도에게로 갔다. 그들은 요한이 그리스도를 하나님의 어린 양으로 증언하는 말을 듣고 예수를 따랐다. 틀림없이 그들은 어제도 요한이 하는 말을 들었겠지만, 그 말의 효과가 오늘만 하지 못했을 것이다. 반복과 개인적인 대화가 그만큼 유익한 것이다. 그들은 요한이 그리스도를 가리켜 세상 죄를 지고 가는 하나님의 어린 양이라고 하는 말을 들었고, 그 말이 그들로 예수를 따르게 만들었다. 깨어 있는 영혼에게 그리스도를 따르게 하는 가장 강하고 효력 있는 주장은 오직 그리스도께서만 세상 죄를 지고 가신다는 것이다.

2. 예수께서 두 제자를 친근히 대하셨다(38절). 두 제자는 예수님 뒤로 다가갔으나, 예수님은 곧 그들이 오는 것을 알아보시고서 돌이켜 그 따르는 것을 보셨다. 이처럼 예수께서는 사람의 마음에 주님을 따르려는 의지가 생기는 것과, 주님을 향해 내딛는 첫 발걸음을 다 알아보신다. 참조. 이사야 64:5; 누가복음

15:20. 예수께서는 그들이 와서 말씀을 청할 때까지 기다리지 않으시고 먼저 말씀하셨다. 영혼과 그리스도 사이에 어떤 대화가 오가든, 먼저 말을 건네시는 분은 그리스도이시다. 예수께서는 그들에게 무엇을 구하느냐고 물으셨다. 이것은 그들이 감히 주님의 무리에 침범하는 것을 책망하는 말씀이 아니었다. 우리를 찾으러 오신 주님은 우리가 주님을 찾는 것을 결코 막지 않으신다. 예수께서 하신 말씀은 오히려 송구스러워하며 겸손히 나아온 그들을 친근히 맞아주시는 말씀이었다: "어서 오라. 내게 할 말이 무엇인가? 무엇을 구하느냐? 청할 것이 있으면 말해보라." 사람들의 영혼 문제를 지도하는 위치에 있는 이들은 주님의 태도를 본받아 겸손하고 온유하고 접근하기 쉬운 태도를 취하여 어렵지 않게 찾아 나올 수 있게 해야 한다. 그리스도께서 두 제자에게 던지신 질문은 그리스도를 따르기 시작하는 모든 이들이 새겨야 할 말씀이다: "너희가 무엇을 구하느냐? 무엇을 뜻하고 바라느냐?" 그리스도를 따른다 하면서 세상이나 자신이나 사람들의 칭찬을 구하는 사람들은 스스로 속이는 것이다. "우리가 그리스도를 구한다 하면서 정말로 구하는 것이 무엇인가? 선지자이시며 왕이시며 제사장이신 그분을 구하는 것인가? 그리스도를 따르면서 진정으로 하나님의 은혜와 영생을 구하는 것인가?" 만일 우리 눈이 오로지 거기에 맞춰져 있다면 우리는 충만한 빛 가운데 있는 셈이다.

3. 두 제자는 주께서 거하시는 곳을 겸손하게 여쭈었다: 랍비여 어디 계시오니이까 하니. (1) 그들은 예수님을 랍비라고 부름으로써 자신들이 찾아온 목적이 예수께 배우기 위함임을 나타냈다. 랍비는 상전(master) 곧 가르치는 상전을 뜻한다. 유대인들은 박사들을 가리켜 랍비들이라 불렀다. 이 단어는 '풍부함' (multus) 혹은 '위대한'(magnus)라는 뜻의 랍에서 유래했으며, 따라서 랍비라고 하면 위대한 사람, 즉 안에 많은 것이 든 사람이라는 뜻이다. 우리 주 예수님 안에는 모든 지혜와 지식의 보화가 감춰져 있는 까닭에, 우리 주님과 같은 랍비 곧 위대한 인물이 없었다. 이처럼 두 제자는 그리스도의 학생들이 되기 위하여 찾아온 것이며, 주님께 찾아나오는 사람들은 다 그런 태도를 지녀야 한다. 요한은 그들에게 그리스도께서 하나님의 어린 양이라고 말했는데, 이제 이 어린 양은 두루마리를 가지시고 그 인봉을 떼기에 합당하시다(계 5:9). 만일 우리가 주님의 다스리심을 받고 배우는 데 드리지 않는다면 주께서는 우리의 죄를 지지 않으실 것이다. (2) 어디 계시오니이까 하고 물음으로써, 두 제자는 그리스도를 더욱 잘

알고자 하는 소원을 나타냈다. 그리스도는 타 지역에서 오신 분이었기 때문에, 유숙하고 계신 숙소가 어디 있는지 여쭌 것이다. 정해 주시는 시간에 그곳을 찾아가 배우고자 함이었다. 아무 때나 찾아가 질문하는 무례를 범하기를 원치 않았다. 그리스도를 따르는 사람들은 이와 같이 공손하고 예의바른 태도를 지녀야 한다. 그 외에도 두 제자는 길에서 잠깐 말씀을 듣는 것보다 좀 더 시간을 내어 충분히 말씀을 듣기를 원했다. 그리스도의 말씀 듣는 것을 자투리 시간을 내어서 할 일로 생각지 않고 본격적인 일로 삼기로 작정한 것이다. 그리스도와 사귐을 가져본 사람이라면 그러한 심정을 품지 않을 수 없다. [1] 그리스도의 말씀을 더 듣고자 함. 그들은 주님을 더욱 배워 알고자 주님을 따랐다. [2] 그리스도의 말씀을 배우는 데 착념함. 그들은 주님의 발 아래 앉아 가르쳐 주시는 말씀을 듣고자 했다. 어쩌다가 마음이 일어날 때만 그리스도께 나아가는 것으로는 충분하지 않고, 그리스도와 함께 거해야 한다.

4. 그리스도께서는 그들을 친절하게 당신의 거처로 안내하셨다: 예수께서 이르시되 와서 보라. 이처럼 그리스도께서는 당신을 찾아와 말씀을 듣고자 하는 사람들을 친절하게 맞아주신다. (1) 그리스도께서는 두 제자를 당신의 거처로 안내하셨다. 그리스도께 가까이 나아갈수록 주님의 아름다우심과 뛰어나심을 보게 된다. 속이는 자들은 배우러 오는 사람들과 일정한 거리를 두지만, 그리스도께서는 와서 보라고 말씀하신다. "와서 내가 거하는 초라한 거처를 보라. 내가 얼마나 조촐하게 생활하고 있는지 보고, 나를 따름으로써 세상의 유익을 얻으려 기대하지 말라. 서기관과 바리새인들에게 잘 보여 무엇을 얻으려고 그들을 랍비라 부르는 사람들의 태도를 본받지 말라. 나를 따르려면 어떤 각오를 해야 하는지 와서 보라." 참조. 마태복음 8:20. (2) 그리스도께서는 두 제자에게 지체하지 말고 즉시 따르라고 하셨다. 그들은 그리스도께 어디 거하시느냐고 여쭙고는 좀 더 적절한 때가 오기를 기다려 그때부터 따를 수도 있었다. 그러나 그리스도께서는 즉시 와서 보라고 초대하신다. 지금보다 더 나은 시간은 없다. 따라서 배워야 할 점은, [1] 다른 사람들에 대하여, 그들이 착하고 좋은 마음을 가지고 있을 때 인도하는 것이 최선이다. [2] 우리 자신에 대하여, 지금 주어진 기회를 끌어안는 것이 지혜이다: 보라 지금은 은혜 받을 만한 때요 보라 지금은 구원의 날이로다(고후 6:2).

5. 두 제자는 그리스도의 초대를 기쁘게 (틀림없이) 감사하게 받아들였다:

그러므로 그들이 가서 계신 데를 보고 그 날 함께 거하니. 이렇게 한 것이 주님께 폐를 끼치지 않으려고 초대를 정중히 거절한 것보다 더 겸손하고 예절바른 태도였다. (1) 그들은 기꺼이 주님을 따라갔다: 그들이 가서 계신 데를 보고 그 날 함께 거하니. 공손한 영혼들은 그리스도의 자비로운 초대를 기쁘게 받아들인다. 다윗이 그러했다(시 27:8). 그들은 어떻게 자기들과 같은 자들이 주님과 함께 거할 수 있을까 하여 몸을 사리지 않고, 가서 계신 데를 보고 함께 거했다. 어느 곳이든 그리스도께서 계신 곳에 거하는 것이 좋은 일이다. (2) 그들은 가서 본 곳이 좋아서 그 날 함께 거했다(주여 우리가 여기 있는 것이 좋사오니, 마 17:4). 주께서는 그들을 환영하셨다. 때가 열 시쯤 되었다고 했는데, 어떤 이들은 요한이 로마의 시간 계산법을 따랐다고 생각하여서, 두 제자가 오전 열 시쯤 주님을 만나 밤까지 함께 거했을 것이라고 생각한다. 다른 이들은 요한이 다른 복음서 기자들과 같이 유대인의 시간 계산법을 따랐다고 생각하여서, 두 제자가 오후 네 시쯤 주님을 만나 다음 날까지 주님과 함께 거했을 것이라고 생각한다. 라이트푸트 박사는 그들이 주님과 함께 그 날이 안식일이었던 까닭에 안식일이 지나가기까지 집으로 돌아갈 수 없었을 것으로 추정한다. 우리는 어디에 있든 우리의 안식일인 주일에는 영적 유익과 복이 될 만하게 지내기를 힘씀으로써, 믿음과 사랑과 헌신으로 믿음을 힘 있게 발휘하는 이들이 주일에 그리스도와 사귐을 가지며 보내도록 할 의무가 있다. 주일은 말 그대로 주님의 날이요, 인자의 날이다.

II. 안드레는 자기 형제 베드로를 그리스도께 데리고 갔다. 만일 베드로가 그리스도의 제자들 가운데 첫 열매였다면 교황주의자들은 이 점을 크게 떠벌렸을 것이다. 물론 후에 베드로가 여러 가지 은사에서 두각을 나타낸 것이 사실이지만, 그리스도의 첫 제자가 되어 베드로를 주님께 인도한 영예는 안드레의 것이다. 관찰할 점:

1. 안드레가 베드로에게 그리스도를 소개하며 해준 말.

(1) 그는 베드로를 찾았다: 그가 먼저 자기의 형제 시몬을 찾아 말하되. 가다가 우연히 만났다기보다, 일부러 찾아가 만났다는 뜻이다. 시몬은 안드레와 함께 요한에게 가서 그의 사역과 세례를 보았기 때문에, 안드레는 어디에 가면 시몬을 만날 수 있는지 알았다. 아마도 그와 함께 있던 다른 제자도 동시에 다른 친구들을 찾아갔겠지만, 안드레의 행동이 빨랐다: 그가 먼저 자기의 형제 시몬을 찾

아. 시몬은 요한에게 가서 그의 하는 일을 보았으나, 안드레처럼 제자는 되지 않고 돌아와 있었다.

(2) 안드레는 베드로에게 자신들이 발견한 것을 말해주었다: 우리가 메시야를 만났다. 눈여겨봐야 할 점: [1] 안드레는 겸손하게 말한다. "내가 만났다"고 하여 메시야를 발견한 공로를 자신에게 돌리지 않고 "우리가 만났다"고 하여 메시야를 만난 기쁨을 다른 사람들과 함께 나눈다. [2] 그는 크게 기뻐하며 승리감에 휩싸여 말한다: 우리가 극히 값진 진주를 만났다. 그는 그 보화를 발견하고는 열왕기하 7:9의 문둥병자들처럼 그 사실을 밝히 알린다. 그리스도 안에서 다른 사람들과 나누게 될 것이 결코 적지 않음을 알기 때문이다. [3] 그는 사실을 분명히 깨닫고서 그것을 전한다: 우리가 메시야를 만났다. 그것은 지금까지 해온 말보다 훨씬 더 분명한 선언이었다. 요한은 보라 세상 죄를 지고 가는 하나님의 어린 양이로다 하고 말했지만, 안드레는 그 말을 구약성경의 교훈과 비교하여, 그가 조상들에게 약속된 메시야이시며, 이제 바야흐로 약속하신 때가 도래한 것이라고 결론을 내린다. 이처럼 안드레는 하나님의 증언들을 묵상함으로써 자신의 스승보다 더 분명하게 그리스도에 관해서 말한다. 참조. 시편 119:99.

(3) 안드레는 베드로를 예수님에게로 데려갔다. 자신이 직접 베드로에게 이것저것을 가르치지 않고 그에게 샘의 근원이신 그리스도를 소개하고 그분에게 데려갔다. 이것은 [1] 자기의 형제를 귀하게 여겨 그에게 참된 사랑을 베푼 것이다. 그의 태도를 본받아, 우리도 우리와 가족과 친족의 관계로 맺어진 사람들의 영적 안전을 위해 각별히 관심을 기울여야 한다. 주께서 그들을 우리와 맺어주신 독특한 관계로 인하여, 우리는 그들의 영혼에게 선을 행해야 할 의무와 동시에 기회도 지닌다. [2] 그것은 그리스도와 함께 거하며 나눈 대화의 효과였다. 은혜의 방편들을 통하여 유익을 얻은 사실은 후에 다른 사람들과의 대화에 묻어나는 경건이 가장 잘 드러낸다. 아마도 안드레는 예수님과 함께 있음으로써 마치 모세가 거룩한 산에서 하나님을 뵙고 하나님으로 충만하여 그 얼굴이 빛났던 것과 같이 예수님으로 충만했을 것이다. 그리스도 안에는 모든 것을 채울 만한 충만함이 있음을 그는 알았다. 그리스도께서 자비하신 분임을 맛보아 안 그는 자기가 사랑하는 사람들도 그 사실을 맛보아 알기까지 가만히 있을 수 없었다. 참된 은혜는 독점을 미워하며, 사랑은 제 떡을 자기 혼자 먹지 않는다.

2. 예수 그리스도께서 베드로에게 주신 즐거움. 그것은 형제의 영향으로 당

신 앞에 나아온 베드로에게 적지 않은 환대였다(42절). 관찰할 점:

(1) 그리스도께서는 베드로를 그의 이름으로 부르셨다: 예수께서 보시고 이르시되 네가 요한의 아들 시몬이니 장차 게바라 하리라. 말씀하시는 정황으로 미루어 베드로가 그리스도를 처음 뵈었던 것 같다. 만일 그렇다면, [1] 그리스도께서 베드로를 처음 보시고서 묻지도 않으신 채 그와 그의 아버지의 이름을 말씀하셨다는 것은 그리스도께서 전지(全知)하시다는 증거이다. 주께서는 자기 백성을 아시며, 그들의 모든 형편을 아신다. [2] 베드로가 미천한 출신이고 이름 없는 사람이었는데도 그리스도께서 그를 그의 이름으로 부르셨다는 것은 당신을 낮추사 은혜와 호의를 베푸신 일이었다. 여호와께서 모세를 그의 이름으로도 아셨던 것이 그에게 큰 호의였던 것과 같다. 어떤 이들은 시몬과 요한[요나]이라는 이름의 의미를 순종과 비둘기로 해석한다. 순종하고 비둘기 같이 온순한 마음이 우리를 그리스도의 제자답게 한다.

(2) 그리스도께서는 베드로에게 새 이름을 주셨다: 게바. [1] 새 이름을 주셨다는 것은 그에게 호의를 베푸셨다는 뜻이다. 새 이름은 그에 해당하는 위엄을 가리킨다(참조. 계 2:17; 사 62:2). 이로써 그리스도께서는 베드로가 미천한 출신임을 불식시키셨을 뿐 아니라, 그를 당신의 권속으로 입양시키셨다. [2] 그리스도께서 베드로에게 주신 이름은 그가 그리스도께 어떠한 충성을 바칠 것인가를 말해준다: 네가 요한의 아들 시몬이니 장차 게바("돌"이라는 뜻의 히브리어)라 하리라 하시니라 (게바는 번역하면 베드로라). 사도행전 9:36의 경우와 마찬가지로 이 경우도 그렇게 번역해야 한다: 욥바에 다비다라 하는 여제자가 있으니 그 이름을 번역하면 도르가라. 전자는 히브리어이고 후자는 헬라어로서 영양(羚羊)이라는 뜻이다. 베드로의 본성적 기질은 강직하고 대담하고 단호했는데, 아마도 그런 이유로 그리스도께서 그를 게바 곧 돌이라고 부르신 듯하다. 훗날 그리스도께서 그가 믿음이 떨어지지 않고 그리스도를 확고히 붙들도록 기도하시고, 너는 돌이킨 후에 네 형제를 굳게 하라고 당부하신 뒤에 과연 그를 여기서 부르신 대로 게바 곧 돌과 같은 사람이 되게 해주셨다. 그리스도께 나아오는 사람들은 돌과 같이 확고하고 일관된 태도로 주님을 섬기려는 각오가 있어야 한다. 그리고 그렇게 되게 하는 것이 주님의 은혜이다. 주의 말씀에 착념하는 것이 그들을 그렇게 만들어 준다. 이 사실은 베드로가 교회의 기초가 된 유일한 바위였음을 입증하지 않는다. 이는 마치 야고보와 요한이 보아너게라 불린 사실

이 그들이 유일한 우레의 아들들임을 입증하지 않고, 혹은 요세를 바나바라 부른 것이 그가 유일한 위로의 아들임을 입증하지 않는 것과 같은 이치이다.

[43]이튿날 예수께서 갈릴리로 나가려 하시다가 **빌립을 만나 이르시되 나를 따르라** 하시니 [44]빌립은 안드레와 베드로와 한 동네 벳새다 사람이라 [45]빌립이 **나다나엘을** 찾아 이르되 모세가 율법에 기록하였고 여러 선지자가 기록한 그이를 우리가 만났으니 요셉의 아들 나사렛 예수니라 [46]**나다나엘이 이르되** 나사렛에서 무슨 선한 것이 날 수 있느냐 빌립이 이르되 와서 보라 하니라 [47]**예수께서 나다나엘이 자기에게** 오는 것을 보시고 그를 가리켜 이르시되 보라 이는 참으로 이스라엘 사람이라 그 속에 간사한 것이 없도다 [48]나다나엘이 이르되 어떻게 나를 아시나이까 예수께서 대답하여 이르시되 빌립이 너를 부르기 전에 네가 무화과나무 아래에 있을 때에 보았노라 [49]나다나엘이 대답하되 랍비여 당신은 하나님의 아들이시요 당신은 이스라엘의 임금이로소이다 [50]예수께서 대답하여 이르시되 내가 너를 무화과나무 아래에서 보았다 하므로 믿느냐 이보다 더 큰 일을 보리라 [51]또 이르시되 진실로 진실로 너희에게 이르노니 하늘이 열리고 하나님의 사자들이 인자 위에 오르락 내리락 하는 것을 보리라 하시니라.

이 단락에서는 빌립과 나다나엘이 부르심을 받은 기사가 기록된다.

I. **빌립은,** 세례 요한의 소개로 그리스도를 따르게 된 안드레나 형제의 초대로 그리스도를 만난 베드로와 달리, **그리스도께서 직접 부르셨다.** 하나님께서는 당신의 선택된 백성들을 당신에게로 이끄시는 다양한 방법을 지니고 계신다. 그러나 어떤 방법을 사용하시든 그 방법에 매이지는 않으신다. 1. 빌립은 선도적 방법으로 부르심을 받았다: 예수께서 빌립을 발견하시어(findeth, 개역개정판: "만나"). 우리가 그리스도를 찾고 문의하기 전에, 그리스도께서 먼저 우리를 찾으시고 발견하신다. 빌립이란 이름은 헬라어 어원을 지닌 것으로서 이방인들 사이에 많이 사용되었으며, 이 점을 들어 어떤 이들은 당시의 유대인 교회가 변질되어 여러 민족들을 따랐다고 주장한다. 그럴지라도 그리스도께서는 그의 이름을 바꿔주지 않으셨다. 2. 그는 이튿날 부르심을 받았다. 그리스도께서 어떻게 치밀하게 사역해 가시는가를 보라. 하나님을 위한 사역을 이루려면 하루라도 잃어서는 안 된다. 그런데 그리스도께서는 하루에 한두 제자만 부르

셨다. 그렇지만 성령께서 부어지셨을 때는 하루 만에 수천 명을 부르셨으며, 그로써 14:12 말씀을 이루셨다. 3. 예수께서는 갈릴리로 나가려 하시다가 빌립을 만나 그를 부르셨다. 그리스도께서는 당신의 백성이 어디에 있든 아버지께서 주신 자들을 하나도 잃지 않고 다 찾으실 것이다. 4. 빌립은 나를 따르라는 말씀을 듣고 따라감으로써 성령의 권능으로 제자가 되었다. 진정한 기독교의 본질이 무엇인가 살펴보라. 진정한 기독교란 그리스도의 말씀과 행위를 힘써 배우고, 친히 하신 사역들을 주의 깊게 살피며, 주님의 발자취를 따름으로써 그리스도를 따르는 것이다. 진정한 기독교가 발휘하는 은혜는 권능의 규(홀〈笏〉, 시 110:2)이다. 5. 빌립은 벳새다 사람이고, 안드레와 베드로도 그곳 사람들이었다(44절). 이 유력한 제자들은 고향에서는 존경을 받지 못하고, 오히려 고향의 이름을 빛냈다. 벳새다는 그물의 집이라는 뜻이다. 주로 어부들이 사는 고장이라서 그런 이름이 붙었다. 그곳에서 그리스도께서는 제자들을 택하시고 장차 비범한 은사들을 갖추게 하실 것인데, 그러므로 굳이 정규적인 교육을 받지 않아도 되었다. 벳새다는 악한 곳이었으나(참조. 마 11:21), 그럴지라도 그 곳에 은혜의 선택을 받은 남은 자들이 있었다.

II. 나다나엘은 빌립의 전도로 그리스도께 나아갔는데, 그에 관해서는 길게 언급된다.　이 점에서 다음 사항을 관찰할 수 있다.

1. 빌립과 나다나엘 사이에 오고간 대화에는 경건의 열정과 초신자에게서 볼 수 있는 약함이 섞여 나타나는데, 그럴지라도 대화의 요지는 시온으로 가는 길을 묻는 것이다.

(1) 빌립이 나다나엘에게 전한 기쁜 소식(45절). 전에 안드레가 그랬듯이, 여기서 빌립도 그리스도에 관한 지식을 조금 가지고서 자신이 직접 그것을 다 설명하려고 하지 않는다. 빌립은 그리스도를 직접 알게 되었는데도 걸음을 돌이켜 나다나엘을 찾아 나선다. 우리 영혼이 유익을 얻을 좋은 기회가 생기더라도 주는 것이 받는 것보다 복이 있다 하신 주님의 말씀(행 20:35)을 기억하고 다른 사람들의 영혼에도 유익을 끼칠 기회를 찾아야 한다는 것을 여기서 배우게 된다. 빌립은 나다나엘을 찾아가 이렇게 말했다: 모세가 율법에 기록하였고 여러 선지자가 기록한 그이를 우리가 만났으니. 여기서 관찰할 점은, [1] 빌립은 그리스도를 새로이 알게 되어 말할 수 없는 큰 기쁨에 싸여 있었다: "우리가 그토록 자주 이야기를 하고, 그토록 오래 소원하며 기다려온 분을 만났다. 마침내 구주가

오셨고 우리가 그를 만났다!" [2] 구약성경을 친숙히 알고 있던 것이 빌립에게 큰 유익이 되었다. 그로 인하여 그의 마음이 복음의 빛을 받아들일 준비가 되었고, 복음을 들었을 때 더욱 흔쾌히 영접할 수 있었다: 모세가 율법에 기록하였고 여러 선지자가 기록한 그이. 영원 전부터 하나님의 섭리의 책에 기록된 온전한 내용이 부분적으로 다양한 시기에 다양한 방법으로 신적 계시의 책에 복사되었다. 그 책에는 여인의 후손, 아브라함의 씨, 실로, 모세와 같은 선지자, 다윗의 자손, 임마누엘, 인자, 가지, 왕이신 메시야에 관한 영광스러운 내용이 기록되었다. 빌립은 그 내용을 공부했고 소상히 알게 됨으로써 그리스도를 기꺼이 영접할 수 있었다. [3] 빌립은 심각한 실수와 약함을 안고 있었다. 그리스도께서 베들레헴에서 나셨는데 나사렛 예수라 부르고, 동정녀에게서 나셨는데 요셉의 아들이라 부른 것이다. 초신자들에게는 그런 실수가 있을 수 있지만, 시간과 하나님의 은혜가 그것을 바로잡아줄 것이다. 그이를 우리가 만났으니라고 말한 데서도 그의 약점이 드러난다. 그들이 그리스도를 만난 게 아니라 그리스도께서 그들을 만나주신 것이다. 훗날 바울이 깨달은 바, 자신이 그리스도 예수께 잡힌 사실을 그는 아직 깨닫지 못했다(참조. 빌 3:12).

(2) 나다나엘의 반론: 나사렛에서 무슨 선한 것이 날 수 있느냐(46절). [1] 그의 반론은 들은 바를 가볍게 받아들이지 않고 과연 그런가 하여 상고한 점에서 칭찬할 만하다. 그것이 신자가 견지해야 할 원칙이다. 그러나 [2] 그의 반론은 무지에서 비롯되었다. 만일 나사렛에서는 어떤 선한 것도 일어날 수 없다는 것이 그의 반론의 요지라면, 그것은 하나님의 은혜에 무지한 데서 나온 것이다. 하나님의 은혜가 다른 지역에 비해 어느 지역에 적게 나타나거나, 인간의 어리석음이나 단견에 매이는 법이란 없기 때문이다. 만일 메시야가 나사렛에서는 나올 수 없다는 뜻으로 그렇게 말했다면 그것은 정당한 지적이다(모세는 율법에서 메시야가 유다에서 오실 것이라고 말했고, 선지자들은 그분이 베들레헴에서 태어나실 것이라고 예언했다). 하지만 그럴지라도 사실의 진상에 관해서는 무지했다. 예수께서는 베들레헴에서 태어나셨으니까. 빌립이 그리스도를 나사렛 예수라 부른 잘못이 이런 반론을 일으킨 셈이다. 설교자들은 자신들의 실수가 청중에게 편견을 일으키는 경우가 종종 있음을 유념해야 한다.

(3) 나다나엘의 반론에 대한 빌립의 간단한 대답: 와서 보라. [1] 빌립이 만족스러운 대답을 해주지 못한 것은 그의 약함을 말해준다. 그렇지만 그것은 믿음

에 갓 눈을 뜬 어린 신자들에게 공통된 현상이다. 우리 자신을 만족시킬 만큼 충분히 알면서도 교묘한 논리로 트집을 잡는 대적의 입을 막지 못하는 경우가 있을 수 있다. [2] 반론에 자신이 직접 답변해 주지 못할지라도 답변해 주실 수 있는 분에게 인도한 것이 빌립의 지혜와 열정이었다: 와서 보라. "우리 여기서 논쟁하지 말자. 우리도 풀 수 없는 난제를 제기하지 말고, 그리스도께 찾아가 말씀을 듣자. 그리스도께 가면 이런 난제들이 시원스럽게 해결될 것이다." 여기서 배울 점은, 경건을 실천하면서 더 유익하게 보낼 수 있는 귀한 시간을 회의적인 논쟁으로 허비하는 것은 미련한 짓이라는 것이다. 와서 보라. 가서 보라는 것이 아니라, "가자. 나도 너와 함께 가주마"라는 것이다. 참조. 이사야 2:3; 렘 1:5. 빌립과 나다나엘이 나눈 이 대화에서 관찰할 수 있는 점은, **첫째로**, 많은 사람들이 기독교 신앙에 대하여 지닌 불합리한 편견이 올무가 되어 신앙의 길에 들어서지 못한다는 것이다. **둘째로**, 편견을 없애는 가장 좋은 길은 직접 기독교 신앙 안에 들어와 경험해 보는 것이다. 하나님 말씀을 듣기 전에 자신이 지레 문제에 대답을 해서는 안 된다.

2. 나다나엘과 우리 주 예수님 사이에 오간 대화. 나다나엘은 와서 보았고, 그의 시도는 헛되지 않았다.

(1) 우리 주 예수님은 나다나엘의 정직한 태도를 높이 칭찬하셨다: 예수께서 나다나엘이 자기에게 오는 것을 보시고, 그를 만나 크게 격려해 주셨다. 나다나엘도 듣는 가운데 주위에 있는 사람들에게, 보라 이는 참으로 이스라엘 사람이라 하셨다. 관찰할 점.

[1] 예수께서 그를 칭찬하셨다. 긍지를 갖게 하여 스스로 용기를 내도록 하시려 함이 아니라, 아마도 그가 겸손하고 신중한 사람임을 아셨기 때문일 것이다. 자신에 대해 지나치게 엄격하여 자기를 비하하며, 자신의 진실성을 의심하는 우울한 사람이었기 때문은 물론 아니었다. 그리스도께서는 이러한 증언으로써 의심을 깨끗이 씻어주셨다. 나다나엘은 다른 사람들 못지않게 그리스도를 반대하는 입장이었으나, 그리스도께서는 그의 마음이 정직함을 아신 까닭에 그를 용납하시고 그가 잘못 말한 것을 책망하지 않으실 뜻을 보여주셨다. 나다나엘을 향해서 그러면 가나에서, 미천한 갈릴리의 동네에서는 좋은 것이 나올 수 있는가? 하고 반박하지 않으셨다(참조. 요 21:2). 오히려 친절하게 그의 성품을 칭찬해 주심으로써, 우리에게도 그리스도께서 우리의 약점에도 불구하고 우리를

용납하신다는 소망을 품게 하시고, 또한 까닭 없이 우리를 폄훼하는 사람들에게도 존중하는 태도를 취하여 그들에게 합당한 칭찬을 해줄 것을 가르치신다.

[2] 예수께서는 그의 정직함을 칭찬하셨다. 첫째로, 이는 참으로 이스라엘 사람이라. 사람들의 실상을 아시는 것이 그리스도의 대권(大權)에 속한 일이다. 이에 비해 우리는 최선의 것을 바랄 뿐이다. 민족 전체가 명목상으로는 이스라엘 백성들이었으나, 이스라엘에게서 난 그들이 다 이스라엘이 아니다(롬 9:6). 하지만 여기에 참 이스라엘 사람이 있었다. 참 이스라엘 사람이란, 1. 이스라엘 곧 야곱의 선한 행실을 진실하게 좇는 사람. 야곱은 에서의 교활한 성격과 달리 솔직한 사람이었다. 나다나엘은 정직한 야곱의 진실한 후손이었다. 혈통만이 아니라 정신도 그러했다. 2. 이스라엘의 믿음을 진실하게 고백하는 사람. 나다나엘은 자신이 고백하는 신앙에 진실했고, 그 신앙에 부합하게 살았다. 겉보기와 마찬가지로 속마음도 선했으며, 행실이 고백의 일부분이었다. 그는 이면적 유대인이었고(롬 2:29), 따라서 그리스도인이었다. 둘째로, 그는 속에 간사한 것이 없는 사람이었다. 그것이 진정한 이스라엘 사람, 진정한 그리스도인의 성품이다. 사람들 앞에서 간사한 마음을 품지 않는 사람, 속임수나 흑심을 품지 않는 사람, 다른 사람이 신뢰할 수 있는 사람, 하나님 앞에서 간사한 것이 없는 사람, 즉 죄를 진실하게 회개하는 사람, 하나님과 맺은 언약에 신실한 사람, 마음에 간사함이 없는 사람이다(시 32:2). 그는 죄책감 없이 말하지 않지만, 속에 간사한 것은 없다. 많은 점에서 어리석고 잘 잊어버리지만, 매사에 거짓됨이 없고, 악한 마음으로 하나님을 떠나지 않는 사람이다. 그에게는 사람들에게 지탄받는 죄가 없으며, 비록 얼룩은 있어도 죄에 물들지는 않는다. 보라 이는 참으로 이스라엘 사람이라. 1. "그를 주목하고 그의 행실을 배워 그를 닮으라." 2. "그를 흠모하라. 보고 놀라라." 서기관들과 바리새인들의 위선이 누룩처럼 유대인 교회와 민족에 두루 퍼져 있었고, 그들의 종교가 형식으로 혹은 국가 정치로 심하게 변질된 까닭에, 참 이스라엘인이란 기이한 사람이요 욥과 마찬가지로 하나님의 은혜로 말미암은 기적이다(참조. 욥 1:8).

(2) 나다나엘은 예수님의 말씀을 듣고 크게 놀랐으나, 예수께서는 당신의 전지(全知)하심의 증거를 더 나타내신다.

[1] 나다나엘의 겸손은 그리스도께서 자신에게 해주신 말씀을 듣고 나타낸 반응에 잘 나타난다: 어떻게 나를 아시나이까. "주께서 아실 만한 자격이 조금도

없는 저를 어떻게 아시나이까?"라는 뜻이다. 참조. 사무엘하 2:18, 주 여호와여 나는 누구이오며 내 집은 무엇이기에 나를 여기까지 이르게 하셨나이까. 자신을 칭찬하는 말씀을 듣고 그렇지 않다고 물러선 태도에 그의 진실함이 나타나 있다. 그리스도께서는 우리를 우리 자신보다 더 잘 아신다. 우리는 사람 얼굴을 보고 그의 마음을 알지 못하지만, 그리스도 앞에는 만물이 벌거벗은 것처럼 드러난다(참조. 히 4:12, 13). 그리스도께서 우리도 아실까? 그런 의문을 품기보다, 그리스도를 더 알아가기를 힘쓰자.

[2] 그리스도께서 나다나엘에게 당신을 더 나타내신다: 빌립이 너를 부르기 전에 네가 무화과나무 아래에 있을 때에 보았노라. 첫째로, 그리스도께서는 나다나엘을 알고 계심을 그로 깨닫게 하심으로써 당신의 신성을 나타내신다. 모든 사람과 모든 것을 아시는 것이 하나님의 대권이다. 그리스도께서는 여러 경우에 이런 방식으로 당신이 하나님이심을 입증하셨다. 메시야에 관하여는, 그분이 여호와를 경외함을 아는 데 신속할 것이며 — 즉, 다른 사람들이 하나님을 경외하는 태도의 진실성과 깊이를 판단하는 데 신속할 것이며(참조. 사 11:2-3, 한글개역개정판: "그가 여호와를 경외함으로 즐거움을 삼을 것이며") — 그의 눈에 보이는 대로 심판하지 아니하실 것이라고 예언되었다. 본문에서 그리스도께서는 그 예언에 답하신다. 둘째로, 빌립이 나다나엘을 부르기 전에 그리스도께서는 나다나엘이 무화과나무 아래 있을 때 그를 보셨다. 이것은 그리스도께서 그에게 각별한 친절을 베푸신 것이다. 1. 그리스도의 눈은 빌립이 나다나엘을 부르기 전에 그를 향해 계셨다. 그것이 나다나엘이 그리스도를 알게 된 첫번째 경우였다. 그리스도께서는 우리가 주님을 알기 전에 먼저 우리를 아신다. 참조. 사 45:4; 갈 4:9. 2. 그리스도께서는 나다나엘이 무화과나무 아래 있을 때 그를 바라보고 계셨다. 이것은 나다나엘 외에는 아무도 이해하지 못한 개인적인 증표였다: "네가 정원의 무화과나무 아래 앉아 아무도 너를 바라보는 사람이 없다고 생각할 때, 나는 너를 지켜보았고 흡족하게 여겼다." 이삭이 들판에서 그랬듯이, 나다나엘은 무화과나무 아래서 묵상과 기도로 하나님과 사귐을 나누고 있었을 가능성이 크다. 아마도 그때 그곳에서 주님의 불가침의 언약 안에서 자신의 위치를 엄숙히 다지고 있었을 것이다. 그때 그를 은밀한 중에 보신 그리스도께서는 그 사실을 공식적으로 알리심으로써 부분적으로 그에게 공식적인 상을 베푸신다. 무화과나무 아래 앉았다는 것은 하나님과의 사귐을 크게 증진

시키는 고요하고 단정한 정신을 가리킨다. 참조. 미가 4:4; 스가랴 3:10. 나다나엘은 이 점에서 참으로 이스라엘 사람이었다. 그는 이스라엘[야곱]처럼 하나님과 홀로 씨름했다(참조. 창 32:24). 그는 외식하는 자들처럼 길모퉁이에 서서 기도하지 않고 무화과나무 아래서 기도했다.

(3) 이로써 나다나엘은 예수 그리스도에 대한 믿음의 온전한 확신을 얻었고, 그것을 숭고한 고백으로 표현했다(49절): 랍비여 당신은 하나님의 아들이시요 당신은 이스라엘의 임금이로소이다. 이 말은 간단히 말하자면 그리스도께서 참된 메시야시라는 뜻이다. 여기서 관찰할 점은, [1] 그가 얼마나 마음으로 확고하게 믿었던가. 그는 얼마 전만 해도 그리스도에 대해 편견을 갖고 있었지만, 이제는 그것이 깨끗이 사라졌다. 하나님의 은혜는 믿음을 일으키기 때문에 헛된 상상을 몰아낸다. 이제 나다나엘은 더 이상, 나사렛에서 무슨 선한 것이 날 수 있느냐 하고 묻지 않는다. 이제는 나사렛 예수가 최고선인 줄을 믿고 영접한다. [2] 그가 얼마나 입으로 자유롭게 고백했던가. 그의 고백은 우리 주 예수님을 향한 경배의 형태로 이루어졌는데, 그것이 신자가 믿음을 고백하는 정당한 방법이다. 첫째로, 그는 그리스도를 랍비라 부름으로써 그리스도의 선지자 직분을 고백한다. 랍비는 유대인들이 자신들의 스승을 부를 때 사용한 칭호였다. 과연 그리스도께서는 우리가 그 발 앞에서 가르침을 받아야 할 위대한 랍비이시다. 둘째로, 그는 그리스도를 하나님의 아들(시편 2:7에 언급된 분)이라 부름으로써 그리스도의 신적 본성과 사명을 고백한다. 그리스도는 인간의 형상과 면모 밖에 지니지 않으셨지만, 마음과 멀리 있는 것과 은밀한 것을 통찰하시는 신적 지식이 그분에게 있는 것을 보고서, 그분이 하나님의 아들이시라고 결론을 내렸다. 셋째로, 그는 "당신은 이스라엘의 왕이십니다. 우리 민족이 오랫동안 대망해온 바로 그 왕이십니다" 하고 고백한다. 만일 그리스도께서 하나님의 아들이시라면 그분은 하나님의 이스라엘을 다스리시는 왕이시다. 나다나엘은 이로써 자신이 이스라엘의 왕에게 마음으로 기꺼이 복종하는 참 이스라엘 사람임을 입증한다.

(4) 그리스도께서는 나다나엘의 소망과 기대를 훨씬 더 끌어올리신다(50, 51절). 그리스도께서는 갓 회심한 신자들을 지극히 자상하게 대하시며, 비록 약하더라도 믿음의 길을 잘 걷기 시작하도록 격려하신다(참조. 마 12:20).

[1] 여기서 그리스도께서는 나다나엘의 민첩한 믿음의 태도를 받으시고 인

정하신다: 내가 너를 무화과나무 아래에서 보았다 하므로 믿느냐. 당신에 관한 신적인 지식의 일단이 그만한 효과를 낸 것을 주께서는 기이히 여기신다. 그것은 나다나엘의 마음이 이전부터 잘 준비 되어 있었다는 표시이다. 처음 복음을 들을 때 즉시 그리스도께 마음으로 복종하는 것이 그분과 그분의 은혜에 영광을 돌리는 길이다.

[2] 그리스도께서는 나다나엘에게 처음보다 더 믿음을 확증해 주시고 장성시켜 주실 것을 약속하신다.

첫째로, 개괄적으로: 이보다 더 큰 일을 보리라. 예수께서 메시야이심을 입증하는 더 큰 증거들을 나타내 주시겠다는 뜻이다. 그 증거들이란 친히 행하신 기적들과 부활이다. 주목할 점: 1. 이미 소유하고 소유한 것을 잘 사용하는 사람에게는 더 많은 것을 주신다. 2. 복음을 진정으로 믿는 사람들은 증거들이 쌓이는 것을 삶에서 발견할 것이며, 복음을 믿을 만한 이유를 더욱 분명히 알게 될 것이다. 3. 그리스도께서는 자기 백성들이 이 세상에 사는 동안 어떤 방식으로 당신을 그들에게 나타내기를 기뻐하시든, 정말로 크고 좋은 일들을 여전히 갖고 계시다. 그것은 장차 나타날 영광이다.

둘째로, 구체적으로: "나다나엘 너뿐 아니라 나의 모든 제자들의 믿음이 확고해지도록 하기 위하여 하늘이 열리는 것을 너희가 보게 될 것이다." 이것은 나다나엘이 무화과나무 아래 앉았던 일을 말씀하신 것보다 더 큰 말씀이다. 이 말씀 앞에는 엄숙한 서언이 붙는다: 진실로 진실로 너희에게 이르노니. 하시려는 말씀에 귀 기울여 들을 것과 확신을 가지고 받을 것을 당부하시는 것이다. "내가 하는 말은 너희가 신뢰할 만한 말이다"라는 뜻이 진실로 진실로(아멘, 아멘)라는 표현에 담겨 있다. 이 표현을 문두에 사용한 이는 그리스도 외에는 없다. 유대인들은 주로 기도의 끝에 이 표현을 사용했고, 어쩌다가 한 번씩 중첩해서 사용했다. 이 표현은 엄숙한 확언이다. 그리스도께서는 아멘이라 불리시며(계 3:14), 따라서 어떤 이들은 그 사실을 여기에 대입하여, 아멘이요 아멘인 내가 너희에게 말한다라고 해석한다. 주목할 점은, 우리가 그리스도의 영광에 대해 갖고 있는 확신은 그분 말씀 위에 수립되어 있다. 그리스도께서 보증해 주시는 그 확신이 무엇인가? "이후에 혹은 잠시 후에 혹은 오래지 않아 하늘이 열리는 것을 너희가 볼 것이다."

a. 여기서 그리스도께서 취하시는 칭호는 인자(The Son of man)이라는 소

박한 칭호인데, 복음서에서 자주 사용되되 반드시 주님께서 자신을 가리키실 때만 사용하신다. 나다나엘은 주님을 하나님의 아들과 이스라엘의 왕이라 불렀다. 이에 반해 주님께서는 당신을 인자라 부르시는데, 이렇게 하시는 뜻은 (a) 주의 백성에게 영광을 받으시는 상황에서 겸손을 표시하신 것이다. (b) 당신의 신성(神性)과 함께 주의 백성들이 믿어야 할 당신의 인성(人性)을 가르치시려는 것이다. (c) 현재 낮아지신 상태에 계심을 깨우쳐 주셔서, 나다나엘로 하여금 이스라엘의 왕이신 당신이 현세적 권력으로 나타나시기를 기대하지 않도록 하시려는 것이다.

b. 그럴지라도 그리스도께서 여기서 예고하시는 것은 위대한 일들이다: 하늘이 열리고 하나님의 사자들이 인자 위에 오르락 내리락 하는 것을 보리라. (a) 어떤 이들은 이 말씀을 문자적으로 받아들여 어떤 구체적인 사건을 가리키신 것으로 이해한다. 이를테면, [a] 그리스도의 말씀대로 실현되어, 베드로와 야고보와 요한이 그리스도의 변화하신 모습을 직접 목격했듯이, 나다나엘이 그리스도의 영광을 직접 볼 기회가 있었다. 그리스도께서 제자들이 보는 가운데 행하신 일들 가운데 성경에 기록되지 않은 일들도 많은데(참조 20:30), 어찌 그런 일이 없었겠는가? [b] 이 말씀은 천사들이 우리 주 예수님을 수종든 여러 번의 경우에 실현되었다. 하늘이 열려 그리스도를 받은 일이 대표적인 경우인데, 그때 천사들이 그리스도에게 수종을 들고 영광을 돌리기 위하여 오르락 내리락하되 제자들이 보는 가운데 그렇게 했다. 그리스도의 승천은 그분의 사명을 뒷받침하는 큰 증거이며, 제자들의 믿음을 확고하게 해주었다(참조. 6:62). [c] 혹은 그리스도가 재림하셔서서 세상을 심판하실 일을 가리킬 수도 있다. 그 날에는 하늘이 열릴 것이고, 모든 눈이 그분을 볼 것이며, 하나님의 천사들이 그분을 수종들기 위하여 오르락 내리락 할 것이다. 그 날은 참으로 분주할 것이다. 참조. 데살로니가후서 1:10. (b) 다른 사람들은 이 말씀을 비유적으로 해석하여, 이후로 발생할 사건들이나 상태를 가리키는 말씀으로 이해한다. 이를테면, [a] 그리스도께서 행하신 기적들. 나다나엘은 그리스도께서 구약의 선지자들과 마찬가지로 비밀에 속한 일들을 말씀하시는 것을 보고서 믿었다. 하지만 그 일들이 무엇인가? 그리스도께서는 이제 기적의 시대를 시작하고 계셨는데, 마치 하늘이 열린 듯 이전에 비해 훨씬 위대하고 경이로운 시대가 시작되었다. 그러한 권능은 능력이 뛰어난 천사들이 그리스도의 명령을 끊임없이 받아 수행하는

방식으로 인자께서 행하실 것이다. 그리스도께서는 나다나엘에게 이 말씀을 하신 후 곧이어 기적을 행하기 시작하셨다. 참조. 2:11. [b] 그리스도께서 중보자로서 행하시는 일. 그리스도께서는 하나님과 사람 사이의 유일한 중보자로서 복된 중보의 일을 하시게 되며, 제자들은 점차 그 신비 안으로 들어가게 될 것이었다. 첫째로, 제자들은 중보자 그리스도로 말미암아 하늘이 열리는 것과, 신자들이 그리스도의 보혈에 힘입어 하늘의 지성소로 들어가는 것을 보게 될 것이다 (참조. 히 10:19, 20). 하늘이 열리는 것은 우리로 그 안을 들여다보고 결국에는 그 안으로 들어가도록 하기 위함이다. 우리 주님의 영광을 바라보고 이후로 그 기쁨 가운데 들어가도록 하기 위함이다. 둘째로, 그들은 하나님의 사자들이 인자 위에 오르락 내리락 하는 것을 볼 것이다. 그리스도를 통하여 우리는 천사들과 사귐을 가지며 그들로 인하여 유익을 얻으며, 하늘과 땅에 있는 것들이 화목하여 하나가 된다. 그리스도께서는 우리에게 야곱의 사닥다리가 되시며(창 28:12), 그분을 통하여 천사들이 성도의 유익을 위해 끊임없이 오르락 내리락 한다.

제
— 2 —
장

개요

앞 장의 말미에는 예수께서 부르신 첫 제자들, 즉 안드레와 베드로, 빌립과 나다나엘의 기사가 실려 있다. 이들은 하나님과 어린 양에게 속한 처음 익은 열매들이었다(참조. 계 14:4). 이제 이 장에는 다음과 같은 기사가 실려 있다. I. 예수께서 행하신 첫 번째 기적에 관한 기사 — 갈릴리 가나에서 물로 포도주를 만드심(1-11절); 가버나움에 내려가신 기사(12절). II. 예수께서 공생애를 시작하신 이후 예루살렘에 가셔서 첫번째 유월절을 지키신 일에 관한 기사: 성전에서 돈 바꾸는 자들과 상인들을 몰아내심(13-17절); 그 일을 놓고 항의하는 자들에게 제시하신 표적(18-22절); 이후로 한동안 많은 사람이 예수의 행하시는 표적을 보고 믿었으나(23-25절), 예수께서는 그들의 속을 잘 아시고서 그들에게 의탁하지 않으심.

¹사흘째 되던 날 갈릴리 가나에 혼례가 있어 예수의 어머니도 거기 계시고 ²예수와 그 제자들도 혼례에 청함을 받았더니 ³포도주가 떨어진지라 예수의 어머니가 예수에게 이르되 저들에게 포도주가 없다 하니 ⁴예수께서 이르시되 여자여 나와 무슨 상관이 있나이까 내 때가 아직 이르지 아니하였나이다 ⁵그의 어머니가 하인들에게 이르되 너희에게 무슨 말씀을 하시든지 그대로 하라 하니라 ⁶거기에 유대인의 정결 예식을 따라 두세 통 드는 돌항아리 여섯이 놓였는지라 ⁷예수께서 그들에게 이르시되 항아리에 물을 채우라 하신즉 아귀까지 채우니 ⁸이제는 떠서 연회장에게 갖다 주라 하시매 갖다 주었더니 ⁹연회장은 물로 된 포도주를 맛보고도 어디서 났는지 알지 못하되 물 떠온 하인들은 알더라 연회장이 신랑을 불러 ¹⁰말하되 사람마다 먼저 좋은 포도주를 내고 취한 후에 낮은 것을 내거늘 그대는 지금까지 좋은 포도주를 두었도다 하니라 ¹¹예수께서 이 첫 표적을 갈릴리 가나에서 행하여 그의 영광을 나타내시매 제자들이 그를 믿으니라.

이 단락은 그리스도께서 갈릴리 가나에서 열린 혼례에서 물로 포도주를 만드신 기적을 기록한다. 기적을 행하지 않으셨을 때도 그리스도를 믿고 따르는 사람들이 더러 있었으나, 많은 사람들은 무슨 표적을 우리에게 보이겠느냐는 물음에 대답이 될 만한 무슨 일을 행하실 때까지는 믿지 않았다. 그리스도께서는 전부터 기적을 행하실 수 있었고, 그것을 일상적인 일로 삼으실 수도 있었지만, 기적이란 본래 친히 가르치시려는 교훈을 거룩하고 엄숙하게 보증하는 도장과 같은 까닭에, 가르치기 시작하시기 전에는 기적을 행하지 않으셨다. 관찰할 점은,

I. 기적을 행하신 상황. 마이모니데스(Maimonides)는 모세가 광야에서 행한 모든 표적이 생존에 꼭 필요한 것에 준하여 행한 것임을 지적한다. 음식이 필요할 때 모세가 하늘로부터 만나가 내리게 했다. 그리스도께서도 그처럼 하셨다.

1. 때: 그리스도께서 갈릴리에 들어가신지 사흘째 되던 날. 복음서 기자는 일지를 두고 사건들을 기록해 가는 듯한 인상을 준다. 어떠한 날도 주께서 특별히 행하신 일이나 교훈 없이 지나가는 법이 없기 때문이다. 우리 주님은 당신의 종들보다 시간을 더욱 잘 활용하셨으며, 그래서 밤에 자리에 누우실 때도 로마 황제처럼 하루를 허비했다고 탄식하신 적이 없다.

2. 장소: 갈릴리 가나. 이곳은 그가 왕의 수라상을 차리리로다 하고 예언된(창 49:20) 지파인 아셀 지파에 속한 고을이다(수 19:28). 그리스도께서는 공적 활동 무대인 예루살렘에서 멀리 떨어진 시골의 외딴 곳에서 기적을 행하기 시작하셨는데, 이는 **사람에게서 영광을 취하지 아니하시고**(5:41) 오히려 낮고 천한 자들을 높이시기 위함이었다. 그리스도께서 행하신 일들과 교훈은 갈릴리의 평범하고 정직한 사람들보다, 예루살렘에 사는 거만하고 편견에 찬 랍비들과 정치인들, 귀인들에게 큰 반대를 받았다.

3. 상황: 혼례. 아마도 신랑 신부의 양가나 어느 한 쪽이 우리 주 예수님의 친척이었던 것 같다. 예수의 어머니가 초대받으셨다고 되어 있지 않고 거기 계셨다고 되어 있다. 가족의 일로 그곳에 계셨음을 암시한다. 여기서 주목할 점은 그리스도께서 혼례에 참석하셨을 뿐 아니라 그곳에서 첫 번째 기적을 행하심으로써 혼인 제도를 귀히 여겨주셨다는 사실이다. 이는 혼인이 인간의 타락 이전에 하나님께서 친히 복 주어 제정하신 제도이기 때문이요, 그리스도와 교회의 신비로운 연합을 닮았기 때문이요, 더 나아가 장차 교황의 영토에서 혼인이

성례로까지 과도하게 신성시되는 반면에, 혼인 상태를 성직 수행에 적합하지 않은 것으로 부당하게 천시하게 될 것을 내다보셨기 때문이다. 그 신성한 예식을 아름답고 풍요롭게 하기 위하여 가모스 곧 혼인 잔치가 있었다. 혼인은 기쁨과 상호 존경, 그리고 사랑의 확증을 위하여 대개 성대한 잔치와 함께 거행되었다 (창 29:22; 삿 14:10).

4. 그리스도와 주님의 어머니와 제자들이 이 혼인 잔치의 주된 손님들이었다. 예수의 어머니(그것이 마리아에 대한 존칭이었다)도 거기 계셨다. 요셉은 언급되지 않은 점으로 미루어 그 전에 세상을 떠났을 것으로 결론내리게 된다. 예수께서 청함을 받으시고 수락하시어 친히 참석하신 것은 평범하고 보잘것없는 사람들에 대해서까지도 대인 관계를 중시하고 그들과 화친할 것을 가르쳐 준다. 그리스도께서는 세례 요한과 사뭇 다른 방법으로 오셨다. 요한은 와서 먹지도 마시지도 않았던 것이다(참조. 마 11:18, 19). 사람들과의 대화를 피하기보다 바르게 하기를 배우는 것이 지혜이다.

(1) 혼례가 있었고, 예수께서 청함을 받으셨다. 주목할 점, [1] 혼인이 거행될 때 그 자리에 예수 그리스도께서 임재해 주시는 것이 매우 중요하다. 영적으로 혼인 예식에 임재하시고 그 혼인을 인정해 주시고 복 주신다면, 참으로 귀하고 복된 혼인이 될 것이다. 주님 안에서 혼인하는 사람들(고전 7:39)은 주님 밖에서 혼인하지 않는다. [2] 혼인 예식에 그리스도를 모시기를 원하는 사람들은 기도로써 주님을 청해야 한다. 기도를 사자로 삼아 하늘로 보내 청하는 것이다. 주님께서는 들으시고 참석해 주실 것이다: 너는 내게 부르짖으라 내가 네게 응답하겠고. 오셔서 물로 포도주를 만들어 주실 것이다.

(2) 제자들도 청함을 받았다. 이때는 제자가 다섯 명이었다(참조. 1장). 그들은 주님의 권속이 되었으므로 함께 청함을 받은 것이다. 그들은 주님께 자신들을 의탁했고, 비록 주님께 세상의 재물이 없었으나 좋은 친구들이 있음을 곧 발견했다. 주목할 점은, [1] 그리스도를 따르는 사람들은 주님과 함께 즐거워할 것이며, 주께서 가시는 대로 가게 될 것이다. 주님께서 친히 그렇게 해놓으셨다: 사람이 나를 섬기려면 나를 따르라. 나 있는 곳에 나를 섬기는 자도 거기 있으리니(12:26). [2] 그리스도에 대한 사랑이 있으면 그분에 속한 사람들을 사랑하는 것으로 그 사랑이 발휘되게끔 되어 있다. 우리의 선함은 주님의 수준에는 미치지 못하나 성도들의 수준에는 이를 수 있다. 칼빈은 가나 혼인 잔치의 주인이 마음

이 퍽 넉넉한 사람이었다고 말한다. 그는 생활이 결코 넉넉하지 못했지만, 그리스도를 따르는 사람들이라는 이유로 예상보다 네댓 명이나 되는 낯선 사람들을 청했다. 칼빈은 이처럼 재산과 지위가 높은 사람들보다 차라리 가난하고 지위가 낮은 사람들이 더욱 자유롭고 인색하지 않고 넉넉하며 사람 사랑하는 것이 있다고 말한다.

II. 기적 자체.　여기서 관찰할 수 있는 점은,

1. 포도주가 떨어졌다(3절). (1) 기쁨이 넘쳐야 할 자리에 부족이 생긴 것이다. 주인은 최선을 다해 후하게 내놓았으나 중간에 고갈되고 말았다. 우리는 이 세상을 지나는 동안 때로 옹색한 환경에 갇히게 되지만, 그럴 때조차 주님을 의지하여 부족함 없이 넉넉하다고 생각하며 지나간다. 하지만 항상 풍족하게 쓰고 사는 것 같아도 실상은 은혜가 고갈된 경우도 있다. (2) 혼인 잔치에 부족이 생겼다. 혼인한 상태에서 이생의 염려에 떨어지는 사람들은 반드시 육체에 고난이 있을 것과 좌절을 겪을 것을 예상해야 한다. (3) 포도주가 떨어진 원인이 그리스도와 제자들 때문이었던 듯하다. 미리 포도주의 분량을 파악하여 만들어 놓았을 텐데 예상하지 못했던 손님들이 더 참석했기 때문이다. 하지만 그리스도로 인하여 잠시 궁핍하게 될지라도 그로 인해 손해 보는 일이란 없다.

2. 예수의 어머니는 딱한 상황에 처하게 된 친구들을 도와달라고 예수께 청했다. 본문에는 이 상황에서 그리스도와 어머니 사이에 오간 대화가 기록되어 있다(3-5절).

(1) 예수의 어머니는 사람들이 처한 어려움을 예수님께 알렸다(3절): 예수의 어머니가 예수에게 이르되 저들에게 포도주가 없다 하니. 어떤 사람들은 예수님의 어머니가 무슨 기적을 기대하고서 말씀드린 것이 아니고(예수께서 아직 아무런 기적도 행하신 일이 없기 때문에), 다만 잔치의 주인에게 찾아가 정중하게 사과를 하여 사람들 앞에 주인과 신랑의 체면을 세워주기를 바란 것이었다고 생각한다. 혹은 (칼빈이 주장하듯이) 포도주가 떨어져서 생긴 부족을 유익한 신앙 강론으로 채워주기를 바란 것이었다고 생각하는 사람들도 있다. 그러나 가장 개연성이 높은 해석은, 기적을 기대하고서 그런 말을 했다고 보는 것이다. 마리아는 예수께서 때마다 적절하게 이스라엘 자손들에게 먹을 것을 공급해준 모세와 같은 위대한 선지자로서 계심을 알았기 때문이다. 비록 이번이 예수께서 공적으로 기적을 행하신 첫 번째 사례이지만, 과거에 간간이 가난한

육신의 부모의 짐을 덜어드렸을 것이다. 신랑은 포도주를 더 구해오도록 사람들을 보냈으나, 예수의 어머니는 포도주의 근원이 되시는 분에게 요청했다. 주목할 점은, [1] 우리는 이웃의 궁핍과 필요에 관심을 기울여야 하며, 자기 일만 구하는 사람이 되어서는 안 된다. [2] 이웃이 어려운 처지에 있을 때 기도로써 주님께 그들을 위해 아뢰는 것이 우리의 지혜요 의무이다. [3] 그리스도께 아뢸 때는 권리를 주장하듯 해서는 안 되고, 겸손히 우리의 사정을 아뢴 다음 기쁘신 뜻대로 처분하시도록 우리 자신을 의탁해야 한다.

(2) 예수께서는 어머니를 책망하셨다. 어머니의 태도에서 우리가 알고 있는 것보다 더 적절하지 못한 것이 있음을 보셨기 때문이다. 만일 그렇지 않았다면 그렇게 책망하지 않으셨을 것이다. 여기서 살펴볼 점은,

[1] 책망 자체: 여자여 나와 무슨 상관이 있나이까. 그리스도께서는 사랑하시는 백성들에게 하시듯 책망하시고 바로잡으신다. 어머니라고 부르지 않으시고 여자라고 부르신다. 이 말씀을 생각하려 할 때는 우리가 남자든 여자든 얼마나 취약하고 어리석고 부패했는지 되새겨 봐야 한다. 티 에모이 카이 소이라는 질문은 그것이 나와 당신에게 무슨 관계가 있습니까?라고 읽을 수도 있다. 포도주가 없다 한들 우리와 무슨 상관이 있느냐는 뜻이 되는 셈이다. 그러나 그 질문은 반드시 여자여 내가 당신과 무슨 상관이 있나이까 라는 뜻으로 읽어야 한다. 참조. 삿 11:12; 삼하 16:10; 스 4:3; 마 8:29. 그러므로 분명히 책망이 섞여 있는 말씀이다. 물론 제5계명에 따라 어머니에게 바치신 존경과 복종을 떠나신 것은 아니다(참조. 눅 2:51). 부모에게 대하여 이르기를 내가 그들을 보지 못하였다고 말하는 것이 레위의 자랑인 때가 있었기 때문이다(신 33:9). 예수께서 이렇게 말씀하신 의도는, 첫째로, 친히 신성(神性)을 발휘하실 문제에 어머니가 개입하지 못하도록 막으시려는 것이었다. 그 문제는 어머니에게 달린 것이 아니고, 어머니로서 주관할 일이 아니었다. 예수께서는 비록 인성(人性)을 따라서는 다윗의 자손이셨으나, 하나님으로서는 다윗과 마리아의 주(主)이셨으며, 그 점을 깨우쳐 드리려 한 것이다. 아무리 위대한 업적을 이루었다 해도 우리 자신과 지위가 무엇인지 잊어서는 안 되며, 은혜 언약으로 얻은 친밀함으로 인하여 경시나 불손, 교만을 나타내서는 안 된다. 둘째로, 예수님의 말씀은 다른 친족들에게 해주신 훈계였다(아마도 많은 친족이 그 자리에 있었을 것이다). 예수께서 기적을 행하시는 일에 혈육에 따른 친족으로서의 어떤 특권을 기대해

서도 안 되고, 기적으로써 유익을 얻을 것은 그들이나 다른 사람들이 일반임을 알려주려 하셨다. 하나님의 일을 하려 할 때에는 인간관계에 초연해야 한다. 셋째로, 이 말씀은 예수께서 장차 당신의 교회가 빠져들게 될 우상숭배를 경고하는 증언으로 항상 서 있다. 하지만 로마 가톨릭은 경고를 무시한 채 동정녀 마리아에게 부당한 경의를 표시하여 하늘의 여왕, 세상의 구원, 여성 중보자, 자신들의 생명과 소망이라 부르는 심각한 죄를 범해왔다. 그들은 마리아의 공로와 중재를 의지할 뿐 아니라, 마리아를 향해 그녀의 아들을 시켜서 자신들에게 선을 행하도록 하라고 간청하기까지 한다: 당신이 그의 어머니임을 보이소서 (Monstra te esse matrem); 구주께 어머니로서 명하소서(Jussu matris impera salvatori). 예수께서 이미 낮아지신 시절부터, 어머니가 무언의 중재자 자리에 선 상황에서, 기적을 행하실 일을 앞두고 어머니에게, 여자여 나와 무슨 상관이 있나이까 하고 의도적으로 말씀하신 것이 아니겠는가? 주께서는 로마 가톨릭이 범할 심각한 우상숭배, 그 두려운 신성모독을 예방하시거나 오히려 그 죄를 더 가중시키시려는 뜻에서 이 말씀을 하셨음이 분명하다. 하나님의 아들은 아버지 앞에서 우리를 위해 대언하시는 중보자로 세움을 받으셨으나, 우리 주님의 어머니는 아들과 더불어 우리의 대언자로 세움을 받은 일이 결코 없다.

[2] 예수께서 책망하신 이유: 내 때가 아직 이르지 아니하였나이다. 그리스도께서는 친히 행하신 모든 일과 당신에게 행해진 모든 일에 대해 당신의 때, 가장 적절한 고정된 시간을 갖고 계시는데, 그 점을 주의해서 살펴볼 필요가 있다. 첫째로, "내가 기적을 행할 시간이 아직 오지 않았나이다." 그럼에도 주께서 때가 이르기 전에 기적을 행하신 이유는 그렇게 함으로써 어린 상태에 있는 제자들의 믿음이 확고하게 될 것을 내다보셨기 때문이다(11절). 그리고 이것이 모든 기적의 목표였다. 따라서 이 기적은 때가 왔을 때 행하실 많은 기적들의 전조였다. 둘째로, "내가 공개적으로 기적을 행할 때가 아직 오지 않았으니, 그것을 공개적으로 말하지 마십시오." 셋째로, "이제 내가 선지자로서 사역을 시작했으니 이제는 당신의 권위로부터 벗어날 때가 되지 않았습니까?"(닛사의 그레고리우스의 견해). 넷째로, "내가 이 기적을 행할 때가 아직 이르지 아니하였나이다." 예수의 어머니는 포도주가 동이 나기 시작할 때 예수님께 그들을 돕도록 말하였으나(그렇게 읽을 수 있다, 3절), 시간이 충분히 지나서 완전히 동이 날 때까지는 아직 예수님의 때가 되지 않았다. 이는 조금 남은 포도주에 물을 섞

은 게 아니냐는 의심을 사전에 방지하시려는 뜻이 있었을 뿐 아니라, 인간의 극한이 하나님께서 자기 백성을 도우시고 구원하시는 기회임을 가르치시려는 뜻도 있었다. 우리가 진퇴양난에 처하여 어찌할 바를 모를 때 비로소 주님의 때가 온다. 이 사실은 주님을 믿는 자들에게 주님의 때가 아직 오지 않았으나 그 때가 온다고 믿도록 격려해준다. 주님의 자비가 지체된다고 해서 기도를 거절하셨다고 해석해서는 안 된다. 끝까지 인내하며 기다릴 필요가 있다.

　(3) 예수님의 말씀에도 불구하고, 마리아는 예수께서 궁지에 몰린 사람들을 도와주실 것이라고 기대해 마지않았다. 그래서 하인들에게 무슨 말씀을 하시든지 그대로 하라고 시켰다(5절). [1] 마리아는 책망을 순순히 받기만 하고 답변하지 않았다. 가장 좋은 것은 그리스도로부터 책망을 아예 받지 않는 것이지만, 책망을 받게 될 때는 입 다물고 온유하게 받으며 그것을 자신에게 인자를 베푸시는 것으로 여겨야 한다(참조. 시 141:5). [2] 마리아는 그리스도의 자비 안에서 주께서 자신의 소원을 들어주실 것이라는 소망을 버리지 않았다. 무슨 자비를 구하기 위하여 그리스도 안에서 하나님 앞에 나아가려 할 때는 두 가지가 좌절감을 일으킨다. 첫째로, 자신의 어리석음과 무기력함에 대한 자각. "이런 불완전한 기도를 주님께서 의미 있게 들으실 리가 없다." 둘째로, 우리 주님께서 굳은 표정으로 책망하신다는 자각. 고통은 갈수록 심해지고 구원은 오지 않고 하나님은 우리의 기도에 화를 내고 계신 것만 같다. 이것이 본문에서 우리 주님의 어머니가 처한 경우였는데, 그럴지라도 그녀는 하나님의 섭리가 우리에게 불리하게 전개되는 듯이 보이는 때조차 마침내 응답해 주실 것이며, 믿음과 부지런한 기도로써 하나님과 씨름하는 법을 가르쳐 주실 것이라는 소망을 가지고 스스로 격려했다. 우리는 소망을 가질 수 없는 상황에서도 소망을 가지고 믿어야 한다(참조. 롬 4:18). [3] 주님의 어머니는 하인들에게 자신에게 와서 하소연을 하지 말고 주님께 직접 가서 시키시는 대로 하라고 말했다. 자신이 주님께 무슨 영향력을 행사하거나 부탁을 드릴 수 있는 것처럼 행세하던 태도를 버렸다. 그들의 영혼으로 잠잠히 주님만 바라게 하라(참조. 시 62:5). [4] 주님의 어머니는 하인들에게 주님 앞에서 다른 주장을 하거나 이의를 제기하지 말도록 당부했다. 주님께 간섭하려고 했던 자신의 과오를 의식하고서, 하인들에게 같은 과오를 범하지 말고, 주님의 정하신 시간에 정하신 방법대로 시중을 들라고 당부했다: "너희에게 무슨 말씀을 하시든지 그대로 하라. 시키시

는 일이 부적절하게 생각되어도 그대로 하라. 물을 포도주라 하시면서 하객들에게 물을 갖다 드리라 하셔도 그렇게 하라. 빈 항아리들에 물을 갖다 부으라 말씀하셔도 그대로 하라. 주님께서는 포도주 몇 방울로도 엄청난 포도주를 만드실 수 있다." 그리스도의 은혜를 구하는 사람들은 명령하시는 대로 절대 순종해야 한다. 순종의 길이 곧 자비의 길이다. 그리스도께서 사용하시는 방법을 거역해서는 자비를 얻을 길이 없다.

(4) 그리스도께서는 마침내 기적으로 포도주를 공급해 주셨다. 주님께서 주의 말씀보다 더 좋은 경우는 많지만, 더 나쁜 경우는 결코 없다.

[1] 그리스도께서 행하신 기적은 물로 포도주를 만드신 것이다. 물의 실체가 새로운 형태를 얻으면서 포도주의 모든 우유성(偶有性, 형태와 맛)과 특성들을 지니게 되었다. 이러한 변형은 기적이다. 그러나 교황파가 주장하는 화체설, 즉 성찬의 성물들의 실체가 변하고 우유성들은 동일하게 남는다는 견해는 기괴한 것이다. 이 기적으로써 그리스도께서는 당신이 흙에서 포도나무가 자라게 하시는, 본질상 하나님이심을 입증하셨다(참조. 시 109:14, 15). 해마다 흙의 수분을 흡수하여 포도의 수액을 내놓는다는 것은 비록 그것이 자연 법칙에 따르자면 물로 포도주를 만든 것과 같은 기적은 아닐지라도 그에 못지않은 경이로운 일이다. 모세의 기적이 물을 피로 만드는 것으로 시작했다면(출 4:9; 7:20), 그리스도의 기적은 물로 포도주를 만드는 것으로 시작했다. 이것이 모세 율법과 그리스도의 복음 사이의 차이를 암시한다. 율법의 저주가 물을 피로 바꿔 놓고, 평온함을 고통과 공포로 바꿔 놓은 반면에, 복음의 축복은 물을 포도주로 만든다. 이로써 그리스도께서는 당신이 세상에 오신 목적이 모든 신자들을 구속하고 위로하는 것임을 보이셨다. 실로는 그 옷을 포도주에 빨 것이라 했는데(창 49:11), 물이 포도주로 변한 것을 가리킨다. 그리고 복음의 초대는 너희 모든 목마른 자들아 물로 나아오라 … 값없이 와서 포도주와 젖을 사라는 것이다(사 55:1).

[2] 당시의 정황이 그 사건이 기적임을 부각시키며, 속임수가 아니었다 하는 모든 의혹을 씻어준다. 그 이유는,

첫째로, 그 일은 물 항아리에서 이루어졌다(6절): 거기에 … 돌항아리 여섯이 놓였는지라. 관찰할 점: 1. 이 항아리들의 용도가 무엇이었는가? 이 항아리들은 하나님의 율법과 주로는 장로들의 전통이 명하는 바, 의식적(儀式的) 불결을

씻어내는 예식을 위한 물을 보관하는 데 그 용도가 있었다. 바리새인들과 모든 유대인들은 장로들의 전통을 지키어 손을 잘 씻지 않고서는 음식을 먹지 아니하며(막 7:3). 이런 용도로 물을 많이 사용했으며, 돌항아리 여섯은 그런 목적으로 있었다. 그들 사회에는 "씻는 데 물을 많이 사용하는 사람은 현세에서 재물을 많이 얻을 것이다"라는 속담이 있었다. 2. 그리스도께서 돌항아리들을 본래의 의도와 전혀 다르게 어떻게 사용하셨는가? 기적으로 만드신 포도주를 담는 데 사용하셨다. 이처럼 그리스도께서는 물처럼 빈약하고 밋밋한 율법의 그림자를 걷으시고, 하나님과 사람을 즐겁게 하는 포도주와 같은(삿 9:13) 복음의 은혜를 끼치시기 위하여 오셨다. 항아리들은 포도주를 담아본 적이 없는 물 단지들이었고, 또한 돌로 만들어져 만일 전에 포도주를 담은 적이 있다면 그 향을 간직하는 데 적합하지 않았다. 항아리들에는 두세 통의 물이 들어갔는데, 정확한 양은 알 수 없지만 부피는 상당했던 듯하다. 그 많은 양의 포도주를 만들어 주신 것은 이번 잔치만을 위한 것이 아니고, 갓 혼인한 부부에게도 후하게 베푸신 것이다. 마치 가난한 과부에게 기름이 끊이지 않아 그것으로 빚을 다 갚고 생활도 할 수 있게 해주신 것처럼(참조. 왕하 4:7). 그리스도께서는 당신의 영광의 풍성함에 따라 자신을 주시되 후하게 주신다. 두세 통 드는 돌항아리는 기자의 표현이다. 성령께서는 그 양이 얼마인지 정확히 아셨을 것이기 때문이다. 이것은 (6:19의 경우처럼) 우리로 하여금 확실히 파악하지 못한 것들에 대해서는 함부로 말하지 않고 신중하게 말하도록 가르치시려는 것이다.

둘째로, 하인들이 그리스도의 말씀대로 항아리의 아귀까지 물을 채웠다(7절). 하나님의 종 모세가 하나님의 명령대로 물을 얻기 위하여 바위로 갔던 것처럼, 이 하인들도 그리스도께서 명령하시자 포도주를 얻기 위하여 물을 돌항아리에 채웠다. 하나님의 권능의 팔에는 어려운 일이란 없듯이, 하나님의 명령 앞에는 불가능한 것이 없다.

셋째로, 기적은 순식간에 지극히 경이로운 방식으로 행해졌다.

a. 하인들이 항아리들에 물을 부어 채우자마자 예수께서는 떠서 연회장에게 갖다 주라 하셨고(8절), 하인들은 말씀대로 했다. (a) 사람들의 눈 앞에 어떠한 의식도 없었다. 주위 사람들은 나아만처럼 예수께서 직접 다가와 서서 하나님의 이름을 불러야 하는 게 아닌가 생각했을는지도 모른다(참조. 왕하 5:11). 하지만 그렇게 하지 않으시고 그냥 자리에 앉아 그렇게 되도록 뜻을 품으시니 그

대로 되었다. 그리스도께서는 크고 경이로운 일들을 소리 없이 행하시며, 중대한 변화를 은밀하게 일으키신다. 때로 기적을 행하실 때 말씀과 동작을 사용하셨지만, 그것은 둘러선 무리를 위함이었다(참조. 11:42). (b) 주저함이나 불확실함이 없었다. 예수께서는 뜻하신 대로 잘 되었는지 확신하시기 위해 나한테 조금 가지고 와서 맛보게 하라고 말씀하지 않으셨다. 비록 그것이 주님의 첫 번째 기적이었는데도 큰 확신을 가지고 직접 연회의 주인에게 갖다주라고 하셨다. 친히 무엇을 해야 할지 아셨던 까닭에 무엇을 할 수 있는지 아셨으며, 따라서 굳이 시험해 보실 필요가 없었다. 모든 것이 처음부터 지극히 선했다.

b. 우리 주 예수께서 하인들에게 명령하신 것: (a) 뜨라. 항아리에 그냥 두고 감탄만 할 게 아니라, 떠서 마시도록 하셨다. 주목할 점: [a] 그리스도께서 하시는 일에는 모두 구체적인 용도가 있다. 달란트를 주시는 목적은 그것을 묻어두라는 것이 아니라 활용하라는 것이다. 주님께서 물로 포도주를 만드시고, 여러분에게 지식과 은혜를 주셨는가? 그것은 여러분도 그러한 유익을 끼치라는 것이다. [b] 그리스도를 알고자 하는 사람은 주님을 시험하여 맛보아 알고, 주님께서 일반적인 방편들을 사용하시이 은혜 주시는 것을 지켜본 다음 특별한 능력을 기대하는 것이 순서이다. 주를 두려워하는 자를 위하여 쌓아 두신 은혜 곧 주께 피하는 자를 위하여 인생 앞에 베푸신 은혜가 어찌 그리 큰지요(시 31:19). 그러므로 우리는 신자를 위하여 쌓아 두신 은혜를 믿음을 발휘하여 받아야 한다. (b) 연회장(宴會長)에게 갖다 주라. 어떤 이들은 이 연회장이 상석에 앉은 주빈(主賓)이었을 뿐이라고 생각한다. 그러나 만일 그렇다면 우리 주 예수께서 그 자리에 앉으셔야 마땅하다. 어떤 이유에서든 예수께서 가장 중요한 손님이셨기 때문이다. 그러나 아마도 상석은 다른 사람 곧 그 자리를 좋아하는 사람이 차지했을 것이다(마 23:6; 눅 14:7). 그리고 예수께서는 당신의 원칙에 따라 말석에 앉으셨을 것이다. 비록 연회의 주빈 대접을 받지 못하셨으나 그 자리를 아끼고 은혜를 베푸는 따뜻하고 친밀한 태도를 유지하셨다. 다른 사람들은 연회장이 손님이 아니라 연회를 총괄하는 사람이었다고 생각한다. 그렇다면 플루타르크(Plutarch)의 글에서, 손님들이 식사를 충분히 했는지, 과음하는 사람이 없는지, 연회가 방탕하고 무질서하게 흐르지 않는지 감독하는 심포지아르키(연회감독관)와 하는 일이 같았던 셈이다. 주의. 연회에는 감독관이 필요하다. 그런 자리에서는 많은 사람들이 스스로 통제하지 못하기 때문이다. 어떤 사람들은

이 감독관이 복을 빌고 감사를 드리는 제사장이나 레위인 같은 성직자였을 것으로 생각한다. 그렇다면 그리스도께서는 그에게 잔을 갖다 주도록 하시어 하나님께 복을 빌고 감사드리도록 하신 셈이다. 하나님의 임재와 권능의 특별한 증표가 나타났을지라도, 그것이 경건과 기도의 일상적인 규율과 방법을 무시하거나 대체하도록 하지 않으신 것이다.

넷째로, 그렇게 기적으로 마련된 포도주는 품질이 최상급이었다. 연회장도 그 사실을 인정했는데, 과연 그랬다는 것은 연회장이 포도주의 출처를 몰랐다는 점에서 확실하다(9, 10절). 1. 이것이 포도주였음이 확실하다. 연회장은 비록 어디서 났는지 알지 못했지만 마셔보고 그것이 포도주인 줄을 알았다. 하인들은 출처를 알았지만 아직 맛을 보지 못한 상태였다. 만일 연회장이 포도주를 물 담는 항아리에서 뜨는 것을 보았거나 하인들이 미리 맛을 보았다면 모르겠지만, 그렇지 않으므로 기적을 의심할 여지가 없다. 2. 그것은 최상급 포도주였다. 주의: 그리스도께서 하시는 일들은 그 출처를 모르는 사람들에게도 밝히 드러난다. 기적으로 된 일들은 그 종류가 항상 최상급이다. 이 포도주는 일반 포도주보다 맛과 향이 훨씬 뛰어났다. 연회장은 흡족하여 이 점을 신랑에게 알리며 칭찬한다. (1) 일반적인 방법은 그렇지 않았다. 대개는 손님들에게 호평을 받기 위하여, 좋은 포도주는 손님들의 머리가 맑고 입맛이 신선하여 그 맛을 쉽게 분별할 수 있는 연회 초반에 내놓는다. 하지만 손님들이 거나하게 취하여 머리가 맑지 못하고 입맛도 둔해질 때 좋은 포도주는 그만 내놓고 질이 떨어지는 포도주를 내놓는 것이 보통이다. 감각이 주는 모든 쾌락이 얼마나 덧없는가! 그것은 항구적인 만족을 주지 못하고 곧 식상한다. 즐길수록 만족도가 떨어진다. (2) 신랑은 손님들에게 가장 좋은 포도주를 대접했다: 그대는 지금까지 좋은 포도주를 주었도다. 손님들은 이 좋은 포도주가 어떻게 만들어진 것인지 모른 채 신랑에게 고마움을 표시했다. 곡식과 새 포도주와 기름은 내가 그에게 준 … 것이거늘 그가 알지 못하도다(호 2:8). [1] 그리스도께서는 이처럼 특히 즐거운 때 적당한 양의 포도주로써 손님들을 위해 넉넉히 베푸셨으나(참조. 느 8:10), 그럴지라도 혼인 잔치뿐 아니라 어느 때든 방탕함과 술 취함에 떨어지지 않도록 친히 경고하셨다(참조. 눅 21:34). 그렇게 좋은 포도주를 풍족하게 베푸시어 기쁨을 얻도록 하신 데에는 그들의 절제를 시험하시어, 부족한 상황에서 뿐 아니라 풍족한 상황에서도 옳게 처신하는 법을 가르치시려는 의도가 있었다. 강제적인 금주는 감사한 마음을 일으키지 못하는 덕목이지만, 주님께서 우리에게 감각의 기쁨을 풍성히 허락하시고 그것을 절도 있게 쓸 줄 아는 은혜를 주신다면 그것은 귀중한 자기 부인이 된다. 또한 그리스도께서는 기적의 사실을 알려 다른 사람들을 믿도록 인도하는 일을 일부 사람들의 몫으로 남겨 놓으셨다. 잔치에 참석한 손님들은 그로써 잘 배웠고, 혹은 적어도 그리스도께서 참석해주신 일로 인하여 경외심을 갖게 되었을 것이므로, 과음하는 사람이 아무도 없었을 것이라고 충분히 짐작할 수 있다. 이 기사에서 얻게 되는 이 두 가지 고려가 어느 때든 술취함과 방탕함에 대한 유혹에 떨어지지 않도록 막아주기에 충분하다. 첫째로, 우리가 섭취하는 음식과 음료는 하나님께서 우리에게 베풀어주시는 풍성한 선물이므로, 그것을 자유롭게 섭취하고 힘을 얻는 것이 모두 그리스도의 중보 덕분인 줄을 알아야 한다. 그러므로 절제하지 못하는 것은 배은망덕이요 불경건이다. 둘째로, 우리가 어디에 있든 그리스도께서 우리를 바라보시는 줄을 알아야 한다. 따라서 식사도 하나님 앞에서 먹어야 하며(출 18:12), 경외하는 심정 없이 먹고 마셔서는 안 된다. [2] 그리스도께서는 친히 사람들을 대하는 태도의 본을 보여주셨다. 가장 좋은 것을 맨 나중에 내놓음으로써 신뢰 관계를 유지하는 것이었다. 그로 인한 수고와 고난의 상은 다음 세상을 위해 예비되어 있다. 그것이 장차 드러날 영광이다. 죄가 주는 쾌락은 잔을 아름다운 색깔로 채우지만, 마침내는 그것이 돌이킬 수 없는 올무가 될 것이다. 그러나 경건이 주는 기쁨은 영원한 희락이다.

Ⅲ. 기사의 결말에서 확인하게 되는 교훈(11절). 1. 이것이 예수께서 행하신 기적들의 시작이었다. 예수께서 태어나시고 세례를 받으실 때도 많은 기적이 발생했고, 무엇보다도 예수님 자신이 가장 위대한 기적이었다. 그러나 이것이 예수께서 친히 행하신 첫 번째 기적이었다. 어렸을 때 박사들과 대화를 나누실 때도 기적을 행하실 수 있으셨지만, 아직은 그분의 때가 오지 않았었다. 예수께는 언제든 권능이 있었지만, 그것을 가리고 지내실 때가 있었던 것이다. 2. 예수께서는 여기서 자신의 영광을 나타내셨다. 이로써 자신이 하나님의 아들이심을 입증하셨고, 그 영광이 하나님의 독생자의 영광임을 나타내셨다. 또한 친히 담당하실 직분의 성격과 목적도 나타내셨다. 그것은 친히 행하실 모든 기적들과 특히 이번 기적으로 나타내신 하나님의 권능과 구주의 은혜로써 자신이 오랫동안 대망되어온 메시야이심을 드러낸 것이다. 3. 제자들은 예수님을 믿었다.

아무런 기적도 보지 않은 채 부르심을 받고서 주님을 따른 사람들이, 이제 기적을 보고 그 은택에 참여하고 그로 인해 더욱 강한 믿음을 갖게 되었다. 주의: (1) 참된 신앙도 처음에는 약한 상태로 시작한다. 아무리 강한 사람도 처음에는 아기로 출발하듯이, 믿음이 강한 그리스도인도 그러하다. (2) 그리스도의 영광이 나타나면 그리스도인들의 믿음을 크게 확증해 준다.

[12]그 후에 예수께서 그 어머니와 형제들과 제자들과 함께 가버나움으로 내려가셨으나 거기에 여러 날 계시지는 아니하시니라 [13]유대인의 유월절이 가까운지라. 예수께서 예루살렘으로 올라가셨더니 성전 안에서 소와 양과 비둘기 파는 사람들과 돈 바꾸는 사람들이 앉아 있는 것을 보시고 [14]노끈으로 채찍을 만드사 양이나 소를 다 성전에서 내쫓으시고 돈 바꾸는 사람들의 돈을 쏟으시며 상을 엎으시고 [16]비둘기 파는 사람들에게 이르시되 이것을 여기서 가져가라 내 아버지의 집으로 장사하는 집을 만들지 말라 하시니 [17]제자들이 성경 말씀에 주의 전을 사모하는 열심이 나를 삼키리라 한 것을 기억하더라 [18]이에 유대인들이 대답하여 예수께 말하기를 네가 이런 일을 행하니 무슨 표적을 우리에게 보이겠느냐 [19]예수께서 대답하여 이르시되 너희가 이 성전을 헐라 내가 사흘 동안에 일으키리라 [20]유대인들이 이르되 이 성전은 사십육 년 동안에 지었거늘 네가 삼일 동안에 일으키겠느냐 하더라 [21]그러나 예수는 성전된 자기 육체를 가리켜 말씀하신 것이라 [22]죽은 자 가운데서 살아나신 후에야 제자들이 이 말씀하신 것을 기억하고 성경과 예수께서 하신 말씀을 믿었더라.

이 단락에서 확인할 수 있는 사실은,

I. 그리스도께서 가버나움을 잠깐 방문하셨다(12절). 가버나움은 면적이 넓고 인구가 많은 도시로서, 가나에서 하룻길 떨어져 있다. 이 도시는 그리스도께서 갈릴리 사역의 거점을 삼으신 까닭에 주님의 본 동네라 불리는데(마 9:1), 이곳에서 아주 잠깐 머무셨다. 이곳은 인구와 물자가 합류하는 장소였으므로, 주께서는 당신의 가르침과 기적들이 이곳을 중심으로 사방으로 멀리 퍼질 수 있도록 이곳을 거점으로 택하셨다. 관찰할 점:

1. 주님을 따라 가버나움에 간 사람들: 어머니와 형제들과 제자들. 그리스도께서는 어디를 가시든 (1) 혼자 가기를 원치 않으시고 친히 인도하시는 사람들을

데리고 가셨는데, 이는 그들을 곁에 두고 가르치시고, 기적 행하시는 것을 지켜보도록 하시기 위함이었다. (2) 혼자 가실 수가 없었다. 사람들이 주님께 배우기를 좋아해서든 아니면 기적으로 만들어 주신 포도주의 단맛을 잊지 못해서든(참조. 6:26) 주님을 따라가기를 원했기 때문이다. 주님의 어머니는 얼마 전에 주님으로부터 사역에 관해서는 다른 사람과 달리 특별하게 대해 드리지 못한다는 말씀을 들었을지라도 주님을 따라갔다. 참견하기 위함이 아니라 배우기 위함이었다. 또한 혼인 잔치 때 기적을 지켜본 형제들도 따라갔고, 제자들은 주님께서 가시는 곳마다 함께하던 사람들이므로 당연히 따라갔다. 사람들이 나중보다 처음에 주님의 기적을 보고 더욱 감명을 받은 이유는 아마도 나중에는 기적을 많이 접하여 덜 생소하게 되었기 때문인 듯하다.

2. 그리스도께서 가버나움에 가셔서 여러 날 계시지 않은 이유는, 친숙하게 되는 일은 나중으로 미루고 우선 당신을 알리기 시작하는 정도로 만족하셨기 때문이다. 그리스도께서는 여전히 옮겨다니시며 어느 한 곳에 역량을 쏟아붓지 않으셨는데, 그 이유는 많은 사람들이 주님을 필요로 했기 때문이다. 따르는 자들에게도 자신들을 이 세상에서 나그네와 객으로 여기도록 가르치셨고, 제자들에게는 전도할 기회를 따라 일이 있는 곳이면 그곳으로 가도록 가르치셨다. 주께서는 아직은 회당을 찾아가지 않으시고 따르는 자들을 사적으로 가르치셨으며, 이와 같이 하여 점진적으로 사역을 시작하셨다. 젊은 목회자들은 사적으로 경건하고 덕을 세우는 대화를 많이 나눔으로써 사역의 준비를 잘 해나가다가 더 큰 경외심을 가지고 공적 사역에 임하는 것이 좋다. 주님께서 가버나움에 오래 계시지 않은 이유는 유월절이 가까이 왔으므로 예루살렘에 올라가 절기를 지키셔야 했기 때문이다. 모든 일은 시의적절해야 아름다운 법이다. 차선은 최선에 자리를 내주는 게 마땅하며, 야곱의 모든 거처들은 시온의 문에 자리를 내주어야 한다.

Ⅱ. 예수께서 예루살렘에서 지키신 유월절. 이것은 세례를 받으신 뒤 맞이하신 첫 번째 유월절이었다. 복음서 기자는 이후로 주께서 지키신 유월절을 다 언급하는데, 모두 합하면 네 번이며, 네 번째 유월절(3년 뒤)에는 고난을 받으셨다. 지금은 세례받으신지 반년이 흐른 때였다. 그리스도께서는 율법 아래 나신 까닭에 예루살렘에 가셔서 유월절을 지키셨다. 참조. 출애굽기 23:17. 이로써 주께서는 우리에게 하나님이 제정하신 규례들을 엄격히 지킬 것과 예배에

성실히 참석할 것을 친히 본을 보여 가르치셨다. 유월절이 가까웠을 때 예루살렘에 올라가신 목적은 그곳에서 첫 번째 유월절을 지키시기 위함이었다. 이 절기가 유대인의 유월절이라 불린 이유는 그들에게 독특한 절기였기 때문이다(그리스도는 우리의 유월절이시다). 하지만 얼마 후면 하나님께서 이 절기를 받지 않으실 것이다. 그리스도께서는 열두 살 이래로 해마다 예루살렘에 올라가 유월절을 지키셨지만, 이제 공적 사역을 시작하신 이후로는 예전과 다른 것을 기대하게 되는데, 본문에서는 주님께서 그곳에서 행하신 두 가지 일을 보게 된다:

1. 성전을 깨끗하게 하심(14-17절). 관찰할 점:

(1) 예루살렘에서 먼저 주님을 뵙게 되는 곳은 성전이다. 아마도 성전에 들어가시기 전까지는 공적으로 모습을 드러내지 않으신 듯하다. 주께서 성전에 가셔서 가르치심으로 성전의 나중 영광이 처음 영광보다 더 크게 되었다(참조. 학 2:9). 구약성경에는 보라 내가 내 사자를 보내리니라고 예언되었는데(말 3:1), 세례 요한을 가리켜 하신 말씀이었다. 그는 성전에서 말씀을 전하지 않았다. 그러나 너희가 구하는 바 주가 갑자기 그의 성전에 임하시리니라고 하여, 세례 요한이 온 직후에 메시야가 성전에 임하실 것을 가리켰다.

(2) 그리스도께서 성전에서 하신 첫번째 일은 성전을 깨끗하게 하신 것이었고, 이것은 구약성경의 예언을 이루시는 일이었다: 그가 은을 연단하여 깨끗하게 하는 자 같이 앉아서 레위 자손을 깨끗하게 하되. 이제 바야흐로 종교개혁의 때가 임한 것이다. 그리스도께서는 철저히 개혁하시기 위하여 오셨다. 그리고 유다의 왕들을 개혁하는 방식(적극적으로는 주로 유월절을 회복하는 형태를 띰. 참조. 대하 30:14, 15의 히스기야의 예와 왕하 23:4의 요시야의 예)에 따라 먼저 잘못된 것을 깨끗하게 씻어내시고, 그런 다음 그들에게 다른 도리를 가르치셨다. 먼저 오래된 누룩을 제거하신 다음 절기를 지키도록 하신 것이다. 그리스도께서 세상에 오신 목적은 세상을 개혁하시기 위함이었다. 따라서 당신에게 나아온 모든 사람들이 가르침을 받고 마음과 생활을 개혁하기를 기대하신다(참조. 창 35:2). 성전을 깨끗하게 하심으로써 우리에게 가르치신 것이 바로 이 점이다. 여기서 살펴볼 내용은,

[1] 깨끗하게 해야 했던 더러움과 부패가 무엇이었는가? 예수께서는 성전 뜰한 곳에서 장터를 보셨다. 그곳은 성전 산 안쪽에 있는 이방인의 뜰이었다. 그곳

에서, **첫째로**, 사람들이 제사로 드릴 소와 양과 비둘기를 판매했다. 물론 그것이 모든 사람을 위한 것이 아니라, 타 지방에서 오느라 제물을 가지고 올 수 없는 사람들의 편의를 돕기 위한 것이었을 수도 있다(참조. 신 14:24-26). 이 장터는 원래는 베데스다 못 곁에 있었던 것 같은데(참조. 5:2), 대제사장들이 부정한 이득을 챙기기 위하여 성전 경내로 들어오도록 허락했다. 자릿세와 가축 조달 수수료, 그리고 흠 없는 가축임을 보증하는 수수료가 그들에게 적지 않은 수입원이 되었을 것이다. 교회가 타락하게 되는 주된 원인은 돈에 대한 사랑 때문이다(참조. 딤전 6:5, 10). **둘째로**, 그들은 사람들이 해마다 한 사람 당 반 세겔을 바쳐야 하는 세금을 편리하게 납부할 수 있도록 돈을 **바꿔주었다**. 원래는 성막 봉사에 쓰도록 제정된 세금이었지만(출 30:12), 틀림없이 대제사장들이 착복했을 것이다.

[2] 우리 주님께서 성전을 깨끗하게 하시기 위하여 취하신 방법. 과거에도 성전에 오셨을 때 이런 부패한 관행을 보셨으나, 그 때는 사적인 자격으로 오셨으므로 그들을 쫓아내지 않으셨는데, 이제는 선지자로서 공적인 직분을 가지고 오셨다. 주께서는 대제사장들을 찾아가 신고하지 않으셨다. 그들이 이런 부패한 관행을 묵인해 주고 있음을 아셨기 때문이다. 오히려 친히 행동을 취하셨다.

첫째로, 양이나 소를 다 성전에서 내쫓으시고 돈 바꾸는 사람들의 돈을 쏟으시며 상을 엎으시고. 성전에 들어온 모든 사람을 완력으로 내쫓으신 게 아니라 성전을 더럽힌 사람들만 내쫓으셨다. 그들이 아버지의 거룩한 곳을 더럽히는 것을 보셨을지라도, 양과 소를 강탈하시거나 압류하고 몰수하시지 않으셨다. 다만 가축들과 주인들을 성전 밖으로 몰아내셨을 뿐이다. 아마도 소나 양들을 끌고 올 때 사용된 노끈으로 채찍을 만들어 가축들을 몰아내시고 상을 엎으셨다. 죄인들은 자신들이 결국 주의 전 밖으로 쫓겨날 때 사용될 채찍을 스스로 준비한다. 주께서 채찍을 만드신 목적은 죄 범한 사람들을 징벌하시기 위함이 아니라 (그러한 징벌은 또 다른 성격을 띤다), 다만 가축을 몰아내시기 위함이었다. 개혁 외에는 다른 목적이 없었던 것이다. 참조. 로마서 13:3. 4; 고린도후서 10:8.

둘째로, 주께서는 돈 바꾸는 사람들의 돈을 쏟으셨다. 그것을 쏟으심으로써 경멸을 나타내셨다. 돈을 땅바닥에 흩어버리심으로써 그것이 흙과 티끌에 지나지 않음을 보여주셨다. 상을 엎으심으로써 경건을 이익의 재료로 삼는 자들에게 불쾌감을 표시하셨다. 성전의 환전상들은 성전을 욕되게 하는 자들이었다. 무릇 개혁이란 철저히 해야 옳다. 주께서는 그들을 전부 다 몰아내셨다. 돈만 엎으신 것이 아니라, 상을 엎으심으로써 환전 행위 자체를 뿌리 뽑으셨다.

셋째로, 비둘기 파는 사람들에게 … 이것을 여기서 가져가라고 하셨다. 비둘기는 가난한 사람들을 위한 제물로서 비교적 적은 공간을 차지했고, 소와 양만큼 방해가 되지 않았겠지만, 그것도 성전 경내에서는 허용해서는 안 되었다. 차라리 참새와 제비가 성전에 둥지를 트는 것은 하나님의 섭리에 달린 일로 용납할 수 있었으나(시 84:3), 돈벌이를 위해 비둘기를 반입하는 것은 용납해서는 안 될 일이었다. 하나님의 성전을 비둘기 집으로 만들어서는 안 되었다. 그러나 그리스도께서 열정 가운데서 발휘하신 기지를 눈여겨보라. 소와 양들을 몰아내셨을 때는 주인들이 따라갔겠고, 돈을 쏟으셨을 때는 돈 주인들이 다시 주워 모을 수 있었겠지만, 만일 비둘기들을 날려버리신다면 되찾을 길이 없었을 것이다. 그러므로 비둘기 파는 자들에게는 이것을 여기서 가져가라고 말씀하신 것이다. 주의: 열정을 발휘하더라도 앞뒤를 잘 분별해서 분에 넘치는 일을 하거나 다른 사람에게 해를 입히는 일을 하지 않도록 해야 한다.

넷째로, 주께서는 왜 그렇게 하시는지 사람들이 납득할 만하게 설명하셨다: 내 아버지의 집으로 장사하는 집을 만들지 말라 하시니. 완력으로 잘못을 바로잡을 때는 이유를 제시해야 한다.

a. 주께서는 그들이 성전을 더럽혀서는 안 될 이유를 말씀하셨다. 그곳은 하나님의 집이며, 따라서 장사하는 집으로 만들어서는 안 되었던 것이다. 장사 자체는 좋은 일이지만, 성전에서는 해서는 안 될 일이다. 성전에서 장사하는 행위는 (a) 하나님의 영광을 위해 바쳐진 것을 다른 목적에 전용하는 것이었다. 하나님의 것을 도둑질하는 신성모독이었다. (b) 숭엄하고 두려운 것을 훼손하여 저급하게 만드는 것이었다. (c) 제사[예배]에 지극히 엄숙하고 진지하고 긴장된 태도로 임하지 못하도록 주의를 산만하게 하여 방해하는 것이었다. 특히 소와 양들이 있는 자리에서 짐승들의 소음에 방해를 받아가며 예배를 드려야 했던 외인의 아들들(할례를 받지 않은 상태로 이스라엘의 하나님을 믿은 사람들:역자주)에게는 적지 않은 모독이었다. 장터가 들어선 곳이 이방인의 뜰이었기 때문이다. (d) 그것은 신앙을 돈벌이에 종속시키는 것이었다. 그 장소의 거룩함을 이용하여 장터를 활성화하고 매매를 왕성하게 벌인 것이다. 하나님의

집을 시장 바닥으로 만드는 사람들은, [a] 예배에 참석할지라도 마음은 온통 사업에 가 있으며(참조. 암 8:5; 겔 33:31), [b] 더러운 이득을 위하여 성무(聖務)를 집례하며, 성령의 은사를 팔아먹는 것이다(참조. 행 8:18).

b. 예수께서 성전을 깨끗하게 하려고 하셨던 이유는 그곳이 예수님의 아버지의 집이었기 때문이다. (a) 그러므로 예수께서는 성전을 깨끗하게 하실 권리가 있었다. 하나님의 집을 맡은 아들로서 신실하셨던 것이다(히 3:5, 6). 예수께서는 하나님을 당신의 아버지라 부르심으로써 자신이 그는 내 이름을 위하여 집을 건축할 것이요 … 나는 그에게 아버지가 되고 그는 내게 아들이 되리니라고 예언된 메시야이심을 암시하신다(참조. 삼하 7:13, 14). (b) 그러므로 예수께서는 성전을 깨끗하게 하시려는 열의가 가득하셨다: "이 집은 내 아버지의 집이다. 그러므로 이 집이 더럽혀지고 내 아버지께서 모욕을 받는 것을 나는 참을 수 없다." 주의: 만일 하나님께서 하늘에 계신 우리 아버지이시며, 아버지의 이름이 거룩히 여김을 받으시는 것이 우리의 소원이라면, 그 거룩한 이름이 모욕을 받는 것은 당연히 우리에게 큰 슬픔일 수밖에 없다. 그러므로 그리스도께서 성전을 깨끗하게 하신 것은 주께서 행하신 기이한 일들 가운데 하나로 여김이 마땅하다. "그리스도께서 행하신 모든 일들 가운데 이 일이 내게는 가장 기이하게 다가온다"(제롬). [a] 예수께서는 이 일을 친구들의 도움 없이 홀로 행하셨다. 평소에 성전을 사모하여 성전을 속되게 하는 폐습에 분개하던 군중을 동원하시려 했다면 어렵지 않게 하실 수 있었을 것이다. 그러나 혼란스럽고 무질서한 것은 용납하지 않으셨다. 그러므로 지지 세력이 있었으나 홀로 그 일을 감당하셨다. [b] 이 일을 대적들의 아무런 저항도 받지 않은 채 이루셨다. 상인들도, 그들에게 돈 받고 허가를 내준 대제사장들도, 그들의 지시를 받는 성전 경비병들도 아무런 저항을 하지 못했다. 부패가 너무 명백하여 저항할 명분이 없었다. 죄인들의 양심이 개혁가들에게는 가장 좋은 친구들이다. 하지만 그것이 전부가 아니었다. 예수님의 행동에는 하나님의 권세가 나타나 사람들을 제압했다. 이렇게 그들이 감히 저항하지 못함으로써 그가 임하시는 날을 누가 능히 당하며 그가 나타나는 때에 누가 능히 서리요라는 예언이 성취되었다(말 3:2, 3).

다섯째로, 제자들은 주의 전을 사모하는 열심이 나를 삼키리라는 말씀을 기억했다(17절). 그들은 처음에는 자신들이 하나님의 어린 양으로 소개받은 분이 심한 열정에 사로잡히시고, 자신들이 이스라엘의 왕으로 믿은 분이 대수롭지 않게 보이는 일에 직접 나서시는 것을 보고서 의아하게 여겼다. 그러나 마음에 떠오르는 구약성경의 말씀이 있었는데, 그 말씀이 예수님의 이 행동을 하나님의 어린 양의 온유함과 이스라엘 왕의 위엄을 모두 발휘한 것임을 깨닫게 해주었다. 구약성경의 그 말씀은 다윗이 메시야에 관해 한 말로서, 메시야의 하나님의 집에 대한 열정이 그를 삼킬 정도로 심히 크다는 내용이다(참조. 시 69:9).

여기서 관찰할 점은, ① 제자들은 성경을 기억하고서 그리스도께서 하신 일의 의미를 이해하게 되었다: 제자들이 성경 말씀에 … 한 것을 기억하더라. 주의: 하나님의 말씀과 하나님의 하시는 일들은 서로를 설명하고 예시한다. 뜻이 깊어 어려운 말씀들은 섭리로써 이루신 일들로 해명되며, 이해하기 어려운 섭리의 일들은 성경의 교훈에 비추어 볼 때 쉽게 풀린다. 그렇다면 그리스도의 제자들로서는 성경을 철저히 배워 능하게 되고, 성경 지식을 기억에 잘 간직함으로써 모든 선한 일을 행하도록 충분히 공급을 받는 것이 얼마나 요긴한 일인 셈인가. ② 그들이 기억한 성경은 매우 시의적절한 것이었다: 주의 전을 사모하는 열심이 나를 삼키리라. 다윗은 하나님의 집을 향한 열심이 있었던 점에서 그리스도의 표상이었다(참조. 시 132:2, 3). 다윗은 하나님의 성전을 위하여 힘을 다하여 준비했다(대상 29:2). 제자들이 기억한 구약의 말씀의 뒷부분(시 69:9 하)도 앞부분과 마찬가지로 그리스도께 적용된다(롬 15:3). 구약의 성도들이 보여준 모든 훌륭한 태도들이 그리스도 안에 잘 나타났는데, 특히 하나님의 전을 위한 열심이 그러했다. 이 점에서 구약의 성도들은 그리스도의 표상일 뿐 아니라 우리에게도 모범이 된다. 관찰할 점: (1) 예수 그리스도께서는 하나님의 전 곧 당신의 교회에 대해 열심이 각별했다. 교회를 사랑하셨고, 교회의 명예와 안전에 항상 뜨거운 관심을 품으셨다. (2) 이 열정이 심지어 주님을 삼켰다. 그것이 당신을 겸비하게 만들었고, 당신을 소진하게 만들었고, 당신을 드러내게 만들었다. 내 열정이 나를 삼켰나이다(시 119:139). 우리 신자들도 하나님의 집에 대한 이러한 열정을 품고서, 우리 자신의 명예나 안일이나 안전을 돌아보지 않고 그리스도를 섬기는 의무를 다해야 하며, 때로는 그 의무에 매진하느라 우리 주님처럼 몸을 아끼라는 주위의 권고도 마다한 채 힘을 내어 신속히 매진해야 한다. 주님께서 바로잡으신 성전의 폐습은 얼른 보면 묵인해도 될 만큼 사소한 일로 보였을 수도 있다. 하지만 그리스도의 열심은 각별하여서 성전에서 물건을 사고 파는 자들을 묵인하실 수 없었다. "하물며 성전에서 술 취한 자들을 발견하셨다면 그 진노하심이 얼마나 컸겠는가!" (아우구스티누스).

2. 그리스도께서는 성전을 깨끗하게 하신 뒤에, 무슨 권위로 그 일을 했느냐고 묻는 자들에게 표적을 제시하셨다. 관찰할 점:

(1) 사람들이 표적을 요구함: 이에 유대인들이 대답하여 예수께 말하기를. 이들은 지도자들을 앞세워 따라온 군중이었다. 유대인들이었던 이들은 차라리 주님 편에 서서 성전의 명예를 지키려고 했어야 옳았으나 오히려 반대편에 섰다. 주의: 개혁에 동참하고자 하는 사람들은 반대를 예상해야 한다. 유대인들은 성전을 깨끗이 한 행위 자체를 비판할 수 없게 되자 무슨 권위로 그렇게 했느냐고 다그쳤다: "당신은 무슨 권위로 누구의 위임을 받고 이 일을 했는지 어떤 표적을 우리에게 제시하겠는가?" 성전을 깨끗이 한 것은 물론 잘한 일이지만, 성전에서 아무 직위도 없는 사람이 그런 일을 해도 된단 말인가, 하는 뜻이었다. 그들은 이것을 법적 행위로 간주하여, 예수님께 대해서 선지자, 아니 선지자 이상의 권한을 입증하라고 요구했다. 그러나 그 행위 자체가 충분한 표적이 아니었는가? 그렇게 많은 장사꾼들을 아무런 저항 없이 성전에서 몰아낼 수 있었다면, 그것은 권위를 입증하고도 남을 만한 일이었다. 그러한 신적 권세를 지니신 분이니, 신적 위임도 지니신 것이 당연하다. 무엇이 이들 상인들과 고객들의 마음에 두려움을 일으켜 성전 밖으로 도망치도록 만들었을까? 틀림없이 그들 앞에 여호와의 두려운 임재가 있었을 것이다(참조. 시 114:5, 7).

(2) 그리스도께서 그들의 요구에 대답하심(19절). 주께서는 그들을 확신시키시려고 즉시 기적을 행하지 않으시고, 장차 행하실 일을 표적으로 제시하셨다. 신명기 18:21, 22에 따르면 진리에는 반드시 증험과 성취가 따르게 되어 있다.

그렇다면, [1] 그리스도께서 무리에게 제시하신 표적은 주님 자신의 죽음과 부활이다. 주께서는 첫째로, 그들에게 당신의 마지막 표적이 될 것을 제시하신다. 보고 들은 것으로 확신하지 못하겠다면 기다리라는 뜻이다. 둘째로, 당신이 메시야이심을 입증하는 큰 증거를 제시하신다. 구약성경은 메시야에 관하여 그가 상함을 받으실 것과(사 53:5), 끊어지실 것과(단 9:26), 그런데도 썩음을 보지 않으실 것을 예언했다(시 16:10). 이 예언들이 복되신 예수 안에서 성취되었으며, 그러므로 그는 참으로 하나님의 아들이셨으며, 당신의 아버지의 집인 성전에 대해 권위를 지니고 계셨다.

[2] 그리스도께서는 당신의 죽음과 부활을 예언하시되, 제자들에게 종종 하신 대로 평이한 용어로 하시지 않고, 비유적인 표현으로 하셨다. 후에 이 일에 관한 표적을 제시하실 때 선지자 요나의 표적이라 부르셨듯이, 여기서는 너희가 이 성전을 헐라. 내가 사흘 동안에 일으키리라고 말씀하셨다. 이처럼 의도적으로 무지한 자들에게는 들어도 깨닫지 못하도록 비유로 말씀하셨다(참조. 마 13:13, 14). 볼 의지가 없는 자들은 볼 수 없게 될 것이다. 이러한 비유의 말씀이 무리에게는 큰 걸림돌이 된 까닭에, 주께서 심문을 당하실 때 거짓 증인들에 의해 신성 모독의 증거로 사용되었다(참조. 마 26:60, 61). 만일 무리가 주께서 말씀하신 의미를 겸손히 물었다면 주께서 그들에게 설명해 주셨을 것이고, 그것이 그들에게 생명으로 인도하는 생명의 향기가 되었겠지만, 그들은 덮어놓고 트집을 잡기로 작정했기 때문에 그것이 죽음으로 인도하는 죽음의 향기가 되었다. 깨달을 마음이 없었기에 마음이 완악해졌고, 주께서 예언하시며 사용하신 표현이 예언 자체가 이루어지게 하는 원인 역할을 했다. 첫째로, 예수께서는 너희가 이 성전을 헐라 하셔서, 예수께서 유대인들의 적개심으로 인해 죽으실 것을 예언하셨다. 그 뜻은, "너희는 그것을 헐 것이다. 그렇게 하려고 하는 너희 마음을 나는 안다. 너희가 그것을 헐도록 나는 허용할 것이다"라는 것이었다. 주의: 그리스도께서는 사역 초기부터 마지막에 당하신 모든 고난을 다 알고 계셨으나 즐거이 그 길을 걸어가셨다. 시작 단계에서 최악의 상황을 기대하는 것은 좋은 일이다. 둘째로, 예수께서는 당신의 권능으로 부활하실 것을 예언하신다: 내가 사흘 동안에 일으키리라. 일으킴을 받은 사람들이 더러 있었으나, 그리스도께서는 친히 일어나셔서 생명을 다시 시작하셨다.

[3] 주께서 그 일을 성전을 허는 것과 일으키는 것으로 표현하신 이유. 첫째로, 그들이 더럽힌 성전을 깨끗하게 하신 일에 대해서 정당함을 밝히려 하셨기 때문이다. 마치 이렇게 말씀하신 것과 같다: "이 성전을 더럽히는 너희는 또 다른 성전을 헐 것이다. 나는 너희가 허물어뜨릴 성전을 일으킴으로써 너희가 더럽힌 성전을 깨끗하게 할 권세가 내게 있음을 입증할 것이다." 성전을 더럽히는 것은 허는 것이고, 개혁하는 것이 일으키는 것이다. 둘째로, 그리스도의 죽음은 과연 유대인 성전을 허는 것이었고, 부활은 또 다른 성전인 복음적 교회를 일으키는 것이었다(참조. 슥 6:12). 성전의 폐허와 유대 민족(11:48)은 세상을 부요하게 할 것이다(참조. 암 9:11; 행 15:16).

(3) 주님의 대답에 무리가 잡은 트집: 이 성전은 사십육 년 동안에 지었거늘 네가 삼일 동안에 일으키겠느냐(20절). "성전 공사란 원래 장기간을 요하는 법인데, 네가 그렇게 신속히 지을 수 있느냐?" [1] 그들은 지식의 일단을 보여준다. 성전을 짓는데 얼마나 긴 세월이 걸렸는지 그들은 알고 있었다. 라이트푸트 박사(Dr. Lightfoot)는 고레스 2년에 스룹바벨이 성전을 짓기 시작하여 아하수에로 32년에 완공할 때까지 46년 걸렸다고 추산한다. 그리고 헤롯이 자신의 재위 18년에 다시 성전을 시작하여 유대인들이 이 말을 한 시기까지도 46년 걸렸다고 한다. [2] 그들은 무지를 더 드러냈다. 첫째로, 그리스도의 말씀에 대해서. 주의: 사람들은 종종 성경이 비유로 한 말을 문자적으로 이해함으로써 큰 오해에 빠진다. 이것은 내 몸이라 하신 말씀을 육체적으로 물질적으로 해석함으로써 얼마나 큰 재앙이 초래되었는가! 둘째로, 그리스도의 전능한 능력에 관하여. 그들은 그리스도께서 여느 인간이 할 수 없는 일은 하실 수 없을 것처럼 생각했다. 만일 자기들 앞에 서 계신 분이 만물을 엿새 동안 지으신 분임을 알았다면 성전을 사흘 동안 일으키시리라고 하신 말씀이 부조리하게 들리지 않았을 것이다.

(4) 그들의 트집잡기를 일축하고, 그리스도의 말씀의 의미를 확증함. 그러나 예수는 성전된 자기 육체를 가리켜 말씀하신 것이라(21절)는 설명으로써 어려움이 곧 풀린다. 그리스도께서는 성전을 깨끗하게 하심으로써 성전을 크게 존중하는 태도를 보이셨으나, 그토록 지키려고 열심을 보이신 성전의 거룩함이 표상과 그림자에 지나지 않으며, 진정한 성전은 그리스도이심을 알게 하실 것이다(참조. 히 9:9; 골 2:17). 어떤 이들은 이 성전을 헐라고 하실 때 손가락으로 자신의 몸을 가리키셨을 것이라고 생각한다. 하지만 성전된 자기 육체에 관하여 말씀하신 것이 분명하다. 주의: 그리스도의 육체는 예루살렘이 모형 역할을 한 참된 성전이다. [1] 성전과 마찬가지로 그리스도의 육체도 하나님의 설계대로 조성되었다: 여호와의 손이 내게 임하여 이 모든 일의 설계를 그려 나에게 알려 주셨느니라(대상 28:19). [2] 성전과 마찬가지로 그리스도의 육체도 거룩한 집으로서, 그 거룩한 것이라 불린다. [3] 성전과 마찬가지로 그리스도의 육체도 하나님의 영광이 거하는 처소이다. 그곳에 영원하신 말씀, 참된 쉐키나가 거하셨다. 그분은 임마누엘 곧 우리와 함께하시는 하나님이시다. [4] 성전은 하나님과 이스라엘이 사귐을 갖는 장소였다. 그곳에서 하나님은 이스라엘에게 당신을 나타내시고, 이스라엘은 하나님 앞에 자신들을 드리고 경배를 드렸다. 이와 마찬가지로

하나님께서는 그리스도를 통하여 우리에게 말씀하시고 우리는 하나님께 말씀드린다. 예배하는 자들은 그 집을 향하여 예배드렸다(왕상 8:30, 35). 마찬가지로 우리도 그리스도를 바라봄으로써 하나님께 예배드려야 한다.

(5) 이 말씀은 제자들이 오랜 후에 깨닫고서 술회한 것이다(22절): 죽은 자 가운데서 살아나신 후에야 제자들이 이 말씀하신 것을 기억하고 성경과 예수께서 하신 말씀을 믿었더라. 2:17에는 제자들이 구약 성경에 기록된 것을 기억했는데, 여기서는 예수님에게 들은 말씀을 기억하는 것을 보게 된다. 주의: 그리스도의 제자들의 기억은 좋은 곳간을 소유하고서 새 것과 옛 것을 동시에 준비한 집주인과 같아야 한다(참조. 마 13:52). 관찰할 점:

[1] 제자들이 그 말씀을 기억한 때: 죽은 자 가운데서 살아나신 후에. 제자들은 이 때에는 그 말씀의 의미를 충분히 깨닫지 못했던 듯하다. 이 때는 아직 지식에 어린아이들이었기 때문이다. 하지만 마음에 잘 간직해 둔 그 말씀이 훗날 깨달아지고 큰 유익을 끼쳤다. 주의: 지금 다 깨달아지지 않아도 장차 올 때를 위하여 들어두는 것이 좋다(참조. 사 42:23). 어린 사람들은 지금은 의미와 용도를 잘 이해하지 못하는 진리들을 보물 저장하듯 잘 간직해 두어야 한다. 후에 나이가 들어 이해력도 생기고 실천할 힘도 생길 때 큰 유익이 되기 때문이다. 피타고라스 학파 사람들은 스승의 교훈이 나이 사십이 될 때까지 그들 속에 얼음처럼 동결되어 있다가 그때부터 녹기 시작한 것 같다고 말했다고 한다. 마찬가지로 제자들의 기억에 간직되어 있던 말씀도 죽은 자 가운데서 살아나신 후에 선연히 되살아났다. 왜 그 때 기억이 되살아났는가? 첫째로, 그 때 성령께서 그들에게 부어지셔서 그리스도께서 그들에게 해주신 말씀이 기억나게 하시고, 쉽게 이해되도록 해주셨기 때문이다(14:26). 그리스도께서는 죽은 자 가운데서 살아나신 날 그들의 마음을 열어 성경을 깨닫게 하셨다(눅 24:45). 둘째로, 그 때에야 비로소 그리스도의 이 말씀이 성취되었기 때문이다. 그리스도의 몸인 성전이 허물어지고 사흗날에 다시 일으킴을 받았을 때 제자들은 그리스도께서 이 취지로 하신 다른 여러 말씀 가운데 이 말씀도 기억했다. 주의: 성경이 어떻게 성취되었는지 주의해서 살피는 것이 성경을 이해하는 데 큰 도움이 된다. 사건이 예언을 설명해준다.

[2] 그 말씀의 용도: 제자들이 이 말씀하신 것을 기억하고 성경과 예수께서 하신 말씀을 믿었더라. 제자들이 이 말씀에 대해서 품었던 믿음이 확증되었고 새로

운 뒷받침과 활력을 얻었다. 그들은 마음으로 더디 믿었으나(눅 24:25), 주님의 말씀은 참이었다. 성경과 그리스도의 말씀이 나란히 놓인 이유는 둘이 정확히 일치하기 때문이 아니라 서로 예시하고 뒷받침해주기 때문이다. 제자들은 구약성경에서 읽은 내용과 그리스도의 입을 통해 들은 내용이 주님의 죽음과 부활에서 성취된 것을 보고서 양자에 대한 믿음이 더욱 확고해졌다.

[23]유월절에 예수께서 예루살렘에 계시니 많은 사람이 그의 행하시는 표적을 보고 그의 이름을 믿었으나 [24]예수는 그의 몸을 그들에게 의탁하지 아니하셨으니 이는 친히 모든 사람을 아심이요 [25]또 사람에 대하여 누구의 증언도 받으실 필요가 없었으니 이는 그가 친히 사람의 속에 있는 것을 아셨음이니라.

이 단락은 그리스도께서 예루살렘에 계시면서 유월절을 지키시는 동안 가르치시고 기적을 행하신 일의 성공한 점과 그다지 큰 성공이 되지 못한 점을 기록한다. 관찰할 점:

I. 우리 주 예수께서는 유월절에 예루살렘에 계실 때 말씀을 전하시고 기적을 행하셨다. 사람들이 그의 이름을 믿었다는 말은 주께서 말씀을 가르치셨음을 암시한다. 반면에 많은 사람이 그의 행하시는 표적을 본 사실은 명시적으로 언급된다. 주께서는 지금 거룩한 도성 예루살렘에 계셨으며, 그곳에 주의 말씀이 선포되었다. 주님은 대체로 갈릴리에 계셨으므로 예루살렘에 계시는 동안 몹시 분주하셨다. 때는 하나님을 경배하도록 정해진 거룩한 절기 곧 유월절이었다. 이 절기에는 레위인들이 여호와에 관한 선한 지식을 가르쳤는데(대하 30:22. 개역 개정판: "히스기야는 여호와를 섬기는 일에 능숙한 모든 레위 사람들을 위로하였더라"), 주께서는 사람들이 많이 모인 자리에서 이렇게 가르치는 기회를 취하셨고, 이로써 하나님이 제정하신 유월절의 본의를 드러내시고 그 날을 빛내셨다.

II. 그 결과 많은 사람들이 그의 이름을 믿었다. 즉, 니고데모가 그랬듯이 주님을 하나님께로부터 오신 선생 곧 위대한 선지자로 인정했다(참조. 3:2). 그들 가운데 예루살렘의 구속을 바라던 일부 사람들은 그리스도를 구약성경에 약속된 메시야로 믿었고, 따라서 그 광명한 새벽별의 도래를 환영할 준비가 되어 있었다.

Ⅲ. 그렇지만 예수께서는 그의 몸을 그들에게 의탁하지 않으셨다(24절): 자신을 그들에게 내맡기지 않으셨다(우크 에피스튜엔 헤아톤 아우토이스). 의탁하다라는 단어는 많은 사람들이 그리스도를 믿었다고 할 때 사용한 것과 같은 단어이다. 따라서 그리스도를 믿는 것은 우리 자신을 주님과 주님의 인도에 의탁한다는 뜻이다. 그런데 그리스도께서는 당신을 죽일 기회를 노리는 원수들이 많은 예루살렘에서 새로 믿고 나온 이 사람들을 믿고 의탁할 만한 근거를 발견하지 못하셨다. 그 이유는, 1. 그들 가운데 적어도 일부는 마음이 거짓되어 기회가 생기면 주님을 배반하거나 배반하고자 하는 강렬한 유혹을 느낄 사람들이기 때문이었다. 주님께는 예루살렘에 사는 사람들보다 차라리 갈릴리에 사는 사람들 가운데 의탁할 만한 제자들이 더 많았다. 위험한 시기와 장소에서는 신뢰할 만한 사람들에게 마음을 두는 것이 지혜이다: 남을 신뢰하지 않는 법을 배우라(멤네소 아피스테인). 혹은, 2. 그들이 약했기 때문이다. 차라리 이런 경우였으면 좋았을 것이다. 이런 경우였다면 주님을 배반할 마음을 품은 사람들이 아니라, (1) 겁이 많고, 열정과 용기가 부족하여 혹시 잘못될까봐 두려워한 사람들이었다. 어려움과 위험이 있는 시기에는 겁 많은 사람들을 신뢰하기 어려운 법이다. 혹은 (2) 소란스럽고 들떠서, 신중하고 안정된 면이 없는 사람들이었다. 예루살렘에 살던 이 사람들은 다른 사람들보다 더 메시야의 현세적 통치를 열망하고, 그 열망에 들뜬 나머지 만일 그리스도께서 그들에게 당신을 의뢰하시고 기대시는 날에는 정부에 대해 반란이라도 일으킬 만한 자들이었다. 그러나 그리스도께서는 당신의 나라가 이 세상에 속한 것이 아니기에 그들에게 당신을 의탁하지 않으셨다. 소란스럽고 불안정한 사람들에 대해서는 그들이 아무리 그리스도를 믿는다고 고백할지라도 우리 주님이 그러셨듯이 그들을 신뢰하지 말아야 한다.

VI. 그리스도께서 그들에게 당신을 의탁하지 않으신 이유는 그들을 아셨기 때문이다(25절).   그들 중 더러는 악하고, 더러는 약한 것을 주께서는 잘 아셨다. 복음서 기자는 이 점을 들어 그리스도의 전지(全知)하심을 부각시킨다. 1. 그리스도께서는 모든 사람을 아신다. 그들의 이름과 얼굴뿐 아니라(우리도 여기까지는 알 수 있다), 본성과 성향과 정서와 마음의 생각까지도 아신다(이 면에서 우리는 다른 사람들뿐 아니라 우리 자신에 대해서도 잘 모른다). 그리스도께서는 모든 사람을 아신다. 권능의 손으로 친히 그들 모두를 지으셨기 때문이요, 깊은 속이라도 꿰뚫어보시는 눈으로 그들의 속을 들여다보시기 때문이다. 주께서는 교활한 원수들과 그들의 은밀한 계획을 다 아신다. 거짓 친구들과 그들의 정체를 아시며, 그들의 의도가 무엇인지 아신다. 그리고 당신의 백성들을 아시고, 그들의 진실한 마음도 아시며, 그들의 약점도 아신다. 주께서는 자기 백성들의 체질을 아신다. 2. 그리스도께서는 다른 사람의 증언을 받으실 필요가 없으셨다. 주께서 지니신 지식은 다른 사람들에게서 얻은 정보로 형성된 게 아니라 주님 자신의 무오(無誤)한 직관에 의해 형성된 것이다. 세상 권력자들의 불행은, 다른 사람들의 눈으로 봐야 하고, 다른 사람들의 귀로 들어야 하고, 다른 사람들이 전하는 대로 사물을 파악해야 하는 데 있다. 그러나 그리스도께서는 순전히 당신의 지식에 따라 판단하신다. 천사들은 주님의 사자들이지 염탐꾼들이 아니다. 이는 주님의 눈이 온 땅을 두루 감찰하시기 때문이다(대하 16:9). 사탄의 고소를 생각할 때, 주님께서 사람들의 인격을 무시하지 않으시는 이 점이 우리에게 위안을 준다. 3. 주님께서는 사람의 속에 있는 것을 아신다. 특히 사람의 본성과 인생 경력을 아신다. 우리는 사람들이 이뤄놓은 일들을 알지만, 그리스도께서는 그들 속에 있는 것을 아시며, 마음과 생각을 시험하신다. 이것은 본질상 영원한 말씀이신 분에게 속한 대권이다(히 4:12, 13). 만일 우리가 사람들의 마음을 판단하려 든다면 주님의 대권을 침해하는 것이다. 그리스도께서 환자들의 상태와 경우, 기질과 병, 그리고 그들의 속마음을 그토록 온전히 아시니, 사람들의 구주가 되시기에 얼마나 적합하시며, 사람들을 고치는 의사가 되시기에 얼마나 적합하신가! 또한 만민의 재판장이 되시기에 얼마나 적합하신가! 모든 사람과 그들 안에 있는 모든 것을 아시는 분의 재판은 진리에 온전히 부합할 것이기 때문이다.

이상의 내용이 그리스도께서 예루살렘을 방문하신 이번 여행에서 친히 가르치시고 기적을 행하신 결과로 거두신 성과이다. 주님께서 당신의 성전에 찾아가셨을 때 아무도 주님께 오지 않고, 다만 소수의 약하고 단순한 사람들만 찾아왔으나, 그들조차 주님께서 신뢰하시거나 당신을 의탁할 만한 사람들이 되지 못했다. 그렇지만 주님께서는 마침내 자기 영혼의 수고한 것을 보시게 될 것이었다.

제
— 3 —
장

개요

이 장에서는 다음 내용을 보게 된다: I. 그리스도께서 바리새인 니고데모와 더불어 복음의 위대한 비밀들에 관하여 대화를 나누시고, 그를 사적으로 가르치신 말씀(1-21절). II. 그리스도께서 세례 요한이 사역하던 곳에 가까이 오셨을 때 요한이 자신의 제자들과 더불어 그리스도에 관하여 나눈 대화(22-36절). 요한은 자신에게 돌려지던 모든 명예와 관심을 정직하고도 신실하게 다 부정한다.

¹그런데 바리새인 중에 니고데모라 하는 사람이 있으니 유대인의 지도자라 ²그가 밤에 예수께 와서 이르되 랍비여 우리가 당신은 하나님께로부터 오신 선생인 줄 아나이다 하나님이 함께 하시지 아니하시면 당신이 행하시는 이 표적을 아무도 할 수 없음이니이다 ³예수께서 대답하여 이르시되 진실로 진실로 네게 이르노니 사람이 거듭나지 아니하면 하나님의 나라를 볼 수 없느니라 ⁴니고데모가 이르되 사람이 늙으면 어떻게 날 수 있사옵나이까 두번째 모태에 들어갔다가 날 수 있사옵나이까. ⁵예수께서 대답하시되 진실로 진실로 네게 이르노니 사람이 물과 성령으로 나지 아니하면 하나님의 나라에 들어갈 수 없느니라 ⁶육으로 난 것은 육이요 영으로 난 것은 영이니 ⁷내가 네게 거듭나야 하겠다 하는 말을 놀랍게 여기지 말라 ⁸바람이 임의로 불매 네가 그 소리는 들어도 어디서 와서 어디로 가는지 알지 못하나니 성령으로 난 사람도 다 그러하니라 ⁹니고데모가 대답하여 이르되 어찌 그러한 일이 있을 수 있나이까 ¹⁰예수께서 그에게 대답하여 이르시되 너는 이스라엘의 선생으로서 이러한 것들을 알지 못하느냐 ¹¹진실로 진실로 네게 이르노니 우리는 아는 것을 말하고 본 것을 증언하노라 그러나 너희가 우리의 증언을 받지 아니하는도다 ¹²내가 땅의 일을 말하여도 너희가 믿지 아니하거든 하물며 하늘의 일을 말하면 어떻게 믿겠느냐 ¹³하늘에서 내려온 자 곧 인자 외에는 하늘에 올라간 자가 없느니라 ¹⁴모세가 광야에서 뱀을 든 것 같이 인자도 들려야 하리니 ¹⁵이는 그를 믿는 자마다 영생을 얻게 하려 하심이니라 ¹⁶하나님이 세상을 이처럼 사랑하사 독생자를 주셨으

니 이는 그를 믿는 자마다 멸망하지 않고 영생을 얻게 하려 하심이라 [17]하나님이 그 아들을 세상에 보내신 것은 세상을 심판하려 하심이 아니요 그로 말미암아 세상이 구원을 받게 하려 하심이라 [18]그를 믿는 자는 심판을 받지 아니하는 것이요 믿지 아니하는 자는 하나님의 독생자의 이름을 믿지 아니하므로 벌써 심판을 받은 것이니라 [19]그 정죄는 이것이니 곧 빛이 세상에 왔으되 사람들이 자기 행위가 악하므로 빛보다 어둠을 더 사랑한 것이니라 [20]악을 행하는 자마다 빛을 미워하여 빛으로 오지 아니하나니 이는 그 행위가 드러날까 함이요 [21]진리를 따르는 자는 빛으로 오나니 이는 그 행위가 하나님 안에서 행한 것임을 나타내려 함이라 하시니라.

앞 장 마지막 부분에서 예루살렘 사람들 가운데 그리스도께 참된 믿음으로 나온 사람들이 없었던 사실을 확인했는데, 그럴지라도 본문에서 그런 사람이 한 사람 있었다는 것을 알게 된다. 그는 유력한 인물이었다. 한 영혼일지라도 구원을 위한 위대한 길을 가는 것은 귀한 일이다. 살펴볼 점은,

I. 니고데모라는 이 사람이 누구였는가. 유력하고 신분이 높은 사람들은 많이 부름을 받지 못한다. 그럴지라도 더러 부름을 받는 사람들이 있는데, 니고데모가 그 중 한 사람이다. 관원들 혹은 바리새인들이 대부분 그리스도를 믿지 않았다. 그렇지만, 1. 이 사람은 바리새인이었다. 학자가 되도록 좋은 교육을 받고 자란 사람이었다. 그리스도를 따른 사람들이 한결같이 배우지 못한 무지한 사람들이었다고 말해서는 안 된다. 바리새인들이 가르친 원리들과 그들의 독특한 점들은 기독교 정신과 완전히 상반되었다. 그럴지라도 그들 가운데 높은 생각을 버리고 그리스도를 믿고 순종한 사람들이 없지 않았다. 그리스도의 은혜는 아무리 큰 반대라도 제압하는 능력이 있다. 2. 그는 유대인의 지도자였다. 산헤드린의 의원이자 예루살렘의 유력자였다. 유감스럽게도 마음은 선량한데 강한 시류를 역행할 수 없어서 선을 행하지 못하는 지도자들이 더러 있었다. 그들은 다수의 힘에 눌린 채 부패한 자들과 함께 멍에를 맨 상태에서, 속으로는 선을 행하기를 원하되 행할 수 없었다. 그 중 한 사람인 니고데모는 제 위치를 일관되게 지키면서, 비록 원하는 일을 할 수는 없는 가운데서라도 자신이 할 수 있는 일을 행했다.

II. 니고데모가 우리 주 예수 그리스도께 드린 극진한 인사(2절). 여기서 살펴볼 점은,

1. 그가 온 시점: 그가 밤에 예수께 와서. 관찰할 점: (1) 그는 그리스도의 공식적인 강론을 듣는 것으로 만족하지 않고 사적으로 주님을 찾아왔다. 주님과 자유롭게 대화를 나눌 수 있는 시간을 봐두었다가 직접 대화를 나누기로 작정했다. 신실한 목회자들을 찾아가 자신의 영혼 문제로 나누는 대화는 큰 유익을 끼친다(참조. 말 2:7). (2) 그는 밤에 주님을 찾아갔다. 그의 태도에 관해서 우리는 이렇게 생각해볼 수 있다. [1] 그것은 현명하고 신중한 행동이었다. 종일 공적 사역에 분주하신 주님을 그는 방해할 마음이 없었고, 다만 주님의 일정을 잘 살펴서 한가하실 때에 찾아뵈었다. 주의: 자신과 가족의 개인적인 편의와 유익은 공적인 일에 자리를 내주어야 한다. 개인의 작은 유익보다 전체의 더 큰 유익을 생각할 줄 알아야 한다. 또한 니고데모는 그리스도에게 많은 원수들이 있는 점을 감안하여 다른 사람 모르게 찾아갔다. 혹시라도 대제사장들이 그 사실을 알면 그리스도를 더욱 적대시할 것이 분명했기 때문이다. [2] 그것은 열정적이고 진취적인 행동이었다. 니고데모는 바쁜 사람이어서 낮 시간에 그리스도를 찾아뵙기 어려웠으나, 바쁘다고 아예 찾아뵙지 않는 것보다 차라리 저녁 한가한 때나 밤의 휴식 시간이라도 이용하는 것이 낫다고 생각했다. 다른 사람들이 잠에 곯아떨어져 있을 때 그는 마치 다윗이 묵상하며 지식을 얻었듯이 그리스도로부터 큰 교훈을 배웠다(참조. 시 63:6; 119:148). 그가 주님을 찾아간 날은 아마도 기적을 본 바로 다음 날이었던 듯하다. 그는 마음에 생긴 믿음을 확고하게 다질 기회를 놓치고 싶지 않았을 것이다. 그리스도께서 당장 내일이라도 예루살렘을 떠나실 수도 있고, 이 절기와 다음 절기 사이에 무슨 일이 벌어질는지도 알 수 없었던 까닭에 그로서는 시간이 없었다. 게다가 밤에 그리스도를 찾아뵈면 좀 더 자유로운 대화를 나눌 수 있고, 이런저런 방해도 받지 않을 수 있었다. 이러한 것이 아티카(아테네 주변의 지방:역자주)의 밤(Noctes Atticae)보다 훨씬 더 큰 교훈을 얻을 수 있는 그리스도인의 밤(Noctes Christianae)이다. 혹은 [3] 그것은 두려움과 비겁함에서 비롯된 행동이었다. 그는 그리스도와 함께 있는 것이 노출될까봐 두렵거나 부끄러워서 밤에 찾아갔다. 종교의 인기가 시들면 특히 사회 지도 계층에는 그리스도와 기독교는 좋지만 그 사실을 공적으로 알리고 싶지는 않은 니고데모 같은 사람들이 많이 생기기 마련이다. 그러나 주목할 점은, 첫째로, 비록 그가 밤에 찾아왔으나, 그리스도께서는 그를 따뜻하게 맞아주시고 그의 진실함을 인정하시며 그의 연약함을 용납해 주셨

다. 소심한 그의 기질과, 그가 사회적 지위와 직위에서 겪을 유혹을 이해해 주셨다. 이로써 목회자들에게 여러 사람에게 여러 모습이 되도록 가르치시며, 약한 신자일지라도 용기를 내어 믿음의 걸음을 내딛도록 격려하라고 가르치신다. 바울 사도는 유력한 자들에게 사사로이 복음을 전했다(갈 2:2). 둘째로, 니고데모가 비록 이 때는 밤에 주님을 찾아왔으나, 후에 기회가 왔을 때는 그리스도를 공적으로 변호했다(7:50; 19:39). 처음에는 겨자씨와 같던 은혜일지라도 나중에는 큰 나무로 자랄 수 있다.

2. 니고데모가 한 말. 그가 그리스도를 찾아온 목적은 정치와 정세를 논하려 함이 아니라(비록 지도자였으나), 자신의 영혼과 그 구원에 관한 일로 문의하려 함이었으며, 빙 둘러 말하지 않고 곧장 본론으로 들어갔다. 그리스도를 랍비라고 불렀는데, 이것은 대인(大人)이라는 뜻이다. 참조. 이사야 19:20: 여호와께서는 그들에게 한 구원자이자 대인(개역개정판: 보호자)을 보내사 그들을 건지실 것임이라. 원문에 구원자와 랍비를 보내신다고 되어 있다. 그리스도를 존경하고, 높여 생각하고 말하는 사람들은 희망이 있다. 니고데모는 자신이 어디까지 생각했는지를 그리스도께 말씀드린다: 우리가 당신은 … 선생인 줄 아나이다. 관찰할 점: (1) 그리스도에 관한 니고데모의 평가: 당신은 하나님께로부터 오신 선생인 줄 아나이다. 다른 선생들처럼 사람들에게 교육을 받거나 임명을 받지 않으셨지만, 신적인 영감과 권위로 뒷받침을 받고 계신 분임을 안다는 뜻이다. 만유의 대주재가 되실 분이 먼저 선생으로 오셨다. 주께서는 완력이 아닌 이성으로 다스리시고, 칼의 권력이 아닌 진리의 능력으로 다스리실 것이다. 세상은 무지와 오류에 처해 있었고, 유대인 선생들은 부패하여 백성들을 오류에 빠뜨리고 있었다. 바야흐로 주께서 일하실 때였다. 주께서는 어둡고 속임에 빠져 있는 세상을 불쌍히 여기사 하나님으로부터, 자비의 아버지이신 하나님으로부터 선생으로 오셨다. 빛의 아버지이시요 진리의 근원이신 하나님으로부터 오신 분이었다. (2) 니고데모의 확신: 우리가 … 아나이다. 나뿐 아니라 다른 사람들도 안다는 뜻이다. 이처럼 그는 주께서 하나님으로부터 오신 선생이심을 당연하고 자명한 일로 여겼다. 아마도 바리새인들과 지도자들과 대화를 나눠보니 그들 가운데 자신과 동일한 확신을 가졌으나 고백은 하지 못하는 다양한 사람들이 있음을 알았던 듯하다. 혹은 자신을 그리스도의 교훈을 받는 제자들 가운데 포함시켜 우리라고 복수형(우리가)으로 말했을 수도 있다. 그렇다면 그의 말은

"선생님, 우리는 선생님에게 배워 제자가 되기 위해서 왔습니다. 우리는 당신이 신적인 선생이신 사실에 크게 만족하고 있습니다" 하는 뜻이 된다. (3) 그의 확신의 근거: 하나님이 함께 하시지 아니하시면 당신이 행하시는 이 표적을 아무도 할 수 없음이니이다. 여기서 배울 수 있는 점은, [1] 그리스도께서 행하신 기적들이 거짓이 아니라 참이었다는 사실이다. 니고데모는 감수성과 호기심이 왕성하고, 합리적인 판단을 내릴 만한 역량이 있는 지식인이었다. 그러한 그가 그리스도에 대해 편견에 사로잡혀 있는 자기 동료들의 지배적인 판단을 뿌리치고 예수께서 행하신 기적들이 다 참됨을 확신한 것이다. [2] 그리스도께서 행하신 기적들에서 어떤 결론을 얻어야 하는가를 그로부터 배우게 된다. 우리도 그리스도를 하나님께로부터 오신 선생으로 생각해야 한다. 그리스도께서 행하신 기적들은 그분의 신임장과 같다. 자연 법칙에 변경을 가할 수 있는 분은 자연을 만드신 하나님밖에 없는데, 하나님은 진리와 인자의 하나님이시며, 거짓이나 속임수를 인정하시는 법이 없다.

Ⅲ. 그리스도와 니고데모 사이에 오간 대화, 혹은 그보다는 그리스도께서 그에게 행하신 설교. 그 설교는 그리스도께서 공적으로 가르치신 내용을 요약하신 것일 수도 있다(참조. 11, 12절). 우리 구주께서 니고데모에게 하신 네 가지 말씀:

1. 거듭남 곧 중생[신생]의 필요성에 관하여(3-8절). 이 말씀과 관련해서 다음과 같은 점들을 고려할 필요가 있다.

(1) 이 말씀은 니고데모의 인사에 대한 적절한 대답이었다(3절). 예수께서 대답하여 이르시되(3절). 이 대답은 [1] 니고데모의 인사에서 발견하신 모자람에 대한 책망일 수도 있다. 그리스도께서 행하신 기적들에 존경을 표시하고 그분의 사명을 인정하는 것으로는 충분하지 않고, 거듭나야 했다. 니고데모는 하늘나라, 이제 얼마 후면 임할 메시야의 왕국을 기대했음이 분명하다. 그는 때마침 그 날이 동터오는 것을 의식한다. 그리고 유대인들의 통념대로 그 나라가 외적인 위엄과 권세로 나타나기를 기대한다. 이러한 기적들을 행하는 예수라는 이 인물이 메시야이거나 그의 선지자임을 의심치 않으며, 그렇기 때문에 그분을 찾아뵙고, 극진한 인사의 말을 드리고, 그 나라가 가져올 복에 함께 참여하려는 소원을 나타낸다. 그러나 그리스도께서는 **상태의 변화**(change of the state)로서는 그런 복에 참여할 수 없고, **심령의 변화**(change of the spirit), 새로

태어나는 것과 동일한 원칙과 성향의 변화가 있어야 한다고 말씀하신다. 니고데모는 밤에 찾아왔다. "하지만 이것은 정당한 태도가 아니다" 하고 그리스도께서는 말씀하신다. 사람들 앞에서 고백하는 신앙이어야 한다고 지적하신다 — 하몬드 박사(Dr. Hammond)의 견해. [2] 니고데모의 인사말에 대한 주님의 대답. 니고데모는 그리스도에 대해서 하나님께로부터 오신 선생으로, 하늘로부터 비범한 계시를 받은 분으로 인정했을 때 이 계시가 무엇인지 알고 싶은 소원과 그것을 기꺼이 받아들이려는 의지를 확고히 드러냈다. 그리고 그리스도께서 그 계시를 말씀하신다.

(2) 우리 주 예수께서는 적극적으로 강렬하게 대답하셨다: 진실로 진실로 네게 이르노니. 이 말씀은 아멘이요 아멘인 내가 그것을 말한다는 뜻으로 읽을 수 있다. "신실하고 참된 증인인 내가 말한다"는 뜻이다. 그리고는 사람이 거듭나지 아니하면 하나님의 나라를 볼 수 없느니라고 철회할 수 없게끔 말씀하신다. "네가 비록 바리새인일지라도, 비록 이스라엘의 지도자일지라도 나는 네게 그것을 말한다"는 것이다. 관찰할 점:

[1] 주께서 요구하신 것이 무엇인가? 그것은 거듭나는 것이다. 첫째로, 새로운 삶을 살아야 한다. 태어남이 삶의 시작이라면, 거듭남은 그동안 방향이나 목적 없이 살아온 삶을 새롭게 시작하는 것이다. 낡은 건물을 수선하는 것이 아니라, 기초부터 다시 시작하는 것이다. 둘째로, 새로운 본성, 새로운 원칙, 새로운 마음, 새로운 목표를 가져야 한다. 한 마디로 거듭나야 한다. 거듭에 해당하는 헬라어 아노텐은 다시라는 뜻과 위로부터라는 뜻을 동시에 지닌다. 1. 우리는 다시 태어나야 한다. 갈라디아 4:9이 그 단어를 그렇게 사용하며, 누가복음 1:3은 압 이니티오, 즉 근원부터[처음부터]라는 뜻으로 사용한다. 우리는 처음 태어난 상태로는 부패하고 죄와 불법으로 형성되어 있다. 그러므로 다시 태어나야 한다. 우리 영혼이 다시 조성되고 생기를 받아야 한다. 2. 우리는 위로부터 태어나야 한다. 복음서 기자는 이런 뜻으로 그 단어를 사용하며(참조. 3:31; 19:11), 내 생각에도 본문에 다른 의미들이 배제되지 않은 채 그런 뜻으로 사용된 듯하다. 위로부터 태어남은 다시 태어남을 전제하기 때문이다. 그러나 이 새로운 출생은 하늘로부터 말미암으며(1;13), 그 성향은 하늘을 지향한다. 신적이고 천상적인 생명으로, 하나님과 천상 세계와 사귐을 갖는 생명으로 태어나는 것이요, 그 목적을 위하여 신적 본성을 입고 하늘의 형상을 지니는 것이다.

[2] 이 일의 불가피성: 사람(인성 본성을 지닌, 따라서 그 부패한 성향도 함께 지닌 모든 사람)이 거듭나지 않으면 하나님의 나라(은혜로 시작하여 영광으로 마치는 메시야의 왕국)를 볼 수 없느니라. 위로부터 나지 않으면 이것을 볼 수 없다는 말씀이다. 첫째로, 하나님 나라의 본질을 이해할 수 없다. 하나님 나라에 속한 일들의 본질이란 그런 것이어서, 영혼이 재형성되고 자연인이 영적인 사람이 되어야만 그것을 받고 이해할 수 있게 된다(참조. 고전 2:14). 둘째로, 하나님 나라의 위로를 받을 수도 없고, 그리스도와 그분의 복음이 주는 유익도 기대할 수 없으며, 그 안에 참여할 수도 없다. 주의: 거듭나는 일은 이생과 내세에서 복을 누리는 데 절대 필요하다. 우리가 본성으로 어떤 자들인지, 얼마나 부패하고 죄 많은 자들인지, 반면에 홀로 복의 근원이 되시는 하나님께서 어떤 분이시며 우리의 완전한 복이 간직되어 있는 하늘이 어떤 곳인지를 생각하면, 우리가 반드시 거듭나야 한다는 사실이 분명해질 것이다. 거룩해지지 않고서는 복을 누릴 수가 없기 때문이다. 참조. 고린도전서 6:11, 12.

거듭나야 한다는 이 위대한 진리가 이처럼 엄숙하게 선포되었다.

a. 니고데모는 이 진리를 이해하지 못했다(4절): 사람이 — 나처럼 — 늙으면 어떻게 날 수 있사옵나이까? 두번째 모태에 들어갔다가 날 수 있사옵나이까? 그의 말에는 이런 점들이 나타난다. (a) 그의 얕은 지식. 그리스도께서 영적으로 하신 말씀을 니고데모는 육체적으로 이해한 듯하다. 그의 생각은 오직 원래로 되돌아가 새로운 육체를 얻는 길만 있을 뿐 불멸의 영혼이 거듭나서 새로 형성되는 길은 없으며, 영혼과 육체 사이에 마음을 새롭게 조성할 수 있는 길은 없고 다만 골격을 새롭게 조성하는 길밖에 없다는 것과 같았다. 니고데모는 다른 유대인들과 마찬가지로 첫 출생[혈통] — 출생 장소(성지, 아마도 거룩한 성 예루살렘)와 부모(바울이 빌 3:5에서 자랑할 수 있었던 것과 같은) — 과 그것이 주는 권위와 특권을 크게 중시했음에 틀림없다. 그러므로 거듭나야 한다는 말이 그에게는 매우 놀라운 것이었다. 다시 태어나 자란들 이스라엘 백성으로 태어나 자라는 것보다 더 훌륭할 수 있겠으며, 메시야의 왕국에서 한자리를 차지하는 것만큼 더 훌륭한 출생이 있을 수 있겠는가? 개종한 이방인들이라면 차라리 거듭난 혹은 새로 태어난 사람들이라 할 수 있지만, 유대인이 그것도 바리새인이 거듭난다 해서 이전보다 더 훌륭해질 길이 있겠는가? 그러므로 니고데모는 만일 거듭나야 한다면 다시 모태에 들어갔다가 태어나는 길밖에 없다고 생각했

다. 첫 출생에 긍지를 갖는 사람들은 새로운 출생에 이르기 어려운 법이다. (b) 하지만 그에게는 배우려는 의지가 있었다. 그리스도의 말씀이 어렵다고 해서 돌아서지 않고, 솔직하게 자신의 무지를 인정했는데, 이러한 태도에는 좀 더 잘 배우려는 의지가 실려 있었다: "주님, 이것을 깨닫게 해주십시오. 제게는 그 말씀이 수수께끼 같습니다. 저는 사람이 거듭나야 한다는 말씀이 모태에 들어가서 다시 태어나야 한다는 식으로밖에 이해할 수 없는 우둔한 사람입니다." 어둠에 쌓여서 이해하기 어려운 하나님에 관한 일들을 만나면 하나님께서 그것조차 우리에게 깨닫게 해주실 때까지 겸손하고 부지런한 마음으로 지식의 방편을 사용해야 한다.

b. 그 어둠을 우리 주 예수님이 여시고 밝히 설명해 주신다(5-8절). 주님은 니고데모의 반문을 토대로 말문을 여신다.

(a) 앞서 말씀하신 것을 반복하고 확증하심(5절): "진실로 진실로 앞서 말했던 것을 다시 네게 이르노니." 주의: 하나님의 말씀은 예와 아니오가 아니라 예이고 아멘이다. 주께서는 한 번 하신 말씀을 누가 반대하든 상관 없이 반드시 지키신다. 또한 사람들의 무지와 과오 때문에 한 번 하신 말씀 가운데 어떤 것을 철회하는 일도 없으시다. 니고데모는 거듭남의 신비를 이해하지 못했으나, 그리스도께서는 일관되게 그 일의 필요성을 적극적으로 강조하신다. 주의: 사람들이 알아듣지 못한다는 핑계로 전도의 의무를 회피할 수 있다고 생각한다면 그것은 오산이다(참조. 롬 3:4).

(b) 거듭나는 일에 관하여 앞서 하신 말씀을 좀 더 분명히 설명하심. 그 일을 위하여 좀 더 구체적인 말씀을 하신다.

[a] 이 복된 변화를 일으키는 주체와 그 결과. 거듭나는 것은 성령으로 나는 것이다(5-8절). 변화는 우리 자신의 지혜나 능력으로 이루어지지 않고, 복되신 은혜의 성령의 능력과 영향력으로 이루어진다. 그것은 성령의 거룩하게 하심(벧전 1:2)이요 성령의 새롭게 하심(딛 3:5)이다. 성령께서는 말씀을 쓰셔서 일하시며, 말씀으로 마음을 감화하신다.

[b] 이 변화의 본질. 그것은 영(spirit)이다. 거듭난 사람들은 영적인 사람들이 되며, 육체적 감각의 더러운 것이 씻음을 받는다. 이성적이고 불멸한 영혼의 당위와 관심사는 육체를 제어할 힘을 얻는 것이다. 바리새인들은 자신들의 종교를 외적인 성결과 행위에 두었다. 그러한 그들에게 영적인 존재가 되는 것은

거듭나는 것 못지않게 강력한 변화일 것이다.

[c] 이 변화의 필요성. 첫째로, 여기서 그리스도께서는 이 변화가 본질적으로 필요함을 말씀하신다. 거듭나기 전에는 하나님 나라에 들어가기에 적합하지 못하기 때문이다: 육으로 난 것은 육이요(6절). 여기에 거듭나는 것 외에 달리 치유책이 없는 우리의 질병과 그 증상이 있다. 1. 이 말씀은 우리가 어떤 존재인지를 가리킨다: 우리는 육체를 입고 있다는 점에서 뿐 아니라 타락했다는 점에서도 육체이다(창 6:3). 영혼은 여전히 영적 실체이지만, 육체에 워낙 밀착되고, 육체의 의지에 워낙 예속되고, 육체의 쾌락을 워낙 사랑하고, 육체를 뒷받침하는 데 워낙 적극적이기 때문에, 주로 육체(flesh)라 불린다. 그렇다면 영이신 하나님과 이런 상태에 있는 영혼 사이에 무슨 사귐이 있을 수 있겠는가? 2. 우리가 어떻게 하나님과 사귐을 갖는 상태에 들어가는가? 육체로부터 거듭남으로써 들어간다. 우리는 워낙 철저히 타락했기 때문에 거듭나기 전에는 새로운 존재를 지닐 수 없다. 부패한 본성 곧 육체는 첫 출생에서 발생한다. 그러므로 새로운 본성 곧 영이 두 번째 출생에서 발생해야 한다. 니고데모는 모태에 다시 들어가 태어나는 것을 말했다. 그러나 설혹 그렇게 할 수 있다손 치더라도 그게 무슨 의미가 있겠는가? 모태에 백 번 다시 들어가 태어난다 해도 문제가 해결되지 않는다. 육으로 난 것은 여전히 육이기 때문이다. 성결한 것은 불결한 것에서 나올 수 없다. 원래부터 성결한 것을 찾아야 하고 성령으로 거듭나야 한다. 그렇지 않으면 영적인 존재가 될 수 없다. 간단히 정리하자면 이렇다: 인간은 육체와 영혼으로 지음을 받았으나, 영적인 부분이 육체적인 부분을 압도적으로 지배한 까닭에 생령(living soul)이라 불렸다(창 2:7). 그러나 육체의 욕구에 탐닉하여 금단의 실과를 먹음으로써 감각적 욕망에 대한 영혼의 정당한 지배를 팔아넘기고, 이제는 더 이상 생령이 아니라 육체가 되었다: 너는 흙이니. 생령이 죽어 활동을 하지 못하게 되었고, 따라서 인간은 죄를 범한 그 날 틀림없이 죽었으며, 그로써 흙에 속한 자가 되었다. 이렇게 타락한 상태에서 인간은 자기 형상을 닮은 아들을 낳았고, 부패하고 타락한 인간 본성도 아들에게 전가되었다. 그리고 지금도 여전히 동일한 상태로 유전되고 있다. 부패와 죄가 합쳐서 우리의 본성을 구성하고 있고, 따라서 우리는 죄 가운데 조성되므로 본성이 변화되지 않으면 안 된다. 새 옷이나 새 얼굴을 입는 것으로는 충분치 않고, 새 사람을 입어야 하며, 새로운 피조물이 되어야 한다. 둘째로, 그리스도께서는 좀

더 구체적인 말씀으로 이것이 엄연한 사실임을 가르쳐 주신다: 내가 네게 거듭나야 하겠다 하는 말을 놀랍게 여기지 말라(7절). 1. 그리스도께서 이 말씀을 하셨다. 우리가 거듭나야 한다는 사실을 그리스도께서 부정하지 않으셨으므로, 온 세상도 부정해서는 안 된다. 그리스도께서는 그 의지가 곧 법이신 위대한 입법자이시고, 새 언약의 위대한 중보자로서 우리를 하나님과 화목케 하시고 그 안에서 복을 얻게 하실 전권을 지니신 분이시며, 영혼들의 상태를 정확히 진단하시고 그들을 고치기 위해서는 무엇이 필요한지 정확히 아시는 영혼들의 위대한 의사이신데, 그러한 주님께서 네가 거듭나야 하겠다고 말씀하셨다. 이 말씀은 이런 뜻이다. "너를 포함한 모든 인간에게 말하노니, 너희는 한 사람도 예외 없이 거듭나야 한다. 평민뿐 아니라 이스라엘의 지도자들도 다 마찬가지이다." 2. 우리는 이 말씀을 놀랍게 여겨서는 안 된다. 왜냐하면, 우리가 대면해야 하는 하나님의 거룩하심과, 우리의 본성이 심히 부패한 사실, 우리를 구속하신 큰 뜻, 그리고 우리 앞에 놓인 복을 생각할 때, 우리가 거듭나야 한다는 것은 과연 그만큼 절대 필요한 일로 강조하신 것이 이상한 일이 아니기 때문이다.

[d] 이 변화가 두 가지 비교로 예시된다. 첫째로, 성령께서 거듭나게 하시는 일이 물에 비유된다(5절). 거듭나는 것은 물과 성령으로 나는 것이다. 이것은 마치 성령과 불(마 3:11)이 성령께서 불처럼 역사하시는 것을 가리키듯이 성령께서 물과 같이 역사하시는 것을 가리킨다. 1. 이 말씀이 주로 의도하는 것은, 성령께서 영혼을 거룩하게 하실 때, (1) 물로 씻듯 영혼을 깨끗하게 씻고, 하나님 나라에 가지고 들어갈 수 없는 더러운 것을 제거하신다는 것이다. 물과 성령으로 거듭난다는 것은 중생의 씻음을 가리킨다(딛 3:5). 너희 중에 이와 같은 자들이 있더니 … 하나님의 성령 안에서 씻음 … 을 받았느니라(고전 6:11. 참조. 겔 36:25). (2) 사냥꾼을 피한 사슴과 지친 나그네에게 물이 새로운 힘을 주듯이, 영혼을 시원하게 하시고 새로운 활력을 주신다. 성령께서는 물에 비유된다 (7:38, 39; 사 44:3). 첫 창조 때에 하늘을 나는 생물들이 물에서 태어났는데(창 1:20), 아마도 이 사실에 비추어 위로부터 난 사람들을 물로 났다고 말씀하신 듯하다. 2. 그리스도께서 세례를 염두에 두고 이 말씀을 하셨을 가능성이 있다. 세례 요한이 그것을 말했고, 주님께서도 "성령으로 거듭나야 한다"고 말씀하심으로써 성령으로 거듭나는 것을 영적 은혜의 보이는 상징인 물로 씻음을 받는 것으로 나타내셨다. 이것은 세례받은 모든 사람들이 혹은 세례받은 사람

들만 구원을 받는다는 뜻이 아니라, 성령께서 일으키시고 세례가 상징하는 거듭남 없이는 아무도 하나님 나라의 보호를 받는 백성들로 간주하지 못한다는 뜻이다. 유대인들은 율법의 행위로 의롭다 함을 받을 수 있다는 기대를 버리고 죄 사함을 받게 하는(복음의 큰 특권) 회개의 세례(복음의 큰 의무)를 받기 전에는, 그들이 그토록 오랫동안 대망해온 메시야 왕국의 유익에 참여할 수 없다. 둘째로, 성령께서 거듭나게 하시는 일이 바람에 비유된다: 바람이 임의로 불매 네가 그 소리는 들어도 어디서 와서 어디로 가는지 알지 못하나니 성령으로 난 사람도 다 그러하니라(8절). 같은 단어(프뉴마)가 바람과 성령을 동시에 뜻한다. 성령께서는 급하고 강한 바람으로 사도들에게 임하셨고(행 2:2), 성령께서 죄인들의 마음에 끼치는 강력한 영향력은 생기의 바람에 비유되며(겔 37:9), 그분이 성도들의 영혼에 끼치시는 감미로운 영향력은 북풍과 남풍에 비유된다(아 4:16). 본문에 이 비유가 사용된 데에는 다음과 같은 뜻이 있다. 1. 성령께서는 사람을 거듭나게 하실 때 당신의 뜻대로, 자유로운 주체로 일하신다. 바람이 우리를 위하여 임의로 불되, 우리의 명령이나 지시에 따르지 않는다. 하나님께서 바람의 방향을 주관하신다. 그 바람이 하나님의 말씀을 이룬다(시 148:8). 성령께서는 그 능력을 당신이 원하시는 곳에 원하시는 때에 원하시는 사람들에게 원하시는 정도만큼 나눠주시며, 그의 뜻대로 각 사람에게 나누어 주신다(고전 12:11). 2. 성령께서는 강력하게 일하시며 분명한 결과를 내신다: 네가 그 소리는 들어도. 그 원인은 감춰져 있으나 결과는 나타난다. 영혼이 죄를 슬퍼하고, 죄의 짐에 눌려 신음하고, 그리스도를 갈망하며, 아바 아버지를 부를 때, 우리는 성령의 소리를 들으며, 성령께서 일하시는 것을 발견한다(참조. 행 9:11, 그가 기도하는 중이니라). 3. 성령께서는 신비로운 방법으로, 은밀하고 감춰진 방법으로 일하신다: 어디서 와서 어디로 가는지 알지 못하나니. 바람이 어떻게 힘을 결집하여 사용하는지 우리에게는 수수께끼이다. 성령께서 일하시는 방법도 신비롭다. 여호와의 영이 … 어디로 가서(왕상 22:24). 참조. 전도서 11:5; 비교. 시편 139:14.

2. 본문은 복음 진리의 확실함과 숭고함에 관한 말씀이다. 그리스도께서 니고데모의 약함을 보시고 이 말씀을 하셨다.

(1) 니고데모의 여전한 반론(9절): 어찌 그런 일이 있을 수 있나이까. 사람이 거듭나야 한다는 그리스도의 말씀을 그는 도무지 이해하지 못했다. 거듭나지 않으면 안 되게 만드는 본성의 부패와, 거듭나는 일을 가능하게 만드는 성령의

역사가 그에게는 난해한 신비였다. 그는 그리스도를 신적인 선생으로 인정하면서도, 자신의 견해와 맞지 않는 교훈을 하시자 그것에 동의하지 않았다. 이처럼 많은 사람들이 그리스도의 교훈을 받아들인다고 고백하면서도 스스로 그어놓은 한계 안에서만 기독교 진리를 믿고 계명에 복종한다. 자신들의 마음에 드는 교훈에 한해서만 그리스도를 선생으로 받아들인다. 여기서, [1] 니고데모는 결국 그리스도의 말씀을 이해하지 못하겠다고 시인한다: "어찌 그러한 일이 있을 수 있나이까? 그것은 내가 알 수 없고, 나의 이해력이 닿을 수 없는 내용입니다." 육에 속한 사람[자연인]은 하나님의 성령의 일들을 받지 아니하나니 이는 그것들이 그에게는 어리석게 보임이요라는 말씀 그대로이다(고전 2:14). 성령께서 그들에게서 빗겨나 계시므로 그들이 성령에 대해서 캄캄할 뿐 아니라, 성령에 대해 심한 편견을 갖고 있으므로 성령이 하시는 일들이 어리석게 보인다. [2] 니고데모는 이 교훈이 이성으로는 도무지 이해할 수 없는 것이었기에 그 진실성을 되묻는다. 자신에게 역설로 비치니까 그 자체로 허황된 이야기라는 논리였다. 많은 사람들이 이와 같이 자신들의 지적 역량의 범위 안에서 이해되지 않으면 사실로 인정할 수도 없다는 생각을 갖고 산다. 자신들의 지혜로는 그리스도를 알지 못했던 것이다.

(2) 그리스도께서 그의 둔하고 무지함을 책망하심: 너는 이스라엘의 선생으로서 이러한 것들을 알지 못하느냐. "이스라엘의 디다스칼로스, 즉 모세의 자리에 앉아 백성을 가르치는 선생으로서 거듭남에 관한 교리를 모르고 있을 뿐 아니라 가르쳐 주어도 깨닫지 못한단 말인가?" 하는 뜻이다. 이것은 다음 사람들을 책망하시는 말씀이다. [1] 다른 사람들을 가르치겠다고 나섰으나, 정작 자신들이 의의 말씀에 무지하고 미숙한 사람들. [2] 학문과 교육 이론, 종교 의식, 성경 지식과 비평에는 많은 시간을 보내면서도, 실제적인 문제를 해결하는 일과 마음과 생활을 개혁해 가는 일에는 태만한 사람들. 책망의 말씀에는 두 단어가 크게 두드러진다. 첫째로, 니고데모가 처한 위치 — 이스라엘의 선생. 이스라엘 백성에게는 하나님이 하시는 일들을 알 만한 지식의 방도가 풍성하게 있었고, 하나님의 계시가 있었다. 니고데모는 구약성경에서 그 교훈을 배울 수 있었다. 둘째로, 니고데모가 무지했던 것 — 이러한 것들. 이스라엘 백성이라면 반드시 알아야 했던 요긴한 교훈들, 위대한 사실들, 신적인 것들. 그는 시편 50:5, 10; 에스겔 18:31; 36:25, 26을 읽지 않았던 것일까?

(3) 니고데모의 반문에 대한 주님의 말씀. 복음 진리의 확실함과 숭고함을 보여주며(11-13절), 복음의 교훈을 받지 않는 자들의 어리석음을 드러내는 동시에, 어리석음을 버리고 힘써 배울 것을 권하는 말씀이다. 여기서 관찰할 점은,

[1] 그리스도께서 가르치신 진리는 확실하여서 우리가 안심하고 받을 만하다(11절): 우리는 아는 것을 말하고 본 것을 증언하노라. 이렇게 말할 수 있는 이가 주님 외에 누가 있을까? 어떤 이들은 우리가 땅에서 주님에 대해 주님과 더불어 증언한 사람들, 곧 선지자들과 세례 요한을 가리킨다고 이해한다. 과연 그들은 자신들이 아는 것과 본 것을 말했으며, 그들 자신이 큰 만족을 얻었다. 하나님의 계시에는 스스로를 뒷받침하는 증거가 실려 있는 것이다. 다른 이들은 우리가 하늘로부터 오신 증인들, 즉 성부와 성령을 가리킨다고 이해한다. 성부께서 그리스도와 함께 계셨고, 성령께서 주님 위에 임하셨다. 주께서 우리라고 복수형을 쓰신 뜻이 거기에 있다. 참조. 14:23: 우리가 그에게 가서 거처를 그와 함께 하리라. 여기서 관찰할 점은, 첫째로, 그리스도의 진리는 의심할 여지 없이 확실하다는 것이다. 그리스도의 말씀이 신실한 말씀이며, 그러므로 우리 영혼을 주의 말씀에 의탁할 수 있음을 확신할 충분한 이유가 있는 것이다. 이는 그리스도께서 우리를 속이는 일이 없는 믿음직한 증인이실 뿐 아니라, 착오를 범하는 일이 없는 유력한 증인이기도 하시기 때문이다: 우리는 아는 것을 말하고 본 것을 증언하노라. 소문을 듣고 말씀하시지 않고 가장 분명한 증거에 입각하여, 그러므로 큰 확신을 가지고 말씀하셨다. 그리스도께서 하나님과 보이지 않는 세계, 천국과 지옥, 우리에 관한 하나님의 뜻, 평안의 일에 관하여 하신 말씀은 친히 아셨던 것이요 보셨던 것이었다. 내가 그 곁에 있어서 창조자가 되어 날마다 그의 기뻐하신 바가 되었으며(잠 8:30). 그리스도께서 말씀하신 것은 모두 친히 일차적인 지식으로 알고 계신 것이었다. 둘째로, 죄인들의 불신앙이 그리스도의 무오하고 확실한 진리로써 더욱 악하게 드러난다. 사실이 이렇게 분명하고 확실하게 드러났는데도, 너희가 우리의 증언을 받지 아니하는도다. 오늘날도 허다한 사람들이 (믿을 만한 증거가 확실하여서) 도무지 믿지 않을 수 없는데도 여전히 불신앙을 고집하고 있는 것이다!

[2] 그리스도께서 가르치신 진리는 비록 세상의 일상적인 언어와 표현을 사용하신 것이지만, 지극히 숭고하고 천상적인 성격을 지닌다. 12절에 그러한 면

이 암시된다: 내가 땅의 일을 말하여도 너희가 믿지 아니하거든. 즉, 하나님께 속한 위대한 일들을 거듭남과 바람 같이 세상의 일들에서 취한 비유로 말하여 보다 쉽게 이해하게 해주셔도 믿지 않는다는 말씀이다. "너희의 역량에 맞도록 나 자신을 낮추고, 너희가 알아들을 수 있도록 너희 언어로 쉽게 말을 해주어도 믿지 않으면서," 하물며 하늘의 일을 말하면 어떻게 믿겠느냐? 그러한 친숙한 표현들이 걸림돌이 된다면, 추상적인 개념들 곧 영적인 일들을 본격적으로 말하면 어찌 되겠느냐는 말씀이다. 이 말씀에서 배울 수 있는 교훈은, **첫째로**, 그리스도에 관한 교훈의 높이와 깊이를 사모해야 한다. 그리스도는 위대한 경건의 비밀이시다. 복음은 인간 이성의 이치를 넘어서는, 따라서 이성이 가 닿을 수 없는 천상적인 것이다. **둘째로**, 그리스도께서 당신을 낮추시어 복음 계시를 우리의 수준에 맞춰 전하시고, 마치 어린이들에게 하시듯 우리에게 말씀하시기를 기뻐하신 것을 감사하는 마음으로 인정해야 한다. 그리스도께서는 우리의 체질을 아시고, 우리가 흙에 속하여 땅에 붙어 있는 자들임을 고려하셔서, 땅에 있는 것들을 매체로 영적인 진리를 쉽고 친숙하게 이해하도록 가르치신다. 그런 의도로 비유로 가르치시고 성례를 제정하신 것이다. **셋째로**, 우리 본성이 부패하여서 그리스도의 진리들을 받아 깨닫기에 턱없이 부족한 현실을 슬퍼해야 한다. 사람들은 땅에 속한 것들은 **천박하다** 하여 천시하고, 하늘에 속한 것들은 난해하다고 하여 경원한다. 그리하여 어떤 방법을 취하여 복음을 전하든 이런저런 핑계를 대어 배척하지만(마 11:17), 그러나 지혜는 그 자녀들로 인하여 옳다 인정을 받으며 또한 받게 될 것이다.

[3] 우리 주 예수께서만 그처럼 확실하고 숭고한 교훈을 우리에게 계시하시기에 적합하시다. 하늘에서 내려온 자 곧 인자 외에는 하늘에 올라간 자가 없느니라(13절).

첫째로, 그리스도 외에는 우리의 구원을 위한 하나님의 뜻을 우리에게 계시해 줄 수 있는 이가 아무도 없다. 니고데모는 그리스도를 선지재[하나님께로부터 오신 선생]라고 불렀다. 그러나 구약의 선지자들보다 더 크신 분임을 알았어야 했다. 선지자들 가운데 하늘에 올라간 이는 아무도 없기 때문이다. 그들은 신적인 영감을 받아 책을 쓴 것이고, 자신들의 지식으로 쓴 것이 아니다(참조. 1:18). 모세는 시내 산에 올라갔으나 하늘에는 올라가지 못했다. 아무도 그리스도와 같이 하나님과 천상의 일들에 관한 지식을 얻지 못했다(참조. 마

11:27). 지식을 얻기 위하여 하늘로 사람을 보내는 것은 우리가 할 일이 아니다. 우리는 하늘이 우리에게 내려주시는 교훈을 받기 위해 기다려야 한다(참조. 잠 30:4; 신 30:12).

둘째로, 예수 그리스도는 하나님의 뜻을 우리에게 계시하기에 유능하시고 적합하시며 모든 자격을 구비하셨다. 그리스도께서는 하늘에서 내려오셨고 지금 하늘에 계시기 때문이다. 주님께서는 친히 말씀하셨다. 하물며 하늘의 일을 말하면 어떻게 믿겠느냐(12절). 여기서 생각할 점은, 1. 그리스도께서는 친히 그들에게 말씀해 주실 수 있는 하늘의 일들의 한 가지 사례를 일러주신다. 그것은 하늘에서 내려온 자가 하늘에서 내려오신 분인데도 불구하고 인자 곧 사람의 아들이시며, 인자이심에도 불구하고 하늘에 계신다는 것이다. 인간 영혼이 거듭나는 일이 신비스러운 일이라면 하나님의 아들이 육신이 되신 일은 얼마나 큰 신비인가? 이런 일들은 과연 신적이며 천상적이다. 이 말씀에는 그리스도께서 한 위격(person) 안에 두 본성(nature)이 있음이 암시되어 있다. 신성으로는 하늘에서 내려오셨고, 인성으로는 인자 곧 사람의 아들이시다. 두 본성은 그리스도께서 사람의 아들이심에도 불구하고 하늘에 계신 사실로 결합된다. 2. 그리스도께서는 다음과 같이 말씀하심으로써 사람들에게 하늘의 일들에 관해 알려주시고 그들을 천국의 비밀로 인도하실 수 있다는 증거를 제시하신다. (1) 그리스도께서는 하늘에서 내려오셨다. 하나님과 사람 사이의 사귐은 위에서 시작되었다. 그 사귐을 위한 최초의 움직임은 이 땅에서 이루어지지 않고 하늘에서 내려왔다. 우리가 주님을 사랑하고 찬송과 기도를 드리는 것은 먼저 주님께서 우리를 사랑하시고 우리에게 보냄을 받으셨기 때문이다. 그런데 이 사실은 다음과 같은 점들을 암시한다. [1] 그리스도의 신성. 하늘에서 내려오셨으므로 단순한 사람을 넘어선 분이심에 틀림없다. 그리스도께서는 하늘에서 나신 주님이시다(고전 15:47). [2] 하늘의 일들을 소상하게 알고 계심. 하늘의 궁전에서 오셨으므로 영원부터 그곳의 일들을 접해오셨다. [3] 하나님을 나타내심. 구약시대에는 하나님께서 당신의 백성들에게 은혜를 베푸시는 것을 하늘에서 들으심(고후 7:14), 하늘에서 내려다보심(시 80:14), 하늘에서 말씀하심(느 9:13), 하늘에서 내려보내심(시 57:3)으로 표현했다. 그러나 신약성경은 하나님께서 하늘로부터 내려오셔서 우리를 가르치시고 구원하신다고 전한다. 하나님께서 이렇게 내려오신 일은 경이로운 신비이다. 신성은 장소를 바꾸실 수 없고, 또한 당신의 육체를 하늘에서 가지고 내려오지도 않으셨기 때문이다. 그러나 하나님께서 우리를 구속하시기 위하여 그렇게 당신을 낮추신 일은 더욱 경이로운 자비이다. 하나님의 극진한 사랑이 그 안에 나타나 있기 때문이다. (2) 그리스도께서는 인자이시되, 다니엘이 예언한 그 인자이시다(7:13). 유대인들은 인자라는 칭호를 항상 메시야로 이해했다. 그리스도께서는 당신을 인자라 부르심으로써 당신이 두 번째 아담이심을 나타내신다. 첫 번째 아담은 사람의 아버지였기 때문이다. 그리고 그리스도께서는 구약성경에 사용된 메시야의 모든 칭호들 가운데 특별히 이것을 사용하신 이유는 그것이 주님의 겸손을 가장 밝히 드러내고, 당시의 낮아지신 상태를 가장 잘 나타내기 때문이었다. (3) 그리스도께서는 하늘에 계시다. 당시에 땅에서 니고데모와 말씀을 나누고 계시는 동안에도 여전히 하나님으로서 하늘에 계셨다. 인자는 후에 승천하시기 전까지는 하늘에 계시지 않았다. 그러나 하늘에 오르신 지금은 신성에 의하여 모든 곳에 계시되 특히 하늘에 계신다. 원래 영광의 주께서 십자가에 달리실 수 없고, 하나님께서 피를 흘리실 수 없지만, 영광의 주이신 인자께서 십자가에 못 박히셨고(고전 2:8), 하나님이신 인자께서 자기 피로 교회를 사셨다(행 20:28). 한 위격에 두 본성이 워낙 철저히 결합한 까닭에 속성들(properties) 간의 교류가 이루어진다. 그리스도께서는 스스로 계시는 분이시고, 하늘은 그분의 거룩함이 거하는 곳이다.

3. 본문에서 그리스도께서는 친히 세상에 오신 큰 뜻과, 주님을 믿는 자들에게 임할 행복에 관해서 말씀하신다(14-18절). 이 말씀은 복음 곧 모든 사람이 받을 만한 미쁜 말씀(딤전 1:15)으로서, 예수 그리스도께서 사람들을 죽음에서 구원하시고 새 생명으로 살아나게 하시려고 오셨다는 것이다. 죄인들은 두 가지 이유에서 죽은 사람들이다. (1) 치명상을 입었거나 불치병에 걸린 사람을 죽은 사람이라 일컫는 의미에서. 살아날 소망 없이 죽어가고 있기 때문이다. 따라서 그리스도께서는 마치 놋뱀이 이스라엘 백성들을 낫게 했듯이 우리를 낫게 하심으로써 우리를 구원하시기 위해 오셨다(14, 15절). (2) 중죄를 지어서 사형 판결을 받은 사람을 가리켜 죽은 사람이라 일컫는 의미에서. 그는 법적으로 죽은 사람이다. 이러한 처지에 있는 우리를 구원하시기 위하여 그리스도께서 왕으로 혹은 재판장으로 오셔서 일정한 조건을 붙여 사면을 공포하셨다. 이러한 구원은 정죄와 반대된다(16-18절).

[1] 예수 그리스도께서는 불뱀에게 물린 이스라엘 자손들이 놋뱀을 바라보고서 고침을 받고 목숨을 건졌듯이(참조. 민 21:6-9) 우리를 치유하심으로써 구원하러 오셨다. 이것이 모세가 죽기 전에 행한 마지막 기적이었다. 그리스도가 이렇게 예표된 점에서 관찰할 수 있는 점은,

첫째로, 죄는 치명적이고 파괴적인 것이다. 그 점이 본문에 암시되어 있다. 죄책은 불뱀에 물린 고통과 같고, 타락의 세력은 온 몸에 급속히 퍼져나가는 불뱀의 독과 같다. 마귀는 옛 뱀으로서, 처음에는 간교했고(창 3:1), 사람을 타락시킨 이후로는 불 같이 타오르며, 그의 유혹은 불화살이요, 그의 공격은 두려우며, 그의 승리를 파괴이다. 각성한 양심들에게 묻고, 저주받은 죄인들에게 물어보라. 죄의 유혹이 처음에는 감미롭지만 마침내는 뱀 같이 물고 독사 같이 쏜다는 것을 여러분에게 일러줄 것이다(참조. 잠 23:30-32). 하나님이 죄로 인하여 우리에게 내리시는 진노는 하나님께서 불평하는 이스라엘 자손들을 징벌하시기 위하여 보내신 불뱀과 같다. 율법의 저주는 불뱀과 같으며, 하나님의 진노의 징표들도 다 그러하다.

둘째로, 이 치명적인 병을 고치시기 위해 주시는 강력한 치료제. 죄인들이 처한 상황은 참으로 비참하고 가련하다. 그러나 그것이 끝이고 절망인가? 하나님의 자비하심으로 인하여 그것이 끝이 아니다. 길르앗의 유향이 있다. 모세가 불뱀에 물린 이스라엘 자손을 치유하기 위하여 놋뱀을 들었듯이 인자도 높이 들리셨다. 1. 그들을 치유한 것은 놋뱀이었다. 놋은 빛이 난다. 그런데 그리스도의 발이 빛난 주석과 같다는 말씀을 읽게 된다(계 1:15). 놋은 항구적인데, 그리스도께서도 그러하시다. 놋뱀은 불뱀의 형태로 만들었지만 독도 없고 찌르는 것도 없다는 점에서 그리스도를 적절하게 예표한다. 그리스도께서는 죄를 모르시는 분인데도 우리를 위하여 죄가 되셨다. 죄 있는 육신의 모양이 되셨으나 죄는 없으셨다. 놋뱀과 마찬가지로 해로운 것이 없으셨다. 뱀은 저주받은 피조물이었는데, 그리스도께서 저주가 되셨다. 상처를 치유해 주는 놋뱀이 이스라엘 자손들에게 그들이 당한 징벌을 기억하게 해주었듯이, 그리스도 안에서 죄가 우리 앞에 가장 격렬하고 두려운 것으로 세워져 있다. 2. 놋뱀이 장대에 달려 높이 들렸던 것처럼, 인자도 들리셔야 했다. 그것이 그리스도의 의무였다(눅 24:26). 다른 치유책이 없었다. 그리스도께서는 다음과 같은 단계로 높이 들리셨다. (1) 십자가에서. 그리스도께서는 십자가에 높이 달리셨다. 주께서는 당신

의 죽으심을 친히 높이 달리실 일로 말씀하신다(12:32, 33). 주께서 마치 하늘에도 땅에도 다 거할 자격이 없는 분처럼 하늘과 땅 사이에 높이 달려 구경거리와 표적이 되셨다. (2) 높이 되심으로써. 그리스도께서는 회개와 죄 사함을 주시기 위하여 아버지 우편으로 들리셨다. 십자가에 높이 달리셨던 주께서 왕으로 즉위하시기 위하여 한 번 더 높이 들리셨다. (3) 당신의 영원한 복음을 공포하고 전파하도록 하신 데서. 참조. 요한계시록 14:6. 뱀이 높이 들린 목적은 복음이 전파될 때 그 안에서 그리스도께서 우리에게 밝히 소개된다. 그리스도께서 만민의 기치(旗幟)로 높이 들리신다(참조. 사 11:10). 3. 놋뱀은 모세에 의해 높이 들려졌다. 그리스도께서는 모세의 율법 아래 나셨고, 모세도 그리스도를 증언했다. 4. 모세는 불뱀에 물린 사람들에게 높이 들린 놋뱀을 바라보아 고침을 받으라고 했다. 징벌을 내리신 분이 치유책을 제공하셨다. 친히 공의로 우리를 정죄하신 분 외에는 아무도 우리를 구속하고 구원하실 이가 없다. 하나님께서 친히 대속물을 내셨고, 그 대속물의 효과는 하나님이 친히 내셨다는 데 있다. 불뱀은 그리스도를 시험한 자들을 벌하기 위하여 보내졌으나(사도는 그렇게 말한다, 고전 10:9), 그럼에도 불구하고 그들은 그리스도의 공로로 말미암아 고침을 받았다. 우리의 범죄로 인하여 침해를 당하신 분이 친히 우리의 평화가 되어 주셨다.

셋째로, 이 치유책을 적용하는 방식은 복음이 전하는 그리스도를 믿는 것이다. 이것은 이스라엘 자손들이 고침을 받기 위해 놋뱀을 바라본 것을 생각나게 한다. 이스라엘 자손들 가운데 통증이나 위기를 심각하게 느끼지 못하거나, 놋뱀을 바라보라고 한 모세의 말을 믿지 못한 자들은 상처로 인하여 목숨을 잃었다. 그러나 그것을 바라본 자들은 살았다(참조. 민 21:9). 마찬가지로 죄를 하찮게 여기거나 그리스도께서 내신 치유책을 업신여겨 복음에 제시된 대로 그리스도를 영접하지 않는 자들은 그들의 피가 그들의 머리로 돌아간다. 그리스도께서는 내게로 돌이켜 구원을 받으라고, 보고 생명을 얻으라고 말씀하셨다(사 45:22). 우리는 무한한 지혜께서 예수 그리스도를 큰 제물과 대언자로 세우사 그의 중보로 말미암아 범죄한 세상을 구원하시려 하신 방법에 만족하고 감사하며 인정해야 한다.

넷째로, 믿음으로 그리스도를 바라보라고 크게 격려하신다. 1. 그리스도께서 십자가에 달리신 목적은 모든 주의 백성들을 구원하시고 그로써 친히 모든 뜻을 다 이루시기 위함이었다. 2. 그리스도께서는 온 인류를 향하여 구원을 제시하신다. 누구든 믿으면 예외 없이 그리스도로 말미암아 은혜를 얻는다. 3. 그리스도께서 제시하시는 구원은 모자람이 없다. (1) 그리스도를 믿는 사람들은 멸망하지 않는다. 죄가 고통과 두려움을 줄 수는 있겠지만, 죄로 인하여 멸망하지는 않을 것이다. 하지만 그것이 전부가 아니다. (2) 그들은 영생을 얻을 것이다. 광야에서 얻은 상처로 인하여 죽지 않을 뿐더러, 마침내 가나안에 들어가게 될 것이다. 약속된 안식을 누리게 될 것이다.

[2] 예수 그리스도께서는 우리의 죄를 사하심으로써 율법의 정죄에 따라 죽임을 당하지 않게 하기 위하여 오셨다(16, 17절). 이것이 복음이요 좋은 소식이다. 하늘에서 땅에 내려온 소식 가운데 이것만큼 좋은 소식이 없다. 이것이 전체의 축소판이요, 압축한 화목하게 하는 말씀이다.

첫째로, 세상을 위하여 아들을 주신 것이 하나님의 사랑이다(16절). 이 사실에는 세 가지가 담겨 있다. 1. 밝히 드러난 위대한 복음의 계시: 하나님이 세상을 이처럼 사랑하사 독생자를 주셨으니. 성부 하나님의 사랑이 성령으로 말미암는 우리의 거듭남과 아들이 높이 달리심으로 말미암은 우리의 화목의 근원이다. 주의: (1) 예수 그리스도는 하나님의 독생자이시다. 이 사실은 하나님께서 그리스도를 우리에게 주실 때 어떠한 사랑을 베푸셨는지 잘 말해준다. 우리를 위해 주신 분이 하나님의 독생자이셨음을 알 때 우리를 얼마나 극진히 사랑하셨는지 알게 된다. 그리스도께서 하나님의 독생자이신 사실은 주님의 높으신 지위뿐 아니라 성부 하나님과 친밀한 관계에 관해서도 잘 말해준다. 주께서는 항상 성부 하나님의 기쁨이셨던 것이다. (2) 하나님께서는 인간을 구속하고 구원하시기 위해서 독생자를 주시기를 기뻐하셨다. 하나님께서는 독생자를 세상에 보내실 때 하늘과 땅 사이에 화목을 가져올 충분한 권세를 주어 보내셨을 뿐 아니라, 큰 대속 혹은 희생 제물로서 우리를 위해 고난과 죽음을 당하시도록 내어 주기까지 하셨다. 이것이 그리스도께서 높이 들리셔야 했던 이유로 본문에 제시된다. 성부 하나님께서 이 목적으로 그리스도를 주시고, 육신으로 태어나도록 작정하셨던 것이다. 만일 성부 하나님께서 내어 주지 않으셨다면, 원수들이 그리스도를 취할 수 없었다. 그리스도께서는 아직 십자가에 달리지 않으셨으나, 하나님의 확고한 뜻에 따라 내준 바 되셨다(행 2:23). 더 나아가, 하나님께서는 그리스도를 모든 사람에게 내주시고 — 즉, 믿도록 전도의 말로 제시하시고 —

모든 참된 신자들에게 내주시고, 새 언약의 모든 뜻과 목적을 위해 내주셨다. 우리의 선지자로 주시고, 백성들을 향한 증인으로, 우리의 대제사장으로, 우리의 화목 제물로, 교회의 머리로, 교회를 중심으로 한 만물의 머리로, 우리에게 필요한 모든 것으로 주셨다. (3) 하나님께서 세상에 대한 사랑을 나타내셨다: 하나님이 세상을 이처럼 사랑하사. 세상을 사랑하시되 정말로, 풍성하게 사랑하셨다는 말씀이다. 하나님이 지으신 인생들이 그 사랑을 보고 사모하도록 하시기 위함이었다. 타락한 천사들에게 베풀지 않으신 사랑을 타락한 인간 세상에는 부어주셨다(참조. 롬 5:8; 요일 4:10). 위대하신 하나님께서 이처럼 아무 쓸모 없는 세상을 사랑하셨다니 놀랍지 않은가! 거룩하신 하나님께서 도저히 만족을 얻으실 구석이 없는 이 악한 세상을 선하신 뜻을 품고 사랑하신 것이다. 과연 그 시기는 사랑을 할 만한 때였다(겔 16:6, 8). 유대인들은 메시야가 오셔서 자신들의 민족만 사랑하고, 주변 민족들을 짓누르고 자신들을 높이 세워주실 것이라고 헛된 자랑을 품었지만, 그리스도께서는 유대인들뿐 아니라 이방인들도 포함한 온 세상을 사랑하기 위해 오셨다고 말씀하신다(요일 2:2). 비록 인류 가운데 많은 사람들이 멸망에 처해 있지만, 그럴지라도 하나님께서 독생자를 주신 일은 온 세상에 대한 하나님의 사랑을 잘 나타낸다. 그리스도를 통하여 만민에게 생명과 구원이 제시되기 때문이다. 그것은 반란을 일으킨 지역에 대해서, 만일 돌아와 무릎을 꿇고 용서를 빌고 다시 충성을 맹세한다면 용서하고 사면해 줄 것이라고 공포하는 사랑이다. 하나님께서 배반하고 떠난 세상을 이처럼 사랑하사 독생자를 주시고 누구든지 그를 믿으면 멸망하지 않는다는 놀라운 공포를 하신 것이다. 구원은 유대인들에게서 나왔으나, 이제 그리스도는 땅 끝까지 구원하시는 분으로 알려진다. 2. 이 말씀에는 복음에 따르는 큰 의무가 담겨 있다. 그것은 (하나님께서 우리를 위해, 우리에게 주신) 예수 그리스도를 믿고, 그 선물을 받고 주신 분의 뜻에 보답하는 것이다. 우리는 하나님께서 아들에 관하여 전하신 말씀에 정직하게 동의해야 한다. 하나님께서 그리스도를 우리의 선지자와 제사장과 왕으로 주셨으므로, 우리는 우리 자신을 다 내드려 그의 다스림과 가르침과 구원을 받아야 할 것이다. 3. 여기에 복음이 끼치는 큰 유익이 있다: 이는 그를 믿는 자마다 멸망하지 않고 영생을 얻게 하려 하심이라. 이 말씀은 앞에서 하신 말씀이지만 다시 반복해서 하신다. 이것이 모든 참된 신자들에게 이루 말할 수 없는 행복이며, 이 일로 인하여 그리스도께 영원히 갚을 수 없는 빚을 지게 되었다. (1) 신자들은 두렵고 처참한 지옥에서 구원을 받았고, 구덩이로 내려가던 중에 건짐을 받았다. 이제 그들은 멸망하지 않을 것이다. 하나님께서 그들의 죄를 제거하셨으므로, 죽는 일이 없을 것이다. 값을 치르시고 사죄를 얻어주셨으므로 하나님께 나아갈 자격을 되찾게 되었다. (2) 신자들은 하늘의 즐거움에 참여할 자격을 얻는다. 그들은 영원한 생명을 누릴 것이다. 사형 판결을 받은 반역자가 용서를 받을 뿐 아니라, 더 나아가 왕들의 왕으로부터 총애를 받고 왕이 자랑스럽게 여기는 백성이 된다. 그는 감옥에서 나와 왕이 된다(전 4:14). 신자가 되었으면 하나님의 자녀가 되는 것이요, 자녀가 되었으면 상속자가 되는 것이다.

둘째로, 아들을 세상에 보내시는 것이 하나님의 뜻이었다. 그리고 그 목적은 아들로 말미암아 세상을 구원하시려는 것이었다. 그리스도께서는 자신의 눈에 구원을 보고, 자신의 손에 구원을 들고 세상에 오셨다. 그러므로 앞서 언급한 생명과 구원의 제시는 참되며, 믿음으로 받아들이는 모든 사람들에게 복이 될 것이다(17절): 하나님이 그 아들을 이 죄 많고 패역하고 반란을 일으킨 세상에 보내셨다. 보내시되 과거에 천사들을 방문자들로 보내실 때처럼 하지 않으시고, 대리인 혹은 대사로 오래 머물도록 보내셨다. 인간은 범죄한 이래로 하늘로부터 온 특별한 사자를 몹시 두려워했다. 죄책감과 심판에 대한 예감 때문에 그랬다: 우리가 하나님을 보았으니 반드시 죽으리로다. 그러므로 하나님의 아들이 친히 오셨다면 우리는 무슨 목적으로 오셨는지 당연히 마음이 쓰인다. 베들레헴 성읍 장로들이 사무엘 앞에서 두려워 떨며 물었듯이 평강을 위하여 오시나이까 하고 묻게 된다. 그러면 본문은 평강을 위함이니라 하고 대답한다. 1. 그리스도께서 세상에 오신 목적은 정죄하기 위함이 아니다. 우리로서는 정죄하러 오실 것을 예상할 만한 충분한 이유가 있다. 범죄한 세상이기 때문이다. 사형 판결을 받은 세상인데, 무슨 염치로 심판을 면하기를 바랄 것이며, 율법에 따라 처결받을 것을 예상하지 않을 것인가? 모든 민족이 지음을 받은 한 혈통(행 17:26)이 유전적 질병으로 인하여 게하시의 문둥병처럼 오염되었을 뿐 아니라, 하나님께서 대대로 싸우시겠다고 맹세하신 아멜렉 족속의 죄책처럼 유전적 죄책으로 얼룩졌다. 따라서 이러한 세상은 정죄를 받아 마땅하다. 그런데 만일 하나님께서 세상을 정죄하시기 위해 대리자를 보내신다면, 천사들을 보내 진노의 대접을 쏟아 붓도록 하시고, 그룹들을 보내 화염검을 사용하도록 하실 수도 있었다. 만일 주께서 우리를 죽이기로 작정하셨다면 굳이 아들을 세상에 보내시지 않았을 것이다. 물론 그리스도께서는 심판을 행하실 온전한 권세를 가지고 오셨으나(5:22, 27), 먼저 정죄를 내리시거나, 법익 박탈을 공포하시거나, 언약 파기의 책임을 묻는 것으로 시작하지 않으시고, 우리를 은혜의 보좌 앞에 설치된 새로운 법정에 세우시는 것으로 시작하셨다. 2. 그리스도께서 오신 목적은 그로 말미암아 세상이 구원을 받게 하려 하심이요, 세상에 구원의 문을 열어 놓으시기 위함이요, 누구든 원하기만 하면 그 안으로 들어올 수 있도록 하시기 위함이다. 하나님께서 그리스도 안에서 세상을 당신과 화목케 하시고 그로써 구원하시는 일을 시작하고 계셨다. 사면령이 통과되어 공포되었고, 그리스도를 통하여 치유법이 제정되고, 세상이 첫 언약의 엄격함이 아닌 둘째 언약의 풍성함에 따라 다뤄진다. 이는 그리스도를 통하여 세상을 구원하려 하심이다. 그리스도를 통하지 않고는 구원 얻을 길이 없기 때문이다. 다른 이로써는 구원을 받을 수 없나니(행 4:12). 우리의 재판장이신 그리스도께서 심판하러 오시지 않고 구원하러 오셨다는 것은 죄책에 눌린 양심에게 좋은 소식이요, 부러진 뼈와 피 흐르는 상처를 고치는 약이다.

[3] 이 말씀에서 참된 신자들이 누리게 된 복을 짐작하게 된다: 그를 믿는 자는 심판을 받지 아니하는 것이요(18절). 신자도 원래는 죄인이되 큰 죄인으로서 죄책을 짊어지고 살았으나, 그리스도를 믿음으로써 재판이 유예되고 심판이 정지되며 유죄 판결을 받지 않게 된다. 이것은 단순한 형 집행 연기 이상의 것을 가리킨다. 그를 믿는 자는 심판을 받지 아니하는 것이요 — 즉, 무죄 선고를 받는다는 뜻이다. 그는 (이를테면) 자신의 구원 위에 서 있으며, 만일 유죄 판결을 받지 않는다면 무죄로 석방된다. 우 크리테타이 — 그는 심판을 받지 않는다, 즉 자기가 범한 죄의 값에 따라 엄격한 공의의 처분을 받지 않는다. 물론 고소를 당하고, 고소에 대해 무죄를 항변할 수 없지만, 누가 정죄하리요 죽으실 뿐 아니라 다시 살아나신 이는 그리스도 예수시니라고 말한 사도 바울처럼 재판장 앞에 고소장대로 판결하지 마시도록 호소할 수 있다. 신자는 고통을 겪고 하나님의 손에 징계를 받으며 세상에 의해 박해를 받지만, 정죄는 당하지 않는다. 십자가에 무겁게 짓눌릴지언정 저주에서는 건짐을 받는다. 세상에 의해 정죄를 당할지라도 세상과 더불어 정죄를 당하지는 않는다(롬 8:1; 고전 11:32).

4. 그리스도께서는 말씀을 마치시면서 불신앙과 고의적인 무지를 고집하는 자

들이 처한 비참한 상태에 관하여 설명하신다(18-21).

(1) 이 단락에서 그리스도를 고집스럽게 믿지 않는 자들이 처한 운명을 살펴보라. 그들은 이미 정죄를 당했다. 여기서 관찰할 점은, [1] 불신자들의 죄가 얼마나 큰가? 그것은 그들이 업신여기는 분의 지위로 인하여 더욱 가중된다. 그들은, 무한히 참되시고, 믿음의 대상이 될 자격이 있으시고, 무한히 선하시며 영접을 받으실 자격이 있으신 하나님의 독생자의 이름을 믿지 않는 것이다. 하나님께서는 우리를 구원하시기 위하여 가장 귀한 분을 보내셨다. 그렇다면 그분이 우리에게도 가장 귀한 분이 아닌가? 우리는 모든 이름 위에 뛰어나신 이름을 지니신 분을 믿어야 하지 않는가? [2] 불신자들의 비참함이 얼마나 큰가? 그들은 이미 정죄를 당했다. 이 말씀의 뜻은 다음과 같다. 첫째로, 그것은 확실한 정죄이다. 그들은 이미 정죄를 당한 것처럼 마지막 날의 심판 때에 확실히 정죄를 당하게 되어 있다. 둘째로, 그것은 현재에 임한 정죄이다. 이미 저주가 그들을 장악하고 있으며, 하나님의 진노가 그들을 확고히 움켜쥐고 있다. 그들이 이미 정죄를 당한 것은 그들의 마음이 그들을 정죄하기 때문이다. 셋째로, 그것은 그들이 과거에 지은 죄에 근거한 정죄이다. 그들은 이미 정죄를 당했다. 자신이 지은 모든 죄에 대해 율법의 요구에 노출되어 있다. 복음을 믿으면 율법의 정죄를 받지 않는다는 선언이 있어도 믿음이 없어서 관심이 없기 때문에, 율법의 요구가 온전한 세력으로 그를 추궁한다. 그는 믿지 않기 때문에 이미 정죄를 당했다. 불신앙이야말로 가장 저주받을 죄이다. 그것은 사람을 다른 모든 죄들에 떨어뜨리기 때문이다. 불신앙은 치료제를 거부하고 복음 전도의 호소를 멸시하는 죄이다.

(2) 그리스도를 짐짓 알려고 하지 않는 자들이 당할 운명에 관해서도 읽어보라(19절). 호기심이 강한 많은 사람들은 그리스도와 그분의 교훈과 기적들에 관해 알고 있으면서도 편견에 사로잡혀 반대하고 믿으려 하지 않는 반면에, 대부분의 사람들은 취생몽사하듯 생각 없이 살기 때문에 그리스도를 알려고 하지 않는다. 그 정죄는 이것이니 곧 빛이 세상에 왔으되 사람들이 자기 행위가 악하므로 빛보다 어둠을 더 사랑한 것이니라. 여기서 관찰할 점은, [1] 복음은 빛이며, 복음이 왔을 때 빛도 세상에 들어왔다. 빛은 자증(自證)하며, 복음도 그러하다. 하나님께로부터 나왔음을 스스로 입증한다. 빛은 사물을 밝히 드러내며 참으로 감미로워서 마음을 기쁘게 하는데, 복음은 어두운 곳을 비추는 빛이요,

이 빛이 없다면 세상은 캄캄하게 될 것이다. 이 복음이 세상에 들어오되(골 1:6), 구약의 빛이 그랬듯이 세상의 한편 구석에 머물러 있지 않았다. [2] 그런데도 빛보다, 다름 아닌 이 빛보다 어둠을 더 사랑하는 것이 대다수 사람들의 어리석음이다. 유대인들은 그리스도의 교훈보다 자신들의 율법의 어두운 그림자와 소경이 이끄는 교훈을 더 사랑했다. 이방인들은 복음이 명하는 영적 예배(reasonable service, 올바른 예배)보다 자신들이 무지한 가운데 '알지 못하는 신'을 숭배하기를 좋아한다. 정욕에 휘둘려 사는 죄인들은 얼마든지 죄와 결별하게 만들어 줄 그리스도의 진리보다 죄 짓도록 등을 떠미는 무지와 착각을 더 좋아한다. 인간의 배교는 가져서는 안 될 지식을 연모한 데서 시작했으나, 배교의 상태를 끌고가는 힘은 가져서는 안 될 무지를 품는 데서 나온다. 멸망에 처한 사람은 자신의 질병과 노예 상태를 사랑하며, 자유롭게 될 마음도 온전하게 될 뜻도 없다. [3] 사람들이 빛보다 어둠을 사랑하는 진짜 이유는 자신들의 행위가 악하기 때문이다. 어둠이 자신들의 악행의 구실이 되어주기 때문에 어둠을 사랑하며, 빛이 자신들의 견해를 박탈하고 자신들이 죄인이요 비참한 상태에 있음을 들춰내기 때문에 빛을 미워한다. 절망적인 상태에 처해 있으면서도 마음을 고칠 뜻이 없기 때문에 빛을 쳐다보지 않기로 결심한다. [4] 고의적인 무지는 죄에 대한 변명이 조금도 되지 못하므로, 마지막 심판 날에 당할 정죄를 가중시킬 뿐이다: 그 정죄는 이것이니. 고의적인 무지가 영혼을 파멸시키고, 빛 앞에서 눈을 감게 하고, 그리스도와 복음을 받아들이지 못하게 한다. 하나님께 반항하면서 하나님의 도리를 알기를 바라지 않는다(욥 21:14). 심판 날에 우리는 지식을 가지고도 그것을 사용하지 않은 것에 대해서도 해명해야 하지만, 얻을 수 있었는데 얻지 않은 지식에 대해서도 해명해야 한다. 알고도 범한 죄에 대해서뿐 아니라 모르고 범한 죄에 대해서도 해명해야 한다. 이 점을 좀 더 밝히 설명하시기 위하여, 사람이 마음과 생활이 선하거나 악한 것에 따라 그리스도께서 세상에 비추신 빛으로 나오기도 하고 나오지 않기도 한다고 말씀하신다(20, 21절).

첫째로, 악을 행하고 그것을 버리지 않기로 결심한 자들이 그리스도의 복음의 빛을 미워하는 것은 이상한 일이 아니다. 악을 행하는 자가 빛을 미워하는 것은 일반적인 현상이기 때문이다(20절). 악을 행하는 자들은 수치심과 심판에 대한 두려움 때문에 감추려 한다(참조. 욥 24:13). 죄악을 행하는 것은 어둠의 일이다. 죄는 처음부터 감추고자 하는 마음을 일으켰다(욥 31:33). 빛은 악인들을 흔들어 떨쳐 버린다(욥 38:12, 13). 따라서 복음은 악한 세상에게 공포이다: 빛이 세상에 왔으되 사람들이 자기 행위가 악하므로 빛보다 어둠을 더 사랑한 것이니라. 주의: 1. 복음의 빛을 세상에 비추심은 죄인들의 악한 행위를 책망하시기 위함이다. 악한 행위를 드러나게 하여(엡 5:12), 사람들로 자신들의 범죄한 사실을 보게 하시고, 죄가 아닌 줄로 생각한 것이 죄임을 깨닫게 하시며, 자신들의 범죄가 얼마나 악한 것인지 바라보게 하심으로써, 죄가 극히 악한 것임을 새 계명으로 나타내시기 위함이다. 복음은 구원과 위로의 길을 내기 위하여 먼저 죄를 책망하는 기능을 지닌다. 2. 이러한 이유로 악을 행하는 자들은 복음의 빛을 미워한다. 사람들 중에는 악을 행한 다음 그것을 송구스럽게 생각하고 복음의 빛을 환영하는 사람들이 있다. 세리와 죄인들이 그들이다. 그러나 악을 행한 다음 계속해서 악을 행하고 살기로 작정하는 자는 빛을 미워하며, 자신의 잘못을 지적하는 말을 참고 듣지를 못한다. 그리스도의 복음이 세상에서 받은 모든 반대와 박해는 그 악한 자에게 영향을 받은 악한 마음에서 온 것이다. 사람들이 그리스도를 미워하는 이유는 죄를 사랑하기 때문이다. 3. 빛으로 오지 않는 사람들은 빛에 대한 은밀한 미움을 품고 있음을 그로써 나타내는 것이다. 만일 구원의 지식에 대해 반감이 없다면 멸망으로 인도하는 무지를 만족스럽게 품고 앉아 있지 않을 것이다.

둘째로, 하나님 앞에 겸손히 나아가는 정직한 사람들은 이 빛을 환영한다(21절): 진리를 따르는 자는 빛으로 오나니. 그렇다면 복음의 원수들이 많은 듯해도 벗들도 없지 않은 셈이다. 진실은 외진 구석을 찾지 않는다는 것이 일반적인 진리이다. 정직한 마음을 품고 행동하는 사람들은 세밀한 조사를 두려워하지 않고 오히려 그것을 바란다. 이것이 복음의 빛에도 적용된다. 복음은 악을 행한 자들에게 죄를 깨닫게 하고 두려움을 일으키지만, 진리 안에서 행하는 자들에게는 확증과 위로를 준다. 여기서 관찰할 점은, 1. 선한 사람의 특성. (1) 그는 진리를 행하는 사람이다. 즉, 행하는 모든 일에 참되고 진실하게 행한다. 선을 행하는 데 때로 모자람이 있지만, 그럴지라도 정직하게 진리를 행하려는 목표를 품는다. 비록 나름대로의 약점과 결함이 있을지라도 정직한 마음을 놓지 않는다. 신실하게 행한 가이오(요삼 5)나 바울(고후 1:12), 나다나엘(1:47), 아사(왕상 15:14)가 그러한 사람들이다. (2) 그는 빛으로 오는 사람이다. 하나님의 말씀을 들으면 그로 인해 어떠한 불편함이 일어나든 간에 기꺼이 영접한다. 진리를 행하는 사람은 직접 진리를 알고자 하며, 자신의 행위가 겉으로 분명하게 나타나게 한다. 선한 사람은 마음을 써서 자신을 살피며, 하나님께서도 자신을 살펴 주시기를 바란다(시 26:2). 하나님의 뜻을 알기 위해 노력하며, 하나님의 뜻을 알게 되었을 때 그것이 자신의 의지와 이익에 반하더라도 그것을 행할 결심을 한다. 2. 선행의 특성. 선행은 하나님 안에서, 언약을 믿음으로 하나님과 연합한 상태에서, 하나님을 사랑하여 하나님과 동행함으로써 이루어진다. 하나님의 뜻이 표준이 되고 하나님의 영광이 목표가 될 때, 하나님이 주시는 힘으로 사람이 아닌 하나님을 위하여 행할 때, 그 때에야 비로소 우리의 행위는 선하게 된다. 만일 우리의 행위가 그렇게 해서 나온 것임을 복음의 빛으로 알게 된다면 우리에게 자랑할 것이 있게 된다(갈 6:4; 고후 1:12).

지금까지 우리는 그리스도께서 니고데모에게 하신 말씀을 상고했다. 추측하건대 더 많은 대화가 오갔을 것이고 니고데모가 받은 영향이 적지 않았을 것이다. 그가 처음에는 잘 이해를 못했어도 후에는 그리스도의 신실한 제자가 된 데서 그런 생각을 하게 된다(참조. 19:39).

[22]그 후에 예수께서 제자들과 유대 땅으로 가서 거기 함께 유하시며 세례를 베푸시더라 [23]요한도 살렘 가까운 애논에서 세례를 베푸니 거기 물이 많음이라 그러므로 사람들이 와서 세례를 받더라 [24]요한이 아직 옥에 갇히지 아니하였더라 [25]이에 요한의 제자 중에서 한 유대인과 더불어 정결예식에 대하여 변론이 되었더니 [26]그들이 요한에게 가서 이르되 랍비여 선생님과 함께 요단 강 저편에 있던 이 곧 선생님이 증언하시던 이가 세례를 베풀매 사람이 다 그에게로 가더이다 [27]요한이 대답하여 이르되 만일 하늘에서 주신 바 아니면 사람이 아무 것도 받을 수 없느니라 [28]내가 말한 바 나는 그리스도가 아니요 그의 앞에 보내심을 받은 자라고 한 것을 증언할 자는 너희니라 [29]신부를 취하는 자는 신랑이나 서서 신랑의 음성을 듣는 친구가 크게 기뻐하나니 나는 이러한 기쁨으로 충만하였노라 [30]그는 흥하여야 하겠고 나는 쇠하여야 하리라 하니라 [31]위로부터 오시는 이는 만물 위에 계시고 땅에서 난 이는 땅에 속하여 땅에 속한 것을 말하느니라 하늘로부터 오시는 이는 만물 위에 계시나니 [32]그가 친히 보고 들은 것을 증언하되 그의 증언을 받는 자가 없도다 [33]그의 증언을 받는 자는 하나님이 참되시다는 것을 인쳤느니라 [34]하나님이 보내신 이는 하

나님의 말씀을 하나니 이는 하나님이 성령을 한량 없이 주심이니라 [35]아버지께서 아들을 사랑하사 만물을 다 그의 손에 주셨으니 [36]아들을 믿는 자에게는 영생이 있고 아들에게 순종하지 아니하는 자는 영생을 보지 못하고 도리어 하나님의 진노가 그 위에 머물러 있느니라.

이 단락에서 확인하게 되는 내용은 다음과 같다.

I. 그리스도께서 유대 땅으로 들어가시고, 그곳에서 제자들과 유하심(22절). 관찰할 점. 1. 우리 주 예수께서는 공적 사역을 시작하신 뒤부터 마치 족장들이 장막 생활을 하며 이동했듯이 많은 곳을 이동하며 다니셨다. 일정한 거처가 없으셨다는 것은 낮아지신 상태를 단적으로 보여준 예이기도 하지만, 복음을 들고 쉴새없이 여행을 한 바울과 마찬가지로 세상에 보내심을 받은 사명을 이루시기 위하여 얼마나 부지런히 사셨는가를 보여주는 예이기도 하다. 영혼들을 구원하시기 위하여 주께서는 여행의 피로를 감내하셨다. 의의 태양이신 주께서 거대한 원을 그리며 빛과 온기를 발산하신 것이다(참조. 시 19:6). 2. 그리스도께서는 예루살렘을 방문하실 때 오래 머물지 않으셨다. 그곳에 자주 가셨으나 곧 시골로 나가셨는데, 본문의 경우도 그렇다. 그 후에, 즉 니고데모와 대화를 나누신 뒤에, 주께서는 유대 땅으로 가셨다. 대중의 이목을 피하려 하심이기보다(비록 한적하고 알려지지 않은 지역이 낮아지신 상태의 예수께 더 적합하긴 했지만) 좀 더 요긴한 사역을 하시기 위함이었다. 예루살렘은 뉴스의 진원지였던 까닭에 주님의 설교와 기적들이 가장 큰 화제를 불러일으켰겠지만, 유대 교회의 지도자들이 장악하고 있었기에 열매는 별로 없었다. 3. 그리스도께서 유대 땅으로 가실 때 제자들이 동행했다. 그들은 처음부터 주님을 따랐던 자들이었다. 예루살렘에서 주님에게 모여든 많은 사람들은 농촌 지방으로 내려가시는 주님을 따라갈 수 없었다. 그곳에는 볼일이 없었기 때문이다. 그러나 제자들은 주님을 따랐다. 언약궤가 이동하면 아무리 그곳이 예루살렘이라도 남아 있지 말고 일어나 따라가야 한다(참조. 수 3:3). 4. 그곳에서 주님은 제자들과 함께 유하셨다(디에트리베). 함께 대화도 나누시고 가르치기도 하셨다는 뜻이다. 그러므로 시골로 내려가신 목적은 한적한 곳에서 쉬기 위함이 아니라, 제자들과 따르는 무리들과 좀 더 자유롭게 대화를 하시기 위함이었다(참조. 아 7:11, 12). 주의: 주님과 함께 갈 각오가 된 사람들은 주님께서 자신들과 함께 유

하시려 하심을 발견하게 될 것이다. 주님께서는 이곳에서 다섯 내지 여섯 달 유하셨을 것으로 추정된다. 5. 그곳에서 주께서는 세례를 베푸셨다. 그렇게 하여 자신을 믿은 사람들, 예루살렘 사람들보다 더 정직하고 용기가 있는 사람들을 제자로 받아들이셨다(참조. 2:24). 요한이 유대 땅에서 세례를 베풀기 시작했으므로(참조. 마 3:1), 그리스도께서도 그곳에서 세례를 베풀기 시작하셨다. 요한이 그리스도를 소개할 때 내 뒤에 오시는 이라고 말한 대로이다. 물론 그리스도께서 직접 세례를 베푸신 것이 아니라, 제자들에게 명령과 지침을 주시어 베푸시도록 하신 것이다(참조. 4:2). 그러나 제자들이 세례를 베푼 것은 주께서 친히 베푸신 것이나 같았다. 거룩한 예식들은 비록 연약한 사람의 손으로 집례되더라도 그리스도께 속한 것이다.

II. 요한은 기회가 주어지는 한도 내에서는 사역을 계속했다(23, 24절). 여기서 확인하게 되는 내용은,

1. 요한이 세례를 베풀고 있었다. 하지만 그리스도의 세례와 요한의 세례는 사실상 같았다. 요한은 그리스도를 증언했고, 따라서 그리스도께서 하시는 일을 가로막거나 방해하지 않았다. 그러나 (1) 그리스도께서 요한이 사역을 중단하기 전에 전도와 세례의 사역을 시작하신 이유는 요한이 잡히기 전에 그의 제자들을 받으심으로써 사역이 중단 없이 계속되도록 하시기 위함이었다. 하나님의 사역자들에게는 자신들이 무대에서 내려가려는 순간 자신들을 대신할 사람들이 등장하는 것을 바라보는 것이 큰 위로가 된다. (2) 요한은 그리스도께서 사역을 이어받으신 뒤에도 자신이 해오던 전도와 세례 사역을 계속했다. 자신이 받은 분량만큼 하나님 나라의 전진을 위해 이바지하려는 열의가 있었던 것이다. 요한에게는 여전히 할 일이 있었다. 그리스도께서 아직 널리 알려지지 않으신 상태였고, 백성들도 회개로써 그리스도를 영접할 마음의 준비가 확실하게 되어 있지 않았기 때문이다. 요한은 자신의 사명을 하늘로부터 받았으므로, 하늘로부터 그만하라는 명령을 받을 때까지 사역을 중단할 의사가 없었다. 그리스도께 합류하지 않은 것은 이전까지 자신이 해온 사역이 두 사람 사이의 담합이라는 인상을 주지 않기 위함이었다. 다만 하나님의 섭리로 사역을 그만두게 되는 순간까지 계속 해나갔다. 어떤 사람들의 은사가 훨씬 크더라도 그에 비해 부족한 다른 사람들의 수고를 불필요하거나 쓸모 없게 만들지 않는다. 모든 사람들이 수행할 수 있는 사역이 있는 것이다. 자신들의 빛이 다하였다 하여 주

저앉아 아무 일도 하지 않는 사람들은 나태한 사람들이다. 달란트가 하나라도 있다면 그것을 귀하게 여겨야 한다. 그리고 우리 자신이 쇠잔해 가더라도 맡겨 주신 일을 끝까지 수행해야 한다.

2. 요한은 살렘 가까운 애논에서 세례를 베풀었다. 이곳은 본문 외에는 아무데서도 언급되지 않으며, 따라서 학자들조차 정확한 지점을 말하지 못한다. 그곳이 어디였든, 요한은 이곳저곳으로 옮겨 다니며 세례를 준 듯하다. 예수께서 요단 강에서 세례를 받으셨다고 해서 그 강물에 특별한 효험이 있다고 생각하지 않았다. 물론 그 일로 인하여 요단 강에 강한 애착이 생겼겠지만, 필요가 생기면 물이 있는 다른 곳으로 이동했다. 목회자들은 주님께서 자신들에게 허락하시는 형편과 기회를 잘 따라야 한다. 요한이 애논을 택한 이유는 그곳에 물이 많았기 때문이다. 개천이 여러 줄기로 흐르는 곳이었다. 따라서 세례를 받으려 하는 사람을 어디서 만나든 손쉽게 세례를 줄 만한 곳이었다. 개천이 여러 갈래로 흐르는 곳이 대체로 그렇듯이 그곳도 수심이 얕았겠으나 세례를 베푸는 데는 지장이 없었을 것이다. 그 나라에는 물이 많은 것을 귀하게 여겼다.

3. 그곳으로 사람들이 와서 세례를 받았다. 요한이 처음 등장했을 때만큼 무리를 지어 찾아오지는 않았지만, 당시에도 여전히 실망하지 않을 만큼의 사람들이 그를 찾아왔다. 어떤 이들은 사람들이 요한과 예수님을 동시에 찾아왔다고 주장한다: 사람들이 와서 세례를 받더라. 즉, 더러는 요한에게 와서 그에게 세례를 받고, 더러는 예수님에게 와서 세례를 받았다는 뜻이다. 두 분의 세례가 하나였듯이, 두 분의 마음도 하나였다.

4. 요한이 아직 옥에 갇히지 않았다고 언급된다(24절). 이 말씀은 이야기의 순서를 분명하게 하고, 본문에 언급된 일들이 마태복음 4:12 이전에 된 일임을 알려준다. 요한은 자유를 누리는 동안에는 사역을 그만두지 않았다. 오히려 자신의 때가 얼마 남지 않은 것을 내다보고 사역에 매진한 듯하다. 그는 아직 옥에 갇히지 않았으나, 머지않아 그 일이 닥칠 것을 예상했다(참조. 9:4).

III. 요한의 제자들과 유대인들 사이에 정결예식을 놓고 변론이 벌어졌다(25절). 이 일에서 그리스도의 복음이 어떻게 세상에 평화를 주지 않고 불화를 일으키는지 살펴볼 수 있다. 1. 논쟁 당사자들이 누구였는가? 요한의 몇몇 제자들과 회개의 세례에 복종하지 않은 유대인들이었다. 회개한 사람들과 회개하지 않은 사람들이 이 죄악된 세상을 가른다. 이 논쟁에서는 요한의 제자들이 공세적인 위치에서 도전을 던진 듯하다. 그리고 이것은 그들이 냉철하지 못하고 열정만 앞세운 신참들이었다는 표시이다. 이렇게 역량도 없으면서 스스로 변증하러 나서는 자들의 경솔함 때문에 하나님의 진리가 방해를 받는 경우가 종종 있다. 2. 논쟁 주제가 무엇이었는가? 정결예식, 즉 종교적으로 씻는 의식이었다. (1) 추측컨대 요한의 제자들은 스승의 세례를 받으라고 외치면서, 그의 씻음이 유대인들의 모든 정결예식들보다 우월하며 그것들을 완전케 하는 것이라고 주장했다. 그리고 그들의 주장은 사실이었다. 그러나 어린 회심자들은 자신들이 얻은 것을 지나치게 자랑하지만, 보화를 발견한 사람은 그것을 확실히 소유할 때까지 감추어 두고, 함부로 발설하지 않는 법이다. (2) 유대인들은 두말할 나위 없이 모세가 제정하고 장로들이 물려준 자신들의 정결예식에 대해 큰 자부심을 갖고 있었다. 전자로부터는 신적 보증을, 후자로부터는 교회적 전통을 받았다. 이 논쟁에서 유대인들은 요한의 세례의 우수한 성격과 의도를 부정할 수 없게 되자, 틀림없이 그리스도의 세례를 들어가며 반론을 제기했을 것이다. 26절에 기록된 원망은 그래서 생긴 듯하다. 아마도 유대인들은 이렇게 말했을 것이다. "자, 이곳에서는 요한이 세례를 베풀고 있고, 저곳에서는 동시에 예수가 세례를 베풀고 있다. 그러므로 요한의 제자들이 그토록 자랑하는 세례는 다음 둘 중 하나이다. [1] 그것은 교회와 민족에게 위험하고 해롭다. 이것은 분파들이 끝없이 일어나도록 문을 열어놓게 될 것이다. 요한이 문을 열어놓았으므로 이제 얼마 안 있으면 고만고만한 사람들이 저마다 세례를 베풀겠다고 일어날 것이다. 혹은 [2] 기껏해야 그것은 결함이 많고 불완전하다. 너희가 주장하듯이 요한의 세례가 우수한 점이 있다손 치더라도, 저쪽에서 시행되고 있는 예수의 세례는 더 우수하다 하므로, 벌써 너희는 더 큰 빛에 가린 상태이고, 얼마 안 있으면 너희에게는 사람들의 발길이 끊길 것이다." 이처럼 믿지 않은 사람들은 더 밝고 앞서 나간 복음의 빛을 들어서 복음을 비판한다. 이것은 유년과 성년을 대립시키고, 상부 구조를 토대와 대립시키는 것과 같다. 그리스도의 세례를 들어 요한의 세례를 비판할 하등의 이유가 없다. 둘은 서로를 잘 뒷받침해주기 때문이다.

IV. 요한의 제자들이 그리스도와 그분의 세례에 관하여 자신들의 스승에게 원망했다(26절).   그들은 앞서 언급한 것과 같은 비판을 받고서 딱히 대답을 하지 못한데다 아마도 그로 인해 마음이 상한 나머지 스승을 찾아가 이렇게 말했다. "랍비여, 선생님과 함께 있다가 선생님에게 세례를 받은 이가 세례를 베풀자 사람들이 다 그에게로 가는데, 그냥 보고만 계시겠습니까?" 논쟁으로 자극을 받아 이런 말을 하게 되었다. 심한 말다툼을 벌이다가 애꿎은 사람에게 화풀이를 하는 것은 흔히 볼 수 있는 일이다. 만일 요한의 제자들이 세례 교리를 이해하지 못한 상태로 정결예식에 관한 논쟁을 벌이지 않았다면, 격분에 휩싸인 채 이런 말을 쏟아내지 않았을 것이다. 그들은 불평하면서 자기들의 스승에게는 **랍비여** 하면서 예를 차렸지만, 우리 구주께 대해서는 비록 이름을 언급하지 않았을지라도 매우 가볍게 말했다.

1. 그들은 그리스도께서 독자적으로 세례를 베푸시는 것이 외람되고 무책임한 일이라고 주장한다. 마치 이러한 세례를 처음 베풀기 시작한 요한에게 독점권과 일종의 특허권이 있다는 논리이다: "선생님과 함께 — 선생님의 제자로서 — 요단 강 저편에 있던 이가 선생님과 똑같은 세례를 베풀면서 선생님의 권한을 빼앗아 가고 있습니다." 이렇게 해서 자발적으로 자신을 낮추사 요한의 세례를 받으신 주 예수님의 겸손한 태도가 부당하고 매정하게도 비판의 화살로 돌아오는 경우가 종종 있다.

2. 그들은 그것이 요한에 대한 배은망덕이라고 주장한다. 요한이 증언해 준 그 사람이 세례를 베풂으로써, 높은 평가만 받아가고 그의 증언을 이용함으로써 해를 끼치고 있다는 주장이다. 그러나 그리스도께서는 요한의 증언을 필요로 하지 않으셨다(5:36). 오히려 요한에게 받은 평가보다 그에게 더 높은 평가를 해주셨다. 그 외에도, 그리스도의 세례는 요한의 세례를 조금도 깎아 내리지 않고 오히려 가장 크게 개선해주었다. 요한의 세례란 실은 그리스도의 세례로 인도하는 길에 지나지 않았다. 요한은 그리스도에 대해서 증언함으로써 주님께 정당한 태도를 취했으며, 주님께서 그의 증언에 대해서 대답하신 말씀은 그의 사역을 흠집 내기보다 풍성하게 만들어 주었다.

3. 요한의 제자들은 그리스도의 세례가 요한의 세례를 철저히 잠식하고 말 것이라고 단정했다: "사람이 다 그에게로 가더이다. 우리를 따르던 사람들이 이제 다 그에게로 갔습니다. 그러므로 이제는 우리도 우리 앞가림을 할 때가 되었습니다." 사람들이 다 그리스도에게로 간 것은 조금도 이상한 일이 아니었다. 그리스도께서는 사람들 앞에 나타나신 만큼 영광을 받으실 것이다. 그런데 요

한의 제자들은 왜 이 일을 언짢아했을까? 주의: 어느 시대든 명예와 존경을 독점하려는 욕심이 이권 다툼과 라이벌 의식과 마찬가지로 교회를 넘어뜨리는 원인이자, 교인들과 목회자들의 수치였다. 어떤 사람의 은사와 은혜, 수고와 유용성이 증가할수록 신실하게 사역할 은총을 입은 다른 사람들이 위축되고 왜소하게 된다고 생각하는 것은 틀린 생각이다. 이는 성령께서 아무에게도 구애를 받지 않으신 채 각 사람에게 원하시는 대로 은사를 베풀어 주시기 때문이다. 바울은 자신을 반대하는 사람들조차 주님께 쓰임을 받는 것을 기뻐했다(빌 1:18). 혼자만 쓰임을 받으려는 욕심을 버리고, 하나님께서 친히 당신이 쓰실 도구를 택하시고 사용하시고 귀하게 해주시도록 맡겨야 한다.

V. 요한이 제자들의 원망을 듣고 대답한 말(27절).   그의 제자들은 스승도 자신들처럼 이 일에 분개할 것으로 예상했다. 그러나 그리스도께서 이스라엘 앞에 나타나신 일은 요한에게 놀랍고 경계할 만한 일이 아니라, 자신이 바라던 바였다. 자신에게 방해가 되는 일이 아니라, 몹시 소원하던 바였다. 따라서 그는 모세가 여호수아에게 네가 나를 두고 시기하느냐고 말했듯이(민 11:29) 제자들의 원망을 막고, 이 일을 앞서 자신이 그리스도에게 했던 증언을 다시 한 번 확증하는 기회로 삼았다. 본문에서 복음의 첫 번째 사역자인 요한은 이후의 모든 사역자들에게 자신을 낮추고 주 예수를 높이는 훌륭한 본을 보였다.

1. 여기서 요한은 그리스도와 비교하여 자신을 낮춘다(27-30절). 다른 사람들이 우리를 높일수록 우리는 자신을 낮추고, 우리의 근본을 생각하고 우리가 무엇인지 기억하여 아첨과 과찬의 유혹에 넘어가지 않도록 힘써야 한다(고전 3:5).

(1) 요한은 하늘에서 정해주신 자리에 순응하고, 그것으로 만족했다(27절): 만일 하늘에서 주신 바 아니면 사람이 아무 것도 받을 수 없느니라. 온갖 좋은 은사와 온전한 선물이 위[하늘]로부터 내려온다는 야고보서의 교훈(1:17)은 본문의 경우에 적용하기에 매우 적합한 진리이다. 각기 다른 직무가 하나님의 섭리에 따라 맡겨지고, 각기 다른 은사가 하나님의 은혜에 따라 부여된다. 이 존귀는 아무도 스스로 취하지 못하고(히 5:4). 우리는 국가 사회의 모든 환경에 대해 하나님의 섭리에 맡기고 살아가듯이, 영적인 생활에서도 하나님의 은혜에 모든 것을 맡긴 채 모든 결정과 행동을 해나간다. 이것이 다음과 같은 행동을 삼가야 할 원인이 된다. [1] 우리보다 더 큰 은사를 받았거나 더 크게 쓰이는 사람들을

시기함. 요한은 자신의 제자들에게, 만일 예수께서 하늘로부터 그것을 받지 않으셨다면 그렇게 뛰어나실 수 없었다고 상기시킨다. 예수께서 사람이자 중보자로서 은사들을 받으신 점을 말한 것이다. 그리고 하나님께서 그분에게 성령을 한량없이 주셨을진대(34절) 어찌 그 일을 원망하느냐고 되묻는다. 동일한 원리를 다른 사역자들에게도 적용할 수 있다. 하나님께서 다른 이들에게 우리보다 더 큰 능력과 성공을 주기를 기뻐하셨는데, 우리가 불만을 표시하고 하나님을 공정하지 않고 지혜롭지 못하고 편파적인 분이라고 생각하는 것이 온당하겠는가? 참조. 마태복음 20:15. [2] 우리가 은사와 능력에서 다른 사람들보다 열등하고, 그들의 그늘에 가리는 것에 불만을 품음. 요한은 자신이 전도자와 선지자와 세례자가 된 것이 하늘의 은사로 된 일이며, 백성들로부터 사랑과 존경을 받게 해주신 이가 하나님이심을 기꺼이 인정했다. 그런데 이제 자신의 영향력이 감소한다 해도 하나님의 뜻이 이루어질 것이라고 생각했다. 주신 분이 또한 취해 가실 것이다. 우리는 하늘로부터 받은 것에 대해서 우리가 낸 것이 아니라 받은 것인 줄로 알아야 한다. 요한은 언제까지나 세례자로서 사역하도록 사명을 받지 않았다. 일정 기간 동안만 사역하도록 사명을 받았고, 그 기간은 곧 지나갈 것이었다. 그러므로 요한은 자신의 사역을 완수했을 때 그 기한이 다한 것을 만족스럽게 바라볼 수 있었다. 어떤 이들은 요한의 발언을 사뭇 다른 뜻으로 이해한다. 즉, 요한은 제자들의 오해를 씻어내 가면서, 자신의 세례가 그리스도와 맺고 있는 관계와, 그리스도께서 비록 자기 뒤에 오시지만 자기보다 앞선 분이시며, 자기가 하지 못하는 일들을 해주신다는 점을 애써 설명했다. 그런데도 제자들이 요한을 맹목적으로 존경하면서, 그리스도가 요한보다 앞서는 것을 원망하자, 요한은 만일 하늘에서 주신 바 아니면 사람이 아무 것도 받을 수 없느니라고 말했다. 목회자들의 수고는 만일 하나님께서 은혜를 베푸시어 효과 있게 해주시지 않으면 헛수고로 끝난다. 사람들은 하늘에서 이해하고 믿을 힘을 주시지 않으면 지극히 평범한 것도 이해하지 못하고, 지극히 자명한 것도 믿지 못한다.

(2) 요한은 일전에 자신이 그리스도에 관하여 행한 증언에 호소한다(28절): 내가 말한 바 나는 그리스도가 아니요 그의 앞에 보내심을 받은 자라고 한 것을 증언할 자는 너희니라. 요한이 그리스도에 대해 행한 증언이 얼마나 일관된 것이었는지 주목하라. 그는 바람에 흔들리는 갈대가 아니었다. 대제사장들의 협박도

제자들의 아첨도 그의 태도를 바꿔 놓지 못했다. 이러한 그의 태도는 다음과 같은 의미를 지닌다. [1] 제자들에게 그들의 원망이 전혀 합리적이지 못하다는 훈계. 그들은 스승이 예수께 대해 증언한 것에 대해 말했다(26절). 요한은 이렇게 말했다. "너희는 나의 증언이 무엇이었는지 기억하지 못하는가? 그것을 떠올리면 너희의 말이 트집일 뿐임을 알 것이다. 내가 너희에게 나는 그리스도가 아니라고 말하지 않았는가? 그런데 어찌하여 나를 그리스도이신 분과 경쟁 관계에 올려놓는 것인가? 내가 너희에게 나는 그의 앞에 보내심을 받은 자라고 말하지 않았는가? 그런데 내가 그분 곁에 서서 길을 내드리는 것이 어찌 이상하게 보인단 말인가?" [2] 요한은 제자들에게 자신을 그리스도와 경쟁 관계에 놓고 생각하게 할 만한 기회를 전혀 주지 않은 것을 만족스럽게 여겼다. 오히려 그는 그런 오해를 하지 않도록 각별히 당부했다. 신실한 사역자들은 교인들이 과도한 찬사를 하지 못하도록 미연에 방지할 때 그것을 만족스럽게 여긴다. 요한은 제자들에게 예수께서 메시야이심을 믿도록 격려했을 뿐 아니라, 자신이 메시야가 아니라는 점도 분명하게 말했다. 그렇게 했던 것이 이제 그에게 큰 기쁨으로 돌아왔다. 분에 넘치는 찬사를 슬그머니 받는 사람들이 한결같이 내세우는 변명은 "사람들이 오해하면 오해하도록 내버려둔다"는 것이다. 그러나 이런 태도는 사람들을 거짓과 오류에서 건져내야 할 사람들이 받아서는 안 될 공리이다. 진실한 입술은 영원히 보존되거니와 거짓 혀는 잠시 동안만 있을 뿐이니라(잠 12:19).

(3) 요한은 자신이 그리스도와 그분의 일을 앞세웠던 것에 대해 큰 만족을 표시한다. 제자들처럼 그것을 후회막급으로 여기지 않고, 오히려 크게 기뻐했다. 이러한 마음을 매우 아름다운 비유로 표현한다(29절). [1] 그는 우리의 구주를 신랑에 비유한다: "신부를 취하는 자는 신랑이다. 모든 사람들이 다 신랑에게 가는가? 얼마나 좋은 일인가? 신랑에게 가지 않으면 누구에게 간단 말인가? 신랑이 사람들의 마음을 사로잡고 있는가? 신랑 외에 누가 사람들의 마음을 사로잡겠는가? 그것은 신랑의 권리이다. 신랑 외에 누구에게 신부를 데려가겠는가?" 그리스도는 구약에서 신랑으로 예언되셨다(시 45편). 말씀이 육신이 되신 것은 본성(nature)의 상이함이 행진에 방해가 되지 않도록 하려 하심이다. 주님께서 교회를 순결케 하시기 위해 마음을 쓰심은 죄의 오염이 방해가 되지 않도록 하려 하심이다. 그리스도께서는 교회를 당신의 신부로 맞이하신다. 신부를

취하심은 그녀의 사랑을 받으시고, 그녀의 약속을 받으시기 때문이다. 교회는 그리스도께 속해 있다. 신자들이 믿음과 사랑으로 그리스도께 헌신하는 한, 신랑은 신부를 취하신다. [2] 요한은 자신을 신랑의 친구에 비유한다. 신랑의 친구는 신랑 곁에 있으면서 신랑을 빛내고 봉사하며, 신랑의 행진을 돕고, 신랑을 위해 선한 말을 해주고, 자신이 가진 것으로 신랑을 유익하게 하고, 신랑이 행진할 때, 무엇보다도 **신랑이 신부를 취할 때** 크게 기뻐한다. 요한이 전도와 세례로써 행한 모든 일은 그리스도를 소개하려는 것이었다. 그런데 이제 자신이 소원해온 것이 성취되었다. 신랑의 친구가 서서 신랑을 기다리다가 마침내 신랑의 음성을 듣고 크게 기뻐한다. 오래 기다리던 끝에 신랑이 혼인식 장소에 도착했기 때문이다. 주의: **첫째로,** 신실한 사역자들은 신랑의 친구들로서, 사람들에게 신랑을 소개함으로써 그들로 신랑을 사랑하고 택하게 한다. 그들은 신랑의 편지와 전갈을 전하는 사람들이다. 신랑은 대리인을 통해 구혼하는 것이다. **둘째로,** 신랑의 친구들은 서서 신랑의 음성을 들어야 한다. 신랑의 지시를 받아야 하며, 곁에서 시중을 들어야 한다. 그리스도께서 자신들 안에서 자신들과 더불어 말씀하시는 증거를 구해야 한다(고후 13:3). 그것이 신랑의 음성이다. **셋째로,** 믿음과 사랑으로 영혼들을 예수 그리스도께 인도하는 것이 모든 선한 사역자들의 기쁨을 충만하게 한다. 그리스도의 혼인식 날이 주님의 마음에 기쁨이 가득한 날이라면(아 3:11), 주님을 사랑하고 주님의 명예와 그 나라가 흥왕하기를 바라는 사람들에게도 기쁜 날이 아닐 수 없다. 그들에게 그것보다 더 큰 기쁨이 없다.

(4) 요한은 그리스도의 명예와 유익이 증진되고 자신은 그 앞에서 사라지는 것이 적합하고 당연하다고 여긴다(30절): 그는 흥하여야 하겠고 나는 쇠하여야 하리라. 주 예수의 이름이 갈수록 크게 인정받는 것이 못마땅한 자들은 앞으로 그렇게 될 일이 더욱 많아질 것이다. 시기와 다툼을 일삼는 자들의 운명이란 그런 것이다. 요한은 그리스도께서 흥하시고 자신은 쇠하게 되는 것을 아무도 막을 수 없고 따라서 순응해야 하는 필연적이고 불가피한 일로 여길 뿐 아니라, 지극히 의롭고 합당하여 마음을 흡족하게 하는 일로 여긴다. [1] 그는 그리스도의 나라가 터를 확보해 가는 것을 보고 기뻐했다: "그는 흥하여야 하겠고. 너희는 그리스도께서 상당한 결실을 얻으신 줄로 생각하지만, 그것은 장차 얻으실 결실에 비하면 아무것도 아니다." 주의: 그리스도의 나라는 아침 햇살이나 겨

자씨와 같이 발전하고 증대하는 나라이고 앞으로도 항상 그러할 것이다. [2] 그는 이 일로 자신의 입지가 좁아지는 것을 조금도 언짢아하지 않았다: 나는 쇠하여야 하리라. 피조물의 영광이란 다 이 법칙 아래 놓인다. 피조물은 다 쇠할 수밖에 없다. 내가 보니 모든 완전한 것이 다 끝이 있어도(시 119:96). 주의: 첫째로, 그리스도의 찬란한 영광의 빛은 다른 모든 영광의 빛을 어둡게 만든다. 사람의 마음에서 그리스도와 경쟁하여 서 있는 영광, 즉 세상과 육체의 영광은 그리스도에 대한 지식과 사랑이 증가하여 터를 얻을수록 점차 쇠하고 터를 잃는다. 그러나 여기서는 그리스도께 귀속되는 것을 말한다. 여명이 밝아오면 별빛은 기운다. 둘째로, 만일 우리가 쇠하고 낮아져서 그리스도의 이름이 높임을 받는 데 공헌한다면 그것을 기쁘게 순응해야 한다. 우리가 어떤 것이 되든 혹은 아무것도 되지 않을지라도 그로써 그리스도께서 모든 것이 되신다면 그것으로 만족해야 한다.

2. 여기서 세례 요한은 그리스도를 높이며, 자신의 제자들에게 그리스도를 가르치기를, 많은 사람이 그리스도에게 가는 것을 못마땅하게 생각하지 말고, 오히려 그들 자신이 그리스도에게 갈 수도 있음을 암시한다.

(1) 요한은 제자들에게 그리스도의 존귀한 위격에 관하여 가르친다(31절): 위로부터 오시는 이는 만물 위에 계시고 땅에서 난 이는 땅에 속하여 땅에 속한 것을 말하느니라. [1] 요한은 그리스도의 신적 기원을 말한다. 위로부터 곧 하늘로부터 오신 분이라고 말한다. 단순히 하늘로부터 오셨다는 뜻이 아니라, 신적 본성을 지니신 분이라는 뜻이다. 모태에 잉태되시기 전부터 계신 천상적 존재이시다. 하늘로부터 오신 분 외에는 하늘의 뜻 혹은 하늘의 도리를 우리에게 보여줄 이가 없다. 하나님께서는 인간을 구원하려 하실 때 위로부터 구원자를 보내신 것이다. [2] 요한은 그리스도의 주권적 권위를 그런 식으로 생각한다. 그리스도는 모든 것 위에 계시고, 만물과 만민 위에 계시며, 만유를 다스리시는 영원히 복되신 하나님이시다. 그러한 분과 감히 서열을 놓고 다투는 것은 황송한 일이다. 우리는 주 예수의 영광에 관하여 말하려 할 때 어떤 개념과 표현으로 담아낼 길이 없어서 주는 만유 위에 계신다고 말할 수밖에 없다. 주께서는 세례 요한에 관하여 여자가 낳은 자 중에 세례 요한보다 큰 이가 일어남이 없도다고 말씀하셨다(마 11:11). 그러나 그리스도께서는 하늘로부터 내려오신 분이셔서 육신이 되셨어도 없어지지 않는 존귀를 입고 계셨다. 육신이 되셨어도 여전히 만유 위에

계셨다. 요한은 그리스도와 대립하고 있던 자들의 미천함을 들어 그리스도의 영광을 계속해서 말한다: 땅에서 난 이는 땅에 속하여 — 땅에서 난 이는 땅에서 난 음식을 먹고, 땅의 일들을 가지고 대화를 나누고, 그의 마음은 땅의 일들에 향해 있다. 주의: 첫째로, 인간은 땅에서 유래했다. 첫 사람 아담뿐 아니라 우리도 흙으로 지으심을 입었다(욥 33:6). 우리의 근본이 무엇인지 알아야 한다. 둘째로, 그러므로 인간은 땅에 속한 체질을 지닌다. 육체가 취약하고 사멸적일 뿐 아니라, 영혼도 타락하고 현세적이며, 그 성향과 취향이 땅의 것들에게 크게 기울어져 있다. 선지자들과 사도들도 다른 사람들과 근본이 같다. 비록 그들 안에 보화가 담겨 있을지라도 그들 자신은 질그릇일 뿐이다. 이런 사람들을 그리스도와 경쟁자로 세우는 것이 가당한가? 질그릇이 다른 질그릇과 다투는 일은 있을 수 있어도, 하늘에서 오신 분과 다투어서는 안 된다.

(2) 요한은 그리스도의 교훈이 뛰어나고 확실하다는 점에 관하여 가르친다. 요한의 제자들은 사람들이 그리스도의 교훈을 좋아하여 스승보다 그분에게로 몰리는 것이 못마땅했다. 그러나 요한은 제자들에게 그럴 만한 이유가 있음을 일러준다.

[1] 요한 자신이 땅에 속한 것을 말했고, 무릇 땅에 속한 모든 사람들이 그것을 말한다. 선지자들도 사람들이었고 사람들처럼 말했다. 그들 자신에 관하여는 땅에 속한 것밖에 말할 수 없었다(참조. 고후 3:5). 선지자들과 요한의 가르침은 그리스도의 가르침에 비하면 낮고 얄팍했다. 하늘이 땅보다 높음 같이 주님의 생각은 인생들의 생각보다 높다. 하나님께서는 선지자들과 요한을 통해서는 땅에 속한 것을 말씀하셨지만, 그리스도 안에서는 하늘에서 온 것을 말씀하신다.

[2] 그러나 하늘로부터 오신 분은 위격뿐 아니라 교훈에서도 땅에서 살다간 모든 선지자들보다 뛰어나시다. 아무도 그리스도처럼 가르친 사람이 없었다. 요한은 그리스도의 교훈에 관하여 다음과 같이 우리에게 천거한다.

첫째로, 그리스도의 교훈은 무오하게 확실하고 분명하다(32절): 그가 친히 보고 들은 것을 증언하되. 여기서 생각할 점은, 1. 그리스도의 신적 지식. 그리스도께서는 친히 보고 들으신 것, 확실히 평가하시고 철저히 익히신 것만 증언하셨다. 주께서 신적 본질과 보이지 않는 세계에 관하여 발견하신 것이 친히 보신 것이었고, 하나님의 생각을 계시하신 것이 직접 하나님께로부터 들으시고 간접으로 전해 듣지 않으신, 들으신 것이었다. 선지자들은 천사들의 중재로 말미암아 꿈과 이상으로 받은 것을 증언했을 뿐, 직접 보고 들은 것을 증언하지 않았다. 요한은 "주의 말씀을 들을 준비를 하고, 주께서 죄를 책망하실 때 잠잠하라"고 외치는 자의 소리였으며, 따라서 제 소임을 다한 뒤에는 주께서 친히 증언하시고, 재판장께서 친히 판결하시도록 자리를 내드려야 할 사람이었다. 그리스도의 복음은 사람이 믿든 믿지 않든 자유인 철학의 가설이나 새로운 이론처럼 모호한 것이 없다. 복음은 하나님의 마음을 나타낸 계시로서 그 자체가 영원한 진리이며, 우리에게 무한한 관심을 갖는다. 2. 그리스도의 신적 은혜와 선하심. 그리스도께서 친히 보고 들으신 것을 우리에게 알게 하기를 기뻐하신 이유는 그것을 우리와 관련하여 알고 계시기 때문이다. 바울은 셋째 하늘[낙원]에서 보고 들은 것을 증언할 수 없었으나(고후 12:4), 그리스도께서는 보고 들으신 것을 어떻게 전해야 하는지를 아셨다. 요한이 그리스도의 교훈을 증언이라고 한 이유는, (1) 그리스도의 교훈에는 확실한 증거가 있기 때문이다. 그것은 풍문으로 전해지지 않고, 법정에서 신중함과 확신을 가지고 증거로서 증언되었다. (2) 그리스도께서 교훈을 사랑과 진실함을 담아 전하셨기 때문이다. 관심과 끈기를 가지고 그것을 진하셨다. 참조. 사도행진 18:5.

요한이 그리스도의 교훈의 확실함을 토대로 하는 일은 이와 같다. [1] 대다수 사람들의 불신앙을 안타까워한다. 그리스도께서 무오하게 참된 것을 증언하시는데도 그의 증언을 받는 자가 없다. 그런 사람이 전혀 없지는 않지만, 증언을 거부하는 사람들의 수에 비하면 없는 것과 마찬가지이다. 그들은 그리스도의 증언을 받지 않고, 들으려 하지 않고, 주의하지 않고, 신뢰하지도 않는다. 요한은 그러한 증언을 사람들이 받지 않는 것을 기이한 일로 말할 뿐 아니라(우리가 전하는 말을 누가 믿었던가? 인류의 대다수가 얼마나 어리석고 무지한 것인가!), 슬픈 일로도 말한다. 요한의 제자들은 사람들이 다 그리스도께로 가는 것을 슬퍼했다(26절). 그들은 그리스도를 따르는 사람들이 너무 많다고 생각했다. 그러나 요한은 그의 증언을 받는 자가 없다고 말한다. 극소수여서 아예 없는 것과 같다고 생각한 것이다. 주의: 죄인들의 불신앙은 성도들에게 슬픔이 된다. 사도 바울의 마음을 짓눌렀던 큰 근심이 바로 이것이었다(참조. 롬 9:2). [2] 선택된 남은 자들의 신앙을 붙들어 줄 기회로 삼는다(33절): 그의 증언을 받는 자는 하나님이 참되시다는 것을 인쳤느니라. 하나님은 참되시다. 아무리 인간들이 그 사실에 인(印)을 치지 않을지라도, 하나님께서 참되신 것은 부인할 수 없는 사실이다. 하나님만 홀로 참되시고, 사람은 모두 거짓되다. 하나님의 참되심은 우리 믿음의 뒷받침을 필요로 하지 않는다. 다만 우리가 믿음으로 하나님의 참되심을 인정할 뿐이요, 그로써 하나님께서 높임을 받으신다. 하나님의 약속들은 언제나 예와 아멘이 된다. 우리는 믿음으로 하나님의 약속들에 아멘이라고 말한다(계 22:20). 그리스도의 증언을 받는 자는 그리스도의 참되심을 인칠 뿐 아니라 하나님의 참되심에 대해서도 인을 치는 것이다. 그리스도의 이름은 하나님의 말씀이기 때문이다. 하나님의 명령과 그리스도의 증언은 하나이다(계 12:17). 우리가 그리스도를 믿음으로써 인을 치는 내용은 두 가지이다. 첫째로, 하나님께서는 모든 선지자들의 입을 빌려 그리스도에 관하여 하신 모든 약속들에 대해 참되시다. 하나님께서 우리 조상들에게 맹세하신 것은 다 이루어지며, 일점일획이라도 땅에 떨어지지 않는다(눅 1:70; 행 13:32, 33). 둘째로, 하나님께서는 그리스도 안에서 하신 모든 약속들에 대해서 참되시다. 우리는 하나님의 진실하심에 우리 영혼을 의탁하며, 하나님의 참되심으로 인하여 만족을 얻는다. 신뢰하는 태도로 하나님 앞에 나아가며, 이 세상에서 행복을 구하려는 생각을 모두 버린다. 이로써 하나님의 신실하심을 크게 높인다. 하나님을 신뢰함으로써 하나님께 영광을 돌리는 것이다.

둘째로, 그리스도의 교훈은 신적인 교훈이다. 그리스도 자신의 것이 아니라 그리스도를 보내신 분의 교훈이다(34절): 하나님이 보내신 이는 하나님의 말씀을 하나니 이는 하나님이 성령을 한량 없이 주심이니라. 선지자들은 하늘로부터 편지를 받아 전한 사신들이었다. 그러나 그리스도께서는 대사의 신분으로 오셔서 그러한 지위에서 우리를 대하신다. 그 이유는, 1. 그리스도께서는 하나님의 말씀을 하셨고, 친히 하신 말씀에 인간의 연약함을 내비친 것이 전혀 없었기 때문이다. 실질과 언어 모두가 신적이었다. 친히 하나님께로부터 보내심을 받은 사실을 입증하셨고(참조. 3:2), 그러므로 그분의 말씀은 하나님의 말씀으로 받아야 한다. 이 표준으로 영들을 분별할 수 있다. 하나님의 계시대로 말하며 믿음의 분수대로 예언하는 자들은 하나님께로부터 온 자들로 받을 수 있다. 2. 그리스도께서는 여느 선지자와 달리 말씀하셨다. 이는 하나님이 성령을 한량 없이 주셨기 때문이다. 하나님의 영 외에는 하나님의 말씀을 할 수 있는 이가 없다(참조. 고전 2:10, 11). 구약의 선지자들도 성령을 받되 각기 다른 정도로 받았다(참조. 왕하 2:9, 10). 하나님께서는 사람들에게는 성령을 각기 다른 정도로 주시지만

(고전 12:4), 그리스도에게는 한량 없이 주셨다. 그리스도 안에는 모든 충만함, 신성의 충만함, 측량할 수 없는 충만함이 거했다. 성령께서 그리스도 안에 계실 때는 그릇에 담긴 물처럼 계시지 않고, 샘에서 솟아나는 물처럼, 바닥 모를 대양(大洋)을 채우고 있는 물처럼 계셨다. "특정 계시에 대해서만 제한된 방식으로 성령을 받은 선지자들은 가끔 자신들에 관하여 말하기도 했지만, 성령께서 중단 없이 항상 내주하신 분은 항상 하나님의 말씀만 하셨다"(휘트비 박사〈Dr. Whitby〉).

(3) 요한은 그리스도께서 받으신 능력과 권세에 관하여 가르친다. 그 능력과 권세가 그리스도를 다른 모든 사람들보다 뛰어나게 만들었고, 그 이름이 다른 모든 사람들의 이름보다 높게 했다.

[1] 그리스도는 아버지께서 사랑하시는 아들이시다(35절): 아버지께서 아들을 사랑하사. 선지자들은 종들로서 신실했으나, 그리스도께서는 아들로서 신실하시다. 선지자들은 종들로 고용되었으나, 그리스도께서는 사랑을 받으시며 언제나 아버지의 기쁨이 되는 아들이시다(잠 8:30). 아버지께서는 아들로 인하여 몹시 기뻐하셨다. 아들을 사랑하셨을 뿐 아니라 항상 사랑하신다. 낮아지셨을 때조차 끊임없이 사랑하셨으며, 가난해지시고 고난을 당하실 때에도 그 사랑은 줄지 않았다.

[2] 그리스도는 만유의 주재이시다. 아버지께서는 아들을 사랑하시는 표시로 만물을 다 그의 손에 주셨다. 사랑은 관대하고 후한 법이다. 아버지께서는 아들을 몹시 기뻐하시고 신뢰하신 까닭에 인류를 다 그의 손에 맡기셨다. 성령을 한량 없이 주심으로써 모든 것을 아들에게 다 주셨다. 그로써 만물을 다스리시고 주관하실 자격과 능력을 갖게 되셨기 때문이다. 주의: 아버지께서 중보자의 손에 만물을 다 주신 사실은 그리스도께는 영광이 되고, 모든 그리스도인들에게는 형언할 수 없는 위로가 된다. 첫째로, 모든 권세를 주셨다. 참조. 마태복음 28:18. 모든 창조의 일을 그리스도의 발 아래 주셨다면, 모든 구속의 일을 그리스도의 손에 맡기셨다. 그리스도는 만유의 주재이시다. 천사들은 주님의 종들이요, 귀신들은 주님의 포로들이다. 주님은 모든 육체를 다스릴 권세를 지니고 계시며, 이방을 유업으로 받으셨다. 하나님의 나라가 주님께 맡겨졌다. 전권대사로서 계약을 체결할 권한을 갖고 계시고, 입법자로서 당신의 교회를 다스리시고, 구호자로서 하나님의 은혜를 나눠주시며, 재판장으로서 모든 사람들의 행

위에 책임을 물으신다. 그분의 손에는 황금 홀(笏, 규)과 철장(鐵杖)이 들려 있다. 둘째로, 주님의 손에는 모든 은혜와 만물 곧 하나님께서 사람의 자녀들에게 주시고자 하신 모든 좋은 것들, 그리고 영원한 생명과 그것을 위한 모든 것들이 위임된다. 우리는 성부 하나님께로부터 그것을 받을 자격이 없다. 우리는 스스로 하나님의 진노의 자녀들이 된 자들이기 때문이다. 그러므로 하나님께서는 사랑의 아들을 우리의 수탁자(受託者)로 세우시고, 우리에게 주시려고 뜻하신 것을 아들의 손에 맡기신다. 아버지께서 그것을 아들에게 맡기신 것은 아들로 말미암아 우리에게 주시려 하심이다. 새 언약의 풍성한 은사가 그처럼 확실하고 인자하고 선한 손에 맡겨졌다는 것은 믿음에 큰 격려가 된다. 아들이신 그리스도께서는 값을 치르시고 우리를 위해 그것을 얻으시고 당신을 위하여 우리를 얻으셨으며, 하나님과 신자들 모두가 의탁한 모든 것을 능히 지키실 수 있는 분이다.

[3] 그리스도는 영원한 복락의 조건인 믿음의 대상이며, 이 점에서 다른 모든 이들을 능가하신다: 아들을 믿는 자에게는 영생이 있고(36절). 이 말씀은 요한이 그리스도와 그분의 교훈에 관해 했던 말의 적용에 해당한다. 그리고 이 말씀이 지금까지 언급된 모든 내용의 결론이다. 만일 하나님께서 아들에게 이러한 영광을 두셨다면, 우리는 믿음으로 아들에게 영광을 돌려야 한다. 하나님께서 예수 그리스도의 증언을 은혜의 매체로 삼아 우리에게 좋은 것들을 제시하시고 전달하시므로, 우리는 그 증언을 믿음으로써, 그리고 그 말씀이 참되고 선하다고 인정함으로써 은혜를 받고 거기에 참여해야 한다. 이렇게 받는 방법이 주는 방법에 잘 부합한다. 본문의 말씀은 만민에게 전파해야 할 복음의 정수이다(참조. 막 16:16). 본문의 말씀에는 다음 두 가지가 두드러진다.

첫째로, 모든 참된 그리스도인들이 누리게 된 복된 상태: 아들을 믿는 자에게는 영생이 있고. 주의: 1. 모든 참된 그리스도인의 특성은 하나님의 아들을 믿는 것이다. 하나님의 아들이 하신 말씀을 믿을 뿐 아니라, 그분 자신을 믿고 동의하고 신뢰하는 것이다. 참된 기독교가 끼치는 유익은 다름 아닌 영생이다. 이것을 우리에게 얻어 주시려고 그리스도께서 오셨다. 영생이란 불멸의 영혼이 불멸하시는 하나님 안에서 누리는 행복이다. 2. 참된 신자들은 지금 이 땅에서부터 영생을 지니고 산다. 내세에 가서 누리게 될 뿐 아니라 현세에서도 누린다. 그 이유는, (1) 영생에 대한 충분한 보증을 지니고 있기 때문이다. 영생을 보증하는 증서에 도장이 찍혀 그들에게 전달되었으므로, 영생을 지니고 있는 셈이다. 그것이 그들을 위해 보관하도록 수탁자의 손에 맡겨졌으므로, 비록 아직 그들의 손에 쥐어지지 않았을지라도 그들의 것이나 다름없다. 그들은 하나님의 아들을 모시고 있으며, 아들 안에서 영생을 지닌다. 그리고 영생의 보증이신 성령께서 그들에게 와 계시다. (2) 현재 하나님과 나누는 사귐과 하나님의 사랑의 증표에서 영생을 미리 맛보기 때문이다. 은혜는 이미 시작된 영광이다.

　둘째로, 불신자들이 처해 있는 비참한 상태. 아들을 믿지 않는 자(호 아페이톤)는 멸망에 처해 있다. 믿지 않는 자라는 단어는 믿지 않는 것과 불순종을 동시에 내포한다. 불신자는 그리스도의 교훈을 신뢰하지 않고 그리스도의 다스림에 복종하지 않는 자이다. 그렇다면 그리스도께 배우려 하지도 않고 다스림을 받으려 하지도 않는 자들은 어떻게 되는가? 1. 그들은 이 세상에서 뿐 아니라 장차 올 세상에서도 행복을 누릴 수 없다: 영생을 보지 못하고. 그리스도께서 베푸시려고 오신 생명을 그들은 얻지 못한다. 지금 누리지 못할 뿐 아니라 앞으로도 누릴 전망이 없으며, 그 범위에 들어 있지도 않고 영원히 멀어져 있다. 2. 그들은 비참해지지 않을 수 없다: 도리어 하나님의 진노가 그 위에 머물러 있느니라. 믿지 않는 자는 하나님의 진노 아래 놓여 있다. 하나님의 호의가 영혼에게 생명이듯이, 하나님의 진노는 영혼에게 죽음이다. 뿐만 아니라 하나님의 진노가 그 위에 머물러 있다. 율법을 범함으로써 자초한 온갖 진노가 만일 복음의 은혜로 제거되지 않는다면 그 위에 머물러 있는 것이다. 날마다 죄를 범하는 그 위에 하나님의 진노가 놓여 있다. 어제까지의 진노가 고스란히 남아 있는 가운데 새로운 진노가 올려진다. 일정한 분량을 채울 때까지 날마다 진노가 쌓여가며, 아무도 그것을 비워줄 수가 없다. 따라서 하나님의 진노가 믿지 않는 자들 위에 머물러 있으면서, 진노의 날까지 쌓여간다.

제
— 4 —
장

개요

이스라엘 땅은 임마누엘께서 탄생하신 땅일 뿐 아니라 친히 가르치시고 기적을 행하신 무대로서 임마누엘의 땅이었다는 점에 그 영광이 있다(참조. 사 8:8). 우리 구주께서 와 계시던 시기에 이 땅은 세 구역으로 나뉘어 있었다. 남부에는 유대, 북부에는 갈릴리, 그리고 중간에는 사마리아가 펼쳐져 있었다. 그런데 이 장에서는 그리스도께서 세 구역을 두루 다니신다. I. 유대를 떠나심(1-3절). II. 사마리아를 지나가심. 비록 지나가시는 길이었으나, 이곳에서 이 장에 기록된 많은 일들이 있었다. 1. 그리스도께서 사마리아로 오심(4-6절). 2. 우물가에서 사마리아 여인과 대화를 나누심(7-26절). 3. 여인이 성읍 사람들에게 그리스도를 증언함(27-30절). 4. 그동안 그리스도께서 제자들과 말씀을 나누심(31-38절). 5. 사마리아에 잠시 머무신 일이 그곳 사람들에게 끼친 유익한 영향(39-42절). III. 사마리아를 떠나 갈릴리로 가서 잠시 머무신 일(43-46절)과 그곳에서 죽음의 문턱을 넘어선 왕의 신하의 아들을 살리심(46-54절).

[1]예수께서 제자를 삼고 세례를 베푸시는 것이 요한보다 많다 하는 말을 바리새인들이 들은 줄을 주께서 아신지라 [2](예수께서 친히 세례를 베푸신 것이 아니요 제자들이 베푼 것이라) [3]유대를 떠나사 다시 갈릴리로 가실새.

앞에서 우리는 그리스도께서 예루살렘에서 절기를 지키신 뒤에 유대 땅으로 가신 일을 읽었다(3:22). 그런데 이제 추수기를 넉 달 앞두고(35절) 유대 땅을 떠나셨다. 따라서 여섯 달을 유대 땅에 계시면서 요한이 닦아 놓은 터에 세우셨음을 알게 된다. 그곳에서 어떤 설교와 기적을 베푸셨는지 구체적인 기록은 없고, 다만 개괄적인 언급만 있을 뿐이다(1절).

I. 제자를 삼으셨다. 많은 사람들에게 복음을 전하시어 그들을 얻으시고, 그들로 하나님으로부터 오신 선생으로 알고 따르게 하셨다. 주님의 사역은 비록 반대도 있었지만 성공이었다(시 110:2, 3). 이 절에서 제자를 삼고라는 뜻으로

쓰인 헬라어 마테타스 포이에이는 마테테우오와 같은 뜻이다. 창세기 12:5의 얻은 사람들과 비교하라. 그들은 아브라함이 얻은, 즉 자신을 따르게 만든 사람들을 가리킨다. 주의: 제자를 삼으시는 것은 주님의 대권에 속한 일이다. 주님은 먼저 그들을 당신 발 아래 이끄신 다음 당신의 뜻에 맞는 사람들로 만드신다. "그리스도인다운 인격은 거듭날 때 자동적으로 생기는 것이 아니라 만들어지는 것이다"(테르툴리아누스).

Ⅱ. 제자로 삼으신 자들에게 세례를 베푸셨다. 즉, 그들을 물로 씻어 받아들이셨다. 세례는 직접 베푸시지 않고 제자들을 통해서 베푸셨다(2절). 1. 이로써 직접 세례를 베푼 요한의 세례와 주님의 세례에 차이가 있음이 나타났다. 요한은 종으로서 세례를 베풀었으나, 주님은 주인으로서 세례를 베푸신 것이다. 2. 주님은 더 본질적이고 중요한 가르치는 사역에 힘을 쏟으셨다(참조. 고전 1:17). 3. 제자들에게 세례를 베풀게 하심으로써 제자들이 중요한 사람들임을 나타내셨고, 그로써 앞날의 사역을 위하여 그들을 훈련시키셨다. 4. 주께서 친히 몇 사람에게라도 세례를 베푸셨다면 그들이 교만하여져서 다른 사람들을 무시하게 될 수가 있는데, 그런 일을 미연에 방지하고자 하셨다(예. 바울, 고전 1:13, 14). 5. 주님 자신의 몫은 친히 성령으로 세례 베푸실 일을 위해 남겨두셨다(행 1:5). 6. 성례의 효력이 집례자의 손에 달려 있지 않음을 깨우쳐 주시려는 뜻이 있었고, 또한 주님의 사역자들이 주님의 지시에 따라 집례한 성례를 친히 행하신 것으로 여기심을 알려 주시려는 뜻이 있었다.

Ⅲ. 요한보다 제자를 많이 삼고 세례를 많이 베푸셨다. 비단 당시뿐 아니라 그때까지 요한이 행해온 것보다 많았다는 뜻이다. 실제로 그리스도의 전도는 요한보다 더 사람들의 마음을 사로잡았다. 주님이 행하신 기적들은 사람들에게 믿음을 일으켰고, 병을 고치신 일들은 큰 은혜를 끼쳤다.

Ⅳ. 바리새인들이 이 소식을 들었다. 많은 사람들이 그리스도께 나아가 세례를 받고 있다는 소식을 들었다. 그들은 그리스도께서 처음 사역을 시작하신 때부터 시기심을 가지고 주시했다. 여기서 관찰할 점은, 1. 바리새인들이 요한을 제거했다고 생각하고서(이 무렵 요한은 옥에 갇히게 되었다) 쾌재를 부르고 있던 시점에 예수께서 등장하셨는데, 그것은 그들에게 요한 때문에 겪었던 것보다 훨씬 더 당혹스러운 일이었다. 복음의 증인들은 새순 돋아나듯 거듭 나타나게 되어 있다. 2. 그들의 마음을 무겁게 만든 것은 많은 사람들이 그리스도

의 제자가 된다는 소식이었다. 복음의 성공은 원수들을 격분시키기 마련이다. 따라서 흑암의 세력들이 복음에 분노와 공격을 퍼붓는 것은 대단히 좋은 징조이다.

V. 우리 주 예수께서는 바리새인들에게 그 소식이 들어간 것을 잘 아셨다. 바리새인들에게 소식을 전한 자들이 이름을 감추었을 것이고 바리새인들도 자신들의 속내를 드러내기를 원치 않았겠지만, 주[여호와] 앞에서 자기의 계획을 숨길 만큼 구덩이를 깊이 팔 수 있는 사람은 세상에 없다(사 29:15) ― 본문은 그리스도를 가리켜 주라고 기록한다. 주님은 바리새인들이 무슨 말을 들었는지 아셨고, 또한 그것이 사실과 크게 다르다는 것도 아셨다. 이 당시에 예수께서 요한보다 더 많은 사람들에게 세례를 주셨을 것 같지 않기 때문이다. 그러나 사실이 그렇게 호도되어서 주님을 더욱 두려운 존재로 비치게 만들었다(참조. 왕하 6:12).

VI. 그 소식을 들은 뒤 우리 주 예수께서는 유대를 떠나 다시 갈릴리로 향하셨다.

1. 유대를 떠나신 이유는 그곳에서 박해를 당하시되 죽음의 위협까지 당하실 가능성이 있었기 때문이다. 바리새인들의 질시와 분노가 그만큼 컸다. 예수께서 태어나셨을 때 아기라도 제거하려고 했던 권력자의 질시가 본질상 그들의 태도와 닿아 있다. 그들의 계획을 피하시기 위하여 그리스도께서는 유대 지방을 떠나 박해의 손길이 덜 미치는 곳으로 가셨다. 그렇게 하신 목적은, (1) 주님의 때, 즉 하나님의 뜻과 구약성경의 예언들에 정해져 있던 메시야가 고난당하실 때가 아직 오지 않았기 때문이다. 주께서는 아직 전할 말씀을 다 전하지 않으셨고, 따라서 자신을 내주시려 하지 않으셨다. (2) 유대 땅에서 모으신 제자들은 아직 고난을 감당할 힘이 없었던 까닭에, 그들을 고난에 노출시키려 하지 않으셨다. (3) 이로써 주께서는 제자들에게 내리신 원칙에 대해 본을 보이셨다: 이 동네에서 너희를 박해하거든 저 동네로 피하라(마 10:23). 주께서 우리를 부르신 이유는 박해를 받으라 하심이 아니므로, 피할 수 있다면 피해야 한다. 그러므로 신앙은 변경할 수 없을지라도 장소는 바꿀 수 있다. 그리스도께서는 이처럼 자신을 보호하시되 기적이 아닌, 사람들에게 공통된 방법으로 보호하심으로써, 고난의 위험에 항상 노출되어 있는 자기 백성들에게 지침과 격려를 주신다.

2. 그리스도께서 갈릴리로 향하신 이유는 그곳에서 하실 일이 있었고, 그곳

에는 원수들이 적고 친구들이 많았기 때문이다. 갈릴리로 가신 이유를 좀 더 구체적으로 살펴보자면, (1) 요한의 사역이 그곳에 주님을 위해 길을 예비해 주었기 때문이다. 갈릴리는 분봉왕 헤롯의 관할권에 속한 지역으로서, 요한의 마지막 사역 무대였다. (2) 요한이 투옥된 일이 주께서 그곳으로 가실 여지를 만들어 주었다. 주께서 요한을 존중하여 사역하시는 모습을 보고, 백성들의 마음이 요한과 그리스도 사이에서 나뉘지 않게 되었다. 이처럼 선한 사역자들의 자유와 구속은 모두 복음의 진보에 이바지한다(참조. 빌 1:12). 그러나 주께서 무슨 목적으로 안전이 보장되지도 않은 갈릴리로 가셨을까? 헤롯은 요한을 박해했기에 예수님도 아끼지 않을 것이다. 켐니티우스(Chemnitius)는 이렇게 말한다. "경건한 이들은 이생에서 자신들에게 피하는 자들에게 피신처가 되지만, 그들 자신은 하나님 당신 외에는 피신처가 되어줄 사람이 없나이다."

⁴사마리아를 통과하여야 하겠는지라 ⁵사마리아에 있는 수가라 하는 동네에 이르시니 야곱이 그 아들 요셉에게 준 땅이 가깝고 ⁶거기 또 야곱의 우물이 있더라 예수께서 길 가시다가 피곤하여 우물 곁에 그대로 앉으시니 때가 여섯 시쯤 되었더라 ⁷사마리아 여자 한 사람이 물을 길으러 왔으매 예수께서 물을 좀 달라 하시니 ⁸이는 제자들이 먹을 것을 사러 그 동네에 들어갔음이러라 ⁹사마리아 여자가 이르되 당신은 유대인으로서 어찌하여 사마리아 여자인 나에게 물을 달라 하나이까 하니 이는 유대인이 사마리아인과 상종하지 아니함이러라 ¹⁰예수께서 대답하여 이르시되 네가 만일 하나님의 선물과 또 네게 물 좀 달라 하는 이가 누구인 줄 알았더라면 네가 그에게 구하였을 것이요 그가 생수를 네게 주었으리라 ¹¹여자가 이르되 주여 물 길을 그릇도 없고 이 우물은 깊은데 어디서 당신이 그 생수를 얻겠사옵나이까 ¹²우리 조상 야곱이 이 우물을 우리에게 주셨고 또 여기서 자기와 자기 아들들과 짐승이 다 마셨는데 당신이 야곱보다 더 크니이까 ¹³예수께서 대답하여 이르시되 이 물을 마시는 자마다 다시 목마르려니와 ¹⁴내가 주는 물을 마시는 자는 영원히 목마르지 아니하리니 내가 주는 물은 그 속에서 영생하도록 솟아나는 샘물이 되리라 ¹⁵여자가 이르되 주여 그런 물을 내게 주사 목마르지도 않고 또 여기 물 길으러 오지도 않게 하옵소서 ¹⁶이르시되 가서 네 남편을 불러 오라 ¹⁷여자가 대답하여 이르되 나는 남편이 없나이다 예수께서 이르시되 네가 남편이 없다 하는 말이 옳도다 ¹⁸너에게 남편 다섯이 있었고 지금 있는 자도 네 남편이 아니니 네 말이 참되도다 ¹⁹여자

가 이르되 주여 내가 보니 선지자로소이다 [20]우리 조상들은 이 산에서 예배하였는데 당신들의 말은 예배할 곳이 예루살렘에 있다 하더이다 [21]예수께서 이르시되 여자여 내 말을 믿으라 이 산에서도 말고 예루살렘에서도 말고 너희가 아버지께 예배할 때가 이르리라 [22]너희는 알지 못하는 것을 예배하고 우리는 아는 것을 예배하노니 이는 구원이 유대인에게서 남이라 [23]아버지께 참되게 예배하는 자들은 영과 진리로 예배할 때가 오나니 곧 이 때라 아버지께서는 자기에게 이렇게 예배하는 자들을 찾으시느니라 [24]하나님은 영이시니 예배하는 자가 영과 진리로 예배할지니라 [25]여자가 이르되 메시야 곧 그리스도라 하는 이가 오실 줄을 내가 아노니 그가 오시면 모든 것을 우리에게 알려 주시리이다 [26]예수께서 이르시되 네게 말하는 내가 그라 하시니라.

본문에는 선하신 그리스도께서 갈릴리로 가시는 길에 사마리아를 지나실 때 그곳에서 행하신 일이 기록되어 있다. 사마리아인들은 혈통과 신앙 면에서 혼혈 유대인들로서, 앗수르 왕이 열 지파를 사로잡아 간 뒤에 그곳에 이주하여 살게 한 자들의 후손이었다. 끌려가지 않은 그 땅의 가난한 자들과 훗날 여러 다른 유대인들이 그들과 섞여 살게 되었다. 그들은 오직 이스라엘의 하나님만 섬겼고, 예루살렘 성전에 대립하여 그리심 산에 성전을 세웠다. 그들과 유대인들 사이에는 심한 적대감이 있었다. 사마리아인들은 그리스도께서 예루살렘으로 가실 때 그를 받아들이지 않았고(눅 9:53), 유대인들은 그리스도에게 그는 사마리아인이다 하는 말보다 더 심한 말을 할 수 없다고 생각했다. 유대인들이 번영을 누릴 때 사마리아인들은 자신들이 그들의 친족임을 주장했으나(스 4:2), 유대인들이 곤경에 처해 있을 때는 정복자들처럼 군림했다. 참조. 요세푸스, 「유대 고대사」, 11. 340-341; 12.257. 여기서 확인할 수 있는 내용은,

I. **그리스도께서 사마리아로 들어가심.** 그리스도께서는 제자들에게 사마리아인의 고을에 들어가지 말라고 당부하셨다(마 10:5). 그곳에 가서 복음을 전하거나 기적을 행하지 말라는 뜻이다. 주께서도 이곳에서 공식적으로 전도를 하시거나 기적을 행하신 일이 없다. 주님의 눈은 오직 이스라엘 집의 잃어버린 양들에게 향해 있었다. 그렇다면 주께서 본문에서 사마리아인들에게 보이신 친절은 얼마나 우발적인 것인가. 그것은 주인의 상에서 떨어지는 자녀들의 떡 부스러기일 뿐이었다.

1. 주님께서 유대에서 갈릴리로 가시기 위해 취하신 길은 사마리아 지방을 통과하게끔 되어 있었다(4절): 사마리아를 통과하여야 하겠는지라. 요단 강 동편으로 크게 돌아가는 길을 제외하고는 다른 길이 없었다. 오늘날도 악인들과 이교도들이 하나님의 이스라엘과 섞여 살고 있기 때문에, 우리가 세상 밖으로 나가지 않을 바에는 그런 무리를 뚫고 지나갈 수밖에 없다(고전 5:10). 그러므로 오른손과 왼손에 무기와 방패를 듦으로써 그들을 도발하지도 않고 그들에 의해 오염되지도 말아야 한다. 유혹의 장소로 들어가서는 안 되지만, 필요할 때는 들어가야 한다. 하지만 들어가서 그곳에 자리를 잡을 생각을 말고 신속히 그곳을 지나가야 한다. 어떤 사람들은 그리스도께서 사마리아에서 선행을 하셔야 했기 때문에 그곳을 통과하셔야 했다고 생각한다. 주님께서는 가련한 여인을 회심시켜 잃어버린 양을 찾아 구원하셔야 했다. 그 일을 마음에 두셨으므로 그 길을 지나셔야 했다. 사마리아로서는 그리스도께서 지나가시는 길에 놓여 있었다는 것이 여간 큰 복이 아니었다. 그 덕분에 주님의 부르심을 받을 수 있었던 것이다. 내가 네 곁으로 지나갈 때에 네가 피투성이가 되어 발짓하는 것을 보고 네게 이르기를 너는 피투성이라도 살아 있으라(겔 16:6).

2. 그리스도께서 쉬시려고 머무신 곳은 사마리아의 성읍이었다. 여기서 관찰할 점은,

(1) 그 성읍은 수가라고 하는 곳이었다. 아마도 구약성경에 자주 등장하는 시켐 혹은 세겜과 동일 지역이었던 듯하다. 지명이란 세월의 풍화작용에 의해 그렇게 변형되기 마련이다. 세겜은 외형상으로나마 이스라엘 교회에 들어오게 된 첫 개종자들을 배출한 성읍인데(창 34:24), 이제 복음이 이스라엘의 경계를 넘어 처음으로 전파된 곳이 되었다(라이트푸트 박사의 견해). 가련한 이방인들에게 소망의 문이 될 아골 골짜기가 이 성읍 근처에 있었다(참조. 호 2:15). 아비멜렉이 이곳에서 왕이 되었으며, 또한 이곳은 여로보암의 도읍지이기도 했다. 그러나 복음서 기자는 이 성읍의 유구한 역사를 소개하면서 야곱과 관계되었던 점을 지적하는데, 과연 그 점이 이곳에서 왕들이 배출되었던 사실보다 더 명예롭다. [1] 이곳에는 야곱이 그의 아들 요셉에게 주어 훗날 그의 유골이 묻히게 된 땅이 있었다(창 48:22; 수 24:32). 아마도 그리스도께서는 야곱이 요셉에게 준 이곳에서 고단한 몸을 쉬시면서 족장들이 믿음으로 얻은 선한 증언에 관해 묵상하실 생각이 있으셨던 듯하다. 제롬이 가나안 땅에서 살기로 작정한

것은 그 땅을 둘러보면서 성경의 역사를 좀 더 가까이 두고 지내고 싶었기 때문이다. [2] 이곳에는 야곱이 가족을 위해 직접 팠거나 적어도 사용한 우물이 있었다. 구약성경에는 이 우물에 관한 언급이 없지만, 전승에 따르면 그곳이 야곱의 우물이었다고 한다.

(2) 우리 주 예수께서 이곳에서 취하신 자세: 길 가시다가 피곤하여 우물 곁에 그대로 앉으시니. 여기서 우리 주 예수님에 관하여 좀 더 생각하게 된다.

[1] 주님은 보통 나그네들과 다름없이 피곤을 느끼셨다. 여행으로 인해 지치셨다. 때가 여섯 시[정오]여서 아직 하룻길의 절반밖에 가지 않으셨는데도 피곤하셨다. 혹은 햇볕이 뜨겁게 내리쬐는 정오였기 때문에 피곤하셨을 수도 있다. 여기서 우리가 보게 되는 것은, 첫째로, 주님께서 참 사람이셔서 여느 인간들과 마찬가지로 연약함을 지니셨다. 노동의 수고는 죄와 더불어 왔으며(창 3:19), 그러므로 그리스도께서는 친히 우리를 위해 저주가 되기 위하여 오셨으므로 그 수고를 회피하지 않으셨다. 둘째로, 주님께서는 가난한 사람이셨다. 재정이 넉넉하셨다면 말이나 마차를 타고 여행하셨을 것이다. 우리를 위하여 낮아지시고 고생을 감수하시려고 먼길도 내내 걸어다니셨다. 또 내가 보았노니 종들은 말을 타고 고관들은 종들처럼 땅에 걸어다니는도다(전 10:7). 우리가 편안하게 다니고 있다면, 우리 주님이 피곤하여 길가에 앉으셨던 일을 생각하자. 셋째로, 주님께서는 건장한 분이 아니라 약한 분이셨던 듯하다. 주님께서 피곤하여 더 이상 가지 못하시고 길에 앉으셨는데, 제자들은 성읍에 들어갔던 것으로 미루어 지치지 않은 듯하다. 인격과 사상이 훌륭한 사람들은 대체로 몸이 약하여 피곤을 잘 느낀다.

[2] 주님께서는 여느 나그네들과 다름없는 방식으로 쉬셨다: 길 가시다가 피곤하여 우물 곁에 그대로 앉으시니. 첫째로, 주님께서는 우물 곁에 앉으셨다. 우물 곁은 차갑고 딱딱하여 안락한 곳이 못된다. 몸을 누이실 소파도, 기대실 의자도 없이 그냥 앉아 쉬셨다. 주님께서 취하신 태도는 우리에게 편하고 안락한 것을 찾을 게 아니라 소박하고 검소한 것으로 만족할 것을 가르친다. 둘째로, 주님께서는 그런 장소에 불편한 자세로 앉으셨다: 그대로 앉으시니. 그대로라는 말은 아무렇게나(carelessly)라는 뜻이다. 사람들이 여행길에 몹시 지쳤을 때 털썩 주저앉는 그런 태도로 앉으신 것이다.

Ⅱ. 주님께서 사마리아 여인과 나누신 대화는 성경에 길게 기록된 반면에, 유

년 시절에 성전에서 박사들과 나누신 대화나 산에서 모세와 엘리야와 나누신 대화는 침묵에 묻혀 있다. 사마리아 여인과 나누신 대화는 크게 네 부분으로 압축할 수 있다.

1. 주님은 사마리아 여인과 물에 관하여 대화를 나누셨다(7-15절).

(1) 대화의 주제가 구체적인 상황에서 나왔다.

[1] 사마리아 여인이 물을 길으러 왔다. 이 말에서 여인이 가난했음을 짐작하게 된다. 물을 길어다 줄 하인이 없었던 것이다. 또한 부지런한 여인이었음도 짐작할 수 있다. 여기서 살펴볼 점은, 첫째로, 하나님께서는 우리가 겸손하고 근면하게 사는 것을 인정해 주신다. 그리스도께서 태어나셨을 때 밤중에 양들을 지키고 있던 목자들에게 그 사실이 전해졌다. 둘째로, 하나님께서는 우리 눈에 우연하게 보이는 사건들을 통해서 섭리로써 영광스러운 목적을 이루어 가신다. 여인이 우물 곁에서 그리스도를 만난 일은 리브가와 라헬, 이드로의 딸의 이야기들을 생각나게 한다. 그 여인들 모두가 물 길으러 우물 곁에 갔다가 이삭과 야곱, 모세 같은 훌륭한 남편을 만났다. 셋째로, 죄의 길을 가로막으시는 하나님의 은혜가 때로는 사람들을 예기치 못한 회심과 구원의 길로 인도한다. 하나님께서는 구하지 않은 사람들을 만나주시는 분이시다.

[2] 주님의 제자들은 먹을 것을 사러 그 동네에 들어갔다. 여기서 배우게 되는 교훈은, 첫째로, 공의와 정직. 그리스도께서는 바울 사도와 마찬가지로 친히 값을 치르고 구입하신 음식을 드셨다(참조. 살후 3:8). 둘째로, 날마다 하나님의 섭리를 의지하여 사셨다: 그러므로 내일 일을 위하여 염려하지 말라(마 6:34). 그리스도께서는 식사하시러 성읍으로 들어가시지 않고 제자들을 보내 음식을 사오도록 하셨는데, 그렇게 하신 이유는 사마리아 성읍에서 식사하시는 것을 꺼리셨기 때문이 아니라, 1. 제자들이 음식을 마련해 오는 동안 그 우물 곁에서 하실 선한 일이 있었기 때문이다. 빈 시간을 선한 일로 채워서 촌각조차 낭비하지 않는 것이 지혜이다. 베드로는 저녁 식사가 준비되고 있는 동안 환상을 보았다(행 10:10). 2. 직접 가셔서 식사를 하시는 것보다 가지고 오게 하여 드시는 것이 더 한적하고 비용도 적게 들었다. 아마도 재정이 넉넉하지 않으셨을 듯하며, 그런 상황에서 우리에게 수중에 있는 것으로 아껴 쓰도록 가르치려는 뜻도 있었을 것이다. 적어도 분수를 지키지 못하고 규모 없이 살지 말도록 가르치려 하셨다. 그리스도께서는 성읍에 들어가 최고급 숙소에서 좋은 만찬을

드실 수도 있었으나 그렇게 하지 않으셨다. 우리도 우리를 두신 환경으로 자족하자. 주께서는 오히려 우물 곁에 앉아 쉬심으로써 여인과 더불어 영적인 문제들에 관해 말씀해주실 기회를 얻으셨다. 주께서는 말씀을 들으러 모여드는 허다한 무리를 향해 자주 설교하셨지만, 여기서는 자신을 낮추사 한 사람, 여성, 그것도 가난한 여인이자 이방인인 사마리아인을 가르치셨고, 그로써 당신의 사역자들에게도 단 한 영혼이라도 죽음에서 구원하는 것이 얼마나 영광스러운 업적인지 알아 그렇게 하라고 가르치셨다.

(2) 주님께서 여인에게 하신 말씀을 구체적으로 살펴보자.

[1] 예수께서는 마실 물 좀 달라고 겸손히 요청하심으로써 대화를 시작하신다. 우리를 위하여 가난하게 되신 주님께서 여기서는 마실 물도 없고 우물을 팔 힘도 없어서 구걸조차 부끄러워하지 않는 걸인 중 한 사람이 되셨다. 그리스도께서 그렇게 하신 데에는 갈증이 심하셨던 점도 있으나, 여인과 대화를 나눌 기회를 얻기를 바라신 점도 있었다. 이러한 주님의 심정 역시 사역자들에게 기회가 생기면 지극히 작은 자에게라도 기꺼이 신세를 지도록 가르쳐 준다. 그리스도께서는 여전히 당신의 가난한 지체들 안에서 도움을 요청하고 계시며, 본문의 경우처럼 그들에게 냉수 한 대접이라도 주는 자들은 결코 상을 잃지 않을 것이다.

[2] 여인은 물 좀 달라는 요청을 거부하지 않았으나, 주님께서 유대인이시라는 이유만으로 논쟁을 걸었다(9절): 당신은 유대인으로서 어찌하여 사마리아 여자인 나에게 물을 달라 하나이까. 여기서 관찰할 점은, **첫째로**, 유대인들과 사마리아인들 사이에는 심각한 반목이 있었다는 점이다: 이는 유대인이 사마리아인과 상종하지 아니함이러라. 사마리아인들은 유다의 대적들로서(스 4:1), 기회가 생길 때마다 유대인들을 괴롭혔다. 유대인들은 사마리아인들을 극단적으로 혐오했고, "그들이 부활에 참여할 몫이 없다고 여겼으며, 하나님의 거룩한 이름과 영광스러운 십계명으로 출교와 저주를 받고, 땅의 법정과 하늘의 법정에서 사형을 언도받은 것으로 간주했다. 이스라엘 백성은 사마리아인과 어떤 음식도 같이 먹어서도 안 되며, 만일 그들과 음식을 먹으면 그것은 돼지고기를 먹는 것과 같다고 가르쳤다"(라이트푸트, *Rabbi Tanchum*). 주의: 모든 분쟁들 가운데 종교 분쟁이 가장 무자비하고 화해하기 어렵다. 사람들은 원래 서로 교제를 나누며 살도록 지음을 받았으나, 만일 사람들이 누구는 이 성전에서, 누구는 저

성전에서 예배를 드린다는 이유로 인간으로서 지켜야 할 본분과 관용과 예절을 무시한다면 까다롭고 잔인하고 냉소적이고 가혹하게 행동하되 신앙 열정을 내세워 그렇게 한다. 하지만 그들의 신앙이 아무리 참된 것일지라도 그들의 행동은 신앙적이지 못하다. 겉으로 볼 때는 신앙 원칙을 지키는 것 같아도, 실은 그것을 파괴하는 것이다. 둘째로, 여인은 그리스도 앞에서 유대 민족의 오만함과 매정함을 힐난했다: 당신은 유대인으로서 어찌하여 사마리아 여자인 나에게 물을 달라 하나이까. 여인은 그리스도의 옷차림이나 말투를 보니 틀림없는 유대인인데, 다른 유대인들처럼 사마리아인인 자신을 무시하고 냉대하지 않으시는 것을 이상하게 생각했다. 주의: 어느 진영이든 여호수아와 그의 동료들처럼(슥 3:8) 온건한 사람들은 이상한 사람 취급을 받게 되어 있다. 여인은 예수님을 보고서 두 가지를 이상하게 여겼다. 1. 예수께서 이와 같이 친절하게 물을 달라고 청하신 것. 유대인들은 워낙 자부심이 강해서 사마리아인에게 신세를 지느니 차라리 곤란과 어려움을 참았기 때문이다. 이런 점에서도 그리스도께서 유대인으로 태어나신 것은 낮아지심에 속하는 일이다. 당시 유대 민족은 로마의 속국이 되어 가련한 상태에 떨어져 있었을 뿐 아니라, 국제 사회에서도 평판이 좋지 못했던 것이다. 빌라도가 내가 유대인이냐고 한 말에 얼마나 심한 조소가 담겨 있었던가! 그는 그 말로써 유대 민족을 존중은커녕 경멸하고 있음을 드러낸 것이다. 그러나 우리 주님께서 보여주신 행동은 온통 부패한 물결 속에서도 어떻게 거슬러 헤엄쳐 가는 것인지 보여주는 좋은 예가 된다. 우리도 아무리 우리가 속한 민족과 집단의 비판과 조소를 당하더라도 우리 주님처럼 선량함과 인자함을 견지해야 한다. 사마리아 여인은 예수께서 다른 유대인들과 똑같은 사람이겠거니 예상했다. 하지만 어떤 사회가 아무리 동일한 잘못에 빠져 있을지라도 개인을 그런 선입관을 가지고 비판하는 것을 정당하지 못하다. 예외 없는 법이란 없는 것이다. 2. 여인은 예수께서 사마리아인인 자신에게 이러한 친절 받기를 기대하시는 것을 놀라워했다: "당신네 유대인들은 우리를 거들떠보지도 않는데, 우리라고 어찌 당신에게 그런 청을 들어줄 수 있겠소?" 분쟁은 이런 식으로 보복과 응징의 끝없는 악순환으로 크게 번져간다.

[3] 그리스도께서는 이 기회를 여인에게 신적인 일들을 가르칠 기회로 선용하신다: 네가 만일 하나님의 선물과 또 네게 물 좀 달라 하는 이가 누구인 줄 알았더라면 네가 그에게 구하였을 것이요(10절). 여기서 관찰할 점은,

첫째로, 여인이 유대인들과 사마리아인들 간의 반목을 끄집어냈을 때, 그리스도께서는 대응하지 않으셨다. 어떤 차이와 반목은 그것을 가볍게 여기고 일절 쟁점으로 삼지 않음으로써 쉽게 해결되기도 한다. 그리스도께서는 여인을 회심하도록 만드시되, 사마리아인들이 바른 신앙에서 이탈했음을 입증하는 방법이 아니라(비록 그것이 사실이었을지라도), 여인 자신의 무지와 부도덕함을 드러내고 그녀에게 구주가 필요함을 깨닫게 하시는 방법으로 그 일을 이루신다.

둘째로, 그리스도께서는 여인의 마음에 자신이 큰 은혜를 받을 기회를 얻었다는 각성으로 가득 채워주신다. 여인은 유대인들이 시대의 징조를 구별하기 위해 지니고 있던 표준들을 갖고 있지 않았으므로, 그리스도께서는 그녀에게 이제 은혜 받을 때가 왔다고 분명히 말씀해 주신다. 그 날이 여인에게 큰 복이 임한 날이었다.

a. 그리스도께서는 여인이 마땅히 알아야 하는데 알지 못하고 있는 사실을 넌지시 일러주신다: 네가 만일 하나님의 선물과 또 네게 물 좀 달라 하는 이가 누구인 줄 알았더라면. "내가 누구인지 네가 알았다면"이라는 말씀이다. 여인은 예수께서 유대인으로서 가난하고 지친 나그네인 줄로만 알았다. 그러나 주님께서는 당신에 관하여 아직 겉으로 드러나지 않은 것을 알려주고자 하셨다. 주의: (a) 예수 그리스도는 하나님의 선물이요, 하나님께서 우리를 사랑하신다는 가장 풍성한 증표요, 우리에게 가장 좋은 보화이시다. 그리스도는 우리가 하나님께 요구할 수 있는 빚이 아니라 선물이시다. 또한 하나님께서 우리에게 갚으라고 요구하실 부채가 아니라 값없이 베푸신 선물이시다(참조. 3:16). (b) 하나님께서 우리에게 제안하시고 베풀어주신 이 선물을 받는 것은 말할 수 없이 큰 특권이다. 그러므로 그것을 받을 기회를 얻은 것도 큰 특권이다: "하나님의 선물인 자가 이제 네 앞에 서서 말을 하고 있다. 물을 좀 달라 말한 이가 그이다. 이 선물은 네게 구걸하는 식으로 네 앞에 제시된다." (c) 그리스도께서는 당신의 복음 안에서 그리고 복음으로써 우리 앞에 서시고 믿으라고 청하시지만, 많은 사람들은 주님을 알지 못한다. 그들은 복음 안에서 자신들 앞에 서서 물을 좀 달라고 말씀하시는 분이 누구인지 모른다. 그분이 자신들을 부르시는 주님이심을 깨닫지 못한다.

b. 그리스도께서는 여인이 당신을 알았더라면 당연히 취했을 행동을 기대하신다. 만일 알았더라면 그렇게 도전적이고 무례한 대답을 하지 않았을 것이

다. 오히려 얼마든지 그것을 구하셔도 됩니다 하고 말씀드렸을 것이다. 주의: (a) 그리스도로부터 무엇을 받고자 하는 자는 반드시 하나님께 간절히 구해야 한다. (b) 그리스도에 관한 바른 지식을 지닌 사람들은 그리스도를 구하게 되어 있다. 만일 구하지 않는다면 그것은 주님을 모른다는 증거이다(시 9:10). (c) 그리스도께서는 지식의 수단이 없는 사람들이 만일 그것을 갖게 될 경우 어떻게 하게 되는지 잘 아신다(참고. 마 11:21).

c. 그리스도께서는 만일 여인이 자신에게 구했다면 해주셨을 일을 분명하게 말씀하신다: "그가 (네가 내게 했던 것처럼 꾸짖지 않고) 생수를 네게 주었으리라." 생수란 성령을 가리킨다. 성령께서는 예수께서 여인에게 구하셨던 것과 같이 우물 바닥에 고인 물과 같은 분이 아니시고, 훨씬 더 귀한 생수 곧 흐르는 물이시다. 주해: (a) 은혜의 성령께서는 생수와 같으시다(참조. 7:38). 구약성경에는 이 비유로써 메시야께서 가져오실 복을 예언했다(참조. 사 12:3; 35:7; 44:3; 55:1; 슥 14:8). 성령께서 주시는 은혜와 위로는 자신의 본질과 필요를 아는 영혼의 갈증을 해소해 준다. (b) 예수 그리스도는 구하는 자들에게 성령을 주실 수 있고 또한 주실 것이다.

[4] 여인은 그리스도께서 넌지시 일러주시는 은혜의 말씀을 반대하고 트집 잡는다(11, 12절): 물 길을 그릇도 없고 이 우물은 깊은데 어디서 당신이 그 생수를 얻겠사옵나이까 … 당신이 야곱보다 더 크니이까. 주님께서 비유로 하신 말씀을 여인은 문자적으로 받아들였다. 니고데모도 그랬다. 감각을 통해 알 수 있는 것들만 인정하는 자들에게는 영적인 일들이 대단히 혼동스럽기 마련이다. 여인은 그리스도를 주님 혹은 선생님이라 부름으로써 다소간에 존경을 표시하였지만, 해주신 말씀은 전혀 존경하지 않고 오히려 농담거리로 삼았다.

첫째로, 여인은 그리스도께서 자기에게 물을 주실 수 있다고 생각하지 않았고, 곁에 있던 우물에서 물을 길어주실 수 있다고는 더욱이 생각하지 않았다: 물 길을 그릇도 없고 이 우물은 깊은데 어디서 당신이 그 생수를 얻겠사옵나이까. 그리스도의 능력을 모르기 때문에 이런 말을 한 것이다. 수증기가 지면으로부터 증발하여 구름을 이루게 하시는 분께는 물 길을 그릇이 필요 없다. 그러나 자신들이 확인할 수 있는 정도만큼만 그리스도를 신뢰하려고 하는 사람들이 있다. 그들은 일을 성취할 방법이 눈앞에 있지 않으면 주님의 약속을 믿으려 하지 않는다. 이는 마치 주님께서 우리의 방법에 매여 계시며, 우리의 두레박이 아니고는 물을 길으실 수 없다고 생각하는 것과 같다. 여인은 냉소적으로 묻는다. "어디서 당신이 그 생수를 얻겠사옵나이까? 어디에서도 생수를 얻으실 것 같지 않군요." 주해: 그리스도께서 당신에게 나오는 자들을 위해 예비하신 생수의 샘은 은밀하여서 발견되지 않는다. 생명 샘은 그리스도와 함께 감춰져 있다. 비록 우리 눈에는 보이지 않지만, 그리스도께서는 우리에게 주실 것을 넉넉하게 갖고 계시다.

둘째로, 여인은 그리스도께서 자기에게 곁에 있는 우물물보다 더 좋은 물을 주실 수 있다고 생각하지 않았다: 우리 조상 야곱이 이 우물을 우리에게 주셨고 또 여기서 자기와 자기 아들들과 짐승이 다 마셨는데 당신이 야곱보다 크니이까.

a. 우리는 야곱이 자신과 자기 자녀들과 가축과 함께 이 우물물을 마셨다고 하는 전승을 사실로 추정한다. 그것이 사실일 경우 이 전승에서 관찰할 수 있는 것은, (a) 몸의 혈액같이 강물을 끊임없이 순환케 하시어 수원(水源)이 대대로 끊이지 않도록 해주신 하나님의 능력과 섭리(참조. 전 1:7). 물의 순환은 심장의 수축 팽창 운동과 같은 바다의 밀물과 썰물에 주로 영향을 받는 듯하다. (b) 족장 야곱의 소박한 생활. 그의 음료는 물이었고, 그와 그의 자녀들이 가축과 더불어 같은 물을 마셨다.

b. 하지만 그 전승을 사실로 인정할지라도 여인은 여러 가지 점에서 오류를 범했다. (a) 여인은 야곱을 자기들의 조상이라고 불렀다. 사마리아인들이 무슨 권리로 자신들을 야곱의 후손으로 간주할 수 있는가? 그들은 앗수르 왕이 사마리아의 성읍들에 강제 이주시킨 잡족의 후손이었다. 그러한 그들이 야곱과 무슨 상관이 있는가? 그들은 이스라엘 백성의 권리를 침해한 자들이요 이스라엘의 땅을 부당하게 차지해온 자들인데, 그러한 그들이 이스라엘의 혈통과 명예의 계승자들이었는가? 얼마나 부조리한 주장인가! (b) 여인이 이 우물을 야곱의 선물이라고 말한 것은 잘못이다. 야곱이 이것을 선물로 주지 않은 것은 모세가 만나를 선물로 내리지 않은 것과 같은 이치이다(참조. 6:32). 하지만 우리는 여인처럼 하나님의 은혜를 전달하는 대리자들을 시혜자들로 생각하고, 따라서 은혜를 내신 손을 잊고 그것을 전달하는 손을 크게 여기는 경향이 있다. 야곱은 그 우물을 그들에게 주지 않고 자기 아들들에게 주었다. 그런데도 교회의 원수들은 교회가 받은 특권들을 가로챌 뿐 아니라 독점한다. (c) 여인은 그리스도를 우리 조상 야곱과 감히 비교할 수 없다고 말한 점에서 오류에 빠졌다.

우리 시대에도 유구한 역사를 지나치게 자랑하면 하나님의 은혜를 경시하게 된다.

[5] 그리스도께서는 여인의 트집 잡기에 답변하시면서, 당신이 주시려 하는 생수가 야곱의 우물물보다 훨씬 좋다고 말씀하신다(13, 14절). 여인은 비뚤어진 마음으로 말했을지라도, 그리스도께서는 그녀를 내치지 않으시고 참고 가르치시며 격려하신다.

첫째로, 야곱의 우물물은 잠시 갈증을 해소해줄 뿐이다: "이 물을 마시는 자마다 다시 목마르려니와. 이 물은 다른 물보다 나을 게 없다. 현재의 갈증은 해소해주겠지만, 몇 시간만 지나면 예전과 똑같이 물을 절실히 필요로 하게 될 것이다." 이 말씀이 암시하는 바는 이와 같다. 1. 우리의 육체가 현재 상태에 지니는 연약한 점들. 육체는 항상 물을 필요로 하고 갈망한다. 생명은 땔감과 기름을 끊임없이 공급하지 않으면 얼마 못가 꺼져버리는 불과 등불이다. 불 자체에서 발산되는 열기가 자체를 사른다. 2. 이 세상에서 얻는 모든 위로의 불완전함. 세상이 주는 위로는 오래가지 못하며, 그것에서 얻는 만족도 곧 시들어버린다. 어떤 물을 마시든 잠시 만족을 줄 뿐, 다시 목마르게 된다. 어제까지 섭취한 음식과 음료가 오늘은 아무 소용이 없다.

둘째로, 그리스도께서 주려고 하시는 생수는 영원한 만족과 복을 끼친다(14절). 그리스도께서 주시는 선물들은 이 세상의 것들과 비교할 때 그 가치가 제대로 드러난다. 은혜의 성령과 영원한 복음의 위로를 받은 사람은,

a. 다시는 목마르지 않는다. 목마르지 않기에 다시 영혼의 목마름을 채워줄 어떤 것을 원하지 않는다. 사모하는 일은 있어도 탈진하는 일은 없다. 사모하는 대상은 오직 하나님뿐이다. 하나님에 대한 사모는 갈수록 깊어지되, 절망 속에서 허덕이는 갈증은 다시는 없다.

b. 그러므로 다시는 목마르지 않는다. 왜냐하면 그리스도께서 주시는 물은 그 속에서 영생하도록 솟아나는 샘물이기 때문이다. 그 사람은 다시는 스스로 공급과 만족의 샘을 확보해야 하는 절망적인 처지에 떨어지지 않는다. (a) 그 샘물은 항상 준비되어 있다. 그의 속에서 흐르기 때문이다. 그의 속에 심겨진 은혜의 원리가 그에게 위로의 샘물이다(참조. 7:38). 선한 그리스도인은 밖에서 만족을 찾지 않는다. 그리스도께서 그의 마음에 계시기 때문이다. 그의 마음에 기름 부음이 거하시기 때문에 위로를 찾으려고 세상을 기웃거리지 않는다. 성령께

서 마음에 행하시는 일과 증언이 견고한 소망의 터와 넘쳐흐르는 기쁨의 샘을 제공한다. (b) 그 샘물은 언제까지나 마르지 않는다. 그의 속에서 항상 솟아나기 때문이다. 지금 당장 물을 한 두레박 길었다면 그 물이 남아 있는 동안에는 목마르지 않겠지만 그 물은 곧 고갈된다. 그러나 신자들은 속에 항상 솟아나 넘쳐흐르는 샘물이 있다. 이 샘물은 그리스도께서 세우신 종교가 그 능력 아래 인도함을 받는 사람들의 영혼을 구성하는 원리들과 정서 및 성향이다. [a] 이 샘물은 항상 솟아나는데, 이것은 은혜가 강하고 왕성하게 작용하는 것을 가리킨다. 만일 선한 진리가 마치 물이 고여 있듯 우리 영혼에 정체되어 있으면 그것을 받은 목적에 부응하지 못하는 것이다. 우리 마음에 좋은 보화가 있다면 그것을 가지고 좋은 결과를 내놓아야 한다. [b] 그것은 영생하도록 솟아나는 샘물이다. 이 말씀이 암시하는 바는, **첫째로**, 주님께서 우리에게 은혜를 주시는 목적. 거룩함을 입은 이후로 눈을 하늘에 두고 오직 하늘을 위해 사는 사람은 이 샘물로 만족하고 부족함을 느끼지 못할 것이다. 영적 생명은 영생 안에서 완전하게 될 날까지 항상 솟아날 것이다. **둘째로**, 은혜의 항존성. 이 샘물은 완전에 이르는 순간까지 끊임없이 솟아날 것이다. **셋째로**, 가장 중요한 것으로, 마침내 얻을 영생. 생명수는 하늘로부터 솟아나기 때문에 하늘을 향하여 흐른다(참조. 전 1:7). 그렇다면 이 샘물은 과연 야곱의 우물보다 더 낫지 않은가?

[6] 여인은 (농담인지 진심인지 알 수 없으나) 이 물을 자기에게도 달라고 부탁한다(15절): 그런 물을 내게 주사 목마르지도 않고 또 여기 물 길으러 오지도 않게 하옵소서. **첫째로**, 어떤 사람들은 여인이 조롱조로 이 말을 함으로써 그리스도의 말씀을 허황된 말로 만들었다고 생각한다. 그런 물을 주시기를 갈망한 게 아니라, 줄 수 있으면 한번 줘보시라고 도전했다는 뜻이다: "그거 희귀한 발명이군요. 그렇게만 된다면 여기까지 물 길으러 와야 하는 큰 고생을 면하게 되겠군요." 그러나 **둘째로**, 다른 사람들은 여인의 말이 선한 의도에서 나오긴 했으나 약하고 무지한 소원이었다고 생각한다. 여인은 주님께서 매우 선하고 유익한 것을 의도하셨다고 이해했고, 따라서 용기를 내어 아멘 하고 말했다. "그것이 무엇이든 저로 가지게 하옵소서. 누가 나 같은 자에게 선을 베풀겠습니까?" 라는 뜻이다. 일에 허덕이는 가난한 사람들에게는 일이 쉽게 되거나 줄어드는 것이 여간 고마운 일이 아니다. 주의: 1. 약하고 무지한 사람들도 그리스도와 그분의 선물을 바라는 약하고 흔들리는 갈망과, 은혜와 영광을 바라는 소원을 품을 수

있다. 2. 현세적인 마음은 아무리 좋은 소원을 품는다 할지라도 현세적인 목적 이상의 것을 바라보지 못한다. 여인은 이렇게 말했다. "내게 그것을 주십시오. 영생을 얻으려고 그런 것이 아니라, 다시는 여기까지 와서 물을 긷지 않아도 되니까 그런 것입니다."

2. 그리스도께서 여인과 나누신 대화의 다음 주제는 그녀의 남편에 관한 것이었다(16-18절). 그리스도께서 화제를 바꾸신 것은 많은 사람들처럼 진지한 대화 도중에 무례하게도 불쑥 다른 화제로 넘어가신 것이 아니라, 오히려 생수에 관한 말씀이 흐지부지되지 않도록 하시고, 그로써 은혜를 끼치시려는 것이었다. 주께서는 당신이 베푸시려는 은혜와 영생에 대해서 여인이 별로 반응을 보이지 않는 것을 보셨다. 그리고 그 원인이 자기 죄를 깨닫지 못하고 있기 때문임을 아셨다. 그래서 생수에 관한 대화를 그만두고 여인의 양심을 일깨워 죄책감의 문을 여셨다. 그렇게 하면 여인이 은혜에 힘입어 치유책을 쉽게 발견할 것이었다. 이것이 영혼들을 다루는 방법이다. 먼저 그들이 죄의 짐에 무겁게 눌려 지치게 만든 다음, 안식을 얻기 위해 그리스도께 나아가게 해야 한다. 먼저 양심의 가책을 느끼게 한 다음 그것을 고쳐주어야 한다. 이것이 영적 의술의 과정이다. 이런 순서로 진행하지 않으면 영혼을 구원할 수 없다.

관찰할 점: (1) 그리스도께서 얼마나 사려 깊고 친절하게 말씀을 꺼내셨는가? 가서 네 남편을 불러 오라(16절). [1] 그리스도께서 여인에게 하신 명령은 모양새가 매우 좋다. "가서 네 남편을 불러 오라. 네 남편이 너를 가르쳐 네가 모르는 이런 내용들을 깨닫도록 도와줄 것이다." 아내들이 무엇을 배우려고 하면 지식을 따라 자신들과 동거하는 남편들(벧전 3:7)에게 물어야 한다(고전 14:35). "가서 네 남편을 불러 오라. 남편도 너와 함께 배울 수 있게 하라. 그리하면 두 사람이 생명의 은혜를 함께 유업으로 받게 될 것이다. 가서 네 남편을 불러 오라. 그리하여 네 남편이 우리 사이에 오간 대화의 증인이 되도록 하라." 이로써 그리스도께서는 모든 사람들의 눈 앞에 정직하게 가르쳐 선한 증언을 배우도록 하시기를 바라신다. [2] 주님의 명령은 모양새가 좋은 것 못지않게 의도도 선하다. 그렇게 하여 여인으로 자기 죄를 기억할 기회를 갖게 하시려는 것이다. 책망을 할 때는 지혜와 기교가 필요하다. 드고아의 여인처럼 에둘러 말하는 지혜가 필요하다(참조. 삼하 14:20).

(2) 여인이 죄를 감추기 위해 얼마나 노력했으며, 하지만 무의식중에 자신

의 죄를 드러냈는가? 여인은 나는 남편이 없나이다 하고 말했다. 남편을 데려올 뜻이 없을 뿐 아니라 아예 그 문제를 거론할 마음이 없다는 뜻이다. 남편을 데려오면 사실이 다 밝혀져 수치가 드러날 것이므로, 그런 상황에 들어가지 않기 위하여 남편을 데려오려 하지 않은 것이다. 그러므로 "다른 이야기로 넘어가시지요. 나는 남편이 없습니다" 하고 말한 것이다. 미혼 여성이거나 과부인 척한 것인데, 실제로 남편이 없었으나 미혼 여성도 과부도 아니었다. 현세적인 마음은 죄를 가리고 회피하는 데 매우 기민하다.

(3) 우리 주 예수께서 여인의 양심에 죄를 얼마나 적나라하게 드러나게 하시는가? 주께서는 본문에 기록된 것보다 더 많은 것을 말씀하셨을 가능성이 있다. 여인이 자기가 행한 모든 일을 주께서 말씀하셨다고 생각했기 때문이다(29절). 하지만 본문에는 여인의 남편들에 관하여 하신 말씀만 기록되었다. 여기서 보게 되는 것은, [1] 여인의 놀라운 과거: 너에게 남편 다섯이 있었고. 그리스도께서 책망하시려 한 것은 여인이 살아온 고통스러운 삶이 아니라 죄였다. 남편이 다섯이나 있게 된 것은 새 남자와 눈이 맞아 도주하기를 몇 번 하다보니 그렇게 되었을 수도 있고, 아니면 행실이 불결하고 정절을 지키지 못하여 번번이 이혼을 당했을 수도 있고, 아니면 율법을 거슬러가며 이런저런 수단으로 이혼을 감행했을 수도 있다. 이런 행위를 책망 한 번 들으면 끝나는 일로 가볍게 여기는 자들은 그리스도께서 그 모든 행위를 소상히 알고 계신 사실을 잊어서는 안 된다. [2] 현 상태에 대한 엄한 책망: 지금 있는 자도 네 남편이 아니니. 그 남자와 정식 혼인을 하지 않은 경우일 수도 있고, 남자에게 다른 아내가 있는 경우일 수도 있는데, 그보다 더 가능성이 큰 것은 전 남편 혹은 남편들이 여전히 살아 있는 경우이다. 간단히 말해서 평생을 간음 속에서 살아오고 있었던 것이다. 그런데도 그리스도께서 여인에게 얼마나 온유하게 말씀하시는가? 여인을 매춘부라 부르지 않으시고, 지금 있는 자도 네 남편이 아니니라고 말씀하신다. 그리고 나머지는 여인의 양심에 맡기신다. 주의: 책망은 반항심을 일으키지 않을수록 효과가 크다. [3] 주께서는 여인이 모호하게 회피하는 식으로 말한 것을 살려 죄를 지적하신다. 네가 남편이 없다 하는 말이 옳도다라고 하신 다음, 다시 네 말이 참되도다 하고 말씀하신다. 여인이 사실을 부정하려는 뜻에서 한 말을, 주께서는 호의적으로 해석하시거나 적어도 여인에게 되돌려주시면서 잘못을 자백하도록 이끄신다. 주의: 영혼을 얻으려고 하는 이들은 그들을 최대한 선대함

으로써 그들의 열린 마음에 복음을 전할 수 있도록 해야 한다. 성의 없이 함부로 대하면 복음에 대해서도 반감을 품게 된다.

3. 주께서 여인과 나누신 대화의 다음 주제는 예배 장소에 관한 것이다(19-24절).

(1) 여인이 예배 장소에 관하여 피력한 소견(19, 20절).

[1] 소견을 피력하기에 앞서 그리스도께 드린 말씀: 주여 내가 보니 선지자로소이다. 여인은 주께서 자신을 책망하신 말씀이 참됨을 부인하지 않고, 침묵함으로써 수긍한다. 게다가 많은 사람들은 아픈 데를 건드리면 발끈하기 마련인데, 주님의 책망을 유대인들이 대개 사마리아인들에 대해서 품고 있는 혐오감에서 나온 것으로 생각지 않고, (희귀하게도) 담담하게 책망을 듣는다. 그러나 그것이 전부가 아니다. 거기서 더 나아가, 첫째로, 주님께 존경을 표하면서 주여[선생님이여] 하고 부른다. 우리를 신실하게 대하는 분들을 우리도 이와 같은 태도로 대해야 한다. 이것은 그리스도께서 여인을 온유하게 책망하신 데서 나온 효과이다. 주께서는 여인에게 신랄한 표현을 쓰지 않으셨고, 여인도 주님께 경직된 표현을 쓰지 않았다. 둘째로, 여인은 주님을 선지자로, 즉 하늘로부터 말씀을 전해들은 분으로 인정한다. 주의: 그리스도의 말씀이 사람의 마음을 꿰뚫어보고 양심으로 은밀한 죄를 자각하게 했다는 것은 그 말씀에 신적 권위가 있다는 강력한 증거이다(고전 14:24, 25). 셋째로, 여인은 주님께 좀 더 배우고 싶어한다. 많은 사람들이 설혹 자신들을 책망하는 이들에게 화를 내거나 등지고 떠나지 않더라도 두려워하며 입을 다무는데 비해, 여인은 자신의 죄를 깨우쳐 주신 분에게 좀 더 배울 뜻을 표시한 것이다.

[2] 여인이 공적으로 예배를 드릴 장소에 관하여 드린 말씀. 어떤 이들은 화제를 자신의 죄에서 다른 데로 옮기려고 이 말을 꺼냈다고 생각한다. 종교 문제로 논쟁을 벌이게 되면 많은 경우 경건을 심각하게 해칠 정도로 큰 편견이 나타나기 쉬운데, 여인이 선한 동기로 이 주제를 꺼낸 듯하다. 여인은 자신이 하나님께 예배를 드려야 한다는 것을 알았고, 예배를 올바로 드리기를 원했다. 그러므로 이제 선지자를 만났으니 그에게 지도를 구하는 것이다. 주의: 하나님과 하나님께 관한 일들을 아는 지식을 얻기 위해서 모든 기회를 선용하는 것이 지혜이다. 남을 가르칠 만한 것을 지닌 이들과 함께 있을 때는 배우려는 마음을 품고 좋은 가르침을 기대하며 좋은 질문을 하도록 하자. 하나님께서 마땅히 예

배를 받으셔야 할 분이라는 점과, 예배가 대단히 중요한 문제라는 점은 유대인들과 사마리아인들 사이에 생각이 일치했다(우상을 섬길 정도로 어리석은 자들도 아무 신도 섬기지 않는 그런 야만인이 아니었다). 무릇 사람은 관심 없는 문제에 대해서는 논쟁도 하지 않는 법이다. 그런데 유대인들과 사마리아인들 사이의 견해 차이는 어디서 하나님께 예배를 드려야 하는가 하는 점에 있었다. 여인이 그 문제를 어떻게 제기하는지 살펴보자:

첫째로, 사마리아인들의 입장: 우리 조상들은 이 산에서 예배하였는데. 이 산이란 수가 성과 우물에서 멀지 않은 산으로서, 그곳에 일찍이 산발랏이 사마리아의 성전을 건축해 놓았다. 여인은 그 성전을 두둔하면서 다음과 같이 넌지시 주장한다. 1. 성전이 어디에 있든 그 장소는 거룩한데, 그리심 산, 즉 율법의 축복이 선포되었던 산이 그러하다. 어떤 이들은 이 산에서 아브라함(창 12:6, 7)과 야곱(창 33:18-20)이 제단을 쌓았다고 생각한다. 2. 이 샌그리심 샌은 그럴 만한 실효를 내세울 수 있다: 우리 조상들은 이 산에서 예배하였는데. 여인은 자신들이 나름대로 유구한 역사와 전통과 연속성을 갖고 있다고 생각했다. 많은 경우 우리 조상들이 대대로 이것을 견지해왔다는 논리를 앞세움으로써 대화가 무익하게 공전된다. 그러나 여인은 조상들에 대해 자랑할 게 없었다. 왜냐하면 안티오쿠스가 유대인들을 박해할 때 사마리아인들은 함께 박해에 휘둘리는 것이 두려워서 유대인들과의 관계를 철저히 부인했을 뿐 아니라, 자신들의 성전을 안티오쿠스에게 넘겨주면서, 그것을 유피테르 올림피우스에게 봉헌하여 그의 이름으로 칭하도록 요청했기 때문이다(참조. 요세푸스, 「유대 고대사」 12. 257-264).

둘째로, 유대인들의 입장: 당신들의 말은 예배할 곳이 예루살렘에 있다 하더이다. 사마리아인들은 모세오경으로 다스림을 받았고, (어떤 이들에 따르면) 모세오경만 정경으로 채택했다. 그런데 그들은 모세오경에 하나님께서 택하실 장소에 관한 언급은 많아도 구체적으로 언급된 지명은 발견하지 못했다. 게다가 예루살렘 성전이 과거의 찬란한 영광을 상당히 상실한 것을 보았기 때문에 자기들 마음대로 다른 장소에 성전을 지을 생각을 했던 것이다.

(2) 그리스도께서 여인에게 해주신 대답(21절). 그리스도께 무엇을 배우려고 하는 자들은 주께서 온유하시고, 온유한 사람들에게 당신의 길을 가르쳐 주신다는 것을 알아야 한다.

[1] 주께서는 예배 장소에 관해 여인이 제기한 질문을 가볍게 일축하신다(21절): "여자여, 나를 선지자로 믿거든 내 말을 믿으라. 너는 혹시 하늘의 계시나 어떤 현저한 섭리로 예루살렘이든 그리심 산이든 어느 한 장소로 결정이 될 날을 기대하고 있다. 그러나 내가 말하노니, 이것이 더 이상 문제가 되지 않을 날이 가까이 왔다. 그 날이 오면 너희가 그토록 중시하던 그 문제가 중요하지 않은 문제가 될 것이다." 주의: 논쟁에 휘말려 있을 때는 지금 우리 생각을 꽉 채운 채 소음을 발생시키는 것들이 조만간 사라지고 더 이상 쟁점이 되지 않게 된다는 생각으로 마음을 가라앉힐 필요가 있다. 우리가 다투고 있는 문제들은 곧 사라질 것이다: 이 산에서도 말고 예루살렘에서도 말고 너희가 아버지께 예배할 때가 이르리라. **첫째로,** 예배의 대상은 여전히 동일하다. 아버지이신 하나님께 예배를 드려야 한다. 이 점에서는 유대인들과 사마리아인들이 다르지 않았다. **둘째로,** 그러나 예배 장소에 관한 모든 견해 차이가 무색하게 될 날이 온다. 하나님께서 유대 민족을 통해서 펼쳐오신 경륜이 곧 마감되고 만방에 복음이 전파되도록 하실 텐데, 그 때가 되면 예배 장소의 문제가 일반적이고 보편적인 것이 되어서 사람들이 하나님께 예배를 드릴 때 이곳에서 드리든 저곳에서 드리든 전혀 상관이 없게 될 것이다. 예배가 특정 장소에 국한되지 않을 것이기 때문이다. 이곳도 아니고 저곳도 아니고 어느 곳이든 모든 곳에서라도 예배를 드릴 수 있게 될 것이다. 주의: 복음 아래 있는 오늘날은 율법 아래 있던 시대와 달리 예배 장소가 특정 지역에 한정되지 않고, 어디서든 사람이 하나님께 예배를 드리는 것이 하나님의 뜻이다(참조. 딤전 2:8; 말 1:11). 예배 장소는 단정하고 편리한 곳으로 정해야 한다는 것은 우리의 이성이 가르친다. 그리고 우리의 종교는 어느 장소를 다른 장소보다 거룩하고 하나님이 받으실 만한 곳으로 존중하지 않는다. 솔로몬 성전처럼 웅장하고 장엄하게 봉헌된 예배당에서 예배를 드려야 더 잘 드린 것처럼 생각한다면 그것은 오늘날은 하나님께서 그런 것을 전혀 중요하게 생각하지 않으신다는 사실을 망각한 것이다. 이제는 거룩함으로 그토록 유명했던 예루살렘도, 불경건으로 그토록 악명 높았던 그리심 산도 고정된 예배 장소가 아니다.

[2] 주께서는 신령한 예배의 문제에서 다른 점들을 **강조하신다.** 예배 장소가 중요하지 않게 될 때가 온다고 말씀하셨다고 해서 예배 자체에 대한 관심이 없어져도 된다는 뜻은 아니었다. 그러므로 그 점을 좀 더 소상하게 말씀하신다.

첫째로, 주께서는 당시의 시점에 관한 한 사마리아인들의 예배를 배척하시고 유대인들의 예배를 인정하신다(22절). 그 내용은 이와 같다. 1. 사마리아인들의 주장은 당연히 잘못되었다. 그것은 단지 그들이 적법한 예배 장소인 예루살렘을 놔두고 이 산에서 예배하는 것이 죄이기 때문이었을 뿐 아니라, 더 나아가 예루살렘에서 드리는 예배를 반대했기 때문이다. 만일 예배를 정당하게 드려왔다면 예루살렘과 담을 쌓아온 현실을 결코 묵인할 수 없었을 것이다. 너희는 알지 못하는 것을 예배하고. 그들은 참 하나님이신 이스라엘의 하나님을 예배했지만(스 4:2; 왕하 17:32), 깊은 무지 가운데 떨어져 열국의 신들처럼 하나님을 그 땅의 신 곧 지역 신으로 숭배했다(왕하 17:27, 33). 하나님은 지역 신이 아니라 온 세상을 다스리시는 주 하나님으로 알고 섬겨야 한다. 주해: 무지는 경건의 어머니가 아니라 말살자이다. 하나님을 무지한 상태로 예배하는 자들은 맹목적인 제사를 드리며, 그것은 어리석은 자들의 제사이다. 2. 유대인들이 바른 위치에 있었다. 그 이유는, (1) "우리는 아는 것을 예배하기 때문이다. 우리는 확고한 토대에 서서 예배를 드린다. 우리 백성들은 하나님께서 성경에 자신을 계시해 놓으신 하나님을 아는 지식으로 교육과 연단을 받는 것이다." 주의: 성경을 통해 하나님에 관해 (완전하지는 않지만 확실한) 지식을 배운 사람들은 하나님이 받으시는 예배를 드리는 동시에 자신들도 큰 은혜를 받을 수 있다. 예배의 대상을 알고 드리기 때문이다. 그리스도께서는 다른 곳에서 유대인들의 예배가 타락한 것을 정죄하시지만(마 15:9), 여기서는 그들의 예배 자체를 변호하신다. 예배란 순전하거나 온전하지 않을지라도 참될 수 있는 것이다. 여기서 주목할 점은, 우리 주께서 하나님을 예배하는 자들 가운데 당신을 포함시켜 말씀하시는 점이다: 우리는 아는 것을 예배하노니. 이렇게 주께서는 하나님의 아들이심에도 불구하고 낮아지셨을 때 순종함을 배우신 것이다. 아무리 위대한 자들일지라도 하나님을 예배하는 일을 사소하게 생각해서는 안 된다. 주께서는 하나님의 아들이신데도 그렇게 하지 않으셨다. (2) 구원은 유대인에게서 난다. 그러므로 그들은 예배의 대상이 누구신지, 무슨 근거로 예배를 드리는 것인지를 안다. 유대인이라고 해서 예외 없이 구원받았다는 것도 아니고, 이방인들과 사마리아인들은 구원받을 가능성이 아예 없었다는 것도 아니다. 이는 하나님께서 모든 민족 가운데 하나님을 경외하고 의를 행하는 자들을 받으시기 때문이다. 그러나, [1] 영원한 구원을 베푸시는 분은 유대인들에게서 나오셔서 그들 가운데 나타나시며(롬 9:5), 먼저 그들에게 복을 주시기 위해 보냄을 받으신다. [2] 영원한 구원의 방편이 유대인들에게 부여되었다. 구원의 말씀을 유대인들에게 주셨다(행 13:26). 그들에게 주신 다음, 다른 민족들은 그들을 통해서 전해 받도록 하셨다. 그들은 말씀을 경건의 확고한 준칙으로 받아 그것을 따랐으며, 그러므로 예배의 대상을 알았다. 그들에게는 하나님의 말씀(롬 3:2)과 하나님을 예배하는 일(롬 9:4)이 맡겨졌다. 유대인들은 이처럼 큰 특권과 유리한 지위를 받은 까닭에, 사마리아인들이 그들과 경쟁하는 것은 외람된 일이었다.

둘째로, 그리스도께서는 하나님께서만 받으시고 기뻐하시는 복음적인 예배를 기술하신다. 예배 장소가 중요치 않음을 말씀하신 주께서는 필수적이고 본질적인 것을 알려주신다. 그것은 하나님을 예배하는 자는 영과 진리로 예배해야 한다는 것이다(23, 24절). 강조점을 우리가 하나님을 예배하는 장소에 두지 않으시고, 예배하는 마음 상태에 두신다. 주의: 사소한 신앙 문제들로 인한 견해 차이를 극복할 수 있는 가장 효과적인 방법은 더 큰 문제들에 열중하는 것이다. 어떻게 하면 신령한 예배를 드릴 수 있는지 날마다 고심하는 사람에게는 장소가 문제되지 않는다. 그리스도께서는 사마리아 여인에게 유대인들의 예배가 참되다고 말씀하셨으나, 그럼에도 그들의 예배에 부족한 것이 있음을 암시하신다. 유대인들의 예배는 의식 중심의 예배였다(히 9:1, 10). 예배하는 자들이 대체로 현세적이었고, 신적 예배의 내면적인 면에는 문외한들이었다. 주의: 우리는 이웃보다는 조금 더 나을지라도 마땅히 이르러야 할 자리에는 턱없이 부족할 수가 있다. 하나님께 예배를 드리려면 예배의 대상뿐 아니라 태도도 바르고 정당해야 한다. 본문에서 그리스도께서 우리에게 가르치시는 교훈이 바로 그것이다. 여기서 관찰할 점은,

a. 이러한 변화를 가져올 크고 영광스러운 혁명: 때가 오나니 곧 이 시각(개역개정판:때)이라. 언제 올 것이고 얼마나 오래 존속할 것인지에 관해 이미 오래 전에 결정된 그 시점이 도래했다는 말씀이다. 그 시점이 때 곧 시각(hour)으로 고정되어 있을 정도로 하나님의 섭리는 정확하며 착오가 없다. 그 시각이 왔으므로, 하나님의 은혜를 받을 기회가 아주 가까이 절박한 필요로 오고 있는 셈이다(고후 6:2). 그 시각이 충만한 세력과 광채와 완전으로 오고 있으며, 지금은 그 모태와 유아기에 있다. 완전한 낮이 오고 있으며, 지금은 새벽이다.

b. 복된 변화 그 자체. 복음 시대에 아버지께 참으로 예배하는 자들은 영과 진

리로 예배한다. 피조물로서, 우리는 천지만물을 지으신 아버지를 예배한다. 그리스도인들로서, 우리는 우리 주 예수님의 아버지를 예배한다. 그런데 변화가 생길 것이다. (a) 예배의 본질에서. 그리스도인들은 하나님을 예배하되, 모세 율법에 규정된 의식법을 따르지 않고 영적[신령한] 규례를 따르는데, 이 예배는 육체적 행위보다 신적인 능력과 역사로써 활력을 얻는다. 그리스도께서 제정하신 예배의 방식은 합리적이고 지적이며, 구약의 예배를 무겁게 덮고 있던 의식(儀式)이 제거되고 없다. 이것을 가리켜 모형적(typical) 예배와 대조하여 참된 예배라 부른다. 의식법에 따른 예배는 참된 예배의 그림자였다(히 9:3, 24). 따라서 사도는 기독교를 버리고 유대교로 돌아간 자들에게 성령으로 시작하였다가 이제는 육체로 마치겠느냐고 책망한다(갈 3:3). 구약의 예배와 신약의 예배 사이에는 그만한 차이가 있었다. (b) 예배하는 자들의 기질과 성향에서. 참된 예배자들은 위선자들과 구별되는 선량한 그리스도인들이다. 그리스도인이라면 반드시 하나님을 영과 진리로 예배해야 하고 또 그렇게 할 것이다. 주께서는 이것을 그들의 성격으로 말씀하시고(23절), 또한 그들의 의무로 말씀하신다(24절). 주의: 하나님을 예배하는 자들은 영과 진정[개역개정판: 진리]으로 예배해야 한다. 하나님을 예배할 때는 [a] 영으로(in spirit) 해야 한다(빌 3:3). 예배할 때는 성령께서 힘주시고 붙들어 주시며, 우리 영혼을 감화하시고 우리 안에서 역사해 주시기를 구해야 한다. 또한 우리의 심령(spirit)을 다하여 하나님을 예배해야 하며(롬 1:9), 우리 속에 있는 것을 다하여 확고한 의지와 뜨거운 마음으로 예배해야 한다. 영은 때로 타락한 본성을 가리키는 육체와 대조되는 새로운 본성을 가리키기도 한다. 따라서 우리의 영으로 하나님을 예배한다는 것은 우리가 받은 은혜로 예배하는 것이다(히 12:28). [b] 진정으로(in truth. 개역개정판: 진리로), 즉 진실한 태도로. 하나님께서는 우리에게 예배의 내면적인 면만 요구하시지 않고, 내면적인 면의 진정성도 요구하신다(시 51:6). 우리는 형식보다 능력에 마음을 써야 하며, 사람의 눈을 의식하지 말고 하나님께 영광을 돌리는 데 마음을 기울여야 한다. 참 마음으로 하나님께 가까이 나아가야 한다(히 10:22).

셋째로, 그리스도께서는 하나님께 그러한 예배를 드려야 할 이유를 말씀하신다.

a. 복음 시대에는 오직 그들만 참된 예배자들로 간주되기 때문이다. 복음은 영적 예배의 도리를 제시한다. 따라서 복음을 믿는다고 고백하면서 영과 진정

[진리]으로 하나님을 예배하지 않으면 참된 고백을 한 것이 아니고, 복음의 빛과 율법에 따라 사는 것이 아니다.

b. 아버지께서 이렇게 자기에게 예배하는 자들을 찾으시기 때문이다. 이 말씀이 암시하는 바는, (a) 그러한 예배자들이 희귀하여 찾아보기 힘들다(렘 30:21). 영적 예배의 문은 좁다. (b) 그러한 예배는 반드시 필요하며, 하늘의 하나님께서 요구하신다. 하나님께서 예배하는 자들을 찾으러 오실 때 던지실 질문은 "누가 예루살렘에서 예배를 드렸느냐?"가 아니라 "누가 신령으로 예배했느냐?"이다. 그것이 시금석이 될 것이다. (c) 하나님께서는 그러한 예배와 예배자들을 크게 기뻐하시고 인자하게 받아주신다. 내가 … 이를 원하였음이로다(시 132:13, 14; 아 2:14). (d) 그러한 예배자들은 과거에도 있었고 세상 끝날까지 남아 있을 것이다. 하나님께서 그러한 자들을 찾으신다는 말씀에는 그런 사람들로 만들어 주신다는 뜻이 담겨 있다. 하나님께서는 각 세대마다 영적 예배자들을 불러모으신다.

c. 하나님께서는 영이시기 때문이다. 그리스도께서는 우리에게 하나님을 선포하시려고 오셨는데(1:18), 본문에서 친히 그렇게 하셨다. 하나님을 선포하시되 이 보잘것없는 사마리아 여인에게 선포하셨다. 대체로 가난하고 천한 자들이 하나님을 알려는 마음을 품기 때문이다. 여인에게 하나님을 선포하신 것은 여인의 그릇된 예배관을 고쳐주시기 위함이었다. 하나님을 바로 아는 것만큼 바른 예배관을 갖도록 해주는 것이 없는 것이다. 주의: (a) 하나님은 영이시다. 하나님은 무한하고 영원한 정신이시요 지적인 존재로서, 육체로 거하지 않으시고 물질이 아니시고 보이지 않으시며 부패가 닿지 못하는 분이시다. 하나님은 어떤 분이라고 말하기보다 어떤 분이 아니라고 말하기가 쉬운 그런 분이다. 영은 살과 뼈가 없다(참조. 눅 24:39). 하지만 누가 여호와의 영을 지도하였으며 그의 모사가 되어 그를 가르쳤으랴(사 40:13)? 만일 하나님이 영이 아니시라면 완전하실 수도 없고 무한하실 수도 없고 영원하실 수도 없고 홀로 존재하실 수도 없고 영들의 아버지가 되실 수도 없다. (b) 하나님께서 영이신 사실은 하나님께 드리는 예배가 영적 예배여야 할 중요한 이유가 된다. 만일 영이신 하나님을 영으로 예배하지 않으면 그 이름에 합당한 영광을 돌릴 길이 없고, 예배의 행위를 할 수 없고, 하나님이 우리를 받으시고 은혜를 베푸실 일을 소망할 수도 없으며, 따라서 예배의 목표를 잃게 된다(참조. 마 15:8, 9).

4. 그리스도께서 여인과 나누신 대화의 마지막 주제는 메시아에 관한 내용이다(25, 26절). 여기서 관찰할 점은,

(1) 메시아에 대한 기대에 표출된 여인의 믿음의 상태: 메시아 곧 그리스도라 하는 이가 오실 줄을 내가 아노니 그가 오시면 모든 것을 우리에게 알려 주시리이다. 여인은 그리스도의 말씀에 반대할 것이 없었다. 그 말씀은 결국 그리스도께서 오시면 다 이루어질 게 아니냐고 생각했다. 말씀을 듣고 간직하되, 메시아가 오실 때까지는 믿음을 보류하는 게 상책이라 생각했다. 이처럼 많은 사람들이 무지하면서도 — 마음이 멀어져 있으면서도(KJV) — 손에 값을 가지고 지혜를 사려고 한다(잠 17:16). 당장 더 좋게 보이는 것이 있으므로, 일단 지금은 넘어가고 나중에 배우기로 하자는 다짐으로 스스로 속이는 것이다. 여기서 생각할 점은,

[1] 여인이 기대한 대상: 메시아 곧 그리스도라 하는 이가 오실 줄을 내가 아노니. 유대인들과 사마리아인들은 서로 간에 많은 차이가 있었으나 메시아와 그의 나라를 기대하는 점에서는 일치했다. 사마리아인들은 모세의 저작을 받았고, 선지자들에 문외한이 아니었으며, 유대 민족의 소망에 대해서도 잘 알고 있었다. 아무리 배우지 못한 사람도 메시아가 오신다는 것만큼은 알았다. 그에 대한 기대가 워낙 일반적이고 당연한 이치로 통하되, 특히 이 시대는 그 기대가 더욱 고조된 까닭에(홀이 유다로부터 떠나 있었고, 다니엘이 말한 이레들이 다해가고 있었으므로), 여인은 그가 오실 것이다라고 말하는 데서 넘어서서 그가 곧 오신다(에르케타이)고 결론짓는다. 메시아 곧 그리스도라 하는 이. 복음서 기자는 구약성경을 기록한 거룩한 언어와 그 언어를 친숙히 사용한 유대인 교회를 존중하여 메시아라는 히브리어를 유지하지만(여인이 그 단어를 사용함), 이 책을 이방인들을 위해 쓰고 있는 까닭에 같은 뜻을 지닌 헬라어 단어로 옮기는 것을 잊지 않는다 — 그리스도[기름 부음 받은 자]라고 하는 이. 사도들은 전혀 무지하거나 잘 알아듣지 못하는 사람들을 위해서 통역의 수고를 마다하지 않았는데, 본문은 그 예에 해당한다(참조. 고전 14:27, 28).

[2] 여인이 그리스도에 대해 기대한 것: 그가 오시면 모든 것을 우리에게 알려 주시리이다. "그리스도가 오시면 우리가 알아야 할 하나님을 예배하는 일에 관한 모든 것을 알려주실 것이고, 우리의 부족을 채워주고 우리의 잘못을 바로잡고 우리의 모든 논쟁에 종지부를 찍는 말씀을 해주실 것이다. 하나님의 뜻을

충분히 분명하게 알려주시고 아무것도 남기지 않으실 것이다." 여인의 이 말에는 다음 두 가지 뜻이 담겨 있다. **첫째로,** 자신들이 하나님의 뜻과 예배에 대해 지니고 있는 결핍과 불완전. 그들이 갖고 있던 지식은 나아오는 자들을 온전하게 할 수 없었고, 그러므로 그들은 종교 문제에서 훨씬 더 개선되고 진보할 때, 이른바 개혁의 때를 기대했다. **둘째로,** 이러한 변화를 능히 일으킬 수 있는 메시야의 능력: "그가 오시면 우리가 암중모색하며 알기를 원하는 모든 것을 우리에게 알려주시리이다. 우리를 모든 진리 가운데로 인도하시고 오류의 안개가 걷히게 하심으로써 평강이 임하게 하시리이다." 어둠이 잔뜩 덮인 그 시대에는 곧 빛이 임할 것이라는 소식이 선량한 사람들에게 큰 위로가 되었을 것이다. 혹시 낭패와 혼란에 처하게 되더라도 그가 오시면 모든 것을 우리에게 알려 주실 것이다 하는 소망이 그들에게 위로가 되었다. 재림을 대망하고 있는 우리들도 다르지 않다. 우리가 지금은 거울을 통하여 바라보지만, 그 날이 오면 얼굴과 얼굴로 볼 것이다.

(2) 우리 주 예수께서 여인에게 베푸신 호의: 네게 말하는 내가 그라(26절). 그리스도께서는 지금 여기서 가난한 사마리아 여인과 소경(9:37)에게 하시듯 자신을 누구에게 밝히 알리신 적이 없다. 당신에게 문의하러 사람을 보낸 세례 요한에게도 그렇게 하시지 않았고(마 11:4, 5), 당신이 그리스도냐고 묻던 유대인들에게도 그렇게 하시지 않았다(10:24). 그러나, [1] 그리스도께서는 이로써 가난하고 멸시받는 자들을 귀하게 여기셨다(약 2:6). [2] 당시에 그리스도께서는 믿음의 확신을 주시기 위하여 기적을 많이 행하셨는데, 우리가 알기로는 여인은 그리스도께서 행하신 기적을 볼 기회가 없었다. 주의: 하나님께서는 외적인 지식과 은혜의 방법에 차단되어 있는 사람들에 대해서 남이 모르게 그 부족을 채워주는 길을 갖고 계시다. 그러므로 그런 사람들을 대할 때 관대한 마음을 품어야 한다. 하나님께서는 복음의 빛을 얼굴에 비치지 않으실 때라도 은혜의 빛을 마음에 비치게 하실 수 있다. [3] 여인은 다른 사람들에 비해 이러한 말씀을 받을 준비가 잘 되어 있었다. 메시야에 대해 큰 기대를 갖고 있었고, 메시야가 오셔서 가르치시면 잘 배우려는 마음이 있었다. 그리스도께서는 정직하고 겸손한 마음으로 배우려 하는 자들에게 당신을 나타내실 것이다: 네게 말하는 내가 그라. 여기서 살펴볼 점은, **첫째로,** 예수 그리스도께서는 여인이 당신을 알지 못할 때 아주 가까이 해주셨다(참조. 창 28:16). 많은 사람은 그리스도께

서 지금 곁에서 말씀하고 계시는 데도, 주님이 멀리 계신 것처럼 느끼고 가까이 와 주시기를 갈망한다. 둘째로, 그리스도께서는 우리에게 말씀하심으로써 당신을 우리에게 알리신다: 네게 말하는 내가 그라. 매우 친근하게, 확신과 권위를 가지고 내가 그라고 말씀하신다.

[27]이 때에 제자들이 돌아와서 예수께서 여자와 말씀하시는 것을 이상히 여겼으나 무엇을 구하시나이까 어찌하여 그와 말씀하시나이까 묻는 자가 없더라 [28]여자가 물동이를 버려 두고 동네로 들어가서 사람들에게 이르되 [29]내가 행한 모든 일을 내게 말한 사람을 와서 보라 이는 그리스도가 아니냐 하니 [30]그들이 동네에서 나와 예수께로 오더라. [31]그 사이에 제자들이 청하여 이르되 랍비여 잡수소서 [32]이르시되 내게는 너희가 알지 못하는 먹을 양식이 있느니라 [33]제자들이 서로 말하되 누가 잡수실 것을 갖다 드렸는가 하니 [34]예수께서 이르시되 나의 양식은 나를 보내신 이의 뜻을 행하며 그의 일을 온전히 이루는 이것이니라 [35]너희는 넉 달이 지나야 추수할 때가 이르겠다 하지 아니하느냐 그러나 나는 너희에게 이르노니 너희 눈을 들어 밭을 보라 희어져 추수하게 되었도다 [36]거두는 자가 이미 삯도 받고 영생에 이르는 열매를 모으나니 이는 뿌리는 자와 거두는 자가 함께 즐거워하게 함이라 [37]그런즉 한 사람이 심고 다른 사람이 거둔다 하는 말이 옳도다 [38]내가 너희로 노력하지 아니한 것을 거두러 보내었노니 다른 사람들은 노력하였고 너희는 그들이 노력한 것에 참여하였느니라 [39]여자의 말이 내가 행한 모든 것을 그가 내게 말하였다 증언하므로 그 동네 중에 많은 사마리아인이 예수를 믿는지라 [40]사마리아인들이 예수께 와서 자기들과 함께 유하시기를 청하니 거기서 이틀을 유하시매 [41]예수의 말씀으로 말미암아 믿는 자가 더욱 많아 [42]그 여자에게 말하되 이제 우리가 믿는 것은 네 말로 인함이 아니니 이는 우리가 친히 듣고 그가 참으로 세상의 구주신 줄 앎이라 하였더라.

이 단락에서는 그리스도께서 사마리아에 가셔서 여인과 긴 대화를 나누신 뒤에 그곳에서 있었던 나머지 일들을 보게 된다.

I. 제자들이 돌아옴으로써 대화가 중단됨. 추측하건대 기록된 내용보다 훨씬 더 많은 대화가 이루어졌을 것이다. 그러나 대화가 결론에 도달했을 때, 즉 그리스도께서 참 메시야이심을 여인에게 알리셨을 때 제자들이 돌아왔다. 예

루살렘의 딸들아 … 내 사랑이 원하기 전에는 흔들지 말고 깨우지 말지니라(아 2:7).
1. 제자들은 그리스도께서 여인과 대화 나누는 것을 보시고, 주께서 여인과, 그
것도 이스라엘 집의 잃어버린 양이 아닌 사마리아 여인과 그토록 진지하게 대
화하시는 모습에 놀랐다. 그들은 주께서 여느 유대인들과 마찬가지로 사마리
아인을 기피하시거나, 아니면 적어도 그들에게 복음을 전하시지 않을 줄로 생
각했다. 그런데 사마리아인들이 상종하지 못할 비천한 자들임을 잊어버리시
고, 자신을 낮춰 그렇게 가난한 여인과 대화를 나누시는 모습이 여간 놀랍지
않았다. 2. 하지만 제자들은 아무 말도 입 밖에 내지 않았다. 필시 자신들에게
말씀하지 못하실 각별한 이유가 있겠거니 생각하여 무엇을 구하시나이까 어찌하
여 그와 말씀하시나이까 하고 묻는 자가 없었다. 이와 같이 하나님의 말씀과 섭
리에 관하여 이해하기 어려운 점들이 생길 때는 그리스도께서 말씀하시고 행
하시는 모든 것이 다 옳다 생각하고 입 다물고 있는 것이 좋다. 그리스도께서
여인과 대화를 나누시는 것을 제자들이 이상하게 여긴 데에는 아마도 탐탁지
않은 무엇이 있었을는지도 모른다. 그리스도께서 세리와 죄인들과 더불어 식
사를 하시는 모습을 보고 바리새인들이 품었던 분노와 비슷한 심정이었을 수
도 있다. 그러나 속으로 무슨 생각을 했든 입 밖으로는 아무 말도 내지 않았다.
만일 네가 미련하여 스스로 높은 체하였거나 혹 악한 일을 도모하였거든 네 손으로
입을 막으라(잠 30:32; 참조. 시 39:1-3).

II. 여인이 동네 사람들에게 가서 자신이 만난 비범한 분에 관해 증언함. 여
기서 보게 되는 것은,

1. 여인은 자신이 우물에 갔던 목적을 잊어버렸다(28절). 대화 도중에 제자들
이 왔는데, 자신을 바라보는 그들의 표정이 탐탁지 않은 것을 보고는 그곳을
떠났다. 그렇게 함으로써 그리스도께서 저녁 식사를 하실 수 있는 시간을 드리려
는 공손한 뜻도 있었다. 주님과 나눈 대화로 인하여 마음이 기뻤으나, 무례를
범할 뜻이 없었다. 무엇이든 적절하면 아름다운 법이다. 여인은 예수께서 식사
를 마치시고는 서둘러 길을 떠나실지 모른다 생각하고서, 황급히 마을로 돌아
가 사람들에게 그 소식을 전했다. 여인이 기회를 얼마나 잘 선용했는지 눈여겨
보라. 한 가지 선한 일을 마치고는 다른 일에 힘썼던 것이다. 선을 행할 기회가
단절되거나 방해를 받게 되면 다른 기회를 모색해야 한다. 하나님의 말씀을 들
었으면 이제는 그것을 간직하고 증언해야 한다. 여인이 물동이를 버려두고 간

것을 주목하라. (1) 여인은 그리스도께서 물을 드실 수 있도록 그냥 놔두고 간 것이다. 주께서는 다른 사람들을 위해서는 물로 포도주를 만드셨으나, 당신을 위해서는 그러한 능력을 사용하지 않으셨다. 여인의 이러한 태도를 리브가가 아브라함의 종에게 보인 친절(창 24:18)과 비교하고, 마태복음 10:42에 기록된 주님의 약속을 살펴보라. (2) 여인이 물동이를 버려 두고 간 이유는 속히 성내로 들어가 사람들에게 좋은 소식을 전하기 위함이었다. 그리스도의 이름을 전하는 것이 본분인 사람들은 다른 일에 얽매여 지체해서는 안 된다. 제자들이 사람을 낚는 어부가 되었을 때는 모든 것을 버리고 주를 따라야 한다. (3) 여인이 물동이를 버려 두고 간 이유는 더 좋은 일에 몰두한 나머지 물동이 가져가기를 깜빡 잊었기 때문이다. 주의: 그리스도를 아는 지식을 갖게 된 사람들은 이 세상과 그 안에 있는 것들을 경멸하는 거룩한 심정을 품음으로써 그 사실을 나타낸다. 그리고 하나님에 관하여 처음 알고 새로운 세상에 들어오게 된 사람들이 한동안 세상을 철저히 외면하는 것처럼 보여도 충분히 용납해 주어야 한다. 힐더샴(Hildersham)은 이 절에 관해 설교하면서, 여인의 태도를 근거로 평일에 설교를 듣기 위해 생업을 버려두고 교회에 나오는 사람들을 격려한다.

2. 여인이 성내로 달려간 것은 성읍 사람들에게 마음이 있었기 때문이다. 성내로 달려가 아마도 마침 공무를 수행하기 위해 모여 있던 성읍 장로들을 만나 그들에게 소식을 전했을 것이다. 혹은 거리에서 만나는 사람마다 붙들고 이야기했을지도 모른다. 또한 사람들이 많이 모이는 장소에서 큰 소리로 그 소식을 전했다. 내가 행한 모든 것을 내게 말한 사람이 저기 있는데, 가서 보라. 그 사람이 그리스도가 아닌가? 여기서 관찰할 점은,

(1) 여인은 친구들과 이웃들에게 그리스도를 전하기 위해 열정적으로 노력했다. 그 귀한 보화를 발견했을 때 벗과 이웃들을 불러(눅 15:9) 함께 기뻐하자고 청했을 뿐 아니라, 자신뿐 아니라 모두를 풍족하게 해주고도 남을 보화인 줄을 알고서 유익을 함께 나누자고 청했다. 주의: 예수님과 함께 거하면서 위로를 발견한 사람들은 할 수 있는 모든 일을 다하여 다른 사람들을 주님께 인도해야 한다. 주님께서 당신을 우리에게 알리시기 위해서 우리를 높이셨는가? 우리도 주님을 다른 사람들에게 알려 주님을 높이자. 주님께서 우리를 높여 주신 만큼 우리가 스스로를 높일 다른 방도가 없다. 이 여인은 일종의 사도가 되었다. "부도덕한 상태로 갔던 여인이 복음 진리를 가르치는 선생이 되어 돌아왔다"

(아레티우스). 그리스도께서는 여인에게 남편을 데려오라고 말씀하셨는데, 여인은 그 말씀을 근거로 모든 사람을 주님께 데려갈 용기를 얻었다. 여인은 자신의 친족과 지인들이 사는 성내로 들어갔다. 비록 모든 사람이 선을 베풀어야 할 나의 이웃이지만, 그럴지라도 가까이 사는 사람들에게는 선을 행할 기회도 가장 많고 의무도 가장 크다.

(2) 여인은 자신이 만난 이 낯선 분을 사람들에게 매우 정직하고 솔직하게 소개했다. [1] 무엇 때문에 그분을 존경하게 되었는지 사람들에게 솔직하게 말했다: 내가 행한 모든 것을 그가 내게 말하였다. 주께서 여인의 남편에 관해서 말씀하신 것 외에 달리 여인을 책망한 기록이 없다. 하지만 여인의 죄를 그 이상 책망하셨을 것 같지 않다. 혹시는 주께서 하신 말씀을 놓고 생각할 때 일반적인 방법으로는 도무지 파악할 수 없는 지식을 갖고 계시므로 자신이 행한 모든 행위를 얼마든지 말씀하실 수 있다고 확신하게 되어 그렇게 말했는지도 모른다. 만일 주께서 신적인 지식을 갖고 계시다면 그것은 틀림없이 전지(全知)의 지식이다. 주께서 여인에게 하신 말씀은 하나님과 여인 자신의 양심 외에는 알 수 없는 것이었다. 두 가지가 여인의 마음을 움직였다. 첫째로, 주께서 보이신 지식의 범위. 우리는 우리가 행한 일들조차 다 기억하여 말할 수 없다(많은 일들을 부주의하게 지나치며, 더 많은 일들을 망각한다). 그러나 예수 그리스도께서는 모든 사람의 생각과 말과 행동을 다 아신다(참조. 히 4:13). 주께서는 내가 네 행위를 아노니 하고 말씀하셨다(계 3:15). 둘째로, 주님의 말씀의 능력. 여인은 주께서 자신의 은밀한 죄들을 워낙 분명하게 변명할 수 없게 말씀하시는데 압도되어 자신의 모든 행위를 판단 받은 것으로 생각했다. 여인이 성읍 사람들에게 한 말은, "어떤 사람이 이 산과 예루살렘 사이의 논쟁을 결정지어줄 종교적 예배와 율법에 관하여 신기한 말을 했는데, 그가 자신을 가리켜 메시야라고 하니 가서 한번 보라"는 것이 아니라, "내게 나의 죄들을 말해준 분을 가서 보라"는 것이었다. 여인은 그리스도의 말씀 가운데 다시 입에 올리기에도 민망한 자신의 수치스러운 과거에 관해서 하신 말씀을 부각시켰다. 그리스도의 말씀과 성령의 능력을 맛보고서 전하는 증언이야말로 가장 설득력이 강하다. 그리고 우리의 죄를 깨닫고 겸손하게 되어 얻게 되는 그리스도에 관한 지식이야말로 가장 견고하고 구원의 능력이 크다. [2] 여인은 성읍 사람들에게 자신이 그토록 높게 여기는 분을 가서 보라고 권유했다. 그냥 단순히 "가서 그분을 만나보

라"고 하지 않고, "가서 그분을 만나 대화를 나눠보고, 나처럼 그분의 지혜의 말씀을 들어보면 나와 같은 생각을 하게 될 것이다"라고 했다. 여인은 주께서 자기에게 해주신 말씀을 가지고 그들을 설득시키려 하지 않았다. 진리의 증거를 보았다고 해서 그것으로 다른 사람들에게 그 증거를 볼 수 있게 할 수 있는 것이 아니다. "가서 주님의 말씀을 들으면 주님의 말씀에 다른 모든 증거를 능가하는 능력이 있음을 발견할 것이다." 주의: 다른 사람들을 믿고 회심하게 할 능력이 없는 사람들은 자신들을 변화시킨 은혜의 방편들로 그들을 인도하면 되고, 또 당연히 그래야 한다. "예수께서 성 밖 우물가에 계시니, 가서 만나보라." 하나님을 아는 지식의 문이 열려 있는데 등한히 하고 그리로 들어가지 않는다면 훗날 변명할 길이 없게 된다. 선지자들과 왕들이 그토록 보기를 사모하던 분이 와 계신데, 그분을 만나러 문지방을 넘어가야 하지 않겠는가? [3] 여인은 그들로 하여금 직접 가서 알아보고 싶은 의욕을 불러일으킨다: 이는 그리스도가 아니냐? "그분은 메시야이다" 하고 단정적으로 말하지 않는다. 속으로는 분명한 결론을 내리고 있었으나 단정적으로 말하면 반감을 조성하게 될 것을 알고 판단을 그들에게 넘겼다. 자신의 믿음을 그들에게 강요하려 하지 않고, 다만 그들 앞에 제시하는 것으로 만족했다. 이렇게 솔직하면서도 설득력 있는 권유는 종종 상대가 채 의식하기도 전에 그들의 판단과 양심을 사로잡는다.

(3) 이 권유로써 여인은 큰 성공을 거두었다: 그들이 동네에서 나와 예수께로 오더라(30절). 그렇게 미천하고 부도덕한 여인이 사마리아인들 가운데 처음으로 메시야를 발견하는 영광을 누린 것이 매우 놀랍게 보이지만, 하나님께서는 그들로 하여금 여인의 전도를 한 귀로 듣고 한 귀로 흘려버리지 않고 귀 기울여 듣게 하시기를 기뻐하셨다. 문둥병 환자들이 사마리아에 큰 구원을 최초로 전한 때가 있었다(참조. 왕하 7:3 이하). 성읍 사람들은 주님을 만나러 나왔다. 사람을 보내 성내로 들어오시게 할 수도 있었지만, 존경의 표시로 그리고 직접 주님을 만나보려는 열의로 주님이 계신 곳으로 찾아나갔다. 그리스도를 알기를 원하는 사람들은 주님께서 친히 당신의 이름을 기록해 놓으신 곳에서 주님을 만나야 한다.

Ⅲ. 여인이 가고 없는 동안 그리스도께서 제자들과 나누신 대화(31-38절). 우리 주 예수께서 얼마나 시간을 절약하여 촌각이라도 아껴서 쓰셨는가? 제자들이 성에 들어갔을 때 여인에게 전도하셨고, 여인이 성으로 들어간 뒤에는 제자

들에게 중요한 교훈을 해주셨다. 우리도 주님처럼 촌각을 아껴서 한순간이라도 낭비하지 말아야 한다. 제자들과 나누신 말씀에서는 두 가지를 관찰할 수 있다.

1. 그리스도께서 친히 행하시는 사역으로 인해 큰 만족과 기쁨을 표시하신다. 주님의 사역은 잃어버린 자들을 찾아 구원하고, 두루 다니며 선을 행하시는 것이었다. 당시에 주께서 그러한 사역에 온전히 몰입하셨음을 보게 된다.

(1) 주께서는 먹고 마시는 것보다 사역을 앞세우셨다. 우물가에 앉으셨을 때 몹시 지치셔서 휴식이 필요하셨으나, 영혼들을 얻을 기회가 생기자 지치고 시장하신 것을 잊어버리셨다. 주께서 음식에 별로 마음을 쓰지 않으시자, [1] 제자들이 음식을 드시도록 강권했다: 제자들이 청하여 이르되 랍비여 잡수소서. 주님을 사랑하는 마음이 컸기에, 혹시라도 끼니를 걸러 탈진하시고 병이라도 생기지나 않으실지 염려되어 그렇게 권한 것이다. 그러나 주께서 그러한 강권을 받으셔야 했던 이유는 영혼들에 대한 사랑 때문이었다. 영적인 일들을 위해서라면 육신의 생명을 유지하는 데 긴요한 것에조차 무관심하신 주님의 거룩한 태도를 배우게 된다. [2] 주님께서 음식에 관심을 표하지 않으시자, 제자들은 혹시 자기들이 없는 사이에 누가 와서 음식을 드렸는가 생각했다(33절): 누가 잡수실 것을 갖다 드렸는가? 이미 저녁을 드신 줄로 생각하기에 이르렀다. 말씀을 전할 사명을 받은 사람들은 그 일에 몰입하는 것을 식사보다 더 귀하게 여길 줄 알아야 한다. 아브라함의 종은 자신이 온 목적을 말하기 전에는 식사를 하려고 하지 않았고(창 24:33), 사무엘은 다윗에게 기름을 붓기까지 식사 자리에 앉으려고 하지 않았다(삼상 16:11).

(2) 주께서는 사명을 이루는 것을 음식과 음료로 삼으셨다. 사마리아인들 가운데 행하시려는 일, 이제 많은 사람들에게 선을 행하시게 될 그 일이 주님께는 음식과 음료였다. 주님께는 그런 것이야말로 가장 큰 기쁨과 만족이었다. 우리 주님께서 영혼들을 구원할 기회를 찾으시고 찾으셨을 때 선용하신 것에 비하면, 몇 끼 굶은 사람이나 에피쿠로스주의자가 진수성찬을 갈망하다가 밥상을 받았을 때 정신 없이 먹는 것은 아무것도 아니었다. 주께서는 이 점에 관하여 다음과 같이 말씀하신다. [1] 내게는 너희가 알지 못하는 먹을 양식이 있느니라. 제자들은 주께서 사마리아인들 가운데 복음의 씨를 뿌리실 계획을 갖고 계신지 예상하지 못했다. 주의: 그리스도께서는 복음의 말씀과 성령으로 제자들이 미

처 알지도 예상치도 못하는 선한 일을 영혼들에게 행하신다. 선량한 그리스도인들에게도 비슷한 면이 있다. 그들은 믿음으로 살기에 다른 사람들이 알지 못하는 양식을 받아 누리며, 타인이 간섭하지 못하는 기쁨을 누린다. 주님의 이 말씀이 제자들의 마음에 의문을 일으켰다: 누가 잡수실 것을 갖다 드렸는가? 주께서 비유로 말씀하셨을 때 주님의 친 제자들조차 그 말씀을 육체적이고 현세적인 뜻으로 이해했다. [2] 사명을 수행하는 것이 주님의 양식이었던 이유는 그것이 아버지께서 맡기신 일이요 아버지의 뜻이었기 때문이다: 나의 양식은 나를 보내신 이의 뜻을 행하며 그의 일을 온전히 이루는 이것이니라(34절). 주의: 첫째로, 죄인들을 구원하는 것이 하나님의 뜻이며, 그러기 위하여 그들을 복음으로 가르치는 것이 하나님의 일이다(참조. 딤전 2:4). 둘째로, 그리스도께서 세상에 보냄을 받으신 목적은 사람들을 하나님께로 인도하여 하나님을 알게 하고 하나님 안에서 복을 누리게 하시려는 것이다. 셋째로, 주께서는 이 일을 당신의 사명과 기쁨으로 삼으셨다. 몹시 시장하신 상태에서도 이 일을 골똘히 생각하심으로써 시장함과 목마름, 음식과 음료에 관한 생각을 잊어버리셨다. 주님께는 선을 행하는 것보다 더 만족스러운 것이 없었다. 평소에 음식을 드신 것도 선을 행하시기 위함이었으며, 그것이 항상 주님의 양식이었다. 넷째로, 주께서는 언제든 사명을 수행하실 준비가 되어 있었을 뿐 아니라, 그것을 온전히 이루시기 위하여 항상 진지하고 근실한 노력을 기울이셨다. 다 이루었다고 말씀하실 수 있을 때까지 사명을 중도에 그만두거나 내려놓지 않으셨다. 이로써 우리 주님은 우리에게 하나님의 뜻 행하기를 배우도록 친히 모범을 보이신 것이다. 1. 부지런하게 몰입하여 행하셨고, 2. 기쁨과 즐거움으로 행하셨으며, 3. 일관성 있게 인내해 가며 행하셨다. 신경 쓰는 것으로 그치지 않고, 그것을 완수하기를 목표하셨다.

2. 주께서는 당신의 사명을 수행하시는 것이 기쁨임을 표시하신 뒤, 제자들에게도 부지런히 자신들의 사명을 수행하도록 격려하신다. 그들은 주님과 함께한 일꾼들이므로 주님을 닮은 일꾼들이 되어야 하며, 주님이 그러하셨듯이 주께서 맡기신 일을 자신들의 양식으로 삼아야 한다. 그들이 받은 사명은 복음을 전파하여 메시아의 나라를 세우는 것이었다. 주께서는 이 일을 땅의 곡식을 거두는 추수의 일에 비유하신다. 그리고 이 비유를 써서 내내 그들을 가르치신다(35-38절). 주의: 복음 시대는 추수의 시대이며, 복음 사역은 추수의 사역이다.

추수는 사람들이 미리 예측하고 기대하는데, 복음도 그러했다. 추수 때는 몹시 분주하다. 그 때는 모두가 나서서 일해야 한다. 모두가 직접 나서서 복음의 은혜와 위로를 거두어야 한다. 사역자들은 영혼들을 거두어 하나님께 드리기 위하여 일해야 한다. 추수기는 언제까지나 계속되지 않고 잠시 있다 끝나는 기회의 기간이다. 그 기간에 추수를 해야지, 때를 놓치면 할 수 없다. 복음이 전파될 때 기회를 놓치지 말고 믿고 구원을 받아야 한다. 일단 때가 지나가면 되돌릴 수가 없다. 제자들은 영혼들을 추수하여 그리스도께 바쳐야 했다. 그런데 여기서 주께서는 제자들에게 세 가지 점을 들어 부지런할 것을 당부하신다.

(1) 그것은 필수적인 일이었으며, 그 일을 할 때가 눈앞에 다가와 있었다(35절): 너희는 넉 달이 지나야 추수할 때가 이르겠다 하지 아니하느냐. 그러나 나는 너희에게 이르노니 너희 눈을 들어 밭을 보라. 희어져 추수하게 되었도다. 여기서 관찰하게 되는 점은,

[1] 그리스도의 제자들이 추수에 관하여 한 말. "아직 넉 달이 남았다. 넉 달이 지나야 추수 때가 온다"는 뜻. 이 말은 "너희는 파종기에 씨 뿌리는 농부를 격려하기 위하여 추수가 넉 달밖에 남지 않았다고 말한다"는 뜻으로도 이해할 수 있다. 오늘날 우리나라의 경우도 보리를 심어 거둘 때까지 넉 달밖에 걸리지 않는데, 당시 이스라엘 땅에서 다른 작물을 심어도 마찬가지였을 것이다. 혹은 이런 뜻일 수도 있다. "특히 요즘 너희는 일상적인 섭리의 추이에 따라 다음 추수 때까지 넉 달 남은 것으로 간주한다." 유대인들의 추수는 유월절 곧 부활절 무렵에 시작되었으며, 따라서 우리보다 훨씬 일찍 시작된 셈이다. 이 점으로 미루어 볼 때 그리스도께서 이번에 유대에서 갈릴리로 여행하신 시기는 겨울 곧 11월 말경이었던 것으로 추정되며, 그렇다면 선을 행하시기 위하여 겨울 내내 여행하신 셈이다. 하나님께서는 해마다 추수를 약속하셨을 뿐 아니라 추수기를 정해 두심으로써, 우리가 추수기를 미리 파악하여 그에 따른 준비를 할 수 있게 하셨다.

[2] 복음의 추수에 관하여 그리스도께서 하신 말씀. 사람들이 땅의 소산에 관심을 두듯이 그리스도께서는 복음의 소산에 관심을 두셨다. 그리고 제자들에게도 거기에 마음을 두게 하셨다: 너희 눈을 들어 밭을 보라. 희어져 추수하게 되었도다. 첫째로, 그들이 있던 그곳에 벌써 추수할 것이 있었다. 제자들은 주님께 음식 잡수시기를 청했으나, 주께서는 "내게는 먹는 것보다 더 요긴한 일이 있

다. 사마리아인들이 복음을 받으려는 마음을 가지고 성읍에서 나와 들판을 지나오는 것을 보아라." 아마도 많은 사람들이 들판을 지나오는 모습이 보였을 것이다. 사람들이 말씀을 듣기 위해 나오는 것이 목회자에게는 부지런하고 생생하게 말씀을 전하도록 하는 큰 자극이 된다. 둘째로, 다른 지역 곧 이스라엘 전역에도 그들의 추수를 기다리고 있는 곡식이 널려 있었다. "이 나라의 많은 지방들과 그 상태를 생각해 보라. 마치 밭에 곡식이 충분히 익어 추수를 기다리듯이, 허다한 사람들이 복음을 받을 준비가 되어 있는 것을 발견하게 될 것이다." 이렇게 밭이 희어져 추수하게 된 것은, 1. 구약의 예언들에 계시된 하나님의 뜻에 의한 것이다. 백성이 그리스도께 모여 복종할 것이라고 예언된 때 (창 49:10)가 도래함으로써, 교회에 많은 사람들이 들어와 그 지경이 확대되므로 몹시 분주할 때가 되었다. 시대의 징후로 미루어 하나님의 일을 하기에 적합하다고 판단된다면, 그 일을 할 만한 큰 자극과 용기를 얻게 된다. 그런 상황에서는 큰 결실을 얻게 되어 있기 때문이다. 2. 사람들의 마음 상태에 의한 것이다. 일찍이 세례 요한이 주를 위하여 세운 백성을 준비시켰던 것이다(눅 1:17). 요한이 하나님 나라를 전파하기 시작한 이래로 모든 사람이 그리로 침입하고 있었다(눅 16:16). 그러므로 그 때는 복음 전파자들이 힘을 다하여 낫을 휘둘러야 할 때였다. 땅의 곡식이 다 익어 거둘 때가 이르렀기 때문이다(계 14:15). 이제는 일할 때가 왔으며, 그런 기회를 놓친다는 것은 애석한 일이었다. 다 익은 곡식을 거두지 않으면 땅에 흩어져 유실될 것이고, 새들이 쪼아먹을 것이다. 죄를 깨닫고 복음을 받아들일 준비가 된 영혼들을 지금 돕지 않으면 그들의 소망스러운 시작이 무산될 것이며, 그들은 거짓 교사들의 먹이가 되고 말 것이다. 또한 그 때는 일하기에 수월한 때였다. 사람들의 마음이 준비되면 일이 순식간에 이루어질 것이다(대하 29:36). 말씀 사역자들은 사람들이 말씀 듣기를 좋아하는 것을 바라볼 때 경성하여 큰 수고라도 마다하지 않게 된다.

(2) 추수에 참여하는 이들에게 유익과 즐거움이 따랐다: 거두는 자가 이미 삯도 받고. 그리스도께서는 친히 맡기신 일을 잘 감당해낸 사람들에게 삯을 지불하신다. 주께서는 자기의 이웃을 고용하고 그의 품삯을 주지 아니한 여호야김처럼 하지 않으시며(렘 22:13), 품꾼 특히 추수한 품꾼에게 삯을 주지 않는 자들처럼 하지 않으신다(약 5:4). 그리스도의 추수꾼들은 주님께 밤낮으로 부르짖을지언정 주님을 거슬러 부르짖을 일이 결코 없으며, 자신들이 모진 상전을 섬긴다

고 말할 일도 없다. 그리스도의 명을 받아 추수에 참여하는 사람들은 장차 삯을 받게 될 뿐 아니라 현세에서부터 삯을 받는다. 그리스도를 섬기는 일에는 현세적인 보상이 따르며, 주님의 일 자체가 보상이다. [1] 그리스도의 추수꾼들에게는 거두어야 할 곡식이 있다: 영생에 이르는 열매를 모으나니. 즉, 그들은 자신들과 자신들의 전도를 듣는 사람들을 구원할 것이다(딤전 4:16). 만일 신실한 추수꾼이 자기 영혼을 구원한다면 그것은 그에게 영생에 이르는 열매가 된다. 그리고 더 나아가 다른 사람들의 영혼을 구원하는 데 도구가 되면 그것 역시 영생에 이르는 열매이다. 그리스도께 인도된 영혼들은 그리스도께서 찾으시는 선한 열매이다(롬 1:13). 그 열매는 그리스도를 위해 거둬들여지며(아 8:11, 12), 영생으로 모아진다. 신실한 사역자들은 자신들의 수고로 귀한 영혼들이 영원한 구원으로 모아지는 것을 보면서 큰 위로를 얻는다. [2] 그들에게는 기쁨이 있다: 이는 뿌리는 자와 거두는 자가 함께 즐거워하게 하려 함이라. 선한 사역이 시작되게 하는 데 도구로 쓰인 것을 기뻐하는 사역자는 세례 요한과 같이 심는 자이다. 그리고 그것이 자라도록 하는 자가 거두는 자이다. 두 부류의 사역자들이 함께 즐거워하게 될 것이다. 주의: 첫째로, 복음으로 거둔 성공의 모든 영광이 하나님께 돌아가야 마땅하지만, 신실한 사역자들도 그것에서 큰 위로를 얻는다. 추수의 유익은 주인의 몫이지만, 추수꾼들도 추수의 기쁨에 참여한다(살전 2:19). 둘째로, 다양한 은사와 일을 받은 사역자들은 상대가 가진 것을 시기할 게 아니라, 서로 주께 쓰임을 받는 것을 함께 기뻐해야 한다. 그리스도의 사역자들이 모두 다 잘 섬기는 것도 아니고 다 성공하는 것도 아니지만, 주님의 자비에 힘입어 신실하게 사역을 해나간다면 마침내 모두가 주인의 기쁨에 함께 참여하게 될 것이다.

(3) 그것은 쉬운 일이었으며, 그들보다 앞서 와서 사역한 분들에 의해 이미 절반쯤 진행된 상태였다: 그런즉 한 사람이 심고 다른 사람이 거둔다 하는 말이 옳도다(37, 38절). 이러한 현실은 때로 심는 자들에게 준엄한 심판이 있음을 뜻한다(참조. 미 6:15; 신 28:30). 자기가 심은 것을 다른 사람이 거두는 상황이 올 수도 있는 것이다. 신명기 6:11은 이렇게 말한다: 네가 채우지 아니한 아름다운 물건이 가득한 집을 얻게 하시며. 여기서도 마찬가지이다. 모세와 선지자들, 세례 요한이 복음을 위한 길을 닦고 좋은 씨앗을 심어놓은 까닭에, 신약의 사역자들은 사실상 열매만 거두면 되었던 것이다. 내가 너희로 노력하지 아니한 것 — 즉, 밭

은 것 ― 을 거두러 보내었노니. 참조. 이사야 40:3-5. [1] 이 말씀은 구약시대의 사역에 관하여 두 가지를 암시한다. **첫째로**, 구약의 사역은 신약의 사역에 크게 미치지 못했다. 모세와 선지자들은 씨앗을 뿌렸으나 수고의 결실이라고 할 만한 것을 보지 못한 까닭에 거두었다고 할 수 없었다. 오히려 그들이 남긴 저작들이 우리에게까지 남아 훨씬 더 큰 유익을 끼쳤다. **둘째로**, 구약의 사역은 신약의 사역에 큰 도움이 되었고, 그 길을 닦았다. 안식일마다 회당에서 낭독된 선지자들의 글은 백성들 사이에 메시야에 대한 대망을 고조시켰으며, 그로써 오실 메시야를 영접하도록 준비시켰다. 만일 선지자들이 씨앗을 심지 않았다면, 이 사마리아 여인이 메시야 곧 그리스도라 하는 이가 오실 줄을 내가 아노니 하고 말하는 일도 없었을 것이다. 구약의 책들은 몇 가지 점에서 그것을 처음 받아본 사람들보다 오히려 우리에게 더욱 유익을 끼친다. 우리는 그 책의 예언들이 성취된 것을 보고서 그 교훈을 더 잘 이해할 수 있기 때문이다. 참조. 베드로전서 1:12; 히브리서 4:2; 로마서 16:25, 26. [2] 또한 이 말씀은 사도들의 사역에 관하여 두 가지를 암시한다. **첫째로**, 그들의 사역은 풍성한 열매를 거둔 사역이었다. 그들은 많은 영혼들을 예수 그리스도에게로 모은 추수꾼들로서, 구약의 선지자들보다 훨씬 짧은 기간 동안 이 땅에 하나님 나라를 세우는 일을 했다. **둘째로**, 사도들이 먼저 유대인들에게 보내심을 받았을 때 선지자들의 글에 크게 힘입었다. 선지자들은 눈물을 흘리며 씨를 뿌렸으며, 내가 헛되이 수고하였으며 무익하게 공연히 내 힘을 다하였다고 탄식했다(사 49:4). 반면에 사도들은 기쁨으로 거두면서, 항상 우리를 그리스도 안에서 이기게 하시 … 는 하나님께 감사하노라고 말했다(고후 2:14). **주의:** 이미 세상을 떠난 사역자들의 수고로부터 그들을 계승했거나 뒤에 남은 자들이 좋은 열매를 많이 거두는 일이 있을 수 있다. 세례 요한과 그를 도왔던 자들은 수고했고, 그리스도의 제자들은 그들의 수고를 딛고 서서 터를 닦고 그들이 심은 것의 열매를 거두었다. 우리보다 먼저 사역하다가 세상을 떠난 분들로 인하여 하나님께 감사해야 한다. 그들이 큰 수고를 하여 말씀을 전하고 글로 남긴 것을 우리가 딛고 서서 그 열매를 거두고 있기 때문이다. 그들의 연구와 봉사가 있었기에 우리가 사역하기에 훨씬 쉬웠다. 장차 제3시에 포도원에 들어가서 일한 과거의 사역자들과 제11시에 들어가서 일한 현대의 사역자들이 함께 모여 주님 앞에서 셈하는 날, 그들은 서로의 명예를 시기하지 않고 심은 자들과 거둔 자들이 한마음으로 즐거워할 것이다. 오직 추수의 주인이신 주님께서만 모든 영광을 받으실 것이다.

IV. 그리스도께서 (지나가는 길에) 사마리아인들을 찾아주셔서 그들에게 끼치신 선한 결과와, 이제 그들 가운데서 거두게 된 열매(39-42절).

1. 그리스도에 관한 여인의 증언이 그들에게 끼친 영향. 그것이 한 사람의 증언이었고 증인도 시원찮은데다가 증언의 내용도 내가 행한 모든 것을 그가 내게 말하였다는 것이 고작이었는데도 많은 사람들에게 좋은 영향을 끼쳤다. 혹시는 여인의 은밀한 죄들을 말하였으니 자신들의 죄도 다 드러날까봐 두려워 감히 찾아가지 못했을 것이라 생각할 법도 한데, 그들은 오히려 그분이 선지자일 것이라 생각하고는 용기를 내서 찾아갔다. 찾아갈 때 그들 마음에 두 가지가 있었다.

(1) 그리스도의 말씀에 대한 신뢰(39절): 그 동네 중에 많은 사마리아인이 예수를 믿는지라. 굳게 신뢰했기에 선지자로 간주했고, 그분을 통해서 하나님의 마음을 알고자 했다. 복음서 기자는 이러한 태도를 호의적으로 "믿었다"고 표현한다. 여기서 관찰할 점은, [1] 믿은 그들이 누구였는가? 그들은 이스라엘 집에 속해 있지 않은 사마리아인들이었다. 그들의 믿음은 오히려 더 잘 믿을 여건을 갖고 있던 유대인들의 질투를 불러일으키는 것이었을 뿐 아니라, 유대인들이 배척한 것을 환영하게 될 이방인들의 진실한 믿음이기도 했다. [2] 그들은 어떤 권유를 받고 믿었는가? 그들은 여인의 증언을 듣고서 믿었다. 여기서 생각할 점은, 첫째로, 하나님께서는 가끔 매우 연약하고 가능성이 없어 보이는 사람을 쓰셔서 선한 일을 시작하신다. 어린 소녀가 아람의 군대장관을 엘리사에게 인도했다(왕하 5:2). 둘째로, 작은 불씨가 큰 불을 일으키는 법이다. 우리 구주께서는 가난한 여인을 가르치심으로써 성읍 전체에 교훈이 전파되게 하셨다. 이런 점을 생각하여 설교자는 청중이 소수이거나 보잘것없는 사람들이라고 해서 낙심하거나 성의 없이 설교해서는 안 된다. 그런 사람들에게 선을 행함으로써 더 많은 사람들에게, 더 중요한 사람들에게 그것이 전달될 수가 있다. 그들이 돌아가서 자기 식구와 이웃에게 소식을 전하면 아주 많은 사람들이 간접적으로 배울 수 있다. 빌립은 병거를 타고 가는 신사 한 사람에게 복음을 전했는데, 그 사람이 자기만 복음을 받아들였을 뿐 아니라 그것을 자기 나라로 가져가서 그곳에 전파했다. 셋째로, 그리스도와 하나님에 관하여 자신이 경험한 바를 전하는 것이 유익을 끼친다. 여인은 그리스도에 대해 아는 바가 없었으나, 자신이 마

음으로 느낀 바를 전했다: 내가 행한 모든 것을 그가 내게 말하였다. 하나님께서 자기 영혼을 위해 행하신 일을 말할 수 있는 사람이 가장 좋은 증언을 할 수 있다(참조. 시 66:16).

(2) 그들은 그리스도께 와서 자기들과 함께 유하시기를 청했다(40절): 사마리아인들이 예수께 와서 자기들과 함께 유하시기를 청하니. 그들은 여인의 증언을 듣고 그분이 선지자라고 믿고서 찾아온 것이다. 막상 만나보니 행색이 초라하고 가난해 보였겠지만 그러한 외모로 그분에 대한 존경과 기대가 줄어들지 않고 여전히 그분을 선지자로 믿었다. 주의: 낮은 지위 안에 담긴 진정한 가치에 대해 사람들이 지니는 편견을 극복하는 사람들에게는 소망이 있다. 그리스도의 첫인상을 보고 실망하지 않는 사람들은 복이 있다. 사마리아 사람들은 그런 점에 걸려 넘어지지 않고 오히려 자기들과 함께 유해 달라고 주님께 간절히 청했다. [1] 그로써 주님께 대한 존경의 표시를 하고 싶었고, 주님께 합당한 존경과 친절을 드리고 싶었다. 하나님의 선지자들과 사역자들은 복음을 진실히 영접하는 모든 사람들에게 반갑고 귀한 손님들이다. 참조. 사도행전 16:15의 루디아. [2] 그로써 주님의 말씀을 듣고 싶었다. 하나님에 관해 배우는 사람들은 그리스도를 더 배워 더욱 잘 알게 되기를 간절히 사모하기 마련이다. 많은 사람들이 자신들의 운명에 관해 말해주는 사람에게 몰리는 것이 세상의 이치인데, 이 사람들은 자신들의 잘못과 죄, 의무에 관해 말해주는 분에게 몰려들었다. 역사가 누가는 그들이 사마리아인들이라는 점을 강조하는 듯하다(참조. 눅 10:33; 17:16). 사마리아인들에게는 유대인들과 같은 종교적 명성이 없었다. 하지만 유대인들은 그리스도의 기적들을 보고도 그분을 쫓아낸 반면에, 사마리아인들은 기적을 보지 못하고 그분의 호의를 입지 못했어도 자기들 가운데 유하시라고 청했다. 복음 전파가 성공했다는 증거는 반드시 개연성에 따라 나타나지도 않고, 기대치에 따라 경험되지도 않는다. 사마리아인들은 조상 대대로 물려받은 관습대로 유대인들과 대화 나누는 것을 수치로 알았다. 그래서 사마리아인들 가운데 예수께서 자기들의 성읍을 지나가시는 것을 허락지 않은 자들도 있었으나(눅 9:53), 이 사람들은 자신들과 함께 유해 달라고 간청했다. 주의: 교육과 관습의 편견들을 극복하고 사람들의 비판을 불식시켜 가며 그리스도와 그분 말씀을 사랑한다면 그것은 자랑스러운 일이다. 그리스도께서는 사마리아인들의 간청을 허락하셨다.

첫째로, 그리스도께서는 그들과 함께 유하셨다. 사마리아 성전에 인접해 있는 사마리아인들의 도시였음에도, 그들이 청하자 그곳에 유하셨다. 여행 중이셨고 갈 길이 바쁘셨는데도 선을 행할 기회가 생기자 그곳에 유하셨다. 선한 일을 할 기회를 주는 것은 진정한 장애가 아니다. 하지만 주께서 그 곳에 이틀만 유하신 이유는 찾아가셔야 할 곳과 하실 일이 많았기 때문이며, 그 이틀이란 우리 구주께서 땅에 머무신 매우 짧은 기간을 감안하면 그 성읍 사람들에게 결코 짧지 않은 시간이었다.

둘째로, 그들은 직접 그리스도의 말씀을 듣고 대화를 나누는 과정에서 깊은 감화를 받았다(41, 42절). 주께서 그곳에서 무슨 말씀을 하시고 무슨 일을 하셨는지는 언급되지 않는다. 병자를 고치셨다는 언급도 없다. 하지만 주께서 그리스도이심을 그들로 깨닫고 믿게 하실 만한 교훈과 일을 하셨다는 것이 결국 암시된다. 사역자의 수고는 선한 열매가 가장 잘 말해주는 법이다. 그들은 주님에 관하여 들을 때도 큰 영향을 받았지만, 이제 자기들의 눈으로 직접 주님을 뵈었다. 그로 말미암은 결과는 다음과 같다. 1. 믿는 자들의 수가 많아졌다(41절): 예수의 말씀으로 말미암아 믿는 자가 더욱 많아. 가서 주님의 말씀을 듣자는 권유에 냉담하던 사람들이 주께서 그들 가운데 오셔서 말씀하시자 믿게 되었다. 주의: 믿는 자들의 수가 많은 것은 큰 위로를 준다. 때로는 소수의 열정과 진취성이 많은 사람들을 흔들어 깨워 그들의 믿음의 본을 따라가게 만든다(참조. 롬 11:14). 2. 그들의 믿음이 자라났다. 여인의 증언을 듣고서 온 사람들이 이제 우리가 믿는 것은 네 말로 인함이 아니니 하고 말할 만한 근거를 갖게 되었다(42절). 그들의 믿음은 세 가지 면에서 자라났다. (1) 믿음의 내용. 그들은 여인의 증언을 듣고서 그분이 선지자이거나 하늘로부터 온 비범한 사자라고 믿었다. 그러나 이제 주님과 대화를 나눠본 뒤에는 그분이 조상들에게 약속되었고 자신들이 기대해온 그리스도이시며, 그리스도이시므로 세상의 구주이시라고 믿게 되었다. 그분이 기름 부음을 받으신 목적은 자기 백성을 그들의 죄에서 구원하시기 위함이었기 때문이다. 그들은 주께서 유대인들의 구주이실 뿐 아니라 사마리아인들인 자신들도 포함되는 세상의 구주이시라고 믿었다. 하나님께서 그분을 이방의 빛으로 삼아 땅 끝까지 구원을 베푸시리라고 약속하신 것을 알고 있었기 때문이다(사 49:6). (2) 믿음의 확고함. 그들의 믿음은 충분한 확신에 이르도록 자랐다. 그가 참으로 세상의 구주이신 줄 안다고 말했다. 겉으로만 행세하는 구주가 아니라, 알레토스, 즉 진정한 구주이신 줄 안다는 말이다. 구약성경에 많이 등장했던 모형적인 구주가 아니라 참된 구주이시라는 뜻이다. 우리도 진리를 이와 같이 확신하는 자리에 늘 있어야 한다. 아마도 예수는 그리스도이실 것이다 하고 짐작하는 데서 멈추지 말고, 예수는 참으로 그리스도이신 줄을 우리가 안다고 고백할 줄 알아야 한다. (3) 믿음의 토대. 그들의 말은 영적인 감동이자 체험이었다: 이제 우리가 믿는 것은 네 말로 인함이 아니니 이는 우리가 친히 듣고 그가 참으로 세상의 구주신 줄을 앎이라. 그들은 그러기 전에도 여인의 증언을 믿었고, 그것은 믿음을 향한 좋은 발걸음이었다. 그러나 이제 그들은 믿을 수 있는 훨씬 더 분명하고 확고한 토대를 발견했다: "이제 우리가 믿는 것은 직접 들었기 때문이다. 그러한 훌륭하고 신적인 진리를 큰 능력과 증거로써 말씀하시는 것을 들었으므로, 이분이 그리스도이시라고 충분히 확신하고 만족한다." 이것은 스바 여왕이 솔로몬에 관해서 했던 말과 같다(왕상 10:6, 7): 내게 말한 것 — 솔로몬을 직접 만나기 전에 들었던 것 — 은 절반도 못되니. 여인의 증언을 믿고 찾아온 사마리아인들은 이제 더 밝은 빛을 찾았다. 주께서는 무릇 있는 자에게 더 주시며, 작은 일에 충성한 자에게 더 큰 것을 맡기신다. 이 사례에서 우리는 믿음이 들음에서 난다는 것을 확인하게 된다. [1] 믿음은 **사람들**이 전하는 말을 들음으로써 생긴다. 이 사마리아인들은 여인의 증언을 듣고서 가서 보고 과연 그런지 확인할 정도의 믿음을 가졌다. 이처럼 부모와 교사의 교훈과 교회와 이웃의 전도는 그리스도에 관한 도리를 친숙히 알게 하여 믿을 마음이 생기게 한다. 그러나, [2] 믿음은 그리스도의 말씀을 직접 들음으로써 자라서 힘이 생기고 성숙하게 된다. 그 말씀을 직접 들음으로써 받아들이게 되고, 틀림없는 사실로 믿게 된다. 우리가 성경을 상고하게 된 것은 그 안에서 영생을 발견했다고 우리에게 전해준 사람들의 말을 들었기 때문이다. 그러나 우리도 성경에서 직접 영생을 발견하고, 어둠을 몰아내고 확신을 주고 거듭나게 하고 거룩하게 하고 위로하는 말씀의 능력을 경험한 까닭에, 이제는 그들의 말 때문에 믿지 않고, 우리 자신이 직접 발견했기 때문에 믿는다. 이로써 우리의 지혜가 사람의 지혜에 있지 아니하고 다만 하나님의 능력에 있게 된다. 참조. 고린도전서 2:5; 요한일서 5:9, 10.

이렇게 해서 사마리아에 복음의 씨가 뿌려졌다. 그 후에 어떻게 되었는지 언급되지 않지만, 4-5년 후에 빌립이 사마리아에서 복음을 전할 때 무리가 빌립의 말도 듣고 행하는 표적도 보고 한마음으로 그가 하는 말을 따르더라고 기록된 대로, 주께서 뿌리신 선한 씨앗이 그를 통해 열매를 맺게 되었다(참조. 행 8:5, 6, 8). 그러나 이렇게 선한 반응을 내놓은 사람들이 있었는가 하면, 마술사 시몬의 속임에 끌려감으로써 악한 반응을 내놓은 사람들도 있었다(행 8:9, 10).

43이들이 지나매 예수께서 거기를 떠나 갈릴리로 가시며 44친히 증언하시기를 선지자가 고향에서는 높임을 받지 못한다 하시고 45갈릴리에 이르시매 갈릴리인들이 그를 영접하니 이는 자기들도 명절에 갔다가 예수께서 명절중 예루살렘에서 하신 모든 일을 보았음이더라 46예수께서 다시 갈릴리 가나에 이르시니 전에 물로 포도주를 만드신 곳이라 왕의 신하가 있어 그의 아들이 가버나움에서 병들었더니 47그가 예수께서 유대로부터 갈릴리로 오셨다는 것을 듣고 가서 청하되 내려오셔서 내 아들의 병을 고쳐 주소서 하니 그가 거의 죽게 되었음이라 48예수께서 이르시되 너희는 표적과 기사를 보지 못하면 도무지 믿지 아니하리라 49신하가 이르되 주여 내 아이가 죽기 전에 내려오소서 50예수께서 이르시되 가라 네 아들이 살아 있다 하시니 그 사람이 예수께서 하신 말씀을 믿고 가더니 51내려가는 길에서 그 종들이 오다가 만나서 아이가 살아 있다 하거늘 52그 낫기 시작한 때를 물은즉 어제 일곱 시에 열기가 떨어졌나이다 하는지라 53그의 아버지가 예수께서 네 아들이 살아 있다 말씀하신 그 때인 줄 알고 자기와 그 온 집안이 다 믿으니라 54이것은 예수께서 유대에서 갈릴리로 오신 후에 행하신 두 번째 표적이니라.

이 단락의 내용은 다음과 같다.

I. 그리스도께서 갈릴리로 오심(43절).　주께서는 여느 지역 못지않게 사마리아에서도 환영을 받으시고 사역의 성과도 컸지만 이틀 뒤에 그들을 떠나셨는데, 이는 그들이 사마리아인들이어서 자신을 가리켜 사마리아인이라고 비난하던 자들(참조. 8:48)의 눈이 두려워서 그러신 것이 아니라, 다른 성읍들에 가서도 복음을 전하셔야 했기에 그러신 것이다(눅 4:43). 주께서는 사마리아를 떠나 갈릴리로 가셔서 그곳에서 상당 기간을 지내셨다. 여기서 보게 되는 것은,

1. 주께서는 갈릴리로 가셨다. 하지만 엄밀히 말해 주님의 고향인 나사렛으로 가지는 않으셨다. 갈릴리의 마을들을 두루 다니시되 중심 성읍인 나사렛에는 들어가지 않으신 이유가 본문에 설명되어 있다. 주께서는 동향 사람들의 기

질과 그들의 마음, 그리고 선지자들이 예외 없이 겪었던 일을 아시고서 선지자가 고향에서는 높임을 받지 못한다고 말씀하셨다. 주의: (1) 선지자들은 마땅히 존경을 받아야 한다. 왜냐하면 하나님께서 그들을 높이시고 그들에게서 유익을 얻도록 하셨기 때문이다. (2) 하지만 주의 선지자들에게 돌아가야 할 존경이 자주 거부되고 도리어 경멸이 돌아갔다. (3) 이러한 현상은 특히 그들의 고향에서 자주 발생했다(참조. 눅 4:24; 마 13:57). 반드시 그랬다는 것이 아니라 대체로 그랬다는 말이다(예외 없는 규칙이란 없다). 요셉은 선지자 역할을 수행하기 시작했을 때 형들에게 지독하게 미움을 받았다. 다윗은 형에게 구박을 당했고(삼상 17:28), 예레미야는 아나돗 사람들에게 중상모략을 당했고(렘 11:21), 바울은 동족 유대인들에게 비방을 받았으며, 그리스도의 친족들도 주님을 업신여겼다(7:5). 타락한 인간의 교만과 시기로 인하여 한때 학교 친구이자 놀이 친구였던 사람들에게 배우기를 혐오한 것이다. 새롭고 기발한 것, 하늘에서 뚝 떨어진 것만 바라는 부패한 심정으로 인하여 오랫동안 함께 살아온 까닭에 성장 과정을 잘 아는 사람들과 그들의 교훈을 업신여긴 것이다. (4) 사역자가 자신의 인격과 수고를 알아주지 않는 사람들을 대상으로 사역한다는 것은 큰 좌절을 이고 사는 것이다. 그리스도께서 나사렛에 들어가지 않으신 이유는 그 곳 사람들이 자신을 얼마나 멸시하는지 잘 아셨기 때문이다. (5) 사역자들을 멸시하는 자들에게 복음을 차단하시는 것이 하나님의 공의이다. 복음 전하는 자들을 멸시하면 당연히 복음의 유익도 얻지 못한다(참조. 마 21:35, 41).

2. 그리스도께서 갈릴리인들에게 받으신 대접(45절): 갈릴리인들이 그를 영접하니. 그들은 주님을 반갑게 맞이하여 그 말씀을 들었다. 그리스도와 그분의 복음은 헛되이 보냄을 받지 않는다. 만일 어떤 사람들이 그리스도와 복음을 영접하지 않으면 다른 사람들이 영접한다. 그런데 갈릴리인들이 그리스도를 영접한 이유는 주께서 예루살렘에서 행하신 기적들을 보았기 때문이다(45절). 여기서 관찰할 점은, (1) 그들은 명절 곧 유월절에 예루살렘에 올라갔다. 갈릴리는 예루살렘과 멀리 떨어져 있는 까닭에 그 곳으로 가려면 어쩔 수 없이 사마리아 지방을 통과해야 했는데, 유대인에게 그 곳은 고대의 **바카 골짜기**(눈물 골짜기, 참조. 시 84:5)보다 지나가기 싫은 곳이었다. 그런데도 그들은 하나님의 명령에 순종하여 명절에 올라갔다가 그곳에서 그리스도께서 하신 일을 목격하게 된

것이다. 주의: 공적 예배에 부지런히 참석하는 사람들은 예기치 못한 순간에 자신들이 기대했던 것보다 더 큰 영적인 복을 얻곤 한다. (2) 그들은 예루살렘에 갔다가 그리스도께서 행하시는 기적들을 보았는데, 그것을 보고 그리스도와 그분의 가르침을 크게 신뢰하고 잘 간직하게 되었다. 주께서는 예루살렘에 사는 사람들을 위하여 기적을 행하셨으나, 뜻밖에도 그곳에 와 있던 갈릴리인들이 더 큰 유익을 얻게 된 것이다. 이처럼 다양한 부류의 사람들이 모인 자리에서 전해진 말씀이 항상 그 모임에 참석했던 사람들보다 어쩌다가 참석한 사람들에게 은혜를 끼치는 수가 간혹 있다.

3. 그리스도께서 향하신 도시. 그리스도께서는 어느 도시로 들어가려고 하실 때 전에 물로 포도주를 만드신 갈릴리 가나를 택하셨다(46절). 혹시 그 기적으로 인한 좋은 열매가 맺혔는지 확인하고 싶으신 마음이 있었을 것이다. 만일 열매가 있다면 그들의 믿음을 더욱 굳게 해주고, 심으신 것에 물을 주실 생각이 있었을 것이다. 복음서 기자가 이곳에서 있었던 기적을 언급한 이유는 우리도 그리스도께서 하신 일들을 잊지 말고 기억하도록 가르치기 위함이다.

Ⅱ. 병든 왕의 신하의 아들을 고치심.　이 기사는 다른 복음서들에는 기록되어 있지 않다. 마태복음은 주께서 갈릴리에서 행하신 일들에 이 기사도 망라하여 소개한다(4:23).

관찰할 점, 1. 청한 사람은 누구였으며, 병자는 누구였는가? 청한 사람은 왕의 신하였고, 병자는 그의 아들이었다: 왕의 신하가 있어 그의 아들이 가버나움에서 병들었더니. 왕의 신하라고 번역된 단어는 라틴어로 레굴루스로서, 작은 왕이라는 뜻이다. 이것은 그의 사유지가 그만큼 넓었다는 뜻이거나, 권력이 그만큼 많았다는 뜻이거나, 아니면 그의 영지에 그만한 특권이 있었다는 뜻이다. 어떤 이들은 이 단어가 그의 높은 지위, 즉 왕의 신하를 가리킨다고 이해했고, 다른 이들은 그가 속한 정파를 가리킨다고 이해했다. 그가 헤롯 가문을 지지하고 그로 말미암은 특권도 누리던 헤롯당 사람이었다는 뜻이다. 그럴 경우 그는 헤롯의 청지기 구사였을 수도 있고(눅 8:3), 헤롯의 젖동생 마나엔이었을 수도 있다(행 13:1). 참고로, 가이사 가문에도 신자들이 있었다. 아무튼 아버지는 그렇게 높은 사람이었는데 아들이 병에 걸렸다. 높은 지위와 직함도 가족이 질병과 죽음의 공격을 당할 때 아무런 도움이 되지 못한다. 그가 살던 가버나움에서 그리스도께서 계시던 가나까지는 약 24km 가량 떨어져 있었다. 하지만 아들을 위하여 그렇게 먼길을 마다 않고 그리스도를 찾아왔다.

2. 왕의 신하가 주님께 어떻게 간청했는가? 예수께서 유대 땅을 떠나 갈릴리로 오셨으나, 가버나움으로 오시지 않고 방향을 반대로 틀어 가나로 가신 것을 안 그는 직접 찾아가 내려오셔서 내 아들의 병을 고쳐 주소서 하고 청했다(47절). 여기서 볼 점은, (1) 아들에 대한 애틋한 사랑. 아들의 병을 고치기 위해서라면 어떤 수고도 마다하지 않았다. (2) 우리 주 예수께 대한 각별한 존경. 하인을 보내어 청할 수도 있었는데, 직접 찾아뵙고 청을 드렸다. 그리고 높은 분을 대하듯 깍듯이 예를 갖춰서 간청했다. 세상에서 아무리 권력과 명예가 높은 사람이라도 하나님 앞에 나올 때는 걸인과 같은 심정으로 걸인처럼 간청해야 한다. 그가 주님을 찾아간 일을 생각할 때, 그의 믿음에 다음과 같은 면들이 있었음을 알게 된다. [1] 그의 태도는 진지했다. 아들의 병이 아무리 위중하더라도 그리스도께서 자기 아들을 고쳐 주실 것을 믿었다. 아마도 여러 의사들을 불러 치료를 부탁했으나 소용이 없었을 것이다. 그러나 그리스도께서는 고쳐 주실 수 있다고 믿었다. [2] 그렇지만 그의 믿음에는 결핍이 있었다. 그리스도께서 자기 아들을 고쳐 주실 수 있다고 믿었으나, 멀리서도 고치실 수 있다는 생각은 못한 까닭에 내려오셔서 내 아들의 병을 고쳐 주소서 하고 청했다. 나아만이 선지자에게 기대했듯이, 신체 접촉이 없으면 고치실 수 없는 것처럼 주께서 직접 오셔서 안수해 주실 것을 기대한 것이다. 이처럼 우리는 이스라엘의 거룩하신 분을 우리의 형편에 맞도록 제한하는 경향이 있다. 이방인인 백부장은 주여 내 집에 들어오심을 나는 감당하지 못하겠사오니 다만 말씀으로만 하옵소서 하고 말씀드릴 정도로 믿음이 강했다(마 8:8). 이 왕의 신하는 유대인이었는데도 주님께 족히 하룻길이 되는 먼 길을 오시도록 청하면서, 마치 주님께 어떻게 행하실 것을 가르치기라도 하듯이 내려오셔서 내 아들의 병을 고쳐 주소서 하고 청했다. 기도할 용기를 내는 것은 좋은데, 다만 주님께 방법을 지시해 드리면 안 된다. 말씀으로 해달라거나 만져달라고 해서는 안 되고, 주의 뜻이 이루어지게 하옵소서 하고 구해야 한다.

3. 주께서는 왕의 신하를 가볍게 책망하셨다(48절): 예수께서 이르시되 너희는 표적과 기사를 보지 못하면 도무지 믿지 아니하리라. 비록 그가 왕의 신하로서 아들로 인하여 마음이 슬픈 가운데 그리스도를 존경하여 이렇게 먼 길을 온 것이 사실이지만, 그리스도께서는 그를 책망하신 것이다. 사람이 세상에서 지위

가 높다고 해서 말씀이나 섭리의 책망에서 면제되는 것이 아니다. 이는 그리스도께서 귀에 들리는 대로 판단하지 않으시고 공의로 판단하시기 때문이다(사 11:3, 4). 여기서 눈여겨봐야 할 점은, 그리스도께서 그 사람에게 자비를 베푸시기 전에 먼저 그의 죄와 약점을 드러내신 다음 그의 청을 들어주셨다는 점이다. 이처럼 그리스도께서는 은혜 베푸실 자들을 먼저 책망하셔서 그들의 마음을 겸손하게 만드신다. 위로자이신 성령께서도 위로하시기 전에 먼저 죄를 깨닫게 하신다. 헤롯은 그리스도께서 이적 행하기를 바랐고(눅 23:8), 이 신하도 같은 마음이었으며, 백성들의 마음이 대체로 그랬다. 본문에서 주께서 책망하신 점은 이러하다. (1) 주께서 다른 곳에서 이적 행하신 확실한 소식을 들었으면서도 자기들의 눈으로 직접 그것을 보지 않으면 믿으려 하지 않은 점(참조. 눅 4:23). 자기들을 존중하여 자기들 앞에서 이적을 행하셔야지, 그렇지 않으면 믿지 않겠다는 것이었다. 자기들의 지역도 배려해 주시고, 자기들의 호기심도 표적과 기사로써 채워주셔야 믿지, 그렇지 않으면 아무리 다른 지역에서 그리스도의 가르침이 이적으로써 충분히 증명되더라도 믿지 않으려 하는 못된 심사를 주께서는 책망하신 것이다. 그들은 도마와 마찬가지로 자신들이 제시한 방법에 따르지 않으시면 어떻게 해도 믿지 않을 것이다. (2) 그들은 도무지 부인할 수 없고 오히려 그리스도께서 하나님께로부터 온 선생임을 입증하고도 남을 만한 다양한 기적들에 관한 확실한 소식을 들었으므로, 이제는 영적 장성의 자리로 인도하시는 주님께 마음을 다해 배워 나가야 했는데, 그렇게 하지 않고 자기들의 눈으로 표적과 기사를 보지 못하면 믿지 않으려 했다. 말씀의 영적 능력에 감화를 받거나 인도를 받지 못하고, 기적의 감각적 능력에 이끌렸다. 기적은 믿지 않는 자들을 위한 것이지만, 예언(말씀을 전하는 것)은 믿는 자들을 위한 것이다(참조. 고전 14:22). 기적만 바라고 예언을 무시하는 자들은 불신자로 자처하는 것이다.

4. 왕의 신하는 끈기 있게 주님께 청했다(49절): 주여 내 아이가 죽기 전에 내려오소서. 이러한 그의 태도에서 살펴볼 점은, (1) 칭찬할 만한 점: 그는 주님의 책망을 묵묵히 참고 들었다. 그리고 나서 그리스도께 예를 갖추어 말씀드렸다. 비록 '부드러운 옷'을 입은 자들 가운데 하나였으나 책망을 순순히 들은 것이다. 그리스도의 책망을 외면하는 것이 귀족의 특권이 아니다. 오히려 귀족들 가운데 양식 있는 사람, 특히 그릇이 큰 사람은 잘못을 지적 받아도 화를 내지

않는다. 왕의 신하는 그리스도의 책망을 모욕으로 느끼지 않았으므로 자연히 자신의 청을 거부하신 것으로 받아들이지 않은 까닭에, 주님께서 들어주실 때까지 계속해서 간청했다. 오히려 속으로 이렇게 생각했을 것이다: '그리스도께서 내 영혼을 고쳐 주신다면 필시 내 아들을 고쳐주실 것이다. 만일 내 불신앙을 고쳐주신다면 아들의 병도 고쳐주실 것이다.' 이것이 그리스도께서 일하시는 수순이기도 하다. 주께서는 먼저 우리에 대해서 일하시고, 다음에 우리를 위해서 일하신다. 주께서 우리에게 이러한 수순으로 다가오신다면 우리에게는 소망이 있다. (2) 책망할 점: [1] 왕의 신하는 그리스도께서 책망하신 말씀에 대해 자기 잘못을 시인하거나 사죄를 구하지 않고 마음이 온통 아들에게만 가 있다. 주의: 세상 근심은 우리가 그리스도의 말씀으로 받는 온갖 유익을 왜소하게 만든다. 지나친 근심과 낙심은 좋은 씨를 질식시키는 가시덤불이다. 참조. 출애굽기 6:9. [2] 그는 능력 많으신 그리스도를 앞에 모셔두고서 연약한 믿음을 드러냈다. **첫째로**, 그리스도께서 함께 내려가지 않으시면 아이를 고치실 수 없다고 생각했다. 시간과 장소가 멀리 떨어져 있는 것이 우리 주 예수의 지식과 능력에 아무런 장애가 되지 못한다는 것을 믿기란 우리의 입장에서도 쉽지 않다. 하지만 그것이 사실이다. 주께서는 멀리 계셔도 다 보신다. 주의 말씀, 그 능력의 말씀은 신속히 달리기 때문이다. **둘째로**, 왕의 신하는 그리스도께서 병든 아이를 고치실 수 있다고 믿었지만, 죽은 아이를 고치실 수 있다고는 믿지 못했다. 그러므로 내 아이가 죽기 전에 내려오소서 하고 다급하게 간청한 것이다. 일단 죽고 나면 다 소용없다는 뜻이 그 말에 배여 있다. 하지만 그리스도께서는 육체의 질병뿐 아니라 사망에 대해서도 동일한 권능을 갖고 계신다. 왕의 신하는 엘리야와 엘리사가 죽은 아이를 살려낸 사실을 잊었다. 그리스도의 능력이 그들보다 못하단 말인가? 왕의 신하가 얼마나 다급하게 간청했는지 주목하라: 주여 내 아이가 죽기 전에 내려오소서. 그리스도께서 시간을 지체하실지도 모른다는 우려가 그 말에 깔려 있다. 믿는 사람은 서두르지 않고 그리스도께 자신을 의탁한다. "주여, 주께서 원하시는 일을 원하시는 때에 원하시는 방법을 써서 이루어 주옵소서."

  5. 그리스도께서 최종적으로 해주신 평안의 대답(50절): 가라 네 아들이 살아 있다. 그리스도께서는 이 말씀으로써 우리에게 보여주시는 것은, (1) 주님의 능력. 주께서는 병을 고칠 수 있으실 뿐 아니라, 굳이 찾아가지 않고서도 쉽게 병

을 고칠 수 있으시다. 본문에서 주님으로부터 아무런 행위도, 아무런 명령도 없었지만 그런데도 아이의 병이 나았다: 네 아들이 살아 있다. 의의 태양으로부터 발산되는 치유의 광선이 하늘 이 끝에서 저 끝까지 비추며, 그의 열기에서 피할 자가 없다. 오늘날은 그리스도께서 하늘에 계시고 그분의 교회는 땅에 있으나, 그리스도께서는 위로부터 능력을 보내실 수 있다. 왕의 신하는 이러한 그리스도를 굳이 모시고 내려가 자기 아들을 고치시도록 하려 했던 것이다. 하지만 그리스도께서는 그 아들을 고치시되 내려가지는 않으셨다. 이로써 치유가 신속히 이루어지고, 그 사람의 잘못이 바로잡아지고, 그의 믿음이 확고해졌다. 일이 그리스도의 방식으로 더 훌륭하게 이루어진 것이다. 주께서 우리의 기도를 들어주지 않으실 때 오히려 우리가 구한 것보다 훨씬 더 큰 유익을 주시는 때가 있다. 우리는 쉬운 것을 구하지만, 주께서는 인내를 배우게 하신다. 이 사건에서 주님의 능력이 말씀 한 마디로 발휘된 점을 눈여겨보라. 주께서는 네 아들이 살아 있다는 한 마디 말씀으로써 당신에게 생명이 있으며, 친히 원하시는 자를 살리실 능력이 있음을 보여주셨다. 네 아들이 살아 있다는 말씀이 그 아이를 살게 했다. (2) 주님의 자비. 주께서는 왕의 신하가 아들로 인해 애를 태우고 있는 것을 보셨고, 내 아이가 죽기 전에 내려오소서라는 애절한 말에 아버지의 정이 짙게 배여 있는 것을 보셨다. 그러므로 주께서는 더 이상 책망하지 않으시고 아이가 회복될 것이라는 확신을 주셨다. 아비가 제 자녀들을 어떻게 불쌍히 여기는지 잘 아셨기 때문이다.

6. 왕의 신하가 그리스도의 말씀 앞에서 보인 믿음의 태도: 그 사람이 예수께서 하신 말씀을 믿고 가더니. 주께서는 그 사람과 함께 내려가는 식으로 그를 만족케 하시지는 않았으나, 그 사람은 주께서 취하신 방법에서 만족을 얻고 주님을 찾아간 뜻을 이루었다고 판단했다. 우리의 연약하고 부족한 믿음이 그리스도의 말씀과 능력으로 얼마나 신속히 얼마나 쉽게 채워지는가! 결국 왕의 신하는 아무런 표적과 기사도 보지 못했으나 기사가 행해진 것을 믿었다. (1) 그리스도께서 네 아들이 살아 있다 말씀하시니 그 사람이 예수께서 하신 말씀을 믿었다. 그리스도의 전지(全知)와 자기 아들이 회복된 것을 믿었을 뿐 아니라, 말씀으로 아이를 낫게 하신 그리스도의 전능(全能)을 믿었다. 그는 아들이 죽어가는 모습을 보고 왔으나, 그리스도께서 네 아들이 살아 있다고 말씀하시자 절망을 버리고 소망을 품었으며, 불신앙 가운데 비틀거리지 않았다. (2) 그리스도께서는 가

라고 하셨다. 그리고 왕의 신하는 진실한 믿음으로 돌아가되, 더 이상 다른 말로 그리스도와 자신을 괴롭히지 않았다. 더 이상 함께 내려가 달라고 간청하지도 않았고, "아이가 회복되더라도 함께 내려가 주시면 반갑겠습니다" 하고 말하지도 않았다. 오히려 한나처럼 제 길을 가되 표정이 더 이상 어둡지 않았다. 흡족한 대답을 얻은 사람답게 집으로 돌아가는 걸음도 급하지 않았다. 그 날 밤에 집에 닿기 위해 걸음을 재촉하지 않고 마음에 완전한 평정을 얻은 사람처럼 느긋하게 돌아갔다.

7. 집에 돌아가서 종들의 말을 듣고서 믿음을 더욱 확증함. (1) 그의 종들은 아들이 회복했다는 반가운 소식을 가지고 그를 맞이했다(51절). 아마도 종들은 집에서 그리 멀지 않은 곳에서 그를 만난 듯하다. 그들은 주인의 관심사가 무엇인지 잘 알았기에 되도록 속히 주인의 마음을 편하게 해주고 싶었다. 다윗의 신하들은 아이가 죽었다는 소식 전하기를 주저했었다. 그리스도께서는 네 아들이 살아 있다고 말씀하셨는데, 이제 종들도 같은 말을 했다. 하나님의 말씀에 소망을 둔 이들은 좋은 소식을 만날 것이다. (2) 왕의 신하는 아이가 몇 시에 회복되기 시작했느냐고 물었다(52절). 그것은 정말로 그리스도의 말씀 때문에 아이가 회복되었는지 의심했기 때문이 아니라, 믿음을 더욱 확고히 하여 누구에게라도 그 기적에 관해서 증언할 수 있기를 바랐기 때문이다. 그만큼 중요한 사건이었던 것이다. 주의: [1] 그리스도의 말씀을 확고히 믿어 온전한 확신에까지 자라게 해줄 만한 증거들을 많이 갖고 있는 것이 유익하다. 은총의 표적을 내게 보이소서(시 86:17). [2] 그리스도의 하신 일들을 그의 말씀과 근실히 비교하는 일은 믿음을 확고히 하는 데 크게 유익하다. 왕의 신하가 한 일이 이것이다: 그 낫기 시작한 때를 물은즉. 그러자 종들은 어제 일곱 시에 열기가 떨어졌나이다 하고 대답했다. (유대인의 일곱 시는 우리의 정오에 해당한다. 어떤 이들은 이 복음서 기자가 저녁 일곱 시를 가리켰다고 생각한다.) 회복되기 시작했을 뿐 아니라 갑자기 다 나았다는 것이었다. 그 말을 듣고서 그 아버지는 예수께서 네 아들이 살아 있다 말씀하신 그 때인 줄 알았다. 하나님의 말씀을 주의하여 공부하면 하나님의 섭리를 이해하는 데 도움이 되듯이, 하나님의 섭리를 주의하여 관찰하면 하나님의 말씀을 이해하는 데 도움이 된다. 하나님께서 날마다 성경을 이루어 가시기 때문이다. 왕의 신하는 믿음을 확고히 하는 데 두 가지 사실이 도움이 되었다. 첫째로, 아이의 회복이 점진적으로 이루어지지 않고 당장

이루어졌다. 종들은 구체적인 시간을 말했다: 어제 일곱 시에 열기가 떨어졌나이다. "일곱 시 경"이라고 하지 않고 정확하게 "일곱 시에"라고 말했고, "열기가 떨어지기 시작했다"고 하지 않고 "떨어졌다"고 말했다. 그리스도의 말씀은 약처럼 작용하지 않는다. 약은 효과가 나타나려면 시간이 걸리고, 혹시는 기대 심리의 덕을 보기도 한다. 그러나 그리스도는 딕툼 팍툼(dictum factum), 즉 말씀하시면 이루어진다. 말씀하시면 그렇게 되기 시작하는 것이 아니다. 둘째로, 그것은 그리스도께서 말씀하신 바로 그 시각이었다. 사건들의 동시 발생은 섭리의 아름다움과 조화를 잘 나타낸다. 때를 잘 관찰하면 사건 자체가 더욱 빛난다. 모든 것은 시의적절해야 아름답기 때문이다. 그 사건은 이스라엘이 구원 받은 사건(출 12:41)과 마찬가지로 약속된 때에 발생했고, 베드로가 구출된 사건(행 12:12)과 마찬가지로 기도한 그 시각에 발생했다. 사람들이 하는 일은 거리가 멀면 시간이 걸리고 일이 지체되지만, 그리스도께서 하시는 일은 그렇지 않다. 주께서 하늘에서 말씀하시는 사죄와 평안과 위로와 영적 치유는 주께서 원하시면 신자들의 영혼에 동시에 작용하며, 장차 주님을 뵙게 되는 날 그 둘을 비교하게 될 때 그리스도께서 당신의 성도들 가운데 영광과 존귀를 얻으실 것이다.

8. 이 사건이 끼친 행복한 결과와 교훈. 주께서 아이를 고쳐주신 이 사건이 그 가족을 구원으로 인도했다. (1) 왕의 신하 자신이 믿었다. 그는 이 일로 주님을 찾아뵈었을 때부터 이미 주님을 믿었지만, 이제 주님이 약속된 메시야이심을 믿고 주님의 제자가 되었다. 이처럼 그리스도의 말씀 한 마디의 능력과 효과를 구체적으로 체험하는 것이 그리스도께서 모든 것을 주관하시는 주님이심을 믿게 하는 훌륭한 방편이 된다. 그리스도께서는 마음을 얻는 방법을 많이 갖고 계신데, 그 중 하나는 어느 한 가지 일에 자비를 베푸심으로써 더 나은 것을 얻는 데로 나아가게 하시는 것이다. (2) 그 온 집안이 다 믿었다. [1] 그 집안의 꽃과 희망인 아이를 살려낸 기적 때문이었다. 이 사건이 그들 집안 모든 사람에게 영향을 끼치고, 그리스도를 사모하고 경외하게 만들었다. [2] 그 집안의 가장이 모든 식구들에게 끼친 영향 때문이었다. 가장이라고 해서 식구들에게 믿음을 줄 수도 없고 억지로 믿게 할 수도 없지만, 믿음의 장애가 되는 외적인 편견들을 제거하여 믿음으로 인도할 수는 있다. 아브라함(창 18:19)과 여호수아(24:15)가 이런 일로 유명하다. 왕의 신하는 직위에 걸맞은 대가족을 거느리고 있었을 것

이다. 그러나 그는 그리스도께 나올 때 그들 모두를 데리고 왔다. 병들어 죽게 된 아이가 살아남으로써 이 집안에 얼마나 복된 변화가 일어난 것인가! 우리도 주님의 이러한 사랑과 능력을 믿고 곤란 가운데서도 인내해야 한다. 이 사건으로 인하여 어떤 유익한 결과가 초래되었는지 우리는 다 알 수가 없다. 아마도 왕의 신하와 그의 집안이 회심한 일로 인하여 그리스도께서 이후로 갈릴리 가버나움을 사역의 거점으로 삼으시게 되지 않았는가 싶다. 중요한 지위에 있는 사람들이 복음을 받아들이면 그들이 자기들이 사는 지역에 복음을 전하는 도구로 쓰일 수가 있다.

9. 복음서 기자가 이 기적에 대해 남긴 언급(54절): 이것은 예수께서 유대에서 갈릴리로 오신 후에 행하신 두번째 표적이니라. 가나에서 물로 포도주를 만드신 것이 첫 번째 기적이었다(2:11). 그것은 유대 땅에서 돌아오신 직후에 행하신 기적이었는데, 이번 기적도 두 번째로 유대 땅에 다녀오신 직후에 행하셨다. 주 님은 유대 땅에서 많은 기적을 행하셨다(3:2; 4:45). 그들에게 먼저 믿을 기회를 주신 것이다. 그러나 오히려 박해의 기미가 보이자 갈릴리로 오셔서 기적을 행하셨다. 이곳에서 그리스도를 영접하지 않는다면 다른 곳에서 영접한다. 햇빛이 싫다고 자기 집 창문을 다 닫아 빛이 들어오지 못하게 하더라도, 세상에 비치는 햇빛을 막을 수는 없다. 이 사건이 두 번째 표적임을 밝힌 의도는, 1. 첫 번째 표적을 기억하도록 하심이다. 몇 달 전에 그곳에서 기적을 행하신 바 있다. 새로운 은혜는 이전에 받은 은혜를 기억하게 하고, 이전에 받은 은혜는 앞으로 주실 은혜를 소망하게 한다. 우리는 그리스도께서 베푸신 은혜를 다 기억하지 못할지라도, 그리스도께서는 자기 백성에게 은혜 베푸신 사실들을 소상히 기억하신다. 2. 이번에 병을 고치신 일이 다른 복음서 기자들이 갈릴리에서 행하신 것으로 언급한 다른 기적들보다 먼저 발생했음을 알도록 하기 위함이다(참조. 마 4:23; 막 1:34; 눅 4:40). 아마도 병자가 유능한 사람이어서 주께서 자신을 고쳐 주신 일을 많은 사람들과 병자들 앞에서 증언했을 것이다. 왕의 신하가 그리스도께 찾아갈 때 많은 사람들이 그를 따라갔다. 지위가 높은 사람들이 바른 믿음을 가지고 있을 때 얼마나 풍성한 복을 끼치는가!

제 — 5 — 장

개요

복음서들에는 예수께서 행하시며 가르치신 모든 내용이 충실하게 기록되어 있다(행 1:1). 이 둘이 함께 섞여 기록된 이유는 예수께서 친히 행하신 일을 말씀으로 설명하시고, 가르치신 말씀을 행동으로 확증하셨기 때문이다. 그와 같이 이 장에는 기적과 설교가 나란히 기록된다. I. 기적은 서른여덟 해 된 병자가 고침을 받은 일로서, 그 기적이 발생한 정황이 함께 언급된다(1-16절). II. 설교는 그리스도께서 안식일에 병자를 고치셨다는 죄목으로 비난을 당하셨을 때 산헤드린 앞에서 자신을 변증하신 내용으로서, 1. 주께서는 자신이 메시야이자 하나님과 사람 사이의 중보자이심을 말씀하신다(17-29절). 2. 주께서는 아버지 하나님과 세례 요한, 자신이 행하신 기적들, 그리고 구약성경을 토대로 그 사실을 입증하시며, 유대인들의 불신앙을 정죄하신다(30-47절).

[1]그 후에 유대인의 명절이 되어 예수께서 예루살렘에 올라가시니라 [2]예루살렘에 있는 양문 곁에 히브리 말로 베데스다라 하는 못이 있는데 거기 행각 다섯이 있고 [3]그 안에 많은 병자, 맹인, 다리 저는 사람, 혈기 마른 사람들이 누워 [물의 움직임을 기다리니 이는 천사가 가끔 못에 내려와 물을 움직이게 하는데 움직인 후에 먼저 들어가는 자는 어떤 병에 걸렸든지 낫게 됨이러라] [5]거기 서른여덟 해 된 병자가 있더라 [6]예수께서 그 누운 것을 보시고 병이 벌써 오래된 줄 아시고 이르시되 네가 낫고자 하느냐 [7]병자가 대답하되 주여 물이 움직일 때에 나를 못에 넣어 주는 사람이 없어 내가 가는 동안에 다른 사람이 먼저 내려가나이다 [8]예수께서 이르시되 일어나 네 자리를 들고 걸어가라 하시니 [9]그 사람이 곧 나아서 자리를 들고 걸어가니라 이 날은 안식일이니 [10]유대인들이 병 나은 사람에게 이르되 안식일인데 네가 자리를 들고 가는 것이 옳지 아니하니라 [11]대답하되 나를 낫게 한 그가 자리를 들고 걸어가라 하더라 하니 [12]그들이 묻되 너에게 자리를 들고 걸어가라 한 사람이 누구냐 하되 [13]고침을 받은 사람은 그가 누구인지 알지 못하니 이는 거기 사람이 많으므로 예수께서 이미 피하셨음이라 [14]그 후에 예수께서 성전에서 그 사람을 만나 이르시되 보

라 네가 나았으니 더 심한 것이 생기지 않게 다시는 죄를 범하지 말라 하시니 [15]그 사람이 유대인들에게 가서 자기를 고친 이는 예수라 하니라 [16]그러므로 안식일에 이러한 일을 행하신다 하여 유대인들이 예수를 박해하게 된지라.

기적으로 병을 고치신 이 사건은 다른 복음서들에는 기록되지 않는다. 다른 복음서 기자들은 그리스도께서 갈릴리에서 행하신 기적들을 위주로 전하지만, 요한은 예루살렘에서 행하신 기적을 전한다. 이 사건과 관련하여 관찰할 점은,

I. 이 병고침이 발생한 시점. 유대인의 명절 곧 유월절이었다. 그것이 가장 유명한 명절이었기 때문이다. 그리스도께서는 갈릴리에 거하셨지만 명절에는 예루살렘에 올라가셨는데, 이는 1. 율법 아래 나셨으므로 이스라엘 백성의 일원으로 하나님의 규례를 지키려 하셨기 때문이다. 주께서는 하나님의 아들이시므로 그 규례를 지키지 않으셔도 괜찮았지만, 자발적으로 지키기를 원하셨다. 주께서는 우리에게도 그렇게 부지런히 자발적으로 예배에 참석하라고 권하신다(히 10:25). 2. 그것이 선을 행하실 기회였기 때문이다. (1) 당시 그곳에 허다한 무리가 모였다. 다른 나라에서 온 개종자들 외에도 나라 각처에서 적어도 사려 깊은 사람들이 다 모이는 때였다. 지혜는 성문 어귀와 성중에서 외쳐야 한다(잠 1:21). (2) 그들이 하나님을 예배하고 신앙적인 일에 시간을 쓰기 위하여 왔으므로, 마음 상태가 말씀을 듣기에 적합했기 때문이다. 기도와 경건에 마음이 모여 있으면 하나님의 진리와 빛을 더욱 받고 그리스도를 영접하기에 적합한 상태에 있는 것이다.

II. 이 기적이 발생한 장소. 그곳은 베데스다 못으로서, 병 고치는 기적이 가끔 일어나는 곳이었다. 그 내용이 간략히 언급된다(2-4절).

1. 베데스다 못의 위치: 예루살렘에 있는 양문 곁(에피 테 프로바티케). 양문(羊門)은 느헤미아 3:1에 언급되며, 양 시장 혹은 양 우리로도 옮길 수 있다. 양 시장에서 양을 사서 양문을 통해 성전으로 데리고 갔다. 어떤 이들은 양문이 성전 가까이에 있었다고 생각하며, 만일 그렇다면 기도하러 성전에 가는 사람들에게 그곳(베데스다)의 정경이 애잔한 정서를 불러일으켰을 것이다.

2. 그곳의 명칭: 그곳은 히브리 말로 베데스다라 하는 못이었다. 베데스다란 자비의 집이란 뜻이다. 그곳에서 병자들과 불구자들에게 하나님의 자비가 많이 나

타났기 때문에 그런 명칭이 붙었다. 비참한 것이 많은 이 세상에 베데스다 — 은혜의 집 — 가 더러 있어서 세상이 그저 우울한 곳만이 아닌 것이 감사한 일이다. 하몬드(Hammond) 박사는 이곳을 구제소라고 부른다. 라이트푸트(Lightfoot) 박사는 이곳이 윗못(사 7:3)과 옛못(사 22:11)이었을 것으로 추측한다. 과거에는 이 못이 정결 의식에 쓰였으나, 본문의 시점에는 병 낫는 장소가 되었다.

3. 그곳은 병자들이 기거하기에 알맞았다. 그곳은 다섯 개의 현관과 지붕 달린 복도, 그리고 광장으로 이루어져서 병자들이 누워 있기에 알맞았다. 이렇게 해서 병자들을 배려하는 사람들의 마음과 그들에게 자비를 베푸시려는 하나님의 마음이 일치했다. 자연은 치료약을 주지만, 인간은 병원을 세워야 한다.

4. 이곳에는 병자와 불구자들이 많이 와 있었다(3절): 그 안에 많은 병자, 맹인, 다리 저는 사람, 혈기 마른 사람들이 누워. 이 세상에 질병과 불구로 고통당하는 사람이 얼마나 많은가! 가끔 병원을 찾아가 병자들이 처한 비참한 상황을 보고, 성한 몸을 가지고 사는 것이 얼마나 감사한 일인지 되새겨 볼 필요가 있다. 복음서 기자는 그곳에 누워 있던 사람을 세 부류로 나누어 적는다. 맹인과 다리 저는 사람, 혈기 마른 사람이 그들인데, 혈기 마른 사람은 한편 손을 못 쓰는 사람처럼 신체의 일부 혹은 전체가 불구가 된 사람을 가리킨다. 이들이 언급된 이유는 혼자 힘으로 물에 들어갈 수 없어서 그곳에 가장 오래 대기하고 있었기 때문이다. 이런 불구를 지닌 사람들이 치료받기 위해 이곳까지 와서 오래 기다리는 고생을 하고 있었다. 우리도 같은 처지라면 그렇게 하는 것이 마땅하다. 그러나 우리에게 자기 영혼을 살피는 지혜가 있어서, 영적 질병을 고치기 위해 그러한 노력을 한다면 얼마나 좋겠는가! 우리는 본질상 영적인 일들에 눈멀고 다리 절고 혈기 마른 무능한 사람들이다. 그러나 하나님의 말씀에는 우리가 고침을 받을 수 있는 효과적인 방법이 제시되어 있다.

5. 베데스다 못이 그들을 치료하는 데 어떠한 효능이 있었는가(4절): 천사가 가끔 못에 내려와 물을 움직이게 하는데 움직인 후에 먼저 들어가는 자는 어떤 병에 걸렸든지 낫게 됨이러라. 어떤 이들은 못에 발휘되는 이상한 효능이 자연적인 혹은 인위적인 것으로서 제사의 씻음과 같은 효과를 갖고 있었고, 따라서 맹인조차 치료하는 무슨 효능이 있었는지 알 수 없으며, 천사는 사자 곧 물을 휘젓도록 보냄을 받은 보통 사람이었다고 주장하는데, 이는 근거가 없다. 제사의 씻

음을 위해서는 성전에 그 용도로 따로 구역이 마련되어 있었다. 주석가들의 일치된 견해는 이 못에 초자연적인 효능이 있었다는 것이다. 예루살렘을 예찬하는 데 지면을 아끼지 않는 유대인 저자들이 이 치유의 못에 관해서는 전혀 언급하지 않는 것이 사실이다. 아마도 그 이유는 사람들이 그 못을 메시야의 임박한 도래의 전조로 받아들인 까닭에, 예수를 메시야로 인정하지 않은 그들이 그러한 작은 단서조차 철저히 은폐하려 했을 것이다. 그런 연유로 그 사건은 본문에만 기록되었다. 여기서 관찰할 점은,

(1) 천사가 치료제를 준비함: 천사가 가끔 못에 내려와 물을 움직이게 하는데. 천사들은 하나님의 종이요 인간의 친구들이다. 아마도 그들은 우리가 생각하는 것보다 더 병 고치는 일을 적극 수행하고 있는지 모른다(악한 천사들이 병을 일으키는 것과 대조적으로). 외경에 등장하는 천사의 이름 라파엘은 하나님의 치료제(medicina Dei) 곧 의사라는 뜻이다. 거룩한 천사들이 주의 성도들을 위하여 얼마나 낮은 땅의 일에 종사하고 있는지 생각하라. 만일 천사들과 같이 하나님의 뜻을 행하고자 한다면 우리 밑에 죄 외에는 아무것도 없는 줄을 알아야 한다. 못의 물이 요동하는 것은 다윗에게 뽕나무 위에서 발자국 소리가 났던 것과 마찬가지로 천사들이 내려왔다는 표시였다. 천사들이 내려와 물을 휘저어 놓으면 그 성소의 물에는 치유의 효과가 생겼다. 사역자들은 자기들 속에 있는 은사들을 휘저어 불일 듯하게 해야 한다. 그들이 냉랭하고 둔감하게 되면 물이 잠잠해지고 치유의 능력이 사라진다. 물을 휘젓기 위해 내려온 천사는 날마다 혹은 자주 내려오지 않고 특정한 기간에 내려왔다. 어떤 이들은 세 차례의 주요 절기에 내려와서 그 절기들을 더욱 엄숙하게 만들어 주었을 것이라고 생각하며, 다른 이들은 가끔, 즉 무한한 지혜이신 하나님께서 적절하게 여기시는 때에 그렇게 했을 것이라고 생각한다. 하나님께서는 원하시는 때에 원하시는 자들에게 은혜를 베푸시는 주권자이시다.

(2) 치료제의 효능: 먼저 들어가는 자는 어떤 병에 걸렸든지 낫게 됨이러라. 여기서 생각할 점은, [1] 그 효능의 기적적 성격: 어떤 질병이든 그 물에 들어가면 나았다. 목욕이 대체로 사람에게 이롭지만 어떤 사람들에게는 해로울 수 있는 것과 달리, 이 물은 모든 질병을 고치는 효능이 있었다. 기적의 능력은 자연의 능력이 굴복하는 데서 승리한다. [2] 그 효능의 제한적 성격: 먼저 물에 들어가는 사람만 유익을 얻었다. 미적거리거나 늦게 오는 사람이 아닌 즉시 들어가는

사람이 나음을 얻었다. 여기서 배울 수 있는 교훈은 늘 깨어 있음으로써 기회를 포착하고 선용해야 한다는 것이다. 기회는 한번 가면 다시는 오지 않는다. 천사는 물을 휘저었을 뿐 물 속으로 들어가는 것은 병자들에게 맡겨두었다. 하나님께서는 말씀과 성례를 귀히 여기신다. 그것으로 우리를 고치시기를 원하시는 것이다. 그러나 만일 우리가 그것을 올바로 받아 사용하지 않음으로써 고침을 받지 못한다면 그것은 우리의 책임이다.

이상의 내용이 가끔 일어난 기적에 관하여 성경이 전하는 전부이다. 그 기적이 언제 시작되어 언제 중단되었는지 확실하지 않다. 어떤 이들은 대제사장 엘리아십이 예루살렘 성벽을 건축하여 성별한 때부터 기적이 시작되었을 것이라고 추측한다. 하나님께서 성벽 곁에 있는 이 못에 기적을 내리심으로 그 사역을 받으셨음을 확증해 주셨다는 것이다. 다른 이들은 그리스도께서 탄생하실 무렵에 시작되었을 것이라고 추측한다. 또 다른 사람들은 그리스도께서 세례를 받으실 무렵에 시작되었을 것이라고 추측한다. 라이트푸트 박사는 요세푸스의 글(「고대사」 15.121-122)에서 헤롯 재위 제7년, 그러니까 그리스도께서 탄생하시기 30년 전에 대 지진이 일어났다는 기록을 발견하고서, 천사들이 임할 때 지진이 발생하곤 했으므로 그 때 천사가 처음 내려와 물을 휘젓기 시작했을 것이라고 추측한다. 어떤 이들은 기적이 본문의 사례로써 중단되었다고 생각하고, 다른 이들은 그리스도께서 돌아가실 때 중단되었다고 생각한다. 하지만 분명한 것은 그 기적에 하나님의 자비가 담겨 있었다는 것이다. 첫째로, 그것은 하나님께서 사람들에게 호의를 품고 계시다는 뜻이었으며, 비록 이스라엘 사회에 오랫동안 선지자와 기적이 없었을지라도 하나님께서 그들을 버리지 않으셨다는 표시였다. 그들이 비록 지금은 압제와 멸시를 당하는 백성들이었지만, 그들 중 많은 이들은 우리 조상들이 우리에게 전해준 모든 표적과 기사가 어디 있는가라는 의문을 품고 있었다. 그러한 백성들에게 하나님께서는 이 기적으로써 그 거룩한 도성에 대해 여전히 자비를 베푸신다는 것을 알게 하셨다. 우리도 인류의 건강에 크게 이바지하는 깨끗한 지하수를 주시는 하나님의 자비와 능력에 감사하는 마음을 품어야 한다. 이는 하나님께서 물들의 근원을 지으셨기 때문이다(계 14:7). 둘째로, 그것은 열린 샘이신 메시야의 표상이었다. 그리고 치료하는 광선을 비추는 의의 태양이신 메시야를 사람들이 기대하도록 만드시려는 뜻이 있었다. 이 물은 과거에는 정결케 하는 데 쓰였으나 지금은 병 고치는 데 쓰임으로써, 우리의 모든 죄악과 질병을 씻고 고치시는 그리스도의 보혈의 공로를 상징했다. 이 못에 물을 공급한 실로암 못은 다윗 왕국과 다윗의 자손 그리스도를 상징했다(참조. 사 8:6). 그러므로 그 못에 이처럼 백성들의 병을 고치는 능력이 있는 것은 적절한 현상이었다. 우리에게는 우리의 영적 질병을 고쳐주는 중생(重生)의 세례반(洗禮盤)이 베데스다 못에 해당한다. 세례반은 베데스다 못과 달리 항상 치유의 효능을 지닌다. 원하는 자는 오라!

Ⅲ. 못에 들어가 병 고침을 받은 병자(5절). 거기 서른여덟 해 된 병자가 있더라. 1. 그의 병은 위중했다. 몸이 불구였다. 중풍이 그렇듯이 사지 가운데 한쪽 기능을 상실했다. 몸이 이렇게 불구가 되어서 영혼의 도구가 되지 못하고 오히려 사는 데 짐이 되었다는 것은 슬픈 일이다. 하나님께서 우리에게 성한 몸을 주셔서 하나님과 하나님의 백성들을 위해 몸을 사용할 수 있게 해주신 것이 얼마나 감사한 일인가! 2. 서른여덟 해씩이나 병을 안고 살아왔다. 거의 평생을 그렇게 살아온 것이나 다름없었다. 어떤 사람들은 병에 걸려 오랜 세월 인생으로서 해야 할 일들을 하지 못하고 사는 까닭에, 시편 기자가 탄식하듯이 헛되이 지음을 받은 것처럼 보인다. 섬기기 위해 태어나지 않고 고통받기 위해 태어났다고 생각한다. 사는 것이 죽는 것만 못하다고 생각한다. 우리보다 여러모로 훌륭한 사람들이 오랜 세월 동안 하루라도 건강하게 지내는 것이 무엇인지 모르고 살고 있는데, 하룻밤 앓는 것이나 한 번 병치레를 하는 것으로 인상을 찌푸려서야 되겠는가? 백스터(Mr. Baxter)가 본문에 관하여 주해한 내용이 퍽 감동적이다: "서른여덟 해 동안 하나님의 권징을 온전히 받아낼 수 있게 하셨다는 것이 얼마나 큰 자비인가! 하나님, 제게 쉰여덟 해 동안 권징해 주신 것을 진정으로 감사드리옵나이다. 죄악 중에 번영과 쾌락을 누리고 사는 것에 비해 이렇게 살아온 평생이 얼마나 안전한 것이옵니까!"

Ⅳ. 치유와 그 과정(6-9절).

1. 예수께서 그 누운 것을 보시고. 예수께서 예루살렘에 가셨을 때 궁전에 가지 않으시고 병원에 가신 점을 눈여겨보라. 그것은 자신을 낮추사 백성들과 함께 하시며 자비를 베푸신 일이며, 병든 자와 상처받은 자들을 찾아 고치시기 위하여 세상에 오신 큰 뜻을 가리키는 지표이다. 이곳 베데스다에는 가련한 불구자들이 많이 있었지만, 그리스도께서는 이 한 사람을 주시하시고는 무리 가운데 그 사람을 뽑아내셨다. 베데스다에 모인 사람들 가운데 연장자인데다 병

세가 가장 딱했기 때문이다. 그리스도께서는 의지할 데 없는 자 돕기를 좋아하시며, 자비 베푸실 자에게 자비를 베푸신다. 아마도 곁에 있던 병자들은 그가 번번이 치료를 받지 못하는 것을 보고 조롱했을 것이다. 그러므로 그리스도께서는 그의 인내를 보시고 그를 지목하셨다. 주께서는 가장 약한 사람 편에 서고, 넘어지는 자들을 붙들어 일으켜 주기를 좋아하신다.

2. 그리스도께서는 그 사람이 이런 상태로 얼마나 오랫동안 누워 있었는지 아시고 생각해 주셨다. 오래 고통을 당해온 사람들은 하나님께서 그 기간을 다 헤아리고 계시며 우리의 형편을 다 알고 계신다는 것을 생각하고 위로를 얻을 수 있다.

3. 그리스도께서는 그 사람에게 네가 낫고자 하느냐 하고 물으셨다. 그렇게 오랫동안 앓아온 사람 편에서 볼 때는 이것이 이상한 질문이었다. 물론 이런 형편이 오히려 구걸도 할 수 있고 게으르게 살 수 있는 변명이 되므로 차라리 낫지 않기를 바라는 사람도 있을 것이다. 그러나 이 가련한 사람은 구걸하러 나갈 힘도 없었는데도 그리스도께서 이런 질문을 하신 이유는, (1) 그에 대한 동정과 관심을 나타내시기 위함이었다. 그리스도께서는 고통에 처한 자들의 마음 상태에 자상한 관심을 가지시며, 그들의 기도가 무엇인지 알고 싶어하신다: "내가 네게 무엇을 해주기를 원하느냐?" (2) 권력자들이 그리스도께 심한 편견을 가지고 있고 백성에게 그런 편견을 주입시키려고 애쓰는 상황을 감수하면서까지 주님께 병고침의 신세를 질 뜻이 있는지 알아보시기 위함이었다. (3) 그 사람에게 자비의 가치를 가르치고, 자비를 사모하는 마음을 일으키기 위함이었다. 영적 문제인 경우, 사람들은 죄의 습성을 고침받을 의지가 없고, 죄에서 떠나기를 싫어한다. 그러므로 만일 사람들이 낫고자 하는 의지를 갖게 된다면 일이 절반은 이루어진 셈이다. 우리가 낫고자 한다면 그리스도께서는 얼마든지 고쳐주실 뜻을 갖고 계시기 때문이다(참조. 마 8:3).

4. 이 가련하고 무능한 사람은 그리스도의 질문을 받고 속에 있던 원망을 쏟아냈다: 주여 물이 움직일 때에 나를 못에 넣어 주는 사람이 없어 내가 가는 동안에 다른 사람이 먼저 내려가나이다(7절). 아마도 그리스도의 질문을 다음과 같은 부주의와 게으름에 대한 질책으로 받아들인 듯하다: "만일 네가 낫고자 하는 의지가 있다면 평소에 정신 차리고 있다가 신속히 물에 들어가야 할 게 아니냐?" 이 가련한 사람은 주님의 질문을 그렇게 이해하고는, "아닙니다, 주님. 제

가 고침을 받지 못하는 것은 의지가 없기 때문이 아니라 친구가 없기 때문입니다. 저는 할 도리를 다 보았으나 아무 소용이 없었습니다. 아무도 저를 도와주지 않습니다." (1) 그는 이 물 외에 낫는 방도를 생각하지 않았으며, 자신을 물에 넣어 주는 것 외에 다른 도움을 바라지 않았다. 그러므로 그리스도께서 그를 고쳐 주실 때 그가 품어온 생각과 기대가 아무런 도움도 되지 못했다. 그런 것은 아예 생각한 적이 없기 때문이다. (2) 그는 자기를 도와줄 친구가 없는 것을 원망했다: "내게 그런 친절을 베풀어줄 친구가 없습니다." 먼저 물에 들어가 나음을 입은 사람들이 그 사람에게 도움의 손을 내밀지 않았을까 하는 생각이 들기도 하지만, 가난한 사람들의 공통된 특징은 친구가 없다는 것이다. 아무도 그들의 영혼을 보살펴 줄 사람이 없다. 병들어 무능한 사람들에게는 낫게 해주는 것 못지않게 곁에서 도와주는 것도 사랑을 베푸는 일이다. 따라서 가난한 사람도 다른 사람에게 사랑을 베풀 수 있으며 마땅히 그렇게 해야 한다. 하지만 그런 현상은 어지간해서는 보기 힘들다. 이 말을 하는 것은 그들을 부끄럽게 하기 위함이다. (3) 그는 다른 사람이 번번이 자기보다 먼저 물에 들어가는 현실을 개탄했다. 고침을 받을 수 있는 길이 눈앞에 있는데, 자신은 여전히 무능했다. 아무도 그에게 와서, "당신의 형편이 나보다 더 딱하니 이번에는 먼저 들어가시지요. 저는 다음에 들어가겠습니다" 하고 말하지 않았다. 제 코가 석자라는 속담이 이 경우에도 옳았다. 번번이 시도해도 안 되니까 좌절하기 시작했는데, 그 때 그리스도께서 그에게 찾아오셨다. 주께서는 사람들이 절망하여 손을 놓은 경우에 도우시기를 좋아하신다. 주목할 점은, 이 사람이 주위 사람들의 불친절에 울분을 토로하지 않고 순하게 원망을 표현했다는 점이다. 우리는 작은 친절에도 감사해야 하듯이, 큰 업신여김에도 인내해야 한다. 분노는 항상 의롭고 정당하게 품고, 그것을 표현할 때는 차분해야 한다. 또 한 가지 주목할 점은, 이 사람이 그토록 오랫동안 기대와 실망을 반복하며 살아왔음에도 고침을 받을 날을 소망하며 여전히 못 가에 누워 있었다는 점이다. 참조. 하박국 2:3.

5. 우리 주 예수께서는 그 사람이 구하지도 생각지도 않았는데도 말씀으로써 그를 고쳐주신다.

(1) 주께서 하신 말씀: 일어나 네 자리를 들고 걸어가라(8절). [1] 주께서는 그 사람에게 일어나 걸어가라고 명령하신다. 그토록 오랜 세월 불구로 지내온 무

능한 사람에게 이것은 이상한 명령이었다. 그러나 이 신적인 말씀이 신적 능력의 매체가 되었다. 그것은 질병에 대해 떠나가라는 명령이었고, 그 사람의 육체에 대해서는 강건해지라는 명령이었으나, 그 사람 자신에 대해서는 스스로 분발하라는 명령이었다. 본인이 스스로 일어나 걸어야 했다. 그렇게 할 의지를 품고 시도하면 그럴 힘을 주시겠다는 것이다. 죄인이 회심한다는 것은 고질적인 질병을 고치는 것과 같다. 이 일은 일어나 걸으라; 돌이켜서 생명을 얻으라; 마음을 새롭게 하라는 말씀 곧 명령에 의해 이루어진다. 이 명령은 무능한 사람 속에 그렇게 할 만한 능력이 없고, 오직 하나님의 은혜로만 이룰 수 있다는 것을 전제한다. 그러나 만일 그 사람이 마음을 일으켜 그 명령에 따르지 않았다면 나음을 얻지 못했을 것이고 그 책임은 그에게 있게 되었을 것이다. 그렇다고 해서 그가 일어나 걸은 것이 그 자신의 힘으로 되었다는 말은 아니다. 그리스도의 능력으로 된 것이고, 오직 주께서 모든 영광을 받으셔야 한다. 여기서 주목할 점은, 그리스도께서 그 사람에게 일어나 물로 들어가라 하시지 않고, 일어나 걸으라 하셨다는 점이다. 그리스도께서는 율법이 할 수 없는 일을 우리를 위해 해주시고 우리를 율법의 속박에서 풀어주셨다. [2] 그 사람은 네 자리를 들고 걸어가라 하는 명령을 받았다. 첫째로, 그렇게 명령하심은 그것이 온전한 치유이며 기적임을 나타내시려는 것이다. 그는 단계적으로 힘을 얻은 게 아니라, 극단적으로 약하고 무능했던 몸이 순식간에 강건하게 되었고, 그 결과 여느 사람처럼 자기 자리를 들고 걸을 수 있게 되었다. 방금 전만 해도 자리에서 혼자서 몸을 뒤집지도 못하던 사람이 순식간에 자리를 들고 걸어갈 수 있게 된 것이다. 마태복음 9:6에 나오는 중풍병자는 네 침상을 가지고 집으로 가라는 명령을 받았는데, 아마 이 사람은 돌아갈 집이 없고 베데스다 못이 그의 집이었을 것이다. 그러므로 그에게는 일어나 네 자리를 들고 걸어가라고 명령하셨다. 둘째로, 그렇게 명령하심은 병을 고치신 사실을 공식적으로 공포하시기 위함이었다. 그날이 안식일이었으므로 만일 짐을 메고 거리를 걸어가면 금방 눈에 띌 것이고, 보는 사람마다 무슨 뜻으로 그렇게 하는지 궁금해할 것이기 때문이었다. 그 과정에서 기적의 소문이 널리 퍼짐으로써 하나님께서 영광을 얻으실 것이었다. 셋째로, 그리스도께서는 이로써 안식일의 의무를 율법의 본의를 넘어서서 과도하게 규정한 장로들의 유전을 바로잡으려 하셨다. 그로써 주님 자신이 안식일의 주인이시며, 율법을 주관하는 권세가 있으심을 알리려 하셨다. 여호수아와 이스라엘 군대가 하나님의 명령대로 안식일에 여리고 성을 돌았던 것처럼, 이 사람도 주님의 명령에 수종하여 자리를 들고 걸어갔다. 정황이 그러하므로, 안식일에 자리를 들고 걸어간 것은 불가피한 일이자 자비의 일이 될 수 있었다. 그러나 더 나아가 그것은 순전히 하나님의 영광을 위한 경건의 일이기도 했다. 넷째로, 주님은 이 명령으로써 병자의 믿음과 순종을 시험하려고 하셨다. 그 사람은 안식일에 공개적으로 자리를 들고 다님으로써 교회 당국의 단속에 걸릴 것이고, 적어도 회당에서 징벌을 받을 가능성이 컸다. 그런데도 과연 그 사람이 그리스도께 순종하여 그 일을 감행할 것인가? 그는 당연히 그럴 각오가 되어 있었다. 그리스도의 말씀으로 고침을 받은 사람들은 어떤 대가를 치르게 되든 주님의 말씀에 다스림을 받아야 한다.

(2) 이 말씀의 효과(9절). 신적인 능력이 발휘되자 그 사람은 곧 나아서 자리를 들고 걸어갔다. [1] 그는 그리스도의 말씀에 자기 병든 몸을 고치는 능력이 있음을 느꼈다: 그 사람이 곧 나아서. 가련한 불구자가 그리스도께서 그처럼 쉽게 그처럼 강력하게 자신을 온전케 해주신 것을 체험하면서 얼마나 기쁘고 놀랐겠는가! 얼마나 새로운 세상에 홀연히 들어가게 된 것인가! 그리스도께는 너무 어려워서 하지 못하실 일이란 없다. [2] 그 사람은 그리스도의 명령에 순종했다. 곧 일어나 자리를 들고 걸어가되, 누가 나무라든 위협하든 개의치 않았다. 우리가 영적으로 고침을 받은 증거는 일어나 걷는 것으로 나타난다. 그리스도께서 우리의 영적 질병을 고쳐 주셨는가? 그렇다면 어디든 주께서 우리를 보내시는 데로 가고, 짊어지라고 하시는 것을 짊어지고서 주님 앞에서 행하자.

V. 그 가련한 사람은 고침을 받은 뒤에 어떻게 되었는가?

1. 안식일에 자리를 들고 걸어가는 것을 본 유대인들과 그 사람 사이에 오간 말. 주께서 그 사람을 고쳐준 날은 안식일이었을 뿐 아니라, 더 나아가 유월절 기간의 안식일이었으므로 큰 날이었다(참조. 19:31). 그리스도께서는 항상 아버지의 일을 하셨기 때문에 안식일과 평일을 굳이 구분할 필요가 없었다. 그런데도 특히 안식일에 병 고치는 표적을 많이 행하셨는데, 그 이유는 아마도 훗날 기독교의 안식일을 지킬 때 주께로부터 영적인 복을 기대하도록 하시기 위함이었을 것이다. 본문에서 살펴볼 점은,

(1) 유대인들은 안식일에 자리를 들고 걸어가는 사람에게 그것이 옳지 않다고 비난했다(10절). 그들이 그를 처벌할 권한이 있는 관원들이었는지, 아니면

그저 잘못을 지적할 권한밖에 없는 평민들이었는지 확실하지 않다. 하지만 분명한 것은, 그 사람이 무슨 권위로 그렇게 하는지 알지 못하면서도, 안식일을 지키는 데 열심이 있어서 그 날이 훼손되는 것을 보고서 무심코 지나갈 수 없었다는 것이다(참조. 느 13:17).

(2) 그 사람은 충분한 근거를 가지고 그렇게 했다고 대답했다(11절): "내가 이렇게 하는 것은 율법과 안식일을 업신여기기 때문이 아니라, 나를 낫게 하심으로써 안식일보다 큰 분이라는 부인할 수 없는 증거를 내게 주신 분의 말씀을 순종하는 것일 뿐이다. 나를 낫게 하실 정도로 큰 기적을 행하실 수 있는 분이라면 나한테 자리를 들고 걸어가라고 명령하실 만한 권세가 있는 분임에 틀림없다. 자연의 세력을 지배하는 분이시니 율법도 주관하시는 분임에 틀림없다. 나를 낫게 하실 정도로 친절하신 분이 내게 죄 짓는 행동을 하라고 명령하실 만큼 매정하실 리가 없다." 그리스도께서는 다른 중풍병자를 고치심으로써 죄 사하는 권세가 있으심을 증명하셨는데, 여기서는 율법을 주관하시는 권세가 있으심을 증명하셨다. 만일 주님의 죄 사함이 유효하다면 친히 내리시는 명령도 유효한 셈인데, 주께서 행하신 기적들은 그 둘 다 입증한다.

(3) 유대인들은 그 명령을 한 사람이 누구인지 물었다(12절): 너에게 자리를 들고 걸어가라 한 사람이 누구냐? 여기서 주목할 점은, 유대인들이 정신차리고 생각했다면 그리스도를 믿을 만한 근거가 될 만한 일들을 철저히 외면했다는 것이다. 그들은 호기심을 가지고 "너를 낫게 한 자가 누구냐?" 하고 물은 것이 아니다. 그들은 그리스도에 관해서 깊이 생각해 볼 만한 사안을 집요하게 붙들고 있으면서도 환자에게 자신을 고쳐준 의사에 대해 불리한 증언을 하여 그를 배반하도록 강요했다. 그들의 질문에서 관찰할 수 있는 점은 [1] 그들은 그리스도를 단순한 사람으로 간주하기로 작정했다. 너에게 자리를 들고 걸어가라 한 사람이 누구냐? 그리스도께서 그들에게 부인할 수 없는 증거를 계속 보여주셨는데도, 그들은 그분을 하나님의 아들로 인정하지 않기로 작정했다. [2] 그들은 그리스도를 악인 취급하기로 작정했다. 이 사람에게 자리를 들고 걸어가라 명한 이가 아무리 신적인 증거를 내놓더라도 틀림없이 범죄자라고 단정하고, 그를 핍박하기로 작정했다. 네게 그런 명령을 내리다니, 그 자가 누구인가?

(4) 그 가련한 사람은 유대인들 앞에서 그리스도를 설명할 수 없었다: 고침을 받은 사람은 그가 누구인지 알지 못하니(13절).

[1] 그리스도께서 그를 고쳐주실 때 그는 그분이 누구인지 몰랐다. 아마도 예수라는 이름을 들어본 적은 있었겠지만 직접 뵌 적이 없었으므로 그분이 예수인 줄을 알지 못했을 것이다. 주의: 그리스도께서는 자신을 알지 못하는 사람들을 위해서 선한 일을 많이 하셨다(사 45:4, 5). 주님은 우리에게 빛을 비추시고 힘을 주시고 소생케 하시고 위로를 주시는데, 우리는 주님이 누구인지 알지 못한다. 게다가 날마다 우리를 위해 아버지께 간구하시는 덕분에 우리가 많은 것을 받고 사는데도 그것을 알지 못한다. 이 사람은 그리스도를 알지 못한 까닭에 병 고침을 받을 만한 믿음을 가질 수 없었다. 그러나 그리스도께서는 후에 소경에게 자비를 베푸실 때와 마찬가지로 그의 중심을 보시고 자비를 베풀어 주셨다(참조. 9:36). 우리가 하나님의 언약과 사귐 안에 있게 된 것은 우리가 먼저 하나님을 알았기 때문이 아니라, 하나님께서 먼저 우리를 아셨기 때문이다(참조. 갈 4:9).

[2] 그 당시에 그리스도께서는 당신을 알리지 않으셨다. 그러므로 병을 고치신 후에 거기 사람이 많으므로 곧 그곳을 피하셨다. 이 점이 언급된 이유는, 첫째로, 그리스도께서 자신을 어떻게 숨기셨는지 보이기 위함이다. 주께서는 군중 속으로 들어가심으로써 보통 사람 가운데 하나가 되셨다. 만민의 주와 구주이신 분께서 종종 무리 가운데 하나가 되셨다. 하나님의 백성들을 섬기려 하는 이들은 무리 중 하나로 처신하다가 대수롭지 않게 여김을 받는 일을 가끔 당하기도 한다. 혹은 둘째로, 그리스도께서 그 자리를 피하신 이유는 주변에 군중이 있었기 때문이다. 군중이 기적의 소식을 듣고 당신을 추앙하는 것도 피하려 하셨고, 당신을 안식일 범한 자로 비난하고 고소하려고 하는 자들도 피하려 하신 것이다. 사람들을 대상으로 하나님의 일을 하려고 하는 이들은 악평도 피해야 하지만 호평에도 주의해야 한다. 둘 다 괘념치 않는 것이 지혜이다. 호평으로 인해 교만해질 수 있고, 악평으로 인해 낙심할 수 있기 때문이다. 그리스도께서는 기적을 행하시고는 그대로 놔두셔서, 기적으로 병 고침 받은 사람 자신이 그 사실을 증언하도록 하셨다.

2. 그 사람과 우리 주 예수께서 다음 번에 만났을 때 나눈 대화(14절).

(1) 그리스도께서 그 사람을 만나신 장소: 그곳은 예배를 드리는 장소인 성전이었다. 공적 예배에 참석할 때는 그리스도를 만나 그분을 더욱 알게 될 것을 기대할 수 있다. 주목할 점: [1] 그리스도께서 성전에 가셨다. 원수가 많았음

에도 불구하고 공적인 자리에 가신 목적은, 그곳에서 하나님이 정하신 제도들에 대하여 증언하시고 선을 행하실 기회를 얻기 위함이었다. [2] 고침을 받은 사람도 성전에 갔다. 그곳에서 그리스도께서 그 사람을 만나셨는데, 아마 그를 고쳐주신 당일이었던 듯하다. 그 사람이 곧장 성전으로 간 이유는, **첫째로,** 병 때문에 오랜 세월 성전에 가지 못했기 때문이다. 아마도 서른여덟 해 동안 가지 못했을 것이다. 그러므로 자신을 억류하던 것이 벗겨졌을 때 제일 먼저 찾아간 곳이 성전이었다. 병에 걸린 히스기야가 내가 여호와의 전에 올라갈 징조가 무엇이냐 하고 물을 때 마음에 두었던 것도 그것이었다(사 38:22). **둘째로,** 병 고침을 받음으로 성전에 가서 할 좋은 일이 있었기 때문이다. 그가 성전에 올라간 이유는 자신을 낫게 해주신 하나님께 감사를 드리기 위함이었다. 하나님께서 우리에게 건강을 회복시켜 주실 때는 하나님 앞에 나아가 진정으로 찬송을 드려야 하며(시 116:18, 19), 하나님의 자비에 대한 깨달음이 생생하게 남아 있는 동안 속히 그렇게 할수록 더 좋다. **셋째로,** 자리를 들고 다님으로써 안식일을 무시한 듯한 인상을 주었으므로, 자신이 안식일을 귀하게 여긴다는 것을 보이기 위해서 하나님께 공적 예배를 드리는 성전으로 올라갔다. 안식일에 불가피한 일과 자비의 일을 할 수 있지만, 그 일을 마치면 곧장 성전으로 가야 한다.

(2) 그리스도께서 그 사람에게 하신 말씀. 그리스도께서 우리의 병을 낫게 해주실 때는 그것만 하고 마시려는 것이 아니다. 이제는 우리의 영혼을 고치는 일을 하시며, 그 일도 말씀으로 하신다. [1] 주께서는 그가 고침을 받은 사실을 환기시키신다: 보라 네가 나았으니. 그 사람도 자신이 나은 것을 알고 있었으나, 그리스도께서는 그 사실을 주의 깊게 생각하도록 하신다. 보라라는 말씀은 유념하라는 뜻이다. 얼마나 순간적으로, 얼마나 신비스럽게, 얼마나 대가 없이, 얼마나 쉽게 병을 고쳐주셨는가 진지하게 생각하라는 말씀이다. 보고 경이로운 심정을 품으라는 뜻이고, 그 일이 마음에서 떠나지 않도록 기억하라는 뜻이다(참조. 사 38:9). [2] 그리스도께서는 그 사람에게 다시는 죄를 짓지 말라고 경고하신다: 더 심한 것이 생기지 않게 다시는 죄를 범하지 말라. 그의 병이 죄에 대한 징벌이었다는 뜻이다. 그것이 중대한 죄였는지 아니면 일반적인 죄였는지 우리는 알 길이 없지만, 죄가 병의 중요한 원인이라는 것은 알 수 있다(참조. 시 107:17, 18). 어떤 이들은 주께서 병을 고쳐 주시면서 죄를 언급하신 경

우는 본문의 서른여덟 해 된 병자와 마가복음 2:5에 나오는 중풍병자뿐이라고 지적한다. 고질병이 계속되는 동안 여러 가지 죄가 겉으로 표출되는 길이 막힌 것이므로, 병이 낫게 되면 한층 더 정신을 차려야 한다. 그리스도께서는 병이 낫게 되어 죄에 대한 징계가 걷히면 공포와 제약이 끝나므로, 만일 주께서 은혜로 죄의 샘을 말려주지 않으시면 **다시 옛날로 돌아가 죄를 범할 위험이 있음**을 암시하신다. 죄의 근원을 차단하지 않고 그 물줄기만 막아 놓았다가 댐이 제거되면 물은 다시 과거에 흐르던 길로 흐르게 되어 있다. 그러므로 병 고침의 자비를 받은 뒤에 도로 과거의 어리석은 행습으로 돌아가지 않도록 크게 경성해야 한다. 고침을 받기 전의 **비참한 상태**가 우리에게 더 이상 죄를 짓지 말라고 경고한다. 우리를 낫게 해주신 자비가 우리를 낫게 해주신 분을 모욕하지 말라고 권고한다. 다시는 죄를 범하지 말라는 말씀은 하나님의 섭리의 음성이다. 이 사람은 성전에서 매우 소망스럽게 새 생활을 시작했으나, 그리스도께서는 그에게 이러한 경고를 해줄 필요를 느끼셨다. 사람들에게는 대체로 병들었을 때는 많은 것을 약속했다가도, 병에서 회복되어 무슨 일을 할 힘이 생기면 약속을 깨끗이 잊는 경향이 있기 때문이다. [3] 그리스도께서는 과거로 돌아가 다시 죄를 지을 경우 그 사람 앞에 놓여 있는 위험에 대해 경고하신다: 더 심한 것이 생기지 않게 다시는 죄를 범하지 말라. 모든 사람의 마음을 아시는 그리스도께서는 그 사람이 죄를 무서워해야 할 사람인 줄을 하셨다. 서른여덟 해 동안 불구로 지낸 것만 해도 엄청난 불행이 아닌가? 그런데 만일 하나님께로부터 이와 같이 큰 구원을 받은 뒤에 다시 죄에 빠지면 그에게 더 큰 불행이 닥칠 것이다(참조. 스 9:13, 14). 그가 누웠던 요양소는 우울한 곳이었지만, 지옥은 그곳과 비교할 수 없는 곳이다. 배교자들의 운명은 서른여덟 해를 불구로 지내는 것보다 훨씬 더 두려운 것이다.

VI. 그리스도와 그 사람 사이에 대화가 오간 뒤에 이어진 두 절을 주목하라.

1. 그 가련하고 단순한 사람이 유대인들에게 가서 그리스도에 관하여 전한 말 (15절). 그는 유대인들에게 가서 자신을 고친 이는 예수라고 말했다. 아마도 그는 예수님처럼 능력과 자비가 많으신 분에게 원수가 있으리라고는 추호도 생각하지 않은 채, 그리스도를 높이고 유대인들에게 유익을 주기 위해서 그 말을 전했을 것이다. 그러나 그리스도의 나라가 잘 되기를 바라는 사람들은 자신들의 열정이 유익이 되지 못하고 해를 끼치게 되지 않도록 **뱀과 같은 지혜**가 있어

야 하며, 돼지에게 진주를 주어서는 안 된다. 2. 유대인들이 그리스도에 대해서 품은 분노와 적대감: 그러므로 안식일에 이러한 일을 행하신다 하여 유대인들이 예수를 박해하게 된지라. (1) 그들이 그리스도에 대해 품은 적대감이 얼마나 부조리하고 비이성적인 것이었던가! 그러므로, 즉 가련한 병자를 낫게 하시고 그로써 그에 대한 사회의 부담을 덜어주신 일로 인하여, 다시 말해서 이스라엘에 선을 행하신 일로 인하여 유대인들이 예수를 박해하게 되었다. (2) 그들의 태도가 얼마나 잔인한 것이었는가: 유대인들이 이로 말미암아 더욱 예수를 죽이고자 하니. 그리스도의 피와 목숨 외에 그들을 만족시킬 것이 없었다. (3) 속에 품은 그런 잔인한 감정을 안식일에 대한 종교적 열정으로 은폐했다. 그리스도께서 하신 일은 사실상 죄가 아니었기 때문이다. 그들은 안식일에 이런 일을 행하신다 하여, 즉 그것이 지극히 훌륭하고 신적인 행위를 정죄하고 그 훌륭한 일을 하신 분을 제거하기에 충분한 근거가 된다고 단정한 것이다. 이처럼 종교적 위선자들은 속으로는 경건의 능력에 대해 반감을 갖고 있으면서, 경건의 모양을 지키려는 가식적인 열정으로 그것을 은폐하는 경우가 많다.

[17]예수께서 그들에게 이르시되 내 아버지께서 이제까지 일하시니 나도 일한다 하시매 [18]유대인들이 이로 말미암아 더욱 예수를 죽이고자 하니 이는 안식일을 범할 뿐만 아니라 하나님을 자기의 친 아버지라 하여 자기를 하나님과 동등으로 삼으심이러라 [19]그러므로 예수께서 그들에게 이르시되 내가 진실로 진실로 너희에게 이르노니 아들이 아버지께서 하시는 일을 보지 않고는 아무 것도 스스로 할 수 없나니 아버지께서 행하시는 그것을 아들도 그와 같이 행하느니라 [20]아버지께서 아들을 사랑하사 자기가 행하시는 것을 다 아들에게 보이시고 또 그보다 더 큰 일을 보이사 너희로 놀랍게 여기게 하시리라 [21]아버지께서 죽은 자들을 일으켜 살리심 같이 아들도 자기가 원하는 자들을 살리느니라 [22]아버지께서 아무도 심판하지 아니하시고 심판을 다 아들에게 맡기셨으니 [23]이는 모든 사람으로 아버지를 공경하는 것 같이 아들을 공경하게 하려 하심이라 아들을 공경하지 아니하는 자는 그를 보내신 아버지도 공경하지 아니하느니라 [24]내가 진실로 진실로 너희에게 이르노니 내 말을 듣고 또 나 보내신 이를 믿는 자는 영생을 얻었고 심판에 이르지 아니하나니 사망에서 생명으로 옮겼느니라 [25]진실로 진실로 너희에게 이르노니 죽은 자들이 하나님의 아들의 음성을 들을 때가 오나니 곧 이 때라 듣는 자는 살아나리라 [26]아버지께서 자기

속에 생명이 있음 같이 아들에게도 생명을 주어 그 속에 있게 하셨고 [27]또 인자됨으로 말미암아 심판하는 권한을 주셨느니라 [28]이를 놀랍게 여기지 말라 무덤 속에 있는 자가 다 그의 음성을 들을 때가 오나니 [29]선한 일을 행한 자는 생명의 부활로, 악한 일을 행한 자는 심판의 부활로 나오리라 [30]내가 아무 것도 스스로 할 수 없노라 듣는 대로 심판하노니 나는 나의 뜻대로 하려 하지 않고 나를 보내신 이의 뜻대로 하려 하므로 내 심판은 의로우니라.

본문은 그리스도께서 안식일을 범했다고 고소를 당하셨을 때 하신 말씀으로서, 아마도 산헤드린 앞에서 하신 변증인 듯하다. 이 날이 병자를 고치신 당일이었는지, 아니면 이삼일 후였는지 분명하지 않지만, 아마도 당일이었던 것으로 보인다.

I. 그리스도께서 안식일에 행하신 일을 변증하시면서 가르치신 교훈(17절): 예수께서 그들에게 이르시되. 대답하여 이르시되라는 뜻인데, 그들에게 고소를 당하신 일이 전제되어 있다. 혹은 그들이 예수님을 죽이려 작정하고서(16절) 자기들끼리 하는 말을 예수께서 아시고서 내 아버지께서 이제까지 일하시니 나도 일한다고 대답하신 것일 수도 있다. 다른 경우에 비슷한 고소를 당하셨을 때, 주께서는 안식일에 다윗이 진설병을 먹은 일, 제사장들이 제물을 잡아 제사를 드린 일, 백성들이 가축에게 물을 먹이는 일을 예로 드셨다. 그러나 본문에서는 더 높은 차원으로 올라가셔서 성부 하나님과 당신의 신적 권위를 예로 제시하신다. 다른 사례들을 다 제쳐두고 전체와 동등인 것(istar omnium)을 근거 삼아 길게 말씀하신다. 그 말씀은 마태복음 12:8에서도 하신 것으로서(인자는 안식일의 주인이니라), 본문에서 부연하여 말씀하신다. 1. 주께서는 친히 하나님의 아들이라고 말씀하신다. 하나님을 자기의 친 아버지라고 말씀하신 데에 그 점이 분명하게 암시되어 있다. 만일 하나님의 아들이시라면 주님의 거룩하심은 불문가지가 되고, 주님의 주권은 이론의 여지가 없게 된다. 율법을 당신의 기쁘신 뜻대로 주관하실 수 있는 분이신 것이다. 이는 만물의 후사이신 아들을 공경하게 하려 하심이라. 2. 주께서는 하나님과 함께 일하셨다. (1) 내 아버지께서 이제까지 일하시니. 제4계명은 하나님께서 일곱째 날에 모든 일을 쉬신 사실을 우리가 그 날을 안식의 날로 지켜야 할 근거로 설명한다. 그런데 하나님께서는 엿새 동안 행하신 그러한 모든 일을 쉬셨다. 그 외의 일에 대해서는 지금도 일하

고 계신다. 날마다, 즉 안식일과 엿새 동안 일하시면서 만물을 보존하시고 다스리신다. 일반 섭리로써 당신의 영광을 위하여 자연의 모든 운동과 작용이 적시(適時)에 발생하도록 만드신다. (2) 나도 일한다. 그러므로 아버지처럼 엿새와 마찬가지로 안식일에도 선을 행하실 뿐 아니라, 아버지와 함께 일하신다. 하나님께서는 그리스도로 말미암아 만물을 창조하신 것처럼, 만물을 보존하시고 다스리시는 일도 그리스도로 말미암아 하신다(참조. 히1:3). 이로써 그리스도께서는 하시는 일에 아무런 제약도 받지 않으신다. 지극히 위대하신 분이시기에 아무도 제재할 수 없는 통치자이시다. 그리스도께서는 만유의 주이시며, 따라서 안식일의 주인이시다. 특히 이점을 힘써 강조하신 이유는, 얼마 후면 안식일을 일곱째 날에서 첫째 날[주의 날]로 변경하실 것이기 때문이다.

　II. 주님의 가르침에 대한 공격(18절): 유대인들이 이로 말미암아 더욱 예수를 죽이고자 하니. 주께서 애써 변호하신 말씀이 도리어 공격의 빌미가 되었다. 변호하심으로써 사태가 더욱 악화된 셈이다. 주의: 그리스도의 말씀으로 비췸을 받지 못하는 자들은 그 말씀에 분노하고 격앙되기 마련이며, 따라서 주께서 당신의 권위를 강조하시는 것만큼 주의 대적들을 분노하게 만드는 것도 없다. 참조. 시편 2:3-5. 그들이 그리스도를 죽이려 한 이유는, 1. 안식일을 범하셨기 때문이다. 주께서 무슨 말씀을 하시든, 그 말씀이 옳고 그르든, 그들은 안식일을 범한 행위만 물고 늘어지기로 작정했다. 반감과 시기가 판사석에 앉으면 이성과 정의가 법정에서 입을 닫게 된다. 무슨 말을 하든 무시당하기 때문이다. 2. 그뿐 아니라, 그리스도께서 하나님을 자기의 친 아버지라 말씀하셨기 때문이다. 앞에서는 안식일 수호자로 행세한 그들이, 이번에는 하나님의 명예를 수호하는 자로 나서서, 그리스도에 대해서 자신을 하나님과 동등이라고 주장하는 극악한 죄를 범했다고 고소했다. 만일 그리스도의 말씀이 사실과 달랐다면 그것은 과연 극악한 죄였을 것이다. 루시퍼가 범한 죄가 그것이었다: 지극히 높은자와 같이 되리라. 여기서 살펴볼 점은, (1) 그리스도께서 하나님의 아들이시며 하나님께서 그의 아버지(파테라 이디온) — 다른 이의 아버지가 아닌 그의 아버지라는 의미에서 — 이신 사실은 그리스도의 말씀에서 정당하게 추론한 것이다. 그리스도께서는 하나님과 동일한 권위와 능력으로 아버지와 함께 일하신다고 말씀하셨으며, 이로써 당신이 하나님과 동등이심을 밝히셨다. 보라, 유대인들은 아리우스파가 이해하지 못하는 것을 이해한다(Ecce intelligunt Judaei, quod nonintelligunt Ariani). (2) 그리스도께서 자신을 하나님과 동등이라 말씀하신 것을 죄로 간주한 것은 부당한 처사였다. 왜냐하면 그리스도께서는 과거에도 하나님이셨고 지금도 아버지와 동등한 하나님이시기 때문이다(빌 2:6). 그러므로 그리스도께서는 이 고소에 대해서 강압적으로 대응하지 않으시고, 당신이 권세와 영광에서 하나님과 동등이심을 설명하고 증명해 나가셨다.

Ⅲ. 그리스도께서 이 경우에 관하여 하신 말씀. 5장 끝까지 계속됨. 여기서 주께서는 하나님과 사람 사이의 중보자와 전권대사로서 당신의 사명을 설명하고 뒤에 가서 확증하신다. 그러한 칭호는 여느 피조물이 받을 수 없는 것이기에, 주께서 받으신 사명은 어떠한 피조물도 감당할 수 있는 것이 아니며, 따라서 주께서는 아버지와 동등이신 하나님이시다.

1. 일반적으로. 그리스도께서는 중보자로서 행하시는 모든 일에 아버지와 하나이시며, 두 분은 모든 일에서 생각이 일치하신다. 이 사실이 엄숙한 서언으로 선포된다(19절): 내가 진실로 진실로 너희에게 이르노니. "아멘이요 아멘인 내가 말한다"라는 뜻으로서, 선포하실 말씀이 다음과 같음을 암시한다. (1) 대단히 두렵고 중대하며, 진지하게 귀담아 들어야 할 내용이다. (2) 아주 확실하여서 거짓 없이 동의해야 할 내용이다. (3) 순전히 신적 계시에 속한 내용이다. 즉, 친히 말씀해 주시지 않으시면 우리가 도저히 알 수 없는 내용이다. 그리스도께서는 다음과 같은 일을 하심으로써 아들이 아버지와 하나이신 사실을 일반적으로 말씀하신다:

[1] 아들은 아버지를 따르신다(19절): 아들이 아버지께서 하시는 일을 보지 않고는 아무 것도 스스로 할 수 없나니 아버지께서 행하시는 그것을 아들도 그와 같이 행하느니라. 중보자이신 주 예수께서는 첫째로, 아버지의 뜻에 순종하신다. 워낙 철저히 순종하시는 까닭에 하나님께서는 거짓말을 하실 수 없고 스스로 부인하실 수 없다는 말씀과 같은 의미로 아무 것도 스스로 하실 수 없다. 이 말씀은 그리스도의 능력에 무슨 결핍이 있음을 가리키지 않고, 그리스도의 진리가 완전함을 가리킨다. 이처럼 그리스도께서는 아버지의 뜻을 온전히 따르시기 때문에 매사에 아버지와 동떨어진 상태로 무슨 일을 하시는 것이 불가능하다. 둘째로, 그리스도께서는 아버지께서 하시는 일을 주의 깊게 지켜보시고 그대로 행하신다. 아버지께서 하시는 것을 본 것이 아니면 아무 일도 하실 수도 없고 하실 뜻도 없으시다. 아버지의 품에 계시면서 아버지가 행하시는 것을 보고 그 뜻을 잘 파악

하여 자신도 항상 그 뜻을 행할 뜻을 세우신 독생자를 통하지 않고는 아무도 하나님께서 하시는 일을 알 수가 없다. 그리스도께서 중보자로서 지상 사역을 통해 행하신 모든 일은 아버지께서 행하신 일의 정확한 모사(模寫)였다. 즉, 아버지께서 영원한 섭리 가운데 우리를 구속하기 위한 뜻을 세우시고, 다시는 무산될 수도 없고 변경할 필요도 없는 모든 방법들을 정하실 때 계획하신 그대로 행하신 것이다. 그것은 위대한 원본의 모사였다. 산에서 보이던 본을 따라 행한 것이 모세의 신실함이었을 뿐 아니라 그리스도의 신실하심이기도 했다(참조. 히 8:5). 아들이 아버지께서 하시는 일을 보지 않고는이라는 구절이 현재 시제로 쓰인 것은 그리스도께서 땅에 계실 때 하늘에 올라간 자라고 한 것(3:13)과 아버지의 품 속에 계시다고 한 것(1:18)과 같은 이치이다. 주께서는 땅에 계실 때조차 신성(神性)에 의해 하늘에 계셨으며, 따라서 하늘에서 되어지는 일들을 현재의 지식으로 지니실 수 있었다. 아버지께서 작정에 따라 행하시는 일들을 주께서는 늘 마음에 두고 계셨고 거기에 눈을 두고 사셨다. 이는 다윗이 성령에 감동되어 그리스도에 대하여 내가 여호와를 항상 내 앞에 모심이여 하고 말한 것과 같다(시 16:8). 셋째로, 그럴지라도 그리스도께서는 행하시는 일에서 아버지와 동등이셨다. 아버지께서 무슨 일을 행하시든 아들도 동일하게 하시기 때문이다. 그러한(such) 일이 아니라 타우타, 즉 동일한 일을 행하셨다. 그리고 아버지와 같은 방식으로(호모이오스), 동일한 권위와 자유와 지혜로, 동일한 활력과 효력으로 행하셨다. 아버지께서 적극적인 법을 제정하시고 폐기하시고 수정하시는가? 아버지께서 자연의 이법을 주관하시며, 사람의 마음을 아시는가? 아들도 그러하시다. 중보자의 권능은 신적인 권능이다.

[2] 아버지께서는 아들과 대화를 나누신다(20절).

첫째로, 대화의 동기: 아버지께서 아들을 사랑하사. 성부 하나님께서는 이는 내 사랑하는 아들이요 하고 선포하셨다. 아들이 하시는 일에 선의를 갖고 계셨을 뿐 아니라 그 일을 행하시는 분에 대해서도 선의를 갖고 계셨다. 그리스도께서는 땅에 계실 때 사람들에게 멸시를 당하고 백성에게 미움을 받으셨으나(사 49:7), 아버지께서 자신을 사랑하신다는 사실로 위로를 받으셨다.

둘째로, 아버지께서 아들을 사랑하신 사례들. 1. 아버지께서는 친히 행하시는 모든 일을 아들에게 알리신다. 아버지께서 세상을 지으시고 다스리시는 방법을 아들에게 보이셔서, 아들로 같은 방법으로 교회를 세우시고 다스리실 수 있게 하셨다. 교회를 세우시고 다스리시는 일이 창조와 섭리의 일을 따르도록 하셨고, 그러므로 장차 올 세상이라 불린다. 아버지께서는 친히 행하시는 모든 일(하 아우토스 포이에이)을 아들에게 보여주시며, 아들은 그것을 행하시어 아버지께서 행하시는 일을 사람들로 깨닫게 하신다. 아들이 행하시는 모든 일은 아버지의 지시에 따른 것이다. 2. 친히 행하실 일을 아들에게 알리신다. 이것보다 더 큰 일을 아들에게 보이시고 행하도록 지시하실 것이다. (1) 불구자를 고치신 것보다 더 큰 능력으로 행하신 일. 장차 죽은 자를 살리실 것이고, 친히 죽은 자 가운데서 살아나실 것이기 때문이었다. 자연의 능력에 속하는 방법들을 사용하더라도 시간이 지나면 병을 낫게 할 수가 있다. 그러나 자연은 어떤 방법을 쓰더라도 죽은 자를 살려내지는 못한다. (2) 안식일에 일어나 자리를 들고 걷도록 하신 것보다 더 큰 권위로 행하신 일. 사람들은 그러한 주님의 명령을 만용으로 여겼다. 그러나 그 일은 장차 의식법 전체를 폐하시고, 너희로 놀랍게 여기게 하시리라고 말씀하신 대로 곧이어 새로운 규례를 제정하실 일과 비교할 때 오히려 작은 일이었다. 이 때는 사람들이 주께서 하시는 일을 멸시하고 공격했지만, 얼마 후면 그들이 크게 놀라게 될 일을 하실 것이었다(눅 7:16). 그리스도께서 행하시는 일을 보고 많은 사람들이 놀랍게 여길 것이며, 믿지 않은 자들이 그것을 보고 믿게 될 것이다.

2. 구체적으로. 그리스도께서는 아버지의 고유의 일에 해당하는 몇 가지 일을 친히 행하심을 보이심으로써 당신이 아버지와 동등이심을 입증하신다. 이 내용이 21-30절에 부연 설명된다. 그리스도께서는 하나님의 독특한 주권에 해당하는 일 ― 심판과 심판 집행 ― 을 행하고 계시며 앞으로도 행하실 것이다. 이 두 가지 일을 긴밀하게 엮어 말씀하신다. 한 번 하신 말씀을 되풀이하여 강조하신다. 그 두 가지 일을 합치면 그리스도께서 하나님과 동등이시라고 말씀하신 것이 과장이 아님을 잘 알게 될 것이다.

(1) 본문이 죽은 자를 일으켜 생명을 주는 중보자의 능력에 관하여 뭐라고 가르치는지 주목하라.

[1] 그 일을 행하실 수 있는 그리스도의 권세(21절): 아버지께서 죽은 자들을 일으켜 살리심 같이 아들도 자기가 원하는 자들을 살리느니라. 첫째로, 죽은 자를 살리고 생명을 주는 것은 태초에 사람에게 생기를 불어넣으셔서 생령이 되게 하신 하나님의 대권에 속한 일이다. 참조. 신명기 32:30; 사무엘상 2:6; 시편

68:20; 로마서 4:17. 이 일을 하나님께서는 선지자 엘리야와 엘리사를 쓰셔서 하셨고, 그것이 그들이 하나님께로부터 보냄을 받은 사실을 확증해 주었다. 죽은 자의 부활은 자연의 길에는 발생하지 않으며, 자연의 세력 범위만 연구하는 사람들에게는 개념조차 없다. 오히려 그들은 존재란 일단 소멸하면 다시 점화할 수 없다(a privatione ad habitum non datur regressus)는 생각을 공리처럼 받아들인다. 그러므로 아테네 사람들은 사도가 전하는 부활의 도를 듣고 조롱했다(행 17:32). 부활은 순전히 하나님의 권능에 속한 일이며, 부활에 관한 지식도 순전히 신적 계시를 통해서만 깨달을 수 있다. 이러한 지식을 믿는 자들이 갖게 될 것이었다. 둘째로, 중보자에게는 원하시는 자를 원하시는 때에 살리는 권세가 부여되었다. 그분은 마치 태양이 그 광선으로 만물에 두루 활력을 부여하듯이 불특정 다수를 살아나게 하시지 않고, 자유로운 행위자로서 친히 능력을 사용하시되, 외부의 압력이나 강요를 받지 않으신다. 그분에게는 하나님의 능력 못지않게 하나님의 지혜와 주권도 있다. 사망과 음부의 열쇠를 지니신 분이다(계 1:18). 종처럼 명령받은 대로 사망과 음부의 문을 여닫지 않으신다. 다윗이 주라고 부른 분으로서, 다윗의 열쇠를 쥐고 계신다(계 3:7). 성경은 임의로 죽이며 임의로 살리는 권세를 지닌 절대 군주에 관하여 말하는데(단 5:19), 그리스도는 과장 없이 이러한 권세를 지니고 계신다.

[2] 그 일을 행하실 수 있는 능력. 그러므로 그리스도에게는 성부 하나님과 마찬가지로 원하시는 자를 살리는 권세가 있다. 왜냐하면 아버지께서 자기 속에 생명이 있음 같이 아들에게도 생명을 주어 그 속에 있게 하셨기 때문이다(26절). 첫째로, 성부 하나님께서 자기 속에 생명이 있음은 자명하다. 성부께서는 스스로 계시는 분으로서, 그 존재가 다른 대상에게서 유래하거나 다른 대상에 의존하지 않고(출 3:14), 오히려 주권적으로 생명을 주시는 분이시다. 임의로 생명과 모든 좋은 것을 주기도 하시고 거두기도 하실 권세를 갖고 계신다. 생명과 모든 좋은 것은 성부에게서 나오며, 성부께 의존한다. 성부께서는 피조물들에게 생명과 모든 좋은 것의 근원이 되신다. 그들의 존재를 내는 분이시며, 살아 계신 하나님이시요 모든 살아 있는 것들의 하나님이시다. 둘째로, 성부께서 아들에게도 생명을 주어 그 속에 있게 하신 것도 확실하다. 이는 성부께서 광대하신 창조자이시므로 모든 자연적 생명과 좋은 것의 근원이신 것 같이, 구속자께서도 모든 영적 생명과 좋은 것의 근원이시요, 성부께서 세상과 맺고 계신 관계

를 교회와 맺고 계시기 때문이다(참조. 고전 8:6; 골 1:19). 마치 섭리의 왕국이 창조자의 손에 있듯이, 은혜의 왕국과 그 왕국 안에 있는 모든 생명은 온전히 전적으로 구속자의 손에 있다. 만물에게 생명을 주시는 하나님께서 그 속에 생명을 지니고 계시듯이, 믿는 자에게 생명을 주시는 그리스도께서는 자신의 능력으로 스스로 생명을 취하신다(참조. 10:18).

[3] 자신의 권위와 능력을 가지고 죽은 자를 살리심. 그 속에 생명이 있고, 원하는 자를 살릴 권세가 있으시므로, 그 권능의 말씀으로 두 번의 부활을 일으키신다.

첫째로, 현재의 부활(25절). 그리스도께서는 믿는 자를 은혜의 능력으로 죄의 죽음에서 의의 생명으로 살리신다. 죽은 자들이 하나님의 아들의 음성을 들을 때가 오나니 곧 이 때라. 이것은 이미 시작되어 계속 전개되어 가는 부활로서, 28절에서 말하는 마지막 날에 있을 부활과 뚜렷이 구분된다. 무덤 속에 있는 자가 부활한다는 언급이 25절에는 없다. 그런데, 1. 어떤 이들은 죽은 자들이 하나님의 아들의 음성을 듣고 살아나리라는 25절의 말씀을 그리스도께서 기적으로 죽은 자를 살리신 사건들로 성취되었다고 생각한다. 야이로의 딸, 과부의 아들, 나사로를 살리셨는데, 주목할 것은 이들을 살리실 때 아이야 일어나라, 청년아 일어나라, 나사로야 나오라고 말씀하셨다는 사실이다. 이와 대조적으로 구약 시대에 죽은 자를 기적으로 살릴 때에는 말씀이 아닌 다른 방법을 사용했다(참조. 왕상 7:21; 왕하 4:34; 13:21). 어떤 이들은 25절의 말씀이 그리스도와 함께 무덤에서 일어난 성도들을 가리킨다고 생각한다. 그러나 그들이 하나님의 아들의 음성을 듣고 일어났다고 기록되지 않는다. 오히려, 2. 나는 그 말씀을 그리스도의 교훈의 능력으로 이해한다. 주께서 죄와 허물로 죽었던 자들을 복음의 말씀으로 살리시기 때문이다(엡 2:1). 죽은 자들이 복음의 전도를 듣고서 살아나는 때가 오고 있었다. 아니, 그 때는 그리스도께서 땅에 계실 때 이미 와 있었다. 그 말씀이 특히 이방인들을 부르실 일을 가리킨다고 볼 수도 있다. 그들을 복음으로 구원하는 것이 죽음에서 생명으로 불러내는 것으로 표현된다. 어떤 이들은 에스겔의 환상(37:1)이 예표한 것과, 이사야 26:19이 예언한 것이 그것이었다고 생각한다. 그러나 그 말씀이 이방인들의 회심뿐 아니라, 복음이 유대인과 이방인 모두에게 거둔 큰 성공을 가리킨다고 봐야 옳다. 유대인과 이방인 가운데 선택된 자들이 모두 효과적으로 부르심을 받을 때까지 그 때는 이미 와 있을 뿐 아니라 여전히 오고 있다. 주의: (1) 죄인들은 영적으로 죽어 있어서 영적 생명과 지각과 힘과 운동이 없고, 하나님께 대해 죽었으므로 비참한 상태에 처해 있는데, 그런데도 비참함을 느끼지도 못하고 스스로 건질 능력도 없다. (2) 영혼이 하나님께로 돌이키는 것은 죽음에서 생명으로 살아나는 부활이다. 그러면 영혼은 하나님께 대해서 살기 시작하고, 하나님을 따라 호흡하며, 하나님을 향해 움직인다. (3) 영혼은 하나님의 아들의 음성을 듣고서 이 영적 생명으로 살아난다. 이 일은 하나님의 아들의 능력으로 되며, 그 능력은 그분 말씀에 의해 전달된다: 듣는 자가 살아나리라. 즉, 하나님의 아들의 음성을 듣고 그 뜻을 이해하고 영접하고 믿는 자가 살아난다는 말씀이다. 의문(儀文)은 죽이지만, 성령께서는 하나님의 아들의 음성에 의해 살리신다. (4) 우리가 생명을 얻으려면 그리스도의 음성을 들어야 한다. 그리스도의 음성을 듣고 그것을 주의하여 믿으면 살 것이다. 너희는 귀를 기울이고 내게로 나아와 들으라. 그리하면 너희의 영혼이 살리라(사 55:3).

둘째로, 장차 올 부활. 이 일에 관해서는 28, 29절에서 말씀하신다: 이를 놀랍게 여기지 말라. 즉, "첫번째 부활에 관해서 한 말씀을 믿을 수 없고 불합리한 것으로 여겨 배척하지 말라. 마지막 날이 오면 인자의 능력과 권위를 더욱 생생하고 뚜렷하게 보게 될 것이기 때문이다." 그리스도께서는 자신의 부활을 자신의 사명을 입증하는 최종적이고 결정적인 증거로 남겨두셨듯이, 모든 사람의 부활을 성령께서 그 사명을 이루실 동일한 증거로 남겨 두신다. 여기서 관찰할 점은,

a. 이 부활이 언제 있게 될 것인가: 때가 오나니. 그 큰 날이 구체적으로 확정되어 있다. 심판은 막연한 미래의 어떤 날로 무기한(sine die) 연기된 게 아니라, 하나님께서 한 날을 정해 놓으셨는데, 그 때가 오고 있다. (a) 그 때는 아직 오지 않았다. 그 때는 25절에 말씀하신 때가 아니다. 부활이 이미 지나갔다고 말하는 자들은 위험한 오류를 범하는 것이다(딤후 2:18). 그러나 (b) 그 때는 틀림없이 올 것이고, 지금도 오고 있으며, 날마다 더 가까워지고 있다. 구체적으로 얼마나 가까이 왔는지 우리는 알지 못한다. 그러나 우리가 아는 것은 그 때가 무오하게 계획되었고 변경할 수 없도록 작정되었다는 것이다.

b. 누가 살아날 것인가: 무덤 속에 있는 자. 아담으로부터 시작하여 과거에 죽은 모든 자들과, 마지막 날이 임할 때까지 죽을 모든 자들. 구약성경은 많은

사람이 살아날 것이라고 말했는데(단 12:2), 본문에서 그리스도께서는 그 많은 사람이 모든 사람일 것이라고 말씀하신다. 모든 사람이 심판대 앞에 나타나야 하므로 모든 사람이 살아나야 한다. 각 사람과 각 사람이 합쳐져 이루는 모든 사람이 살아날 것이다. 모든 영혼이 제 육체로 돌아가고, 모든 뼈가 제 뼈로 돌아갈 것이다. 죽은 자들의 육체는 무덤이라는 감옥에 갇혀 있다. 그렇지만 장차 있을 일을 생각할 때 무덤은 감옥이 아니라 차라리 침대라 할 수 있다. 그곳에서 다시 깨어날 때까지 잔다. 물론 무덤에 묻히지 못한 자들도 살아날 것이다. 그러나 대다수 사람들이 죽으면 무덤에 묻히므로, 그리스도께서 무덤 속에 있는 자가 다 그의 음성을 들을 때가 오나니 하고 말씀하신 것이다. 유대인들은 무덤 대신에 스올이라는 단어를 사용했는데, 그 단어는 죽은 자들의 상태를 뜻한다. 그 상태에 있는 모든 자들이 그의 음성을 듣게 될 것이다.

c. 어떠한 방법으로 살아날 것인가. 본문에서 확인하게 되는 것은 두 가지이다. (a) 이 부활의 효력: 듣는 자는 살아나리라. 그리스도께서는 나사로에게 나오라는 말씀을 듣게 하셨듯이 무덤에 있는 자들에게 그 말씀을 듣게 하실 것이다. 그리스도의 음성에 신적인 능력이 따라가서 듣는 자들에게 생명을 입혀주어 그 음성에 순종할 수 있게 해줄 것이다. 그리스도께서 죽은 자 가운데서 살아나셨을 때는 들려오는 음성도 없었고 선포되는 말씀도 없었다. 이는 친히 자신의 능력으로 살아나셨기 때문이다. 그러나 사람의 아들들이 부활할 때는 세 가지 음성이 울려 퍼질 것이다(참조. 살전 4:16). 주께서 강림할 때는 호령, 즉 왕의 호령이 있을 것이고, 천사장의 소리가 울려 퍼질 것이다. 천사장은 천사들을 다스리시는 그리스도 자신이실 수도 있고, 혹은 하늘의 군대를 통솔하는 천사일 수도 있다. 또한 하나님의 나팔이 울려 퍼질 것이다. 그것은 전쟁의 개시를 알리는 군대의 나팔이요, 재판의 개시를 공포하는 재판장의 나팔이다. (b) 부활의 결과: 무덤 속에 있는 자가 다 … 부활로 나오리라. 죄수들이 감옥에서 나오듯이 나올 것이다. 진토(塵土)에서 몸의 티끌을 털며 일어날 것이다(참조. 사 52:1, 2, 11). 그러나 이것이 전부가 아니다. 그들은 그리스도의 법정에 재판받아야 할 자들로 나와 자신들의 영원한 운명을 결정하는 판결을 받게 될 것이다.

d. 어떤 상태로 다시 살아날 것인가. 그리스도의 심판에 따라 영원한 복락에 들어갈 자들도 있고 영원한 저주에 떨어질 자들도 있다. 그것은 땅에서 기

회를 얻어 살 때 행한 바에 따라 결정될 것이다.

(a) 선한 일을 행한 자는 생명의 부활로. 다시 살아날 때는 영원히 지속될 생명을 가지고 살아날 것이다. 주의: [a] 마지막 날에는 사람이 무슨 근사한 이름을 가지고 무슨 그럴 듯한 말을 할지라도, 오직 선을 행한 자들만, 오직 하나님을 기쁘시게 하고 다른 사람들에게 유익을 끼친 사람들만 복될 것이다. [b] 육체의 부활은 진실하고 꾸준하게 선을 행한 모든 자들에게, 오직 그들에게만 생명의 부활이 될 것이다. 그들은 사면을 받은 죄수가 목숨을 부지하는 식으로 공적으로 사면을 받을 뿐 아니라, 하나님의 임재 안으로 가납(加納)된다. 그것이 생명이며, 그것이 생명보다 낫다. 그들은 완전에 들어간 상태에서 위로를 받게 될 것이다. 그 때에는 존재하는 것이 곧 행복일 것이며, 죽음의 두려움에 다시는 눌리는 일이 없을 것이다. 그것이 죽을 것이 영원히 삼킨 바 될 때에 누리게 될 생명이다.

(b) 악한 일을 행한 자는 심판의 부활로 나오리라. 그들은 영원히 죽기 위하여 다시 살아날 것이다. 바리새인들은 오직 의로운 자들만 부활할 것이라고 생각했으나, 그리스도께서는 본문에서 그들의 잘못된 생각을 바로잡아 주신다. 주의: [a] 악한 일을 행한 자. 그들은 어떻게 행세하든 심판 날에 악한 자들로 취급될 것이다. [b] 회개하지 않고 악행을 고집한 자들에게는 부활이 심판[멸망]의 부활이 될 것이다. 심판대에서 그들은 하나님을 반역한 죄로 유죄가 입증되어 영원한 형벌을 언도받을 것이다. 형이 언도되면 유예 기간 없이 즉시 집행될 것이다. 부활에는 이러한 면도 있다.

(2) 심판을 단행하는 중보자의 권위에 관해서 본문에 기록된 내용을 주목하라(22-24, 27절). 중보자께서는 전능한 능력을 갖고 계시듯이 주권적인 권한을 갖고 계시다. 생명을 내신 아버지시요 생명의 근원이신 분보다 내세의 문제를 결정하기에 적합한 이가 어디 있겠는가? 본문에 기록된 내용은,

[1] 그리스도께서 위임받으신 심판의 일. 이것이 본문에 두 번 언급된다. 22절: 심판을 다 아들에게 맡기셨으니. 27절: 심판하는 권한을 주셨느니라.

첫째로, 성부 하나님께서는 아무도 심판하지 않으신다. 성부께서 통치를 포기하셨다는 뜻이 아니라, 예수 그리스도에 의하여 통치하기를 기뻐하신다는 뜻이다. 이로써 인간은 하나님을 직접 상대해야 하는 두려움에서 벗어나 중보자를 통하여 하나님께 나아갈 수 있는 길을 얻는다. 1. 성부께서는 우리를 지으

셨으므로 마치 토기장이가 진흙을 다루듯이 원하시는 대로 우리를 처분하실 수 있지만, 그렇게 하지 않으시고 인간의 줄로 우리를 이끄신다. 2. 성부께서는 우리의 영원한 운명을 무죄 시대의 언약으로 결정짓지 않으시고, 우리가 언약을 파기한 대로 우리를 처분하지 않으신다. 중보자께서는 대속의 만족을 이루심으로써 우리에 관한 문제를 친히 담당하시며, 하나님께서는 새로운 언약을 체결하신다. 그것은 우리를 창조자의 율법 아래 있지 않고, 구속자의 은혜 아래 두는 언약이다.

둘째로, 성부께서는 모든 심판을 아들에게 집행하시고, 마치 애굽에서의 요셉과 같이(창 41:40) 아들을 만유의 주로 세우셨다(행 10:36; 롬 14:9). 이 사실이 구약성경 여러 곳에서 예언되었다(시 72:1; 사 11:3, 4; 렘 23:5; 미 5:1-4; 시 67:4; 96:13; 98:9). 모든 심판은 우리 주 예수께 위임되었다. 이는, 1. 주께서 섭리의 왕국의 통치권을 위임받으시고, 만물 위에 머리로 계시며(엡 1:11), 각 사람의 머리가 되시기 때문이다(고전 11:3). 만물은 그리스도로 말미암아 존립한다(골 1:17). 2. 주께서는 양심을 구속하는 법을 공포하실 권한을 위임받으셨다. 이제는 내가 … 너희에게 이르노니라는 말씀이 천국의 법이 진행되는 형식이다. 천국의 법은 주 예수에 의해, 그분의 권위에 의해 제정된다. 이제 효력을 발생하는 모든 법은 주님의 홀(笏)에서 나온다. 3. 주께서는 새 언약의 조건을 확정하고, 하나님과 사람 사이에서 평화 조약을 작성할 권한을 받으신다. 하나님께서는 그리스도 안에서 세상으로 당신과 화목하게 하시고, 그에게 영원한 생명을 부여할 권세를 주셨다. 생명책은 어린 양의 책이다. 주님의 판결에 따라 우리는 서거나 넘어진다. 4. 주께서는 어둠의 세력과 벌여온 전쟁을 계속 수행하여 종결짓고, 이 세상의 임금을 쫓아내고 심판하실 임무를 부여받으셨다(12:31). 심판하실 뿐 아니라 전쟁을 수행하실 임무도 받으셨다(계 19:11). 하나님 편에 서서 사탄과 싸우려고 하는 사람들은 모두 그리스도의 깃발 아래 모여야 한다. 5. 주께서는 마지막 날의 심판을 주관하실 유일한 재판장으로 세움을 받으셨다. 교부들은 대체로 이 단락을 그리스도께서 재판장의 권세로 행하시는 최고의 행위로 이해했다. 최종적이고 보편적인 심판이 인자에게 맡겨졌다. 법정이 그분의 것이고, 그곳이 그리스도의 심판대이다. 법정을 지키는 이들은 그리스도의 능력의 천사들이다. 그리스도께서 사안들을 심사하여 판결을 내리실 것이다(행 17:31).

셋째로, 성부께서는 아들에게 심판을 단행할 권한도 주셨다(27절). 1. 우리 구주께서 부여받으신 권한이 어떤 것인가: 심판을 단행하는 권한. 주께서는 입법권과 사법권뿐 아니라 집행권도 가지고 계시다. 27절의 심판하는 권한은 특별히 영원한 멸망을 선고받은 자들에게 심판을 집행하는 일에 관련된다. 참조. 유다서 15, 포이에사이 크리신 — 모든 자들에게 심판을 단행하는 것. 이것은 데살로니가후서 1:8에서 말한 형벌을 내리는 것과 같다. 회개하지 않는 죄인들을 멸망에 처하는 일이 그리스도의 손에서 나온다. 그들에게 심판을 단행하시는 분은 그들에게 구원을 베풀기를 원하셨던 분이시다. 그 점 때문에 그 심판에는 봐주기가 있을 수 없다. 그리고 아무도 한때 구주이셨던 주님의 심판으로부터 막아줄 수 없다. 구주께서 정죄하신 자들은 구원 자체도 구할 수 없으며, 따라서 영원한 멸망을 피할 방법이 없다. 2. 그러한 권한을 누구에게서 받으셨는가: 아버지께서 그것을 아들에게 주셨다. 그리스도께서 중보자로서 지니신 권한은 위임받으신 것이다. 주께서는 성부 하나님의 부통치자로서, 여호와의 기름 부음 받은 자로서, 그리고 하나님의 그리스도로서 행동하신다. 이런 점들은 그리스도의 명예를 크게 높이며, 그분이 성부 하나님과 동등이라 말씀하신 것이 신성모독이 아니었음을 밝혀준다. 모든 신자들에게도 큰 위로가 된다. 그러한 그리스도께 큰 확신을 가지고 자신들의 모든 것을 의뢰할 수 있다.

[2] 성부 하나님께서 그러한 사명을 아들에게 주신 이유. 성부께서는 두 가지 이유에서 아들에게 모든 심판의 권한을 위임하셨다.

첫째로, 그분은 인자(the Son of Man)이시기 때문이다. 이것은 다음 세 가지를 의미한다: 1. 우리를 위하여 낮아지심. 인간 곧 사람의 아들은 타락함으로써 벌레와 같은 존재가 되었다. 그런데 구주께서 인간을 극진히 사랑하셔서 그와 같은 본성, 그와 같은 특성을 취하셨다. 이렇게 낮은 지위에까지 낮아지시고 그에 따른 모든 고난을 기꺼이 받으신 이유는 그것이 아버지의 뜻이었기 때문이다. 그러므로 이와 같은 놀라운 순종에 대해서 하나님께서는 아들을 크게 높이셨다. 인자가 되시기까지 낮추셨으므로, 아버지께서 그를 만유의 주로 세우셨다(빌 2:8, 9). 2. 우리를 가까이 하시고 우리 가운데 하나가 되심. 아버지께서 아들에게 인간들을 다스리는 일을 맡기신 이유는 인자가 되시어 인간들과 같은 본성을 취하셨으며, 따라서 인간을 심판하시기에 더욱 적합하시기 때문이다. 그 영도자는 그들[백성들] 중에서 나올 것이요 그 통치자도 그들 중에서 나오리라(렘 30:21). 이 점에 관하여 율법은 분명히 말한다: 네 위에 왕을 세우려면 네 형제 중에서 한 사람을 할 것이요(신 17:15). 3. 약속된 메시야가 되심. 주께서는 주의 나라와 그 영광에 대한 유명한 이상(단 7:13-14)에서 인자라 불리신다. 참조. 시편 8:4-6. 성부 하나님께서는 아들로 주의 손으로 만드신 것을 다스리게 하셨다. 그분은 메시야이시며, 그러므로 이 모든 권한을 부여받으셨다. 유대인들은 그리스도를 주로 다윗의 자손이라 불렀으나, 그리스도께서는 자신을 주로 인자라 부르셨다. 이것은 좀 더 겸손한 칭호였으며, 주께서 유대 민족뿐 아니라 인류 전체의 주와 구주이심을 말해준다.

둘째로, (아버지께서 아들에게 모든 심판의 권한을 위임하신 이유는) 모든 사람으로 아들을 공경하도록 하시기 위함이다(23절). 본문은 예수 그리스도께서 공경을 받으시는 것을 하나님의 큰 계획으로 말하며(아들이 아버지를 영화롭게 하는 데 마음을 두신 까닭에, 아버지께서도 아들을 영화롭게 하는 데 마음을 두셨다. 12:32), 사람의 큰 의무라고 말한다. 아들이 공경을 받으시는 것이 하나님의 뜻이라면, 그것은 그리스도를 공경할 줄을 알게 된 모든 사람들의 의무이다. 여기서 관찰할 점은, 1. 우리 주 예수께 바쳐야 할 공경. 우리는 아들을 공경해야 하되, 그분 본연의 초월적 영광과 완전하심에 대해서 뿐 아니라, 우리와 맺으신 관계에 대해서도 공경해야 하며, 그에 합당한 공경을 바칠 수 있도록 연구해야 한다. 그분이 주이심을 고백하고 경배를 드려야 한다. 우리를 위해 수치와 모욕을 당하셨으니, 우리가 마음을 다해 공경하는 것이 마땅하다. 2. 우리가 주 예수께 바쳐야 할 공경의 정도: 이는 모든 사람으로 아버지를 공경하는 것 같이. 이 말씀은 성부 하나님을 공경하는 것이 우리의 의무임을 전제한다. 계시 종교는 자연 종교의 터 위에 수립되며, 우리로 하여금 아들을 공경하도록 하되 하나님이신 줄 알고 공경하도록 인도한다. 우리는 창조자에게 바치는 것과 동일한 공경을 구주께 바쳐야 한다. 구주께서 자신을 아버지와 동등이라 하신 것은 신성모독과 전혀 무관하신 까닭에, 구주에 대해서 우리가 달리 생각한다면 그것이 오히려 중대한 신성모독이 된다. 기독교 신앙의 진리와 법은 자연에 나타난 하나님의 영광과 마찬가지로 신성하고 존귀하며, 뿌리가 같다. 우리는 우리를 지으신 창조주 하나님의 명령 못지않게 주와 구주이신 그리스도의 명령에도 순종해야 하며, 창조자의 섭리 못지않게 구주의 은혜를 의지하고 살아야 한다. 그것이 모든 사람으로 아버지를 공경하는 것 같이 아들을 공경하게 하려 하심이라고 말씀하실 수 있는 충분한 근거이다. 이 법을 강조하시기 위하여 아들을 공경하지 아니하는 자는 그를 보내신 아버지도 공경하지 아니하느니라는 말씀을 덧붙이신다. 어떤 이들은 창조자를 공경한다는 구실로 창조자에 대해서는 높여 말하되, 구주에 대해서는 경시한다. 그러나 그들은 아버지와 아들의 영광과 명예가 철저히 연결되어 있는 까닭에 아들을 조금이라도 낮춰가면서 아버지를 높이는 것을 아버지께서 전혀 받지 않으신다는 사실을 모른다. 주의: (1) 주 예수께 가해진 모욕은 하나님께 돌아가며, 하늘 법정에서 그렇게 해석되고 간주될 것이다. 아들이 주를 비방하는 비방을 자신이 직접 받으실 만큼 아버지의 영광을 위해 힘쓰셨듯이(롬 15:3), 아버지께서도 아들의 영광을 위해 힘쓰시며, 아들이 당하는 비방을 자신에게 돌리신다. (2) 그 이유는 아들이 아버지께 사명을 받아 보냄을 받으셨기 때문이다. 아들을 보내신 분은 아버지이시다. 대사가 모욕을 당하면 그를 보낸 왕이 분개하는 것이 당연하다. 이 당연한 법칙에 의해 아들을 진정으로 공경하는 자는 아버지를 공경하는 것이다. 참조. 빌립보서 2:11.

[3] 아들이 이 사명을 수행하실 때 삼으신 원칙은, 듣고 믿는 자는 영생을 얻는다는 것이다(24절). 이것이 복음 전체의 요지이다. 복음의 명령 가운데 가장 앞에 나오는 것은 복음의 내용이 지극히 중요하니 그것을 귀기울여 듣고 동의하라는 것이다: 진실로 진실로 너희에게 이르노니 — "이 말을 하는 나는 모든 심판을 위임받았고, 내 입술에는 신적인 판결이 있으니, 내게서 그리스도인의 특성과 특권을 취하라."

첫째로, 그리스도인의 특성: 내 말을 듣고 또 나 보내신 이를 믿는 자. 그리스도인이 된다는 것은, 1. 그리스도의 말씀을 듣는 것이다. 그냥 듣는 것으로는 충분하지 않고, 학생들이 교사의 강의를 듣듯이, 종들이 상전의 명령을 듣듯이 주의해서 들어야 한다. 듣고 순종해야 하며, 그리스도의 복음을 우리 믿음과 행위의 확고한 준칙으로 삼아 늘 간직해야 한다. 2. 그리스도를 보내신 분을 믿는 것이다. 그리스도의 뜻은 우리를 하나님께로 인도하는 것이기 때문이다. 하나님은 모든 은혜의 근원인 것처럼 모든 믿음의 최종 목적이기도 하시다. 그리스도는 우리의 길이시고, 하나님은 우리의 안식이시다. 하나님께서 예수 그리스도를 보내셨고, 예수 그리스도의 얼굴에 그분의 아버지와 우리의 아버지로서 자신의 영광을 나타내 보이심으로써 우리의 믿음과 사랑을 받으셨다(고후 4:6).

둘째로, 그리스도인의 특권. 참된 그리스도인이면 누구나 이것에 관심을 갖는다. 우리가 그리스도로 말미암아 무엇을 얻는지 생각해 보자. 1. 죄 사함의 특권: 심판에 이르지 아니하나니. 복음의 은혜는 율법의 저주로부터 완전한 해방을 준다. 신자는 마지막 날에 정죄를 당하지 않을 뿐 아니라 현재에도 정죄를 당하지 않으며, 심판에 이르지 않는다. 2. 하나님의 자녀로서 받는 특권: 사망에서 생명으로 옮겼느니라. 현세에서 사망에서 생명으로 옮김으로써 영적 생활의 복을 누리고, 장차 영원한 생명 가운데서 복을 누리게 된다. 첫 언약의 성격은 이것을 행하면 살리라 하는 것이었다. 명령을 이행하는 사람들이 살도록 되어 있었다. 그런데 이 말씀은 그리스도께서 자신의 말씀을 듣는 자들에 대해서 율법을 지킨 자들에게 약속된 복, 즉 생명을 주실 권한이 있다는 점에서 아버지와 동등이심을 입증한다. 들으면 살리라, 믿으면 살리라는 말씀은 행하여 살 힘이 없는 우리에게 과연 좋은 소식이다. 참조.17:2.

[4] 그리스도께서 하시는 이 일은 의롭다(30절). 모든 심판이 그리스도께 위임되었으므로, 우리는 그리스도께서 어떻게 심판을 행하실지 묻지 않을 수 없다. 그런데 그리스도께서 하시는 대답은 내 심판은 의로우니라는 것이다. 그리스도의 통치는 입법의 면에서든 사법의 면에서든 형평의 원칙에 철저히 일치한다(참조. 잠 8:8). 구주께서 내리신 결정에는 예외가 없다. 이렇게 주님의 법은 일점 일획이라도 폐지되는 것이 없으므로 주님의 판결에 대해 항소하는 일도 있을 수 없다. 주님의 판결은 항상 정의롭다. 이는 주님의 판결이,

첫째로, 아버지의 지혜대로 이루어지기 때문이다: 내가 아무것도 스스로 할 수 없노라. 아버지의 뜻을 떠나서는 아무 일도 하지 않으시고, 오직 들은 대로 심판하신다. 19절에서는 아들이 아버지께서 하시는 일을 보지 않고는 아무것도 스스로 할 수 없나니 하고 말씀하셨는데, 여기서도 [아버지께로부터] 들은 대로 심판하신다고 말씀하신다. 예수께서 아버지께로부터 들은 것은, 1. 아버지의 영원하고 은밀한 뜻. 우리가 하나님을 믿고 살아갈 때 무엇에 의존할 수 있는지 알고 싶은가? 그리스도의 말씀을 들으면 된다. 우리에게 속하지 않은 하나님의 깊은 섭리 속으로 뛰어들 필요가 없고, 그리스도의 통치와 심판에 관하여 계시된 뜻을 귀담아 들으면 된다. 주의하여 들으면 착오 없이 인도를 받을 것이다. 그리스도의 판결은 아버지께서 정해놓으신 것과 정확하게 일치하기 때문이다. 2. 구약성경에 기록된 하나님의 말씀. 그리스도께서는 아버지에게 받은 모든 사

명을 수행하실 때 항상 성경에 착념하시며 성경대로 행하여 그것을 이루는 것을 자신의 과업으로 삼으셨다. 그러므로 주께서는 우리를 향해서도 아무 일도 스스로 하지 말고, 하나님의 말씀에서 들은 대로 하고 하나님 말씀으로 사물을 판단하고 행동하라고 가르치셨다.

둘째로, 아버지의 뜻대로 이루어지기 때문이다: 나는 나의 뜻대로 하려 하지 않고 나를 보내신 이의 뜻대로 하려 하므로 내 심판은 의로우니라. 이것은 그리스도의 뜻이 마치 우리 속에서 육체와 정신이 간혹 대립하는 것처럼 다른 방식으로 아버지의 뜻과 다르다는 말씀이 아니다. 오히려 주님의 말씀의 뜻은, 1. 그리스도께서 사람으로서 자연스럽고 무죄한 정서와, 고통과 즐거움의 감각, 죽음을 혐오하고 생명을 좋아하는 성향을 지니셨지만, 그럼에도 사명을 수행하실 때 자신을 기쁘게 하지 않으시고, 그런 것들에 기대거나 편승하지 않으시고, 아버지의 뜻에 온전히 복종하셨다는 뜻이다. 2. 그리스도께서 메시야로서 행하신 일은 당신의 독특한 혹은 고유한 목적과 계획의 결과가 아니었다. 주께서 힘써 이루려 하셨던 것은 당신의 뜻이 아니라 아버지의 뜻이었으며, 그 뜻에 당신의 뜻을 맞추셨다. 이처럼 주께서는 매사에 아버지의 뜻에 자신을 맞추시고 그 뜻이 자신을 주관하도록 하셨다.

이렇게 아버지의 뜻을 행하시는 데서 자신의 영광과 자신의 모든 백성들의 영원한 위로를 구하셨다. 주의 백성들은 주님의 이러한 말씀을 들을 때, 주께서 자신들을 넉넉히 구원할 능력이 있음을 믿게 된다.

[31]내가 만일 나를 위하여 증언하면 내 증언은 참되지 아니하되 [32]나를 위하여 증언하시는 이가 따로 있으니 나를 위하여 증언하시는 그 증언이 참인 줄 아노라 [33]너희가 요한에게 사람을 보내매 요한이 진리에 대하여 증언하였느니라 [34]그러나 나는 사람에게서 증언을 취하지 아니하노라. 다만 이 말을 하는 것은 너희로 구원을 받게 하려 함이니라 [35]요한은 켜서 비추이는 등불이라 너희가 한때 그 빛에 즐거이 있기를 원하였거니와 [36]내게는 요한의 증거보다 더 큰 증거가 있으니 아버지께서 내게 주사 이루게 하시는 역사 곧 내가 하는 그 역사가 아버지께서 나를 보내신 것을 나를 위하여 증언하는 것이요 [37]또한 나를 보내신 아버지께서 친히 나를 위하여 증언하셨느니라 너희는 아무 때에도 그 음성을 듣지 못하였고 그 형상을 보지 못하였으며 [38]그 말씀이 너희 속에 거하지 아니하니 이는 그가 보내신 이를 믿지 아니함

이라 [39]너희가 성경에서 영생을 얻는 줄 생각하고 성경을 연구하거니와 이 성경이 곧 내게 대하여 증언하는 것이니라 [40]그러나 너희가 영생을 얻기 위하여 내게 오기를 원하지 아니하는도다 [41]나는 사람에게서 영광을 취하지 아니하노라 [42]다만 하나님을 사랑하는 것이 너희 속에 없음을 알았노라 [43]나는 내 아버지의 이름으로 왔으매 너희가 영접하지 아니하나 만일 다른 사람이 자기 이름으로 오면 영접하리라. [44]너희가 서로 영광을 취하고 유일하신 하나님께로부터 오는 영광은 구하지 아니하니 어찌 나를 믿을 수 있느냐 [45]내가 너희를 아버지께 고발할까 생각하지 말라 너희를 고발하는 이가 있으니 곧 너희가 바라는 자 모세니라 [46]모세를 믿었더라면 또 나를 믿었으리니 이는 그가 내게 대하여 기록하였음이라 [47]그러나 그의 글도 믿지 아니하거든 어찌 내 말을 믿겠느냐 하시니라.

이 단락에서 우리 주 예수께서는 앞서 말씀하신 당신의 사명을 확증하시며, 당신이 하나님의 보내심을 받은 메시야이심을 분명히 말씀하신다.

I. 그리스도께서는 당신에 관한 증언을 접으신다(31절) : 내가 만일 나를 위하여 증언하면 내 증언은 참되지 아니하되. 주님의 증언은 틀림없이 참되지만(8:14), 사람들이 자신들의 일반적인 판단 규율에 따라 그 증언을 합법적 증거로 받아들이지 않을 것이요 증거 능력을 인정하지 않을 것이라는 뜻이다. 1. 이 말씀에는 사람들과 그들의 정직성과 진실성을 책망하는 뜻이 담겨 있다. 다윗은 모든 사람은 거짓말쟁이라고 말했는데(시 116:11), 과연 그 말이 사실인 듯싶다. 그렇지 않다면 사람의 자기 증언이 의심스러워 신뢰할 수 없다는 생각이 공리처럼 널리 퍼지지 않았을 것이다. 그것은 사람이 진리보다 자기 자신을 더 사랑한다는 증거이다. 하지만 또 다른 한편으로, 2. 이 말씀에는 영광스러우신 하나님의 아들이 지극히 낮아지신 일을 말하는 뜻도 담겨 있다. 그리스도께서는 신실한 증인이시고 진리 자체이시며, 당신의 명예를 걸고 그 증언을 믿으라고 명령하실 수 있는 분이지만, 오히려 당신의 권리를 내려놓으시고 우리의 믿음을 확고히 해주시기 위하여 당신 자신을 보증으로 세우시기를 기뻐하신다.

II. 그리스도께서는 당신이 하나님께로부터 보내심을 받으셨음을 입증하는 다른 증거들을 제시하신다.

1. 아버지께서 친히 그를 증언하셨다(32절): 나를 위하여 증언하시는 이가 따로 있으니. 나는 이 말씀이 성부 하나님을 가리킨다고 생각한다. 이는 그리스도

께서 다른 곳에서 그렇게 말씀하시기 때문이다(8:18): 내가 나를 위하여 증언하는 자가 되고 나를 보내신 아버지도 나를 위하여 증언하시느니라. 여기서 관찰할 점은,

(1) 아버지께서 그리스도의 사명을 보증하신다: 아버지께서는 그리스도를 위하여 증언하시되 하늘로부터 음성을 들려주는 방식으로 뿐 아니라, 친히 그리스도와 함께하신다는 증표들을 보여주는 방식으로도 증언하신다. 하나님께서는 어떤 사람들을 위하여 증언해 주시는가? [1] 친히 사명을 맡겨 보내시는 사람들. 사명을 주시면 신임장도 주신다. [2] 하나님을 위해 증언하는 사람들. 그리스도께서도 그렇게 하셨다. 하나님께서는 당신을 시인하고 높이는 자들을 시인하고 높이신다. [3] 스스로를 나타내려 하지 않는 사람들. 그리스도께서도 그렇게 하셨다. 하나님께서는 자신을 겸손하게 자신을 낮추고 자신의 영광을 구하지 않는 자들을 보살피시고 높이신다.

(2) 그리스도께서 이 증언으로써 얻으신 만족: "나를 위하여 증언하시는 그 증언이 참인 줄 아노라. 나는 아버지께서 주신 사명이 내게 있음을 알고서 그것을 이루는 데 조금도 주저하지 않는다." 이처럼 주께서는 당신 안에 증언을 지니고 계셨다. 마귀가 주님께 대해 과연 하나님의 아들이신가 의문을 품도록 시험했으나 주께서는 넘어지지 않으셨다.

2. 세례 요한이 그리스도에 대해 증언했다(33절). 요한은 빛에 대하여 증언하러 왔다(1:7). 그의 사명은 주의 길을 예비하고 백성들을 주님께 인도하는 것이었다: 보라 세상 죄를 지고 가는 하나님의 어린 양이로다.

(1) 요한의 증언은 [1] 엄숙하고 공적인 증언이었다: "너희는 요한에게 제사장과 레위인들의 사람을 보냄으로써 그에게 증언할 기회를 주었다. 그가 한 증언은 대중을 의식한 것이 아니라 법적인 증언이었다." [2] 그것은 참된 증언이었다: 요한이 진리에 대해 증언하였느니라. 증인의 본분대로 모든 진리를 그리고 오직 진리만 증언했다. 그리스도께서는 그가 내게 대해 증언하였다고 하시지 않고(비록 그리스도에 대해 증언한 것이 사실이지만), 정직하고 겸손하게 진리에 대해 증언하였다고 말씀하신다. 요한은 거룩하고 선한 사람이었고, 세상을 철저히 부인한 사람이었고, 하나님의 일을 잘 깨달은 사람이었던 까닭에, 그가 잘 알지도 못하면서 혹은 사실과 다르게 그리스도에 대해 증언했다는 것은 상상할 수 없다.

(2) 요한의 증언에 관해서 주께서는 두 가지를 덧붙여 말씀하신다.

[1] 그의 증언은 주께서 필요로 하시는 것보다 넘치는 증언이었다(34절): 그러나 나는 사람에게서 증언을 취하지 아니하노라. 주께서는 요한의 증언을 인용하기에 적합한 것으로 여기셨으나, 주님 자신의 증언에 무엇인가 부족한 점이 있다는 인상을 주면서까지 인용할 필요는 없다고 여기셨다. 주께서는 다른 사람의 추천장이나 증빙서가 필요 없고, 다만 스스로 당신의 가치와 뛰어나심을 나타내신다. 그렇다면 주께서는 왜 여기서 요한의 증언을 강조하셨는가? 왜 이 말을 하는 것은 너희로 구원을 받게 하려 함이나라고 말씀하셨는가? 주께서 이 모든 말씀을 하신 목적은 자신의 생명을 구원코자 함이 아니요 다른 사람들의 영혼을 구원코자 함이었다. 주께서 요한의 증언을 언급하신 이유는 요한이 그들 가운데 한 사람이었으므로 그들이 요한의 말을 귀담아 듣기를 바라셨기 때문이다. 주의: 첫째로, 그리스도께서는 원수와 박해자들까지도 구원받기를 원하신다. 둘째로, 그리스도의 말씀은 정규적인 구원의 방도이다. 셋째로, 그리스도께서는 우리의 연약함을 아시기 때문에, 우리에게 말씀하실 때 우리가 감당할 수 없는 큰 권세자로서의 권위를 가지고 말씀하지 않으시고, 우리의 역량에 맞추어 말씀하시며, 우리에게 가장 유익이 되도록 말씀하신다.

[2] 그것은 그 사람에 대한 증언이었다. 왜냐하면 세례 요한은 그들이 존경한 인물이었기 때문이다(35절): 요한은 켜서 비추이는 등불이라. 너희가 한때 그 빛에 즐거이 있기를 원하였거니와.

첫째로, 세례 요한의 성격: 그는 켜서 비추이는 등불이었다. 그리스도께서는 종종 요한을 높이 평가하셨다. 비록 그가 지금은 감옥에 갇혀 있어 어두운 가운데 있으나, 그리스도께서는 그를 정당하게 평가하신다. 1. 그는 빛이었다. 포스(빛. 라틴어, lux)가 아니라(이런 의미에서의 빛은 그리스도에게 해당된다), 뤼크노스(반사체. 라틴어, lucerna)였다. 그의 직무는 메시야의 임박한 도래를 알리는 말씀으로 어두운 세상을 비추는 것이었다. 그에게 메시야는 새벽별과 같았다. 2. 그는 켜서 비추이는 등불이었다. 이 비유적 표현은 진정성을 가리킨다. 그림 속의 불은 빛을 비출 수 없지만, 타오르는 불은 비출 수 있다. 또한 이 표현은 하나님과 인간 영혼들에 대한 사랑으로 타오른 요한의 활동과 열정을 가리킨다. 불이 언제나 자체나 다른 것을 매개로 타오르듯이, 선한 사역자도 그러하다. 3. 그는 비추이는 등불이었다. 이 말은 그의 모범적인 대화를 가리키거나(우리는 말과 행실로써 세상에 빛을 비추어야 한다. 참조. 마 5:16), 혹은 널리 퍼져나간 탁월한 영향력을 가리킨다. 그는 다른 사람들 보기에 빛나는 인물이었다. 사람 사는 세상에서 물러나 광야에서 이름 없이 지냈는데도, 대단히 유명하게 되어 나라 전체의 이목을 사로잡았다.

둘째로, 그에 대한 사람들의 애정: 너희가 한때 그 빛에 즐거이 있기를 원하였거니와. 1. 요한이 등장함으로써 그들은 큰 기쁨 가운데 있었다. 에텔레사테 — "너희가 … 원하였거니와." 그들은 자기들 가운데 그러한 인물이 있다는 것을 큰 자랑거리와 민족의 명예로 여겼다. 아갈리아스테나이 — "춤추기를." 마치 소년들이 화톳불 앞에서 그렇게 하듯이 이 빛으로 인하여 춤추고 떠들썩했다. 2. 그것은 일시적인 것이어서 곧 사라졌다: "너희는 한때(프로스 호람, 일정 기간 동안) 그를 좋아했다. 마치 어린아이들이 새것을 좋아하듯이 너희도 요한을 잠시 좋아했으나 곧 그와 그의 사역에 싫증을 내고는 그가 귀신들렸다고 말했고, 이제는 그를 옥에 가두었다." 주의: 많은 사람이 처음에는 복음에 감화를 받고 기뻐하는 듯하다가, 얼마 후에 그것을 업신여기고 배척한다. 겉으로 요란하게 티를 내며 믿는 자 행세를 하던 사람들이 곧 식어서 떨어져 나가는 것은 흔히 볼 수 있는 일이다. 본문에서 유대인들은 요한의 빛을 보고 좋아했으나 그 빛 안에서 행하지는 않았으며, 그러므로 그의 교훈을 따르지 않았다. 그들의 마음은 돌밭과 같았다. 그들은 헤롯이 요한을 우호적으로 대하는 동안에는 그를 열렬히 따르다가, 헤롯의 미움을 사자 냉정하게 등을 돌렸다: "너희가 요한에게 호의적으로 대하는 이유는 프로스 호란, 즉 현세적 목적 때문이다"(어떤 이들은 35절을 이렇게 설명한다). "너희가 요한의 빛에 즐거이 있었던 목적은 그의 이름과 권위 아래서 그를 도구로 삼아 로마의 멍에를 벗어버리고 민족의 자유와 주권을 회복하기 위함이었다." (1) 그리스도께서 유대인들이 요한을 존경했던 일을 언급하시는 이유는 당시에 그들이 요한에게 등을 돌린 태도를 책망하시기 위함이었다. 만일 그들이 마땅히 해야 할 바대로 요한을 계속해서 존경했다면 그리스도에 대해서도 기쁘게 영접했을 것이다. (2) 그리스도께서 요한에 대한 그들의 존경이 희미해지는 것을 언급하신 목적은 하나님께서 요한의 사역을 그들에게서 거둬 가시고 그 빛을 말 아래 두신 것이 정당한 조치였음을 말씀하려는 것이었다.

3. 그리스도께서 친히 행하신 일들이 그분을 증언했다(36절): 내게는 요한의

증거보다 더 큰 증거가 있으니. 그 이유는 요한일서 5:9에서 찾을 수 있다: 만일 우리가 사람들의 증언을 받을진대 하나님의 증거는 더욱 크도다. 하지만 잊지 말아야 할 점은, 비록 요한의 증언이 가치와 중요성이 덜했다 하더라도, 우리 주님께서 그것을 기쁘게 사용하셨다는 사실이다. 우리는 우리의 믿음을 확증해 주기 위해 제시된 모든 증거들에 대해서, 비록 그것이 증명까지 되지는 않았을지라도 기쁘게 받아야 하며, 더 결정적인 증거가 있을 것이라는 구실로 그 어느 하나라도 무효로 만들어서는 안 된다. 그것들 모두 사용하게 될 때가 있을 것이다. 그런데 그리스도께서 말씀하신 더 큰 증거란 아버지께서 완수하라고 맡기신 역사(役事, 사역)들이었다. 즉,

(1) 일반적인 관점에서 볼 때, 그리스도의 생애와 사역의 모든 과정 — 하나님과 하나님의 뜻을 우리에게 계시하신 일, 사람들 가운데 하나님 나라를 세우신 일, 세상을 개혁하시고 사탄의 왕국을 무너뜨리시며, 타락한 인간을 시초와 같은 순수하고 복된 지위로 회복시키신 일, 인간의 마음에 하나님과 이웃을 사랑하려는 마음을 일으키신 일 — 은 돌아가시면서 다 이루었다고 말씀하실 때 다 성취되었다. 그것은 처음부터 끝까지 하나님께서 받으심직한 일(opus Deo dignum)이었다. 말씀하시고 행하신 모든 일이 거룩하고 천상적이었으며, 그 안에 신적인 순결과 능력과 은혜가 있어서 당신이 하나님께로부터 보내심을 받았음을 넉넉히 입증했다.

(2) 구체적인 관점에서 볼 때, 그리스도께서 당신이 하나님께로부터 보내심을 받았음을 입증하기 위하여 행하신 기적들이 주님을 증언했다. 본문에서 주께서 말씀하시는 내용은 다음과 같다. [1] 이 기적들은 아버지께서 그리스도에게 주신 것이었다. 즉, 그리스도께서는 기적을 행할 분으로 세움을 입으셨을 뿐 아니라 능력도 받으셨다. 메시야로서 사명과 능력을 아버지께로부터 받으신 것이다. [2] 아버지께서는 그리스도께 사명을 완수하도록 주셨다. 그리스도께서는 그 모든 기이한 일들을 아버지께서 작정하신 대로 완수해야 하셨는데, 친히 완수하심으로써 신적 권능을 입증하셨다. 하나님이 보시기에 그리스도의 사역은 완전했던 것이다. [3] 그리스도께서 이루신 일들은 주님에 관해 증언하고, 주께서 하나님께로부터 보내심을 받았음을 입증하고, 주께서 당신에 관하여 하신 말씀이 참됨을 입증했다. 참조. 히브리서 2:4; 사도행전 2:22. 하나님께서 그리스도를 보내실 때는 상전이 종에게 임무를 주어 보내듯 하지 않으시고 아버지가

아들을 보내 자신을 대신하도록 하듯 보내셨다. 만일 하나님께서 그리스도를 보내지 않으셨다면 그리스도께서 행하신 일들로써 그리스도를 보증하시는 일도 없었을 것이다. 세상의 창조자께서 세상을 속이시는 일이란 결코 없다.

4. 그리스도께서는 이전보다 더 충분하게 아버지께서 자신에 관해 증언하신 것을 말씀하신다(37절): 나를 보내신 아버지께서 친히 나를 위하여 증언하셨느니라. 왕이 자신이 파견한 대사의 뒤를 따라가 그의 임무를 구두로(viva voce) 확증하는 일이란 없다. 그러나 하나님께서는 아들이 세례를 받으실 때 하늘에서 음성으로 아들을 위해 증언하기를 기뻐하셨다(마 3:17). 이는 내 사랑하는 아들이요 — 그리스도께서 하나님의 대사라는 뜻이다. 유대인들은 음성의 딸(바트 콜), 즉 하늘로부터 울려 퍼지는 음성을 하나님께서 당신의 마음을 알리시는 방법의 하나로 간주했다. 하나님께서는 그 방법으로 그리스도를 공적으로 엄숙하게 시인하셨고, 다른 기회에 그것을 반복하셨다(마 17:5).

주의: (1) 하나님께서는 사람들을 보내실 때 친히 그들을 증언해 주신다. 어디서 보내시든 반드시 보증해 주신다. 자신에 관해서도 증언하신 하나님(행 14:17)께서는 종들에게 임무를 맡겨 보내실 때 어느 누구에게도 증언해 주지 않으시는 경우가 없다.

(2) 하나님께서는 믿음을 요구하실 때 그리스도께 대해서 하셨듯이 믿을 만한 충분한 근거를 주신다. 그리스도에 관해서 증언해야 할 것은 주로 이것이었다. 즉, 우리가 하나님께 범죄했으나, 하나님은 그리스도를 우리의 중보자로 세우시고, 중보자 안에서 온전한 구원의 길을 내시며 우리를 받으셨다는 것이다. 이로써 우리가 복음을 믿고 그리스도를 영접하면 구원을 얻는다. 그렇다면 이런 질문이 제기된다. 만일 하나님께서 그처럼 친히 그리스도를 증언하셨다면, 유대 민족과 그들의 지도자들이 그리스도를 대거 영접하지 않은 것은 어찌 된 일인가? 이에 대해 본문에서 그리스도께서는, 그것을 이상하게 생각할 것이 없고, 그들의 불신앙이 주님의 신실하심을 약하게 만들 수도 없다고 대답하신다. 그 이유는 두 가지이다.

[1] 그들이 하나님의 놀라운 계시와 뜻을 알지 못하기 때문이다: 너희는 아무 때에도 그 음성을 듣지 못하였고 그 형상을 보지 못하였으며. 그들은 말로는 하나님을 알고 하나님과 관계 있다 하였으나, 실은 하나님을 전혀 모르고 있음을 드러냈다. "그런데 하나님께서 내게 대하여 증언하시는 것을 너희에게 말할

이유가 무엇인가? 하나님을 너희는 조금도 알지 못하고 사귐도 갖고 있지 않다." 주의: 사람들이 하나님께서 아들에 관해 기록하게 하신 성경을 배척하는 진정한 이유는 하나님을 모르기 때문이다. 자연에 나타난 하나님에 대한 계시를 올바로 이해하면 복음을 들을 때 그 안에 담긴 기독교 신앙의 훌륭한 내용을 알아보고 받아들일 것이다. 어떤 사람들은 37절 말씀을 이렇게 설명한다: "아버지께서는 음성과 비둘기의 강림으로 증언하셨는데, 그것은 너희가 일찍이 들어본 적이 없는 놀라운 증언이다. 나를 위해서 그렇게 놀라운 음성과 형상이 있었던 것이다. 만일 너희가 요한의 사역을 주의 깊게 살펴보았다면 다른 사람들처럼 그 음성을 듣고 그 형상을 보았을 텐데, 가볍게 여김으로 그의 증언을 놓치고 만 것이다."

[2] 하나님께서 친히 그들에게 당신을 계시하신 일상적인 방법에 감화를 받지 않았기 때문이다: 그 말씀이 너희 속에 거하니 아니하니(38절) — 즉, 너희가 그 말씀을 속에 간직하지 아니하니. 그들에게는 구약성경이 있었는데, 그것으로 그리스도를 영접할 마음을 품게 될 수 없었는가? 그렇다. 만일 정직한 마음으로 구약성경의 가르침을 받아들였으면 그런 마음을 품게 되었을 것이다. 그러나 첫째로, 하나님의 말씀이 그들 속에 없었다. 하나님의 말씀이 그들 가운데, 그들 나라에, 그들의 손에 있었으나, 그들 속에, 즉 그들의 마음에는 없었다. 하나님의 말씀이 그들의 영혼을 다스리지 못하고, 다만 그들의 눈에 비치고 그들의 귀에 울리고 말았을 뿐이다. 이렇게 하나님의 말씀이 그들을 주관하지 못했다면 그들이 하나님의 말씀을 맡은 보람이 어디에 있었단 말인가(롬 3:2)? 만일 그들이 하나님 말씀의 가르침에 복종했다면 그리스도를 기쁘게 영접했을 것이다. 둘째로, 하나님의 말씀이 거하지 않았다. 많은 사람이 하나님의 말씀을 듣지만, 잠시 단편적인 인상을 받는 데 그치고 말씀을 간직하지 않는다. 어쩌다가 집에 들어갈 뿐 대체로 떠돌아다니는 사람처럼 말씀이 그 속에 머무르지 않는다. 만일 말씀이 우리 안에 거하고, 수시로 말씀을 묵상하고, 말씀이 가르치는 바에 따라 생각과 말과 행동을 해나가면 아버지께서 그리스도에 관해 하신 증언을 기쁘게 받아들이게 될 것이다. 참조. 7:17. 그러나 하나님의 말씀이 그들 속에 거하지 않으면 어떻게 될 것인가? 그렇게 되면 하나님께서 보내신 자를 믿지 않게 된다. 구약성경은 곳곳에서 그리스도에 관하여 가르침으로써 백성들에게 언제 어디서 그리스도를 찾아야 하는지 알 수 있도록 친절하게 인도했으

며, 따라서 구약의 가르침을 주의해서 배웠다면 그리스도가 하나님의 보내심을 받은 분임을 깨닫지 못하는 일이 없었을 것이다. 그들이 그리스도를 믿지 않았다는 것은 하나님의 말씀이 그들 속에 거하지 않았다는 분명한 증거이다. 주의: 우리 속에 하나님의 말씀과 성령이 거하시는가, 하나님의 은혜가 우리에게 있는가 하는 것은 만일 그럴 경우 나타나는 효과, 특히 하나님께서 보내시는 것, 즉 계명과 사역자들과 섭리와 특히 그리스도를 영접하는 것으로 가장 잘 확인할 수 있다.

5. 주께서 언급하시는 마지막 증인은 구약성경이다. 구약성경이 그리스도에 관해서 증언한 이 점을 주께서는 지적하신다: 너희가 성경에서 영생을 얻는 줄 생각하고 성경을 연구하거니와 이 성경이 곧 내게 대하여 증언하는 것이니라.

(1) 성경을 연구하거니와(에레우나테)라는 구절은 다음 중 한 가지로 해석할 수 있다. [1] "너희가 성경을 연구하는 것은 잘하는 일이다. 너희는 회당에서 날마다 성경을 읽고, 랍비와 박사와 서기관들을 두어서 성경을 연구하고 성경을 토대로 훈계하도록 한다." 힐렐(Hillel)이 랍비로 활동하던 시대에 유대인들은 성경학이 번성하고 있는 것을 자랑했다. 힐렐은 그리스도께서 탄생하신 뒤 12년쯤 지나서 죽었는데, 당시 산헤드린의 몇몇 구성원들은 그를 유대 민족 지혜의 총화요 율법의 영광으로 간주했다. 그리스도께서는 그들이 과연 성경을 연구한 것을 인정하시지만, 그들이 구한 것은 자기들의 영광이었다: "너희가 성경을 상고하므로 만일 고의로 눈을 감지만 않는다면 나를 믿을 것이다." 주의: 성경의 문장을 매우 공들여 연구하면서도 하나님 말씀으로서의 능력과 영향에는 문외한으로 남아 있는 경우가 있을 수 있다. 혹은, [2] 성경을 연구하거니와라는 말씀은, 첫째로, 이의제기의 형식으로 되어 있다: "너희는 성경을 인정하고 믿는다고 말한다. 하지만 내 눈에는 그렇게 보이지 않는다. 문자에 매달리지 않고 속뜻을 연구하는가 하는 것이 판단의 척도이다." 주의: 성경에 대해 이견이 제시되면 그것을 연구해야 한다. 성경전서를 놓고 단락들을 서로 비교해 가면서 하나씩 설명해야 한다. 마찬가지로 특정 구절의 의미를 깨달으려면 대충 읽고 감을 잡는 것으로 그치지 말고, 바닥까지 연구하여 속뜻을 이해해야 한다. 둘째로, 그 말씀에는 모든 그리스도인들에게 성경을 연구하라는 당부의 의미가 담겨 있다. 주의: 그리스도를 발견하려고 하는 사람들은 성경을 연구해야 한다. 성경을 읽고 듣는 것으로 그치지 말고 연구해야 한다. 성경을 연구한다는 것은, 1.

부지런히 찾고 연구하고 면밀히 적용하는 것을 가리킨다. 2. 깨닫기를 사모하고 그러한 목표를 세워야 한다. 영적인 유익과 복을 얻는 데 목표를 두고서 성경을 읽고 연구해야 하며, "지금 내가 무엇 때문에 성경을 연구하는가?" 하고 자주 물어야 한다. 성경은 감추어진 보배를 찾듯이 연구해야 하며(잠 2:4), 금이나 은을 찾기 위해 땅을 깊이 파고 들어가는 사람처럼, 혹은 진주를 찾아 깊은 물로 들어가는 사람처럼 찾아야 한다(욥 28:1-11). 이런 태도가 베뢰아 사람들을 귀하게 만들었다(행 17:11).

(2) 성경을 읽고 연구할 때 지침으로 삼아야 할 두 가지: 우리의 목표인 하늘과 그 목표에 닿아 있는 길인 그리스도. [1] 우리의 큰 목표인 하늘에 이르기 위해 성경을 연구해야 한다: 너희가 성경에서 영생을 얻는 줄 생각하고 성경을 상고하거니와. 성경은 우리 앞에 펼쳐진 영원한 세계를 확신케 하며, 그 세계에서 누리게 될 영원한 생명을 제시한다. 성경에는 영원한 세계의 상태와 그리로 인도하는 길, 그리고 그 세계를 소망할 수 있는 토대가 기록되어 있다. 어디 가야 그것을 찾을 수 있는지 연구하는 것은 큰 가치가 있는 일이다. 그러나 유대인들에게 그리스도께서는 "너희가 성경에서 영생을 얻는 줄 생각하고"라고만 말씀하셨다. 왜냐하면 그들은 영생에 대한 믿음과 소망을 품고 그 토대를 성경에 두었을지라도, 성경을 피상적으로 읽고 연구해도 그것을 얻을 수 있는 줄로 착각했기 때문이다. 그들 사이에는 율법의 말씀을 가진 자에게는 영생이 있다는 허망한 말이 널리 퍼져 있었다. 이러이러한 성경 구절을 장로들의 전승에 의해 전래된 대로 외우거나 기억하면 하늘에 안전하게 갈 수 있다고 생각했다. 통속적인 대중은 율법을 그런 식으로 알지 못하기 때문에 저주받은 자들이라 생각했으며(7:49), 따라서 지식인들은 틀림없이 복 받은 자들이라고 결론지었다. [2] 우리는 하늘로 인도하는 새롭고 살아 있는 길이신 그리스도를 발견하기 위하여 성경을 연구해야 한다. 이 성경이 곧 내게 대하여 증언하는 것이니라. 주의: 첫째로, 성경은 심지어 구약성경의 책들도 그리스도를 증언하며, 성경에 의해서 하나님께서 그리스도를 증언하신다. 선지서들에서 그리스도의 영이 미리 그리스도를 증언하셨으며(벧전 1:11), 그리스도에 관한 하나님의 목적과 약속들, 그리고 그리스도에 관한 귀한 내용들을 미리 알리셨다. 유대인들은 구약성경이 메시야를 증언한다는 것을 매우 잘 알았으며, 그러한 내용이 실린 구절들을 잘 파악하여 언급했다. 그랬으면서도 그 구절들을 적용할 때는 형편없이 부주의

했다. 둘째로, 그러므로 우리는 성경을 상고하는 데서 영생을 발견하기를 소망해야 한다. 왜냐하면 성경은 그리스도에 관해서 증언하기 때문이며, 영생은 그리스도를 아는 것이기 때문이다. 참조. 요한일서 5:11. 그리스도는 성경의 밭에 감춰진 보화이며, 성경의 우물에 솟아오르는 생수이며, 성경의 가슴에서 나오는 젖이다.

(3) 이러한 증언에 이어서, 그리스도께서는 네 가지 경우를 들어 유대인들의 불신앙과 악함을 책망하신다.

[1] 그들은 그리스도와 그분의 교훈을 무시했다: "너희가 영생을 얻기 위하여 내게 오기를 원하지 아니하는도다(40절). 너희는 성경을 연구하고, 선지자들을 믿는데, 그러면서 나에 대해 증언해 놓은 것을 못 볼 수 없다. 성경이 이처럼 너희를 내게로 인도하는데도 너희는 내게로 오기를 원하지 않는다." 그들이 그리스도에게 가지 않은 이유는 깨닫지 못하기 때문이 아니라 마음이 없기 때문이었다. 그리스도께서 생명을 내미셨는데도 그들은 받지 않은 것이다. 주의: 첫째로, 예수 그리스도께서는 가련한 영혼들에게 베푸실 생명을 갖고 계셨다. 그리스도 안에 있으면 생명 곧 죄 사함과 은혜, 위로와 영광의 생명을 얻을 수 있다. 그 생명은 우리 존재의 완성이요 모든 행복의 총화이다. 그리스도는 우리의 생명이시다. 둘째로, 이 생명을 얻으려 하는 자들은 예수 그리스도께로 나와야 한다. 생명을 얻기 위해서는 그리스도의 가르침과 그분에 관한 기록을 깨닫고 동의해야 한다. 그리스도의 다스림과 은혜에 의지로 동의해야 하며, 그러면 정서와 행위에 그에 상응한 반응이 나오게 되어 있다. 셋째로, 죄인들이 죄 가운데 죽는 이유는 생명과 행복을 얻기 위해 그리스도께로 나오지 않기 때문이다. 그들이 나올 힘이 없기 때문이 아니라, 나올 의지가 없기 때문이다. 그들은 자신들 앞에 제시된 생명을 받지도 않고 — 그것은 영적이고 신적인 것이기 때문에 — 그것이 제시된 조건들에 동의하지도 않으며, 지정된 방법을 자신들에게 적용하지도 않는다. 치료 방법을 따를 마음이 없기 때문에 고침을 받으려 하지도 않는다. 넷째로, 죄인들이 고집스럽게 은혜를 거절하는 것을 주 예수께서는 크게 슬퍼하시며, 본문에서 유대인들을 책망하시는 것도 바로 그 점이다. 나는 사람에게서 영광을 취하지 아니하노라(41절)는 말씀은 괄호 안에 넣으면 좋을 내용이다. 주께서 자신의 영광을 구하여 집단의 우두머리로 자임하고서 다른 모든 사람들에게 자기를 따르고 높일 것을 강요한다고 비난하는 소리를 잠재우기 위

해서 하신 말씀이다. 주의: 1. 주께서는 사람들의 칭찬을 탐하지도 구하지도 않으셨고, 현세적인 유대인들이 메시야에 대해서 기대했던 현세적인 세도와 영광을 조금이라도 과시하지 않으셨다. 주께서는 병자를 고쳐 주시고서도 그에게 당신을 알리지 말라고 당부하셨고, 당신을 왕으로 삼으려 하는 자들을 피해 다른 곳으로 가셨다. 2. 주께서는 사람들의 칭찬을 취하지 않으셨다. 도리어 당신을 알리지 않으심으로써 사람들에게 모욕과 업신여김을 당하셨다. 3. 주께서는 사람들의 칭찬을 필요로 하지 않으셨다. 하나님의 모든 천사들이 주께 경배할지라도 주님의 영광에는 조금도 보태는 것이 없었다. 주님께는 아버지의 뜻을 행하는 것과 주를 경외하는 자들에게 복을 끼치시는 것 외에 다른 기쁨이 없었다.

　[2] 그들의 속에는 하나님을 사랑하는 것이 없었다(42절): "다만 하나님을 사랑하는 것이 너희 속에 없음을 알았노라. 너희에게 자연 종교의 첫째 원리, 즉 하나님에 대한 사랑도 없는데, 내게 나오지 않는 것이 뭐가 이상한가?" 주의: 사람들이 그리스도를 경시하는 이유는 하나님을 사랑하지 않기 때문이다. 만일 정말로 하나님을 사랑한다면 하나님의 분명한 형상이신 그리스도를 사랑하고, 우리를 하나님과 화목케 해주실 유일한 분인 그리스도에게 매달릴 것이다. 주님은 앞에서는 그들이 하나님을 알지 못하는 점을 들어 책망하셨고(37절), 여기서는 하나님을 사랑하는 것이 없음을 들어 책망하신다. 두 말씀을 종합하자면, 사람들이 하나님을 사랑하지 않는 이유는 하나님에 관해 알아볼 마음이 없기 때문이다. 여기서 관찰할 점은, 첫째로, 그들이 책망을 받은 이유: 하나님을 사랑하는 것이 너희 속에 없음을 알았노라. 그들은 겉으로는 하나님을 끔찍이 사랑하는 듯이 행세했고, 율법과 성전과 안식일에 대한 열정이 그 사랑을 입증한다고 생각했으나, 실제로는 하나님을 사랑하는 것이 없었다. 주의: 독실한 신앙인으로 행세하지만 그리스도에 관해서 무지하고 주님의 계명을 지키지 않음으로써 하나님을 사랑하는 것이 없음을 드러내는 사람들이 많다. 그들은 그리스도의 거룩한 성품을 미워하고 선하심을 폄훼한다. 여기서 우리가 볼 수 있는 것은, 하나님께서 받으시는 것은 속에서부터 하나님을 사랑하는 마음, 마음에 뿌리를 둔 적극적이고 살아 있는 믿음이라는 점이다. 하나님의 사랑이 우리 마음에 부은 바 됨이니(롬 5:5). 둘째로, 그리스도께서 이렇게 책망하실 수 있으셨던 근거는 마음을 살피시며(계 2:23) 사람 속에 있는 것을 아시는 데 있었다. 그리스도께서는

우리의 겉치레를 뚫고 속을 들여다보시면서 나는 너희를 안다고 말씀하실 수 있는 분이다. 1. 그리스도께서는 이웃이 서로를 아는 것보다 더 사람을 잘 아신다. 사람들은 서기관과 바리새인들이 매우 경건하고 선한 사람들인 줄 알고 있었지만, 그리스도께서는 그들 속에 하나님을 사랑하는 것이 없음을 아셨다. 2. 그리스도께서는 사람들이 자신들을 아는 것보다 그들을 더 잘 아신다. 이 유대인들은 스스로를 높이 평가했으나, 그리스도께서는 그들이 겉으로는 아무리 훌륭해 보여도 속은 심히 부패해 있는 것을 아셨다. 우리는 자신은 속일 수 있어도 주님을 속일 수는 없다. 3. 그리스도께서는 누가 당신을 알지 못하며 또 알려고 하지도 않는지 아신다. 어떻게 해서든 당신을 피하려고 하는 사람들을 보시고서 그들을 이름으로, 그들의 진짜 이름으로 부르신다.

[3] 그리스도께서 유대인들을 책망하신 또 다른 이유는 그들이 참된 메시야는 완고히 거부하면서도 거짓 그리스도들, 거짓 선지자들은 기꺼이 환대하려는 경향을 보셨기 때문이다(43절): 나는 내 아버지의 이름으로 왔으매 너희가 영접하지 아니하나 만일 다른 사람이 자기 이름으로 오면 영접하리라. 너 하늘아 이 일로 말미암아 놀랄지어다. 내 백성이 두 가지 악을 행하였나니(렘 2:12, 13). 그들이 행한 것은 실로 큰 악이었다. 첫째로, 그들은 생수의 근원을 버렸다. 왜냐하면 아버지의 이름으로 아버지께 사명을 받아 오셔서 아버지의 영광을 위해 모든 일을 행하신 그리스도를 영접하려 하지 않았기 때문이다. 둘째로, 그들은 스스로 터진 웅덩이를 팠다. 자기 이름으로 와서 자기의 사상을 전하는 자들의 말에 귀를 기울였다. 긍휼히 여김을 받을 기회를 스스로 차버렸다. 그것도 악한 일이었는데, 더 나아가 그렇게 한 동기가 세상의 헛된 영광을 바랐기 때문이며, 그것은 더 악한 일이었다. 여기서 관찰할 점은, 1. 거짓 선지자들은 주님께 보냄을 받은 일도 없이 자기 이름으로 와서 자기들의 사상을 전파한다. 2. 진리를 사랑하여 받지 않고 도리어 거짓 선지자들에게 미혹되는 자들을 하나님께서 벌하시는 것은 정당한 일이다. 참조. 데살로니가후서 2:10, 11. 적그리스도의 거짓 교훈은 그리스도의 교훈에 순종하지 않는 자들에 대한 공의로운 형벌이다. 참된 빛에 대해 눈을 감는 자들은 하나님의 심판에 의해 끝없이 거짓 빛을 찾아 방황하며, 모든 무지하고 어리석은 자들을 따라 곁길로 빠진다. 3. 교회가 대대로 받아온 진리는 혐오하면서 새로운 오류만을 좋아하는 것이 많은 사람들이 범하는 어리석음이다. 그들은 만나에 물려 거들떠보지 않으면서, 동시에 재

를 먹는다. 유대인들은 그리스도와 복음을 배척한 뒤에 끊임없이 거짓 그리스도들과 거짓 선지자들에게 미혹을 당했으며(마 24:24), 그런 자들을 쉽게 따르다가 폭동과 반란을 일으키게 되었고, 결국 멸망의 길을 걸었다.

[4] 그리스도께서는 그들의 교만과 허영, 불신앙을 책망하신다(44절). 그런 다음 노련한 의사처럼 그렇게 된 원인을 진단하시고는 뿌리에 도끼를 대신다. 그들이 그리스도를 경시하고 폄훼한 이유는 자신들을 자랑하고 높게 생각했기 때문이다. 여기서 생각하게 되는 점은,

첫째로, 그들에게는 세상 영광에 대한 야심이 있었다. 그리스도께서는 그것을 무익하게 여기셨으나(41절), 그들은 그것에 마음을 두었다: 너희가 서로 영광을 취하고. 이 말씀은 "너희는 권력과 위세를 갖춘 메시야를 기대하면서, 그가 너희에게 현세적 부귀를 가져다 줄 것으로 생각한다"는 뜻이다. 1. "너희는 그것을 받기를 갈망하며, 매사에 목표를 거기에 둔다." 2. "너희가 다른 사람을 높이고 칭송하는 이유는 그도 너희를 높이고 칭송하기를 바라기 때문이다." 우리는 요청하고 베푼다(Petimus dabimusque vicissim). 영광을 취할 것을 기대하고서 다른 사람을 높이는 것이 교만한 사람의 수완이다. 3. "너희는 모든 영광을 독차지하고, 마치 독점권이라도 가지고 있는 듯이 그것을 너희끼리만 나눠 가지려고 한다." 4. "누가 경의를 표하면 너희는 그것을 하나님께 돌리지 않고 헤롯처럼 자기 것으로 삼는다." 사람들을 우상화하는 행위와 사람들에 의해 우상처럼 대우받기를 바라는 심정이야말로 기독교와 가장 상반되는 것이다.

둘째로, 그들은 영적인 영광 — 본문에서 유일하신 하나님께로부터 오는 영광이라 말씀하신 것 — 이 무엇인지 몰랐다. 이것을 그들은 구하지도 않고 마음에 두지도 않았다. 주해: 1. 참된 영광은 유일하신 하나님께로부터 온다. 즉, 참되고 항구적인 영광이다. 그리스도께서 언약 안에 받아들이시고 사귐을 갖는 사람들이야말로 큰 영광을 얻은 자들이다. 2. 참된 성도들은 모두 다 이런 영광을 얻었다. 그리스도를 믿고 그리스도로 말미암아 하나님께로부터 오는 영광을 받는 모든 사람이 그런 복을 누린다. 그리스도께서는 편파적이지 않으셔서 은혜를 베푸실 때마다 영광을 주신다. 3. 하나님께로부터 오는 이 영광을 우리는 구하고, 거기에 목표를 두고, 그것을 위해 활동하고, 그것에 모자라는 것(롬 2:29)을 차단해야 한다. 바리새인들이 사람들의 칭찬을 크게 생각한 것과 달리, 우리는 하나님께로부터 오는 영광을 우리의 상급으로 여겨야 한다. 4. 그리

스도께로 나오지 않는 자들과 세상 영광을 기대하는 자들은 하나님께로부터 오는 영광을 구하지 않음을 스스로 입증하며, 그것이 그들의 미련함이요 멸망이다.

셋째로, 이것이 그들의 불신앙에 끼친 영광. 하나님께로부터 오는 영광을 구하지 않으면서 **어찌 나를 믿을 수 있느냐?** 여기서 관찰할 점은, 1. 그리스도를 믿기 어려운 원인은 우리 자신과 우리의 부패함에 있다. 우리 스스로 어려움을 자초해놓고 도저히 믿어지지 않는다고 불평한다. 2. 세상 영광을 얻으려는 야심이 그리스도를 믿는 데 큰 장애가 된다. 사람들의 칭찬과 갈채를 우상으로 삼는 사람들이 어떻게 그리스도를 믿을 수 있는가? 신앙을 진지하게 고백하고 실천하는 일이 인기가 없어서 모든 곳에서 비방을 받을 때 — 그리스도와 사도들이 이상한 사람 취급받고 그리스도인이 된다는 것이 희귀한 일이 되는 때 — 세상적으로 한껏 자신을 과시하려는 야심을 품은 자들이 어떻게 그리스도를 믿을 수 있겠는가?

6. 본문에 마지막으로 거론된 증인은 모세이다(45절 이하). 유대인들은 모세를 크게 존경했고, 모세의 제자들임을 자랑스러워했으며, 모세를 따른다는 구실로 그리스도를 배척했다. 그러나 그리스도께서는 이렇게 말씀하셨다.

(1) 모세는 [그리스도를] 믿지 않는 유대인들을 고발하는 증인으로서, 그들을 아버지께 고발했다: 너희를 고발하는 이가 있으니 곧 너희가 바라는 자 모세니라. 이 말씀은 다음과 같은 뜻으로 이해할 수 있다. [1] 율법과 복음의 차이를 드러내는 말씀. 모세 곧 율법이 그들을 고발하는 이유는, 율법에 죄를 깨닫게 하는 기능이 있기 때문이다. 그런 의미에서 율법은 죄 범한 사람을 정죄하며, 따라서 율법을 의지하는 자들에게 정죄와 죽음을 끼친다. 그러나 복음의 의도는 우리를 정죄하는 데 있지 않다: 내가 너희를 아버지께 고발할까 생각하지 말라. 그리스도께서는 세상에 모무스(Momus:그리스 신화에 나오는 조롱과 비난의 신:역자 주)로 오시지 않았다. 각 사람의 잘못을 찾아내어 서로 시비를 붙여 싸우게 만들거나, 사람들의 행동을 은밀히 탐지하거나, 미끼를 던져 죄를 짓게 만드는 그런 일을 하시지 않는다. 오히려 그리스도께서는 고발자가 아닌 변호자가 되기 위해서 오셨다. 하나님과 사람을 화목케 하려고 오셨지, 소원(疏遠)하게 하려고 오시지 않았다. 그렇다면 모세를 위한다는 구실로 그리스도를 배척하면서 율법 아래 있기를 바라는 자들은 얼마나 어리석은가! 참조. 갈라디아서 4:21.

혹은 [2] 그들의 불신앙이 이치에 맞지 않는 것임을 드러내시는 말씀: "내가 하나님의 법정에서 너희를 향해 이생에서 내게 한 행위에 대해 호소할 것이라고 생각하지 말라. 내가 굳이 그렇게 하지 않아도 너희는 이미 고발을 당하여 하늘의 법정에 끌려가게끔 되어 있다. 모세 자신이 너희의 불신앙에 대한 유죄를 분명히 선언하며, 이미 너희를 정죄한다." 그리스도에 관하여 오해하지 말아야 한다. 비록 그는 선지자였으나 당신을 박해하던 자들에 대해서 하늘을 향해 응징을 호소하지 않으셨다. 엘리야처럼 이스라엘을 고발하지 않으셨고(롬 11:2), 예레미야처럼 하나님께서 이스라엘에 보응하시는 것을 보고 싶어하지도 않으셨다. 또한 모세에 관해서도 오해해서는 안 된다. 모세가 그들 편에 서서 그리스도를 배척하는 일이란 없다. 오히려 정반대이다. 너희를 고발하는 이가 있으니 곧 너희가 바라는 자 모세니라. 주의: 첫째로, 외적인 특권과 이점은 그리스도와 그의 은혜를 배척하는 자들이 공통적으로 품는 헛된 확신일 뿐이다. 유대인들은 모세를 철석같이 믿었고, 그의 율법과 규례를 가지고 있으니 구원을 받을 것이라고 생각했다. 둘째로, 기득권에 안주하고 그것을 계발하지 않는 자들은 결국 낭패를 당할 뿐 아니라, 기득권 자체가 자신들에게 불리한 증거가 될 것이다.

(2) 모세는 그리스도와 그분의 교훈에 대한 증인이었다(46, 47절): 이는 그가 내게 대하여 기록하였음이라. 모세는 그리스도에 관해서 구체적으로 예언했다. 여인의 후손, 아브라함의 씨, 실로, 나와 같은 다른 선지자가 다 모세의 글에 나오는 단어들이다. 모세의 의식법은 장차 오실 분의 표상이었다. 유대인들은 모세를 후원자 삼아 그리스도를 배척했다. 그러나 본문에서 그리스도께서는 모세가 자신을 배척하기는커녕 자신을 위해서, 자신에 관해서 썼다고 말씀하심으로써 그들의 생각이 틀렸음을 드러내신다. 그러나, [1] 본문에서 그리스도께서는 유대인들을 향해서, 그들이 모세를 믿지 않았다고 책망하신다. 앞에서는(45절) 그들이 모세를 믿는다고 하셨지만, 여기서는 그들이 모세를 믿지 않는다고 말씀하신다. 그들이 모세의 이름만 믿었을 뿐, 그의 진정한 교훈은 받지 않았다는 뜻이다. 그들은 모세의 글에서 메시야에 관한 교훈을 올바로 이해하지도 못했고 믿지도 않았다. [2] 그리스도께서는 유대인들이 당신을 믿지 않는 사실을 토대로 그 책망을 뒷받침하신다: 모세를 믿었더라면 또 나를 믿었으리니. 주의: 첫째로, 믿음을 식별하는 가장 확실한 잣대는 열매를 살펴보는 것이다. 많은 사

람들이 믿는다고 말하지만, 그들의 행위로 그 말이 거짓임이 드러난다. 만일 성경을 믿는다면 그렇게 행동하지 않았을 것이기 때문이다. 둘째로, 성경의 한 부분을 올바로 믿으면 모든 부분도 믿게 되어 있다. 구약성경의 예언들은 그리스도 안에서 온전히 성취된 까닭에, 그리스도를 배척하는 자들은 사실상 그 예언들을 배척하고 무시하는 것이다. [3] 그들이 모세를 믿지 않았다는 말씀을 토대로 그리스도께서는 그들이 자신을 배척한 것이 이상한 일이 아니라는 결론을 이끌어 내신다: 그러나 그의 글도 믿지 아니하거든 어찌 내 말을 믿겠느냐. 어찌 믿는다고 생각할 수 있겠느냐? 첫째로, "가장 확실한 계시의 책인 성경을 믿지 않으면서 어찌 [유대인들에게 성경보다 덜 존중되는] 내 말을 믿겠느냐?" 둘째로, "너희가 그토록 존경해 마지않는 모세를 믿지 않으면서 어찌 너희가 몹시 업신여기는 나를 믿겠느냐?" 참조 출애굽기 6:12. 셋째로, "모세가 나에 관해 강한 어조로 말하고 쓴 것을 믿지 않으면서 나와 나의 전도를 믿겠느냐?" 전제들을 인정하지 않으면서 어찌 결론을 인정하겠느냐는 말씀이다. 기독교 신앙의 진리는 순전히 신적 계시의 문제이므로 성경의 신적 권위에 의존한다. 그러므로 성경의 신적 영감을 믿지 않는다면 그리스도의 교훈을 어떻게 받아들이겠는가?

이로써 그리스도께서는 유대인들의 고발에 대해서 자기 변호를 매듭지으셨다. 이 말씀이 어떤 효과를 미쳤는지 우리는 알지 못한다. 아마도 유대인들은 잠시 입을 열지 못했을 것이고, 부끄러워서 기소를 중지했을 것이다. 하지만 마음은 더욱 완고해졌을 것이다.

함께 거기 앉으시니. 산에 오르신 것은 당신을 따라온 큰 무리가 잘 보고들을 수 있도록 배려하신 것이다. 그곳은 에스라의 강단처럼 특별한 목적을 위해 제작한 강단이 아니라, 천연 강단이었다. 이렇게 해서 그리스도께서는 야외 설교를 하게 되셨으나, 야외라 해서 더 나쁠 것이 없었다. 그곳까지 따라온 사람들은 그런 자리가 귀한 것을 알기 때문에 광야로 나가셔도 따라간 사람들이었으므로 산꼭대기여서 달갑지는 않았으나 크게 문제될 게 없었던 것이다. 주께서는 교사들이 강의 의자에 앉듯 그곳에 앉으셨다. 그 자리가 편하고 안정되지 않았을지라도 권위 있게 앉아 무슨 질문이라도 답변하실 자세로 계셨다. 누구든 다가오면 주님을 뵐 수 있었다. 주께서는 제자들과 함께 앉으셨다. 그것은 자신을 낮추신 일이었고, 사람들 앞에서 제자들에게 권위를 입혀주신 일이었으며, 제자들에게 얼마 후면 그들과 함께 영광의 자리에 앉으실 일을 미리 보여주신 일이었다. 제자들뿐 아니라 우리도 주님과 함께 앉게 해주셨다고 하나님의 말씀은 가르친다(엡 2:6).

4. 당시의 시점. 6장 처음에 나오는 그 후에라는 단어는 앞 장에 기록된 사건에 곧 이어짐을 뜻하지 않는다. 상당한 시간이 흐른 뒤였기 때문에 그 단어는 시간의 연속과 무관하다. 하지만 4절에 마침 유대인의 명절인 유월절이 가까운지라 하고 기록되어 있다. 이 구절과 관련하여 생각해볼 점은, (1) 아마도 제자들이 순회 전도자로 각처에 파송되었다가 주님과 함께 예루살렘에 올라가 절기를 지키기 위해서 한자리에 모였을 것이다. (2) 유대인들은 유월절이 되기 30일 전부터 엄숙하게 준비하는 관습이 있었다. 그 기간 동안 도로와 교량을 정비했고, 유월절의 의미와 목적에 관해서 가르치고 배웠다. (3) 유월절이 되면 그리스도께서 예루살렘에 올라가셔서 한동안 뵙지 못하게 되므로, 많은 무리가 모여 부지런히 따라다녔다. 주의: 기회가 없어질 것을 알면 갑절의 열심을 내야 한다. 그리고 엄숙한 일을 앞두고는 그리스도의 말씀을 서로 나눔으로써 준비하는 것이 좋다.

Ⅱ. 기적의 내용.

1. 그리스도께서 당신을 따르는 무리를 보심(5절): 예수께서 눈을 들어 큰 무리가 자기에게로 오는 것을 보시고. 이 큰 무리는 틀림없이 가난하고 비천하고 평범한 사람들로 구성되었을 것이다. 그런 외딴 시골 변두리에 모인 사람들이니 더욱 그랬을 것이다. 그럴지라도 그리스도께서 그들이 나오는 것을 기뻐하

시고 그들이 굶어 지치지 않도록 관심을 보이신 것은 우리에게도 스스로 낮추어 지위가 낮은 사람들과 함께하라 하심이요, 그리스도의 양들 위에 군림하지 말라 하심이다. 가난한 사람들은 부자들 못지않게 그리스도에게 영혼들이며, 따라서 우리에게도 그러하다.

2. 그리스도께서 무리를 먹일 방법에 대하여 던지신 질문. 주께서는 빌립에게 질문을 던지셨다. 빌립은 제자들 가운데서도 일찍 부르심을 받아 주님과 함께 다니면서 주께서 행하시는 모든 표적들을 보았고, 특히 물로 포도주를 만드신 표적을 본 제자였으므로, 주님께 질문을 받았을 때 마땅히 이렇게 대답했어야 했다. "주님, 만일 원하시면 이 사람들을 다 먹이시는 것이 어려운 일이 아닌 줄 압니다." 그리스도께서 행하신 일들을 지켜보고 그 유익에 참여하고서도 온전히 믿지 못하는 사람들은 광야의 이스라엘 백성들이 하나님을 대적하여 하나님이 광야에서 식탁을 베푸실 수 있으랴(시 78:19) 하고 물었던 말을 기억하면 아무 할 말이 없게 될 것이다. 빌립은 본문의 장소에서 멀지 않은 벳새다 출신이었으므로 무리에게 저녁끼니를 마련하기 위해 나설 만했고, 아마도 무리 중 상당수가 아는 사람들이었기에 관심도 많았을 것이다. 그리스도께서는 빌립에게 우리가 어디서 떡을 사서 이 사람들을 먹이겠느냐고 질문을 던지셨다.

(1) 주께서는 모든 무리가 주님과 함께 식사를 하는 것을 당연한 일로 여기신다. 어떤 사람은 주께서 무리를 가르치시고 병을 고쳐 주셨으면 주님의 몫을 다하신 것이고, 이제는 무리가 주님과 제자들을 대접해야 할 차례라고 생각할 것이다. 무리 가운데는 부자들도 있었을 것이고, 그리스도와 제자들은 가난했기 때문이다. 그런데도 주님은 무리를 먹이실 일을 생각하셨다. 그리스도의 영적 선물을 값없이 받은 자들은 그것을 받은 데 대한 상을 더 받게 될 것이다. 그리스도께서는 자기 백성들의 영혼을 생명의 떡으로 먹이시는 동시에 그들의 육신에도 일용할 양식을 주심으로써, 우리의 육체에 대해서도 주님이심을 알게 해주시고, 일용할 양식을 위해 기도할 수 있는 용기를 주시며, 주님을 본받아 가난한 사람들에게 자비를 베풀 마음을 일으켜 주신다. 참조. 야고보서 2:15, 16.

(2) 주께서 던지신 질문은 우리가 어디에서 떡을 사야 하느냐는 것이었다. 어떤 사람은 주께서 가난하셨던 것을 생각하고서 오히려 우리가 어디에서 돈을 구해야 하느냐고 질문했어야 하지 않았을까 생각한다. 그러나 주께서는 당신이 가지신 모든 것을 내놓으심으로써 그들의 필요를 넉넉히 채워주려 하신다. 주

님이 베풀기 위해서 떡을 사려 하셨으니, 우리도 베풀 수 있도록 힘써 일해야 한다. 참조. 에베소서 4:28.

3. 이 질문을 던지신 의도. 그것은 빌립의 믿음을 시험하고자 하심이었다. 이렇게 말씀하심은 친히 어떻게 하실지를 아시고 빌립을 시험하고자 하심이라(6절). 주의: (1) 우리 주 예수께서는 하실 일을 앞두고 어찌할지 몰라 당황하시는 일이 없다. 아무리 어려운 상황에서라도 무엇을 하셔야 하는지, 어떤 경로를 취하게 되는지 잘 아신다(참조. 행 15:18). 주님은 자기 백성을 향하여 가지신 생각을 아시며(렘 29:11), 불확실한 상태에 계시는 일이 없다. 우리가 잘 모를 때에도 주님은 친히 하실 일을 아신다. (2) 그리스도께서 당신의 백성들에게 난처한 질문을 던지실 때는 더욱 굳센 믿음을 갖도록 시험하시려는 것뿐이다. 그 질문은 빌립을 난처하게 했지만, 그리스도께서는 빌립의 입에서 "주님, 주께서 이 백성들을 위하여 능력을 행하신다면 우리가 굳이 떡을 살 필요가 없습니다"라는 말을 듣기를 바라셨다.

4. 이 질문에 빌립이 대답한 말: "각 사람으로 조금씩 받게 할지라도 이백 데나리온의 떡이 부족하리이다(7절). 주님, 이 사람들을 위해서 떡을 산다는 말은 무의미합니다. 이 시골에 그 많은 떡이 있을 리도 없고, 있다 해도 그만한 돈이 저희에게는 없습니다. 전대를 맡은 유다에게 물어보십시오." 2백 데나리온(1 데나리온은 장정 하루의 품삯: 역자주)을 한꺼번에 쓰고 나면 전대가 비게 되어 다음 날부터는 굶어야 할 처지였을 것이다. 그로티우스(Grotius)는 2백 데나리온으로 살 수 있는 떡은 2천 개도 못되었을 것이라고 추산하다. 아마도 빌립은 자신들이 가진 것만큼 내놓아 그것으로 떡을 사서 각 사람에게 조금씩 나눠 줄 것을 생각했을 것이다. 없으면 없는 대로 산다는 것이 사람의 생각이다. 빌립의 믿음이 얼마나 약했는가 살펴보라. 그는 이 난처한 상황에서 주님께서 마치 평범한 사람이신 것처럼 생각하고는 일상적인 방법으로 음식을 마련할 일만 생각했던 것이다. 훗날 주께서는 빌립에게 빌립아 내가 이렇게 오래 너희와 함께 있으되 네가 나를 알지 못하느냐고 말씀하시게 되는데, 이 상황에서도 그렇게 말씀하실 만했다. 혹은 비슷한 경우에 하나님께서 모세에게 여호와의 손이 짧으나? 네가 이제 내 말이 네게 응하는 여부를 보리라 하고 말씀하셨는데(민 11:23), 아마 이 상황에서도 그렇게 말씀하실 만했다. 우리도 눈에 보이는 일상적인 방법이 사라지면 우리의 한계 안에서만 하나님도 의지함으로써 하나님의 능력을

불신하기 쉽다.

5. 그리스도께서 제자들 가운데 다른 사람에게서 그들이 확보한 양식에 관해 받으신 보고. 그 제자는 **시몬 베드로**의 형제로 소개된 안드레였다. 그는 제자가 된 순서로는 베드로의 선배였고 베드로를 그리스도에게로 인도하는 데 도구로 쓰였지만, 그럴지라도 훗날 베드로의 이름이 더욱 크게 알려진 까닭에 베드로와의 관계에 비추어 그를 소개한 것이다. 그는 자기들이 손에 쥐고 있는 것을 그리스도께 알렸다. 그의 태도에서 생각하게 되는 점:

(1) 주님께서 관심을 보이시는 사람들에 대한 **안드레의 사랑**. 그는 자기들의 코가 석자라는 것을 알면서도 자기들이 가진 모든 것을 기꺼이 가지고 나왔다. 그의 태도는 자선은 가정에서부터 시작된다는 말을 생각하게 한다. 그는 무리를 먹이는 일에서 주님보다 더 나은 지혜를 갖고 있는 체하여 그 사실을 묵살하지 않고 정직하게 있는 그대로 말씀드렸다. 본문에는 한 아이가 등장한다. 파이다리온, 즉 어린 소년이다. 소년은 아마도 처음부터 이 무리를 따라다니면서 도시락을 판 듯하며, 그래서 제자들은 소년이 가지고 있던 것을 자기들이 처분할 수 있는 것처럼 말한 듯하다. 소년이 가져온 것은 보리떡 다섯 덩이와 작은 물고기 두 마리였다. [1] 그것은 매우 조촐한 음식이었다. 그냥 보리떡이었다. 가나안은 밀을 재배하는 땅이고(신 8:8), 주민들은 대체로 기름진 밀(시 81:16)과 아름다운 밀(신 32:14)을 먹었다. 그렇지만 그리스도와 제자들은 보리떡으로 만족하셨다. 이 사례를 들어 우리도 늘 조촐하게 먹고 살아야 하며 그것이 경건하게 사는 방식이라고 주장하는 것은 옳지 않다. (하나님께서 우리 손에 더 좋은 것을 주시면 감사함으로 받는 것이 합당하다.) 하지만 반대로 산해진미를 바라서는 안 될 것이요, 늘 조촐한 음식을 먹어야 하는 처지에 놓이더라도 불평하지 말고 자족하는 마음으로 감사하고 그 생활에 적응해야 할 것이다. 그리스도께서 우리에게 주시는 것이 보리떡일지라도, 그것은 우리 자신을 돌아볼 때 분에 넘치는 선물이다. 또한 가난한 사람들의 초라한 음식을 업신여기거나 경멸해서는 안 된다. 그리스도께서 어떤 음식을 드셨는지 기억하면 그런 마음을 가질 수 없다. [2] 그것은 매우 **빈약하고 부족한** 음식이었다. 떡 다섯 개가 전부였다. 어린 소년이 소지하고 다닐 만큼 적은 분량이었다. 하지만 **보리떡 스무 개**와 약간의 채소가 있었을지라도 기적이 아니었으면 백 명을 먹일 수 없었던 것을 우리는 성경에서 발견한다(왕하 4:42, 43). 물고기도 두 마리밖에 없었고,

게다가 작은 물고기였다(뒤오 옵사리아). 너무 작아서 한 마리가 한입거리밖에 되지 않았다. 불에 구울 수 없었으므로 소금에 절인 물고기였을 것으로 추정된다. 보리떡 다섯 개는 적은 분량이었으나, 떡에 비해 물고기의 분량은 적지 않았다. 소금에 절인 물고기 두 마리를 먹기 위해서는 떡이 더 많이 필요했다. 그러나 그들은 그것으로 만족했다. 떡[밥]은 배고픔을 면하기 위해 먹는 주식이지만, 고기를 먹지 못해서 불평하는 자들에 대해서 하나님 말씀은 그들이 그들의 탐욕대로 음식을 구하여 하고 말한다(시 78:18). 그런데 안드레는 가능한 범위에서 무리가 고기를 먹도록 배려했다. 주의: 자신의 현실을 지나치게 염려하여 다른 사람들에게 꼭 필요한 자비를 행하는 일이 위축되어서는 안 된다.

(2) 안드레의 약한 믿음. "그러나 그것이 이 많은 사람에게 얼마나 되겠사옵나이까? 그것을 내놓는다면 조롱거리밖에 되지 않을 것입니다." 그와 빌립은 주님의 능력을 많이 경험했으므로, 그 상황에서 먼저 주님의 능력을 생각해 봤어야 하는데 생각이 거기에 미치지 못했다. 광야에서 이스라엘 백성을 누가 먹이셨던가? 하나가 천을 쫓게 해주신 분이시므로 떡 한 덩이로 천 명을 먹이실 수 있었다.

6. 그리스도께서 제자들에게 무리를 앉게 하라고 하신 말씀(10절): "이 사람들로 앉게 하라. 너희가 그들에게 줄 것이 없을지라도 나를 믿고서 그렇게 하라." 이것은 시장에 섭리를 보내고, 한 푼 없이 물건을 사러 가는 것과 같았다. 그리스도께서는 이 말씀으로써 그들의 믿음을 시험하려고 하셨다. 여기서 관찰할 점은, (1) 식당의 환경: 그 곳에 잔디가 많은지라. 광야인데도 잔디가 많았다. 자연이란 얼마나 너그러운가? 땅이 그 소산을 내어 주었으니(시 67:6). 잔디가 많았던 까닭에 그 많은 사람들이 앉을 만한 장소가 되었고, 그들에게 좋은 쿠션이 되어 주었다. 이 잔디는 아하수에로 왕이 잔치를 베풀 때 바닥에 깔았던 귀한 석재들을 생각하게 한다(에 1:6). 하지만 그리스도께서 들풀들에 관해서 하신 말씀을 생각하면 그리스도 앞에서 무리가 앉았던 자리가 훨씬 더 아름답고 영광스럽게 비친다(마 6:29, 30). (2) 무리의 수: 오천 명쯤 되더라. 만민을 위한 연회(사 25:6)이자 누구든 나오는 자들을 환대하는 복음의 잔치를 상징하는 성대한 자리였다.

7. 음식을 나눠줌(11절).

(1) 주께서 축사하신 뒤에 음식을 나눠주었다. 주의: [1] 식사를 할 때에는 그

것을 주신 하나님께 감사를 드려야 한다. 하나님께서 자비의 손길로 그것을 주셨으니 감사함으로 그것을 받아야 마땅하다(딤전 4:4, 5). 음식은 참으로 귀한 것이어서 주님께 감사드릴 내용과 기회를 준다. [2] 맛과 거리가 먼 조촐한 음식을 앞에 놓고라도 우리로 굶지 않도록 그것을 주신 주님께 감사를 드려야 한다.

(2) 그것은 주께서 제자들의 손을 빌려 나눠주신 음식이었다(11절). 주의: [1] 우리의 모든 위로는 그리스도의 손으로부터 나온다. 누가 그것을 전달해 주든 그리스도께서 그 사람을 통해서 우리에게 보내시는 것이다. [2] 주께서는 따르는 자들에게 생명의 떡을 나눠주실 때 제자들의 사역을 사용하기를 기뻐하신다. 그들은 그리스도의 상에서 시중을 드는 종들이다. 아니, 그보다는 모든 사람에게 때마다 적절한 양식을 내주는 집안의 청지기들이다.

(3) 주께서는 음식으로 두루 만족을 주셨다. 모든 사람이 고루 받느라 조금씩 먹은 것이 아니고, 모두가 양껏 먹었다. 부족함 없는 풍성한 식사였다. 종일 굶어 몹시 허기진 상태로 잔디에 앉은 그들에게는 기적으로 제공된 음식을 무료로 양껏 먹을 수 있었다는 것이 결코 작은 일이 아니었다. 그리스도께서는 생명의 양식을 주실 때 인색하게 주시는 법이 없다(시 81:10). 물고기가 두 마리뿐이었으나 모두에게 배불리 먹이셨다. 물고기는 귀한 손님들에게만 주고 가난한 사람들에게는 마른 떡만 나눠주시지 않고, 모든 사람을 동등하게 대하셨다. [육류를 섭취하지 않고 생선만 먹는 것을 금식으로 여기는 사람들은 그리스도께서 베푸신 환대를 비판하지만, 그것은 성대한 잔치였다.

8. 남은 조각에 대한 조치.

(1) 그리스도께서 남은 조각에 대해 하신 명령(12절): 그들이 배부른 후에, 그리고 그것이 기적이었음을 모두가 자각한 때에, 그리스도께서는 제자들에게 남은 조각을 거두고 버리는 것이 없게 하라고 명령하셨다. 주의: 하나님이 주신 음식을 먹지 않고 버리지 않도록 조심해야 한다. 아무리 음식이 풍성하게 넘쳐나더라도 낭비해서는 안 된다. 낭비하는 사람에게 하나님께서 주시지 않는 것은 정당한 일이다. 유대인들은 음식을 조금이라도 버리거나 땅에 떨어뜨려 밟히지 않도록 극히 조심했다. "밥을 업신여기는 자는 깊은 가난에 떨어진다"는 것이 그들의 격언이었다. 그리스도께서는 언제든 뜻하실 때 음식을 공급할 수 있는 분이었지만 그래도 남은 조각을 거두라고 하셨다. 충족할 때는 굶고 지내는 다

른 사람들을 기억해야 하며, 우리 자신도 그렇게 될 수 있음을 생각해야 한다. 남을 돕고자 하는 사람은 근검절약해야 한다. 남은 음식 조각을 잔디에 그냥 버려두었다면 들짐승과 새들이 와서 먹었을 것이다. 그러나 사람이 먹어야 할 음식을 짐승에게 준다면 그것은 음식을 허비하는 것이다. 그리스도께서는 모든 사람이 배불리 먹은 뒤에야 남은 조각을 거두라고 명령하셨다. 먹고 있는 동안은 거두지 말고, 먹을 것을 다 먹을 때까지 기다려야 한다. 백스터(Mr. Baxter)는 이렇게 말한다. "음식 남은 것을 버리지 말고 거두라고 하셨을진대, 하나님의 말씀 혹은 하나님의 도움, 우리에게 주신 시간이나 그 밖의 귀한 것들은 얼마나 더 아껴야 하겠는가!"

(2) 제자들이 명령을 따름(13절): 이에 거두니 보리떡 다섯 개로 먹고 남은 조각이 열두 바구니에 찼더라. 열두 바구니에 담긴 음식 조각은 그들이 기적으로 먹은 것이 환상이 아니요 실제였으며, 그 규모가 거대했음을 입증해 주었나. 모두가 배불리 먹고도 이만큼 남은 것이다. 이 사례에서 볼 수 있듯이, 하나님의 베푸시는 손길은 참으로 넉넉하다. 잔을 채우실 뿐 아니라 넘쳐흐르도록 부어주신다. 우리 아버지의 집에는 양식이 풍족하다. 남은 조각은 열두 제자가 든 열두 바구니를 가득 채웠다. 이로써 제자들은 주님을 따르기 위해서 기꺼이 버렸던 것에 대한 보상을 받았다(참조. 대하 31:10). 유대인들은 식사를 할 때 식탁에 빵 한 조각을 반드시 남겨놓아 다음 식사 때에도 복이 임하기를 바랐다. 남기는 것이 없이 모두 먹는 것이 악인에 임하는 저주였기 때문이다(욥 20:21).

Ⅲ. 이 기적이 그로 인한 혜택을 맛본 사람들에게 끼친 영향(14절): 그 사람들이 예수께서 행하신 이 표적을 보고 말하되 이는 참으로 세상에 오실 그 선지자라 하더라. 주의: 1. 통속적인 유대인들조차 장차 메시야가 세상에 임하시어 위대한 선지자가 되실 것을 기대했는데, 본문에서 무리가 나타낸 것이 그러한 기대였다. 바리새인들은 그들이 율법을 알지 못한다고 멸시했다. 그러나 오히려 그들이 바리새인들보다 율법의 목표이신 그리스도를 더 잘 알고 있었던 듯하다. 2. 그리스도께서 행하신 기적은 주께서 약속된 메시야이시며 하나님께로부터 오신 선생 곧 위대한 선지자이심을 분명히 입증했고, 기적을 보고 경이감에 휩싸인 사람들은 주께서 바로 그러한 분이시라고 확신하지 않을 수 없었다. 하지만 그들 가운데는 주께서 장차 세상에 오시리라고 약속된 선지자이심을 믿으면서

도 그분의 교훈을 간절히 받지 않은 자들이 많았는데, 그 이유는 주님의 교훈 안에 거하지 않았기 때문이다. 부패하고 거룩하지 못한 영혼의 기능들 사이에는 이처럼 심한 괴리와 단절이 있는 까닭에, 그리스도를 그 선지자로 믿으면서도 그분의 교훈은 듣지 않는 사람들이 있었던 것이다.

[15]그러므로 예수께서 그들이 와서 자기를 억지로 붙들어 임금으로 삼으려는 줄 아시고 다시 혼자 산으로 떠나 가시니라 [16]저물매 제자들이 바다에 내려가서 [17]배를 타고 바다를 건너 가버나움으로 가는데 이미 어두웠고 예수는 아직 그들에게 오시지 아니하셨더니 [18]큰 바람이 불어 파도가 일어나더라. [19]제자들이 노를 저어 십여 리쯤 가다가 예수께서 바다 위로 걸어 배에 가까이 오심을 보고 두려워하거늘 [20]이르시되 내니 두려워하지 말라 하신대 [21]이에 기뻐서 배로 영접하니 배는 곧 그들이 가려던 땅에 이르렀더라.

이 단락에서 살펴볼 점은,

I. 그리스도께서 무리를 떠나 물러가심.

1. 무리를 떠나 혼자 산으로 가신 이유. 무리가 주님을 세상에 오실 그 선지자로 인정하고서, 억지로 붙들어 임금으로 삼으려는 줄을 아셨기 때문이다(15절).

(1) 그리스도의 제자들 가운데 어떤 이들의 빗나간 열정. 그들은 그리스도를 왕으로 삼으려 했다. [1] 이것은 그리스도를 존경하는 데서 나온 열정이었고, 유대인 지도자들이 그리스도를 멸시하던 것과 대조되었다. 그들은 그리스도처럼 세상을 이롭게 하시는 분이 그처럼 홀대를 당하는 것에 주목했다. 왕의 직함이 가장 빛난다고 생각한 그들은 메시야가 왕으로 오시는 분임을 안 까닭에 그분을 왕으로 삼으려 했다. 만일 모세와 같은 선지자라면 모세처럼 입법자로서 다스리시면 된다고 생각했다. 만일 그분을 거룩한 시온 산에 세우지 못한다면 갈릴리의 어느 산에 세워도 무방하다고 여겼다. 그리스도께서 베푸신 하늘 궁정의 산해진미를 맛본 사람들은 그 보답으로 주님을 왕으로 모시고 영혼의 권좌를 내드려야 한다. 우리를 먹이신 분이 우리를 다스리도록 해드려야 한다. 그러나, [2] 그것은 빗나간 열정이었다. 첫째로, 그 열정은 그리스도께서 세우시려는 나라의 본질을 오해한 데서 비롯되었다. 그들은 그 나라를 이 세상 나라처럼 생각했고, 따라서 왕이 되려면 왕관을 쓰고 군대를 거느리는 등 외적인 위

세를 갖추어야 한다고 생각했다. 그들이 속에 품고 있던 왕에 대한 견해는 마치 금에 니스 칠을 하고 루비에 페인트칠을 하는 것같이 그리스도의 영광을 크게 가리는 것이었다. 그리스도의 나라가 어떤 나라인지 올바로 이해해야 그 나라를 전진케 하는 바른 방법을 견지할 수 있다. 둘째로, 그 열정은 육체에 대한 사랑에서 나온 것이었다. 그들은 큰 수고 없이 자기들을 배불리 먹이고, 얼굴에 땀을 흘려야 먹을 수 있게 된 저주로부터 풀어줄 수 있는 사람이라면 기꺼이 왕을 삼으려 했다. 셋째로, 그들의 마음은 현세적인 일에 기울어 있었다. 바야흐로 자신들을 무겁게 짓눌러온 로마의 멍에를 떨쳐 버릴 수 있는 절호의 기회가 왔다고 생각했다. 한 가정을 먹일 만한 식량으로 군대를 유지할 수 있는 사람이 있다면 전쟁을 수행하여 결코 패하지 않고 자유를 회복할 수 있을 것으로 확신했다. 이렇게 신앙이 본연의 사명을 저버리고 세상일에 나섬으로써 그리스도를 일시적인 도구로 이용하는 경우가 많다(참조. 롬 16:18). 사람들이 예수님을 구할 때 예수님 자신을 구하지 않고 다른 목적을 위해 예수님을 구하는 일이 흔하다(아우구스티누스). 넷째로, 그것은 반란을 기도하고 사회 안전을 해치는 행위였다. 나라를 전란으로 떠밀고 로마 제국의 적대 세력으로 노출시키고야 말 행위였다. 다섯째로, 그것은 우리 주 예수님의 생각과 정반대되는 것이었다. 그들은 예수께서 원하시든 원하시지 않든 억지로 붙들어 왕으로 삼으려고 했다. 주의: 그리스도께서 요구하지 않으신 명예를 억지로 씌워드리려 하는 행위는 주님을 언짢게 해드리며, 주님께 큰 불명예가 된다. 아볼로와 게바에게 속한 자들에 반대하여 나는 그리스도에게 속했다고 말한 자들은 주님의 생각을 거슬러가며 주님을 억지로 붙들어 왕을 삼으려 했던 자들과 다르지 않다.

(2) 본문에는 주님의 겸손과 자기 부인이 잘 나타나 있다. 사람들이 당신을 왕으로 세우려 할 때 주님은 그들을 떠나 가셨다. 그런 일에 전혀 마음을 두고 계시지 않은 까닭에 그런 시도를 효과적으로 물리치셨다. 이 일로써 주께서 남기신 경고: [1] 세상 영광을 향한 야심과 탐욕에 대하여. 주님은 그런 것에서 철저히 떠나 계셨으며, 우리에게도 그런 태도를 취하라고 당부하신다. 만일 무리가 주님을 억지로 붙들어 죄수로 삼았다면, 주께서는 왕을 삼으려 할 때만큼 신속히 그들을 떠나시지 않았을 것이다. 주께서 그러한 본을 보여주셨으므로, 우리도 군중의 우상을 탐하지 말고, 세상의 헛된 영광을 구하지도 말자. [2] 파벌 형성과 선동, 반역과 반란을 비롯하여 왕들과 나라들의 평안을 어지럽히는 행

위에 대하여. 이번 일로 주께서는 당신이 가이사의 적이 아니고, 제자들을 그런 방향으로 이끌 의사도 없으며, 다만 나라의 평안을 추구하는 분임을 알리셨다. 제자들에게 선동처럼 보이는 행위를 하거나 선동을 모색하도록 하지 않고, 오직 그들 본연의 일에 충실하도록 하실 뜻을 분명히 밝히셨다.

2. 그리스도께서 어디로 떠나 가셨는지 살펴보라: 다시 혼자 산으로 떠나가시니라. 에이스 토 오로스 — 산으로, 즉 지난번에 말씀을 전하셨던 산(3절)으로 가셨다. 그곳에서 평지로 내려오셔서 무리를 먹이신 다음 다시 혼자 산으로 올라가신 것이다. 주께서는 사람들이 많이 모이는 장소가 사역에 유용한 줄을 아시면서도 간혹 혼자 계시곤 했는데, 이로써 우리에게 가끔 세상에서 물러나 아무런 방해도 받지 않고 하나님 앞에 나아가 기도하고 자신을 되돌아볼 필요를 가르치신다. 어느 진실한 그리스도인은 이렇게 말했다. 혼자 있을 때보다 덜 혼자 있지 말라(never less alone than when alone). 공적인 봉사가 개인의 경건 생활에 장애가 되어서는 안 된다.

II. 제자들이 바다를 건너다가 위험에 처함. 배들을 바다에 띄우며 큰 물에서 일을 하는 자는 여호와께서 행하신 일들과 그의 기이한 일들을 깊은 바다에서 보나니 여호와께서 명령하신즉 광풍이 일어나 바다 물결을 일으키는도다(시 107:23-25). 이 말씀을 제자들에게 적용해보라.

1. 제자들은 배를 타고 가기 위해 **바다로 내려갔다**(16-17절). 저물매, 즉 저녁이 되어 하루 일을 마치고 집으로 돌아갈 시간이 되었으므로, 제자들은 배를 타고 가버나움으로 향했다. 이렇게 배를 타고 간 이유는 주께서 당신을 왕으로 삼으려 하는 자들을 제자들이 호의적으로 대하지 않도록 특별히 명령해 놓으셨기 때문이다.

2. 도중에 큰 바람이 불어 파도가 일어났고, 그로써 하나님의 말씀을 성취했다. 그들은 그리스도의 제자들로서 주의 일을 하러 가고 있는 중이었으며, 그리스도께서는 산에서 그들을 위해 기도하고 계셨다. 그런데도 그들은 이러한 역경에 처했다. 이 세상에서 당하는 위험과 고생은 그리스도에 대한 관심과 주님의 중보기도와 매우 잘 양립할 수 있다. 그들은 얼마 전에 주님의 상에서 먹었다. 그러나 위로의 햇볕 뒤에는 풍랑을 예상해야 한다. (1) 때는 이미 저물었다. 그래서 풍랑이 더 위험하고 어려움을 끼친다. 하나님의 백성들도 곤경에 처하여 빠져나갈 길을 찾지 못할 때가 간혹 있다. 곤경에 처하게 된 원인이 무엇인지,

주님의 의도와 방향이 무엇인지, 결과가 어떻게 될지 다 캄캄하다. (2) 예수께서 그들과 함께 계시지 않았다. 지난 번 풍랑을 만났을 때(마 8:23 이하)는 주님께서 함께 계셨으나, 지금은 사랑하는 주님께서 혼자 떠나 계셨다. 그리스도께서 곁에 계시지 않는 상황이 곤경에 처한 그리스도인들의 마음을 한층 더 무겁게 만든다. (3) 큰 바람이 불어 파도가 일어났다. 배를 바다에 띄울 때는 바람이 잔잔했는데(제자들은 폭풍이 이는데도 배를 띄우는 무모한 사람들이 아니었다), 바다 한복판에 나갔을 때 큰 바람이 불기 시작했다. 아무 일도 일어나지 않는 고요한 때에는 고난당할 일을 대비해야 한다. 고난은 예상치 못한 순간에 발생하기 때문이다. 풍랑이 이는 바다와 같은 곤경에 처한 신자들은 그리스도의 제자들도 그런 상황에 처한 적이 있음을 생각하고 위로를 받아야 한다. 그리고 성난 바다 한복판에서 영광의 하나님의 약속을 기억해야 한다. 구름과 칠흑 같은 밤이 때때로 빛의 자녀들을 덮는다.

3. 곤경에 처한 제자들에게 그리스도께서 때맞춰 찾아가 주셨다(19절). 제자들이 (역풍을 거슬러가며) 노를 저어 십여 리쯤 가다가. 이 글을 기록하게 하신 성령께서는 정확히 어느 정도의 거리를 노 저어 갔는지 아셨겠지만, 부수적인 내용이므로 기자의 추산에 맡겨두셨다. 아무튼 제자들은 해안에서 상당히 떨어진 지점에서 예수께서 바다 위로 걸어 배에 가까이 오심을 보았다. 여기서 생각할 점은, (1) 그리스도의 능력은 자연 법칙과 관습을 넘어서서 당신의 뜻대로 그것을 통제하고 주관할 만큼 크다. 사람의 몸이 물에 가라앉는 것이 자연스러운 현상인데, 그리스도께서는 마치 마른 땅을 걸으시듯 물 위를 걸으셨다. 그것은 모세가 홍해를 가르고 백성들로 그 사이로 지나가게 한 것보다 더 큰 사건이다. (2) 그리스도께서 곤경에 처한 제자들에게 보이신 관심. 그가 너를 도우시려고 하늘을 타고 궁창에서 위엄을 나타내시는도다(신 33:26). 주의 백성들이 풍랑 가운데 요동하며 두려움에 휩싸여 있을 때 주님은 그들을 그 상태로 내버려두지 않으신다. 그들이 (요한처럼) 멀고 적막한 땅으로 유배를 당하거나 (바울과 실라처럼) 좁은 곳에 갇힐 때에도 주님은 그들을 찾으사 그들 곁에 계셔줄 것이다. (3) 두려움에 휩싸인 제자들에게 그리스도께서 주신 위로. 그들은 몹시 두려워했다. 그것은 바다와 파도로 인한 두려움을 훨씬 넘어서는 것이었다. 이 세상 어둠의 주관자들과 맞서 싸우는 것은 험한 파도를 대처하는 것보다 더 두려운 일이다. 제자들은 악령이 자신들을 따라와 풍랑이 일게 했다는 생각에,

파도를 그냥 자연 현상으로만 보고 대처할 때보다 훨씬 더 두려웠다. 주의: [1] 고통과 두려움이 상상을 통해서 실제보다 훨씬 부풀려지는 경우가 많다. [2] 위로와 구원이 임했는데도 그것을 두려움과 당혹거리로 오해하는 경우가 많다. 우리는 종종 상해보다 공포 자체에 더 짓눌릴 뿐 아니라, 도움을 받을 준비가 되어 있을 때 가장 공포를 크게 느끼기도 한다. 제자들이 이처럼 공포에 휩싸여 있을 때 그리스도께서 얼마나 자비로운 말씀으로 그들을 공포에서 놓아 주셨는가! 내니 두려워하지 말라(20절). 죄인들에게는 나는 네가 박해하는 예수라는 말씀만큼 죄를 강하게 깨닫게 하는 것이 없고, 성도들에게는 "나는 네가 사랑하는 예수라. 내가 너를 사랑하며 너의 유익을 원한다. 나를 두려워하지 말고, 풍랑도 두려워하지 말라"는 말씀만큼 큰 위로가 되는 것이 없다. 고난이 가까우면 그리스도께서도 가까이 계신다.

4. 제자들은 목적지에 속히 도착했다(17절). (1) 이에 기뻐서 배로 영접하니. 제자들은 기뻐서 그리스도를 배 안으로 영접했다. 주의: 제자들은 주께서 잠시 떠나 계셨던 일로 인하여 돌아오셨을 때 주님을 훨씬 귀하게 여기게 되었다. 주께서 늘 함께해 주시는 것만큼 좋은 것이 없는 줄을 깨달았다. 참조. 아가 3:4. (2) 그리스도께서는 제자들을 항구로 안전히 인도하셨다: 배는 곧 그들이 가려던 땅에 이르렀더라. 주의: [1] 그리스도의 제자들이 바다에 띄워놓은 교회라는 배는 바다를 지나가면서 큰 풍랑을 만날 수 있지만 마침내 항구에 안전하게 도착하게 될 것이다. 파도에 요동할지라도 가라앉지 않으며, 내동댕이쳐질지라도 파선되지 않는다. 주 하나님이 나타나셨던 떨기나무는 불이 붙었지만 타지 않았다. [2] 교회의 왕이신 주님의 능력과 임재가 곤경에 처한 교회를 속히 구원하고, 다른 친구들의 기술과 노력을 수포로 돌아가게 한 어려운 문제들을 해결해줄 것이다. 제자들은 사력을 다해 노를 저었으나 아무 소용이 없다가, 그리스도를 배 안으로 영접한 다음에는 곧 목적지에 닿게 되었다. 주 예수 그리스도를 마음으로 기쁘게 영접하면 아무리 밤이 깊고 바람이 거셀지라도 곧 항구에 도착하게 된다는 소망으로 위로를 얻을 수 있다.

[22]이튿날 바다 건너편에 서 있던 무리가 배 한 척 외에 다른 배가 거기 없는 것과 또 어제 예수께서 제자들과 함께 그 배에 오르지 아니하시고 제자들만 가는 것을 보았더니 [23](그러나 디베랴에서 배들이 주께서 축사하신 후 여럿이 떡 먹던 그곳에 가

까이 왔더라) [24]무리가 거기에 예수도 안 계시고 제자들도 없음을 보고 곧 배들을 타고 예수를 찾으러 가버나움으로 가서 [25]바다 건너편에서 만나 랍비여 언제 여기 오셨나이까 하니 [26]예수께서 대답하여 이르시되 내가 진실로 진실로 너희에게 이르노니 너희가 나를 찾는 것은 표적을 본 까닭이 아니요 떡을 먹고 배부른 까닭이로다 [27]썩을 양식을 위하여 일하지 말고 영생하도록 하는 양식을 위하여 하라 이 양식은 인자가 너희에게 주리니 인자는 아버지 하나님께서 인치신 자니라.

이 단락의 내용은 다음과 같다.

I. 무리가 예수님에 관하여 알기 위해 던진 질문(23-24절).   그들은 제자들이 배타고 바다로 나가되, 그리스도께서는 아마 당분간 혼자 계시겠다는 뜻으로 혼자 산에 오르시는 것을 보았다. 그러나 그들은 이미 예수를 왕으로 세우려고 작정하고 있었기 때문에 예수께서 돌아오시기만을 기다렸고, 이튿날에도 그들의 열정은 여전히 뜨겁게 타올랐다.

1. 그들은 적지 않게 당혹스러웠다. 예수께서 혼자 떠나셨는데 어떻게 그곳에 와 계실 수 있는지 의아했다. 틀림없이 배가 한 척밖에 없었고 그것을 제자들이 타고 떠났으므로 — 하나님께서 물 위를 걷는 기적을 미리 생각하시고 섭리로써 그렇게 되도록 해두셨다 — 타고 가실 배가 없었다. 또한 그들은 예수께서 제자들과 함께 가지 않으셨고, 제자들이 주님을 홀로 해안에 남겨놓고 자기들만 떠났었다. 주의: 그리스도를 찾기를 원하면 주께서 행하시는 모든 일들을 주의 깊게 살펴서 주님의 임재와 부재의 징표들을 파악하는 법을 터득하고 그에 따라 행할 수 있게끔 되어야 한다.

2. 그들은 예수를 매우 부지런히 찾았다. 그 일대를 샅샅이 찾아다녔고, 거기에 예수도 안 계시고 제자들도 없음을 보고 다른 곳으로 가서 찾기로 작정했다. 주의: 그리스도를 찾으려 하는 사람은 부지런히 찾아야 하고, 끈기 있게 찾아야 하고, 바다 이곳저곳을 다녀야 하며, 하나님의 말씀 없이 살기보다 말씀을 구해야 할 것이다. 그리고 주께로부터 생명의 양식을 받아 누린 사람은 그리스도를 간절히 사모해야 한다. 그리스도와 나누는 사귐에서는 많이 받은 자가 더 많이 받는다. (1) 그들은 예수를 찾기 위해 가버나움으로 가기로 작정했다. 그곳에 주님의 사역 거점들이 있었으므로 주께서는 그곳에서 주로 머무르셨다. 제자들은 이미 그곳에 가 있었다. 무리는 예수께서 제자들과 오래 떨어져 계시

지 않을 줄을 알았다. 그리스도를 만나고 싶은 사람은 진정한 신자들의 발자취를 따라가야 한다. (2) 하나님의 섭리는 그들에게 바다를 건너 그리로 갈 수 있는 기회를 베푸셨다. 그것이 가장 빠른 길이었다. 이는 **디베랴**에서 다른 배들이 그곳으로 왔기 때문이다. 디베랴 항구는 무리가 떡을 먹던 장소에서 다소 가까운 곳에 있었다. 무리는 그 배들에 나눠 타고 가버나움으로 금방 갈 수 있었는데, 아마도 그 배들은 원래 가버나움 항구로 가던 배들이었을 것이다. 주의: 진실한 마음으로 그리스도를 찾고 주님과 대화를 나눌 기회를 구하는 사람은 대체로 그 길에서 섭리의 도움을 받는다. 복음서 기자는 그들이 기적으로 떡을 먹은 사실을 전하기 전에 예수께서 떡을 가져 축사하신 후에라고 진술한다(11절). 제자들은 주님께서 축사하시는 말씀에서 매우 큰 감화를 받았을 것이다. 그래서 그 때 받은 인상을 잊어버리지 않고, 주님의 입에서 나왔던 말씀을 기억할 때마다 감사했을 것이다. 이것이 그 때 기적으로 이루어진 식사의 은혜와 아름다움이었다. 제자들은 속에서 뜨거운 열정이 타올랐다.

3. 무리는 자기들에게 주어진 기회를 놓치지 않고 배에 올라 가버나움으로 간 뒤 그곳에서 예수를 찾았다. 바다 이편에서 다시 한 번 예수를 볼 소망을 포기하지 않았다. 오히려 소망이 강해지고 열정이 뜨거워졌다. 가버나움에 도착한 이들 위선적인 추종자들은 고요하고도 쉽게 그곳에 도착했지만, 진실한 제자들은 풍랑이 이는 거친 바다를 헤치고 왔다. 이 악한 세상에서 선량한 신자들이 모진 환경에 처하는 것은 이상한 일이 아니다. 주의: 그리스도를 만나 위로를 얻으려 하는 사람은 고난을 당해야 하며, 우리를 찾아 구원하시기 위해 하늘로부터 내려오신 주님을 찾아 섬기기 위해 바다와 육지를 다니며 찾아야 한다.

Ⅱ. 결국 주님을 만난 무리들 : 바다 건너편에서 만나 랍비여 언제 여기 오셨나이까 하니(25절). 주의: 그리스도께서는 대체로 당신을 찾는 자들을 만나주신다. 마침내 그리스도를 만날 수만 있다면 바다를 얼마든지 건널 가치가 있다. 아니, 바다에서 바다로, 강에서 땅 끝까지 가야 한다 해도 그만한 가치가 있다. 이 사람들은 나중에 건실하지 못하고 바른 원리에 입각해서 주님을 찾아온 사람들이 아님이 드러나지만, 그런데도 그만한 열정이 있었다. 주의: 위선자들도 하나님의 규례를 매우 열정적으로 지킬 수가 있다. 만일 설교와 기도를 찾아 열심히 쫓아다니고 좋은 설교 듣기를 갈망하는 것 외에 그리스도에 대한 사랑을 나타낼 방도를 갖고 있지 않다면, 그런 사람들은 떡을 먹은 연고로 주님을 찾

아다닌 무리보다 나을 게 없다. 그러나 이 사람들이 바른 원리에 서 있지 않고 주께서 그 사실을 아실지라도, 주께서는 기꺼이 그들을 만나주시며 사귐 안으로 들어오도록 허락하셨다. 만일 우리가 위선자들의 마음을 안다 할지라도 그들의 고백이 정당하면 그들을 우리의 사귐에서 배제해서는 안 된다. 하물며 그들을 잘 모를 때는 더욱 주의해야 한다.

Ⅲ. 그들이 그리스도를 만났을 때 던진 질문 : 랍비여 언제 여기 오셨나이까. 59절에 의하면 그들이 주님을 만난 곳은 회당이었다. 그들은 회당이 주님을 만날 확률이 가장 높은 장소임을 알았다. 회당에 가서 예배를 드리고 말씀을 전하는 것이 주님의 관습이었기 때문이다(눅 4:16). 주의: 그리스도는 자기 백성이 모여 예배를 드리고 성례를 거행하는 곳에서 찾아야 한다. 주님은 그곳에서 자기 백성을 만나주신다. 공예배는 그리스도께서 친히 임재하시고 은혜를 베푸시기 위해 택하신 방법이다. 무리는 그곳에서 주님을 발견하고서 랍비여 언제 여기 오셨나이까 하고 물었다. 주께서 왕이 되는 것을 원치 않는다는 것을 안 그들은 더 이상 그 이야기를 꺼내지 않고, 대신에 랍비, 즉 선생님이라고 불렀다. 그들의 질문은 주께서 그곳에 오신 시간뿐 아니라 방법에 관한 것이기도 했다. 언제 오셨느냐는 뜻뿐만 아니라, 어떻게 여기 오셨느냐는 뜻도 담겨 있었다. 주께서 건너오실 배가 없었기 때문이다. 주께서 이동해 오신 사실에만 잔뜩 호기심을 가지고 있었을 뿐, 자기들이 그곳에 오게 된 일에 관해서는 관심이 없었다.

Ⅳ. 그리스도께서 그들에게 하신 대답.   질문(언제 어떻게 오셨느냐는)에 직접 대답하지 않으시고 그들의 상황에 필요한 대답을 해주셨다.

1. 주께서는 그들이 타락한 동기를 가지고 당신을 따르는 것을 보셨다(26절): "내가 진실로 진실로 너희에게 이르노니. 나는 너희 마음을 감찰하며, 사람 속에 있는 것을 안다. 나는 아멘이요 충성된 증인이다(참조. 계 3:14, 15). 너희가 나를 찾는 것은 잘하는 일이지만, 정당한 동기로 그렇게 하는 것이 아니다." 그리스도께서는 우리가 행하는 것뿐 아니라 그렇게 행하는 이유까지도 아신다. 이 사람들이 그리스도를 좇은 이유는, (1) 주님의 교훈을 배우기 위함이 아니었다: 표적을 본 까닭이 아니요. 표적은 주님의 가르침을 강력하게 확증해 준다. 니고데모는 표적을 구하여 주님을 찾아왔으며(3:2), 표적을 행하시는 주님의 능력을 근거로 주님의 가르침이 참되다고 인정했다. 그러나 이 사람들은 미련하고

부주의해서 그 점을 생각하지 못했다. 오히려, (2) 자기들의 배를 위함이었다: 떡을 먹고 배부른 까닭이로다. 주님의 가르침을 받고자 함이 아니라, 주께서 그들을 먹이셨기 때문이었다. 그들이 주님께 받았다고 생각한 것은, [1] 충분한 음식: 그들의 원대로 주시니라. 그들이 배부른 후에. 무리 가운데는 매우 가난해서 배부르게 먹는 것이 무엇인지 몰랐던 사람들도 있었을 것이다. [2] 맛있는 음식. 기적으로 만드신 포도주가 최상품이었듯이, 기적으로 만들어 주신 음식도 일상의 음식보다 훨씬 맛있었을 것이다. [3] 무료 음식. 밥을 먹는 데 돈을 한푼도 들이지 않았다. 밥을 먹고 계산할 필요가 없었다. 주의: 많은 사람들이 그리스도를 좇을 때 주님을 사랑하기 때문이 아니라 생계를 보장받기 위해 좇는다. 많은 사람들이 그렇게 현세적 유익을 바라고서 교회에 들어온다. 어떤 교황은 "그리스도에 관한 우화를 지어내어 우리가 얼마나 큰 이득을 보았던가!" 하고 말했다. 이 무리는 그리스도를 랍비라고 부르며 아첨하면서 큰 존경을 나타냈으나, 주께서는 그들의 위선을 적나라하게 지적하셨다. 주님의 사역자들은 자신들에게 아첨하는 사람들을 추켜세우지 않고, 자신들을 랍비라고 부르는 말의 뇌물을 받고서 그들을 위해 평안을 빌지도 않고, 오히려 책망할 것이 있으면 신실하게 책망하는 태도를 배워야 한다.

2. 그리스도께서는 무리에게 바른 원리를 가르쳐 주셨다(27절): 썩을 양식을 위하여 일하지 말고 영생하도록 있는 양식을 위하여 하라. 주께서는 사마리아 여인에게 물을 소재로 삼아 영적인 일들을 가르쳐 주셨는데, 여기서는 무리가 기적으로 떡을 먹은 일을 토대로 음식을 소재로 삼아 영적인 일들을 가르쳐 주신다. 주께서 그들에게 깨우쳐 주려고 하신 교훈은 다음과 같다.

(1) 세상에 붙은 욕심을 버리기를 바라심: 썩을 양식을 위하여 일하지 말고. 이 말씀은 일용할 양식을 얻기 위해 일하는 것을 금하는 것이 아니다(참조. 살전 3:12). 오히려 이 세상의 것을 주된 관심사로 삼지 말라는 뜻이다. 주의: [1] 세상에 속한 것들은 썩을 양식이다. 세상의 재물과 명예와 쾌락은 일종의 양식으로서, 허영을 먹이며 배를 채운다. 이런 것은 아무리 먹어도 여전히 배고프게끔 되어 있으며, 이런 것이 남아 있는 동안 현세적인 정신으로 그럭저럭 살아갈 수 있다. 그러나 그것은 결국 썩는다. 그 본질이 썩고 제풀에 시들게 되어 있으며, 잡다한 변수들에 휘둘린다. 세상에 속한 것을 가장 많이 확보하고 있을지라도 생전에 끝까지 그것을 지킨다는 보장이 없으며, 죽을 때는 필시 다 놓고

떠나게 된다. [2] 그러므로 세상에 속한 것을 위해 과도하게 수고하는 것은 어리석은 일이다. 첫째로, 썩을 양식을 바라고서 신앙에 관련된 일을 해서는 안 된다. 경건을 이익의 재료로 삼아서는 안 된다. 둘째로, 이 양식에 존재의 근거를 두어서는 안 된다. 썩을 것들을 우리의 주된 관심사나 과업으로 삼아서는 안 되며, 그것을 가장 먼저 구해서도 안 된다(참조. 잠 23:4, 5).

(2) 선한 일에 힘쓰도록 하심: "더 나은 목적을 위해 수고하며, 영혼에 속한 양식을 위해 수고하라." 선한 일에 관하여 주께서 가르치기를 원하신 교훈은 이와 같다.

[1] 그것은 지극히 바람직하다. 그것은 영생하도록 있는 — 즉, 영생에 이르기까지 남아 있을 — 양식이다. 영원히 남아 있을 뿐 아니라, 우리에게 영생에 이르도록 자양을 공급한다. 새 언약이 끼치는 복은 우리를 영생에 합당하게 준비시키고, 영생에 이르기까지 우리를 보존하고, 그 일을 위해 보증이 되는 것이다.

[2] 그것은 틀림없이 얻을 수 있다. 세상의 보화를 다 끌어 모은다 해서, 땅의 곡식과 열매를 다 거두어 한데 모은다 해서, 영원히 계속하여 쓸 것을 공급할 수 있겠는가? 그렇지 않다. 깊은 물이 이르기를 내 속에 있지 아니하다 하며. 사막에 매장된 모든 보화를 다 모은다고 되는 일이 아니다. 그것은 금으로 살 수 있는 것이 아니라, 인자께서 주실 것이다. 양식이든 영생이든 인자께서 주실 것이다. 여기서 생각할 점은, 첫째로, 이 양식을 누가 주시는가? 인자께서 주신다. 인자는 하늘 곳간의 주인으로서, 인간 세상에 하나님 나라를 임하게 하시고, 그 나라의 각종 은사와 은혜와 위로를 사람들에게 나눠주시며, 영생과 더불어 그것을 얻을 수 있는 방도와 자격까지 주실 수 있는 능력이 있으시다. 주께서는 우리에게 영생하도록 있는 양식을 위하여 (일)하라고 명령하시되, 마치 우리가 그것에 전념하여 부지런히 노력하면 얻을 수 있는 것처럼 말씀하신다. 이교 사회에도 신들은 부지런히 노력하는 자들에게 온갖 좋은 것을 판다(Dii laboribus omnia vendunt)는 말이 있다. 그러나 그것은 우리가 노력을 통해 공로를 쌓음으로써 얻는 것이 아니라, 인자께서 주시는 것이다. 선물만큼 값없이 얻을 수 있는 것이 어디 있는가? 그것을 주시는 분이 인자이시라는 사실은 우리에게 큰 위로가 된다. 우리도 주님과 같은 심정으로 그것을 사모하고 얻기 위해 노력하면 얻을 수 있을 것이기 때문이다. 둘째로, 무슨 권세로 주시는가? 하나님께서 인자에

게 인을 치셨기 때문이다. 그를 위해 아버지께서 하나님이심을 인치셨다(입증하시고 증언하셨다). 어떤 사람들은 그렇게 해석한다. 아버지께서 인자에 대해 하나님의 아들이심을 권능으로 선포하셨다는 뜻이다. 아버지께서 인자에게 인을 치셨다. 즉, 하나님의 대사로서 사람을 대하시고, 사람의 대언자로서 하나님을 대하시며, 기적으로써 하나님께로부터 보내심을 받았음을 입증하심으로써, 하나님과 사람 사이의 중보자가 되실 충분한 권세를 주셨다. 인자에게 권세를 주신 하나님께서는 우리에게는 확신을 주셨다. 인자에게 무한한 권세를 주시고, 우리에게는 그 권세에 대해 의심할 수 없는 증거들을 주셨다. 그렇게 하심은 인자로 하여금 우리를 자신의 소유로 삼아 우리를 위해 일하시고, 우리는 우리 전부를 주님께 드리며 따라가도록 하시기 위함이다. 하나님 아버지께서는 하늘에서 음성을 들려주심으로써, 그리고 표적과 기사를 행할 능력을 주심으로써, 그 안에 거하시는 성령으로써 인을 쳐 주셨다. 신적 계시가 그 안에서 온전케 되었고, 그 안에서 환상과 예언이 응했으며(단 9:24), 그 안에서 그 모든 것이 인쳐졌다(고후 1:22).

[28]그들이 묻되 우리가 어떻게 하여야 하나님의 일을 하오리이까 [29]예수께서 대답하여 이르시되 하나님께서 보내신 이를 믿는 것이 하나님의 일이니라 하시니 [30]그들이 묻되 그러면 우리가 보고 당신을 믿도록 행하시는 표적이 무엇이니이까, 하시는 일이 무엇이니이까 [31]기록된 바 하늘에서 그들에게 떡을 주어 먹게 하였다 함과 같이 우리 조상들은 광야에서 만나를 먹었나이다 [32]예수께서 이르시되 내가 진실로 진실로 너희에게 이르노니 모세가 너희에게 하늘로부터 떡을 준 것이 아니라 내 아버지께서 너희에게 하늘로부터 참 떡을 주시나니 [33]하나님의 떡은 하늘에서 내려 세상에 생명을 주는 것이니라 [34]그들이 이르되 주여 이 떡을 항상 우리에게 주소서 [35]예수께서 이르시되 나는 생명의 떡이니 내게 오는 자는 결코 주리지 아니할 터이요 나를 믿는 자는 영원히 목마르지 아니하리라 [36]그러나 내가 너희에게 이르기를 너희는 나를 보고도 믿지 아니하는도다 하였느니라 [37]아버지께서 내게 주시는 자는 다 내게로 올 것이요 내게 오는 자는 내가 결코 내쫓지 아니하리라 [38]내가 하늘에서 내려온 것은 내 뜻을 행하려 함이 아니요 [39]나를 보내신 이의 뜻을 행하려 함이니라 나를 보내신 이의 뜻은 내게 주신 자 중에 내가 하나도 잃어버리지 아니하고 마지막 날에 다시 살리는 이것이니라 [40]내 아버지의 뜻은 아들을 보고 믿는 자마다 영생

을 얻는 이것이니 마지막 날에 내가 이를 다시 살리리라 하시니라 [41]자기가 하늘에서 내려온 떡이라 하시므로 유대인들이 예수에 대하여 수군거려 [42]이르되 이는 요셉의 아들 예수가 아니냐 그 부모를 우리가 아는데 자기가 지금 어찌하여 하늘에서 내려왔다 하느냐 [43]예수께서 대답하여 이르시되 너희는 서로 수군거리지 말라 [44]나를 보내신 아버지께서 이끌지 아니하시면 아무도 내게 올 수 없으니 오는 그를 내가 마지막 날에 다시 살리리라 [45]선지자의 글에 그들이 다 하나님의 가르침을 받으리라 기록되었은즉 아버지께 듣고 배운 사람마다 내게로 오느니라 [46]이는 아버지를 본 자가 있다는 것이 아니니라 오직 하나님에게서 온 자만 아버지를 보았느니라 [47]진실로 진실로 너희에게 이르노니 믿는 자는 영생을 가졌나니 [48]내가 곧 생명의 떡이니라 [49]너희 조상들은 광야에서 만나를 먹었어도 죽었거니와 [50]이는 하늘에서 내려오는 떡이니 사람으로 하여금 먹고 죽지 아니하게 하는 것이니라 [51]나는 하늘에서 내려온 살아 있는 떡이니 사람이 이 떡을 먹으면 영생하리라 내가 줄 떡은 곧 세상의 생명을 위한 내 살이니라 하시니라 [52]그러므로 유대인들이 서로 다투어 이르되 이 사람이 어찌 능히 자기 살을 우리에게 주어 먹게 하겠느냐 [53]예수께서 이르시되 내가 진실로 진실로 너희에게 이르노니 인자의 살을 먹지 아니하고 인자의 피를 마시지 아니하면 너희 속에 생명이 없느니라 [54]내 살을 먹고 내 피를 마시는 자는 영생을 가졌고 마지막 날에 내가 그를 다시 살리리니 [55]내 살은 참된 양식이요 내 피는 참된 음료로다 [56]내 살을 먹고 내 피를 마시는 자는 내 안에 거하고 나도 그의 안에 거하나니 [57]살아 계신 아버지께서 나를 보내시매 내가 아버지로 말미암아 사는 것 같이 나를 먹는 그 사람도 나로 말미암아 살리라 [58]이것은 하늘에서 내려온 떡이니 조상들이 먹고도 죽은 그것과 같지 아니하여 이 떡을 먹는 자는 영원히 살리라 [59]이 말씀은 예수께서 가버나움 회당에서 가르치실 때에 하셨느니라.

그리스도께서 회당에서 이 말씀을 전하실 때 가버나움 사람들이 들었는가 아니면 바다 저편에서 건너온 사람들이 들었는가 하는 것은 분명하지도 않고 중요하지도 않다. 하지만 이번 일은 그리스도께서 친히 낮추셔서 친 제자들이 아닌 그들에게 질문을 하도록 허락하시고, 말씀이 끊기는 것을 무례한 일로 받아들이지 않으신 사례이다. 잘 가르치려 하는 자들은 듣기를 속히 하고 대답은 신중하게 할 줄 알아야 한다. 무례하고 부적절한 질문을 받더라도 그것을 기회로 삼아 유익한 대답을 해줌으로써 어리석은 질문의 내용은 걸러내되

질문 자체는 받아주는 것이 가르치는 자들의 지혜이다. 본문에서 관찰할 점은,

I. 그리스도께서 영생하도록 있는 양식을 위하여 (일)하라고 하신 말씀을 듣고, 그들이 어떻게 하여야 하나님의 일을 하오리이까 하고 여쭙자, 주께서 그에 대해 대답해 주셨다(28, 29절).

1. 그들의 질문은 매우 적절한 것이었다: 우리가 어떻게 하여야 하나님의 일을 하오리이까? 어떤 이들은 이 말을 버릇없는 질문으로 이해한다: "우리가 모세 율법을 지키는 것 외에 어떻게 더 하나님의 일을 한단 말입니까?" 그러나 나는 이것이 적어도 이 순간만큼은 자신들의 의무를 깨닫고 행하려는 좋은 마음으로 드린 겸손하고 진지한 질문이었다고 생각한다. 그리고 이처럼 어떻게와 무엇을 질문한 사람들(30절)과 주여 이 떡을 항상 우리에게 주소서 하고 요구한 사람들(34절)은 불평하고(41, 42절) 다툰(52절) 사람들과 동일인들이 아니었던 듯싶다. 후자는 분명히 유대인들 곧 유대에서 온 사람들(엄격한 의미에서 유대인들이라 함은 그들을 가리킨다)이라 표현된 반면에, 전자는 갈릴리인들 곧 배우러 온 사람들이기 때문이다. 28, 29절의 질문은 그들이 영생하도록 있는 이 양식을 먹으려 할 때 필요한 태도를 알고 있었음을 내비친다. (1) 웅지(雄志)를 품어야 한다. 하나님의 영광을 바라보고 즐거워할 소망을 품은 사람들은 뜻을 높은 데 두고, 하나님께서 요구하시고 받으시는, 그리고 현세적인 일을 도모하는 현세적인 사람들의 일과 구분되는 하나님의 일 행하기를 배워야 한다. 하나님의 일에 관해서 말하는 것으로 그쳐서는 안 되고, 하나님의 일을 행해야 한다. (2) 무슨 일이든 할 각오를 품어야 한다: 우리가 어떻게 하여야 하나님의 일을 하오리이까? 주님, 주께서 하라고 명하시는 일이 저의 육체의 습성에 맞지 않을지라도 기꺼이 행하겠나이다. 참조. 사도행전 9:6.

2. 그리스도의 대답은 지극히 평범했다(29절): 하나님께서 보내신 이를 믿는 것이 하나님의 일이니라. 주의: (1) 믿는 것이 곧 하나님의 일이다. 그들은 많은 것을 염두에 둔 채 하나님의 일들(원문에 복수형으로 쓰임)에 관해 물었으나, 그리스도께서는 한 가지 일, 즉 모든 것을 포괄하는 한 가지 일을 가리키신다. 그것은 믿는 것이다. 그것이 의식법에 따른 모든 행위를 대체한다. 그것이 다른 모든 행위들을 가납(加納)되게 하고 그 행위들을 내놓게 하는 행위이다. 믿음이 없이는 하나님을 기쁘시게 할 수 없기 때문이다. 믿음이 하나님의 일인 이유는, 믿음이 곧 하나님께서 우리 안에서 행하시는 결과이고, 그러한 하나님께 복

종하는 행위이고, 영혼을 일깨워 하나님을 위해 살도록 하는 것이기 때문이다. (2) 믿음은 그리스도와 더불어 끝나고 그리스도께 의존하는 하나님의 일이다. 그리스도를 하나님께서 보내신 분으로, 하나님과 사람 사이에 화목을 가져오는 큰 일을 맡은 하나님의 사자로 믿고, 그분을 의지하고 우리 자신을 맡기는 것이 믿음이다. 참조. 14:1.

II. 그리스도께서 인자가 이 양식을 주실 것이라고 말씀하시자, 그들이 인자에 관하여 묻고, 그리스도께서 질문에 대답하셨다.

1. 그들은 표적에 관하여 물었다(30절): 우리가 보고 당신을 믿도록 행하시는 표적이 무엇이니이까? 이렇게 질문하는 것까지는 옳았다. 그들에게 믿을 것을 요구하셨기 때문에 당신이 하나님께로부터 보내심을 받았다는 신임장을 제시하실 필요가 있었는데, 주께서 표적으로써 그것을 제시하셨다. 모세가 표적으로써 자신의 사명을 입증한 것을 감안할 때, 율법을 완성하기 위해 오신 그리스도께서 같은 방법으로 당신의 사명을 입증하는 것이 적합한 일이었다: "하시는 일이 무엇이니이까? 어떤 목표를 향해 일을 이루어 가십니까? 어떠한 신적 능력으로 당신의 가르침을 뒷받침하실 계획입니까?" 그러나 그들이 간과한 점이 있었다.

(1) 그들은 주께서 이미 많은 기적을 행하신 사실을 간과했고, 그 기적들이 주님의 신적 사명을 넉넉하게 뒷받침한다는 것을 생각하지 못했다. 주께서 그처럼 중요한 표적과 기사를 특히 많이 행하신 가버나움에서 "당신을 믿도록 행하시는 표적이 무엇이니이까" 하고 묻는 것이 온당했는가? 이 사람들이 어저께 기적으로 양식을 먹은 그 사람들이 아니었는가? 소경도 그들과 같은 소경이 없었다. 눈이 너무나 깊이 멀어서 햇빛이 얼굴에 환히 비치고 있는데도 낮인지 밤인지 구분하지 못했던 것이다.

(2) 그들은 그리스도께서 행하신 모든 기적보다 광야에서 이스라엘 자손이 기적으로 먹은 일을 더 높이 여겼다(31절): 우리 조상들은 광야에서 만나를 먹었나이다. 그리고 자신들의 이견을 좀 더 강조하기 위해서 성경을 인용했다: 하늘에서 그들에게 떡을 주어 먹게 하였다(시 78:24 인용). 그들이 인용한 이 말씀이 그리스도의 사역을 얼마나 훌륭하게 뒷받침하고 있는가! 그것은 하나님께서 그 백성들에게 권능과 자비를 베푸신 사건이었다. 대대로 기념할 만한 큰 사건이었고, 하나님의 영광을 말하려 할 때 자주 언급된 사건이었다(느 9:20, 21).

그런데 이 사람들은 그 사건을 곡해하여 이와 같이 잘못 사용한 것이다. [1] 그리스도께서는 기적의 양식을 탐하는 것을 책망하시고, 썩을 양식에 마음을 두지 말라고 하셨다. 하지만 그들은 반문했다. "배를 위한 양식은 하나님께서 광야의 우리 조상들에게 내리신 매우 좋은 것이 아니었습니까? 그런데 그 양식을 위해 일하는 것이 뭐가 잘못이란 말입니까?" [2] 그리스도께서는 떡 다섯 개로 오천 명을 먹이시면서, 그것을 당신이 하나님께로부터 보내심을 받았음을 입증하는 표적으로 주셨다. 그러나 그들은 모세의 기적을 높이는 체하면서 그리스도의 기적을 교묘하게 낮추고 그 증언을 외면했다. "당신은 당신을 따르는 수천 명의 무리를 먹이셨지만, 모세는 수십만 명을 먹였습니다. 당신은 한 번 먹이셨을 뿐이고 그런 다음 더 먹을 소망을 가지고 좇는 사람들을 나무라시고 영적 양식에 관한 말을 하여 돌려보내셨지만, 모세는 그 백성을 사십 년 동안 먹였습니다. 기적이 희귀하지 않고 날마다 그들의 양식이 되었습니다. 당신은 땅에서 난 양식인 보리떡과 바다에서 난 물고기로 무리를 먹이셨지만, 모세는 하늘로부터 내려온 양식 곧 천사들의 양식으로 그 백성을 먹였습니다." 이처럼 유대인들은 자기들의 조상들이 먹었던 만나에 관해서 크게 말했다. 그러나 정작 그들의 조상들은 마치 그들이 보리떡을 업신여기듯이 만나를 업신여기면서 그것을 하찮은 떡이라고 불렀다(민 21:5). 우리도 우리 조상들이 우리에게 일러준 표적들을 숭엄하게 여기는 듯이 말하면서도, 정작 우리 시대에 나타나는 하나님의 능력과 은혜는 업신여기고 간과하는 경향이 있다. 그리스도께서 행하신 이 기적이 설혹 모세가 행한 기적에 못 미친다 가정할지라도, 그리스도의 기적이 모세의 기적을 훨씬 능가한 사례들이 많이 있다. 그 외에도 모든 참된 기적은 비록 다 똑같이 장엄한 현상을 띠지 않을지라도 그 가르침이 하나님께로부터 온 것임을 한결같이 입증한다. 기적의 현상은 그 때의 상황이 요구하는 바에 따라 각기 다르게 나타나게 되어 있다. 만나가 보리떡을 능가한 것만큼, 아니 그보다 훨씬 더 그리스도의 교훈은 모세 율법보다 뛰어나며, 그리스도께서 세우시는 규례는 모세가 세운 현세적 규례보다 뛰어나다.

2. 그들의 질문에 그리스도께서 대답하신 말씀.

(1) 주께서는 그들이 만나에 대해 갖고 있던 그릇된 생각을 바로잡아 주신다. 그들의 조상들이 광야에서 만나를 먹은 것은 사실이었다. 그러나, [1] 그것을 그들에게 준 이는 모세가 아니었고, 그는 다만 도구였을 뿐이다. 그러므로 모

세를 통해서 그것을 주신 하나님을 바라봐야 한다. 모세가 만나를 내려주시도록 하나님께 기도하여 만나가 내리게 된 것이 아니다. 오히려 모세는 경솔하게도 우리가 반석에서 물을 내랴 하고 퉁명스럽게 말했다. 모세는 그 양식도 그 물도 주지 않았다. [2] 유대인들의 생각과 달리 만나는 하늘에서, 지극히 높은 하늘에서 내리지 않고 단지 구름에서 내렸으며, 따라서 그들이 생각하는 것처럼 땅에서 난 것보다 그다지 우월하지 않았다. 성경이 하늘에서 그들에게 떡을 주어 먹게 하였다고 말한다 해서 그것이 천상적인 떡이라거나 영혼의 자양이 되도록 내린 떡이라는 뜻은 아니다. 성경의 표현들을 오해함으로써 하나님에 관한 일들을 오해하는 일이 많이 생긴다.

(2) 주께서는 참된 만나에 관해서 알려 주신다: 내 아버지께서 너희에게 하늘로부터 참 떡을 주시나니. "그것이야말로 하늘로부터 온 떡이요, 그것에 비하면 만나는 그림자와 상징에 불과하다. 그 하늘의 떡을 이미 죽고 사라진 소상들에게 주시지 않고 지금 이 시대에 너희에게 주시나니, 너희에게는 더 좋은 것이 예비된 것이다. 아버지께서 너희에게 주시는 것은 하늘로부터 내려온 참 떡이다. 하나님의 영광의 보좌가 구름 위에 높이 있듯이, 영적인 떡 곧 영원한 복음은 만나를 능가한다. 주께서는 하나님을 아버지라 부르심으로써 당신이 모세보다 크신 분임을 밝히신다. 모세는 종으로서 충성을 다했으나, 그리스도께서는 아들로서 충성을 다했기 때문이다(히 3:5-6).

Ⅲ. 그리스도께서는 그들에게 대답하시고는, 그들이 만나에 관해 비판적으로 던진 질문을 토대로 당신을 떡으로, 믿는 일을 먹고 마시는 일로 **비유하여 가르치신다.** 이어서 주님의 살을 먹고 주님의 피를 마시는 것에 관해 하신 말씀과 청중이 그 말씀을 듣고 한 말이 기록되는데, 이 전체 내용은 다음과 같이 요약할 수 있다.

1. 그리스도께서는 당신을 가리켜 하나님의 선물과 참된 떡이라 하신 다음(32절) 우리가 주님을 바로 이해할 수 있도록 그 의미를 설명하고 확증하신다.

(1) 여기서 주께서는 당신이 참 떡임을 입증하신다. 이 말씀을 거듭 반복하신다(33, 35, 48-51절). 여기서 관찰할 점은,

[1] 떡이 육체를 위한 것이듯이, 그리스도가 떡이신 것은 영혼을 위한 것이다. 떡이 육체의 생명에 자양을 공급하여 유지케 하듯이, 그리스도는 영혼의 생명에 자양을 공급하시고 유지하신다. 주께서는 생명을 지지해 주시는 지팡이

이시다. 이것이 그리스도에 관한 복음의 교훈이다. 즉, 그리스도께서는 하나님과 사람 사이의 중보자이시며, 우리의 평안과 의와 구속이 되신다. 이런 사실들에 힘입어 사람들은 생명을 누린다. 우리의 육체가 음식 없이는 지탱할 수 없듯이, 우리의 영혼은 그리스도 없이는 지탱할 수 없다. 곡식을 떨어 떡을 만들듯이(사 28:28), 그리스도도 그러하셨다. 주께서는 떡집이란 의미를 지닌 베들레헴에서 나셨고, 진설병으로써 예표되셨다.

[2] 그리스도는 하나님의 떡이시다(33절). 주님은 하나님께로부터 보내심을 받은 분이시요(46절), 아버지께서 주시는 떡으로서(32절), 친히 우리 영혼의 양식이 되셨다. 하나님의 집안의 떡이시요, 그 자녀들이 먹을 떡이시다(레 21:21, 22). 레위기에 규정된 제사들은 하나님의 음식이라 불리는데(레 21:21), 그리스도께서는 큰 제물이시다. 당신의 말씀과 규례 안에서 제사 음식이 되신다.

[3] 그리스도께서는 생명의 떡(35, 48절)이시되, 그 생명의 떡이시다. 이는 에덴 동산 중앙에 있던 생명나무를 가리키는 말로서, 아담에게 그 나무는 언약에서 이것을 행하면 살리라 하는 부분에 대한 인(印)이었다. 그리스도께서 생명의 떡이신 이유는 생명나무의 열매이시기 때문이다. 첫째로, 그리스도는 살아 있는 떡이시다(친히 당신을 그렇게 설명하신다, 51절): 나는 하늘에서 내려온 살아 있는 떡이니. 떡은 그 자체는 죽은 것이며, 살아 있는 몸의 기능들의 도움 없이는 자양을 공급하지 못한다. 그러나 그리스도께서는 살아 있는 떡이시므로 당신의 능력으로 자양을 공급하신다. 만나는 죽은 것이었다. 하룻밤만 그냥 놔둬도 썩고 벌레가 생겼다. 그러나 그리스도께서는 항상 살아 계시는 영원한 떡이시므로 썩지도 않고 닳아 없어지지도 않는다. 십자가의 고난을 참으신 그리스도의 교훈은 예나 지금이나 신자에게 힘과 위로를 주며, 아버지 앞에서 우리를 위해서 하시는 대언은 예나 지금이나 귀하고 효력이 있다. 둘째로, 주께서는 세상에 생명을 주신다(33절). 주께서 주시는 생명은 영적이고 영원한 생명이다. 그것은 이생에서는 영혼이 하나님과 연합하여 사귐을 가짐으로써, 그리고 내세에서는 하나님을 직접 뵙고 기쁨을 얻음으로써 누리는 생명이다. 그 안에 모든 행복을 담고 있는 생명이다. 만나는 생명을 유지해 주었을 뿐 영원하도록 하지 못했고, 소생케 하는 일은 더욱 하지 못했지만, 그리스도께서는 죄 가운데 죽은 자들에게 생명을 주신다. 만나는 오직 이스라엘 자손들을 살리기 위해 내렸지만, 그리스도께서는 세상에 생명을 주시기 위해 주신 바 되셨다. 스스로 배척하고 떠나는

사람들 아니면 아무도 이 떡의 유익에서 배제되지 않는다. 그리스도께서는 사람들의 정신에 생명을 불어넣어 바른 표준을 가지고 거룩한 행실을 내놓을 수 있도록 하기 위하여 오셨다.

[4] 그리스도는 하늘로부터 오신 떡이시다. 이 사실이 거듭 언급된다(33, 50, 51, 58절). 이 말씀이 가리키는 바는, **첫째로,** 그리스도의 신성(神性). 그리스도는 하나님으로서 하늘에 존재를 두고 계시며, 하늘로부터 오셔서 우리의 인성(人性)을 취하셨다: 내가 하늘로서 내려온 것은. 이 말씀에서 추론할 수 있는 점은 영원부터 계셨다는 것이다. 그리스도는 태초에 하나님과 함께 계셨다. 또한 능력이 무한하시다는 것이다. 하늘은 능력의 궁창이기 때문이다. 그리스도의 권위도 추론할 수 있다. 하나님께로부터 사명을 받아 가지고 오신 분이기 때문이다. **둘째로,** 모든 선한 것을 내주시는 근원. 그리스도께서는 내려오신다. 카타바스, 즉 과거에 내려오셨을 뿐 아니라, 카타바이노이, 지금도 내려오신다. 이것은 그리스도께서 날마다 내리시는 만나로서 하나님께로부터 빛과 생명과 사랑을 받아 신자들에게 항상 주시는 것을 가리킨다. 참조. 에베소서 1:3. 모든 것은 위로부터 내려온다(Omnia desuper).

[5] 그리스도께서는 만나가 예표와 상징으로서 가리킨 그 떡이시다(58절). 그 떡 곧 참 떡이시다(32절). 이스라엘 자손에게 물을 내준 반석이 그리스도이셨듯이, 그들이 먹은 만나는 영적인 떡이었다(고전 10:3, 4). 만나를 이스라엘에게 주셨다면, 그리스도는 영적 이스라엘에게 주신다. 만나가 이스라엘 자손을 모두 먹일 정도로 넉넉했듯이, 그리스도 안에는 모든 신자들이 누리고도 남을 넉넉한 은혜가 있다. 이 만나는 많이 거둘지라도 쓰고 남기는 것이 없을 것이요, 적게 거둘지라도 주의 은혜가 영광 가운데 완전하게 되므로 모자람이 없을 것이다. 만나는 아침에 나가 거두어야 했듯이, 그리스도를 만나기를 원하는 자는 일찍 주님을 찾아야 한다. 만나는 달았으며, 「솔로몬의 지혜서」(The Wisdom of Solomon) 저자가 말하듯이 모든 입맛에 잘 맞았다(16:20). 그리스도는 그를 믿는 모든 사람에게 달고 귀하다. 이스라엘이 가나안에 들어갈 때까지 만나를 먹고살았듯이, 그리스도는 날마다 우리의 생명이시다. 만나가 언약궤 안에 기념으로 보관되었듯이, 그리스도는 영혼의 양식인 성찬 안에 보관된다.

(2) 본문에서 그리스도께서는 하시는 일이 무엇인지, 무슨 목적으로 세상에

오셨는지 말씀하신다. 비유를 내려놓고 직설적으로 말씀하시며, 격언도 없이 친히 사람들 가운데 하시는 일을 알려주신다(38-40절).

[1] 주께서는 아버지의 일을 이루시기 위해 하늘에서 내려오셨음을 강조하신다(38-39절): 내가 하늘에서 내려온 것은 내 뜻을 행하려 함이 아니요 나를 보내신 이의 뜻을 행하려 함이니라. 주께서 하늘에서 내려오셨다는 것은 지적이고 적극적인 본이심을 가리킨다. 영광의 하늘을 뒤로 하신 채 재앙과 저주가 있는 세상으로 자진하여 내려오셨다. "대체 무슨 동기로 이렇게 하셨는가?" 하고 놀라며 묻는 것이 마땅하다. 이 질문을 상정하시고서, 주께서는 당신의 뜻이 아닌 아버지의 뜻을 행하시기 위해 세상에 오셨다고 말씀하신다. 당신의 뜻은 그렇지 아니한데 아버지의 뜻이 그러하니 마지못해서 오셨다는 뜻이 아니라, 무리가 혹시라도 의혹을 품을까봐 미리 분명히 해두시는 것이다. 결국 다음과 같이 말씀하신 셈이다: "그렇지 않다. 나 자신의 뜻은 내 행동의 원천이 아니고 행동의 준칙도 아니다. 오히려 나는 나를 보내신 분의 뜻을 행하기 위해서 왔다." 첫째로, 그리스도께서는 개인 자격으로 세상에 오시지 않고, 공적 사명을 받으신 대사로서 다른 사람들을 위해 일하시기 위해 공인 자격으로 오셨다. 하나님의 위대한 대리자로서, 세상의 위대한 의사로서 오셨다. 사적인 용무로 오신 것이 아니라, 크신 창조자와 피조물 전체 사이에서 화목케 하는 일을 위해서 오셨다. 둘째로, 그리스도께서는 세상에 계실 때 개인적인 과업을 이루지도 않으셨고 다른 관심사를 갖고 계시지도 않았다. 땅에 계실 때 유일한 목적이란 하나님을 영화롭게 하고 사람들을 이롭게 하는 것이었다. 그러므로 결코 당신 한 몸의 안일과 안전과 평안을 도모하지 않으셨으며, 목숨을 내놓아야 하셨을 때 비록 그것이 인성의 본능에 도저히 부합하지 않는 일이었을지라도 인간으로서 당신의 뜻을 접으시고 하나님의 뜻에 순종하셨다: 나의 원대로 마시옵고 아버지의 원대로 하옵소서.

[2] 주께서는 당신이 행하려 세상에 오신 아버지의 뜻을 특히 우리에게 각별히 알리신다. 여기서 당신이 따르셔야 했던 아버지의 뜻 혹은 교훈을 천명하신다.

첫째로, 주께서 아버지로부터 받으신 개인적인 명령. 그것은 아버지께서 택하신 모든 남은 자들을 구원하라는 것이었다. 이것이 아버지와 아들 사이에 체결된 구속의 언약이다(38절): "나를 보내신 이의 뜻은, 즉 내가 위임받은 사명은 내게 주신 자 중에 내가 하나도 잃어버리지 아니하고 마지막 날에 다시 살리는 이것이니라." 주의: 1. 아버지께서 예수 그리스도에게 주시면서 보호하도록 하시고, 그들에게 찬송과 존귀를 받게 하시며, 그들을 기업으로 삼도록 하신 사람들에는 일정 수가 있다. 주께서는 그들에게 필요하다고 판단하시는 모든 일을 하셔야 했다. 그들을 가르치셔야 했고, 병을 고치셔야 했고, 빚을 탕감해 주셔야 했고, 변호해 주셔야 했고, 영생에 이르도록 준비시키고 보호해 주셔야 했다. 아버지께서는 그들을 기쁘신 뜻대로 주관하실 수 있었다. 피조물로서 그들의 생명과 존재가 아버지께로부터 유래했고, 죄인으로서 그들의 생명과 존재가 아버지의 손에 달려 있었다. 아버지께서는 공의를 만족시키기 위해 그들을 형 집행자들에게 내주실 수도 있었다. 그러나 도리어 그들을 자비의 날개로 덮으시고 구주에게로 넘기셨다. 하나님께서는 특별한 사랑의 대상으로 택하신 사람들을 그리스도의 손에 위탁하셨다. 2. 예수 그리스도께서는 이처럼 아버지께서 자기에게 주신 자들을 하나도 잃지 않는 과업을 맡으셨다. 이로써 아버지께서 영광에 이르도록 택하신 자들은 아무도 멸망하지 않고 아버지께로 나아가게 될 것이다(마 18:14). 그들 중 아무도 거룩하게 하는 은혜를 받지 못해 멸망하는 일이 없을 것이다. 내가 그를 위하여 담보가 되오리니 아버지께서 내 손에서 그를 찾으소서. 내가 만일 그를 아버지께 데려다가 아버지 앞에 두지 아니하면 내가 영원히 죄를 지리이다(창 43:9). 3. 그리스도께서 아버지께로부터 받은 자들을 위해 하실 일은 그들의 몸을 부활시키시는 데까지 확대된다. 마지막 날에 내가 이를 다시 살리리라. 이것이 주께서 맡으신 과업을 완성하는 면류관이다. 몸은 사람의 일부분이며, 따라서 그리스도께서 값 주고 사신 것의 일부분이다. 구속의 약속에 관련되어 있으므로 멸망하지 않을 것이다. 주께서 맡으신 과업은 아무도 잃지 않으시는 것일 뿐 아니라, 아무것도, 즉 육체를 포함한 인간의 어떠한 부분도 잃지 않으시는 것이다. 그리스도의 과업은 성도의 영혼과 육체가 재결합하여 그리스도 앞에 모이고, 그로써 아버지 앞으로 인도될 때에야 비로소 완수될 것이다: 볼지어다 나와 및 하나님께서 내게 주신 자녀라(히 2:13; 딤후 1:12). 4. 이 모든 것의 원천과 근원은 하나님의 주권적인 뜻이며, 그 뜻에 따라 그리스도께서는 이 모든 일을 이루신다. 이것이 아버지께서 아들을 세상에 보내실 때 주신 계명이며, 아들은 항상 이 계명을 마음에 품고 사셨다.

둘째로, 사람들에게 전달하여 그들로 그리스도를 힘입어 구원을 얻도록 하신 공적인 명령. 이것이 하나님과 사람 사이에 체결된 은혜 언약이다. 구체적으로 어떤 사람들을 아버지께서 그리스도에게 주셨는가 하는 것은 비밀로 남아 있다: 주께서는 자기 백성을 아신다. 하지만 우리는 알지 못하며, 아는 것이 적합하지도 않다. 주의 백성들은 비록 이름은 감춰져 있으나 성품은 드러난다. 복음에는 생명과 복이 제시되는데, 아버지께서 그리스도에게 주신 자들은 그것을 받고 그리스도께 나아가며, 그렇지 않은 자들은 핑계할 수가 없다(40절): "내 아버지의 뜻 — 즉, 계시된 뜻 — 은 아들을 보고 믿는 자마다 — 즉, 유대인이든 이방인이든 — 영생을 얻는 이것이니 마지막 날에 내가 이를 다시 살리리라." 이것이 복음이요, 실로 좋은 소식이다. 정리하자면 이와 같다. 1. 영생은 우리 자신이 거부하지 않으면 받을 수 있다. 첫째 아담의 죄로 인해 생명나무로 가는 길이 막혔으나, 둘째 아담의 은혜로 길이 다시 열렸다. 우리가 힘써 달려가 얻게 될 숭고한 부르심에 대한 상으로 우리 앞에 영광의 면류관이 기다리고 있다. 2. 누구나 영생을 얻을 수 있다. 이 복음을 만민에게 두루 전파하여 아무도 핑계할 수 없도록 해야 한다. 3. 이 영원한 생명은 오직 그리스도를 믿는 모든 사람들에게만 확실하다. 아들을 보고 믿는 자는 구원을 받는다. 어떤 이들은 여기에 쓰인 '보다' 라는 단어를 그리스도의 계시와 은혜를 자기 것으로 삼는 자들로 구원의 조건을 제한한다는 뜻으로 이해한다. 그들에 따르면, 그리스도를 알 수 있는 기회를 얻어 믿을 정도로 더욱 알아 가는 사람이 영생을 얻는다. 따라서 본문의 유대인들처럼(36절) 복음을 듣고 보았으면서도 믿지 않은 사람들은 불신앙으로 인해 멸망을 당할 것이다. 그러나 나는 본문의 보다라는 단어를 믿는다라는 단어와 같은 뜻으로 이해한다. 그 단어에 해당하는 헬라어 테오론이 눈으로 보는 것을 뜻한다기보다(36절의 헤오라카테 메 — "너희는 나를 보고도"의 경우처럼) 정신적 응시[사색]를 뜻하기 때문이다. 누구든 아들을 보는, 즉 아들을 믿는 사람은 믿음의 눈으로 바라보는 것이며, 그로 인해 그리스도에 관한 복음의 교훈을 잘 알고 감화를 받게 된다. 불뱀에게 물린 이스라엘 자손들이 놋뱀을 쳐다봤듯이, 그리스도를 바라보는 것이다. 그리스도께서 요구하시는 것은 맹목적인 신앙, 즉 주님께 시선을 고정한 채 무작정 따라가는 것이 아니라, 주님을 바라보고 우리가 주님을 믿는 근거를 이해하면서 따라가는 것이다. 따라서 풍문을 듣고 따라가는 것은 옳지 않고, 믿을 만한 이유들을 살피고서 따라가야 한다: 내가 주께 대하여 귀로 듣기만 하였사오나 이제는 눈으로 주를 뵈옵나이다(욥 42:5). 4. 영생을 얻기 위하여 예수 그리스도를 믿는 사람들은 마지막 날에 그리스도의 능력에 힘입어 다시 살아날 것이다. 주께서 아버지의 뜻에 따라 이 일을 맡으셨는데(39절), 본문에서 다시 그것을 당신의 과업으로 밝히신다: 내가 이를 다시 살리리라. 이 말씀은 단지 육체에 생명이 돌아오는 것을 가리키는 것이 아니라, 더 나아가 전인(全人)이 약속된 영생을 온전히 입게 되는 것을 가리킨다.

2. 이처럼 그리스도께서 당신을 하늘로부터 오신 생명의 떡이라 말씀하신 데 대해 청중이 어떤 반응을 보였는지 살펴보기로 하자.

(1) 그들은 하나님의 떡, 생명을 주는 떡에 관한 말씀을 듣고는 그것을 달라고 진실하게 구했다(34절): 주여 이 떡을 항상 우리에게 주소서. 나는 그들이 이 말을 냉소적으로 했다고 생각하지 않는다. 대다수 성경 해석자들은 그 말을 "그런 것을 줄 수 있다면 한번 우리에게 줘보시오. 떡 다섯 개로 한 번 먹고 말도록 하지 말고 항상 먹도록 해보시오"라는 뜻으로 해석한다. 이 해석이 옳다면 이 말은 기도라기보다 회개하지 않은 강도의 말과 가깝게 된다: 네가 그리스도가 아니냐? 너와 우리를 구원하라(눅 23:39). 그러나 나는 그들이 비록 무지한 가운데 이 말을 했으나 그 태도는 정직했다고 생각한다. 왜냐하면 그리스도에 대해 주여라고 부르면서, 주께서 주시는 것이 무엇이든 거기에 참여하게 해달라고 구했기 때문이다. 신적인 일에 대한 일반적이고 막연한 개념이라도 있으면 현세적인 마음 안에 그것을 사모하고 바라는 마음이 생긴다. 의인의 죽음을 죽기를 바란 발람이 한 가지 예다. 하나님의 일들을 모호하게 알고 있는 사람들은 마치 사람들을 걸어다니는 나무들로 생각했던 사람과 같아서, 영적인 복을 구할지라도 그 기도가 명료하지 못하다. 그들은 하나님의 호의를 좋은 것으로, 하늘을 아름다운 곳으로 생각하여 자기들도 거기에 참여하기를 소원하지만, 그것을 얻기 위해 필요한 거룩함은 귀하게 여기지도 않고 사모하지도 않는다. 우리 영혼은 무엇을 사모해야 할 것인가? 우리는 주님의 은혜를 맛보고, 하나님의 말씀을 풍족히 받아 누리고, 말씀에서 그리스도를 받아먹지 않았는가? 그렇다면 이렇게 기도하자: "주여 이 떡을 항상 우리에게 주소서. 생명의 떡이 날마다 우리의 양식이 되게 하시고, 하늘의 만나로 항상 우리를 먹이시어 부족함이 없게 하옵소서."

(2) 그러나 그들은 예수께서 당신을 가리켜 생명의 떡이라 하신 줄 알고는 조

소를 가했다. 그들이 그 떡을 달라고 구한 사람들과 동일인들이었는지(34절) 아니면 다른 사람들이었는지는 분명하지 않다. 아마도 다른 사람들이 아니었나 싶다. 그들을 가리켜 유대인들이라 하기 때문이다. 아무튼 이때부터 무리가 수군거리기 시작했다(41절). 이러한 반응은 그리스도께서 하나님의 뜻과 인간을 구원하시려는 당신의 뜻을 엄숙히 선언하신 직후에 나왔다(39-40절). 이 말씀은 우리 주 예수님의 입에서 나온 말씀 가운데 대단히 무게 있고 자비로운 말씀으로서, 지극히 신실하며 받을 만하다. 이런 말씀을 들은 그들은 애굽의 이스라엘 자손들처럼 하나님께서 자신들을 찾으시고 고난을 살피셨다 함을 듣고 머리 숙여 경배해야 마땅했다. 그러나 그들은 주님의 말씀을 감사히 받는 대신에 수군거리면서 서로 언쟁을 벌였다. 드러내놓고 반대하지는 못했으나 자기들끼리 조소를 퍼부으면서 서로 편견을 주고받았다. 많은 사람들이 그리스도의 교훈을 공식적으로 비판하지 못하면서도(그들은 자신들의 논리가 너무 취약하고 근거 없으므로 드러내놓고 주장하기를 부끄러워하면서도 입 다물기를 싫어한다), 그것을 좋아하지 않는다고 자기들끼리 수군거린다.

[1] 그들이 수군거린 이유는 그리스도께서 하늘로부터 오셨다고 주장했기 때문이다(41, 42절). 자기가 지금 어찌하여 하늘에서 내려왔다 하느냐고 하며 그들은 분개했다. 천사가 하늘에서 내려왔다는 말은 들었어도, 사람이 그랬다는 말은 들어본 적이 없다는 논리인데, 그것은 주께서 단순한 사람을 능가하는 분이시라는 증거들을 간과한 것이었다.

[2] 여기서 그들이 근거로 내세운 것은 그리스도께서 땅에서 태어나신 것을 자기들이 다 안다는 것이었다: 이는 요셉의 아들 예수가 아니냐? 그 부모를 우리가 아는데 자기가 지금 어찌하여 하늘에서 내려왔다 하느냐? 그들은 자기들 가운데 한 사람이면서 하늘에서 내려왔다고 말하는 게 당치 않다고 생각했다. 그러면서 주님의 복된 이름인 예수를 아주 가볍게 불렀다: 이는 … 예수가 아니냐? 요셉이 친아버지임이 풍문으로만 전해진 것인데 그것을 당연한 사실인 양 말했다. 주의: 그리스도를 마치 보통 생육법으로 출생한 인간인 것처럼 오해하면 주님의 교훈과 행하신 일에 대해서도 전혀 깨닫지 못하게 된다. 그리스도께서 하신 일이 아무리 크고 신비스러울지라도 그분을 여느 사람의 아들들과 같은 차원에 놓는 자들은 우리를 마지막 날에 다시 살리시리라는 주님의 약속에 수군거리게 되어 있다.

3. 앞에서(29절) 믿음을 하나님의 일이라고 말씀하신 그리스도께서는, 여기서 주로 그 일에 관해서 말씀하시면서 우리에게 교훈과 위로를 주신다.

(1) 주께서는 당신을 믿는 것이 무엇인지 보이신다.

[1] 그리스도를 믿는 것은 그리스도에게 나아가는 것이다. 주께 나아오는 것이 주님을 믿는 것과 같다고 거듭 말씀하신다(35, 37절): 내게 오는 자는. 44-45절에서도 같은 말씀을 하신다. 하나님을 향해 회개한다는 것은 우리의 지고선(至高善)이시며 가장 큰 목표이신 하나님께 나아가는 것이다(렘 3:22). 마찬가지로 우리 주 예수 그리스도를 믿는다는 것은 우리의 왕이시요 구주이시며 아버지께로 인도하는 길이신 주님께 나아가는 것이다. 그것은 우리의 마음을 주님께 드리는 것을 가리킨다. 마음을 드린다는 것은 영혼의 행위이며 주께서 받으심직한 일이기 때문이다. 주님을 믿는다는 것은 주님을 대적하거나 주님과 경쟁하는 모든 것들을 떠나는 것이요, 주님을 통하여 우리에게 제시된 생명과 구원의 조건들을 받아들이는 것이다. 주께서 땅에 계실 때에도 주님을 믿는다는 것이 단순히 계신 곳으로 찾아가는 것 이상의 행위였듯이, 오늘날도 주님의 말씀과 성례로 나오는 것 이상의 행위를 뜻한다.

[2] 그리스도를 믿는다는 것은 그리스도를 먹는 것이다(51절): 사람이 이 떡을 먹으면. 그리스도에게 나아간다는 것은 우리 자신을 그리스도께 드리는 것이라고 말했다. 그런데 그리스도를 먹는다는 것은 그리스도를 기쁨으로 우리 것으로 삼아 생명과 힘과 위로를 얻는 것을 뜻한다. 그리스도를 먹는다는 것은 마치 이스라엘 자손들이 애굽의 고기 가마를 떠나 만나를 먹고, 자기들의 손으로 수고한 것에 의존하지 않고 순전히 하늘에서 내려주시는 떡에만 의존하여 살았던 것과 같다.

(2) 주께서는 당신을 믿음으로써 무엇을 얻을 수 있는지 보여주신다. 우리가 주께 나가면 주께서 우리에게 무엇을 주실 것인가? 우리가 주님을 먹으면 더 나아질 것이 무엇인가? 궁핍과 죽음이 우리가 가장 두려워하는 것들이다. 우리가 주님의 위로 가운데 살며, 그 위로 가운데 앞으로도 살 수 있다는 확신이 있다면 그것은 참으로 족한 일이다. 본문에서 주께서는 이 두 가지를 참된 신자들에게 약속하신다.

[1] 참된 신자들은 주리지도 목마르지도 않을 것이다(35절). 비록 절실한 갈망이 있을지라도 주께서 그것을 시의적절하고도 풍족하게 채워주시므로 그것

을 가리켜 주리고 목마르다고 말할 수 없다. 그것은 불편하고 고통스러운 일이기 때문이다. 만나를 먹고 반석에서 물을 먹은 사람들도 얼마 후에는 다시 배고프고 목이 말랐다. 그러나 그리스도 안에는 결코 고갈되는 일이 없는 넘치는 충만함이 있으며, 결코 끊기는 일이 없이 항상 넘쳐흐르는 말씀이 있다.

　[2] 참된 신자들은 결코 죽지 않으며, 영원히 죽지 않을 것이다. 그 이유는 첫째로, 그리스도를 믿는 사람에게는 영생이 있다(47절). 그는 영생의 확신과 증거와 갈망을 지니되, 약속과 첫 열매의 형태로 지닌다. 그리스도와 연합하여 그리스도 안에서 하나님과 사귐을 가지면 이미 그 안에서 영생이 시작된 것이다. 둘째로, 만나를 먹은 사람들은 죽었으나, 그리스도께서는 당신을 먹는 사람이 결코 죽지 않는 그러한 떡이시다(49-50절). 여기서 관찰할 점: 1. 표상인 만나의 불충분성: 너희 조상들은 광야에서 만나를 먹었어도 죽었거니와. 우리 조상들이 죽었다는 사실은 여러 모로 우리에게 교훈을 준다. 그들의 무덤과 그들의 기념비는 평생 산해진미를 먹어도 수명이 길어지거나 죽음의 화살을 피할 수 없음을 말해준다. 천사의 양식이라 하는 만나를 먹은 사람들도 다른 사람들과 마찬가지로 죽었다. 그들의 음식에 수명을 단축시킬 만한 부적절한 것이 없었고, 모진 고생 탓에 단명할 일도 없었는데(왜냐하면 그들은 심지도 거두지도 않았기 때문이다), 그런데도 그들은 죽었다. (1) 그들 중 상당수는 믿지 못하고 원망하다가 하나님의 진노를 당하여 죽었다. 그들은 신령한 음식을 먹었으나 … 그들의 다수를 하나님이 기뻐하지 아니하셨으므로 그들이 광야에서 멸망을 받았느니라(고전 10:3-5). 만나를 먹었다는 사실이 하나님의 진노를 피할 수 있는 보장이 되지 못했던 것처럼, 그리스도를 믿는 일도 마찬가지이다. (2) 나머지 사람들은 노화 과정을 거치다가, 그들이 만나를 먹던 바로 그 광야에서 하나님의 판결 하에 쓰러져 죽었다. 날마다 양식이 기적으로 내리던 그 시대에 인간의 수명이 오늘날과 같은 수준으로 낮아졌다(시 90:10). 그렇다면 만나를 먹었다는 것이 과도하게 자랑할 일이 되지 못한다. 2. 참된 만나의 충족성. 이는 하늘에서 내려오는 떡이니 ― 즉, 진정으로 신적이고 천상적인 양식이니 ― 사람으로 하여금 먹고 죽지 아니하게 하는 것이니라. 하나님의 진노 아래 쓰러지는 일도 없고, 둘째 사망에 들어가는 일도 없을 것이다. 하물며 첫째 사망은 최종적이거나 돌이킬 수 없는 것이 되지 못한다. 죽지 아니하게 하는 것이니라. 이스라엘 자손들이 만나를 먹었으면서도 믿음이 없어서 지상의 가나안 땅에 들어가지 못한 것처

럼 멸망하는 일도 없고 천상의 가나안에 들어가지 못하는 일도 없을 것이라는 말씀이다. 이 말씀은 다음에 이어지는 약속에 좀 더 자세히 설명된다(51절): 사람이 이 떡을 먹으면 영생하리라. 영생한다는 것은 영원히 존재한다는 것이 아니라(멸망당하여 지옥에 들어가는 자들도 영원히 존재할 것이다. 인간의 영혼은 영원히 존재하도록 지음을 받았다), 영원한 복락을 누린다는 것이다. 그리고 비록 육체가 죽게끔 되어 있어서 마치 물처럼 땅에 쏟아질지라도, 그리스도께서 그것들을 다시 모으셔서 (44절에 하신 말씀과 같이, 그를 내가 마지막 날에 다시 살리리라) 영원히 살게 하시겠다고 말씀하신다.

(3) 주께서는 우리가 주님을 믿을 때 어떤 위로를 받게 되는지 보여주신다. 여기서 주께서는 주님을 보고도 믿지 않는 자들(36절)에 관해서 말씀하신다. 그들은 주님의 인격과 주께서 행하시는 표적들을 보고 주님의 교훈을 들었으나, 믿는 데로 나아가지 않았다. 믿음은 반드시 본 것의 결과만은 아니다. 주님의 무덤을 지키던 군병들은 주님의 부활을 눈으로 보았으나 믿지 않고 오히려 거짓말을 지어 퍼뜨렸다. 사람들을 인도하여 그리스도를 믿게 하기란 이처럼 어렵다. 그런데 은혜의 성령의 역사로 말미암아 보지 않고도 믿는 사람들이 있다. 여기서 두 가지를 확인하고 믿음의 격려를 얻게 된다.

[1] 아들은 자기에게로 나오는 자들을 내쫓지 않고 받아주신다(37절): 내게 오는 자는 내가 결코 내쫓지 아니하리라. 우리 영혼에게 얼마나 큰 위로가 되는 말씀인가! 내게 오는 자 ― 이 단어는 단수로 되어 있어서, 그리스도께 나오는 신자들 전체뿐 아니라 각 영혼을 존중하고 호의를 베푸시는 뜻이 담겨 있다. 여기서 살펴볼 점은, **첫째로**, 주께서 신자에게 요구하시는 것은 순전히 복음적인 의무이다. 그리스도께 나아가고, 그리스도로 말미암아 하나님께로 나아가는 것이다. 그리스도의 아름다우심과 사랑 많으심, 위대한 성품들에 이끌려 주님께 나아가야 한다. 우리가 궁핍하고 위태로운 처지에 있음을 자각하여 그리스도께 달려가 도움을 구해야 한다. 어떤 것이든 계기로 삼아 그리스도께 나아가야 한다. **둘째로**, 주께서 주신 약속은 순전히 복음적인 약속이다: 내가 결코 내쫓지 아니하리라 ― 우 메 에크바고 엑소. 부정의 뜻을 지닌 단어를 두 번 사용하신다: 결코, 아니하리라. 1 주께서는 이로써 큰 사랑을 표시하신다. 우리는 주께서 내쫓으실 수도 있다고 두려워할 이유가 있다. 우리는 비열하고 미천하여서 주님 앞에 나아갈 자격이 없다. 주께서 우리를 보시고 무섭고 불쾌한 표정

을 지으시고 문을 닫아버리실 것이라는 예상이 지나친 것이 아니다. 그러나 주께서는 내게 오는 자는 내가 결코 내쫓지 아니하리라는 말씀으로 두려움을 몰아내 주신다. 우리가 비열하고 비천한 자라도 경멸하지 않으시고, 죄가 많은 데도 불구하고 배척하지 않으실 것이다. 가난하고 속에 든 것이 없는 학생들이 주님께 배우기 위해 나아가고자 하는가? 비록 둔하고 더디 깨달을지라도 주께서는 그들을 내쫓지 않으실 것이다. 병든 몸을 고침받고, 어려운 인생의 문제에 대해 조언을 받기를 원하여 주님께 나아가고자 하는가? 아무리 형편이 열악하고 가진 것이 없을지라도 주께서는 내쫓지 않으실 것이다. 그러나, 2. 주님의 말씀에는 표면에 나타난 것보다 더 큰 호의가 담겨 있다. 내쫓지 않으시겠다는 것은 받아 주시고 우리의 마음의 소원을 들어주시겠다는 뜻이다. 우리가 처음 주님 앞에 나아갈 때도 내쫓지 않으실 것이요, 후에 우리로 인해 언짢은 일을 당하시더라도 내쫓지 않으실 것이다. 하나님의 은사와 부르심에는 후회하심이 없느니라(롬 11:29).

[2] 아버지께서 아들에게 주시는 자는 다 아들에게로 올 것이다. 아버지와 아들이 인간을 구원하는 문제로 체결하신 거룩한 계약에 따라서, 아들이 자신에게로 나오는 모든 자들을 위해 칭의와 성화와 구원의 일을 담당하시고, 아버지께서는 존재와 생명과 은혜의 원천과 근원이시므로 구원하실 모든 자들을 아들에게 주시는 일을 담당하신다.

첫째로, 주께서는 이 일이 반드시 이루어진다는 것을 확신하게 하신다: 아버지께서 내게 주시는 자는 다 내게로 올 것이요(37절). 그리스도께서는 당신을 보고서도 믿지 않는 자들을 책망하셨다(36절). 그리고는 이어서 이렇게 말씀하신다.

a. 그들로 하여금 죄를 깨닫고 무지한 상태에서 깨어나게 하시기 위함. 주께서는 그들이 자신에게 나오지도 않고 믿지도 않는 상태를 분명히 지적하시면서, 만일 그 상태를 고집한다면 그것은 은혜의 선택에 속하지 않았다는 뚜렷한 증거라고 말씀하신다. 우리가 세상과 육체의 일에 몰두하며 살아가는데, 하나님께서 우리를 그리스도에게 주신다는 것은 생각할 수 없는 일이 아니겠는가? 참조. 베드로후서 1:10.

b. 주님 자신의 위로와 격려를 위하여: 비록 이스라엘이 모이지 않을지라도, 나는 영화롭게 되리라(사 49:5, KJV. 개역개정판:이스라엘이 그에게 모이는도다. 그러므로 내가 여호와 보시기에 영화롭게 되었으며). 이스라엘이 구하는 그것을 얻지 못하

고 오직 택하심을 입은 자가 얻었고 그 남은 자들은 우둔하여졌느니라(롬 11:7). 주님은 비록 당신의 피조물들 가운데 많은 수를 잃으실지라도 주님께는 아무런 책임이 없다. 그럴지라도 아버지께서 아들에게 주시는 자들은 다 아들에게로 올 것이다. 여기서 생각하게 되는 점은, (a) 주께서 선택에 관하여 하신 말씀: 아버지께서 내게 주신 자(판 호 디도시 ― 아버지께서 내게 주시는 모든 것 하나하나). 선택받은 사람들과 그들에게 속한 모든 것 ― 그들이 내놓는 모든 봉사와 그들이 추구하는 모든 일 ― 을 가리킨다. 주께서 가지신 모든 것이 그들의 것이듯이, 그들이 가진 모든 것이 주님의 것이며, 주께서 친히 그 모든 것을 당신의 것이라고 말씀하신다. 그들은 주께서 큰 수고로 행하신 일에 대한 충분한 보상으로 아버지께서 주신 자들이다. 모든 사람들뿐 아니라 모든 것이 그리스도 안에 모이며(엡 1:10), 그 안에서 통일된다(골 1:20). 39절에서는 선택된 남은 자들을 주시는 일이 이미 이루어진 일로 언급된다(39절): 내게 주신 자. 하시만 여기서는 진행 중인 일로 언급된다: 내게 주시는 자. 그 이유는 주께서 세상에 오심으로써 아버지께서 영세 전에 주신 것의 실효가 나타나기 시작했기 때문이다. 참조. 히브리서 10:5 이하. 하나님께서는 이제 아들에게 이방 나라를 유업으로 주시고(시 2:8), 황무하였던 땅을 기업으로 상속하게 하시고(사 49:8), 강한 자와 함께 탈취한 것을 나누게 하실 것이었다(사 53:12). 그러므로 그리스도께서는 유대인들을 향하여 너희는 나를 보고도 믿지 않으나 이 사람들은 나올 것이라고 말씀하셨다. 이 우리에 들지 않은 다른 양들이 주님께로 나올 것이다(10:15-16. 참조. 행 13:45-48). (b) 선택이 주는 효과: 아버지께서 내게 주시는 자는 다 내게로 올 것이요. 하나님께서 영생을 주시기로 작정한 범위에 들어 있는 사람들은 예외 없이 그리스도께 나아와 영생을 얻을 것이라는 말씀은 본질상 약속이 아니라 예고이다. 그들은 많은 민족들 가운데 흩어져 뒤섞여 있지만, 주께서는 그들 중 아무도 잊지 않으실 것이다. 아모스 9:9에 예언된 대로, 하나님께서 곡식을 거두실 때는 알곡한 알갱이도 땅에 떨어지지 않을 것이다. 그들은 본질상 그리스도에게서 멀리 떨어진 채 그리스도를 싫어하던 자들이지만, 그럼에도 불구하고 그리스도 앞으로 나올 것이다. 하나님께서 전지(全知)의 지식으로 그들을 모두 찾아내시고, 전능의 능력으로 그들을 그리스도에게로 이끄실 것이다. 그들은 그리스도께로 나올 때 억지로 떠밀려 나오지 않고 자유롭게 자발적으로 나올 것이다.

둘째로, 주께서는 그 일이 어떻게 이루어질 것인가를 우리에게 알려주신다.

아버지께서 아들에게 주시는 자들이 어떻게 아들에게로 나올 것인가? 그렇게 되기 위해서는 두 가지 일이 이루어져야 한다.

　a. 그들의 어두운 마음을 주께서 말씀으로 밝혀주셔야 한다. 이 일이 45-46절에 약속된다. 선지자들도 이 일에 관해서 미리 기록해 놓았다. 네 모든 자녀는 여호와의 교훈을 받을 것이니(사 54:13). 그들이 다시는 각기 이웃과 형제를 가리켜 이르기를 너는 여호와를 알라 하지 아니하리니 이는 작은 자로부터 큰 자까지 다 나를 알기 때문이라(렘 31:34).

　(a) 우리가 예수 그리스도를 믿기 위해서는 하나님에 관해서 배우는 것이 필요하다. 즉, [a] 하나님의 말씀을 통해서 그리스도에 관해서 믿어야 할 바가 무엇이고 왜 그것을 믿어야 하는지를 배워야 한다. 자연을 통해서도 그리스도에 관해 배울 것이 있지만, 그리스도께 나아가기 위해서는 하나님의 말씀을 배워야 한다. [b] 우리 안에서 하나님께서 일하셔서 계시된 진리를 깨닫고 받아들이게 해주셔야 한다. 하나님께서는 우리에게 이성을 주심으로써 짐승들이 알아듣는 것 이상의 내용을 가르치시며, 또한 믿음을 주심으로써 자연인이 깨닫는 것 이상의 내용을 가르치신다. 이로써 모든 진실한 신자들은 하나님께 배운다.

　(b) 이 점을 놓고 추론할 때, 아버지께 듣고 배운 모든 사람은 그리스도에게 나온다는 것을 알 수 있다(45절). [a] 이 말씀에는 아버지께 듣고 배운 사람들 외에는 아무도 그리스도에게 나오지 않는다는 뜻이 담겨 있다. 하나님이 이끌지 않으시면 아무도 그리스도께 나아갈 수 없다. 오직 하나님께서 은혜로써 우리 마음을 비춰주시고, 우리의 판단을 살펴 주시고, 우리의 잘못을 바로잡아 주시고, 우리에게 말씀해 주실 뿐 아니라 우리로 듣게 해주심으로써 예수 안에 있는 진리를 배우게 해주셔야 비로소 그리스도를 믿을 수 있게 되는 것이다. [b] 이 신적인 교훈은 반드시 하나님의 택함을 받은 자들의 믿음을 일으키기 때문에, 그리스도에게로 나오지 않는 자들은 아버지께 들은 일도 없고 배운 일도 없다고 결론내릴 수 있다. 만일 듣고 배운 일이 있다면 틀림없이 그리스도에게로 나올 것이기 때문이다. 그리스도를 믿지 않는다면 아무리 하나님께 배웠다고 자임해 봐야 소용이 없다. 하나님께서는 그리스도에 관한 교훈 외에 다른 것을 가르치지 않으시기 때문이다(갈 1:8, 9). 하나님께서는 사람을 이성적인 피조물로 대하시고, **사람의 띠로** 그를 이끄시고, 먼저 깨달음의 문을 여신 다음 정규적인 방법으로 이하의 다른 기능들을 작용하도록 하신다. 이처럼 주님은 문을 통하

여 들어오시지만, 사탄은 도적이므로 다른 곳으로 넘어 들어온다. 그러나 주께서는 성부 하나님을 눈으로 볼 수 있다고 생각하거나(혹은 사람들에게 그렇게 가르치거나) 아버지께 직접 듣고 배울 수 있다고 생각하지 못하도록 덧붙여 말씀하신다(46절): 이는 아버지를 본 자가 있다는 것이 아니니라. 육체의 눈으로는 하나님을 볼 수 없음을 알아야 하고, 모세처럼 하나님을 대면하여서 배울 것을 기대하지 말아야 한다는 뜻이다. 하나님께서는 사람들의 눈을 밝히시고 그들을 가르치실 때 영적인 방법을 사용하신다. 인간의 영들을 지으신 아버지이시므로 육신의 눈에 보이지 않게 영들에게 다가가서서 영향을 끼치신다. 그래서 아버지의 얼굴을 보지 못할지라도 그 능력은 느낀 일들이 있었다. 그럼에도 불구하고 아버지를 친밀히 아시는 분이 계시다. 그분은 하나님에게서 오신 그리스도이시다. 그리스도께서는 아버지를 보셨다(1:18). 주의: 첫째로, 예수 그리스도는 독특한 방법으로 하나님에게서 오셨으며, 참 하나님이시요 참 빛이시다. 하나님으로부터 오셨을 뿐 아니라, 창세 전에 하나님에게서 낳음을 입으셨다. 둘째로, 아버지를 보고 아버지와 아버지의 뜻을 온전히 아시는 것이 그리스도의 권한이다. 셋째로, 믿음의 특권인 조명(illumination)도 그리스도를 통하여 우리에게 이루어진다. 아버지에 관해 배우는 사람들은 아버지를 직접 뵐 수 없으므로 홀로 아버지를 보신 그리스도에게서 배워야 한다. 하나님에 관해 알려진 모든 지식은 그리스도를 통하여 얻는 것과 마찬가지로, 모든 신적인 능력은 그리스도를 통하여 발휘된다.

　b. 의지를 주님 앞에 굴복시켜야 한다. 사람의 영혼이 바르게 되려면 이성의 조명 못지않게 의지에 변화가 있어야 한다. 그러나 타락한 인간의 의지는 이성의 올바른 명령에 거역하는 경향이 있다. 현세적인 정신은 하나님의 빛과 율법에 반발한다. 그러므로 의지에 은혜의 역사가 있어야 하며, 그것이 본문에 이끈다는 말로 표현된다(44절): 나를 보내신 아버지께서 이끌지 아니하시면 아무도 내게 올 수 없으니. 유대인들은 그리스도의 교훈에 대해서 수군거렸다. 그것을 받으려고 하지 않았을 뿐 아니라, 다른 사람들이 받으려 할 때 분노했다. 그리스도께서는 그들의 은밀한 생각을 아시고서 이렇게 말씀하셨다(43절): "너희는 서로 수군거리지 말라. 나의 교훈을 싫으면 혼자 받지 말 것이요, 마치 모든 사람이 싫어해야 하는 것인 양 남에게 강요하지 말라. 나의 교훈이 싫은 것은 전적으로 너희의 성향이 타락했기 때문이요, 너희가 도덕적으로 무능하다는 뜻이다.

너희가 하나님의 진리에 대해 품은 반감과 편견이 워낙 강하기 때문에 하나님의 권능 아니고는 다른 어떤 것으로도 그것을 제압할 수 없다." 이것은 모든 인간이 처한 상황이기도 하다(44절): "나를 보내신 아버지께서 이끌지 아니하시면 아무도 내게 올 수 없으니." 아버지께서 이끌지 않으시면 아무도 혼자의 힘과 지혜로 복음을 깨닫고 그 요구에 부응하고 나올 수 없다는 뜻이다. 여기서 관찰할 점은, (a) 그 일의 본질: 그것은 이끄는 것이다. 원치도 않는데 억지로 잡아끄는 것이 아니라, 새로운 성향을 심어주셔서 하나님을 향하도록 만드시는 것이다. 이것은 도덕적 감화 이상의 것이며, 물리적 완력이라고도 하지 않는다. 창조의 능력으로 사람 속에 사람의 정신을 조성하시고 마음을 지으신 분께서는 어떻게 하면 영혼을 새롭게 하시고 그 성향과 기질이 바뀌게 하시고, 당사자의 자유를 무시하지 않은 채 당신에게로 이끄실 수 있는지 잘 아신다. 주께서 이끄실 때는 기쁘게 순응하도록 하시는 방식으로 이끄신다: 저를 이끄소서, 그리하시면 제가 주께로 달려가리이다. (b) 아버지께서 이끄셔야 할 필요: 아버지께서 이끌지 아니하시면 아무도 내게 올 수 없으니. 이렇게 약하고 절망적인 상태에서는 하나님이 이끌어 주지 않으시면 그리스도께 나아갈 자가 아무도 없다. 일반 섭리의 동시발생(concurrence)이 없이는 어떠한 행동도 할 수 없는 것처럼, 새 사람으로 존재하고 활동하게 하는 특별 은혜의 영향 없이는 도덕적으로 선한 일을 조금도 할 수 없다. (c) 이끄시는 분: 나를 보내신 아버지. 아버지께서 그리스도를 보내셨으므로 이끌 자를 반드시 이끄신다. 그리스도를 보내실 때 무익한 사명을 주어 보내지 않으셨기 때문이다. 그리스도께서 영혼들을 영광에 이르게 하시는 과업을 맡으셨기 때문에, 하나님께서는 그들을 그리스도께 이끄시기로 약속하셨고, 따라서 그들을 그리스도의 소유가 되게 하셨다. 하나님께서는 다윗에게 영원한 나라를 약속하신 바에 따라 마침내 그 나라 백성들의 마음을 그리스도께 이끄신다. 이처럼 영혼들을 구원하시기 위해 그리스도를 보내신 아버지께서는 영혼들을 그리스도께 보내시어 구원을 받게 하신다. (d) 이 일의 절정과 완성: 오는 그를 내가 마지막 날에 다시 살리리라. 주께서는 이 말씀을 네 번이나 하시는데, 그 안에는 신적 은혜의 모든 중간 과정과 예비 작업이 다 망라되어 있음에 틀림없다. 주께서는 마지막 날에 그들을 다시 살리는 일을 끝으로 아버지께 받은 과업을 완료하실 것이다. 만약 이 일을 하실 수 있다면 다른 어떤 일도 하실 수 있으며, 이 일을 하기 위해 필요한 모든 일도 하실 수 있는 셈이다.

역사가 끝에 도달하여 완성되는 날 우리가 품은 소망도 이루어져서 마지막 날을 위해 예비된 복 가운데 들어가게 될 것이다.

4. 앞에서 자신을 가리켜 생명의 떡이라 하시고, 믿음을 가리켜 하나님의 일이라 하신 주께서는, 여기서도 여전히 음식의 비유를 사용하시되 좀 더 구체적으로 자신, 즉 자신의 살이 떡이며, 믿는 것은 그 떡을 먹는 것임을 가르치신다(51-58절). 여기서 관찰할 점은, 이 음식의 준비: 내가 줄 떡은 … 내 살이니라(51절), 인자의 살 … 인자의 피(53절). 내 살은 참된 양식이요 내 피는 참된 음료로다(55절). 또 한 가지 관찰할 점은, 우리가 이 음식에 참여해야 한다는 것이다: 인자의 살을 먹지 아니하고 인자의 피를 마시지 아니하면 너희 속에 생명이 없느니라(53절). 내 살을 먹고 내 피를 마시는 자는 영생을 가졌고(54절). 55, 56절에서도 같은 말씀을 하신다. 이것은 분명히 비유적인 혹은 상징적인 말씀으로서, 영혼이 영적이고 신적인 것들에 반응하는 것을 육체가 감각적인 것들에 반응하는 형식을 들어 말씀하신 것이다. 이러한 말씀 앞에서 어떤 이들은 그리스도에 관한 진리를 더욱 분명히 깨달은 반면에, 다른 이들은 오히려 더 어둡게 되고 반발심을 갖게 되었다. 참조. 마가복음 4:11-12. 여기서 생각할 점은,

(1) 그리스도의 이러한 말씀이 듣는 자들에게 어떻게 오해를 낳아 보고도 깨닫지 못하게 만들었는지 살펴보자. [1] 현세적인 유대인들은 주님의 이 말씀을 듣고서 오해했다(52절): 유대인들이 서로 다투어 이르되 ─ 각자 불만을 서로 주고받으며 수군거리되 ─ 이 사람이 어찌 능히 자기 살을 우리에게 주어 먹게 하겠느냐. 그리스도께서는 우리를 위해 당신의 몸을 내주시어 고난과 죽음을 당하실 일에 관하여 말씀하셨다(51절). 그러나 그들은 깊이 생각하지 않은 채 문자 그대로 살을 주셔서 먹게 하시겠다는 뜻으로 받아들였다. 그들의 마음을 아신 그리스도께서는 당신의 살을 먹는 것이 (올바로 이해한다면) 그들이 생각하듯이 불합리한 일이 아님을 알려주셨다. [2] 로마 교회는 이 말씀을 오해하여 화체설이라는 기괴한 교리의 토대로 삼았다. 화체설은 우리의 감각을 속이고, 성찬의 본질을 왜곡하고, 모든 확고한 증거를 뒤엎는다. 그들은 본문의 유대인들과 마찬가지로 그리스도의 몸을 육체적으로 먹는다는 뜻으로 이해했다. 니고데모가 거듭나야 한다는 주님의 말씀을 육체적으로 이해했듯이(3:4). 성찬은 아직 제정되지 않았으며, 따라서 본문의 말씀은 그것과 상관이 없다. 여기서 주께서 말씀하신 것은 영적으로 먹고 마시는 일에 관한 것일 뿐, 성례적으로 먹고 마시는 일

에 관한 것은 아니다. [3] 무지하고 현세적인 많은 사람들은 이 말씀을 오해하여, 죽기 전에 성찬을 받으면 천국에 갈 수 있다고 생각한다. 이런 생각은 약한 사람들에게 근거 없는 두려움을 심어주듯이, 악한 사람들에게 근거 없는 안심을 심어준다. 그러므로,

(2) 그리스도의 이 말씀을 어떻게 이해해야 하는지 살펴보자.

[1] 그리스도의 살과 피가 뜻하는 것. 53절에서 주께서는 그것을 인자 곧 메시야와 중보자의 살과 피라고 하신다. 이 살과 피를 주께서는 성육신하실 때 취하셨다가(히 2:14), 고난과 죽음을 당하실 때 내어주셨다. 그러므로 주님의 말씀은 내 살을 십자가에 달려 죽음에 내줄 것이다라는 뜻이다. 그것을 가리켜 세상의 생명을 위한 내 살이라 하신 뜻은, 첫째로, 죄로 인해 상실된 세상의 생명 대신에, 그리스도께서 당신의 살을 속전(贖錢, ransom)으로 주신다는 뜻이다. 그리스도께서 우리의 속전이 되셨으므로 우리 생명이 살려면 주께서 우리 대신에 생명을 내놓으셔야 한다. 그러므로 내가 여기 있으니 저 사람들은 살게 하라고 말씀하신 셈이다. 둘째로, 온 세상에 받으라고 제안하시고 모든 믿는 자들에게 영생에 대한 확신을 심어주실 권세를 당신의 살을 값으로 지불하고 사신다는 뜻이다. 따라서 인자의 살과 피는 성육신하시고 죽음을 당하신 구주를 가리킨다. 즉, 십자가에 달려 죽으신 그리스도 자신과, 구속으로써 성취하신 온갖 귀한 유익들을 가리킨다. 죄 사함을 얻고, 하나님께 가납되고, 하나님의 자녀가 되고, 은혜의 보좌 앞에 나아갈 수 있게 되고, 언약의 약속들을 받고, 영생을 얻는 유익을 그리스도께서 우리를 위해 당신의 살을 내어주심으로써 이루어주셨다. 이런 것들을 가리켜 그리스도의 살과 피라고 부르는 이유는, 1. 그리스도께서 자신의 살과 피를 내주시는 대가로 사셨기 때문이다. 값을 지불하고 산 권리들은 지불한 값으로 가치를 평가할 수 있다. 그리스도께서 자신을 내주고 우리에게 사주신 유익들에 프레티움 상귀니스, 즉 그리스도의 핏값이라는 문구를 새겨 넣어야 할 것이다. 2. 그것이 우리 영혼의 양식과 음료이기 때문이다. 원래 고기를 피째 먹는 것이 금지되었으나(창 9:4), 복음의 특권은 살과 피를 우리 영혼의 양식과 음료로 취하는 것이다. 앞에서 주께서는 당신을 떡에 비유하셨는데, 떡은 없어서는 안 될 양식이다. 여기서는 살, 즉 기운을 돋게 하는 고기에 비유하신다. 그것은 기름진 것으로 베푸시는 연회이다(사 25:6). 골수와 기름진 것을 먹음과 같이 영혼은 그리스도로 말미암아 만족을 얻는다(시 63:5). 그것은 참된 양식이요 참된 음

료이다. 영적인 의미에서 참으로 그러하다(휘트비〈Dr. Whitby〉의 해설). 먹어도 결국 죽고 마는 세상의 음료와 고기와 달리, 그리스도께서는 참 포도나무 혹은 참된 양식이시다. 그리스도와 복음에는 참된 양식과 진정한 만족이 있다. 그것이 피곤한 심령을 상쾌하게 하며 모든 연약한 심령을 만족하게 하는 참된 양식과 참된 음료이다(렘 31:25, 26).

[2] 그처럼 필수적이고 힘을 공급하는 이 살을 먹고 피를 마시는 것이 뜻하는 의미. 그것은 이론의 여지 없이 그리스도를 믿는 것을 가리킨다. 우리는 먹고 마심으로써 양식과 음료를 섭취하듯이, 믿음으로 그리스도와 그리스도께서 베푸시는 유익을 받는다. 그리고 먹고 마시는 행위가 그렇듯이, 그리스도를 믿는 것도 다음 네 가지를 내포한다: 첫째로, 그리스도에 대한 갈망. 영적으로 먹고 마시는 이 일은 그리스도에 대한 배고픔과 목마름에서부터 시작한다(마 5:6): "내게 그리스도를 주시오. 그렇지 않으면 나는 죽습니다." 둘째로, 그리스도를 영접함. 고기는 아무리 오래 쳐다봐야 소용이 없고, 먹어야 비로소 우리 몸에 자양이 되고, 우리 것이 되고, 우리와 하나가 된다. 마찬가지로 그리스도를 영접하여 그분과 일체가 되어야 한다: 나의 주님이시요 나의 하나님이시니이다(요 20:28). 셋째로, 그리스도와 그분이 베푸시는 구원으로 즐거워함. 십자가에 달려 죽으신 그리스도에 관한 교훈이 우리에게 가장 기쁘고 맛있는 양식과 음료가 되어야 한다. 우리는 지혜가 무한하신 하나님께서 우리를 구속하시고 구원하시기 위해 내신 방법들을 흡족하게 받아들임으로써, 그리스도의 피로 맺어진 새 언약의 산해진미를 양껏 섭취해야 한다. 넷째로, 그리스도 안에 거하여 항상 자양을 공급받음으로써 우리의 영적 생명이 항상 건강하게 유지되게 하고, 새 사람으로서 힘과 장성과 활력을 얻어야 한다. 그리스도를 먹는다는 것은 그리스도와 연합한 상태에서 주께서 주시는 힘을 받아 모든 일을 그리스도의 이름으로 행하는 것을 뜻한다. 마치 밥을 먹고 그 힘으로 살아가듯이, 그리스도를 믿고 의지함으로써 살아가는 것이다. 우리가 양식을 섭취하는 것이 우리 몸에 어떻게 자양이 되는지 말로는 설명할 수 없지만 분명한 현상으로 나타나는 것처럼, 우리의 영적인 자양도 그러하다. 우리 구주께서는 이 은유를 매우 좋아하신 까닭에, 훗날 당신의 죽으심으로 말미암은 유익을 전달하시는 방법으로 우리가 감각할 수 있는 외적인 의식을 제정하실 때 먹고 마시는 방법을 택하시고 그것을 성례적 행위로 삼으셨다.

(3) 지금까지 본문에 기록된 그리스도의 말씀의 일반적인 의미를 살펴보았으므로, 이제는 구체적인 의미를 두 가지 주제로 나누어 살펴보도록 하자.

[1] 우리가 그리스도를 먹어야 할 필요성(53절): 인자의 살을 먹지 아니하고 인자의 피를 마시지 아니하면 너희 속에 생명이 없느니라. 이 말씀의 의미는, 첫째로, "만일 너희가 그리스도를 갈망하는 것도 없고 그리스도로 말미암아 기뻐하는 것도 없다면 그것은 너희에게 영적 생명이 없다는 확실한 증거이다." 영혼이 배고프지도 않고 목마르지도 않다면 살아 있지 않다는 증거이다. 이와 같은 양식과 음료에 무관심하다면 죽어 있다는 표시이다. 인조 벌들을 만들어 날아다니게 해놓고 그것을 진짜 벌들과 구분하려 할 때 가장 좋은 방법은 곁에 꿀을 놔두는 것이다. 진짜 벌들은 꿀에만 모여들지만, 인조 벌들은 꿀에 관심을 두지 않는다. 그것은 그들 안에 생명이 없기 때문이다. 둘째로, "믿음으로 그리스도에게서 생명을 얻지 않으면 영적 생명을 얻을 길이 없다. 그리스도를 떠나서는 너희가 아무 일도 할 수 없다." 그리스도를 믿는 믿음이 프리뭄 비벤스, 즉 생명을 얻는 제1원리이다. 그것이 없으면 영적 생명에 관한 진리를 깨달을 수도 없고 영생의 자격도 얻지 못한다. 우리 몸이 음식을 먹지 않으면 살 수 없듯이, 우리 영혼은 그리스도 없이는 살 수 없다.

[2] 그리스도를 먹음으로써 얻는 유익은 두 가지이다.

첫째로, 그리스도와 하나가 된다. 이는 음식을 섭취하면 몸과 음식이 일체가 되는 것과 같은 이치이다. 내 살을 먹고 내 피를 마시는 자는 ― 즉, 십자가에 달리신 그리스도를 믿음으로써 사는 자는 ― 내 안에 거하고 나도 그의 안에 거하나니(56절). 우리는 믿음으로써 그리스도와 친밀한 연합을 이룬다. 그리스도께서 우리 안에 거하시고, 우리도 그리스도 안에 거한다(17:21-23; 요일 3:24). 신자들은 그리스도를 성채나 보루로 삼아 그 안에 거하며, 그리스도께서는 집의 주인으로서 다스리고 쓸 것을 공급하시기 위하여 그들 안에 거하신다. 그리스도와 신자들이 이루는 연합은 그런 것이어서, 주께서 그들의 슬픔을 함께 나누시고 은혜와 기쁨도 함께 나누신다. 그들과 함께 쓴 나물도 잡수시고, 그들과 함께 산해진미도 잡수신다. 그것은 육체와 소화된 음식의 결합처럼 떼어놓을 수 없는 연합이다(롬 8:35; 요일 4:13).

둘째로, 육체가 음식에 힘입어 살듯이, 우리는 그리스도를 힘입어 살되 영원히 살 것이다.

a. 우리는 그리스도에 힘입어 살 것이다(57절): 살아 계신 아버지께서 나를 보내시매 내가 아버지로 말미암아 사는 것 같이 나를 먹는 그 사람도 나로 말미암아 살리라. 이 말씀에는 신적 생명의 계통과 순서가 담겨 있다. (a) 하나님께서는 그 안에 생명을 지니시며 자신이 생명이신 살아 계신 아버지이시다. 나는 스스로 있는 자니라라는 이름이 하나님의 영원한 이름이다. (b) 중보자이신 예수 그리스도는 아버지로 말미암아 사신다. 그 안에 생명이 있으나(5:26), 그 생명은 아버지로 말미암은 것이다. 그리스도를 보내신 성부 하나님께서는 그처럼 중대하고 큰 과업을 이루는 데 필요한 생명을 주셨을 뿐 아니라, 우리를 위한 신적 생명의 곳간이 되게 하셨다. 하나님께서는 첫째 아담에게 자연적 생명의 숨을 불어넣으셨듯이, 둘째 아담에게는 영적 생명의 숨을 불어넣으셨다. (c) 참된 신자들은 그리스도와 연합함으로써 이 신적 생명을 얻는다. 이 연합은 아버지와 아들의 연합을 토대로 한 것이다(17:21). 그러므로, 나를 먹는 그 사람도 나로 말미암아 살리라. 즉, 그리스도를 믿는 사람은 그리스도로 말미암아 살 것이다. 신자들의 생명은 그리스도께로부터 받은 것이다(1:16). 이 생명은 그리스도와 함께 하나님 안에 감춰져 있다(골 3:3). 몸의 지체들이 머리로 말미암아 살고 가지들이 뿌리로 말미암아 살듯이, 우리는 그리스도로 말미암아 산다. 주께서 살아 계시기 때문에 우리도 살 것이다.

b. 우리는 그리스도로 말미암아 영원히 살 것이다(54절): 내 살을 먹고 내 피를 마시는 자는 ― 즉, 복음 안에 영생을 위해 준비된 것을 받는 자는 ―영생을 가졌고, 지금 영생을 가지고 있다는 뜻이다(참조. 40절). 그에게는 이미 영생이 시작되었다. 그는 이미 영생의 보증과 소망을 갖고 있으며, 영원히 살 것이다(58절). 그의 행복은 끝없는 영원 자체와 평행선을 그으며 계속될 것이다.

마지막으로, 복음서 기자는 그리스도께서 이 강론을 어디서 하셨는지 언급하는 것으로 결론을 맺는다(59절): 이 말씀은 예수께서 가버나움 회당에서 가르치실 때에 하셨느니라. 이 외에도 여러 가지를 가르치셨으나, 이것이 새로운 교훈이었다는 뜻이 암시되어 있다. 회당에서라는 구절을 넣은 이유는, 1. 그리스도의 교훈이 얻은 신망을 나타내기 위함이다. 이 교훈은 한 구석에서 전하신 것이 아니라 다양한 사람들로 구성된 청중 앞에서 매우 예리하고 공정한 평가를 뚫고 전하신 것이다. 그리스도께서는 후에 재판을 받으실 때 이 때의 일을 언급하셨다(18:20): 내가 드러내 놓고 세상에 말하였노라. 모든 유대인들이 모이는 회당과 성전에서 항상 가르쳤고. 2. 이 기사의 신뢰성. 복음서 기자는 이 기사의 신뢰성을 보증하기 위해서 사실 확인을 할 수 있도록 가버나움 회당을 언급했다.

[60]제자 중 여럿이 듣고 말하되 이 말씀은 어렵도다 누가 들을 수 있느냐 한대 [61]예수께서 스스로 제자들이 이 말씀에 대하여 수군거리는 줄 아시고 이르시되 이 말이 너희에게 걸림이 되느냐 [62]그러면 너희는 인자가 이전에 있던 곳으로 올라가는 것을 본다면 어떻게 하겠느냐 [63]살리는 것은 영이니 육은 무익하니라. 내가 너희에게 이른 말은 영이요 생명이니라 [64]그러나 너희 중에 믿지 아니하는 자들이 있느니라 하시니 이는 예수께서 믿지 아니하는 자들이 누구며 자기를 팔 자가 누구인지 처음부터 아심이러라 [65]또 이르시되 그러므로 전에 너희에게 말하기를 내 아버지께서 오게 하여 주지 아니하시면 누구든지 내게 올 수 없다 하였노라 하시니라 [66]그 때부터 그의 제자 중에서 많은 사람이 떠나가고 다시 그와 함께 다니지 아니하더라 [67]예수께서 열두 제자에게 이르시되 너희도 가려느냐 [68]시몬 베드로가 대답하되 주여 영생의 말씀이 주께 있사오니 우리가 누구에게로 가오리이까 [69]우리가 주는 하나님의 거룩하신 자이신 줄 믿고 알았사옵나이다 [70]예수께서 대답하시되 내가 너희 열둘을 택하지 아니하였느냐 그러나 너희 중의 한 사람은 마귀니라 하시니 [71]이 말씀은 가룟 시몬의 아들 유다를 가리키심이라 그는 열둘 중의 하나로 예수를 팔 자러라.

본문에는 그리스도께서 말씀을 전하심으로써 나타난 결과가 기록되어 있다. 그 말씀을 듣고 어떤 이들은 모욕을 느끼고, 다른 이들은 유익을 얻었다. 그 결과 어떤 이들은 물러가고, 다른 이들은 더욱 가까이 남았다.

I. 어떤 이들에게는 주의 말씀이 사망으로부터 사망에 이르는 냄새였다. 대놓고 주님과 주님의 교훈에 반대한 유대인들뿐 아니라, 넓은 의미에서의 제자들 — 주님을 공개적으로 따라다니면서 수시로 말씀을 들은 사람들 — 가운데서도 상당수가 주님을 떠났다. 모든 불평을 시작한 자들은 이스라엘 자손들 가운데 있던 잡족들과 같은 혼합된 무리였다. 여기서 살펴볼 점은,

1. 그들이 주님의 교훈을 듣고 자기들끼리 수군거린 말(60절): 이 말씀은 어렵도다. 누가 들을 수 있느냐? (1) 그들은 주님의 교훈을 좋아하지 않았다: "이것이 허튼 소리가 아니냐? 인자의 살을 먹고 인자의 피를 마시라니! 비유적으로 해석하

면 이해 못할 바 없으나, 문자적으로 해석하면 도저히 실행할 수 없는 말이다. 대체 우리더러 식인 축제라도 벌이라는 말인가? 경건해지지는 못할지언정 야만적이 되어서야 쓰겠느냐?" "만일 그리스도인들이 자신들이 먹는 것을 숭배한다면 내 정신은 계속 철학자들 곁에 남을 것이다"(아베로에스). 주님의 교훈이 어려워 도무지 이해가 되지 않을 때 만일 겸손히 이 비유를 설명해 달라고 청했다면, 주께서는 그들이 이해할 수 있도록 풀어서 말씀해 주셨을 것이다. 주께서는 온유한 자들에게 그 도를 가르치시겠다고 하셨기 때문이다(시 25:9). 그러나 그들은 그리스도께서 설명해 주시는 말씀을 받을 의사가 없었다. 주님을 배척할 근사한 구실 ― 말씀이 이해하기 어렵다는 ― 을 버릴 뜻이 없었던 것이다. (2) 그들은 그런 교훈을 좋아할 사람은 아무도 없다고 생각했다: "누가 들을 수 있느냐? 아무도 없다." 이처럼 신앙을 조롱하는 자들은 처음부터 지식인이라면 당연히 자신들의 생각에 동조할 것이라고 단정한다. 그들은 큰 확신을 가지고 상식이 있는 사람이라면 그리스도의 교훈을 받아들일 리가 없다고 단정했다. 자기들 스스로 그런 교훈을 감당할 수 없기 때문에 다른 사람도 그러리라 생각했다: 누가 들을 수 있느냐? 하지만 감사하게도 수천 명이 그리스도의 이 말씀을 꼭 필요한 양식으로 받고서 평안과 기쁨을 얻었다.

2. 그들의 수군거림에 대해 그리스도께서 책망하심.

(1) 주께서는 그들이 뭐라고 수군거리는지 다 아셨다(61절). 그들은 속으로 트집을 잡거나 혹은 구석에서 나직하게 불평했다. 그러나, [1] 그리스도께서는 그들을 아셨다. 그들을 보셨고 그들의 말을 들으셨다. 주의: 그리스도께서는 대담한 죄인들이 당신의 이름과 영광을 노골적으로 모욕하는 것뿐 아니라, 신자인 체하는 현세적인 사람들이 주님의 교훈을 속으로 업신여기는 것까지 다 주의하여 보신다. 어리석은 자들이 부끄러워 차마 입 밖에 꺼내지 못하고 속으로 하는 말을 다 들으신다. 듣는 자들이 당신의 말씀을 어떻게 반대하고 싫어하는지 아신다. 그 말씀을 누가 즐거이 듣고 누가 수군거리는지 아신다. 누가 말씀을 기쁘게 받아 복종하는지, 누가 틀렸다 하고 속으로 쟁론을 벌이는지 아신다. [2] 주께서 그것을 친히 아신 것은 누가 말해주어서도 아니고, 겉으로 무슨 표시가 드러나서도 아니고, 다만 원래부터 갖고 계신 신적 전지(全知)를 힘입은 결과이다. 선지자로서 그것을 아신 것이 아니고, 신적 계시를 받아서 아신 것도 아니며(선지자들은 무엇을 알려고 해도 때로 그들에게 감춰지곤 했다. 예. 왕하

4:27), 원래부터 갖고 계신 신적 지식으로 아신 것이다. 주님은 마음의 생각과 뜻을 감찰하시는 하나님의 영원한 말씀이시다(히 4:12, 13). 사람의 생각이 그리스도 앞에는 말과 같다. 그러므로 우리는 말과 행동뿐 아니라 생각도 주의해서 해야 한다.

(2) 주께서는 그들에게 어떻게 대답하셔야 할지 잘 아셨다: 이 말이 너희에게 걸림이 되느냐? 이처럼 사람들은 고의적인 오해로 인해 스스로 걸림돌을 만든다. 까닭 없이 성을 내며, 아무 일도 아닌데 스스로 걸려 넘어진다. 주의: 유대인들이 아무 이유 없이 그리스도의 교훈에 걸려 넘어진 것을 이상하게 여겨야 마땅하다. 본문에서 그리스도께서도 그것을 이상하게 여기셨다. "이 말이 너희에게 걸림이 되느냐?" 주께서는 당신의 교훈이 복잡하고 모호하다고 비판하는 사람들에 대해 이렇게 대답하셨다.

[1] 주께서는 그들에게 당신이 승천하실 일을 암시하신다. 그렇게 하여서 당신의 교훈이 참되다는 거역할 수 없는 증거를 주고자 하셨다(62절): 그러면 너희는 인자가 이전에 있던 곳으로 올라가는 것을 본다면 어떻게 하겠느냐? 이 말씀의 의미는 첫째로, "내가 이 말을 하면 너희에게는 더 큰 걸림이 될 것이고, 너희는 내가 분에 넘치는 주장을 한다고 생각할 것이다. 만일 이 말이 너무 어려워 들을 수 없다면, 내가 왔던 하늘로 다시 돌아갈 일을 말하면 그것을 어떻게 소화하려느냐?"(참조. 3:12). 작은 어려움에 걸려 넘어지는 사람들은 더 큰 어려움을 어떻게 극복해야 할지 생각하고 자성해야 한다. 둘째로, "인자가 하늘로 올라가는 것을 너희가 볼 때는 훨씬 더 걸림이 될 것이다. 그 때는 내 육체가 지금 너희가 생각하는 거친 생각으로는 더 먹기 어렵게 될 것이기 때문이다"(휘트비 박사). 혹은 셋째로, "너희가 그것을 보거나 그것을 본 사람들의 말을 들으면 그 때는 흡족해 할 것이다. 내가 하늘에서 내려왔다는 말을 너희는 분에 넘는 말로 생각하고 서로 쟁론을 벌이지만(42절), 내가 하늘로 올라가는 것을 볼 때도 과연 그런 생각을 하겠는가?" 올라가셨다 하였은즉 땅 아래 낮은 곳으로 내리셨던 것이 아니면 무엇이냐(엡 4:9, 10). 그리스도께서는 이처럼 후에 하실 일들을 증거로 제시하곤 하셨다(참조. 1:50, 51; 2:14; 마 12:40; 26:64). 하나님의 계시가 성취될 때까지 우리는 잠잠히 기다려야 한다. 그 날이 오면 그리스도의 말씀 가운데 어느 하나에 대해서라도 걸려 넘어질 이유가 없음을 알게 될 것이다.

[2] 주께서는 이처럼 비유로 하신 모든 말씀을 이해할 수 있는 총체적인 단서

를 주심으로써, 그러한 교훈은 육체적이고 현세적인 방법으로 이해해서는 안 되고 영적으로 이해해야 함을 가르치셨다: 살리는 것은 영이니 육은 무익하니라(63절). 인간의 육체도 정신이 있어서 사는 것이며, 정신이 없으면 아무리 좋은 음식으로도 육체를 살게 할 수 없듯이, 영도 그러하다. 첫째로, 성령께서 성찬에 함께 하시고 그것으로 영혼을 살게 하시지 않으면, 그 예식에 참여하는 것 자체가 아무 유익이 없다. 말씀과 성찬은 만일 성령께서 그것과 함께 하시면 사람을 살리는 음식이 되지만, 함께 해 주지 않으시면 죽은 사람에게 음식이 소용없는 것과 마찬가지가 된다. 죄를 속하는 제물인 그리스도의 살조차 거룩하신 성령께서 그로써 우리 영혼을 살게 하시고, 그리스도의 죽으심의 효력을 우리에게 입혀 주셔서 우리도 그리스도의 생명에 참여하게 되는 일이 없다면 우리에게 아무 소용도 없게 된다. 둘째로, 그리스도의 살을 먹고 피를 마셔야 한다는 교훈을 문자적으로 이해하게 되면 아무 유익이 없고, 도리어 오해와 편견에 빠지게 된다. 하지만 그 교훈을 영적으로 이해하고 깨달으면 영혼을 살리고 왕성하게 만든다. 주께서 그런 뜻으로 교훈하셨기 때문이다: 내가 너희에게 이른 말은 영이요 생명이라(63절), 내 살을 먹고 내 피를 마시는 자는 영생을 가졌고(54절). 이것은 이해하기 어려운 말씀이다. 그러나 그리스도께서 나를 위해 죽으셨음을 믿고, 그 교훈에서 내가 하나님 앞에 나아가는 일과 죄와 싸우는 일과 내세를 준비하는 일에 힘과 위로를 얻는다면, 그것이 바로 주님의 교훈이 지닌 영과 생명이며, 그렇게 해석한다면 참으로 놀라운 말씀이 아닐 수 없다. 사람들이 그리스도의 말씀을 싫어하는 이유는 그 말씀을 오해하기 때문이다. 비유의 문자적 의미는 우리에게 유익을 주지 못한다. 비유를 문자적으로 해석하여 유익을 얻을 지혜가 우리에게는 없다. 다만 영적 의미에서만 교훈을 얻게 될 것이다. 셋째로, 육은 무익하다. 육체에 머물러 있는 자들, 즉 정신이 현세에 갇혀 있는 자들은 그리스도의 말씀을 들어도 유익을 얻지 못한다. 그러나 영은 살린다. 그 안에 성령께서 거하시는 사람, 즉 영적인 사람은 그리스도의 말씀으로 깨닫고 산다. 이처럼 그리스도의 말씀은 듣는 자들의 마음 상태에 따라(ad modum recipientis) 역사하는 결과도 다르게 나타난다. 유대인들은 자기들 속에 잘못을 안고 있으면서도 그리스도의 말씀에서 잘못을 찾았다. 현세적인 사람에게는 영적인 것들이 무의미하고 메마르지만, 영적인 사람에게는 의미 있고 윤택하다. 참조. 고린도전서 2:14, 15.

[3] 주께서는 그들의 생각을 아시며, 그들이 제자로 자임하고 있을지라도 주께서는 그들에게서 아무것도 기대하지 않으신다는 것을 넌지시 드러내신다(64, 65절). 이로써 선지자가 그리스도와 그분의 교훈에 관하여 예언한 말씀이 성취되었다(사 53:1): 우리가 전한 것을 누가 믿었느냐 여호와의 팔이 누구에게 나타났느냐. 이 두 가지를 그리스도께서는 주목하신다.

첫째로, 그들은 주께서 전하는 말씀을 믿지 않았다. "너희 가운데는 모든 것을 다 버리고 나를 따른다고 하고서도 나를 믿지 않는 자들이 있다." 전파된 말씀이 그들에게 유익이 되지 못한 이유가 여기에 있었다. 그들이 들은 말씀을 믿음과 결부시키지 아니했기 때문이다(히 4:2). 그들은 그리스도가 메시야이심을 믿지 않았다. 만일 믿었다면 주님의 교훈을 주의하여 듣고 받아들였을 것이고, 설혹 그 말씀에 어둡고 이해하기 어려운 점이 있어도 배척하지 않았을 것이다. 처음 배우기 시작하는 사람은 가르치는 자의 말을 곧이곧대로 받아들여야 한다(Oportet discentum credere). 주의: 1. 명목상의 신자들 가운데는 사실상 불신자들이 많이 있다. 2. 위선자들의 불신앙은 세상 앞에 드러나기 전에 그리스도의 눈 앞에 벌거벗은 것처럼 드러난다. 주께서는 당신을 따르는 무리 가운데 누가 믿는 자들이며, 열두 제자 가운데 누가 당신을 팔 자인지 처음부터 아셨다. 누가 말씀을 주의하여 듣는지, 나다나엘처럼 진지한 열정에 사로잡혀 있는지(1:47), 누가 그렇지 않은지 처음부터 아셨다. 사람들이 공개적인 행위로 자신들을 드러내기 전에, 주께서는 누가 믿는 자이고 누가 믿지 않는 자인지, 누구의 사랑이 거짓되고 누구의 사랑이 진실한지 틀림없이 식별하셨다. 정리하자면, (1) 오랫동안 신자로 자처하며 살아오던 사람들이 배교하는 것은 그들이 처음부터 위선자였고, 따라서 처음부터 믿지 않았다는 뚜렷한 증거이지, 참된 신자라도 나중에 가서는 배교할 수 있다는 증거인 것은 아니다. 그러한 배교는 참된 신자의 타락이라 할 수 없고, 거짓 신자의 위선이 드러난 것이라 할 수 있다. 참조. 요한일서 2:19. 떨어지는 별은 원래부터 별이 아니었다(Stella cadens non stella fuit). (2) 그리스도께서는 사람의 마음을 아신다. 누가 실제로는 믿지 않으면서 신자처럼 행세하는지 다 아시지만, 당신의 교회에 여전히 그들의 자리를 내주시고, 성찬에 참여하게 하시고, 당신의 이름을 높이게 하시며, 그들이 자신들의 악을 스스로 드러내기 전에는 이 세상에서 그들의 정체를 드러내지 않으신다. 왜냐하면 이 땅에 있는 주님의 보이는 교회가 그런 상태로 조직되기 때문이요, 모든 것이 백

일하에 드러날 날이 아직 오지 않았기 때문이다. 그러나 만일 우리가 사람들의 마음을 판단하는 일을 자처한다면 그리스도의 권좌에 침입하는 것이 되어 주께 심판을 받을 것이다. 우리는 자주 사람들에게 속는 까닭에 그들에 대한 태도를 바꿔야 할 필요를 느끼지만, 우리가 분명히 알아야 할 것은 그리스도께서 모든 사람을 아시며, 그분의 판단은 진리대로 이루어진다는 것이다.

둘째로, 그들이 주님의 말씀을 믿지 않은 이유는 여호와의 팔이 그들에게 나타나지 않았기 때문이다(65절): 그러므로 전에 너희에게 말하기를 내 아버지께서 오게 하여 주지 아니하시면 누구든지 내게 올 수 없다 하였노라(참조. 44절). 그러므로 그리스도께서는 누가 믿는 자이고 누가 믿지 않는 자인지 모르실 수 없었다. 왜냐하면 믿음은 하나님의 선물이요 일인데, 아버지의 선물과 일 가운데 주님의 손을 거치지 않는 것이란 하나도 없으므로 그것을 모르실 수 없기 때문이다. 앞에서 주께서는 나를 보내신 아버지께서 이끌지 아니하시면 아무도 내게 올 수 없다고 말씀하셨는데, 여기서는 내 아버지께서 오게 하여 주지 아니하시면 누구든지 내게 올 수 없다 말씀하셔서, 하나님께서 은혜와 힘과 자원하는 마음을 주심으로 영혼들을 이끄시는 것이며, 만일 그렇게 하지 않으시면 인간은 도덕적으로 무능하고 타락한 상태에 있으므로 결코 그리스도께 나올 수 없음을 가르쳐 주신다.

3. 그들의 최종적인 배교: 그 때부터 그의 제자 중에서 많은 사람이 떠나가고 다시 그와 함께 다니지 아니하더라(66절). 그리스도의 말씀과 하시는 일이 어렵다는 생각을 마음에 들여놓고, 그 말씀과 일을 비판하는 말에 귀 기울이기 시작하면 시험에 빠지게 된다. 그것은 방죽이 새는 것과 같고, 뒤를 돌아보는 것과 같다. 만일 무한하신 자비로 붙들어 주지 않으시면 결국 원 상태로 돌아가게 된다. 그러므로 배교는 싹부터 잘라내야 한다(Obsta principiis). (1) 이 제자들이 떠나간 일을 생각하라. 그의 제자 중에서 많은 사람이 떠나가고. 저마다 한동안 주를 따르느라고 떠나온 집과 직업으로 돌아갔다. 농토와 상점으로 돌아갔다. 오르바처럼 자기들의 동족과 자기들의 신에게로 돌아갔다(룻 1:15). 그리스도의 학교에 입학했다가 돌아갔다. 무단 결석을 했을 뿐 아니라 영원히 그리스도와 그분의 교훈을 버리고 돌아갔다. 주의: 그리스도의 제자들이 주님을 버리고 배교한 것이 실제로는 매우 기이한 일이지만, 그런 일들이 주위에 얼마든지 있어서 놀라게 되지 않는다. 제자였다가 이 때 돌아간 사람들이 적지 않았다. 그런 경우가 종

종 있다. 일부가 돌아가면 많은 자들이 그들을 따라 돌아간다. 배교는 전염성이 강한 질병이다. (2) 많은 사람들이 주님을 떠난 시기: 그 때부터, 즉 그리스도께서 당신이 생명의 떡이며, 믿음으로 주님을 먹는 자는 주님으로 말미암아 살 것이라는 교훈을 하신 때부터 많은 사람들이 주님을 떠났다. 주의: 인간의 부패하고 악한 마음은 종종 큰 위로가 되는 것에 걸려 넘어진다. 그리스도께서는 그들이 그 교훈에 걸려 넘어질 것을 아셨으나 개의치 않고 가르치셨다. 그리스도의 말씀은 비록 그것을 듣고 걸려 넘어지는 일들이 예상될지라도 충직하게 전해야 한다. 인간의 기분이 하나님의 말씀에 복종해야지, 하나님의 말씀이 인간의 마음에 복종해서는 안 된다. (3) 그들의 배교의 정도: 다시 그와 함께 다니지 아니하더라. 다시는 주님께 돌아와 하시는 일을 수종들지 않았다. 한 번 빛을 받고 하늘의 은사를 맛보고 성령에 참여한 바 되고 하나님의 선한 말씀과 내세의 능력을 맛보고도 타락한 자들은 다시 새롭게 하여 회개하게 할 수 없나니(히 6:4-6).

II. 이 교훈이 다른 사람들에게는 생명으로부터 생명에 이르는 냄새였다. 많은 사람이 떠나갔으나, 감사하게도 모두가 떠난 것은 아니었다. 그 때에도 열두 제자는 주님을 굳게 붙들었다. 어떤 자들이 믿음을 버리더라도 하나님의 터는 견고히 서 있다. 여기서 생각할 점은,

1. 그리스도께서 열두 제자에게 던지신 따뜻한 질문(67절): 너희도 가려느냐? 주께서는 돌아가는 사람들에게는 아무 말씀도 하지 않으셨다. 믿음을 버리고 돌아가려 하는 자들은 돌아가도록 놔두라. 그들은 원래 주님께 속한 자들이 아니므로 돌아간다 해도 손실이 아니다. 쉽게 왔다가 쉽게 가는 것이다. 그러나 주께서는 이 기회를 선용하여 제자들의 믿음과 의지를 확고히 해주셨다: 너희도 가려느냐? (1) "가고 안 가는 것은 너희의 선택에 달려 있다. 나를 떠날 마음이 있다면 많은 사람들이 떠나가는 지금이 기회이다. 지금은 시험의 때이다. 돌아가고 싶으면 지금 돌아가라." 주의: 그리스도께서는 아무도 억지로 붙들지 않으신다. 주님의 병사들은 모두 지원병들이지 징집된 자들이 아니다. 열두 제자는 이 때에 자신들이 그리스도와 그 교훈을 얼마나 사랑하는지 시험해 볼 충분한 기회를 가짐으로써, 나중에 가서 잘못 생각해서 제자가 되었다고 말하는 일이 없도록 해야 했다. 따라서 주께서는 지금 다시 생각해 볼 기회를 주시면서 그들을 자유롭게 놓아 주셨다. 참조. 여호수아 24:15; 룻 1:15. (2) "만일 떠난다면 너희의 길에는 큰 위험이 있다." 그들의 마음에 주님을 떠나려는 생각이 조금이라

도 있다면 그것을 깨끗이 버리도록 경고의 말씀을 하셨다. "너희도 가려느냐? 저 사람들처럼 너희도 느슨한 태도로 나를 따르다가 쉽게 떠날 수 있다고 생각하지 말라. 그들은 너희만큼 나와 친밀하지도 않았고, 너희만큼 내게 많은 사랑을 받지도 않았다. 그들은 다 떠났는데, 너희도 떠나겠느냐? 너희가 누구인지 기억하고, 다른 자들은 떠날지라도 우리는 떠나지 않겠다고 말하라. 나 같은 자가 어찌 도망하며(느 6:11)." 주의: 우리가 그리스도 곁에 더 가까이 더 오래 있을수록 주님의 일에 더욱 참여하게 되며, 따라서 주님을 버리면 그 죄가 더욱 크다. (3) "나는 너희가 떠나지 않으리라고 생각할 만한 근거를 갖고 있다. 너희가 떠나겠느냐? 그렇지 않다. 내가 너희를 전보다 더 굳게 붙들 것이다. 너희에게는 이보다 더 좋은 것 곧 구원에 속한 것이 있음을 확신하노라(히 6:9). 왜냐하면 너희는 나의 모든 시험 중에 항성 나와 힘께 한 자들인즉(눅 22:28). 어떤 자들의 배교가 주 예수께 슬픔일 때, 다른 자들의 충성스러운 믿음은 주님께 큰 영광과 기쁨이 된다. 그리스도와 신자들은 서로 헤어지면 크게 슬플 정도로 서로를 잘 안다.

2. 베드로가 다른 제자들을 대표해서 주님의 질문에 대해 드린 답변(68, 69절). 옛적에 여호수아가 이스라엘 자손들에게 너희가 섬길 자를 오늘 택하라고 기로에 세웠듯이, 주께서는 제자들을 기로에 세우셨다. 그것은, 오직 우리는 주님만 섬기겠다는 약속을 그들에게서 이끌어 내시려는 뜻에서 던지신 질문이었다. 베드로가 항상 다른 제자들의 입 역할을 한 이유는 주님을 독대할 기회가 더 많았기 때문이 아니라, 할 말이 많았기 때문이다. 그의 말은 때로는 칭찬을 받았지만 때로는 책망을 받았다(마 16:17, 23). 설불리 말을 꺼내는 자들이 공통적으로 당하는 처지가 그런 것이다. 베드로는 이 때 아주 훌륭한 대답을 했다. 아마도 동료 제자들의 의견과 동의를 구해 그렇게 대답했을 것이다. 그렇지 않았을지라도 적어도 동료들의 심정을 알고서 그렇게 대변한 것이며, 이 때에는 유다의 심정도 예외가 아니었을 것이다. 우리는 항상 최선의 것을 기대해야 하기 때문이다.

(1) 베드로는 그리스도를 굳게 따를 것과, 주님을 버릴 생각이 조금도 없음을 말씀드렸다: "주여 … 우리가 누구에게로 가오리이까? 더 나은 곳이 있으면 모르지만, 그렇지 않은데 주님을 떠나는 것은 미련한 짓입니다. 저희는 저희가 택한 것이 너무 좋아서 바꿀 마음이 없습니다." 주의: 주님을 떠나려 하는 자들은 대체 누구에게로 가려는 것이며, 주님 외에 다른 어디서 안식과 평안을 찾을

수 있는지 깊이 생각해야 한다. 참조. 시편 73:27, 28; 호세아 2:9. "우리가 누구에게로 가오리이까? 우리가 세상으로 나가서 무엇을 구하리이까? 세상은 틀림없이 우리를 실망시킬 것입니다. 우리가 죄에게로 돌아가리이까? 죄는 틀림없이 우리를 파멸로 떨어뜨릴 것입니다. 우리가 생명 샘을 버리고 터진 웅덩이로 가야 하리이까?" 제자들은 생명과 복을, 그리스도를 끝까지 좇기로 작정했다. 이 세상에 그리스도와 같은 이가 없었기 때문이다. "우리가 이교 철학자들에게 가서 그들의 제자가 되어야 합니까? 그들은 생각이 허망하여졌고, 다른 일들에 대해서는 지혜를 자랑하지만 신앙에는 어리석은 자들이 되었습니다. 우리가 서기관과 바리새인들에게로 가서 그들의 발 아래 앉아야 합니까? 그들은 자기들의 유전으로 하나님의 계명을 헛되게 만든 자들인데 우리가 그들에게 무슨 유익을 얻을 수 있습니까? 우리가 모세에게로 가야 합니까? 모세는 틀림없이 우리를 당신에게 돌려보낼 것입니다. 그러므로 우리가 복의 길을 찾는다 해도 주님을 따르는 것이 지극히 당연한 일입니다." 주의: 그리스도의 거룩한 종교는 다른 종교나 제도들에 비교해 볼 때 그 위대함이 나타난다. 이 종교에 대해 오류를 지적하는 자들은 먼저 더 나은 것이 있는지 알아본 다음 그렇게 하는 것이 옳다. 우리는 하나님께로부터 오신 스승 곁에 남아 있어야 한다. 그리스도보다 더 나은 스승을 어디 가서 찾을 수 있는가? 우리는 하나님께로부터 내려온 계시 없이는 살 수 없다. 성경을 그러한 계시로 인정하지 않는다면 다른 어디에 가서 그것을 찾을 수 있겠는가?

(2) 제자들이 주님을 끝까지 따르기로 결심한 데에는 충분한 근거가 있었다. 그것은 맹목적인 사랑에서 나온 무모한 결심이 아니라 성숙한 심사숙고에서 나온 결과였다. 제자들이 그리스도를 절대로 떠나지 않기로 결심한 이유는,

[1] 주님께 좋은 것이 있었기 때문이다: 영생의 말씀이 주께 있사오니. 제자들 자신들도 주님의 말씀을 온전히 깨닫지 못했다. 십자가에 관한 교훈이 아직은 그들에게 난해했기 때문이다. 그러나 대체로는 주님께 영생의 말씀이 있음을 인정했다. 그 의미는 첫째로, 주님의 말씀은 우리 앞에 영생으로 인도하는 길을 보여주며, 영생을 얻으려면 무엇을 해야 하는지 지도해 준다는 뜻이다. 둘째로, 주님의 판결의 말씀이 영생을 부여한다는 뜻이다. 주님께 영생의 말씀이 있다는 말은 누구든 주께로 오는 자들에게 영생을 주실 권세가 있다는 말과 같다(17:2). 주님은 앞서 하신 말씀에서 당신을 따라오는 자들에게 영생을 주시겠다고 약

속하셨다. 열두 제자는 이 말씀을 굳게 붙들었으며, 그러므로 다른 사람들이 이 말씀을 간과하고 어려운 말씀만 붙들고 있다가 결국 주님을 버릴 때, 그들은 주님을 끝까지 따르기로 결심했다. 우리는 비록 주님의 말씀의 심오한 의미를 다 알 수 없지만, 그것이 영생의 말씀이며, 따라서 이 말씀에 따라 살기도 하고 죽기도 해야 한다는 것을 안다. 그리스도를 버리면 우리가 받고 또 받아야 할 은혜도 버리게 되는 것이다.

[2] 그들이 주님께 대해 품은 확신 때문이었다(69절): 우리가 주는 하나님의 거룩하신 자이신 줄 믿고 알았사옵나이다. 만일 그리스도께서 구약성경에 약속된 메시야라면 틀림없이 영원한 의를 가져오실 것이며(단 9:24), 따라서 영생의 말씀을 갖고 계심이 마땅하다. 이는 은혜가 의로 말미암아 왕 노릇하여 … 영생에 이르게 할 것이기 때문이디(롬 5:21). 여기서 생각할 점은, 첫째로, 그들이 믿은 교훈. 그들은 예수께서 조상들에게 약속된, 그리고 그들이 믿은 메시야시며, 단순한 사람이 아니라 하나님께서 너는 내 아들이라(시 2:7) 하신 분과 동일한 하나님의 아들이심을 믿었다. 배교의 시험이 몰아치는 때에는 신앙의 기본 도리들을 굳게 붙드는 것이 현명한 일이다. 논쟁의 여지가 없는 그 도리들을 충직하게 붙들고 있으면 모호한 쟁점들에 대해서도 진리의 교훈을 더욱 잘 깨달을 힘이 길러질 것이다. 둘째로, 그들의 믿음의 정도. 그들은 충분히 확신하는 데 이르렀다: 우리가 주는 하나님의 거룩하신 자이신 줄 믿고 알았사옵나이다. 경험을 통해 알았다는 뜻이다. 이렇게 얻는 지식이 가장 훌륭한 지식이다. 다른 사람들의 믿음이 흔들릴 때 우리는 오히려 그 기회에 우리의 믿음을 더욱 확고하게 다져야 한다. 우리가 믿는 분이 누구인 줄 알고 우리의 영혼을 담대히 내맡길 정도로 그리스도의 복음을 굳게 믿을 때에야 비로소 주님께 다른 모든 것도 기쁘게 드리고 나아갈 수 있다.

3. 우리 주 예수께서 베드로의 대답을 들으시고 하신 우울한 말씀(70, 71절): 내가 너희 열둘을 택하지 아니하였느냐? 그러나 너희 중의 한 사람은 마귀니라. 그리고 복음서 기자는 그가 누구인지를 말한다: 이 말씀은 가룟 시몬의 아들 유다를 가리키심이라. 베드로는 제자들을 대표하여 자신들이 모두 주님을 충직하게 따르겠다고 말씀드렸다. 그리스도께서는 그의 각오를 나무라시는 것이 아니라(최선을 다하려는 뜻을 품는 것은 언제나 좋은 일이다), 암묵적으로 그의 확신을 바로잡아 주시는 것이다. 우리는 어떤 일에 대해서든 지나치게 자신해서는 안

된다. 하나님께서는 당신의 백성들을 아시지만 우리는 그렇지 못하다. 여기서 생각할 점은, (1) 위선자들과 그리스도의 배반자들은 마귀보다 나을 게 없다. 유다는 그 안에 마귀가 들어갔을 뿐 아니라 그 자신이 마귀의 추종자였다. 마귀(디아볼로스)라는 단어는 때로 모함자, 즉 거짓 고소자를 가리키기도 한다(참조. 딤후 3:3). 아마도 유다는 주님을 대제사장들에게 팔 때 자신의 행동을 정당화하기 위해서 주님을 악인이라 매도했을 수도 있다. 그러나 타락한 천사가 마귀였듯이, 타락한 사도 곧 화육(化肉)한 마귀를 가리켜 하신 말씀으로 나는 이해한다. 그는 사탄이자 그리스도의 대적이다. 아바돈이요 아볼루온이요 멸망의 아들이다. 그는 그의 아비 마귀에게서 나왔으며, 가인처럼 자기의 정욕과 이익을 좇았다(요일 3:12). 그 육체가 마귀에게 사로잡힌 자들을 가리켜 마귀라고 한 경우가 없다(귀신들린 자라 했을 뿐 마귀나 귀신이라 한 적이 없다). 그러나 그의 마음에 마귀가 들어가 가득 채운 유다는 마귀라 불렸다. (2) 겉으로 보기에 성자 같아도 실제로는 마귀인 사람들이 많다. 유다는 겉으로는 다른 사도들과 하나도 다를 게 없었다. 그의 독은 뱀의 독처럼 고운 피부 밑에 감춰져 있었다. 그는 귀신들을 쫓아내고 마귀의 왕국에 원수처럼 행동했으나, 그럴지라도 그 자신이 내내 마귀였다. 얼마 후에 마귀가 될 예정이었을 뿐 아니라, 지금 벌써 마귀였다. 그것은 참으로 이상하고도 기이한 일이었다. 그리스도께서도 그것을 기이하게 여기시면서 내가 너희 열둘을 택하지 아니하였느냐고 말씀하신다. 기독교가 마귀의 은폐물이 된다는 것은 심히 슬프고 유감스러운 일이다. (3) 위선자들이 아무리 사람들을 속일지라도 그리스도는 속일 수 없다. 주님은 그들의 속을 꿰뚫어 보시기 때문이다. 여로보암의 아내가 다른 사람인 체하고 선지자에게 찾아갔을 때 선지자가 대번에 알아채고 여로보암의 아내여 들어오라 한 것처럼(왕상 14:6), 주께서는 자칭 그리스도인이라 하는 마귀들을 불러내실 수 있다. 주께서는 여느 사람의 안목보다 훨씬 더 뛰어난 통찰력으로 영들을 분별하신다. (4) 그리스도께서 택하시어 특별한 사역으로 부르셨으나, 가짜임을 드러낸 자들이 있다: 내가 너희 열둘을 택하지 아니하였느냐 그러나 너희 중의 한 사람은 마귀니라. 주의: 교회에서 명예로운 지위에 오른다고 해서 반드시 구원의 은혜를 받았다는 증거인 것은 아니다. 그 날에 많은 사람이 나더러 이르되 주여 주여 우리가 주의 이름으로 선지자 노릇 하며. (5) 하늘 아래에서 가장 거룩하게 구별되었다고 하는 사회에서도 타락한 자들을 만나는 것은 새삼스러운 일이 아니다. 열두 제자는 성육신하신 하나님과 친밀한 대화를 나누도록 택함을 받음으로써 유사 이래 가장 큰 명예와 특권을 얻은 자들이었는데, 그들 가운데 한 사람은 화육한 마귀였다. 복음서 기자는 유다가 그처럼 존귀하게 구별된 열두 제자 가운데 한 사람이었던 점을 강조한다. 하지만 그들 가운데 한 사람이 마귀였다는 이유로 제자들을 배척하고 그들의 권위를 무시해서는 안 된다. 또한 그들 가운데 한 사람이 속이는 자였다고 해서 그들 모두가 속이는 자와 위선자였다고 말해서도 안 된다. 그러한 비난은 속이는 자와 위선자에게 돌려야 하며, 그렇지 않은 사람들에게 돌려서는 안 된다. 장막 안으로 부정한 것이 들어갈 수 없는 거룩한 사회가 있다. 천상의 교회에는 거짓 형제들이 없다.

제
— 7 —
장

개요

　　이 장의 내용은 크게 다음과 같이 구분된다. I. 그리스도께서 당분간 유대 땅에서는 공식적으로 다니지 않으심(1절). II. 갈릴리에 사는 친족들과 초막절에 예루살렘에 올라가는 일을 놓고 대화를 나누시고, 명절에 예루살렘에 올라가기로 작정하심(2-13절). III. 명절에 성전에서 공개적으로 전도하심. 1. 명절 중간에(14, 15절). 유대인들과 나누신 대화. (1) 주님의 교훈에 관하여(16-18절). (2) 안식일을 범했다는 고소에 관하여(19-24절). (3) 주님 자신이 어디서 오셔서 어디로 가시는지 말씀하심(25-36절). 2. 명절 끝에. (1) 가난한 영혼들에 대한 자비의 초대(37-39절). (2) 그에 대한 반응. 〔1〕 많은 사람들이 그 말씀을 놓고 논쟁을 벌임(40-44절). 〔2〕 대제사장들이 그리스도를 잡으려 했으나, 먼저 그들의 관원들에 의해 가로막히고(45-49절), 다음에는 공회원 가운데 한 사람에 의해 묵살됨(50-53절).

¹그 후에 예수께서 갈릴리에서 다니시고 유대에서 다니려 아니하심은 유대인들이 죽이려 함이러라 ²유대인의 명절인 초막절이 가까운지라 ³그 형제들이 예수께 이르되 당신이 행하는 일을 제자들도 보게 여기를 떠나 유대로 가소서 ⁴스스로 나타나기를 구하면서 묻혀서 일하는 사람이 없나니 이 일을 행하려 하거든 자신을 세상에 나타내소서 하니 ⁵이는 그 형제들까지라도 예수를 믿지 아니함이러라 ⁶예수께서 이르시되 내 때는 아직 이르지 아니하셨거니와 너희 때는 늘 준비되어 있느니라 ⁷세상이 너희를 미워하지 아니하되 나를 미워하나니 이는 내가 세상의 일들을 악하다고 증언함이라 ⁸너희는 명절에 올라가라 내 때가 아직 차지 못하였으니 나는 이 명절에 아직 올라가지 아니하노라 ⁹이 말씀을 하시고 갈릴리에 머물러 계시니라 ¹⁰그 형제들이 명절에 올라간 후에 자기도 올라가시되 나타내지 않고 은밀히 가시니라 ¹¹명절 중에 유대인들이 예수를 찾으면서 그가 어디 있느냐 하고 ¹²예수에 대하여 무리 중에서 수군거림이 많아 어떤 사람은 좋은 사람이라 하며 어떤 사람은 아니라 무리를 미혹한다 하나 ¹³그러나 유대인들을 두려워하므로 드러나게 그에 대하

여 말하는 자가 없더라.

I. 그리스도께서 유대보다 갈릴리에서 더 많은 시간을 보내신 이유(1절): 유대인들이 죽이려 함이러라. 유대와 예루살렘의 사람들은 안식일에 불구자를 고쳤다는 이유로 그리스도를 죽이려 했다(5:16). 갑자기 폭동을 일으켜서 죽이거나, 아니면 그리스도께서 다른 지방에 멀리 떨어져 계신 점을 감안하여 법률 소송을 통해 죽이려 했다. 그런 연고로 주께서는 유대 땅에서 다니지 아니하셨는데, 이는 두려우셨기 때문이 아니라 원치 않으셨기 때문이다. 주님의 때가 아직 이르지 않은 줄을 아시고 지혜롭게 행하신 것이다. 주의: 1. 복음의 빛은 그것을 소멸하려고 하는 자들에게서 치워지는 것이 당연하다. 그리스도께서는 당신을 쫓아내는 자들에게서 스스로 물러나시고, 침을 뱉는 자들에게서 얼굴을 가리시며, 배척하는 자들에 대해서 마음을 닫으신다. 2. 위험이 눈 앞에 닥쳤을 때에는 그 자리를 피하여 안전을 도모하면서 위험이 덜한 곳에 가서 사역하는 것이 정당할 뿐 아니라 지혜로운 태도이다(마 10:23). 그런 노력을 기울인 뒤에야 비로소 자신을 드러내되, 신앙을 지키기 위해 목숨을 내놓지 않을 수 없을 때는 목숨이라도 내놓아야 한다. 3. 유능한 사람들이 하나님의 섭리로 초야에 묻혀 지내는 것은 이상한 일이 아니다. 우리 주님의 처지가 그러했다. 모세의 권좌에 앉아야 마땅한 분이 자진하여 갈릴리의 평범한 사람들 가운데서 다니셨다. 여기서 주목할 점은, 주께서 갈릴리에서 조용히 앉아 계시지 않고 다니셨다는 점이다. 그 지방을 두루 다니시면서 선을 행하신 것이다. 우리는 원하는 곳에서 원하는 일을 하지 못할 때에도 우리가 설 수 있는 자리에 서서 할 수 있는 일을 하도록 힘써야 한다.

II. 초막절이 다가옴(2절).　초막절은 이스라엘의 모든 남자들이 예루살렘에 올라가 예배를 드려야 했던 엄숙한 세 절기 가운데 하나였다. 이 절기의 제정에 관해서는 레위기 23:34 이하를, 오랜 세월이 지나 이 절기가 회복된 일에 관해서는 느헤미야 8:14을 참조하라. 초막절의 뜻은 이스라엘이 광야에서 장막에 거한 일을 기념하고, 하나님의 영적 이스라엘이 이 세상에서 장막에 거하는 상태를 상징하는 데 있었다. 수백 년 전에 제정된 이 절기가 예수님 당시까지도 여전히 왕성하게 지켜지고 있었다. 주의: 하나님께서 제정하신 제도들은 세월이 많이 흘렀다고 해서 의미가 퇴색되는 법이 없다. 하지만 이 절기가 유대인의 명절이라 불린 이유는 이제 얼마 후면 폐지되고, 유대인들 곧 장막을 섬기는 자들의 것으로 남게 될 것이었기 때문이다.

Ⅲ. 그리스도께서 형제들과 나누신 대화.　그들 가운데 일부는 어머니를 비롯한 친족이었다. 그들은 그리스도께 관심이 많은 듯이 행세하면서 주께서 하시는 일에 간섭했다. 여기서 관찰할 점은,

1. 좀 더 공적인 무대로 나가 활동하라는 그들의 조언에 나타난 야심과 허영: "여기를 떠나 유대로 가소서(3절). 그러면 이곳에서보다 더 큰 명성을 얻게 될 것입니다."

(1) 그들은 이런 조언을 하는 두 가지 이유를 제시한다: [1] 명절에 예루살렘에 올라가시면 유대와 예루살렘에 사는 사람들 가운데 주님을 존경하는 이들에게 격려가 될 것이다. 주께서 세속적 왕국을 세우실 것을 기대한 그들은 만약 그러한 왕국을 세우시면 예루살렘을 수도로 삼으실 것이라 결론짓고는, 특히 사람들의 왕래가 많은 그곳에서 제자들을 택하셔야지, 갈릴리의 제자들을 데리고 일하시는 것은 시간 낭비이며, 예루살렘이 아닌 다른 곳에서 기적을 행해봐야 효과가 없다고 생각한 것이다. 혹은 "이곳에서는 여기서 조금 저기서 조금 모여서 당신이 하시는 일을 지켜보지만, 예루살렘에 올라가서 일을 하시면 명절을 지키러 예루살렘에 온 당신의 모든 제자들이 한꺼번에 볼 수 있을 것입니다." [2] 그렇게 하는 것이 주님의 이름과 명예를 증진시키는 데 도움이 될 것이다: 스스로 나타나기를 구하면서 묻혀서 일하는 사람이 없나니. 그들은 주께서 스스로 나타내는 것을 당연하게 여긴 까닭에 주께서 기적을 감추시는 것이 불합리하다고 생각했다: "이 일을 행하려 하거든, 즉 기적을 행하여 민중의 찬사와 관원들의 인정을 받으려 하거든, 과감하게 당신을 세상에 나타내십시오. 그렇게 여론의 뒷받침을 받게 되면 틀림없이 성공하게 되어 있으니, 이 때가 여론을 집중시켜 큰 평가를 받을 절호의 기회입니다."

(2) 얼른 생각하면 형제들의 조언이 무엇이 잘못인가 하겠지만, 복음서 기자는 그들이 주님을 믿지 않았기 때문에 그런 말을 한 것이라고 지적한다: 이는 그 형제들까지도 예수를 믿지 아니함이러라(5절). 만일 믿었다면 그런 식으로 말하지 않았을 것이라는 뜻이다. 여기서 주목할 점은, [1] 그리스도의 친족이 되었다는 것은 큰 명예이지만, 구원과는 상관 없는 명예이다. 주님의 말씀을 듣고 지키는 자들이 주님의 진정한 친족이다. 은혜는 혈통을 따라 흐르지 않는다,

심지어 그리스도의 가정도 그러했다. [2] 그것은 그리스도께서 세속의 일에 관심이 없으셨다는 표시였다. 만일 관심이 있으셨다면 누구보다도 먼저 친족을 보살피셨을 것이다. [3] 그리스도를 믿는 자들 가운데 그리스도의 혈육인 사람들이 있었지만(열두 제자 가운데 세 사람이 주님의 형제들이었다), 아주 가까운 혈육이면서도 믿지 않는 자들도 있었다. 이와 유사한 외적인 특권과 유익을 지닌 많은 사람들이 다 그것을 선용하는 것은 아니다. 그렇다면,

(3) 형제들이 주님께 조언한 내용 가운데 잘못된 점이 무엇인가? 나는 이렇게 생각한다. [1] 주님께 이렇게 하라 저렇게 하라고 지시하는 것은 자기들의 분수를 모르는 행동이었다. 그것은 주께서 자신들을 인도할 능력이 있음을 믿지 않았다는 증거이다. [2] 그들은 주님의 안전에 대해 거의 무관심했다. 유대인들이 주님을 죽이려고 하는 줄을 뻔히 알면서도 유대 땅으로 가시기를 권한 것이다. 주님을 믿고 사랑하는 자들은 유대 땅으로 가지 마시도록 권했다(11:8). [3] 어떤 이들은 그들이 예루살렘에서 기적이 행해질 경우 바리새인들과 관원들이 기적 여부를 심사하여 거짓임을 밝혀줄 것을 기대했으며, 따라서 그들의 불신앙이 담겨 있는 말이었다고 생각한다(휘트비 박사의 주장). [4] 혹시는 그들이 갈릴리에서 주님을 따르던 무리에 대해 싫증이 났고, 그래서 주님이 그 지경을 속히 떠나시기를 바랐을 수도 있다. [5] 그들은 주께서 친히 하시는 일들을 제자들에게 보여주어야 그들의 믿음이 견고해질 텐데 그렇게 하지 않으시니 제자들을 무시하는 것이라고 근거 없이 암시했다. [6] 그들은 주님의 소심함을 암묵적으로 나무랐다. 큰 일을 하려면 공적인 활동 무대에 서야 하는데 그럴 담력이 없다는 것이었고, 만일 용기와 대범함이 있다면 이처럼 변두리를 전전하는 일을 그만두어야 한다는 것이었다. 이처럼 그리스도의 낮아지심과 겸손이 오히려 비난의 대상이 되는 경우가 종종 있다. [7] 그들은 주께서 행하신 기적들의 진정성에 의문을 제기하는 듯하다. 이 일을 행하려 하거든 자신을 세상에 나타내소서라는 말은 "그곳에 올라가 이 일을 행함으로써 법정에서 공적인 심사를 받으소서"라는 뜻인 듯하다. [8] 그들은 주께서 자신들처럼 세상 정치에 관심이 많고, 자신들처럼 외형적 성공을 갈망하시는 줄로 착각했다. 주님은 사람들로부터 영광을 구하지 않으셨다. [9] 자아가 그들의 기저에 깔려 있었다. 그들은 주께서 크게 되시면 친족인 자신들도 그 부귀를 나눠 가질 수 있게 될 것이라고 기대했다. 주의: 첫째로, 많은 현세적인 사람들은 자신들을 드러내기 위해 예배에

도 참석하고 성찬에도 참석한다. 그들의 관심은 오로지 세상 앞에 근사하게 보이는 데 있다. 둘째로, 많은 사람들이 그리스도의 영광을 위해 사는 것 같아도 속으로는 자기들의 명예를 추구하며, 신앙을 그런 일에 이용한다.

2. 우리 주 예수님의 지혜와 겸손이 형제들의 제안에 대답하신 말씀에 잘 나타난다(6-8절). 그들의 제안에 저급한 암시들이 많이 있었음에도, 주께서는 온유한 말로 대답하셨다. 주의: 이성 없는 질문을 받더라도 격정(passion) 없이 대답해야 한다. 무례하고 건방진데다 내용도 사실에서 벗어난 질문을 받고도 온유한 태도로 대답하신 우리 주님에게서 배워야 한다. 그들은 주께서 자신들과 함께 명절을 지키러 올라가실 줄로 기대했으나, 주께서는 그렇게 하지 않으셨다.

(1) 주께서는 두 가지 점을 들어 당신과 그들 사이에 차이가 있음을 말씀하신다.

[1] 주님의 때는 정해져 있었지만, 그들은 그렇지 않았다: 내 때는 아직 이르지 아니하였거니와 너희 때는 늘 준비되어 있느니라. 주께서 말씀하신 때란 초막절을 지키러 올라가실 시점으로 이해하는 것이 옳다. 그들로서는 올라가는 시점이 중요한 문제가 아니었다. 조금 기다렸다가 천천히 올라갈 수도 있었고, 서둘러서 속히 올라갈 수도 있었다. 그러나 그리스도께는 매 순간이 소중했으며, 구체적으로 하실 일이 정해져 있었다. 갈릴리 지방을 떠나시기 전에 아직 하실 일이 남아 있었다. 네 복음서를 대조해 보면 형제들이 주님께 제안을 한 시점과 주께서 명절을 지키러 올라가신 시점 사이에는 칠십 인을 보내 전도하게 하신 일이 있었음을 알게 된다(눅 10:1 이하). 그것은 대단히 중요한 의미를 지닌 일이었다. 주님의 때가 아직 이르지 않았던 이유는 그 일을 먼저 이루셔야 했기 때문이다. 인생을 허비하는 자들은 자기들의 때가 항상 준비되어 있다. 원하는 때에 갈 수도 있고 올 수도 있다. 그러나 수행해야 할 과업으로 일과가 짜여져 있는 사람들은 그렇지 못한 사람들과 달리 아무 때나 내키는 대로 행동하지 못한다. 무릇 남을 섬기는 자들이 다 그래야 하지만, 특히 하나님의 종들은 시간을 자기들 마음대로 사용하려고 해서는 안 된다. 일에 매이는 것이 태만 가운데 자유를 누리는 것보다 천 배나 낫다. 혹은 주께서 말씀하신 내 때란 예루살렘에 공식적으로 나타나실 때를 뜻할 수도 있다. 모든 사람과 모든 상황을 다 아시는 주께서는 명절 중간에 공식적으로 나타나시는 것이 가장 적합한 줄을 아셨다. 우리는 무지하고 근시안적이어서 우리의 판단을 주님께 강요하기도 하고,

지금 당장 나타나셔서 주의 백성들을 구원하시기를 아뢰는 경향이 있다. 지금 이 순간은 우리의 때이지만, 모든 것은 주님께서 가장 정확하게 판단하시며, 주님의 판단에 따르면 아직 주님의 때가 오지 않았던 것이다. 주님의 백성들은 아직 구원을 받을 준비가 되어 있지 못했고, 대적들을 멸하실 때도 아직 무르익지 않았다. 그러므로 인내하며 주님의 때를 기다려야 한다. 무릇 모든 일은 시의적절해야 빛나는 법이다.

[2] 유대인들이 주님을 죽이려 했을 뿐, 그들에게는 관심이 없었다(7절). 그들은 자신들을 세상에 드러낸다고 해서 위험에 노출될 일이 없었다: "세상이 너희를 미워할 수 없는 것은 너희가 세상에 속했기 때문이다. 너희는 세상의 자녀들이요 종들이므로 세상과 이해를 같이한다. 세상은 어김없이 자기의 것을 사랑하게 되어 있다"(침조. 요 15:19). 거룩하지 못한 영혼들을 거룩하신 하나님께서는 사랑하실 수 없지만, 악한 자의 품에 누워 있는 세상은 사랑하지 않을 수 없다. 그러나 그리스도께서는 당신을 세상에 나타내심으로써 큰 위험 가운데 내놓으셨다: 나를 미워하나니. 세상에서 하찮은 존재로 업신여김을 당하셨을 뿐 아니라(세상이 그를 알지 못하였고), 마치 세상에 해로운 존재라도 되는 양 미움을 당하셨다. 세상을 사랑하신 대가로 이런 악한 보답을 받으셨다. 세상을 지배하는 죄는 그리스도에 대한 뿌리깊은 반목이요 적대심이다. 그러나 세상이 무슨 이유로 그리스도를 미워했는가? 그리스도께서 무슨 악한 일을 세상에 하셨는가? 알렉산더처럼 정복이라는 미명하에 세상을 유린하셨는가? 그리스도께서는 이렇게 말씀하신다. "아니다. 세상이 나를 미워하는 이유는 내가 세상의 일들을 악하다고 증언함이라." 주의: 첫째로, 세상은 악하므로 그 일들도 악하다. 나무가 나쁘면 열매도 나쁜 법이다. 어두운 세상이고 패역한 세상이므로, 그 안에서 행해지는 일들도 어둠이요 반역이다. 둘째로, 우리 주 예수께서는 당신의 사역자들과 더불어 이 악한 세상의 악한 일들을 드러내시고 증언하셨고, 앞으로도 계속 그러실 것이다. 셋째로, 세상에 대해 그 행위가 악하다고 정죄하는 것은 세상을 크게 도전하고 자극하는 일이다. 경건치 못하고 부도덕한 자들이 경건하고 바른 행실에 관한 교훈을 외면하는 이유는 도덕적으로 비열한 것이 양심상 부끄럽기 때문이다. 죄를 지으면 죄 가운데 머물러 있으면서 형벌을 두려워하는 결과가 따른다. 넷째로, 세상이 복음을 미워하며 어떤 구실을 내세우든, 진정한 이유는 복음이 죄와 죄인들에 대해서 악하다고 증언하기 때문이다. 그리스도께

서 가르침과 대화로써 전하신 증언은 땅에 거하는 자들을 괴롭게 하며, 따라서 그처럼 야만적인 대접을 받는 것이다(계 11:10). 그러나 세상과 타협하고 절충함으로써 호의를 얻는 것보다, 그 악함을 증거하여 미움을 자극하는 것이 옳다.

(2) 주께서 형제들의 제안을 받지 않으신 이유는 갈릴리에서 좀 더 계실 뜻이 있었기 때문이다(8절): 나는 이 명절에 아직 올라가지 아니하노라. [1] 그들이 현세적이고 위선적인 동기로 명절을 지키러 올라갈지라도 그것을 허용해 주신다. 주의: 예배와 성찬에 바르고 진지한 의도로 참석하지 않은 사람들도 막거나 돌려보내서는 안 된다. 혹시 그로 인해 변화를 받을지 누가 아는가? [2] 주께서 명절에 그들과 함께 올라가지 않겠다고 하신 이유는 그들이 현세적이고 위선적인 사람들이었기 때문이다. 자신을 과시하거나 그 밖의 세속적 목적을 품고 교회에 가는 사람들은 그리스도 없이 가는 것이고, 자기들 혼자 가므로 쉽게 빨리 간다. 자기는 그리스도와 친하다고 생각하는데, 정작 그리스도께서는 "가서 예배를 드리고, 가서 기도도 드리고, 가서 말씀도 듣고, 가서 성찬도 받으라. 하지만 나는 너희와 함께 가지 않는다. 너는 하나님 앞에 나아가려면 나아가라. 나는 너희와 함께 올라가지 않을 것이다"(참조. 출 33:1-3). 그리스도께서 함께 가시지 않는다면 우리가 무슨 목적으로 간단 말인가? 너희는 올라가라. 나는 올라가지 아니하노라. 하나님께 예배를 드리러 갈 때나 예배를 드리고 돌아올 때는 우리가 누구와 함께 가고 오는지 주의해야 하며, 거룩한 정서가 소멸되지 않도록 헛되고 현세적인 생각과 말을 삼가야 한다. 나는 이 명절에 아직 올라가지 아니하노라. 아예 올라가지 않으시겠다는 뜻이 아니라, 아직 올라가지 않으시겠다는 뜻이다. 어떤 과업을 그만둘 이유가 생기더라도 당장 그만두지 말고 주의 뜻을 구하는 태도가 필요하다. 참조. 민수기 9:6-11. 그리스도께서 말씀하신 이유는 내 때가 아직 이르지 아니하였다는 것이었다. 주의: 우리 주 예수께서는 당신의 때를 매우 정확하게 파악하시고 지키신다. 그것은 작정된 때였기 때문에 가장 좋은 때였다.

3. 그리스도께서는 당신의 때가 찰 때까지 갈릴리에서 머물러 계셨다(9절): 이 말씀을 하시고(타우타 데 에이폰) 갈릴리에 머물러 계시니라. 이 말씀을 하신 연고로 계속 그곳에 머무셨다는 뜻인데, 그렇게 하신 이유는, (1) 사람들에게 영광을 구하라는 조언을 따르기를 원치 않으셨고, 자신을 추앙하려는 자들을 따라갈 뜻도 없으셨기 때문이다. 시험 앞에서 머뭇거리지 않으신 것이다. (2) 친히 세

우신 계획을 저버릴 뜻이 없으셨기 때문이다. 예리한 통찰과 심사숙고 끝에 이번 명절에 아직 올라가지 않으시겠다 하셨으므로, 계속 갈릴리에 머물러 계셨다. 그리스도를 따르는 자들도 경거망동하지 말고 주님처럼 신중해야 한다.

4. 때가 찼을 때 주께서는 명절에 올라가셨다. 여기서 생각할 점: (1) 언제 올라가셨는가: 그 형제들이 명절에 올라간 후. 주께서는 형제들이 주님을 세상에 나타낸다는 명목으로 소란을 피우고 장애를 놓을까봐 그들과 함께 올라가지 않으셨다. 주님의 성품과 주님에 대한 예언에는 차라리 외치지 않고 목소리를 높이지 않고 그 소리를 거리에 들리지 않게 하는 것이 더 잘 어울린다(참조. 사 42:2). 그러나 주님은 그들을 따라 올라가셨다. 우리가 친밀한 사귐과 대화를 삼가야 할 자들과도 예배에 함께 참석하는 것은 합법적인 일이다. 예배가 주는 유익은 하나님의 은혜에 달려 있지, 함께 예배드리는 자들에게 달려 있지 않기 때문이다. 주님의 현세적인 형제들이 먼저 올라갔고, 그런 다음 주께서 올라가셨다. 주의: 종교 의식은 진실한 신자보다 위선자들이 먼저 시작하는 수가 있다. 많은 사람들이 헛된 영광을 구하기 위해 먼저 성전에 나왔다가 의롭다 함을 얻지 못한 채 돌아갔다. 참조. 누가복음 18:11. 중요한 것은 누가 먼저 오느냐 하는 것이 아니라, 누가 가장 예배에 합당한가 하는 것이다. 마음을 준비해서 나아가면 누가 우리보다 먼저 가는가 하는 것은 전혀 문제가 되지 않는다. (2) 어떻게 올라가셨는가: 나타내지 않고 은밀히 가시니라(오스 엔 크립토). 마치 당신을 감추듯이 가셨다는 뜻이다. 해 받음을 두려워하여 그러신 것이 아니라, 소란한 상황을 피하기 위하여 그러신 것이다. 주께서 명절에 올라가신 이유는 하나님께 영광을 돌리고 선을 행할 수 있는 기회였기 때문이다. 하지만 은밀히 가신 이유는 권력자들을 자극하지 않으시기 위함이었다. 주의: 하나님의 일은 소리를 내지 않고 이루는 것이 효과적으로 이루는 것이다. 하나님의 나라는 볼 수 있게 임하지 않는다(눅 17:20). 하나님의 일은 은밀히 하면서도 정직하고 바르게 할 수 있다.

5. 예루살렘에 모인 유대인들은 그리스도에 대해 크게 기대하는 분위기였다(11-14절). 전에 절기들에 올라가 기적들을 행하심으로 당신을 나타내신 까닭에, 이미 유대인들 사이에 많은 화제와 관찰의 대상이 되어 계셨다.

(1) 그들은 주님에 관해 생각하지 않을 수 없었다(11절): 명절 중에 유대인들이 예수를 찾으면서 그가 어디 있느냐 하고. [1] 보통 사람들은 주님을 만나 직접 뵙기도 하고 행하시는 기적도 봄으로써 호기심을 채우고 싶어했다. 갈릴리에 계실

때에 그곳으로 찾아가 만나볼 가치를 느끼지는 못했다. 혹시 그럴 만한 가치를 느꼈을지라도 시간을 잃고 싶지 않았다. 명절이 되면 올라오실 테니 그때 가서 보려는 생각이었다. 그럴지라도 그리스도를 알 수 있는 기회가 가까이 왔을 때 주님을 찾는 것은 정당한 일이다. 사람들은 명절 중에 그리스도를 찾았다. 우리도 하나님께 예배를 드리러 나아갈 때 그 복음의 명절에 그리스도를 찾아야 한다. 혹은 [2] 그리스도를 찾으려 하던 자들은 주님을 붙잡기 위해 기다리고 있던 자들이었을 수도 있다. 그들은 그가 어디 있느냐(푸 에신 에케이노스 – 그 자가 어디 있느냐?) 하고 말했다. 경멸하는 어투로 그렇게 말했다. 명절에 모인 이유는 하나님께 경배하기 위함이었을 텐데, 그들은 그 때를 그리스도를 박해할 기회로 이용했다. 사울이 월삭[초하루]에 다윗을 죽이려고 한 것과 같았다(삼상 20:27). 하나님을 경배하기 위해 모인 엄숙한 예배의 자리에서 죄 지을 기회를 엿보는 자들은 하나님을 하나님의 처소에서 업신여기는 것이다. 그것은 성전 뜰에서 살인하는 것과 같은 죄이다.

(2) 그리스도에 관한 여론이 크게 엇갈렸다(12절): 예수에 대하여 무리 중에서 수군거림이 많아. 권력자들이 그리스도를 미워하고 조사하는 현실로 인해 사람들이 주님을 크게 주목하고 이야기도 많이 했다. 이처럼 그리스도의 복음은 반대와 조사를 당함으로써 입지를 넓혀왔다. 비방하는 말이 오히려 매체가 되어 복음이 널리 퍼지고, 대체 복음이 무엇인지 상고하는 일들이 많아졌다. 무리의 수군거림은 그리스도를 대적하는 것이 아니라, 그리스도에 관한 것이었다. 어떤 이들은 권력자들이 그리스도를 인정하고 뒷받침하지 않는다고 비판했고, 다른 이들은 그리스도가 전도하지 못하도록 규제하지 못한다고 비판했다. 어떤 이들은 그리스도께서 갈릴리에 큰 관심을 기울이시는 것을 비판했고, 다른 이들은 예루살렘에 별로 관심이 없으신 것을 비판했다. 주의: 그리스도와 그분의 종교는 많은 논쟁과 분쟁의 주제가 되었고, 앞으로도 그럴 것이다(참조. 눅 12:51, 52). 모든 사람이 그리스도를 영접하면 온전한 평화가 있을 것이다. 그러나 일부는 빛을 받고 나머지는 반대한다면 수군거림이 그치지 않을 것이다. 골짜기의 마른 뼈들은 죽어 말라 있을 때는 조용했다. 그러나 살아나라는 명령이 울려 퍼지자 서로 부딪히며 일어나는 소음이 났다(겔 37:7). 그러나 생명과 자유를 위한 그러한 소음과 마주침은 침묵과 굴종보다 낫다. 그러면 그리스도에 관한 여론이 어떻게 나뉘었는가? [1] 어떤 사람들은 그리스도가 좋은 사람이라고 했

다. 이것은 물론 사실이었지만, 온전한 진리에는 미치지 못했다. 그리스도는 좋은 사람이었을 뿐 아니라, 단순한 사람을 넘어서는 하나님의 아들이셨다. 그리스도에 대해 악감정이 없던 자들 가운데 많은 수가 아직은 주님을 그다지 높게 생각하지 않고 존경하지도 않았으며, 좋게 말할 때도 속에 있는 것을 다 말한 것이 아니었다. 하지만 주님의 덕망은 실로 높았던 까닭에, 그들은 주님을 메시야로는 믿지 않으면서도 좋은 사람임을 인정하지 않을 수 없었던 것이다. [2] 다른 사람들은 아니라 무리를 미혹한다고 말했다. 그리스도께서 좋은 사람임에 틀림없어도 결국은 아주 나쁜 사람이라는 뜻이다. "그가 전하는 교훈은 건실하여 비판의 여지가 없고, 그가 행하는 기적들은 현실적이어서 부정할 수 없고, 그의 말은 분명히 거룩하고 선하다. 그럼에도 불구하고 그 기저에는 사람들이 잘 알아차리시 못하는 속임이 있다. 그렇기에 대제사장들이 한사코 그를 대적하여 넘어뜨리려고 하는 것이다." 유대인들 사이에 있던 이러한 수군거림은 우리들 가운데도 있다. 소키누스주의자들(Socinians)은 그리스도가 좋은 분이라고 말하고 거기서 더 나아가지 않는다. 이신론자들(deists)은 이 점조차 인정하지 않고 그가 무리를 미혹한다고 말한다. 이처럼 그리스도를 더러는 폄훼하고 더러는 비방하지만, 진리는 위대하다. [3] 그들은 권력자들이 두려워서 그리스도에 관해 드러나게 말하지 못했다(13절): 그러나 유대인들을 두려워하므로 드러나게 그에 대하여 말하는 자가 없더라. 이 구절은 둘 중 하나로 볼 수 있다. 첫째로, 그리스도를 높이는 말을 드러내놓고 하지 못했다. 누구라도 감시하고 고발할 수 있었으므로, 아무도 그리스도를 옹호하는 발언을 하지 못했다. 혹은 둘째로, 아예 그리스도에 관한 발언 자체를 드러내놓고 하지 못했다. 그리스도에 관해 정당하게 비난할 것이 없었기 때문에 굳이 그분에 관해 말하려 하지 않았다. 권력자들은 그리스도의 이름을 거론하는 것을 규제했다. 이로써 많은 사람들은 논쟁을 피한다는 명목으로 진리를 은폐하고, 신앙 자체를 망각에 묻어둘 생각으로 신앙에 관한 대화를 중단했다.

[14]이미 명절의 중간이 되어 예수께서 성전에 올라가사 가르치시니 [15]유대인들이 놀랍게 여겨 이르되 이 사람은 배우지 아니하였거늘 어떻게 글을 아느냐 하니 [16]예수께서 대답하여 이르시되 내 교훈은 내 것이 아니요 나를 보내신 이의 것이니라 [17]사람이 하나님의 뜻을 행하려 하면 이 교훈이 하나님께로부터 왔는지 내가 스스로

말함인지 알리라 [18]스스로 말하는 자는 자기 영광만 구하되 보내신 이의 영광을 구하는 자는 참되니 그 속에 불의가 없느니라 [19]모세가 너희에게 율법을 주지 아니하였느냐 너희 중에 율법을 지키는 자가 없도다 너희가 어찌하여 나를 죽이려 하느냐 [20]무리가 대답하되 당신은 귀신이 들렸도다 누가 당신을 죽이려 하나이까. [21]예수께서 대답하여 이르시되 내가 한 가지 일을 행하매 너희가 다 이로 말미암아 이상히 여기는도다 [22]모세가 너희에게 할례를 행했으니 (그러나 할례는 모세에게서 난 것이 아니요 조상들에게서 난 것이라) 그러므로 너희가 안식일에도 사람에게 할례를 행하느니라 [23]모세의 율법을 범하지 아니하려고 사람이 안식일에도 할례를 받는 일이 있거든 내가 안식일에 사람의 전신을 건전하게 한 것으로 너희가 내게 노여워하느냐 [24]외모로 판단하지 말고 공의롭게 판단하라 하시니라 [25]예루살렘 사람 중에서 어떤 사람이 말하되 이는 그들이 죽이고자 하는 그 사람이 아니냐 [26]보라 드러나게 말하되 그들이 아무 말도 아니하는도다 당국자들은 이 사람을 참으로 그리스도인 줄 알았는가 [27]그러나 우리는 이 사람이 어디서 왔는지 아노라 그리스도께서 오실 때에는 어디서 오시는지 아는 자가 없으리라 하는지라 [28]예수께서 성전에서 가르치시며 외쳐 이르시되 너희가 나를 알고 내가 어디서 온 것도 알거니와 내가 스스로 온 것이 아니니라 나를 보내신 이는 참되시니 너희는 그를 알지 못하나 [29]나는 아노니 이는 내가 그에게서 났고 그가 나를 보내셨음이라 하시니 [30]그들이 예수를 잡고자 하나 손을 대는 자가 없으니 이는 그의 때가 아직 이르지 아니하였음이러라 [31]무리 중의 많은 사람이 예수를 믿고 말하되 그리스도께서 오실지라도 그 행하실 표적이 이 사람이 행한 것보다 더 많으랴 하니 [32]예수에 대하여 무리가 수군거리는 것이 바리새인들에게 들린지라 대제사장들과 바리새인들이 그를 잡으려고 아랫사람들을 보내니 [33]예수께서 이르시되 내가 너희와 함께 조금 더 있다가 나를 보내신 이에게로 돌아가겠노라 [34]너희가 나를 찾아도 만나지 못할 터이요 나 있는 곳에 오지도 못하리라 하시니 [35]이에 유대인들이 서로 묻되 이 사람이 어디로 가기에 우리가 그를 만나지 못하리요 헬라인 중에 흩어져 사는 자들에게로 가서 헬라인을 가르칠 터인가 [36]나를 찾아도 만나지 못할 터이요 나 있는 곳에 오지도 못하리라 한 이 말이 무슨 말이냐 하니라.

　　이 단락에서 생각할 점은,

I. 그리스도께서 성전에서 행하신 공식적인 설교(14절): 예수께서 성전에 올라

가사 가르치시니. 주께서는 예루살렘에 계실 때 늘 성전에 올라가 가르치셨다. 주님의 사명은 천국 복음을 전파하는 일이었던 까닭에, 사람들이 많이 모인 곳에서는 늘 복음을 전하셨다. 성전에서 전한 말씀이 기록으로 남지 않은 이유는 아마도 갈릴리에서 전하신 말씀과 같은 취지로 전하셨는데, 그 내용이 이미 기록으로 남았기 때문이었을 것이다. 복음은 평민과 귀족을 가리지 않고 동일하다. 그러나 여기서 관찰할 수 있는 점은 때가 명절의 중간이었다는 것이다. 8일 가운데 나흘 혹은 닷새 되는 날이었다. 주께서 명절 중간에야 비로소 예루살렘에 올라오셨는지, 아니면 첫날부터 올라오셨다가 지금까지 조용히 계셨는지는 확실치 않다. 그러나 질문: 주께서는 왜 좀 더 일찍 성전에 올라가서 가르치지 않으셨을까? 대답: 1. 사람들이 주의 말씀을 들으려면 좀 더 마음의 여유가 필요했기 때문이다. 초막절의 규례대로 장막에 들어가서 며칠 지내면서 주님의 말씀을 들을 생각이 들기 시작했을 것이다. 2. 친구들과 원수들이 더 이상 주님을 찾지 않을 시점을 택하기를 원하셨기 때문이다. 주님께서 이와 비슷한 방법으로 오시는 예는 밤중에 오시는 것이다(마 25:6). 그렇다면 왜 지금은 이렇게 공식적으로 나타나셨는가? 박해자들인 대제사장들과 장로들을 부끄럽게 하시기 위함이었음이 분명하다. (1) 그들이 주님께 대해 심한 적대감을 갖고 있을지라도 주께서는 그들과 그들의 권력을 두려워하지 않으신다는 것을 보여주심으로써. 참조. 이사야 50:7, 8. (2) 그들에게서 그들의 일을 박탈하심으로써. 대제사장들의 직무는 성전에서 백성을 가르치는 것이었는데, 특히 초막절에는 더욱 그 일에 힘써야 했다(느 8:17, 18). 그러나 그들은 아예 가르치는 일을 포기하거나 가르치더라도 사람의 계명을 가르친 까닭에, 주께서 성전에 올라가 백성을 가르치신 것이다. 이스라엘의 목자들이 양들을 방치하여 노략을 당하게 만들 때는 하나님께서 약속하신 대로 목자장(牧者長)을 보내신다(겔 34:22, 23; 말 3:1).

Ⅱ. 그리스도께서 성전에서 유대인들과 나누신 대화. 그 내용은 다음 네 주제로 요약할 수 있다.

1. 주님의 교훈에 관하여.

(1) 유대인들이 주님의 말씀을 듣고 놀람(15절): 이 사람은 배우지 아니하였거늘 어떻게 글을 아느냐 하니. 여기서 관찰할 점은, [1] 우리 주 예수께서는 선지자 학교에서 배우신 적도 없었고, 최소한 랍비들에게 배우신 적도 없었다. 철학자

들이 그렇듯이 배우러 타지에 가신 적도 없었고, 지역에 있는 학교나 대학을 이용하신 적도 없었다. 모세는 애굽의 학문을 배웠으나, 그리스도께서는 유대인들의 학문조차 배우지 않으셨다. 하지만 성령을 한량없이 받으셨기 때문에 사람으로부터 혹은 사람에 의해 지식을 전수받으실 필요가 없었다. 그리스도께서 세상에 오신 무렵에 로마 제국과 유대 교회에는 학문이 크게 융성했는데, 그리스도께서 문맹의 시대가 아닌 그러한 학문의 시대에 당신의 종교를 수립하려 하신 이유는 신앙이 맹목적으로 강요해도 되는 것이라는 오해를 차단하시기 위함이었다. 그렇지만 주님 자신은 당시에 유행하던 학문을 배우지 않으셨다. [2] 그리스도께서는 정규 교육을 받지 않으셨지만 학문을 갖추고 계셨다. 율법 박사에게 배운 적이 없으신데도 율법에 능통하셨다. 주님의 사역자들은 주님처럼 학문을 갖추고 있어야 한다. 그들은 주님처럼 성령의 영감에 의해 그것을 갖추기를 기대할 수 없으므로, 정규적인 방법을 통하여 갖추기 위해 각고면려(刻苦勉勵)해야 한다. [3] 그리스도께서 배우신 적이 없는데도 학문을 갖추고 계신 것으로 인해 무리가 크게 놀랐다. **첫째로,** 어떤 이들은 그러한 모습을 보고 존경심을 품었다. 다른 사람에게 배우지 않으셨는데도 모든 사람을 능가하는 학식을 갖고 계신 것을 보고, 틀림없이 신적인 지식을 받으셨을 것이라고 생각했다. **둘째로,** 또 어떤 이들은 경멸조로 이 말을 했을 것이다. 말은 근사하게 하지만, 대학도 나오지 않고 학위도 없으므로 참된 지식을 갖고 있을 리가 없다고 생각했다. **셋째로,** 다른 이들은 주께서 마술이나 어떤 부당한 방법으로 지식을 얻었을 것이라고 생각했다. 오늘날도 주께서 어떻게 지식을 얻으셨는지 알지 못하는 자들은 주님을 마술사로 생각한다.

(2) 그리스도께서 당신의 교훈에 관하여 하신 말씀: 세 가지로 요약할 수 있다.

[1] 주님의 교훈은 신적인 것이다(16절): 내 교훈은 내 것이 아니요 나를 보내신 이의 것이니라. 배운 적도 없으면서 가르치시는 것이 쟁점이 되자, 주께서는 당신의 교훈이 사람에게 배워서 얻을 수 있는 것이 아니라고 대답하신다. 그것은 인간 사상의 산물도, 읽고 대화함으로써 확대되고 고양될 수 있는 자연적인 능력도 아니었고, 신적인 계시였다. 그리스도께서는 성부 하나님과 동등하신 하나님으로서 나는 너희에게 이르노니 하고 말씀하셨으나, 여기서는 중보자와 하나님의 종으로서 말씀하셨기 때문에 내 교훈은 내 것이 아니요 나를 보내신 이의 것이

니라고 말씀하시는 것이 적절했다. 그 뜻은 이러하다. "사람인 중보자의 자격으로 내가 전하는 교훈은 내 것이 아니고, 내 것만도 아니고, 원래 내 것이었던 것도 아니라, 나를 보내신 이의 것이다. 내 교훈은 중심이 내게 있지 않고, 궁극적으로 내게로 인도하지도 않으며, 다만 나를 보내신 이에게 인도한다." 하나님께서는 모세와 같은 큰 선지자를 세워 그 입에 당신의 말씀을 두시겠다고 약속하셨는데(신 18:18), 본문에서 주께서는 그 예언을 염두에 두신 듯하다. 주의: 그리스도의 교훈이 사람에게서 나오지 않고 하나님께로부터 나온 신적 교훈이란 사실은 그리스도의 교훈을 영접하는 자들에게는 위로가 되고, 배척하는 자들에게는 정죄가 된다.

[2] 그리스도의 교훈이 진리이고 신적 권위가 있음을 가장 유능하게 드러내는 것은 진실하고 정직한 마음으로 하나님의 뜻을 행하기를 소원하며 노력하는 사람들이다(17절): 사람이 하나님의 뜻을 행하려 하면 이 교훈이 하나님께로부터 왔는지 내가 스스로 말함인지 알리라. 여기서 관찰할 점은, **첫째로**, 쟁점은 그리스도의 교훈이 하나님께로부터 왔는가 그렇지 않은가 하는 것이었다. 복음이 신적 계시인가 아니면 거짓말인가 하는 것이 쟁점이었다. 그리스도께서 친히 당신의 교훈이 하나님께로부터 왔는지 그렇지 않은지 의문을 품는 것을 용납하셨을진대, 주님의 사역자들에게는 그런 태도가 얼마나 더 필요한 셈인가. 우리는 우리가 어떤 토대 위에 서 있는가 하는 데 관심이 있다. 만일 거짓 교훈 위에 서 있다면 우리는 참으로 비참한 자들이기 때문이다. **둘째로**, 누가 이 질문에 바른 대답을 얻을 것인가? 하나님의 뜻을 행하는 자들, 적어도 행하려는 소원을 가진 자들이 얻을 수 있다. 여기서 살펴볼 점은, 1. 하나님의 뜻을 행하려 하는 자들이란 누구인가? 하나님의 뜻을 알려는 정직한 마음을 품고, 어떠한 욕심에도 기울지 않으며, 하나님께서 은혜로 그 뜻을 깨닫게 해주시면 준행할 결심을 하는 사람들이다. 그들은 하나님 앞에 정직한 마음으로 나아가며, 하나님께 영광과 기쁨을 드리려는 소원을 품는다. 2. 그리스도의 교훈이 참되다는 지식을 어디서 얻는가? (1) 그리스도께서는 그런 사람들에게 지식을 주시기로 약속하셨다. 하나님의 말씀을 항상 주의하여 배워 더욱 밝은 빛에 거하는 사람들은 치명적인 오류에 빠지지 않도록 은혜로 보호하심을 얻을 것이다. (2) 그들은 그 지식을 받을 만한 성향과 준비가 되어 있다. 하나님의 율법에 복종하기로 결심한 사람들은 신적 계시의 빛을 받을 준비가 되어 있다. 여호와를 경외함이 지혜의

근본이라. 그의 계명을 지키는 자는 다 훌륭한 지각을 가진 자이니(시 111:10). 하나님을 닮으려고 노력하는 사람들이 하나님의 뜻을 가장 잘 깨닫는다.

[3] 그리스도께서 당신에 관하여 말씀하지 않으신 이유는 당신의 영광을 구하지 않으셨기 때문이다(18절). 첫째로, 이 점에서 속이는 자의 특성이 나타난다: 스스로 말하는 자는 자기 영광만 구하되. 자신에 관하여 말하는 것이 거짓 그리스도와 거짓 선지자들의 표지이다. 여기에 속임의 본질이 있다. 하나님께로부터 보내심이나 교훈을 받지 않았으므로 자기에 관하여 말하는 것이 그것이다. 보증이 없고 다만 자기들의 의지가 있을 뿐이요, 영감이 없고 자기들의 상상만 있을 뿐이요, 자기들의 전략과 수완만 있을 뿐이다. 대사들은 자기들에 관하여 말하지 않는다. 주님의 사역자들은 자기들에 관하여 말하는 데서 영광을 구하는 태도를 버린다. 그러나 속임은 결국 드러나게 되어 있다. 속이는 자들은 자기 영광만 구하는 것이다. 자기 영광을 구하는 자들은 자기에 관하여 말하게 되어 있다. 하나님께로부터 교훈을 받은 자들은 하나님과 그분의 영광을 위해서 말한다. 출세와 성공에 뜻을 둔 자들은 자신들이 하나님께로부터 보내심을 받지 않았음을 드러내게 되어 있다. 둘째로, 그리스도께서는 자신과 자신의 교훈에 관해서 정반대되는 특성을 나타내신다: 보내신 이의 영광을 구하는 자는 참되니. 주님처럼 하나님의 영광을 구하는 자는 자신이 참되다는 것이 나타나게 되어 있다는 뜻이다. 1. 주께서는 하나님께로부터 보내심을 받았다. 우리는 보내심을 받은 교사들만 영접해야 한다. 하나님의 뜻을 전하는 사람들은 특별 계시에 의해서든 아니면 정규적인 제도에 의해서든 하나님께 보내심을 받았음을 입증해야 한다. 2. 주께서는 하나님의 영광을 구하셨다. 그것이 주님의 교훈의 방향이자 모든 대화의 기조였다. 3. 이것이 주께서 참되시며, 그 안에 불의가 없다는 증거였다. 거짓 교사들은 지극히 불의한 자들이다. 그들은 하나님의 이름을 남용함으로써 하나님께 부당한 행위를 하며, 인간의 영혼들에게도 불의한 일을 행한다. 이것보다 더 큰 불의한 행위가 있을 수 없다. 그러나 그리스도께서는 당신이 참되시고, 친히 말씀하신 바와 다르지 않으시고, 당신의 교훈에 거짓이 없으며, 우리를 대하시는 태도에 오류나 기만이 없음을 입증하셨다.

2. 무리는 안식일에 불구자를 고치시고 자리를 들고 걸어가라고 명령하신 그 죄에 관해 언급했다. 전에도 그 일을 가지고 주님을 고발했는데, 이제도 여전히 주님을 대적하는 구실로 삼고 있었다.

(1) 주님은 그들의 훨씬 더 큰 악행을 정죄하시는 방식으로 반론을 제기하신다(19절). "모세 율법을 형편없이 범하고 살면서 어찌 율법 한 가지 조항을 어겼다는 이유로 죽이려 할 수 있는가?" 모세가 너희에게 율법을 주지 아니하였느냐. 다른 어떤 민족도 그러한 율법을 받은 적이 없으므로, 그들은 큰 특권을 받은 민족이었다. 그러나 그들은 아무도 율법을 지키지 않고, 거역하고 정반대로 살 정도로 악했다. 율법을 지키지 않는 것이 보편적인 현상이었다: 너희 중에 율법을 지키는 자가 없도다. 율법을 가장 많이 알아야 할 다스리는 지위에 있는 자들도, 율법을 배워 순종해야 할 다스림 받는 지위에 있는 자들도 율법을 지키지 않았다. 그들은 율법을 자랑하고, 율법에 열심이 있는 체하고, 그리스도께서 율법을 범했다고 지레 단정하고 분노하면서도, 정작 자신들은 아무도 율법을 지키지 않았다. 밀로는 교회를 위한다고 하면서 출석하지 않는 사람과 같은 자들이었다. 그들은 율법을 지키지 않는 죄에다, 그리스도께 대해 율법을 범했다고 박해한 죄를 더하였다: "너희 중에 율법을 지키는 자가 하나도 없으면서, 어찌 율법을 지키지 않았다는 이유로 나를 죽이려 하느냐?" 주의: 남들을 가차없이 비판하는 사람일수록 속에 큰 오류를 갖고 있기가 쉽다. 이처럼 형제의 눈에서 티끌을 보는 위선자들은 정작 자신들의 눈에 들보가 있는 줄을 깨닫지 못한다. 너희가 어찌하여 나를 죽이려 하느냐? 어떤 이들은 이 말씀을 그들이 율법을 지키지 않은 증거로 해석한다: "너희는 율법을 지키지 않는다. 만일 율법을 지키고 산다면 너희 자신이 어떤 자들인지 잘 앎으로써 선을 행한다는 이유로 나를 죽일 생각을 품지 않을 것이다." 박해와 폭력으로 자신들의 입장을 지키려 하는 자들은 아무리 스스로 율법의 수호자들로 자임하면서 어떤 근사한 명분을 내세울지라도 하나님의 율법을 지키는 자들이 아니다. 켐니티우스(Chemnitius)는 바로 이런 이유 때문에 모세 율법을 복음으로 대체해야 할 수밖에 없었을 것이라고 이해한다. 율법이 죄를 억제하기에 충분하지 않음이 명백히 드러났기 때문이라는 것이다: "모세는 너희에게 율법을 주었으나, 너희는 그것을 지키지 않는다. 게다가 모세 율법으로는 극악한 죄도 막지 못한다. 그러므로 더 밝은 빛과 더 나은 율법이 도래해야 할 필요가 있다. 그런데 너희는 그것을 너희에게 주려고 하는 나를 죽이려 하는 것인가?"

주님께서 이쯤 말씀하시자, 무리가 무례하게도 말씀을 가로막고 나서서 비판을 가했다(20절): 당신은 귀신이 들렸도다. 누가 당신을 죽이려 하나이까? 이 말에는 다음과 같은 뜻이 암시되어 있다. [1] 지도자들에 대한 호의적인 생각. 지도자들이 그리스도를 죽이려고 하는 극악한 시도를 할 리가 없다고 생각했다. 그들은 장로들과 대제사장들을 크게 존경한 까닭에, 그들 앞에서 무죄한 사람에게 해를 끼치지 않겠다고 맹세하곤 했다. 아마도 권력자들이 민중 틈에 사람들을 심어놓고 그런 뜻을 전달하지 않은 듯하다. 하지만 자신들도 속으로는 그런 악한 생각을 품고 있으면서 겉으로 그것을 부인한 사람들도 적지 않았을 것이다. [2] 그들이 우리 주 예수님에 대해서 갖고 있던 악한 생각: "당신은 귀신이 들렸도다. 그렇게 말을 하는 것을 보니 거짓말하는 영에 사로잡힌 악인임이 분명하다." 어떤 사람들은 그렇게 해석한다. 혹은 이렇게 해석하는 사람들도 있다. "당신은 우울 증세가 있는 나약한 사람이다. 우울증에 걸린 사람처럼 근거 없는 두려움에 사로잡혀 조바심을 내고 있다." 당시에는 격앙되어 공개적으로 광분하는 것뿐 아니라 말없이 우울 증세를 나타내는 것도 사탄의 영향 탓으로 돌렸다. "당신은 미쳐서 정신이 온전치 못하다." 매우 고매한 사람들이 간혹 전혀 뜻밖의 행동을 하는 것을 이상하게 생각지 말아야 할 일이다. 이러한 악한 험담에 대해서 우리 구주께서는 아예 대꾸조차 하지 않으신 듯하다. 주의: 그리스도를 닮으려 하는 사람은 복음으로 인한 고난을 참고 온갖 모욕과 해를 견뎌야 한다. 자신을 괴롭히는 사람을 공경할 필요는 없지만, 증오나 복수심을 품어서도 안 된다. 그런 말은 귀 먹었다 생각하고 듣지 않으면 된다. 그리스도께서는 욕을 욕으로 갚지 않으셨다.

(2) 주께서는 예시와 논증의 방식으로 그들을 깨우쳐 주려고 하신다.

[1] 친히 행하신 기적에 대해 그들이 갖고 있던 생각을 예로 들어 말씀하신다: "내가 한 가지 일을 행하매 너희가 다 이로 말미암아 이상히 여기는도다(21절). 그 일은 참으로 위대하고 초자연적인 기적이므로 너희가 놀라는 것은 당연하다." 혹은 이런 뜻일 수도 있다. "내가 한 가지 일을 행하니 너희가 다 놀라면서도, 마치 내가 괴이하고 두려운 죄를 범하기라도 한 것처럼 발끈하여 적대시하고 있다."

[2] 주께서는 다른 경우에 친히 행하신 일을 들어 말씀하신다. "내가 안식일에 한 가지 일을 행했다. 그것은 단순히 말로 쉽게 행한 일인데 너희는 다 이상히 여긴다. 신앙인이라면 어찌 안식일에 그런 일을 할 수 있느냐는 것인데, 그러나 정작 너희 자신은 훨씬 더 무거운 일을 안식일에 많이 하고 있다. 할례가

그 예다. 만일 안식일에 아기에게 할례를 주는 것이 합법적이라면, 아니 더 나아가 너희의 의무라면, 내가 그 날에 병자를 고친 것은 훨씬 더 합법적이고 선한 일이 아닌가?" 여기서 생각할 점은,

첫째로, 할례의 기원과 의미: 모세가 너희에게 할례를 행했으니. 모세가 할례에 관한 율법을 너희에게 주었다는 뜻이다. 1. 할례는 주신 것이므로, 그들에게 받으라고 하신다(23절). 멍에를 씌우듯 주신 것이 아니라, 은혜로 주셨다. 주의: 하나님이 정하신 규례들, 특히 언약의 인(印)이 쳐진 성례들은 사람들에게 주신 선물이며, 따라서 받을 때 선물인 줄 알고 받아야 한다. 2. 모세가 할례를 주었다고 말한 이유는 그것이 모세를 통해서 주신 율법의 일부분이었기 때문이다. 그럴지라도 그리스도께서 만나에 대해서 말씀하신 것처럼(6:32), 그것은 모세가 준 것이 아니라 하나님께서 주셨다. 게다가 모세가 처음 시행한 것이 아니라, 족장들 대에서 이미 시행되었다(22절). 모세의 제도에 편입되었을지라도 이미 오래 전에 제정되었다. 그것은 사람이 믿음으로 말미암아 의롭게 됨을 보증하는 인(印)으로서, 430년 전에 언약과 함께 시행되기 시작했던 것이다(갈 3:17). 하나님을 믿는 자들과 그들의 자녀들이 언약의 백성들이 되는 자격은 모세와 그의 율법으로 말미암은 것이 아니며, 따라서 그 자격은 율법이 성취될 때도 폐기되지 않았다. 오히려 그것은 족장들로부터 말미암고 족장들의 교회에 속한 것이었으며, 이방인들에게도 끼칠 아브라함의 복의 일부분이었다(갈 3:14).

둘째로, 할례 법을 안식일 법 위에 두는 것이 구약 교회의 일관된 전통이었다. 유대의 결의론자(決疑論者)들은 할례와 그것이 주는 치유가 안식일보다 앞선다는 점을 수시로 주목했다. 따라서 만일 아기를 안식일에 출산하게 되면 반드시 다음 안식일에 할례를 주었다. 만일 그렇다면 안식일의 안식이 훨씬 더 엄격히 준수되던 때에도 신앙을 유지하기 위한 일들은 오히려 안식일의 일을 더욱 강조하는 오늘날 복음 시대보다도 훨씬 더 자유롭게 용인되었던 셈이다.

셋째로, 그리스도께서 당신과 당신께서 하신 일에 대해서 내리신 결론(23절): 모세의 율법을 범하지 아니하려고 사람이 안식일에도 할례를 받는 일이 있거든 — 여기서 모세 율법이란 안식일에 관한 율법을 가리킨다. 하나님의 말씀은 다른 말씀과 부합하게 해석해야 한다. "그런 일이 너희 가운데 허용되고 있다면, 내가 안식일에 사람의 전신을 건전하게 한 것으로 너희가 내게 노여워하는 것이 얼마나 불합리한 일인가!" 에모이 콜라테(너희가 노여워하다) — 성경에서 이 구절에

서만 쓰이는 단어로서, 담즙 곧 쓴 것을 뜻하는 코게라는 어근에서 유래했다. 그들은 주님에 대해 심한 분노를 품고서 노여워했다. 그것은 경멸조의 분노요 그 속에 담즙이 들어 있는 분노였다. 주의: 자신의 정당성을 지키기 위하여 다른 사람들을 정죄하는 것은 지극히 부조리하고 불합리한 행위이다. 본문에서 그리스도께서 아이에게 할례를 베푸는 일과 안식일에 사람을 고치신 일을 비교하신 것을 주목하라. 1. 할례는 의식법일 뿐이었다. 물론 그것은 족장들에게서 유래했지만 시초부터 제정된 것은 아니었다. 하지만 그리스도께서 행하신 일은 할례를 선한 일로 만든 법보다 더 먼저 제정된 자연 법에 의한 선한 일이었다. 2. 할례는 피의 예식으로서 고통을 주었지만, 그리스도께서 행하신 일은 사람을 고치고 온전하게 만들었다. 율법은 고통과 수고를 끼치는데도 불구하고 그 일을 안식일에 할 수 있다고 한다면, 평안과 기쁨을 주는 복음의 일은 안식일에 더욱 잘 어울린다. 3. 유대인들이 아이에게 할례를 베풀고 나면 할례받은 부위가 낫도록 하는 데 관심을 기울였던 반면에, 그리스도께서는 이 사람의 전신을 건전하게 만드셨다. 홀론 안트로폰 휘기에 ― 내가 그 사람 전체를 건강하고 건전하게 만들었다. 전신을 고치신 이유는 질병[불구]이 몸 전체에 영향을 주었기 때문이다. 그리고 그것은 질병의 흔적을 남기지 않은 온전한 치유였다. 아니, 그리스도께서는 그 사람의 육체만 고쳐 주셨을 뿐 아니라, 다시는 죄를 범하지 말라고 훈계하심으로써 그의 영혼도 고쳐주셨으며, 이로써 전인(全人)을 온전케 해주셨다. 할례도 원래는 영혼의 유익을 위해 제정되었으며, 따라서 사람을 온전케 만드는 데 뜻이 있었다. 그러나 유대인들은 그 정신을 왜곡하여 단순히 육체적인 의식으로 변질시켰다. 그러나 그리스도께서는 외적인 치유에 내적인 은혜를 겸하여 베푸셨고, 그로써 병 고치시는 일들이 성례적 의미를 띠게 만드사 전인(全人)을 치유하셨다.

주께서는 다음과 같은 명령으로 말씀을 마치신다(24절): 외모로 판단하지 말고 공의롭게 판단하라. 이 말씀은 다음 중 하나에 적용할 수 있다. **첫째로**, 그들이 율법을 범했다고 비난한 이 일(불구자를 고치신 일). 이런 뜻으로 이해하면 편파적으로 판단하지 말라는 말씀이 된다. 카타 옵신, 즉 사람들의 눈을 의식하여 판단하지 말라는 뜻이다(참조. 신 1:17). 우리와 의견이 다른 사람들을 범법자들로 비난하는 것은 자비의 법뿐 아니라 공의의 법에도 어긋난다. 우리에게는 필요한 일로 받아들이면서 다른 사람들에 대해서는 정죄하고 박해하는 것이다. 혹은, 둘째로, 그들이 모욕하고 곡해한 그리스도의 인격과 교훈. 거짓된 것을 사람들에게 부과하는 것이 많은 사람들의 눈에 가장 훌륭하게 보이는 일은 겉모습으로 판단할 때 발생한다. 바리새인들이 큰 관심과 명성을 얻은 이유는 겉으로 볼 때 옳고 아름답게 보였기 때문이다(마 23:27, 28). 사람들은 그들을 겉모습으로 판단했다가 큰 오류에 떨어진 것이다. 그리스도께서는 이렇게 말씀하셨다. "그러나 겉으로 훌륭하게 보인다고 해서 모든 사람이 성자인 줄로 착각하지 말라." 주님의 경우에는 오히려 겉모습이 실제의 존귀하심과 뛰어나심에 턱없이 못 미쳤다. 이는 주께서 종의 형체를 취하셨고(빌 2:7), 죄 있는 육신의 모양으로 오셨으며(롬 8:3), 고운 모양도 풍채도 없으셨기 때문이다(사 53:2). 따라서 그리스도께서 하나님의 아들이신가 아니신가를 주님의 겉모습으로 판단하려고 한 자들은 공의로운 판단을 내릴 수 없었다. 유대인들은 메시야가 현세적인 위엄과 권세를 가지고 오시기를 기대했다. 그리스도를 그러한 기준으로 판단했기 때문에, 그들의 판단은 처음부터 마지막까지 오류의 연속이었다. 그리스도의 나라는 이 세상에 속하지도 않았고, 보이는 방식으로 오지도 않았기 때문이다. 주님의 외모에 영웅의 위대함이 비치지 않았을지라도, 만일 주님에게서 신적인 능력이 나타나고, 하나님께서 함께하신다는 증거를 나타내시고, 그로써 성경이 응하게 하셨다면, 그들은 당연히 주님을 영접해야 했고, 보이는 것으로 판단하지 말고 믿음으로 판단해야 했다(참조. 사 11:3; 삼상 16:7). 그리스도와 그분의 교훈과 행위는 의로운 판단 외에는 아무것도 바라지 않는다. 만일 진리와 공의가 판결을 내린다면 그리스도와 그분의 대의(cause)가 승리를 얻을 것이다. 우리는 어떤 사람에 대해서도 그의 겉모습이나 직위나 신분이나 말로 판단해서는 안 되고, 그들의 내면적 가치와 성령께서 그들 속에 두신 은사와 은혜들을 보고 판단해야 한다.

3. 본문에서 그리스도께서는 당신에 관해서, 즉 어디로부터 오셔서 어디로 가시는지를 말씀하신다(25-36절).

(1) 그리스도께서는 어디서 오셨는가(25-31절). 이 말씀에서 주목할 점은,

[1] 예루살렘 거민들 가운데 어떤 자들이 이 점에 관해서 주님을 비판했다. 그들은 주님에 관해 편견이 가장 심했던 자들이었던 듯하다(25절). 그들은 지식과 신앙의 본거지에서 살던 자들이었으니 메시야를 누구보다도 잘 알아보고 영접했어야 했다고 생각함직하다. 그러나 결과는 정반대였다. 지식과 은혜의

수단을 풍성히 갖고 있을지라도 만일 그것에 힘입어 더욱 장성하지 않으면 오히려 더 악한 상태에 떨어진다. 우리 주 예수님은 가장 따뜻한 영접을 기대할 만한 사람들에게 오히려 가장 심한 냉대를 받으셨다. 교회 곁에 가까이 있을수록 하나님에게서는 멀다는 속담이 이 경우에 잘 들어맞는다. 예루살렘 거민들은 그리스도에 대해 반감을 갖고 있었다.

첫째로, 관원들이 그리스도를 방치해 두는 것을 못마땅하게 여겼다: 이는 그들이 죽이고자 하는 그 사람이 아니냐? 절기를 지키기 위해서 다른 지방에서 올라온 많은 무리는 주님을 죽이려는 음모가 진행되는 줄을 까맣게 몰랐으며, 그래서 누가 당신을 죽이려 하나이까 하고 물었던 것이다(20절). 그러나 예루살렘 거민들은 알았으며, 관원들이 속히 계획을 실행하지 않는다고 안달을 냈다: "이는 그들이 죽이고자 하는 그 사람이 아니냐? 그런데 왜 속히 죽이지 않는 것인가? 누가 방해를 한단 말인가? 그를 제거한다고 호언장담하지 않았는가? 보라 드러나게 말하되 그들이 아무 말도 아니하는도다. 당국자들은 이 사람을 참으로 그리스도인 줄 알았는가?"(26절). 이 사람들은 관원들을 자극하여 그리스도를 박해하도록 만들기 위하여 두 가지를 교묘하게 지적한다. 1. 그리스도가 가르치는 것을 관원들이 묵인함으로써 스스로 권위를 추락시키고 있다. "산헤드린에 의해 미혹하는 자로 정죄를 받은 사람을 아무런 제재나 반박도 가하지 않은 채 담대히 말하고 다니도록 묵인한단 말인가? 이렇게 하니까 제대로 권위가 서지 않는 것이다. 만일 관원들이 이처럼 권위가 짓밟히고서도 가만히 있다면 아무도 그들을 두려워하여 그들의 명령을 지키지 않아도 수수방관할 것이 뻔하다." 주의: 권위를 세우고 통치권을 확립한다는 미명하에 가혹한 박해가 자행된 경우가 적지 않다. 2. 이로써 예루살렘 거민들은 관원들의 판단을 의문시했다. 당국자들은 이 사람을 참으로 그리스도인 줄 알았는가? 이 말에는 다음과 같이 냉소적인 뜻이 담겨 있다. "그들이 어떻게 해서 마음을 바꾸게 되었는가? 무슨 새로운 발견이라도 했단 말인가? 그렇게 미온적으로 행동하니까 우리 같은 사람들이 그를 그리스도로 믿는다는 인상을 씻어내기 위해 나서서 그를 비판하는 것이 아닌가?" 이로써 진작부터 백성들을 그리스도의 대적들로 만들었던 관원들은 그들을 일곱 배나 더 지옥 자식이 되게 만들었다(마 23:15). 그리스도를 믿는 신앙이 유행에 뒤지고 그로써 인기가 사라지면, 많은 사람들이 그 집단에 속했다는 인상을 씻어내기 위해서 반대하고 박해하려는 유혹을 강하게 느끼는 법이다. 선한 부모에게 자란 사람들이 다른 사람들보다 훨씬 더 타락하여 심한 배교에 빠져드는 일이 많은 것도 이처럼 믿음을 부끄럽게 여겨 그 흔적조차 철저히 씻어내려 하기 때문이다. 그러나 이상하게도 관원들은 그러한 도발적인 비판을 받고서도 그리스도를 체포하지 못했다. 그것은 주님의 때가 아직 되지 않았기 때문이다. 하나님께서는 사람들의 마음은 돌려놓지 않으시더라도 그들의 손은 함부로 놀리지 못하도록 붙들어 두실 수 있다.

둘째로, 그들은 주께서 그리스도라는 견해에 노골적으로 반대했다(27절): "혹시 관원들이 그를 그리스도라 생각하더라도 우리는 그렇게 믿을 수도 없고 그럴 마음도 없다. 믿지 못할 분명한 증거가 있지 않은가? 우리는 이 사람이 어디서 왔는지 아노라. 그리스도께서 오실 때에는 어디서 오시는지 아는 자가 없으리라." 이것은 그 안에 모순이 있는 틀린 주장이다. 1. 만일 그들이 그리스도의 신성에 관해서 말한 것이라면, 그분이 오실 때 어디서 오시는지 아무도 모른다고 한 것은 옳은 말이다. 주께서는 멜기세덱의 반차를 좇은 제사장으로서, 족보도 없고, 그의 근본이 상고에, 영원에 있는 분이기 때문이다(미 5:2). 그러나 그들이 그리스도의 신성을 염두에 두고서 그분이 어디서 오시는지 안다고 말한 것이라면 그것은 틀린 말이다. 그들은 그리스도의 신성도 모르고, 어떻게 말씀이 육신이 되었는지도 모르기 때문이다. 2. 만일 그들이 그리스도의 인성에 관해서 말한 것이라면, 그분이 어디서 오셨고 그 모친이 누구이고 어디서 자라셨는지 안다고 한 것은 옳은 말이다. 그러나 인성을 염두에 두고서 메시야가 어디서 오는지 아무도 몰라야 한다고 말한 것이라면 그것은 옳지 않다. 메시야가 어디서 태어나실 것인가 하는 사실은 미리 예언되었기 때문이다(마 2:4, 5). 여기서 생각할 점은, (1) 예루살렘 거민들은 그리스도를 몹시 경멸했다. 그분이 어디서 왔는지 자기들이 안다고 했기 때문이다. 친밀함은 경멸을 낳기 쉽다. 출신을 아는 사람들의 가치를 낮게 여기는 것이 타락한 인간의 정서이다. 그리스도의 백성들은 주께서 자기들 가운데 한 사람으로 오셨다는 이유로 영접하지 않았다. 실은 자기들의 민족과 시대에 그리스도께서 오셨다는 사실로 인해 주님을 사랑하고 자랑스럽게 여겨야 했다. (2) 그들은 편견의 근거를 성경에서 찾으려고 노력했다. 성경의 교훈을 전혀 깨닫지 못하고 있으면서도 마치 친숙히 아는 것처럼 행세했다. 이처럼 사람들이 그리스도를 오해하는 것은 성경을 모르기 때문이다.

[2] 그들의 비판에 대한 그리스도의 대답(28, 29절).

첫째로, 그리스도께서는 거침없이 대담하게 성전에서 가르치시며 외치셨다. 이렇게 다른 데서 가르치실 때보다 더욱 큰 소리로 가르치신 이유는, 1. 백성의 마음이 완악한 것을 보시고 슬프셔서 더욱 진지하게 말씀하신 것이다. 진리를 위해 격렬한 논쟁을 벌이면서도 그 안에 깊은 애잔함이나 뜨거운 열정이 없을 수가 있다. 우리는 비판자들을 뜨거운 열정으로 훈계하되 온유한 태도를 잃지 말아야 한다. 2. 그리스도께 대해 편견을 갖고 있던 제사장들을 비롯한 사람들은 주님의 설교를 듣기 위해 나오지 않았으며, 그러므로 주께서는 그들도 들을 수 있도록 더욱 큰 소리로 외치셨다.

둘째로, 그들의 트집 잡기에 대해서 주께서 대답하신 방법은, 1. 긍정. 그들이 주께서 육체를 입고 태어나신 곳을 알거나 알 수도 있음을 인정하셨다: 너희가 나를 알고 내가 어디서 온 것도 알거니와 — "너희는 내가 너희 민족 출신이며 너희 가운데 한 사람인 줄을 안다." 그리스도의 교훈에 자연의 빛으로도 파악할 수 있는 평범한 진리가 있어서, 그 출처를 우리가 안다고 말할 수 있는 면이 있다는 것은 실망스러운 것이 아니다. "너희는 나를 안다. 나를 안다고 생각한다. 그러나 그것은 오해이다. 너희는 내가 목수의 아들로서 나사렛에서 태어난 줄로 알고 있지만, 그것은 사실이 아니다." 2. 부정. 그들이 그리스도에게서 보고 안 것이 알아야 할 전부가 아니었다. 그러므로 만일 더 깊이 바라보지 못하면 겉모습만 보고 판단할 수밖에 없다. 그들은 혹시 주께서 어디서 오셨고 어디서 출생하셨는지 알았더라도, 그들이 알지 못하는 사실, 즉 누구에게서 오셨는가 하는 점은 주께서 그들에게 말씀해 주실 것이다. (1) 그리스도께서는 자기 자신으로부터 오시지 않았다. 보냄을 받지 않은 채 달리지 않으셨으며, 개인의 자격으로 오시지 않고 공적인 성격을 띠고 오셨다. (2) 그리스도께서는 아버지께로부터 보냄을 받으셨다. 이 점을 두 번 언급하신다: 나를 보내신 이; 그가 나를 보내셨음이라. 이 사실을 주께서는 확실히 아셨으며, 그러므로 아버지께서 당신을 증거해 주실 줄을 아셨다. 우리도 그리스도를 통하여 하나님께 갈 수 있다는 거룩한 확신을 갖는 것이 옳다. (3) 그리스도께서는 당신의 아버지로부터 오셨다. 파르 아우투 에이미 — 내가 그에게서 났고. 종이 주인에게 보냄을 받듯이 보내심을 받으신 것이 아니라, 아버지에게서 아들이 태어나듯이, 태양에서 광선이 나오듯이, 영원한 출생(generation)에 의해 아버지로부터 나셨다. (4) 나를 보내신 이는 참되시니. 아버지께서는 메시야를 보내시기로 약속하셨고, 비록 유대인들이 그 약속을 저버렸을지라도 약속을 하신 분은 참되셔서 그것을 이루셨다. 메시야가 그 씨를 볼 것이라고 약속하셨는데, 그것을 이루셨다. 유대인의 대다수가 메시야와 그분의 복음을 배척했을지라도, 아버지께서는 참되셔서 이방인들을 부르겠다고 하신 약속을 이루실 것이다. (5) 이 믿지 않는 유대인들은 아버지를 알지 못했다: 나를 보내신 이는 참되시니 너희는 그를 알지 못하나. 많은 사람들이 지식의 모양을 갖고 있으나 하나님에 대해서 매우 무지하다. 사람들이 그리스도를 배척하는 진정한 이유도 하나님을 모르기 때문이다. 구속 사역에는 하나님의 속성들이 기묘하게 조화를 이루며, 자연과 초자연이 훌륭하게 일치를 이루고 있어서, 하나님을 알면 그리스도를 알고 영접할 수 있을 뿐 아니라, 그리스도를 알면 하나님을 알고 영접할 수 있다. (6) 우리 주 예수께서는 당신을 보내신 아버지를 친밀히 아셨다: 나는 아노니. 워낙 친밀히 아셨기 때문에 아버지께로부터 받은 사명을 조금도 의심하지 않으셨을 뿐 아니라, 오히려 온전히 확신하셨다. 사명에 대해 조금도 어두운 것이 없으셨고, 완전히 전달받으셨다(마 11:27).

[3] 이 말씀이 대적들을 자극함. 그들은 주께서 진리를 말씀하신 까닭에 미워했다. 그들이 예수를 잡고자 하나(30절). 주님께 해악을 끼치기 위해서 뿐 아니라 어떤 방식으로든 죽이기 위해 손을 내밀었다. 그러나 보이지 않는 권능이 그들의 손을 가로막았다. 아무도 주님께 손을 대지 못한 이유는 아직 주님의 때가 이르지 않았기 때문이었다. 그들이 손을 대지 않으려 했기 때문이 아니라, 하나님께서 그들이 그렇게 하지 못하게 막으셔야 할 이유가 있었기 때문이었다. 주의: 첫째로, 하나님의 진리를 신실히 전할 마음이 있는 사람들은 항상 지혜롭고 온유한 태도를 견지할지라도 그들의 설교를 듣고 가책을 받는 사람들에 의해 미움과 박해를 받을 것을 예상해야 한다(참조. 계 11:10). 둘째로, 하나님께서는 악인들을 제어하셔서 그들이 어떤 해를 끼치려 하고 또한 끼칠 수 있을지라도 하나님께서 허락하시는 한도에서만 할 수 있을 뿐이다. 박해자들의 적개심은 가장 맹렬하게 타오를 때조차 무력하며, 사탄이 그들의 마음을 꽉 채우고 있을지라도 하나님께서는 그들의 손을 결박하신다. 셋째로, 하나님의 종들은 때때로 알 수도 없고 설명할 수도 없는 방법을 통해서 기묘하게 보호를 받는다. 대적들은 하나님의 종들에게 자신들의 뜻대로 해를 끼치지 못하며, 그러면서도 왜 그렇게

할 수 없는지 깨닫지 못한다. **넷째로,** 그리스도께서는 지상 사역에 마침표를 찍게 될 정해진 **때**를 갖고 계신다. 주님의 모든 백성과 사역자들도 다 그러하다. 그들도 각각 정해진 때가 되기 전에는 그들을 해치려고 하는 원수들의 시도가 무산되며, 그들의 날은 주님께서 시키실 일이 있는 만큼 연장될 것이다. 그들이 자신들의 사명을 완수하기 전까지는 지옥과 세상의 모든 권세들이 그들을 해칠 수 없다.

[4] 원수들의 시도에도 불구하고 그리스도의 말씀이 듣는 자들에게 끼친 유익한 영향(31절): 무리 중의 많은 사람이 예수를 믿고 말하되. 그리스도께서는 어떤 자들의 넘어짐을 위하여 세움을 입으셨듯이, 또한 어떤 자들의 일으킴을 위하여 세움을 입으셨다. 복음이 대적을 당하는 곳에서도 선한 일을 많이 행할 수가 있다(살전 2:2). 여기서 관찰할 점은, **첫째로,** 믿는 자들은 누구였는가? 사태의 흐름이 불리하게 전개될 때 예상할 수 있는 것치고는 상당히 많은 사람들이 그리스도를 믿었다. 그러나 이 많은 사람들은 평민들이었다. 에크 투 오클루 ― 무리 중의 많은 사람. 복음의 성공을 유력한 자들을 얼마나 많이 얻었는가의 여부로 판단해서는 안 된다. 힘써 복음을 전했는데 가난하고 신분이 낮은 사람들만 믿고 나왔다고 해서 실망할 일도 아니다(고전 1:26). **둘째로,** 무엇이 그들로 믿게 했는가? 주께서 행하신 표적을 그들은 보고 믿었다. 표적들은 구약 선지자들의 예언을 성취하는 것이었을 뿐 아니라(사 35:5, 6), 신적 능력을 입증하는 것이기도 했다. 하나님께서만 하실 수 있는 일, 이를테면 자연의 세력을 통제하고 다스리는 일을 하실 수 있는 분이라면 하나님께서만 제정하실 수 있는 양심을 선도하는 법과 생명을 주는 언약을 제정할 권세를 갖고 계심이 틀림없다. **셋째로,** 그들의 믿음이 얼마나 약했는가? 그들은 사마리아인들처럼 이는 그리스도가 아니냐 하고 적극적으로 주장하지 못하고, 그리스도께서 오실지라도 그 행하실 표적이 이 사람이 행한 것보다 더 많으랴 하고 주장하는 것으로 그쳤다. 그들은 그리스도께서 당연히 오시며, 오셔서는 많은 표적을 행하실 것이라고 생각했다. "그렇다면 이 사람이 그리스도가 아닌가? 이 사람에게서 우리가 영웅의 면모를 보지는 못했지만, 메시야가 오시면 행하실 것으로 우리가 믿어온 신적인 능력은 적지 않게 보았다. 그런데 이분이 메시야가 아니라는 보장이 어디에 있는가?" 그들은 그것을 믿었지만 사람들 앞에서 시인할 용기가 없었다. 주의: 연약한 믿음이라도 참된 믿음일 수가 있으며, 주 예수에 의해 그렇게 인정을 받

고 받아들여질 수 있다. 주께서는 작은 일의 날이라도 멸시하지 않으신다(슥 4:10).

(2) 그리스도께서는 어디로 가고 계셨는가(32-36절)? 여기서 관찰할 점은,

[1] 바리새인들과 대제사장들이 그리스도를 죽이려고 꾸민 음모(32절). 첫째로, 그들이 자극을 받게 된 계기는, 그들이 보낸 염탐꾼들이 무리 가운데 들어가 수집해온 대화의 내용을 보고 받은 것 때문이었다. 보고에 따르면 그들이 그리스도를 따르지 말라고 엄명을 내렸는데도 불구하고 예수에 관하여 수군거린다는, 즉 그를 존경하고 따르는 자들이 많다는 것이었다. 사람들은 큰 소리로 말할 용기가 없어서 작은 소리로 수군거릴 뿐이었는데도 바리새인들은 그 보고를 듣고 격분했다. 정부의 형평성은 평소 그 점을 의심하여 면밀히 관찰하거나 민중의 은밀하고 다양하고 불확실한 불평을 듣고 영향을 받은 사람들에 의해 의심받는다. 바리새인들은 자신들이 민중의 존경을 받을 위치에 있다 생각했고, 만일 그리스도의 인기와 세력이 그렇게 증가하면 자신들의 인기와 세력은 감소할 것이라고 판단했다. 둘째로, 그들이 세운 계획은 예수를 체포하여 구금하는 것이었다: 대제사장들과 바리새인들이 그를 잡으려고 아랫사람들을 보내니. 그리스도에 관해 수군거림으로써 자신들에게 경계심을 일으키는 민중을 잡으려 한 것이 아니었다. 양 떼를 흩어버리는 가장 효과적인 방법은 목자를 치는 것이다. 바리새인들이 이 계획의 주동자들이었던 듯하지만, 그러나 그들에게는 권력이 없었으므로 교회 법정의 판사들인 대제사장들과 손을 잡았다. 그들에게는 사람을 체포하여 구금할 권한이 있었던 것이다. 바리새인들은 학문을 자랑하는 자들이었고, 대제사장들은 거룩함을 자랑하는 자들이었다. 세상이 자기 지혜로 하나님을 알지 못했으나 대 철학자들이 자연 종교를 크게 그르쳐 놓은 죄가 있듯이, 유대 교회는 자기들의 지혜로 그리스도를 알지 못했으나 그들의 대 랍비들은 그리스도에 관하여 가장 어리석은 자들이었다. 아니 가장 만성적인 원수들이었다. 악한 관원들은 그리스도를 붙잡기 위해 보낼 만한 관리들, 즉 교회 법정의 관리들을 거느리고 있었으며, 그들은 그것이 불의한 임무였음에도 기꺼이 이행할 태세가 되어 있었다. 사울 왕의 호위병들은 여호와의 제사장들을 차마 죽이지 못했지만, 그에게는 그런 악한 명령이라도 기꺼이 복종할 악인이 있었다(삼상 22:17, 18).

[2] 이에 대해 우리 주 예수께서 하신 말씀(33, 34절): 내가 너희와 함께 조금 더

있다가 나를 보내신 이에게로 돌아가겠노라. 너희가 나를 찾아도 만나지 못할 터이요 나 있는 곳에 오지도 못하리라. 이 말씀은 구름 기둥과 불 기둥과 같이 밝은 면과 어두운 면이 있다.

첫째로, 이 말씀에는 우리 주 예수님에 대한 밝은 면이 있으며, 주님과 주님을 위하여 어려움과 위험에 처하는 모든 신실한 백성들에게 위로를 전한다. 여기서 그리스도께서는 세 가지 점을 들어 친히 위로를 얻으셨다: 1. 이 고통스러운 세상에 잠시 동안만 계실 것이다. 주께서는 이 세상에서 고요하고 평안한 날을 단 하루라도 누리실 수 없음을 아셨다. 오히려 가장 좋은 시절이란 얼마 후면 치르시게 될 전투의 때이요, 그 후에는 더 이상 이 세상에 계시지 않으실 것이었다(17:11). 우리가 이 세상에서 누구와 더불어 살든지 간에, 우리는 그들과 아주 잠시 동안만 살게 될 것이다. 세상에 항상 있을 것이 아니고 오래 있지도 않을 것이라는 사실이 세상에 있으나 세상에 속하지 않은 우리들에게 위로가 된다. 찌르는 가시와 괴롭게 하는 덤불과 같은 자들과 잠시라도 함께 지내야 한다. 그러나 감사하게도 그것은 잠시로 그칠 것이고 곧 그들의 손아귀에서 벗어나게 될 것이다. 우리의 날들은 악하므로 그것이 얼마 되지 않는 것이 좋다. 2. 주께서는 이 고통스러운 세상을 떠나시면 당신을 보내신 이에게 돌아가실 것이다. 나는 간다. 그러나 "힘에 밀려 쫓겨 가는 것이 아니라 자발적으로 간다. 사명을 완수했으므로 내게 사명을 주어 보내신 이에게로 돌아간다. 하지만 내가 너희와 함께 내 일을 마칠 때에야 비로소 나를 보내신 이에게로 돌아갈 것이다. 나를 보내신 이는 왕이 대사들을 영접하듯 나를 반갑게 영접해 주실 것이다." 유대인들의 적대 행위가 주님의 길을 조금도 방해하지 못할 뿐 아니라, 오히려 그 앞에 놓인 영광과 기쁨을 향해 더욱 속히 달려가시도록 할 것이다. 그리스도를 위하여 고난당하는 사람들은 우리에게 돌아갈 하나님이 계시고, 우리가 하나님과 함께 있기 위하여 속히 달려가고 있다는 사실을 생각하고 위로를 받아야 한다. 3. 그들이 비록 이 땅에서는 주님을 핍박하지만, 주께서 가실 하늘에까지 쫓아가서 핍박하지는 못할 것이다: 너희가 나를 찾아도 만나지 못할 터이요 나 있는 곳에 오지도 못하리라. 주께서 떠나신 뒤에 그들이 제자들에게 가한 적대 행위를 볼 때, 만일 주님을 따라갈 수 있다면 하늘까지 쫓아가서라도 핍박하고도 남을 자들이었다. 그런 그들에게 주께서는 "너희가 이 성전에서는 나를 핍박할 수 있지만 저 성전에는 들어올 수 없다"고 말씀하신다. 나 있는 곳이라는 말씀은 내가 있게 될 곳이라는 뜻이다. 주께서 이렇게 말씀하신 이유는 주께서 땅에 계실 때조차 하나님으로서의 본성과 정서로는 하늘에 계셨기 때문이다(3:13). 혹은 조만간 그곳에 계실 것이므로 이미 그곳에 계신 것과 다름없음을 가리킬 수도 있다. 주의: 성도가 장차 영광스럽게 되는 날에는 마귀와 그의 모든 악한 수단들이 닿지 않는 곳에 있게 된다는 것이 행복을 더하여 준다.

둘째로, 이 말씀은 그리스도를 미워하고 박해하던 악한 유대인들에게 어둡고 암담한 운명을 예고한다. 그들은 지금 어떻게든 주님을 제거하려는 생각에 가득 차 있지만, 그들이 반드시 알아야 할 사실이 있었다. 1. 그들의 선택에 따라 그들의 장래가 결정될 것이다. 그들은 주님을 죽이기 위해 분주하지만 머지않아 그들의 죄가 형벌로 바뀔 것이다. 주께서는 그들 가운데 오래 계시지 않고 잠시 머무시다 곧 떠나실 것이다. 주께서 함께 계시는 것을 짐처럼 생각하는 자들을 하나님께서 버리시는 것은 정당하다. 그리스도가 싫고 부담스러운 자들은 그들의 소원이 이뤄지는 것만큼 비참한 일이 없다. 2. 그들은 나중에 자신들의 선택에 대해 후회할 날이 올 텐데, 그 때는 너무 늦을 것이다. (1) 그 때 가서는 메시야를 찾아봐야 찾을 수 없다: "너희가 나를 찾아도 만나지 못할 터이요. 그리스도가 오기를 너희가 학수고대해도 너희 눈이 그를 찾지 못할 것이요 그를 만나지 못할 것이다." 참 메시야가 오셨을 때 배척한 자들은 비참한 상태로 버림을 받아 영원히 오지 않을 허상의 메시야를 기다리게 될 것이다. 아니면, 이 말씀은 최후의 심판 때 죄인들이 그리스도의 자비와 은혜에서 영원히 배척당할 일을 가리킬 수도 있다. 지금 그리스도를 찾는 자들은 그분을 만날 것이지만, 지금 거절하는 자들이 찾아도 찾지 못할 날이 오고 있다(참조. 잠 1:28). 그 날이 닥치면 그들이 주여 주여 우리에게 열어 주소서 하고 외쳐봐야 소용이 없을 것이다. 혹은 이 말씀이 일부 유대인들이 좌절하는 것으로써 끝날 수도 있다. 그들은 깨닫기는 했으나 회심은 하지 않은 채 그리스도를 다시 보고 그 말씀을 다시 듣기를 원할지라도, 이미 은혜의 날이 끝난 상태일 것이다(눅 17:22). 그렇지만 이것이 전부가 아니다. (2) 그들은 하늘에 한자리를 얻으려 하지만 헛된 기대로 끝날 것이다: 나 있는 곳에는 모든 신자들이 나와 함께 있을 텐데, 그곳에 너희는 오지 못할 것이다. 그 이유는 그들이 재판장의 공의롭고 철회할 수 없는 선고와, 새 예루살렘의 모든 문에서 그 안에 들어갈 권리가 없는 자들에 대해 생명나무로 가는 길을 차단하기 위해 서 있는 화염검에 의해 추방

당하기 때문이기도 하지만, 자신들의 죄와 불신앙 때문에 그리로 들어갈 힘이 없기 때문이기도 하다: 너희가 나를 찾아도 만나지 못할 터이요 나 있는 곳에 오지도 못하리라. 땅에서 그리스도께서 말씀과 성례로 임재하시는 곳에 있기를 싫어하는 자들은 하늘 영광 가운데 거하시는 곳에 들어가기에 전혀 부적합하다. 거룩함을 입지 못한 영혼은 영광스러운 하늘을 혐오하므로 그들에게는 하늘이 진정으로 가고자 사모하는 곳이 아니다.

[3] 그리스도의 말씀에 대한 그들의 반응(35, 36절): 이 사람이 어디로 가기에 우리가 그를 만나지 못하리요? 여기서 살펴볼 점은, 첫째로, 그들은 의도적으로 알려 하지도 않고 보려 하지도 않았다. 주께서는 분명히 어디로 가시려 하시는지 말씀하셨다. 당신을 보내신 분, 즉 하늘에 계신 주님의 아버지께로 가신다고 말씀하셨다. 그런데도 그들은 "이 사람이 어디로 가려 하는가? 도대체 그것이 무슨 말이냐?" 하고 물었다. 보지 않고 주의하지 않기로 작정한 자들만큼 심각한 소경들이 없다. 그리스도께서는 사람들이 알아듣기 쉽도록 말씀하시는데, 처음부터 마음을 닫고 논쟁하려고 마음먹은 자들에게는 말씀이 어렵다. 둘째로, 그들은 감히 그리스도의 경고를 업신여겼다. 너희가 나를 찾아도 만나지 못할 터이요라고 두려운 경고의 말씀을 하셨는데 ― 이 말씀은 가장 극한 상태의 비참함을 가리킨다 ― 마치 두려움을 조롱하고 겁내지 않는 죄인들처럼(참조. 욥 39:22) 주님의 경고를 조롱하고 농담거리로 삼았다. 화 있을진저 여호와의 날을 사모하는 자여. 너희가 어찌하여 여호와의 날을 사모하느냐. 그 날은 어둠이요 빛이 아니라(암 5:18). 셋째로, 그들은 그리스도께 뿌리깊은 악의와 분노를 표출했다. 주께서 떠나실 일에 관해 그들이 두려워한 유일한 점은 자기들의 세력권에서 떠나신다는 점이었다: "이 사람이 어디로 가기에 우리가 그를 만나지 못하리요? 어디든 죽지 않고 살아 있으면 만나게 되어 있다. 반드시 찾아내고야 말 것이다." 아합이 엘리야를 찾던 모습이 연상된다(왕상 18:10). 넷째로, 그들은 거만하게도 이방인들을 업신여겼다. 여기서 그들을 헬라인 중에 흩어져 사는 자들이라 부르는데, 이 말은 헬라인들 사이에 흩어져 살던 유대인들을 가리킬 수도 있고(약 1:1; 벧전 1:1) ― 이 경우라면 "그 어리석은 사람들에게 가서 일하려는 것인가?" 하는 뜻이 된다 ― 혹은 전 세계에 퍼져 있는 이방인들 ― 하나의 교회와 민족 안에 통합되어 있던 유대인들과 구분되는 ― 을 가리킬 수도 있다. 이 경우라면 "가서 그들의 환심을 사려는 것인가?" 하는 뜻이 된다. 다섯째로, 이방인들에게 조금

이라도 호의가 돌아가는 것에 대한 질투: "이 사람이 가서 이방인들을 가르치려 하는 것인가? 자신의 교리를 그들에게 전하려는 것인가?" 아마도 그들은 주께서 나사렛에서 전하신 말씀과 백부장과 가나안 여인을 대하시는 모습에서 이방인들을 약간이라도 존중하는 기미를 발견한 듯한데, 그들에게는 이방인들을 인정하는 것만큼 끔찍이 싫은 것이 없었다. 신앙의 능력을 상실한 자들은 대체로 그 이름을 독점하려는 강렬한 욕구를 갖고 있기 마련이다. 그들은 주께서 이방인들에게 가서 가르치려는 게 아니냐고 조롱했다. 그러나 얼마 후에 주께서는 사도들과 목사들을 보내셔서 그 일을 본격적으로 수행하도록 하시고 그 흩어진 사람들을 불러 모으셨으며, 그것을 본 유대인들은 강렬한 질투에 빠졌다(참조. 롬 10:19). 악인에게는 그의 두려워하는 것이 임하거니와라고 한 솔로몬의 말이 과연 참되다.

[37]명절 끝날 곧 큰 날에 예수께서 서서 외쳐 이르시되 누구든지 목마르거든 내게로 와서 마시라 [38]나를 믿는 자는 성경에 이름과 같이 그 배에서 생수의 강이 흘러나오리라 하시니 [39]이는 그를 믿는 자들이 받을 성령을 가리켜 말씀하신 것이라 (예수께서 아직 영광을 받지 않으셨으므로 성령이 아직 그들에게 계시지 아니하시더라) [40]이 말씀을 들은 무리 중에서 어떤 사람은 이 사람이 참으로 그 선지자라 하며 [41]어떤 사람은 그리스도라 하며 어떤 이들은 그리스도가 어찌 갈릴리에서 나오겠느냐 [42]성경에 이르기를 그리스도는 다윗의 씨로 또 다윗이 살던 마을 베들레헴에서 나오리라 하지 아니하였느냐 하며 [43]예수로 말미암아 무리 중에서 쟁론이 되니 [44]그 중에는 그를 잡고자 하는 자들도 있으나 손을 대는 자가 없었더라.

이 단락의 내용은 다음과 같다.

I. 그리스도의 말씀과 그에 대한 설명(37-39절). 이 내용은 주께서 본격적으로 가르치실 내용의 암시에 불과하지만, 그들은 이것을 복음의 전체 내용으로 받아들였을 가능성이 있다. 본문에는 그리스도께 나오라고 부르는 복음의 초대와 주님 안에서 위로와 행복을 보장하는 복음의 약속이 실려 있다.

1. 이 초대를 하신 시기: 초막절 마지막 날 곧 큰 날. 여덟째 날은 엄숙한 명절을 마무리짓는 날로서 성회로 모이는 날이었다(레 23:36). 이 날에 그리스도께서 복음의 초대를 발하신 이유는, (1) 그 날 많은 사람들이 모였으므로 그들에

게 복음을 전하면 얼마라도 믿고 나올 것을 기대함직했기 때문이다(참조. 잠 1:20). 이런저런 많은 집회들이 복음을 전하여 열매를 거둘 좋은 기회가 된다. (2) 이제 백성들이 고향으로 돌아가게 되는데, 주께서는 그들이 돌아갈 때 복음의 말씀을 가지고 가기를 바라셨다. 이 경우처럼 큰 회중이 모였다가 흩어지게 될 때는 그들 모두가 이 세상에서는 다시는 이렇게 모일 수 없을 것을 생각하고 그들이 천국에 가는 데 도움이 될 만한 말을 해줄 필요가 있다. 명절이나 예배의 끝이 이렇게 하나님 말씀으로 활기 있게 된다면 좋은 일이다. 그리스도께서는 이 말씀을 명절 끝날에 하셨다. [1] 이 거룩한 명절의 앞 기간에 주님의 말씀에 귀를 막고 듣지 않은 사람들을 향해서. 주께서는 그들에게 다시 기회를 주셔서, 만일 듣고 믿으면 영생을 얻게 하시기를 원했다. [2] 아마도 주님의 말씀을 아직 듣지 못한 사람들을 향해서. 그런 사람들은 주님의 말씀을 들어보고자 하는 마음이 있었다. 반년 후에는 또 다른 명절이 있게 되는데, 그 때는 그들 중 많은 수가 무덤에 들어가 있게 될 것이다. 보라 지금은 은혜 받을 만한 때요 보라 지금은 구원의 날이로다(고후 6:2).

2. 초대를 하신 방법: 예수께서 서서 외쳐 이르시되. 이 말씀의 의미: (1) 주님의 간절하고도 초지일관하신 태도. 주님의 마음은 가련한 영혼들을 당신에게로 이끄는 데 집중되어 있었다. 몸을 일으키고 소리를 높이셨다는 것은 그만큼 마음이 간절하셨음을 뜻한다. 영혼들에 대한 사랑이 설교자들을 활력 있게 만든다. (2) 모든 사람이 주님의 말씀을 듣고 초대에 응하기를 바라신 심정. 서서 외치신 것은 사람들의 귀에 더 잘 들리도록 하시려는 것이었다. 이 말씀은 귀 있는 사람이면 누구나 들어야 할 말씀이기 때문이다. 복음 진리는 구석진 곳을 찾지 않는다. 시련을 두려워하지 않기 때문이다. 이교의 신탁(神託)은 엿보고 소근거리는 자들에 의해 은밀히 전달되었지만, 복음의 계시는 서서 외치신 분에 의해 선포되었다. 제발 복을 받으라고 주님께 집요한 부탁을 받아야 하는 사람은 얼마나 가련하며, 주님께 집요하게 간구하여 은혜를 얻는 사람은 얼마나 복된가! 오호라 너희 모든 목마른 자들아 물로 나아오라(사 55:1).

3. 초대 자체는 매우 일반적이다: 누구든지 목마르거든, 즉 지위가 높든 낮든, 부유하든 가난하든, 젊든 나이가 많든, 자유인이든 종이든, 유대인이든 이방인이든 누구든지 목마른 사람은 주님의 초대를 받는다. 주님의 초대는 또한 매우 은혜롭다: "누구든지 목마르거든 내게로 와서 마시라. 누구든지 참되고 영원한 복

을 누리고 싶으면 내게로 와서 나의 다스림을 받으라. 내가 그를 복되게 해주리라."

(1) 초대받은 사람들은 목마른 사람들이다. 목마르다는 말은 다음과 같이 이해할 수 있다. [1] 곤궁한 형편. 외적인 형편이 곤궁할 수도 있고(이 세상에서 다들 누리고 사는 위로를 누리지 못하거나 인생의 짐에 눌려 지친 사람은 그 가난하고 고통스러운 처지가 그 사람으로 하여금 세상이 줄 수도 없고 앗아갈 수도 없는 평안을 얻기 위해 그리스도께로 나아가게 한다), 내면의 상태가 곤궁할 수도 있다. 혹은 [2] 영적 행복으로 향하는 영혼의 성향과 갈망. 이 경우라면 의에 주리고 목마른 사람들, 즉 하나님께서 자신을 향해 품으신 뜻과 자기 안에서 행하시는 선한 일을 알기를 갈망하는 사람들을 가리킨다.

(2) 초대 자체: 내게로 와서. 목마른 사람은 의식법으로 돌아가서는 안 된다. 의식법은 양심에 평정을 주지도 못하고 정결함을 주지도 못하므로, 나아오는 자들을 온전케 하지 못한다(히 10:1). 이교 철학으로 가서도 안 된다. 그것은 사람을 속여 미로로 데려가서 그곳에 버린다. 목마른 사람은 그리스도께 나와야 한다. 그리스도의 가르침을 받고 훈육을 받고 그분을 믿어야 한다. 생명수의 원천이시요 모든 위로의 근원이신 주님께 나오라.

(3) 약속된 만족: "내게로 와서 마시라. 원하는 것을 받을 것을 받되 풍성하게 받을 것이며, 영혼을 새롭게 할 뿐 아니라 재충전해줄 것이다.

4. 이 자비로운 초대에 붙은 자비로운 약속(38절): 나를 믿는 자는 , 그 배에서 생수의 강이 흘러나오리라. (1) 이 말씀에서 그리스도께 나온다는 의미를 볼 수 있다: 그것은 그리스도를 성경이 말한 대로 믿는 것이다. 복음이 가르쳐 주는 대로 그리스도를 영접하고 따르는 것이다. 우리의 지레짐작으로 그리스도는 이런 분일 것이다 하고 단정해서는 안 되고, 성경대로 그리스도를 믿어야 한다. (2) 목마른 영혼들이 그리스도께 나올 때 어떻게 마시게 될 것인지를 보게 된다. 이스라엘 자손들은 모세를 믿었을 때 반석에서 솟아나는 물을 마셨다. 그러나 신자들은 자기들 속에 있는 반석 곧 자기들 안에 계신 그리스도에게서 솟아나는 물을 마신다. 그리스도께서는 그들 속에서 생수의 우물이 되신다(참조. 4:14). 주께서 우리를 위해 예비하신 것은 한순간의 만족이 아니라 끊임없이 계속되는 만족이다. 여기서 살펴볼 점은, 〔1〕 생수 곧 흐르는 물. 히브리어가 흐르는 물을 살아 있는[生] 물이라고 한 이유는 계속 움직이기 때문이다. 주께서는 성령의 은

혜와 위로를 생수(계속 흐르는 물)와 비교하셨는데, 왜냐하면 그 둘은 영적 생활을 능동적으로 하게 하는 원리들이자 영적 생명의 보증과 시작이기 때문이다. 참조. 예레미야 2:13. [2] 생수의 강은 생수가 풍족하게 흐를 뿐 아니라 항상 흐르는 것을 가리킨다. 그 물살이 워낙 강하여 의심과 두려움의 반대를 휩쓸어버린다. 그리스도 안에는 은혜 위의 은혜의 충만함이 있다. [3] 이러한 생수의 강이 배에서, 즉 성령께서 일하시는 거점인 마음 혹은 영혼에서 흘러나온다. 마음 혹은 영혼에 은혜의 원리들이 심겨져 있다. 성령께서 거하시는 마음에서 생명의 근원이 나온다(잠 4:23). 그 곳에는 하나님의 위로가 머물며, 외인이 간섭하지 못하는 기쁨이 있다. 하나님의 아들을 믿는 자는 자기 안에 증거가 있고(요일 5:10). 빛이 안에 가득하다. 여기서 주목할 점은, 영혼 안에 있는 은혜와 위로의 샘에서 강물이 흘러간다는 점이다. 그 배에서 생수의 강이 흘러나오리라. 첫째로, 은혜와 위로는 선한 행동을 일으키고, 거룩한 마음은 거룩한 생활에서 보게 된다. 나무의 좋고 나쁨은 열매로써 알 수 있고, 샘의 좋고 나쁨은 거기서 발원한 강으로 알 수 있다. 둘째로, 생수의 강은 다른 사람들의 유익을 위해 흐른다. 선량한 신자는 인간 사회에 두루 유익을 끼친다. 의인의 입은 생명의 샘이라(잠 10:11). 우리가 우리 저수지에서 물을 떠 먹는 것, 즉 우리에게 주신 은혜의 위로를 자신을 위해 사용하는 것으로 충분하지 않고, 우리의 샘물이 널리 흘러가도록 해야 한다(잠 5:15, 16).

성경에 이름과 같이라는 말씀은 그런 뜻이 담긴 구약성경의 예언들을 가리키는 듯하다. 구약에는 그런 예언들이 많이 기록되어 있다. 예: 하나님께서 성령을 부어주실 것임 — 이것은 물에서 차용한 은유적 표현이다(잠 1:23; 욜 2:28; 사 44:3; 슥 12:10); 광야가 못의 근원이 될 것임(사 41:18); 사막에 강을 낼 것임(사 43:19); 은혜를 입은 영혼들이 물이 끊어지지 않는 샘 같을 것임(사 58:11); 교회가 생수의 우물이 될 것임(아 4:15). 주께서는 에스겔의 성전에서 흘러나오는 물을 염두에 두셨을 수도 있다(겔 47:1. 비교. 계 22:1; 슥 14:8). 라이트푸트 박사 같은 이들은 유대인들이 초막절 마지막 날에 물을 붓는 엄숙한 의식을 대대로 거행했다고 말한다. 그들은 실로암 못에 가서 금 단지에 물을 길어 와서 나팔이 연주되고 다른 의식이 거행되는 가운데 성전으로 들어가 제단에 오르고, 큰 기쁨을 표시하며 여호와 앞에 부어드렸다. 유대인 저자들 가운데 더러는 물이 율법을 상징한다고 이해하며 그 근거로 이사야 12:3; 55:1을 제시한다. 성령을 상징한다고 이해하는 저자들도 있다. 추측하건대 우리 구주께서 본문에서 이 관습을 암시하신 듯하다. 신자는 못에 가서 길어온 물로 위로를 얻을 게 아니라, 자기 속에서 솟아나는 강물에서 위로를 얻어야 한다. 율법의 기쁨과 그것을 상징하는 물을 붓는 행위는 구원의 우물에서 얻는 복음의 기쁨과는 비교가 되지 못한다.

5. 주님의 약속에 대한 복음서 기자의 설명(39절): 이는 그를 믿는 자들이 받을 성령을 가리켜 말씀하신 것이라. 신자가 얻는 외적인 유익들이 아니라(어떤 이들은 주님의 말씀을 그런 식으로 오해했을 것이다), 성령의 은사와 은혜와 위로를 가리켜 말씀하신 것이다. 성경이 성경에 대한 가장 좋은 해석자인 셈이다. 여기서 관찰할 점은,

(1) 모든 믿는 자들은 성령을 받을 것이라고 약속하신다. 어떤 이들은 주께서 기적을 통해서 주시는 은사를 받았고(막 16:17, 18), 모든 신자가 거룩하게 하시는 주님의 은혜를 받는다. 성령의 은사는 새 언약에 약속된 큰 복 가운데 하나이며(행 2:39), 주께서 약속하신 것이므로 그 언약에 소망을 두는 모든 사람들에게 틀림없이 성취될 것이다.

(2) 신자들 안에 거하시며 일하시는 성령께서는 흐르는 생수의 샘이시며, 이 샘으로부터 흘러나온 물이 강을 이루어 대지를 깨끗하게 쓸어내고 시원하게 적셔서 비옥하게 만든다(3:5). 후에 사도들이 성령의 권능을 받아 하나님의 일들을 능력있게 전파하고(행 2:4), 그리스도의 복음을 물 흐르는 듯한 유창함으로 전파하고 기록함으로써 나를 믿는 자는 성경에 이름과 같이 그 배에서 생수의 강이 흘러나오리라 하신 말씀이 성취되었다.

(3) 이렇게 성령을 풍성하게 부어주실 일이 아직은 약속일 뿐이었다. 예수께서 아직 영광을 받지 않으셨으므로 성령이 아직 그들에게 계시지 아니하시더라. 여기서 살펴볼 점은,

[1] 예수께서 아직 영광을 받지 않으셨다. 주께서는 영광을 받으셔야 하고, 항상 모든 영광을 받으셔야 마땅한 분이었다. 그러나 아직은 낮아지셔서 사람들에게 업신여김을 받는 상태에 계셨다. 주께서는 만세 전에 가지셨던 영광을 버리신 적이 없고, 오히려 더 큰 영광을 얻으셨으며, 본래부터 지니신 존귀에 중보자로서 얻으신 공로를 더하셨다. 하지만 이 모든 것이 아직까지는 장래의 영광이었다. 지금은 붙드신 바 되셨고(사 42:1), 지금은 만족을 얻으셨고(사 53:11), 지금

은 의롭다 함을 받으셨지만(딤전 3:16), 아직 영광은 받지 않으셨다. 이처럼 그리스도께서 영광받으실 날을 기다리고 계실진대, 우리는 더욱 그 날을 기다리는 것이 마땅하다.

[2] 아직 성령께서 강림하지 않으셨다. 우포 가르 헨 프뉴마 — 성령이 아직 그들에게 계시지 아니하시더라. 하나님의 성령께서는 영원부터 계셨다. 태초에 수면 위에 운행하셨던 것이다. 구약의 선지자들과 중요한 임무를 맡은 사람들에게 임하셨으며, 사가랴와 엘리사벳 부부가 성령에 충만했다. 그러므로 그 구절은 요엘 2:28에 예언되고 사도행전 2:1 이하에 성취된 오순절의 성령 강림을 가리키는 말씀으로 이해해야 한다. 그 날처럼 아직은 그렇게 보이는 방식으로 성령께서 강림하지 않으셨다. 오순절 이후에 그리스도의 제자들이 나타낸 지식과 강력한 은혜를 이전의 무지하고 약한 모습과 비교해 보면 성령이 아직 그들에게 계시지 아니하더라는 말씀을 어떤 의미로 이해해야 하는지 알 수 있다. 성령의 보증과 첫 열매는 이미 나타났으나, 본격적인 추수는 아직 시작되지 않았다. 생수의 강이 온 땅으로 흘러나가 이방 세계까지 적시게 될 정도까지는 아직 성령이 그들에게 계시지 않았으며, 성령 강림의 약속이 주로 가리킨 방언의 은사도 아직 주어지지 않았다.

[3] 성령께서 아직 강림하지 않으신 이유는 예수께서 아직 영광을 받지 않으셨기 때문이었다. 첫째로, 그리스도의 죽으심이 때로 영광을 받으신 일로 언급된다(13:31). 주께서는 십자가에서 [죄와 사망의 세력을] 정복하고 이기셨기 때문이다. 그런데 성령의 은사는 그리스도의 핏값을 주고 사신 것이다. 십자가가 그 근거가 된 것이므로, 이 값이 치러지기 전까지는 성령께서 강림하시지 않았다. 둘째로, 그리스도께서 친히 땅에 계실 때보다 떠나신 뒤에 성령께서 그들에게 오실 필요가 더욱 절실했다. 셋째로, 성령을 주신 일은 그리스도의 대언(14:16)에 대한 응답인 동시에, 그분의 주권적 행위였다. 그러므로 주께서 영광을 받으시기까지는 성령이 강림하지 않으셨다. 넷째로, 이방인들의 회심이 그리스도께서 영광을 받으신 일이었다. 어떤 헬라인들이 그리스도를 찾기 시작하자, 주께서는 인자가 영광을 얻을 때가 왔도다 하고 말씀하셨다(12:23). 아직 복음이 모든 민족에게 전파될 때가 오지 않았으므로 방언의 은사도 생수의 강도 아직 임하지 않았다. 그러나 주목할 점은, 비록 성령께서 아직 강림하지 않으셨을지라도 약속되셨다는 사실이다. 그것은 성부께서 하신 큰 약속이었다(행 1:4). 그리

스도께서 은혜로 주신 은사들이 오래 지체되었을지라도, 그 약속은 확고했다. 좋은 약속을 기다리고 있는 동안에도 우리는 확고한 약속 위에 딛고 서서 사는 것이다.

Ⅱ. 이 말씀을 들은 자들이 내놓은 반응: 예수로 말미암아 무리 중에서 쟁론이 되니(43절). 말 그대로 분쟁이 일어났다. 저마다 열정적으로 자기 견해를 쏟아냈다. 감정과 주장이 다양하게 표출되면서 서로 불화하게 되었다. 그리스도께서 평화를 주심으로 모든 사람이 한마음으로 복음을 받도록 하시기 위해 이 세상에 오신 줄로 아는가? 아니다. 복음 전파의 결과는 분열이 될 것이다. 복음을 중심으로 모일 자들이 있는 반면에, 복음을 배척하기 위해 모일 자들도 있을 것이기 때문이다. 이런 상황으로 인하여 본문에서와 같은 반목과 불화가 일어난다. 그러나 좋은 약이 몸에 들어가면 기분에 일시적인 변화가 생기듯이, 그런 반목과 불화는 복음에 무슨 잘못이 있기 때문에 생기는 것이 아니다. 쟁론의 내용이 어떤 것이었는지 살펴보자.

1. 어떤 이들은 그리스도에 대해 좋은 감정을 가지고 그분 편에 섰다: 이 말씀을 들은 무리 중에서 주께서 가련한 죄인들에게 자비와 친절을 베푸사 초대하시고 큰 권세로 복되게 해주시니 그분을 존경하지 않을 수 없었다. 그래서, (1) 어떤 이들은 이 사람이 참으로 그 선지자라 하고 말했다. 모세가 조상들에게 예언한 자기와 같은 선지자로 믿은 것이다. 혹은 유대 교회의 통념상 메시야에 앞서 와서 그 길을 예비할 그 선지자라는 뜻이었을 수도 있다. 혹은 성령의 감동을 받고 하나님의 보내심을 받은 참된 선지자의 한 사람이란 뜻이었을 수도 있다. (2) 다른 이들은 더 나아가 그리스도라 하고 말했다(41절). 메시야 앞에 올 선지자가 아니라 메시야 자신이라는 뜻이다. 이 무렵에 유대인들이 갖고 있던 메시야에 대한 기대는 과거와 같은 일상적인 수준을 넘어서 있었고, 그래서 현저한 현상이 발생할 때마다 보라, 그리스도가 여기 있다, 보라 저기 있다 하고 말할 만한 상태에 있었다. 이것은 첫 인상이 빚어낸 혼란스럽고 들뜬 판단에서 나온 말에 지나지 않은 듯하다. 이 사람들이 그렇게 해서 주님의 제자가 되었다거나 주님을 따랐다는 증거를 발견할 수 없기 때문이다. 그리스도에 대해 좋은 견해를 갖고 있는 것과 생생하게 믿는 것은 사뭇 다르다. 많은 사람들이 그리스도에 대해 좋은 말을 하는 것으로 그친다. 본문에서 이 사람들은 주님에 대해 이 사람이 참으로 그 선지자라 하거나 그리스도라고 했으나, 확신을 가지고 모든 것

을 버린 채 주님을 따르지는 않았다. 이처럼 그리스도께 대한 그들의 증언은 이율배반적인 것이었다.

2. 어떤 이들은 그리스도에 대해 비판을 쏟아냈다. 예수께서 그리스도이시라는 이 위대한 진리가 회자(膾炙)되는 순간부터 비판과 비난이 제기되었다. 그 주된 이유는 주께서 갈릴리 출신이었다는 한 가지 사실 때문이었다. 이 한 가지 사실만으로도 예수께서 그리스도시라고 하는 모든 주장을 잠재울 수 있다고 생각했다. 그리스도가 어찌 갈릴리에서 나오겠느냐? 성경에 이르기를 그리스도는 다윗의 씨로 또 다윗이 살던 마을 베들레헴에서 나오리라 하지 아니하였느냐?

여기서 살펴볼 점은, (1) 성경에 대한 갸룩한 지식. 메시야가 이새의 줄기에서 나올 것이고(사 11:1), 베들레헴에서 이스라엘을 다스릴 자가 나올 것(미 5:2)이라는 점에 관한 한 그들의 말은 옳았다. 이런 사실은 일반 백성들도 서기관들에게 배운 전통적 해석에 의해 알고 있었다. 아마도 이 성경 구절들을 가지고 그리스도를 배척한 사람들은 성경 다른 부분의 교훈은 알지 못한 채 백성의 지도자들이 그리스도에 대한 편견을 심어주기 위해 그들의 입에 넣어 준 이 구절들만 알고 있었을 것이다. 대체로 그릇된 개념을 지지하고 그것을 열정적으로 변호하는 많은 사람들은 특정 성경 구절들만 왜곡되게 쥐고 있고 나머지에 대해서는 알지 못하는 경향을 드러낸다.

(2) 우리 주 예수에 대한 의도적인 무지. 그들은 예수께서 갈릴리 출신이라는 생각을 이론의 여지 없는 사실로 간주했는데, 만일 주님이나 주님의 모친, 제자들에게 문의해 보거나 다윗의 계보 혹은 베들레헴의 호적을 조회해 보았다면 예수께서 다윗의 자손이며 베들레헴 출신임을 알 수 있었을 것이다. 그러나 그들은 사실을 확인해 볼 뜻이 없었다. 이처럼 사람이 편견에 사로잡히면 사람과 사건을 크게 왜곡하며, 왜곡된 견해를 토대로 굳은 결의를 다진다. 같은 시대 같은 장소에 당사자가 살고 해당 사건이 발생하여서 마음만 먹으면 사실을 쉽게 확인할 수 있어도 그런 것은 안중에 없다.

3. 어떤 이들은 예수께 분노하여 잡고자 했다(44절). 주께서 하신 말씀은 지극히 감사하고 은혜로운 내용이었는데도, 그들은 오히려 그 말씀으로 인해 어찌하든 주님을 제거하려고 했다. 이처럼 우리 주께서는 선한 말과 행동을 하신 일로 인하여 고난을 당하셨다. 손을 대는 자가 없었더라. 다른 사람들이 나서서 잡기를 바랐고, 만일 나서는 사람이 없으면 자기들이라도 나설 마음이 있었다.

그를 잡고자 하는 자들도 있으나 손을 대는 자가 없었더라. 아직 주님의 때가 이르지 않았으므로, 보이지 않는 힘에 의해 가로막힌 것이다. 대적들이 주님께 품은 적개심이 항상 비이성적이었던 것처럼, 때로는 적개심을 마음대로 쏟아 붓지 못한 것은 불가사의하다.

[45]아랫사람들이 대제사장들과 바리새인들에게로 오니 그들이 묻되 어찌하여 잡아오지 아니하였느냐 [46]아랫사람들이 대답하되 그 사람이 말하는 것처럼 말한 사람은 이때까지 없었나이다 하니 [47]바리새인들이 대답하되 너희도 미혹되었느냐 [48]당국자들이나 바리새인 중에 그를 믿는 자가 있느냐 [49]율법을 알지 못하는 이 무리는 저주를 받은 자로다 [50]그 중의 한 사람 곧 전에 예수께 왔던 니고데모가 그들에게 말하되 [51]우리 율법은 사람의 말을 듣고 그 행한 것을 알기 전에 심판하느냐 [52]그들이 대답하여 이르되 너도 갈릴리에서 왔느냐 찾아보라 갈릴리에서는 선지자가 나지 못하느니라 하였더라 [53]다 각각 집으로 돌아가고.

대제사장들과 바리새인들은 서로 결탁하여 그리스도를 탄압할 방법을 찾고 있었다. 그 날이 명절의 큰 날이었는데도 그들은 그 날의 예배 의식에는 참석하지 않고 예배는 평민들이나 참석하도록 했다. 후대의 고위 성직자들이 경건 생활은 뒷전으로 미루고 교회 정치에만 열심히 관여했던 것과 같다. 그들은 그리스도에 대해 체포 영장을 발부한 다음 회의실에 앉아 그리스도를 붙잡아 오기만을 기다리고 있었다(참조. 32절). 그 후에 전개된 상황은 다음과 같다.

I. 그들과 그리스도를 붙잡아 오지 못한 아랫사람들 사이에 오간 대화.

1. 그들이 체포 영장을 집행하지 못한 아랫사람들을 꾸짖은 말: 어찌하여 잡아오지 아니하였느냐? 그리스도가 공식적으로 모습을 드러냈고, 많은 사람들이 그에게 반감을 품고 있으므로 얼마든지 도울 태세가 되어 있고, 게다가 명절의 마지막 날이어서 이만한 절호의 기회가 없었는데, "왜 너희는 의무에 태만했느냐?" 감히 자기들에 의존하여 사는 아랫사람들이, 게다가 그들에게 그리스도를 붙잡아야 할 이유를 소상히 일러주었는데도 불구하고 명령을 이행하지 않다니 보통 당혹스러운 일이 아니었다. 주의: 악한 일을 도모하는 자들은 일을 이룰 수 없을 때 애가 타서 안달하는 법이다. 참조. 시편 112:10; 느헤미야 6:16.

2. 아랫사람들이 영장을 집행하지 않은 이유에 대해서 설명한 말: 그 사람이 말하는 것처럼 말한 사람은 이때까지 없었나이다(46절). (1) 그 말은 정확한 사실이었다. 실제로 그리스도와 같이 지혜와 능력과 은혜로 말하여 쉽게 깨닫게 하고 깊은 감동을 주는 사람은 없었다. 선지자들도 그렇게 하지 못했고, 모세 자신도 그렇지 못했다. (2) 주님을 잡도록 파견된 사람들은 주님의 말씀에 매료된 결과 그런 결론에 이르렀다. 아마도 사고력이나 화술이 뛰어난 사람들이 아니었을 것이고, 예수에 대해 호의적인 선입관을 갖고 있지도 않았겠지만, 예수를 뵙고 말씀을 듣는 가운데 생긴 판단이 너무 확고하여서 그분을 모세의 자리에 앉은 자들보다 높게 여기게 되었다. 이처럼 그리스도께서는 하나님께서 심지어 악인들의 양심에라도 끼치신 능력에 힘입어 체포를 면하셨다. (3) 그들은 자신들의 판단을 상관들에게 전했다. 그리스도를 높이는 따위의 말이라면 딱 질색이었던 상관들도 그들의 말을 듣지 않을 수 없었다. 하나님께서 섭리로 그렇게 말하도록 하심으로써 그들은 죄 가운데 당혹감과 분노에 휩싸였다. 믿는 도끼에 발등을 찍힌 격이었다. 하지만 그들은 아랫사람들의 증언을 들으면서 오히려 자신들을 돌아봐야 옳았다. "그토록 훌륭하게 말씀하시는 분을 미워하고 박해하고 있다니, 지금 우리가 무슨 짓을 하고 있는 것인가?"

3. 바리새인들은 아랫사람들이 그리스도의 교훈에 감화를 받기 시작하는 것을 보고서 그들을 자신들의 권위 아래 묶어두고, 계속해서 그들에게 그리스도에 대한 편견을 심어주려고 노력했다. 그들이 제시한 주장은 두 가지였다.

(1) 만일 그리스도의 복음을 받아들이면 스스로 미혹되는 것이다(47절): 너희도 미혹되었느냐? 기독교는 출발부터 세상 앞에 크게 미혹하는 집단으로 비쳤으며, 복음을 받아들이는 사람들은 미혹당한 자들로 간주되었다. 메시야가 현세적인 권력을 가지고 오기를 기대한 자들은 가난하고 비천한 모습으로 나타난 사람을 메시야로 믿는 사람들이 거짓에 속아 넘어갔다고 생각했다. 그러나 나타난 사실은 도리어 메시야와 함께 현세적인 부귀와 권력을 누릴 것을 기대한 자들이 수치스러운 큰 속임에 넘어갔음을 역설하고 있었다. 바리새인들이 아랫사람들을 꾸짖은 말을 주목하라: "너희도 미혹되었느냐? 똑똑하고 상식이 있는 줄 알았더니, 뜨내기가 와서 가르치는 말을 곧이곧대로 믿는단 말이냐?" 그들은 스스로 한번 잘 생각해보도록 권유함으로써 그리스도에 대한 편견을 갖게 하려고 노력했다.

(2) 스스로 천하게 될 것이다. 대다수 사람들은 신앙 문제에서조차 상류층 사람들의 본을 따르려고 한다. 그러므로 이 지도자들은 아랫사람들에게 다음과 같은 점을 환기시키려 했다.

[1] 만일 그리스도의 제자가 된다면 권력과 명성을 가진 사람들과 반대되는 길을 걷게 될 것이다: "당국자들이나 바리새인 중에 그를 믿는 자가 있느냐? 너희도 알다시피 없으니, 너희도 상관들의 뜻을 따라 믿고 행하라. 너희가 그들보다 더 지혜롭겠느냐?" 당국자들 가운데 더러는 그리스도를 영접하고 믿었으나(마 9:18; 요 4:53), 사람들 앞에서 고백하려면 용기가 필요했다(12:42). 세상에서 그리스도의 관심이 미약할 때는 대적하는 자들 가운데 그리스도를 믿고 나온 자들이 희소하기 마련이다. 그러나 당시는 그런 자들이 아예 없다시피 했다. 주의: 첫째로, 그리스도의 진영에는 당국자들과 바리새인들이 거의 없는 것과 마찬가지였다. 복음은 세속의 지원을 필요로 하지도 않고, 세속적 이익을 보장하지도 않으므로 이 세상의 고위층 사람들에게 잘 보이려고 하지도 않고 그들의 눈치도 보지 않는다. 자기 부인과 십자가가 당국자들과 바리새인들에게는 받아들이기 어려운 교훈이다. 둘째로, 당국자들과 바리새인들이 그리스도의 진영에 인맥을 하나도 두지 않고 있던 현실이 많은 사람들로 그리스도에 대해 편견을 갖게 만들었다. "평신도들이 성직자들보다 영적인 일들에 더 관심을 가질 수 있겠으며, 종교를 직업으로 삼아 연구하는 사람들보다 종교를 더 잘 이해하겠는가? 만일 당국자들과 바리새인들이 그리스도를 믿지 않는다면, 그를 믿는 자들은 지극히 단순하고 세상 물정 모르는 하층민들이다." 이런 논리로 사람들이 어리석게도 영원의 문제를 외적인 동기로 접근했고, 유행에 뒤지지 않기 위해 멸망의 길을 택했으며, 당국자들과 바리새인들 편에 서기 위해 지옥의 편에 섰다.

[2] 만일 그리스도의 제자가 된다면 천한 부류에 속하게 될 것이다(43절): 율법을 알지 못하는 이 무리는 저주를 받은 자로다. 이것은 특히 그리스도의 교훈에 호감을 가진 사람들을 겨냥하여 한 말이었다. 여기서 관찰할 점은, 첫째로, 그들은 그리스도의 교훈에 호감을 가진 자들을 몹시 경멸했다: 이 무리. 이 말에 쓰인 단어는 성직자들과 구분되는 평신도들을 뜻하는 라오스가 아니라, 비천하고 수치스럽고 저급한 사람들, 양 떼를 지키는 개 중에도 둘 만하지 못한 자들(욥 30:1)을 뜻하는 오클로스 우토스이다. 만일 그들이 유대 민족의 평민을 가리켜 이 말을 했다면, 그들은 아브라함의 후손들이요 언약의 백성들이었으므로 그렇게

경멸조로 불러서는 안 되었다. 교회의 한 계층이 다른 계층을 비하하려고 하면 교회의 통일성은 와해된다. 만일 그들이 그리스도를 따르는 자들을 가리켜 이 말을 했다면 그들이 비록 가난하고 지위가 낮은 사람들이었으나 그리스도를 영접함으로써 하늘의 지혜와 진실함을 발견했으므로 그들의 평가와 달리 유능하고 중요한 사람들이 되었다. 주의: 하나님께서는 지혜로 종종 낮고 멸시받는 것들을 택하시는 까닭에, 어리석은 자들은 하나님께서 택하신 것들을 업신여기고 경멸한다. 둘째로, 그들은 그리스도의 교훈에 호의적으로 말하는 자들에 대해 하나님의 말씀에 무지하다고 비난한 것은 가당치 않은 일이었다: 율법을 알지 못하는 이 무리. 마치 자기들에게 배우지 않으면 아무도 율법을 모르고, 자기들을 거치지 않으면 성경 지식을 가질 수 없는 것처럼 말을 했다. 자기들의 유전[전승]을 지키지 않으면 율법을 알 수 없는 것처럼 말을 했다. 실은 그들이 그렇게 경멸한 사람들 가운데 많은 수가 그들보다 율법도 더 잘 알았고 선지자들도 더 잘 알았을 것이다. 평범하고 정직하고 제도 교육을 받지 못한 그리스도의 제자들이 묵상과 경험과 기도와 특히 순종을 통하여 학문에 능통한 학자들보다 하나님 말씀에 대한 더욱 분명하고 견고하고 유용한 지식을 터득하는 경우는 얼마든지 있다. 그렇게 해서 다윗은 노인들과 스승들보다 율법을 더 잘 깨닫게 되었다(시 119:99, 100). 대제사장들과 바리새인들은 평민이 율법을 알지 못할지라도 그런 말로 비판해서는 안 될 일이었다. 그것은 다름 아닌 그들의 잘못이었기 때문이다. 그들이 평민을 더 잘 가르쳤어야 했는데, 잘 가르치지는 못하고 도리어 지식의 열쇠를 가져가 버렸다(눅 11:52). 셋째로, 그들은 그리스도의 교훈에 호의적으로 말하는 자들에 대해 폭언을 서슴지 않았다: 이 무리는 저주를 받은 자로다. 에피카타르토이, 즉 [하나님과 모든 지혜로운 사람들에게] 혐오스러운 자들이라는 뜻이다. 그렇게 저주한다고 해서 그대로 실현되는 것이 아니었다. 부주의하게 내뱉은 저주는 이루어지지 않기 때문이다. 특정인들에게 하나님께 버림받은 자들이라 말하는 것은 무자비한 일일 뿐더러 하나님의 대권을 탈취하는 일이기도 하다. 우리에게는 심판할 권한이 없으므로 정죄하는 것이 어울리지 않으며, 우리가 할 일은 저주하지 않고 복을 비는 것이다. 어떤 이들은 그들의 말이 저주가 아니라, 사람들이 쉽게 미혹되어 어리석게 되는 것을 지적한 것이라고 말한다. 그러나 그들이 저주를 받은 자로다 하고 말한 것은 분노를 표시한 것이고, 아랫사람들에게 그리스도와 조금도 관계를 맺을 생각을 하지 못하도록 엄포를 놓은 것이다. 우리가 사는 이 속된 시대에도 마음에 맞지 않는 것이 생기면 그러한 지옥의 언어를 퍼붓는다. 어쨌든 이 아랫사람들은 상관들의 꾸지람과 욕설에 잔뜩 기가 질려 더 이상 그리스도에 대해 알려고 하지 않았다. 당국자 혹은 **바리새인**이 내뱉은 한 마디가 본질에 대한 바른 파악과 자기 영혼에 대한 관심을 압도해 버렸다.

II. 당국자들 및 바리새인들과 그들 중 한 사람인 니고데모 사이에 오간 대화 (50절 이하).

1. 그들의 부당한 처사에 대한 니고데모의 정당하고 합리적인 비판. 하나님께서는 부패하고 악한 산헤드린 안에도 그들의 죄를 지적할 증인이 있게 하셔서, 그리스도를 박해하기 위한 표결이 만장일치로 가결되지 않도록 하셨다.

(1) 그들을 가로막고 나선 사람이 누구였는가: 그는 그 중의 한 사람 곧 전에 예수께 왔던 니고데모였다(50절). 그에 관해 생각할 점: [1] 그는 예수님을 만나 자신의 스승으로 삼았으면서도 공회에서 자신의 지위와 투표권을 버리지 않았다. 어떤 이들은 이 점을 들어 그가 유약하고 비겁했다고 말하고, 그 직위를 내놓지 않은 것을 잘못이라 생각하지만, 그리스도께서는 그에게 나를 따르라고 말씀하신 적이 없다. 만일 그렇게 말씀하셨다면 다른 사람들과 마찬가지로 모든 것을 버리고 주를 따랐을 것이다. 그러므로 그 직위를 당장 그만두지 않은 것은 지혜로운 일이었다고 봐야 한다. 왜냐하면 그곳에 있으면서 그리스도를 위해 봉사할 기회를 얻고, 유대인들의 적대감의 흐름을 막을 수 있었기 때문이다. 마치 후새가 압살롬의 진영에서 했던 것처럼, 그들 가운데서 그들의 모략을 어리석게 만드는 역할을 할 수 있었다. 우리는 어떤 경우에도 주님을 부인해서는 안 되지만, 가장 적절한 때를 위하여 사람들 앞에서 주님을 시인하는 일을 남겨놓을 수도 있다. 하나님께서는 온갖 부류의 사람들 가운데 당신의 남은 자들을 두시며, 악한 장소와 사회 속에서 당신의 선량한 백성들을 찾으시거나 두시거나 만드신다. 느부갓네살의 궁전에 다니엘이 있었고, 아닥사스다의 궁전에 느헤미야가 있었다. [2] 니고데모는 처음에는 신분이 노출되는 것이 두려워 밤중에 예수님을 찾아왔고, 지금도 여전히 그 지위에 있었다. 그럼에도 불구하고 결정적인 기회에 담대히 나서서 그리스도를 변호했으며, 그리스도를 대적하려고 하는 공회 전체에 대항했다. 이처럼 처음에는 소심하여 **바람에 흔들리는 나뭇잎**에도 도망치려고 하던 많은 신자들이 결국에는 하나님의 은혜로 용기 있게

장성하여 휘두르는 창도 비웃을 수 있게 된다. 니고데모를 핑계 삼아 믿음을 감추려 해서는 안 된다. 니고데모처럼 비록 혼자일지라도 그리스도를 위해 공식적으로 변증할 각오가 되어 있지 않다면, 그를 핑계 삼아 믿음을 숨기는 행위를 정당화해서는 안 된다. 니고데모는 본문뿐 아니라 19:39에서도 자신의 믿음을 겉으로 드러냈다.

(2) 니고데모는 공회원들의 시도를 무슨 말로 비판했는가(51절): 우리 율법은 사람의 말을 듣고 그 행한 것을 알기 전에 심판하느냐? 그런 일은 당연히 없으며, 어떠한 문명사회의 법도 그런 것을 용납하지 않는다. 관찰할 점: [1] 니고데모는 현명하게도 그들 율법의 원리이자 거스를 수 없는 정의의 준칙을 근거로 주장한다. 그것은 아무도 본인의 말을 듣기 전에는 정죄할 수 없다는 것이었다. 만일 그가 공회 앞에서 그리스도의 교훈의 우수함과 표적들을 역설하거나, 자신이 나눈 신적인 대화 내용(3장)을 소개했다면, 그것은 돼지에게 진주를 던지는 것과 다름없었을 것이다. 그들은 그것을 짓밟고 돌이켜 그를 찢었을 것이다. 그러므로 니고데모는 그 대화에 관해서는 입을 다물었다. [2] 그들이 백성 특히 그리스도를 따르는 자들을 저주하자, 니고데모는 율법의 기본 원리를 무시해 가면서 다른 사람들에게 율법을 가르칠 수 있겠느냐고 점잖게 나무랐다. [3] 율법이 듣고 알고 심판한다는 말은 율법을 맡은 관원들이 율법에 의해 듣고 알고 심판한다는 뜻이다. 그들이 율법을 근거로 무엇을 매거나 풀면 율법이 그것을 매거나 푼다고 말할 수 있다. [4] 어떤 사안이든 먼저 율법으로 공정한 심문을 거친 다음 판결을 내리는 것은 지극히 정당한 일이다. 판사들은 고소 건을 접수하면 마음에 피고의 변호를 들어줄 공간을 항상 남겨놓아야 한다. 양쪽의 말을 공정하게 들으라고 귀를 두 개 주셨기 때문이다. 로마 관원들의 태도가 그런 것이었다(행 25:18). 우리 율법의 방법은 오예르와 테르미네르, 즉 먼저 듣고 나서 판결하는 것이다. [5] 사람을 재판할 때는 그에 관한 풍문이 아닌 그의 행동을 근거로 삼아야 한다. 우리 율법은 그에 관한 사람들의 견해나 비난이 무엇인가를 묻지 않고, 그가 무슨 행동을 했는가를 묻는다. 그가 유죄가 될 만한 무슨 명백한 행동을 했는가? 판결은 증언된 바와 입증된 바를 따라 내려야 한다. 안면이 아닌 사실을 중시해야 한다. 공의의 칼을 사용하기 전에 공의의 저울을 사용해야 한다.

이상의 내용을 종합할 때, 니고데모가 공회 앞에 제시한 동의안은, 예수님을 직접 오시게 하여 자신과 자신의 교훈에 관해 증언하시게 하고, 증언하실 때 편견을 버리고 공평한 태도로 들어야 한다는 것이다. 그러나 그의 소신에 반대하는 자가 아무도 없었으나, 또한 찬성하는 자도 없었다.

　2. 니고데모의 이의 제기에 대한 반응. 그의 이의 제기에 직접적인 답변은 없었다. 그러나 그의 설득력 있는 주장 앞에 반박할 말이 없게 되자, 그들은 악감정을 쏟아냈다. 이성적으로 풀어가야 할 일을 고함과 욕설로 대신했다. 주의: 사람들이 자초지종을 차분히 듣지 못하고, 원칙을 환기받는 것을 모욕으로 여기는 것은 마음의 동기가 악하다는 증거이다. 이성적인 판단을 회피하는 자는 그의 주장이 비이성적이 아닌가 의심을 받게 된다. 그들이 니고데모를 어떻게 조소했는지 살펴보라: 너도 갈릴리에서 왔느냐(52절). 어떤 이들은 니고데모가 그리스도의 원수들 가운데서 자리를 보전하는 데 힘썼을 뿐이라고 생각한다. 그의 말은 그리스도를 위해 한 말이라기보다 대역 죄인에 대해 함직한 말 ─ 당사자의 진술을 듣지도 않고 사형 판결을 내리는 게 옳은가 ─ 이었다는 것이 그 이유이다. 만일 그가 "이 예수에 관해서 말하자면, 나는 그의 말을 직접 들은 자로서 그가 하나님께로부터 오신 선생인 줄을 안다. 여러분이 그를 대적하는 것은 하나님을 거슬러 싸우는 것이다" 하고 말했더라도, 이처럼 그리스도에 대해 미약한 동정을 표시하다가 받은 것보다 더 큰 힐난을 받지는 않았을 것이다. 그들이 니고데모를 힐난한 말에서 다음과 같은 점을 관찰할 수 있다.

　(1) 그들의 힐난은 근거가 옳지 않았다. 왜냐하면, [1] 그들은 예수가 갈릴리 출신이라고 주장했는데, 이것은 사실과 다르며, 만일 예수에 관해 정확한 평가를 할 의지가 있었다면 그것은 얼마든지 사실 확인이 가능한 사항이었기 때문이다. [2] 그들은 예수의 제자들 대다수가 갈릴리 출신이므로 예수도 갈릴리 출신이라 생각했다. 그러나 유대에도 예수의 제자들이 많이 있었다. [3] 그들은 갈릴리에서는 선지자가 일어난 적이 없다고 말하면서, 니고데모에게 한번 찾아보라고 다그쳤다. 그러나 이 말도 거짓이었다. 선지자 요나는 가드헤벨 사람이었고(왕하 14:25), 나훔은 엘고스 사람이었는데(나 1:1), 두 지역 모두 갈릴리에 속해 있다. 이처럼 그들은 거짓을 도피처로 삼았다.

　(2) 그들의 힐난은 거짓에 근거한 불합리한 것으로서, 당국자들과 바리새인들이라는 지위를 부끄럽게 만들었다. [1] 출신 지역이 가난하고 이름 없는 곳이라 해서 사람의 가치와 역량을 비하하는 것이 옳은가? 갈릴리인들은 아브라함의

후손들이고, 야만인들과 스구디아인들은 아담의 후손들이다. 그렇다면 우리 모두가 한 아버지를 모시고 있는 게 아닌가?[2] 혹여 갈릴리에서 선지자가 일어난 적이 없었다 해도 앞으로도 일어나지 말라는 법이 없었다. 만일 엘리야가 길르앗 최초의 선지자라면(그렇게 추정됨), 그리고 길르앗 사람들이 도망자들이라 불렸다면(삿 12:4), 그들의 논리대로라면 엘리야가 과연 선지자였나 아니었나 의문을 제기해야 마땅하지 않겠는가?

3. 그로 인해 공회가 흐지부지 산회함. 그들은 갈피를 잡지 못한 채 공회를 서둘러 끝낸 뒤 다 각각 집으로 돌아갔다. 원래 공회를 소집했을 때는 서로 꾀하여 여호와와 그의 기름 부음 받은 자를 대적하기 위함이었으나, 그들이 꾸민 일은 헛된 일이었다(시 2:1, 2). 치밀한 각본에 의해 세워진 책략이 정직한 말 한 마디에 산산조각 나는 것 앞에서 하늘에 앉으신 이가 웃으셨을 뿐 아니라, 땅에 앉은 우리도 웃지 않을 수 없다. 그들이 니고데모의 말을 더 듣지 않으려고 한 이유는 그의 말에 제대로 답변할 수 없었기 때문이다. 자신들 내부에 그런 존재가 있다는 것을 확인한 그들은 더 이상 자기들의 음모를 진행시키는 것을 가망 없는 일로 여기고, 그가 없을 때 이 문제를 다시 다루기로 작정했다. 이로써 사람들의 마음에 여러 가지 계획이 있었음에도 불구하고 하나님의 뜻이 확고히 서게 되었다.

제 8 장

개요

이 장의 내용은 다음과 같다. I. 유대인들이 음행중에 잡힌 여자를 끌고 와서 시험하려 했으나, 그리스도께서 유능하게 물리치심(1-11절). II. 트집을 잡고, 매사에 대적하고, 하시는 말씀마다 논쟁을 거는 유대인들에게 하신 다양한 말씀. 1. 주께서 세상의 빛이심에 관하여(12-20절). 2. 믿지 않는 유대인들이 당할 멸망에 관하여(21-30절). 3. 자유와 속박에 관하여(31-37절). 4. 주님의 아버지와 그들의 아비에 관하여(38-47절). 5. 유대인들의 참람한 비난에 대해서 하신 말씀(48-50절). 6. 신자들의 불멸에 관하여(51-59절). 이 모든 대화에서 주께서는 죄인들이 거슬러 말하는 것을 참으셨다.

[1]예수는 감람 산으로 가시니라 [2]아침에 다시 성전으로 들어오시니 백성이 다 나아오는지라 앉으사 그들을 가르치시더니 [3]서기관들과 바리새인들이 음행중에 잡힌 여자를 끌고 와서 가운데 세우고 [4]예수께 말하되 선생이여 이 여자가 간음하다가 현장에서 잡혔나이다 [5]모세는 율법에 이러한 여자를 돌로 치라 명하였거니와 선생은 어떻게 말하겠나이까 [6]그들이 이렇게 말함은 고발할 조건을 얻고자 하여 예수를 시험함이러라 예수께서 몸을 굽히사 손가락으로 땅에 쓰시니 [7]그들이 묻기를 마지 아니하는지라 이에 일어나 이르시되 너희 중에 죄 없는 자가 먼저 돌로 치라 하시고 [8]다시 몸을 굽혀 손가락으로 땅에 쓰시니 [9]그들이 이 말씀을 듣고 양심에 가책을 느껴 어른으로 시작하여 젊은이까지 하나씩 하나씩 나가고 오직 예수와 그 가운데 섰는 여자만 남았더라 [10]예수께서 일어나사 여자 외에 아무도 없는 것을 보시고 이르시되 여자여 너를 고발하던 그들이 어디 있느냐 너를 정죄한 자가 없느냐 [11]대답하되 주여 없나이다 예수께서 이르시되 나도 너를 정죄하지 아니하노니 가서 다시는 죄를 범하지 말라 하시니라.

그리스도께서는 앞 장에서 당국자들과 바리새인들에게 심한 위협을 당하셨는데도 불구하고 여전히 예루살렘에, 그것도 성전에 계신 모습을 보게

된다. 주께서 얼마나 그들을 모으려고 애쓰셨던가! 여기서 관찰할 점은,

I. 밤에 성 밖으로 물러가심(1절): 예수는 감람 산으로 가시니라. 친구의 집으로 가셨는지 아니면 당시가 초막절이었으므로 감람 산에 친 임시 장막에서 쉬셨는지 확실하지 않다. 혹은 쉬셨는지 아니면 밤새 기도하셨는지 우리는 알 수가 없다. 아무튼 예루살렘 밖으로 나가셨는데, 아마도 그 이유는 밤에 숙소를 내줄 만큼 친절과 성원을 베풀어 줄 만한 친구가 없었기 때문일 것이다. 박해자들은 성내에 저마다 돌아갈 집이 있었지만(7:53), 주께서는 잠시라도 빌려 머리 둘 곳조차 없어서 몇 리 걸어 성 밖으로 나가셔야 했다. 어떤 사람들은 주께서 밤에 있을지도 모를 불의의 공격에 당신을 노출시키지 않으시기 위해 성 밖으로 나가셨을 것으로 생각한다. 사명 수행에 지장만 없다면 위험한 길은 되도록 피하는 것이 현명한 일이다. 주께서는 낮에는 성전에서 하실 일이 있었으므로 당신을 기꺼이 노출시키셨고, 특별한 보호를 받으셨다(사 49:2). 그러나 밤에는 하실 일이 없었으므로 성 밖으로 나가 머무셨다.

II. 아침에 성전으로 돌아와 계속해서 일하심(2절).   여기서 관찰할 점은,

1. 그리스도께서는 대단히 부지런한 전도자이셨다: 아침에 다시 성전으로 들어오시니 백성이 다 나아오는지라. 앉으사 그들을 가르치시더니. 어제도 가르치셨는데 오늘 또 가르치기 시작하셨다. 그리스도께서는 기회를 얻든 못 얻든 항상 힘써 가르치셨다. 본문에서 그리스도께서 가르치신 내용에 관하여 세 가지를 주목하게 된다. (1) 시간: [이른] 아침에. 성 밖으로 나가셔서 아마도 홀로 기도하시며 밤을 지새셨을 텐데, 그런데도 일찍 오셨다. 하나님과 영혼들을 위해 하루 일과를 수행하려 할 때에는 아침 일찍 시작하는 게 좋다. (2) 장소: 성전. 그 곳이 거룩하게 구별된 장소였기 때문이라기보다, 사람들이 많이 모이는 장소였기 때문이다(만일 거룩한 장소였기 때문이라면 다른 경우에도 주로 이 곳에서 일하셨을 것이다). 그리고 그로써 예배를 위해 엄숙히 모이는 것을 권장하고, 백성들이 성전에 오도록 격려하기를 바라셨다. 아직 성전을 버리지 않으셨기 때문이다. (3) 주님의 자세: 앉으사. 권위 있는 사람처럼, 그리고 그 곳에 한동안 머물 뜻이 있는 자처럼 앉아서 가르치기 시작하셨다.

2. 백성들이 주님의 말씀을 진지하게 들었다: 백성이 다 나아오는지라. 아마도 그들 중 많은 수는 명절을 마치고 그 날 귀향해야 할 지방 사람들이었을 것이다. 그들은 돌아가기 전에 그리스도의 입에서 나오는 말씀을 한 번 더 듣고 싶

었다. 주께서 아침 일찍 오셨는데도 그들은 주님께 나아왔다. 일찍 주님을 찾는 자들이 만날 것이다. 백성이 주님께 나아가 말씀 듣는 것을 당국자들이 몹시 싫어하는 줄을 알면서도, 백성은 주님 앞에 나아왔다. 백성 가운데는 주님께 적대감을 품은 자들이 있었지만, 주께서는 그들을 가르치셨다. 그들 가운데 유력 인사가 극소수이거나 거의 없었지만, 그들을 따뜻하게 맞이하여 가르치셨다.

Ⅲ. 음행중에 잡힌 여자를 끌고 와서 주님을 시험하려고 한 자들을 대하심. 서기관들과 바리새인들은 주님의 말씀을 끈기 있게 들으려 하지 않았을 뿐 아니라, 백성이 경청할 때 그들을 방해했다. 여기서 관찰할 점은,

1. 서기관들과 바리새인들이 주님께 던진 시험. 그들은 논쟁을 이끌어 내어 올무에 걸리게 할 심산이었다(3-6절).

(1) 그들은 죄인을 법정에 끌고 왔다(3절): 음행중에 잡힌 여자를 끌고 와서 가운데 세우고. 아마 초막절 기간에 죄를 범한 듯하다. 다들 장막에 거하여 기쁘게 명절을 지키고 있는 동안 악한 마음이 들어 죄를 범한 듯하다. 율법은 간음하다 잡힌 사람을 돌로 쳐죽이도록 했고, 로마 권력도 그런 죄인은 처형하도록 허락했으므로, 여인을 교회 법정에 끌고 왔다. 여인이 음행중에 잡혔다는 사실을 주목하라. 간음은 어둠의 일이어서 죄를 범하는 자가 은폐하기 위해 극히 조심을 하는데도, 이상하게도 간혹 드러난다. 은밀히 죄를 범하겠다고 스스로 다짐하는 자들은 스스로를 속이는 것이다. 서기관들과 바리새인들은 마치 여인의 운명을 그리스도의 판결에 맡기기라도 하려는 듯이 여인을 그리스도께 끌고 와서 무리 가운데 두었다. 그리스도께서는 마치 판사가 판사석에 앉듯이 자리에 앉으셨다.

(2) 그들은 주님께 여인을 고발했다: 선생이여 이 여자가 간음하다가 현장에서 잡혔나이다(4절). 하루 전만 해도 주님더러 미혹하는 자라 하던 자들이 선생이라 불렀다. 누가복음 20:20의 경우와 같이 아첨의 말로 주님을 올무에 걸리게 하려는 속셈이었다. 그러나 사람은 아첨에 넘어갈지 몰라도, 주님은 중심을 꿰뚫어 보시는 분이다.

[1] 여인이 붙잡혀 온 죄는 다름 아닌 간음이었다. 이 죄는 심지어 모세 율법이 있기 전인 족장 시대에도 재판하여 처형해야 할 범죄였다(욥 31:9-11; 창 38:24). 바리새인들은 여인을 법으로 처단하는 데 열성을 보임으로써 간음죄를 막는 데 앞장서는 것처럼 행세했다. 하지만 후에 드러났지만 그들 자신도 이

죄에서 자유롭지 못했다. 오히려 그들 속에 더러운 것이 가득 차 있었다(마 23:27, 28). 주의: 자기 죄에 관대할수록 남의 죄에 가혹한 것이 보통이다.

[2] 범죄 사실을 부인할 수 없는 명백한 증거가 있었다. 음행중에 붙잡혔으므로 발뺌할 여지가 없었다. 만일 음행중에 붙잡히지 않았다면 다음에 다시 죄를 지음으로써 마음이 철저히 완고해지고 말았을 것이다. 죄가 발각되는 것이 때로는 죄인들에게 자비인 경우가 있다. 그러면 다시는 죄를 범할 엄두를 내지 못하게 될 것이기 때문이다. 우리의 죄가 우리에게 멸망이 되기보다 수치가 되는 것이 나으며, 우리 앞에 정죄의 근거가 되기보다 회개의 기회가 되는 것이 낫다.

(3) 그들은 이런 경우를 상정하고서 법을 만들어 놓고, 그 법대로 여인을 처벌할 것을 요구했다(5절). 모세가 율법에 이러한 여자를 돌로 치라 명하였다고 그들은 말했다. 그러나 모세는 그러한 자를 반드시 죽이라고 했으며(레 20:10; 신 22:22), 간음을 범한 여자가 결혼하지 않고 약혼을 하지 아니한 경우이거나, 제사장의 딸이 아닌 경우에 돌로 치라고 하지 않았다(신 22:21). 주의: 간음은 극히 악한 죄이다. 그것은 사악한 정욕으로 하나님의 계명을 어기는 것일 뿐 아니라 언약을 짓밟는 행위이기 때문이다. 그것은 하나님께서 순결한 사회를 세우시기 위해 정하신 제도를 인간의 부패한 정욕으로 망가뜨리는 행위이다.

(4) 그들은 주님께 판결을 요구했다: "선생은 어떻게 말하겠나이까? 당신은 하나님께로부터 온 선생을 자임하면서 옛 법을 없애고 새 법을 제정한다고 하지 않습니까? 그렇다면 이 경우에 뭐라고 말하겠습니까?" 만일 그들이 정말로 주님의 뜻을 알고 싶어서 진지하게 이 질문을 했다면 바람직한 일이었을 것이다. 법 집행을 위임받은 자들은 그리스도께 인도를 구해야 한다. 그러나 그들이 이렇게 말함은 고발할 조건을 얻고자 하여 예수를 시험함이러라(6절). [1] 만일 주께서 율법의 규정을 인정하시고 그대로 시행하라고 하셨다면, 그들은 그것이 주님의 평소 태도(세리와 죄인들을 가까이 대하시던)와 모순되며, 온유하고 구원을 베풀며 희년을 선포하는 분인 메시야의 성품과도 거리가 먼 행위라고 비난할 참이었다. 그리고 유대인들에게 스스로 법을 집행하도록 독려했다는 이유로 로마 총독에게 고발할 생각이었을 것이다. 그러나, [2] 만일 여인에 대해 죄 없다 하면서 사형 집행에 반대 의견을 낸다면(그들은 주께서 그렇게 하실 줄로 예상했다), 그들은 첫째로, 주님을 모세 율법을 훼손하고 법 집행의 권위를 가로챘다는 이유로 몰아세우고, 주께서 율법과 선지자를 폐하러 오셨다는 원수들의

선전을 사실로 확증하려 할 것이다. 둘째로, 죄인들의 친구요 따라서 죄를 장려하는 자라고 비판할 것이다. 만일 그러한 죄를 묵인하고 처벌하지 않으신다면 죄를 옹호하고 후원하는 자로 비판할 것이다. 선지자의 엄격함과 순결함을 견지해온 분에게 그러한 비난은 결코 작은 것이 아니었다.

2. 주께서 이 문제를 해결하시기 위하여 취하신, 그리고 그 결과 올무를 타파하신 방법.

(1) 주께서는 그 문제가 대수롭게 여기지 않으시는 듯이 아무 대답 없이 가만히 계셨다: 예수께서 몸을 굽히사 손가락으로 땅에 쓰시니. 무엇을 쓰셨는지 알 수 없으므로 물을 필요도 없다. 그러나 이것이 복음서들을 통틀어 그리스도께서 무엇을 쓰셨다는 유일한 언급이다. 유세비우스는 그리스도께서 에데사의 왕 아브가루스(Abgarus)에게 서한을 보내셨다고 말한다. 어떤 이들은 이 상황에서 주께서 손가락으로 땅에 쓰신 내용은 각자 상상할 자유가 있다고 생각한다. 그로티우스(Grotius)는 그것이 무거운 내용이 담긴 글귀였으며, 현자들은 무엇을 골똘히 생각할 때 대개 그렇게 했다고 말한다. 제롬과 암브로시우스는 주께서 이 악한 자들의 이름이 땅에 새겨질지어다 하고 쓰셨다고 추측한다. 다른 이들은 땅이 땅을 고발하지만, 심판은 내게 달려 있다고 쓰셨다고 추측한다. 아무튼 그리스도께서는 이러한 모습으로써 어려운 문제가 우리 앞에 던져질 때 경솔히 판단하지 말고 말하기를 더디할 것을 가르치신다. 남들이 우리를 자극하거나 희롱을 당할 때는 입 다물고 대답할 말을 숙고해야 한다. 입을 열기 전에 두 번 생각해야 한다. 의인의 마음은 대답할 말을 깊이 생각하여도 악인의 입은 악을 쏟느니라(잠 15:28). 몇몇 헬라어 사본을 토대로 한 우리의 번역은 메 프로스포이우메노스라는 구절을 넣음으로써(대부분의 사본들에는 그 구절이 없다) 주께서 손가락으로 땅에 쓰신 이유를 설명한다: 마치 그들의 말을 듣고 계시지 않는 것처럼. 사실상 그들의 말에 관심이 없다는 듯이 다른 데를 쳐다보시면서 누가 나를 너희의 재판장이나 물건 나누는 자로 세웠느냐 하고 말씀하신 것과 같다. 안전하게 대답하기 어려울 때는 아예 듣지 않는 것이 안전한 경우가 많다(참조. 시 38:13). 그리스도께서는 당신의 사역자들이 세상일에 얽매이는 것을 원치 않으신다. 말씀 사역자들은 자기들에게 속하지 않은 일에 분주하기보다 사역에 필요한 공부를 하거나 차라리 땅에 무엇(아무도 마음에 두지 않는 것)을 쓰며 지내는 것이 옳다. 그러나 그리스도께서는 그들의 말을 듣지 않는 듯이 보일 때

에도 그들의 말을 들으셨을 뿐 아니라 그들의 생각까지도 아셨음을 나타내셨다.

(2) 그들이 집요하게, 아니 무례하게 대답을 요구하자, 주께서는 죄인의 죄를 고발자들에게 돌리셨다(7절).

[1] 그들은 집요하게 주님께 물었고, 주께서 아무 대꾸도 하시지 않자 더욱 다그쳤다. 이제는 주님을 걸어 넘어뜨릴 수 있게 되었다고 확신했던 것이다. 만일 죄인을 감싸주면 모세 율법에 어긋나게 말하게 될 것이고, 죄인을 정죄하면 자신의 자비와 용서의 교훈을 무너뜨리게 될 것이니 꼼짝없이 올무에 걸렸다고 생각했다. 그러므로 더욱 거세게 몰아붙였다. 주께서 아무 대꾸도 하지 않으시는 것을 자기들을 무시하고 자기들의 뜻을 무산시키려는 행동으로 해석했다.

[2] 그러나 마침내 주께서는 말씀 한 마디로 그들로 부끄러워 입을 막도록 만드셨다: 이에 일어나 — 마치 잠에서 깨어나신 것처럼(시 78:65) — 이르시되 너희 중에 죄 없는 자가 먼저 돌로 치라.

첫째로, 그리스도께서는 그들이 쳐 놓은 올무를 피하시고 당신의 명예를 지키셨다. 율법을 손상시키지도 않으시고, 죄인의 죄를 근거 없이 용서하지도 않으시고, 그들의 고발을 권장하시거나 그들의 열정을 인정하지도 않으셨다. 입 다물고 깊이 숙고하는 것이 어떤 유익을 끼치는지 보라. 당장 앞길이 보이지 않으면 나침반을 꺼내는 것이 좋다.

둘째로, 그들은 자기들이 쳐놓은 그물에 자기들이 걸렸다. 그들은 주님을 고발할 목적으로 왔지만 결국 스스로 고발하지 않을 수 없게 되었다. 그리스도께서는 죄인을 법정에 세워 처벌하는 것을 옳게 여기시지만, 법을 집행하는 자들의 양심을 향해서 그들이 과연 법을 집행할 자격이 있는지 물으신다.

a. 여기서 주께서는 모세 율법이 죄수를 처형할 경우에 대해 규정해 놓은 규율을 언급하신다: 증인이 먼저 그에게 손을 댄 후에(신 17:7). 유대인들이 스데반을 돌로 칠 때도 이렇게 했다(행 7:58). 서기관들과 바리새인들이 여인을 고발한 증인들이었다. 그리스도께서는 그들을 향해, 율법대로 사형 집행인들이 될 것인지 물으신다. "지금 너희는 입으로 살인을 저지르고 있는데, 손으로도 저 여인을 죽일 텐가? 만일 그렇게 하려고 하면 너희의 양심이 너희 얼굴을 향해 들고일어나지 않겠는가?"

b. 주께서는 확고한 도덕성의 공리 위에, 사람들이 자기들에게 이런저런 죄가 많으면서도 남들의 죄를 기를 쓰고 벌하려고 하고, 남들을 정죄하면서도 자신들도 같은 일을 하는 것이 얼마나 부조리한 일인가를 상기시키신다: "만일 너희 중에 죄 없는 자가 있다면, 즉 현재나 과거에 음행이나 간음을 범한 적이 없는 자가 있다면, 그가 먼저 저 여자를 돌로 치라." 물론 이 말씀은 자기들의 죄를 자각하는 당국자들은 다른 사람들의 죄를 묵인해야 한다는 뜻이 아니다. 오히려 이 말씀의 뜻은 다음과 같다. (a) 다른 사람들의 허물을 발견할 때는 오히려 자신을 돌아보아, 다른 사람들보다 자신을 엄하게 꾸짖어야 한다. (b) 죄는 미워하되 사람은 긍휼히 여겨야 한다. 우리 자신의 부패한 본성을 기억하고서 죄 지은 사람을 온유한 심령으로 회복시켜야 한다. 우리도 그와 같거나 그와 같았거나 혹은 그와 같을 수가 있다(Aut sumus, aut fuimus, vel possumus esse quod hic est). 주님의 말씀을 기억하고서 형제들에게 돌을 던지며 그들의 허물을 퍼뜨리지 말자. 죄 없는 자가 먼저 이런 태도를 취하면 죄 지은 형제가 자기 죄를 부끄러워하여 기꺼이 죄를 버릴 것이다. (c) 직분상 다른 사람들의 죄를 책망하지 않을 수 없는 사람들은 자신들을 돌아보아 항상 도덕적인 순결을 유지하도록 힘써야 한다(마 7:5). 성막의 불집게는 순금으로 만들었다(출 37:23).

c. 아마도 주께서는 불륜의 혐의가 있는 아내를 남편이 "질투의 물"로 시험하는 것을 언급하신 듯하다. 마치 서기관들과 바리새인들이 여인을 그리스도께 끌고 왔듯이, 남편은 혐의가 있는 아내를 제사장에게 데리고 가야 했다(민 5:15). 그런데 만일 남편이 아내를 끌고 가서 시험을 받게 하려면 남편 자신이 간음죄를 범한 적이 없어야 한다는 것이 유대인 사회에서 널리 인정되었고 경험으로도 확증된 생각이었다. 남편 자신이 죄가 있다면 쓴 물이 아내에게 아무런 효과를 내지 않았다(Aquae non explorant ejus uxorem). 그리스도의 말씀은 이런 뜻이었다. "그렇다면 너희의 전통대로 내게 나아오라. 내가 재판해 주마. 만일 너희에게 죄가 없다면 형 집행자의 자리에 서서 여인을 처형하라. 그러나 만일 그렇지 못하다면 아무리 여인에게 죄가 있을지라도 너희도 똑같은 죄를 범한 자이므로 너희 율법의 규율대로 여인을 풀어 주라."

d. 이 일로써 주께서는 세상에 오신 큰 뜻을 수행하신 셈이었다. 그것은 죄인들을 불러 회개케 하는 것이었다. 멸하러 오시지 않고 구원하러 오셨다. 주께서는 죄 범한 여인에게 자비를 베푸셔서 회개하도록 인도하셨을 뿐 아니라,

여인을 처형하려 했던 자들에게도 자신들의 죄를 돌아보게 하심으로써 같은 자비를 베푸셨다. 그들은 주님 앞에 올무를 놓아 넘어뜨리려고 했으나, 주께서는 그들로 하여금 죄를 깨닫고 돌이키도록 마음을 쓰셨다. 피 흘리기를 좋아하는 자는 온전한 자를 미워하고 정직한 자의 생명을 찾느니라(잠 29:10).

[3] 주께서는 그들에게 이와 같이 놀라운 말씀을 하셔서 자신들을 돌아볼 기회를 주신 다음 다시 몸을 굽혀 손가락으로 땅에 쓰셨다(8절). 그들이 대답을 다그치는 동안 주께서는 그들의 질문을 무시하시는 듯 보였으나, 이제는 대답을 하심으로 그들의 적의(敵意)을 무시하셨고, 그들의 대답에도 관심을 보이지 않으셨다. 아니, 어떤 대답도 필요 없으셨다. 문제는 그들의 마음에 있으니 스스로 알아서 잘 판단하면 될 일이었다. 혹은 주께서 그렇게 대답을 기다리지 않는 듯한 태도를 취하신 이유는 그들이 돌연 자신들을 정당화하고 나서서 자신들의 주장을 고집하지 못하도록 하시기 위함이었을 수도 있다. 그들에게 시간을 주어 잠시 자신들을 돌아보게 하신 것이다. 하나님께서는 내가 귀를 기울여 들은즉 하고 말씀하셨다(렘 8:6). 어떤 헬라어 사본들에는 그들 각 사람의 죄를 땅에 쓰시니(에노스 헤카스투 아우톤 타스 하마르티아스) 하고 기록되어 있다. 주께서 능히 이 일을 하실 수 있는 것은 우리의 죄악을 주의 앞에 놓으시기 때문이요, 장차 우리 앞에도 차례로 벌여 놓으실 것이기 때문이다. 주는 내 허물을 주머니에 봉하시고 내 죄악을 싸매시나이다(욥 14:17). 주께서는 사람들의 죄악이 용서되기 전까지 결코 잊지 않으시기 위하여 모래에 쓰지 않으시고, 금강석 끝 철필로 새기신다(렘 17:1).

[4] 서기관들과 바리새인들은 그리스도의 말씀에 신비스러운 타격을 받고서 박해의 손길을 슬그머니 거둬들였다. 시험하려던 것도 그만두고 여인을 고발하려는 생각도 더 이상 하지 못했다(9절): 그들이 이 말씀을 듣고 양심에 가책을 느껴 어른으로 시작하여 젊은이까지 하나씩 하나씩 나가고.

첫째로, 아마도 주께서 땅에 뭐라고 쓰신 것이 그들에게 두려움을 안겨 주었을 것이다. 마치 손이 나타나 벽에 쓴 글이 벨사살을 얼어붙게 만든 것처럼. 그들은 주께서 자신들에 대한 통렬한 것, 자신들의 멸망을 쓰고 있다고 결론내렸다. 주께서 글 쓰시는 것을 두려워하지 않아도 되는 자들은 복되다!

둘째로, 주님의 말씀이 그들의 양심에 가서 박혔기 때문에 그들을 두렵게 만들었다. 자신들을 돌아보도록 하셨는데, 만일 주께서 고개를 드실 때까지 그 자리에 남아 있게 되면 돌아올 것은 자기들의 부끄러운 죄가 세상 앞에 드러나는 것뿐이었으므로, 그들은 그 자리를 뜨는 것이 상책이라 생각했다. 그리스도 앞에서 한꺼번에 도망치느라 소란을 피우면 안 되겠으니까 한 사람씩 조용히 빠져나간 것이다. 백성들이 싸움에 쫓겨 부끄러워 도망함 같이 가만히 빠져나갔다(참조. 삼하 19:3). 복음서 기자는 사람들이 자리를 뜬 순서를 놓치지 않았는데, 어른들이 먼저 나간 이유는 그들의 죄가 가장 많았기 때문이거나, 망신당할지 모르는 위험을 가장 먼저 알아차렸기 때문일 것이다. 어른들이 기가 꺾여 부끄럽게 나가는 판국에 젊은 사람들이 그 뒤를 따라 나간 것은 이상한 일이 아니다. 여기서 생각할 점은, 1. 죄인들에게 죄를 깨닫게 하는 그리스도의 말씀의 힘: 그들이 이 말씀을 듣고 양심에 가책을 느껴. 양심은 하나님께서 영혼에 보내신 대리자이므로, 말씀 한 마디에도 양심은 움직인다(히 4:12). 늙도록 간음을 범하면서도 자부심만 강하던 자들이 그리스도의 말씀에 크게 움츠러들었다. 심지어 서기관들과 바리새인들조차 그리스도의 말씀 앞에 부끄러워 돌아가야 했다. 2. 죄를 지적당한 죄인들의 미련한 반응 ― 서기관들과 바리새인들의 태도. (1) 그들이 죄를 지적당했을 때 유다처럼 수치를 감추는 데 급급했던 것은 미련한 짓이었다(창 38:23, 우리가 부끄러움을 당할까 하노라). 체면을 지키는 것보다 더 중요한 것이 영혼을 구원하는 일이다. 사울은 내가 범죄하였을지라도 이제 청하옵나니 … 나를 높이사 하고 말함으로써 속에 있는 위선을 드러냈다(삼상 15:30). 죄를 회개하고자 하는 자들은 부끄러움을 감수하지 않고는 명예와 위로를 되찾을 길이 없다. (2) 죄를 지적받을 때 죄책감을 떨쳐버릴 궁리만 하는 것이 죄인들의 미련함이다. 서기관들과 바리새인들은 자신들의 죄의 환부가 열렸을 때 그 근원을 끝까지 찾아내 고침을 받으려 하지 않고, 그것이 두려워 피했다. (3) 죄를 지적당할 때 예수 그리스도에게서 도망치려 하는 것이 죄인들의 미련함이다. 오직 그리스도께서만 양심의 상처를 낫게 하시고 우리에게 화목의 말씀을 해주실 수 있기 때문이다. 양심의 가책을 당하는 자들은 만일 구주로 말미암아 의롭다 함을 얻지 못하면 장차 재판장에게 정죄를 당할 것이다. 그런데도 구주에게서 도망칠 것인가? 도망쳐서 어디로 가려는 것인가?

[5] 자부심이 강한 고발자들이 부끄러움을 견디지 못하고 자리를 뜨자, 자책과 자학에 휩싸여 있던 죄인은 우리 주 예수님의 판결을 받기로 결심하고 그 자리에 남았다. 서기관들과 바리새인들의 무리가 떠나고 그들의 괴롭힘도 그친 상

태에서 예수님과 그 가운데 섰는 여자만 남게 되었다. 여자는 도망칠 기회가 없지 않았으나 그렇게 하지 않았다. 자기를 고발하는 자들이 자기를 끌고 온 예수께 자신을 내놓고 처분을 기다렸다. 주의: 우리 주 예수께 처분을 바라고 나아온 자들은 다른 법정으로 옮길 필요가 없다. 주께서 회개하는 자들의 피난처이시기 때문이다. 우리를 고발하고 심판을 요구하는 율법이 그리스도의 복음에 의해 물러간다. 율법의 요구와 그 아우성이 예수의 피로 충족되어 잠잠해진다. 우리가 고발당한 소송건은 복음의 법정에 회부되어 있다. 우리는 오직 그리스도와 함께 남아 있다. 이제 우리가 대할 분은 그리스도뿐이다. 그분께 모든 심판이 위임되었기 때문이다. 그러므로 영원히 그리스도만을 의지하자. 복음의 다스림에 순종하면 복음은 착오 없이 우리를 구원할 것이다.

[6] 재판의 결과: 예수께서 일어나사 여자 외에 아무도 없는 것을 보시고(10절). 그리스도께서는 주위에서 오가는 말과 행동에 무관심하시고 사람의 아들들끼리 알아서 처리하도록 놔주시는 듯이 보이실지라도, 마침내 심판의 때가 되면 더 이상 침묵을 지키지 않으신다. 다윗은 하나님께 호소할 때 여호와여 진노로 일어나사 … 나를 위하여 깨소서 하고 기도했다(시 76:7; 94:2). 여인은 법정에서 처분을 기다리며 두려워 떨고 있었다. 그리스도께서는 죄가 없으시므로 먼저 돌을 들어 치실 수 있었다. 그러나 그리스도께서는 무한히 공의롭고 거룩하시기에 주님만큼 죄에 대해 진노하시는 이가 없듯이, 또한 주님만큼 죄인들에 대해 자비를 베푸시는 이가 없다. 주께서는 무한히 자비하시고 긍휼이 많으시기 때문이다. 이 가련한 죄인은 주님을 그러한 분으로 알았기에 이제 주님의 처분을 바란 채 서 있었다. 여인을 대하신 주님의 태도에는 법관의 면모가 나타난다.

첫째로, 고발자들에 관해 물으시다: 여자여 너를 고발하던 그들이 어디 있느냐? 너를 정죄한 자가 없느냐? 그리스도 외에는 그들이 어디 있는지 아는 자들이 없었다. 그러나 주께서 이렇게 물으신 이유는, 주님께 심판받을 일이 두렵고 부끄러워 도망친 자들을 부끄럽게 하시고, 그 자리에 남아 있기로 결심한 여인을 격려하시기 위함이었다. 사도 바울은 이렇게 묻는다: 누가 능히 하나님께서 택하신 자들을 고발하리요? 고발하던 그들이 어디 있는가? 형제들을 참소[고발]하던 자는 쫓겨날 것이요, 그가 제시한 모든 기소는 합법적으로 정당하게 폐기될 것이다.

둘째로, 다음과 같이 물으실 때도 그들은 모습을 드러내지 않았다. 너를 정죄한 자가 없느냐? 여인은 주여 없나이다 하고 대답했다. 그리스도께 예를 갖추어 주님이라고 불렀으나, 너를 고발하던 그들이 어디 있느냐는 질문에는 아무 대답도 하지 않았다. 그들이 물러간 것을 내심 고소해 하지도 않았으며, 속으로 그들에게 욕하지도 않았다. 우리는 우리의 재판장께 용서받기를 원한다면 우리를 고발하는 자들을 용서해야 한다. 만일 그들의 고발이 아무리 괘씸하게 여겨진다 해도 덕분에 우리의 양심이 깨어나게 되었다면 그들의 잘못을 쉽게 덮어줄 수 있다. 그러나 여인은 자신에 관한 물으심 ― 너를 정죄한 자가 없느냐 ― 에는 대답했다. 참으로 회개한 자들은 자신들의 죄를 하나님께 아뢴 것으로 족하고, 다른 사람들에 관해서는 말하지 않는다.

셋째로, 그러므로 주께서는 죄인을 용서하셨다: 나도 너를 정죄하지 아니하노니 가서 다시는 죄를 범하지 말라. 여기서 생각할 점은,

a. 주님의 말씀은 현세에서의 형벌을 면제해 주신다는 뜻이다: "그들이 너를 돌로 쳐서 죽이지 않았다면, 나도 너를 돌로 치지 않는다." 주께서는 위정자들에게서 권세의 칼을 빼앗으려고 오신 것도 아니고, 죄인들에게 극형을 내리는 것이 그분의 뜻도 아니었다. 오히려 공권력은 복음에 의해 더욱 확고히 수립되며, 그리스도의 나라를 위해 봉사하게 된다: 그리스도로 말미암아 왕들이 통치한다. 그러나 그리스도께서는 여인을 정죄하기를 원치 않으셨다. 그 이유는, (a) 세상에 오신 목적이 그 일을 하기 위함이 아니었기 때문이다. 주께서는 당시에는 재판장도 분배자도 아니셨으며, 따라서 세상일에 개입하려고 하지 않으셨다. 그리스도의 나라는 이 세상에 속하지 않았던 것이다. 모든 사람으로 자기 나라에서 행하도록 하라. (b) 여인을 고발하던 자들이 여인보다 죄가 더 많았던지라, 죄가 드러날 일이 부끄러워서 여인을 처벌하라고 강요할 수 없었기 때문이다. 율법은 증인들이 먼저 죄인에게 손을 대고 그 뒤에 다른 사람들이 돌로 치라고 명했는데, 증인들이 다 도망쳐서 고발자들이 없어졌으므로 기소 자체도 중지되었다. 하나님의 공의는 현세에서 심판을 집행하는 과정에서도 때로는 상대적 의를 감안하며, 그래서 덜 악한 자가 형벌을 당하는 것을 보고 더 악한 자가 미소를 머금는 일이 없도록 한다(신 32:26, 27). 그러나 그리스도께서는 여인을 풀어주실 때, 가서 다시는 죄를 범하지 말라고 경계하셨다. 형벌이 임하지 않으면 죄인들이 더욱 대담해진다. 그러므로 죄를 범했는데도 불구하고 율법의 칼날을 피할 방도를 발견한 사람들은 사탄에게 이용당하지 않도록 배나 경각심을 가

저야 한다. 형벌을 면한 것이 확실할수록 가서 다시는 죄를 범하지 말라는 경고도 확실한 것이다. 주님을 도와 죄인의 생명을 구원하는 데 힘쓰는 자들은 주께서 하신 경고로써 그들의 영혼을 구원하는 데도 힘써야 한다.

b. 영원한 형벌에서 건져주신다는 뜻이다. 나도 너를 정죄하지 아니하노니라는 말씀은 사실상 나는 너를 용서한다는 뜻이기 때문이다. 인자가 땅에서 죄를 사하는 권세가 있는 줄을 너희로 알게 하려 하노라. 그리스도께서는 그런 권세가 있는 분이기에 넉넉히 사죄를 베푸실 수 있었다. 주께서는 고발자들의 완악하고 회개하지 않는 마음을 아시고서 그들을 당혹에 빠뜨릴 만한 말씀을 하신 것처럼, 죄 지은 여인의 상하고 회개하는 마음을 아시고 위로가 되는 말씀을 해주셨다. 바리새인이 멸시했던 이 여인 같은 죄인인 여성에게 자비를 베푸사 네 죄 사함을 받았느니라 … 평안히 가라 하셨던 때와 같았다(눅 7:48, 50). 여기서도 주께서는 나도 너를 정죄하지 아니하노니 하고 말씀하신다. 주의: (a) 그리스도께서 정죄하지 않으시는 사람들은 참으로 복된 자들이다. 주님의 무죄 선언은 다른 모든 정죄에 대한 충분한 대답이 되기 때문이다. 다른 모든 정죄들은 불법 재판장 앞에(coram non judice) 있다. (b) 그리스도께서는 죄를 범했으나 가서 다시는 죄를 범하지 않는 사람들을 정죄하지 않으실 것이다(시 85:8; 사 55:7). 우리가 무기를 내려놓고 다시 주께 충성을 바치면 우리의 반역을 다시는 기억하지 않으실 것이다. (c) 그리스도께서 우리 죄를 사해 주셨다는 사실을 생각하고, 가서 다시는 죄를 짓지 않겠다는 굳은 각오를 해야 마땅하다(롬 6:1, 2). 그리스도께서 여러분을 정죄하지 않으시려 하시는가? 그러면 가서 다시는 죄를 짓지 말라.

¹²예수께서 또 말씀하여 이르시되 나는 세상의 빛이니 나를 따르는 자는 어둠에 다니지 아니하고 생명의 빛을 얻으리라 ¹³바리새인들이 이르되 네가 너를 위하여 증언하니 네 증언은 참되지 아니하도다 ¹⁴예수께서 대답하여 이르시되 내가 나를 위하여 증언하여도 내 증언이 참되니 나는 내가 어디서 오며 어디로 가는 것을 알거니와 너희는 내가 어디서 오며 어디로 가는 것을 알지 못하느니라 ¹⁵너희는 육체를 따라 판단하나 나는 아무도 판단하지 아니하노라 ¹⁶만일 내가 판단하여도 내 판단이 참되니 이는 내가 혼자 있는 것이 아니요 나를 보내신 이가 나와 함께 계심이라 ¹⁷너희 율법에도 두 사람의 증언이 참되다 기록되었으니 ¹⁸내가 나를 위하여 증언하

는 자가 되고 나를 보내신 아버지도 나를 위하여 증언하시느니라 [19]이에 그들이 묻되 네 아버지가 어디 있느냐 예수께서 대답하시되 너희는 나를 알지 못하고 내 아버지도 알지 못하는도다 나를 알았더라면 내 아버지도 알았으리라 [20]이 말씀은 성전에서 가르치실 때에 헌금함 앞에서 하셨으나 잡는 사람이 없으니 이는 그의 때가 아직 이르지 아니하였음이러라.

이 장의 나머지 부분은 그리스도와 주를 대적하는 죄인들 간에 오간 변론으로서, 죄인들은 주님의 입에서 나오는 지극히 은혜로운 말씀에 무턱대고 트집을 잡았다. 이 변론이 음행중에 잡혀온 여인을 무죄 방면하신 당일에 이루어졌는지는 확실하지 않다. 당일에 이루어졌으리라고 추측해 보는 것은, 복음서 기자가 다른 날을 언급하지 않은데다, 그리스도께서 하루 일과를 이른 아침부터 시작하셨기 때문이다(2절). 여인을 고발한 바리새인들은 도망쳤지만, 다른 바리새인들이 와서 그리스도께 훼방하는 말을 던졌는데(13절), 그들은 자기 집단에 속한 다른 자들이 그렇게 수치스럽게 자리를 떴는데도 불구하고 뻔뻔스럽게도 주님을 찾아왔다. 아마도 그들은 그 소식을 접하고는 자기 집단의 실추된 명예를 회복하기 위해서 변론 주제를 좀 더 치밀하게 정해 가지고 온 듯하다. 이 단락에서 살펴볼 수 있는 내용은 다음과 같다.

I. 주께서 선포하신 위대한 교훈.

1. 그 교훈은 그리스도께서 세상의 빛이시라는 것이다(12절): 예수께서 또 말씀하여 이르시되. 주께서는 그들에게 이미 많은 교훈을 하시고 하신 말씀이 배척을 당했음에도 불구하고 이렇게 다시 말씀을 시작하셨다. 그들은 주님의 말씀에 귀를 막았는데도 불구하고, 주께서는 다시 그들에게 입을 열어 나는 세상의 빛이니 하고 말씀하신다. 주의: 예수 그리스도는 세상의 빛이시다. 랍비들 가운데 한 사람은 다니엘 2:22에 기록된 대로 빛이 메시야의 이름이라고 말했다: 빛이 그와 함께 있었도다. 하나님은 빛이시며, 그리스도는 보이지 않으시는 하나님의 형상이시다. 하나님 중의 하나님이시요 빛 중의 빛이시다. 그리스도는 이방인들을 비추는 빛이 되기로 예정되신 분이었으며, 따라서 유대 교회만의 빛이 아니라 세상의 빛이셨다. 세상의 보이는 빛은 태양인데, 그리스도는 의의 태양이시다. 하나의 태양이 온 세상을 비추듯이, 한 분 그리스도도 그러하시며, 그리스도 외에 다른 태양이 필요 없다. 그리스도께서는 당신을 가리켜 빛이라 하심으로써

다음과 같은 뜻을 전하신다. (1) 주님 자신이 지극히 빛나고 영광스러운 분이시다. (2) 주님과 세상의 관계 ― 빛의 근원으로서 모든 사람을 비추신다. 태양이 없다면 세상이 얼마나 캄캄한 지하감옥과 같겠는가! 빛으로 세상에 오신 그리스도가 계시지 않다면 세상은 더 캄캄하게 될 것이다(3:19).

2. 이 교훈을 토대로 하신 말씀: 나를 따르는 자는 ― 밤길을 걷는 나그네처럼 빛을 따라 걸으면 ― 어둠에 다니지 아니하고 생명의 빛을 얻으리라. 만일 그리스도께서 빛이시라면, (1) 주님을 따르는 것이 우리의 의무이다. 주님께 우리 자신을 의뢰하고 매사에 주님의 인도를 받아 사는 데 복의 길이 있다. 많은 사람들이 멸망으로 인도하는 가짜 빛을 따라간다. 그러나 그리스도께서는 참 빛이시다. 이 빛은 멀리서 바라보거나 응시하는 것으로 충분하지 않고, 따라가고 믿고 그 안에서 걸어야 한다. 이 빛은 우리의 눈뿐 아니라 발에도 빛이 되기 때문이다. (2) 그리스도를 따르는 자들은 어둠에 다니지 않는 복을 누린다. 그들은 멸망으로 빗나가게 하는 오류로부터 막아주는 진리의 교훈과, 멸망에 떨어뜨리는 죄로부터 막아주는 인도가 부족하지 않게 될 것이다. 그들은 생명의 빛, 즉 이생에서 영적 생명의 빛이 되고, 죽음도 어둠도 없을 내세에서 영생의 빛이 되는 하나님을 아는 지식과 하나님과 나누는 사귐을 갖게 될 것이다. 그리스도를 따르면 두 세계에서 복을 누릴 것이다. 그리스도를 따라 하늘에 이르게 될 것이다.

II. 이 교훈에 대한 바리새인들의 반박.

그 내용은 사소하고 경박한 것이었다: 네가 너를 위하여 증언하니 네 증언은 참되지 아니하도다(13절). 그들의 말은 인간이 보편적으로 마음 한 구석에라도 지니고 사는 자기 비하에서 나온 의심을 전제로 하고 있다. 그것이 결국에는 이렇게 남들은 쉽게 비판하면서도 자기에게는 관대한 자기중심적 태도로 나타난다. 그러나 이 경우에 그들의 반박은 전혀 공정하지 못했다. 그 이유는, 1. 그들은 주께서 당신에 관해 증언한 것이 죄이고, 그로 인해 교훈의 신뢰도도 떨어진다고 여겼는데, 실은 하나님의 계시를 전하려 하는 이들에게는 자기 증언이 필수적이고 불가피하기 때문이다. 모세와 모든 선지자들이 하나님의 사자들로 나설 때 자신들에 관해 증언하지 않았던가? 바리새인들이 세례 요한에게 너는 네게 대하여 무엇이라 하느냐고 묻지 않았던가? 2. 그들은 그리스도께서 증언하신 바를 입증한 다른 모든 증인들의 증언을 간과했다. 만일 주님을 증언한 것이 주님 자신의 증언뿐이었다면 그것은 과연 의심할 만한 것이었고, 그것을 믿는 것도 보류할 만했을 것이다. 그러나 주님의 교훈은 믿을 만한 두세 증인 이상의 증인들에 의해 구체적으로 뒷받침되었다.

Ⅲ. 이 반박에 대한 그리스도의 답변(14절). 주께서는 그들의 말을 되받아치지 않으시고("너희는 스스로 경건하고 선하다고 여기지만, 너희의 증언은 참되지 않다"), 당신의 생각을 분명히 밝히신다. 앞에서는 당신에 관한 증언을 보류하셨지만(5:31), 여기서는 증언을 하시는데, 그것은 주님의 다른 증거들의 신뢰도를 떨어뜨리지 않고 오히려 그것을 입증하는 데 필요했다. 주님은 세상의 빛이시며, 빛의 속성은 스스로 드러나는 데 있는 것이다. 제1원리들은 자증(自證)한다. 주께서는 당신의 증언이 비록 스스로 하는 것이지만 참되고 설득력이 있음을 세 가지를 들어 설명하신다.

1. 주께서는 당신의 권위를 잘 알고 계시며, 그것을 만족히 여기셨다. 무엇을 불확실하게 아는 사람처럼 말씀하지 않으셨고, 스스로도 주저할 만한 논란의 여지가 있는 생각을 내놓지도 않으셨다. 오히려 법령[판결]을 선포하셨고, 친히 언제나 의거하실 만하게 자신을 증언하셨다: 나는 내가 어디서 오며 어디로 가는 것을 알거니와. 주님은 처음부터 끝까지 당신이 하시는 일에 대해 충분한 확신을 갖고 계셨다. 누구의 사명을 받아서 오셨으며, 사명을 어떻게 완수하게 될지 잘 아셨다. 당신이 창세 전부터 계셨음을 아셨고, 장차 어떻게 되실지도 아셨다. 주께서는 아버지께로부터 오셔서 아버지에게로 가시며(16:28), 영광으로부터 오셔서 영광을 향해 가고 계셨다(17:5). 이것이 모든 참된 그리스도인들이 누리는 만족이다. 세상이 그리스도를 몰랐듯이 그들도 모르지만, 그들은 자신들의 영적 생명이 어디로부터 오며 어디를 지향하는지, 어떤 확고한 터 위에 서 있는지 안다.

2. 그들이 주님과 주님의 교훈에 대해 가한 판단은 매우 부실하여 주목할 만하지 못했다. (1) 그렇게 된 이유는 그들이 무지했기 때문이다. 그들은 의도적으로 알려 하지 않았다: 너희는 내가 어디서 오며 어디로 가는 것을 알지 못하느니라. 사실을 알지도 못하고 알려는 의지도 없는 사람들과 대화해 봐야 무슨 소용이 있는가? 주께서는 그들에게 자신이 하늘로부터 오셔서 하늘로 돌아가실 것을 말씀하셨으나, 그들은 그것을 어리석게 여겨 받아들이지 않았다. 그것은 어리석은 자는 알 수 없는 말씀이었다(시 92:6). 그들은 자기들이 알 수 없는, 자기들의 인

지 범위에 한참 떨어져 있는 것을 재단하려고 했다. 그리스도의 통치와 권위를 멸시하는 자들은 자기들이 알지 못하는 악한 말을 한다(유 8, 10). (2) 생각이 편파적이었기 때문이다(15절): 너희는 육체를 따라 판단하나. 영적인 문제를 판단할 때 현세적인 고려를 앞세우거나, 현세적인 마음을 만족시키는 쪽으로 판단하여 세상으로 향하게 할 때 육체를 따라 판단하게 된다. 표준이 틀렸으면 판단이 옳을 수 없다. 유대인들은 그리스도와 그분의 복음을 외형적인 면들을 가지고 판단했으며, 겉으로 드러난 면들이 시원치 않기에 그분이 세상의 빛이실 리가 없다고 생각했다. 구름에 가린 태양은 태양이 아니라는 논리였다. (3) 그리스도에 대한 생각이 정당하거나 공정하지 않았기 때문이다. 그들의 이러한 상태가 주님의 말씀에 암시되어 있다: "나는 아무도 판단하지 아니하노라. 나는 너희의 정치 문제에 간섭하지 않으며, 나의 교훈이나 행동도 너희의 공민권이나 세속 권력에 토대를 두거나 그것에 참견하지 않는다." 이처럼 주께서는 아무도 판단하지 않으신다. 그런데, 주께서 이렇게 육체를 따라 판단하지도 육체를 적대시하지도 않으신다면, 그들이 주님을 육체를 따라 판단하고 국가 권력에 대항하시는 것처럼 대한 것은 매우 불합리한 일이었다. 혹은 나는 아무도 판단하지 않는다는 말씀은 "지금 초림 때는 심판하지 않고 다시 올 때까지 연기한다"는 뜻일 수도 있다(3:17). 그리스도의 초림은 고치려 하심이지 심판하려 하심이 아니다.

3. 주님 자신의 증언은 주님을 보내시고 주님과 함께 계시는 아버지의 증언에 의해 뒷받침된다(16절): 만일 내가 판단하여도 내 판단이 참되니. 주님은 정치적으로 심판하지 않으시고, 교훈으로써 판단하셨다(9:39). 그렇다면 주님에 대해서 우리는 다음과 같이 생각해야 한다.

(1) 주님은 재판장이시다. 그리고 주님의 심판은 확실하다: "만일 내가 판단하여도. 내게는 심판할 권세가 있고, [아버지께서] 모든 것을 내게 주시고, 내가 하나님의 아들이고 성령이 내 안에 계시므로, 만일 내가 판단하면 내 판단은 참되며 이론의 여지 없이 정확하고 아무도 가로막지 못할 권세가 있다(롬 2:2). 만일 내가 판단하면 내 판단은 반드시 참되므로 너희는 정죄를 받게 될 것이다. 그러나 심판 날이 아직 오지 않았으므로 너희는 정죄를 당하지 않고 보존된다. 그러므로 나는 아무도 판단하지 않는다"(크리소스토무스의 해석). 그런데 주님의 판단이 예외 없이 엄중한 판단인 이유는, [1] 아버지께서 함께 계시기 때문이다: 이는 내가 혼자 있는 것이 아니요 나를 보내신 이가 나와 함께 계심이라. 주께는 항

상 주님의 뜻을 뒷받침해 주시는 아버지가 계셨다. 주께서는 창세 전에도 아버지와 모든 일을 의논하셨듯이, 세상에 오셔서 그 일을 수행하실 때도 아버지가 항상 함께 계셨고 결코 조언 없이 혼자 두지 않으셨다(사 11:2). 두 분 사이에 평화의(혹은 전쟁의) 의논이 있었다(슥 6:13). 주께는 또한 친히 하시는 일마다 권위를 부여하시고 확증해 주시는 아버지의 권능이 있었다(참조. 시 89:21 이하; 사 42:1). 주께서는 개별적으로 행동하지 않으시고 당신의 이름과 아버지의 이름으로 행동하셨으며, 앞서 말씀하신 권위에 힘입어 행동하셨다(5:17; 14:9, 10). [2] 아버지께로부터 보냄을 받으셨기 때문이다: "나를 보내신 이가 나와 함께 계심이라." 주의: 하나님께서는 친히 보내시는 자들과 함께 계신다. 참조. 출애굽기 3:10, 12: 이제 내가 너를 바로에게 보내어 … 내가 반드시 너와 함께 있으리라. 만일 그리스도께서 아버지께로부터 보내심을 받았고, 하시는 모든 일에 아버지께서 함께 계신다면, 주님의 판단은 당연히 참되고 유효하다. 그 판단에는 예외가 없으며, 아무도 이의를 제기할 수 없다.

(2) 주님은 증인이시다. 비록 당시에는 그렇게 보이지 않으셨지만(아직 재판장의 권좌에 앉지 않으셨으므로), 주님의 증언은 참되고 예외가 없다. 이 점을 주께서는 다음과 같이 설명하신다(17, 18절).

[1] 주께서는 유대인 율법의 원리를 인용하신다(17절). 그것은 두 사람의 증언이 참되다는 것이었다. 물론 두 사람이 증언하면 무조건 참되다는 뜻은 아니다. 두 사람이 결탁하여 거짓 증언을 하는 경우도 많이 있었기 때문이다(참조. 왕상 21:10). 그러나 두 사람의 증언은 판결의 근거(verum dictum)가 충분히 되며, 만일 반대 증언이 나오지 않으면 그것을 참되다고 인정했다. 이 말씀은 신명기 17:6을 근거로 하신 것이다: 죽일 자를 두 사람이나 세 사람의 증언으로 죽일 것이요. 참조. 신명기 9:15; 민수기 35:30. 현대 사회의 내란죄와 마찬가지로, 중죄의 경우에 두 사람의 증인을 요구한 것은 생명을 아꼈기 때문이다. 참조. 히브리서 6:18.

[2] 주님께서는 이 원리를 목전의 사례에 적용하신다(18절): 내가 나를 위하여 증언하는 자가 되고 나를 보내신 아버지도 나를 위하여 증언하시느니라. 두 증인이 어떤 분들인지 주목하라! 두 증인을 요구하는 인간 법정에서는 죄수나 피의자를 증인으로 인정하지 않는다. 그렇지만 신적인 증언에 의해서만 사실 입증이 가능하고 하나님께서 친히 증언해 주셔야 하는 순전히 신적인 문제에서는, 만

일 전형적으로 두세 증인을 요구하면 영원하신 성부와 영원하신 성자와 영원하신 성령 이외에 다른 증인이 있을 수 없다. 단지 사람일 뿐이어서 속일 수도 있고 속을 수도 있는 두 사람의 증언도 판결에 결정적인 영향을 미칠진대, 하물며 하나님의 아들이 당신에 관한 아버지의 증언을 토대로 하시는 증언에는 얼마나 결정적인 효력이 있겠는가! 참조. 요한일서 5:7, 9-11. 주님의 이 말씀은 아버지와 아들이 서로 구분되는 두 위격이실 뿐 아니라(본문은 두 분의 증언을 두 위격의 증언으로 말하기 때문이다), 두 분은 증언뿐 아니라 권세와 영광에서도 한 분이시며, 따라서 본질에서 동일하시다. 아우구스티누스는 이 구절을 들어 한편으로는 사벨리우스주의(신성의 세 위격을 혼동한)를 경계하고, 다른 한편으로는 아리우스주의(성자와 성령의 신성을 부정한)를 경계한다. 성자는 한 위격이시고, 성부도 또 하나의 위격이시다. 하지만 두 분이 두 존재를 이루시는 것이 아니고, 성부께서 성자와 동일한 존재이시다. 즉, 유일하고 참된 하나님이시다. 여기서 그리스도께서는 당신과 아버지를 세상에 대한 증인들이라 말씀하심으로써 사람의 아들들에게 생각하고 깨달을 자료를 주신다. 성부와 성자께서 지금은 세상에 대한 증인이 되시지만, 장차 마지막 큰 날에는 끝까지 믿지 않는 자들을 유죄로 지적할 증인이 되실 것이며, 두 분의 말씀이 사람들을 심판하게 될 것이다.

이상이 그리스도와 현세적인 유대인들 사이에 오간 대화인데, 대화가 끝났을 때 그들의 혀가 풀리고 손은 묶인 것을 보게 된다.

첫째로, 그들은 혀가 풀려서(마치 지옥의 적개심처럼) 주님의 말씀에 대해 트집을 잡았다(19절). 주께서 하신 말씀에는 인간의 정략이나 술책이 없고 오직 신적인 보장만 있을 뿐이었는데도, 그들은 주님의 말씀에 대해 트집을 잡았다. 그들처럼 눈을 감기로 작정한 자들은 진리가 분명히 있어도 볼 수 없다. 여기서 관찰할 점은,

a. 그들은 죄의 지적을 피하기 위해 트집을 잡았다: 이에 그들이 묻되 네 아버지가 어디 있느냐? 그들은 주님의 이번 말씀과 다른 때 하신 말씀의 어조에 비추어, 아버지라 하셨을 때 다름 아닌 하나님을 가리켜 말씀하신 것을 능히 이해할 수 있었다. 그들은 정확히 알아들었으면서도 보통 사람을 가리켜 하신 말씀으로 이해한 척했으며, 주께서 아버지의 증언에 호소하신 데 대해서 그 증인을 불러오라고, 할 수 있다면 그를 만들어서라도 제시하라고 요구했다: 네 아버지가

어디 있느냐? 이처럼 그리스도께서 말씀하신 대로(15절), 그들은 육체를 따라 판단했다. 아마도 그들 마음에 주님의 미천한 집안에 대한 생각이 흘러갔을지도 모른다: "네 아버지가 어디 있느냐? 그가 이와 같은 경우에 증언을 하기에 적합한 자인가?" 이처럼 그들은 주님의 말씀에 묻어나는 지혜와 정신을 거역할 수 없게 되자, 그 말씀을 조롱거리로 바꿔 놓았다.

b. 주께서는 그들의 트집 잡기를 피하시고 그들의 죄를 더욱 지적하셨다. 아버지가 어디 계신지 그들에게 말씀하지 않으시고, 그들의 고의적인 무지를 책망하셨다: "너희는 나를 알지 못하고 내 아버지도 알지 못하는도다. 너희에게 신적인 일을 말하는 것은 마치 소경에게 색깔에 관해 말하는 것과 같이 무익하다. 가련한 인생들이여! 너희는 그 일을 알지 못한다." (a) 주께서는 그들이 하나님을 모르는 것을 책망하신다: "너희는 … 내 아버지도 알지 못하는도다." 유다에는 하나님이 알려지셨다(시 76:1). 그들은 하나님을 창조자 하나님으로 아는 지식이 더러 있었지만, 마음이 어두워져서 예수 그리스도의 얼굴에 비치는 하나님의 영광의 빛을 볼 수 없었다. 기독교 교회에서는 어린아이라도 하나님이 아버지이심을 알지만(요일 2:13), 이 유대인 관원들은 몰랐다. 그 이유는 알려고 하는 마음을 버렸기 때문이다. (b) 주께서는 그들이 하나님을 모르는 진정한 원인을 말씀해 주신다: 나를 알았더라면 내 아버지도 알았으리라. 사람들이 하나님을 모르는 이유는 예수 그리스도를 영접하지 않기 때문이다. 그리스도를 알았다면, [a] 그리스도 안에서 온전히 나타나신 아버지를 알게 된다(14:9). 크리소스토무스는 그리스도의 신성과 그리스도께서 하나님과 동등이심을 그러한 식으로 설명한다. "사람을 알면 천사도 안다"거나 "피조물을 알면 창조주를 안다"고 말할 수 없지만, 그리스도를 아는 자는 아버지를 안다고 말할 수 있다. [b] 그리스도에 의해서 하나님을 아는 지식을 배우고, 하나님을 아는 데로 들어가야 한다. 그리스도를 더욱 잘 배워 알게 되면 아버지도 더욱 잘 알게 된다. 그러나 기독교 신앙을 경시하고 반대하는 곳에서는 자연 종교도 곧 빛을 잃고 버려지게 되어 있다. 이신론(理神論, Deism)은 무신론으로 들어가는 문이다. 그리스도를 배우려 하지 않는 자들은 하나님에 관한 생각이 허망하게 된다.

둘째로, 그들은 비록 혀는 풀렸지만 손은 묶였다. 하늘의 권능이 지옥의 적대감을 그렇게 결박한다. 이 말씀은 성전에서 가르치실 때에 헌금함 앞에서 하셨으나 잡는 사람이 없으니. 헌금함은 성전 구역 가운데 대제사장들이 상주하며 막

대한 수입을 챙기던 곳인데, 주께서는 이곳에서 그처럼 담대하게 죄를 지적하시고 책망하시는 말씀을 하신 것이다. 주께서는 경우에 따라 성전의 이 구역 저 구역에서 가르치셨다. 성전에 큰 관심을 가지고 그곳을 자기들의 사적 공간으로 간주한 대제사장들은 자기들이 부리던 호위대를 동원하여 주님을 붙잡거나 폭동을 사주할 수도 있었다. 아니면 마치 유다 왕 아마샤가 선지자 아모스에게 유다 땅에서는 예언하는 것을 관용하되 왕궁에서는 금한 것처럼(암 7:12, 13), 적어도 성전에서는 가르치는 것을 금할 수도 있었다. 그런데도 성전에서조차 잡는 사람이 없으니 이는 그의 때가 아직 이르지 아니하였음이러라.

여기서 생각할 점은, 1. 보이지 않는 권능이 주님을 박해하는 자들을 제재했다. 아무도 감히 주님을 가로막고 나서지 못했다. 하나님께서는 성난 파도를 잔잔하게 하시듯 분노에 휩싸인 인간들을 제어하실 수 있다. 그러므로 사명을 수행하는 길에서는 두려워할 필요가 없다. 하나님께서 사탄과 그의 도구들을 결박하셨기 때문이다. 2. 이렇게 제재하신 이유: 그의 때가 아직 이르지 아니하였음이러라. 이러한 말씀이 자주 언급되는 데서 우리가 배울 수 있는 점은, 우리가 세상을 떠나는 시점이 하나님의 뜻과 작정 가운데 정해져 있다는 것이다. 그 때는 올 것이고, 지금도 오고 있다. 아직 오지 않았으나 가까이 와 있다. 원수들이 그 시점을 조금이라도 앞당길 수 없고, 친구들이 조금이라도 연장할 수 없다. 오직 아버지께서 정하신 때가 모든 신자에게 가장 적절한 때이므로, 신자는 나의 날이 주님의 손에 있나이다 하고 안심하고 아뢸 수 있다. 주께서 정하신 때는 우리가 생각하는 때보다 훨씬 낫다. 본문에서 주님의 때가 아직 되지 않은 이유는 하실 일이 남아 있었고, 증언이 다 끝나지 않았기 때문이다. 하나님의 모든 일에는 때가 있다.

²¹다시 이르시되 내가 가리니 너희가 나를 찾다가 너희 죄 가운데서 죽겠고 내가 가는 곳에는 너희가 오지 못하리라 ²²유대인들이 이르되 그가 말하기를 내가 가는 곳에는 너희가 오지 못하리라 하니 그가 자결하려는가 ²³예수께서 이르시되 너희는 아래에서 났고 나는 위에서 났으며 너희는 이 세상에 속하였고 나는 이 세상에 속하지 아니하였느니라 ²⁴그러므로 내가 너희에게 말하기를 너희가 너희 죄 가운데서 죽으리라 하였노라 너희가 만일 내가 그인 줄 믿지 아니하면 너희 죄 가운데서 죽으리라 ²⁵그들이 말하되 네가 누구냐 예수께서 이르시되 나는 처음부터 너희에게

말하여 온 자니라 ²⁶내가 너희에게 대하여 말하고 판단할 것이 많으나 나를 보내신 이가 참되시매 내가 그에게 들은 그것을 세상에 말하노라 하시되 ²⁷그들은 아버지를 가리켜 말씀하신 줄을 깨닫지 못하더라 ²⁸이에 예수께서 이르시되 너희가 인자를 든 후에 내가 그인 줄을 알고 또 내가 스스로 아무 것도 하지 아니하고 오직 아버지께서 가르치신 대로 이런 것을 말하는 줄도 알리라 ²⁹나를 보내신 이가 나와 함께 하시도다 나는 항상 그가 기뻐하시는 일을 행하므로 나를 혼자 두지 아니하셨느니라. ³⁰이 말씀을 하시매 많은 사람이 믿더라.

그리스도께서는 믿지 않는 유대인들에게 불신앙의 결과가 어떤 것인지 엄중히 경고하신다. 너무 늦기 전에 돌이키기를 바라서 하신 말씀이다. 주님은 이처럼 자비의 말씀뿐 아니라 경고의 말씀도 하셨다. 여기서 관찰할 점은,

I. 두려운 경고(21절): 다시 이르시되. 많은 반대가 있었어도 교훈을 받는 소수의 무리를 생각하시어 계속해서 가르치신 것이다. 말씀 사역자들은 주님의 이러한 태도를 본받아 반대를 당하더라도 인내하며 말씀을 가르쳐야 한다. 남은 자들이 구원을 받을 것이기 때문이다. 이 단락에서는 그리스도의 어조가 바뀐다. 여태까지 주께서는 피리를 불면서 은혜를 내미셨지만 그들은 춤추지 않았다. 이제 주께서는 진노를 경고하심으로써 애곡하신다. 혹시 그들이 듣고 회개하기를 바라신 것이다. 주께서 하신 말씀은 이것이다: 내가 가리니 너희가 나를 찾다가 너희 죄 가운데서 죽겠고 내가 가는 곳에는 너희가 오지 못하리라. 구구절절 두려운 말씀이다. 모든 심판 가운데 가장 두려운 영적 심판을 가리켜 하신 말씀이다. 그것은 구약의 선지자들이 경고한 전쟁이나 전염병이나 포로로 붙잡혀 가는 것보다 더 두려운 일이다. 여기서 유대인들이 경고받은 것은 네 가지이다.

1. 그리스도께서 그들을 떠나실 일: 내가 가리니. 즉, "머지않아 나는 가게 된다. 너희가 나를 쫓아내기 위해서 이렇게 큰 수고를 하지 않아도 나는 내 발로 갈 것이다." 그들은 주님께 이렇게 말했다. "우리를 떠나소서. 우리는 당신의 길을 알고 싶지 않습니다." 주께서는 그들의 소원을 받아들이셨다. 그러나 그리스도께서 버리고 가실 자들에게는 화가 있을 것이다. 그리스도께서 떠나가시면 영광이 사라지고 우리의 보호막이 걷히게 된다. 그리스도께서는 그들을 떠나시기 전에 자주 그 일을 경고하셨다. 주께서 떠나기 싫어 누가 붙잡아 주

기를 바라는 사람처럼 자꾸 작별의 말씀을 하신 것은 그들의 마음을 일으켜 주님을 붙잡도록 하시기 위함이었다.

2. 그들이 참 메시야를 증오하다가, 주께서 떠나가신 후에 다른 메시야를 헛되게 찾을 것은 그들의 죄인 동시에 형벌이었다: 너희가 나를 찾다가. 이 말씀이 암시하는 바는, (1) 참 그리스도에 대한 증오: "너희는 나의 교훈과 제자들을 박멸하려는 헛된 뜻을 품고 박해함으로써 나의 일을 멸하려 할 것이다." 이런 마음에 끊임없이 쫓기다가 돌이킬 수 없도록 악하게 되어 진노를 자초하게 될 것이다. 혹은 (2) 거짓 그리스도들을 찾을 일: "너희는 그리스도가 이미 왔는데도 영접하지 않고 계속 다른 메시야를 찾다가 좌절을 맛볼 것이다." 눈이 어둡게 된 상태에서도 계속해서 문을 찾느라 헤맸던 소돔 사람들처럼 될 것이다. 참조. 로마서 9:31, 32.

3. 그들은 끝까지 완고함을 버리지 못할 것이다: 너희 죄 가운데서 죽겠고. 이 구절에 대해 모든 영어 성경들은 너희 죄들(your sins)라고 표기함으로써 오류를 범한다. 심지어 옛 주교 성경과 제네바 성경조차 예외가 아니다(랭스 성경만 오류를 범하지 않았다). 모든 헬라어 사본들에는 너희 죄 가운데서(엔 테 하마르티아 휘몬)라고 죄를 단수형으로 표기하며, 모든 라틴어 역본들도 그러하다. 칼빈은 21절과 죄가 복수형으로 표기된 24절(타이스 하마르티아스)의 차이를 말하면서, 21절은 특히 불신앙의 죄를 가리킨다고 설명한다: 너희의 이 죄 가운데(in hoc peccato vestro). 주의: 불신앙 가운데 사는 자들은 불신앙 가운데 죽으면 영원히 멸망을 당한다. 혹은 주님의 말씀을 좀 더 일반적으로 해석하여 너희가 너희의 죄악(iniquity) 중에서 죽을 것이다라는 뜻으로 이해할 수도 있다(참조. 겔 3:19, 33:9). 많은 사람들이 죄 가운데 오래 살다가 은혜로 말미암아 아슬아슬하게 회개하여 죄 가운데 죽은 데서 구원을 얻었다. 그러나 사죄를 받지 못한 채, 죄의 세력이 깨지지 않은 채 세상 밖으로 나간 사람들에게는 아무런 위로도 남아 있지 않다. 구원 자체도 그들을 구원할 수 없다(욥 20:11; 겔 32:27).

4. 그들은 그리스도와 주님 안에 있는 모든 복으로부터 영원히 단절된다: 내가 가는 곳에는 너희가 오지 못하리라. 그리스도께서는 세상을 떠나셨을 때 완전한 복 가운데 들어가셨다. 낙원으로 가셨다. 회개한 강도를 죄 가운데 죽지 않게 하시고 그곳에 데려가셨다. 그러나 회개하지 않는 자들은 주님께 가지도 않을 뿐더러 갈래야 갈 수도 없다. 그것은 도덕적으로 불가능하다. 하늘은 그 곳

에 들어갈 만큼 거룩하게 된 자들이 아니면 받아주지 않을 것이기 때문이다. 그 곳에 갈 수 없는 이유는 예루살렘에 들어갈 자격이 없기 때문이다(계 22:14). 내가 가는 곳에는 너희가 오지 못하리라 — 너희가 그 곳에서는 내게 손을 뻗치지 못할 것이다(휘트비 박사). 이 사실이 모든 선한 그리스도인들에게는 위로가 된다. 하늘에 들어가게 되면 원수들의 적대 행위가 미치지 못하는 것이다.

II. 유대인들이 주님의 경고를 비웃음. 주님의 말씀에 두려워하는 대신, 그들은 비웃으면서 그 말씀을 조롱거리로 삼았다(22절): 그가 자결하려는가? 여기서 살펴볼 점은, 1. 그들은 그리스도의 경고를 업신여겼다. 그 말씀을 우스갯거리로 삼았다. 이는 마치 여호와의 사자들을 조롱하여 그들이 전하는 여호와의 말씀을 농담거리로 만들고, 계명에 계명을 교훈에 교훈을 더하여 준 말씀을 놓고 떠들고 웃던 자들과 같았다(사 28:13). 끝내 완고에서 벗어나지 못하게 되지 않으려면 하나님의 말씀을 조롱해서는 안 된다. 2. 그들은 그리스도의 말씀을 악하게 해석했다. 치욕을 면하기 위해 마치 사울처럼 자결하실 것처럼 생각했다. [그들은 이렇게 말한다] "이것은 과연 우리가 따라갈 수 없는 곳으로 가는 것이다. 우리는 결코 자결할 일이 없을 테니까." 이처럼 그들은 그리스도를 자기들과 같은 존재로 만들었을 뿐 아니라 더 악한 존재로 만들었다. 그러나 로마인들이 유대인들을 무자비하게 공격할 때 그들 중 많은 이들이 절망에 휩싸여 자결했다. 앞에서 유대인들은 주님의 이러한 말씀에 대해, 헬라인 중에 흩어져 사는 자들에게로 가서 헬라인을 가르칠 터인가 하고 좀 더 건설적으로 해석한 바 있다(7:35). 그들 속에 악의가 얼마나 급속히 자라고 있는지 보여주는 대목이다.

III. 앞서 하신 말씀을 확정하심.

1. 주께서는 앞에서 내가 가는 곳에는 너희가 오지 못하리라고 말씀하셨는데, 여기서는 그렇게 말씀하신 이유를 설명하신다(23절): 너희는 아래에서 났고 나는 위에서 났으며 너희는 이 세상에 속하였고 나는 이 세상에 속하지 아니하였느니라. 아래에서라는 말씀은 아래에 있는 것들로부터(에크 톤 카토)라는 뜻이다. 아래에서 솟아올랐다는 말씀이 아니고, 이 아래에 속한 것들에 마음을 두고 있다는 말씀이다: "너희는 마치 이런 것들에 속한 자들처럼 이것들에 몰두해 있다. 그런데 이렇게 정신과 성향이 나와 정반대되는데 어찌 내가 가는 곳에 올 수 있겠느냐?" 여기서 살펴볼 점은, (1) 주 예수의 정신이 무엇이었는가? 주 예수의 정신은 이 세상에 속하지 않고 위로부터 왔다. 세상의 부와 안락한 생활과 사람들의

칭송에 대해서 완전히 단절된 채 신적이고 천상적인 것들에 온전히 몰두해 계셨다. 위로부터 나서 하늘의 말씀을 듣는 자들 외에는 아무도 주님과 함께 있지 못한다. (2) 주님의 정신이 그들의 정신과 얼마나 대조적이었는가: "너희는 아래에서 났고 이 세상에 속하였다." 바리새인들은 그 정신이 현세에 사로잡혀 있었다. 그런 자들과 그리스도께서 무슨 대화를 나누실 수 있었겠는가?

　　2. 주께서는 앞에서 그들이 그들의 죄 가운데서 죽을 것이라고 말씀하셨는데, 여기서 다시 한 번 강조하여 말씀하신다: 그러므로 내가 너희에게 말하기를 너희가 너희 죄 가운데서 죽으리라 하였노라. 그리고 그 이유를 설명하신다(24절): 너희가 만일 내가 그인 줄 믿지 아니하면 너희 죄 가운데서 죽으리라. 여기서 생각할 점은, (1) 주께서는 우리에게 무엇을 믿으라고 요구하시는가: 내가 그인 줄 믿지 아니하면. 호티 에고 에이미 ― 내가 그인 줄. 이 표현은 하나님의 이름들 가운데 하나이다. 출애굽기 3:14에서 에흐예 아세르 에흐예 ― 나는 내가 되기로 뜻한 대로 될 것이다 ― 라고 말씀하신 분은 하나님의 아들이시다. 이스라엘을 구원하실 일은 장차 올 좋은 것들의 표상이었을 뿐이었으며, 지금 주께서 이렇게 말씀하신다. "내가 그이다. 내가 장차 오기로 예언된 바로 그이고, 너희가 메시야로 대망해 온 바로 그이다. 나는 메시야의 이름을 넘어서는 이다. 나는 나 자신을 그렇게 부를 뿐 아니라, 내가 곧 그이다." 참된 믿음은 영혼을 공허한 소리로 즐겁게 하지 않고, 중보자 그리스도에 대한 교훈으로 실제적인 영향을 끼친다. (2) 우리가 이 사실을 믿는 것이 얼마나 필요한 일인가! 만일 이 믿음을 가지고 있지 않다면 우리는 우리 죄 가운데 죽을 것이다. 만일 이 믿음을 갖고 있지 않다면, [1] 우리는 땅에서 사는 동안 죄의 권세에서 구원을 얻을 수 없으며, 따라서 마지막 날에 다시 살 소망도 불확실하게 된다. 우리가 죄에서 돌이켜 하나님께로 돌아가는 데는 그리스도의 은혜에 관한 교훈만큼 강한 토대가 되어 주는 것이 없고, 그리스도의 은혜의 성령만큼 강하게 인도해 주는 이가 없다. 그러한 교훈을 주시고 또한 성령을 주신 것은 오직 그리스도를 믿는 자들에게 효력이 있게 하려 하심이다. 따라서 만일 믿음으로 사탄을 쫓아내지 않으면 그 영혼의 사는 날 동안 그를 차지하고 부리게 될 것이다. 만일 그리스도께서 우리를 고쳐 주시지 않으면 우리의 상황은 절망적이며, 우리는 우리 죄 가운데서 죽을 것이다. [2] 믿음이 없이는 죽을 때 죄에 대한 형벌을 면할 수 없다. 믿지 않는 자들 위에는 하나님의 진노가 머물러 있기 때문이다(막 16:16). 불신앙은 저

주를 받게 하는 죄이다. 치료받을 길을 스스로 봉쇄해버리는 죄이다. 그렇다면 주님의 이 말씀에는 복음의 위대한 약속이 담겨 있다: 만일 우리가 그리스도를 그분으로 믿으면, 그러한 분으로 영접하면, 우리는 우리의 죄 가운데 죽지 않을 것이다. 율법은 모든 사람들에게 그리스도께서 말씀하신 대로(21절) 선포한다: 너희가 너희 죄 가운데서 죽으리라. 이는 우리 모두가 하나님 앞에서 죄가 있기 때문이다. 그러나 복음은 믿음을 조건으로 의무를 면제한다. 율법의 저주가 복음의 은혜에 굴복하는 모든 자들에게 폐지된다. 신자들은 그리스도 안에서, 그분의 사랑 가운데, 그분의 품에서 죽으며, 따라서 자기들의 죄 가운데서 죽는 형편에서 구원을 받는다.

IV. 그리스도께서는 자신을 믿는 것이 구원의 조건임을 말씀하시고서, 이어서 자신에 관해 좀 더 말씀하신다(25-29절). 여기서 관찰할 점은,

1. 유대인들이 던진 질문(25절): 네가 누구냐? 조롱의 뜻으로 던진 질문이며, 그 안에 배우려는 의지는 조금도 담겨 있지 않다. 앞에서 주께서는 내가 그인 줄 믿어야 한다고 말씀하셨다. 당신이 누구이시라고 분명히 말씀하지 않으심으로써, 당신이 위격으로는 어떠한 이름으로도 표현할 수 없는 분이며, 직분으로는 이스라엘의 구속을 대망해 온 모든 자들이 기대하던 분임을 뚜렷이 암시하셨다. 이렇게 의미심장한 뜻을 담아 경외심을 일으키는 방식으로 당신을 소개하셨는데도, 그들은 마치 주께서 자신에 관해 소개할 줄 모르는 분인 것처럼 함부로 물었다: "네가 누구냐? 네가 누구기에 우리가 너를 믿어야 하며, 우리가 알지도 못하고 알 가치도 없는 어떤 큰 이름을 주장한단 말이냐?"

2. 이 질문에 대한 주님의 답변. 주께서는 세 가지 방법으로 그들을 훈계하신다.

(1) 주께서는 내내 말씀해오신 내용을 다시 말씀해 주신다: "내가 누구냐고 묻는 것인가? 나는 처음부터 너희에게 말하여 온 자니라." 원문은 약간 난해한데, 어떤 이들은 다음과 같이 해석한다: 나는 시작[the beginning, 근본]이며, 그것도 나는 너희에게 말했다(텐 아르켄 호 티 카이 랄로 휘민). 아우구스티누스가 이 해석을 취한다. 그리스도는 아르케 곧 시작[근본]이라 불리시며(골 1:18; 계 1:8; 21:6; 3:14), 이것은 24절의 말씀(내가 그인 줄)과 상통한다. 비교. 이사야 41:4: 나 여호와라. 처음에도 나요. 이것을 대격(accusative case)으로 보는 데 반대하고, 따라서 티스 에이를 받는 것으로 보지 않는 자들은 문법 규칙에 의해 병행 구절인 요한

계시록 1:8의 호 엔도 그렇게 해석해야 한다. 그러나 대다수 해석자들은 우리 성경(KJV)의 번역에 동의한다. 내가 누구냐고 너희가 묻는가? [1] 나는 구약성경에 기록된 태초부터 너희에게 말하여 온 자니라. 처음부터 뱀의 머리를 상하게 할 여인의 후손으로 예언된 자이고, 만대의 교회가 언약의 중보자로 기대해온 자이다. [2] 공생애의 시작부터. 주께서는 이미 당신에 관해서 하신 말씀을 계속 하시기로 작정하셨다. 당신이 하나님의 아들(5:17), 그리스도(4:26), 생명의 떡이라고 선포하셨고, 당신을 구원에 필요한 믿음의 대상으로 말씀하셨다. 그리스도는 늘 한결같은 분이시다. 처음에 말씀하신 것을 지금도 여전히 말씀하신다. 주님의 말씀은 영원한 복음이다.

(2) 주께서는 아버지의 판단과, 아버지께로부터 받으신 교훈을 말씀하신다(26절): "내가 너희에게 대하여 말하고 판단할 것이 많으나, 내가 왜 너희로 인하여 부담을 져야 하는가? 나는 나를 보내신 이가 참되시며, 나와 함께 계시고 나를 위해 증언해 주신다는 것을 잘 안다. 그러므로 나는 아버지께로부터 들은 것만을 세상에 말한다." 여기서 생각할 점은,

[1] 주께서는 그들에 대한 판단을 접으신다. 그들을 판단할 것이 많지만, 당시로서는 이미 하실 말씀을 충분히 하셨다. 주의: 우리 마음이 혹 우리를 책망할 일이 있어도 하나님은 우리 마음보다 크시고 모든 것을 아시기 때문이라(요일 3:20). 이생에서 하나님께서 죄인들을 어떻게 대하시든 간에, 장차 올 세상에서 그들을 대하실 일이 여전히 남아 있다(참조. 신 32:34). 그렇다면 우리는 아무리 악한 사람들에 대해서조차 말을 아끼는 것이 옳다. 비판할 말이 많겠으나, 입을 다무는 것이 더 낫다. 할 수 있는 말을 다한다 해서 우리에게 무슨 유익이 있겠는가?

[2] 주께서는 그들에 대한 판단을 아버지께 맡기신다: 나를 보내신 이. 여기서 주께서는 두 가지 사실로 인해 위로를 얻으신다: 첫째로, 주께서는 항상 아버지에 대해 참되셨고, 아버지를 의지해 오셨다: 내가 그에게 들은 그것을 세상에 말하노라(복음은 온 땅에 전파되어야 할 것이므로). 주께서는 만민에게 증인으로 보내심을 받은 분이므로(사 55:4), 아멘이시요 충성되고 참된 증인이시다(계 3:14). 당신의 교훈을 감추지 않으시고 그것을 세상에 말씀하셨다(인류 공동의 관심사이므로 다 같이 주목하도록 해야 마땅하다). 또한 주께서는 그것을 아버지께로부터 받은 교훈과 다르게 변경하지도 않으셨다. 둘째로, 아버지께서는 아들에게

참되시다. 그의 입을 예리한 검처럼 만들어 주시겠다고 하신 약속에 참되시다. 아들에 관한 뜻에 참되시어, 그것이 곧 명령이 되었다(시 2:7). 아들을 배척하는 자들에게 내리신 진노의 경고에 참되시다. 비록 그리스도께서 그들을 아버지께 고발하지 않으시더라도, 그리스도를 보내신 아버지께서는 그들을 정확히 판단하시며, 장차 친히 일으키실 그 선지자의 말을 청종하지 않는 자들에게 경고하신 말씀(신 18:19)에 참되실 것이다. 그리스도께서는 그들을 고발하지 않으시는데, 그 이유를 다음과 같은 뜻으로 말씀하신다. "이는 나를 보내신 이가 참되시므로, 비록 내가 그들에 대해 심판을 구하지 않더라도 아버지께서 그들을 심판하실 것이기 때문이다." 그러므로 주께서 비록 현재는 고발을 푸실지라도, 심판 날에는 매실 것이며, 그 날에는 이 땅에서 믿으라는 권고를 받지 않은 자들이 자신들의 행위를 후회해봐야 소용이 없을 것이다. 나는 못 듣는 자 같이 듣지 아니하고 … 내 주 하나님이 내게 응답하시리이다(시 38:13). 우리 구주의 이 말씀에다 복음서 기자는 우울한 해설을 붙이고 지나간다(27절): 그들은 아버지를 가리켜 말씀하신 줄을 깨닫지 못하더라. 여기서 살펴볼 점은, 1. 믿지 않는 자들의 마음을 결박하는 사탄의 능력. 그리스도께서 하나님을 하늘에 계신 자신의 아버지라고 분명히 말씀하셨는데도, 그들은 누구를 가리켜 말씀하심인지 깨닫지 못하고, 갈릴리에 있는 아버지에 대해 말씀하시는 줄로 생각했다. 자신의 편견을 굳게 붙들기로 작정한 자들에게는 이처럼 지극히 분명한 말씀도 난해한 수수께끼와 비유처럼 들린다. 맹인에게는 낮과 밤이 다 똑같다. 2. 주님의 경고의 말씀이 죄인들의 마음에 별다른 두려움을 일으키지 않은 이유. 그것은 그들이 자기들에게 계시된 진노가 누구의 것인지 모르기 때문이다. 그리스도께서 당신을 보내신 분에 관한 진리를 말씀하시어 장차 올 심판에 대비하도록 하셨을 때, 그것이 진리에서 온 경고였는데도 불구하고 그들은 무시했다. 자기들이 누구의 심판을 받게 되는지 알지 못했기 때문이다.

(3) 주께서는 그들이 훗날 깨닫게 될 것을 미리 예고하신다(28, 29절). 그들이 자신을 알아보지 못하는 것을 발견하시고서, 더 큰 증거를 주시게 될 날까지 심판을 연기하신다. 여호와여 주의 손이 높이 들릴지라도 그들이 보지 아니하오니 백성을 위하시는 주의 열성을 보면 부끄러워할 것이라. 불이 주의 대적들을 사르리이다(사 26:11). 여기서 관찰할 점은,

[1] 그들이 머지않아 깨닫게 될 것: "너희가 … 내가 그인 줄을 알고. 예수께서

참 메시야이심을 알게 될 것이다. 내가 그인 사실을, 너희가 사람들 앞에 시인하든 하지 않든 너희 양심으로는 깨닫게 될 것이다. 그것을 억누를 수는 있어도 없애지는 못할 것이다." 이렇게 되기까지 그들은 두 가지를 깨달아야 한다. 첫째로, 주께서는 당신과 하나이신 아버지 없이는 아무것도 스스로 하지 않으셨다. 주께서는 이로써 당신의 내면적 권세를 낮추어 말씀하시는 게 아니라, 당신을 거짓 선지자로 매도하는 자들의 주장을 부정하시는 것일 뿐이다. 거짓 선지자들은 자기들의 속에서 예언하며, 자기들의 영을 따른다고 기록되었기 때문이다. 둘째로, 주께서는 아버지께서 가르쳐 주신 대로 이 일들을 말씀하셨으므로, 아우토디다크토스, 즉 스스로 배우신 것이 아니라 테오디다크토스, 즉 아버지께로부터 배우셨다. 주께서 전하신 교훈은 익숙히 알고 계시던 하나님의 뜻 그대로였다. 카토스 에디닥세, 타우타 랄로 ― 나는 이것들을 말하되, 그분이 내게 가르쳐 주신 내용뿐 아니라 가르쳐 주신 방식대로 ― 즉, 신적인 권능과 권위로 ― 말한다.

[2] 그들이 이 사실을 깨닫게 되는 시점: 너희가 인자를 든 후에 내가 그인 줄 알리라. 인자가 들린다는 말씀은 놋뱀이 장대에 들리듯이 율법 아래에서 제물이 되어 ― 그리스도께서는 큰 희생 제물이시므로 ― 십자가에 달리신다는 뜻이다(3:14). 구약시대에 제물을 제사로 드릴 때는 들어올린다고 표현했다. 따라서 가장 오래되고 고귀한 제사인 번제를 가리켜 들어올림(elevation. "그가 올라갔다"⟨라틴어, ascendit⟩라는 뜻의 히브리어 그놀라에서 파생한 그놀로트)이라고 불렀으며, 다른 많은 제사들에서도 제물을 들어올리괴[거제(擧祭)] 여호와 앞에서 흔들어 드리는[요제(搖祭)] 의미심장한 의식을 사용했다. 이처럼 그리스도께서는 높이 들리셨다. 혹은 그 표현은 그리스도께서 죽으심으로써 높아지신 것을 가리킨다. 주님을 죽인 자들은 그로써 주님과 주님의 일을 영원히 무너뜨렸다고 생각했으나, 오히려 그로 인해 높아지셨다(12:24). 인자는 십자가에 달려 돌아가실 때 영화롭게 되셨다. 그리스도께서는 친히 죽으실 일을 가리켜 떠난다고 하셨는데, 본문에서는 들리신다고 표현하신다. 따라서 성도들의 죽음은 이 세상을 떠나는 것인 동시에 더 나은 상태로 들려 올라가는 것이다. 여기서 관찰할 점은, 주께서 지금 앞에 놓고 이 말씀을 하시는 자들을 당신의 죽음의 도구들로 말씀하신다는 점이다: 너희가 인자를 든 후에. 그들이 주님을 제사로 드릴 제사장들이 될 것이라는 말씀이 아니라(제사는 주님 자신의 일이다. 주께서 당

신을 제사로 드리셨다), 주님을 배반하고 죽이는 자들이 될 것이라는 말씀이다 (참조. 행 2:23). 그들은 주님을 **십자가**에 달았으나, 주께서는 당신을 아버지께 들어 올리셨다. 주께서는 그들이 당신을 틀림없이 죽이고 말 자들임을 아시면서도 친절하고 온유하게 말씀하셨다. 주님의 이러한 모습에서, 우리를 미워하고 해칠 자들이라는 판단이 들지라도 아무도 미워하거나 해치지 말 것을 배워야 한다. 본문에서 그리스도께서는 당신의 죽으심이 유대인들로 하여금 그들의 불신앙을 뼈저리게 깨닫게 해줄 것이라고 말씀하신다. 너희가 인자를 든 후에 내가 그인 줄을 알고. 그렇다면 왜 그때가 되어서야 깨닫게 되는가? **첫째로**, 부주의하게 사는 자들은 하나님께서 은혜로 주신 것들이 없어질 때에야 비로소 그 가치를 깨닫곤 하기 때문이다(참조. 눅 17:22). **둘째로**, 그리스도를 죽인 죄가 그들의 양심을 흔들어 깨움으로써 그들이 구주를 간절히 찾게 될 것이고, 그제야 예수께서 자기들을 구원하실 유일한 구주이심을 알게 될 것이기 때문이다. 실제로 그렇게 되었다. 그들은 자신들이 악인들의 손을 빌려 하나님의 아들을 십자가에 못박아 죽였다는 말을 듣고는 우리가 어찌할꼬 하고 탄식했으며, 이 예수가 주와 그리스도이심을 확실히 깨닫게 되었다(행 2:36). **셋째로**, 주께서 죽으실 때 표적과 기사가 일어날 것이고, 주께서 친히 죽은 자 가운데서 부활하실 것인데, 이런 일은 주께서 메시야이심을 무엇보다도 강하게 입증하는 증거가 될 것이다. 실제로 전에는 비판하고 대적하던 허다한 사람들이 그로 인하여 예수가 그리스도이심을 믿게 되었다. **넷째로**, 그리스도께서 죽으심으로써 성령이 강림하시게 되었는데, 성령께서 온 세상에 예수가 그분이심을 깨닫게 하실 것이었다(16:7, 8). **다섯째로**, 유대인들은 그리스도를 죽임으로써 자신들의 죄악의 분량을 채워 심판을 받게 될 것인데, 그것을 당하는 중에 지극히 완악한 자들도 예수께서 그분이신 줄을 깨닫게 되었다. 그리스도께서는 그들이 완고한 불신앙의 대가로 멸망을 당할 것을 자주 예언하셨는데, 예언이 현실이 되었을 때 그들은 한 선지자가 자기 가운데 있었음을 도무지 모를 수 없게 될 것이다(참조. 겔 33:33).

[3] 우리 주 예수께서 땅에 계시는 동안 주님을 붙들어 주신 분(29절): 나를 보내신 이가 나와 함께 하시도다. 나는 항상 그가 기뻐하시는 일을 행하므로 나를 혼자 두지 아니하셨느니라. 이 말씀에서 생각할 점은,

첫째로, 주께서는 아버지께서 항상 당신과 함께 하신다는 것을 확신했다. 아

버지께서 항상 함께 하신다는 말씀에는 신적인 능력을 항상 베푸셔서 맡기신 일을 이루어 가게 하시고, 신적인 호의를 베푸셔서 늘 격려해 주신다는 뜻이 담겨 있다. 나를 보내신 이가 나와 함께 하시도다(참조. 사 42:1; 시 89:21). 이처럼 아버지께서 함께 계시면서 당신의 말씀을 확증해 주시는 것(참조. 사 44:26)을 아셨다는 사실은 우리에게 그리스도를 믿고 그분 말씀을 신뢰할 큰 용기를 준다. 왕들의 왕이신 하나님께서 당신의 대사와 동행하시며 그의 사명을 입증해 주시고 그가 하는 일을 지원하시며, 외롭거나 약한 상태로 혼자 두지 아니하셨다. 하나님께서 그렇게 하신 것은 그리스도를 반대하던 자들의 죄를 더욱 무겁게 만들었으며, 그들이 어떤 두려운 상태로 빠져들고 있는가를 암시해 주었다. 주님을 대적함으로써 하나님을 대항하여 싸우는 상태에 있게 되었기 때문이다. 그들이 지금까지는 그리스도를 쉽게 넘어뜨려 제거할 수 있다고 생각했겠지만, 제정신을 가지고는 도저히 대항할 수 없는 분이 주님을 뒷받침해 주고 계심을 그들은 알아야 했다.

둘째로, 주께서 이러한 확신을 가지실 수 있었던 근거: 나는 항상 그가 기뻐하시는 일을 행하므로. 이 말씀의 의미는 다음과 같다. 1. 우리 주 예수께서 끊임없이 행하신 큰 일은 주님을 보내신 아버지께서 크게 기뻐하시는 일이었다. 하시는 모든 일이 여호와께서 기뻐하시는 뜻(사 53:10)이라 불린 이유는 영원하신 하나님께서 그것을 작정하시고 그것으로 말미암아 기뻐하셨기 때문이다. 2. 주께서 그 일을 하시는 것이 아버지께 하나도 언짢게 해드리는 것이 없었다. 주께서는 아버지께로부터 받은 사명을 수행하실 때 모든 지시를 꼼꼼히 지키셨고, 하나도 변경하지 않으셨다. 타락 이후에 이러한 말을 할 수 있는 인간은 단 한 명도 없었다. 다만 우리 주 예수께서만 자신의 아버지께 조금도 잘못을 범하지 않으시고, 모든 의를 성취하셨다. 이것은 주께서 드리셔야 했던 제사의 유효성과 가치를 위해 반드시 필요한 조건이었다. 만일 주께서 아버지를 노엽게 해드리는 일을 하나라도 하시거나, 친히 해명해야 할 죄를 하나라도 범하신다면, 아버지께서 주님을 우리 죄를 위한 화목제물로 기쁘게 받으실 수 없기 때문이다. 그러나 주께서는 우리를 위해서 그렇게 순결하고 흠 없는 제사장과 제물이 되셨다. 마찬가지로 하나님의 종들도 하나님이 기뻐하시는 일들을 택하여 행할 때 하나님의 함께 해 주심을 기대할 수 있다(참조. 사 66:4, 5).

V. 그리스도의 이 말씀이 듣는 자들에게 끼친 유익한 결과(30절): 이 말씀을

하시매 많은 사람이 믿더라. 주의: 1. 많은 사람들이 불신앙 가운데 멸망하지만, 은혜의 선택에 따라 믿어 영혼의 구원에 이르는 남은 자들이 있다. 이스라엘이 민족 단위로 그리스도를 배척했을지라도, 그들 가운데는 그리스도께서 그들로 말미암아 영광을 받으실 자들이 있다(사 49:5). 사도는 유대인들이 그리스도를 배척한 일과 조상들에게 하신 약속을 조화시키기 위하여 그 점을 강조한다. 남은 자들이 있다(롬 11:5). 2. 그리스도의 말씀, 특히 경고의 말씀은 하나님의 은혜로 말미암아 가난한 영혼들에게 주님을 믿게 하는 효과를 발휘한다. 그리스도께서 그들에게, 만일 믿지 않으면 자기들의 죄 가운데 죽을 것이요 천국에 들어가지 못할 것이라 하셨을 때, 그들은 그 말씀을 계기로 자신들을 돌아보게 되었다. 참조. 로마서 1:16, 18. 3. 때로는 반대하는 자들이 많은 가운데서도 복음의 문이 크게 열리곤 한다. 이방 나라들이 제 아무리 분노할지라도, 주께서는 하실 일을 착오 없이 이루어 가신다. 복음은 때로 가장 강렬한 반대에 부닥칠 때 오히려 가장 빛나는 승리를 거둔다. 하나님의 사역자들은 이 사실을 기억하고 많은 비방과 환난을 뚫고 복음을 전해야 한다. 그 수고가 헛되지 않을 것이기 때문이다. 말씀 사역자들이 부패한 사람들의 비방과 박해에 굴하지 않고 수고하는 모습을 보고 많은 사람들이 은밀히 하나님께로 나올 수 있다. 아우구스티누스가 강의 시간에 항상 강조한 말이 있었다: 나는 내가 복음을 전할 때 많은 사람들이 믿되, 내가 아니라 나로 말미암아 주님을 믿게 되기를 바란다 .

[31]그러므로 예수께서 자기를 믿은 유대인들에게 이르시되 너희가 내 말에 거하면 참으로 내 제자가 되고 [32]진리를 알지니 진리가 너희를 자유롭게 하리라 [33]그들이 대답하되 우리가 아브라함의 자손이라 남의 종이 된 적이 없거늘 어찌하여 우리가 자유롭게 되리라 하느냐 [34]예수께서 대답하시되 진실로 진실로 너희에게 이르노니 죄를 범하는 자마다 죄의 종이라 [35]종은 영원히 집에 거하지 못하되 아들은 영원히 거하나니 [36]그러므로 아들이 너희를 자유롭게 하면 너희가 참으로 자유로우리라 [37]나도 너희가 아브라함의 자손인 줄 아노라 그러나 내 말이 너희 안에 있을 곳이 없으므로 나를 죽이려 하는도다.

이 단락의 내용은 다음과 같다.

I. 그리스도의 제자들이 누릴 영적 자유에 관한 교훈. 그리스도의 말씀을

믿은 유대인들을 격려하시기 위해 이 교훈을 하셨다. 자신의 교훈이 일부 듣는 자들의 마음에 역사하기 시작한 것을 아시고, 또한 능력이 자신에게서 나간 것을 느끼신 주께서는 교만한 바리새인들과는 더 이상 말씀하지 않으시고 약한 신자들을 향해 말씀하신다. 불신앙으로 마음이 완고해진 자들에게 경고를 발하신 주께서, 이번에는 당신을 믿긴 하되 믿음이 약한 유대인들에게 위로의 말씀을 하신다.

1. 주 예수께서는 당신의 말씀에 두려워 떨면서 기꺼이 받아들이는 자들을 지극히 자비로운 마음으로 바라보신다. 주께서는 들을 귀 있는 자들에게는 하실 말씀이 있으셨으며, 당신 앞에 나아온 자들에게 아무 말씀도 없이 그냥 지나치시는 법이 없다.

2. 주께서는 은혜의 싹을 귀히 보시고 아끼시며, 당신께로 나오는 자들을 받아주신다. 이 유대인들은 그리스도를 믿었으나 아직 믿음이 약했다. 그러나 그리스도께서는 그렇다고 해서 물리치지 않으신다. 어린 양들을 품에 앉으시는 목자이시기 때문이다. 믿음이 어린 사람들을 위해서 주께서는 그들을 안아 뉘이실 무릎과, 그들이 먹을 젖을 두셔서 그들이 모태에서 나와 바로 죽지 않게 하신다. 주께서 그들에게 하신 말씀에는 모든 신자들이 항상 유념해야 할 두 가지 사실이 실려 있다.

(1) 그리스도의 참된 제자의 특성: 너희가 내 말에 거하면 참으로 내 제자가 되고. 그들은 그리스도를 위대한 선지자로 믿었을 때 주님의 제자가 되기 위하여 자신들을 포기했다. 그런데 주님의 학교에 들어오려는 문턱에서, 주께서는 확고한 규율을 내리신다. 그것은 꾸준히 주님의 말씀에 거하는 자들만 제자로 인정하신다는 것이었다. [1] 이 말씀은 그리스도의 제자가 되기 위해 노력을 하는데도 실제로는 제자가 아니며 다만 겉모습과 이름만 쥐고 있는 자들이 많음을 암시한다. [2] 이 말씀은 믿음이 약한 자들에게 믿음에 견고하여져서 비록 최고 수준의 제자는 되지 못하더라도 참된 제자가 되어야 한다고 격려한다. [3] 그리스도의 제자가 될 마음이 있는 자들에게, 주님의 은혜에 힘입어 주님 안에 거할 각오를 하고 나오지 않는다면 차라리 처음부터 주님께 나오지 않는 것이 낫다고 경계한다. 그리스도와 언약을 맺을 생각이 있는 사람은 그것을 파기할 권한이 있다는 생각을 버려야 한다. 어린이들은 학교에 입학하여 몇 년 동안만 훈육을 받으면 되지만, 그리스도를 따르고자 하는 사람은 평생 주님께 매여야 한다.

[4] 그리스도의 교훈에 거하는 사람만 주님의 참된 제자로 받아들여진다. 그리스도의 교훈에 거한다는 것은 모든 경우에 주님의 말씀을 온전히 붙들며, 배교하지 않고 끝까지 말씀을 표준삼아 살아가는 것을 뜻한다. 마치 사람이 자기 집에 거하듯이 그리스도의 말씀 안에 거하는 것(메네인)이다. 말씀이 그의 중심이요 안식처요 피난처이다. 말씀과 대화를 나누고 복종하는 것은 항상 해야 할 일이다. 이러한 태도로 끝까지 제자로서 살면 참된 제자임을 스스로도 입증하게 된다.

(2) 그리스도의 참된 제자가 누리는 특권. 스스로 참된 제자임을 입증하는 자들에게 주께서는 두 가지 귀한 약속을 해주신다(32절).

[1] 진리를 알지니. "꼭 알아야 할 유익한 진리를 알고, 진리에 대한 믿음을 더욱 굳게 가지고, 그 진리가 확실함을 알라." 주의: 첫째로, 참된 신자들과 제자들일지라도 반드시 알아야 할 내용들에 관해서 많이 어두울 수가 있다. 하나님의 자녀들은 자녀들일 뿐이므로 자녀들처럼 이해하고 말한다. 만일 배울 필요가 없다면 굳이 제자가 될 이유가 없다. 둘째로, 진리를 알되 우리가 믿어야 할 구체적인 진리들을 체계 있게 알고, 우리 믿음의 토대와 근거 — 무엇이 진리인가를 알게 하고, 진리인 것과 아닌 것을 검증해 주는 것 — 를 아는 것은 큰 특권이다. 셋째로, 자신들에게 필요하고 유익한 대로 진리를 알 수 있다는 것이 주님의 말씀에 거하는 모든 자들에게 그리스도께서 해주시는 은혜로운 약속이다. 그리스도의 학생들은 확실하게 배워야 한다.

[2] 진리가 너희를 자유롭게 하리라. 이 말씀의 의미는, 첫째로, 그리스도께서 가르치시는 진리는 사람들을 자유롭게 하는 성향이 있다(참조. 사 61:1). 칭의는 우리를 죄책 — 하나님의 심판을 면할 길이 없고 심한 두려움에 예속시키는 — 으로부터 자유롭게 한다. 성화는 우리를 부패의 굴레 — 온전히 주를 섬기지 못하게 하고, 철저히 노예 상태에 가둬 놓는 — 로부터 자유롭게 한다. 복음 진리는 우리를 의식법과 장로들의 유전이라는 더 무거운 짐으로부터 풀어준다. 우리를 영적 원수들로부터 해방시키며, 자유롭게 하나님을 섬기고, 자유롭게 아들로서의 특권을 행사하며, 위에 있는 예루살렘에서 자유롭게 살게 한다. 둘째로, 이 진리를 알고 누리고 믿는 것이 실제적으로 우리를 자유롭게 한다. 편견과 실수와 그릇된 생각, 욕심과 육욕의 권세로부터 벗어나게 한다. 그리고 영혼을 창조주께 순종하게 함으로써 스스로 주관할 힘을 되찾게 한다. 그리스도

의 진리를 깨닫고 그 능력을 맛본 정신은 시야가 크게 넓어져서 감각적인 것들을 훌쩍 뛰어넘으며, 율법의 지배를 받을 때와 같이 행동하지 않는다(참조. 고후 3:17). 기독교의 원수들은 마치 자유롭게 사유하는 것처럼 행세하지만, 진정으로 자유롭게 사유하는 사람은 믿음을 따라 사유하는 사람이며, 그 생각을 그리스도께 복종시키는 사람이다.

Ⅱ. 현세적인 유대인들이 이 교훈에 가한 반박. 이 교훈은 포로된 자들에게 자유의 기쁜 소식을 전하는 말씀이었는데도, 그들은 트집을 잡았다(33절). 바리새인들은 그리스도께서 믿는 자들에게 해주신 이 은혜로운 말씀과는 아무런 상관이 없는 구경꾼들이었음에도 그 말씀에 불만을 나타냈다. 그들은 주께서 믿는 자들에게 주신 자유의 은혜로운 성격을 업신여겼고, 그러므로 마음에 교만과 시기가 가득하여 이렇게 반박했다: "우리 유대인은 아브라함의 자손들이다. 그러므로 날 때부터 자유로우며, 생득권인 자유를 한 번도 잃어본 적이 없다. 우리는 어느 사람에게도 예속된 적이 없다. 그런데 어찌 우리 유대인들에게 너희를 자유롭게 하리라고 말할 수 있단 말인가?" 여기서 생각할 점은,

1. 그들이 격분한 것은 무엇 때문인가? 너희를 자유롭게 하리라 하는 말씀 때문이었다. 마치 유대 교회와 민족이 어떤 형태로든 예속되어 있다는 뜻이었고 (이런 의미에 대해서는 유대인 일반이 반발했다), 또한 그리스도를 믿지 않으면 모두 그 예속 가운데 남아 있다는 뜻이었다(이런 의미에 대해서는 특히 바리새인들이 반발했다). 주의: 믿는 자의 특권은 믿지 않는 자들의 시기와 분노를 사는 데 있다(시 112:10).

2. 그들의 주장이 무엇이었는가? 그리스도께서 그들이 자유롭게 될 필요가 있다고 말씀하신 데 대해서, 그들은 이렇게 주장했다.

(1) "우리는 아브라함의 자손이며, 아브라함은 방백이요 위대한 인물이었다. 우리는 비록 가나안에서 살고 있으나 가나안의 혈통을 받지 않았고, 종들의 종이 될 운명을 지닌 그와 상관이 없다. 그리고 우리는 농노들이 아니라 자유인들이다." 망해 가는 가문의 특징은 조상들의 성공과 명예를 자랑하고, 그것으로 현실의 초라함을 가리는 것인데, 유대인들이 그러했다. 그러나 이것이 전부가 아니었다. 아브라함은 하나님과 언약을 맺었고, 그의 후손들은 그 안에서 하나님과 언약 관계에 있었다(롬 11:28). 그런데 그 언약은 당연히 자유로운 특권으로서, 그들에게 노예 상태와 무관한 권리들을 부여했다(롬 9:4). 그러므로 그들

은 자유인으로 태어난 그들이 그리스도를 믿을 때 이러한 자유를 얻는다는 주장을 가당치 않게 생각한 것이다. 주의: 경건한 부모에게 태어나 양육받은 사람들이 흔히 범하는 오류는, 부모에게 받은 것을 특권으로 여겨 자랑하고, 그것이 거룩하지 못한 것을 벌충해줄 수 있다고 생각하는 것이다. 그들은 아브라함의 자손이었다. 그러나 지옥에 떨어진다면 아브라함을 아버지라 불러봐야 무슨 소용이 있겠는가? 구원의 은혜는 현세적인 특권들과 달리 세습되지 않으며, 천국에 들어갈 자격은 혈통과 가문으로 얻어지지 않는다. 천국에 들어갈 자격은 우리의 공로가 아닌 순전히 구주의 공로로서, 일정한 단서와 제약 하에서 베풀어진다. 그 단서와 제약을 준수하지 않으면 아무리 아브라함의 자손이라 해도 소용이 없다. 많은 사람들이 본문의 유대인들처럼, 거듭나야 구원을 얻는다는 권고를 들으면 우리는 교회의 자손들이다 하고 말하면서 빠져나간다. 그러나 이스라엘에 속했다 해서 모두가 이스라엘인인 것은 아니다.

(2) 남의 종이 된 적이 없거늘. 이 말에서 생각할 점은, [1] 이것은 심한 거짓말이었다. 어떻게 회중 앞에서 이렇게 뻔뻔스러운 거짓말을 할 수 있었는지 참으로 의아하다. 아브라함의 자손들이 애굽에서 종살이하지 않았던가? 사사시대에 주변 부족들에게 수시로 지배를 당하지 않았던가? 바벨론에서 70년간 포로 생활을 하지 않았던가? 멀리 갈 것도 없이 바로 그 순간에 그들이 로마의 압제 하에 있어, 비록 개인적으로 종살이를 하지 않더라도 민족이 예속된 채 해방을 그리며 신음하고 있지 않았던가? 그런데도 그들은 그리스도를 비판하려는 일념으로, 우리가 … 남의 종이 된 적이 없거늘 하고 말하는 것이다. 이로써 그들은 그리스도를 유대인들(자유 민족임을 몹시 자랑하고 싶어하던)과 로마인들(피정복 민족들을 노예로 부린다고 생각하기를 원치 않던)의 악감정에 노출시키려 했다. [2] 그 적용이 얼마나 어리석은 것이었는가? 그리스도께서는 진리가 그들에게 가져다 줄 자유를 말씀하셨고, 따라서 그것은 당연히 영적 자유를 뜻했다. 진리는 정신을 부요롭게 할 뿐 아니라 주체성을 갖게 하며, 시야를 넓혀줌으로써 오류와 편견의 속박에서 벗어나게 하기 때문이다. 그런데도 그들은 영적 자유를 주시겠다는 말씀을 자신들이 육체적으로 예속된 적이 없다는 말로 반박했는데, 이것은 마치 그들이 어느 사람에게 예속된 적이 없기 때문에 정욕에 예속된 적이 없다고 주장하는 것과 마찬가지였다. 주의: 현세적인 사람들은 육체에 해를 입히고 재산에 손해를 끼치는 것이나 큰일로 여긴다. 만일 그들에

게 시민권과 재산을 침해할 만한 일을 말하면 ― 농사가 망치게 되었다거나 집에 금이 갔다고 말하면 ― 금방 그 말을 알아듣고 합당한 대답을 할 것이다. 그런 말은 금방 그들에게 가 닿아 즉각 효과를 미친다. 그러나 그들에게 인간이 죄에 예속되어 있고, 사탄에게 포로로 잡혀 있는데 그리스도에 의해 자유를 얻는다고 말해주면 ― 그들의 영혼이 처해 있는 두려운 상태와 영생의 소망에 관해 말해주면 ― 당장 이상한 사람 취급을 당할 것이다. 에스겔 20:49에 언급된 사람들처럼 그는 비유로 말하는 자가 아니냐 하고 냉소한다. 거듭나야 한다는 주님의 말씀에 대해 니고데모가 보인 태도도 크게 다르지 않았다.

III. 우리 구주께서 유대인들의 반론에 대해 당신의 교훈을 확고히 전하시고, 그 뜻을 더 자세히 설명해 주심(34-37절).   여기서 주께서는 네 가지를 말씀하신다.

1. 주께서는 비록 그들이 사회적 자유와 보이는 교회의 회원 자격을 누릴지라도 종의 상태에 있을 수 있음을 말씀하신다(34절): 죄를 범하는 자마다 죄의 종이니라. 비록 아브라함의 자손이고 아무에게도 종이 된 적이 없을지라도, 죄를 범하면 죄의 종이다. 여기서 관찰할 점은, 그리스도께서 그들의 반박이 잘못되었다고 책망하시거나 그들이 지금 종의 상태에 있다고 말씀하지 않으시고, 그들을 깨우치시기 위해 좀 더 구체적인 설명을 해주신다는 점이다. 말씀 사역자들도 온유한 심정으로 자신들을 반대하는 자들을 잘 가르쳐서, 분노에 사로잡혀 그들과 더 멀어지지 않고 그들을 회복시킬 수 있도록 해야 한다. 여기서 생각할 점은,

(1) 서언이 대단히 엄숙하다: 진실로 진실로 너희에게 이르노니. 이 표현은 우리 구주께서 경청과 동의를 명하시기 위해 자주 사용하신 엄위로운 선언이다. 선지자들이 사용한 표현은 여호와께서 가라사대였다. 이는 그들이 종들로서 신실했기 때문이다. 그러나 그리스도께서는 하나님의 아들이시므로 당신의 이름으로 말씀하신다: 아멘이요 신실한 증인인 내가 너희에게 이르노니. 당신의 진실하심을 담보로 삼아 말씀하신다. "아브라함의 혈통을 지닌 것이 너희를 구원할 줄 생각하고 자랑하는 너희에게 내가 이르노니."

(2) 주께서 선포하신 진리는 비록 구체적인 상황에서 하신 말씀이지만 보편적인 성격을 띤다: 죄를 범하는 자마다 죄의 종이라. 죄를 지은 상태에 있다면 그 사람은 죄의 종이다. [1] 누구에게 이 말씀을 하셨는가? 파스 호 포이온 히미르디

안 — 죄를 범하는 모든 사람. 세상에 살면서 죄를 범하지 않는 사람은 단 한 명도 없다. 그렇지만 죄를 범하는 모든 사람이 다 죄의 종인 것은 아니다. 그러나 죄를 범하는 사람, 거룩한 길을 앞에 놓고도 악의 길이 좋아 죄를 선택하는 사람(렘 44:16, 17) — 죄와 언약을 맺고 혼인하는 사람 — 죄를 계획하고 육체를 준비시키고 죄악을 고안하는 사람, 죄를 습관으로 만드는 사람, 육체를 따라 행하고 죄를 업으로 삼는 사람은 죄의 종이다. [2] 그렇게 죄를 범하는 자들에게 그리스도께서 어떠한 낙인을 찍으시는지 보라. 그들에게 종의 낙인을 찍으시는 것이다. 그들은 죄책의 감옥에 갇혀 있고, 죄 아래 있도록 판결을 받고, 죄의 권세에 예속되어 있는 죄의 종들이다. 자진해서 죄의 종이 되고, 남들에게도 그렇게 간주된다. 그들은 악의 일에 자신들을 팔았다. 그들에게는 정욕이 법이 되며, 정욕의 지시를 받으며, 스스로 주관하지 못한다. 죄의 일을 행하고, 죄의 진영을 지지하며, 그 삯을 받는다(롬 6:16).

2. 주께서는 그들이 종의 상태에 있으므로 하나님의 집에서 아들들에게 돌아가는 유업을 받을 자격이 없다고 말씀하신다(35절). 종이라도 잠시 동안은 집에 있을 수 있지만, 그 신분이 종에 지나지 않기 때문에 영원히 집에 거하지 못하는 것이다. 종으로 섬기는 일은 유업이 아니라 일시적인 행위일 뿐이며, 영원하지 못하다. 그러나 가문의 아들은 영원히 거한다. 여기서 살펴볼 점은, (1) 이 말씀은 주로 유대 교회와 민족의 배반을 가리킨다. 이스라엘은 하나님의 아들이요 장자였다. 그러나 그들은 형편없이 타락하여 종의 상태로 전락했고, 세상과 육신에 예속되었다. 그러므로 그들은 생득권에 의해 교회 회원 자격을 얻었다 생각했지만, 그리스도께서는 그들이 스스로 팔려 종이 되었으므로 집에 영원히 거하지 못할 것이라고 말씀하신다. 예루살렘은 자유를 선포하는 그리스도의 복음을 배척하고 종을 낳아 그 자녀들과 더불어 종노릇한 시내 산 언약을 고수했다(갈 4:24, 25). 그러므로 교회의 회원 자격과 시민의 권리를 박탈당하고, 특권을 빼앗기고, 자기 아들과 함께 쫓겨났다(창 21:14). 크리소스토무스는 주님의 이 말씀을 다음과 같이 해설한다: "모세 율법이 명한 의식과 규례로 죄에서 자유롭게 되려고 하지 말라. 모세는 종일 뿐이었고, 아들이 다스리시는 교회에서 항구적인 권세를 갖지 못했기 때문이다. 그러나 만일 아들이 너희를 자유롭게 해주시면 그것은 복된 일이다"(36절). 그러나, (2) 주님의 이 말씀은 좀 더 멀리 내다보면서, 죄의 종들인 모든 사람들이 배척을 당하고 하나님의 아들이

되는 특권을 영접하지 않을 것을 말씀하신다. 비록 그 무익한 종들이 가문의 체류자들처럼 하나님의 집에서 잠시 머물 수는 있어도, 종의 자녀들과 주인의 자녀들이 갈릴 날이 오고 있었다. 언약의 자녀들인 참된 신자들만 자유인으로 간주되어 이삭처럼 집에 영원히 거할 것이다. 그들은 땅에서 거룩한 처소에 박힌 못과 같이 될 것이며(스 9:8), 하늘의 거룩한 곳에 처소를 얻게 될 것이다 (14:2).

3. 주께서는 그들에게 종의 상태에서 해방되어 영광스러운 하나님의 아들들의 자유(롬 8:21)에 들어가는 길을 보이신다. 죄의 종이 된 사람들이 처한 상황은 슬프지만, 참으로 감사하게도 의지할 데가 없지 않고 소망이 없지 않다. 집에 영원히 거하는 것이 아들이 종들 위에서 누리는 특권과 위엄이듯이, 많은 형제들 가운데 첫 열매가 되시고 만물의 후사가 되신 하나님의 아들이 종을 해방시키고 양자로 받아줄 권세를 갖고 계신다(36절): 그러므로 아들이 너희를 자유롭게 하면 너희가 참으로 자유로우리라. 여기서 생각할 점은,

(1) 예수 그리스도께서는 복음으로 우리에게 자유를 제시하신다. 주께는 우리를 자유롭게 하실 권세와 능력이 있다. [1] 포로들을 풀어주시기 위함. 주께서는 이 일을 칭의로써 이루신다. 우리를 의롭다 하시기 위하여 먼저 우리의 죄책에 대하여 만족을 이루시며(복음의 부르심은 이것을 근거로 삼는다. 이것은 모든 사람에 대한 조건이 붙는 사면령이요, 모든 참된 신자들에게 주는 절대적인 사면증이다), 또한 우리의 부채에 대해서 만족을 이루신다(우리는 율법에 의해 부채를 지고 그에 따른 형벌 아래 있었다). 그리스도는 우리의 보증인, 혹은 그보다는 우리의 보석 보증인이 되시어 채권자와 화해를 주선하시고, 우리가 침해한 공의의 요구를 등가물(等價物) 이상으로 갚으시고, 채무 이행의 의무를 담당하시고, 믿고 회개함으로써 주님의 영광을 인정하는 이른바 대응 담보를 주 앞에 내놓는 모든 사람들에게 채무를 말소시켜 주시며, 그로써 그들을 자유롭게 해주신다. 그들은 부채를 남김없이 탕감받는다. 다양한 법령과 조치로 부채 탕감이 공고하게 된다. 그러나 이 조건에 응하기를 거부하는 자들은 탕감 증서가 그들에게 있지 않고 여전히 구주의 손에 있다. [2] 그리스도는 종을 속량할 권세를 갖고 계시며, 이 일을 성화(聖化)로써 이루신다. 복음의 효력 있는 선언과 성령의 강한 역사로 말미암아, 그리스도께서는 영혼 안에 있는 부패의 권세를 깨뜨리시고, 뿔뿔이 흩어진 이성과 윤리의 힘을 규합하시며, 그로써 영혼을 자유

롭게 하신다. [3] 그리스도는 외국인과 객을 시민으로 만드는 권세를 갖고 계시며, 이 일을 양자(養子)로써 이루신다. 이것이 은혜가 구체적으로 이루는 일이다. 우리는 사죄와 치유를 받을 뿐 아니라 자녀로 입적(入籍)된다. 사죄뿐 아니라 자녀로서의 권리도 받는다. 이런 방식으로 하나님의 아들은 우리를 제사장 나라와 거룩한 백성과 새 예루살렘의 자유로운 시민들로 만드신다.

(2) 그리스도께서 자유롭게 하시는 자들은 진정으로 자유롭게 된다. 주께서 제자들에게 사용하신 단어는 알레토스(과연〈indeed〉)가 아니라 온토스(실제로〈really〉)이다. 이 단어를 사용하신 데에는 다음과 같은 뜻이 있다. [1] 주님의 약속은 참되고 확실하며, 유대인들이 자부한 자유는 가상적인 자유이다. 그들은 거짓 선물을 자랑했다. 그러나 그리스도께서 주시는 자유는 확실하고 참되며 실제적인 효과를 지닌다. 죄의 종들은 믿음을 지탱하는 띠들을 산산이 끊어놓고도 스스로 자유를 기약하고 스스로 자유를 꿈꾸지만, 그것은 스스로 속이는 것이다. 그리스도께서 자유롭게 해주시는 자들 외에는 아무도 실제로 자유롭게 되지 못한다. [2] 주께서 약속하시는 자유는 비류없는 것이다. 자유라는 이름을 붙일 만한 자유이다. 그것에 비하면 다른 모든 자유들은 차라리 속박이다. 그 자유가 주는 존귀와 유익은 그만큼 큰 것이다. 그것은 영광스러운 자유이다. 실재하는 자유요(온토스라는 단어의 뜻대로), 실체이다(잠 8:21). 그것에 비하면 세상의 것들은 그림자요 존재하지 않는 것들이다.

4. 주께서는 당신의 말씀을 믿지 않고 트집이나 잡으면서 아브라함의 혈통을 자랑하는 유대인들에게 이 말씀을 적용하신다(37절): 나도 너희가 아브라함의 자손인 줄 아노라. 그러나 내 말이 너희 안에 있을 곳이 없으므로 나를 죽이려 하는도다. 이 말씀에서 생각할 점은,

(1) 그들의 고귀한 혈통을 인정하심: "나도 너희가 아브라함의 자손인 줄 아노라. 그것은 모든 사람이 아는 사실이요 너희의 명예이다." 주께서는 사실을 사실대로 인정하시고, 그들이 하는 말 가운데 사실과 다른 부분(자기들이 누구의 종이 된 적이 없다는)에 대해서도 굳이 반박하지 않으셨다. 그들을 자극하기보다 유익을 끼치려고 노력하신 까닭에, 그들을 안돈시키는 말씀을 하셨다: 나도 너희가 아브라함의 자손인 줄 아노라. 그들은 자신들이 아브라함의 자손임을 자랑했다. 그 사실이 그들의 이름을 빛나게 하고 그들을 지극히 명예롭게 해준다고 생각했다. 하지만 그러한 자랑은 그들의 죄를 더욱 무겁게 했다. 장차 주께

서는 혈통과 교육을 자랑하는 위선자들을 심판하실 때 그들의 자랑을 근거로 심판하실 것이다. "너희가 아브라함의 자손인가? 그렇다면 어찌하여 아브라함의 믿음과 순종의 발자취를 따르지 않았는가?"

(2) 그들의 자랑과 실제 행위의 불일치: 나를 죽이려 하는도다. 그들은 여러 번 주님을 죽이려고 시도했고 지금도 모의하고 있었다. 조금 뒤면(59절) 돌을 들어 주님을 치려 할 참이었다. 그리스도께서는 모든 죄악을 아시되, 사람들이 행하는 죄악뿐 아니라 모의하고 시도하는 죄악까지도 다 아신다. 무고한 사람을 죽이려고 하는 것도 중죄이지만, 왕들의 왕이신 분을 죽이려고 모의하고 계획한 것은 어떤 말로도 표현할 수 없는 극악한 범죄였다.

(3) 이러한 불일치가 발생한 이유. 아브라함의 자손인 그들이 왜 그토록 집요하게 그들뿐 아니라 땅의 모든 족속에게까지 복을 끼칠 아브라함의 약속된 자손을 대적했을까? 우리 구주께서는 이렇게 말씀하신다. 내 말이 너희 안에 있을 곳이 없으므로(우 코레이 엔 휘민). 불가타(Vulgate)는 내 말이 너희를 붙잡지 않으므로(Non capit in vobis)라고 번역한다. "너희가 내 말에는 흥미도 관심도 없고, 다른 것들에 마음이 기울어져 있으므로"라는 뜻이거나, "내 말이 너희에게 아무런 힘도 발휘하지 못하고, 아무런 인상도 주지 못하므로"라는 뜻이다. 어떤 비평학자들은 "내 말이 너희 속으로 뚫고 들어가지 못하므로"라고 해석한다. 비가 내리되 경작지에 내리는 비처럼 마음에 흡수되지 못하고, 바위에 내리는 비처럼 스미지 못하고 다른 데로 흘러가 버린다는 뜻이다. 시리아어 역본은 이렇게 옮긴다. "너희가 내 말을 받아들이지 않으므로. 너희는 내 말을 진리로 받지도 않고 좋아하지도 않는다." 우리의 번역은 매우 의미심장하다: 내 말이 너희 안에 있을 곳이 없으므로. 그들은 그리스도를 죽이려 하고, 그로써 입을 다물도록 만들려 했는데, 그 이유는 주께서 그들에게 무슨 해를 끼치셨기 때문이 아니라, 마음의 변화를 요구하는 주님의 말씀을 참아낼 수 없었기 때문이다. 주의: [1] 우리 깊은 내면에 그리스도의 말씀이 있을 곳을 마련해야 한다. 나그네와 객이 아닌 주인이 자기 집에 거하듯, 주의 말씀이 우리 안에 거하여 일할 수 있는 곳을 두도록 해야 한다. 말씀이 우리 안에 거처를 두고 일하여 죄를 몰아내고 은혜를 끼칠 수 있도록 해야 한다. 말씀이 우리 마음의 권좌에 앉아 우리 안에 풍성히 거하도록 해야 한다. [2] 마음에 그리스도의 말씀이 거할 곳이 없는데도 신자로 행세하는 사람들이 많다. 그들이 말씀에 거처를 내드리지 않는 이유는 말씀

을 좋아하지 않기 때문이다. 사탄은 사람의 마음에서 그 자리를 치우기 위해서라면 무슨 짓이든 다 한다. 그러면 다른 것들이 그 자리를 대신 차지한다. [3] 하나님의 말씀이 거할 곳이 없으면 아무런 좋은 것도 기대해서는 안 된다. 그 자리에 온갖 악한 것들이 차지하고 있기 때문이다. 악한 영은 그리스도의 말씀이 비어 있는 마음을 찾으면 들어가 그 안에 거한다.

[38]나는 내 아버지에게서 본 것을 말하고 너희는 너희 아비에게서 들은 것을 행하느니라 [39]대답하여 이르되 우리 아버지는 아브라함이라 하니 예수께서 이르시되 너희가 아브라함의 자손이면 아브라함이 행한 일들을 할 것이거늘 [40]지금 하나님께 들은 진리를 너희에게 말한 사람인 나를 죽이려 하는도다 아브라함은 이렇게 하지 아니하였느니라 [41]너희는 너희 아비가 행한 일들을 하는도다 대답하되 우리가 음란한 데서 나지 아니하였고 아버지는 한 분뿐이시니 곧 하나님이시로다 [42]예수께서 이르시되 하나님이 너희 아버지였으면 너희가 나를 사랑하였으리니 이는 내가 하나님께로부터 나와서 왔음이라 나는 스스로 온 것이 아니요 아버지께서 나를 보내신 것이니라 [43]어찌하여 내 말을 깨닫지 못하느냐 이는 내 말을 들을 줄 알지 못함이로다 [44]너희는 너희 아비 마귀에게서 났으니 너희 아비의 욕심대로 너희도 행하고자 하느니라 그는 처음부터 살인한 자요 진리가 그 속에 없으므로 진리에 서지 못하고 거짓을 말할 때마다 제 것으로 말하나니 이는 그가 거짓말쟁이요 거짓의 아비가 되었음이라 [45]내가 진리를 말하므로 너희가 나를 믿지 아니하는도다 [46]너희 중에 누가 나를 죄로 책잡겠느냐 내가 진리를 말하는데도 어찌하여 나를 믿지 아니하느냐 [47]하나님께 속한 자는 하나님의 말씀을 듣나니 너희가 듣지 아니함은 하나님께 속하지 아니하였음이로다.

이 단락에서도 그리스도와 유대인들 간의 변론이 계속된다. 주께서는 그들을 깨우쳐 돌이키게 하려 하시는 반면에, 그들은 여전히 주님을 비판하고 반대한다.

I. 주께서는 자신의 정서와 그들의 정서가 다른 이유를 서로 다른 기원과 출신에서 찾으신다(38절) : 나는 내 아버지에게서 본 것을 말하고 너희는 너희 아비에게서 들은 것을 행하느니라. 두 가문의 근원인 두 아버지 곧 하나님과 마귀를 언급하시며, 양자가 서로 적대적 관계에 있음은 너무 분명하여 굳이 말씀하지 않

으신다.

1. 그리스도의 교훈은 하늘로부터 왔다. 무한한 지혜와 영원한 사랑의 모략으로부터 유래했다. (1) 나는 … 본 것을 말하고. 그리스도께서 하나님과 다른 세상에 관해서 우리에게 알려주신 교훈은 추측과 소문에 근거한 것이 아니라, 친히 눈으로 보신 것에 근거한 것이다. 그러므로 주께서는 친히 하신 모든 말씀이 진리임을 확실히 아셨다. 백성들 앞에 증인으로 나선 분은 당신이 눈으로 본 것을 전하는 분이므로 그의 증언은 확실하다. (2) 그것은 주께서 아버지에게서[아버지와 함께] 보신 것이다. 그리스도의 교훈은 개연성 높은 주장들로 뒷받침된 그럴 듯한 가설이 아니라, 하나님의 영원한 진리를 정확히 전하신 것이다. 그것은 아버지에게서 들으신 것일 뿐 아니라, 두 분 사이에 평화의 논의가 이루어질 때 아버지와 함께 보신 것이었다. 모세는 하나님께로부터 들은 것을 말했으나 하나님의 얼굴은 뵙지 못했다. 바울은 삼층천에 올라갔으나 그곳에서 본 것은 말할 수도 없었고 말해서도 안 되었다. 말씀하신 것을 보고, 보신 것을 말하는 것은 그리스도에게만 속한 대권이기 때문이다.

2. 그들의 행위는 지옥으로부터 유래한 것이었다: "너희는 너희 아비에게서 들은[본] 것을 행하느니라. 너희는 너희 행위로써 너희 아비가 누구인지 드러낸다. 너희가 누구를 모방하는지 자명하며, 따라서 너희의 근원이 무엇인지 쉽게 알 수 있다." 아버지에게 훈련을 받은 자녀들이 아버지의 말과 행동을 보고 배우며 자라듯이, 이 유대인들은 그리스도와 복음을 악의적으로 반대하는 것으로 미루어 볼 때 마귀를 자기들의 모범으로 삼아 그를 모방하는 것으로밖에 볼 수 없었다.

Ⅱ. 주께서는 그들이 아브라함의 자손이요 하나님의 백성이라는 헛된 자랑을 배척하시며, 그들의 주장이 얼마나 헛되고 거짓된가를 드러내신다.

1. 아브라함과의 관계를 내세우는 그들의 주장에 대한 주님의 답변. 우리 아버지는 아브라함이라 하니(39절). 이 말로써 그들이 의도한 것은, (1) 자기들을 높여 대단한 존재들로 부각시키려는 것이었다. 그들은 하나님 앞에서 고백해야 할 자신들의 비천한 근본을 망각했다: 내 조상은 방랑하는 아람 사람으로서(신 26:5). 그리고 그들의 타락한 조상들에 대한 하나님의 정죄는 이것이었다: 네 근본과 난 땅은 가나안이요 네 아버지는 아모리 사람이요 네 어머니는 헷 사람이라(겔 16:3). 족보를 지나치게 자랑하는 것이 몰락의 길을 걷는 가문의 공통된 특징이

듯이, 오래된 역사와 설립자들의 탁월함을 과도하게 자랑하는 것이 타락하고 변질된 교회들의 특징이다. 우리는 내내 트로이 사람들이었으며, 한때 이곳에 트로이가 있었다(Fuimus Troes, fuit Ilium). (2) 그들은 마치 그리스도께서 그들이 그들의 아비에게서 악을 배웠다고 말씀하시는 가운데 족장 아브라함을 비하하신 것처럼 비판했다. 그들이 얼마나 사사건건 주님과 논쟁하려고 했는지 잘 보여주는 대목이다. 그리스도께서는 그들의 비판을 일축하신 뒤, 그들의 생각이 허황됨을 쉽고도 설득력 있는 논리로 드러내신다: "아브라함의 자손이라면 아브라함이 행한 일들을 할 텐데, 너희는 아브라함이 행한 일을 하지 않는 것을 보니 아브라함의 자손이 아니다."

[1] 전제가 명쾌하다: "만일 너희가 아브라함의 자손이라면, 즉 하나님께서 그와 그의 씨와 더불어 맺으신 언약에 포함되어 있다고 주장할 수 있는 그의 자손이라면, 아브라함이 행한 일들을 할 것이다. 아브라함의 권속 가운데 아브라함처럼 여호와의 도를 지킨 자들에게만 하나님께서 친히 하신 말씀을 이루실 것이기 때문이다"(참조. 창 18:19). 언약에 속하여 아브라함의 믿음과 순종의 자취를 따르는 자들만 아브라함의 자손으로 간주된다(롬 4:12). 유대인들은 족보를 치밀하게 잘 관리했지만, 그것으로는 아브라함이 받은 언약의 복을 누릴 만한 관계에 들어갈 수 없었다. 아브라함을 조상으로 내세우려면 그와 같은 정신을 가지고 살아야 했다. 여자들이 사라와 관계가 있게 되는 것도 사라처럼 믿고 선을 행함으로써만 가능하게 된다. 그런 여자들은 그의 딸들이 된 것이다(벧전 3:6). 주의: 스스로 아브라함의 자손으로 여기고 살기를 원한다면 아브라함과 같은 믿음을 가져야 할 뿐 아니라 그가 행한 일을 해야 한다(약 2:21, 22). 아브라함처럼 하나님께서 부르실 때 순종하고 나아가야 하고, 아무리 귀한 것이라도 하나님 앞에서 아끼지 말아야 하고, 이 세상을 나그네와 객으로 살아야 하고, 가정에서 늘 예배를 드리고 살아야 하며, 하나님 앞에서 의로운 생활을 해야 한다. 아브라함이 그렇게 살았던 것이다.

[2] 가정도 마찬가지로 명쾌하다: "그러나 너희는 아브라함이 행한 일을 하지 않으므로, 지금 하나님께 들은 진리를 너희에게 말한 사람인 나를 죽이려 하는도다. 아브라함은 이렇게 하지 아니하였느니라"(40절).

첫째로, 주께서는 유대인들에게 그들이 했던 일과 지금 하고 있는 일과 앞으로 하려고 하는 일이 무엇인지 드러내신다. 그것은 주님을 죽이려 하는 것이었다. 그들의 악한 의도를 드러내시기 위해 세 가지를 암시하신다. 1. 그들은 자기들과 같은 사람이요 자기들의 골육으로서, 아무런 해도 자극도 가하지 않은 사람의 생명을 없애려고 할 정도로 패륜적이었다. 사람에게 해를 끼치려고 작심하고 있었다(시 62:3). 2. 그들은 자기들에게 진리를 전하고, 아무런 해도 입히지 않고, 지극히 선한 일을 행하신 분을 죽이려 할 정도로 배은망덕했다. 주께서는 그들에게 거짓을 전하지 않으셨을 뿐 아니라 지극히 필요하고 중요한 진리를 가르치셨다. 그것이 원수가 될 만한 일이었는가? 3. 그들은 하나님께로부터 들은 진리를 전하는 분을 죽이려고 할 정도로 불경건했다. 그분은 하나님께서 보내신 사자였으며, 따라서 그들이 그분을 대적한 것은 하나님을 대적한 악행(quasi deicidium)이었다. 이것이 그들의 행위였고, 그들은 그것을 고집했다.

둘째로, 주께서는 아브라함의 자손이라면 그렇게 할 수 없다고 말씀하신다. 아브라함은 그렇게 하지 않았던 것이다. 1. 아브라함은 이렇게 하지 아니하였느니라. 아브라함은 인간미가 있는 사람이었다. 포로로 끌려간 사람들의 목숨을 건져 주었다. 또한 경건한 사람이었다. 매번 하나님의 뜻에 순종했다. 아브라함은 하나님을 믿었으나, 그들은 불신앙을 고집했다. 아브라함은 하나님을 따랐으나, 그들은 하나님을 대적했다. 이처럼 그들이 아브라함을 닮은 구석이 전혀 없으므로, 장차 아브라함은 그들을 알아보지도 못하고 인정하지도 않을 것이다(참조. 사 63:16; 렘 22:15-17). 2. "만일 아브라함이 지금 살아 있다면 혹은 내가 그의 시대에 살았다면 그는 이렇게 행하지 않았을 것이다." 아브라함이었다면 이런 일을 하지 않았을 것이다(Hoc Abraham non fecisset). 어떤 번역본은 그렇게 옮긴다. 우리도 우리 자신을 그런 식으로 돌아봐야 한다. 아브라함과 이삭과 야곱이었다면 이렇게 행동했을까? 그분들과 같지 못하다면 그분들과 같이 있을 기대를 하지 말아야 한다.

[3] 결론은 자명하다(41절): "너희가 무엇을 자랑하고 주장할지라도 너희는 아브라함의 자녀가 아니라 다른 가문 출신이다. 너희는 다른 아버지의 행위를 하고 그의 정신을 품고 있으며 그를 닮았다." 주께서는 아직 그들의 아비가 마귀라고는 말씀하지 않으신다. 그 말씀은 계속해서 트집을 잡는 그들에게 마지막으로 하신 말씀이다. 주님의 이러한 태도는 아무리 악한 사람들에게라도 점잖고 친절하게 대해야 하며, 아무리 참된 말일지라도 그들에 관해 혹은 그들을 향해 모질게 말하지 말아야 함을 가르쳐 준다. 주께서는 그들이 주님의 말씀을

들으면서 자기들이 마귀의 자녀들이겠구나 하고 양심의 가책을 느끼게 되기를 바라셨다. 그러한 말씀은 아직 기회가 있는 동안에 들어서 회개하는 것이, 즉 우리의 마음과 태도를 바꿈으로써 우리 아비와 가문을 바꾸는 것이, 마지막 큰 날에 그리스도께 최종적인 선언으로 그 말씀을 듣는 것보다 백 배 낫다.

2. 그들은 자신들의 처지도 모른 채 아브라함과의 관계를 주장한 까닭에, 하나님을 자기들의 아버지로 주장했다: "우리가 음란한 데서 나지 아니하였고 ― 우리가 사생아들이 아니라 합법적인 아들들이며 ― 아버지는 한 분뿐이시니 곧 하나님이시로다."

(1) 어떤 이들은 그들의 말을 문자적으로 이해한다. 즉, 그들은 이스마엘 족속과 같은 종의 자손들이 아니었다. 모압과 암몬 족속처럼 음란한 데서 나지도 않았다(신 23:3). 아브라함 가문의 서자 계통에서 난 자들이 아니라 오히려 정통 히브리인들이다. 합법적인 혼인 관계에서 태어났으므로 인간의 타락 전에 신성한 혼인 제도를 제정하신 하나님을 아버지라 부를 수 있었다. 이혼을 하거나 여러 아내를 거느림으로써 더럽혀지지 않은 합법적인 자손들은 경건한 자손, 즉 하나님께 속한 자손이라 불린다(참조. 말 2:15).

(2) 다른 이들은 그들의 말을 상징적으로 이해한다. 그들은 이제 그리스도께서 육체적 아버지가 아닌 영적 아버지, 즉 그들의 종교를 내신 아버지에 관해서 말씀하신다는 것을 알기 시작했다. 따라서,

[1] 그들은 자신들이 우상숭배자들의 자손이 아니라고 주장했다: "우리가 음란한 데서 나지 아니하였고 ― 즉, 우상을 숭배하던 조상의 자손들이 아니고, 우상을 숭배하는 환경에서 자라지도 않았다." 성경은 우상숭배를 영적 매춘으로, 우상숭배자들을 매춘으로 낳은 자손으로 종종 말한다(호 2:4; 사 57:3). 그런데, 만일 그들이 우상숭배자의 자손이 아니라는 뜻으로 말한 것이라면 그것은 거짓말이었다. 포로 시대 전의 유대인들만큼 우상숭배에 중독되었던 민족이 일찍이 없었기 때문이다. 혹시 그들이 자신들은 우상숭배자가 아니라는 뜻으로 그 말을 했다면? 사람이 우상숭배에서 벗어나 있으면서도 다른 죄로 말미암아 멸망하여 아브라함의 언약으로부터 단절되는 일이 얼마든지 있을 수 있다. 만일 우상숭배의 죄(영적 간음)를 범하지 않았더라도 살인을 했다면 언약을 범한 자가 된다. 패역하고 방탕한 자식은 비록 음행으로 태어나지 않았을지라도 유업을 받지 못한다.

[2] 그들은 자신들이 하나님을 참되게 예배하는 자들이라고 자부했다. 많은 아비들, 많은 신들과 많은 주들을 두고 있으면서도 하나님을 아버지로 모시지 않는 — 즉, 아버지가 많은데 특정한 아버지가 없는 사람들의 아들(filius populi) — 이교도들과 자신들은 다르다고 주장했다. 주 우리 하나님은 한 분이신 여호와이시며 그 외에는 아버지가 없으므로 우리에게는 아무런 문제가 없다고 주장했다. 주의: 스스로 독려하여 자부심을 갖고 자기 영혼을 크게 속이는 자들, 참된 신앙을 고백하고 참 하나님을 예배하므로 구원받았다고 상상하면서 실제로는 영과 진리로 하나님을 예배하지도 않고 자기들이 고백한 신앙대로 진실하게 살지 않는 자들이 있다. 우리 구주께서는 그들의 그릇된 주장(42, 43절)에 자세히 대답하시며, 두 가지 근거에 의해 그들이 하나님을 아버지라 부를 자격이 없음을 지적하신다.

첫째로, 그들은 그리스도를 사랑하지 않았다: 하나님이 너희 아버지였으면 너희가 나를 사랑하였으리니. 주께서는 앞에서 그들이 당신을 죽이려 하는 점을 들어 그들과 아브라함의 관계를 부정하셨지만(40절), 여기서는 그들이 주님을 사랑하거나 인정하지 않는 점을 들어 그들과 하나님의 관계를 부정하신다. 현저한 죄를 범하지 않음으로써 그리스도의 원수로 드러나지 않으면 아브라함의 자손으로 인정받을 수 있다. 그러나 그리스도의 신실한 친구와 제자가 되기 전에는 하나님의 자녀로 인정받을 수 없다. 주의: 그리스도를 아버지로 모시는 모든 사람들은 예수 그리스도를 진정으로 사랑하고 존경하며, 그 사랑에 감사하고 주님의 이름과 나라에 충성하려는 마음을 가지며, 주께서 베풀어주신 구원과 구원의 방법과 조건에 만족하며, 우리가 주님을 사랑하는 가장 확실한 표시인 계명을 지키는 일에 마음을 기울인다. 이 땅에서 우리는 시험의 상태에 있다. 우리의 창조자 앞에서 어떻게 처신하는지에 따라 심판 날에 우리의 앞날이 결정될 것이다. 하나님께서는 우리를 검증하시기 위한 다양한 방법을 갖고 계신데, 이것이 그 중 하나였다. 즉, 아들을 세상에 보내시고, 그분의 아들 되심과 사명을 입증할 충분한 증거를 나타내신 다음, 당신을 아버지라 부르는 모든 자들에 대해 아들에게 입맞추라 하시고, 여러 형제들 가운데 첫 열매가 되신 그분을 영접하라고 명하시는 것이다(참조. 요일 5:1). 우리가 하나님의 자녀인가 아닌가는 그리스도를 사랑하는가 않는가로 결정될 것이다. 만일 그리스도를 사랑하지 않으면 하나님의 자녀와 거리가 멀고, 오히려 그에게는 저주가 임해 있다

(고전 16:22). 우리 주께서는 하나님의 자녀라면 당신을 사랑하게 되어 있다고 말씀하시면서, 그 이유에 대해서 내가 하나님께로부터 나와서 왔음이라고 설명하신다. 하나님의 자녀들이 그리스도를 사랑하는 이유는, 1. 그리스도께서 하나님의 아들이시기 때문이다: 내가 하나님께로부터 나와서(엑셀톤). 이 말씀은 주께서 신적 본질의 교류에 의해서, 그리고 동시에 신적 로고스가 인성과 결합하심에 의해서 아버지께로부터 나오신 것(엑셀류시스)을 의미한다(휘트비 박사). 그렇다면 이 사실 앞에서 하나님께로부터 태어난 모든 사람들은 그리스도를 사랑하지 않을 수 없다. 그리스도께서 사랑을 입은 자(beloved)라 불리시는 이유는 아버지의 사랑을 입으셨기에 모든 성도로부터 사랑을 받으시기 때문이다(엡 1:6). 2. 그리스도께서 하나님께로부터 보내심을 받으셨기 때문이다. 주께서는 하나님의 대사로서 인간 세상에 오셨다. 하나님께로부터 사명도 메시지도 받은 일이 없는 거짓 선지자들처럼 스스로 오시지 않았다(참조. 렘 23:21). 주께서 이 점을 강조하시는 것을 주목하라: 내가 하나님께로부터 나와서 왔음이라. 나는 스스로 온 것이 아니요 아버지께서 나를 보내신 것이니라. 주께서는 신임장과 훈령을 모두 하나님께로부터 받으셨으며, 오신 목적은 하나님의 자녀들을 하나로 모으심으로써(11:52), 많은 아들들을 이끌어 영광에 들어가게 하시기 위함이었다(히 2:10). 그렇다면 하나님의 모든 자녀들이 그런 목적을 띠고 아버지께로부터 보내심을 받은 사자를 양팔로 맞이하지 않겠는가? 그러나 이 유대인들은 예수 그리스도를 조금도 사랑하지 않음으로써 하나님과 아무런 관계도 없음을 드러냈다.

둘째로, 그들은 그리스도를 이해하지 못했다. 가문의 언어와 방언을 이해하지 못했다는 것은 하나님의 권속에 속하지 않았다는 증거였다: 어찌하여 내 말을 깨닫지 못하느냐 이는 내 말을 들을 줄 알지 못함이로다(43절). 그리스도의 말씀은 신적이고 천상적이었으나, 구약성경에서 그리스도의 음성을 친숙히 들어온 사람들은 충분히 알아들을 수 있는 말씀이었다. 창조자의 말씀을 친숙하게 만든 사람들은 구주의 말씀을 알아듣는 데 다른 방법이 필요치 않다. 그럼에도 이 유대인들은 그리스도의 교훈을 낯설게 여기고 그 안에서 알아듣지 못할 점들을 발견했는데, 대체 무엇이 걸림돌이었는지 나는 알 수 없다. 갈릴리 사람은 그 어투로 식별할 수 있지 않았는가? 에브라임 사람은 십볼렛이라는 자음을 발음하는 것으로 식별할 수 있지 않았는가? 그렇다면 하나님을 아버지라고 부를 만한 확신을 가진 사람들이 하나님의 아들을 야만인 취급하되, 심지어 성령의 말씀으로 하나님의 뜻을 전하시는데도 그렇게 대할 수 있는 일인가? 주의: 하나님의 말씀이 친숙하지 않은 자들은 자신들이 신성(神性)에 문외한임을 두려워할 이유가 있다. 그리스도께서는 하나님 나라의 언어로 하나님의 말씀을 전하셨다(3:34). 그런데도 그들은 하나님 나라에 속한 듯이 행세하면서도 그 나라의 관용어와 특징을 이해하지 못하고, 마치 외국인들처럼, 게다가 무례하게도 그것을 조롱했다. 그들이 그리스도의 언어를 알아듣지 못한 이유는 문제를 더욱 심각하게 만들었다: 이는 내 말을 들을 줄 알지 못함이로다. 즉, "너희는 내 말을 마땅히 주의 깊게, 치우침이나 편견이 없이 들어야 했는데 그렇게 하지 않았다." 들을 줄 알지 못한 것이 하고 싶지 않은 완고한 의지 때문이었던 것이다. 그들이 스데반의 말을 못 알아들은 것이나(행 7:57) 바울의 말을 못 알아들은 것(행 23:22)도 다 같은 이유 때문이었다. 주의: 인간의 부패한 마음이 그리스도의 교훈에 나타내는 뿌리깊은 반감이야말로 그리스도의 교훈을 알지 못하고 곡해하게 되는 진정한 이유이다. 그들은 그 교훈을 좋아하지도 사랑하지도 않으며, 따라서 이해하지도 못한다. 베드로가 여종의 하는 말을 못 알아들은 척했으나, 실은 뭐라고 말해야 할지 몰라서 그랬던 것과 같다(마 26:70). 사람들이 주님의 말씀을 들을 줄 알지 못하는 이유는 귀를 막았기 때문이며(시 58:4, 5), 하나님은 의로운 심판의 일환으로 그들의 귀를 막히게 하신다(사 6:10).

Ⅲ. 그들이 아브라함 및 하나님과 아무런 관계가 없음을 지적하신 주께서는, 이어서 그들이 실제로는 누구의 자손인지 분명히 말씀하신다: 너희는 너희 아비 마귀에게서 났으니(44절). 만일 그들이 하나님의 자녀가 아니라면 마귀의 자녀이다. 인간 세상은 하나님과 사탄에 의해 양분되어 있기 때문이다. 그러므로 마귀를 가리켜 불순종의 아들들 가운데 역사하는 영이라 한다(엡 2:2). 모든 악한 자들은 마귀의 자녀들 곧 벨리알의 자녀들이요(고후 6:15), 뱀의 후손이요(창 3:15), 그 악한 자의 자녀들이다(마 13:38). 그들은 마귀의 본성에 참여하여 그의 형상을 지니고, 그의 명령에 복종하며, 그의 본을 따른다. 우상숭배자들은 돌을 가리켜 너는 나의 아버지라 말했다(렘 2:27).

어떤 사람을 가리켜, 특히 교회의 자녀들을 가리켜 마귀의 자녀라고 하는 것은 대단히 심각하고 두려운 문책인데, 우리 주님께서는 유대인들에게 그렇게 말씀하시고서 다음과 같은 방법으로 그 증거를 대신다.

1. 일반적인 논증: 너희 아비의 욕심대로 너희도 행하고자 하느니라. (1) "너희는 마귀의 욕심 곧 그가 너희를 통해 이루고자 하는 욕심을 행한다. 너희는 마귀를 만족시키고 기쁘게 하며, 그의 유혹에 굴복하여 그가 자기 뜻대로 끄는 대로 끌려간다. 아니, 더 나아가 너희는 마귀 자신이 채우는 그 욕심을 채운다." 마귀는 사람들에게 육체의 정욕과 세상의 정욕을 행하도록 유혹한다. 그러나 그는 영이기에 스스로 그것을 채우지 못한다. 마귀의 독특한 욕심은 영적인 악이다. 지식욕, 타락한 사유 방식, 교만과 시기, 분노와 원한, 선한 것에 대한 반감과 다른 사람을 악에 빠뜨림, 이런 것들이 마귀가 채우는 욕심이며, 이런 욕심에 휘둘리는 사람들은 마치 자녀가 부모를 닮듯 마귀를 닮았다. 죄를 더욱 품고 계획하고 은밀히 충족시킬수록, 그것은 마귀의 욕심을 더욱 닮아간다. (2) "너희는 마귀의 욕심대로 행하고자 한다." 이런 욕심들에 의지가 더욱 강렬할수록 그 안에 마귀가 더 분명히 자리잡고 있는 것이다. 죄를 부지불식간에 범하지 않고 선택해서 범하고, 마지못해서 범하지 않고 기대함을 가지고 범하면, 그리고 죄가 대담한 생각과 단호한 결의로 속에 남아 있다면, 죄인은 마귀의 욕심을 채우게 될 것이다. "너희는 너희 아비의 욕심 행하기를 **기뻐한다**"(하몬드 박사). 입안의 사탕처럼 욕심을 마음에 품는다.

2. 그들이 마귀를 닮은 두 가지 구체적인 사례 ― 살인자와 거짓말쟁이. 마귀는 생명의 원수이다. 왜냐하면 하나님은 생명의 하나님이시고, 생명은 인간의 행복이기 때문이다. 또한 마귀는 진리의 원수이다. 하나님은 진리의 하나님이시고, 진리는 인간 사회를 하나로 묶는 띠이기 때문이다.

(1) 마귀는 처음부터 살인한 자이다. 마귀가 처음부터 존재했다는 뜻이 아니다. 그는 광명의 천사로 창조된 자로서 순결하고 선한 것들 가운데 최상급에 속해 있었으나, 배반을 시작한 때, 즉 인간이 창조된 직후에 살인을 했다. 그는 인간을 죽인 자(안트로포크토노스, homicida)였다. [1] 그는 인간을 미워한 자였고, 따라서 마음으로부터 살인의 성향을 품고 있었다. 그의 이름은 **사탄**인데, 이 이름은 **미움**이란 뜻의 히브리어 **시트나**에서 유래했다. 그는 사람에게 있는 하나님의 형상을 비방하고, 그의 행복을 질투하고, 그의 파멸을 간절히 원했으며, 인류에 대한 공공연한 원수였다. [2] 그는 인류의 대표인 아담을 시험하여 사망이 세상에 들어오게 한 죄를 범하게 만들었으며, 그로써 인류 전체를 효과적으로 사망에 떨어뜨린 살인자가 되었다. 그는 영혼들의 살인자로서, 그들을 미혹

하여 죄에 빠뜨리고, 죄로써 그들을 죽이고(롬 7:11), 금지된 열매를 가지고 사람을 독살했으며, 더 나아가 인간 자신을 살인자로 만들었다. 이로써 그는 처음에 뿐 아니라 처음부터 내내 인간들을 시험하여 살인했다. 대 시험자가 대 파멸자였다. 유대인들을 마귀를 죽음의 천사라고 불렀다. [3] 마귀는 가인이 최초의 살인을 범할 때 배후의 원동력이었다. 가인은 그 악한 자에게 속하여 동생을 죽였다(요일 3:12). 만일 마귀가 가인 속에서 강하게 준동하지 않았다면 가인이 친동생을 죽이는 것과 같은 패륜 행위를 저지를 수 없었을 것이다. 가인이 마귀의 사주를 받아 동생을 죽였으므로, 마귀는 살인자라 불린다. 그러니까 가인 자신의 죄가 가볍다는 뜻이 아니라, 마귀의 죄가 더 크다는 뜻이다. 장차 때가 이르면 그가 사람들을 몰아간 모든 악으로 인하여 훨씬 더 큰 형벌을 받게 될 것이다. 그러므로 우리는 정신을 차리고 마귀의 간계를 대적하고, 그의 말에 절대로 귀 기울이지 말며(그는 살인자이며, 그럴 듯한 말을 할 때조차 우리의 파멸을 노리기 때문에), 그가 인류를 살해해온 자임에도 불구하고 인간들의 동의 하에 그들의 주인 행세를 하고 있는 현실에 놀라지 말아야 한다. 본문의 유대인들은 마귀의 추종자들로서, 그와 마찬가지로 살인자들이었다. 소경들인 주제에 영혼들을 인도하여 몰락시키고 지옥의 자녀들로 만든 영혼들의 살인자들이었다. 그리스도를 맹목적으로 적대시한 원수들로서, 가인이 아벨을 죽인 것과 같은 동기로 그리스도를 배반하여 죽일 결심을 굳히고 있는 자들이었다. 이 유대인들은 여인의 후손의 발뒤꿈치를 상하게 할 뱀의 후손들이었다. 너희가 … 나를 죽이려 하는도다.

(2) 마귀는 거짓말쟁이였다. 거짓은 진리를 대적하며(요일 2:21), 따라서 주께서 마귀에 관하여 하신 말씀을 요약하면 다음과 같다.

[1] 마귀는 진리의 원수이며, 따라서 그리스도의 원수이다. 첫째로, 마귀는 진리를 떠난 자이다. 그는 진리에 거하지 않으며, 자신이 창조받은 지위에 순전하고 바르게 머물지 않고 그 지위를 떠났다. 그는 선(善)으로부터 타락할 때 진리를 떠났다. 그의 배교는 거짓에 기초를 두었기 때문이다. 천사들은 여호와의 군대였다. 타락한 천사들은 자기들의 지휘관이요 왕이신 하나님께 충성하지 않았으므로, 하나님께서도 그들을 미련하다 하시며 신뢰하지 않으셨다(욥 4:18). 본문에 언급된 진리는 예수 그리스도로 말미암는 인간 구원에 관한 하나님의 계시된 뜻으로 이해할 수 있다. 그리스도께서 선포하시는 그 진리를 본문이 유대

인들은 배척했다. 그들의 이러한 태도는 그들의 아비 마귀를 닮은 것이었다. 마귀는 첫째 아담의 인성에 입혀진 영예를 보고서, 그리고 둘째 아담에게 입혀질 더욱 큰 영예를 내다보고서, 하나님의 뜻에 순응하지 않고 그 진리에 서지도 않은 채 교만과 시기에 사로잡혀 그 뜻을 거역했으며, 하나님의 계획을 가로막았다. 본문의 유대인들도 그의 자녀요 대리자들로서 같은 일을 했다. 둘째로, 마귀에게는 진리가 없었다. 진리가 그 속에 없으므로. 그가 세상에 구축한 진영은 거짓과 사기 위에 서 있으며, 그의 성품이나 말과 행동에는 신뢰할 만한 진리가 없다. 그가 선악에 관하여 선전하는 개념들은 거짓과 오류이고, 그가 제시하는 증거들은 거짓 표적들이며, 그의 유혹은 온통 속임이다. 그는 진리에 관한 큰 지식을 갖고 있지만, 진리를 사랑하지 않고 오히려 철저히 적대시하므로, 진리가 그 속에 없다는 말을 듣는다.

[2] 마귀는 거짓의 친구요 후원자이다: 거짓을 말할 때마다 제 것으로 말하나니. 주께서는 거짓의 죄와 관련하여 마귀에 관해 세 가지 점을 말씀하신다. 첫째로, 마귀는 거짓말쟁이이다. 그의 계시는 거짓 계시였으며, 그의 선지자들은 거짓 선지자들이며, 사람들이 그를 숭배하는 이미지들은 거짓의 교사들이다. 그는 우리 시조(始祖)를 노골적인 거짓말로 시험했다. 그의 모든 시험은 악을 선이라 하고 선을 악이라 하며, 죄를 지어도 형벌을 받지 않는다고 약속하는 등 시종일관 거짓말로 유지된다. 그는 그것이 새빨간 거짓말인 줄을 알면서도 사람을 속여 파멸에 떨어뜨리기 위해 마다하지 않는다. 그가 서기관과 바리새인들 속에 들어가서 복음을 대적할 때도 거짓말을 사용했다. 훗날 죄악의 사람을 보내 복음을 변질시키게 할 때도 강력한 기만과 복잡한 거짓말을 사용할 것이다. 둘째로, 마귀가 거짓말을 말할 때는 제 것으로 말한다(에크 톤 이디온). 그것은 하나님께 속하지 않은 마귀 고유의 언어 습관이다. 그를 지으신 창조자께서 그에게 그런 것을 넣어주신 적이 없다. 사람들이 거짓말을 할 때는 마귀에게서 차용하는 것이다. 어찌하여 사탄이 네 마음에 가득하여(행 5:3). 그러나 마귀가 거짓말을 할 때 그 모델은 스스로 짜낸 것이고, 그 동기는 자기에게서 나온 것으로서, 하나님께 반역한 영들이 떨어진 바닥 없는 악의 수렁의 어떠함을 보여준다. 그들은 최초에 타락할 때 그들을 시험하는 자가 없었던 것처럼, 그들의 죄악은 여전히 그들 자신에게서 나온다. 셋째로, 마귀는 그것의(아우투, 거짓의) 아비이다. 1. 그는 모든 거짓의 아비이다. 스스로 지어낸 거짓의 아비일 뿐 아니라, 다른 존재들이

말하는 거짓에 대해서도 아비이다. 그는 모든 거짓의 날조자이다. 사람들이 거짓을 말할 때 마귀의 입이 되어 그의 입장에서 말하는 것이다. 그들은 원래 마귀에게서 나와서 그의 형상을 지니고 있다. 2. 마귀는 모든 거짓말쟁이의 아비이다. 그런 뜻으로도 해석할 수 있다. 하나님께서는 인간을 지으실 때 진리를 지향하도록 만드셨다. 우리가 진리를 말하는 것은 이성과 자연의 빛, 그리고 인간의 기능 체계와 사회의 법률들에 잘 부합한다. 그러나 불순종의 자녀들 속에서 일하는 죄의 창시자 마귀는 인간의 본성을 심하게 부패하게 만든 까닭에, 악인들을 가리켜 모태에서부터 멀어졌고 나면서부터 거짓을 말하는 자들이라고 하게 되었다(시 58:3). 그는 타락한 사람들에게 혀를 속이는 데 사용하도록 가르쳤다(롬 3:13). 그는 거짓말쟁이들의 아비로서, 그들을 거짓의 길에 낳아 길렀으며, 그들은 그를 본받고 복종하며, 영원히 그와 함께 자신들의 분깃을 얻을 것이다.

IV. 이렇게 모든 살인자들과 거짓말쟁이들을 가리켜 마귀의 자녀들이라고 하신 그리스도께서는, 당신이 그 사람이라는 지적은 듣는 자들의 양심에 맡기신다. 그러나 다음 절들에서는 그들이 자신들에게 그 말을 적용하도록 이끄신다. 그들을 거짓말쟁이들이라고 하지 않으시고 다만 그들이 진리의 친구들이 아님을 드러내시며, 그 점에서 진리에 거하지 않는 마귀를 닮았다고 하시며, 이는 그 안에 진리가 없기 때문이라고 말씀하신다. 주께서는 그들에 대해서 두 가지 죄를 책망하신다.

1. 그들은 진리의 말씀을 믿지 않았다(45절): 내가 진리를 말하므로 너희가 나를 믿지 아니하는도다(호티 텐 알레테이안 레로, 우 피스튜에테 모이).

(1) 이 말씀은 두 가지로 해석할 수 있다. [1] "내가 진리를 말하는데도 너희는 내가 그렇게 하는 것(호티)을 믿지 않으려 한다."주께서는 하나님께로부터 보냄을 받으셨고 사람들을 사랑하신다는 증거를 많이 제시하셨는데도, 그들은 주께서 자신들에게 진리를 말씀하신다는 것을 믿으려 하지 않았다. 성실이 거리에 엎드러지고 정직이 나타나지 못하는 형국이 되었다(사 59:14, 15). 위대한 진리가 이렇게 어떤 자들에게는 조금도 신뢰를 얻지 못한 이유는 그들이 광명을 배반하기 때문이다(욥 24:13). 혹은 [2] 내가 진리를 말하기 때문에(우리는 그렇게 해석한다) 너희가 나를 믿지 않는 것이다. 그들이 주님을 영접하지도 않고 선지자로도 인정하지 않은 이유는 그들이 듣기 싫어하는 특정한 진리를 말씀하시고, 그들 자신과 경우에 관한 진리를 말씀하시고, 그들을 조금도 미화하지 않고 있

는 그대로 드러내셨기 때문이다. 그러므로 그들은 주께서 하시는 말씀을 한 마디도 믿지 않으려 했다. 신적인 진리의 빛이 고통으로 다가오는 자들은 참으로 비참하다.

(2) 주께서는 그들이 믿지 못하는 것이 얼마나 불합리한가를 보이시기 위하여 구체적인 예를 드신다(46절). 주님과 그들은 상반된 위치에 있는 까닭에 둘 중 어느 한쪽에 잘못이 있었다. 양쪽 입장을 차례로 살펴보자.

[1] 만일 주님께 오류가 있다면 그들은 왜 오류를 지적하지 않는가? 자칭 선지자들의 거짓은 그들이 가르치는 교훈의 그릇된 경향에 의해서 드러나든지(신 13:2), 대화의 그릇된 성격에 의해서 드러난다: "사람은 열매로 아는 것이지만, 너희 ― 산헤드린 공회원들 ― 중 누가 너희를 선지자들을 판단하도록 세웠기에 나를 죄로 책잡겠느냐?" 그들은 그리스도에 대해서 음식을 탐하는 자, 포도주를 즐기는 자, 하나님을 훼방하는 자, 안식일을 범하는 자, 사탄과 결탁한 자 등 극악한 죄목으로 고발했다. 그러나 전부 근거 없는 악의적인 중상모략이며, 그리스도를 아는 사람은 누구나 그것이 노골적인 거짓말임을 알았다. 그들이 그리스도의 유죄를 입증하기 위하여 기만과 술책, 위증 교사와 위증 등 모든 역량을 다 동원했을 때, 주님을 사형에 넘겨준 재판장[총독] 자신이 그에게서 아무 잘못도 발견하지 못했다고 시인했다. 본문에서 주께서 누가 나를 죄로 책잡겠느냐 하셨을 때, 그들이 주님께 대해 책잡으려 했던 죄는, 첫째로, 가르침이 모순된다는 것이었다. 그들은 주님의 증언을 직접 들었다. 그런데 과연 그들이 불합리하고 무가치하여 믿을 수 없는 어떤 것, 스스로 모순되거나 성경에 위배되는 것, 진리를 왜곡한 것, 가르치는 방식이 잘못된 것을 제시할 수 있었던가(참조. 18:20)? 혹은 둘째로, 언행이 일치하지 않는다는 것이었다: "너희 중에 누가 나를 말이든 행위든 선지자로서 부적합한 것으로 정당하게 책잡을 수 있는가?" 당신의 진실성을 믿어달라는 것 외에 다른 요구를 하지 않으실 정도로 우리 주께서 크게 낮아지신 놀라운 모습을 보게 된다(참조. 렘 2:5, 31; 미 6:3). 여기서 목회자들이 배워야 할 점은, 1. 가장 엄격한 관찰자에게조차 책잡히지 않을 만큼 무흠한 생활을 하기 위해 신중을 기해야 한다. 책잡히지 않는 유일한 방법은 죄를 범하지 않는 것뿐이다. 2. 조사를 기꺼이 받아들이려는 의지가 있어야 한다. 스스로 판단할 때 아무리 정당하더라도 혹시 그 가운데서 잘못된 것이 없는지 판단을 받으려는 의지가 있어야 한다. 참조. 욥기 6:24.

[2] 만일 그들에게 오류가 있다면, 그들은 왜 주님의 책망을 들으려 하지 않는가? "내가 진리를 말하는데도 어찌하여 나를 믿지 아니하느냐? 만일 나를 오류로 책잡을 수 없다면 내가 진리를 말한다고 인정해야 할 텐데 어찌하여 나를 인정하지 않은 것인가? 어찌하여 나를 신뢰하지 않는 것인가?" 주의: 만일 사람들이 자신들의 불신앙의 이유를 되짚어 보고, 자신들이 반박할 수 없는 것을 믿지 않는지 조사해 보면, 말하기 부끄러운 어리석은 이유밖에 댈 게 없음을 알게 될 것이다. 사람들이 예수 그리스도를 믿지 않는 이유란, 죄를 떠나고 자기를 부인하고 하나님을 신실하게 섬길 마음이 없기 때문인 것이다. 또한 기독교 신앙에 속하지 않는 이유는 종교 자체가 싫기 때문이다. 우리 구주를 믿지 않으면 결국 우리 창조주를 철저히 반역하는 데로 나가게 되어 있다.

2. 주께서 그들을 책망하신 또 한 가지 점은 하나님 말씀을 들으려 하지 않았다는 것이다(47절). 그들의 그러한 태도는 하나님과의 관계를 내세우는 그들의 주장이 근거가 박약함을 드러낸다. 여기서 살펴볼 점은,

(1) 교리를 제시하심: 하나님께 속한 자는 하나님의 말씀을 듣나니. 즉, [1] 하나님께 속한 자는 하나님의 말씀을 들을 의지와 자세가 있고, 하나님의 뜻을 알려는 진지한 관심이 있으며, 하나님의 뜻을 알게 되면 기쁘게 받아들인다. 하나님의 말씀은 하나님께 속한 모든 자들에게 그러한 권위와 매력을 갖고 있으므로, 그들은 하나님의 말씀을 만나면 사무엘이 그랬듯이 여호와여 말씀하옵소서 주의 종이 듣겠나이다라는 태도로 듣는다. 주께서 우리에게도 말씀해 주옵소서! [2] 하나님께 속한 자는 하나님의 말씀을 식별하며, 말씀을 들을 때 그 안에서 하나님의 음성을 들을 줄 안다. 이것은 자연인이 할 수 없는 일이다(고전 2:14). 하나님께 속한 자는 마치 집안 식구가 가장의 발소리와 문 두드리는 소리를 금방 알아듣고 금방 열어주듯이(눅 12:36), 양들이 낯선 사람의 음성 가운데 목자의 음성을 식별하듯이(10:4; 아 2:8), 주의 이름이 가까움을 곧 알아본다(시 75:1).

(2) 믿지 않는 유대인들을 깨우쳐 주시기 위해 그 교리를 적용하심: 너희가 듣지 아니함은 하나님께 속하지 아니하였음이로다. 즉, "너희가 하나님의 말씀을 주의하지 않고 깨닫지 못하고 믿지 않을 뿐 아니라 아예 들을 마음조차 없는 것은, 너희가 하나님께 속하지 아니했기 때문이다. 따라서 너희가 하나님의 말씀에 귀먹고 죽어 있는 현실이 하나님께 속하지 않았다는 뚜렷한 증거이다." 하나님께서 우리 가운데 당신을 나타내시고 임재하실 때는 말씀을 통해서 하신다.

그러므로 하나님의 말씀을 대하는 태도로써 그 사람의 상태가 판단된다(참조. 고후 4:4; 요일 4:6). 혹은, 그들이 하나님께 속하지 않은 것이 그리스도께서 전하신 하나님의 **말씀**을 듣고도 유익을 얻지 못한 이유였다고 해도 된다. 그들이 그리스도의 말씀을 깨닫지 못하고 그분을 믿지 않은 것은 말씀 자체가 모호하거나 증거가 빈약했기 때문이 아니라, 듣는 자들이 하나님께 속하지 않았기 때문이었다. 즉 거듭나지 않았기 때문이었다. 씨 뿌리는 자의 비유에 나타나듯이, 만일 천국 복음이 열매를 맺지 못한다면 그 책임은 토양에 있는 것이지 씨에 있는 것이 아니다(마 13:3).

[48]유대인들이 대답하여 이르되 우리가 너를 사마리아 사람이라 또는 귀신이 들렸다 하는 말이 옳지 아니하냐 [49]예수께서 대답하시되 나는 귀신 들린 것이 아니라 오직 내 아버지를 공경함이거늘 너희가 나를 무시하는도다 [50]나는 내 영광을 구하지 아니하나 구하고 판단하시는 이가 계시니라.

이 단락의 내용은 다음과 같다.

I. 지옥의 적개심이 믿지 않는 유대인들이 우리 주 예수께 던진 저속한 말로 터져 나옴. 지금까지 그들은 그리스도의 교훈에 트집을 잡고 반대했다. 그러나 이제 주께서 그들이 당신의 말씀을 듣지 않는 것을 책망하시자(43, 47절), 마침내 욕을 퍼붓기 시작했다(48절). 그들은 평범한 백성이 아니라 서기관들과 바리새인들이었던 듯하다. 그들은 자신들의 완고한 불신앙을 책망받자 발끈하여 다음과 같이 되받아쳤다: 우리가 너를 사마리아 사람이라 또는 귀신이 들렸다 하는 말이 옳지 아니하냐? 그들의 태도를 볼 때 심히 기이하고 두려운 마음을 갖지 않을 수 없다.

1. 악한 유대인들이 우리 주 예수님을 비방한 말이 어떤 점에서 신성모독이 있는가? (1) 그들은 주님에 대해 사마리아 사람이라고 했다. 즉, 주께서 자기들이 미워하고 용납할 수 없는 자기들의 교회와 민족의 원수라고 한 것이다. 이로써 백성들에게도 주님에 대해 악감정을 품도록 자극했다. 백성들 사이에 사마리아 사람이라 부르는 것만큼 큰 욕이 없었던 것이다. 만일 주께서 사마리아 사람이셨다면, 성전에 들어와 계셨으므로 돌로 쳐서 죽일 만한 상황이었다. 유대인들은 주님을 가리켜 종종 갈릴리 사람이라 불렀는데, 그 말에는 비천한 사람이

라는 뜻이 담겨 있었다. 그러나 그것으로 부족하다는 듯이 사마리아 사람, 즉 악인이라 불렀다. 유대인들은 오늘날까지도 그리스도인들을 비하하여 쿠타에이, 즉 사마리아 사람들이라 부른다. 주의: 선한 사람들에게 오명을 뒤집어 씌워 파렴치범으로 매도하는 일은 어느 시대나 있어온 일이다. 군중 심리를 자극하여 선한 사람들을 한순간에 악한들로 만드는 것은 손쉬운 일이다. 추측하건대 그리스도께서 제사장들과 장로들의 오만과 전횡을 정당하게 비판하신 일에 대해서, 그들은 주께서 자기들의 교회를 무너뜨리고 개혁하여 사마리아인들에게 넘기려 한다고 군중을 선동한 듯하다. (2) 그리스도께서 귀신이 들렸다고 했다. 이 말의 의미는 다음 둘 중 하나이다. [1] 마귀와 결탁했다. 주님의 교훈에 대해 사마리아주의로 치우치는 경향이 있다고 비난한 그들은, 주님의 기적들에 대해서 바알세불과 결탁하여 행하신 일로 매도했다. 혹은 [2] 마귀에게 사로잡혔다. 정신에 구름이 낀 우울증 환자이거나, 정신이 뜨겁게 달아오른 정신병 환자이므로, 그의 말을 믿는 것은 차라리 넋두리나 헛소리를 듣는 것과 같다는 뜻이었다. 이처럼 이성이 닿지 못하는 영역의 일들에 관한 신적 계시가 광신으로 매도되고, 선지자가 미친 자 취급을 당하는 경우가 종종 있다(왕하 9:11; 호 9:7). 이교의 계시와 선지자들에게는 그런 비판이 타당하겠지만, 참으로 신적인 계시와 선지자들은 그렇지 않았다. 지혜는 그 행한 일로 인하여 옳다 함을 얻느니라(마 11:19).

2. 악한 유대인들이 그러한 비방을 정당화하고 그것을 당시의 경우에 적용하기 위해 취한 태도: 우리가 … 하는 말이 옳지 아니하냐? 그들이 주님의 훌륭한 교훈을 들었으니 주님에 대한 견해도 바꾸고 잘못된 생각도 버리는 게 당연했다고 생각함직하다. 그러나 도리어 그들은 마음이 더욱 완고해지고 편견이 더욱 굳어졌다. 그들은 그리스도께 적개심을 품는 것을 자랑스럽게 여겼다. 마치 예수 그리스도에 대해 악담을 퍼부을 때만큼 말을 더 잘한 때가 없었다는 식의 태도였다. 불경건을 대놓고 자랑하는 악의 절정에 오른 자들은 마땅히 철회해야 할 것을 반복하며, 자책해야 할 일을 정당화한다. 악한 것을 말하고 행하는 것도 나쁜 일이지만, 그것을 정당화하여 고집하는 것은 더 나쁜 일이다. 내가 화를 내는 것은 잘하는 일이다라는 식의 태도가 그것이다. 그리스도께서 지도층의 죄를 단호하게 비판하시고 그로써 그들의 미움을 사셨을 때, 현세적이고 감각적인 일 외에는 아무런 관심도 없던 자들은 주님더러 미쳤다고 비방했다. 그들

에게는 신앙과 양심을 위해 성공의 기회를 포기하고 목숨을 위태롭게 하는 것은 정신 나간 자의 소행일 뿐이었기 때문이다.

Ⅱ. 그리스도께서 유대인들의 악한 비방에 대답하신 말씀에 비친 하늘의 온유와 자비(49, 50절).

1. 그리스도께서는 그들의 비판을 부정하신다: 나는 귀신 들린 것이 아니라. 바울이 내가 미친 것이 아니요라고 말한 것과 같다(행 26:25). 그들의 비판은 부당한 것이었다: "나는 귀신에 휘둘려 행동하지도 않고, 귀신과 계약을 맺지도 않는다." 그러시면서, 마귀의 왕국에 대해서 하신 일로써 증거를 제시하신다. 그들이 당신을 사마리아 사람이라고 부른 데 대해서는 아무 언급도 하지 않으신다. 그 자체가 언급할 가치 없는 근거 없는 비방이었기 때문이다. 그러나 귀신 들렸다는 말은 주께서 하시는 일의 명예를 훼손하는 것이었기에 답변하셨다. 아우구스티누스는 주께서 사마리아 사람이라는 비방에 대해서 아무 대응도 하지 않으신 이유에 대해서, 주께서 친히 비유로 말씀하신바 선한 사마리아 사람이셨기 때문이라고 설명한다(참조. 눅 10:33).

2. 주께서는 당신의 의도가 진실함을 강변하신다: 오직 내 아버지를 공경함이거늘. 그들은 주께서 부당한 영광을 취하고, 오직 하나님께만 돌아갈 영광을 훼손했다고 주장했으나, 주께서는 당신이 오직 아버지를 공경하는 것만을 사명으로 삼고 계신다고 말씀하심으로써 그들의 주장을 부정하신다. 그 말씀은 당신이 귀신 들리지 않았음을 입증하는 말씀도 된다. 귀신 들려 가지고는 아버지를 공경할 길이 없기 때문이다. 주의: 항상 아버지를 공경하는 데 마음을 두고 산다고 말할 수 있는 사람은 사람들의 비판과 비방을 넉넉히 이기며 나갈 수 있다.

3. 주께서는 그들이 주님을 비방함으로 가한 악행을 나무라신다: 너희가 나를 무시하는도다. 그들에게 받으신 수욕에 마음이 쓰이셨음을 이렇게 나타내신다. 그들의 비방이 주님께는 뼈를 찌르는 칼과 같았지만 주께서는 우리를 위해서 그것을 참아내셨다. 모든 사람이 아들을 공경하는 것이 하나님의 뜻이지만, 아들을 공경하지 않는 사람들이 많다. 현세적인 정신으로 하나님의 뜻을 대할 때 그런 모순된 자리에 서게 된다. 그리스도께서는 여느 사람도 하지 못했던 정도로 아버지를 공경하셨지만, 여느 사람도 당하지 못했던 정도로 무시를 당하셨다. 이는 하나님께서 주님을 공경하는 자들을 친히 높이시겠다고 약속하셨을지라

도, 사람들이 그들(주님을 공경하는 자들)을 공경하도록 만들어 주시겠다고 약속하지는 않으셨기 때문이다.

4. 주께서는 헛된 영광을 구한다는 비방을 부인하신다(50절). 여기서 살펴볼 점은, (1) 주께서는 세상의 영광을 낮게 여기셨다: 나는 내 영광을 구하지 아니하나. 자신에 관해서 말씀하실 때나 박해하는 자들의 비방에 답변하실 때나 자신의 영광에 목표를 두지 않으셨다. 사람들의 칭찬을 구하거나 세상의 높은 지위를 탐하지 않으셨으며, 아예 그 길로 들어서지 않으셨다. 아버지의 영광과 별도로 자신의 영광을 구하지 않으셨으며, 독자적인 일을 경영하지 않으셨다. 자기의 영예를 구하는 것은 실은 영예가 아니며(잠 25:27), 오히려 이루지 못하므로 수치가 된다. 이것이 바로 그리스도께서 그들의 비방을 그처럼 가볍게 일축하셨던 이유이다: "너희는 나를 무시하지만, 나를 방해할 수도 없고 내 입을 막을 수도 없다. 나는 내 영광을 구하지 않기 때문이다." 주의: 사람들의 칭찬에 아예 마음을 닫아 걸은 사람은 그들의 경멸도 안전하게 견뎌낼 수 있다. (2) 주께서 세상의 무시 속에서도 얻으신 위로: 구하고 판단하시는 이가 계시니라. 주께서는 자신의 영광을 구하지 않으심을 두 가지 점을 들어 말씀하시며, 그 두 가지 점에 만족하신 뜻을 밝히신다. [1] 주께서는 사람들의 공경을 구하지 않으시고 그것에 무관심하셨으며, 그것에 관해 이렇게 말씀하신다: "구하시는 이가 계시니라. 내가 구하지 않더라도, 사람들로 하여금 나를 공경하도록 해주시는 분이 계시다." 주의: 하나님께서는 자신들의 명예를 구하지 않는 자들을 높이신다. 명예 앞에 겸손이 있기 때문이다. [2] 주께서는 사람들로부터 받은 수욕에 개의치 않으시며, 그 점에 관해서 이렇게 말씀하신다: "판단하시는 이가 계시느니라. 나의 명예를 옹호해 주시고, 나의 명예를 짓밟는 자들에게 준엄히 책임을 물으실 이가 계신다." 아마도 주께서는 유대 민족이 당신에게 가한 수욕에 대해서 장차 받게 될 심판을 말씀하시는 듯하다. 참조. 시편 37:14-15: 주께서 그들을 비웃으시리니 그의 날이 다가옴을 보심이로다. 만일 어떤 해를 입든 간에 자기 손으로 직접 심판하려고 하면 그 보응이 자기 손에 있게 되겠지만, 겸손히 주의 뜻을 묻고 인내로써 기다리면 우리를 위해서 심판해 줄 이가 계신다.

[51]진실로 진실로 너희에게 이르노니 사람이 내 말을 지키면 영원히 죽음을 보지 아니하리라 [52]유대인들이 이르되 지금 네가 귀신 들린 줄을 아노라 아브라함과 선지

자들도 죽었거늘 네 말은 사람이 내 말을 지키면 영원히 죽음을 맛보지 아니하리라 하니 [53]너는 이미 죽은 우리 조상 아브라함보다 크냐 또 선지자들도 죽었거늘 너는 너를 누구라 하느냐 [54]예수께서 대답하시되 내가 내게 영광을 돌리면 내 영광이 아무 것도 아니거니와 내게 영광을 돌리시는 이는 내 아버지시니 곧 너희가 너희 하나님이라 칭하는 그이시라 [55]너희는 그를 알지 못하되 나는 아노니 만일 내가 알지 못한다 하면 나도 너희 같이 거짓말쟁이가 되리라 나는 그를 알고 또 그의 말씀을 지키노라 [56]너희 조상 아브라함은 나의 때 볼 것을 즐거워하다가 보고 기뻐하였느니라 [57]유대인들이 이르되 네가 아직 오십 세도 못되었는데 아브라함을 보았느냐 [58]예수께서 이르시되 진실로 진실로 너희에게 이르노니 아브라함이 나기 전부터 내가 있느니라 하시니 [59]그들이 돌을 들어 치려 하거늘 예수께서 숨어 성전에서 나가시니라.

이 단락의 내용은 다음과 같다.

I. 신자들의 불멸에 관한 교리를 말씀하심(51절). 엄숙한 서언으로 강조하신 이 말씀 — 진실로 진실로 너희에게 이르노니 — 은 듣는 자로 주의와 동의를 동시에 요구하신다. 강조하고자 하신 말씀은 사람이 내 말을 지키면 영원히 죽음을 보지 아니하리라는 것이었다. 여기서 생각하게 되는 점은, 1. 신자의 특성: 신자는 주 예수의 말씀(톤 로곤 톤 에몬 — 나의 말)을 간직하는 사람이다. 우리는 주께서 우리에게 전해주시는 말씀을 받을 뿐 아니라 간직해야 한다. 단순히 소유해서는 안 되고 떠나가지 않도록 굳게 지켜야 한다. 마음에 새기고 기억해야 하고, 사랑으로 간직하여 아무것도 훼손하거나 반대하지 못하도록 해야 하며, 흠 없이 지켜야 하며(딤전 6:14), 그것을 우리에게 맡기신 신탁물처럼 간수하고 우리의 길과 우리의 준칙으로 간직해야 한다. 2. 신자의 특권: 영원히 죽음을 보지 아니하리라. 인간의 원래 상태가 그러했다. 이 말씀은 신자가 육체의 죽음을 당하지 않는다는 뜻이 아니다. 지극히 높으신 이의 자녀들도 인간들처럼 죽음을 당하며, 그리스도의 제자들도 여느 사람과 다를 바 없이 죽음을 맛보았고, 땅에서 사는 날 동안에도 종일 죽음을 당했다. 그렇다면 그들이 영원히 죽음을 보지 아니하리라는 말씀이 무슨 뜻인가? 그 말씀의 뜻은, (1) 신자들에게는 죽음의 특성이 변화하여 더 이상 그것을 죽음으로 여기지 않으며, 죽음의 공포가 제거되었기에 더 이상 그것에 붙잡히지 않는다. 감각으로 사는 자들과 달리, 그들의

시각은 죽음으로 끝나지 않는다. 오히려 죽음을 관통하여 죽음 저편을 뚜렷이 바라보며, 죽음 저편의 상태에 마음을 두는 까닭에 죽음을 크게 생각하지 않는데, 그것은 죽음을 보지 않는 것과 같다. (2) 죽음의 권세가 깨뜨려짐으로, 비록 당장은 육체의 죽음을 보지 않을 수 없을지라도 언제까지나 죽음의 사슬에 갇혀 있지 않고, 사망이 이김의 심킨 바 될 날이 올 것이다. (3) 신자들은 영원한 죽음에서 완전히 구출되어 둘째 사망의 해를 당하지 않을 것이다. 본문에서 주께서 특히 의도하신 것은 영생과 대조적으로 영원히 죽는 둘째 사망이다. 이 사망을 신자들은 보지 않을 것이다. 정죄를 당하지 않을 것이기 때문이다. 그들은 더 이상 죽음이 없는 영원한 처소에 들어갈 것이며, 그곳에서 다시는 죽는 일이 없을 것이다(눅 20:36). 비록 지금은 신자들도 죽음을 피할 수 없고 맛봐야 하지만, 죽음을 영원히 보지 않게 될 곳에 곧 이르게 될 것이다(참조. 출 14:13).

II. 유대인들이 주님의 교훈에 대해서 트집을 잡음. 유대인들은 인간이라면 본능적으로 사모하기 마련인 이 불멸의 귀한 약속을 붙들지 않고(생명을 사랑하고 죽음 보기를 두려워하지 않는 사람이 어디 있는가?), 오히려 그 말씀을 빌미로 주님을 비난했다: 지금 네가 귀신 들린 줄을 아노라. 아브라함과 선지자들도 죽었거늘. 그들의 말에서 관찰할 점은,

1. 그들의 조소: "이제 보니 당신은 귀신이 들렸다. 미친 사람이다. 헛소리를 지껄이며 자기도 알지 못하는 말을 한다." 이 돼지 같은 자들이 진주와 같은 복음의 약속을 어떻게 짓밟는지 보라. 만일 그들이 마침내 주께서 미쳤음을 입증할 증거를 갖게 되었다면, 어찌하여 그런 증거를 갖기도 전에(48절) 우리가 너를 … 귀신이 들렸다 하는 말이 옳지 아니하냐 하고 말했단 말인가? 그러나 이것이 악의를 가지고 말하는 방식이다. 먼저 중대한 누명을 씌워놓은 다음 그 증거를 끌어내려고 이리저리 알아보는 것이다: 지금 네가 귀신 들린 줄을 아노라. 만일 주께서 하나님께로부터 오신 선생이심을 친히 풍성하게 입증하지 않으셨다면, 귀가 얇은 추종자들에게 불멸을 약속하신 것으로 인해 곧 빈축을 샀을 것이며, 자비 자체가 광적인 공상에서 나온 것으로 간주되었을 것이다. 그러나 주님의 교훈은 분명히 신적인 것으로서 기적들이 그것을 뒷받침했다. 유대인들의 종교는 일찍이 그러한 선지자를 기대하고, 그러한 선지자가 오면 믿으라고 가르쳤다. 그러므로 유대인들이 그리스도를 배척했다는 것은 열두 지파가 대망해 온 약속을 저버리는 것이었다(행 26:7).

2. 그들의 논리와, 그들이 주님을 끌어내리기 위해 덧씌운 색깔. 간단히 말해서, 그들은 주께서 스스로 아브라함과 선지자들보다 큰 체하여서 참을 수 없는 교만 죄를 범했다고 간주했다: 아브라함과 선지자들도 죽었거늘 — 그들도 죽었으니 자신들도 당연히 죽을 것이라는 뜻이다. 이 유대인들이 선지자들을 죽인 자들의 적자(嫡子)들이었다는 사실을 생각할 때, 아브라함과 선지자들처럼 그들도 죽을 것이라는 말은 어김없이 참되다. 여기서 생각할 점은, (1) 아브라함과 선지자들이 과연 위대한 분들이었다는 것은 사실이다. 하나님의 사랑을 받은 점에서도 위대했고, 모든 선한 백성들의 존경을 받은 점에서도 위대했다. (2) 그들이 과연 하나님의 말씀을 간직하고 순종했다는 것도 사실이다. 그렇지만, (3) 그들이 죽었다는 것도 역시 사실이다. 그들은 불멸을 소유한 듯이 행세한 적이 없었고, 하물며 줄 수 있는 듯이 행세한 적은 더욱 없었다. 하지만 저마다 자신의 지위에서 자기 백성들을 모았다. 그들이 믿음 안에서 죽은 것은 명예로운 일이었으나, 그들도 죽어야 했다. 아브라함도 죽었고 선지자들도 죽었는데, 왜 신자가 죽는 것을 두려워해야 하는가? 그들이 사망의 음침한 골짜기를 걸었다는 사실을 기억하고, 우리는 죽음을 멀게 느끼지 말고 죽음의 공포를 떨쳐 버려야 할 것이다. 그런데 유대인들은 그리스도께서 사람이 내 말을 지키면 영원히 죽음을 보지 아니하리라고 말씀하시자, 귀신이 들린 사람처럼 말한다고 생각했다. 죽음을 맛본다는 것이 죽음을 본다는 뜻이다. 그리고 죽음이 여러 감각들에 치명적 타격을 가하는 것으로 표현하는 것은 백 번 옳다. 죽음은 모든 것의 파멸이기 때문이다. 그런데 유대인들의 주장은 두 가지 오해를 근거로 전개된다. [1] 그들은 그리스도께서 이생에서의 불멸을 말씀하시는 것으로 이해했는데, 이것은 오해였다. 그리스도께서 말씀하신 의미에서는 아브라함과 선지자들이 죽었다는 말이 사실이 아니었다. 하나님은 여전히 아브라함의 하나님이시며 거룩한 선지자들의 하나님이시기 때문이다(계 22:6). 하나님은 죽은 자들의 하나님이 아니라 산 자들의 하나님이시다. 그러므로 아브라함과 선지자들은 여전히 살아 있으며, 그리스도의 말씀이 뜻하는 바대로, 그들은 죽음을 보지도 맛보지도 않았다. [2] 그들은 아브라함과 선지자들보다 큰 사람들이 없다고 생각했다. 메시야가 아브라함이나 여타의 선지자들보다 큰 분으로 오실 것을 그들은 생각지 않았다. 아브라함과 선지자들도 고결한 생애를 살았지만, 메시야는 그들 모두를 능가하셨다. 아니, 메시야로 말미암아 그들이 위대하게 되었다. 메시야의 조

상이 된 것이 아브라함의 명예였고, 메시야에 관해 미리 예언한 것이 선지자들의 명예였다. 따라서 메시야께서 그들보다 훨씬 뛰어난 이름을 가지시는 것이 당연했다. 그러므로 유대인들은 당신이 아브라함보다 크다고 하신 주님의 말씀으로부터 그분이 귀신 들렸다고 추론하기보다, (아브라함이나 선지자들이 하지 못했던 일을 하셨으므로) 혹시 그분이 그리스도가 아니신가 더욱 알아보았어야 했다. 그러나 그들은 눈이 멀어 있었다. 그래서 너는 너를 누구라 하느냐 하고 조소했다. 그리스도를 교만과 허영에 사로잡혀 있는 사람 취급했다. 그러나 그리스도께서는 자신을 사실 이상으로 부풀려 말씀하는 법이 없으셨으므로, 오히려 자신의 영광에 베일을 가리시고, 자신을 비우시고, 사실보다 못하게 드러내시며, 그로써 가장 큰 겸손의 본을 보이셨다.

Ⅲ. 유대인들의 홈집 내기에 대한 그리스도의 대답. 그리스도께서는 여전히 그들과 변론을 허락하셨는데, 이는 모든 입을 막고자 하심이었다. 주께서는 강제로 그들의 입을 막으시고 그 자리에 죽은 듯이 엎드리게 하실 수 있었지만, 그 날은 주의 인내의 날이었다.

1. 주께서는 대답하실 때 당신에 관한 증언을 고수하지 않으시고, 마치 그것이 불충분하거나 결정적이지 않는 듯이 보류하셨다(54절): 내가 내게 영광을 돌리면 내 영광이 아무 것도 아니거니와(에안 에고 독사조 — 만일 내가 내게 영광을 돌리면). 주의: 스스로 취하는 영광은 영광이 아니다. 꾸민 영광은 영광을 잃고 버리는 것이다. 그것은 영광이 아니라(잠 25:27), 오히려 사람들이 어떻게든 덮어 보려고 하는 큰 수치이다. 아무리 찬사를 받을 만한 일을 한 사람도 스스로 영광을 취하는 사람으로 비치기를 원치 않는 법이다. 스스로 취한 영광은 망상과 같아서, 그 안에 아무것도 들어 있지 않으며 따라서 허영이라 부른다. 자화자찬은 자기를 속이는 짓이다. 우리 주 예수께서는 유대인들이 생각하듯이 스스로 높이는 분이 아니었다. 주께서는 영광의 근원이신 분께 존귀를 얻으셨고, 대제사장이 되심도 스스로 영광을 취하여 되신 것이 아니었다(히 5:4, 5).

2. 그리스도께서는 자신의 아버지이신 하나님과, 그들의 아버지인 아브라함과 관련지어 자신을 소개하신다.

(1) 주님의 아버지이신 하나님과 관련지어 자신을 소개하신다: 내게 영광을 돌리시는 이는 내 아버지시니. 이 말씀의 의미는 다음과 같다. [1] 지금 말씀하시는 모든 영광을 자신의 아버지께로부터 받으셨다. 주께서는 그들에게 자신을

믿으라 하시고, 좇으라 하시고, 말씀을 지키라 하셨는데, 이 모든 말씀이 자신의 영광을 드러내는 것이었다. 그러나 그리스도를 도우시고, 그 안에 모든 충만함이 거하게 하시고, 거룩하게 하시고, 인(印)을 치시고, 세상으로 보내사 메시야에게 해당하는 모든 영광을 받도록 하시는 분은 아버지이셨으며, 이 사실이 주께서 앞서 언급한 모든 명령을 하실 수 있는 정당성을 부여했다. [2] 그리스도께서는 장차 들어가실 모든 영광에 대해서도 아버지를 의지하셨다. 시대의 찬사를 구하지 않으시고, 오히려 그것을 하찮게 여기셨다. 이는 주님의 눈과 마음에는 온통 아버지께서 자신에게 약속하신 영광만 있었기 때문인데, 그 영광은 주께서 창세 전에 아버지와 함께 가지셨던 것이었다. 주께서는 아버지께서 자신을 지극히 높여 모든 이름 위에 뛰어난 이름을 주실 일을 푯대로 삼아 걸어가셨다 (빌 2:8, 9). 주의: 그리스도와 그분께 속한 모든 것은 하나님께서 주시는 영광만 바라본다. 자신이 알려진 곳에서 영광을 받을 것을 확신하는 사람은 자신이 알려지지 않은 곳에서 경시를 당하는 것에 개의치 않는 법이다. 이처럼 주께서는 아버지와 아버지께서 자신에 관해 하신 증언(유대인들이 아직 인정하지도 신뢰하지도 않은)에 수없이 호소하셨으나,

첫째로, 그들이 이러한 증언에도 불구하고 믿지 않은 이유를 지적하신다. 그것은 그들이 하나님을 모르기 때문이었다. 이것은 마치 다음과 같이 말씀하신 것과 같다: "너희가 하나님을 모르는데, 어찌 내가 아버지께서 내게 영광을 돌리시는 일에 관해서 너희에게 말해야 한단 말인가? 너희는 그분을 너희 하나님이라 말하지만, 그러면서도 그분을 알지 못한다." 여기서 관찰할 점은,

a. 그들이 하나님과의 관계에 대해서 한 고백: "이는 내 아버지시니 곧 너희가 너희 하나님이라 칭하는 그이, 곧 너희가 선택하고 언약을 맺은 하나님이시다. 너희는 스스로 이스라엘이라 하지만, 모두가 다 참으로 이스라엘에 속한 것은 아니다"(롬 9:6). 주의: 많은 사람들이 하나님께 관심을 갖고 있는 듯이 행세하고 하나님이 자기들의 하나님이라 말하지만, 실은 그럴 만한 근거를 갖고 있지 못하다. 스스로 여호와의 전이라 부르는 자들이 야곱의 영광을 약탈하였고, 거짓말만 신뢰했다. 실생활에서 하나님의 백성이 아니고 하나님께서도 인정하실 만한 상태에 있지 못하면서 하나님이 우리의 하나님이라고 말해봐야 무슨 소용이 있는가? 여기서 그리스도께서는 그들이 하나님과의 관계를 자부하는 것을 오히려 그들의 불신앙을 가중시키는 일로 언급하신다. 모든 사람은 그들의 하나님

께서 높이시는 자들을 공경할 것이다. 그러나 이 유대인들은 여호와께서 자기들의 하나님이라고 말하면서도, 자기들의 하나님이 높이시는 분에게 어떻게든 모욕을 가하기 위해 노력했다. 주의: 하나님과 언약 관계가 있다고 고백만 하고 생활로 실증하지 않으면 그 관계가 도리어 해가 된다.

b. 그들이 하나님과의 관계를 고백하면서도 실제로는 하나님을 모르고 하나님으로부터 멀리 떨어져 있었던 현실: 너희는 그를 알지 못하되. (a) 너희는 하나님을 전혀 알지 못한다. 이 바리새인들은 본질에서 빗겨난 것들에 치중한 그들의 전승을 연구하는 데 심히 몰두한 까닭에, 가장 필요하고 유용한 지식은 생각지 않았다. 그들은 꿈 꾼 것을 말하여 백성으로 하나님의 이름을 잊어버리게 만든 구약 시대의 거짓 선지자들과 같았다(참조. 렘 23:27). 혹은 (b) 너희는 하나님을 바로 알지 못한다. 그들은 하나님을 그릇되게 알았다. 이것은 차라리 아예 모르는 것과 같거나 그보다 더 악한 것이다. 사람들이 신론(神論)을 치밀하게 펼치면서도, 하나님을 자기들과 같은 존재로 이해함으로써 결국 전혀 모르는 수도 얼마든지 있다. "너희는 하나님을 너희의 하나님이라 하는데, 사람은 누구나 그렇게 자기와 관계된 이들을 알려고 하는 것이 자연스러운 일이다. 그런데도 너희는 하나님을 알지 못한다." 주의: 하나님과 서로 사귐이 없으면서도 하나님과의 관계를 주장하는 사람들이 많다. 그들이 배워서 말하며 허세를 부리는 것은 오직 하나님의 이름뿐이고, 하나님이 어떤 분이신지, 그 속성들과 완전하심이 어떤 것인지, 피조물들과 어떤 관계를 맺고 계시는지에 관해서는 전혀 모른다. 깨어 의를 행하고 죄를 짓지 말라. 하나님을 알지 못하는 자가 있기로 내가 너희를 부끄럽게 하기 위하여 말하노라(고전 15:34). 많은 사람들이 자신들도 잘 모르는 하나님과의 명목적인 관계를 내세워 하나님을 아는 것처럼 생각하지만, 실은 스스로를 속이는 것이다. 그리스도께서 이 점을 유대인들에게 말씀하신 이유는, [a] 그들이 하나님과 관계있다 주장하는 것이 얼마나 헛되고 근거 없는 일인지 드러내시기 위함이었다. "너희는 하나님이 너희의 하나님이라고 말하지만, 그것은 거짓말이다. 너희가 하나님을 모른다는 것은 분명하기 때문이다." 사람과의 관계에서도 잘 아는 것처럼 말하는 사람에 대해 실은 모르고 있음이 발견되면 그것이 거짓말인지 금방 탄로나게 되어 있다. [b] 그들이 그리스도의 교훈과 기적을 보고도 믿지 않는 진정한 이유를 드러내시기 위함이다. 그들은 하나님을 알지 못했다. 그러므로 그리스도 안에 있는 하나님의 형상도, 하나님의 음성도 파

악하지 못했다. 주의: 사람들이 그리스도의 복음을 받아들이지 않는 이유는 하나님에 관한 지식이 없기 때문이다. 사람들이 그리스도의 의에 순복하지 않는 이유는 하나님의 의에 관해 무지하기 때문이다(롬 10:3). 하나님을 모르는 자들과 그리스도의 복음에 순종하지 않는 자들은 결국 하나이다(살후 1:8).

둘째로, 주께서는 아버지께서 당신을 높이시고 인정하실 것을 확신하시는 이유를 그들에게 제시하신다: 나는 아노니. 이 말씀은 주께서 아버지의 품에 계셨던 분으로서 아버지를 아신다는 뜻일 뿐 아니라, 하시는 모든 일에서 아버지를 신뢰한다는 뜻이기도 하다. 주님의 이러한 태도는 그리스도에 관하여 예언된 바와 같다(사 50:7, 8): 주 여호와께서 나를 도우시므로 … 내가 수치를 당하지 아니할 줄 아노라. 나를 의롭다 하시는 이가 가까이 계시니 나와 다툴 자가 누구냐? 바울도 주님을 본받아 같은 태도를 취했다(딤후 1:12): 이로 말미암아 내가 또 이 고난을 받되 부끄러워하지 아니함은 내가 믿는 자를 내가 알고 또한 내가 의탁한 것을 그 날까지 그가 능히 지키실 줄을 확신함이라. 여기서 관찰할 점은, 1. 주께서는 아버지에 관한 지식을 큰 확신으로 고백하시며, 아버지를 시인하는 것을 두렵거나 부끄러운 일로 여기지 않으신다: 만일 내가 알지 못한다 하면 나도 너희 같이 거짓말쟁이가 되리라. 주께서는 유대인들의 환심을 사기 위해서 혹은 그들의 비판을 면하기 위해서, 차후의 곤란을 예방하기 위해서 아버지와의 관계를 부인할 마음이 없으셨다. 앞서 하신 말씀을 철회할 뜻도 없으셨고, 당신이 속였거나 속임을 당했다고 고백할 뜻도 없으셨다. 만일 그렇게 하신다면 하나님 앞과 당신 스스로에게 거짓 증인이 될 것이다. 주의: 베드로처럼 신앙과 하나님과의 관계를 부인하는 자들은 알지 못하면서 아는 체하는 위선자들이다. 참조. 디모데전서 6:13, 14. 클라크(Mr. Clark)는 이 점에 대해 말하면서, 우리 안에 있는 하나님의 은혜를 부인하는 것이 큰 죄라고 올바로 지적한다. 2. 주께서는 아버지를 아시는 것을 친히 입증하신다: 나는 그를 알고 또 그의 말씀을 지키노라. 그리스도께서는 사람으로서는 도덕법에 순종하셨고, 구주로서는 중보의 법에 순종하셨다. 두 경우 모두 아버지의 말씀을, 그리고 친히 아버지와 나누신 말씀을 지키셨다. 그리스도께서는 우리에게 당신의 말씀을 지킬 것을 요구하신다(51절). 그러면서 우리에게 한 점 흠 없는 모범을 보여주셨다. 친히 아버지의 말씀을 지키신 것이다. 순종을 배운 사람은 이 말씀을 잘 가르칠 수 있다. 참조. 히브리서 5:8, 9. 그리스도께서는 순종으로써 당신이 아버지를 아심을 입증하셨다. 주의: 우리가 하나님을 알고 있음을 입증하는 가장 좋은 증거는 하나님의 말씀에 순종하는 것이다. 하나님의 말씀을 지키는 자라야 하나님을 바로 아는 자이다. 그것은 확고한 표준이다. 참조. 요한일서 2:3: 우리가 그의 계명을 지키면 (말만 하지 않고) 이로써 우리가 그를 아는 줄로 알 것이요.

(2) 그리스도께서는 그들이 그토록 자랑하는 아버지 곧 아브라함에 관해 말씀하신다. 그리고 이것으로 말씀을 마치신다.

[1] 그리스도께서는 아브라함이 당신을 바라보고 공경했다고 말씀하신다: 너희 조상 아브라함은 나의 때 볼 것을 즐거워하다가 보고 기뻐하였느니라(56절). 이 말씀으로써 당신이 아브라함보다 크다 말씀하신 것이 결코 과한 일이 아니었음을 입증하신다. 여기서 주께서는 족장이 약속된 메시야를 존경했음을 두 가지 점을 들어 말씀하신다.

첫째로, 그리스도의 때 볼 것을 대망함: 나의 때 볼 것을 즐거워하다가. 즐거워하다가에 해당하는 헬라어는 에갈리아스토로서, 껑충 뛴다는 뜻이다. 이 단어는 대체로는 즐거워함을 가리키지만, 본문에서는 사모함의 뜻으로 이해해야 옳다. 그렇지 않으면 뒤의 말씀이 단순 반복이 되고 말기 때문이다: 그가 그것을 보고 즐거워했다. 나의 때를 보기 위해서 껑충 뛰거나 발뒤꿈치를 들고 섰다. 이는 마치 삭개오가 예수께서 오신다는 소식을 듣고 달려나가 예수를 보기 위해 나무 위로 올라간 것과 같다. 장차 메시야가 오실 것이라는 약속은 아브라함의 마음에 큰 기대를 일으켰고, 그는 그것을 좀 더 알기를 간절히 원했다. 사람들은 희미한 암시에 중대한 의미가 담겨 있을 경우 궁금증을 품고서 누가? 무엇을? 어디서? 언제? 어떻게? 하려는 것인지 진지하게 묻는다. 구약의 선지자들은 그처럼 장차 임할 은혜에 대한 개괄적인 지식을 가진 터에서 부지런히 살폈으며(벧전 1:10), 아브라함도 이 점에서 여느 선지자 못지않았다. 하나님께서는 아브라함에게 장차 그의 후손들에게 주실 땅과 부와 명예를 말씀하셨지만(창 15:14), 그는 그 날보다 차라리 인자가 임하실 날을 보기를 사모했다. 약속된 땅을 바라보는 것만큼 약속된 후손을 무관심하게 바라볼 수 없었다. 약속된 땅에서는 나그네로 지냈으나, 후자에 대해서는 그럴 수가 없었다. 주의: 그리스도를 바로 아는 자들은 그분에 관해 더 알기를 간절히 사모하기 마련이다. 의의 태양이 동트는 것을 감지하는 자들은 그분이 임하시는 것을 사모하지 않을 수 없다. 구속의 신비는 천사들도 보기를 사모하는 것인데, 구속과 직접 관련되어 있는 우리는 더욱 그래야 한다. 아브라함은 그리스도의 날이 아주 멀리 떨어져 있었어도 그 날을 보기를 사모했다. 그러나 그의 패역한 이 자손들은 그의 날이 왔는데도 알아보지 못했고, 영접하지도 않았다. 하나님의 은혜에 감사하는 영혼들이 사랑하고 사모하는 그리스도의 강림을 현세적인 마음들은 두려워하고 싫어한다.

둘째로, 아브라함이 그 때를 보고 얻은 만족: 보고 기뻐하였느니라. 여기서 생각할 점은,

a. 하나님께서 아브라함의 경건한 소원을 어떻게 채워 주셨는가? 아브라함은 그리스도의 때 보기를 사모하다가 그것을 보았다. 우리가 복음 아래서 보듯이 그 때를 분명하게 충분하게 뚜렷하게 보지는 못했지만, 그 어떤 면을 세월이 흐르면서 처음보다 더 분명하게 보았다. 주의: 이미 가진 자, 그리고 구하는 자가 받을 것이다. 그리스도를 아는 지식에 관하여 자신이 가진 것을 활용하여 개선하는 자, 더 많은 것을 사모하여 구하는 자에게 하나님께서는 주실 것이다. 그러나 아브라함이 어떤 방식으로 그리스도의 때를 보았을까? (a) 어떤 학자들은 아브라함이 저 세상에 가서 그 때를 보았다는 뜻으로 이해한다. 육신의 베일이 걷혔을 때, 아브라함의 영혼은 천국에서 하나님 나라의 신비한 면들을 보았다. 칼빈은 이러한 해석을 언급하면서, 그것이 크게 잘못되었다고 말하지 않는다. 주의: 하나님의 은혜를 깨닫는 영혼들이 예수 그리스도를 사모하는 마음은 그들이 천국에 들어갈 때에야 비로소 채워진다. 그러나 (b) 더 많은 학자들은 아브라함이 이 세상에서 그리스도의 때에 관해서 어떤 면을 보았다고 이해한다. 그들은 약속을 현실로 받지 못했으나 멀리서 그것을 바라보았다(히 11:13). 발람은 그리스도를 보았으나 지금 가까이에서 본 것이 아니다. 아브라함은 그리스도와 그의 날의 어떤 면을 보았을 것이라고 추측할 여지가 있다. 그가 본 것은 그의 역사에 기록되지 않았고 굳이 기록되어야 할 이유도 없었다. 마치 다니엘이 자신이 본 이상을 마지막 때까지 간수하고 봉함해야 했던 것과 같다(단 12:4). 그리스도께서는 아브라함이 모세보다 무엇을 더 잘 보셨는지 아셨다. 그러나 아브라함에 관한 기록에는 그가 처음 약속을 받았을 때에 비해 더 잘 보게 된 몇 가지 것들이 실려 있다. 그는 멜기세덱에게서 하나님의 아들과 방불하게 지어진 분이자 영원한 제사장을 보았다. 그는 여호와께서 두 천사를 데리시고 마므레 평지에 임하신 것을 보았다. 그는 소돔을 위해 간절히 대언하는 동안 그리스도께서 우리를 위해 해주시는 대언의 일면을 보았다. 이스마엘을 쫓아내고

이삭과 더불어 언약을 세우면서 복음의 때 곧 그리스도의 때의 예표를 바라보았다. 이런 것들은 실체를 상징하는 알레고리들이었던 것이다. 이삭을 제물로 바치려 할 때, 그리고 이삭 대신에 숫양이 준비되어 있는 것을 발견했을 때, 그는 장차 있을 큰 제사의 이중적 예표를 보았다. 아브라함이 그 땅을 여호와 이레(여호와께서 준비하심)라 부른 것은 다른 사건들보다도 특히 이 사건에서 장차 이루어질 어떤 일을 보았음을 암시한다. 그리고 종에게 맹세를 시킬 때 허벅지 밑에 손을 넣도록 한 것은 메시아에 대한 관심을 나타낸다.

b. 아브라함이 그리스도의 때와 관련하여 이런 점들을 보고 어떻게 기뻐하고 환영했는가? 보고 기뻐하였느니라. 그는 하나님께서 자기에게 베푸신 호의를 보고 기뻐했으며, 하나님께서 세상을 위해 준비해 두신 자비를 미리 보고 기뻐했다. 아마도 이것은 하나님께서 사라에게서 아들을 낳게 해주시겠다고 약속하실 때 아브라함이 웃은 것을 가리키는 듯하다(창 17:16, 17). 그것은 사라의 웃음과 달리 불신의 웃음이 아니라 기쁨의 웃음이었기 때문이다. 그는 그 약속에서 그리스도의 때를 보았고, 그것이 그의 속에 말할 수 없는 기쁨을 채워주었다. 아브라함은 그렇게 하나님의 약속들을 받아들였다. 주의: 그리스도와 그분의 때를 믿는 마음으로 바라보면 마음에 기쁨이 생긴다. 믿음이 주는 기쁨만한 것이 없다. 그리스도와 사귐을 갖기 전에는 참된 기쁨을 알 수 없다.

[2] 유대인들은 그리스도의 이 말씀을 트집 잡고 비난했다(57절): 네가 아직 오십 세도 못되었는데 아브라함을 보았느냐? 여기서 살펴볼 점은, 첫째로, 그들은 만일 아브라함이 주님과 주님의 때를 보았다면, 주께서도 아브라함을 보았을 것이라고 추정한다. 주님의 말씀을 이렇게 비틀어 질문한 것이 반드시 빈정거림이었다고는 할 수 없지만, 이렇게 질문하면 주님이 어떤 분인지 금방 드러날 것으로 그들은 생각했다. 그렇지만 그리스도께서 아브라함을 보신 것은 사실이었다. 주께서는 마치 사람이 친구와 대화하듯 아브라함과 대화를 나누셨다. 둘째로, 그들은 이미 오래 전에 죽은 아브라함을 본 것처럼 말하는 것이 대단히 불합리하다고 여겼다. 죽은 사람은 볼 수 없는 상태에 들어가 있다. 그러나 유대인들은 그리스도께서 영적으로 하신 말씀을 육체적으로 이해하려고 함으로써 앞에서 저지른 것과 똑같은 실수를 저지른다. 이번에는 주님 말씀의 꼬투리를 잡아 주님의 연소하심을 멸시하고, 마치 주께서 연륜이 일천하여 아는 게 아무것도 없다는 듯이 몰아세웠다: 네가 아직 오십 세도 못되었는데 아브라함을 보았느

냐? 이 말은 아직 사십도 채 되지 않았다는 뜻이다. 당시에 주께서는 서른둘 혹은 서른세 살밖에 되지 않으셨기 때문이다. 초기 교부 이레나이우스(Irenaeus)는 사도 요한과 대화를 나누었다는 어떤 사람들에게 들은 전승, 즉 우리 구주께서 쉰 살까지 사셨다는 전승을 이 구절을 가지고 뒷받침한다(*Advers. Haeres*, 제2권 39, 40장). 전승이란 믿지 못할 것임을 확인할 수 있는 대목이다. 본문에서 유대인들이 말한 나이는 어림잡아 말한 것이다. 그들은 일정한 나이를 말하고는, 그 나이에조차 훨씬 미치지 못하지 않느냐고 다그쳤다. 주님은 마흔 살로 보이지 않으셨지만, 그들은 쉰 살은 분명히 되지 않았다고 확신했으며, 당연히 아브라함과 동년배일 수 없음을 강조했다. 노년은 쉰 살부터 시작되는 것으로 간주했으므로(민 4:47), 그들의 말은 다음과 같았다. "너는 노인으로 간주할 수 없다. 우리 중 많은 사람이 너보다 나이가 많지만, 그럴지라도 아브라함을 본 것처럼 행세하지는 않는다." 어떤 이들은 주님의 얼굴이 슬픔과 긴장으로 인해 변하여 쉰 살 노인처럼 보이셨을 것이라고 생각한다. 전에는 그의 모양이 타인보다 상하였고 그의 모습이 사람들보다 상하였으므로(사 52:14).

[3] 우리 구주께서는 당신이 실제로 아브라함 전부터 계셨다고 엄숙히 말씀하심으로써 그들의 흠집 내기에 효과적으로 대답하신다(58절): "진실로 진실로 너희에게 이르노니. 나는 내 말을 믿는 내 제자들에게 사적으로 이 말을 하는 것이 아니라, 나의 원수이자 박해자들인 너희에게 하는 것이다. 너희 면전에서 이 말을 하니 새겨서 들으라: 아브라함이 나기 전부터 내가 있느니라(프린 아브람 게네스타이, 에고 에이미)." 단어의 변화를 주목하라. 주께서는 아브라함은 피조물로, 당신은 창조자로 말씀하신다. 그랬기에 당신이 아브라함보다 크다고 말씀하실 수 있었던 것이다. 아브라함이 있기 전에 주께서는, 첫째로, 하나님으로 계셨다. 내가 있느니라(I am)는 표현은 하나님의 이름으로서(출 3:14), 하나님의 자존(自存)을 가리킨다. 주께서는 내가 있었느니라고 하시지 않고 내가 있느니라고 하신다. 주께서는 처음과 나중이시요, 어제나 오늘이나 변치 않으시기 때문이다(계 1:8). 이처럼 그리스도께서는 아브라함 전에 계셨을 뿐 아니라, 창세 전부터 계셨다(1:1; 잠 8:23). 둘째로, 중보자로 계셨다. 주께서는 아브라함보다 훨씬 전부터 정해지신 메시야이셨다: 죽임을 당한 어린 양의 생명책에 창세 이후로 이름이 기록되지 못하고 이 땅에 사는 자들(계 13:8). 중보자로서 인간을 향한 하나님의 빛과 생명과 사랑을 전하시는 통로가 되어 주셨다. 이처럼 영원부터 동일하

신 분이시요(히 13:8), 타락 이래로 항상 인간에게 동일하게 남아 계셨다는 사실은 주님의 신성(神性)을 전제한다. 주께서는 하나님으로 말미암아 아담과 아벨과 에녹과 노아와 셈, 그리고 아브라함이 나기 전에 당신을 믿으며 살다가 죽은 모든 족장들에게 지혜와 의와 거룩함과 구속이 되셨다. 아브라함은 유대 민족의 뿌리였다. 반석인 그를 쪼아 유대 민족이 형성되었다. 만일 그리스도께서 아브라함 전에 계셨다면 주님의 교훈과 신앙은 새로운 것이 아니라, 본질상 유대교 전부터 존재했던 것으로서, 이제 마땅히 그것을 대체해야 할 것이었던 셈이다.

[4] 이 위대한 말씀이 변론을 갑자기 종식시켰다. 그들은 그동안 주께서 하셨던 모든 주장들을 뒷받침하고도 남을 만한 좋은 고백을 들었기 때문에 더 이상 들을 필요도 없었고, 더 이상 감내할 힘도 없었다. 어떤 이는 그리스도의 말씀에 은혜와 영광이 찬란하게 빛난 까닭에 청중 모두를 사로잡았을 것이라고 생각한다. 그러나 그들은 자신들의 자부심과 현세적인 태도와 정반대되는 그리스도의 거룩하고 영적인 교훈과 법에 대해 워낙 고질적인 편견을 품고 있었던 까닭에, 그들을 어떻게든 깨닫게 하려고 하신 주님의 노력을 모두 무산시켰다. 이로써 언약의 사자가 당신의 성전에 임하실 때, 그분은 금을 연단하는 자의 불과 같을 것이기에 사람들이 그의 임하시는 날을 감당하지 못할 것이라는 예언이 성취되었다(말 3:1, 2). 여기서 관찰할 점은,

첫째로, 그들은 그리스도의 말씀을 듣고 격분했다: 그들이 돌을 들어 치려 하거늘(59절). 아마도 그들은 주님을 신성모독자로 간주하고서, 그런 자는 돌로 쳐서 죽여야 한다고 생각한 듯하다(참조. 레 24:16). 그러나 그것은 옳은 태도가 아니었다. 먼저 재판을 하여 유죄 여부를 가려야 했다. 사람들이 자기 좋은 대로 사사로이 법을 집행하려 든다면 정의와 질서는 자취를 감추고 말 것이다. 그 외에도, 그들은 방금 주님을 가리켜 귀신이 들린 자라고 말했는데, 만일 그렇다면 주께서 하신 말씀을 근거로 처단하려고 한다면 그것은 이성과 형평에 맞지 않는 일이었다. 그들이 돌을 들어. 라이트푸트 박사(Dr. Lightfoot)는 그들이 성전에서 어떻게 돌을 구했는지에 관해 추론한다. 당시에 성전을 보수하거나 증축하기 위한 공사가 진행 중이어서, 공사하고 떨어져 나간 돌들을 취할 수 있었을 것이라는 것이 그의 주장이다. 여기서 보게 되는 것은, 불순종의 자녀들 안에서 혹은 그들 위에서 죄의 세력과 사탄이 얼마나 필사적으로 작용하고 있

는가 하는 점이다. 친히 하나님의 아들이심을 뚜렷이 입증하신 분을 이처럼 노골적이고 대범하게 대적할 정도로 악한 사람이 있다고 누가 생각이나 하겠는가? 타락한 사람들은 이렇게 주님의 거룩한 종교에 던질 돌을 언제나 들고 있다(참조. 행 28:22).

둘째로, 주께서 그들의 손을 어떻게 피하셨는가? 1. 그곳에서 도망하셨다: 예수께서 숨어 성전에서 나가시니라. 에크뤼베 ─ 그가 숨으셨다. 주님을 존경하던 무리가 주님을 숨겨드렸을 수도 있고(높고 높은 보좌에 오르셔야 마땅했던 분이 군중 속에 숨는 것으로 만족하셨다), 아니면 친히 성전의 벽이나 기둥 뒤에 숨으셨을 수도 있다(여호와께서 환난 날에 나를 그의 … 장막 은밀한 곳에 나를 숨기시며, 시 27:5). 혹은 신적인 능력으로 군중의 눈에 안개를 뿌리사 그들로 당신을 보지 못하게 하셨을 수도 있다. 악인이 일어나면 사람이 ─ 즉, 지혜롭고 선량한 사람들이 ─ 숨느니라(잠 28:12). 그리스도께서 친히 하신 말씀이 부끄럽거나 그로 인해 당할 일이 두려워서 숨으신 것이 아니라, 아직 주님의 때가 이르지 않았기 때문이다. 주께서는 당신의 사역자들과 백성들이 박해를 당하게 될 때 피할 수 있으면 피하기를 바라신다. 여호와께서는 왕이 예레미야와 바룩을 잡으려 할 때 그들을 숨기셨다(렘 36:26). 2. 주께서는 군중 사이를 뚫고 발견되지 않으신 채 지나가심으로써 성전을 빠져나가셨다. 이것은 비겁한 도주도 아니었고, 죄가 있거나 두려워서 피하신 것도 아니었다. 메시야는 쇠하지도 아니하시고 낙담하지도 아니하실 것이라고 이미 예언된 바 있다(사 42:4). 오히려, (1) 그것은 대적들을 주관할 능력이 주님께 있음을 보여준 사례였다. 대적들은 주께서 그들에게 허락하신 범위를 넘어서까지 주님을 대적할 수 없다. 후에 대적들에게 잡히실 때도 그 권세를 사용하여 스스로 버리신 것이다(10:18). 그들은 주께서 이제 꼼짝없이 걸려들었다고 생각했으나, 주께서는 그들 사이를 뚫고 지나가셨다. 그들의 눈을 멀게 하시거나, 손을 결박하셔서 그들로 먹이를 앞에 두고도 먹지 못해서 울부짖는 사자처럼 분노로 들끓게 하셨을 수도 있다. (2) 그것은 주께서 아직 사역을 완수하지도 않으시고 증언도 다 마치지 못하신 상태에서, 친히 안전을 위해 지혜로운 방법을 내신 사례였다. 이로써 주께서는 제자들에게 주신 원칙을 몸소 지키셨다: 이 동네에서 너희를 박해하거든 저 동네로 피하라. 그것도 안 되면 광야로 피할 수도 있다. 엘리야가 그랬고(왕상 19:3, 4), 여인 곧 교회가 그랬다(계 12:6). 그들이 나뒹굴던 돌을 들어 치려 했을 때, 주께서는 벽의 돌들을 명하여 복수를 명하실 수도 있었고, 혹은 땅에게 갈라져 그들을 삼키도록 명하실 수도 있었다. 그러나 아무런 기적도 없이 지혜롭게 처신함으로써, 제자들에게도 본을 남기셨다. (3) (주님께 떠나달라고 구한 가다라인들보다 더 악하게) 돌을 들어 치려고 하는 자들을 피하신 것은 옳은 일이었다. 그리스도께서는 당신에게 떠나시라고 다그치는 자들과 오래 머물러 계시지 않는다. 물론 그 일이 있은 후에 주께서는 다시 성전에 가셨다. 마치 떠나기가 너무나 싫어 자주 작별하는 사람처럼. 그러나 마침내 성전을 영원히 버리사 파괴되도록 내버려 두셨다. 본문에서 그리스도께서는 유대인들 사이를 뚫고 떠나가셨으나, 그들 중 아무도 머물러 계시도록 구하지도 않고 오히려 그냥 가시도록 내버려 두었다. 주의: 하나님께서는 사람들이 먼저 떠나가시도록 배척하고 아무도 붙잡지 않기 전에는 먼저 떠나시는 법이 없다. 칼빈은 이 대제사장들이 그리스도를 성전 밖으로 쫓아냈을 때 자신들이 성전을 차지하고 있는 것에 득의만면했을 것이라고 말하고는, "그러나 그리스도께서 버리신 교회나 성전을 차지하고 자랑하는 자들은 스스로 속이는 것이다"라고 말한다. 본문에는 그리스도께서 그들을 떠나실 때 조용히 눈에 띄지 않게 가셨다고 기록한다. 주의: 그리스도께서 교회나 특정 개인을 떠나실 때는 은밀히 떠나셔서 금방 눈에 띄지 않는 경우가 많다. 하나님의 나라는 보이는 방식으로 임하지 않듯이 떠날 때도 그러하다. 참조. 사사기 16:20: 삼손이 잠을 깨며 이르기를 내가 전과 같이 나가서 몸을 떨치리라 하였으나 여호와께서 이미 자기를 떠나신 줄을 깨닫지 못하였더라. 이 버림받은 유대인들의 경우도 그랬다. 하나님께서 그들을 떠나셨으나 그들은 전혀 의식하지 못했다.

제 9 장

개요

앞 장의 마지막 부분에서 그리스도께서 성전을 떠나가신 후에, 그리고 이 장에 기록된 사건이 발생하기 전에, 주께서는 한동안 예루살렘을 떠나 계셨는데, 그 기간은 두세 달로 추정된다. 네 복음서의 통일성을 전제로 연구하는 라이트푸트 박사 같은 학자들은 누가복음 10:17-13:17에 기록된 일들이 이 기간에 발생했다고 간주한다. 7, 8장에 기록된 내용은 초막절, 즉 9월에 있었던 일이고, 이 장과 다음 장에 기록된 내용은 수전절, 즉 12월에 있었던 일이다(참조. 10:22). 클라크 박사 같은 학자들은 이 두 장에 기록된 일들을 바로 앞 장에 연결시킨다. 이 장의 내용은 다음과 같다. I. 날 때부터 맹인인 사람을 기적으로 고치심(1-7절). II. 그 일을 계기로 주께서 사람들과 나누신 대화. 1. 이웃 사람들이 자기들끼리 그리고 그 사람과 나눈 대화(8-12절). 2. 바리새인들과 그 사람이 나눈 대화(13-34절). 3. 그리스도께서 그 가련한 사람과 나누신 대화(35-38절). 4. 그리스도께서 바리새인들과 나누신 대화(39절부터 끝까지).

[1]예수께서 길을 가실 때에 날 때부터 맹인 된 사람을 보신지라 [2]제자들이 물어 이르되 랍비여 이 사람이 맹인으로 난 것이 누구의 죄로 인함이니이까 자기니이까 그의 부모니이까 [3]예수께서 대답하시되 이 사람이나 그 부모의 죄로 인한 것이 아니라 그에게서 하나님이 하시는 일을 나타내고자 하심이라 [4]때가 아직 낮이매 나를 보내신 이의 일을 우리가 하여야 하리라 밤이 오리니 그 때는 아무도 일할 수 없느니라 [5]내가 세상에 있는 동안에는 세상의 빛이로다 [6]이 말씀을 하시고 땅에 침을 뱉어 진흙을 이겨 그의 눈에 바르시고 [7]이르시되 실로암 못에 가서 씻으라 하시니 (실로암은 번역하면 보냄을 받았다는 뜻이라) 이에 가서 씻고 밝은 눈으로 왔더라.

본문에서 우리는 날 때부터 맹인인 가련한 걸인이 고침을 받은 일을 본다. 여기서 살펴볼 점은,

I. 우리 주 예수께서 이 가련한 맹인의 딱한 형편을 주목하심(1절) : 예수께서

길을 가실 때에 날 때부터 맹인 된 사람을 보신지라. 첫 구절은 앞 장의 마지막 구절을 가리키는 듯하며, 그렇다면 이 장을 앞 장과 곧장 연결하는 학자들의 견해가 옳은 셈이다. 앞 장 마지막 구절은 파레겐(나가시니라)이라 했고, 여기서는 주님의 이름이 반복되지 않은 채(1절의 예수께서라는 단어는 번역자들이 주어를 표시하기 위해 넣은 것이다) 카이 파라고(그리고 나가시면서)라고 했다. 1. 유대인들이 말과 행위로 주님께 형언할 수 없는 모독을 가했지만, 주께서는 그들 가운데 선을 행하실 기회를 놓치지 않으셨고, 그들에게는 입을 닫겠다고 결심하지도 않으셨다. 주께서 맹인을 고치신 것은 그 사회에 선을 행하신 일이었다. 이웃에게 정서적·경제적 짐이 되었던 사람을 스스로 일하여 살도록 세워주셨기 때문이다. 사람들에게 홀대와 무시를 당할 때라도, 혹은 스스로 무가치하다 생각할지라도, 사회를 위해 봉사할 뜻을 품는 것이 그리스도를 닮는 귀하고 고결한 태도이다. 생명의 위협을 피하여 가시는 길이었음에도, 주께서는 이 가련한 사람에게 자비를 베푸시기 위하여 기꺼이 걸음을 멈추시고 잠시 머물러 주셨다. 바쁘다는 이유로 선을 행할 기회를 지나치는 것은 정당한 속도로 살지 못하고 쫓기며 사는 것이다. 3. 바리새인들이 그리스도를 쫓아냈을 때, 그리스도께서는 이 가련한 맹인 걸인에게 가셨다. 몇몇 교부들은 유대인들이 복음을 배척하고 쫓아냈을 때, 흑암에 처해 있던 이방인들에게 복음이 전파된 사실을 들어, 그것을 이방인들에게 복음이 전파될 일에 대한 상징으로 설명했다. 4. 그리스도께서는 길을 가시다가 이 가련한 맹인을 고쳐 주셨다. 우리도 어디를 지나가든 기회가 있으면 선을 행해야 함을 배우게 된다.

여기서 생각할 점은, (1) 이 가련한 사람은 형편이 몹시 딱했다. 맹인이었는데, 날 때부터 그렇게 살아왔다. 사람이 평생을 캄캄한 상태에서 먹고 살아야 했다는 것이 얼마나 암울한 일인가! 맹인인 사람은 빛을 누리지 못하지만, 날 때부터 맹인인 사람은 아예 빛에 대한 개념조차 없다. 그런 사람은 단 하루만이라도 빛과 색채와 형태를 볼 수 있다면 호기심을 만족시키고도 남을 것이다. 어찌하여 고난당하는 자에게 — 햇빛이 차단된 자에게 — 빛을 주셨으며 마음이 아픈 자에게 생명을 주셨는고 … 하나님에게 둘러 싸여 길이 아득한 사람에게 어찌하여 빛을 주셨는고(욥 3:20-23). 우리가 볼 수 있다는 사실에 감사하자. 눈은 신체 중에서도 가장 기묘한 부위로서, 그 구조가 대단히 정교하고 탁월하다. 동물들을 분류할 때 가장 먼저 식별할 수 있는 부위가 눈이라고 한다. 하나님께서 우리를 조성하실 때 조금도 착오를 범하지 않으신 것이 얼마나 큰 자비인가! 그리스도께서는 질병이나 사고로 맹인이 된 많은 사람들을 고치셨으나, 여기서는 날 때부터 맹인인 사람을 고치셨다. 이는, [1] 가장 절망적인 상황에서 아무도 도울 수 없을 때 도우실 수 있는 능력이 있음을 나타내시려 함이었다. [2] 죄인들의 영혼에 어떤 종류의 은혜를 주실 수 있는지 보여주시기 위함이었다. 주님의 은혜는 날 때부터 맹인인 사람을 보게 하는 그런 은혜이다.

(2) 우리 주 예수께서 그 사람에게 베푸신 자비는 매우 자애로운 것이었다. 그가 보신지라. 그의 상황을 헤아리시고 관심을 가지고 주목하셨다는 뜻이다. 구약의 여러 경우에서 볼 수 있듯이, 하나님께서 당신의 백성들을 구원하려고 하실 때는 먼저 그들의 고통을 돌아보신다. 그리스도께서도 이 가련한 사람을 보셨다. 다른 사람들도 그를 보았으나, 보시는 위치와 심정이 그리스도와 같지 않았다. 이 가련한 사람은 그리스도를 볼 수 없었으나, 그리스도께서는 그를 보셨고, 그 마음의 기도와 기대를 들여다보시고서 깜짝 놀랄 만한 치유를 베푸셨다. 이처럼 그리스도께서는 구하지도 않고 바라보지도 않는 자들에게 당신을 나타내 주시는 경우가 종종 있다(참조. 사 65:1). 이처럼 만일 우리가 그리스도에 관해서 무엇을 알거나 깨달은 것이 있다면, 그것은 주께서 먼저 우리를 아시고(갈 4:9), 먼저 우리를 붙잡으셨기 때문이다(빌 3:12).

II. 그리스도께서 이 사람에 관하여 제자들과 나누신 대화. 제자들은 주께서 성전을 나가실 때 함께 따라 나갔다. 이들은 주께서 시험을 받으실 때부터 함께 있었고, 어디로 가시든 주를 따른 자들이었다. 그렇게 주님을 따름으로써 잃은 것이 하나도 없고, 오히려 풍부한 경험을 쌓았다. 여기서 살펴볼 점은,

1. 제자들이 이 맹인의 경우에 관해서 주께 드린 질문(2절). 그리스도께서 맹인을 보실 때 제자들도 함께 보았다. 그리스도의 자비가 우리의 자비에도 불을 붙여야 한다. 그 사람이 날 때부터 맹인이었다는 사실을 제자들은 주님께 들어서 알았을 수도 있고, 이미 소문을 통해 알고 있었을 수도 있다. 그러나 제자들은 그 사람을 고쳐주시도록 그리스도께 구하지 않았다. 오히려 엉뚱한 질문을 여쭈었다: 랍비여 이 사람이 맹인으로 난 것이 누구의 죄로 인함이니이까? 자기니이까 그의 부모니이까? 이 질문에는 다음과 같은 태도가 실려 있었다.

(1) 죄에 대한 냉정한 추궁. 그들은 이 불행한 상황이 어떤 비상한 죄에 대한 형벌이며, 그 사람이 예루살렘에 거하는 모든 사람들보다 더 죄인이라는 생각

을 당연시했다(눅 13:4). 미개한 사람들로서는 진실로 이 사람은 살인한 자로다 하고 추론하는 것이 이상한 일이 아니었다(행 28:4). 그러나 성경에서 모든 사람에게 임하는 그 모든 것이 일반이라는 말씀을 읽어 알고(전 9:2), 욥의 경우로써 고통이 가장 크다 해서 반드시 죄가 가장 큰 것이 아님을 아는 제자들로서는 그것이 변명할 수 없이 부끄러운 인식이었다. 회개의 은혜는 우리 자신의 고통에 대해서 징벌이라 부르게 하지만, 자비의 은혜는 남의 고통에 대해서는 증거가 분명하지 않는 한 시련이라 부르게 한다.

(2) 불필요한 호기심. 제자들은 맹인의 비참한 형편이 어떤 극악한 죄 때문이라고 단정하고서, 죄인이 누구입니까? 이 사람입니까, 아니면 이 사람의 부모입니까 하고 질문했다. 그런데 그것이 그들과 무슨 상관이 있었는가? 혹시 그것을 안다 한들 그들에게 무슨 유익이 있었겠는가? 우리는 우리 자신의 죄보다 다른 사람들의 죄에 더 큰 관심을 갖는 경향이 있다. 오히려 하나님께서 다른 사람들을 왜 저렇게 대하시는가 보다, 왜 우리를 이렇게 대하시는가에 관해서 마음을 기울이는 것이 도리이다. 우리 스스로 남을 판단하는 것은 죄이기 때문이다.

제자들이 여쭌 질문은, [1] 그 사람이 태어나기 전에 범했거나 범할 것으로 예지(豫知)된 어떤 죄 때문에 이렇게 형벌을 받는 것인가 하는 것이었다. 어떤 사람들은 제자들이 피타고라스 학파의 영혼 선재설(先在說)이나, 영혼이 이 육체에서 저 육체로 전이(轉移)한다는 설에 오염되어 있었다고 생각한다. 만일 그런 경우라면, 이 사람의 영혼이 전생에 다른 육체에 있을 때 어떤 큰 죄를 범했기에 이 맹인의 육체라는 감옥에서 징벌을 받는 것인지 여쭌 것이 된다. 후에 바리새인들이 네가 온전히 죄 가운데서 나서 우리를 가르치느냐고 말한 것도 같은 개념을 가지고 한 말인 듯하다.

혹은 [2] 그가 부모의 죄 때문에 벌을 받는 것인가 하는 것이었다. 하나님께서 부모의 죄를 자식들에게서 물으시는 경우가 간혹 있기 때문이다. 부모들은 세상을 떠난 뒤에 자식들이 자기들의 죄 때문에 벌을 받을 것을 생각하고, 죄 범하기를 삼가는 것이 현명한 태도이다. 우리는 사막의 **타조처럼** 우리 자식들에게 잔인한 짓을 하지 말아야 한다. 아마도 제자들이 이 질문을 한 것은 이것이 그 사람이나 그 부모의 죄에 대한 형벌임을 믿었기 때문이 아니라, 그리스도께서 다른 병자를 고치실 때 그의 병이 그의 죄로 말미암았음을 암시하신 적이 있기 때문이었다(5:14). 그래서 "이 불구의 원인이 누구의 죄에 있습니까?" 하고 질문한 것이다. 맹인을 보고 그 상황을 어찌 해석해야 할지 당혹스러웠던 그들은 자세한 실상을 알고 싶었다. 하나님의 경륜에는 항상 형평성이 있다. 이는 하나님의 의란 큰 산들과 같기 때문이다. 그러나 하나님의 판단은 심오하기에 하시는 모든 일이 다 해명되어야 하는 것은 아니다.

2. 그리스도께서 하신 대답. 주께서는 항상 제자들을 친절히 가르치시고, 그들의 그릇된 생각을 바로잡아 주려 하셨다.

(1) 주께서는 이 사람이 맹인으로 난 이유를 설명하신다: "이 사람이나 그 부모의 죄로 인한 것이 아니라 ― 그가 맹인으로 나서 지금까지 그 상태로 지내온 것은 이제 마침내 ― 그에게서 하나님이 하시는 일을 나타내고자 하심이라"(3절). 그리스도께서는 하나님의 뜻의 은밀한 샘을 온전히 아시는 까닭에, 그러한 특수한 불행에 관해서 두 가지 말씀을 하셨다.

[1] 불행이 반드시 죄에 대한 형벌로 오는 것은 아니다. 인류 전체가 죄에 물들어 있기 때문에, 하나님께서 인생에게 어떠한 불행을 내리시든 정당하다. 따라서 불행을 겪지 않는 자들은 하나님께서 인자하시다 하고 말해야 하고, 불행을 겪고 있는 자들은 하나님께서 불의하시다 하고 말해서는 안 된다. 현실에서는 많은 사람들이 남들보다 죄가 많지 않은데도 남들보다 더 큰 불행을 당한다. 하나님께서 그 사람을 그러한 불행에 처하게 하신 것은 그 사람이나 그의 부모가 죄인이었기 때문도 아니고, 인간에게 공통된 어떤 죄가 그에게 있었기 때문도 아니다. 주의: 단지 큰 고통을 당한다는 이유로 죄가 많아서 그렇다고 판단하지 말아야 한다. 그렇게 한다면 그것은 하나님께서 치신 자들을 박해하는 것일 뿐 아니라(시 69:26), 하나님께서 의롭다 하신 자들을 고발하고, 그리스도께서 위하여 죽으신 자들을 정죄하는 것이 될 수도 있는데, 그것은 무모하고 두려운 일이다(롬 8:33, 34).

[2] 사람의 불행은 때로는 순전히 하나님의 영광을 위하고, 하나님이 하시는 일을 나타내고자 하심인 경우도 있다. 하나님께서는 모든 피조물에 대해 주권과 독점적인 권한을 갖고 계시며, 그들을 원하시는 방식으로 당신의 영광을 위해 사용하실 수 있다. 만일 우리에 의해서 혹은 우리 안에서 하나님이 영광을 받으신다면, 우리는 세상에 헛되게 태어난 것이 아니다. 이 사람도 맹인으로 태어나 그 오랜 세월을 암흑 가운데 살아온 것이 헛되지 않았다. 그에게서 하나님이

하시는 일을 나타내고자 하심이었기 때문이다. 이 말씀의 의미는, **첫째로**, 하나님의 속성들이 그를 통해 나타나도록 하심이었다는 뜻이다. 하나님께서는 죄인을 그런 비참한 불행에 몰아넣으심으로써 당신의 공의를 나타내시고, 그런 비참하고 고질적인 고통 속에 있는 가련한 사람을 일으켜 세우심으로써 당신의 능력과 인자하심을 나타내시는데, 본문의 맹인을 고치심으로써 당신의 큰 능력과 인자하심을 나타내려 하셨다. 주의: 다른 방식으로는 도저히 설명할 길이 없는 난해한 섭리의 일들에 당신을 나타내시고, 당신의 영광을 선포하시고, 만인으로 당신을 주목하게 하시려는 목적이 담겨 있을 수가 있다. 일상생활에서 하나님을 인정하지 않는 자들이 비범한 사건을 접하면서 큰 경각심을 갖게 되는 때가 간혹 있다. 이처럼 신자는 하나님께서 이런저런 방식으로 영광을 얻으실 일을 생각하고서, 이 세상에서 불행을 만나더라도 기쁘게 인내할 이유가 있는 것이다! **둘째로**, 구주에 관한 하나님의 뜻이 그 사람에게서 나타나도록 하시기 위함이었다는 뜻이다. 그 사람이 맹인으로 태어났기에 우리 주 예수께서 그를 고치시는 영광을 얻을 수 있으셨고, 그로써 당신이 세상의 참 빛으로서 하나님께로부터 보내심을 받으신 사실을 사람들 앞에서 입증하실 수 있었다. 이처럼 하나님께서 타락을 용인하시고 그에 이어 인간이 맹인이 되는 상황을 용인하신 것은 맹인들의 눈을 뜨게 하는 방식으로 하나님의 일이 나타나도록 하시기 위함이었다. 따라서 그 순간은 매우 의미심장한 시점이었다. 이 사람이 맹인으로 태어난 이래로 아직까지 왜 그렇게 태어나 살아야 하는지 이유가 나타나지 않았기 때문이다. 주의: 섭리의 의도는 대체로 사건이 일어난 뒤에, 혹시는 그 뒤로 많은 세월이 흐를 때까지 나타나지 않는다. 섭리의 책에 기록된 문장들은 간혹 만연체여서, 많은 노력을 기울여야 간신히 그 안에 담긴 고귀한 뜻을 이해하게 되곤 한다.

(2) 그리스도께서는 맹인을 돕고 고쳐주실 이유를 말씀하신다(4, 5절). 맹인을 고치신 것은 능력을 과시하시기 위함이 아니라, 사명을 계속 수행하시기 위함이었다: 때가 아직 낮이매 나를 보내신 이의 일을 우리가 하여야 하리라 밤이 오리니 그 때는 아무도 일할 수 없느니라. 이것이 그리스도께서 영혼들에게 항상 선을 행하신 이유였을 뿐 아니라, 그 날이 안식일이어서 꼭 필요한 일 아니면 하지 말아야 되는 날이었는데도 불구하고 맹인을 고치신 이유이기도 했다. 이로써 주께서는 그 일이 필요한 일임을 입증하신다.

[1] 그것은 주님을 보내신 아버지의 뜻이었다: 나를 보내신 이의 일을 우리가 하여야 하리라. 주의: 첫째로, 아버지께서는 아들을 세상에 보내실 때 할 일을 주셨다. 주께서 세상에 오신 것은 호의호식하려 함이 아니라 사명을 수행하려 함이었다. 하나님께서 누구를 보내실 때는 일 없이 한가하게 지내도록 하시는 법이 없다. 둘째로, 그리스도께서 하셔야 했던 일은 주님을 보내신 아버지의 일로서, 아버지께서 정해주신 일이었을 뿐 아니라 아버지를 위하는 일이기도 했다. 주께서는 하나님과 함께 일하시는 동역자이셨다. 셋째로, 주께서는 아버지께 받은 사명에 대해 강한 의무감을 갖고 사는 것을 좋아하셨다: 우리가 하여야 하리라. 주께서는 중보자로서 하나님께 나아가 가까이 계시기 위하여 구속 언약에 마음을 기울이셨다(렘 30:21). 그리스도께서 사명을 앞에 두고 마음의 끈을 조이고 사셨는데, 우리가 풀어놓고 살면 되겠는가? 넷째로, 그리스도께서는 아버지의 일을 이뤄드려야 한다는 의무감을 품고 사신 까닭에, 지극히 열정적이고도 부지런하게 사역을 해나가셨다. 꼭 하셔야 했던 일들을 하셨다. 에르가제스타이 타 에르가 — 당신의 사명인 일을 과업으로 삼으셨다. 사명에 관해 바라보고 말을 하는 것으로는 족하지 않고, 그것을 이루어야 한다.

[2] 지금이 주께서 일하실 기회였다: 때가 아직 낮이매 … 우리가 일하여야 하리라. 일하도록 주신 시간과 빛이 남아 있는 동안은 일하시겠다는 뜻이다. 그리스도께도 당신의 낮이 있었다. 첫째로, 주께서 중보자로서 경영하시는 하나님 나라의 모든 일은 정해진 시간의 범위 내에서, 이 세상에서 완수되어야 한다. 시간이 더 이상 존재하지 않는 세상 끝에는 그 나라가 성부 하나님께 바쳐지고, 하나님의 비밀이 온전히 드러나게 될 것이다. 둘째로, 주께서 육신으로 이 땅에서 이루셔야 했던 모든 일은 죽으시기 전에 완수하셔야 했다. 이 땅에서 사시는 시간이 본문에서 말씀하신 낮이다. 주의: 우리 인생의 시간이 우리의 낮이다. 낮이 지속되는 동안 낮의 일들을 힘써 행해야 한다. 낮은 일하기에 알맞은 때이다(시 104:22, 23). 인생의 낮이 남아 있는 동안 세월을 허송하지 말고 부지런히 일해야 한다. 우리의 낮은 금방 지나가고, 낮이 끝나면 안식할 시간이 충분히 올 것이다.

[3] 일할 기회가 다하는 때가 다가오고 있었기에 주께서는 부지런히 일하려고 하셨다: 밤이 오리니 그 때는 아무도 일할 수 없느니라. 주의: 죽을 날이 다가오고 있음을 생각하고 정신을 차려 모든 기회를 선용하여 선을 행하는 데 힘써야

한다. 밤이 오리니 ― 밤이 반드시 오되 돌연히 올 것인데, 그 순간이 점점 다가오고 있다. 우리는 우리의 낮이 얼마 남았는지 가늠하지 못한다. 인생의 낮과 죽음의 밤 사이의 황혼도 기약할 수 없다. 밤이 오면 일할 수 없다. 일할 수 있게 해준 빛이 소멸되기 때문이다. 무덤은 어둠의 땅이며, 우리는 어둠 속에서 일할 수 없다. 게다가 그 때가 되면 우리에게 일하도록 부여된 시간도 끝나게 된다. 우리 주께서는 우리에게 사명을 주실 때 그에 걸맞게 시간도 주신다. 밤이 되면 일꾼들을 다 불러들이시며, 그 때에는 우리가 이룬 일을 보여드려야 하며, 그에 따른 상벌을 받게 된다. 그 세계에서는 우리가 더 이상 검증 기간 중에 있는 사람들이 아니다. 촛불이 다 타 들어간 상태에서 뒤늦게 각성하고 분발해 봐야 소용없다. 주께서는 타락한 사람들이 겪는 내면의 갈등이 없는 분이셨지만, 그러한 이치를 더욱 부지런히 일하시려는 동기로 삼으셨다. 우리는 그러한 생각으로 마음을 다잡아 가면서 더욱 분발할 필요가 많은 사람들이다.

[4] 주께서 세상에서 이루시려 하신 일은 세상을 빛으로 비추시는 것이었다 (5절): 내가 세상에 있는 동안에는 세상의 빛이로다. 주께서는 앞에서도 이 말씀을 하셨다(8:12). 주께서는 의의 태양이시다. 주께는 눈이 성한 자들로 보게 하는 빛이 있을 뿐 아니라, 눈이 멀어 볼 수 없는 자들에게도 볼 수 있게 하는 낮의 빛보다 훨씬 효과적인 광선이 있다. 그리스도께서는 눈먼 세상의 대표격인 이 맹인을 고쳐 주려고 하셨다. 왜냐하면 세상의 빛이 되셔서 빛을 주실 뿐 아니라 시력도 주시기 위해 오셨기 때문이다. 이 사실이 우리에게 주는 교훈은, 첫째로, 우리를 인도하고 소생시키고 활력을 불어넣어 주는 빛이신 주님께 나아갈 큰 격려를 얻게 된다. 주님 외에 우리가 누구를 바랄 것인가? 빛 외에 누구에게 우리 눈을 돌릴 것인가? 우리가 돈 없이 값없이 햇빛을 누리듯이, 그리스도의 은혜도 그렇게 받아 누릴 수 있다. 둘째로, 이 세상을 살아나가는 데 유익한 모범을 얻게 된다. 그리스도께서는 당신 자신에게 하신 말씀을 제자들에게도 하셨다: 너희는 세상의 빛이라. 세상의 빛이므로 빛을 비추라 하셨다. 초가 만들어진 이유는 자기 몸을 태워 빛을 비추는 것 외에 다른 아무 이유가 없다.

Ⅲ. 맹인을 고치실 때 사용하신 방법(6, 7절). 주께서 표적을 일으키신 환경은 독특하고 의미심장한 것이었다. 제자들을 가르쳐 이해의 눈이 열리도록 말씀을 하신 뒤에 맹인의 눈을 고치는 일에 곧장 착수하셨다. 그 일을 조금 미루었다가 나중에 행하셨다면 좀 더 사적으로 일을 이루심으로써 안전을 도모

하실 수 있었을 것이고, 혹은 좀 더 공적으로 이루심으로써 당신을 더욱 널리 알리실 수 있었을 것이며, 혹은 안식일이 지난 뒤에 이루심으로써 비방을 받지 않으실 수 있었을 것이지만, 조금도 미루지 않으셨다. 우리는 선을 행할 기회가 생기면 신속히 행해야 한다. 이것저것 다 재본 뒤에야 비로소 선을 행하려 한다면 많은 선한 일을 이루지 못하게 될 것이다. 참조. 전도서 11:4. 맹인을 고치신 일에서 살펴볼 점은,

1. 안약을 준비하심. 그리스도께서는 땅에 침을 뱉으시고 진흙을 이기셨다. 다른 병자들을 고치실 때처럼 말씀으로만 맹인을 고치실 수 있었지만, 어떤 방법에도 매이지 않으심을 보이시기 위하여 이 방법을 택하셨다. 침으로 진흙을 이기신 이유는 근처에 물이 없었기 때문이다. 그리고 우리에게 모양새에 치중하지 말고, 어느 때고 기회가 생기면 차선책이라도 사용하는 게 옳음을 가르쳐 주신다. 가까운 길을 놔두고 구태여 먼 길을 돌아가려고 할 이유가 무엇인가? 그리스도께서 당신의 침을 사용하신 사실은 그리스도께 속한 모든 것에 치유 효력이 있음을 암시한다. 그리스도의 침으로 이긴 진흙은 길르앗의 향유보다 훨씬 더 소중했다.

2. 그 자리에서 안약을 사용하심: 진흙을 이겨 그의 눈에 바르시고. 자상한 의사가 안약을 바르듯이 맹인의 눈에 진흙을 발라주셨다. 환자가 걸인이었는데도, 친히 당신의 손으로 그렇게 해주셨다. 그리스도께서 이렇게 하신 이유는, (1) 다른 사람이 보기에 오히려 눈을 멀게 할 것만 같은 방식으로 고쳐 주신 것을 맹인으로 보게 하여, 주님의 능력을 확연히 깨닫게 하도록 하시려는 것이었다. 일반적인 경우에는 진흙을 눈에 바르면 눈이 떠지지 않고 감기게 되어 있다. 주의: 하나님의 능력은 상식을 뒤엎는 방식으로 발휘되는 경우가 종종 있다. 그리고 주께서는 사람들로 보게 하실 때 오히려 눈이 감긴 것처럼 느끼도록 만드신다. (2) 주께서 최초에 흙으로 사람을 지으실 때와 마찬가지로 당신의 권능의 손으로 눈을 뜨게 하셨음을 암시하시려는 것이었다. 주께서는 그 손으로 세계들, 즉 우주와 소우주인 인간을 지으신 것이다. 인간은 흙으로 지음을 받았는데, 여기서 그리스도께서는 같은 재료를 사용하여 최초에 생기를 불어넣으셨던 육체에 시력을 주셨다. (3) 예수 그리스도의 은혜로 마음의 눈이 고침 받아 뜨게 될 일들을 상징하시려는 것이었다. 복음의 목적은 사람들의 눈을 뜨게 하는 것이다(행 26:18). 그런데 그 효과를 내는 안약은 그리스도께서 준비하신

다. 그것은 본문과 같이 침으로 이루어지지 않고, 창에 찔리신 허리에서 흐르는 물과 피로 이루어진다. 이 안약을 얻기 위해서는 반드시 그리스도께 나아가야 한다(계 3:18). 오직 주께서만 고치실 수 있고, 고치실 분으로 세움을 받으셨다(눅 4:18). 이 일에 사용되는 방법은 매우 미약하고 가능성 없게 보이며, 오직 그리스도의 능력에 의해서 효능을 얻는다. 하나님께서는 어두운 세상을 비추시고, 눈먼 영혼들의 눈을 열어주려 하실 때 미련하고 약하고 멸시받는 자들을 세우셨다. 그리고 그리스도께서 사용하시는 방법은 본문의 맹인에게 진흙을 이겨 눈에 바르신 것처럼 먼저 사람들로 하여금 자신들이 눈먼 것을 깨닫게 하신 다음 그들의 눈을 열어주시는 것이다. 바울은 회심할 당시 사흘 동안 눈먼 채로 지내다가 비늘 같은 것이 그의 눈에서 떨어져 나갔다. 영적 지혜를 얻는 방법은 이 세상에서 어리석은 자가 됨으로써 지혜로운 자가 되는 것이다(고전 3:18). 본문의 맹인처럼 앞을 못 봄으로써 불편하게 되어야 고침을 받을 수 있다.

3. 환자에게 내리신 명령(7절). 의사이신 주께서는 그에게 실로암 못에 가서 씻으라고 하셨다. 씻는 것이 치료에 효과가 있기 때문이 아니었다. 주께서 그렇게 말씀하신 의도는, (1) 분명한 믿음으로 낯선 이의 명령에 순종하는지, 그의 순종을 시험해 보기를 원하셨다. (2) 장로들의 유전에 얼마나 얽매여 있는지 알아보기를 원하셨다. 장로들의 유전은 안식일에 눈을 씻는 것을 불법으로 규정했으므로, 하물며 침을 눈에 바르는 것이나 그것을 씻으러 못으로 가는 행위는 말할 것도 없었다. (3) 영적인 치유 방법을 가르쳐 주기를 원하셨다. 병을 고치는 능력과 은혜는 전적으로 주님께 있지만, 주님의 명령에 순종해야 할 의무가 우리에게 있다. 우리에게는 성경을 상고하고, 목회자의 가르침에 귀 기울이고, 지혜로운 자들의 조언을 구하는 것이 실로암 못에 가서 씻는 것과 같다. 주께서 약속하신 은혜는 주께서 정하신 방법으로 얻는 것임을 알아야 한다. 세례의 물은 어둠 속에서 지내온 자들에게 실로암 못과 같은 효과를 발휘한다. 그 물로 씻어 깨끗함을 얻을 뿐 아니라, 눈도 열린다. 그러므로 세례받은 자들을 가리켜 포티스텐테스, 즉 비췸을 받은 자들이라고 한다. 교부들은 세례를 포티스모스, 즉 조명(illumination)이라고 불렀다.

실로암 못에 관해서 살펴볼 점은, [1] 시온 산에서 물을 공급받은 까닭에 그 물은 성소의 물(시 46:4), 즉 치유의 효력이 있는 생수였다(겔 47:9). [2] 실로암 못의 물은 오래 전부터 다윗 가문의 보좌와 나라를 상징하고, 그로써 메시야를 가리켰는데(사 8:6), 유대인들은 실로아의 물 곧 그리스도의 교훈과 율법을 거부하고 장로들의 유전을 좋아했다. 그리스도께서는 맹인이 실로암 물을 사모하는지 시험하려고 하셨다. [3] 복음서 기자는 실로암이란 이름이 지닌 의미를 주목하며, 그것을 번역하면 보냄을 받았다는 뜻이라고 밝힌다. 그리스도는 종종 하나님께로부터 보내심을 받은 자, 언약의 사자라고 불리신다(말 3:1). 따라서 그리스도께서 맹인을 실로암 못으로 보내신 것은 사실상 당신 자신에게로 보내신 것이었다. 이는 그리스도께서 영혼들을 고치시는 구주이시기 때문이다. 선지자이신 그리스도께서는 우리를 제사장이신 당신에게로 이끄신다. 가서 열린 샘에서 씻으라 ─ 그냥 못이 아니라 생명의 샘에 가서 씻으라는 말씀이다.

4. 맹인이 주님의 명령에 순종함: 이에 가서. 아마도 친구나 다른 사람의 도움을 받아 갔을 것이다. 혹은 비록 눈은 어두웠지만 예루살렘 거리를 워낙 잘 알고 있어서 혼자 찾아갔을 수도 있다. 자연은 종종 시력의 결핍을 마음의 비상한 지혜로 채워주곤 한다. 씻고. 아마도 제자들이나 곁에서 구경하던 사람들이 그에게 그렇게 명령하신 분이 예수이심을 일러주었을 것이다. 그렇지 않았다면 퍽 무모하게 들리는 명령에 순종하여 갔을 리가 없다. 맹인은 그리스도의 명령에 순종했을 뿐 아니라 주님의 능력도 확신했기에 가서 씻었다.

5. 고침을 받음: 밝은 눈으로 왔더라. 카이사르는 왔노라 보았노라 정복했노라(Veni, vidi, vici)라는 유명한 말을 남겼는데, 본문의 간결한 문장 ─ 이에 가서 씻고 밝은 눈으로 왔더라 ─ 에는 더 큰 영광이 담겨 있다. 그의 눈에서 진흙이 씻겨 나갈 때 다른 모든 장애 요인들도 함께 제거되었다. 이처럼 거듭나기 위한 고통과 투쟁이 끝나고, 믿음을 갖기 위한 고뇌와 두려움이 지나가면, 죄가 떨어져 나가고 찬란한 빛과 자유가 찾아온다. 이 사건에서 주목할 점은, (1) 그리스도의 능력. 이러한 일을 그러한 방식으로 해내시는 분이 무슨 일인들 못하시겠는가? 진흙 한 줌으로 눈에 바르고 다시 씻어내도록 하시는 방법으로 숙련된 안과의사라도 가장 좋은 시설과 장비에 힘입어 제거해 낼 수 없는 백내장 같은 장애를 단번에 제거하셨다. 주께서는 과연 오실 이 곧 메시야이셨다. 맹인에게 볼 수 있는 힘을 주신 것이다. (2) 이 사건에서는 믿음과 순종의 덕이 빛난다. 이 사람은 그리스도께서 하시는 대로 자신을 내맡겼고, 하라고 명하시는 대로 행함으로써 고침을 받았다. 그리스도께 고침을 받으려 한다면 그분 말씀에 순종해야 한다. 맹인이었던 사람은 경이감을 품고 또한 경이로운 눈길을 받으며

못에서 이웃과 지인들에게로 돌아왔다. 밝은 눈으로 돌아온 것이다. 이것은 그리스도께서 제정하신 은혜의 방편들에 성실히 의존하는 영혼들이 받을 복을 상징한다. 그들은 약한 상태로 실로암 못으로 갔다가 힘을 얻어 가지고 돌아온다. 반신반의하며 갔다가 만족을 얻고 돌아온다. 울면서 갔다가 웃으면서 돌아온다. 벌벌 떨면서 갔다가 개가를 부르며 돌아온다. 눈먼 채로 갔다가 밝은 눈을 얻어 찬송을 부르며 돌아온다(사 52:8).

[8]이웃 사람들과 전에 그가 걸인인 것을 보았던 사람들이 이르되 이는 앉아서 구걸하던 자가 아니냐 [9]어떤 사람은 그 사람이라 하며 어떤 사람은 아니라 그와 비슷하다 하거늘 자기 말은 내가 그라 하니 [10]그들이 묻되 그러면 네 눈이 어떻게 떠졌느냐 [11]대답하되 예수라 하는 그 사람이 진흙을 이겨 내 눈에 바르고 나더러 실로암에 가서 씻으라 하기에 가서 씻었더니 보게 되었노라 [12]그들이 이르되 그가 어디 있느냐 이르되 알지 못하노라 하니라.

날 때부터 맹인인 사람을 볼 수 있게 해주는 엄청난 사건이 벌어졌으니 자연히 성읍 사람들에게 화젯거리가 되지 않을 수 없었다. 많은 사람들은 잠시 달아올랐다가 사라져 버리는 다른 화젯거리 대하듯 이 사건을 바라보았다. 그러나 본문에는 이웃 사람들이 이 사건에 대해 사실 확인 차 한 이야기가 기록된다. 사람들은 처음에는 철저한 확인 절차 없이는 믿지 않다가도 나중에는 망설임 없이 인정하는 경우가 있다. 이웃 사람들과 그를 아는 사람들 사이에는 두 가지 점이 논란이 되었다.

I. 그가 전에 맹인이었던 바로 그 사람인가(8절)?

1. 그가 태어나 자라난 동네 근처에 살면서 그가 맹인이었던 사실을 아는 이웃 사람들은 그가 돌연히 완벽하게 눈을 뜬 것을 보고서 깜짝 놀라지 않을 수 없었다. 그들은 이는 앉아서 구걸하던 자가 아니냐 하고 서로 물었다. 이 맹인은 스스로 일해서 먹고살 수 없는 평범한 걸인이었던 듯하다. 따라서 누구든지 일하기 싫어하거든 먹지도 말게 하라는 규범으로부터 면제된 사람이었다. 그는 돌아다니며 일할 수 없게 되자 앉아서 구걸했다. 우리 사역자들도 하나님을 위하여 일할 수 없게 될 때는 하나님을 바라면서 고요히 앉아 기다려야 한다. 그가 일할 수 없게 되었을 때 부모가 그를 먹여 살릴 능력이 없었으므로 그는 구걸을

했다. 주의: 불의한 청지기처럼 자립할 능력을 잃은 사람들은 구걸하기를 부끄러워하지 말아야 한다. 죄 짓는 일 말고는 어떤 것도 부끄러운 일이 아니다. 그렇게 해서 구걸하게 된 사람들을 잘 구별하여 사랑 베풀 자들로 여겨야 한다. 빈둥거리는 수벌들 때문에 꿀벌들이 굶게 해서는 안 된다. 이 사람에 관해서 생각할 점은, (1) 주께서 기적을 베푸신 사람이 그 사회에 잘 알려진 걸인이었던 것은 섭리로 된 일이었다. 그로 인해 기적의 사실이 더욱 널리 전파되었으며, 그로써 만일 그가 아버지 집에 그냥 살았다면 할 수 없었을 중요한 증언을 믿지 않는 유대인들에게 유력하게 할 수 있었다. (2) 주께서 다른 병자들을 고치실 때보다 걸인을 고치실 때 더 큰 수고를 하신 것은(필자의 판단으로는 그렇게 여겨진다) 우리를 위해 훨씬 낮아지신 사례였다. 주께서는 표적으로써 유력한 자들을 깨우치려 하실 때 가난과 불행에 시달리는 자들과 같은 위치에 서셨다.

2. 이 질문에 대한 대답으로, (1) 어떤 이들은 그 사람이라고, 즉 동일인이라고 말했다. 그들의 말은 기적의 사실성을 강하게 뒷받침하는 증언이었다. 오래 전부터 그가 철저히 맹인임을 알고 살아온 사람들의 말이었기 때문이다. (2) 다른 이들은 나면서 맹인이 된 사람이 그렇게 갑자기 시력을 되찾을 수 없다는 이유만으로 아니라 그와 비슷하다고 말했다. 만일 그였다면 그것이 엄청난 기적임을 스스로 인정한 것이다. 그들의 반응에서 다음과 같은 점을 생각할 수 있다. [1] 세상에 사는 남녀의 얼굴을 둘도 같지 않도록 다양하게 지으신 섭리의 지혜와 능력. 이러한 상황은 사회생활과 교역과 법질서 유지에 요긴하다. [2] 사람을 변화시키는 하나님의 은혜가 과거에 심히 악했던 자들에게 사람들이 그들을 과거의 그들과 동일인들로 생각하지 못할 만큼 일으켜 놓는 변화.

3. 이 논쟁은 곧 그 사람 자신에 의해 결정되었다: 자기 말은 내가 그라 하니. 불과 얼마 전만 해도 앉아서 구걸하던 사람이 이렇게 말했다: "내가 맹인으로서 사람들의 동정을 받으며 살아온 그 사람이다. 그러나 지금 나는 보며, 하나님의 긍휼과 자비의 기념비가 되었다." 이웃 사람들이 그를 찾아가 물었다는 증거를 찾을 수 없다. 다만 그가 논쟁하는 소리를 듣고 끼어들어 논쟁을 끝낸 것이다. 이웃 사람들의 그릇된 생각을 바로잡아 주고, 능력이 닿는 한도에서 그들에게 참 빛을 비춰줄 의무가 우리에게 있다. 이것을 영적인 면에 적용하자면, 하나님의 은혜로 구원의 빛을 받은 사람은 그 복된 변화를 받기 전에 자신들의

상태를 기꺼이 증언할 수 있어야 함을 가르친다(참조. 딤전 1:13, 14).

II. 그가 눈을 뜨게 된 경위(10-12절).   자기들끼리 설전을 벌이던 그들은 이제 눈을 돌려 맹인이 시력을 얻은 이 위대한 현실을 주목하고 그 일에 관해 묻기 시작한다. 주께서는 이렇게 큰 일을 행하시고서도 나팔을 불지 않으셨고, 병 고치는 일을 무대 위에서 하지도 않으셨다. 그렇지만 주께서 하신 일은 산 위에 있는 동네처럼 숨길 수 없었다. 이웃 사람들은 두 가지를 알아보려고 했다.

1. 맹인이 눈을 뜨게 된 방법: 네 눈이 어떻게 떠졌느냐? 여호와의 말씀은 위대하므로 사람이 마땅히 궁구해야 한다(참조. 시 111:2). 하나님이 하신 일들의 이치와 방법을 알면 그 일들이 더욱 경이롭게 다가올 것이다. 이것을 영적으로 적용해 볼 수 있다. 맹인의 눈이 열리는 것도 기이한 일이지만, 어떤 방법으로 눈을 열었는지 알면 더욱 기이하다는 생각을 하게 된다. 그 일에 쓰인 방법은 참으로 보잘것없고, 극복해야 했던 반대와 장애는 심히 컸던 것이다. 이웃 사람들의 질문에 대해서 그 사람은 명쾌하고도 소상하게 그 일의 경위를 말해준다: 예수라 하는 그 사람이 진흙을 이겨 내 눈에 바르고 나더러 실로암에 가서 씻으라 하기에 가서 씻었더니 보게 되었노라(11절). 주의: 현세의 일에든 영적인 일에든 하나님의 능력과 인자하심을 맛본 사람들은 하나님께 영광을 돌리고 사람들을 격려하기 위해서 언제든 자신들의 경험을 말할 준비가 되어 있어야 한다. 다윗은 자신과 다른 백성들의 경험을 기록으로 잘 간직했다(참조. 시 34:4-6). 그것은 우리가 우리의 주님과 형제들에게 지고 있는 빚이다. 하나님의 은혜는 우리의 기억에서 소멸되어 더 뻗어나가지 못할 때 그 실효도 우리에게서 소멸된다.

2. 맹인의 눈을 뜨게 하신 이(12절): 그가 어디 있느냐? 어떤 이들은 호기심에서 이 질문을 했을 것이다. "그가 어디 있느냐? 한번 만나봐야겠다." 이와 같이 큰 고침을 베푸신 분은 다른 사람들도 만나볼 수 있도록 널리 알리는 것이 좋다. 혹시는 악감정을 품고 이 질문을 한 사람들도 있었을 것이다. "그가 어디 있느냐? 그를 붙잡아야겠다." 그를 만나면 체포하겠다는 뜻을 밝힌 것이다 (11:57). 차분하게 공정한 평가를 하지 못하는 무지한 군중은 누명을 쓴 사람들에게 악감정을 품기 마련이다. 혹시는 선한 뜻을 품고 이 질문을 한 사람들도 있었기를 우리는 바란다. "그가 어디 있느냐? 한번 뵙고 말씀을 듣고 싶다. 한번 뵙고 그토록 값없이 베푸시는 호의를 우리도 받아 누리고 싶다." 이 질문에 대해서 그 사람은 알지 못하노라 하고 대답할 수밖에 없었다. 그리스도께서는

그 사람을 실로암으로 보내신 직후에 그 자리를 떠나셨다(5:13의 경우와 같이). 마치 기적의 효과에 대해서 확신하지 못하거나 그 사람한테 감사의 말을 듣기를 바라시는 듯이 그 자리에 머물러 계시지 않았다. 겸손한 영혼들은 선한 일에 대한 감사의 말을 듣기보다 선한 일을 행하는 것 자체를 더 좋아한다. 의인들의 부활이 있은 뒤에는 그런 말을 들을 기회가 충분히 있을 것이다. 그 사람은 예수를 본 적이 없었다. 시력을 얻었을 때 자신을 고쳐준 의사가 떠나고 안 계셨기 때문이다. 아마 그 자신도 그가 어디 있느냐고 물었을 것이다. 그 사람에게는 이제 세상에 태어나 처음 보게 된 새롭고 놀라운 것들도 그리스도를 한 번 뵙는 것만 같지 못했을 텐데, 그가 그분에 대해 알고 있는 것은 예수라는 이름이 전부였다. 과연 주님은 예수 곧 구원자이셨다. 이로써 은혜를 받은 영혼에 일어난 변화는 가시적으로 드러나게 되었는데, 은혜를 주신 분은 계시지 않았다. 성령께서 역사하시는 방법은 참으로 바람과 같아서, 소리는 들려도 어디로부터 와서 어디로 가는지 알 수 없다.

[13]그들이 전에 맹인이었던 사람을 데리고 바리새인들에게 갔더라 [14]예수께서 진흙을 이겨 눈을 뜨게 하신 날은 안식일이라 [15]그러므로 바리새인들도 그가 어떻게 보게 되었는지를 물으니 이르되 그 사람이 진흙을 내 눈에 바르매 내가 씻고 보나이다 하니 [16]바리새인 중에 어떤 사람은 말하되 이 사람이 안식일을 지키지 아니하니 하나님께로부터 온 자가 아니라 하며 어떤 사람은 말하되 죄인으로서 어떻게 이러한 표적을 행하겠느냐 하여 그들 중에 분쟁이 있었더니 [17]이에 맹인되었던 자에게 다시 묻되 그 사람이 네 눈을 뜨게 하였으니 너는 그를 어떠한 사람이라 하느냐 대답하되 선지자니이다 하니 [18]유대인들이 그가 맹인으로 있다가 보게 된 것을 믿지 아니하고 그 부모를 불러 묻되 [19]이는 너희 말에 맹인으로 났다 하는 너희 아들이냐 그러면 지금은 어떻게 해서 보느냐 [20]그 부모가 대답하여 이르되 이 사람이 우리 아들인 것과 맹인으로 난 것을 아나이다 [21]그러나 지금 어떻게 해서 보는지 또는 누가 그 눈을 뜨게 하였는지 우리는 알지 못하나이다 그에게 물어 보소서 그가 장성하였으니 자기 일을 말하리이다 [22]그 부모가 이렇게 말한 것은 이미 유대인들이 누구든지 예수를 그리스도로 시인하는 자는 출교하기로 결의하였으므로 그들을 무서워함이러라 [23]이러므로 그 부모가 말하기를 그가 장성하였으니 그에게 물어 보소서 하였더라 [24]이에 그들이 맹인이었던 사람을 두번째 불러 이르되 너는 하나님께 영

광을 돌리라 우리는 이 사람이 죄인인 줄 아노라 25대답하되 그가 죄인인지 내가 알지 못하나 한 가지 아는 것은 내가 맹인으로 있다가 지금 보는 그것이니이다 26그들이 이르되 그 사람이 네게 무엇을 하였느냐 어떻게 네 눈을 뜨게 하였느냐 27대답하되 내가 이미 일렀어도 듣지 아니하고 어찌하여 다시 듣고자 하나이까 당신들도 그의 제자가 되려 하나이까 28그들이 욕하여 이르되 너는 그의 제자이나 우리는 모세의 제자라 29하나님이 모세에게는 말씀하신 줄을 우리가 알거니와 이 사람은 어디서 왔는지 알지 못하노라 30그 사람이 대답하여 이르되 이상하다 이 사람이 내 눈을 뜨게 하였으되 당신들은 그가 어디서 왔는지 알지 못하는도다 31하나님이 죄인의 말을 듣지 아니하시고 경건하여 그의 뜻대로 행하는 자의 말은 들으시는 줄을 우리가 아나이다 32창세 이후로 맹인으로 난 자의 눈을 뜨게 하였다 함을 듣지 못하였으니 33이 사람이 하나님께로부터 오지 아니하였으면 아무 일도 할 수 없으리이다 34그들이 대답하여 이르되 네가 온전히 죄 가운데서 나서 우리를 가르치느냐 하고 이에 쫓아내어 보내니라.

주께서 맹인에게 행하신 정도의 일이라면 그 사회에서 신망을 확고히 굳히고 모든 반대를 잠재우고도 남을 만한 것이었지만, 효과는 정반대로 나타났다. 유대인들은 주님을 선지자로 모시지 않고 범죄자로 고발했던 것이다.

I. 그 사건이 바리새인들에게 회부되었다: 그들이 전에 맹인이었던 사람을 데리고 바리새인들에게 갔더라(13절). 그들이 맹인을 데리고 간 곳은 주로 바리새인들로 구성된 산헤드린이었다. 산헤드린 구성원들 가운데 그리스도를 박해하는 데 가장 앞장섰던 자들이 바리새인들이었다. 1. 어떤 이들은 맹인을 바리새인들에게 데려간 사람들이 선한 의도로 그렇게 했다고 생각한다. 그들이 박해하는 예수가 실은 참으로 위대한 분이며, 신적 사명을 받은 증거를 여러모로 나타낸 분이라고 말하려 했다는 것이다. 우리가 기독교 신앙의 참됨과 탁월함을 깨닫고 모든 편견을 버리게 되었다면, 기회가 생기는 대로 다른 사람들에게도 같은 깨달음에 이르도록 인도해 줄 마음을 품어야 한다. 2. 하지만 그들이 오히려 악한 의도로 그렇게 했을 가능성이 더 크다. 바리새인들을 자극하여 그리스도를 더욱 박해하게 하려는 의도가 그들에게 있었을 것이다. 그러나 굳이 그럴 필요가 없었다. 바리새인들은 이미 충분히 적개심에 사로잡혀 있었기 때문이다. 그들이 맹인을 바리새인들에게 데려간 명분은 11:47, 48과 같았다: 만일 그를

이대로 두면 모든 사람이 그를 믿을 것이요. 주의: 박해하려는 정신을 지닌 권력자들 곁에는 숯불을 달아오르게 하여 더욱 뜨겁게 해줄 만한 악한 도구들이 부족하게 되는 일이 없는 법이다.

II. 그들이 바리새인들에게 그 사실을 보고한 이유와 사실에 덧씌운 색깔.

색안경을 쓰고 보기 전에는 선한 것을 악하다 비방할 수 없다. 그들이 바리새인들에게 보고한 이유는 예수께서 진흙을 이겨 눈을 뜨게 하신 날이 안식일이었기 때문이다(14절). 안식일을 범하는 것은 당연히 악한 일이며, 그런 죄를 범하는 자는 비방을 받는 것이 마땅하다. 그러나 유대인의 전승이 안식일 법을 범한 것으로 규정해 놓은 것은 본질에서 많이 벗어났다. 그리스도께서는 이 문제로 수 차례 유대인들과 변론을 하셨는데, 이는 만대의 교회를 위해 확고한 원칙을 세워주시기 위함이었다. 그러나 이런 질문이 있을 수 있다. "그리스도께서는 왜 안식일에 표적을 행하셨을 뿐 아니라, 유대인들에게 자극이 될 줄을 아시는 방법으로 표적을 행하셨을까? 불구자를 고치실 때 왜 들것을 가지고 가라고 명령하셨을까? 이 맹인을 고치실 때 진흙을 바르지 않고 고치실 수는 없었을까?" 나는 이렇게 대답하고 싶다. 1. 주께서는 서기관들과 바리새인들이 자임한 권위에 굴복할 뜻이 없으셨다. 그들의 치리는 불법이었고, 그들의 명령은 독단적이었으며, 의식을 지키려는 열정이 신앙의 본질적인 내용들을 삼켰다. 그러므로 주께서는 그들의 명령에 굴복하여 그들의 입지를 살려주실 뜻이 없으셨다. 한순간이라도 그럴 뜻이 없으셨다. 주께서는 하나님의 율법 아래 나셨지, 그들의 유전 아래 나신 것이 아니다. 2. 주께서 그렇게 하신 이유는 제4계명의 본의를 말씀과 행위로 밝히 드러내시고, 그들의 변질된 해석을 바로잡으시며, 그로써 교회가 대대로 이레 가운데 하루를 안식일로 지켜야 할 것과(만일 안식일을 폐하려 하셨다면 굳이 재해석하실 필요도 없었을 것이다), 그 날을 유대인들이 지켰던 것처럼 의식적으로 지켜서는 안 된다는 것을 우리에게 가르쳐 주신다. 안식일에는 요긴한 일과 자비의 일을 할 수 있으며, 안식을 하되 날 자체를 위해서가 아니라 그 날의 본의를 따라 안식해야 한다. 3. 그리스도께서 안식일에 병을 고치신 이유는 그 날을 거룩하게 하시고, 영적 치유가 주로 기독교 안식일에 이루어질 것임을 암시하시기 위함이었다. 얼마나 많은 영적인 맹인들이 주일에 복된 안약인 복음의 말씀을 듣고 열렸던가! 얼마나 많은 영적 불구자들이 그 날에 고침을 받았던가!

Ⅲ. 바리새인들이 이 사건을 심문하고 조사함(15절).   격앙과 편견과 적대감만 팽배하고 합리적인 태도는 찾아볼 수 없었던 자리여서, 변론이 반대 심문 일색으로 전개되었다. 맹인이었다가 눈을 뜨게 된 사람이 자기들 앞에 인도되었다면, 그 기적에 놀라며 그 가련한 자가 받은 복을 축하해 줄지언정, 그에게 화를 낸다는 것은 생각하기 어려운 일이다. 그러나 그들은 그리스도에 대한 적개심에 사로잡힌 나머지 인간으로서 갖춰야 할 예의와 존엄성을 모두 저버렸다. 그들이 이 사람을 어떻게 심문했는지 살펴보자.

1. 그들은 치유 자체에 관해서 심문했다.

(1) 그가 정말로 날 때부터 맹인이었는지 묻고, 박해자들조차 인정한 증거를 요구했다(18절): 유대인들이 그가 맹인으로 있다가 보게 된 것을 믿지 아니하고. 그가 맹인으로 태어난 것을 믿으려 하지 않았다. 어떻게든 구실을 찾아 논쟁하려고 하는 자들은 마음만 먹으면 확인할 수 있는 증거도 인정하지 않는 경향이 있다. 거짓을 고수하기로 작정한 자들은 확실한 근거를 찾기를 원치 않고 맹목성을 띠는 것이다. 이런 것은 사려 깊은 태도가 아니라 편견에 사로잡힌 불신앙이다. 하지만 그들이 사실 확인을 위해 취한 방법은 바른 것이었다: 그 부모를 불러 묻되. 그들은 그것이 기적이 아님을 밝혀내려는 기대로 그렇게 했다. 그 부모는 가난하고 소심한 사람들이었으며, 그래서 만일 그 사람이 자기 자식인지 확신할 수 없다고 말했거나, 날 때부터 맹인이었던 것이 아니라 시력이 약했을 뿐이고, 만일 어릴 때 치료받게 해주었다면 정상인으로 살 수 있었을 것이라고 말했거나, 법정에 서는 것을 두려워하여 얼버무렸다면, 바리새인들은 쾌재를 부르며 그리스도에게서 이 기적의 영예를 빼앗고, 나머지 일들에 대해서도 위신을 실추시킬 수 있었을 것이다. 그러나 하나님께서는 그들의 의도를 잘 아시고 제어하심으로써 오히려 그들의 시도로 인하여 기적의 사실성이 더욱 크게 부각되게 하시고, 그들로 잘못을 깨닫거나 낭패를 당하도록 만드셨다. 이 심문에서 살펴보게 되는 것은,

[1] 바리새인들이 그 부모에게 던진 질문(19절): 그들은 강압적인 태도로 "이는 … 너희 아들이냐? 그렇다고 맹세할 수 있는가? 그가 정말로 맹인으로 태어났는가? 아니면 구걸할 구실을 얻기 위해 그렇게 행세하는 것인가? 그가 어떻게 보게 되었는가? 그것은 당치 않은 일이므로 차라리 입 다물고 있으라." 진리의 빛을 감당할 수 없는 자들은 온갖 수단을 동원하여 빛을 가리려고 하며, 빛이

드러나는 것을 막으려 한다. 이처럼 증거를 다루는 자들, 즉 관원들이 증인들을 호도하여 진리를 은폐하도록 가르치고, 이로써 자신도 죄를 범하고 이스라엘에게도 죄를 범하게 만든 여로보암처럼 이중의 죄를 짓는 일이 있다.

[2] 바리새인들의 질문에 대한 그 부모의 대답.

첫째로, 그들은 자신들이 이 문제에 대해 안전하게 말할 수 있는 내용을 충분히 증언했다. 안전하게, 즉 자신들이 아는 범위 내에서 책잡힐 것이 없게끔 말했다(20절): 이 사람이 우리 아들인 것과 (그 부모는 그 사람과 날마다 대화를 나누었고, 열왕기상 3:26의 진짜 어머니처럼 자식에 대한 본능적인 애정을 갖고 있었으므로, 자기 자식인 줄을 알아보았다) 맹인으로 난 것을 아나이다. 그 부모는 아들을 알아볼 이유가 충분히 있었다. 아들로 인해 슬픔과 탄식 가운데 오랜 세월을 보낸 터였기 때문이다. 아들을 바라볼 때마다 얼마나 마음이 아팠겠는가? 눈먼 자식 때문에 겪은 마음고생과 슬픔에 비하면 가난의 짐과 불편에 허덕이는 것은 아무것도 아니었다. "이렇게 비참하게 살 바에야 차라리 태어나지나 말지!"라는 탄식이 그칠 날이 없었다. 불구자라는 이유로 자식이나 친족을 부끄러워하는 사람들은 이 부모 앞에서 부끄러워해야 한다. 이들은 자식이 맹인으로 나서 구걸하며 살았는데도 이 사람이 내 아들이다 하고 서슴없이 시인했기 때문이다.

둘째로, 그들은 아들이 고침을 받은 일에 관해서는 증거를 제시하지 않는 신중한 태도를 취했다. 그 이유는, 한편으로는 자신들이 직접 그 사실을 지켜보지 못한데다, 자신들이 아는 터 위에서 할 수 있는 말이 아무것도 없었기 때문이기도 했고, 다른 한편으로는 그것이 민감한 사안임을 간파하고 문제에 휘말리지 않으려 했기 때문이다. 그러므로 이 증인들은 그 사람이 자기들의 아들임과 맹인으로 태어난 사실은 인정했으나, 그 이상에 대해서는 입을 다물었다.

a. 그들이 얼마나 조심스럽게 말하는지 살펴보라(21절): "그러나 지금 어떻게 해서 보는지 또는 누가 그 눈을 뜨게 하였는지 우리는 알지 못하나이다. 누가 무슨 방법으로 이 일을 했는지 우리는 진술할 내용이 없습니다." 세상의 지혜는 민감한 사안에서는 발을 빼는 게 상책이라고 가르친다. 당시에는 이미 그리스도께서 안식일을 범한 자이자 사기꾼으로 고발당하신 상태였다. 맹인의 부모는 비록 직접 눈으로 보지는 못했지만 아들이 고침받은 사실을 확신했고, 따라서 아들에게 그토록 큰 친절을 베푸신 주 예수를 위해 증언함으로써 감사를 표시

해야 할 의무가 있었다. 그러나 그렇게 할 용기가 없었으며, 다만 주님에 대해 불리한 증언을 하게 되는 일이 없도록 아예 함구하는 것이 좋겠다고 생각했다. 하지만 시험의 때에 드러나게 그리스도를 시인하지 않는 자는 사실상의 대적으로 간주된다(눅 11:23; 막 8:38). 그 부모는 이 문제로 더 이상 추궁을 당하지 않기 위해서 그에게 물어보소서 그가 장성하였으니 자기 일을 말하리이다 하고 말했다. 그들의 태도에서 생각하게 되는 점은, 자녀들이 아직 성년이 되지 않았을 때에는 부모가 자녀들을 대변하고, 자녀들을 위해 하나님께 기도하며, 자녀들을 대신하여 교회에 말함으로써 세례를 받게 할 의무가 있지만, 성년이 되었으면 부모가 해주신 역할을 직접 맡아 자신을 위해 스스로 말할 의무가 있다는 것이다. 이 사람은 비록 맹인으로 태어났으나 사태를 신속하게 판단하는 능력이 있었던 듯하다. 그런 능력에 힘입어 친구들이 대신 말해 주는 것보다 훨씬 유능하게 말했다. 이처럼 하나님께서는 종종 섭리로써 육체의 부족을 정신에 채워 주시곤 한다(고전 12:23, 24). 부모가 그 사람에게 책임을 떠넘긴 이유는 오로지 곤란한 상황을 피하기 위함이었다. 그러나 그들은 주님께 큰 자비를 얻은 것을 생각하고서, 주께서 위험에 처해 계신 상황에서 주님의 명예를 위해 힘써야 할 이유가 있었다.

b. 그 부모가 그토록 신중했던 이유(22, 23절): 그 부모가 이렇게 말한 것은 이미 유대인들 … 그들을 무서워함이러라. 그것은 아들에게 발언권을 주어 아들의 명예를 살리고 싶었기 때문도 아니고, 가장 잘 판단해 줄 사람에게 그 문제를 넘기고 싶었기 때문도 아니며, 다만 대다수 사람들이 골치 아픈 문제 앞에서 그렇게 하듯이 누구에게든 고통을 떠넘기고 싶었기 때문이다. 친구도 중요하고, 자식도 중요하고, 혹은 종교도 중요하지만, 나 자신보다 중요한 것은 없다(Proximus egomet mihi)는 것이 세상의 논리이다. 그러나 기독교는 그것과 다른 교훈을 가르친다(고전 10:24; 에 8:6), 여기서 생각할 점은,

(a) 산헤드린이 최근에 공포한 법. 그들은 자신들의 사법권에 속한 자들 가운데 예수를 그리스도라 고백하는 자는 회당에서 출교하기로 결의하고 공포했다. 여기서 관찰할 점은,

[a] 그 법으로 처벌하려고 한, 그리고 그로써 예방하려고 한 범죄는, 나사렛 예수를 약속된 메시야로 영접하고, 행위로써 그것을 고백하는 것이었다. 그들 자신도 메시야를 기대했으나, 이 예수가 메시야라고 생각하는 것을 용납하지

못했다. 거기에는 두 가지 이유가 있었다. **첫째로,** 예수의 가르침이 자신들의 전통적인 율법과 완전히 반대된다고 보았기 때문이다. 예수께서 가르치신 영적 예배는 그들의 형식주의를 폐지했다. 게다가 예수께서 가르치신 보편적 자비만큼 그들의 배타성과 편협성을 효과적으로 타파한 것이 없었기 때문이다. 겸손과 절제, 회개와 자기 부인은 그들에게 새로운 교훈이었으며, 그들의 귀에 거칠고 낯설게 들렸다. **둘째로,** 그리스도의 교훈과 행동이 자신들의 전통적인 기대와 너무나 달랐기 때문이다. 그들은 외적인 위세와 권력을 지닌 메시야를 기대했다. 그러한 메시야가 와서 민족을 로마의 멍에로부터 해방시킬 뿐 아니라, 산헤드린의 위신을 높여주고, 산헤드린 의원들을 모두 방백과 귀족들로 높여줄 것을 기대했다. 그런데 메시야라고 하는 사람에 관해서 듣자니, 행색이 초라하고, 처음 등장하여 주로 거하는 곳도 천시받던 땅 갈릴리였다. 그는 산헤드린에 속한 자신들을 찾아와 인사한 적도 없고 자신들의 호의를 구한 적도 없으며, 그의 추종자들은 군인도 법률가도 아니고, 귀족도 아니고, 다만 멸시받던 어부들이었다. 그는 이스라엘에 죄로부터의 구속과 영적이고 신적인 위로 외에는 제시하거나 약속하는 것이 아무것도 없었다. 오히려 따르는 자들에게 고난을 예상하고 십자가를 지고 따르라고 했다. 이것은 그들이 백성들의 마음을 이끌고 채워온 모든 교훈을 훼손하는 것이었고, 그들의 권력과 이해에 타격을 가하는 것이었고, 그들의 모든 기대를 저버리는 것이었던 까닭에, 공정한 태도로 혹은 인내심을 가지고 듣지를 못하고, 옳든 그르든 분쇄해야 한다고 여겼다.

[b] 이 범죄에 정해놓은 형벌. 만일 누구든 예수의 제자라고 시인하면, 그는 유대교 신앙으로부터 변절하고 그 다스림에 반역한 자로 간주되어 회당에서 **출교하기로** 결의되었다. 스스로 유대인의 명예를 저버렸으므로 유대인의 특권을 박탈하고 이스라엘 사회에서 추방하겠다는 뜻이었다. 게다가 이것은 단순히 양심에 대해 권위를 지니는 종교적 징계가 아니라, 공민으로서의 일체의 거래를 금하고 자유와 재산을 박탈하는 법익 박탈이었다. 주의: 첫째로, 그리스도의 거룩한 종교는 시작 단계부터 법적인 제재를 당했다. 제재 없이 그냥 놔두면 사람들이 자연스럽게 그것을 받아들이게끔 된 까닭에 억지로 공권력을 발휘하여 막으려 했던 것이다. 둘째로, 교회의 치리권(治理權)이 악인들의 손에 들어가 육체적이고 현세적인 목적을 이루는 방향으로 잘못 쓰이는 경우가 종종 있다. 유대교 역사에서는 회당에서 참으로 귀한 사람들을 쫓아내고서 여호와께서

는 영광을 나타내사 너희 기쁨을 우리에게 보이시기를 원하노라 하고 말하는 것이 어제오늘의 일이 아니었다(참조. 사 66:5). 본문은 유대인들이 결의한 법령에 관해서 이렇게 말한다. 1. 유대인들은 그것을 결의 혹은 공모했다. 그들의 결의 와 공모는 구주의 권세와 위엄을 거스르는 철저한 공모였고, 주와 그 기름 부은 자를 대적하는 행위였다. 2. 그들은 이미 그러한 결의를 해둔 상태였다. 그리스도께서 그들 가운데 공식적으로 사역하신지 불과 몇 달 되지 않으신 사실을 감안할 때 그렇게 짧은 기간 동안 그들이 어떻게 해서 그렇게 심한 시기심을 품게 되었는지 의아하지만, 그들은 그리스도의 영향력이 점점 증가해 간다고 파악하고서 모든 수단을 동원하여 막기로 진작부터 결의한 상태였다. 얼마전에 그리스도께서 성전에서 피신하셨는데, 그들은 주님을 붙잡으려는 시도가 실패로 끝나자 이와 같이 주님을 그리스도로 시인하는 자들을 제재하기로 결의한 것이다. 이처럼 그리스도의 원수들은 신속히 만장일치로 주를 대적하기로 결의했으나, 하늘에 계신 주께서는 그들을 비웃으시고 조소하시며, 우리도 그런 태도를 취할 수 있다.

(b) 이 법률이 맹인의 부모에게 끼친 영향. 그들은 그리스도에 관해 함구했으며, 답변을 아들에게 미루었다. 유대인들을 무서워했기 때문이다. 그리스도께서는 그들의 아들에게 친절을 베푸시기 위해서 권력자들의 눈 밖에 나는 것도 마다하지 않으셨으나, 그들은 주님의 명예에는 아랑곳없이 잔뜩 몸을 움츠렸다. 주의: 사람을 두려워하면 올무에 걸리게 되거니와 여호와를 의지하는 자는 안전하리라(잠 29:25). 사람을 두려워하다가는 그리스도와 그분의 진리와 도를 부인하고 양심을 거슬러 행동하기 십상이다. 아무튼 이로써 그 부모는 그 상황을 벗어나 더 이상 주목을 받지 않게 되었다. 이제는 맹인이었던 그 사람의 태도를 살펴보자. 그 사람이 소경으로 태어났느냐 하는 바리새인들의 의심은 부모에 의해 해결되었다. 그러므로,

(2) 그들은 그 사람에게 어떻게 고침을 받았는지 묻고, 그에게 말함(15, 16절).

[1] 이웃 사람들이 그에게 했던 질문을 이제 바리새인들이 그에게 했다: 그 사람이 네게 무엇을 하였느냐? 어떻게 네 눈을 뜨게 하였느냐? 그들이 이 질문을 한 의도는 진실을 알기 위함이 아니라, 그리스도를 붙잡을 빌미를 얻기 위함이었다. 그 사람이 상황을 구체적으로 진술할 경우 그리스도가 안식일을 범한 죄인임을 확증할 참이었고, 만일 앞에서 한 진술과 다르게 진술하면 그 사건이 순

전히 짜고 퍼뜨린 사기라고 매도할 참이었다.

[2] 그 사람은 앞서 이웃 사람들에게 했던 대답을 바리새인들에게 사실상 반복한다: 그 사람이 진흙을 내 눈에 바르매 내가 씻고 보나이다. 여기서는 진흙으로 이긴 이야기는 하지 않는다. 실제로는 그것이 진흙인지 보지 못했기 때문이다. 본질적이지 않은 사안을 말하여 바리새인들에게 그리스도를 대적할 빌미를 주지 않기 위해서, 그 사람은 진흙을 이긴 이야기는 하지 않았다. 앞에서는 내가 씻고 보나이다라고 말했지만, 상상력이 고조되어 잠시 흐릿하게 보게 된 것이라는 생각을 하지 못하게끔 여기서는 내가 본다고 말한다. 완전하게 항구적인 시력을 찾았다는 뜻이다.

[3] 이 사건을 둘러싼 의견이 크게 엇갈린 까닭에 법정에서 분쟁이 발생했다(16절).

첫째로, 어떤 이들은 이 사건을 빌미로 그리스도께서 하신 일을 비판하고 단죄했다. 바리새인들 가운데 일부는 이 사람이 안식일을 지키지 아니하니 하나님께로부터 온 자가 아니라고 말했다. 1. 그들이 단죄의 근거로 내세운 교리 자체는 나무랄 데 없는 진리였다. 안식일을 지키지 않는다면 아무리 선지자 행세를 해도, 아무리 성자 행세를 해도 하나님께로부터 온 자가 아닌 것이다. 하나님께로부터 온 분이라면 하나님의 계명을 지킬 것이다. 안식일을 거룩하게 지키라는 것이 하나님의 계명이다. 하나님께로부터 온 사람들은 하나님과 사귐을 가지며, 하나님의 말씀을 듣고 하나님께 아뢰기를 좋아하며, 따라서 하늘과 접촉을 갖도록 정해진 날인 안식일을 당연히 지킨다. 안식일은 표(sign)라 불린다. 그 날을 거룩하게 지키는 것이 마음이 거룩하게 된 표인 반면에, 그 날을 범하는 것은 마음이 속되다는 표이기 때문이다. 그러나, 2. 안식일을 범했다는 주장을 우리 구주께 적용하는 것은 부당하다. 주께서는 안식일을 거룩하게 지키셨고, 한 번도 범하신 적이 없으며, 오히려 조금도 모자람 없이 지키셨기 때문이다. 주께서는 안식일을 장로들의 유전대로 지키지 않으시고, 바리새인들의 미신적 방법으로 지키지도 않으시고, 다만 하나님의 계명대로 지키셨으며, 따라서 주께서는 의심할 여지 없이 하나님께로부터 오셨으며, 그분의 기적들은 주께서 안식일의 주인이기도 하심을 입증했다. 주의: 사람들이 신앙의 준칙을 하나님께서 내신 것보다 더 엄격하게 만들고, 하나님이 정해주신 것에 자신들의 생각을 덧붙일 때 의롭지 못하고 매정한 판결들이 많이 나오는데, 본문에서 유대인들이 안식일을 지키는 문제를 놓고 보인 태도가 그랬다. 우리 자신은 안식일에 이러이러한 일이 방해로 여겨져서 금할 수 있지만, 그것을 다른 사람들에게 강요해서는 안 된다. 우리 자신의 행동 준칙으로 세운 것을 다른 사람을 판단하는 근거로 삼아서는 안 될 일이다.

둘째로, 다른 사람들은 그리스도에 관해 호의적으로 말하면서, 죄인으로서 어떻게 이러한 표적을 행하겠느냐고 적확하게 지적했다. 이렇게 불경건한 자들의 공회에도 자유로운 사고를 함으로써, 원수들 한복판에서조차 그리스도를 위해 증언할 수 있는 사람들이 더러 있었던 듯하다. 사실은 명백했다. 그것은 기적이었던 것이다. 더 알아보려 할수록 그 사실이 더 명쾌하게 드러났다. 이 사건을 보고서 그들은 주께서 앞서 행하신 유사한 일들을 기억하고서, 이러한 표적들(토이아우타 세메이아)이라고 높여 말했다. 이 말의 의도는 아주 자연스럽게 추론할 수 있다. 그것은 이러한 일들이 죄인인 사람에 의해서는 결코 이루어질 수 없다는 것이었다. 그저 평범한 사람이 자기 이름으로 혹은 자기 능력으로 할 수 있는 일이 아니라는 것이었다. 아니면 그보다는, 거짓말쟁이나 사기꾼 —그런 의미에서 죄인— 이 결코 그러한 일을 행할 수 없다는 것이었다. 물론 그런 자들은 거짓 표적과 기사를 보일 수 있을는지 몰라도, 그리스도께서 행하신 것과 같은 참된 표적과 기사는 행할 수 없다. 하나님께로부터 보내심을 받지 않은 자가 어찌 하나님의 신임장을 내놓을 수 있겠는가? 이로써 그들 중에 분쟁이 일어났다. 의견이 충돌하여 격론이 벌어졌고, 공회가 그 문제로 갈라졌다. 이처럼 하나님께서는 원수들을 갈라놓음으로써 그들의 뜻을 무산시키신다. 그리고 박해자들의 악의에 대해 이와 같이 제기된 반론과 비난에 의해서 교회를 해치려 하던 그들의 계획이 수포로 돌아가는 때가 간혹 있다.

2. 그들은 치유 자체에 관해서 질문한 뒤, 치유하신 분에 관해서 질문했다. 여기서 살펴볼 점은,

(1) 그 사람이 바리새인들의 질문에 대해 대답한 말. 그들은 그에게 이렇게 물었다(17절): "그 사람이 네 눈을 뜨게 하였으니 너는 그를 어떠한 사람이라 하느냐? 그가 이 일을 한 것에 대해 너는 어떻게 생각하느냐? 이 일을 행한 그를 너는 어떻게 생각하느냐?" 만일 그 사람이 자기가 바리새인들의 수중에 있는 것을 의식하여 유대인들의 비위를 맞추기 위해 자기 부모가 그랬듯이 그리스도에 관해 하찮게 말하면 — 이를테면, "나는 그를 어떻게 평가해야 할지 모른다. 잘

은 모르지만 그는 마술사이거나 협잡꾼일 수도 있다"라는 식으로 ― 그들은 뜻을 이루게 되는 셈이었다. 그리스도의 친구였던 사람들이 그리스도에 관해 하찮게 말하는 것만큼 악의에 찬 원수들을 강하게 뒷받침해주는 것이 없다. 그러나 만일 그 사람이 그리스도를 높여서 말한다면, 그들은 자신들이 제정한 새로운 법으로 그 사람까지도 포함하여 처벌할 참이었다. 그를 일벌백계로 다스림으로써 다른 사람들이 병 고침을 받기 위해 그리스도께 나아가는 것을 막으려 했다. 비록 그리스도에게 가서 병 고침을 받고 오더라도 그에 대해 비싼 대가를 치르게끔 만들려고 했다. 혹은 바리새인들 가운데 그리스도에게 호감을 가진 사람들이 그 사람에게 자기를 고쳐준 분에 대한 심경을 토로하도록 유도함으로써 그의 생각을 알아보려고 했을 가능성도 없지 않다. 주의: 그리스도로 말미암아 눈을 뜨게 된 사람들은 그분에 관해 어떻게 말해야 할지를 가장 잘 알며, 어떠한 상황에서는 그분에 관해 선한 증거를 해야 할 이유를 갖고 있다. 우리는 그리스도에 관해 어떻게 생각하는가? 이 질문에 그 가련한 사람은 간단명료하게 대답한다: "선지자니이다. 그분은 진리를 전하고 기적을 행하며, 세상에 하나님의 메시지를 전하도록 하나님께로부터 보내심을 받은, 영감을 받은 분입니다." 지난 3백 년 동안 유대인 사회에는 선지자가 일어난 적이 없었다. 그럼에도 불구하고 유대인들은 그들은 선지자가 더 이상 필요 없다고 결론짓지 않았다. 환상과 예언을 응하게 할 분이 오셔야 한다는 것을 그들은 알고 있었기 때문이다(단 9:24). 이 사람은 그리스도께서 메시야 곧 큰 선지자라고까지 생각하지는 않은 듯하고, 다만 다른 선지자들과 같은 분이라고 생각했다. 사마리아 여인은 그리스도께서 메시야라고 결론을 내리기 전에는 그분을 선지자라고 생각했다(4:19). 마찬가지로 이 맹인도 자신이 얻은 빛에 따라 그리스도에 관해서 충분히 옳게 생각하지는 못했지만 훌륭한 분으로 생각했다. 하지만 그가 이미 얻은 것을 굳게 간직했다는 것은 하나님께서 그만큼이라도 그에게 빛을 비춰 주셨다는 뜻이다. 이 가련한 맹인 걸인은 하나님 나라에 관한 일들을 좀 더 분명하게 판단할 지혜를 얻었고, 그로써 선지자들을 판단할 권세를 자임한 이스라엘의 관원들보다 신적인 증거들을 더 잘 파악했다.

(2) 그 사람의 증언에 대해 바리새인들이 한 말. 증거의 효력을 없애려고 했다가 뜻을 이루지 못한 채, 오히려 주목할 만한 기적이 발생했다는 사실을 확인하게 된 바리새인들은, 이번에는 기적을 조소하여 하찮게 만듦으로써, 그 사람

이 자기 눈을 뜨게 해주신 분에 관해 증언한 선한 말을 흔들고, 그리스도가 악인이라는 확신을 그에게 심어주기 위해 노력했다(24절): 너는 하나님께 영광을 돌리라. 우리는 이 사람이 죄인인 줄 아노라. 이 말은 두 가지로 이해할 수 있다. [1] 조언으로. 그것은 병 고침에 대한 영광을 죄인에게 돌리지 말고, 온전히 하나님께만 돌리라는 조언이었다. 이로써 그들은 하나님의 영광을 위한다는 열정을 구실로 그리스도에게서 그분의 영광을 빼앗았다. 경배할 분은 오직 하나님 한 분뿐이라는 위대한 진리를 위한다는 명목으로 그리스도를 하나님으로 경배하지 않는 자들과 다르지 않았다. 하지만 모든 사람이 아버지를 공경하듯이 아들을 공경하도록 하는 것이 하나님의 선포된 뜻이다. 그리고 그리스도를 주라 고백함으로써, 우리는 성부 하나님께 영광을 돌린다. 하나님께서 죄인들인 사람들을 도구로 쓰셔서 우리에게 유익을 끼치실 때는 하나님께 영광을 돌려야 한다. 하나님께서는 만물을 우리의 유익을 위해 지으셨기 때문이다. 하나님께 영광을 돌리라는 말 자체는 좋은 말이지만, 그들은 이 말을 잘못 사용했다. 더 나아가 그 말에는 이런 뜻이 담겨 있는 듯하다. "이 사람은 죄인이요 악인이며, 따라서 그러한 도구라도 쓰셔서 선을 행하실 수 있는 하나님께 더욱 영광을 돌리라." [2] 엄명으로. 어떤 사람들은 그렇게 해석한다. "(비록 너는 사실상 새로운 세상에 들어온 지 얼마 되지 않아서 모르겠지만) 우리는 이 사람이 죄인이요, 큰 사기꾼으로서 나라를 속이고 있는 줄을 안다. 이것을 우리가 보장하므로, 우리가 이 일에 대해 확신하고 있는 사기와 공모를 정직하게 고백함으로써 하나님께 영광을 돌리라. 하나님의 이름으로 진실을 말하라." 마치 여호수아가 아간에게 했던 것 같은 엄명으로 해석하는 것이다. 훗날 교황의 종교재판소들도 하나님의 이름을 이렇게 남용했다. 그들은 맹세를 강요함으로써(ex officio) 무고한 사람들로부터 강제로 죄를 자백받았고, 영문도 모르는 사람들로부터 다른 사람들에 대한 고소를 강제로 이끌어냈다. 본문에서 바리새인들이 주 예수에 관해서 얼마나 저급하게 말하는지 살펴보라: 우리는 이 사람이 죄인인 줄 아노라. 이 말에서 관찰할 수 있는 점은, **첫째로**, 그들의 교만. 그들은 정보가 필요해서 그 사람에게 질문을 한 것이 아니었다. 그리스도를 죄인으로 단정하고 있었고, 이러한 그들의 생각을 바꿀 수 있는 사람은 아무도 없었다. 그리스도께서 그들의 면전에서 죄가 있으면 지적해 보라고 도전하셨을 때 그들은 아무 말도 하지 못했다(8:46). 그런데 이제 등 뒤에서 그리스도에 대해 악담을 하고, 증거를 형편없이 왜곡하는 것이다. 이러한 방법으로 거짓 고발자들은 부족한 증거를 채우려 했다. 둘째로, 주 예수께 가한 모욕과 경멸. 주께서는 인간이 되실 때 종의 형상을 취하셨을 뿐 아니라 죄인의 형상도 취하시고(롬 8:3), 인류를 위해서 죄인으로 간주되셨다. 뿐만 아니라 인간 가운데 가장 큰 죄인으로 취급당하시고 우리를 위해 죄가 되셨으나, 이러한 수치조차 개의치 않으셨다.

3. 바리새인들과 이 가련한 사람 사이에 그리스도에 관하여 벌어진 논쟁. 그들은 그리스도를 가리켜 죄인이라고 했고, 그는 선지자라고 했다. 그리스도를 믿고 따르는 사람들에게는 길에서 데려온 가련한 맹인 걸인이 가장 뻔뻔스러운 원수들 앞에서 그리스도를 훌륭하게 증언한 것을 볼 때, 주께서 증인들을 얼마든지 일으켜 주실 것이라는 소망을 품고 용기를 얻게 된다. 마찬가지로 그리스도를 위한 증인으로 붙잡힌 사람들에게는 이 걸인이 주님을 위해 지혜롭고 용감하게 증언한 것을 볼 때 어떻게 또는 무엇을 말할까 염려하지 말라 그 때에 너희에게 할 말을 주시리니 하고 약속하신 주의 말씀을 기억하고 격려를 받게 된다. 그는 예수를 본 적이 없으나 그분의 은혜를 느꼈다. 바리새인들과 이 걸인이 벌인 논쟁에서 세 단계를 관찰할 수 있다:

(1) 그 사람은 바리새인들이 흔들려고 한 증언을 분명한 사실로 수립한다. 의심스러운 문제는 분명한 사실이 제시될 때 가장 잘 해결된다. 그러므로, [1] 그 사람은 적어도 자신에게는 의문의 여지가 없는 사실을 굳게 붙든다(25절): "그가 죄인인지 내가 알지 못하나 – 나는 논쟁할 생각도 없고 그럴 필요도 느끼지 못합니다. 그 문제는 명백합니다. 설혹 내가 입을 다물고 있어야 하게 될지라도 나의 평화가 그것을 말합니다." 아니면 그보다 이런 뜻일 수도 있다. "그가 죄인인지 나는 알지 못하며, 그렇다고 말할 이유도 알지 못합니다. 오히려 나는 반대로 생각합니다. 한 가지 내가 아는 것은, 즉 여러분이 이처럼 확신을 가지고 말할 수 있는 것보다 더 큰 확신으로 말할 수 있는 것은, 내가 맹인으로 있다가 지금 보는 그것이니이다. 그러므로 그분은 내게 좋은 친구였을 뿐 아니라 선지자이십니다. 나는 그분에 관해 좋게 말할 수 있을 뿐 아니라 그럴 의무가 있습니다." 여기서 살펴볼 점은, 첫째로, 그 사람은 바리새인들이 큰 확신을 가지고 복되신 예수를 비난한 말을 나무란다: "여러분은 그분이 죄인인 줄 안다고 말합니다. 여러분만큼이나 그분을 잘 아는 나는 여러분의 말에 동의할 수 없습니다." 둘째로, 그 사람은 자신이 직접 경험한 거룩하신 예수님의 능력과 인자

하심을 용기 있게 인정하고 그 안에 거하기로 결심한다. 강요한다고 해서 경험한 것, 직접 감각한 것을 뒤엎을 수는 없는 것이다. 그 사람은 주님을 직접 뵙지는 못했지만 그 능력과 은혜를 직접 맛보았다. 주의: 그리스도의 자비는 그것을 절실히 느끼는 자들, 즉 한때 맹인이었다가 지금은 보게 된 자들이 가장 귀하게 느끼는 것처럼, 그리스도를 향한 가장 강하고 지속적인 사랑은 주님을 경험으로 아는 데서 솟아난다(요일 1:1; 행 4:20). 본문에서 그 사람은 고침을 받은 방법을 훌륭하게 묘사하지도, 그것을 철학적으로 설명하려고 하지도 않고, 다만 내가 맹인으로 있다가 지금 보는 그것이니이다 하고 간단히 말한다. 이처럼 주께서 영혼 안에서 행하시는 은혜의 일이 언제 어떻게 어떤 수단과 단계를 통해 복된 변화를 일으켰는지 구체적으로 말하지 못하더라도, 주께서 은혜를 주셔서 다음과 같이 말할 수 있다면 큰 위로를 얻을 수 있다: "내가 맹인이었으나 지금은 봅니다. 이제까지는 육체적으로 세상적으로 감각적으로 살아왔으나 이제는 그렇지 않습니다"(참조. 엡 5:8). [2] 바리새인들은 쓸데없는 질문을 반복함으로써 증거를 하찮게 만들어 지워 버리려고 노력했다(26절): 그 사람이 네게 무엇을 하였느냐? 어떻게 네 눈을 뜨게 하였느냐? 그들이 이렇게 물은 이유는, 첫째로, 할 말이 없어 논쟁에서 지는 것처럼 보이는 것보다 무슨 말이든 하되 고압적인 태도를 잃지 않기 위함이었다. 이처럼 어떻게든 논쟁을 이기는 데 혈안이 된 자들은 공허한 반복을 통해서라도 입을 다물게 되는 수치를 면하려는 생각으로 무의미한 말을 많이 하게 되어 있다. 둘째로, 그 사람에게 증거를 반복해서 말하도록 하여 혹시 실수를 하거나 마음이 흔들리도록 함으로써 자기들의 뜻을 성취하기를 기대했기 때문이다.

(2) 그 사람은 바리새인들의 완고한 불신앙과 고집스런 편견을 나무라고, 바리새인들은 그 사람을 예수의 제자라고 비난한다(27-29절). 그 사람의 태도는 갈수록 대담해진 반면에 바리새인들의 태도는 갈수록 날카로워졌다.

[1] 그 사람은 기적의 증거가 분명히 있는데도 바리새인들이 고집스럽고도 비이성적으로 인정하지 않는 것을 대범하게 나무란다(27절). 이야기를 다시 반복함으로써 그들의 비위를 맞추려 하지 않고 용기 있게 대답한다: 내가 이미 일렀어도 듣지 아니하고 어찌하여 다시 듣고자 하나이까? 당신들도 그의 제자가 되려 하나이까? 어떤 이들은 그 사람이 바리새인들의 생각을 실제로 돌려놓기를 기대하고 진지하게 말했다고 생각한다. "그분에게는 제자들이 많습니다. 나도 그

중 한 사람인데, 여러분도 그 무리에 들려고 하는 것입니까?" 매우 열정적인 젊은 그리스도인들 가운데는 사람이 그리스도를 믿고 살아야 하는 것을 너무 당연하게 여기는 까닭에 모든 사람이 곧 믿게 될 것처럼 생각하는 이들이 있다. 그러나 본문에서 그 사람은 다소 냉소적으로 그 말을 한 듯하다: "여러분도 그분의 제자가 되려는 것입니까? 아니지요? 그런 생각을 혐오하고 있는 줄을 나도 잘 압니다. 그렇다면 왜 마치 제자가 될 사람처럼, 아니면 제자가 되지 않을 도리가 없는 그런 질문을 하는 것입니까?" 본문의 바리새인들처럼 빛을 보고도 고의로 눈을 감는 자들은, 첫째로, 본문의 바리새인들처럼 반대할 명분도 없으면서도 반대하다가 가련한 맹인 걸인에게 지적을 당하는 망신스러운 자리에 처한다. 둘째로, 그들은 더 배울 기회와 방법을 모두 버린다. 한 번 들었다고 해서 다시 들으려 하지 않는 자들에게는 다시 말해줄 이유가 없다(참조. 렘 51:9; 마 10:14). 셋째로, 바리새인들은 그로써 하나님의 은혜를 헛되이 받았다. 맹인이었던 사람의 말에는 다음과 같은 뜻이 담겨 있다. "당신들도 그의 제자가 되려 하나이까? 아니지요? 당신들은 그렇게 하지 않기로 작정했습니다. 당신들은 그분을 고발하고 박해하려는 뜻만 있는데, 어찌하여 그분의 말을 다시 들으려 하는 것입니까?" 그리스도를 영접하고 제자들의 무리에 합류할 마음이 없더라도 그분과 그들을 미워하고 박해하지 말아야 할 이유를 충분히 가질 수 있다.

[2] 맹인이었던 사람의 말을 듣고 바리새인들은 조소와 욕을 퍼부었다(28절). 그 사람의 말에 담긴 지혜와 정신을 꺾지 못하자 격정에 휩싸여 호통치며 욕하기 시작했다. 그리스도의 진리와 대의에 대적하는 자들로부터 그리스도의 신실한 증인이 예상할 수 있는 것이 무엇인지 주목하라. 그들이 모든 악한 말을 하도록 내버려 두라(참조. 마 5:11). 이성적이지 못한 사람들이 공통적으로 취하는 방법은 진실과 합리성에 부족한 것을 큰 목소리로 채우려고 하는 것이다.

첫째로, 그들은 그 사람이 그리스도에 대해 애착을 갖고 있는 것을 조소했다. 너는 그의 제자이나 하고 그에게 말했다. 그것으로 충분한 책망이 된다는, 그리고 그것보다 더 심한 악담이 없다는 뜻이 담겨 있다. "우리는 그의 제자가 되는 것을 경멸한다. 그런 것은 너와 너 같은 부류나 할 일이다." 그리스도의 종교를 모욕하기 위해, 그리고 그것을 시인하는 행위를 지극히 천한 일로 만들기 위해 자기들이 할 수 있는 일을 다하였다. 그들이 욕하여 이르되. 이 구절을 불가타(Vulgate)는 그들이 그를 저주하여 이르되(maledixerunt eum)라고 번역한다. 그렇다면 그들의 저주가 무엇이었던가? 그것은 너는 그의 제자가 되라는 것이었다. 아우구스티누스는 그 구절을 이렇게 해석한다: "그런 저주가 우리와 우리 자녀들에게 영원히 임할지어다!" 만일 눈멀고 속임에 빠져 있는 세상의 정서나 주장으로부터 명예와 불명예의 판단 기준을 취한다면 수치를 영광인 줄 알고 영광을 수치인 줄 알게 될 것이다. 바리새인들은 그 사람을 그리스도의 제자라고 부를 이유가 없었다. 왜냐하면 그 사람은 그리스도를 본 적도 없고 그분의 설교를 들은 적도 없으며, 다만 주께서 자기에게 베푸신 인자에 대해서 호의적으로 말했을 뿐인데, 그들은 그것조차 참지 못했던 것이다.

둘째로, 바리새인들은 모세를 자신들의 스승으로 내세우며 그와 맺은 관계를 자랑했다: "우리는 모세의 제자라. 다른 스승을 필요로 하지도 않고 바라지도 않는다." 주의: 1. 현세적인 신앙을 갖고 있는 사람은 실제로는 자기들이 믿는 종교의 원리와 능력으로부터 멀리 떨어져 있는데도, 그 종교가 지니는 권위와 특권을 신뢰하고 자랑하기 쉽다. 이 바리새인들은 앞에서는 자기들의 조상을 자랑했다: 우리가 아브라함의 자손이라. 여기서는 자기들이 받은 좋은 교육을 자랑했다: 우리는 모세의 제자라. 마치 그 사실이 자기들을 구원할 것처럼 말했다. 2. 열정을 구실로 종교의 한 쪽 집단이 다른 쪽 집단을 박해하는 것은 슬픈 일이다. 그리스도와 모세 사이에는 완전한 조화가 있었다. 모세는 그리스도를 예비했고, 그리스도께서는 모세를 온전케 하셨으며, 그로써 바리새인들이 모세의 제자였다면 그리스도의 제자가 되는 것이 마땅했다. 그런데도 그들은 그리스도를 반대했다. 실은 모세의 이름을 남용하지 않고는 그리스도를 박해할 수가 없었다. 이처럼 값없이 받는 은혜의 교리를 부정하는 자들은 자신들을 인간의 의무를 독려하는 자들로 높게 생각한다: 우리는 모세의 제자라. 반면에 율법의 의무를 폐지하는 자들은 마치 자신들이 은혜를 값없이 베푸는 자들로 행세하는 것이며, 자기들 아니고는 예수의 제자가 없는 것처럼 말하는 것이다. 만일 그 문제를 올바로 이해한다면 하나님의 은혜와 인간의 의무가 맞닿아 있고, 서로 화목한 관계에 있음을 보게 될 것이다.

셋째로, 바리새인들은 그리스도를 배척하고 모세를 붙드는 이유를 제시했다 (29절): 하나님이 모세에게는 말씀하신 줄을 우리가 알거니와 이 사람은 어디서 왔는지 알지 못하노라. 하지만 하나님께서 모세에게 하신 말씀 가운데, 그들이 또 다른 선지자와 하나님의 더 구체적인 계시를 기대해야 한다는 말씀이 있음을 그들은 알지 못했던가? 그러나 우리 주 예수께서 하나님께서 모세에게 말씀하신 바에 따라 강림하셔서 당신이 그 선지자이신 증거를 충분히 제시하셨는데도 불구하고, 바리새인들은 옛 신앙을 고수한다는 구실로 하나님께서 자기들에게 베푸시려는 은혜를 상실했을 뿐 아니라 버렸다. 그들의 주장에서 관찰할 수 있는 점은, 1. 그리스도에 대한 적개심에 타올라 그리스도의 제자들이 아무도 부정하지 않는 것을 매우 교만하고 고집스럽게 주장했다: 하나님이 모세에게는 말씀하신 줄을 우리가 알거니와. 감사하게도 다른 선지자들보다 모세에게 더 분명히 말씀하셨다는 것을 자기들이 안다는 뜻이다. 그러나 그래서 어떻다는 것인가? 하나님께서 모세에게 말씀하셨다고 해서 곧장 예수가 거짓말쟁이라는 결론이 성립되는 것인가? 모세도 선지자의 한 사람이 아니었던가? 모세는 예수님에 대해 호의적으로 말했고(5:46), 예수께서도 모세에 대해 호의적으로 말씀하셨다(눅 16:29). 두 분 다 하나님의 집에서 충성을 다하시되, 모세는 종으로서, 그리스도께서는 아들로서 충성을 다하셨다. 그러므로 바리새인들이 모세의 신적 보증을 근거로 그리스도를 배척한 것은 생각이 깊지 못한 백성들에게 모세는 참 선지자였으나 예수는 거짓 선지자라는 확신을 갖게 만들려는 교활한 꾀였다. 2. 그들은 자신들이 그리스도에 관해 모른다는 점을 들어 그분에 대한 경멸을 정당화하는 부조리한 태도를 취한다: 이 사람은 어디서 왔는지 알지 못하노라. 마치 그처럼 하찮은 이름은 자신들의 기억을 채울 가치도 없다는 듯이, 그들은 복되신 예수에 관해서 경멸조로 말했다. 이스라엘의 목자이신 분에 대해 마치 양들을 지키는 개들과 나란히 놓을 가치도 없다는 듯이 경멸조로 말한 것이다: 이 사람은, 즉 이 하찮은 사람에 관해서는 어디서 왔는지 알지 못하노라. 그들은 마치 자신들이 지식의 열쇠를 갖고 있어서, 자기들에게 인가를 받지 않으면 아무도 설교할 수 없는 것처럼 생각했다. 설교자가 되려고 하면 반드시 자기들에게 신청한 뒤 심사를 받아야 한다고 생각했는데, 이 예수는 그렇게 하지 않았을 뿐 아니라 자기들의 권위도 인정하지 않았으므로, 그들은 예수가 문으로 들어오지 않은 침입자라고 결론지었다: 그들은 예수께서 어디서 오셨으며 어떤 분인지 몰랐으므로 죄인으로 단정했다. 우리는 잘 모르는 사람에 대해서는 너그럽게 평가해 주어야 한다. 그러나 교만하고 편협한 사람들은 모든 것을 자기들 위주로 생각한다. 얼마 전만 해도 유대인들은 그리스도에 대해 정반대의 평가를 한 바 있다(7:27): 우리는 이 사람이 어디서 왔는지 아노라. 그리스도께서 오실 때에는 어디서 오시는지 아는 자가 없으리라. 이처럼 그들은 동일 사안을 놓고도 그것이 자기들에게 이로운지 해로운지를 저울질하여 자신 있게 긍정할 수도 있고 부정할 수도 있었다. 그들은 주께서 어디서 왔는지 알지 못한다고 말했는데, 그것이 누구의 잘못이었는가? (1) 정말로 몰랐다면 알아봐야 했다. 과연 그때는 메시야가 오실 만한 때였으며, 따라서 징후가 있으면 철저히 알아봐야 했다. 그러나 그들은 예레미야 2:6이 언급한 사람들과 마찬가지로 알아보려고 하지 않았다. (2) 만일 알려고 했다면 호적을 살펴서 주께서 베들레헴에서 태어나셨음을 알 수 있었을 것이다. 그리고 더 나아가 그분의 교훈을 듣고 기적 행하시는 것을 보고 대화를 나누는 가운데 하나님께서 오신 분으로서, 자기들보다 더 지위가 높고, 자기들보다 더 중대한 사명을 받으셨으며, 자기들이 백성들에게 줄 수 있는 것보다 훨씬 더 훌륭한 교훈을 줄 수 있는 분임을 알 수 있었을 것이다. 그들에게서 보게 되는 것은 불신자들의 불합리한 태도이다. 사람들은 그리스도를 믿지 않기로 작정한 까닭에 그분의 교훈을 알지 못하는 것인데도, 마치 알지 못해서 믿지 못하는 것처럼 행세한다. 그러한 무지와 불신앙이 서로 상승작용을 일으켜 서로를 악화시킨다.

(3) 그 사람은 바리새인들과 이 문제를 놓고 함께 생각하려 했으나, 그들은 그를 쫓아냈다.

[1] 맹인이었던 사람은 자기에게 그들이 대답하지 못하는 논거가 있음을 발견하고는 더욱 담대해졌으며, 말하는 과정에서 그들을 압박하게 되었다.

첫째로, 그는 바리새인들의 완고한 불신앙을 의아하게 여겼다(30절). 그들의 협박에도 주눅 들지 않고, 그들의 호언장담에도 흔들리지 않은 채 다음과 같이 용감하게 대답했다. "참으로 이상한 일이군요. 이것은 지각 있다 하는 자들 가운데 들어본 적이 없는 아주 이상한 고의적인 무지 아닙니까? 여러분은 그분이 어디서 왔는지 알지 못한다고 하는데, 그분은 내 눈을 뜨게 해주셨습니다." 그는 두 가지 점에 놀란다. 1. 그토록 유명한 분을 모르고 있다는 점. 맹인의 눈을 뜨게 하실 정도라면 틀림없이 주목할 가치가 있는 유력한 분일 것이다. 바리새인들은 호기심이 강한 집단으로서, 광범위한 정보와 의사전달 체계를 갖추고 있었고, 스스로 교회의 눈이자 파수꾼으로 자임하던 자들이었는데, 그런데도 마치 이와 같은 분을 알고 상대할 가치가 없는 분으로 생각하는 듯이 말하는 것이 참으로 이상한 일이었다. 지식인으로 통하여 다른 분야에 관해서는 상당한 지혜와 지식을 갖추고 있으면서도, 그리스도의 교훈에 관해서는 이상할 정도로 무지한 사람들이 있다. 그들은 천사들도 살펴보기를 원하는 것에 관심도 호기심도 없다. 2. 그들이 신적인 기적을 일으킨 분에 대해 하나님께로부터 보내심을 받은 사실을 믿지 않은 점. 그들이 이 사람은 어디서 왔는지 알지 못하노라고 말했을 때 그 안에는 "우리는 그의 교훈과 사역이 하늘로부터 온 것임을 입증하는 증거를 알지 못한다"는 뜻이 담겨 있었다. 맹인이었던 사람이 한 말은 이런 뜻이었다. "내게 일어난 기적이 여러분에게 확신을 주고 의심을 벗겨주지 못한다니 이상하군요. 여러분은 교육과 연구를 통해서 다른 사람들보다 하나님에 관한 일들을 알 수 있는 유리한 위치에 있으면서도 빛에 대해서 눈을 감은 게 아닙니까?" 그들이 도저히 증거를 부정할 수 없는 사실을 부정했다는 것은 내가 이 백성 중에 기이한 일 곧 기이하고 가장 기이한 일을 행하리니 그들 중에서 지혜자의 지혜가 없어지고 명철자의 총명이 가려지리라는 말씀이 응한 것이었다(사 29:14). 주의: (1) 지식과 확신의 수단을 향유하면서도 믿지 않는 자들이 있다는 것이 참으로 기이하다(막 6:6). (2) 주 예수의 능력과 은혜를 직접 경험한 사람들은 주님을 배척하는 자들의 고집에 특히 놀라며, 주님에 대해 좋은 생각을 가진 사람들은 그렇지 않은 사람들을 볼 때 기이하게 여긴다. 만일 그리스도께서 바리새인들의 눈을 열어 주셨다면, 그들은 주께서 선지자이심을 의심하지 않았을 것이다.

둘째로, 그 사람은 바리새인들을 강하게 비판한다(31-33절). 그들은 예수께서 하나님께로부터 온 분이 아니고(16절), 오히려 죄인이라고 단정했고(24절), 그에 대해 그 사람은 예수께서 죄인이 아니며(31절), 하나님께로부터 오신 분임을 입증했다(33절).

a. 그 사람의 답변에서 볼 수 있는 면모. (a) 상당한 지식. 그는 비록 책을 한 줄도 읽을 줄 몰랐으나 성경과 하나님에 관한 일들을 잘 알았다. 시력은 없었으나 청각은 발달했으며, 그 경로를 통해서 믿음이 임했다. 그럴지라도 만일 하나님의 특별한 임재와 성령의 도우심이 없었다면 그것이 아무런 도움이 되지 않았을 것이다. (b) 그리스도의 명예에 대한 뜨거운 열정. 사람들이 주님을 비하하는 말을 그냥 듣고 있지 못했다. (c) 지혜로운 대적들에게 위축되지 않은 큰 담력과 용기. 하나님께 은혜 받고자 하는 자들은 사람들의 협박을 무서워하지 말아야 한다. 휘트비 박사는 이렇게 말한다. "눈멀고 배우지 못한 이 사람이

많이 배운 바리새인들의 공회보다 더 옳은 판단을 내리는 것을 보라. 우리는 여기서 공의회들과 교황들 혹은 주교들의 권위에 맹종해서는 안 될 이유를 배운다. 평신도들이 가끔 견해가 엇갈리는 것은 있을 수 있는 일이지만, 지도자들은 무지와 판단 착오에 대해 책임을 져야 한다."

b. 그 사람의 주장은 다윗의 말(시 66:18-20)과 같은 형식으로 요약할 수 있다. 다윗의 말에 담긴 전제는 내가 나의 마음에 죄악을 품었더라면 주께서 듣지 아니하시리라는 것이다. 맹인이었던 사람의 주장도 다르지 않다: 하나님이 죄인의 말을 듣지 아니하시고. 다윗은 그러나 하나님이 실로 들으셨음이여 하고 말했으며, 맹인이었던 사람은 하나님이 예수의 말을 들으시고, 일찍이 아무도 하지 못한 일을 하게 하심으로써 그를 높이셨다는 뜻으로 말했다. 다윗이 내린 결론은 하나님을 찬송하리로다는 것이었으며, 맹인이었던 사람도 주 예수께서 하나님께로부터 오셨다고 인정하심으로써 주님을 높였다.

(a) 그 사람은 하나님의 뜻대로 행하는 자들만이 하늘의 은혜를 입을 수 있다는 것을 의심할 수 없는 진리로 진술한다(31절): 하나님이 죄인의 말을 듣지 아니하시고 경건하여 그의 뜻대로 행하는 자의 말은 들으시는 줄을 우리가 아나이다.

[a] 그의 말은 올바로 이해하면 참되다. 첫째로, 악인들에게는 두려운 말이겠지만, 하나님께서는 죄인의 말을 듣지 않으신다. 즉, 바리새인들이 그리스도에 관해서 그가 죄인이라고 말했을 때 의도했던 사람, 하나님의 이름 아래 은신한 채 마귀의 이익을 증진하는 그런 사람의 기도를 듣지 않으신다고 말한 것이다. 이 말은 회개하고 돌이키는 죄인들을 낙심케 하려는 것이 아니고, 여전히 죄 가운데 있으면서 기도한다고 하는 위선자들을 겨냥하여 한 것이다. 하나님께서는 그런 자들의 기도를 듣지 않으시고, 그들을 인정하지 않으시며, 그들의 기도에 평강의 응답을 해주시지도 않는다. 둘째로, 의인들에게는 위로가 되는 말로서, 누구든 하나님을 경배하고 그 뜻을 행하면 하나님께서 그의 기도를 들으신다. 여기서 생각할 점은, 1. 선한 사람의 온전한 특성: 그는 하나님을 경배하고 그 뜻을 행하는 사람이다. 그는 날마다 시간을 정해 놓고 기도하고, 매순간 하나님과 대화하며 산다. 하나님의 이름을 엄숙히 공경하고 하나님의 뜻과 율법에 진실하게 복종함으로써 창조자를 영화롭게 하는 것을 자신의 과업으로 삼는다. 이 둘은 반드시 같이 가야 한다. 2. 그러한 사람이 받게 되는 말할 수 없는 위로: 그의 기도를 하나님께서 들으신다. 그의 고통을 들으시고 그것을 덜어주시고, 호소를

들으시고 그를 옳다 여겨주시며, 그의 찬송을 들으시고 받아주신다. 그의 기도를 들으시고 응답해 주신다(시 34:15).

[b] 이 진리들을 그리스도께 적용한 것은 － 주께서 맹인으로 태어난 자를 고칠 정도로 말씀에 능력이 있는 분이 악인이 아니시며, 하나님께서 항상 그의 기도를 들어주실 정도로 하나님의 일에 마음을 두고 사심으로 － 틀림없이 거룩한 분임을 입증하는 데 매우 요긴했다.

(b) 그는 자신의 말을 더욱 설득력 있게 전하기 위해 그리스도께서 행하신 기적의 의미를 강조한다(32절): 창세 이후로 맹인으로 난 자의 눈을 뜨게 하였다 함을 듣지 못하였으니. 이것은 다음 사항들을 입증하기 위함이었다. [a] 그것은 참된 기적이었고, 자연의 세력을 넘어선 것이었다. 창세 이후로 어느 누가 자연적인 방법을 사용하여 맹인으로 태어난 자를 고친 사례는 없었다. 아마도 이 사람과 그의 부모는 같은 성격의 사례들이 있는지 많이 문의해 보았으나 자신보다 더 큰 확신을 가지고 말할 수 있는 다른 사례는 찾지 못했음이 틀림없다. 혹은, [b] 그것은 비범한 기적으로서, 과거에 발생한 기적들을 능가하는 것이었다. 모세와 다른 선지자들도 큰 일을 행했지만, 그들은 하나님의 능력과 사랑이 어우러져 찬란히 빛나는 이러한 기적은 행하지 못했다. 모세는 기적으로 전염병을 일으켰으나, 그리스도께서는 기적으로 병을 고치셨다. 주의: **첫째로,** 주 예수의 기이한 사역은 일찍이 행해진 것과 같지 않은 것이었다. 둘째로, 하나님의 자비를 입은 사람은 자기가 받은 자비를 널리 선전하고 하나님께 영광을 돌리게 마련이다. 그로 말미암아 자신이 하늘의 총애를 입은 자인 것처럼 스스로에게 영광을 돌리지 않고, 오직 하나님께 영광을 돌리게 마련이다.

(c) 그러므로 그는 이렇게 결론을 내린다. 이 사람이 하나님께로부터 오지 아니하였으면 아무 일도 할 수 없으리이다. 이와 같은 비범한 일을 전혀 할 수 없었을 것이라는 뜻이다. 그러므로 주께서 안식일 준수와 관련한 유대인의 전승을 따르지 않으셨을지라도, 그분은 틀림없이 하나님께로부터 오신 분이라는 뜻인 셈이다. 주의: 그리스도께서 땅에서 행하신 일은 친히 하늘에서 행하신 일을 넉넉히 증명했다. 만일 하나님께로부터 보내심을 받지 않았다면 그런 기적을 일으키실 수 없었을 것이기 때문이다. 죄악의 사람이 거짓 기적을 가지고 임할 것이 사실이긴 하지만, 참된 기적은 행하지 못한다. 마찬가지로 거짓 선지자도 하나님의 허락하에 표적과 기사를 행할지라도(신 13:1, 2), 그 표적과 기사에는 그

것이 참된 것이 아니라는 증거가 붙게 될 것이다. 그것은 다른 신들을 섬기라는 유혹을 강요하는 것이고, 그로써 하나님을 대적하는 것이기 때문이다. 또한 마찬가지로 많은 악인들이 그리스도의 이름으로 기이한 일을 많이 행하는 것도 사실이다. 하지만 그것은 그들이 하나님께로부터 왔음을 입증하지 않고, 자기 이름으로 그들을 보낸 자[마귀]로부터 왔음을 입증할 뿐이다. 우리 각 사람은 무엇을 하고 있는가에 따라 자신이 하나님께 속해 있는지 그렇지 않은지를 판단할 수 있다. 하나님과 우리 영혼을 위해 무엇을 하고 있는가? 다른 사람들보다 더 힘쓰고 있는 것이 무엇인가?

[2] 바리새인들은 그의 주장에 대답할 말을 찾지 못했거나 그의 주장을 끝까지 들어줄 수 없었던 까닭에 그에게 심한 욕을 퍼붓고는 잔뜩 교만하고 격앙된 상태로 대화를 끝냈다(34절). 여기서 듣게 되는 말은 다음과 같다.

첫째로, 그들이 한 말. 그 사람의 주장에 대답할 말을 찾지 못하게 된 그들은 그에게 욕을 퍼부었다: 네가 온전히 죄 가운데서 나서 우리를 가르치느냐? 친절하게 받아들여야 할 말에 기분이 상했으며, 참회의 심정으로 달게 받아야 할 말에 격분했다. 여기서 관찰할 점은, 1. 그들은 그 사람을 심히 업신여기고, 독설을 퍼부었다: "너는 다른 사람들과 마찬가지로 온전히 죄 가운데 났을 뿐 아니라, 철저히 부패하여서 영혼뿐 아니라 육체에까지도 부패의 흔적을 지니고 있다. 너는 자연이 낙인을 찍은 그런 사람이다." 만일 그가 여전히 맹인이었을지라도 그를 그렇게 몰아붙이면서 그가 다른 사람들보다 죄에 더 깊이 오염되었을 것이라고 추정하는 것이 야만적인 행동이었을 것이다. 그러나 주께서 그를 치유하심으로써 맹인이 된 원인을 제거해 주셨을 뿐 아니라 하늘의 은혜로 인을 쳐 주신 이 시점에 그렇게 한다는 것은 지극히 불의한 행동이었다. 어떤 이들은 그들의 말을 이렇게 해석한다: "너는 걸인이었고, 걸인들은 대부분 죄인들이었으므로, 너도 틀림없이 악인이었다." 아무리 말로 그렇지 않음을 입증하고, 깊은 경건의 태도를 보였을지라도 그들은 막무가내였다. 그러나 거만한 바리새인들이 사람을 짓밟기로 작정했다면 없는 핑계라도 만들어 얼마든지 그렇게 할 수 있었다. 2. 바리새인들은 그리스도께 배우거나 그분의 교훈을 받아들이는 것을 몹시 경멸했다: 네가 … 우리를 가르치느냐? 네가라는 단어와 우리를 이라는 단어를 강조해서 읽어야 한다. "뭐라고! 너 같이 일자무식인 자가, 채 하루도 햇빛을 보지 못한 자가, 거리에서 구걸하던 자가, 성읍의 쓰레기와 다를 바

없는 자가 율법 전문가요 교회 지도자들로서 모세의 권좌에 앉아 이스라엘을 지도하는 우리를 가르치겠다고?" 주의: 교만한 사람들은 특히 자기들보다 못한 사람들에게 배우기를 끔찍이 싫어하지만, 우리는 배우기에 너무 늙었다거나 지혜롭지 못하다거나 선하지 못하다고 지레 단정하지 말아야 한다. 재산이 많은 사람들은 더 많이 가지려고 하는데, 많은 지식을 가진 사람이 그래서는 안 될 이유가 무엇이겠는가? 우리는 배울 것이 있는 사람을 귀하게 여겨야 한다. 바리새인들이 그와 같이 무식한 사람에게 교훈과 정보와 책망을 받는 것을 모욕으로 생각한 것은 불신앙에서 나온 궁색한 변명이었다.

둘째로, 그들이 취한 행동. 그들은 그 사람을 쫓아냈다. 어떤 이들은 이 행동을 공회장에서 모욕을 주어 쫓아낸 것으로 이해한다. 그 사람의 목덜미를 잡아 밖으로 끌어내고, 혹시는 종들을 시켜 발로 걸어차게 했을는지도 모른다. 그렇다면 그것은 그를 멀리 쫓아내어 다시는 자기들의 양심 가까이에 오지 못하도록 한 것인 셈이다. 그러나 오히려 그들의 행동은 법적 행위였던 듯하다. 그들은 그 사람을 출교했다. 아마도 최고 등급의 출교에 처했을 것이다. 이스라엘 교회의 구성원 자격을 박탈해 버렸다. 라이트푸트 박사는 이렇게 말한다. "세례 요한이 기독교 교회 최초의 순교자였다면, 이 가련한 사람은 최초의 고백자였다." 누구든 예수를 그리스도로 고백하면 회당에서 출교한다는 법이 공포된 상태였다(22절). 그러나 이 사람은 예수에 관해서, 그분이 하나님께로부터 오신 선지자이시라고 말했을 뿐이다. 그런데도 그들은 법을 마음대로 늘려 그가 주님을 그리스도라고 고백한 것처럼 몰아붙였다. 열쇠가 오류를 범하지 않을 때 (clave non errante: 교회가 말씀 전파와 권징을 바로 시행할 때:역자주) 정당한 사유로 인해 순결한 교회로부터 출교를 당하는 것은 지극히 두려운 일이다. 그러한 교회가 땅에서 무엇을 매면 하늘에서도 매이게 되기 때문이다. 그러나 부패하고 불의한 교회로부터 추방을 당하면 아무리 아나테마(저주)의 선언과 더불어 종과 책과 촛불의 장엄한 의식 가운데 추방을 당하더라도 두려워하거나 괴로워할 이유가 없다. 이유 없는 저주는 임하지 않는다. 만일 그들이 그리스도께서 예언하신 대로 주님의 제자들을 회당에서 쫓아낸다면(16:2) 그들은 사탄의 회당이 된 셈이기 때문에 제자들에게는 아무런 해도 임하지 않는다.

[35]예수께서 그들이 그 사람을 쫓아냈다 하는 말을 들으셨더니 그를 만나사 이르시

되 네가 인자를 믿느냐 [36]대답하여 이르되 주여 그가 누구시오니이까 내가 믿고자 하나이다 [37]예수께서 이르시되 네가 그를 보았거니와 지금 너와 말하는 자가 그이니라 [38]이르되 주여 내가 믿나이다 하고 절하는지라.

이 단락의 내용은 다음과 같다.

I. 우리 주 예수께서 이 가련한 사람에게 베푸신 따뜻한 관심. 예수께서 그들이 그 사람을 쫓아냈다 하는 말을 들으셨더니(35절). (그 소식이 삽시간에 성읍에 퍼지자 듣는 사람마다 바리새인들의 조치를 극구 비난한 듯하다.) 그를 만나사. 그를 만나기 위해 찾으셨고, 만나서 위로하셨음을 뜻한다. 1. 주께서 그렇게 하신 이유는, 그 사람이 주 예수를 매우 훌륭하게 용감하게 담대하게 변호했기 때문이다. 주의: 예수 그리스도는 분명히 증인들 곁에 계시며, 자신과 자신의 진리와 길을 시인하는 자들을 시인하신다. 세상의 권력자들은 자신들과 자신들의 정부와 통치를 옹호하는 모든 사람들을 다 알려하지도 않고 알 수도 없지만, 우리 주 예수께서는 우리가 어느 때든 주님을 충직하게 증언하는 것을 아시고, 비망록에 적어 놓으신다. 그것은 내세에 우리의 유익이 될 뿐 아니라 현세에서도 위로가 된다. 2. 바리새인들이 그 사람을 쫓아내고 모욕했기 때문이다. 세상의 의로운 재판장께서는 억울하게 고통을 당하는 사람들에 대해서 두루 관심을 갖고 계시지만(시 103:6), 그리스도와 선한 양심의 증언을 위해서 고난을 당하는 자들을 특별히 주목하신다. 여기 그리스도를 위해 고난당하는 가련한 사람이 있었는데, 주께서는 그의 고난이 컸던 만큼 위로가 더욱 넘치게 해주시려 하셨다. 주의: (1) 박해자들은 선인들을 자기들의 사귐에서 추방할지라도, 그리스도와의 사귐에서는 추방할 수 없으며, 주께서 그들을 만나주시는 것을 막을 수 없다. 사람들이 가로막을 수 없는 분을 친구로 둔 사람들은 행복하다. (2) 예수 그리스도께서는 당신을 위해 사람들에게 부당하게 배척을 당하고 내쫓기는 이들을 찾으시고 영접하신다. 주께서는 그렇게 내쫓긴 이들에게 피난처와 기쁨이 되어 주신다.

II. 그리스도께서 그 사람에게 베푸신 위로. 주께서는 그 사람에게 이스라엘의 위로로 인도하신다. 그는 자신이 갖고 있던 지식을 잘 발전시켰는데, 이제 그리스도께서 그 위에 지식을 더하신다. 작은 일에 충성된 자에게는 더 많은 것을 맡기시는 법이다(마 25:21)

1. 우리 주 예수께서는 그의 믿음을 살펴신다: "네가 인자를 믿느냐? 메시야에 관한 약속들을 신뢰하느냐? 그가 오실 것을 기대하고, 그가 네게 나타나시면 영접할 준비가 되어 있느냐?" 이것이 메시야가 오시기 전에 살았던 성도들이 인자에 대해서 품은 신앙이었다. 여기서 관찰할 점은, (1) 메시야를 인자라고 부르시며, 유대인들은 선지자들로부터 메시야를 그렇게 부르도록 배웠다(시 2:7; 89:27. 참조. 1:49, 당신은 하나님의 아들 ― 즉, 참된 메시야 ― 이시요). 메시야의 현세적 왕국을 기대한 자들은 다윗의 자손이라는 표현을 즐겨 사용했다(마 22:42). 그러나 그리스도께서는 당신의 나라가 영적이고 신적인 나라임을 깨우쳐 주시기 위해서 당신을 하나님의 아들이라 부르시고, 구체적으로 다윗의 자손이라 하시기보다 인자라 하신다. (2) 구약 성도들이 약속에 근거하여 지녔던 메시야에 대한 갈망과 기대가 은혜롭게도 하나님의 아들을 믿는 것으로 해석되고 받아들여졌다. 그리스도께서 맹인이었던 사람에게 구하신 것이 바로 이러한 믿음이었다: 네가 인자를 믿느냐? 주의: 오늘 우리에게 요구되고(요일 3:23) 조만간 주께서 우리에게 물으실 질문은 하나님의 아들을 믿느냐 하는 것이며, 이 질문에 어떻게 대답하느냐에 따라 영원히 서기도 하고 넘어지기도 할 것이다.

2. 맹인이었던 사람은 자신이 믿어야 할 메시야에 관해 진지하게 묻고, 기꺼이 그분을 영접할 뜻을 고백한다(36절): 주여, 그가 누구시오니이까? 내가 믿고자 하나이다. (1) 어떤 이들은 그가 자신을 고쳐주신 예수께서 하나님의 아들이심을 알았으나 구체적으로 어느 분이 예수인지 몰랐으며, 따라서 자기에게 말을 건 이분을 예수의 제자로 짐작하고서 자신을 그의 스승에게로 인도해 주기를 바랐다는 뜻으로 이해한다. 그것은 주님을 뵙고서 호기심을 채우려는 것이 아니라, 주님을 더욱 확고히 믿고, 믿음을 고백하고, 자신이 믿은 분을 알려 함이었다(참조. 아 5:6, 7; 3:2, 3). 우리를 자신에게로 이끄실 수 있는 분은 그리스도 외에는 없다. (2) 다른 이들은 그가 자기에게 말을 건 분이 자기를 고쳐주신 예수이신 줄 알았고, 그분을 위대하고 선하신 분이요 선지자로 믿었으나, 하나님의 아들이시요 참 메시야이신 줄은 알지 못했다고 생각한다. "주여, 저는 장차 그리스도께서 오실 줄을 믿습니다. 제게 시력을 주신 주께서 그 하나님의 아들이 누구이시며 어디에 계신지 말씀해 주옵소서." 그리스도의 질문에는 메시야가 오셨고 지금 그들 사이에 계신다는 암시가 담겨 있었는데, 그 사람은 그 점을 간취하고는 주여 그가 누구시오니이까 하고 묻는 것이다. 그 질문은 합리적이고

정당했다: 주여, 제가 믿어야 할 그분이 누구입니까? 말씀을 들어보지 않은 채 믿을 도리가 없었던 것이다. 말씀 사역자들의 의무는 사람들에게 하나님의 아들이 누구이신지 말해주어서, 우리로 그분을 믿을 수 있게 하는 것이다(20:31).

3. 우리 주 예수께서는 그 사람에게 당신이 그가 믿어야 할 하나님의 아들이심을 인자하게 계시해 주신다: 네가 그를 보았거니와 지금 너와 말하는 자가 그이니라(37절). "하나님의 아들을 찾기 위해 멀리 갈 필요가 없다. 보라, 말씀이 네게 심히 가까이 있다"는 뜻이다. 그리스도께서 본문의 이 사람과 사마리아 여인에게만큼 자신을 분명히 나타내시고, 많은 말씀으로 자신을 누구에게 계시하신 예는 찾아보기 어렵다(참조. 요 4:26, 네게 말하는 내가 그라). 다른 사람들에게는 심사숙고하여 자신을 찾도록 내버려두셨으나, 세상에서 약하고 배우지 못한 이 사람들에게는 지혜롭고 슬기로운 자들을 대하실 때와 달리 친히 자신을 나타내셨다. 그리스도께서는 이 사람에게 자신을 두 가지 면으로 알리시는데, 주님의 말씀에 그에 대한 각별한 사랑이 실려 있다.

(1) 네가 그를 보았거니와. 그 사람은 주 예수의 은혜로 눈을 뜨게 되어 주님을 볼 수 있었다. 이제 그는 지각이 생겨서 자신이 말할 수 없이 큰 자비로 눈을 뜨게 되어 하나님의 아들을 보게 되었으며, 그로 인한 기쁨은 이 세상의 빛을 봄으로써 얻은 기쁨과 비교할 수 없이 크다는 것을 알았다. 주의: 육체의 시력이 주는 가장 큰 위로는 믿음이 더욱 자라게 하는 데 있다. 이 사람은 이제 하나님의 구원을 보았으니 노인 시므온처럼 과거의 맹인 상태로 돌아가도 여한이 없었을 것이다! 이것을 마음의 눈을 뜨는 것에 적용해서 생각하면, 주께서 영적 시력을 주시는 것이 주로 그리스도를 볼 수 있도록 하려는 데 있음을 알게 된다(참조. 고후 4:6). 우리는 과연 믿음으로 그리스도를 보았다고 말할 수 있는가? 믿음으로 주님의 아름다우심과 영광스러우심, 구원하시는 능력과 의지를 보고서 주님으로 만족한다고 말할 수 있는가? 우리 마음의 눈을 뜨게 해주신 주님께 감사드리자.

(2) 지금 너와 말하는 자가 그이니라. 이렇게 하시기 위해 친히 낮추신 그리스도께 그 사람은 큰 빚을 지고 있었다. 주께서는 당신을 볼 수 있도록 해주셨을 뿐 아니라, 당신과 사귐을 가질 수 있도록 허락하셨다. 세상의 권력자들은 백성들 앞에 모습은 드러낼지언정 그들이 자기들과 대화하는 것은 허락하지 않는다. 그러나 그리스도께서는 당신을 사모하는 자들에게 말씀과 성령으로 당신

을 나타내 주시며, 엠마오로 가던 두 제자에게 하셨듯이 친히 그들과 말씀을 나누시는 가운데 자신을 나타내시어 마음을 뜨겁게 해주신다(눅 24:32). 여기서 관찰할 점은, 이 가련한 사람은 주님을 뵙고 대화를 나누고 있는 동안 구주를 간절히 찾았다는 점이다. 주의: 예수 그리스도께서는 자신을 구하는 자들에게 그들이 의식하는 것보다 더 가까이 와 계시는 경우가 종종 있다. 의심이 있는 그리스도인들은 주께서 그들과 대화를 나누시고 그들에게 힘을 주시고 계시는 동안에, 주께서 어디 계신가 말하며 주님을 뵐 수 없는 곳으로 떨어질까봐 두려워한다.

4. 맹인이었던 사람은 이 놀라운 계시를 기꺼이 받아들이고, 기쁨과 경이로움에 싸여서 주여 내가 믿나이다 하고 말하고는 주 앞에 절했다.

(1) 그는 그리스도께 대한 믿음을 고백했다: 주여, 당신이 하나님의 아들이신 줄을 제가 믿나이다. 자기에게 그렇게 큰 자비를 베푸사 큰 기적을 행해 주신 주님께서 하시는 말씀에 토를 달지 않았으며, 그러한 표적으로 확증된 교훈이 진리임을 의심하지 않았다. 마음으로 믿은 것으로 입으로 고백했다. 상한 갈대가 백향목이 되었다.

(2) 그는 그리스도께 경배했다: 절하는지라. 위인(偉人)에게 바치는 존경을 바치고 고마운 분에게 감사를 표시했을 뿐 아니라, 주님을 신적인 분으로 알아 육신으로 나타나신 하나님의 아들로 인정하고 경배했다. 경배를 받을 분은 하나님 외에 아무도 없다. 따라서 그 사람은 예수께 경배함으로써 주께서 하나님이심을 고백했다. 주의: 참 믿음은 주 예수께 겸손히 경배하는 데서 나타난다. 주님을 믿는 자들은 세상을 살아가는 동안 주님을 경배해야 할 충분한 이유를 발견하게 된다. 이 사람에 관한 기록은 본문으로 끝난다. 그러나 그 순간부터 그가 항상 그리스도를 좇았을 가능성이 매우 크다.

[39]예수께서 이르시되 내가 심판하러 이 세상에 왔으니 보지 못하는 자들은 보게 하고 보는 자들은 맹인이 되게 하려 함이라 하시니 [40]바리새인 중에 예수와 함께 있던 자들이 이 말씀을 듣고 이르되 우리도 맹인인가 [41]예수께서 이르시되 너희가 맹인이 되었더라면 죄가 없었으려니와 본다고 하니 너희 죄가 그대로 있느니라.

박해를 받은 가련한 그 사람을 위로하신 그리스도께서 이번에는 그를 박해한 자들의 죄를 책망하신다. 큰 안식일에 어떤 자들에게는 고통과 번민을, 어떤 자들에게는 안식을 주신 것이다(참조. 살후 1:6, 7). 이 말씀을 하신 때는 맹인이었던 자와 말씀하신 직후가 아니라, 얼마 후에 바리새인들과 대면하셨을 때였던 듯하다. 여기서 살펴볼 점은,

I. 그리스도께서 세상에 오신 목적에 관해서 하신 말씀(39절) : "내가 심판하러 세상에 왔으니 ― 하나님 나라의 큰 일들을 사람들 사이에서 질서 있게 시행하러 왔고, 그 일을 위해 하나님의 지혜로운 뜻대로 재판할 권세를 부여받았으니." 이 말씀은 강단에서 설교자로서 하신 말씀이 아니라, 권좌에 앉은 왕과 재판석에 앉은 판사로서 하신 말씀이다.

1. 주께서는 실로 막중한 일을 위해 세상에 오셨다. 그것은 끊임없이 그리고 총체적으로 세상을 심판하시기 위함이었다. 주께서 심판하러 세상에 오셨다는 말은 다음과 같은 뜻이다. (1) 사람들을 심문할 교훈과 법을 전파하셔서 그들의 상태를 정확하게 밝혀내 구분하고, 그로써 모든 면에서 통치하시고 심판하시기에 적합하게 되시기 위해서 오셨다. (2) 사람들이 주님을 선대하는가 홀대하는가 하는 한 가지 기준으로 그들의 숨은 생각을 밝히시고 그들의 정체를 드러내심으로써 그들을 구분하시기 위해서 오셨다. (3) 교회 정부의 면모를 쇄신하고, 유대인 중심의 경륜을 폐지하고, 하나님에 의해 수립되어 잠시 존속했으나 세월이 흐르면서 낡고, 지도자들의 돌이킬 수 없는 부패로 인하여 썩어 위태롭게 된 체제를 무너뜨리고 새로운 모델에 의해 새 건물을 지으시고, 새로운 규례와 직분 체계를 세우시고, 유대교를 폐지하고 기독교를 수립하시기 위해서 오셨다. 이러한 심판을 위해 세상에 오셨으며, 그것은 위대한 혁명이었다.

2. 이 큰 진리를 주께서는 얼마 전에 행하신 기적에서 이끌어낸 은유를 사용하여 설명하신다. 보지 못하는 자들은 보게 하고 보는 자들은 맹인이 되게 하려 함이라. 그리스도께서 오심으로써 생긴 이러한 차이는 자주 언급된다. 어떤 이들에게는 주님의 복음이 생명으로부터 생명에 이르는 냄새요, 다른 이들에게는 사망으로부터 사망에 이르는 냄새이다.

(1) 이 말씀은 민족들과 열방, 즉 오랜 세월 동안 하나님의 계시의 빛을 보지 못하고 살아온 이방인들에게 적용할 수 있다. 그들이 이제 빛을 볼 수 있게 되었다. 그리고 유대인들에게도 적용할 수 있다. 그들은 오랜 세월 동안 계시의 빛을 누려왔으나, 이제는 평화에 관한 일이 그들의 눈으로부터 가려졌다(호

1:10; 2:23). 이방인들은 큰 빛을 보게 되었으나, 이스라엘에는 어둠이 임하여 그들의 눈이 멀게 되었다.

(2) 이 말씀은 특정한 사람들에게 적용할 수 있다. 그리스도께서 세상에 오신 이유는, [1] 영적으로 맹인이 된 사람들의 눈을 뜨게 해주시기 위함이었다. 말씀으로 대상을 보게 하시고, 성령으로 눈의 기관을 고쳐 주심으로써, 많은 고귀한 영혼들이 어둠에서 빛으로 돌이키도록 하시기 위함이었다. 주께서 세상에 오신 목적은 심판하시기 위함이었다. 즉, 어두운 감옥에서 풀려나기를 갈망하는 자들을 풀어주시기 위함이었다(참조. 사 61;2). [2] 보는 자들을 맹인이 되게 하려 하심이었다. 자기들의 지혜를 자랑하고 그것을 하나님의 계시 위에 두는 자들에게 무지와 불신앙의 낙인을 찍으시기 위함이었다. 자기들의 지혜로 하나님을 알지 못하는 자들에게는 십자가의 도가 미련한 것이었다. 그리스도께서 세상에 오신 목적은 이러한 심판, 즉 사람의 마음에 좌정(坐定)하신 채 영적 왕국의 일을 이루어 가시기 위함이었다. 구약 교회에서는 하나님의 통치의 복과 심판이 지극히 현세적인 성격을 띠었던 것에 반해, 이제는 통치의 방법이 바뀌어야 했다. 하나님 나라의 선량한 백성들이 말씀의 빛으로 마음을 비춤으로써 임하는 영적인 복을 받아야 하듯이, 반역자들도 과거와 달리 전쟁이나 기근이나 전염병이 아닌, 완고한 마음이나 양심의 공포, 강한 미혹, 악한 감정 같은 영적인 재앙으로 벌을 받게 되었다. 이러한 방법으로 그리스도께서는 양과 양 사이에서 심판하실 것이었다(겔 34:17, 22).

II. 그리스도의 말씀을 듣고 트집을 잡은 바리새인들. 그들이 주님과 함께 있었던 이유는 주께로부터 어떤 선한 교훈을 배우기 위함이 아니라, 어떻게든 올무에 걸리게 하기 위함이었다. 그러한 그들이 우리도 맹인인가 하고 말했다. 그리스도께서 보는 자들이 주의 오심으로써 맹인이 될 것이라고 말씀하시자, 그들은 그것이 백성들의 선각자들로서, 예지와 통찰이 남다른 자신들을 겨냥하여 하신 말씀인 줄을 간파했다. 그들의 말은 결국 이런 뜻이었다. "일반 백성들이 지혜에 맹인들인 것은 우리도 안다. 하지만 우리도 맹인이란 말인가? 우리가? 랍비들, 박사들, 율법 학자들, 지식인들인 우리도 맹인이라고?" 그것은 그들에게 상대를 잘 모르고 한 모욕이었다. 주의: 책망을 가장 많이 들어야 하는 자들이 비록 무언의 책망을 분간할 기지가 충분히 있으면서도 정당한 책망도 감당할 아량을 갖고 있지 못한 경우가 많다. 이 바리새인들은 누가복음 11:45의 율법교사들처럼 책망을 모욕과 비방으로 받아들이고서 우리도 맹인인가 하고 대꾸했다. "말 한 마디로도 백성들로부터 존경과 복종을 받는 우리더러 감히 맹인이라고 하는 것인가?"라는 뜻이다. 주의: 말씀의 책망만큼 인간의 타락한 마음을 완고하게 만드는 것이 없으며, 다른 사람들이 그에 관해 내놓은 좋은 평가, 특히 높은 평가만큼 그를 효과적으로 물리치는 것이 없다. 그런 사람은 사람들에게 칭찬을 받으면 무조건 하나님께도 인정을 받는 줄로 아는 셈인데, 그것만큼 큰 속임이 없다. 하나님께서 사람을 보시는 눈은 사람들과 다르기 때문이다.

Ⅲ. 바리새인들의 트집 잡기에 대한 그리스도의 대답. 그 대답은 그들로 잘못을 깨닫게 하지는 못하셨으나 적어도 그들의 입을 다물게 하셨다: 너희가 맹인이 되었더라면 죄가 없으려니와 본다고 하니 너희 죄가 그대로 있느니라. 그들은 자신들이 일반 백성들처럼 남의 말을 잘 믿고 고분고분한 맹인들이 아니고, 독자적인 관점으로 사물을 바라보면서 스스로 길을 개척해 나갈 능력이 있으므로, 아무도 자신들을 인도해줄 필요가 없다고 자부했다. 그들이 자랑한 이것을 그리스도께서는 그들의 수치요 멸망이라고 말씀하신다. 그 이유는,

1. 너희가 맹인이 되었더라면 죄가 없으려니와. (1) "만일 너희가 정말로 무식하다면 너희의 죄가 그렇게 깊지도 않았을 것이며, 지금과 같이 그렇게 큰 죄에 대해 추궁을 당하지도 않았을 것이다. 만일 너희가 가련한 이방인들처럼, 그리고 너희가 인도하는 허다한 백성들처럼 맹인이라면, 상대적인 의미에서 너희 죄가 없었을 것이다." 지나간 무지한 시대에 대해서 하나님께서는 묵인하셨다. 어쩔 수 없는 무지라도 죄를 정당화할 수는 없으나 정상 참작의 이유는 되며 그만큼 죄책이 줄어든다. 빛을 보지 못한 채 멸망하는 사람의 처지가 빛을 보고도 거역한 사람들의 처지보다 더 견딜 만할 것이다. (2) "만일 너희가 스스로 맹인임을 자각했다면, 그래서 너희를 인도해 줄 이가 필요하다고 느낄 수 있었다면, 너희는 그리스도를 즉시 너희의 인도자로 영접했을 것이고, 죄를 짓지 않았을 것이고, 복음이 주는 의를 받음으로써 의롭다 함을 받은 상태에 들어갔을 것이다." 주의: 자기가 병들었음을 아는 것이 치료받을 수 있는 지름길이다. 영혼이 구원받는 길에는 자기 만족만큼 큰 장애물이 없는 것이다.

2. "본다고 하니. 너희가 율법으로부터 배워서 지식이 있다고 하므로 너희 죄가 더욱 크다. 그 지식을 자랑하고, 너희 길을 다른 이가 보여줄 수 있는 것보다 더 잘 본다고 자부하므로 너희 죄가 그대로 남아 있으며, 너희의 사정은 절망적

이고 너희의 질병은 치유할 수 없다." 보지 않으려 하는 사람이 가장 심각한 맹인이듯이, 그들은 본다고 착각하므로 그들의 눈먼 상태는 지극히 위태롭다. 망상에 사로잡혀 스스로 괜찮고 아픈 데가 없다고 생각하는 환자가 가장 치료하기 어렵다. 자기 만족과 긍지에 사로잡힌 사람들의 죄는 그대로 남아 있다. 그들은 은혜의 복음을 배척하므로 그들의 죄가 용서받지 못한 채 그대로 남아 있는 것이다. 네가 스스로 지혜롭게 여기는 자를 보느냐? 그보다 미련한 자에게 오히려 희망이 있느니라(잠 26:12). 바리새인들이 우리는 본다고 하는데, 과연 그들이 보는 것인가? 그들보다 차라리 세리와 죄인 같이 미련한 자들에게 더 소망이 있다.

제
— 10 —
장

개요

이 장의 내용은 다음과 같다. I. 그리스도께서 비유로 당신을 양 우리의 문과 선한 목자로 말씀하심(1-18절). II. 그 말씀에 대한 사람들의 다양한 반응(19-21절). III. 그리스도께서 수전절에 성전에서 유대인들과 변론하심(22-39절). IV. 그리스도께서 예루살렘 성을 떠나 지방으로 가심(40-42절).

[1]내가 진실로 진실로 너희에게 이르노니 문을 통하여 양의 우리에 들어가지 아니하고 다른 데로 넘어가는 자는 절도며 강도요 [2]문으로 들어가는 이는 양의 목자라 [3]문지기는 그를 위하여 문을 열고 양은 그의 음성을 듣나니 그가 자기 양의 이름을 각각 불러 인도하여 내느니라 [4]자기 양을 다 내놓은 후에 앞서 가면 양들이 그의 음성을 아는 고로 따라오되 [5]타인의 음성은 알지 못하는 고로 타인을 따르지 아니하고 도리어 도망하느니라 [6]예수께서 이 비유로 그들에게 말씀하셨으나 그들은 그가 하신 말씀이 무엇인지 알지 못하니라 [7]그러므로 예수께서 다시 이르시되 내가 진실로 진실로 너희에게 말하노니 나는 양의 문이라 [8]나보다 먼저 온 자는 다 절도요 강도니 양들이 듣지 아니하였느니라 [9]내가 문이니 누구든지 나로 말미암아 들어가면 구원을 받고 또는 들어가며 나오며 꼴을 얻으리라 [10]도둑이 오는 것은 도둑질하고 죽이고 멸망시키려는 것뿐이요 내가 온 것은 양으로 생명을 얻게 하고 더 풍성히 얻게 하려는 것이라 [11]나는 선한 목자라 선한 목자는 양들을 위하여 목숨을 버리거니와 [12]삯꾼은 목자가 아니요 양도 제 양이 아니라 이리가 오는 것을 보면 양을 버리고 달아나나니 이리가 양을 물어 가고 또 헤치느니라 [13]달아나는 것은 그가 삯꾼인 까닭에 양을 돌보지 아니함이나 [14]나는 선한 목자라 나는 내 양을 알고 양도 나를 아는 것이 [15]아버지께서 나를 아시고 내가 아버지를 아는 것 같으니 나는 양을 위하여 목숨을 버리노라. [16]또 이 우리에 들지 아니한 다른 양들이 내게 있어 내가 인도하여야 할 터이니 그들도 내 음성을 듣고 한 무리가 되어 한 목자에게 있으리라 [17]내가 내 목숨을 버리는 것은 그것을 내가 다시 얻기 위함이니 이로 말미암아 아버

지께서 나를 사랑하시느니라 [18]이를 내게서 빼앗는 자가 있는 것이 아니라 내가 스스로 버리노라 나는 버릴 권세도 있고 다시 얻을 권세도 있으니 이 계명은 내 아버지에게서 받았노라 하시니라.

그리스도께서 이 말씀을 (22절에 언급된) 겨울의 절기인 수전절에 하셨는지는 분명하지 않다. 아마도 앞의 사건과 다음에 올 사건 이전에 하신 말씀으로 간주할 수 있을 듯하다. (그렇게 볼 수 있는 근거는 그리스도께서 22절 이후의 말씀에서도 양의 은유를 사용하시는 점으로 미루어, 그 말씀과 본문의 말씀을 같은 자리에서 하셨다고 볼 수 있기 때문이다.) 또한 이 말씀이 앞 장 말미에서 바리새인들과 벌이신 변론의 연속이었는지도 확실하지 않다. 바리새인들이 그리스도를 반대한 근거는, 자신들이 교회의 목자들이며, 예수는 자기들에게 아무런 권한도 위임받지 않았으므로 침입자요 사기꾼이며, 따라서 백성들이 그를 따르는 것을 막아야 한다는 것이었다. 이 논리에 대해서, 그리스도께서는 누가 거짓 목자들이고 누가 참된 목자인지 가르치심으로써, 그들로 하여금 자신들이 누구인지 생각하게 하신다.

I. 그리스도께서 베푸신 비유(1-5절).   이 비유는 목양이 주요 산업이었던 그 나라의 관습에서 취하신 것이다. 비유를 들어 신적 진리를 설명하려고 할 때는 가장 친숙하고 공통적인 것들에서 취해야 한다. 그렇지 않으면 하나님께 속한 일들을 밝히려다가 오히려 더 어둡게 만들 수 있다. 비유의 서론은 매우 엄숙하다: 내가 진실로 진실로 — 아멘, 아멘 — 너희에게 이르노니. 이러한 열정적인 확언은 친히 하시려는 말씀이 그만큼 확실하고 중요함을 암시한다. 교회의 찬송과 기도에서 아멘이 중복되는 것을 우리는 발견한다(시 41:13; 72:19; 89:52). 우리의 아멘이 하늘에서 받아들여지기를 바란다면, 그리스도의 아멘이 땅에서 받아들여지는 것이 필요하다. 그리스도께서는 아멘을 거듭 말씀하셨다.

1. 이 비유에서 살펴보게 되는 점은, (1) 도둑과 강도의 증거. 그는 양들에게 불행을, 주인에게 손해를 끼치기 위해 온다. 그는 양의 우리에 들어올 합법적인 권한이 없으므로 문을 통해 들어오지 않고 창문이나 벽의 균열 부분 같은 다른 데로 넘어 들어온다(1절). 악인들이 불행을 초래하기 위해 얼마나 부지런히 노력하는가! 그 일을 위해 얼마나 심사숙고하여 계획을 세우고, 얼마나 어려움과 수고를 감내하며, 얼마나 위험을 감수하는가! 하나님을 섬기는 데 게으르고 소심

한 우리들은 그들을 보고 부끄러워해야 한다. (2) 양들에 대한 소유권을 가지고 그들을 보살피는 합법적 주인을 구분하는 특징은 문을 통해 들어가는 것이며(2절), 양들에게 유익한 일을 해주는 것이다. 상처 입은 양들은 싸매 주고, 병든 양들은 강하게 해준다(겔 34:16). 양들은 사람의 보호를 필요로 하며, 그 보답으로 사람들에게 많은 유익을 준다(고전 9:7). 자기들을 먹이고 보호해 주는 사람들에게 의복과 식량을 제공한다. (3) 목자는 문으로 쉽게 들어간다: 문지기는 그를 위하여 문을 열고(3절). 옛날에는 양들을 잘 보호하기 위해서 양의 우리를 집의 대문 안쪽에 두어서, 문지기가 문을 열어주거나 집 주인이 열쇠를 주는 사람 외에는 아무도 안으로 들어갈 수 없게 했다. (4) 목자는 양들을 보살피고 먹인다. 양은 그의 음성을 듣나니. 목자가 양의 우리로 들어갈 때 마치 개와 말들이 주인에게 하듯 주인의 친밀한 소리를 알아듣는다. 더 나아가 목자는 자기 양의 이름을 각각 부른다. 양들 각각을 정확하게 알고 있으므로, 전체 수효도 잘 파악한다. 목자는 양들을 우리에서 이끌어 내 푸른 목초지로 인도한다. 그리고 양들에게 풀을 뜯게 할 때 그들을 뒤에서 몰지 않고, 앞서 가면서 혹시 닥칠지 모르는 위험을 사전에 대비하며, 양들은 그것이 익숙해져서 목자를 따라가며 안전을 누린다. (5) 양들은 신기하게도 목자를 잘 따른다: 양들이 그의 음성을 아는 고로 따라오되. 음성을 듣고 목자의 마음을 알며, 타인의 음성과 구분한다(소는 그 임자를 알고, 사 1:3). 타인의 음성은 알지 못하는 고로 타인을 따르지 아니하고 오히려 도망하느니라. 음성을 들을 때 주인이 아니라 타인이므로 혹시 악한 의도가 있는가 의심하고서 그에게서 도망한다. 이것이 비유의 내용이다. 이 비유의 실마리는 에스겔 34:31에서 찾을 수 있다: 내 양 곧 내 초장의 양 너희는 사람이요 나는 너희 하나님이라.

2. 이 비유에서 생각할 점은 다음과 같다. (1) 선량한 신자들을 양들로 비유하는 것은 적합하다. 사람은 자기를 지으신 창조자를 의존하는 피조물이므로 하나님의 초장의 양이라 불린다. 새로운 피조물이 된 선량한 신자들은 양들의 좋은 특성을 지닌다. 양들처럼 무해하고 공격적이지 않다. 온유하고 고요하며, 시끄럽지 않다. 목자와 도살자의 손 아래에서 인내한다. 목자에게 유용하고 유익하며, 길들이기 쉽다. 서로 화목하게 지내며, 제사에 크게 이롭게 쓰인다. (2) 세상에 있는 하나님의 교회는 양의 우리로서, 널리 흩어져 살던 하나님의 자녀들이 함께 모이며(11:52), 그 안에서 서로 연합하여 하나가 된다. 교회는 좋은 양이

우리이다(겔 34:14. 참조. 미 2:12). 이 우리는 튼튼한 요새이다. 하나님께서 친히 불로 둘러싼 성곽이 되시기 때문이다(슥 2:5). (3) 이 양의 우리는 도둑과 강도들에게 많이 노출되어 있다. 시험하는 자들이 찾아와 교묘한 시험으로 타락시키고 속이며, 잔혹한 박해자들이 멸하고 삼키려 한다. 사나운 이리(행 20:29). 도둑들이 그리스도의 양들을 훔쳐내서 귀신들에게 제물로 바치거나, 그들의 양식을 가로챔으로써 굶어죽게 한다. 거짓 선지자들을 삼가라. 양의 옷을 입고 너희에게 나아오나 속에는 노략질하는 이리라(마 7:15). (4) 양들의 큰 목자는 기이한 능력으로 당신에게 속한 모든 양들을 보살피신다. 하나님께서 큰 목자이시다(시 23:1). 주께서는 자기 양들을 아시고 그들을 이름으로 부르시며, 자기 양들로 인을 치시고, 비옥한 초장으로 인도하셔서 그곳에서 먹고 쉬게 하시고, 인자하게 말씀하시고, 섭리로써 보호하시고, 성령과 말씀으로 인도하시며, 그들의 앞에서 행하시어 그들로 당신의 발자취를 따르게 하신다. (5) 하나님의 양들을 먹이도록 위임을 받은 목자들은 목자장(牧者長)으로부터 받은 사명을 주의 깊게 충성스럽게 수행해야 한다. 정치 지도자들이 그들을 보호하고 그들의 현세적 삶을 뒷받침해야 하듯이, 목회자들은 그들의 영적 삶을 뒷받침하고, 하나님 말씀으로 그들의 영혼을 먹여야 하며, 복음의 교훈대로 성례와 권징을 베풀어 그들의 삶을 감독해야 한다. 그들은 정식으로 위임을 받는 문을 통해 들어가야 하며, 그런 참 목자에게 문지기는 문을 열어준다. 그리스도의 영이 그들 앞서 행하시어 문을 열어 주시며, 교회에서 그들에게 권위를 주시며, 그들의 가슴에 확신을 주신다. 그들은 양들을 이름으로 알아야 하며, 그들을 보살펴야 한다. 그들을 공적 사역의 초장으로 인도해야 하며, 그들 가운데 거하면서 하나님께 그들의 입이 되어 주고, 그들에게 하나님의 입이 되어 주어야 한다. 그들의 언행은 신자들의 본이 되어야 한다. (6) 그리스도의 참된 양들은 목자이신 주님을 따르며, 타인들에 대해서 극도로 경계한다. [1] 그들은 목자를 따른다. 식별하는 귀와 순종하는 마음이 있어서 목자의 음성을 알기 때문이다. [2] 그들은 타인에게서 도망친다. 그의 음성을 모르기 때문에 그를 따르기를 무서워한다. 그리스도의 음성이 들리지 않는 자들, 믿음에서 떠나 자신에 관한 헛된 기대를 갖게 만드는 자들을 따라가는 것은 위험하다. 하나님의 말씀의 능력과 효과를 맛본 사람들에게는 사탄의 간교한 꾀를 알아차리고, 선과 악을 구별하는 기이한 지혜가 있다.

Ⅱ. 주님의 비유에 담긴 의미와 취지를 깨닫지 못한 유대인들(6절) : 예수께서

이 비유 — 상징적이지만 지혜롭고 아름답고 교훈적인 — 로 그들에게 말씀하셨으나 그들은 그가 하신 말씀이 무엇인지 알지 못하니라(6절). 누구를 가리켜 절도며 강도라고 하셨으며 선한 목자라고 하셨는지 그들은 깨닫지 못했다. 많은 사람들이 그리스도의 말씀을 들으나 깨닫지 못하는데, 그것은 죄와 수치이며, 그렇게 되는 것은 그들이 깨달을 의지가 없기 때문이요, 선입견을 가지고 말씀을 재단하려 하기 때문이다. 그들은 하나님 나라의 실재를 알지 못하고 좋아하지도 않으므로, 비유와 예화로 그것을 설명해 주어도 이해하지 못한다. 바리새인들은 지식에 대한 자부심이 매우 컸고 그것에 대해 도전받는 것을 견디지 못했으면서도, 예수께서 말씀하신 실제 내용에 관해서는 제대로 이해할 만한 능력이 없었다. 큰 지식을 갖고 있는 듯이 행세하는 사람들이 오히려 하나님에 관한 일에 지극히 무지한 경우가 적지 않다.

Ⅲ. 그리스도께서 비유를 자세히 설명해 주심. 주 예수의 말씀에 아무리 이해하기 어려운 점들이 있을지라도, 깨닫고자 하는 간절한 마음만 있다면 주께서 언제든 설명해 주시려 하는 것을 발견하게 된다. 성경의 이 부분이 다른 부분을 설명해 주며, 복되신 성령께서 복되신 예수에 관해 설명해 주시는 것을 발견하게 된다. 그리스도께서는 이 비유에서 문으로 들어가는가 하는 기준으로 목자와 강도를 구분하셨다. 그런데 비유를 설명하실 때는 당신이 친히 목자가 들어가는 문인 동시에 문으로 들어가는 목자라고 말씀하신다. 동일인을 문이라 했다가 목자라고 하신 것이 수사학에서는 파격일 수 있지만, 신성의 관점에서 보면 그리스도께서 스스로 생명을 갖고 계신 까닭에 스스로 권위를 지니시는 것이 전혀 파격이 아니다. 주께서는 당신의 피를 문으로 삼아 친히 성소에 들어가셨다.

1. 그리스도는 문이시다. 주께서는 의를 구하는 체하면서 실제로는 소돔 사람들처럼 문을 찾느라 곤비한 사람들에게 이 말씀을 하셨다. 자기들이 하나님의 유일한 양들이라고 생각한 유대인들, 자기들이 유일한 목자들이라고 생각한 바리새인들에게, 나는 양의 문이라, 내가 교회의 문이라고 말씀하셨다.

(1) 이 말씀을 일반적인 의미로 이해하자면, [1] 그리스도께서는 절도와 강도를 막기 위한 닫힌 문이시다. 그런 자들은 그 문으로 들어가지 못한다. 문을 닫는 것이 집을 지키는 방책이다. 주 예수께서 교회와 세상 중간에 계시면서 그 지혜와 능력과 인자하심으로 모든 원수들을 막아주시는 것만큼 하나님의 교회

에 더 큰 안전의 보장이 어디 있는가? [2] 그리스도께서는 통행과 의사전달을 위한 열린 문이시다. 첫째로, 문이신 그리스도에 힘입어 우리가 하나님의 양들 가운데 들어감을 얻는다(14:6). 둘째로, 주께서 우리를 받아주시고 뒷받침해 주심으로써, 우리를 견고케 하여 주의 이름으로 행하게 하심으로써, 우리가 신앙적인 대화로써 교회를 출입한다(참조. 슥 10:12). 셋째로, 하나님께서 그리스도로 말미암아 당신의 교회에 임하시고, 친히 교회에 말씀하신다. 넷째로, 문이신 그리스도로 말미암아 양들은 마침내 하늘 나라에 들어감을 얻는다(마 25:34).

(2) 이 말씀을 좀 더 구체적으로 이해하자면,

[1] 그리스도는 양들의 문이시므로, 그리스도로 말미암아 양의 우리에 들어오지 않는 자들은 목자들이 아닌 절도며 강도들이다. 아무리 목자 행세를 해도 소용이 없다. 그러나 양들은 그들의 음성을 따르지 않는다. 이 말씀은 관원들이든 성직자들이든 이스라엘 사회에서 목자의 지위에 있으면서 메시야를 존경하지도 기대하지도 않은 채 현세적인 이해에 따라서 직무를 수행해온 모든 자들을 가리켜 하신 말씀이다. 여기서 관찰할 점은, 첫째로, 그들에 대한 평가: 그들은 절도요 강도이다(8절). 주님보다 앞서 온 사람들 가운데 많은 이들은 신실한 목자들이었으나, 주께서 보내지도 않으셨는데 앞질러 온 모든 자들(렘 23:21)은 적그리스도가 자신을 그리스도 위에 높이게 될 것이듯이(살후 2:4) 그리스도보다 높은 듯이 행세했다. "나보다 앞서 와서 내 길을 가로막고, 백성들에게 나에 대한 편견을 심어줌으로써 내가 그들의 마음에 들어가는 것을 방해한 서기관과 바리새인, 대제사장들은 아무런 권리도 없으면서 사람들의 마음을 훔치고 나의 소유권을 탈취해 가려 하는 절도요 강도들이다." 그런데 오히려 그들이 우리 구주를 절도와 강도로 단죄했다. 주께서 그들을 문으로 존중하여 그들을 통해 오시지 않았고, 그들에게 사역의 승낙도 받지 않으셨다는 것이 그 이유였다. 그러나 주께서는, 그들이 마땅히 자신에게 위임을 받아야 했고, 승낙을 받아 사역을 해야 했고, 자신 뒤에 와야 하는데 그렇게 하지 않고 오히려 주님 앞에 끼어들었으므로 그들이 절도요 강도라고 말씀하셨다. 그들은 주님의 제자로서 올 마음이 없었던 까닭에 주님의 권위를 탈취한 자들로 정죄를 받은 것이며, 그들의 지위는 무효였다. 주의: 그리스도와 경쟁하는 자들은 아무리 목자 행세를 해도, 아니 목자들의 목자 행세를 해도 주님의 교회를 해치는 강도들이다. 둘째로, 양들을 그들로부터 보호하시려는 마음: 양들이 듣지 아니하였느니라. 영적

이며 천상적인 참된 경건의 능력을 드러내는 사람들, 하나님을 섬기는 거룩한 생활에 헌신하는 사람들은 장로들의 유전을 인정할 수도 없고, 그들의 의식주의를 좋아할 수도 없다. 그리스도의 제자들은 주님으로부터 구체적인 지시가 없이는 손에 물을 뿌리는 결례를 행하지 않고 식사를 하거나 안식일에 곡식 이삭을 잘라먹는 일에 가책을 느끼지 않는다. 참된 기독교에 바리새주의만큼 장애가 되는 것이 없으며, 경건한 사람에게 바리새인 같은 위선적인 경건만큼 혐오스러운 것이 없다.

[2] 그리스도는 양 우리의 문이시다(9절): 누구든지 나로 말미암아(디 에무 – 문인 나를 통하여) 들어가면 구원을 받고. 누구든지 양들 가운데 하나로서 들어가면 구원을 얻을 것이다. 절도와 강도들로부터 안전을 누릴 뿐 아니라, 복을 누리며 출입하게 될 것이다. 여기서 살펴볼 점은, **첫째로,** 양 우리로 들어가는 길을 알려주는 쉬운 지침: 문이신 예수 그리스도로 말미암아 들어가야 한다. 하나님과 사람 사이의 위대하신 중보자 예수 그리스도를 믿음으로 말미암아 우리는 언약과 하나님과의 사귐 안으로 들어간다. 그리스도의 교회에 가입하지 않고는 누구도 하나님의 교회 안으로 들어갈 길이 없다. 구주의 은혜와 다스림에 복종하지 않고는 누구도 하나님 나라의 시민으로 인정받을 수 없다. 우리는 믿음의 문을 통하여 들어가야 한다(행 14:27). 무죄의 문이 우리에게 닫혀서 그리로 들어갈 수 없기 때문이다(창 3:24). **둘째로,** 이 지침을 따르는 자들에게 주시는 귀한 약속. 1. 그들은 영원한 구원을 얻을 것이다. 이것은 그들의 본향에 대한 특권이다. 이 양들은 자기들의 범죄에 대한 하나님의 공의로운 심판에서 해방된다. 그들의 큰 목자께서 그들의 범죄에 대한 대가를 치르시고 울부짖은 사자의 먹이가 되는 데서 구해 주셨기 때문이다. 그들은 영원한 복을 누리게 될 것이다. 2. 그 과정에서 양들은 들어가고 나가면서 초장을 발견할 것이다. 이것은 그들의 길에 대한 특권이다. 그리스도의 은혜에 힘입어 세상에서 서로 간에 사귐을 가지며, 마치 사람이 자기 집에 거하듯이 우리 안에 거하면서 자유롭게 출입한다. 참 신자들은 그리스도 안에 거하는 것이 집에 있는 것처럼 편하다. 나갔다 돌아올 때도 외인들에 대해서처럼 문이 닫히지 않고 자유롭게 다시 들어올 수 있다. 들어와서는 죄인들처럼 안에 갇히지 않고 자유롭게 나간다. 아침에 들판으로 나갔다가, 밤에 양 우리로 돌아온다. 그 과정에서 목자께서 친히 그들을 인도하시고 보호하시며, 그들은 나갈 때든 들어올 때든 꼴을 얻는다. 들에서는 풀을,

우리에서는 건초를 먹는다. 공적인 자리에서와 사적인 자리에서 하나님의 말씀을 받음으로써 영적 생활의 자양을 공급받으며, 마음의 소원을 채움받는다. 하나님의 집에 충만한 선함이 그들을 충만케 채워준다.

2. 그리스도께서는 목자이시다(11절 이하). 주께서는 구약성경에서 목자로 예언되셨다(사 40:11; 겔 34:23; 37:24; 슥 13:7). 신약성경에서는 큰 목자(히 13:20), 목자장(벧전 5:4), 우리 영혼의 목자와 감독(벧전 2:25)으로 언급되신다. 우리의 큰 주인이신 하나님께서 아들이신 예수를 우리의 목자로 세우셨다. 본문에서 주께서는 그 관계를 거듭 말씀하신다. 선한 목자가 자기 양들을 보살피듯이, 주께서는 당신의 교회와 모든 신자들 하나하나를 보살피신다. 그리고 목자가 양들에게서 기대하듯이, 교회와 모든 신자들에게 순종과 사랑을 기대하신다.

(1) 그리스도는 목자이시며, 문으로 들어오지 않는 도둑이 아니시다. 여기서 관찰할 점은,

[1] 도둑이 품는 악한 의도(10절): 도둑이 오는 것은 선한 일을 행하려 함이 아니라 도둑질하고 죽이고 멸망시키려는 것뿐이다. 첫째로, 도둑들은 목자이신 그리스도와 목장인 교회를 향한 신자들의 마음을 훔침으로써 영적으로 죽이고 멸망시킨다. 그들은 저주받을 이단설을 가만히 끌어들인다. 영혼을 속이는 것은 영혼을 죽이는 것이다. 성경의 교훈을 왜곡해서 가르침으로써 성경을 도둑질하고, 성례를 왜곡해서 시행함으로써 성례를 도둑질하고, 권징을 주께서 의도한 바와 다르게 시행함으로써 권징을 도둑질하는 자들은 죽이고 멸망하는 자들이다. 무지와 우상숭배는 파괴적인 것이다. 둘째로, 그들은 도둑질할 수 없을 때, 즉 그리스도의 양 무리를 그릇된 길로 인도하거나 몰아대거나 끌고 갈 수 없을 때는 박해와 학살로써 죽이고 멸망시키려 한다. 도둑질을 당하지 않으려고 하는 신자들에게는 박해의 위험이 기다리고 있다.

[2] 목자의 자비로운 의도: 주께서 오신 목적은,

첫째로, 양들에게 생명을 주시기 위함이다. 죽이고 멸망시키려고 하는 도둑과 반대로(그것이 서기관들과 바리새인들의 의도였다), 그리스도께서는 당신이 오신 목적을 다음과 같이 설명하신다. 1. 양으로 생명을 얻게 하고. 그리스도께서는 양들이 풀을 뜯는 푸른 풀밭보다는 마른 뼈들이 가득한 골짜기 같은 곳에 처해 있던 양들 곧 교회 전체에 생명을 주시기 위해서 오셨다. 주께서 오신 목적은 하나님의 진리를 입증하시고, 신적인 제도와 규례를 정결케 하시고, 고통의 원

인을 제거하시고, 꺼져 가는 열정을 되살리시고, 길 잃은 양들을 찾으시고, 상한 자를 싸매 주려 하심인데(겔 34:16), 이것이 주님의 교회에게는 죽은 자 가운데서 살아나는 것과 같은 것이었다. 주께서는 신자 각인에게 생명을 주시기 위하여 오셨다. 생명은 모든 좋은 것을 포함하는 것이며, 위협하는 죽음과 대립해 있다(창 2:17). 우리로 그러한 생명을 얻도록, 마치 무죄 석방된 죄수처럼, 고침을 받은 병자처럼, 죽었다가 다시 살아난 자처럼 해주시기 위해서 주께서는 오셨다. 우리로 의롭다 함을 받고 거룩하게 되고 마침내 영화롭게 되도록 하시기 위해서 오셨다. 2. 더 풍성히 얻게 하려는 것이니라(카이 페리손 에코신). 이 말씀에는 비교급이 사용되었다. 주께서 오신 목적은 양들로 죄로 말미암아 길 잃었을 때보다 더 풍성한, 모세 율법이 약속한 것보다 더 풍성한, 그리고 구약 백성들이 기대한 것보다, 혹은 우리가 구하거나 생각할 수 있는 것보다 더 풍성한 생명을 얻도록 하시기 위함이었다. 그러나 비교의 뜻 없이, 양들로 풍성함을 얻도록 혹은 풍성하게 얻도록 하려 함이라고도 얼마든지 해석할 수 있다. 그리스도께서는 생명을 주시기 위해서 오셨을 뿐 아니라, 페리손 티, 즉 더 많은, 더 좋은 생명을 주시기 위해서 오셨다. 그리스도 안에서 살기만 할 뿐 아니라, 만족하게 풍족하게 기쁨을 가지고 살도록 해주신 것이다. 풍성한 생명은 곧 영원한 생명이요, 죽음이나 죽음의 공포가 없는 생명이다.

둘째로, 양들을 위해 자기 목숨을 버리시기 위함이요, 그로써 그들에게 생명을 주시기 위함이다(11절): 선한 목자는 양들을 위하여 목숨을 버리거니와. 1. 양들을 위해 위험을 무릅쓰고 목숨을 내놓는 것이 선한 목자의 특성이다. 야곱이 그랬다. 그는 피곤한 몸을 이끌고 불철주야 양들을 지켰다(창 31:40). 다윗도 그랬다. 양들을 지키다가 사자와 곰을 만나면 맞서 싸워서 죽였다. 그러한 영혼들의 목자가 사도 바울이었다. 그는 양들을 섬기기 위해서 자기 목숨을 관제(灌祭)와 같이 부었으며, 그들의 구원을 위해서라면 목숨을 아깝게 여기지 않았다. 그러나, 2. 양들을 피로 사시고(행 20:28), 그들의 죄를 사죄하시고, 그들을 깨끗이 씻으시기 위해 피를 흘리신 것이 큰 목자의 특권이었다.

(2) 그리스도께서는 선한 목자이시며, 삯꾼이 아니시다. 목자로 자처하는 사람들 가운데 많은 수는 양들을 죽이고 멸하려는 뜻은 없고 양들을 위하지만, 의무를 매우 불성실하게 행하며, 양들을 방치하여 큰 손해를 입게 한다: 어리석은 목자, 못된 목자(슥 11:15, 17). 이들과 대조적으로,

[1] 그리스도께서는 당신을 선한 목자라 부르시며(11절), 다시 한 번 하나님께서 약속하신 그 선한 목자(호 호이멘 호 칼로스)라고 하신다(14절). 주의: 예수 그리스도는 세상에서 영혼들을 가장 잘 보살피시는 목자이시다. 주님처럼 노련하시고 신실하시고 자상하신 목자가 없으며, 주님처럼 영혼들을 먹이시고 인도하시고 보호하시고 치료하시는 목자가 없다.

[2] 그리스도께서는 모든 삯꾼들과 달리 당신이 선한 목자임을 입증하신다(12-14절). 여기서 관찰할 점은,

첫째로, 신실하지 못한 목자의 무책임한 태도(12, 13절). 삯을 조건으로 고용된, 그리고 양들의 주인이 아닌 목자는 양들로 인해 잃을 것도 얻을 것도 없으므로, 이리가 오는 것을 보거나 다른 어떤 위험이 닥치면 양들을 버리고 도망한다. 사실상 양들에게 아무런 관심도 없기 때문이다. 이 말씀은 어리석은 목자(슥 11:17)를 염두에 두고 하신 것이 분명하다. 악한 목자들 곧 악한 권력자들과 성직자들을 그들의 악한 원칙과 악한 행위로 묘사하신다.

a. 그들의 악한 원칙. 즉, 그들의 악한 행위의 뿌리. 무엇이 영혼들을 맡은 사람들로 어려운 때에는 사명을 저버리고, 고요한 때는 관심을 기울이지 않게 하는가? 무엇이 그들로 거짓되고 어리석고 자기 이익을 구하게 하는가? 그것은 그들이 삯꾼이어서 양들에 관심이 없기 때문이다. 즉, (a) 그들의 마음은 세상의 재물에 가 있다. 삯꾼이 된 것도 그 때문이다. 그들은 목자의 직분을 생계 수단과 재산 증식의 방법으로 사용하고, 그리스도를 섬기고 선한 일을 하는 데는 일차적인 관심이 없다. 돈을 사랑해서, 그리고 자기 배를 채우기 위해서 목자가 된 것이다. 제단에서 섬기기 위해서 살지 않고, 안락하게 살기 위해서 제단에서 섬기는 사람들이다. 일꾼은 먹을 자격이 있다. 그리고 목회자가 생계에 허덕이면 그 사역도 보잘것없게 비친다. 그러나 사역보다 품삯을 사랑하고, 품삯을 사모하는 자들은 삯꾼들이다(신 24:15. 참조. 삼상 2:29; 사 56:11; 미 3:5, 11). (b) 그들은 자신들이 맡은 일에 관심이 없다. 양들을 귀하게 여기지 않으며, 다른 사람들의 영혼에 관심이 없다. 그들의 관심은 형제들을 주관하고 다스리는 데 있지, 형제들을 보살피거나 돕는 데 있지 않다. 그들은 자기 일을 구하며, 디모데처럼 영혼들의 상태를 자연스럽게 보살피지 않는다. 이리가 다가올 때 도망치는 것 외에 그들에게 기대할 수 있는 것이 없다. 그가 양들을 돌보지 않는 이유는, 자기 양들이 아니기 때문이다. 물론 목자장으로부터 양들을 돌보도록 위임받은 목자들

의 경우도 양들이 자기들의 것이 아니고, 그들 위에 군림하지도 못하는 것이 사실이지만(그리스도께서는 내 양을 먹이라, 내 양을 치라고 하셨다), 아끼고 사랑하는 면에서는 자기들의 양들과 다름없이 대한다. 바울은 자신이 진정으로 사랑하고 만나기를 고대하던 사람들을 자기 형제들로 간주했다. 교회의 유익을 전심으로 구하지 않고 자기들의 이익을 채우는 자들은 교회를 위해 오래 충성하지 않을 것이다.

b. 그들의 악한 원칙으로 인해 나타나는 악한 행위(12절). 여기서 살펴볼 점은, (a) 삯꾼은 비겁하게 자기 직책을 버린다. 이리가 오는 것을 볼 때, 그래서 그가 절실히 필요할 때, 그는 양들을 버리고 달아난다. 주의: 자신의 사명보다 안전에 더 마음을 기울이는 자들은 사탄의 유혹에 쉬운 먹이가 된다. (b) 그 결과가 얼마나 참담할 것인가! 삯꾼은 양들이 스스로 지킬 것이라는 헛된 망상을 품지만, 사실은 그런 식으로 되지 않는다: 이리가 양을 물어 가고 또 해치느니라. 양들이 두려운 재난에 빠지며, 그에 대한 책임은 패역한 목자들에게 고스란히 돌아갈 것이다. 주께서는 멸망한 영혼들의 핏값을 태만하고 비겁한 파수꾼들의 손에서 반드시 찾으실 것이다.

둘째로, 선한 목자가 삯꾼과 대조적으로 구약의 예언대로 베푸실 은혜와 인자(겔 34:21 이하): 나는 선한 목자라. 교회가 아무리 삯꾼 목회자들의 변절과 태만으로 해를 입고 위험에 처할지라도, 주 예수께서 지금뿐 아니라 앞으로도 영원히 선한 목자가 되신다는 사실은 교회와 모든 신자들에게 큰 위로가 된다. 본문에는 목자가 선을 베푸는 두 가지 사례가 언급된다.

a. 자기 양들을 친숙히 아심. 주께서는 자신의 양 무리에 속한 모든 백성을 다 아시되, 두 부류의 백성을 다 아신다.

(a) 지금 자신의 양 무리에 속한 모든 사람을 선한 목자로서(3, 4절) 다 아신다(14, 15절): 나는 내 양을 알고 양도 나를 아는 것이. 주의: 그리스도와 참 신자들 사이에는 상호 면식이 있다. 서로를 매우 잘 알며, 그 지식에는 사랑이 배여 있다.

[a] 그리스도께서는 자신의 양들을 아신다. 분별력이 강한 눈으로 누가 자신의 양이고 누가 자신의 양이 아닌지 아신다. 볼품없고 초라할지라도 양은 양으로 알아보시고, 아무리 훌륭하게 치장했을지라도 염소는 염소로 알아보신다. 사실상 자신의 양인 자들은 애정어린 눈으로 바라보신다. 그들의 형편을 아시고 친

히 돌보시며, 인자와 긍휼로 대하시며, 늘 살아 계셔서 아버지 앞에서 그들을 위해 대언해 주신다. 성령으로 그들을 찾아주시고 그들과 사귐을 가지신다. 그들을 아신다. 즉, 그들을 인정하시고 받아주신다(시 1:6; 37:18; 출 33:17).

[b] 양들도 목자이신 주님을 안다. 주께서는 그들을 애정어린 눈으로 바라보시고, 그들은 주님을 믿음의 눈으로 바라본다. 그리스도께서 양들을 아시는 것이 그들이 주님을 아는 것에 앞선다. 이는 주께서 우리를 먼저 아시고 사랑하셨기 때문이며(요일 4:19), 이렇게 우리가 주님을 아는 것보다 주님께 아신 바 된 것이 우리의 행복이다(갈 4:9). 그럴지라도 주님을 아는 것이 그리스도의 양들이 지니는 특성이다. 그들은 모든 거짓 그리스도들과 거짓 선지자들 가운데서 주님을 알아본다. 주님의 마음을 알고, 주님의 음성을 알고, 주님의 죽으심의 권능을 맛보아 안다. 본문에서 그리스도께서는 마치 자신이 양들에게 알려진 바 된 것을 영광스럽게 여기시는 듯이 말씀하시며, 그들의 존경을 자신의 영예로 생각하신다. 그 점과 연관지어 아버지와 자신이 서로 아시는 것을 말씀하신다: 아버지께서 나를 아시고 내가 아버지를 아는 것 같으니. 이 말씀은 다음 두 가지 중 하나이다. 첫째로, 그리스도와 신자들 사이에 존재하는 친밀한 지식과 관계의 근거. 이 관계의 띠인 은혜 언약은 아버지와 아들 사이에 체결된 확고한 구속 언약에 토대를 둔다. 이는 아버지와 아들이 그 문제에 관해서 서로를 온전히 이해하신 까닭에, 그 문제를 불확실하게 만들거나 위태롭게 만들 만한 착오가 전혀 없기 때문이다. 주 예수께서는 당신이 선택하신 사람들을 확실히 아시고(13:18), 그들도 자기들이 신뢰하는 분을 확실히 아는데(딤후 1:2), 그 토대는 아버지와 아들이 평화의 의논을 하실 때 서로의 마음을 온전히 아셨던 사실에 있다. 혹은 둘째로, 그리스도와 신자들 사이에 있는 친밀함을 설명하기 위한 적합한 비유. 그럴 경우 이 말씀은 앞서 하신 말씀에 연속해서 자연스럽게 이어진다: 나는 내 양을 알고 양도 나를 아는 것이 아버지께서 나를 아시고 내가 아버지를 아는 것 같으니. 비교. 17:21. 1. 아들이 도수장으로 끌려가는 어린 양처럼 되시어 고난을 당하실 때 아버지께서 아들을 아시고 사랑하시고 인정하셨던 것처럼, 그리스도께서는 자기 양들을 아시고, 자애로운 눈으로 그들을 바라보시며, 아버지께서 당신에게 그러셨듯이 그들이 홀로 버려질 때에도 그들과 함께하실 것이다. 2. 아들이 아버지를 아시고 사랑하시고 순종하시고 항상 아버지께서 기뻐하시는 일을 하시며, 아버지께서 당신을 버리시는 듯한 상황에서도 아버지 안에 거

하셨듯이, 신자들도 믿음과 순종으로써 그리스도를 안다.

(b) 그리스도께서는 장차 당신의 양 무리에 들게 될 자들을 아시다(16절): 또 이 우리 — 유대 민족 교회 — 에 들지 아니한 다른 양들이 내게 있어 내가 인도하여야 할 터이니. 이 말씀에서 생각할 점은,

[a] 그리스도께서 가련한 이방인들을 바라보시는 눈. 주께서는 때때로 이스라엘 집의 잃어버린 양들에 대한 각별한 관심을 암시하셨다. 그리고 주님의 사역은 그들에게 국한되었다. 그러나 주께서는 다른 양들이 내게 있어라고 말씀하신다. 장차 시간이 지나는 과정에서 이방인들 가운데 그리스도를 믿고 주께 순종하게 될 자들을 양들이라 하시며, 그들이 아직 부르심을 받지 않았고 많은 수가 아직 태어나지도 않았을지라도, 하나님께서 영원부터 품으신 사랑의 작정 가운데 선택하시어 그리스도께 주신 자들이기 때문에 당신의 양들이라고 말씀하신다. 그리스도께서는 아버지께로부터 받으시고 또한 친히 사심으로써 아직 주님의 우리 안에 들지 않은 많은 영혼들에 대해 소유권을 갖고 계셨다. 그러므로 주께서는 고린도에 여전히 악이 무성할 때에도 그곳에 당신의 백성을 많이 두고 계셨다(행 18:10). 그리스도의 말씀은 이런 뜻이었다. "내게 있는 그 다른 양들은 내 마음과 눈에 있으며, 내게는 이미 내 곁에 있는 것처럼 확실하다." 그런데 그리스도께서 그 다른 양들을 언급하신 목적은, **첫째로**, 몇 마리 되지 않는 양들처럼 소수의 추종자들이나 따른다는 조소를 반박하시기 위함이었다. "그러나 내게는 너희가 볼 수 있는 것보다 더 많은 양들이 있다"고 말씀하신 셈이다. **둘째로**, 메시야가 오시면 이스라엘 민족 가운데서 모든 양들을 불러 모으실 것이라는 유대인들의 교만과 허영을 무너뜨리시기 위함이었다. 그렇다면 주께서는 "내게는 다른 양들이 있는데, 그들이 비록 지금은 너희에게 양들을 지키는 개 취급을 당할지라도, 나는 그들을 내 양들과 함께 둘 것이다"라고 말씀하신 셈이다.

[b] 주께서 그들에게 은혜 베푸시려는 목적과 결의: "내가 인도하여야 할 터이니. 그들을 하나님께 인도하고, 교회 안에 가입하도록 해야 한다. 그러기 위해서 그들의 허망한 언행을 씻어내도록 하고, 길 잃은 양들처럼 방황하던 데서 이끌어 내야 한다"(참조. 눅 15:5). 그러나 주께서 왜 그들을 인도하셔야 하는가? 그 필연성이 무엇이었는가? **첫째로**, 그들의 절박한 상황이 그것을 요구했다: "내가 그들을 인도하지 않으면 그들은 영원히 방황하게 될 것이다. 그들은 양

들처럼 스스로의 힘으로 돌아오지 못하고, 세상의 어느 누구도 그들을 돌아오게 할 수도, 할 의지도 없기 때문이다." 둘째로, 주께서 위임받으신 사명이 그것을 요구했다. 주께서는 그들을 반드시 인도하셔야 한다. 그렇지 않으면 아버지께 받으신 사명을 신실히 수행하실 수 없다. "그들은 내가 값 주고 산 나의 소유이며, 따라서 나는 그들을 소홀히 하거나 그들이 멸망하도록 내버려두어서는 안 된다." 주께서는 아버지께 위임받으신 자들을 인도하셔야 했다.

[c] 그로 말미암은 복된 결과. **첫째로**, "그들은 내 음성을 들을 것이다. 내 음성이 그들 가운데 울려 퍼지게 될 뿐 아니라(과거에는 주님의 음성을 들을 길이 없어서 믿을 수 없었지만, 이제는 복음의 소리가 땅 끝까지 울려 퍼질 것이다), 그들이 듣게 될 것이다. 내가 말을 하여 그들로 듣게 할 것이다." 믿음은 들음에서 오며, 그리스도의 음성에 부지런히 귀 기울이는 것이 우리가 그리스도께 인도되고, 그리스도로 말미암아 하나님께 인도되는 수단이자 증거이다. **둘째로**, 하나의 우리와 한 목자가 있게 될 것이다. 목자가 한 분이듯이, 우리도 하나만 있을 것이다. 유대인들과 이방인들이 함께 그리스도를 믿게 됨으로 말미암아 하나의 교회 안에서 연합하고, 교회에 내리시는 은혜를 차별 없이 함께 동등하게 누리게 될 것이다. 그리스도께 연합함으로써 그리스도 안에서 서로와 연합할 것이다. 두 계통이 주님의 손에서 하나가 될 것이다. 주의: 한 분의 목자가 하나의 우리를 만든다. 즉, 한 분 그리스도께서 하나의 교회를 만든다. 교회가 그리스도께 대해 하나의 고백을 하고, 하나의 머리에 속하고, 한 분 성령께 감화를 받고, 하나의 표준으로 인도를 받듯이, 교회의 회원들도 사랑 안에서 하나가 되어야 한다(엡 4:3-6).

b. 그리스도께서 양들을 위해 목숨을 버리시는 것은 주께서 선한 목자이신 또 하나의 증거이며, 주께서는 이 말씀으로 당신의 사랑을 더욱 강조하신다(15, 17, 18절).

(a) 주께서는 양들을 위해 죽으시는 목적을 선언하신다(15절): 나는 양을 위하여 목숨을 버리노라. 그들을 위해서 목숨을 거셨을 뿐 아니라(그 경우에는 목숨을 보존할 수도 있다는 희망과 그것을 잃을지도 모른다는 두려움이 대칭을 이룬다), 실제로 버리셨으며, 우리를 구속하기 위해 죽으셔야 할 당위를 받아들이셨다. 티테미 — 내가 그것을 저당물 혹은 보증으로 내놓는다. 당신의 목숨을 속전(贖錢)으로 지불하셨다. 제사에 바쳐지기 위해 도살하도록 지정된 양들이 목자의

핏값으로 속량되었다. 주께서 당신의 목숨을 버리신 이유는 양들의 유익을 위함이었을 뿐 아니라, 그들을 대신하신 것이기도 했다. 과거에 헤아릴 수 없이 많은 양들이 목자들을 위해 속죄 제물로 바쳐졌으나, 이제는 놀라운 반전이 이루어져서 목자가 양들을 위해 제물로 바쳐지신다. 이스라엘의 목자 다윗은 자신이 죄를 범함으로써 멸망의 사자가 칼을 빼들고 그 대신에 양들을 치자, 나는 범죄하였고 악을 행하였거니와 이 양 무리는 무엇을 행하였나이까 하고 호소했다(삼하 24:17). 그러나 다윗의 자손은 죄도 없고 흠도 없으셨다. 하지만 그분의 양들은 과연 행하지 않은 악이 어디 있었는가? 그럴지라도 주께서는 당신의 손으로 저를 치소서 하고 구하셨다. 본문에서 주께서는 스가랴 13:7의 예언을 가리키시는 듯하다: 칼아 깨어서 내 목자, 내 짝 된 자를 치라. 이렇게 목자를 쳐서 양들을 흩으심은 그들을 다시 모으시기 위함이었다.

(b) 주께서는 많은 사람들이 걸려 넘어지는 십자가 수난의 목적을 다음 네 가지 점을 들어 설명하신다.

[a] 주께서 양들을 위해 목숨을 버리시는 것은 조건이었다. 그 조건을 이루심으로써 높아지신 지위에 따르는 영광과 권세를 얻게 되실 것이었다(17절): "내가 내 목숨을 버리는 것은 그것을 내가 다시 얻기 위함이니 이로 말미암아 아버지께서 나를 사랑하시느니라. 이러한 조건 위에서 나는 중보자로서 내 아버지께서 나를 받으시고 인정하시고 나를 위해 영광을 마련하신 것 — 내가 선택된 남은 자들을 위해 희생 제물이 되는 것 — 을 기대한다." 주께서는 하나님의 아들의 자격으로서는 영원부터 아버지의 사랑을 받으셨으나, 신인(神人) 곧 임마누엘의 자격으로서는 양들을 위해 목숨을 버리시는 까닭에 아버지의 사랑을 받으셨다. 하나님의 영이 친히 택하신 사람을 인하여 기뻐하신 이유도 그가 하나님의 신실한 종이셨기 때문이다(사 42:1). 그러므로 하나님께서는 그를 가리켜 이는 내 사랑하는 아들이라고 말씀하셨다. 하나님께서 우리를 사랑하시기 위해 아들을 더 사랑하셨다니, 우리를 얼마나 극진히 사랑하신 것인가! 또한 그리스도께서 아버지의 사랑을 얼마나 귀하게 여기셨기에 양들을 위해 당신의 목숨을 버리기까지 하셨는가 다시 한 번 생각하게 된다. 주께서는 하나님의 사랑을 모든 수고와 고난에 대한 충분한 상급으로 여기셨는데, 우리가 그 사랑을 부족하게 여겨 세상의 칭찬과 인정을 받으려고 기웃거리는 게 말이 되는가? 아버지께서 나를 사랑하시느니라. 아들을 사랑하시고, 또한 믿음으로 아들과 하나가 되는 모

든 사람을 사랑하신다. 이러한 신비스러운 몸이 있게 된 것은 주께서 목숨을 버리신 일이 있었기 때문이다.

[b] 그리스도께서 목숨을 버리심은 다시 얻기 위함이었다: 내가 내 목숨을 버리는 것은 그것을 내가 다시 얻기 위함이니. 첫째로, 이것은 아버지의 사랑의 결과였고, 주님의 승귀(昇貴)의 첫 걸음이었으며, 그 사랑의 결실이었다. 주님은 하나님의 거룩하신 분이시기 때문에 썩음을 보실 수 없다(시 16:10). 하나님께서 그를 너무나 극진히 사랑하시는 까닭에 무덤에 버려두실 수 없었다. 둘째로, 주께서는 목숨을 버리려 하실 때 곧 부활하심으로써 능력으로 친히 하나님의 아들이심을 만천하에 선포하실 기회를 얻으실 것을 내다보셨다(롬 1:4). 주께서는 하나님의 전략에 의해(아이 성 앞에서의 계획처럼, 수 8:15) 자신을 죽음에 내어주셨다. 겉으로는 마치 죽음에 패하신 것처럼 보였으나, 더 영광스럽게 죽음을 정복하시고, 무덤을 이기시려 하심이었다. 욕된 몸을 버리고, 영들의 세계로 올라가기에 적합한 영광스러운 몸을 취하려 하셨다. 한 알의 밀이 땅에 떨어져 죽음으로써 많은 열매를 맺듯이, 이 세상에 걸맞은 생명을 버리셨으나, 다른 세상에 걸맞은 생명을 취하셨다(12:24).

[c] 주께서 고난과 죽음을 당하신 것은 철저히 자발적인 일이었다(18절): "아무도 내 목숨을 강제로 빼앗을 수 없고, 다만 내가 스스로 버리노라. 나는 버릴 권세도 있고 다시 얻을 권세도 있으니." 이 말씀에서 생각할 점은,

첫째로, 그리스도께서는 생명의 주이시며, 특히 당신 안에 있는 생명에 대해서 더욱 그러하시다. 1. 주께는 온 세상에 대하여 당신의 생명을 지키실 능력이 있으며, 따라서 주님의 동의 없이는 아무도 그것을 빼앗을 수 없다. 겉으로 보기에는 주께서 외부의 강제력에 의해 목숨을 잃으신 것처럼 보이지만, 실제로는 목숨을 내놓으셨다. 그렇지 않았다면 아무도 주님의 목숨을 빼앗을 수 없었다. 주 예수께서는 박해자들의 손길을 피할 수 없어서 그들의 손에 빠져드신 것이 아니라, 당신의 때가 되었으므로 친히 목숨을 그들의 손에 내어주신 것이다. 아무도 내게서 내 목숨을 빼앗을 수 없다. 이러한 말씀은 아무리 대담한 영웅이라도 해본 적이 없는 도전이었다. 2. 주께는 당신의 목숨을 버릴 권세가 있었다. (1) 그럴 만한 능력을 갖고 계셨다. 좋다고 여기실 때는 언제라도 간단히 영혼과 육체를 묶은 끈을 풀어버리실 수 있었다. 자발적으로 육신을 취하셨으므로, 또한 자발적으로 다시 내놓으실 수도 있었다. 실제로 주께서는 십자가에서

큰 소리로 부르짖으신 뒤에 영혼을 버리셨다. (2) 주께는 그렇게 할 만한 권세 (엑수시안)가 있었다. 우리는 비록 스스로 목숨을 끊을 만한 수단이 있을지라도 합법적으로 할 수 있을 때에만 그렇게 할 수 있다(Id possumus quod jure possumus). 우리에게는 그 일을 마음대로 할 자유가 없다. 그러나 그리스도께서는 원하실 때 당신의 목숨을 버리실 주권적 권위를 갖고 계셨다. 주님은 (우리와 달리) 생명이나 죽음에 아무런 부채가 없으셨고, 완전히 자유로우셨다. 3. 주께는 목숨을 다시 얻으실 권세가 있었다. 우리는 그런 권세가 없다. 우리 목숨은 한번 내놓으면 마치 땅에 물을 쏟는 것과 같이 된다. 그러나 그리스도께는 일단 목숨이 떠났을지라도 손닿을 만한 거리, 부를 수 있을 만한 거리에 있으므로 다시 취하실 수 있었다. 자발적으로 버리셨으므로 원하시는 대로 다시 취하실 수 있었으며, 따라서 양도자의 의도가 존중되는 철회권을 가지고 목숨을 버리셨다.

둘째로, 여기서 우리는 그리스도의 은혜를 보게 된다. 아무도 법적으로 주님의 목숨을 요구할 수도 없었고 강제로 빼앗을 수도 없었지만, 주께서 우리의 구속을 위하여 친히 그것을 버리셨다. 구주가 되시기 위해서 당신을 죽음에 내어주셨다. 우리의 상황이 그것을 요구한 까닭에 당신을 제물로 내어주셨다: 내가 여기 있으니 다 가져가라. 이 뜻을 따라 예수 그리스도의 몸을 단번에 드리심으로 말미암아 우리가 거룩함을 얻었노라(히 10:10). 주께서는 제물을 드리는 자가 되신 동시에 제물이 되셨으며, 따라서 목숨을 버리신 일이 곧 당신을 드리신 일이었다.

[d] 주께서는 이 모든 일을 아버지의 정하신 뜻에 따라 행하셨다: 이 계명은 내 아버지에게서 받았노라. 이 계명은 주님의 자발적인 의사에 앞서서 불가피하게 지키도록 제정된 것이 아니라, 즐거이 마음에 새김으로써 그것에 따라 하나님의 뜻 행하기가 기쁜 일이 되도록 한 중보의 법이었다(시 40:8).

[19]이 말씀으로 말미암아 유대인 중에 다시 분쟁이 일어나니 [20]그 중에 많은 사람이 말하되 그가 귀신 들려 미쳤거늘 어찌하여 그 말을 듣느냐 하며 [21]어떤 사람은 말하되 이 말은 귀신 들린 자의 말이 아니라. 귀신이 맹인의 눈을 뜨게 할 수 있느냐 하더라.

본문은 앞의 말씀을 놓고 유대인들이 그리스도에 대해 지녔던 생각이 서로 달랐음을 말한다. 그들 사이에 분쟁이 일어났다. 견해가 충돌하여 서로 나뉘어 격론을 벌였다. 전에도 이런 현상이 있었는데(7:43; 9:16), 이제 다시 한 번 같은 현상이 발생했다. 여론은 통합되고 봉합되기보다 분열되기가 쉽다. 이번의 분열은 그리스도의 말씀이 계기가 되었다. 주님의 말씀은 주님을 중심으로 그들 모두를 하나로 통일시킬 만한 말씀이었으나, 주께서 예견하신 대로 그들은 다른 입장을 취했다(눅 12:51). 그러나 사람들이 죄를 범하는 일로 통일되는 것보다 그리스도의 교훈에 관해 분열되는 것이 차라리 낫다(눅 11:21). 그들이 벌인 격론의 내용을 살펴보자.

I. 어떤 이들은 그리스도께서 하신 말씀을 계기로 주님과 주님의 말씀을 비판했다. 대적들의 기세가 워낙 등등했으므로, 공회에서 공개적으로 비판했을 수도 있고, 자기들끼리 있는 자리에서 사적으로 비판했을 수도 있다. 그가 귀신 들려 미쳤거늘 어찌하여 그 말을 듣느냐는 것이 비판의 요지였다.

1. 그들은 주님께 대해 귀신들렸다고 조소했다. 인간으로서 가장 열악한 상태를 가장 훌륭한 분에게 씌운 것이다. "그는 정신 나간 사람이고, 착란에 빠져 헛소리를 해대므로, 그의 말을 듣는 것은 정신병자의 말을 듣는 것과 다름없다"는 뜻이었다. 하지만 어떤 사역자라도 내세에 관해 진지하게 열정적으로 설교하게 되면 광신자 같은 면모가 어느 정도는 나타나기 마련이며, 그것을 보고 미쳤다고 말하는 자들이 있을 수 있다.

2. 그들은 그리스도의 말씀을 경청하는 사람들을 조소했다: "어찌하여 그 말을 듣느냐? 왜 그의 말을 경청하여 계속해서 말할 용기를 심어주느냐?" 주의: 사탄은 사람의 마음을 교만하게 하여 말씀과 성례를 가볍게 여기고, 그것에 마음을 기울이는 것을 약하고 어리석은 행위로 생각하게 함으로써 많은 사람들을 멸망에 빠뜨린다. 사람들은 필요한 음식에 대해서는 그렇게 비웃지 않으면서, 그보다 더 필요한 주님의 말씀에 대해서는 쉽게 비웃는다. 그리스도의 말씀을 듣고 믿음으로 받는 자들은 곧 왜 주님의 말씀을 경청하는지 좋은 이유를 내놓을 수 있게 될 것이다.

II. 다른 이들은 주님과 주님의 말씀을 옹호하고 나섰으며, 비록 역류가 강하게 흐를지라도 그것을 뚫고 헤엄쳐 올라가기를 두려워하지 않았다. 비록 주님을 메시야로까지 믿지는 않았을지라도, 주님과 주님의 말씀을 그렇게 함부로 비난하는 것을 참지 못했다. 비록 주님에 관해 적극적으로 옹호할 말이 없었을지라도, 주께서 정신이 온전하시며 귀신 들리지 않으셨다는 말은 할 수 있었다. 그리스도와 그분의 복음에 관해 쏟아지는 불합리하고 지극히 터무니없는 비난들이 그것이 아니었다면 무관심하게 있었을 사람들을 자극하여 복음을 옹호하도록 만드는 일들이 간혹 있어 왔다. 그들이 주장한 것은 두 가지이다.

1. 범상치 않은 그리스도의 교훈: "이 말은 귀신 들린 자의 말이 아니라. 예사로운 말이 아니며, 정신 나간 사람의 입에서는 이런 말이 도저히 나올 수 없다. 귀신에 사로잡혔거나 자발적으로 귀신의 편이 된 사람의 입에서는 이런 말이 나오지 않는다." 기독교는 만일 참된 종교가 아니라면 인류 역사에 존재했던 속임들 가운데 가장 큰 속임이다. 만일 그렇다면 기독교는 모든 거짓의 아비인 마귀에게서 나왔음이 틀림없다. 그러나 그리스도의 교훈은 귀신들의 교훈이 아님이 분명하다. 주님의 말씀은 마귀의 나라를 직접 겨냥하고 있기 때문이다. 마귀는 대단히 교활한 존재여서 스스로 분열하는 일이 없다. 그리스도의 말씀은 거룩한 성격이 충만하게 드러나는 까닭에 귀신 들린 자에게서 나온 말이 아니며, 따라서 하나님께로부터 보냄을 받으신 분의 말씀이라고 결론지을 수 있다. 지옥에서 온 말이 아니라 천국에서 온 말씀인 것이다.

2. 주께서 베푸신 기적의 권능: 귀신이 — 즉, 귀신 들린 자가 — 맹인의 눈을 뜨게 할 수 있느냐? 귀신 들린 자도 악한 자들도 기적을 행할 수 없다. 귀신들은 그런 기적을 행할 만큼 자연 세력을 주관할 능력이 있는 존재들이 아니다. 설혹 능력이 있더라도 그런 일을 해줄 만큼 인간에게 우호적인 존재들도 아니다. 마귀는 인간의 눈을 열어주기보다 어떻게든 닫게 하려고 애쓴다. 그러므로 예수께서는 귀신 들리지 않으셨다.

[22]예루살렘에 수전절이 이르니 때는 겨울이라. [23]예수께서 성전 안 솔로몬 행각에서 거니시니 [24]유대인들이 에워싸고 이르되 당신이 언제까지나 우리 마음을 의혹하게 하려 하나이까. 그리스도이면 밝히 말씀하소서 하니 [25]예수께서 대답하시되 내가 너희에게 말하였으되 믿지 아니하는도다. 내가 내 아버지의 이름으로 행하는 일들이 나를 증거하는 것이거늘 [26]너희가 내 양이 아니므로 믿지 아니하는도다. [27]내 양은 내 음성을 들으며 나는 그들을 알며 그들은 나를 따르느니라. [28]내가 그들에게 영생을 주노니 영원히 멸망하지 아니할 것이요 또 그들을 내 손에서 빼앗을 자가 없느니라. [29]그들을 주신 내 아버지는 만물보다 크시매 아무도 아버지 손에서 빼앗

을 수 없느니라. [30]나와 아버지는 하나이니라 하신대 [31]유대인들이 다시 돌을 들어 치려 하거늘 [32]예수께서 대답하시되 내가 아버지로 말미암아 여러 가지 선한 일로 너희에게 보였거늘 그 중에 어떤 일로 나를 돌로 치려 하느냐. [33]유대인들이 대답하되 선한 일로 말미암아 우리가 너를 돌로 치려는 것이 아니라 신성모독으로 인함이니 네가 사람이 되어 자칭 하나님이라 함이니라. [34]예수께서 이르시되 너희 율법에 기록된 바 내가 너희를 신이라 하였노라 하지 아니하였느냐. [35]성경은 폐하지 못하나니 하나님의 말씀을 받은 사람들을 신이라 하셨거든 [36]하물며 아버지께서 거룩하게 하사 세상에 보내신 자가 나는 하나님의 아들이라 하는 것으로 너희가 어찌 신성모독이라 하느냐. [37]만일 내가 내 아버지의 일을 행하지 아니하거든 나를 믿지 말려니와 [38]내가 행하거든 나를 믿지 아니할지라도 그 일은 믿으라. 그러면 너희가 아버지께서 내 안에 계시고 내가 아버지 안에 있음을 깨달아 알리라 하시니.

본문에서는 그리스도와 유대인들이 다시 대면하는 장면을 보게 된다. 누구의 말이 더 낯선지, 그리스도의 입에서 나온 은혜로운 말씀인지, 아니면 그들의 입에서 나온 저급한 말인지 말하기 어렵다.

I. 본문에는 이 대면이 이루어진 시기가 언급되어 있다 : 예루살렘에 수전절이 이르니 때는 겨울이라. 수전절(修殿節)은 성전이 모독을 당하고 제단이 더럽혀진 후에 유다 마카베오가 새로운 제단을 봉헌하고 성전을 정결케 한 일을 기념하여 해마다 지키던 절기였다. 자세한 이야기는 마카베오 가문의 역사에 기록되어 있다(참조. 외경 마카베오 상 4장). 그 사건에 대한 예언은 다니엘 8:13, 14에 기록되어 있다. 이 절기에 관해 좀 더 알아보려면 마카베오 하 1:18을 참조하라. 유대인들이 그 때 자유를 되찾은 사건은 마치 죽었다가 생명을 되찾은 것과 같았다. 그들은 그 사건을 기념하기 위해서 해마다 키슬레우 달 25일, 즉 12월 초순부터 7일 동안 절기를 지켰다. 이 절기는 다른 절기들처럼 예루살렘에서만 지키지 않고 백성들이 각자 사는 곳에서 지키되, 거룩한 절기(하나님께서 거룩하게 지키도록 제정해 주신 절기들)와 달리 부림절(에 9:19) 같이 즐거운 명절로 지켰다. 그리스도께서 그 기간에 예루살렘에 가신 것은 절기를 지키기 위함이 아니라 — 절기를 지키기 위해 굳이 예루살렘에 가시지 않아도 되었다 — 그 8일이라는 기간을 선하신 목적에 쓰시기 위함이었다.

II. 대면이 이루어진 장소 : 예수께서 성전 안 솔로몬 행각에서 거니시니(23절).

솔로몬 행각이라 부른 이유는 솔로몬이 건축했기 때문이 아니라, 제1성전에서 솔로몬의 이름이 붙여졌던 지점에 건축되었기 때문이다. 과거의 명성을 보존하기 위함이었다. 그리스도께서는 그 곳을 거니시면서 그 곳에서 모인 산헤드린의 동향을 지켜보셨다(시 82:1). 거니시니. 누구든 청하면 교훈을 베푸실 준비를 하고서 거니셨다. 아마도 한동안은 사람들에게 주목을 받지 못하신 채 홀로 걸으신 듯하다. 성전이 멸망할 일을 내다보시면서 깊은 수심에 잠긴 채 거니셨을 것이다. 그리스도께 나아가 무슨 말씀이라도 드릴 것이 있는 사람들은 성전에 가면 그곳에서 거니시는 주님을 만날 수 있었다.

Ⅲ. 대면의 내용. 여기서 생각할 점은,

1. 유대인들이 던진 중대한 질문(24절). 유대인들이 조소와 불만이 가득 찬 표정으로 주님을 에워쌌다. 주께서는 그들에게 선을 행하실 기회를 기다리고 계셨는데, 그들은 그 기회를 이용하여 주님께 해를 끼치려고 했다. 이처럼 선을 악으로 갚는 것은 인간 세상에서 희귀하고 특이한 일이 아니다. 주께서는 아버지의 집인 성전에서조차 마음 편히 계실 수 없었다. 그들이 주님을 찾아온 것은 사실상 포위하여 공격하기 위함이었다. 그래서 벌떼처럼 주님을 에워쌌다. 그들은 주님 앞에 나올 때 마치 일치된 소원이 있는 양 한 사람처럼 나왔다. 마치 진리에 관해 정직하고 간절한 질문을 가지고 나온 것처럼 행세했으나, 속에는 우리 주 예수를 한번 대대적으로 공격해 보려는 의도가 깔려 있었다. 그리고 자신들이 유대 민족 전체를 대변하는 듯이 말했다: 당신이 언제까지나 우리 마음을 의혹하게 하려 하나이까? 그리스도이면 밝히 말씀하소서.

(1) 그들은 마치 주께서 지금까지 부당하게 기다리게 하신 것처럼 트집을 잡았다. 텐 프쉬켄 헤몬 아이레이스 ― 언제까지나 우리 마음을 도둑질하려 하나이까? 혹은 우리 영혼을 도둑질하려 하나이까? 어떤 이들은 그렇게 번역한다. 이렇게 번역하면 그들의 말은, 주께서 백성들의 사랑과 존경을 받고 계신 것이 정당한 방법으로 얻은 것이 아니라, 과거에 압살롬이 이스라엘 백성의 마음을 훔쳤던 것처럼, 그리고 미혹자들이 교활한 말과 아첨하는 말로 순진한 자들의 마음을 미혹하는 것처럼(롬 16:18; 행 20:30), 은밀한 방법으로 얻은 것이라는 비열한 암시를 담아 말한 것이 된다. 그러나 대다수의 해석자들은 우리의 성경대로[개역개정판도 같음] 이해한다: "당신이 언제까지나 우리 마음을 의혹하게 하려 하나이까? 당신이 그리스도인지 아닌지 판단하지 못한 채 우리가 언제까지 이렇게 변론이

나 하고 있어야 합니까?" 여기서 생각할 점은, [1] 우리 주 예수께서 이미 충분하게 당신이 그리스도이심을 입증하셨는데도 그들이 여전히 의혹 가운데 있다면 그것은 전적으로 그들의 불신앙과 강한 편견 탓이었다. 그들은 쉽게 판단할 수 있는 문제였는데도 의도적으로 주저했다. 분쟁은 그들 내면에서 이루어지고 있었다. 양심적으로는 그분이 그리스도라는 판단이 서는데, 타락한 마음은 아니라고 선언했다. 자신들이 기대하던 그런 그리스도가 아니었기 때문이다. 회의론자가 되기로 작정한 자들은 만일 원한다면 가장 설득력 있는 논거(論據)들이 가장 하찮은 반론들보다 무겁지 않게끔 균형을 유지하는 방식으로 저울의 수평을 유지한다. [2] 그들이 의혹의 원인을 그리스도께 돌린 것은 염치없고 무례한 행위였다. 마치 주께서 말씀을 모순되게 하셔서 자신들이 의혹을 갖게 된 것처럼 말한 것이다. 그러나 사실은 그들 스스로 편견에 사로잡힘으로써 의혹을 갖게 되었다. 만일 하나님의 지혜의 말씀이 의심스럽게 보인다면, 그 잘못은 말씀 자체에 있지 않고 그것을 바라보는 눈에 있다. 하나님의 말씀은 그것을 이해하는 자에게는 매우 분명하고 쉽다. 그리스도께서는 우리가 믿게 되기를 바라시는데, 우리 스스로 의혹을 품는 것이다.

(2) 그들은 주께서 메시야인지 아닌지 직설적이고도 단언적인 대답을 해달라고 도전했다: "그리스도이면 ― 많은 사람들이 믿는 대로 만일 그리스도라면 ―밝히 말씀하소서. 나는 세상의 빛이다 혹은 나는 선한 목자이다라는 식으로 비유로 말씀하지 마시고, 많은 말로써 그리스도라고 말하거나, 아니면 세례 요한처럼(1:20) 아니라고 말씀하소서." 그들의 간절한 질문은 한편으로는 좋게 보이기도 한다. 진리를 알기만 하면 당장이라도 영접할 듯이 진리를 사모하는 것처럼 보였기 때문이다. 그러나 실상은 악한 의도가 깔린 공격적인 질문이었다. 왜냐하면, 만일 주께서 그들에게 당신이 그리스도라고 분명히 말씀하시면 로마 정부로부터 철저한 탄압과 처벌을 받기에 그보다 더 확실한 근거가 없었기 때문이다. 메시야가 왕으로 오시는 분임은 모두가 다 알고 있던 사실이었는데, 따라서 만일 누구든 메시야로 자임하면 로마 정부에 의해 반란자로 기소될 것이며, 실제로 로마 정부는 그렇게 해왔다. 게다가 만일 주께서 당신이 그리스도이심을 분명히 말씀하신다 해도, 유대인들은 앞에서 말했듯이 네가 너를 위하여 증언하니 네 증언은 참되지 아니하도다 하고 말할 것이 틀림없었다(8:13).

2. 그리스도께서 그들의 질문에 대답하신 말씀.

(1) 주께서는 그들의 불신앙과 회의주의에 장식물이 되지 않는 것을 당연히 여기신다. 그런 뜻에서, [1] 앞서 그들에게 하신 말씀을 상기시키신다: 내가 너희에게 말하였으되. 주께서는 이미 그들에게 당신이 하나님의 아들이시고 인자이시며, 당신 안에 생명이 있고, 심판할 권세가 있음을 말씀하셨다. 이쯤 말씀하셨으면 당신이 그리스도이심을 밝히신 것이 아닌가? 그러한 말씀을 이미 다 하셨는데도 그들은 믿지 않았다. 그런데 그들에게 다시 그러한 말씀을 해주셔야 할 이유가 무엇인가? 그들의 호기심이나 채워주기 위해서? 내가 너희에게 말하였으되 믿지 아니하는도다. 그들은 자기들이 오직 의혹을 안고 있을 뿐인 것처럼 말했으나, 그리스도께서는 그들이 믿지 않는다고 말씀하신다. 신앙적 회의주의는 노골적인 불신앙과 다름없다. 우리가 하나님께 우리를 가르쳐 주실 방법을 일러드리거나, 하나님의 뜻을 우리에게 쉽게 전해 주시는 방법을 가르쳐 드리는 것은 우리가 취할 태도가 아니다. 우리는 다만 하나님께서 가르쳐 주시는 계시의 말씀을 감사히 받아 간직해야 한다. 만일 이러한 믿음이 없다면 하나님께서 훨씬 우리의 기질에 맞게 가르쳐 주시더라도 받아들이지 않을 것이다. [2] 주께서는 유대인들에게 당신이 행하신 일들, 친히 삶으로써 보이신 모범, 베푸신 교훈들을 제시하신다. 특히 친히 행하신 기적들을 언급하시는데, 그 기적들은 주님의 교훈을 확증하기 위해 일으키신 표적들이었다. 하나님께서 함께 하시지 않으면 아무도 그러한 기적들을 행할 수 없음은 자명한 사실이었다. 하나님께서는 거짓 증언을 하는 자와 함께 하시는 법이 없다.

(2) 주께서는 그들을 깨닫게 하시기 위해 지극히 분명하고 강력한 교훈을 많이 베푸셨는데도 그들이 완고하게 믿지 않는 태도를 정죄하신다: "너희가 … 믿지 아니하는도다 … 너희가 믿지 아니하는도다. 너희는 예전처럼 여전히 완고한 불신앙 가운데 있다." 그러나 주께서는 뜻밖의 이유를 제시하신다: "너희가 내 양이 아니므로 믿지 아니하는도다. 너희가 나를 믿지 않는 이유는 너희가 내게 속하지 않았기 때문이다." [1] "너희는 나의 제자가 될 생각이 없고, 가르치면 들으려 하는 유순한 기질도 없고, 메시야의 교훈과 율법을 받으려는 마음도 없다. 너희는 내 양들에게로 오지 않으며, 와서 내 음성을 들으려 하지 않는다." 그리스도의 복음을 배척하는 뿌리깊은 반감이 사람을 죄와 불신앙에 결박하는 띠이다. [2] "너희는 내 제자가 되려는 뜻이 없다. 너희는 내 아버지께서 은혜와 영광에 이르도록 내게 주신 자들 가운데 속하지 않는다. 너희는 선택된 자들의

수에 들어 있지 않다. 그리고 너희가 만일 계속 불신앙 가운데 있다면, 그 불신앙이 너희가 내 백성이 아니라는 확실한 증거가 될 것이다." 주의: 하나님께서 믿음의 은혜를 주시지 않은 사람들은 처음부터 천국과 영원한 복과 무관한 자들이다. 솔로몬이 음행에 관해서 한 말이 불신앙에도 그대로 적용된다: 음녀의 입은 깊은 함정이라. 여호와의 노를 당한 자는 거기 빠지리라(잠 22:14). 선택된 자들에 포함되지 않은 것은 불신앙의 진정한 원인이 아니라 다만 우발적인 원인일 뿐이다. 그러나 믿음은 하나님의 선물이며, 예정의 결과이다(얀세니우스〈Jansenius〉는 본문을 이렇게 잘 해설해 놓았다).

(3) 주께서는 이 기회를 이용하여 당신의 양들이 지니는 유순한 성향과 행복한 상태에 관해서 말씀하신다. 본문의 유대인들과 달리 그러한 백성들이 있었던 것이다.

[1] 주께서는 그들이 당신의 양들이 아님을 깨우쳐 주시기 위해서 당신의 양들의 특성들을 말씀하신다. **첫째로, 그들은 주님의 음성을 듣는다**(27절). 그것이 주님의 음성인 줄 알기 때문이요(4절), 주께서 그렇게 당신의 음성을 알아듣도록 일하시기 때문이다(16절). 그들은 내 사랑하는 자의 목소리를 식별한다(아 2:8). 주님의 음성 듣기를 좋아하며, 주님 발 아래 앉아 말씀을 듣는 것을 편하고 좋게 느낀다. 들은 말씀대로 행동하며, 말씀을 준칙으로 삼는다. 그리스도께서는 친히 부르시는데도 귀를 막고 듣지 않는 양들을 당신의 양들로 간주하지 않으신다(시 58:5). **둘째로, 그들은 주님을 따른다.** 주께서 명하시는 모든 말씀에 즐거이 복종하고, 주님의 정신과 방식에 기꺼이 자신들을 맞춤으로써 주님의 인도를 받으며 살아간다. 명령의 말씀은 처음부터 내내 나를 따르라는 것이었다. 우리는 그리스도를 우리의 지도자와 대장으로 알고 바라보며, 그 발자취를 따라 걷고, 어디든 가시는 대로 따라가야 한다. 즉, 말씀에 당부하고 규정해 놓으신 내용들을 준수하고, 주님의 섭리에 담긴 뜻을 헤아려 따르며, 그로써 성령의 인도를 받으며 살아야 한다. 어린 양(dux gregis — 양들의 지도자)이 어디로 가시든 **따라가야 한다.** 만일 주님을 따르지 않는다면 주님의 음성을 헛되이 듣는 것이다.

[2] 그리스도의 양 무리에 속하지 못한 것이 얼마나 큰 불행과 재앙인지 깨닫게 해주시기 위해, 주께서는 주님의 양들이 누리는 복된 상태를 말씀하신다. 이 말씀 역시 가난하고 멸시받던 주님의 제자들에게 크게 위로하고 격려가 되었

을 것이며, 주님의 양 무리에 속하지 않는 자들이 세상에서 누리는 권력과 행복을 부러워하지 않게 해주었을 것이다.

첫째로, 우리 주 예수께서는 당신의 양들을 아신다: 내 양은 내 음성을 들으며 나는 그들을 알며 그들은 나를 따르느니라. 주께서는 그들을 다른 사람들과 구분하시며(딤후 2:19), 당신의 양 하나하나에 특별한 관심을 가지신다(시 34:6). 그들의 결핍과 소원을 아시고, 그들이 역경에 처할 때도 어디에 가면 그들을 찾을 수 있는지, 어떻게 그들을 도울 수 있는지 잘 아신다. 다른 사람들에 대해서는 멀리 떨어진 상태로 아시지만, 그들은 가까이에 두고 아신다.

둘째로, 주께서는 그들에게 복을 주신다: 내가 그들에게 영생을 주노니(28절). 1. 그들에게 내리시는 복은 풍요롭고 대단히 귀한 것이다. 그것은 생명 곧 영생이다. 인간은 살아 있는 영혼을 가지고 있으므로, 주께서 주시는 복은 그의 본질에 적합한 생명이다. 인간은 불멸의 영혼을 가지고 있으므로, 주께서 주시는 복은 불멸의 영혼과 더불어 존속할 영원한 생명이다. 영생은 불멸의 영혼에게 지복(至福)이요 가장 좋은 것이다. 2. 복의 조건은 무료이다: 내가 그들에게 영생을 주노니. 귀한 어떤 것을 받으시고 주시는 것이 아니라, 예수 그리스도께서 값없이 베푸시는 은혜로 주신다. 주시는 분에게 그것을 주실 만한 능력이 있다. 생명의 근원이신 영원한 아버지께서 그 백성들에게 영생을 주도록 그리스도께 권세를 주셨다(17:2). 영생을 장차 주시겠다는 말씀이 아니라 지금 주신다는 말씀이다. 현재의 선물이다. 영생의 확신을 주시고, 보증과 담보를 주시고, 첫 열매를 주셔서 미리 맛보게 하신다. 그것이 바로 영생이 시작되었음을 알리는 영적 생활이다. 그것은 씨앗과 싹과 배아의 형태로 있는 하늘이다.

셋째로, 주께서 친히 이 복을 지키고 보호하시는 일을 시작하셨다.

a. 그들은 영원한 멸망으로부터의 구원을 받을 것이다: 영원히 멸망하지 아니할 것이요. 영원한 생명이 있듯이, 영원한 멸망이 있다. 영혼은 존재가 없어지지 않고 다만 멸망할 뿐이다. 존재는 계속되겠지만, 위로와 행복은 돌이킬 수 없게끔 상실된다. 모든 신자들은 이런 상태에서 구원을 받는다. 세상에서 어떠한 고난을 당하든지 멸망에 떨어지지 않는다. 지옥에 들어가기 전에는 멸망한 것이 아닌데, 신자들은 그리로 들어가지 않는다. 양들을 대규모로 치는 목자들은 더러 양들을 잃고 그들이 어디서 죽음을 당하더라도 손을 쓰지 못하지만, 그리스도께서는 당신의 양들이 단 한 마리라도 멸망하지 않도록 보호하신다.

b. 아무도 그들의 영원한 행복을 빼앗지 못한다. 그 복이 지금은 간직되어 있으나, 복을 주시는 주님께서 신자들이 그것을 누리게 되기까지 그들을 보존하신다. (a) 주께서는 이 일을 위해 친히 능력을 발휘하신다: 또 그들을 내 손에서 빼앗을 자가 없느니라. 이 양들을 위해 주께서 한 치의 양보도 없이 싸우시겠다는 뜻이다. 양들을 위한 목자의 관심이 지극하여서 그들을 당신의 우리 안에, 당신의 목전에 두실 뿐 아니라 손 안에 두셔서 특별한 사랑을 베푸시고 각별히 보호하신다(여호와께서 백성을 사랑하시나니 모든 성도가 그의 수중에 있으며, 신 33:3). 원수들이 제 아무리 몸을 던져서라도 주님의 손에서 그들을 빼앗으려고 하더라도, 누가 그들을 당신의 소유로 인정하시고, 누가 그들을 보호하시는가? 원수들이 그들을 빼앗게 되는 일이란 없다. 주의: 주 예수의 손에 있는 사람들은 안전하다. 성도들은 예수 그리스도 안에서 보존된다. 그들의 구원은 스스로에게 달려 있지 않고, 중보자의 손에 달려 있다. 바리새인들과 관원들은 제자들로 그리스도를 따르지 못하게 하려고 온갖 협박을 다 가하였으나, 그리스도께서는 그들이 멸망하지 않을 것이라고 말씀하셨다. (b) 아버지께서도 신자들을 보존하시기 위해서 능력을 발휘하신다(29절). 당시로서는 주께서 약한 모습으로 계셨던 까닭에, 당신의 안전 보장이 충분하지 못하다는 생각을 하지 않도록 아버지를 보증으로 제시하신다. 여기서 관찰할 점은, [a] 아버지의 능력: 내 아버지는 만물보다 크시매. 교회의 다른 모든 친구들보다 크시고, 모든 목자들과 권력자들, 혹은 성직자들보다 크시며, 그들이 할 수 없는 일을 그들을 위해서 해주실 수 있다. 목자들은 피곤하면 잠을 자야 하므로 양들을 그들의 손에서 빼앗기가 어렵지 않지만, 아버지께서는 주야로 양들을 지키신다. 아버지께서는 교회의 모든 원수들과 교회에 가해지는 모든 공격보다 크시며, 그들의 모든 모욕과 비판으로부터 당신의 백성들을 지키실 수 있다. 또한 아버지께서는 지옥과 세상의 세력을 다 합한 것보다 크시다. 가장 간교한 옛 뱀보다 지혜가 더 크시며, 군대라는 이름과 정사와 권세라는 칭호를 지닌 거대한 붉은 용보다 힘이 더 강하시다. 마귀와 그의 사자들은 주도권을 쥐려고 안간힘을 쓰지만, 아직까지 한 번도 이겨본 적이 없다(계 12:7, 8). 높이 계신 주께서는 능력이 무한하시다. [b] 아버지께서 양들에게 가지신 관심. 그 관심이 지극히 크기 때문에 자신의 능력을 그들에게 사용하신다: "그들을 내게 주시는 분은 내 아버지이시며, 아버지께서는 자신의 선물을 끝까지 명예롭게 보존하시는 데 관심이 많으시다." 아버지께서

는 신자들을 그리스도께서 맡아 보호하도록 주셨으므로, 지금도 신자들을 관심 있게 바라보고 계신다. 그들에 대한 하나님의 모든 뜻을 이루기 위해 모든 능력을 아낌없이 사용하신다. ⒟ 앞의 두 항목에서 추론할 수 있는 성도들의 안전. 만일 상황이 그렇다면 아무도(사람이든 마귀든) 아버지의 손에서 그들을 **빼앗**을 수 없고, 그들이 받은 은혜도 **빼앗**을 수 없으며, 그들이 자신들을 위해 예비된 영광으로 들어가는 것을 막을 수도 없다. 그들에게서 하나님의 보호를 걷어낼 수도 없고, 그들을 자기들의 세력하에 끌어올 수도 없다. 그리스도께서는 친히 당신을 붙드시고 힘주시는 아버지의 능력을 경험하셨으며, 그러므로 자신을 믿는 모든 사람들을 아버지의 손에 의탁하신다. 구주를 영화롭게 하시는 아버지께서 구속받은 자들도 영광 가운데 들어가게 하실 것이다. 주께서는 그 안전을 더욱 공고히 하여 자신의 양들로 큰 위로를 얻도록 하시기 위하여 두 행위 주체 사이의 연합을 강조하신다: "나와 아버지는 하나이니라. 하나가 되어 성도를 보호하고 그들을 온전케 하기 위해 힘쓰느니라." 이 말씀은 아버지와 아들이 인간 구속을 위하여 일하실 때 발휘하시는 조화와 동의와 상호 이해 이상의 것을 가리킨다. 그런 뜻이라면 모든 선량한 신자들도 하나님의 뜻에 동의하고 그 뜻을 이루는 데 힘을 쓰는 한 하나님과 하나이다. 그러므로 주님의 말씀은 아버지와 아들이 본질에서 하나라는 뜻으로 이해해야 옳다. 실체가 동일하시고, 권능과 영광이 동등이시다. 교부들은 이 구절을 토대로 위격(person)들의 구분과 복수성을 입증함으로써 사벨리우스주의를 논박했고, 두 본질이 하나라고 본질의 통일성을 입증함으로써 아리우스주의를 논박했다. 만일 우리가 주님 말씀의 이러한 뜻에 침묵한다면, 유대인들이 주님을 치려고 집어든 돌들이 오히려 그것을 말할 것이다. 유대인들은 주님께서 당신이 하나님과 동등이라 말씀하신 것으로 이해했고(33절), 주께서도 그것을 부인하지 않으셨기 때문이다. 주께서는 아무도 아버지의 손에서 신자들을 빼앗을 수 없기 때문에 자신의 손에서도 그들을 빼앗을 수 없다고 말씀하셨는데, 이 말씀은 만일 아들이 아버지와 동등한 전능한 능력을 갖고 계시지 않다면, 결론적으로 본질과 사역에서 하나가 아니시라면, 결정적인 의미를 갖지 못했을 것이다.

IV. 유대인들이 이 말씀을 듣고 격분함: 유대인들이 다시 돌을 들어(31절). 여기에 쓰인 표현은 앞에서 쓰인 것(8:59)이 아닌 에바스타산 리투스, 즉 그들이 돌들을 날랐다는 것이다. 그들은 조금 떨어진 곳에서 죄인을 돌로 칠 때 사용하는 큰 돌들을 잔뜩 운반해 왔다. 마치 주께서 더 이상의 증거가 필요 없는 심한 신성모독의 죄를 범하신 것처럼, 사실상 법 절차를 거치지 않은 채 처형하기 위해 그것을 준비한 것이다. 유대인들이 그리스도께 가한 이 모독이 얼마나 부당한 것이었는가 하는 것은 조금만 생각하면 금방 알게 된다. 1. 그들은 염치없는 데서 더 나아가 오만하게 주님께 그리스도인지 아닌지 분명히 말하라고 도전했다. 그런데 주께서 당신이 그리스도라고 말씀하셨을 뿐 아니라 그것이 사실임을 입증하시자, 그들은 신성모독자라고 단죄한 것이다. 사람들은 전도자들이 진리를 조심스럽게 말하면 소심하다고 비난하고, 담대하게 말하면 거만하다고 비난한다. 그러나 지혜는 그 자녀로 말미암아 옳다 인정함을 받는 법이다. 2. 과거에도 비슷한 시도를 했다가 허망하게 끝난 적이 있었다. 주께서 그들 사이를 지나 피하셨던 것이다(8:59). 그런데도 그들은 헛된 시도를 반복했다. 앞뒤 가릴 줄 모르는 죄인들은 돌이 자기들 머리에 떨어질 줄도 모르고 하늘을 향해 돌을 던진다. 아무도 전능자에 대해 마음을 강퍅케 하고서 잘된 예가 없는 데도 그들은 무모하게 마음을 강퍅케 한다.

V. 그리스도께서 격분한 유대인들을 점잖게 타이르심: 예수께서 대답하시되 (32절). 그들이 무슨 말이라도 했는지 발견할 수 없다. 혹시 말을 했다면 주위에 모여든 군중을 선동하여, 그를 돌로 쳐라, 그를 돌로 쳐라 하고 말하게 했을 것이다. 훗날 저를 십자가에 못 박으소서, 저를 십자가에 못 박으소서 하고 외치게 했듯이. 주께서는 하늘에서 그들에게 불이 내리게 하실 수 있었지만, 온유하게 대답하셨다: 내가 아버지로 말미암아 여러 가지 선한 일로 너희에게 보였거늘 그 중에 어떤 일로 나를 돌로 치려 하느냐? 지극히 온유한 말씀이어서 그것을 들으면 돌 같은 마음이라도 녹았을 것이다. 주께서는 원수들을 대하실 때 여전히 당신이 행하신 일을 근거로 말씀하셨다(사람은 그 행한 일로 인물됨을 말하는 법이다). 그것은 선한 일들(켈라 에르가), 즉 탁월하고 훌륭한 일들이었다. 위대한 일들인 동시에 선한 일들이었다.

1. 주께서 행하신 일들에 나타난 신적 능력은 그들의 완고한 불신앙을 책망했다. 그것은 주님의 아버지로 말미암은 일들로서, 자연이 닿을 수 있는 범위에서 훨씬 솟아 있는 까닭에, 그것을 행하신 분이 하나님께로부터 보내심을 받았고, 사명을 위임받아 그 일들을 행하신 것임을 입증했다. 이러한 일들을 주께서는 그들에게 **보이셨다**. 그 일들을 사람들이 보는 앞에서 공개적으로 행하셨지, 한

편 구석에서 은밀히 행하지 않으셨다. 주께서 행하신 일들은 어떠한 시험이라도 능히 감당할 만했으며, 아무리 까다롭고 편파적인 구경꾼들이라도 인정하지 않을 수 없을 만한 것이었다. 주께서는 그 일들을 과시하는 데 목적을 두는 사람들처럼 촛불로 비추지 않으시고, 세상 앞에 정오의 햇빛으로 비추셨다(참조. 18:20; 시 111:6). 주께서 행하신 일들은 주께서 아버지로부터 받은 사명을 아무도 부정할 수 없도록 할 만큼 뚜렷이 입증했다.

2. 주님의 사역에 나타난 신적인 은혜는 그들의 저열한 배은망덕을 책망했다. 주께서 그들 가운데 행하신 일들은 기적일 뿐 아니라 자비의 표시였다. 그들을 놀라게 하기 위한 행위였을 뿐 아니라, 그들에게 선을 끼치기 위한 사랑과 인자의 행위였으며, 그들의 마음을 부드럽게 하여 주님을 귀하게 여기게 해주는 행위였다. 주께서는 병자들을 고치셨고, 나병 환자들을 깨끗하게 하셨고, 귀신들을 쫓아내셨는데, 이런 일들은 그런 은혜를 입은 개인들뿐 아니라 사회 전체에게 큰 유익을 끼쳤다. 주께서는 이런 일들을 수없이 반복하셨던 것이다: "그 중에 어떤 일로 나를 돌로 치려 하느냐? 너희는 내가 너희에게 무슨 해를 끼쳤거나 모욕을 가한 예를 지적할 수 없다. 그러므로 너희가 나와 다투려고 한다면 너희에게 끼친 선한 일에 대해 시비를 거는 것이다. 대체 무엇 때문에 그런지 말해 보라." 주의: (1) 우리 죄들에는 하나님과 예수 그리스도에 대한 지독한 배은망덕이 있는데, 그것이 우리 죄들을 더욱 가중시키고 혐오스럽게 만든다. 하나님께서 배은망덕에 대해서 뭐라고 말씀하시는지 살펴보라(참조. 신 32:6; 렘 2:5; 미 6:3). (2) 까닭 없이 우리를 미워하고, 사랑을 악으로 갚으려 하는 자들을 만나더라도 이상하게 생각하지 말아야 한다(시 35:12; 41:9). 주께서는 어떤 일로 나를 돌로 치려 하느냐고 물으실 때, 자신에게 아무런 거리낌이 없으신 것을 크게 만족하신다는 뜻을 비치시듯이, 자신을 박해하려고 하는 자들에게 왜 그런 증오심을 품고 있는지 생각해 보도록 하시면서, 우리가 왜 그를 핍박하는 것인가 반문해 보도록 하신다(참조. 욥 19:28).

VI. 유대인들이 그리스도를 핍박하는 이유에 대해서 해명한 말(33절).   하나님의 아들을 피로써 박해한 자들도 할 말이 많았는데, 과연 어떤 죄가 무화과 잎사귀가 부족하여 그것을 가리지 못하겠는가?

1. 그들은 선한 일로 말미암아 사람을 핍박할 정도로 자기 나라의 원수들로 여김을 받기를 원치 않았다: 선한 일로 말미암아 우리가 너를 돌로 치려는 것이 아

니라. 그들은 주께서 행하신 어떠한 일에 대해서도 선하다고 인정할 뜻이 없었다. 주께서 불구자를 고치시고(5장), 맹인의 눈을 뜨게 하신 일(9장)을 그 성읍에 유익을 끼친 선한 일로 전혀 인정을 하지 않고, 오히려 안식일에 그런 일을 행했기 때문에 매우 악한 일이었다고 주장했다. 그러나 만일 주께서 무슨 선한 일을 행하셨을지라도 그들은 그것을 인정하지 않고 오히려 그것을 빌미로 돌을 들어 치려 했을 것이다. 그것이 실은 자기들이 몹시 갈망해온 일이었는데도 말이다(11:47). 이처럼 그들은 지극히 어리석은 가운데 있으면서도 자신들의 어리석음을 깨닫지 못했다.

2. 그들은 자신들이 신성모독으로 인해 그리스도를 박해할 만큼 하나님과 하나님의 영광을 위하는 자들이라고 생각했다: 네가 사람이 되어 자칭 하나님이라 함이니라. 여기서 살펴볼 점은,

(1) 율법에 대한 위선적인 열정. 그들은 하나님의 위엄을 높이는 데 큰 관심이 있고, 하나님의 위엄을 훼손하는 듯이 보이는 일은 끔찍이 두려워하는 체했다. 율법의 규정은 신성모독의 죄를 범한 사람을 돌로 쳐 죽이라는 것이었다(레 24:16). 그들은 그 율법이 자신들의 행위를 정당화할 뿐 아니라 거룩하게 구별해 준다고 생각했다(참조. 행 26:9). 주의: 지독히 사악한 행위에 그럴 듯한 명분을 입히는 일이 종종 있다. 바른 지식을 근거로 이루어지는 양심의 판단만큼 용감한 것이 없듯이, 잘못된 지식을 근거로 이루어지는 양심의 판단만큼 부당한 것이 없다. 참조. 이사야 66:5; 요한복음 16:2.

(2) 복음에 대한 강한 적대감. 그리스도를 신성모독자라 매도하는 것만큼 복음에 대한 심한 모독은 없다. 매우 선량한 사람들을 학대하기로 작심하고서 비열하게 악평하는 것은 새삼스러운 일이 아니다. [1] 그들이 주님께 둘러씌운 죄목은 신성모독 죄였다. 하나님에 관해 불손하게 말했다는 것이다. 하나님께서는 죄인이 닿을 수 없는 곳에 계시므로 어떠한 모욕에도 침해를 당하시는 일이 없다. 그러므로 하나님께 대한 적대감은 그 독을 하나님의 이름에 쏟아 붓는 식으로 나타난다. [2] 그 죄의 증거: 네가 사람이 되어 자칭 하나님이라 함이로라. 하나님은 하나님이신 데에 영광이 있는데, 우리가 하나님을 우리 가운데 한 사람 정도로 여길 때 그 영광을 빼앗게 된다. 마찬가지로 하나님 외에 다른 이가 없다는 데에 하나님의 영광이 있는데, 우리가 우리 자신이나 다른 피조물을 하나님의 위치에 올려놓을 때 하나님의 영광을 빼앗게 된다. 그런데, 첫째로, 유대인들

이 거기까지 말한 것은 옳은 말이었다. 그리스도께서 친히 하신 말씀의 뜻이 그것이었기 때문이다. 즉, 주께서는 당신이 아버지와 하나라고 하시고, 영생을 주시겠다고 하심으로써 친히 하나님이심을 알리신 것이다. 그러나, 둘째로, 그들이 그리스도를 단순한 사람으로 간주하여, 주께서 신성(神性)을 주장하셨을 때 신성모독으로 단죄한 것은 크게 빗나간 것이었다. 그들은 행색으로 볼 때 가난하고 미천하고 무시해도 될 만한 사람이 자신을 메시야라고 말하고, 하나님의 아들에 해당하는 지위를 자처하는 것을 부당하고 불경건하게 여겼다. 주의: 1. 소키누스주의자들(Socinians)처럼 예수가 단지 사람일 뿐인데 자칭 하나님이라 했다고 말하는 자들은 사실상 그리스도를 신성모독자로 비난하지만, 결국은 자신들이 그 죄를 범하는 것이다. 2. 교황처럼 죄 있는 인간이면서도 자신을 하나님의 지위에 올려놓고, 신적 능력과 권리를 주장하는 자는 두말할 나위 없이 신성모독자이며 그 적그리스도이다.

VII. 유대인들의 고발에 대해 그리스도께서 대답하신 말씀과, 당신을 가리켜 신성모독자라 비판한 말(34절 이하)을 받으셔서 다음 두 가지 논거로 **당신이 신성모독자가 아님을 입증하신 말씀.**

1. 하나님의 말씀에서 취한 논거. 주께서는 그들의 율법 곧 구약성경에 기록된 말씀에 호소하신다. 누구든 그리스도를 반대하는 자는 곁에 성경을 두고 읽어야 한다. 성경에는 내가 말하기를 너희는 신들이며 다 지존자의 아들들이라고 기록되어 있다(시 82:6). 이것은 작은 것에서 큰 것을 이끌어 내는 논법이다. "그들을 가리켜 신들이라 하셨다면 하물며 나는 얼마나 더욱 그렇겠는가" 하고 말씀하시는 것이다. 이 말씀에서 관찰할 점은,

(1) 주께서 성경 본문을 설명하신 방법(35절): 너희 율법에 기록된 바 내가 너희를 신이라 하였노라 하지 아니하였느냐? 성경은 폐하지 못하나니. 하나님의 말씀이 그들에게 임하여 그들을 재판장과 같은 직분자들로 세우셨으므로, 그들을 가리켜 신들이라 부른다(출 22:28). 모세와 같은 분들에게는 하나님의 말씀이 직접 임했고, 다른 이들에게는 제도적 규례를 통해 임했다. 다스리는 직분은 하나님께서 세우신 제도이다. 다스리는 자들은 하나님의 대리자들이며, 그러므로 성경은 그들을 신들이라 부른다. 우리가 확실히 알거니와, 성경은 아무도 폐할 수 없으며, 그 안에서 오류도 발견할 수 없다. 하나님의 모든 말씀은 정확 무오하다. 성경의 문체와 언어는 흠잡을 데 없으며, 고칠 곳이 없다(마 5:18).

(2) 주께서 성경 본문을 적용하신 방법. 주께서 유대인들에게 하신 말씀의 개략은, 그들이 경솔하고 합리적이지 못한 생각으로 자기들도 통치자들을 신들이라 부르고 또 성경도 그것을 정당하다고 뒷받침하는데도, 주께서 당신을 하나님의 아들이라고 하셨다는 이유만으로 신성모독자로 단죄하는 것이 옳으냐는 것이었다. 그러나 주님의 말씀은 그것으로 끝나지 않는다(36절): 만일 다스리는 자들을 그들이 공의로 나라를 다스리도록 위임을 받았기 때문에 신들이라 부를진대, 아버지께서 거룩하게 하사 세상에 보내신 자가 나는 하나님의 아들이라 하는 것으로 너희가 어찌 신성모독이라 하느냐? 이 말씀에서 우리는 주 예수에 관하여 두 가지 점을 보게 된다.

[1] 주께서는 아버지께로부터 받은 영광을 정당하게 드러내신다: 아버지께서 거룩하게 하사 세상에 보내신 자. 다스리는 자들은 다만 하나님의 말씀이 그들에게 임하였고, 사울의 경우처럼 비록 제한적이긴 하지만 하나님의 영이 그들에게 임하여 하나님의 아들들이라 불렸다. 그러나 우리 주 예수께서는 자신이 말씀이셨고, 성령을 한량없이 부음 받으셨다. 그들은 특정 지방과 도시 혹은 국가를 위해 세움을 받았다. 그러나 주께서는 만유의 주재(主宰)로서 우주적 권위를 입고 세상에 보냄을 받으셨다. 그들은 간접적인 방법으로 보냄을 받았으나, 주께서는 영원부터 아버지와 함께 계시는 분으로서 보내심을 받았다. 아버지께서 그를 거룩하게 하셨다. 즉, 구별하여 중보자로 세우시고, 그 직분에 해당하는 권세와 능력을 입혀주셨다. 거룩하게 하셨다는 말씀은 인치셨다는 뜻이다(6:27). 주의: 아버지께서는 사람을 보내실 때 그를 거룩하게 하신다. 거룩한 사명을 맡기시는 자를 거룩한 원리들과 성향으로 준비시키신다. 거룩하신 하나님께서는 거룩한 사람 혹은 친히 거룩하게 만드신 사람에게 상을 주시고, 그런 사람을 들어서 쓰신다. 아버지께서 거룩하게 하셔서 보내신 것을 주께서는 자신을 가리켜 하나님의 아들이라 부르실 충분한 근거로 제시하신다. 거룩하신 분이시기에 하나님의 아들이라 불리신 것이다(눅 1:35; 참조. 롬 1:4).

[2] 주께서는 유대인들에게 받으신 모욕에 대해 정당하게 반론을 제기하신다. 아버지께서 그처럼 권위를 입혀주신 자신을 가리켜 하나님의 아들이라 하셨다는 이유로 신성모독자라고 불경스럽게 모욕한 데 대해서 다음과 같이 말씀하신다: "너희가 어찌 그런 식으로 말할 수 있는가? 어찌 함부로 그렇게 말하는가? 어찌 감히 하늘에 대고 그렇게 입을 놀릴 수 있는가? 진리의 하나님에 대해

거짓말을 하신다고 말하고, 지극히 의로운 이를 정죄할 정도로 뻔뻔한가? 나를 똑바로 쳐다보고 할 말이 있으면 해보라. 하나님의 아들을 향해서 신성모독자라고?" 만일 주께서 멸하러 오신 귀신들이 주님을 향해 그렇게 말했다면 그것은 이상한 일이 아니었을 것이다. 그러나 주께서 진리를 가르쳐서 구원하려 오신 사람들이 주님께 대해서 그렇게 말한다면, 그것처럼 이상하고 기가 막힌 일이 어디 있겠는가! 그들의 말은 지극히 완고한 불신앙에서 나온 말이었다. 거룩하신 예수님을 가리켜 신성모독자라 한 것이다. 하나님의 공기를 마시며 사는 사람들이 그런 말을 하는 것이 더 기이한지, 그런 말을 한 사람들이 여전히 하나님의 공기를 마시며 살고 있는 것이 더 기이한지 알기 어렵다. 사람들의 악함과 하나님의 인내가 놀라운 정도로 서로 대치하고 있는 것이다.

2. 주님 자신의 사역에서 취하신 논거(37, 38절). 앞에서는 신성모독이라는 비난에 대해서 사람의 주장을 그 자신의 주장으로 배격하는(ad hominem) 논법으로 대답하는 데 그치셨지만, 여기서는 당신의 주장을 분명히 하시며, 당신과 아버지께서 하나이심을 입증하신다(37, 38절): 만일 내가 내 아버지의 일을 행하지 아니하거든 나를 믿지 말려니와. 그런 신성모독적인 발언을 하는 자들을 치유 불가능한 자들로 여겨 그냥 지나치실 수도 있었지만, 친절하게도 그들의 그릇된 생각을 지적해 주신다. 여기서 관찰할 점은,

(1) 주께서 그렇게 주장하신 근거 — 종종 당신의 신임장으로, 하나님께로부터 보내심을 받은 증거로 제시하신, 친히 행하신 일들을 근거로 주장하신다. 주께서 친히 행하신 일들의 신적 성격에 의해 당신이 하나님께로부터 보내심을 받은 사실을 입증하셨듯이, 우리는 우리가 행하는 일들의 그리스도적 성격에 의해서 우리가 그리스도와 연합되었음을 입증해야 한다. [1] 주님의 주장은 매우 설득력이 있다. 주께서 행하신 일들은 아버지께 속한 일들이기 때문이다. 그것은 아버지께서만 하실 수 있는 일들이다. 일상적인 자연의 힘으로는 할 수 없고, 자연을 다스리시는 하나님의 권능으로만 가능한 일들이다. 하나님께만 고유한 일들(Opera Deo propria)이고, 하나님께만 합당한 일들(Opera Deo Digna)이다. 자연의 법칙들에 제한을 받지 않으시는 하나님께서는 그 법칙들을 최초로 제정하시고 가동케 하신 분으로서, 기쁘신 뜻대로 그 법칙들을 폐지하시거나 고치실 수 있다. 사도들이 주님의 이름으로, 주님의 능력에 힘입어, 주님의 교훈을 확증할 목적으로 행한 기적들도 주님의 그러한 주장을 뒷받침하며, 주께서

승천하신 뒤에도 여전히 그 증거가 된다. [2] 주님의 주장은 지극히 정당하고 간결했다. 첫째로, 만일 내가 내 아버지의 일을 행하지 아니하거든 나를 믿지 말려니와. 주께서는 자신의 신적 사명을 맹목적으로 믿거나 동의하기를 요구하신 적이 없고, 다만 그 증거를 제시하셨을 뿐이다. 민중의 환심을 사려고 하시지 않았고, 솔깃한 말로 꾀시지 않았고, 그들의 경신(輕信)을 두려운 말씀으로 위압하시지 않았으며, 친히 제시하신 근거를 넘어서는 요구를 그들에게 일절 강요하시지 않았다. 주님은 심지 않은 교훈의 씨에 동의의 결실을 요구하는 냉혹한 주인이 아니시다. 무한한 지혜이신 주께서 친히 재판장이시므로, 충분한 믿음의 동기를 주님께 부여받지 않은 것에 대한 불신앙으로 인해서는 아무도 멸망하지 않을 것이다. 둘째로, "그러나 만일 내가 행하거든, 만일 내가 거룩한 교리를 확증해주는 부인할 수 없는 기적들을 행한다면, 비록 너희가 나를 믿지 않을지라도, 내 말을 성실하게 받지 않을지라도, 그 일은 믿으라. 너희의 눈과 너희의 이성을 믿으라. 그 일 자체가 분명히 말하고 있지 않느냐?" 창조자의 보이지 않는 일들이 창조와 섭리의 일로써 분명히 보여 알게 되듯이(롬 1:20), 구주의 보이지 않는 일들은 주님의 기적들과, 주께서 능력과 자비로 행하신 모든 일들로써 확연하게 나타났다. 따라서 이 일들을 보고도 믿지 않는 자들은 핑계할 수 없다.

(2) 주께서 그렇게 주장하신 목적 — 그러면 너희가 아버지께서 내 안에 계시고 내가 아버지 안에 있음을 깨달아 알리라. 이 말씀은 앞에서 하신 말씀과 같다(30절): 나와 아버지는 하나이니라. 아버지께서는 아들 안에 신성의 모든 충만이 육체로 거하게 하실 정도로, 그리고 아들이신 그리스도께서 자신의 능력으로 모든 기적을 행하도록 하실 정도로 아들 안에 계셨다. 마찬가지로 아들은 아버지의 품에 계신 분이시므로, 아버지의 마음을 온전히 아시되 의사소통이 아닌 자의식을 통해 아실 정도로 아셨다. 우리는 이 사실을 알아야 한다. 알고서 설명해야 하는 것이 아니라(탐구를 통해서는 그것을 온전히 알 길이 없기 때문에), 그것을 알고 믿어야 한다. 그 깊이를 다 모를 때는 그 사실을 인정하고 경배의 심정을 갖는 게 옳다.

[39]그들이 다시 예수를 잡고자 하였으나 그 손에서 벗어나 나가시니라. [40]다시 요단강 저편 요한이 처음으로 세례 베풀던 곳에 가사 거기 거하시니 [41]많은 사람이 왔다

가 말하되 요한은 아무 표적도 행하지 아니하였으나 요한이 이 사람을 가리켜 말한 것은 다 참이라 하더라. [42]그리하여 거기서 많은 사람이 예수를 믿으니라.

이 단락에는 주께서 유대인들과 변론하신 결과가 기록되어 있다. 그들은 주님의 말씀을 듣고 깨우치고 마음이 녹았어야 했지만 오히려 더 완고하게 되었다. 여기서 살펴볼 점은,

I. **그들은 완력으로 주님을 잡으려고 했다.** 그들이 다시 예수를 잡고자 하였으나(39절). 그러므로, 1. 주께서 신성모독이라는 그들의 비난에 충분히 대답하시고 그 잘못된 점을 드러내시자, 그들은 부끄러워서 돌을 들어 치지는 못하고, 대신에 붙잡아 국기를 문란케 한 죄인으로 고발하려고 했다. 대중을 자극하여 폭행을 가하려는 시도가 실패로 끝나자, 법 절차를 따른다는 구실로 자신들이 할 수 있는 일을 하려고 했다. 참조. 계시록 12:13. 혹은, 2. 주께서 자신에 관해서 일관된 주장을 하시자, 그들도 주님께 대한 적개심을 끝까지 품었다. 주께서 하신 말씀은 지난번에 하신 말씀과 사실상 같았다. 충성스러운 증인은 과거에 했던 말에서 이탈하지 않는 법이기 때문이다. 그러므로 그들도 지난번과 같은 적개심을 표시하면서, 다시 주님을 잡으려고 함으로써 지난번에 돌로 치려고 했던 행위를 정당화했다. 이처럼 박해의 정신과 방책이란 항상 먼젓번 악행이 드러나지 않도록 다른 악행으로 그것을 가리는 것이다.

II. **주께서 그들의 손에서 벗어나 나가셨다.** 무슨 잘못이라도 있는 양 도망하신 게 아니라, 신적인 능력을 가지고 당당하게 그 자리를 떠나신 것이다. 제자들이 개입한 데 힘입어 그들의 손에서 벗어나신 게 아니라, 지혜를 발휘하여 그들을 피하신 것이다. 당신 앞에 베일을 가리셨거나, 그들의 눈에 안개를 뿌리셨거나, 그들의 손이 움직이지 못하게 하셨다. 주의: 어떠한 무기로 우리 주 예수를 박해하려고 해도 성공할 수 없다(시 2:4). 주께서 그 자리를 벗어나신 이유는 고초 겪으실 일이 두려우셨기 때문이 아니라, 주님의 때가 아직 되지 않았기 때문이다. 당신을 구하실 방법을 아시는 주께서는 주의 백성들을 시험에서 건지시고 그 자리를 피하도록 하실 방법도 아신다.

III. **주께서 유대인들을 벗어나 가신 곳.** 다시 요단 강 저편 요한이 처음으로 세례 베풀던 곳에 가사 거기 거하시니(40절). 우리 영혼의 감독께서는 한 교구에 머물러 계시지 않고 이곳저곳을 다니면서 선을 행하셨다. 우리의 이 큰 은인께

서는 한 번도 바른 길에서 벗어나신 적이 없다. 어디를 가시든 하실 일이 있었기 때문이다. 비록 예루살렘이 왕도(王都)였을지라도, 주께서는 고향 갈릴리를 비롯한 농촌 지방을 두루 다니셨으며, 심지어 요단 강 저편에 펼쳐진 지방도 찾아가셨다. 여기서 관찰할 점은,

1. 주께서 그곳에서 찾으신 은신처. 주께서는 농촌의 외딴 지역으로 가셔서 거기 거하셨다. 예루살렘에서 조금도 얻지 못하셨던 안식과 고요를 그곳에서 잠시 누리셨다. 주의: 박해자들은 비록 그리스도와 그분의 복음을 자기들의 도성이나 지방에서 몰아낼 수 있을지라도, 세상 밖으로 몰아낼 수는 없다. 예루살렘이 주님 앞에 나오지 않았고, 또 그렇게 될 가능성이 없을지라도, 그리스도께서는 여전히 영광스러우시며 앞으로도 그러하실 것이다. 이제 그리스도께서 요단 강 저편으로 가신 일은 하나님 나라를 유대인들에게서 빼앗아 이방인들에게 주실 일을 예표했다. 그리스도와 그분의 복음은 지식인들과 권력자들과 귀족들보다 평범한 시골 사람들에게 더 환영을 받았다(고전 1:26, 27).

2. 주께서 그곳에서 거두신 성공. 주께서 그곳에 가신 목적은 안전을 얻으시기 위함이 아니라, 그곳에서 선을 행하시기 위함이었다. 그리고 요한이 처음 세례를 주던 곳(1:28)으로 가신 이유는 그곳 사람들에게 요한이 사역한 영향이 남아 있어서, 그리스도와 그분의 교훈을 받아들일 분위기가 조성되어 있을 것이었기 때문이다. 게다가 요한이 세례를 주던 때로부터 아직 3년이 지나지 않았고, 그리스도께서 친히 벳다바라에서 세례를 받으셨다. 그리스도께서 이곳에 오신 목적은 세례 요한의 큰 수고가 어떠한 열매를 맺었는지, 그리고 그곳 주민들이 그 때 듣고 받은 은혜를 얼마나 간직하고 있는지 확인하시기 위함이었다. 그리고 그곳 주민들은 주님의 기대를 저버리지 않았다.

(1) 그들은 주님께로 모여들었다(41절): 거기서 많은 사람이 예수를 믿으니라. 은혜의 방편이 한동안 떠났다가 다시 돌아오면 큰 감동이 일어나는 법이다. 어떤 이들은 주께서 벳다바라(통과의 집)에 머무셨을 것이라고 추정한다. 요단 강 건너편 나루터가 있던 그곳에는 앉은 자리에서는 말씀을 들으려 하되 말씀을 듣기 위해 다른 지방으로 찾아갈 만하지 못한 많은 사람들을 가르칠 기회가 있었다.

(2) 그들은 주님께 대해 호의적으로 생각하고서, 예루살렘 사람들이 주님을 배척할 빌미를 찾았던 것과 반대로, 주님을 가까이 할 만한 근거를 찾았다. 그

리고 대단히 지혜로운 판단을 내렸다: 요한은 아무 표적도 행하지 아니하였으나 요한이 이 사람을 가리켜 말한 것은 다 참이라. 그들은 요한에게서 듣고 본 것을 회상하고, 그것을 그리스도의 사역에 비교하면서 두 가지를 생각했다. [1] 그리스도의 능력은 요한보다 훨씬 뛰어나다. 요한은 아무 표적도 행하지 아니하였으나, 예수께서는 많은 표적을 행하셨기 때문이다. 따라서 예수께서 요한보다 더 큰 분임을 쉽게 추론할 수 있다. 요한이 위대한 선지자라면 이 예수는 얼마나 더 위대한 선지자인가! 그리스도는 다른 이들과 비교할 때 가장 잘 알고 인정하게 된다. 요한은 엘리야의 심정과 능력을 가지고 왔으나 엘리야와 달리 표적을 행하지 않았는데, 그 이유는 백성들로 하여금 자신과 예수 사이에 머뭇거리지 않도록 하기 위함이었다. 표적을 행하는 명예는 주님의 면류관에 달아드릴 꽃으로 남겨둠으로써, 비록 주께서 자신의 뒤에 오셨을지라도 자신보다 훨씬 앞서신다는 사실을 아무도 부인할 수 없도록 입증하려는 뜻이 요한에게 있었다. [2] 그리스도께서는 세례 요한의 증언에 정확히 부응하셨다. 요한은 백성의 마음이 그리스도께 집중되도록 하기 위하여 아무 기적도 행하지 않았으나, 그들을 그리스도께 인도하고, 그들을 훈련시켜 그리스도께 인계하기 위하여 많은 교훈을 가르쳤는데, 그곳 주민들은 이제 그 사실을 기억했다: 요한이 이 사람을 가리켜 말한 것은 다 참이라. 그리스도께서 하나님의 어린 양이시며, 성령과 불로 세례를 주실 분이라는 요한의 교훈을 그들은 생각했다. 요한이 그리스도에 관해서 했던 위대한 증언들이 그들의 기대를 고양시켰다. 따라서 그들은 다른 지방까지 찾아가 주님의 말씀을 들을 만한 열심은 없었으나, 주께서 자기들을 찾아오셔서 복음을 전하시자 요한의 증언대로 주님을 인정했다. 우리는 그리스도에 관해 배우고 경험을 통해 알게 될 때 성경이 주님에 대해서 증언한 말이 다 참되다는 것을 알게 된다. 오히려 주님의 실재는 증언을 훨씬 뛰어넘는다(왕상 10:6, 7). 세례 요한은 이미 죽고 없었지만, 과거에 요한의 교훈을 듣고 유익을 얻었던 그곳 주민들은 요한의 교훈과 이제 자신들이 본 것을 비교함으로써 이중의 은혜를 얻게 되었다. 첫째로, 요한이 선지자였다는 자신들의 믿음을 확증했다. 요한이 예수에 대해 증언한 말이 그들 앞에 현실로 이루어져 있었다. 둘째로, 그들은 요한의 예언이 성취된 일들을 보고서 예수가 그리스도임을 믿을 준비가 되어 있었다. 이 예에서 배우게 되는 것은, 설교자가 전한 말씀의 성공과 효과는 그의 당대에 국한되지 않고, 그가 죽음으로써 함께 끝나지도 않으며, 오히려 땅에 쏟아진 물이 후에 다시 모이게 되는 것처럼 후대에까지 미칠 수 있다는 것이다. 참조. 스가랴 1:5, 6.

(3) 그곳에서 많은 사람들이 그리스도를 믿었다. 그러한 표적을 행하시며, 요한의 예언을 다 이루시는 주께서 친히 하나님의 아들이라 말씀하시는 것을 믿고서, 주님의 제자들이 되었다(42절). 여기서 강조할 점은, [1] 그리스도를 믿은 사람들. 그들의 수가 많았다. 예루살렘에서 주님의 교훈을 믿고 영접한 자들의 수는 포도수확 뒤에 남은 알갱이들 정도였으나, 이곳 요단 강 건너편 지방에서 믿은 사람들은 풍성한 수확과 같았다. [2] 이 일이 발생한 장소. 그곳은 요한이 전도하고 세례를 주어 큰 성공을 거두었던 지역이었다. 그곳에서 많은 사람들이 주 예수를 믿었다. 회개의 도리가 선포되어 성공을 거둔 곳일수록 복음으로 말미암는 화목과 은혜의 교리가 선포될 때 큰 성공을 거둔다. 요한을 영접했던 곳이라면 예수를 영접하지 않을 리가 없다. 희년(禧年)의 나팔 소리는 속죄일에 자기들이 지은 죄를 생각하고 자기들의 영혼을 괴롭게 한 자들의 귀에 가장 감사하게 들린다.

제
— 11 —
장

개요

이 장에는 그리스도께서 죽으시기 직전에 행하신 저 놀라운 이적에 관한 이야기가 나온다 ― 오직 이 복음서 기자만이 기록하고 있는 나사로를 다시 살리신 이적. 다른 세 복음서 기자는 그리스도께서 주로 거하셨던 갈릴리에서 행하신 일만을 기록할 뿐, 그리스도께서 수난 주간 이전에 예루살렘에서 행하신 일에 관한 이야기는 거의 언급하고 있지 않다. 반면에, 요한의 회상은 주로 예루살렘에서 일어난 일과 관련되어 있다. 그런 까닭에 이 단락에 나오는 이야기는 그의 펜에 의해서만 전해지게 된 것이다. 어떤 이들은 다른 세 복음서 기자들이 복음서를 쓸 당시에 나사로는 생존해 있었기 때문에, 나사로가 여전히 죽은 것으로 여겨지고 있던 상황에서 이 이적을 기록한다는 것은 그의 안전이나 그의 겸손한 성품과 맞지 않을 것이라 판단하여 기록하지 않은 것이라고 주장한다. 이 이적은 그리스도께서 행하신 다른 어느 이적들보다도 더 자세하게 기록되어 있는데, 그 이유는 이 이적의 많은 정황들이 매우 교훈적이고, 또 이 이적 자체가 그리스도의 사명을 보여주는 아주 강력한 증거였을 뿐만 아니라, 그리스도의 사명을 보여주는 모든 증거 중에서 최고의 증거가 될 그리스도 자신의 부활에 대한 전조(前兆)였기 때문이다. 이 장은 다음과 같은 내용들로 구성되어 있다. I. 주 예수께 전해진 나사로가 병들었다는 소식과 이 소식에 대한 예수의 태도(1-16절). II. 예수께서 나사로가 죽었다는 소식을 들으시고 그의 가족을 방문하셨고, 그들이 예수를 영접함(17-32절). III. 나사로를 죽은 자 가운데서 다시 살리신 이적(33-44절). IV. 이 이적이 사람들에게 미친 영향(45-57절).

[1]어떤 병자가 있으니 이는 마리아와 그 자매 마르다의 마을 베다니에 사는 나사로라 [2]이 마리아는 향유를 주께 붓고 머리털로 주의 발을 닦던 자요 병든 나사로는 그의 오라버니더라 [3]이에 그 누이들이 예수께 사람을 보내어 이르되 주여 보시옵소서 사랑하시는 자가 병들었나이다 하니 [4]예수께서 들으시고 이르시되 이 병은 죽을 병이 아니라 하나님의 영광을 위함이요 하나님의 아들이 이로 말미암아 영광을 받게 하려 함이라 하시더라 [5]예수께서 본래 마르다와 그 동생과 나사로를 사랑하시더

니 ⁶나사로가 병들었다 함을 들으시고 그 계시던 곳에 이틀을 더 유하시고 ⁷그 후에 제자들에게 이르시되 유대로 다시 가자 하시니 ⁸제자들이 말하되 랍비여 방금도 유대인들이 돌로 치려 하였는데 또 그리로 가시려 하나이까 ⁹예수께서 대답하시되 낮이 열두 시간이 아니냐 사람이 낮에 다니면 이 세상의 빛을 보므로 실족하지 아니하고 ¹⁰밤에 다니면 빛이 그 사람 안에 없는 고로 실족하느니라 ¹¹이 말씀을 하신 후에 또 이르시되 우리 친구 나사로가 잠들었도다 그러나 내가 깨우러 가노라 ¹²제자들이 이르되 주여 잠들었으면 낫겠나이다 하더라 ¹³예수는 그의 죽음을 가리켜 말씀하신 것이나 그들은 잠들어 쉬는 것을 가리켜 말씀하심인 줄 생각하는지라 ¹⁴이에 예수께서 밝히 이르시되 나사로가 죽었느니라 ¹⁵내가 거기 있지 아니한 것을 너희를 위하여 기뻐하노니 이는 너희로 믿게 하려 함이라 그러나 그에게로 가자 하시니 ¹⁶디두모라고도 하는 도마가 다른 제자들에게 말하되 우리도 주와 함께 죽으러 가자 하니라

이 단락에는 다음과 같은 내용들이 나온다.

I. 이 이야기와 관련된 주된 당사자들에 관한 구체적인 설명(1-2절).   1. 그들은 그리스도께서 절기에 참석하기 위하여 올라오셨을 때에 통상적으로 묵으셨던 예루살렘 근방의 한 촌락인 베다니에 살고 있었다. 본문에서는 이 촌락을 마리아와 마르다의 마을이라고 부르고 있는데, 이것은 1:44에서 벳새다를 안드레와 베드로의 동네라고 부른 것과 같은 것이었다. 어떤 이들은 마르다와 마리아가 이 촌락의 소유자들이었고, 나머지 사람들은 그들의 소작인들이었다고 주장하지만, 나는 그렇게 생각해야 할 이유가 없다고 본다. 2. 여기에 나사로라 불리는 한 형제가 있었다. 그의 히브리식 이름은 아마도 엘르아살이었던 것 같은데, 이것이 축약되고 거기에 헬라식 접미사가 붙음으로써 나사로가 된 것으로 보인다. 우리 구주께서는 아마도 이 이야기를 염두에 두고서, 의인이 죽은 후에 즉시 아브라함의 품에서 복된 삶을 산다는 것을 보여주기 위한 비유 속에서 나사로라는 이름을 사용하셨던 것 같다(눅 16:22). 3. 여기에 마르다와 마리아라는 두 자매가 나오는데, 그들은 집안 살림을 맡아서 하였던 것 같고, 나사로는 생활 전선에서 물러나 연구와 묵상에 전념하였던 것 같다. 우리는 본문 속에서 고상하고 행복하며 조화로운 한 가족을 보는데, 이 가족은 그리스도와 매우 친밀하였고, 남편이나 아내는 없었지만(본문에 나타나는 대로 본다면), 집의 기둥인 오

라버니와 두 자매가 화목하게 살고 있던 가정이었다. 4. 두 자매 중에서 한 사람은 구체적으로 이 마리아는 향유를 주께 부은(2절) 자로 소개된다. 어떤 이들은 마리아가 누가복음 7:37-38에 나오는 죄인이었던 바로 그 나쁜 여자였다고 생각한다. 하지만 나는 본문이 가리키는 것은 이 복음서 기자가 기록한 그리스도께 향유를 부은 사건(12:3)이라고 생각한다. 왜냐하면, 복음서 기자들은 다른 복음서 기자가 기록한 기사를 결코 인용하는 법이 없고, 요한은 그의 복음서의 한 곳에서 기록한 기사를 다른 곳에서 참조하는 경우가 자주 있기 때문이다. 그리스도에 대한 진실한 사랑으로부터 나온 놀라운 경건과 헌신의 행위들은 그리스도에 의해서 열납될 뿐만 아니라, 교회 안에서도 좋은 평판을 얻게 되는 법이다(마 26:13). 그런데 병든 나사로는 그녀의 오라버니였다. 사랑하는 사람들이 병들면, 우리는 같이 아픔을 느끼게 된다. 우리에게 친구들이 많으면 많을 수록, 우리는 더 자주 이렇게 동정과 연민에 의한 아픔을 경험하게 된다. 또한 그들이 우리에게 더 사랑스러우면 사랑스러울수록, 우리가 느끼는 아픔도 더 크게 된다. 우리가 좋아하는 것들이 많아지면 많아질수록, 우리의 근심과 고통도 많아진다.

Ⅱ. 나사로가 병들었다는 소식이 우리 주 예수께 전해짐(3절).   그 누이들은 예수께서 요단 건너편 멀리 떨어진 곳에 계시다는 것을 알고서, 특별히 사자를 보내서 그들의 가족이 당한 환난을 알렸다.

1. 두 자매가 오라버니에게 가졌던 애정과 관심. 오라버니가 죽은 후에는 그의 재산이 두 자매에게 돌아갈 것이었지만, 두 자매는 재산보다는 오라버니가 살아 있기를 진심으로 바랐다 – 이것은 너무도 마땅한 일이었지만. 그들은 이제 오라버니가 병이 들자 그에 대한 그들의 사랑을 보여주었다. 형제는 위급한 때를 위하여 난 것이기 때문이다. 우리는 친구들이 기뻐할 때에 함께 기뻐하듯이 친구들이 울 때에도 함께 울어야 한다.

2. 두 자매가 주 예수께 지녔던 존경심. 자매들은 그들과 관련된 모든 일들을 기꺼이 예수께 알렸고, 입다와 같이 예수 앞에서 모든 말들을 다 하였다. 하나님께서는 우리의 모든 결핍들과 슬픔들과 걱정들을 알고 계시지만, 그런 것들을 우리로부터 직접 들으시기를 원하시고, 우리가 그 모든 일들을 그 앞에 직접 아룀으로서 그를 영화롭게 하기를 원하신다. 그들이 전한 소식은 매우 짧은 것으로서, 간청하는 것이나 강제하고 강요하는 것이 아니라, 주여 보시옵소서

사랑하시는 자가 병들었나이다라고 강력한 호소를 담아서 그들의 사정을 은근하게 말씀드리는 것뿐이었다. 그들은 우리가 사랑하는 자라고 말하지 않고, 주께서 사랑하시는 자라고 말한다. 기도에 있어서 우리의 가장 큰 위로는 하나님과 하나님이 주시는 은혜로부터 온다. 그들은 주를 사랑하는 자라고 말하지 않고, 주께서 사랑하시는 자라고 말한다. 왜냐하면, 사랑은 여기 있으니 우리가 하나님을 사랑한 것이 아니요 하나님이 우리를 사랑하신 것이기 때문이다. 하나님을 향한 우리의 사랑은 별로 말할 가치도 없지만, 우리를 향한 하나님의 사랑은 그 어떤 말로도 다 표현할 수 없다. 좀 더 자세하게 살펴보자. (1) 주 예수께는 그가 다른 누구보다도 특별히 사랑하신 몇몇 친구들과 제자들이 있었다. 열두 사도 가운데서도 예수께서 특별히 사랑하신 자가 있었다. (2) 그리스도께서 사랑하시는 자들도 병들 수 있다는 것은 새삼스러운 일이 아니다: 모든 일들이 모두에게 똑같이 일어난다. 육신의 질병들을 통해서 하나님의 백성은 그 부패한 성품을 치료받고 믿음의 연단을 받게 된다. (3) 우리가 병들었을 때에 우리를 위해서 기도해 줄 사람들이 있다는 것은 큰 위로가 된다. (4) 우리가 병든 자들을 위하여 기도할 때에 그들이 그리스도께서 사랑하시는 자들이라는 확신이 우리에게 있다면, 우리는 큰 힘을 얻게 된다. 또한 우리는 그리스도께서 사랑하시고 돌보신다고 생각할 근거를 가지고 있는 자들을 사랑하고 그들을 위하여 기도하는 것이 마땅하다.

III. 그리스도께서 그의 친구가 병들었다는 소식을 듣고 어떤 태도를 취하셨는지에 관한 설명.

1. 그리스도께서는 나사로가 병이 든 것과 그 결과를 미리 아셨고, 아마도 나사로의 누이들을 안심시키기 위해서 미리 그들에게 전갈을 보내신 후에, 천천히 그들에게 가신 것으로 보인다. 그리스도께서는 다음의 두 가지를 미리 아셨다.

(1) 이 병은 죽을 병이 아니다. 이 병은 죽을 병이었고, 결국 치명적이라는 것이 의심할 여지 없이 증명되어서, 나사로는 실제로 나흘 동안 죽은 상태로 있었다. 그러나 [1] 나사로에게 병이 온 것은 그를 죽게 하는 것이 목적이 아니었다. 이 병은 통상적인 경우에서처럼 나사로를 무덤으로 부르기 위한 것이 아니라, 거기에는 다른 목적이 있었다. 만약 이 병의 목적이 나사로를 죽게 하고자 하는 것이었다고 하더라도, 나사로가 죽은 자 가운데서 다시 살아남으로써 그러한 목적

은 실패로 돌아가고 말 것이었다. [2] 나사로의 죽음은 이 병의 최종적인 결과가 아니었다. 나사로는 죽었지만, 그는 죽지 않았다고 할 수도 있다. 왜냐하면, 영속적인 결과를 가져오지 않은 일을 가지고 그 일이 이루어졌다고 말할 수는 없기 때문이다. 죽음은 이 세상에 영원한 작별을 고하는 것이다. 죽음은 우리가 다시는 돌아올 수 없는 길이다. 이런 의미에서 나사로의 병은 죽을 병이 아니었다. 무덤은 나사로의 오래 묵을 곳이나 영원한 집이 아니었다. 동일한 이유로, 그리스도께서는 그가 곧 살리고자 하신 여자 아이에 대하여 이 아이가 죽은 것이 아니다라고 말씀하셨다. 선한 백성의 질병은 그것이 아무리 중병이라고 하더라도 죽을 병이 될 수는 없다. 왜냐하면, 그 어떤 병도 선한 백성을 영원한 죽음으로 이끌 수는 없기 때문이다. 이 세상에서 육신의 죽음은 다른 세상에서 영혼의 탄생을 의미한다. 우리나 우리의 친구들이 병들었을 때에 우리는 곧 나을 소망이 있다는 것을 우리의 주된 위안으로 삼지만 그러한 소망은 이내 실망으로 변해 버릴 수 있다. 그러므로 결코 우리를 실망시키지 않는 토대 위에 서는 것이 지혜로운 일이다. 우리나 우리의 친구들이 그리스도께 속해 있다면, 아무리 최악의 경우라고 할지라도, 우리나 우리의 친구들은 둘째 사망의 해를 당하지 않을 것이기 때문에, 첫째 사망의 해는 가벼운 마음으로 맞을 수 있다.

(2) 이 병은 하나님의 영광을 위한 것, 즉 하나님의 영광스러운 권능을 나타내기 위한 기회로 주어진 것이다. 성도들의 환난은 하나님께서 성도들에게 은총을 베푸실 기회를 가짐으로써 그 영광을 드러내시기 위한 것이다. 왜냐하면, 가장 달콤한 긍휼과 가장 커다란 감격은 고난을 통해서만 오기 때문이다. 그러므로 하나님의 섭리의 가장 어두운 경륜들이 닥쳐서 우리가 고난을 당할 때에 우리는 이러한 사실을 기억하고 위로를 삼아야 한다. 병이나 실패나 손해나 이 모든 것들은 하나님의 영광을 위해서 존재한다. 하나님께서 영광을 받으신다면, 우리는 만족할 수 있다(레 10:3). 나사로의 병은 하나님의 영광을 위한 것이었다. 왜냐하면, 그 병은 하나님의 아들이 이로 말미암아 영광을 받게 하려 주어진 것이기 때문이다. 나사로의 병은 하나님의 아들에게 나사로를 죽은 자 가운데서 다시 살리시는 저 영광스러운 이적을 행하실 수 있는 기회를 주었다. 앞서 어떤 사람이 나면서부터 소경된 것이 그리스도께서 그를 고치심으로써 영광을 받으시기 위한 것이었던 것과 마찬가지로(9:3), 나사로가 병이 들어 죽어야 했던 것은 그리스도께서 생명의 주로서 영광을 받으시게 하기 위한 것이었다. 그리스

도께서 사랑하시는 자들이 온갖 시련을 겪을 때에, 그들은 이 모든 시련의 목적이 하나님의 아들이 이 모든 시련 중에서 그들을 구원하심을 통해서 그의 지혜, 능력, 선하심을 드러내셔서 이로 말미암아 영광을 받게 하려는 것임을 알고, 그것을 위로로 삼아야 한다. 고린도후서 12:9-10을 보라.

2. 그리스도께서는 그의 병자를 방문하시는 것을 지체하셨다(5-6절). 두 자매는 주여 사랑하시는 자가 병들었나이다라고 호소하였었고, 이 호소는 받아들여졌다(5절): 예수께서 본래 마르다와 그 동생과 나사로를 사랑하셨다. 이렇게 믿음의 간구는 하늘 나라에서 받아들여진다. 상식적으로 생각한다면, 나사로가 병들었다 함을 들으셨을 때에 그리스도께서는 즉시 서둘러서 나사로에게 가셨어야 했다. 그리스도께서 그들을 사랑하셨다면, 지금이야말로 그들에게 속히 가심으로써 그 사랑을 보여주셔야 할 때였다. 왜냐하면, 그리스도께서는 그들이 그를 몹시 초조하게 기다리고 있다는 것을 알고 계셨을 것이기 때문이다. 그러나 그리스도께서는 자신의 사랑을 보여주기 위하여 정반대의 방법을 취하셨다: 본문에서는 그리스도께서 그들을 사랑하셨지만 지체하셨다고 말하지 않고, 그리스도께서 그들을 사랑하셨으므로 지체하셨다고 말한다. 그리스도께서는 그의 친구가 병들었다는 소식을 듣고서는, 그에게 속히 달려가신 것이 아니라, 그 계시던 곳에 이틀을 더 머무셨다. (1) 그리스도께서는 그들을 사랑하셨다. 즉, 그는 마르다와 마리아, 그들의 지혜와 은혜, 그들의 믿음과 인내를 그의 다른 어느 제자들보다도 아끼셨기 때문에, 그들을 시험하고, 그 시험을 통해서 그들이 칭찬과 존귀를 얻게 하기 위해서, 그들에게 가는 것을 지체하신 것이었다. (2) 그리스도께서는 그들을 사랑하셨다. 즉, 그는 그들을 위하여 크고 기이한 일, 그의 다른 친구들에게는 한 번도 행하시지 않으셨던 그러한 이적을 행하기로 작정하셨다. 그래서 그리스도께서는 그들에게 가는 것을 지체하셔서, 그가 도착하기 전에 나사로가 죽어서 장사지내게 하셨다. 그리스도께서 즉시 가셔서 나사로의 병을 고치셨다면, 그것은 그가 많은 사람들에게 행하신 것과 별반 다른 것이 없었을 것이다. 만약 그리스도께서 죽은 지 얼마 안 된 나사로를 다시 살리셨다면, 그것은 그가 몇몇 사람들에게 행하신 일과 별반 다른 것이 없었을 것이다. 그러나 나사로를 살리는 일을 꽤 오랫동안 미루심으로써, 그리스도께서는 그 누구에게도 하지 않으셨던 일을 나사로에게 하실 수 있는 기회를 갖게 되신 것이었다. 하나님께서는 지체하시는 듯이 보일지라도 은혜로운 목적을 가지고

계신다(사 54:7-8; 49:14 등). 그리스도께서 베다니에 있는 친구들의 곤경을 들으셨을 때에 그들에게 서둘러 가지는 않으셨지만, 결코 그들을 잊고 계셨던 것은 아니었다. 세속적인 것이거나 영적인 것이거나 공적인 것이거나 사적인 것이거나 구원의 역사가 지체되는 것은 단지 때가 되지 않았기 때문인 것이다. 만사는 다 때가 있는 법이다.

Ⅳ. 그리스도께서 베다니에 있는 그의 친구들을 방문하려 하시면서 그의 제자들과 함께 나누신 대화(7-16절).　　이 대화는 너무도 자유롭고 친밀한 것이어서, 내가 너희를 친구라 하였노라고 하신 그리스도의 말씀을 실증해 준다. 그리스도께서 제자들과 나눈 대화의 주제는 두 가지인데, 자신의 신변의 위험과 나사로의 죽음에 관한 것이었다.

1. 그리스도께서 유대에 가심으로써 겪게 되실 위험(7-10절).

(1) 본문에는 그리스도께서 유대와 예루살렘으로 가시고자 하시는 자신의 목적을 그의 제자들에게 알리시는 말씀이 나온다. 제자들은 그가 어떤 일을 함께 논의하는 사람들이기도 하였는데, 그리스도께서는 그들에게 "유대 사람들은 은혜를 받을 가치가 없지만, 유대로 다시 가자"고 말씀하셨다(7절). 이렇게 그리스도께서는 그의 긍휼들을 번번이 거부한 자들에게 또다시 긍휼을 반복해서 베푸신다. [1] 그리스도께서 유대로 가시고자 한 것은 베다니에 있는 그의 친구들에게 자비를 행하시기 위한 것이었다. 그는 그들로부터 추가적인 전갈을 들은 것은 아니었지만, 그들이 당하고 있는 고통과 점점 더 악화되어 가는 상황을 아주 잘 알고 계셨다. 왜냐하면, 그리스도께서는 비록 육체로는 함께 계시지 않더라도 영으로 함께 계시기 때문이다. 그리스도께서는 그들이 마침내 극단적인 상황에 이르러서 오라버니와 누이들이 마지막 작별 인사를 서로 나누었을 때에 그것을 아시고 "이제 유대로 가자"고 말씀하셨던 것이다. 그리스도께서는 은혜 받을 때, 곧 정한 때가 이르렀을 때에 그의 백성에게 은혜를 베푸시기 위하여 일어나시는데, 사람들이 보기에 최악의 때가 바로 하나님이 정하신 때인 것이 보통이다. 우리의 소망이 없어졌으니 우리는 다 멸절되었다고 할 그 때에 내가 너희 무덤을 열고 너희로 거기서 나오게 하리니 이로써 너희가 나를 여호와인 줄 알리라(겔 37:11, 13). 우리가 극심한 환난 중에 있을 때가 하나님께서 우리를 깊은 절망에서 건지시는 때인데, 이것은 사람에게 극한(極限)의 때는 하나님께는 구원의 기회, 즉 여호와 이레의 때이기 때문이다. 또한 [2] 그리스도께서 유대

로 가시고자 한 것은 제자들의 용기를 시험해 보기 위한 것이었다. 그들은 최근에 주님께서 생명의 위협을 당하시는 것을 보고 몹시 놀랐고, 그들의 목숨도 위태롭다고 여기게 되었는데, 그런 그들이 과연 주님을 따라서 다시 유대로 가고자 할 것인지를 그리스도께서는 시험해 보고자 하셨다. 그리스도께서 제자들이 아주 최근에 아주 뜨거운 맛을 보았던 유대로 다시 가자고 하신 것은 그들을 시험해 보시기 위한 것이었다. 그러나 그리스도께서는 "너희는 유대로 가라. 나는 여기에 머물러 안전하게 있을 것이다"라고 말씀하신 것이 아니라, 우리가 유대로 가자라고 말씀하셨다. 그리스도께서는 그의 백성을 홀로 위험 속으로 몰아 넣으시는 법이 없고, 위험 속에서 항상 그들과 동행하시며, 사망의 음침한 골짜기를 걸을지라도 그들과 함께 하신다.

(2) 제자들이 이번 여행을 반대함(8절): 랍비여, 방금도 유대인들이 돌로 치려 하였는데 또 그리로 가시려 하나이까. 제자들은 그리스도께서 얼마 전에 그 곳에서 겪으신 위험을 그에게 상기시킨다. 그리스도의 제자들은 그리스도께서 하찮게 여기시는 고난도 큰 것으로 생각하고, 그 고난을 통해서 받은 고통도 더 오랫동안 기억하고 있었던 것이다. 그리스도께서는 죽을 고비를 당하셨지만, 그 일이 지난 후에는 다 잊어 버리셨다. 그러나 그의 제자들은 그 일을 잊을 수가 없었다. 그들은 마치 그 일이 바로 이 날에 일어나기라도 한 것인 양 방금도 유대인들이 돌로 치려 하였다고 말한다. 그 일은 적어도 두 달 전에 있었던 일이었지만, 그 공포의 순간은 그들의 마음속에 아주 생생하게 남아 있었던 것이다. [2] 제자들은 그리스도께서 다시 거기로 가시겠다고 하신 것을 이상하게 여겼다. "주님께서는 그들의 지역에서 주님을 쫓아낸 자들에게 또 다시 임재의 은혜를 베풀려고 하십니까?" 사람들이 행한 악들을 간과하심에 있어서 그리스도의 길은 우리의 길과 다르다. "주님께서는 주님께 그토록 맹렬하게 대들었던 사람들에게 다시 모습을 드러내려 하십니까? 주님께 그토록 악하게 대하였던 곳으로 주님께서는 다시 가고자 하십니까?" 여기서 제자들은 전에 베드로가 주여 그리하지 마옵소서라고 말했을 때와 마찬가지로 주님의 안전을 대단히 염려하는 태도를 보였다. 만약 그리스도께서 고난을 피할 마음을 가지고 계셨다면, 그는 그의 친구들에게 그가 고난을 회피하도록 설득하게 만드는 것이 아니라, 직접 여호와께 입을 열어서, 자기는 유대로 다시 들어 가고자 하지 않으며 들어갈 수도 없다고 말씀하였을 것이다. 제자들은 주님의 안전을 염려하는 태도를 보여주기

는 했지만, 이와 동시에 다음과 같은 것들을 드러내었다. 첫째, 그리스도의 권능에 대한 불신. 마치 그리스도께서 이전과는 달리 이제는 유대 땅에서 자기 자신과 그들의 안전을 보장해 줄 수 없다는 듯이 말이다. 그의 팔이 짧아졌는가? 우리는 이 세상에서 그리스도의 교회와 그 나라의 일들을 염려하여야 하지만 그 가운데서도 주 예수의 지혜와 능력을 믿고 안심해야 한다. 그리스도께서는 늑대들의 무리 가운데에서 양 무리를 보호하시는 방법을 잘 알고 계신다. 둘째, 그들 자신이 고난을 당하는 것에 대한 은밀한 두려움. 왜냐하면, 그리스도께서 고난을 당하신다면, 그들도 고난을 당할 것이기 때문이었다. 우리 스스로의 개인적인 이해 관계가 공적인 이해 관계와 함께 서로 얽혀서 발생하게 될 때, 우리는 만군의 여호와의 일로 근심하는 것처럼 가장하기 쉽다. 하지만 사실은 그리스도의 일을 추구한다는 구실 아래 우리는 속으로 우리 자신의 부와 명예와 안일과 안전 등과 같은 우리 자신의 일을 추구하고 있는 것이다. 그러므로 우리는 우리의 내면의 생각을 잘 분별할 필요가 있다.

　(3) 제자들의 이러한 반대에 대한 그리스도의 대답(9-10절): 낮이 열두 시간이 아니냐. 유대인들은 낮을 열두 시간으로 나누었고, 낮의 길이에 따라서 그 시간들을 더 길게 또는 더 짧게 잡았기 때문에, 그들에게 한 시간은 일출과 일몰 사이의 시간의 12분의 1이었다. 또는, 유대 땅은 영국보다 훨씬 남쪽에 있었기 때문에, 유대인들에게 낮은 우리보다 더 길어서 우리 시간으로 열두 시간이었을 수도 있다. 하나님께서는 섭리를 통해서 우리에게 일할 수 있도록 밝은 낮을 주셨고, 일하기에 부족하지 않을 정도로 낮 시간을 길게 주셨다. 1년을 통틀어서 보면, 모든 나라는 밤 시간만큼의 낮 시간을 가지고 있고, 여기에 석양의 시간까지 더하면 일할 수 있는 시간은 훨씬 늘어난다. 인간의 삶이란 낮과 같다. 하나님께서 정하신 대로 낮 시간들이 짧아지기도 하고 길어지기도 하는 것처럼, 낮으로 비유되는 인간의 삶은 여러 다양한 나이들(유년기, 청년기 등), 상태들, 기회들로 구성되어 있다. 이러한 사실을 생각할 때에 우리는 아주 부지런히 일을 해야 할 뿐만 아니라(낮이 열두 시간이라면, 우리는 한 시간 한 시간을 낭비해서는 안 되고, 우리의 의무를 감당하는 데에 써야 한다), 삶의 위기들도 아주 가볍게 생각하여야 한다. 우리의 낮은 우리의 일이 마쳐지고 우리의 증언이 완수될 때에 끝날 것이기 때문이다. 그리스도께서는 이것을 그의 경우에 적용하셔서, 왜 그가 유대로 가야 하는지를 보여주신다. 그리스도께서는 유대에 사는

분명한 부르심을 받으셨기 때문이다.

이 말씀을 통해서 [1] 그리스도께서는 사람이 하나님의 말씀에 의해서 보편적으로 규정되어 있고 하나님의 섭리에 의해서 구체적으로 주어진 의무의 길을 수행해 나간다면 마음에 위로와 만족을 누리게 된다는 것을 보여주신다: 사람이 낮에 다니면 실족하지 아니한다. 즉, 사람이 하나님의 모든 계명들을 사심 없이 마음에 새기고, 자신의 의무를 충실하게 수행하며, 거기에 마음을 두고, 그를 향하신 하나님의 뜻을 자신의 규범으로 설정한다면, 그는 마음에 조급함이 없고, 거룩한 확신 속에서 올바르고 안전하게 걸을 수 있다. 낮에 다니는 사람은 실족하지 않고 안전하고 즐겁게 길을 갈 수 있는데, 이것은 그가 이 세상의 빛을 봄으로 자기 앞에 있는 길을 볼 수 있기 때문이다. 마찬가지로, 선한 사람은 다른 기댈 것이나 사악한 뜻을 품지 않고, 오직 하나님의 말씀을 자신의 규례로 삼아서 의지하고, 하나님의 영광을 자신의 목적으로 삼는데, 이것은 그가 두 개의 큰 광명을 보고, 그 광명들에 자신의 시선을 집중하기 때문이다. 이렇게 함으로써, 그는 모든 의심스러운 것들 속에서 믿을 만한 안내자를 갖게 되고, 모든 위험들 속에서 강력한 보호자를 갖게 된다(갈 6:4; 시 119:6). 그리스도께서는 어디를 가시든지 낮에 다니셨다. 그러므로 그의 발자취를 따라가는 우리도 낮에 다녀야 한다.

[2] 그리스도께서는 이 규례를 따라서 다니지 않는 사람이 겪게 되는 고통과 위험을 보여주신다(10절): 밤에 다니면 실족하느니라. 즉, 어떤 사람이 자신의 마음이 생각해 낸 길을 따라서, 그의 눈이 보는 대로, 그리고 이 세상이 정해 놓은 경로를 따라서 다닌다면, 또한 어떤 사람이 하나님의 뜻과 영광이 아니라 자신의 육적인 생각을 앞세운다면, 그는 유혹들과 함정들에 빠지게 되고, 큰 불안과 두려운 생각에 사로잡히게 되며, 나뭇잎이 흔들리는 소리에도 두려워 떨고, 아무도 쫓아오지 않는데도 도망하게 된다. 반면에, 정직한 사람은 창이 날아오는 소리를 우습게 여기며, 천만의 군대가 쳐들어 와도 겁내지 않는다(사 33:14-16을 보라). 밤에 다니는 사람이 실족하는 것은 빛이 그 사람 안에 없기 때문이다. 이것은 우리를 비춰주는 빛이 우리의 행동을 가능하게 해 주는 것과 마찬가지로, 우리 안에 있는 빛은 우리의 도덕적인 행위들을 가능하게 해 주기 때문이다. 빛이 안에 없는 사람은 진실할 수 없고, 그의 눈은 잘 볼 수 없게 된다. 이 말씀을 통해서 그리스도께서는 그가 유대로 가시고자 하는 것이 옳다는 것을 보여주셨

을 뿐만 아니라, 어떠한 해도 두려워 하지 않고 그와 더불어 갈 수 있도록 제자들을 격려하셨다.

2. 나사로의 죽음을 놓고 그리스도와 그의 제자들 사이에서 오고간 대화(11-16절). 여기에는 다음과 같은 내용들이 나온다.

(1) 그리스도께서는 나사로의 죽음을 그의 제자들에게 알리시고, 그가 유대로 가시는 목적이 나사로를 돌보시기 위한 것임을 말씀하신다(11절). 그는 제자들에게 원수의 본거지를 향하여 전진해 가는 이 위험스러운 여행을 할 수 있도록 준비시킨 후에, 다음과 같은 것들을 말씀하신다.

[1] 나사로의 죽음에 관한 그 어떤 통지도 받지 않으셨음에도 불구하고 나사로가 죽었다는 사실을 분명하게 알고 계심: 우리 친구 나사로가 잠들었도다. 본문에서 우리는 그리스도께서 신자들을 어떻게 부르시며 신자들의 죽음을 어떻게 여기시는지를 보게 된다.

첫째, 그리스도께서는 신자들을 자신의 친구라고 부르신다: 우리 친구 나사로. 좀 더 자세하게 살펴보자. 1. 그리스도와 신자들 간에는 우정의 계약과 거기에 따른 친구로서의 애정과 사귐이 존재하고, 이것을 우리 주 예수께서는 인정하고 부끄러워하지 않으신다. 정직한 자에게는 그의 교통하심이 있느니라. 2. 그리스도께서 기꺼이 그의 친구들로 여기시는 사람들을 그의 제자들도 마땅히 그들의 친구로 여겨야 한다. 그리스도께서는 나사로를 그들 모두의 친구라고 말씀하신다: 우리 친구. 3. 죽음은 그리스도와 신자 간의 우정의 유대를 깨뜨리지 못한다. 나사로는 죽었지만, 그는 여전히 우리 친구이다.

둘째, 그리스도께서는 신자의 죽음을 잠자는 것이라고 부르신다: 우리 친구 나사로가 잠들었도다. 죽음을 잠자는 것이라고 부르는 것은 우리로 하여금 죽음을 덜 두려워하고 더 친숙하게 느끼도록 만들어 주는 데에 도움이 되기 때문에 좋은 것이다. 나사로의 죽음은 야이로의 딸의 죽음과 마찬가지로 특별한 의미에서 잠자는 것이었다. 왜냐하면, 그는 곧 다시 일어나게 되어 있었기 때문이다. 그리고 우리가 결국에는 다시 살아날 것이 분명한데, 죽고 사는 것이 무슨 큰 문제가 되겠는가? 영생으로의 부활을 믿고 소망하는 우리에게 육신을 벗어 버리고 죽는다는 것은 옷을 벗고 잠자리에 드는 것만큼이나 쉬운 일이 아니겠는가? 신실한 그리스도인은 죽는다고 해도 그것은 단지 잠자는 것에 불과할 뿐이다: 그는 지난 낮 동안의 수고로부터 쉬고, 다음 날 아침을 위해서 원기를 제충

전하고 있는 것이다. 즉, 죽음은 이 점에서 잠자는 것과 같은 유익을 우리에게 가져다주는데, 차이가 있다면, 잠자는 것은 우리의 염려와 수고를 잠깐 쉬는 것이지만, 죽음은 상당 기간 쉬는 것이라는 점이다. 죽는다고 해도 영혼은 잠자지 않고 더욱 활발한 활동을 하게 된다. 그러나 육체는 아무런 동요나 두려움 없이, 또한 혼란이나 방해받음이 없이 잠을 잔다. 악인들에게 무덤은 감옥이고, 수의는 처형을 기다리는 범죄자가 찬 차꼬이다. 그러나 경건한 자들에게 무덤은 침상이고, 그 모든 묶은 끈들은 편안하게 조용한 잠을 위한 부드럽고 푹신한 요람이다. 육체는 비록 부패하지만 아침이 되면 마치 언제 부패한 적이 있었느냐는 듯이 다시 깨어날 것이다. 죽음은 우리가 부활하여 참석하게 될 혼인의 날과 대관식 날에 입을 옷을 수리하고 짓기 위하여 잠시 옷을 벗는 것과 같다(사 57:2. 살전 4:14을 보라). 헬라인들은 그들의 매장지를 공동 침실(코이메테리아)이라고 불렀다.

[2] 그리스도께서 나사로에게 베푸시려는 호의를 특별히 암시하심: 그러나 내가 깨우러 가노라. 그리스도께서는 그 일을 벌써 끝마치실 수도 있었지만, 그 일을 미루시고 여기에 계속 머무셨다. 그는 죽어가는 사람도 멀리에서 고치실 수 있었기 때문에(4:50), 이미 죽은 자를 멀리서 다시 살리실 수도 있으셨다. 그러나 그는 이 일을 무덤가에서 행하심으로써 이 이적에 특별한 의미를 부여하고자 하셨다: 내가 깨우러 가노라. 잠자는 것이 죽음과 유사한 것과 마찬가지로, 우리는 자다가 우리의 이름을 부르는 소리를 듣고 잠에서 깨어나서 부활하게 될 것이다(욥 14:15): 주께서는 나를 부르시겠고 나는 대답하겠나이다. 그리스도께서는 우리 친구가 잠들었도다고 말씀하시자마자, 곧 내가 깨우러 가노라고 덧붙여 말씀하셨다. 그리스도께서는 어떤 나쁜 일을 그의 백성에게 알리실 때에는 그와 동시에 그가 그 일을 얼마나 쉽고 신속하게 회복시키실 수 있는지도 알려주신다. 그리스도께서 유대에 가시고자 하는 목적이 나사로를 살리려 하는 것임을 제자들에게 말씀하신 것은 유대 땅으로 그와 함께 가는 것에 대한 그들의 두려움을 제거하는 데에 도움을 주기 위해서였다. 그는 공적인 일로 유대의 성전에 가는 것이 아니라 사적인 일로 가는 것이었고, 따라서 그의 일행은 사람들에게 그다지 노출되지 않으리라는 것이었다. 게다가, 그 사적인 일이란 그들 모두가 신세를 지고 있었던 한 가족에게 호의를 베푸는 것이었다.

(2) 제자들이 예수의 말씀을 오해하고, 또한 그 말씀과 관련하여 어처구니없

는 실수를 저지름(12-13절): 제자들은 주여 잠들었으면 낫겠나이다라고 말하였다. 제자들의 이러한 말은 다음과 같은 것들을 보여주는 것이다. [1] 제자들은 그들의 친구인 나사로에게 어느 정도의 관심을 가지고 있었다. 그들은 그가 낫기를 바랐다. 즉, 그들은 나사로가 이 시점에서 죽음으로부터 구원받기(소데세타이)를 바랐다. 아마도 제자들은 나사로가 아프다는 소식을 가져 온 사자의 말을 듣고서 지금 나사로가 앓고 있는 병의 가장 위협적인 징후들 중의 하나는 불안으로 인해서 잠을 잘 수 없는 것이라고 이해한 것 같고, 이제 그리스도께서 그가 잠들었다고 말씀하시자, 그들은 나사로의 열이 떨어지고 최악의 고비를 넘긴 것이라는 결론을 내렸던 것 같다. 잠은 종종 자연의 보약 역할을 해서, 약하고 피곤한 자들에게 다시 힘을 불어넣어서 소생케 해 준다. 죽음이라는 잠도 마찬가지이다. 신실한 그리스도인이 이렇게 잠을 잔다면, 그는 이 세상에서보다도 저 세상에서는 훨씬 더 나아질 것이다. [2] 그러나 제자들은 그들 자신에 대하여는 더 큰 관심을 가지고 있었다. 왜냐하면, 이 말을 통해서 제자들은 이제 그리스도께서 나사로에게 가실 필요가 없어졌고, 또한 그리스도와 그들이 사람들에게 노출될 일도 없을 것임을 넌지시 내비친 것이기 때문이다. "나사로가 잠들었다면, 그는 곧 좋아질 것이고, 우리는 그냥 여기에 있는 것이 좋을 것입니다." 이렇게 우리는 어떤 일을 하는 데에 위험이 따르는 경우에는 우리가 해야 할 그 일이 저절로 이루어지거나, 아니면 다른 사람에 의해서 이루어지기를 바란다.

(3) 그리스도께서 제자들의 오해를 교정해 주심(13절): 예수는 그의 죽음을 가리켜 말씀하신 것이었다. 여기에서 우리는 다음과 같은 것들을 본다. [1] 그리스도의 제자들은 아직 깨달음이 둔하였다. 그러므로 우리는 그리스도의 말씀을 부분적으로 오해하는 모든 사람들을 이단으로 정죄하지 않아야 한다. 우리 형제들의 실수를 실제보다 더 나쁘게 바라보는 것은 좋은 일이 아니다. 그렇지만 제자들이 이번에 저지른 실수는 심각한 것이었다. 왜냐하면, 만약 그들이 구약에서 흔히 죽음을 잠자는 것이라고 불렀다는 사실을 기억하고 있었다면, 그들의 오해는 쉽게 예방될 수 있었을 것이기 때문이다. 그리스도께서 성경적인 용어를 사용하여 말씀하셨을 때, 그들은 마땅히 그리스도의 말씀을 이해했어야 한다. 게다가, 잠자는 친구를 깨우는 일은 아무나 할 수 있는 일인데, 단지 그 일을 위해서 주님께서 2-3일이나 걸리는 여행을 하려고 하신다고 제자들이 생각한 것은 말도 되지 않는 일이었다. 그리스도께서 하시고자 하는 일은 위대하

고 비범한 일로서 그리스도께 합당한 일이라는 것을 우리는 확신할 수 있어야 한다. [2] 복음서 기자는 제자들의 이러한 오해를 주의 깊게 바로잡는다: 예수는 그의 죽음을 가리켜 말씀하신 것이었다. 알아듣지 못할 말이나 비유를 사용해서 말하는 사람들은 자기가 한 말의 의미를 설명할 수 있어야 하고, 남들이 오해하는 것을 막기 위해서 그러한 말을 해석할 수 있게 해 달라고 기도하여야 한다.

(4) 예수께서 나사로가 죽었다는 것과 베다니로 가시려는 자신의 결심을 제자들에게 명백하게 밝히심(14-15절). [1] 그리스도께서는 제자들에게 나사로가 죽었다는 사실을 알리신다. 그는 앞서 모호하게 말씀하셨던 것을 이제는 아무런 비유 없이 직설적으로 분명하게 말씀하신다: 나사로가 죽었느니라(14절). 그리스도께서는 그의 성도들의 죽음을 아신다. 왜냐하면, 성도들의 죽음은 그가 귀히 여기시는 것이기 때문이다(시 116:15). 또한 그리스도께서는 우리가 성도들의 죽음을 하찮게 여기거나 마음에 두지 않는 것을 기뻐하지 않으신다. 그리스도께서 얼마나 연민이 많으신 선생이신지, 또한 그리스도께서는 자신의 말을 제대로 이해하지 못하는 자들에게 그들의 수준으로 자기를 낮추셔서, 앞서 말씀하셨던 내용 중에서 어려운 점들을 다시 추가적인 말씀이나 행위들을 통해서 설명해 주신다는 것을 우리는 알아야 한다. [2] 그리스도께서는 제자들에게 왜 그가 나사로에게 가는 일을 그토록 오랫동안 지체하였는지 그 이유를 말씀하신다: 내가 거기 있지 아니한 것을 너희를 위하여 기뻐하노라. 만약 그리스도께서 나사로에게 일찌감치 가셔서 그의 병을 고쳐주시고 그가 죽는 것을 막아 주셨다면, 그것은 나사로의 가족들에게 큰 위로가 되었을 것이지만, 그의 제자들은 그들이 자주 보아 왔던 것보다 더 큰 그리스도의 능력을 볼 수 없게 되었을 것이고, 따라서 그들의 믿음도 발전되지 못하였을 것이다. 그러나 그리스도께서 지금에야 가셔서 나사로를 죽은 자 가운데서 살리셨기 때문에, 전에는 그를 믿지 않았던 많은 사람들이 그를 믿게 되었고(45절), 또한 믿음이 적은 자들로 하여금 완전한 믿음으로 나아가게 하는 데에도 큰 효과가 있었다. 바로 이것이 그리스도께서 의도하신 것이었다: 이는 너희로 믿게 하려 함이라. [3] 그리스도께서는 이제 베다니로 가실 것과 그의 제자들을 동행시킬 것을 결심하신다: 그에게로 가자. 그는 "나사로의 자매들에게로 가서 그들을 위로하자"(이것은 우리가 할 수 있는 최대한의 것이다)고 말씀하신 것이 아니라, 그에게로 가자고 말씀하셨다. 왜냐하면, 그리스도께서는 죽은 자들에게도 놀라운 일들을 보이실 수

있기 때문이다. 우리를 우리의 모든 친구들로부터 떼어 놓고 그들과의 교통으로부터 단절시켜 놓는 죽음도 우리를 그리스도의 사랑으로부터는 떼어 놓을 수 없고, 그리스도의 부르심을 우리로 하여금 듣지 못하게 할 수도 없다. 그리스도께서는 티끌과 맺은 계약을 그대로 유지시키기를 원하시기 때문에, 티끌로 돌아가버린 자들을 찾아가실 수 있다. 나사로가 죽었느니라. 그러나 그에게로 가자. 나사로가 잠들었다면 굳이 갈 필요가 없다고 말했던 제자들이기 때문에, 그들은 나사로가 죽었다면 그에게 가 봐야 아무 소용이 없다고 말할 수도 있었을 것이다.

(5) 도마는 기꺼이 주님과 행동을 같이 하자고 동료 제자들을 부추긴다(16절): 디두모라고도 하는 도마. 히브리식으로는 도마, 헬라식으로는 디두모는 쌍둥이를 의미한다. 창세기 25:24에서는 리브가의 태중에 쌍둥이가 있었다고 말하는데, 거기에서 사용된 단어가 도민이다. 아마도 도마는 쌍둥이였던 것 같다. 도마는 다른 제자들에게(다른 제자들은 그리스도께서 그에게로 가자고 아주 적극적으로 말씀하시자 두려움과 근심에 차서 서로 얼굴만 쳐다보고 있었던 것 같다) 아주 용감하게 우리도 주와 함께 죽으러 가자고 말하였다. 여기서 주와 함께로 번역된 말은 원문에는 그와 함께로 되어 있는데, 이 말은 두 가지로 해석될 수 있다.

[1] 이것은 방금 죽은 나사로와 함께 죽으러 가자는 말로 해석될 수 있다. 어떤 이들은 본문을 이렇게 해석한다. 나사로는 그리스도와 그의 제자들에게 사랑받는 친한 친구였고, 특히 도마는 나사로와 특별히 친했던 것 같다. 그래서 도마는 지금 나사로가 죽었기 때문에, 우리도 가서 그와 함께 죽자고 말하였을 것이다. 도마는 다음과 같은 이유에서 이렇게 말했을 것이다. 첫째, "우리가 살아 간다고 해도, 나사로 없이 어떻게 우리가 살아갈 수 있겠는가." 아마도 나사로는 그들에게 숙소와 먹을 것을 제공해 주고, 그들의 눈이 되어 주는 등 많은 좋은 일을 했던 것 같다. 그런데 이제 나사로가 죽어서, 그들에게는 뜻을 같이 하는 사람이 없어졌다. "그러니 우리도 그와 함께 죽는 것이 차라리 낫겠다"고 도마가 말했던 것이다. 이와 같이 우리는 종종 우리의 생명을 우리에게 귀중한 사람들의 생명과 서로 얽혀 있는 것으로 생각하기 쉽다. 그러나 하나님께서는 우리가 그 사람 없이는 살 수 없다고 생각했던 사람을 잃었을 때에도 스스로 살아가도록 우리에게 가르치신다. 그러나 도마의 말은 이것이 전부가 아니었

다. 둘째, "우리가 죽는다면, 우리는 그와 함께 행복하게 지낼 수 있지 않겠는가." 도마는 죽음 저편에서의 복된 삶에 대한 확고한 믿음과, 그들이나 나사로가 은혜로 말미암아 거기에 참여하게 되리라는 소망을 지니고 있었기 때문에, 그는 기꺼이 그들 모두가 그와 함께 죽으러 가자고 말할 수 있었다. 사실 우리 신앙의 동지들이 세상을 떠남으로써 그들이 없어서 메마르게 된 이 세상에 남아 있기보다는 그들이 가 있어서 더욱 풍요롭게 된 저 세상으로 우리도 죽어서 그들을 따라가는 것이 더 낫다. 우리의 친구들이 이 세상을 떠나서 하늘로 올라갈 때마다, 이 세상에 대한 우리의 미련은 하나씩 끊어지고, 우리의 마음은 더욱 하늘로 이끌리게 된다. 죽음이란 다만 옷을 벗고 침상으로 가는 것에 불과하기 때문에, 신실한 그리스도인들은 즐겁게 죽음을 맞이할 수 있다!

[2] "지금 주님께서 죽음을 무릅쓰고 유대로 가시려고 하니, 우리도 주와 함께 죽으러 가자." 나는 도마의 말이 이런 의미라고 생각한다. "주께서 위험 속으로 가신다면, 우리가 받았던 나를 따르라는 주님의 명령대로 우리도 함께 가서 주님과 운명을 같이하자." 도마는 그리스도에 대한 유대인들의 적의(敵意)를 너무도 잘 알고 있었고, 또한 주님께서 그들에게 죽는 것이 하나님의 뜻이라는 것을 종종 말씀하셨다는 것을 잘 알고 있었기 때문에, 지금 주님께서 죽으러 가시고자 하는 것이 전혀 이상한 일이 아니라고 생각하였다. 이 말을 통해서 도마는 다음과 같은 것들을 보여준다. 첫째, 도마는 나중에 드러나는 것과 같이 (14:5; 20:25), 믿음은 약했지만 그리스도에 대한 강렬한 애정을 지니고 있었기 때문에 기꺼이 그리스도와 함께 죽고자 하였다. 주께서 죽으시는 곳에서 나도 죽어 거기 묻힐 것이라(룻 1:17). 둘째, 도마는 다른 제자들로 하여금 자기와 동일한 마음을 품게 하려는 열정을 보여준다: "우리도 한 사람도 빠짐없이 주와 함께 죽으러 가자. 그들이 주님을 돌로 친다면, 우리도 함께 돌에 맞아 죽자. 주님께서 죽으신다면, 우리가 더 살아서 무엇하겠는가?" 이와 같이 어려운 때에 그리스도인들은 서로의 힘을 북돋워 주어야 한다. 우리는 서로서로 주와 함께 죽자고 말할 수 있어야 한다. 우리는 주 예수의 죽음을 생각하고, 하나님께서 우리를 부르실 때에 언제든지 기꺼이 죽을 각오를 하여야 한다.

¹⁷예수께서 와서 보시니 나사로가 무덤에 있은 지 이미 나흘이라 ¹⁸베다니는 예루살렘에서 가깝기가 한 오 리쯤 되매 ¹⁹많은 유대인이 마르다와 마리아에게 그 오라비

의 일로 위문하러 왔더니 20마르다는 예수께서 오신다는 말을 듣고 곧 나가 맞이하되 마리아는 집에 앉았더라 21마르다가 예수께 여짜오되 주께서 여기 계셨더라면 내 오라버니가 죽지 아니하였겠나이다 22그러나 나는 이제라도 주께서 무엇이든지 하나님께 구하시는 것을 하나님이 주실 줄을 아나이다 23예수께서 이르시되 네 오라비가 다시 살아나리라 24마르다가 이르되 마지막 날 부활 때에는 다시 살아날 줄을 내가 아나이다 25예수께서 이르시되 나는 부활이요 생명이니 나를 믿는 자는 죽어도 살겠고 26무릇 살아서 나를 믿는 자는 영원히 죽지 아니하리니 이것을 네가 믿느냐 27이르되 주여 그러하외다 주는 그리스도시요 세상에 오시는 하나님의 아들이신 줄 내가 믿나이다 28이 말을 하고 돌아가서 가만히 그 자매 마리아를 불러 말하되 선생님이 오셔서 너를 부르신다 하니 29마리아가 이 말을 듣고 급히 일어나 예수께 나아가매 30예수는 아직 마을로 들어오지 아니하시고 마르다가 맞이했던 곳에 그대로 계시더라 31마리아와 함께 집에 있어 위로하던 유대인들은 그가 급히 일어나 나가는 것을 보고 곡하러 무덤에 가는 줄로 생각하고 따라가더니 32마리아가 예수 계신 곳에 가서 뵈옵고 그 발 앞에 엎드리어 이르되 주께서 여기 계셨더라면 내 오라버니가 죽지 아니하였겠나이다 하더라

그리스도께서 유대로 가시는 것과 그의 제자들이 그와 동행하는 것이 결정이 되자, 그들은 이 여행에 본격적으로 임하게 된다. 이 여행에서 여러 가지 사건들이 일어났는데, 다른 복음서 기자들은 여리고에서 소경을 고치신 사건과 삭개오의 회심을 기록하고 있다. 우리는 어떤 일을 하는 도중에 다른 선한 일을 행하는 것을 우리의 본분에서 벗어난 일이라고 생각해서는 안 되고, 또한 하나의 선한 일을 의도했다고 하더라도 다른 일에 게을리해서는 안 된다.

마침내 그리스도께서는 베다니에 다다르셨는데, 베다니는 예루살렘으로부터 오 리쯤 되는 곳에 있다고 본문에서는 말한다(18절). 베다니가 예루살렘에서 가깝다는 것을 본문에서 기록하고 있는 것은 이 이적이 사실상 예루살렘에서 이루어진 것임을 말하기 위한 것이다. 그리스도께서는 갈릴리에서 더 많은 이적들을 행하셨지만, 유명한 이적들은 주로 예루살렘이나 그 근방에서 행하셨다. 예루살렘에서 그리스도께서는 38년 동안 병에 걸려 있던 사람을 치유하셨고, 날 때부터 소경이었던 사람을 고치셨으며, 나흘 동안 죽어 있었던 사람을 다시 살리셨다. 베다니에 그리스도께서 오셨다. 좀 더 자세하게 살펴보자.

I. 베다니에 있는 그리스도의 친구들의 모습. 그리스도께서 그의 친구들과 마지막으로 함께 있었을 때, 그들은 아마도 건강하고 즐거운 상태에서 잘 지내고 있었을 것이다. 그러나 지금 그들의 모습은 그렇지 못했다. 우리는 친구들과 헤어져 있을 때에 우리나 그들에게 무슨 변화가 일어나게 될지를 다시 만나기 전에는 알지 못한다(그리스도께서는 아시겠지만).

1. 그리스도께서는 그의 친구 나사로가 무덤에 있는 것을 와서 보셨다(17절). 그리스도께서는 이 마을 가까이에 오셨을 때에 아마도 그 마을의 묘지 근처에서 나사로의 이웃 사람들이나 그가 만난 사람들을 통해서 나사로가 장사된지 나흘이 되었다는 말을 들으셨을 것이다. 어떤 이들은 사자가 나사로가 병들었다는 소식을 예수께 전하러 온 바로 그 날에 나사로가 죽었다고 보고, 본문에서 말하는 나흘을 그리스도께서 지체하셨던 이틀과 여행하는 데에 보내셨던 이틀을 합한 것으로 본다. 하지만 나는 예수께서 "우리 친구가 잠들었는데, 지금 막 잠이 들었다"고 말씀하신 바로 그 순간에 나사로가 죽었다고 보기 때문에, 나사로가 죽어서 장사될 때까지 걸린 시간(유대인들의 장례 기일은 아주 짧았다)과 나사로가 무덤에 있었던 나흘을 합한 기간 동안 예수께서 여행을 하셨다고 생각한다. 그리스도께서는 서둘러서 여행하신 것이 아니라, 여리고를 지나셨고, 삭개오의 집에서 쉬시는 등 볼일을 다 보시면서 공적으로 여행을 하셨으므로 그러한 기간이 결코 길다고 할 수 없기 때문이다. 약속된 구원은 틀림없이 임하기는 하지만 흔히 더디 오는 법이다.

2. 그리스도께서는 그의 친구들이 슬픔 속에 잠겨 있는 것을 보셨다. 마르다와 마리아는 오라버니의 죽음으로 인해서 슬픔에 가득 차 있었는데, 많은 유대인이 마르다와 마리아에게 위문하러 왔다는 말씀은 그들의 슬픔이 어떠했는지를 잘 보여준다. 좀 더 자세하게 살펴 보자. (1) 통상적으로 죽음이 있는 곳에는 애곡하는 자들이 있는 법인데, 서로의 관계가 친밀하고 마음이 맞는 사람이 죽었거나 그 시대를 위해서 유익한 사람이 죽었을 때에는 특히 조문하는 사람들이 많다. 전도서 7:2에서는 사람이 죽은 집을 가리켜서 눈물의 집(개역에서는 초상집)이라고 부른다. 어떤 사람이 그의 영원한 집으로 가면, 조문객들이 거리로 왕래하거나(전 12:5) 홀로 앉아서 침묵을 지킨다. 여기에 하나님을 경외하고, 또한 하나님의 축복이 임하여 있었지만, 지금은 눈물의 집이 되어 버린 집이 있는데, 그 집은 바로 마르다의 집이었다. 은혜는 마음의 슬픔을 막아주기는 하지만

(14:1) 집안의 슬픔을 막아주지는 않는다. (2) 애곡하는 자들이 있는 곳에는 위로하는 자들도 있어야 한다. 슬픔에 빠져 있는 자들과 함께 울고 그들을 위로해 주는 것은 우리가 마땅히 해야 할 도리이다. 우리가 그들과 함께 애곡하는 것은 그들에게 어느 정도 위로가 될 것이다. 막상 슬픔을 당하게 되면 전에 우리에게 위로가 되었던 일들을 잊기가 쉬운데, 그렇기 때문에 그런 일들을 상기시켜 줄 사람이 필요하게 된다. 우리가 슬픔 속에 있을 때에 우리에게 위로의 말을 해 줄 사람이 있다는 것은 다행스러운 일이다. 따라서 슬픔 속에 있는 사람들을 위로해 주는 것이 우리의 도리인 것이다. 유대 랍비들은 이것을 대단히 강조해서, 제자들에게 죽은 사람을 장례한 후에 애곡하는 자들을 위로해 줄 것을 깨우쳐 주었다. 본문을 보면, 사람들은 그 오라비의 일로 마르다와 마리아를 위로하였는데, 그들에게 나사로가 선한 이름을 남기고 죽었을 뿐만 아니라 복된 나라로 갔다고 말해 줌으로써 그들을 위로하였다. 경건한 가족이나 친구들이 우리 곁을 떠났을 때, 그들을 잃고 뒤에 남아 있는 우리 자신이 어떠한 고통을 당하든지 간에, 우리는 우리보다 앞서 간 그들이 우리를 필요로 하지 않는 복된 곳으로 갔다는 것을 위로로 삼아야 한다. 유대인들이 마르다와 마리아에게 이렇게 찾아온 것은 나사로의 가족들이 지체 높은 유명한 사람들이었다는 것을 보여줌과 동시에 그들이 모든 사람들에게 할 도리를 다하며 살았다는 것을 보여주는 증거가 된다. 그랬기 때문에, 비록 그들이 그리스도를 따르는 자들이었지만, 그리스도를 존경하지 않는 사람들조차도 그들에게 예를 갖추어서 대하였던 것이다. 또한 아주 많은 유대인들 — 아마도 거의가 부인들이었겠지만 — 이 바로 이 때에 상주(喪主)들을 위로하기 위하여 함께 왔다가 예기치 않게 이 이적의 증인들이 되었을 뿐만 아니라, 그들이 그리스도에 비하면 얼마나 형편없는 위로자들인가를 볼 수 있게 된 것은 하나님의 섭리였다. 그리스도께서는 통상적으로 사람들을 보내서 그의 이적을 증언하게 하지 않으셨지만, 그의 이적들은 관련된 사람들 이외에는 그 누구도 예상할 수 없는 그런 이적들이었다. 그러므로 하나님께서는 그들이 우연히 함께 모여 와서 이 일을 목격하게 하여 그 증인이 되게 하심으로써, 불신앙으로 인한 말을 그치게 하셨다.

Ⅱ. 그리스도와 나사로의 유족들이 만나서 일어난 일. 그리스도께서 늦게 오셨기 때문에, 그들은 더욱 반갑게 그를 맞이하였다. 그리스도께서 떠나 계시면, 우리는 그의 오심을 더욱 사모하게 되고, 그리스도의 부재(不在)는 그의 임

재가 얼마나 소중한지를 우리에게 가르쳐 준다. 여기에는 다음과 같은 내용들이 나온다.

1. 그리스도와 마르다 간에 오고 간 대화.

(1) 본문은 마르다가 나가서 그를 맞이하였다(20절)고 말한다. [1] 마르다는 그리스도께서 당도하시기를 열렬히 고대하고 있었고, 또한 도착하셨는지를 수시로 사람들에게 물었던 것으로 보인다. 아마도 그녀는 그리스도께서 오시는가를 알아보도록 사람들을 마을 어귀에 세워 두었거나 사람들에게 내 마음으로 사랑하는 자를 너희가 보았는가라고 수시로 물었을 것이다. 그래서 그리스도를 처음 발견한 사람은 그녀에게 달려와서 그 기쁜 소식을 전해 주었을 것이다. 어떻게 되었든지 간에, 그녀는 그리스도께서 도착하시기 전에 그가 오셨다는 소식을 들었다. 그녀는 오랫동안 기다렸고, 그가 오셨는가라고 수시로 물었지만, 그에 관한 소식을 들을 수 없었다. 그러나 마침내 오랫동안 기다렸던 주님이 오셨다. 묵시는 정한 때가 있나니 속히 이르겠고 결코 거짓되지 아니하리라. [2] 예수께서 오시고 계시다는 기쁜 소식을 듣자, 마르다는 모든 일을 내던지고 나가서 주님을 맞이하였는데, 이것은 가장 애정어린 환영의 표시였다. 그녀는 그녀를 위로하기 위해서 찾아온 유대인들을 접대하는 모든 일을 다 버려 두고, 서둘러 나가서 예수를 맞이하였다. 하나님께서 그의 은혜 또는 섭리를 통해서 우리에게 긍휼과 위로를 베푸시고자 오실 때, 우리는 믿음과 소망과 기도로써 그를 맞이하러 나가야 한다. 어떤 이들은 마르다가 주님에게 자기 집에 주님을 싫어하는 유대인들이 있으니 그들과 맞닥뜨리지 않는 것이 좋겠다고 말씀을 드리기 위해서 동구 밖까지 주님을 만나러 나간 것이라고 주장한다. [3] 마르다가 예수를 맞이하러 나갔을 때, 마리아는 여전히 집에 앉아 있었다. 어떤 이들은 마리아는 거실에서 조문객들을 맞이하느라고 이 소식을 듣지 못했던 반면에, 마르다는 밖에서 가사일을 바쁘게 하고 있었기 때문에 이 소식을 빨리 알았을 것이라고 생각한다. 아마도 마르다는 그리스도를 먼저 영접하는 영광을 누리려는 욕심 때문에 그리스도께서 오셨다는 것을 마리아에게 알리지 않았을지도 모른다. 성령께서는 우리의 부모 형제들도 우리가 무슨 일을 하는지 모르는 사이에 우리를 그리스도께로 인도하신다. 또 어떤 이들은 마리아가 그리스도께서 오셨다는 소식을 들었지만, 너무도 큰 슬픔에 사로잡혀 있었기 때문에 몸을 움직일 수가 없어서, 나는 우는 게 낫다고 말하면서 고통스럽게 슬픔에 잠겨서 앉아 있었던

것이라고 생각한다. 이 이야기를 누가복음 10:38 이하에 나오는 이야기와 비교해 보면, 우리는 이 두 자매의 서로 다른 기질과 각각의 장단점들을 보게 된다. 마르다는 천성이 활동적이고 부지런해서 가만히 있지를 못하고 여기저기를 돌아다니면서 이 일 저 일에 간섭하는 것을 좋아하였다. 이런 그녀의 성격은 그녀에게 덫이 되기도 했는데, 이런 성격 때문에 그녀는 매사에 신경을 쓰고 참견할 뿐만 아니라, 경건의 연습을 하는 데에도 방해를 받았다. 그러나 지금같이 슬픈 날에는 이러한 활동적인 성격으로 인해서 그녀는 슬픔을 쉽게 잊고서, 그리스도를 맞이하러 먼저 나갈 수 있었고, 그럼으로써 마리아보다 더 먼저 그리스도로부터 위로를 받을 수 있었다. 반면에, 마리아의 천성은 사색적이고 수동적이었다. 이러한 기질은 전에는 그녀에게 장점이 되어서, 그런 기질 때문에 그녀는 그리스도의 발 밑에서 그의 말씀을 들었고, 마르다와는 달리 잡다한 일에 신경쓰지 않고 그리스도의 말씀에 집중할 수 있었다. 그러나 지금 같은 고통의 날에는 그녀의 기질은 그녀에게 덫이 되었는데, 그녀는 그의 기질 때문에 슬픔에 사로잡혀서 우울한 심정에서 쉽게 빠져 나올 수가 없었다: 그러나 마리아는 집에 앉았더라. 여기에서 우리는 우리의 천성이 지닌 단점들을 주의 깊게 경계하고, 우리의 천성이 지닌 장점들을 잘 선용하는 것이 얼마나 지혜로운 것인지를 보게 된다.

(2) 여기에 그리스도와 마르다 간에 오고 간 대화가 자세하게 기록되어 있다.

[1] 마르다가 그리스도께 드린 말씀(21-22절).

첫째, 그녀는 그리스도께서 오랫동안 찾아오지 않으시고, 또한 늦게 오신 것에 대하여 불평한다. 그녀가 이렇게 말한 것은 그녀의 오라버니가 죽은 것에 대한 슬픔만이 아니라 주님께서 무정하게 처신한 것에 대한 약간의 유감도 포함되어 있는 것이었다: 주께서 여기 계셨더라면 내 오라버니가 죽지 아니하였겠나이다. 우리는 여기에서 다음과 같은 것들을 볼 수 있다. 1. 마르다의 믿음을 보여주는 얼마간의 증거. 그녀는 그리스도의 능력을 믿었다. 즉, 그녀의 오라버니의 병이 비록 매우 중한 것이기는 했지만, 그리스도께서 오셨더라면 그 병을 치유하실 수 있었을 것이고, 따라서 오라버니의 죽음을 미리 막을 수 있었을 것임을 그녀는 믿었다. 그녀는 그리스도의 자비를 믿었다. 즉, 그리스도께서 일찍 오셔서 심각한 병에 걸린 나사로와 그 곁에서 눈물 범벅이 되어 있는 그의 혈육들을 보셨다면, 그가 연민을 느끼셔서, 이렇게 서글픈 사별을 미리 막아 주셨을 것이라고 그녀는 믿었다. 왜냐하면, 그리스도의 연민은 실패하는 법이 없기 때문이다. 2. 마르다의 말 속에는 유감스럽게도 불신앙의 면모도 존재한다. 그녀의 믿음은 참된 것이었지만, 상한 갈대처럼 연약한 것이었다. 왜냐하면, 그녀는 주께서 여기 계셨더라면이라고 말함으로써 그리스도의 능력을 제한하고 있기 때문이다. 마르다는 그리스도께서 멀리서도 고치실 수 있다는 것과 그리스도의 은혜로운 역사들은 그의 육체적인 현존에만 국한되지 않는다는 것을 알았어야 했다. 또한 마르다는 그리스도의 지혜 및 자비하심과 관련해서도 불신앙의 면모를 지니고 있었는데, 그녀는 그리스도께서 그들이 사람을 보냈을 때에 즉시 오시지 못한 것은 그가 일을 제때에 마치실 수 없어서 이렇게 늦게 오신 것이고, 또한 이렇게 늦게 오신 것을 보면 결코 오실 수 없는 상황이었을 것이라고 생각해서, 지금 그리스도로부터 무슨 도움을 받으리라고는 거의 기대하지 않고 있었다.

둘째, 그녀는 그리스도가 하나님의 특별한 은총을 입은 분이라는 것을 생각하고 마음을 고쳐 먹고 스스로 위로를 삼고자 한다. 그래서 그녀는 적어도 자기가 주님을 책망한 것과 주께서 너무 늦게 오셨다고 불평한 것에 대해서 스스로를 질책한다: 그러나 나는 이제라도 주께서 무엇이든지 하나님께 고하시는 것을 하나님이 주실 줄을 아나이다. 좀 더 자세하게 살펴보자. 1. 마르다는 자신의 소망을 진심으로 그리스도께 고하였다. 아직까지 이렇게 오랫동안 죽어 있다가 다시 살아난 전례가 없었기 때문에, 그녀는 예수께 죽은 나사로를 다시 살려 주실 것을 구할 용기를 가지지 못했지만, 겸손한 간구자가 되어서 자신의 처지와 소망을 주 예수의 지혜로우심과 연민과 배려에 의탁한다. 우리가 특별히 무엇을 구할지 또는 기대할지를 모를 때에는 그저 우리 자신을 하나님께 의탁하고, 하나님께서 좋게 생각하시는 대로 해 주시기를 간구하도록 하자. 나는 어떤 일을 나의 억측에 맡기지 않고 주님의 판단에 맡기나이다(아우구스티누스). 우리가 무엇을 기도해야 할지를 모를 때에도 저 위대한 중보자께서 우리를 위하여 무엇을 구해야 하는지를 아시고, 항상 우리의 기도에 응답을 하신다는 것은 우리에게 큰 위로가 된다. 2. 마르다의 믿음은 연약하였다. 그녀는 "주여, 주께서는 하시고자 하시는 일은 무엇이나 다 하실 수 있나이다"라고 말했어야 하지만, "주께서는 기도하시는 것은 무엇이든지 얻으실 수 있나이다"라고만 말하였다. 그녀는 성자께서 자신 안에 생명을 가지고 계신다는 것과 자신의 권능에 의해서 이적들을 베푸신다는 것을 잊어버리고 있었다. 그러므로 그리스도께서 스스로 능력을 행하실 수 있다는 것과 하나님께서 그리스도의 중보를 통해서 이적을 행하신다는 것, 이 두 가지는 우리의 신앙과 소망에 있어서 힘이 되는 것들로서, 그 어느 한 쪽이 배제되어서는 안 된다: 그리스도께서 이 땅에서 가지고 계시는 통치권과 하늘 나라에서 가지고 계시는 중보권. 그는 한 손에는 황금 홀(笏)을 가지고 계시고, 다른 손에는 금 향로를 가지고 계신다. 그의 능력은 언제나 실현되고, 그의 중보는 언제나 유효하다.

[2] 그리스도께서 상심어린 마르다의 말에 대답하여 위로의 말씀을 하심(23절). 예수께서 이르시되 네 오라비가 다시 살아나리라. 마르다는 그리스도께서 계시지 않았던 것을 새삼스럽게 되돌이켜 생각하면서, 그가 계셨다면 지금도 그의 오라버니가 살아 있었으리라고 생각하며 불평한다. 우리도 그러한 경우에 이러저러했더라면, 이러저러하게 되었을 텐데라고 상상함으로써 스스로 자책하기가 쉽다. "이러저러한 방법을 썼더라면, 또는 이러저러한 의사를 모셔왔더라면, 나의 친구는 죽지 않았을 텐데." 그러나 이런 것들은 우리의 지식의 한계를 넘어서는 일들이다: 그러니 그러한 상상을 해 보아야 무슨 유익이 있겠는가? 하나님의 뜻이 이루어질 때, 우리가 할 일은 다만 그 뜻에 순복하는 것이다. 그리스도는 마르다에게(그리고 그녀를 통해서 우리에게) 앞을 바라보고 앞으로 이루어질 일만을 생각하도록 명하신다. 왜냐하면, 그것만이 확실한 것이고, 거기서만이 참된 위로가 나올 수 있기 때문이다: 네 오라비가 다시 살아나리라. 첫째, 이 말씀은 나사로에게 특별히 적용되는 말씀이었다: 나사로는 그리스도에 의해서 이제 곧 다시 살아나게 되어 있었다. 그러나 그리스도께서는 그 자신이 친히 나사로를 살리시는 것이 아니라, 마치 이 일이 일반적으로 일어나는 일인 것처럼 말씀하심으로써, 그가 행하신 일에 대하여 겸손하게 말씀하셨다. 또한 그리스도께서는 그가 나사로를 지금 다시 살리실 것인지, 아니면 마지막 날이 되어서야 살리실 것인지 모호하게 말씀하심으로써, 마르다의 믿음과 인내를 시험하셨다. 둘째, 이 말씀은 모든 성도들이 마지막 날에 부활하게 될 것에 적용되는 말씀이었다. 우리의 사랑하는 친구들과 가족들의 장례를 치를 때에 그들이 장차 다시 살아나리라고 생각하는 것은 우리에게 큰 위로가 된다. 육체가 죽으면 영혼이 없어지는 것이 아니라 이전에 있던 곳으로 돌아가는 것과 마찬가지로,

육체도 소멸되는 것이 아니라 보관되는 것이다. 우리는 이 말씀을 통해서 그리스도께서 우리에게 이렇게 말씀하시는 것을 듣는다: "너희의 부모와 자녀들, 그리고 너희의 배우자들이 다시 살아날 것이다. 이 마른 뼈들이 살아나리라."

[3] 마르다가 이 말씀을 듣고 보인 믿음과 그 믿음에 섞여 있는 불신앙(24절).

첫째, 마르다는 이 말씀을 그가 마지막 날에는 다시 살리라는 미쁘신 말씀으로 여겼다. 부활에 관한 가르침은 곧 그리스도의 부활을 통해서 완전히 증명될 것이었지만, 마르다는 이미 그가 말씀하신 대로 부활을 확실하게 믿었다(행 24:15). 1. 마르다는 마지막 날이 있으리라는 것과 그 날에는 역사상의 모든 날들이 결산되고 끝나리라는 것을 믿었다. 2. 마르다는 그 마지막 날에 모든 사람이 다시 살아나는 일반적인 부활이 있으리라는 것과 그 때에 땅과 바다가 죽은 자들을 다시 토해 놓으리라는 것을 믿었다. 3. 마르다는 각 사람이 다시 살아나는 특별한 부활이 있으리라는 것을 믿었다: "나는 내가 다시 살아나리라는 것과 내게 소중했던 가족들이 다시 살아나리라는 것을 안다." 그 날에 뼈가 서로 결합되어 제자리로 돌아오듯이, 친구들끼리도 서로 다시 만나게 될 것이다.

둘째, 그렇지만 마르다는 이 말씀을 곧이곧대로 받아들일 수는 없다고 생각한 것으로 보인다: "마지막 날에는 그가 다시 살아날 줄을 내가 아나이다. 그렇지만 우리가 지금 당장 좋아지는 것은 없지 않나이까?" 마르다는 마치 영생으로의 부활에 관한 위로의 말씀은 들을 필요도 없고, 현재의 그녀의 슬픔을 달래줄 만한 것이 못된다는 듯이 말하였다. 우리의 연약함과 어리석음을 보라. 우리는 우리 믿음의 대상들인 영원한 것들보다 이 세상의 감각적인 것들, 즉 세상의 슬픔과 기쁨에 의해서 더 영향을 많이 받는다. 마지막 날에는 그가 다시 살 것을 내가 아나이다. 이것으로 충분하지 않는가? 그러나 마르다는 그것으로 충분하지 않다고 생각하는 것 같았다. 이와 같이 우리는 우리가 현재 지고 있는 십자가들에 대한 불만 때문에 우리의 장래의 소망들을 평가절하해서 일고의 가치도 없는 것처럼 무시해 버린다.

[4] 예수 그리스도께서 마르다에게 계속해서 교훈을 주시고 격려하심. 왜냐하면, 그는 꺼져가는 등불도 끄지 않으시고 상한 갈대도 꺾지 않으시는 분이기 때문이다. 그는 마르다에게 나는 부활이요 생명(25-26절)이라고 말씀하셨다. 그리스도께서는 현재의 고통 속에서 그녀가 믿어야 할 두 가지를 제시하시는데, 이 두 가지는 우리도 마찬가지로 마르다와 같이 고난을 당할 경우에 꼭 붙들어

야 할 것들이다.

첫째, 그리스도의 권능, 곧 그의 주권적인 능력: 나는 부활이요 생명이니, 생명의 원천이요 부활의 첫 열매이자 근원이다. 마르다는 그리스도께서 무엇을 기도하시든지 하나님께서는 다 들어주실 것이라고 믿었지만, 그리스도께서는 말씀 한 마디면 자기가 그 어떤 일도 하실 수 있다는 것을 마르다로 하여금 알게 하고자 하셨다. 마르다는 마지막 날의 부활을 믿었다. 그러나 그리스도께서는 부활의 권능이 그의 수중에 있다는 것, 죽은 자가 그의 음성을 듣게(5:25) 되리라는 것을 마르다에게 말씀하신다. 이 말씀으로부터 유사(有史) 이래로 죽은 모든 사람들을 살리실 수 있는 분이 죽은 지 겨우 나흘밖에 안 된 한 사람을 살리실 수 있다는 것이 너무도 확실하다는 것을 추론하는 것은 쉬운 일이었다. 예수 그리스도께서 부활이며 생명이시고, 또 모든 그리스도인들에게 부활과 생명이 되시리라는 사실은 모든 신실한 그리스도인들에게 말할 수 없이 큰 위로가 된다. 부활은 다시 삶으로 돌아오는 것이다. 그리스도는 이렇게 다시 삶으로 돌아오게 하시는 분이고, 그렇게 얻어지는 삶의 주인이 되시는 분이다. 우리는 죽은 자의 부활과 장차 올 세상에서의 삶을 바란다. 그리스도는 이 둘 모두를 이루시는 분이요 이 둘 모두에 대한 우리의 소망의 근거가 되신다.

둘째, 새 계약에 관한 약속들. 우리에게 이 약속들은 우리가 살리라는 소망의 추가적인 근거가 된다. 좀 더 살펴보자.

a. 이 약속들은 누구에게 주어지는가? 이 약속은 예수 그리스도를 믿는 자들, 예수 그리스도가 하나님과 인간 사이의 화해와 교통(交通)의 유일한 중보자라는 것에 동의하고 바로 그런 예수 그리스도를 신뢰하는 자들, 하나님께서 그의 아들에 관하여 주신 말씀을 받아들여서 그 말씀대로 신실하게 살아가며 그 말씀에 담긴 모든 뜻을 따라 사는 자들에게 주어진다. 따라서 이 약속을 받을 수 있는 조건은 이렇게 표현되어 있다: 살아서 나를 믿는 자. 이것은 다음 중 어느 한 가지의 의미를 지닌다. (a) 살아서라는 말은 자연적인 생명을 가리킨다: 이 세상에서 살아 있는 자들은 누구나 그가 유대인이든 이방인이든 어디에서 살든 그리스도를 믿기만 한면 그리스도로 말미암아 살게 될 것이다. 그렇지만 여기에는 시간상의 제약이 있다: 살아 있는 동안, 즉 이 세상에서의 시험(試驗) 기간 동안에 나를 믿는 자는 누구든지 내 안에서 복을 얻게 될 것이지만, 죽은 뒤에는 때가 늦게 될 것이다. 살아서 믿는 자, 즉 믿음으로 사는 자(갈 2:20)는 그의

삶에 영향을 미치는 믿음을 지니고 있는 자다. (b) 살아서라는 말은 영적인 생명을 가리킨다: 살아서 믿는 자란 믿음으로 거듭나서 하늘에 속한 신령한 삶을 사는 자로서, 그의 안에서 사시는 분은 그리스도이시다 — 이것으로 인해서 그리스도는 그의 영혼의 생명이 되신다.

b. 이 약속들의 내용은 무엇인가(25절)? 그것은 죽어도 살겠고 영원히 죽지 아니하리라(26절)는 것이다. 인간은 몸과 영혼으로 이루어져 있기 때문에, 이 둘 모두의 복된 삶을 위한 약속이 주어진다.

(a) 몸에 대한 약속. 여기에 복된 부활에 관한 약속이 있다. 몸은 비록 죄로 인하여 죽을지라도(죽는 것 외에는 그 어떤 치유법도 없다) 다시 살아나게 될 것이다. 본문에서는 죽은 자들의 상태와 관련된 온갖 난해한 문제들은 다루어지지 않는다. 비록 인간에게 사망의 선고는 정당한 것이었고, 죽음의 결과가 절망적인 것이며, 죽음의 끈이 강하고, 죽으면 매장되고 썩어지며, 썩은 육체는 흙으로 돌아가 인간의 형체조차 없어져 버려서 그를 다시 찾아낼 수 없고, 이 강렬한 죽음 앞에 모든 인간이 굴복한다고 하여도, 우리는 그가 다시 살아날 줄을 확실히 안다: 몸은 영광의 몸으로 다시 살리심을 받게 될 것이다.

(b) 영혼에 대한 약속. 여기에 복된 불멸에 관한 약속이 있다. 살아서 믿는 자, 곧 믿음에 의해 그리스도와 연합되어 그 연합을 힘입어 영적으로 살아가는 자는 영원히 죽지 않을 것이다. 영적인 생명은 결코 소멸되지 않고 영생 속에서 완전해지게 될 것이다. 영혼은 본질상으로 영적이기 때문에 불멸이다. 만약 영혼이 그 본성에 맞게 믿음으로 영적인 삶을 산다면, 그 영혼이 받을 축복도 불멸의 것이 될 것이다. 영혼은 결코 죽지 아니할 것이고, 언제나 평안하고 복될 것이며, 몸의 생명이 중단되지 않듯이 영혼의 생명도 중단되지 않는다. 몸의 썩어질 것은 마침내 생명에 의해 삼켜지게 될 것이다. 그러나 영혼의 생명, 즉 믿는 자들의 영혼의 생명은 육체가 죽을 때에 즉시 불멸에 의해 삼켜지게 될 것이다. 그는 영원히(에이스 톤 아이오나) 죽지 아니하리라(non morietur in aeternum) — 키프리아누스는 본문을 이렇게 라틴어로 인용한다. 몸은 무덤에서 죽은 채로 영원히 있게 되는 것이 아니다. 몸은 시간의 구분이 있는 동안만 죽어 있을 뿐이다(두 증인이 보여주듯이). 그러나 마침내 세상의 역사가 더 이상 진행되지 않고 시간의 구분이 완료되면, 하나님으로부터 나온 생명의 영은 죽은 몸 안으로 들어가게 될 것이다. 그러나 이것이 전부가 아니다. 영혼은 영원한 죽음을 맛보지

않을 것이고, 영원히 죽지 아니할 것이다. 또한 믿음으로 **첫째 부활**에 참여하는 자, 곧 부활이신 그리스도 안에 참여하는 자는 복되고 거룩하다. 왜냐하면, 이러한 자들에게는 둘째 사망, 곧 영원한 죽음이 아무런 권능도 지니지 못할 것이기 때문이다(6:40을 보라). 그리스도께서는 마르다에게 이렇게 물으신다: "이것을 네가 믿느냐? 네가 진심으로 이 말에 동의할 수 있느냐? 네가 내 말을 곧이곧대로 받아들일 수 있느냐?" 저 세상의 큰 일들에 관한 그리스도의 말씀을 읽거나 들었을 때, 우리는 그 말씀을 우리에게 적용하여 이렇게 진지하게 물어보아야 한다: "이것, 특히 이 진리, 너무도 많은 난점들을 지닌 이것이 내 경우에 이루어질 것을 나는 믿는가? 그것에 대한 나의 믿음이 내게 깨달음을 주고 내 영혼에 확신을 주어서, 나는 이것을 믿는다고 말할 수 있을 뿐만 아니라 그것이 내게 이루어질 것을 믿는다고 말할 수 있는가?" 마르다는 그녀의 오라비가 이 세상에서 다시 살아나는 것에 몰두해 있었다. 그리스도께서는 이 세상에서 나사로가 다시 살아날 것이라는 소망을 그녀에게 주시기 전에 먼저 그녀의 생각을 또 다른 삶, 저 세상을 향하도록 하셨다: "이 세상의 일은 일단 접어두고, 너는 내가 네게 장래의 삶에 관하여 말하고 있는 이것을 믿느냐?" 우리가 영원에 관한 일들을 믿는다면, 현세에서의 십자가들과 위로들은 우리에게 그렇게 큰 영향을 끼치지 못하게 될 것이다.

[5] 마르다가 그리스도께서 하신 말씀에 거짓 없이 동의함(27절). 여기에는 마르다의 신조(信條), 그녀가 증거한 선한 신앙 고백, 예수께 칭찬을 들었던 저 베드로의 고백(마 16:16-17)과 동일한 신앙 고백이 나오는데, 그것은 모든 문제를 단번에 해결하는 열쇠이다.

첫째, 여기에는 그녀의 신앙의 지침이 나오는데, 그것은 바로 그리스도의 말씀이다. 마르다는 그리스도께서 하신 말씀에 그 어떤 변경이나 예외나 단서도 붙이지 않고 그 말씀을 온전히 받아들인다: 주여 그러하외다. 이 대답을 통해서 그녀는 그리스도께서 약속하신 것이 온전히 진리라는 것을 인정한다: 그렇고 말고요. 믿음이라는 하나님의 계시에 대한 메아리로서 하나님께서 주신 말씀 그대로를 돌려드리는 것이고 그 말씀에 거하겠다고 결단하는 것이다: 주여 그러하외다 말씀대로 이루어질 줄을 내가 믿고 받아들이나이다라고 엘리자베스 여왕은 말하였다.

둘째, 여기에는 그녀의 신앙의 근거가 나오는데, 그것은 바로 그리스도의 권위이다. 마르다는 이 말씀을 하신 분이 그리스도이시기 때문에 이것을 믿는다. 그녀는 상부구조를 지지하고 있는 토대에 의지하고 있는 것이다. 내가 믿나이다(페피스튜카). "주께서 그리스도시라는 것을 내가 믿었기 때문에, 나는 이것을 믿나이다." 여기서 다음과 같은 것들을 살펴보자.

a. 마르다는 예수에 관하여 무엇을 믿었고 무엇을 고백하였는가. 그것은 세 가지의 것들이었는데, 모두 동일한 취지의 것들이었다: (a) 그가 기름 부음 받은 자라는 이름과 개념 아래에서 약속되고 기대되었던 바로 그 그리스도 또는 메시아시라는 것. (b) 그가 하나님의 아들이라는 것. 메시아는 단지 직분에 의해서만이 아니라 본성적으로 그렇게 불렸다(시 2:7). (c) 그가 세상에 오시기로 되어 있었던 분(호 에르코메노스)이라는 것. 교회가 수많은 세월 동안 장래의 일로서 기다려 왔던 축복들 중의 축복을 마르다는 현재의 일로서 맞이하고 있었다.

b. 마르다는 이것으로부터 무엇을 추론하였고, 무슨 근거로 그런 주장을 하였는가? 그녀는 예수께서 그리스도시라는 것을 인정하였기 때문에, 그가 부활이요 생명이라는 것을 믿는 데에 아무런 어려움이 없었는데, 그 이유는 이런 것이었다. 예수께서 그리스도시라면, (a) 그는 빛과 진리의 원천이시고, 우리는 그의 모든 말씀을 하나님으로부터 온 신실한 말씀으로 받아들일 수 있다. 예수께서 그리스도시라면, 그는 우리가 모든 일에서 그의 말을 들어야 할 바로 그 선지자이시다. (b) 그는 생명과 축복의 원천이시기 때문에, 우리는 그의 진실성만이 아니라 그의 능력에도 의지할 수 있다. 흙으로 돌아간 육신들이 어떻게 다시 살아날 수 있는가? 잔뜩 더럽혀진 우리 영혼들이 어떻게 영원히 살 수 있는가? 우리는 이런 것을 믿을 수 없지만, 자신 안에 생명을 가지고 계시고 우리를 위한 생명을 가지고 계시는 하나님의 아들이신 그분이 그 일을 하신다는 것을 우리는 믿는다.

2. 그리스도와 또 다른 자매인 마리아와의 만남: 여기에서 다음과 같은 것들을 살펴보자.

(1) 그리스도께서 오셨다는 것을 마르다가 마리아에게 일러줌(28절): 마르다는 이 말을 하고나서 더 이상 할 말이 없었기 때문에 편안한 마음으로 돌아가서 그 자매 마리아를 불렀다. [1] 마르다는 그리스도로부터 친히 가르침과 위로를 받았기 때문에 거기에 동참하게 하고자 그녀의 자매를 불렀다. 마르다는 준비하는 일이 많아 말씀을 듣고 있던 마리아로 하여금 자신의 일을 돕도록 해달라고

그리스도께 청했던 적이 있었다(눅 10:40). 그러나 그 일을 보상이라고 하듯이, 여기서 마르다는 마리아를 그리스도에게 이끌려고 열심을 보인다. [2] 마르다는 마리아를 가만히 불러서, 그녀의 귀에 대고 속삭였다. 왜냐하면, 거기에는 그리스도에게 호의적이지 않았던 유대인들의 무리가 곁에 있었기 때문이다. 성도들은 그들에게는 주어지지만 외인들에게는 주어지지 않는 은밀하고 특별한 초대에 의해서 예수 그리스도와의 교제로 부르심을 받는다. 성도들에게는 세상이 알지 못하는 먹을 양식과 외인들이 끼어들 수 없는 기쁨이 있다. [3] 마르다는 그리스도의 지시에 의해서 마리아를 불렀다. 그리스도께서는 마르다에게 가서 네 자매를 불러오라고 명하셨다. 그리스도에 의해서 보내심을 받은 이러한 부르심은 전달하는 자가 누구이든 반드시 효력을 발휘한다. 선생님이 오셔서 너를 부르신다. 첫째, 마르다는 그리스도를 선생님(디다스칼로스), 즉 가르침을 베푸시는 분이라 부른다. 그리스도께서는 사람들 가운데서 보통 그러한 명칭으로 불리셨고 알려져 있으셨다. 신앙 시인 조지 허버트(George Herbert)는 그리스도를 나의 선생님이라고 부르는 것을 좋아하였다. 둘째, 마르다는 그리스도께서 오신 것을 몹시 기뻐한다: 선생님이 오셨다. 우리가 그토록 보고 싶어하고 기다렸던 바로 그분이 오셨다. 이것은 현재의 큰 슬픔 속에서 최고로 힘을 북돋우는 강장제(强壯劑)였다. "나사로는 죽었고, 그에게 둔 우리의 낙(樂)도 끝났다. 그러나 가장 사랑하는 친구보다 더 낫고 우리의 모든 상실감을 메워주고도 남을 것을 지니신 바로 그 선생님이 오셨다. 우리에게 이 슬픔을 어떻게 극복해야 하는지를 가르쳐 주시고(시 94:12) 그러한 가르침을 통해 우리를 위로해 주실 우리의 선생님이 오셨다." 셋째, 마르다는 마리아에게 가서 선생님을 만나보라고 권한다: "선생님이 너를 부르신다. 그분이 네게 합당한 것들을 물으시기 위해서 나를 보내어 너를 불러오게 하셨다." 우리 선생이신 그리스도께서 오실 때, 그는 우리를 부르신다는 것을 명심하라. 그는 말씀과 성례전을 통해서 오셔서, 우리를 거기로 부르시고, 그것들을 통해서 우리를 부르시며, 그분께 나아오도록 우리를 부르신다. 그는 너를 지명하여 부르신다(시 27:8). 그가 너를 부르시면, 그는 너를 치유하실 것이고, 너를 위로하실 것이다.

(2) 마리아는 전갈을 받자마자 급히 그리스도께로 감(29절): 선생님이 오셨다는 이 좋은 소식을 듣자마자 마리아는 급히 일어나 그에게 갔다. 그녀는 그가 그녀 곁에 얼마나 가까이 와 계신지를 알지 못하였었다. 그는 흔히 시온에서 애

곡하는 자들에게 그들이 생각하는 것보다 더 가까이 그들 곁에 와 계신다. 그러나 그가 가까이 계신다는 것을 알자마자 마리아는 날아갈 듯이 기쁜 마음으로 즉시 그를 만나러 달려갔다. 언제든지 부르심에 응답할 준비가 되어 있어서 그 기미를 금방 알아차릴 수 있는 살아 있는 신앙에게는 그리스도께서 은혜로 가까이 오고 계시다는 최소한의 암시만로도 충분하다. 그리스도께서 오셨을 때, [1] 마리아는 상중(喪中)에 지켜야 할 예의범절을 따지지 않고, 그러한 경우에 취해야 할 통상적인 관례를 제쳐둔 채로 마을을 질주하여 그리스도를 만나러 달려나갔다. 훌륭하고 고상한 격식을 따지느라고 그리스도를 만나 대화할 기회를 놓쳐 버리는 일이 없도록 하자. [2] 마리아는 이웃들, 그녀를 위로하러 와서 그녀와 함께 있었던 유대인들과도 상의하지 않았다. 그녀는 모든 것을 버려두고 그리스도께 갔고, 그들의 조언을 구하지도 않았을 뿐만 아니라, 자기가 잠깐 나갔다 오는 것에 대하여 양해를 구하거나 자신의 무례함에 대하여 용서를 구하지도 않았다.

(3) 본문에는 마리아가 주님을 어디에서 만났는지가 나와 있다(30절). 그리스도께서는 아직 베다니로 들어오지 않으셨고, 동구 밖 마르다가 맞이했던 곳에 그대로 계셨다. 좀 더 살펴보자. [1] 자신의 일에 대한 그리스도의 사랑. 그는 나사로의 무덤이 있는 곳 가까이에 머물러 계셨는데, 이것은 그 무덤으로 갈 채비를 하고 계셨던 것인 것 같다. 그는 먼 여행길에 피곤하셨을 터인데도 그가 여기에 오신 목적, 그 일을 다 이루실 때까지는 마을로 들어가서 쉬면서 원기를 회복하고자 하지 않으셨다. 또한 그가 마을로 들어가지 않으신 것은 과시하는 것처럼 보이지 않도록 하기 위한 것과 이 이적을 구경하도록 많은 무리들을 끌어들이고자 하는 의도가 없으신 것을 보이시기 위한 것이기도 하였다. [2] 그리스도에 대한 마리아의 사랑. 여전히 그녀는 그리스도를 많이 사랑하였다. 그리스도께서 지체하심으로써 냉정한 것처럼 보였을 것인데도, 마리아는 그 어느 것도 나쁘게 해석하거나 그런 일로 인해서 감정이 상해 있지 않았다. 우리도 이렇게 영문 밖으로 그리스도께 나아가자(히 13:13).

(4) 마리아와 함께 있던 유대인들이 마리아가 아주 급하게 나간 것에 대하여 오해함(31절): 그들은 마리아가 곡하러 무덤에 가는 것이라고 말하였다. 마르다는 온유하고 슬픔이 많은 심령을 지닌 여자였던 마리아보다 현재의 슬픔을 더 잘 견뎌냈다. 하지만 마리아는 본래 그런 성품을 타고 났다. 그런 성품을 지닌

자들은 우울증을 조심해야 하고, 연민과 도움을 받아야 한다. 그녀를 위로하러 왔던 유대인들은 그들의 관례적인 위로가 그녀에게 아무런 도움이 되지 못했고 그녀의 슬픔은 더 깊어졌다는 것을 알았기 때문에, 그녀가 밖으로 나갔을 때에 곡하러 무덤에 가는 것이라고 결론을 내렸다. [1] 조문객들이 흔히 저지르는 어리석음과 잘못은 무엇인가? 그들은 그들 자신의 슬픔을 어떻게든 더 심하게 만들어서 그렇지 않아도 좋지 않은 일을 더욱 나쁘게 만들어 버리려 한다. 그러한 경우에 우리는 우리 자신의 고통 속에서 이상한 쾌락을 느끼며, 우리가 죽을 지경까지 열렬히 슬퍼하는 것은 잘하는 짓이라고 말하기 쉽다. 우리는 환난의 고통을 악화시키는 그런 일들에 매달리기 쉽다. 하지만 환난 속에서 하나님의 뜻을 헤아리는 것이 우리의 도리일진대, 그렇게 하는 것이 우리에게 무슨 유익을 가져다주겠는가? 왜 조문객들은 소망을 가지지 않은 자들 같이 슬퍼해서는 안 되는 때에 무덤으로 가서 곡을 한단 말인가? 환난 자체도 슬픈데, 왜 우리는 그 슬픔을 더욱 심하게 만들고자 하는 것인가? [2] 위로자들의 지혜와 도리는 무엇인가? 그것은 절제하지 못하고 심하게 슬퍼하는 자들에게서 슬픔이 울컥울컥 반복해서 치밀어 오르는 것을 막아주고 그 슬픔에 집착하지 않도록 관심을 다른 곳으로 돌려주는 것이다. 이 유대인들은 마리아를 따름으로써 결국 그리스도에게로 인도되었고, 그의 가장 영광스러운 이적들 중의 하나를 목격하는 증인들이 되었다. 슬픔에 잠긴 그리스도의 친구들 곁에 머무는 것은 좋은 일이다. 왜냐하면, 그렇게 함으로써 우리는 그리스도를 더욱 잘 알게 될 수 있기 때문이다.

(5) 마리아가 우리 주 예수께 드린 말씀(32절): 마리아는 한 무리의 위로자들을 대동하고 와서, 열렬한 슬픔에 압도되어 버린 자처럼 그 발 앞에 엎드리어, 하염없이 눈물을 흘리며(33절), 마르다가 앞서 말했던 것처럼 주께서 여기 계셨더라면 내 오라버니가 죽지 아니하였겠나이다라고 말하였다. 사실, 마르다와 마리아는 주께서 오시기 전에 이런 말을 자주 주고받곤 하였기 때문이다.

[1] 마리아의 자세는 매우 겸손하게 순종적이다: 그녀는 그 발 앞에 엎드렸다. 이것은 자신의 감정을 더 잘 다스렸던 마르다가 했던 것보다 더 겸손하고 순종적인 자세였다. 마리아는 슬픔으로 넋이 나간 곡하는 자로서 엎드린 것이 아니라, 겸손히 간구하는 자로서 그의 발 앞에 엎드렸다. 이 마리아는 전에 주의 발치에 앉아 그의 말씀을 듣던 자였는데(눅 10:39), 여기서 우리는 그녀가 또 다른

목적으로 그의 발 앞에 엎드린 모습을 본다. 평안한 날에 그리스도에게서 교훈을 받기 위해 그의 발 앞에 앉은 자들만이 환난의 날에 그에게서 은혜를 입을 소망을 가지고 위로와 확신 속에서 그의 발 앞에 엎드릴 수 있다는 것을 명심하라. 마리아는 그가 무엇을 하셨든지 그의 뜻에 순복하고 이제부터 그가 무엇을 하시든지 그의 선한 뜻에 자신을 맡기는 자로서 그 발 앞에 엎드렸다. 환난을 당할 때, 우리는 죄에 대하여 참회하고 자신을 낮추는 가운데 그리스도의 발 앞에 엎드려서, 우리 자신을 하나님의 처분에 맡기고, 인내심을 가지고 기다려야 한다. 마리아가 그리스도의 발 앞에 엎드린 것은 그녀가 그에 대하여 지니고 있던 깊은 존경심과 공경심의 표현이었다. 이렇게 신민(臣民)들은 그들의 왕과 방백들에게 존귀함을 돌려야 한다. 그러나 우리 주 예수께서는 지상의 왕으로서의 세속적인 영광 속에서 나타나신 것이 아니기 때문에, 이러한 경배의 자세로 그에게 존귀를 돌려드린 자들은 분명히 그를 인간 이상의 존재로 바라보았고, 따라서 그에게 하나님으로서의 존귀를 돌려드리고자 하였다. 이렇게 함으로써 마리아는 마르다와 마찬가지로 그리스도에 대한 믿음을 고백한 것이었고, 실질적으로 주는 그리스도이심을 내가 믿나이다라고 말한 것이었다. 그리스도께 무릎을 꿇는 것과 입으로 그를 고백하는 것은 동일한 것으로 한데 결합되어 나온다(롬 14:11; 빌 2:10-11). 이것을 마리아는 그녀를 따라온 유대인들이 보는 앞에서 하였다. 유대인들은 그녀와 그녀의 가족에게는 친구들이었지만 그리스도에게는 철천지원수로 행하는 자들이었다. 그렇지만 마리아는 그녀가 그리스도에 대하여 지니고 있던 공경심을 고백하는 것을 전혀 부끄러워하지도 않고, 그렇게 함으로써 그녀의 친구들과 이웃들을 화나게 하는 것을 두려워하지도 않은 채 그들이 보는 앞에서 그리스도의 발 앞에 엎드렸다. 그들이 싫어하든 말든, 마리아는 그의 발 앞에 엎드렸다. 만약 이것이 수치스럽고 악한 짓이라면, 그녀는 한층 더 그렇게 할 것이다(아 8:1을 보라). 우리는 우리가 전혀 부끄러워해야 할 이유가 없는 그런 분을 주님으로 섬기고 있고, 주님께서 우리의 섬김을 받아주신다면, 그것은 사람들로부터의 책망과 그들의 모든 욕을 상쇄하고도 남음이 있다.

[2] 마리아가 한 말은 대단히 비통한 것이었다: 주께서 여기 계셨더라면 내 오라버니가 죽지 아니하였겠나이다. 그리스도께서 늦게 오신 것은 최고의 결과를 가져오기 위한 것이었고, 또한 그렇다는 것이 입증되었다. 그렇지만 두 자매는

매우 무례하게 그를 원망하였고, 사실상 오라비를 죽게 한 책임이 그에게 있다고 비난하였다. 이러한 반복된 비난에 대하여 그리스도께서는, 화를 내시면서 자기는 그들의 손짓에 따라 움직이며 그들을 수종드는 자가 아니라 다른 할 일들도 많기 때문에 사정이 허락되어야 올 수 있다고 말씀하실 수도 있으셨지만 그렇게 하지 않으셨다. 그리스도께서는 그들이 처한 환난을 생각하셨고, 상심에 빠진 자들은 마음속에 있는 말을 다 털어놓아야 시원할 것이라고 생각하셔서, 이러한 무례한 환영 인사를 그냥 넘어가심으로써, 우리에게 그러한 경우에 온유하심과 관용하심의 본을 보여주셨다. 마리아는 마르다와 똑같은 말을 했고 빼지도 보태지도 않았지만, 앞으로 나오는 내용을 보면, 그녀는 말로 못다 한 것을 눈물로 하소연했던 것으로 보인다. 그녀는 마르다보다 말을 적게 했지만 더 많이 울었다. 헌신적인 사랑의 눈물은 그리스도의 귀에 큰 음성으로 들린다. 이것보다 더 큰 웅변은 없다.

[33]예수께서 그가 우는 것과 또 함께 온 유대인들이 우는 것을 보시고 심령에 비통히 여기시고 불쌍히 여기사 [34]이르시되 그를 어디 두었느냐 이르되 주여 와서 보옵소서 하니 [35]예수께서 눈물을 흘리시더라 [36]이에 유대인들이 말하되 보라 그를 얼마나 사랑하셨는가 하며 [37]그 중 어떤 이는 말하되 맹인의 눈을 뜨게 한 이 사람이 그 사람은 죽지 않게 할 수 없었더냐 하더라 [38]이에 예수께서 다시 속으로 비통히 여기시며 무덤에 가시니 무덤이 굴이라 돌로 막았거늘 [39]예수께서 이르시되 돌을 옮겨 놓으라 하시니 그 죽은 자의 누이 마르다가 이르되 주여 죽은 지가 나흘이 되었으매 벌써 냄새가 나나이다 [40]예수께서 이르시되 내 말이 네가 믿으면 하나님의 영광을 보리라 하지 아니하였느냐 하시니 [41]돌을 옮겨 놓으니 예수께서 눈을 들어 우러러 보시고 이르시되 아버지여 내 말을 들으신 것을 감사하나이다 [42]항상 내 말을 들으시는 줄을 내가 알았나이다 그러나 이 말씀 하옵는 것은 둘러선 무리를 위함이니 곧 아버지께서 나를 보내신 것을 그들로 믿게 하려 함이니이다 [43]이 말씀을 하시고 큰 소리로 나사로야 나오라 부르시니 [44]죽은 자가 수족을 베로 동인 채로 나오는데 그 얼굴은 수건에 싸였더라 예수께서 이르시되 풀어 놓아 다니게 하라 하시니라

이 단락에는 다음과 같은 내용들이 나온다.

I. 그리스도께서는 환난을 당한 그의 친구들에게 깊은 연민을 느끼시고, 그

들과 슬픔을 같이하셨는데, 이것은 세 가지 모습으로 나타났다.

1. 심령에 비통히 여기시고 불쌍히 여기신 모습을 통해서(33절): 예수께서 마리아가 사랑하는 오라비를 잃은 것 때문에 우는 것과 함께 온 유대인들이 좋은 이웃이자 친구였던 나사로를 잃은 것 때문에 우는 것을 보셨다. 이렇게 눈물 바다가 되어 버린 것을 보시고, 예수께서는 심령에 비통히 여기시고 불쌍히 여기셨다. 좀 더 자세하게 살펴보자.

(1) 우리는 마리아와 그 친구들의 눈물 속에서 인간의 서글픔을 본다. 본문에 나타난 눈물 바다는 이 세상을 너무나 잘 상징적으로 보여준다! 인간의 본성은 우리에게 사랑하는 혈육이 죽어서 세상을 떠났을 때에 울라고 가르친다. 섭리도 우리에게 울며 애곡하라고 가르친다. 사실 나사로의 재산은 그의 누이들에게 분배되었을 것이고, 이것은 누이들의 처지에 상당한 보탬이 되었을 것이다. 그러한 경우에 오늘날의 사람들은 차마 자신의 혈육이 죽기를 바랄 수는 없겠지만(즉, 그렇게 겉으로 내놓고 말하지는 않는다는 말이다), 실제로 혈육이 죽었다면 그가 다시 살아나는 것을 바라지는 않을 것이다. 그러나 이 자매들은 오라비의 죽음으로 무엇을 얻었든지 간에 그가 다시 살아오기를 진심으로 바랐다. 마찬가지로, 기독교 신앙도 우리에게 이 유대인들이 마리아와 함께 운 것처럼 우리도 육체를 지니고 있다는 것을 생각해서, 우는 자와 함께 울라고 가르친다. 친구를 진정으로 사랑하는 사람들은 그 친구와 더불어서 기쁨과 슬픔을 함께 나누고자 할 것이다. 실제로 서로를 사랑하는 감정이 오고가지 않는다면, 그것을 어찌 우정이라고 하겠는가(욥 16:5)?

(2) 곤경에 처한 자들을 향하신 하나님의 아들의 은혜와 연민. 그는 그들의 모든 환난에 동참하셨다(사 63:9; 삿 10:6). 사람들이 모두 우는 것을 보셨을 때, 그의 반응은 이러하였다.

[1] 그리스도께서는 심령에 비통히 여기셨다. 그는 시험을 받으셨지만(우리가 어떤 큰 환난을 당하여 마음이 흐트러졌을 때에 그런 것처럼) 죄는 없으셨다. 첫째, 마가복음 5:39이 잘 보여주듯이, 그가 보이신 이러한 모습은 주변 사람들의 무절제한 슬픔을 기뻐하지 않으신다는 것을 나타내는 것이었다: "너희가 어찌하여 떠들며 우느냐. 어찌 이리도 성급한가! 이것이 하나님과 천국과 저 세상을 믿는 자들에게 합당한 일이냐?" 둘째, 그의 이러한 모습은 인간의 기만성을 보여주는 재앙 같은 상황과 타락한 인간이 종속되어 있는 죽음의 세력에 대한 그

의 심정을 나타내는 것이었다. 이제 죽음의 세력과의 한판 승부를 앞두신 그리스도께서는 이런 식으로 결의(決意)를 다지셨는데, 그는 보복을 속옷으로 삼으셨고, 그의 분이 그를 붙들어 주었다. 또한 그는 우리의 질고와 슬픔을 고치고자 하시는 결의를 더 확고히 하기 위해서 직접 기꺼이 우리의 질고가 지닌 무게를 느껴보시기를 기뻐하셨고, 그 무게 아래에서 지금 심령에 비통히 여기셨다. 셋째, 그의 이러한 모습은 슬픔에 잠겨 있는 그의 친구들에 대한 따뜻한 연민의 표현이었다. 이것은 내면의 깊은 곳에서 울려나온 신음소리로서 환난 중에 있는 교회가 너무도 간절하게 구하는 그리스도의 긍휼하심의 모습이다(사 63:15). 그리스도께서는 관심을 보이셨을 뿐만 아니라 심령에 비통히 여기셨다. 그는 이 일을 보시고 진정으로 연민을 느끼셨다. 다윗의 친구인 척했던 자들은 그들의 적의를 감추기 위해서 다윗에게 연민을 느끼는 것처럼 가장하였다(시 41:6). 그러나 우리는 그리스도께서 거짓 없이 우리를 사랑하시고 우리에게 연민을 지니고 계심을 알아야 한다. 그리스도께서 비통히 여기시면서 내쉰 신음소리는 내면 깊은 곳에서 우러나온 진심어린 것이었다.

[2] 그리스도께서는 불쌍히 여기셨다. 그는 스스로 불쌍히 여기셨다. 이 말씀은 매우 의미심장하다. 그는 인간이 지닌 온갖 감정들을 다 지니고 계셨다. 왜냐하면, 그는 모든 점에서 형제들과 같이 되심이 마땅하였기 때문이었다. 그러나 그는 그러한 감정들을 완벽하게 다스릴 수 있으셨기 때문에, 그 감정들에 압도되는 일은 없으셨다. 그는 결코 타의적으로 불쌍히 여기는 감정에 빠져드신 것이 아니라, 불쌍히 여길 만한 처지를 보시고 스스로 불쌍히 여기신 것이었다. 그는 주체적으로 불쌍히 여기는 감정을 나타내시지만, 그 감정에 의해서 압도되거나 휘둘리는 법은 결코 없으셨다. 그는 자신의 감정에 있어서나 남의 감정을 동정함에 있어서나 주체적이셨다. 그는 자신의 슬픔을 나타내기도 하시고 거두기도 하시는 능력을 지니고 계셨다.

2. 그의 죽은 친구가 남겨놓은 가엾은 시신에 대한 애정어린 관심을 통해서 (34절): 그를 어디 두었느냐? 그리스도께서는 죽은 나사로가 어디에 매장되었는지를 알고 계셨으면서도 이렇게 물으신 것은 (1) 그가 곧 하나님의 능력을 베푸실 것임에도 불구하고 사람으로서의 자신의 모습을 보이고자 하셨기 때문이다. 사람이 되신 그리스도께서는 사람의 예를 따라서 행동하신다: 여기서 아우구스티누스는, 그는 모르지 않으셨으나 마치 모르시는 것처럼 행하신다고 말하였

다. (2) 그리스도께서는 무덤이 어디 있느냐고 물으셨다. 만약 그가 그 무덤을 스스로 알고 계셨다고 해서 곧바로 무덤으로 갔더라면, 그것은 믿지 않는 유대인들에게 그와 나사로가 서로 짜고 사기극을 벌이고 있다는 의심을 받을 수 있는 빌미를 제공해 주었을 것이다. 많은 주석자들은 크리소스토무스의 이러한 말을 인용한다. (3) 그리스도께서는 이렇게 해서 뭔가 큰 일에 대한 기대감을 불러일으킴으로써 애곡하는 그의 친구들의 슬픔을 가라앉히고자 하셨다. 이 말씀은 마치 그리스도께서 다음과 같이 말씀한 것과 같은 것이었다: "나는 너희와 더불어서 별 쓸데없는 눈물을 함께 흘리고 위로의 말 몇 마디를 전하기 위해서 여기에 온 것이 아니다. 내게는 다른 할 일이 있다. 자, 어서 무덤으로 가서, 거기에서 우리의 할 일을 하자." 우리가 해야 할 일을 진지하게 얘기하는 것이야말로 무절제한 슬픔을 억제하는 최선의 치료책이라는 것을 명심하라. (4) 그리스도께서는 이렇게 하심으로써 우리에게 성도들이 무덤에 누워 있는 동안에도 그 몸을 특별히 돌보신다는 것을 암시하고자 하셨다. 그는 성도들의 몸이 어디에 두어져 있는지를 알아 차리시고 그것들을 돌보실 것이다. 그리스도께서는 티끌 같은 인생과 계약을 맺으셨을 뿐만 아니라 그 티끌을 보호하신다.

3. 그리스도께서 흘리신 눈물을 통해서. 주변에 있던 사람들은 그에게 나사로의 시신이 어디에 매장되었는지를 말해 주지 않고, 그가 와서 보기를 원해서 그를 곧장 무덤으로 안내하였는데, 이것은 그가 이 재앙을 눈으로 직접 보고 마음에 더 깊이 느끼도록 하기 위한 것이었다.

(1) 그리스도께서는 무덤으로 가시면서 마치 상여를 뒤쫓아가기라도 하는 것처럼 눈물을 흘리셨다(35절). 이 구절은 아주 짧지만, 우리에게 많은 유익한 교훈들을 준다. [1] 예수 그리스도께서는 진실로 진정한 사람이셨기 때문에, 사람들과 마찬가지로 혈과 육만이 아니라 기쁨, 슬픔 등과 같은 감정들에 영향을 받는 인간의 영혼을 지니고 계셨다. 이 두 가지 의미에서 그리스도께서는 자신의 인성(人性)에 대한 증거를 보여주셨다. 즉, 그는 자신의 신성에 대한 증거를 보여주시기 전에, 사람으로서 우실 수 있다는 것과 긍휼이 많은 사람으로서 우셨다는 것을 보여주신 것이다. [2] 그리스도께서는 이사야 53:3에서 예언한 대로 간고를 많이 겪은 자로서 질고를 아셨다. 복음서에서 우리는 그가 웃으셨다는 말을 한 번도 듣지 못하지만, 그가 우시는 모습은 복음서에 여러 번 나온다. 이렇게 그리스도께서는 애통하는 심령은 하나님의 사랑과 맥을 같이한다는 것뿐만

아니라 성령으로 씨를 뿌리는 자들은 눈물로 씨를 뿌려야 한다는 것을 보여주신다. [3] 연민의 눈물은 그리스도인들에게 아주 합당한 것으로서, 그들을 그리스도와 가장 가깝게 닮도록 만든다. 슬픔에 잠겨 있는 자들에게는 친구들이 그들의 슬픔에 동참해 주고, 특히 그들의 주 되시는 예수 같은 친구가 그들과 함께 슬퍼해 준다는 것은 큰 위로가 된다.

(2) 그리스도께서 우시는 모습을 본 사람들은 그것을 서로 다르게 해석하였다.

[1] 어떤 사람들은 호의적이고 솔직한 해석을 하였는데, 그러한 해석은 아주 자연스러운 것이었다(36절): 이에 유대인들이 말하되 보라 그를 얼마나 사랑하셨는가 하였다. 그들은 그리스도께서 혈육도 아니었고 오랫동안 알고 지내던 사이도 아니었던 나사로에 대하여 그토록 깊은 애정을 가지고 있는 것을 의아하게 여긴 것으로 보인다. 왜냐하면, 그리스도께서는 베다니에서 아주 멀리 떨어진 갈릴리에서 대부분의 시간을 보내셨기 때문이다. 그리스도의 이러한 본을 따라서, 우리는 살아 있는 친구이든 죽은 친구이든 우리의 친구들에게 사랑을 나타내는 것이 합당한 일이다. 우리는 스데반을 장사지낸 **경건한 사람들**(행 8:2)처럼 진심어린 사랑으로 예수 안에서 잠자는 우리의 형제들을 위하여 슬퍼하여야 한다. 비록 우리의 눈물이 죽은 자에게 어떤 유익을 가져다주지는 않지만, 그 눈물로 인해서 그들은 우리의 기억 속에 영원히 각인된다. 이러한 눈물은 그리스도께서 나사로를 각별하게 사랑하셨다는 것을 보여주는 증거였지만, 또한 그리스도께서는 모든 성도들을 위해서 죽으셨다는 점에서 모든 성도들에게 동일한 사랑을 지니고 계심을 보여주셨다. 그리스도께서 나사로를 두고 단지 눈물을 흘리셨을 뿐인데도, 사람들은 보라 그를 얼마나 **사랑하셨는가**라고 말하였다. 그리스도께서는 우리를 위하여 자신의 생명을 버리셨기 때문에, 우리는 이렇게 말하는 것이 합당하지 않겠는가: 보라 그가 우리를 얼마나 사랑하셨는가! 이보다 더 큰 사랑이 없도다.

[2] 어떤 사람들은 그리스도께서 우시는 것을 보고 그것을 왜곡되게 해석하여, 마치 그의 눈물이 그가 친구를 도와줄 수 없어 안타까워서 흘리는 것인 양 말하였다(37절): 맹인의 눈을 뜨게 한 이 사람이 나사로의 죽음을 미리 막을 수는 없었단 말인가? 이 말 속에는 다음과 같은 은근히 비꼬는 심사가 내포되어 있다. **첫째,** 나사로의 죽음이 그에게 큰 슬픔인 것으로 보아서(그가 눈물을 흘리

는 것이 보여주듯이), 만약 그가 나사로의 죽음을 미리 막을 수 있었다면, 그는 그렇게 했을 것인데, 실제로 그가 그렇게 하지 않은 것으로 보아서, 그는 나사로를 죽지 않게 할 수 없었던 것이라고 사람들은 생각한 것이다. 그리스도께서 십자가 위에서 죽어가고 계셨을 때에 그는 스스로를 구원하여 십자가에서 내려 오지 않았기 때문에 사람들은 그가 스스로를 구원할 수 없었다고 결론을 내렸다. 이러한 사람들의 생각은 하나님의 능력이 항상 하나님의 지혜에 의해서 이루어진다는 사실을 고려하지 않은 것으로서, 하나님의 능력은 하나님의 뜻에 따라서 행해질 뿐만 아니라 그 뜻의 모략을 따라서 행해지기 때문에, 우리로서는 거기에 묵묵히 따르는 것이 합당한 일이다. 그리스도께서 사랑하시는 친구들이 죽거나 그의 교회가 박해나 환난을 당할 때, 우리는 그리스도의 능력이나 사랑에 어떤 결함이 있다고 여겨서는 안 되고, 그리스도께서 가장 좋은 방향으로 일을 이루어 가고 계시는 것이라고 결론을 내려야 한다. 둘째, 사람들의 이 말 속에는 그리스도가 정말 맹인의 눈을 뜨게 하였는지, 즉 그것이 사기극은 아니었는가라는 의문을 제기하는 뜻이 내포되어 있다고 보아야 한다. 사람들은 그리스도께서 나사로를 죽지 않게 하는 이적을 행하지 않은 것을 토대로 해서, 앞서 맹인의 눈을 뜨게 한 이적도 뭔가 잘못된 것이 아닌가 생각하였다. 적어도, 그리스도는 제한적인 능력만을 가지고 있고, 따라서 그 능력은 하나님에게서 온 것이라고 볼 수 없다는 것이다. 그리스도께서는 곧 나사로를 죽은 자 가운데서 다시 살리시는 큰 일을 행하심으로써, 그가 나사로의 죽음을 미리 막을 수 있었지만 이렇게 더 큰 일을 통해서 자신을 더 영화롭게 하기 위하여 그렇게 하지 않으셨다는 것을 이 수군수군하는 자들에게 확신시켜 주셨다.

Ⅱ. 그리스도께서 무덤에 당도하셔서 이적을 행하실 준비를 하심.

1. 그리스도께서는 무덤으로 가까이 가시면서 다시 한 번 비통히 여기셨다(38절): 예수께서 다시 속으로 비통히 여기시며 무덤에 가셨다. (1) 그리스도께서 또다시 비통히 여기신 것은 그의 능력을 의심하는 말을 하면서 나사로의 죽음을 미리 막지 못한 것에 대하여 그를 비난했던 자들의 불신앙을 기뻐하지 않으셨기 때문이다. 그는 그들의 마음이 완악함을 탄식하셨다. 그리스도께서는 자신의 고통과 고난에 대해서가 아니라 사람들, 특히 예루살렘의 죄악과 어리석음으로 인해서 비통히 여기셨다(마 23:37). (2) 그리스도께서 또다시 비통히 여기신 것은 무덤이 가까워 오자 두 자매가 전보다 더 가슴 아프게 울며 통곡하는 소

리를 들으시고 그의 자비로운 영혼이 깊은 슬픔을 느끼셨기 때문이다. (3) 어떤 이들은 그리스도께서 비통히 여기신 것은 그의 친구들의 소원을 만족시켜 주기 위하여 그가 이제 나사로를 방금 들어간 저 안식으로부터 불러내어 다시 이 죄악되고 고단한 세상 속으로 살려 내야 한다는 생각 때문이었다고 말한다. 이 일은 마르다와 마리아에게는 자비를 베푸는 일이었겠지만, 나사로에게는 방금 안전하고 잔잔한 항구로 들어온 사람을 폭풍우가 몰아치는 바다로 다시 떠미는 일이었을 것이다. 나사로를 그냥 그대로 두었더라면, 그리스도께서는 곧 저 세상으로 가서서 그를 만나셨을 것이다. 하지만 나사로는 다시 살아났기 때문에, 그리스도께서는 부활하신 후에 그를 이 세상에 남겨 두고 그의 곁을 떠나셔야 했다. (4) 그리스도께서는 죽음에 종속되어 있는 인간의 재앙스러운 처지를 생각하시고 비통히 여기셨다. 그는 이제 곧 그 죽음에서 나사로를 건져 내실 것이었다. 이렇게 그는 인간의 비참한 처지를 생생하게 느끼셨기 때문에 이제 곧 하나님께 드릴 기도 속에서 심한 통곡으로 간구와 소원을 올려(히 5:7) 드릴 수 있으셨다. 사역자들은 죽은 영혼들을 살리기 위하여 복음을 전하도록 보내심을 받을 때에 그들이 복음을 전하고 기도를 해야 하는 자들의 비참한 처지를 깊이 느끼고 비통히 여겨야 한다.

2. 나사로가 누워 있는 무덤은 여기에서 이렇게 묘사된다: 무덤이 굴이라 돌로 막았더라. 보통 사람들의 무덤은 아마도 우리와 마찬가지로 흙을 파서 만든 무덤이었을 것이다. 그러나 유명한 사람들의 무덤은 우리의 경우와 마찬가지로 바위에 굴을 파서 만든 것으로서, 나사로의 무덤도 그러하였고, 그리스도께서 장사된 무덤도 마찬가지였다. 아마도 이러한 관습은 죽은 자들을 막벨라 굴에 장사하였던 족장들(창 23:19)의 예를 본떠서 유대인들 가운데서 대대로 지켜져 왔던 것으로 보인다. 죽은 사람들의 시신을 이렇게 한 것은 부활에 대한 그들의 기대를 보여주는 것이다. 사람들이 다니엘을 사자굴에 던져 넣고 조치를 고치지 못하게 하려(단 6:17) 그 입구에 돌을 굴려 놓은 것과 마찬가지로, 유대인들은 돌을 무덤 입구에 굴려 놓거나, 여기에서처럼 무덤 위에 올려 놓음으로써 장례식이 끝난다고 생각하였다. 이것은 죽은 자가 산 자들로부터 분리되어서, 돌아오지 못할 길을 떠났다는 것을 암시하는 것이다. 이 돌은 아마도 그 위에 비명이 씌어져 있는 묘석이었을 것인데, 이것을 헬라인들은 기억되어야 할 것(므네메이온)이라고 불렀다. 왜냐하면, 그것은 죽은 자에게는 기념비가 됨과 동시에

산 자들에게는 우리 모두가 기억하고 싶어하는 것들을 적어 놓은 추모비이기 때문이다. 로마 사람들은 그것을 경고를 준다는 의미에서 '모누멘툼'(monumentum)이라고 불렀다.

3. 돌을 치우라는 지시가 내려진다(39절): 돌을 옮겨 놓으라. 그리스도께서 사람들에게 돌을 치우라고 하신 것은 거기에 있던 모든 사람들이 나사로의 죽은 시신이 무덤 속에 누워 있는 것을 보게 하고, 죽은 나사로가 나올 수 있는 길을 만들어 놓으며, 그것이 유령 또는 허깨비가 아니라 진정한 사람의 시신이라는 것을 확인할 수 있도록 하기 위한 것이었다. 그리스도께서는 몇 사람의 종들로 하여금 그 돌을 옮겨 놓게 하심으로써, 그들이 시신이 썩는 냄새를 맡고서 그것이 진짜 죽은 자의 시신이라는 것을 증언할 수 있는 증인들이 되게 하시고자 하셨다. 한 영혼을 영적인 생명으로 다시 살리는 일에 있어서 편견들을 제거하여 말씀이 마음속으로 들어갈 길을 열어 놓음으로써 돌을 제거하는 것은 거기에서 말씀이 제대로 역사하기 위한 좋은 조치이다.

4. 마르다가 무덤을 여는 것을 반대함 : 주여, 죽은 지가 나흘이 되었으매 벌써 냄새가 나나이다. 나사로는 저 세상에 간 지가 벌써 나흘이 되었다. 그는 나흘 동안 이 무덤의 시민이자 주민이 되어 있었다. 아마도 마르다는 사람들이 돌을 옮기는 동안에 시신이 썩는 냄새를 맡고서 이렇게 소리를 질렀던 것으로 보인다.

(1) 인간의 몸의 성질을 아는 일은 쉽다: 나흘은 짧은 기간이지만, 그 기간 동안에 음식이 주어지지 않거나 생명이 주어지지 않는다면 사람의 몸은 큰 변화를 겪게 된다. 죽은 시신은 몸의 체액이 한 바퀴 순환하는 데에 걸리는 72시간이 지난 후부터 자연스럽게 부패되기 시작한다 . 그리고 유대인들은 죽은 지 나흘이 지나면 시신은 그 사람이 누구인지를 알아볼 수 없을 정도로 부패된다고 말한다(마이모니테스). 그리스도께서는 썩음을 보지 않게 되어 있었기 때문에 제삼일에 부활하셨다.

(2) 마르다가 이 말을 한 의도가 무엇이었는지는 말하기가 그리 쉽지 않다. [1] 어떤 이들은 마르다가 죽은 사람의 시신을 함부로 다루어서는 안 된다는 가르침을 따라서 죽은 나사로를 배려하는 마음으로 그런 말을 했다고 생각한다. 마르다는 시신이 부패하기 시작한 지금에 있어서 그 시신을 사람들에게 공개적으로 보여주어서 구경거리가 되게 해서는 안 된다고 생각했던 것이다. [2] 또

어떤 이들은 마르다가 이런 말을 한 것은 그리스도께서 시신이 썩는 냄새를 맡음으로써 역겨워 하실까봐 그리스도를 배려해서 그런 말을 한 것이라고 생각한다. 시편 5:9에서는 아주 고약한 것을 열린 무덤에 비유한다. 어떤 고약한 것이 있다면, 마르다는 주님께서 그것을 가까이 하도록 내버려 두고 싶지 않았던 것이다. 그러나 그리스도는 고약한 냄새를 참지 못하는 그러한 연약하고 유약한 분이 아니셨다. 만약 그가 그런 분이셨다면, 그는 죄로 말미암아 완전한 오물 덩어리가 되어서 지독한 냄새를 풍기고 있는 인간 세상에 찾아오지 않으셨을 것이다(시 14:3). [3] 그리스도의 말씀으로 보건대, 마르다가 한 말은 그녀의 불신앙과 불신을 표현하는 것이었던 것 같다: "지금은 나사로에게 어떤 자비를 베풀기에는 때가 너무 늦은 것같습니다. 그의 시신은 썩기 시작했기 때문에, 이 부패한 시신이 다시 살아난다는 것은 불가능합니다." 마르다는 과거나 현재나 부패하기 시작한 시신이 다시 살아난 예가 없었다는 점을 상기하고, 나사로의 경우를 절망적이고 소망 없는 것으로 판단하여 포기하고 있는 것이다. 우리의 뼈들이 마를 때, 우리는 우리의 소망이 없어졌다고 말하기 쉽다. 그렇지만 마르다의 이러한 불신의 말은 그리스도께서 행하신 이 이적을 더 돋보이게 만들고 더 유명하게 만드는 역할을 하였다. 마르다의 말을 통해서 나사로는 진정으로 죽었고 혼수 상태에 있는 것이 아님이 밝혀졌다. 왜냐하면, 어떤 사람이 실제로 죽지 않았다면, 죽은 척하고 누워 있을 수는 있겠지만, 거기에서 썩는 냄새를 풍길 수는 없을 것이기 때문이다. 마르다가 그 일은 가능하지 않다고 말함으로써 그 일을 하신 그리스도께서는 더 큰 영광을 받게 되셨다.

5. 그리스도께서 마르다의 연약한 믿음을 온건하게 책망하심(40절): 내 말이 네가 믿으면 하나님의 영광을 보리라 하지 아니하였느냐. 여기에서 그리스도께서 마르다에게 하신 이 말씀은 앞에 나오는 본문 속에는 기록되어 있지 않다. 아마도 그는 마르다가 주여, 내가 믿나이다(27절)라고 말했을 때에 이 말씀을 그녀에게 했을 것이다. 따라서 이 말씀은 두 번 반복되어 나온 것이기 때문에, 여기에만 기록된 것으로도 충분하였다. (1) 우리 주 예수께서는 우리에게 진실한 믿음은 마침내 복된 비전으로 보상을 받게 되리라는 확신을 주셨다: "네가 믿으면, 너는 이 세상에서와 저 세상에서 너를 위한 하나님의 영광스러운 현현들을 보게 될 것이다." 우리가 그리스도의 말씀을 받아들이고, 그의 능력과 신실하심을 의지한다면, 우리는 하나님의 영광을 보게 될 것이고, 그 영광을 봄으로써

복된 자가 될 것이다. (2) 우리는 우리 주 예수께서 우리를 격려하실 때에 말씀하셨던 이러한 확실한 긍휼하심들을 자주 상기할 필요가 있다. 그리스도께서는 마르다가 한 말에 대하여 어떤 직접적인 대답을 하시지도 않고, 곧 그가 무엇을 하실 것인지에 대한 구체적인 약속도 하지 않으신 채, 그녀에게 그가 이미 주었던 일반적인 확신들을 굳게 부여잡으라고 명하신다: 오직 믿으라. 우리는 그리스도께서 하신 말씀을 잊어버리기가 쉽기 때문에, 성령께서는 우리에게 그것을 일깨워 주신다: "내가 이러저러하다고 네게 말하지 아니하였느냐? 너는 내가 그런 말을 한 번도 한 적이 없다고 생각하는 것이냐?"

6. 마르다의 반대에도 불구하고 그리스도의 지시를 따라서 사람들이 무덤을 열다(41절): 그 때에 그들이 돌이 옮겨 놓았다. 마르다가 그리스도께서 하신 답변에 수긍을 하고 반대 의사를 거두어들이자, 그 때에 사람들은 돌을 옮기는 작업을 계속하였다. 하나님의 영광을 보려면, 우리는 그리스도께서 나름대로의 방식으로 일을 하시도록 내버려 두어야 하고, 그 방식을 우리가 나서서 설정하지 말고, 오직 그에게 순복하여야 한다. 그들은 돌을 옮겨 놓았는데, 이것이 사람들이 할 수 있었던 일의 전부였다. 오직 그리스도만이 생명을 주실 수 있으셨다. 사람이 할 수 있는 일은 단지 주의 길을 예비하고 골짜기를 메우며 산들을 평평하게 하고, 여기에서처럼 돌을 옮겨 놓는 일뿐이다.

Ⅲ. 그리스도께서 이적을 행하심. 무덤에서 돌이 굴려지자, 사람들은 티끌을 티끌에게로, 흙을 흙에게로 보내기 위해서가 아니라 티끌로부터 티끌을, 흙으로부터 흙을 다시 받기 위해서 무덤 주변으로 모여 들었다. 사람들의 기대감이 고조되었을 때, 우리 주 예수께서는 그가 하실 일에 대하여 말씀하신다.

1. 그리스도께서는 하늘을 우러러 보시며 하늘에 있는 살아 계신 아버지 — 그는 하나님을 이렇게 부르셨다(6:17) — 에게 자신을 의탁하신다.

(1) 그리스도께서 사용하신 몸짓은 매우 의미심장한 것이었다: 예수께서 눈을 들어 우러러 보셨다. 이러한 몸짓은 그리스도의 마음이 하늘을 향해 있다는 것을 보여주는 외적인 표현으로서, 곁에 서 있는 자들에게 그의 능력이 어디로부터 온 것인지를 보여주기 위한 것이었다. 또한 이것은 우리에게 모범을 보여주시기 위한 것이기도 하다. 이렇게 외적으로 표현되는 몸짓은 우리에게도 권장된다(17:1). 그것을 비방하고 조롱하는 자들이 그것에 대하여 어떠한 반응을 보일 것인지를 보라. 그러나 여기에서 특별히 우리에게 권고되고 있는 것은 우리

의 마음을 들어서 하늘에 계신 하나님을 우러러 보아야 한다는 것이다. 기도란 우리 영혼이 하나님을 향하여 올라가고, 그 감정과 몸짓을 하늘로 향하는 것이 아니면 무엇이겠는가? 그리스도께서 눈을 들어서, 나사로가 누워 있는 무덤 너머를 보시고, 무덤에서 생겨나는 온갖 난관들을 간과하신 것은 그의 눈을 하나님의 전능하심에 고정시키기 위한 것이었다. 이것은 우리에게 아브라함이 자기 몸이 죽은 것 같고 사라의 태가 죽은 것 같음을 알고도, 그러한 것들을 상관하지 않고 믿음이 약하여지지 아니하고 하나님의 약속을 의심하지 않고 믿음으로 견고하여진(롬 4:20) 것과 같이 하도록 가르친다.

(2) 그리스도께서 하나님께 드린 말씀은 커다란 확신에 가득 찬 것이었고, 그러한 확신은 그리스도께 합당한 것이었다: 아버지여, 내 말을 들으신 것을 감사하나이다.

[1] 그리스도께서는 여기서 자신의 모범을 통해서 우리에게 다음과 같은 것들을 가르치신다. 첫째, 기도를 할 때에 우리는 하나님을 아버지라 부르고, 자녀들이 아버지에게 나아가듯이 겸손하고 공경하는 마음과 거룩하고 담대한 마음으로 하나님께 나아가야 한다. 둘째, 기도를 할 때에 우리는 하나님을 찬양하여야 하고, 또 다시 긍휼하심을 구할 때에는 이전에 베풀어 주신 은혜들을 고백하며 감사하여야 한다. 감사하는 말들은 하나님의 영광을 드러내는 것으로서 (바리새인이 내가 주께 감사하노니라고 말함으로써 자신의 영광을 구한 것과는 달리) 우리가 간구할 때에 사용해야 할 좋은 것들이다.

[2] 그러나 여기에서 우리 구주의 감사 기도는 그가 아버지의 뜻을 따라서 자신의 권능으로 행해야 했던 이 이적을 하나님께서 이루어 주실 것에 대한 흔들림없는 확신을 표현하기 위한 것이었다: "아버지여, 이 일에 있어서 언제나처럼 나의 뜻과 아버지의 뜻이 동일한 것에 대하여 내가 감사하나이다." 엘리야와 엘리사는 종의 자격으로 하나님께 간구함으로써 죽은 자들을 다시 살렸다. 그러나 그리스도께서는 아들의 자격으로 자신 안에 생명을 가지고 있고 죽은 자를 다시 살릴 수 있는 권능을 가지셨기 때문에 권세로써 죽은 자를 다시 살리셨다. 그리고 그리스도께서는 이 일이 자신이 행한 일이라고 말씀하신다(11절): 내가 깨우러 가노라. 그렇지만 그는 이 일을 그가 기도를 통해서 이룬 일, 아버지께서 그의 말을 들으신 결과로서 이루어진 일이라고도 말씀하신다: 아마도 그는 심령에 비통히 여기실 때에(33, 38절) 마음으로 말할 수 없는 탄식 가운데 이 일을

놓고 기도하셨을 것이다.

첫째, 그리스도께서는 이 이적을 기도에 대한 응답이라고 말씀하시는데, 이 것은 다음과 같은 이유들 때문이었다. 1. 이렇게 하심으로써 그리스도께서는 자신을 낮추고자 하셨다. 그는 하나님의 아들이었지만, 이렇게 묻고 응답을 받으심으로써 순종함을 배우셨다. 이 이적은 그의 권한에 속한 것이기는 하지만, 기도를 통해서 그의 중보자적인 영광이 그에게 드러났다(시 2:8; 요 17:5). 그리스도께서는 창세 전에 그가 가지고 계셨던 영광을 결코 상실한 것이 아니었기 때문에 그 영광을 요구할 수도 있으셨지만 그렇게 하지 않고 그 영광을 위하여 기도하신다. 2. 이렇게 하심으로써 그리스도께서는 기도를 존귀하게 만드는 것을 기뻐하셨다. 심지어 하나님의 아들인 그조차도 하나님의 능력과 은혜의 창고를 여실 때에 기도라는 열쇠를 사용하신 것이다. 이렇게 해서 그는 기도 속에서 살아 있는 믿음을 통해서 지성소로 들어가는 법을 우리에게 가르치고자 하셨다.

둘째, 그리스도께서는 그의 기도가 응답될 것을 확신하셨기 때문에 다음과 같은 것들을 고백하신다.

a. 하나님께서 이 기도를 열납하시리라는 것: 아버지여, 내 말을 들으신 것을 감사하나이다. 이 이적은 아직 이루어진 것이 아니었지만, 그럼에도 불구하고 그 기도는 응답된 것이기 때문에, 그리스도께서는 승리의 결과가 나타나기 전에 그 승리를 기뻐하신다. 그리스도 외에는 그가 여기에서 하신 것과 같은 그러한 확신을 갖고 있는 것처럼 가장할 수 없다. 그렇지만 우리는 약속을 믿고서, 긍휼하심에 대한 약속이 실제로 이루어지기 전에 그것이 이루어지리라는 기대를 가질 수 있고, 그러한 기대 속에서 기뻐하며, 그것으로 인해서 하나님께 감사를 드릴 수 있다. 다윗의 기도 생활 속에서 하나님의 긍휼하심을 구하는 기도로 시작되는 시편은 그 긍휼하심에 대한 감사로 끝난다. (a) 우리는 하나님께서 기도에 대한 응답으로서 긍휼하심을 베푸시는 것에 대하여 특별한 방식으로 감사함으로 그것을 인정하고 고백하여야 한다. 우리는 긍휼하심을 허락하신 것 자체 외에도 우리의 보잘것없는 기도를 들어 주신 것을 커다란 은혜로 알고 소중히 여겨야 한다. (b) 우리는 기도 응답의 첫 번째 조짐이 나타나자마자 재빨리 감사함으로 그것을 맞아들여야 한다. 하나님께서 우리가 부르기 전에 우리에게 응답하시고, 우리가 아직 말하고 있는 동안에 들으시는 것과 마찬가지로,

우리도 하나님께서 기도를 응답하시기 전에 찬양으로 하나님께 화답하여야 하고, 하나님께서 아직 선한 말씀들과 위로의 말씀들을 말하고 계시는 동안에 하나님께 감사를 드려야 한다.

b. 하나님께서 언제라도 응답할 준비를 하고 계신다는 것에 대한 그리스도의 확신(42절): 항상 내 말을 들으시는 줄을 내가 알았나이다. 우리는 이것이 지금 그리스도에게 허락된 이례적인 은총이었다고 생각해서, 전에도 이런 일이 없었고 후에도 이런 일이 그리스도께 없을 것이라고 생각해서는 안 된다. 결코 그렇지 않았다. 그리스도는 모든 일을 하심에 있어서 여기에서와 동일한 신적인 능력을 지니고 계셨고, 하나님의 뜻에 합당한 일들만을 하셨다. 그리스도께서는 이렇게 말씀하신다: "나는 모든 일에서 하나님께서 응답하실 것을 확신하기 때문에, 이 일에서 응답을 주신 것에 대하여 감사한 것이다." 여기에서 우리는 다음과 같은 것들을 볼 수 있다. (a) 우리 주 예수께서는 하늘에서 권세를 가지고 계셨다. 하나님 아버지께서는 항상 그의 말을 들으셨고, 그는 일마다 때마다 아버지에게 나아갔으며, 매번 하나님 아버지께서는 그의 청을 들어 주셨다. 그리고 우리는 그리스도께서 하늘에 오르신 지금에 있어서도 그가 하늘에서 가지신 권세가 이전에 비해서 줄어든 것이 아님을 확신할 수 있기 때문에, 우리는 그의 중보 기도에 의지할 수 있고, 우리의 모든 간구를 그의 손에 맡길 수 있는 것이다. 왜냐하면, 우리는 하나님 아버지께서 그리스도의 청을 항상 들으신다는 것을 확신하기 때문이다. (b) 우리 주 예수께서는 그가 하늘에서 가지고 계신 권세에 대하여 확신하고 계셨다: 내가 알았나이다. 그리스도는 이러한 사실에 대하여 조금도 주저하거나 의심하지 않았고, 아버지께서 그를 기뻐하시고 모든 일에서 그와 뜻이 같으시다는 것에 대하여 마음속에 온전한 만족감을 지니고 계셨다. 우리는 그리스도께서 가지고 계셨던 그러한 특별한 확신을 가질 수 없다. 그러나 우리가 아는 것은 그의 뜻대로 무엇을 구하면 들으신다(요일 5:14-15)는 것이다.

셋째, 그리스도께서는 왜 그가 이 이적을 기도를 통해서 이루신다는 것을 이렇게 공개적으로 말씀하신 것인가? 그는 이 말씀 하옵는 것은 둘러선 무리를 위함이니 곧 아버지께서 나를 보내신 것을 그들로 믿게 하려 함이니이다라는 말씀을 덧붙이신다. 왜냐하면, 기도는 곧 말씀을 전파하는 것이 될 수 있기 때문이다. 1. 그리스도께서 이렇게 하신 것은 그의 원수들의 반론들과 그들의 쓸데없는 생각들을 일소하시기 위한 것이었다. 바리새인들과 그 패거리들은 그리스도께서 마귀와 짜고 이적들을 행하는 것이라는 신성모독적인 주장을 하였다. 지금 그리스도께서는 사실은 그 정반대라는 것을 증명하기 위해서 주문이 아니라 기도를 사용하셨고, 신접한 자와 마술사처럼 주절거리며 속살거린(사 8:19) 것이 아니라 눈을 들어 하늘을 바라보고 그가 하나님과 교통하고 하나님께 의지하고 있다는 것을 고백하는 말을 통해서 하나님께 공개적으로 말씀을 하신 것이었다. 2. 그리스도께서 이렇게 하신 것은 그에게 호감을 지니고 있던 자들의 믿음을 강화시키기 위한 것이었다: 사람들의 생명을 멸하기 위한 것이 아니라 그 생명을 구원하기 위하여, 아버지께서 나를 보내신 것을 그들로 믿게 하려 함이니이다. 모세는 하나님께서 그를 보내신 것을 보여주기 위하여 땅으로 하여금 입을 벌려서 사람들을 삼키도록 하였다(민 16:31). 엘리야는 하나님께서 그를 보내신 것을 보여주기 위하여 하늘에서 불이 내려와서 사람들을 삼키게 하였다. 왜냐하면, 율법은 두려움과 죽음을 가져다주는 것이었기 때문이다. 그러나 그리스도께서는 죽었던 자를 다시 살리심으로써 자신의 사명을 입증하신다. 어떤 이들은 그리스도께서 이렇게 하신 것을 다음과 같은 의미로 해석하기도 한다: 만약 그리스도께서 이 이적을 자신의 권능으로 행하신 것이라고 선언하였다면, 아직까지도 그의 신성을 제대로 깨닫지 못하고 있었던 그의 연약한 제자들 중 일부가 그리스도께서 자기를 너무 지나치게 높이고 있다고 생각하여 그것 때문에 넘어질 수도 있었을 것이다. 믿음에 있어서 갓난 아기들인 이러한 자들은 딱딱한 음식을 먹을 수 없기 때문에, 그리스도께서는 그의 능력이 하나님 아버지로부터 받은 것이요 나온 것이라고 말씀하는 방법을 선택하신 것이었다. 그리스도께서는 자신에 대하여 부인하는 태도로 말씀하심으로써 우리에게 더 분명하게 말씀하실 수 있으셨다. 그는 그의 위엄이 아니라 우리의 구원을 고려하여 말씀하신다(얀세니우스).

2. 그리스도께서는 이제 땅 속에 있는 그의 죽은 친구를 향하신다. 그는 큰 소리로 나사로야 나오라 부르셨다.

(1) 그리스도께서는 그의 능력과 뜻을 조용히 행사하시고, 생명의 성령이 아무도 모르게 역사하심을 통해서 나사로를 다시 살리실 수도 있으셨다. 그러나 그는 그렇게 하지 않으시고, 큰 소리를 통해서 이 일을 하셨다.

[1] 이것은 나사로를 다시 살리는 데에 사용된 능력이 얼마나 큰 것이며, 그

가 이 새 일을 어떻게 이루셨는지를 보여주는 것이었다. 그가 말씀하시니 그 일이 이루어졌다. 그가 큰 소리로 하신 것은 이 일이 얼마나 큰 일인지, 이 일에 사용된 권능이 얼마나 큰 것인지를 보여주기 위한 것이었고, 마치 군사들이 싸움터에서 함성을 지르며 접전하는 것과 마찬가지로 음부의 문을 공격하면서 스스로의 힘을 북돋기 위한 것이었다. 나사로에게 말씀하시면서, 그가 큰 소리로 부르시는 것이 합당한 일이었는데, 그 이유는 다음과 같다. 첫째, 다시 부르심을 받은 나사로의 영혼은 유대인들이 멋대로 상상한 것과 같이 무덤 주변을 배회하고 있었던 것이 아니라 저 멀리 영들의 세계인 음부로 옮겨져 있었다. 따라서 저 멀리 있는 자를 부를 때에 큰 소리로 부르는 것은 당연한 일이었다. 둘째, 다시 부르심을 받게 된 나사로의 몸은 잠들어 있었는데, 우리는 보통 어떤 사람을 잠에서 깨우려 할 때에 큰 소리로 말한다. 그리스도께서 큰 소리로 부르신 것은 나는 감추어진 곳과 캄캄한 땅에서 말하지 아니하였노라(사 45:19)고 기록하고 있는 성경을 이루시기 위한 것이었다.

[2] 이것은 그 밖의 다른 놀라운 기적들, 특히 죽은 사람을 다시 살리는 부활의 기적들에 전형적인 것이었다. 이러한 큰 소리는 다음과 같은 것들에 대한 비유였다. 첫째, 이 큰 소리는 그리스도께서 전에 부활과 관련해서 말씀하셨듯이(5:25) 죽은 영혼들이 죄의 무덤에서 나올 수 있게 하기 위한 복음의 부르심에 대한 비유이고, 그 수단으로서의 그의 말씀(6:63)에 대한 비유이다. 이제 그리스도께서는 그것의 한 표본을 보여주시고 있는 것이다. 그는 말씀을 통해서 영혼들에게 살아나라(겔 16:6), 죽은 자들 가운데서 일어나라(엡 5:14)고 말씀하신다. 에스겔이 예언하였듯이(겔 37:10), 하나님으로부터 온 생기가 이미 죽은 자들과 그들의 마른 뼈들 속으로 들어갔다. 돌이키고 살지니라는 말씀의 명령으로부터 사람이 스스로 변화되어 새롭게 되는 능력을 지니고 있다는 것을 추론할 줄 아는 자들은 그리스도께서 나사로에게 이렇게 큰 소리로 부르신 것으로부터 그가 스스로를 다시 살릴 수 있는 능력도 지니고 계시다는 것을 마땅히 추론할 수 있어야 한다. 둘째, 이러한 큰 소리는 그리스도께서 여기에서처럼 나아오라는 명령과 호령으로 친히 강림하실 때에 티끌 속에서 잠자던 자들을 깨워서 심판대에 세우게 될 마지막 날에 울려 퍼질 천사장의 나팔 소리에 대한 비유이다(시 50:4): 그는 하늘을 향하여 소리를 질러서 죽은 자들의 영혼을 부르시고 땅을 향하여 소리를 지르셔서 죽은 자들의 몸을 불러 내어, 그의 백성을 판결하실 것

이다.

(2) 이 큰 소리는 비록 짧았지만, 하나님으로 말미암아 견고한 무덤을 무너뜨릴 정도로 강력한 것이었다. [1] 그리스도께서는 우리가 깊이 잠든 사람을 깨울 때에 하는 것과 마찬가지로 나사로의 이름을 부르셨다. 하나님께서는 모세에게 그의 은총의 표시로서 나는 이름으로도 너를 안다고 말씀하셨다. 이렇게 나사로의 이름을 부르셨다는 것은 죽은 자가 이전의 그와 동일한 자로 마지막 날에 다시 부활하게 될 것임을 암시한다. 별들을 다 이름대로 부르시는 하나님께서는 땅의 티끌 속에 있는 그의 별들을 이름에 따라서 구별하실 수 있고 그 별들 중 아무도 잃어버리지 않으실 것이다. [2] 그리스도께서는 나사로에게 마치 그가 이미 살아 있다는 듯이 무덤에서 나오라고 부르셨는데, 나사로는 그의 무덤으로부터 나오는 수밖에 다른 도리가 없었다. 그리스도께서는 나사로에게 살아나라고 말씀하시지 않았다. 왜냐하면, 그리스도께서 친히 생명을 주셔야 했기 때문이다. 하지만 그리스도께서는 나사로에게 움직여라고 말씀하셨다. 왜냐하면, 그리스도의 은혜로 말미암아 우리가 영적으로 살아날 때, 우리는 스스로 힘을 내서 움직여야 하기 때문이다. 죄의 무덤과 이 세상은 그리스도께서 다시 살리실 자들에게 적합한 곳이 아니기 때문에, 그들은 거기로부터 나와야 한다. [3] 이 사건은 그리스도께서 의도하신 대로 진행되었다: 죽은 자가 나왔다(44절). 그리스도의 말씀과 함께 능력이 나가서, 나사로의 영혼과 몸이 재결합되었고, 그러자 나사로는 무덤에서 나올 수 있었다. 이 이적이 나사로가 갑자기 사람들이 알지 못하는 사이에 나타난 것이 아니라 사람들이 보는 가운데서 무덤으로부터 나온 것으로 묘사된 것은 우리의 호기심을 충족시키기 위한 것이 아니라 우리의 믿음을 확증해 주기 위한 것이었다. 어떤 이들은 나사로의 영혼이 그가 죽어 있던 나흘 동안에 어디에 있었느냐고 물을 것이다. 본문에는 그것에 대하여 나와 있지 않지만, 우리는 그 영혼이 낙원에 있었다고 생각할 수 있을 것이다. 기쁘고 지극히 복된 상태로 그의 영혼은 낙원에 있었다. 그러나 "그렇다면, 나사로의 영혼을 육신의 감옥으로 다시 불러 온 것은 정말 그에게 가혹한 짓을 한 것이 아닌가"라고 말하는 사람이 있을 수 있을 것이다. 하지만 그 일이 그리스도의 영광과 하나님 나라의 유익을 위해서 이루어진 것이라면, 그것은 사도 바울이 육신을 떠나서 그리스도에게로 가는 것이 훨씬 더 좋다는 것을 알면서도 육신 가운데 계속해서 머문 정도의 손해만을 나사로에게 끼쳤을 뿐이다. 만약 누

가 나사로가 다시 살아난 후에 그의 영혼이 육신을 떠난 것 또는 다시 되돌아
온 것, 또는 그가 저 세상에서 본 것을 설명하거나 묘사할 수 있었겠는지의 여
부를 묻는다면, 나는 그러한 과정들은 나사로 자신에게 말로 설명할 수 없는
것들이었기 때문에 그는 바울과 마찬가지로 몸 안에 있는지 몸 밖에 있는지 알 수
없었다고 말할 수밖에 없었을 것이라고 생각한다. 또한 그가 죽고나서 보고 들
은 것을 말로 표현하는 것은 옳은 일도 아니었고 가능한 일도 아니었다. 감각
의 세계 속에 있는 우리는 영들의 세계와 그 세계에서 일어나는 일들을 표현할
수 있는 적절한 개념들을 가지고 있지 않고, 그러한 일들을 다른 사람들에게
전달하는 것은 더더욱 불가능하다. 우리는 성경에 기록된 것 이상으로 너무 알
려고 하지 말아야 하고, 나사로의 부활에 대하여 성경에 기록된 내용은 죽은 자
가 나왔다는 것이 전부이다. 어떤 이들은 성경 속에는 죽은 자 가운데서 다시
살아나서 그 후에 사람들과 친밀하게 대화를 나눈 많은 사람들에 대한 기사들
이 나오지만 성경은 우리 주 예수만을 제외하고는 그렇게 다시 살아난 사람들
이 한 말을 하나도 기록하고 있지 않다는 점을 지적하였다.

(3) 이 이적은 다음과 같이 이루어졌다. [1] 신속하게. 나오라는 명령과 그가 나
왔다는 결과 사이에는 그 어떤 것도 개입되어 있지 않다. 말씀이 떨어지자마자
이루어졌다(dictum factum). 생명이 있으라 하시니, 생명이 있었다. 이렇게 부활
때의 변화는 순식간에 홀연히(고전 15:52) 이루어질 것이다. 그 일을 하실 수 있
는 전능하신 능력은 그 일을 순식간에 행하실 수 있다: 그리하시고 주는 나를 부
르소서 내가 대답하리이다. 그 때에 우리는 나사로처럼 하나님의 부르심에 내가
여기 있나이다라고 말하며 나오게 될 것이다. [2] 완벽하게. 나사로는 아주 완벽
하게 다시 살아났기 때문에, 마치 침상에서 나오듯이 힘있게 그의 무덤에서 일
어나 나왔고, 생명만이 아니라 건강까지 되찾은 것이었다. 나사로는 한 번 잠깐
다시 살아난 것이 아니라, 다른 사람들과 마찬가지로 살기 위해서 다시 살아난
것이었다. [3] 나사로는 수의를 입은 채로 무덤에서 나왔는데, 이것을 어떤 이들
은 추가적인 이적이라고 여긴다: 그는 수족을 베로 동였고 그 얼굴은 수건에 싸였
더라(이것은 유대인들의 매장 방식이었다). 나사로는 매장된 당시에 입고 있던
것과 동일한 모습으로 나왔는데, 이것은 그가 다른 사람이 아니라 바로 나사로
라는 것을 보여주기 위한 것이었다. 또한 나사로는 단지 살아났을 뿐만 아니라,
수의를 걸친 상태였는데도 힘이 강건하여 걸을 수 있었다. 그 얼굴이 수건에 싸

인 것은 그가 정말로 죽었었다는 것을 증명해 주는 것이었다. 만약 그가 죽은 것이 아니었다면, 여러 날 동안 그 얼굴이 수건에 싸여 있어서 그는 질식사했을 것이다. 둘러선 무리들은 그의 수의를 풀어주면서 그를 만졌고 그를 보았으며 그가 나사로라는 것을 확인하였을 것이기 때문에, 이 이적의 증인들이 될 수 있었을 것이다. 여기에서 우리는 다음과 같은 것들을 본다. 첫째, 우리는 세상을 떠날 때에 오직 수의와 관만을 지닌 채 거의 아무것도 가져갈 수 없다. 무덤 속에서는 한 벌의 수의 외에는 그 어떤 옷도 필요가 없다. 둘째, 이것은 우리가 무덤 속에서 어떤 상태로 있게 될지를 보여준다. 눈이 수건에 의해서 가려지고 손발이 동여 있는 상태에서 무슨 지혜를 발휘하며 무슨 활동을 할 수 있겠는가? 우리가 앞으로 가게 될 무덤은 바로 그런 모습이다. 나사로는 수의로 동여매진 채로 무덤에서 나왔기 때문에, 우리는 무덤 주변에 둘러서 있는 무리들이 그 모습을 보고 몹시 놀라고 두려워하였을 것이라고 생각해 볼 수 있다. 우리도 어떤 죽은 시신이 다시 살아나는 것을 본다면 그런 반응을 보이게 될 것이다. 그러나 그리스도께서는 이 일을 친숙하게 만들기 위해서 사람들을 일하도록 하셨다: "그를 풀어 놓아라. 그의 수의를 느슨하게 해 주어서, 그가 집에 갈 때까지 그 수의를 옷으로 삼게 하라. 그렇게 느슨하게 해 주면, 그는 수의를 걸친 채로 다른 사람들의 도움이 없이 자신의 힘으로 자기 집으로 가게 될 것이다." 구약에서 에녹과 엘리야의 승천이 눈으로 볼 수 없는 장래의 상태를 눈으로 볼 수 있게 보여준 사건들이었던 것과 마찬가지로 — 에녹은 족장 시대의 중반쯤에 살았던 인물이고, 엘리야는 모세 시대의 인물이었다 — 신약에서 나사로의 부활은 부활 교리를 확증하기 위한 것이었다.

[45]마리아에게 와서 예수께서 하신 일을 본 많은 유대인이 그를 믿었으나 [46]그 중에 어떤 자는 바리새인들에게 가서 예수께서 하신 일을 알리니라 [47]이에 대제사장들과 바리새인들이 공회를 모으고 이르되 이 사람이 많은 표적을 행하니 우리가 어떻게 하겠느냐 [48]만일 그를 이대로 두면 모든 사람이 그를 믿을 것이요 그리고 로마인들이 와서 우리 땅과 민족을 빼앗아 가리라 하니 [49]그 중의 한 사람 그 해의 대제사장인 가야바가 그들에게 말하되 너희가 아무 것도 알지 못하는도다 [50]한 사람이 백성을 위하여 죽어서 온 민족이 망하지 않게 되는 것이 너희에게 유익한 줄을 생각하지 아니하는도다 하였으니 [51]이 말은 스스로 함이 아니요 그 해의 대제사장이므로

예수께서 그 민족을 위하시고 ⁵²또 그 민족만 위할 뿐 아니라 흩어진 하나님의 자녀를 모아 하나가 되게 하기 위하여 죽으실 것을 미리 말함이러라 ⁵³이 날부터는 그들이 예수를 죽이려고 모의하니라 ⁵⁴그러므로 예수께서 다시 유대인 가운데 드러나게 다니지 아니하시고 거기를 떠나 빈 들 가까운 곳인 에브라임이라는 동네에 가서 제자들과 함께 거기 머무르시니라 ⁵⁵유대인의 유월절이 가까우매 많은 사람이 자기를 성결하게 하기 위하여 유월절 전에 시골에서 예루살렘으로 올라갔더니 ⁵⁶그들이 예수를 찾으며 성전에 서서 서로 말하되 너희 생각에는 어떠하냐 그가 명절에 오지 아니하겠느냐 하니 ⁵⁷이는 대제사장들과 바리새인들이 누구든지 예수 있는 곳을 알거든 신고하여 잡게 하라 명령하였음이러라

이 단락에는 이 영광스러운 이적이 가져온 결과들에 관한 설명이 나오는데, 그 결과들은 보통 때와 동일한 것으로서, 이 이적은 어떤 이들에게는 생명에서 생명에 이르게 하는 향기가 되었고, 또 어떤 이들에게는 사망에서 사망으로 이르게 하는 향기가 되었다.

I. 어떤 사람들은 이 이적으로 인해서 믿음을 가지게 되었다.　예수께서 하신 일을 본 유대인들 중에서 다수가 그를 믿었는데, 이렇게 유대인들이 그를 믿게 된 것은 어쩌면 당연한 일이었다. 왜냐하면, 이 이적은 그리스도께서 하나님으로부터 보내심을 받았다는 것을 논란의 여지 없이 보여주는 증거였기 때문이다. 유대인들은 그리스도께서 행하신 이적들에 대하여 자주 들어 왔었지만, 그런 이적들의 사실성에 의문을 제기하는 등 확신을 갖지 못했었다. 그러나 이번 경우에는 그리스도께서 행하신 이적을 직접 보았기 때문에, 그들의 불신앙은 마침내 여지없이 무너지고 말았던 것이다. 그러나 보지 못하고 믿는 자들은 복되다. 그리스도에 대한 일들을 더 많이 보면 볼수록, 우리는 그를 사랑하고 신뢰할 수 있는 더 많은 이유들을 보게 될 것이다. 이 사람들은 마리아를 위로하기 위해서 왔던 유대인들이었다. 다른 사람들에게 선한 일을 베풀 때, 우리는 하나님으로부터 은혜를 받게 되고, 우리가 다른 사람들에게 선을 행하는 동안에 오히려 우리 자신이 좋아지는 기회를 갖게 된다.

II. 어떤 사람들은 이 이적에 대하여 분개하고, 그들의 불신앙을 더욱 견고히 하였다.

1. 밀고자들이 바로 그런 자들이었다(46절): 이 이적을 직접 목격했던 자들

중에서 어떤 자들은 믿음을 갖기는커녕 예수의 원수들이었던 바리새인들에게 가서 예수께서 하신 일을 알렸다. 그들이 이렇게 한 것은 바리새인들로 하여금 그리스도에 대하여 더 호의적으로 생각하게 만들고자 했던 것이 결코 아니었고, 바리새인들이 관심을 가질 만한 소식을 단순히 전해 주기 위한 것도 아니었으며, 박차를 가하지 않아도 아주 적극적으로 나서서 예수를 박해하고자 하였던 자들을 충동질하기 위한 악의적인 의도에서였다. (1) 이것은 확신을 갖기에 너무나도 충분한 가장 강력한 이적 앞에서도 자신의 뜻을 굽히지 않는 가장 완악한 불신앙을 보여주는 이상한 예이다. 어떻게 그들이 이 이적의 증거가 지닌 힘을 회피할 수 있었는지를 생각하기는 어렵지만, 그들의 마음의 눈을 멀게 한 것은 이 세상의 신이었다. (2) 이것은 가장 **뿌리깊은** 적대감을 보여주는 이상한 예이다. 우리가 생각하기에는, 그들은 예수를 그리스도로 믿으려고 하지는 않았다고 할지라도 적어도 예수를 박해하고자 하는 마음을 버리거나 억제했어야 마땅하였다. 그러나 불을 끄기에 충분하지 않은 물은 그 불을 더 타오르게 하는 법이다. 밀고자들은 예수께서 하신 일을 말하였고, 그 사실 이외에는 다른 것은 전혀 말하지 않았다. 그러나 그들이 지닌 악의로 인해서 그들이 한 말은 이 이적에 악마 숭배와 같은 느낌을 부여하였는데, 이것은 거짓말을 한 것이나 다름없는 것이었다. 진실을 왜곡하는 것은 거짓을 만들어 내는 것만큼이나 나쁜 짓이다. 도엑은 그가 한 말이 다 사실이었지만 거짓되고 간사한 혀(시 52:2-4; 120:2-3)라고 불렸다.

2. 백성의 사사들, 지도자들, 눈먼 지도자들은 유대인들의 보고를 받고 격분하였는데, 여기에는 그들이 무슨 일을 하였는지가 보도되어 있다.

(1) 긴급 회의가 소집되었다(47절): 이에 대제사장들과 바리새인들이 공회를 모았다. 이것은 시편 2:2에서 이미 예언된 것이었다: 세상의 군왕들이 나서며 관원들이 서로 꾀하여 여호와와 그의 기름 부음 받은 자를 대적하였다. 산헤드린에서의 논의들은 백성들의 유익을 위한 것이었다. 그러나 여기에서는 그러한 미명 하에 너무도 큰 손해와 재앙이 백성들에게 가해지고 있다. 이 민족의 평화에 속한 일들은 국가 대사를 논의하도록 위임받은 자들의 눈으로부터 숨겨져 있었다. 이 회의는 머리를 맞대고 좋은 방안을 서로 강구하기 위해서가 아니라 서로의 분노를 부추기기 위해서 소집된 것이었다. 쇠가 쇠를 날카롭게 하고, 숯이 타는 숯과 나무를 더 불붙게 하는 것과 마찬가지로, 그들은 그리스도와 그의 가르침

에 대한 적의와 분노를 통해서 서로를 북돋우고 부채질하였다.

(2) 이 사건은 안건으로 상정되었고, 중대한 결과를 초래할 큰 사건으로 취급되었다.

[1] 토의된 안건은 예수의 세력이 성장하는 것을 막기 위해서 예수에게 어떤 조치를 취하여야 하느냐는 것이었다. 그들은 이 사람이 많은 표적을 행하니 우리가 어떻게 하겠느냐고 말하였다. 거기에서 예수께서 나사로를 다시 살리셨다는 정보가 보고되었고, 그들은 마치 큰 군대를 거느린 무서운 원수가 그들의 나라 한복판에 있는 것처럼 장정들과 형제들과 조상들의 도움을 요청하였다. 첫째, 그들은 그리스도께서 행하신 이적들이 참되다는 것과 그가 수많은 이적들을 행하셨다는 것을 인정한다. 그러므로 그들은 그들 자신이 잘못되었다는 것을 증언하고 있는 셈이다. 왜냐하면, 그들은 그리스도께서 하나님으로부터 보내심을 받았다는 움직일 수 없는 증거들을 인정하면서도, 그리스도께서 하나님으로부터 보내심을 받았다는 사실을 부정하고 있기 때문이다. 둘째, 그들은 이제 예수에게 어떤 조치를 취해야 하는지를 논의하면서, 그들이 좀 더 빨리 효과적인 조치를 취해서 예수를 분쇄하지 못한 것에 대하여 스스로 자책한다. 그들은 예수께서 메시야라는 움직일 수 없는 증거들을 보여주었다는 것을 공개적으로 인정하면서도, 예수를 메시야로 인정하고 받아들일지의 여부를 고려조차 하지 않는다. 오히려, 그들은 예수가 그들의 원수이고, 따라서 예수를 짓밟아야 한다는 것을 당연한 것으로 여긴다: "우리가 무엇을 하고 있는가? 우리는 우리의 교회를 든든하게 하는 데에 아무런 관심도 없단 말인가? 우리의 세력에 이토록 파괴적인 가르침이 이렇게 신속하게 퍼져 나가는 것이 우리에게는 아무 일도 아니란 말인가? 우리는 우리가 백성들 속에서 이제까지 지녀왔던 기반을 순순히 내어놓고자 하는 것인가? 우리는 우리의 권위가 경멸을 받고 우리의 생계가 위협을 받고 있는데도 아무렇지도 않다는 말인가? 우리는 그동안에 무엇을 해 왔단 말인가? 그리고 우리는 지금 무슨 생각을 하고 있는 것인가? 우리는 항상 말만 하고 아무런 일도 하지 않을 것인가?"

[2] 그들이 이 문제를 심각하게 받아들인 이유는 이 일로 인해서 그들의 교회와 민족이 로마로부터 위험에 처할 수 있다고 인식했기 때문이었다(48절): "만약 우리가 예수를 침묵시키고 제거하지 않는다면, 모든 사람이 그를 믿을 것이요. 이것은 새로운 왕을 세우는 것이기 때문에, 로마인들은 이 일에 격분해서, 군대

를 거느리고 와서 우리 땅과 민족을 빼앗아 갈 것이다. 그러므로 시시한 말장난으로 지체할 시간이 없다." 그들이 다음과 같은 것들에 대하여 어떠한 견해를 가지고 있었는지를 보라.

첫째, 그들 자신의 능력에 대하여. 그들은 마치 그리스도의 일의 진전과 성공이 그들의 허용 여부에 달려 있어서, 그들이 그를 이대로 두지 않는다면, 그리스도는 계속해서 이적을 행하거나 제자들을 삼을 수 없고, 죽음을 정복하신 그리스도를 정복하는 것이 그들의 능력 안에 있으며, 그들이 하나님을 대적하여 싸우고서도 번영할 수 있다는 듯이 말한다. 그러나 하늘에 계신 분은 아무런 힘도 없는 자들이 악의만을 가진 채 자기가 전능하다고 생각하는 어리석음을 비웃으신다.

둘째, 그들 자신의 방침에 대하여. 그들은 마치 그들 자신이 강력한 통찰력과 예지력을 갖추고 있고 어떤 일에 대한 도덕적인 평가에 있어서 큰 지혜를 지니고 있는 자들이라고 여긴다.

a. 그들은 이대로 내버려 두면 얼마 지나지 않아서 모든 사람이 그를 믿게 될 것이라고 말함으로써 은연중에 예언을 하게 된다. 이렇게 함으로써 그들은 비록 다른 의도에서 그런 말을 한 것이었지만 예수의 가르침과 이적들이 그들 속에서 거부할 수 없을 정도로 매우 설득력 있는 힘을 지니고 있다는 것과 모든 사람이 그의 신도들과 열렬한 지지자들이 되리라는 것을 인정하고 있다. 이렇게 그들은 또 다른 목적에서 예수의 세력을 별 것 아닌 것으로 치부하고자 하였지만, 그의 세력을 엄청난 것이라고 지금 인정하고 있다: 당국자들 중에 그를 믿는 자가 있느냐(7:48). 그들이 두려워한 것은 사람들이 그를 믿게 되어서, 그들이 세워 놓은 모든 척도들이 무너져 버리는 것이었다. 복음의 성공은 그 원수들에게는 두려운 일이라는 것을 명심하라. 영혼들이 구원을 받게 되면, 그들은 힘을 상실하게 된다.

b. 그들은 이 민족의 백성들이 그를 따라가게 되면 로마인들의 분노가 그들에게 미치게 되리라는 것을 예상한다. 로마인들이 와서 우리 땅을 빼앗아 가리라 — 유대인들의 땅, 특히 예루살렘 또는 그 성전, 거룩한 곳, 그들의 땅, 그들이 좋아하는 것, 그들의 우상, 즉 성전에서 그들이 차지하고 있던 것들, 그들의 권세 있는 지위들. 사실, 로마인들은 그들을 매우 질시하였고, 그들이 그들에게 메워진 멍에를 떨쳐 버리려고 힘을 키우며 기회를 노리고 있다는 것을 알고 있었다는

것은 사실이었다. 마찬가지로, 로마인들이 그들에게 군대를 보낸다면 그들이 거기에 대항하기 어렵다는 것도 사실이었다. 그렇지만 여기에는 여호와의 제사장들이 그들의 사악함으로 인해서 하나님과 모든 선한 사람들에게서 그들의 권세를 상실하지 않았다면 결코 그들 속에서 발견할 수 없었을 비겁한 모습이 역력히 드러난다. 만약 그들이 고결한 신앙을 지켰더라면, 그들은 로마인들을 두려워할 필요가 없었을 것이다. 그러나 그들은 유다 사람들이 삼손에게 너는 블레셋 사람이 우리를 다스리는 줄을 알지 못하느냐(삿 15:11)고 비굴하게 말했던 것처럼 겁먹은 사람들 같이 말을 하고 있다. 경건을 상실한 사람들은 용기도 상실한다. 그러나 (a) 그리스도의 복음이 진보가 있게 되면, 그들의 민족에 대한 로마인들의 적개심이 악화될 위험이 있다는 것은 거짓이었다. 왜냐하면, 그리스도의 복음의 진전은 결코 왕들이나 나라들에 해가 되는 것이 아니었고, 오히려 대단히 유익이 되는 것이었다. 로마인들은 예수의 세력이 커가는 것에 대하여 전혀 질시하지 않았다. 왜냐하면, 그리스도께서는 사람들에게 가이사에게 세금을 바치라고 가르치셨고, 악에 대항하지 말고 십자가를 지라고 가르치셨기 때문이다. 예수를 심문하였던 로마 총독은 그에게서 아무 죄도 찾지 못하였다. 로마인들로 하여금 더 격분하게 만들 위험성은 그리스도가 아니라 제사장들에게 더 많이 있었다. 흔히 두려움을 가장하는 것은 악의적인 의도를 감추기 위한 것이라는 점을 주목하라. (b) 설령 그리스도의 가르침을 용납하는 것이 정말 로마인들을 격분하게 할 위험성이 있었다고 하더라도, 그러한 이유는 그들이 선한 사람을 미워하고 박해하는 일을 정당화시켜주지 못할 것이다. [a] 그리스도와 그의 복음의 원수들은 흔히 그들의 적의를 백성들의 선과 공공의 안전을 염려하는 모습으로 위장해 왔고, 이러한 목적을 위해서 그리스도의 선지자들과 사역자들을 이스라엘을 괴롭히는 자들이요 천하를 어지럽게 하는 자들로 낙인을 찍어왔다. [b] 육신적인 정책은 흔히 공의의 통치와 반대되는 국가의 이익을 내세운다. 사람들이 진리와 도리가 아니라 그들 자신의 부와 안전에 더 관심이 있을 때, 그것은 땅 위의 것이요 정욕의 것이요 귀신의 것인 땅으로부터 온 지혜이다. 그러나 무엇이 쟁점이었는지를 보라. 그들은 그들이 그리스도의 복음을 용납한다면 로마인들에 의해서 그들이 초토화되는 것을 두려워하기 때문에, 그리스도의 복음이 옳든 그르든 거기에 대항해야 하는 것처럼 말하였다. 그러나 사실은 그들이 복음을 박해함으로써 그들의 죄악의 분량을 채우게 되어서 그들이 두려워하던 일이 그들에게 임하게 되었다는 것이 증명되었는데, 로마인들은 이 땅에 와서 그들의 땅과 민족을 빼앗아 갔고, 그들의 땅은 그들을 더 이상 알지 못하게 되었다. 우리가 죄악된 방법을 통해서 재앙을 피하고자 하면, 그 재앙은 여지없이 우리의 머리 위에 임한다는 것을 명심하라. 그리스도의 나라에 반대함으로써 자신의 세속적인 이익을 확보하거나 더 많이 누릴 수 있을 것이라고 생각하는 자들은 예루살렘이 그들이 생각하는 것보다 더 무거운 돌(슥 12:3)이라는 것을 발견하게 될 것이다. 악인에게는 그의 두려워하는 것이 임하느니라(잠 10:24).

(3) 가야바는 이 때에 회의 석상에서 악의적이지만 신비로운 말을 한다.

[1] 가야바가 한 말이 악의를 지니고 있다는 것은 얼핏 보기에도 분명하게 드러난다(49-50절). 당시에 대제사장이었고, 따라서 산헤드린의 의장이었던 가야바는 이 문제를 토론하기에 앞서서 자기가 나서서 이 문제를 결정하고자 하였다: "너희가 아무 것도 알지 못하는도다. 너희가 머뭇거린다는 것은 너희의 무지를 보여주는 것이다. 왜냐하면, 이 문제는 토론에 붙일 성질의 것이 아니라, 한 사람이 백성을 위하여 죽는 것이 우리에게 유익하다는 격언을 생각해서, 신속하게 결정되어야 할 일이기 때문이다." 좀 더 자세하게 살펴 보자.

첫째, 이런 제안을 한 인물은 그 해의 대제사장이었던 가야바였다. 대제사장직은 아론의 남자 자손 가운데서 하나님께서 임명하신 자로서, 대제사장으로 임명된 자는 평생 동안 그 직을 수행한 후에 자신의 남자 상속자에게 그 직을 물려 주었다. 그러나 당시와 같은 타락한 시대에서는 대제사장직은 1년 임기의 직책이 아니었음에도 불구하고 마치 총독직처럼 되어서, 로마 권력과의 이해 관계가 어떠한가에 따라서 대제사장이 자주 바뀌었다. 그리고 그 해에는 가야바가 이 감투를 쓰고 있었다.

둘째, 가야바가 한 제안의 요지는 요컨대 예수를 죽일 수 있는 이런저런 방식이 모색되어야 한다는 것이었다. 여기서 우리는 그들이 실제로 예수가 메시야라고 생각했지 않았나 하는 강한 의구심을 지니게 된다. 그러나 예수의 가르침은 그들이 좋아하는 전통들과 세속적인 이익에 너무도 배치되는 것이었고, 예수의 뜻은 메시야의 나라에 관한 그들의 사상을 뒤엎는 것이었기 때문에, 그들은 비록 예수가 메시야라고 할지라도 그를 죽여야 한다고 생각하기에 이른 것으로 보인다. 가야바는 그들이 위험스럽다고 생각한 인물을 억제하기 위해서는 그를 침묵시키고 투옥하며 추방하는 것으로 충분하다고 말한 것이 아니라, 그는 죽어야 한다고 말하였다. 지금까지 기독교를 반대하고 박해해 온 자들은 통상적으로 인간성을 상실하고 잔혹한 것으로 악명이 높았다는 것을 명심하라.

셋째, 여기에는 옛 뱀의 악의와 더불어서 온갖 교묘함이 암시되어 있다. 1. 가야바는 자신의 영악성을 보여준다. 우리는 우림과 둠밈이 오래 전에 없어졌긴 하지만, 가야바가 대제사장으로서 그 영악함이 뛰어났을 것이라고 짐작할 수 있다. 그는 경멸하는 태도로 이렇게 말한다: "너희는 단지 평범한 제사장들이기 때문에, 아무 것도 알지 못한다. 그러므로 너희는 내가 너희들보다 이 일을 더 잘 꿰뚫어 볼 수 있다는 것을 인정하여야 한다!" 이렇게 자신의 부패한 생각을 이런 식으로 강제하는 것은 권세를 잡은 자들에게는 흔한 일이다. 그런 자들은 가장 지혜롭고 가장 선한 자라는 것이 전제되기 때문에, 모든 사람들이 그렇게 믿기를 기대한다. 2. 가야바는 이 안건은 너무도 명백해서 논의가 필요 없다는 것과 이 안건이 그렇다는 것을 알지 못하는 자들은 매우 무지한 자들이라는 것을 당연시한다. 이성과 공의가 강압에 의해서 무너지는 것은 자주 있는 일임을 명심하라. 진실이 거리에 엎드러지고 공평이 행해지지 않는다(사 59:14). 3. 가야바는 정치에 있어서의 격언, 즉 공동체의 복리를 위해서 개개인의 복리는 희생되어야 한다는 격언을 역설한다. 한 사람이 백성을 위하여 죽는 것이 위험에 처해 있는 모든 제사장들인 우리에게 유익하다. 한 사람이 조국을 위해서 목숨을 바치는 일은 유익한 일일 뿐만 아니라 진정으로 영예로운 일이라는 것은 여전히 사실이다(빌 2:17; 요일 3:16). 그러나 무죄한 사람을 백성들의 안전을 지킨다는 미명하에 죽이는 것은 마귀의 술책이다. 가야바는 가장 위대하고 선한 사람은 비록 어느 한 개인보다는 더 크지만 공동체 전체보다는 못하기 때문에 조국을 파멸에서 구하는 일에 자신의 목숨을 바치는 것을 자랑스럽게 생각하여야 한다고 교활하게 말하고 있는 것이다. 그러나 조국에 닥쳐온다고 생각되는 가상의 재앙을 막는다는 미명하에 이 나라에 큰 축복임이 분명한 자를 죽이는 것은 도대체 무슨 일이란 말인가? 오히려, 가야바는 다음과 같이 말했어야 했다: 그들이 두려워할 이유가 없었던 위험으로부터 그들의 시민적인 이익을 지키기 위하여 한 선지자의 피를 흘린 죄에 대한 죄책을 그들 자신과 그들의 민족으로 하여금 받게 하는 것이 과연 유익한 일인가? 그들이 하나님을 그들의 편으로 삼기만 한다면 그들에게 전혀 해가 될 수 없는 로마인들의 분노를 대항하는 것이 아니라, 하나님과 그들이 지닌 영광을 그들로부터 몰아내는 것이 과연 유익한 짓인가? 오직 세속적인 고려들에 의해서만 지배되는 육신적인 정책은 죄악된 방식을 통해서 모두를 구원할 것이라고 생각하지만 실제로는 모두를 파멸시킨다는 것을 명심하라.

[2] 가야바가 제시한 이러한 모략 속에 들어 있던 **신비**는 얼핏 보면 드러나지 않지만, 복음서 기자는 우리를 그 신비 속으로 인도한다(51-52절): 이 말은 스스로함이 아니요. 그것은 단지 가야바 자신의 적의와 술책을 표현한 것이 아니었고, 이 말을 통해서 가야바는 비록 자기 스스로는 그것을 알지 못하였다고 할지라도 예수께서 그 민족을 위하여 죽으실 것을 예언한 것이었다. 여기에는 간악한 말에 대한 귀한 해설이 나온다. 저주받을 가야바의 술책은 복된 하나님의 모략 속에 있는 것으로 해석된다. 자비는 우리에게 사람들의 말과 행동을 가장 호의적으로 해석하도록 가르친다. 그러나 경건은 우리에게 사람들의 말과 행동을 그것들이 원래 의도했던 것과는 정반대가 될 정도까지 선용하도록 가르친다. 악인들이 우리를 거슬러서 행하는 것이 우리를 낮추시고 변화시키고자 하시는 하나님의 손길이라면, 악인들이 우리를 거슬러서 말하는 것이 우리를 가르치고 깨닫게 하기 위한 하나님의 입이 되지 말라는 법이 어디 있겠는가? 그러나 가야바가 한 이 말 속에는 그로 하여금 매우 깊은 뜻을 담고 있는 말을 하도록 만든 놀라운 섭리가 들어 있었다. 모든 사람들의 마음이 하나님의 손 안에 있는 것과 마찬가지로, 그들의 혀도 하나님의 손 안에 있다. "우리의 혀는 우리 자신의 것이기 때문에, 우리는 우리가 원하는 말을 해도 하나님의 심판을 받지 않고, 하나님의 섭리와 능력에 의해서 제한받지 않고 우리가 원하는 말을 할 수 있다"고 말하는 자들은 스스로 속고 있는 자들이다. 발람은 이스라엘을 저주하러 갔을 때에 그가 하고자 했던 말을 할 수 없었고, 라반은 야곱을 추격하였을 때에 그가 하고자 한 말을 할 수 없었다.

(4) 복음서 기자는 가야바가 한 말을 설명하고 확대해서 해석한다.

[1] 복음서 기자는 가야바가 한 말을 설명하고, 그것이 하나님의 놀라운 뜻에 따라서 이루어진 것임을 보여준다. 가야바는 스스로 이 말을 한 것이 아니었다. 가야바는 공회를 격분케 하여서 그리스도에 대항하려는 악의적인 의도로 이 말을 한 것이기 때문에, 그 말은 자기 자신 또는 마귀에게서 나온 것이었다. 그

러나 가야바가 한 말은 그리스도께서 죽으심으로 하나님의 백성인 영적 이스라엘을 죄와 진노에서 구원하시려는 하나님의 목적과 의도를 선포하는 예언이었다는 점에서, 그 말은 그 자신에게서 나온 말이 아니었다. 왜냐하면, 이러한 의미를 그는 전혀 알고 있지 못했고, 그의 마음속에는 예수를 멸하고 죽이고자 하는 생각밖에 없었기 때문에, 그런 의도를 가질 수도 그런 생각을 할 수도 없었기 때문이다(사 10:7).

첫째, 가야바는 예언하였는데, 예언한 자들은 그 예언을 스스로 말한 것이 아니었다. 그러면 가야바도 선지자들 중의 한 명이었는가? 그는 비록 악인이었고 그리스도와 그의 복음에 대하여 철천지원수였지만 이번 한 번만은 선지자였다. 좀 더 살펴보자. 1. 하나님은 악인들을 그들 자신의 의도에 반하여 자신의 목적을 이루기 위한 도구들로 삼으실 수 있고, 또한 종종 그렇게 하신다. 왜냐하면, 하나님께서는 악인들을 그들이 원하는 나쁜 짓을 행하지 못하도록 억제하기 위해서 쇠사슬을 사용하실 뿐만 아니라, 그들로 하여금 그들이 원치 않는 봉사를 하도록 이끌기 위해서 고삐도 사용하시기 때문이다. 2. 예언의 말씀을 한다는 것은 그 사람의 마음속에 은혜가 있다는 것을 보여주는 틀림없는 증거가 결코 아니다. 주여 주여 우리가 주의 이름으로 선지자 노릇하지 아니하였나이까라고 해보아야 아무 쓸데없고, 그러한 호소는 받아들여지지 않게 될 것이다.

둘째, 가야바는 그 해의 대제사장으로서 예언한 것이었다. 가야바가 대제사장이었기 때문에 선지자가 될 수 있는 자격을 갖추게 되었다고 할 수는 없다. 우리는 아주 악한 자가 교황의 직책에 있다고 해서 그가 예언의 영감을 받을 수 있는 자격을 갖추고 있다고 생각할 수는 없다. 그러나 1. 가야바는 공회에서 대제사장으로서 가장 주목받는 인물이었기 때문에, 하나님께서는 이 중요한 예언을 다른 사람의 입이 아니라 그의 입 속에 두심으로써, 사람들이 이 예언을 주목하든 주목하지 않든, 이 예언을 두드러지게 하시기를 기뻐하셨다. 위대한 인물들의 경구(驚句)들은 특별히 주목할 만한 가치가 있는 것으로 생각되어 왔다: 하나님의 말씀이 왕의 입술에 있느니라. 그러므로 하나님의 이 예언이 대제사장의 입술에 두어진 것은 그의 입을 통해서 그리스도께서 자신의 어떤 죄 때문이 아니라 민족의 유익을 위해서 죽으셨다는 것이 확증될 수 있도록 하기 위한 것이었다. 가야바는 왕이신 메시야가 자신을 위해서가 아니라 많은 사람들을 위해서 이 땅에서 끊어져야 했던 구속할 해(단 9:26)가 되는 바로 그 해에 대제사장이었기 때문에 이 사실을 대언해야 하였다. 2. 가야바는 예언에 따라서(욜 2:28-29; 행 2:17) 그 어느 때보다도 성령이 풍성하게 부어지기로 되어 있었던 바로 그 해에 대제사장이었기 때문에, 마치 자녀들이 먹다 남은 떡 부스러기가 상에서 떨어져서 개들의 차지가 되는 것과 마찬가지로 복된 은혜의 빗줄기 중 일부가 가야바에게 임하게 된 것이었다. 그 해는 레위인들이 제사장직을 맡게 되는 규례가 영원히 폐지되는 해였다. 바로 그 해의 대제사장인 가야바의 입으로부터 대제사장직이 그 민족을 위하여 짐승을 드리는(그들이 오랫동안 해 왔던 것처럼) 것이 아니라 자기 자신을 드려서 속죄제를 종식시킬 분에게 이양된다는 암묵적인 선포가 이루어졌다. 이삭이 야곱에게 자신도 모르게 축복을 했던 것과 마찬가지로, 이러한 이양을 가야바는 자기도 모르게 행하였던 것이다.

셋째, 가야바가 예언한 내용은 예수가 그 민족을 위하여 죽어야 한다는 것, 그리스도의 고난을 미리 증언하였던(벧전 1:11) 모든 선지자들이 예언하였던 바로 그것, 이스라엘을 살리고 구원하기 위해서는 그리스도께서 죽임을 당해야 한다는 것이었다. 가야바가 말한 민족은 유대교를 완고하게 추종하는 자들을 의미했지만, 하나님께서 그 말을 통해서 의도하신 것은 그리스도의 가르침을 받아들여서 그를 좇게 된 자들, 곧 아브라함의 영적인 자손들인 모든 믿는 자들이었다. 가야바는 지금 자신의 민족의 안전과 존립을 위해서는 그리스도가 죽어야 한다고 주장하였지만, 실제로는 그리스도의 죽음은 그들에게 극심한 진노를 불러일으켜서 멸망을 초래했다는 것이 나중에 밝혀졌다. 그러나 그리스도의 죽음은 그가 땅으로부터 들림을 받으실 때에 모든 자들을 그에게로 이끄셨기 때문에, 가야바가 멸망받기를 원하였던 모든 믿는 자들의 세력을 한층 더 흥왕하게 만들었음이 입증되었다. 여기에서 예언된 것은 큰 일이었다: 예수께서 그들의 유익을 위해서만이 아니라 그들을 대신해서 죽으신다는 것, 그 민족을 위하여 죽으신다는 것. 왜냐하면, 이 민족은 그리스도의 죽음을 통해서 구원에 대한 최초의 제안을 받게 될 것이기 때문이다. 만약 유대인들 전체가 다같이 그리스도를 믿고 그의 복음을 받아들였더라면, 그들은 영원히 구원받았을 뿐만 아니라, 하나의 민족으로서도 재앙으로부터 구원을 받게 되었을 것이다. 샘이 다윗의 족속을 위하여 처음으로 열렸다(슥 13:1). 그리스도께서 이 민족을 위하여 죽으신 것은 온 민족이 망하지 않게 하기 위한 것이 아니라 남은 자가 구원을 받게(롬 11:5) 하기 위한 것이었다.

[2] 복음서 기자는 가야바의 이 말을 확대해서(52절), 그 민족만 위할 뿐 아니라 ― 유대 민족이 자기 자신을 하나님의 사랑을 받는 자들로 철석같이 믿고 있다고 하더라도 ― 흩어진 하나님의 자녀를 모아 하나가 되게 하기 위하여 그리스도께서 죽으실 것이라고 말한다. 좀 더 살펴 보자.

첫째, 그리스도께서는 누구를 위하여 죽으셨는가? 그리스도께서는 오직 유대 민족을 위할 뿐만 아니라(하나님의 아들이 이스라엘 중에 보전된 자와 이스라엘의 흩어진 자만을 회복하기 위한 것이었다면, 그런 일은 비교적 가벼운 일이기 때문에 이렇게 엄청난 일을 수행하실 필요가 없었을 것이다) 땅 끝까지 구원(사 49:6)이 되셔야 했다. 그는 흩어진 하나님의 자녀를 위해서 죽으셔야 한다. 1. 어떤 이들은 당시에 이방 세계 속에 널리 흩어져 있던 하나님의 자녀를 모든 민족의 경건한 자들(행 2:5), 즉 하나님을 경외하고(행 10:2) 예배했던(행 17:4) 자들, 아브라함의 하나님을 섬겼지만 모세의 율법 중에서 예식에 관한 법을 지키지 않았던 개종자들, 각 나라에 흩어져 있으면서 나름대로의 종교적인 집회도 없었고 그들을 하나로 묶어 주거나 구별해 줄 만한 그 어떠한 특별한 신앙 고백도 가지고 있지 않았던 거의 자연 종교적인 신앙을 지니고 있던 자들을 의미하는 것으로 이해한다. 이제 그리스도께서는 그러한 자들을 그로부터 지명을 받아서 그에 의해서 통치를 받는 하나의 커다란 모임으로 통합하기 위하여 죽으셨다. 이 일은 하나님을 공경하고 자신의 영혼에 대하여 관심을 가지고 있던 모든 자들이 의거할 수 있는 표준, 그들의 모든 행동의 지침이 될 수 있는 표준을 세우는 것이었다. 2. 어떤 이들은 여기에서 하나님의 자녀를 아직 태어나지는 않았지만 자녀로 택함받기로 예정되어(엡 1:5) 있기 때문에 하나님의 자녀로 불릴 수 있는 은혜로 택함받을 자들에 속한 모든 자들을 가리킨다고 본다. 이러한 자들은 온갖 족속과 언어에 속한 땅의 여러 곳(계 7:9)과 종말에 이르기까지 세상의 여러 세대 속에 흩어져 있다. 모든 세대에 걸쳐서 하나님을 경외하는 자들이 존재하는데, 그리스도께서는 그의 피로 속죄하실 때에 이 모든 자들을 염두에 두셨다. 그리스도께서는 그를 믿게 될 모든 자들을 위하여 기도하셨고, 또한 그들을 위하여 죽으셨다.

둘째, 이 사람들과 관련하여 그리스도의 죽음이 지닌 목적과 의도. 그리스도께서는 방황하는 자들을 모으고, 흩어진 자들을 모아서 하나가 되게 하기 위하여 죽으셨다. 그는 그에게서 멀리 떨어져 있는 자들을 자기에게로 초청하고, 서로로부터 멀리 떨어져 있던 자들을 자기 안에서 하나가 되게 하기 위하여 죽으신 것이었다. 1. 그리스도의 죽으심은 우리의 마음을 끄는 큰 일이었다. 이러한 목적을 위해서 그리스도께서는 이 땅에서 들리셨고, 사람들을 그에게로 이끄셨다. 영혼들의 회심은 영혼들을 그들의 통치자이자 피난처이신 그리스도에게로 모으는 것이요, 그들의 창문에 온 비둘기이신 그리스도에게로 모으는 것이다. 그리스도께서는 이런 목적을 위해서 죽으셨다. 그리스도께서는 죽으심으로써 영혼들을 사셨고, 영혼들을 위하여 성령의 은사를 확보하셨다. 우리를 위해서 죽으신 그리스도의 사랑은 그리스도를 향한 우리의 사랑을 불러일으키는 엄청난 힘을 지니고 있다. 2. 그리스도의 죽으심은 우리의 하나됨의 중심이다. 그리스도께서는 사람들을 모아서 하나가 되게 하신다(엡 1:10). 사람들은 그리스도와 하나, 곧 한 몸이자 한 영이고, 그리스도 안에서 서로와 하나이다. 모든 곳과 모든 시대의 모든 성도들은 마치 모든 지체들이 머리에서 만나고 모든 가지들이 뿌리에서 만나는 것과 마찬가지로 그리스도 안에서 만난다. 그리스도께서는 그의 죽음의 공로를 힘입어서 모든 성도들에게 하나가 되어서 하나님의 은혜와 은총으로 나아가도록 하셨고(히 2:11-13), 그의 죽음을 계기로 모든 성도들이 서로를 사랑하도록 만드셨다(13:34).

(5) 공회의 이러한 논의의 결과는 예수를 죽이자는 결의였다(53절): 이 날부터는 그들이 예수를 죽이려고 모의하니라. 그들은 이제 서로의 생각을 알게 되었기 때문에, 각자는 예수가 죽어야 한다는 것에 동의하고 결심을 굳혔다. 본문의 표현으로 보아서, 이 일을 위한 위원회가 구성되어서, 이 일을 논의하고 예수를 죽일 방도를 제안받기 위하여 날마다 모였던 것으로 보인다. 악인들의 악함은 날이 갈수록 점점 도가 심해진다는 것을 명심하라(약 1:15; 겔 7:10). 그리스도를 치고자 하는 그들의 저주받을 계획은 이제 두 가지 상당한 정도의 진보가 이루어졌다.

[1] 그들은 전에는 각자 생각하였던 일을 이제는 공동으로 모의함으로써, 이 악한 일에 있어서 서로의 힘을 강화시켜 주었고, 더 큰 확신을 가지고 일을 진행할 수 있게 되었다. 악한 자들은 서로의 견해를 주고받음으로써 악한 일들에서 서로를 견고하게 해 주고 격려해 준다. 부패한 심령을 지닌 자들은 같은 마음을 지닌 자들을 발견하게 되면 신의 축복을 받은 것으로 여긴다: 그렇게 되면, 전에는 불가능한 것으로 보였던 악한 일들이 가능해 보일 뿐만 아니라, 실

행하기가 쉬운 것으로 보여지게 된다. 서로 힘을 합치면, 일은 더 수월해진다.

[2] 전에는 그들이 예수를 죽이고자 했지만 정당한 구실이 없었던 반면에, 이제 그들은 그들의 행위를 정당화하고, 비난을 잠재우는 데에 도움이 될 수 있는 구실을 얻게 되었고, 따라서 정치적인 양심 ― 개인적인 양심이 아니라 ― 을 만족시킬 수 있게 되었다(그들에게 죄책감의 문제는 고려의 대상이 될 수도 없었다). 어떤 구실만 주어진다면, 악한 일을 아주 태연자약하게 행할 수 있는 자들이 많을 것이다. 그리스도를 죽이기로 한 그들의 결의는 옳든 그르든 그리스도께서 나중에 거치시게 된 모든 재판의 과정들이 단지 형식적인 절차에 불과했다는 것을 증명해 준다. 그들은 예수를 어떻게 할 것인지 미리 정해 놓고 있었다.

(6) 그리스도께서는 산헤드린의 비밀 회의의 결과가 무엇인지를 너무도 잘 아셨기 때문에 잠시 피하셨다(54절).

[1] 그리스도께서는 사람들 앞에 모습을 나타내시는 일을 잠시 중단하셨다: 예수께서 다시 유대인 가운데 드러나게 다니지 아니하셨다. 유대, 특히 예루살렘에 거하는 자들은 유대인이라 불리었다. 그리스도께서는 유대인들 가운데서 이곳 저곳으로 다니시면서 이전처럼 자유롭고 공개적으로 말씀을 전하시고 이적들을 행하신 것이 아니라, 비록 유대 땅에 머물러 계시기는 하였지만 거기에서 드러나지 않게 계셨다. 이렇게 고위 제사장들은 이스라엘의 등불을 말 아래에 둔 것이었다.

[2] 그리스도께서는 유대 땅에서 한적한 곳으로 물러나셨는데, 그 곳은 너무도 한적한 곳이었기 때문에 다른 사람들의 인적은 거의 찾아볼 수 없었다. 그리스도께서는 사람들로부터 쫓겨나신 것처럼 빈 들 가까운 곳으로 가셨는데, 이것은 아마도 예레미야처럼 광야를 나그네가 머무를 곳(렘 9:2)으로 삼고자 하셨던 것 같다. 그리스도께서는 에브라임이라는 동네로 들어가셨는데, 어떤 이들은 여기서 에브라임은 그리스도께서 태어나셨고 유다 광야에 접해 있었던 에브라다, 즉 베들레헴이었다고 생각하고, 또 어떤 이들은 역대기하 13:19에 언급된 에브론 또는 에브라임을 가리킨다고 생각한다. 제자들도 그리스도와 함께 거기로 갔다. 제자들은 그리스도를 홀로 남겨 두고자 하지 않았고, 그리스도께서도 그들을 위험 속에 버려 두고자 하지 않으셨다. 거기에서 그리스도께서는 제자들과 대화하는 일을 계속하셨다. 그는 사람들에게 공개적으로 말씀을 전

하시지 않았던 이러한 피정(避靜)의 때를 제자들과 은밀한 대화를 나누는 데에 활용할 줄을 아셨다. 그리스도께서는 성전으로부터 강제적으로 물러나셔야 했을 때에 그의 가족들이었던 제자들과 대화를 나누셨는데, 거기에서 그의 대화들은 말할 것도 없이 매우 덕을 세우는 것들이었다. 우리도 우리가 하고자 하는 선을 행할 수 없을 때에는 우리가 그러한 상황 속에서 할 수 있는 선을 행하여야 한다. 그렇다면 그리스도께서는 왜 지금 잠시 몸을 피하신 것인가? 그것은 그가 원수들의 힘을 두려워하였거나 자신의 힘을 믿지 못했기 때문이 아니었다. 그는 스스로를 구원할 많은 방법들을 가지고 계셨고, 고난을 싫어하거나 고난에 대해서 준비되어 있지 않은 것도 아니었다. 그런데도 그리스도께서 이렇게 피하신 것은 다음과 같은 이유 때문이었다.

첫째, 예루살렘과 유대 백성을 그가 기뻐하지 않으신다는 것을 표현하기 위하여. 그들은 그리스도와 그의 복음을 거부하였다. 그러므로 그리스도께서는 자기 자신과 그의 복음을 그들로부터 멀리 하신 것이었다. 이제 큰 스승은 후미진 곳으로 옮기셨기 때문에(사 30:20), 그를 공개적으로 볼 수 있는 길은 없었다. 그것은 예루살렘이 하나님이 권고하시는 날을 알지 못하였기 때문에 곧 그들에게 임하게 될 저 흑암을 예시해 주는 서글픈 전조였다.

둘째, 그리스도에 대한 그의 원수들의 잔혹한 행위를 한층 더 변명할 수 없는 것으로 만들기 위해서. 유대 지도자들이 백성들에게 위험한 일이라고 생각하였고 또한 우려되는 일이라고 보았던 것이 그리스도께서 백성들 앞에 나타나는 것이었다면, 과연 그리스도께서 한적한 곳으로 물러나심으로써 그들의 분노가 거두어지는지 아닌지를 그리스도께서는 시험해 보고자 하셨다. 다윗이 갓으로 피신하자, 사울은 그것에 만족하고, 더 이상 다윗을 찾지 않았다(삼상 27:4). 그러나 이 악한 자들이 사냥하고자 했던 것은 그리스도의 목숨, 그 귀한 생명이었다.

셋째, 그의 때가 아직 오지 않았기 때문에, 그는 위험에 직면하는 것을 피해서 사람들이 보통 취하는 방식대로 행하셨는데, 이것은 그의 종들에게 박해의 때에 도망할 것을 권고하고, 자신의 재능을 발휘하지 못하고 이름없이 죽어 지내야만 하는 자들을 위로하기 위한 것이었다. 제자는 선생보다 낫지 못하다.

넷째, 그리스도께서 한동안 물러나신 것은 그의 때가 왔을 때에 좀 더 눈에 띄게 예루살렘으로 되돌아가시기 위한 것이었다. 사실 그리스도께서 이렇게 숨어 지내시다가 나귀를 타고 예루살렘 도성으로 입성하시면서 사람들 앞에 모습을 드러내었을 때에 그를 몹시 기다리고 있던 백성들은 기쁨의 환호성을 지르며 그를 환영하였다.

(7) 그리스도께서 물러나 계시는 동안에 백성들이 그의 행방을 몹시 궁금해 함(55-57절).

[1] 유월절이 가까워 오자, 사람들은 관례를 따라서 그리스도께서 예루살렘에 오실 것으로 기대하였다(55절): 유대인의 유월절이 가까웠다. 유월절은 유대인들의 역법상으로 큰 명절이었고, 사람들은 벌써부터 그리스도께서 나타나실 것에 대하여 큰 기대를 지니고 있었다. 이번 유월절은 그리스도께서 공생애 사역을 시작하신 이래로 네 번째이자 마지막으로 맞는 유월절이었기 때문에, 이스라엘에 이러한 유월절이 결코 없었다고 진정으로 말할 수 있을 것이다(대하 35:18에서처럼). 왜냐하면, 이 유월절에 우리의 유월절 양 그리스도께서 우리를 위하여 희생되셨기 때문이다. 유월절이 가까워 오자, 전국 각지에서 많은 사람이 자기를 성결하게 하기 위하여 시골에서 예루살렘으로 올라 왔다. 자기를 성결하게 한다는 것은 다음 둘 중의 하나를 가리키는 것이었다. 첫째는 부정하게 된 자들이 필수적으로 해야 했던 스스로를 정결케 하는 예식이었다. 그런 자들은 부정한 상태로 유월절 음식을 먹을 수 없었기 때문에 부정함을 없애는 물을 몸에 뿌리고, 율법에 따라서 그 밖의 다른 결례 의식들을 행하여야 했다(민 9:6). 이렇게 우리는 우리의 복음의 유월절에 앞서 회개를 통해서 우리를 새롭게 하고, 믿음으로 그리스도의 피에 씻음으로써, 그런 후에 주의 제단에 두루 다녀야 한다. 둘째는 사람들이 금식이나 기도 등과 같은 경건 활동들을 통해서 자발적으로 스스로를 정결케 하는 것이었다. 남들보다 신앙이 더 독실했던 많은 사람들은 유월절 전에 어느 정도의 기간 동안 이러한 경건 활동들을 하였는데, 성전 예식의 이점을 활용할 수 있다는 이유로 예루살렘에서 그렇게 하곤 하였다. 이렇게 우리는 엄숙한 준비 행위를 통해서 하나님을 만나기 위해서 산에 오를 준비를 하여야 한다.

[2] 백성들은 예수의 행방을 몹시 궁금해하였다: 너희 생각에는 어떠하냐 그가 명절에 오지 아니하겠느냐(56절).

첫째, 어떤 이들은 이런 말을 한 사람들은 그리스도를 몹시 보고 싶어했고, 그가 오시기를 기대했던 자들이었다고 보는데, 그들은 그리스도의 가르침을 듣고 그의 이적들을 보기를 원하였다. 자신을 성결하게 하기 위하여 시골에서 일찍 올라 온 사람들은 그리스도를 만나 보기를 매우 원하였고, 아마도 그러한 기대를 가지고 좀 더 빨리 올라온 것일 것이다. 그래서 그들은 그들 자신을 성결하게 할 장소인 성전에 서서, 그리스도에 관한 어떤 소식이 있는지, 그리스도를 만나볼 수 있는 어떤 소망이 있는 것인지를 서로 물었던 것이다. 그러한 사람들이 있었고, 가장 경건한 사람들이 이렇게 그리스도에 대하여 존경심을 보인 것이라면, 그것은 고위 제사장들의 적의를 가로막는 요인이 되었을 것이고, 그들이 잘못되었음을 보여주는 증거가 된다.

둘째, 하지만 이런 말을 한 자들은 그리스도를 잡을 기회를 노리고서 그의 행방을 쫓고 있던 그의 원수들이었던 것으로 보인다. 그들은 시골에서 올라 온 경건한 사람들로 도성이 북적거리기 시작하는데도 그들 중에 그리스도가 없는 것을 의아하게 여겼다. 그들은 직무를 따라서 자기를 성결케 하고자 온 자들을 돕는 일을 할 때에 기회를 보아서 그리스도를 해칠 계략을 세워 놓고 있었다. 유대 교회는 이렇게 철저하게 타락해 있었다. 여호와의 제사장들은 미스바에 대하여 올무가 되며 다볼 위에 친 그물(호 5:1-2)이 되었으며 살육죄에 깊이 빠져 있었고, 유월절을 누룩없는 떡으로 성결하게 지키기는커녕 가장 나쁜 악의의 누룩으로 시어져 있었다! 그들이 너희 생각에는 어떠하냐 그가 명절에 오지 아니하겠느냐라고 물은 것은 다음과 같은 의미들을 내포하고 있다. 1. 마치 그리스도께서 사람들 앞에 모습을 드러내는 것을 두려워하여 여호와의 절기에 참석하지 않을 수도 있다는 괘씸한 생각. 만약 다른 사람들이 그들의 불경건한 신앙으로 인해서 절기에 참석하지 않았다면, 유대인들은 그들을 비난하지 않았을 것이다. 그러나 그리스도께서 자신의 목숨을 보존하기 위해서 절기에 참석하지 않는다면(왜냐하면, 하나님께서 긍휼을 베푸셔서 그를 희생시키지 않을 것이기 때문에), 그것은 다윗이 잔치에 참석하지 않음으로써 그를 자신의 창으로 벽에 못박고자 했던 사울의 계획을 실패로 돌아가게 하자 다윗이 책망을 들었던 것과 마찬가지로 그리스도의 책망으로 돌아갈 것이었다(삼상 20:25-27 등). 거룩한 규례들이 그러한 거룩하지 못한 목적들에 이용되는 것을 보는 일은 참으로 씁쓸한 일이다. 2. 그들의 계획이 수포로 돌아갈지도 모른다는 불안감: "그가 명절에 오지 아니하겠느냐? 그가 오지 않는다면, 우리의 계획은 무너지고, 모든 것이 허사로 되고 만다. 왜냐하면, 그를 잡아오기 위해서 수색대를 시골로 보낼 수는 없는 노릇이기 때문이다."

[3] 그리스도를 붙잡기 위해 아주 엄한 영이 내려져 있었다(57절). 산헤드린은 누구든지 예수 있는 곳을 아는 사람은 신고를 해서 잡게 하여야 한다는 아주 엄한 영을 공포하였는데(마치 그리스도께서 죄인이고 법망을 빠져 나가 도망친 것인양), 여기에는 아마도 그리스도를 신고하는 자에 대한 포상과 그를 숨겨준 자에 대한 형벌도 담겨져 있었을 것이다. 이렇게 해서 그리스도는 백성들에게 악명 높은 위험 인물, 아무라도 때려 잡을 수 있는 불법자로 포고되었다. 사울은 다윗을 붙잡기 위해서 그러한 영을 내렸고, 아합은 엘리야를 붙잡기 위해서 그러한 영을 반포하였다. 첫째, 그들은 조금이라도 경건에 대한 의식과 그들의 직무에 대한 책임을 지니고 있었다면 다른 할 일이 많다는 것을 발견했을 바로 그러한 때에 그리스도를 박해하는 일에 지치지도 않고 골몰하였다. 둘째, 그들은 다른 사람들을 그들과 함께 범죄하는 일에 끌어 들이는 일에 열심이었다. 그들은 그리스도를 배신하는 일이 정당한 일이고 반드시 해야 하는 일이라고 생각하도록 사람들을 호도하고자 하였다. 이렇게 그들은 백성들 속에서 그들이 지니고 있었던 영향력을 가장 나쁜 목적을 위해서 악용한 것이었다. 흔히 악한 통치자들이 그들의 지배 하에 있는 자들을 그들이 저지르는 불의한 일의 도구로 사용하는 것은 그들의 죄를 더 중하게 만드는 것임을 명심하라. 의심할 여지 없이 많은 사람들이 그리스도께서 어디에 계신지를 알고 있었겠지만, 이러한 영에도 불구하고 그리스도는 계속해서 발각되지 않았다. 그리스도는 백성들의 사랑을 받고 있었고, 또한 하나님께서 사람들의 양심을 주관하심으로써 그리스도를 숨겨주셨기 때문이다.

제
— 12 —
장

개요

앞장의 끝 부분에는 서기관들과 바리새인들이 우리 주 예수를 유대 교회의 변절자로 몰아서 온갖 오명을 그에게 뒤집어 씌운 것에 관한 우울한 기사가 나왔었다: 그러나 이 장에는 그것을 상쇄라도 하듯이 유대인들이 그리스도께 덮어 씌운 온갖 오명에도 불구하고 백성들이 구속주에게 존귀함을 돌려 드리는 것에 관한 기사가 나온다. 이렇게 그리스도께 오명을 뒤집어 씌운 것과 백성들이 그리스도를 존귀하게 대하는 것이 서로 대비되어 있다. 우리 주 예수께서 가장 낮은 겸비의 모습 속에 계셨을지라도 그에게 어떤 존귀함들이 드려졌는지를 살펴보자. I. 마리아는 베다니에서 잔치할 때에 그리스도의 발에 향유를 부음으로써 그에게 존귀를 돌려 드렸다(1-11절). II. 사람들은 그리스도께서 나귀를 타고 예루살렘으로 입성하실 때에 기쁨의 환호성을 통해서 그에게 존귀를 돌려 드렸다(12-19절). III. 헬라인들은 그리스도를 보기를 갈망해서 그가 어디에 계신지를 물어 찾음으로써 그에게 존귀를 돌려 드렸다(20-26절). IV. 하나님 아버지께서는 하늘로부터의 음성을 통해서 그리스도에 대하여 증언하심으로써 그에게 존귀를 더하셨다(27-36절). V. 그리스도께서는 그에 관한 소문을 들은 자들이 불신앙의 태도를 보이리라는 것을 예언하였던 구약의 선지자들을 통해서 영광을 받으셨다(37-41절). VI. 그리스도께서는 비록 그리스도를 인정할 용기를 가지고 있지는 않았지만 마음 속으로는 그를 인정하였던 몇몇 고위 관원들에 의해서 영광을 받으셨다(42-43절). VII. 그리스도께서는 자기가 하나님으로부터 보내심을 받았다는 것을 단언하시고 그가 세상에 오신 목적을 설명하심으로써 스스로의 존귀함을 말씀하셨다(44-50절).

¹유월절 엿새 전에 예수께서 베다니에 이르시니 이 곳은 예수께서 죽은 자 가운데서 살리신 나사로가 있는 곳이라 ²거기서 예수를 위하여 잔치할새 마르다는 일을 하고 나사로는 예수와 함께 앉은 자 중에 있더라 ³마리아는 지극히 비싼 향유 곧 순전한 나드 한 근을 가져다가 예수의 발에 붓고 자기 머리털로 그의 발을 닦으니 향유 냄새가 집에 가득하더라 ⁴제자 중 하나로서 예수를 잡아 줄 가룟 유다가 말하되

⁵이 향유를 어찌하여 삼백 데나리온에 팔아 가난한 자들에게 주지 아니하였느냐 하니 ⁶이렇게 말함은 가난한 자들을 생각함이 아니요 그는 도둑이라 돈궤를 맡고 거기 넣는 것을 훔쳐 감이러라 ⁷예수께서 이르시되 그를 가만 두어 나의 장례할 날을 위하여 그것을 간직하게 하라 ⁸가난한 자들은 항상 너희와 함께 있거니와 나는 항상 있지 아니하리라 하시니라 ⁹유대인의 큰 무리가 예수께서 여기 계신 줄을 알고 오니 이는 예수만 보기 위함이 아니요 죽은 자 가운데서 살리신 나사로도 보려 함이러라 ¹⁰대제사장들이 나사로까지 죽이려고 모의하니 ¹¹나사로 때문에 많은 유대인이 가서 예수를 믿음이러라

이 단락에서 다음과 같은 내용들이 나온다.

I. 우리 주 예수께서 인자하시게도 베다니에 있는 그의 친구들을 방문하심(1절). 그리스도께서는 유월절 엿새 전에 시골에서 나오셔서 베다니에 이르렀는데, 베다니는 예루살렘과 아주 가까이에 있었기 때문에, 유대인들에게 붙잡혀서 죽을 수도 있는 아주 위험한 곳이었다. 그리스도께서는 그가 최근에 죽은 자 가운데서 살리셨던 그의 친구 나사로와 함께 베다니에 머무르셨다. 그리스도께서 지금 베다니로 오신 것은 다음과 같은 것들이라고 볼 수 있을 것이다.

1. 그리스도께서 지키시고자 하셨던 유월절에 대한 서막: 이 유월절은 그리스도께서 베다니에 오신 날짜를 서술하면서 언급된다 — 유월절 엿새 전에. 경건한 사람들은 절기를 지키기 위한 준비를 하기 위하여 미리 시간을 비워 두었는데, 우리 주 예수께서 그렇게 하심으로써 모든 의를 이루신 것은 합당한 일이었다. 이렇게 해서 그리스도께서는 복음의 유월절의 예식을 기념하기에 앞서서 엄숙하게 자기 자신을 구별하는 모범을 우리에게 보여주셨다. 우리는 여기서 너희는 주의 길을 예비하라고 외치는 소리를 들을 수 있어야 한다.

2. 원수들의 분노 앞에 그리스도께서 자기 자신을 자발적으로 드러내심. 그리스도께서는 그가 얼마나 쉽게 원수들의 모든 덫을 피할 수 있는지를 지금까지 보여주셨지만, 마침내 그의 때가 다가오자, 스스로 그들의 수중으로 들어 오셔서 자발적으로 그들에게 자신의 몸을 주셨다. 좀 더 살펴보자. (1) 우리 주 예수께서는 고난을 자원하셨다. 사람들이 그의 생명을 강제로 빼앗아 간 것이 아니라, 그리스도께서 자원하여 자신의 목숨을 내놓으신 것이었다: 보라, 내가 왔노라. 그의 박해자들의 힘이 그를 압도할 수 없었던 것과 마찬가지로, 그들의

영악함은 그를 기습적으로 공격할 수 없었다. 그리스도께서 죽으신 것은 그가 원하셨기 때문이다. (2) 하나님께서 우리에게 우리의 목숨을 보존하도록 피하는 것을 허락하시는 때가 있듯이, 하나님을 위하여 우리의 목숨을 내놓도록 부르심을 받는 때가 있다. 사도 바울은 성령의 지시하심에 따라서 붙잡히기 위하여 예루살렘으로 가야 하였다.

3. 그리스도께서는 곧 이 땅을 떠나기 전에 그가 사랑하셨던 베다니에 있는 그의 친구들을 찾은 인자하심을 보여주셨다. 이것은 작별을 위한 방문이었다. 그리스도께서는 그들에게 작별하기 위해 오셨고, 작별하면서 앞으로 그들에게 닥쳐올 시련의 때에 대비하여 위로의 말씀을 그들에게 남기기 위하여 오셨다. 그리스도께서 잠시 동안 그의 백성들을 떠나계실 것이지만, 그는 자기가 근심이 아니라 사랑 속에서 떠난다는 암시를 그들에게 주시고자 하셨다는 것을 명심하라. 여기에서 베다니는 그리스도께서 죽은 자 가운데서 살리신 나사로가 있는 마을로 묘사된다. 거기에서 그리스도께서 행하신 이적으로 인해서 이 마을은 새로운 존귀함을 얻게 되었고 유명하게 되었다. 그리스도께서는 이 이적과 관련해서 상황이 어떻게 진전되었는지를 보기 위하여 여기에 오셨다. 왜냐하면, 그리스도께서는 이적들을 행하시고 은혜들을 베풀어 주신 곳에서 과연 그러한 것들을 베푼 의도가 제대로 이루어지고 있는지를 살펴보시기 때문이다. 그는 씨앗을 많이 뿌리신 곳에서 싹이 올라오는지를 눈여겨 보신다.

Ⅱ. 베다니에 있던 그의 친구들은 그리스도를 환대하였다 : 그들은 그를 위하여 만찬을 베풀었는데, 그것은 큰 만찬, 곧 잔치였다(2절). 이 잔치가 마태복음 24:6 이하에 기록된 시몬의 집에서 있었던 잔치와 동일한 것인지가 문제되어 왔다. 대부분의 주석자들은 그렇다고 생각한다. 왜냐하면, 이야기의 핵심적인 내용과 여러 정황들이 서로 일치하기 때문이다. 그러나 시몬의 집에서의 잔치는 유월절 이틀 전에 이루어진 것이고, 여기에서 말하고 있는 잔치는 유월절 엿새 전에 행해진 것이었다. 또한 마르다가 자기 집 이외의 곳으로 가서 잔치를 준비하였을 것 같지 않다. 그러므로 나는 이 두 사건이 서로 다른 사건이라고 말하는 라이트푸트 박사의 견해에 더 끌린다: 마태복음에 기록된 잔치는 유월절 주간의 셋째 날에 이루어진 것이었지만, 여기에 나오는 잔치는 유월절 엿새 전, 즉 그리스도께서 나귀를 타고 예루살렘으로 입성하기 전날 밤인 안식일에 이루어진 것이었다. 전자는 시몬의 집에서 이루어졌고, 후자는 나사로의 집

에서 이루어졌다. 이 두 번의 잔치는 베다니에서 그리스도를 위하여 베풀어진 가장 유명하고 엄숙한 환대였기 때문에, 마리아는 이 두 잔치에서 모두 그리스도에 대한 자신의 존경을 표시함으로써 그 자리를 은혜롭게 하였을 것이다. 마리아는 첫 번째 잔치에서 단지 향유 한 근을 사용하였기 때문에(3절) 그 나머지를 두 번째 잔치에서 모두 사용하였다(막 14:3). 이제 이 잔치에 관한 기사를 살펴보자.

1. 그들은 그리스도를 위하여 **만찬을 베풀었다**(개역에서는 잔치). 왜냐하면, 유대인들에게는 통상적으로 만찬(저녁 식사)이 가장 잘 차린 식사였기 때문이다. 그들은 그리스도에 대한 존경과 감사의 표시로 만찬을 베풀었는데, 잔치는 우의를 다지기 위하여 베풀어지기 때문이다. 또한 그들은 그리스도와 자유롭고 유쾌한 대화를 나눌 기회를 갖기 위하여 만찬을 베풀었는데, 잔치는 교제를 위한 것이기 때문이다. 그리스도께서 그에게 마음 문을 여는 자에게는 그가 들어가서 함께 먹고 마시겠다고 약속하신 것(계 3:20)은 아마도 이와 같이 그리스도께서 육체로 계시는 동안에 그에게 베풀어졌던 환대들에 대한 암시를 내포하고 있는 것 같다.

2. 마르다는 **일을 하였다**. 그녀는 직접 식탁에서 시중을 들므로써 주님에 대한 그녀의 큰 존경심을 표현하였다. 마르다는 어느 정도 지체가 높은 사람이었지만 그리스도께서 앉아 계신 식탁에서 시중드는 일을 비천한 일이라고 생각하지 않았다. 마찬가지로, 우리도 그리스도께서 영광받으실 어떤 일을 하기 위해서 몸을 굽혀 섬기는 것을 수치스러운 일이나 부끄러운 일로 생각해서는 안 된다. 그리스도께서는 이전에 마르다가 너무 많은 일로 고민하고 있다고 책망하신 적이 있으셨다. 그러나 마르다는 그러한 책망을 핑계삼아서 섬기고 봉사하는 일을 그만두지 않았다. 하지만 어떤 이들은 한 번의 극단적인 행위로 인해서 책망을 받게 되면 토라져서 다시는 그 일을 행하지 않으려 한다. 마르다는 그렇지 않았다. 그녀는 여전히 일하고 봉사하였다. 마르다는 이전처럼 그리스도로부터 멀리 떨어져서 일하고 있었던 것이 아니라, 스바의 여왕이 솔로몬의 종들에 관하여 말했던 것처럼 그 앞에 계속해서 서서 그의 지혜를 듣는 자들을 복되다고 여기고서, 그리스도의 은혜로운 말씀들을 들으며 일을 하였다. 왕의 식탁에 손님으로 초대받는 것보다 그리스도의 식탁에서 시중드는 것이 더 낫다.

3. 나사로도 이 잔치에 참석하였다. 그리스도의 부활과 마찬가지로 나사로의 부활이 사실이었다는 것은 나사로와 함께 먹고 마신 자들이 있었다는 것에 의해서 증명된다(행 10:41). 나사로는 마치 저 세상을 다녀온 이후에는 이 세상에서 은둔자로 살 수밖에 없다는 듯이 부활 후에 광야로 물러나 있은 것이 아니었다. 결코 그렇지 않았다. 그는 여느 사람들과 마찬가지로 사람들과 친밀하게 교제하며 이야기하였다. 나사로는 그리스도께서 행하신 이적의 기념비로서 잔치 자리에 앉아 있었다. 그리스도께서 영적인 생명으로 다시 살리신 자들은 그와 더불어서 함께 앉게 될 것이다(엡 2:5-6).

III. 마리아가 예수의 발에 향유를 부음으로써 다른 사람들보다도 더 특별하게 예수께 공경심을 나타냄(3절).   마리아는 지극히 비싼 향유 곧 순전한 나드 한 근을 가지고 있었는데, 아마도 자기를 위한 용도로 사용하기 위해서 가지고 있었던 것으로 보인다. 그러나 오라비의 죽음과 부활을 지켜보면서, 마리아는 그러한 것들을 사용하는 데에 흥미가 없어져서, 그 향유를 가져와서 예수의 발에 붓고, 예수에 대한 공경심과 자기 자신은 아무것도 아니라는 것에 대한 추가적인 표시로써 자기 머리털로 그의 발을 닦았는데, 향유 냄새가 집에 가득 하였기 때문에 거기에 있던 모든 사람들이 이것을 알게 되었다. 잠언 27:16을 보라.

1. 마리아가 이렇게 향유를 부은 것은 틀림없이 그녀와 그녀의 가족에게 진정한 사랑을 보여준 그리스도를 향한 그녀의 사랑을 나타내는 표시였다. 이렇게 마리아는 그리스도께 자기가 무엇을 드릴 수 있을지를 궁리하였다. 이제 이렇게 함으로써 그리스도에 대한 그녀의 사랑은 다음과 같은 것임이 드러났다. (1) 아낌없는 사랑. 마리아는 그리스도를 섬기는 데에 꼭 필요한 것들을 아끼기는커녕, 그리스도를 섬기는 데 있어서 비싼 대가를 치를 기회를 만들어 내는 데에 귀재였다 — 대다수의 사람들은 그런 기회를 회피하는 데에 귀재이다. 만약 마리아에게 향유보다 더 귀한 것이 있었다면, 그녀는 그것을 그리스도를 존귀하게 하는 데에 사용하기 위하여 내놓았을 것이다. 그리스도를 진심으로 사랑하는 자들은 이 세상보다도 훨씬 더 그를 사랑하기 때문에, 그들이 가지고 있는 최고의 것을 그를 위하여 기꺼이 내어놓는다는 것을 명심하라. (2) 자기를 낮추어 겸양하는 사랑. 마리아는 자신의 향유를 종으로 하여금 그리스도께 부으라고 지시했을 수도 있었겠지만, 그녀는 자신의 향유를 그리스도께 드렸을 뿐만 아니라, 손수 자신의 손으로 향유를 그에게 부었다. 또한, 마리아는 이례적

으로 그리스도의 머리가 아니라 발에 향유를 부었다. 참된 사랑은 비용을 아끼지 않는 것과 마찬가지로 그리스도를 존귀케 하는 데에 수고를 아끼지 않는다. 그리스도께서 우리를 위하여 행하시고 고난받은 일을 생각하면, 우리가 그리스도께서 진정으로 영광을 받으실 어떤 섬김의 일이 너무 하기가 힘들다거나 몸을 굽혀서 하기에는 너무 초라하게 느껴진다고 생각한다면, 그것은 정말 배은망덕한 일이다. (3) 믿음으로 행한 사랑. 이러한 사랑 속에는 예수께서 아론 및 다윗과 마찬가지로 제사장과 왕으로서 기름 부음받은 메시야, 그리스도라는 믿음이 있었다. 하나님의 기름 부음받은 자는 우리의 기름 부음받은 자가 되어야 마땅하다는 것을 명심하라. 하나님께서는 그리스도께 그의 동료들보다 뛰어난 기쁨의 기름을 부으시지 않았는가? 우리도 그에게 다른 어떤 사람들보다도 더 큰 우리의 사랑의 기름을 부어야 한다. 그리스도를 우리의 왕으로 삼는 데에 동의함으로써 우리는 하나님의 뜻에 순복하여야 하고, 그리스도를 하나님께서 임명하신 대로 우리의 머리로 삼아야 한다(호 1:11).

2. 향유 냄새가 집에 가득 하였다는 것은 우리에게 다음과 같은 것들을 말해 준다. (1) 그리스도를 자신의 마음과 집으로 영접하여 환대하는 자들은 자신의 마음과 집을 향기로 가득하게 만드는 것이다. 그리스도의 임재는 마음을 즐겁게 하는 향기를 동반한다. (2) 그리스도께 존귀함을 올려 드리는 것은 그의 모든 친구들과 제자들에게 큰 기쁨이 된다. 그런 것들은 하나님과 선한 사람들에게 향기로운 제사가 된다.

IV. 마리아가 그리스도께 경의의 표시로써 향유를 부은 것을 유다가 싫어함 (4-5절). 좀 더 살펴보자.

1. 마리아의 행위를 트집잡은 사람은 제자 중 하나였던 유다였다. 즉, 유다는 마리아의 행위에 불만을 품은 여러 제자들 중의 한 사람이었던 것이 아니라 유일한 사람이었다. 가장 악한 사람들이 최고의 신앙인의 탈을 쓰고 그리스도 아래에서 얼쩡거리는 일은 얼마든지 가능하다. 실제로는 그리스도에 대한 그 어떤 사랑도 지니고 있지 않으면서도 그리스도와 연관이 있는 체하는 사람들이 많이 있다. 유다는 사도였고 복음을 전하는 자였지만, 그리스도에 대한 경건한 사랑과 헌신을 보여주는 마리아의 행위를 깎아내리고 견제하는 자였다. 경건한 삶과 거룩한 열심을 돕고 격려해야 할 직책에 있는 자들이 그러한 일을 오히려 언짢아하고 못마땅해하는 것을 보는 것은 서글픈 일이다. 그러나 유다는

그리스도를 배신할 자였다. 그리스도에 대한 사랑이 없고 냉정하며, 진지한 경건을 은밀하게 경멸하는 일이 신앙을 고백한 자들 가운데서 나타날 때, 그것은 최종적인 배교의 서글픈 전조라는 것을 명심하라. 외식하는 자들(위선자들)은 세상을 사랑하는 것을 보여주는 작은 일들을 통해서 그들 자신이 더 큰 시험에 기꺼이 응할 준비가 되어 있음을 보여준다.

2. 마리아의 행위를 싫어하면서 유다가 내세운 핑계(5절): "이 향유를 어찌하여 삼백 데나리온에 팔아 가난한 자들에게 주지 아니하였느냐?" (1) 여기에서 우리는 허울좋은 그럴듯한 핑계로 덧입혀진 더러운 범죄를 본다. 이렇게 사탄은 스스로를 광명의 천사로 가장하는 법이다. (2) 여기에서 우리는 경건한 열심을 비난하여 무분별한 경거망동의 죄를 저지르는 세상적인 지혜를 본다. 자신의 세상적인 지혜를 기준으로 자기 자신을 높이고 다른 사람들의 진지한 경건을 하찮게 여기는 자들은 그들이 생각하는 것보다 더 많이 그들 속에 유다의 영을 지니고 있는 것이다. (3) 여기에서 우리는 유다가 가난한 자들에 대한 자선을 그리스도를 향한 경건의 행위를 반대하는 구실로 삼고 은밀한 탐욕을 감추는 허울로 삼고 있는 것을 본다. 많은 사람들은 자선을 위해서 비축한다는 핑계를 대고서 실제로 자선에 쓰도록 내놓는 일에서 빠져 나간다: 하지만 구름이 비로 가득 차 있다면, 구름은 스스로를 비우게 되어 있는 법이다. 유다는 이 향유를 어찌하여 가난한 자들에게 주지 아니하였느냐고 반문하였다. 이 반문에 대한 대답은 쉽다. 주 예수께 향유를 드리는 것이 더 나은 것이었기 때문이라고. 우리는 섬김의 행위를 우리의 방식대로 행하지 않는다고 해서 그런 사람들이 전혀 섬김의 행위를 하고 있지 않다고 결론을 내려서는 안 된다. 즉, 우리는 우리의 기준과 정서에 맞지 않는다고 해서 모든 것을 경솔하고 부적합한 것으로 판단해서는 안 된다는 말이다. 교만한 자들은 그들과 상의하지 않은 모든 일들을 잘못된 것이라고 생각한다.

3. 유다의 위선을 밝힘(6절). 복음서 기자는 여기에서 마음을 감찰하시는 분의 지시하심에 따라서 유다의 위선을 밝힌다: 이렇게 말함은 가난한 자들을 생각함이 아니요 그는 도둑이라 돈궤를 맡고 거기 넣는 것을 훔쳐 감이로라.

(1) 유다가 이렇게 말한 것은 진정으로 자선의 마음에서 우러나온 것이 아니었다: 가난한 자들을 생각함이 아니요. 유다는 가난한 자들에 대한 그 어떤 연민이나 관심을 가지고 있지 않았다: 가난한 자들이란 유다에게 자신의 목적을 달

성하기 위해서 등쳐 먹을 대상 이외에 다른 것이 아니었다. 이렇게 어떤 사람들은 교회의 권능을 주장하고, 어떤 사람들은 교회의 순수성을 주장하지만, 실제로 그들은 교회에 관심이 없다. 교회가 진정으로 잘 되든 못 되든, 그러한 것은 그들에게 아무런 상관이 없고, 그들은 단지 이러한 명목 아래에서 그들의 이익만을 챙길 따름이다. 시므온과 레위는 할례에 대한 열심이 있는 체하였지만 실제로는 하나님과의 계약을 인치는 것에 대해서는 관심이 없었고, 예후는 만군의 여호와에게 열심이 있는 체하였지만 나와 함께 가서 여호와를 위한 나의 열심을 보라고 말하였을 때에 실제로는 여호와에 대한 관심이 없었다.

(2) 유다가 이렇게 말한 것은 탐욕의 마음으로부터 나온 것이었다. 유다의 본심은 이런 것이었다. 그는 마리아가 향유를 주님께 드리면, 그것을 돈으로 바꿔서 자기가 맡고 있던 돈궤에 넣어 두었다가 거기에서 조금씩 훔쳐 가고자 한 것이었다. 좀 더 살펴보자.

[1] 유다는 그리스도의 돈궤를 맡은 자였고, 어떤 이들은 이런 직책 때문에 유다가 가룟, 즉 돈궤를 맡은 자로 불리었다고 생각한다. 첫째, 예수와 그의 제자들이 어느 정도의 재산으로 살아 가야 했는지를 보라. 그것은 하찮은 재산이었다. 그들에게는 농장이나 물건들이 없었고, 창고나 곳간도 없었으며, 단지 돈궤만이 있었다. 어떤 이들은 이 단어가 상자 또는 궤짝을 의미한다고 보고, 그들이 생계를 유지하는 데에 필요한 정도만을 넣어두고, 나머지는 가난한 자들에게 나누어 주었을 것이라고 생각한다. 그들은 가는 곳마다 이 돈궤를 지니고 다녔다. 나는 나의 모든 재산을 지니고 다닌다(omnia mea mecum porto). 이 돈궤는 선한 사람들의 헌금으로 채워져 있었고, 주님과 그의 제자들은 모든 재산을 공동으로 소유하고 있었다. 우리는 이것을 교훈으로 삼아서 세상의 부에 대한 마음을 버리고 허례허식을 버리며 비천한 생활에 만족하여야 한다. 바로 그것이 우리 주님의 길이었다. 주님께서는 우리를 위하여 가난하게 되셨다. 둘째, 그들이 가지고 있었던 작은 재산의 청지기는 누구였는지를 보라. 그것은 유다였다. 유다는 돈궤를 맡은 자였다. 돈을 출납하는 것이 그의 직책이었고, 우리는 그가 이 돈으로 어떤 이득을 남겼는지에 대한 설명을 했다는 기록을 발견하지 못한다. 유다가 이 직책을 맡게 된 것은 다음과 같은 두 가지 이유 중의 하나 때문이었다. 1. 유다가 모든 제자들 가운데서 가장 낮고 작은 자였기 때문에. 그리스도 일행의 청지기가 된 것은 베드로나 요한이 아니었고 제자들 중에서 가장

낮은 자였던 유다였다(청지기직은 비록 믿는 자에게 맡길 수 있는 직책이었고 이득을 볼 수 있는 직책이었지만). 세속적인 일들은 지엽적인 것들이기 때문에, 복음의 사역자에게는 보잘것없는 일이 된다는 것을 명심하라. 고린도전서 6:4을 보라. 그리스도의 나라의 재상들은 재정 문제에 관심을 갖기를 거부하였다(행 6:2). 2. 유다가 그 직책을 원했기 때문에. 유다는 돈을 만지며 주판알을 퉁기는 일을 좋아하였기 때문에 그에게 돈궤가 맡겨졌다. (1) 이것은 유다가 좋아하는 일을 하게 함으로써 그로 하여금 주님께 충성하게 하기 위한 것이었다. 신하들은 종종 자신의 처지에 실망해서 정사에 싫증을 느끼게 된다. 그러나 유다는 이 일과 관련하여 불평할 이유가 전혀 없었다. 그는 돈궤를 선택하였고, 그가 원한 대로 돈궤를 맡게 되었다. 또는 (2) 이것은 유다의 은밀한 악을 벌하기 위하여 그에 대한 심판으로 이루어진 일일 수 있다. 돈궤를 그의 손에 맡긴 것은 돈궤가 그에게 덫과 함정이 되게 하기 위한 것이었다. 사람들 안에 있는 죄를 향한 강력한 소질들은 흔히 밖으로 죄에 대한 강력한 유혹들을 통해서 징벌을 받는다. 우리는 돈궤를 좋아하거나 돈궤를 맡았다고 자랑할 이유가 전혀 없다. 왜냐하면, 우리는 기껏해야 단지 돈궤를 맡은 청지기들에 불과하기 때문이다. 돈궤를 맡은 자는 악한 성품을 타고난 자, 저주받기로 되어 있던 자(이러한 표현을 용서하라)였던 유다였다. 미련한 자의 번영은 자기를 멸망시킨다.

[2] 돈궤를 맡은 유다는 도둑이었다. 즉, 그는 도둑의 성향을 지니고 있었다. 분노와 복수심이 마음을 죽이는 살인자인 것과 마찬가지로, 돈을 몹시 좋아하는 것은 마음을 도둑질하는 도둑이다. 유다는 실제로 주님의 돈궤에 들어 있던 재산을 착복하거나 공공의 용도로 사용되어야 할 돈을 자신의 용도로 전용해서 사용했던 것 같다. 어떤 이들은 유다가 그리스도께서 자기가 도저히 감당할 수 없는 많은 환난들이 장차 다가올 것이라고 말씀하시는 것을 듣고서는, 자신의 주머니를 두둑하게 해서, 주님을 떠나 도망하기로 궁리하고 있었던 것이라고 추측한다. 공적인 돈을 관리하고 처분하는 일을 맡은 자들은 공의와 정직이라는 견고한 원칙들을 따라서 행함으로써 그들의 손에 한 점의 오점도 남아 있지 않게 하여야 한다는 것을 명심하라. 어떤 사람들은 정부나 교회를 장난삼아서 속이는 일을 하지만, 속이는 것은 도적질하는 것이고, 공동체들은 특정한 사람보다도 더 책임이 무겁기 때문에, 공동체들에서 도적질하는 것은 더 큰 죄이고, 도적질하는 죄와 도둑이 받게 될 벌은 결코 웃을 일이 아니다. 자신에 대한 신

뢰를 저버렸던 유다는 얼마 안 있어서 그의 주님도 저버렸다.

V. 그리스도께서 마리아가 한 일을 옳다고 하심(7-8절) : 그를 가만 두어라. 이 말씀을 통해서 그리스도께서는 마리아의 호의를 받아들이신다는 것을 암시하였고(그리스도는 모든 감각의 쾌락들에 대하여 온전히 죽으셨지만, 이것은 그녀의 호의의 표시였기 때문에, 그것을 기쁘게 받으신 것이었다), 마리아가 이 일로 인해서 책망을 받아서는 안 된다는 뜻을 내비치셨다: 그녀를 용서하라(이렇게 해석될 수도 있다). "이 일이 잘못이라면, 그것은 그녀의 사랑에서 나온 잘못이기 때문에, 그녀를 이번 한 번만 봐주거라." 그리스도께서는 진정으로 그를 기쁘게 해 드리고자 하는 자들이 그러한 과정 속에서 어떤 실수나 잘못이 있다고 하더라도 그들을 책망하거나 꾸짖지 않으신다는 것을 명심하라(롬 14:3). 우리는 비록 마리아가 했던 것같이 하고자 하지는 않는다고 하더라도 그를 가만두어야 할 것이다.

1. 마리아의 행위가 옳다는 것을 말씀하시기 위해서 그리스도께서는 마리아가 행한 일을 호의적으로 해석하시는데, 마리아를 정죄하였던 자들은 이 점을 인식하지 못했었다: 나의 장례할 날을 위하여 그것을 간직하게 하라. 또는, 이 본문은 그녀는 나의 장례할 날을 위하여 그것을 간직한 것이니라로도 해석될 수 있다(하몬드 박사). "너희는 너희의 죽은 친구들의 몸에 향유를 붓는 일을 불평하지 않고, 그 향유를 팔아서 가난한 자들에게 주어야 했다고 말하지도 않는다. 마리아가 지금 내게 부은 향유도 그런 의도를 지닌 것이거나 적어도 그렇게 해석될 수 있다. 왜냐하면, 나의 장례의 날이 지금 다가오고 있고, 그녀는 이미 죽은 것이나 다름없는 내 몸에 향유를 부은 것이기 때문이다." (1) 우리 주 예수께서는 자신의 죽음과 장례에 관하여 많이 생각하셨고 자주 생각하셨다. 따라서 우리도 그렇게 하는 것이 좋을 것이다. (2) 섭리에 의해서 종종 신실한 그리스도인들에게 기회의 문이 열리고 은혜의 성령이 그들의 마음을 열어 주어서, 그들이 예상했던 것보다 더 시의적절하고 더 아름다운 모습으로 그들의 경건한 열심이 표현되었다는 것이 밝혀지는 경우가 있다. (3) 그리스도의 은혜는 선한 사람들의 경건한 말들과 행위들을 호의적으로 해석하시고, 실수한 것들을 가장 좋게 보실 뿐만 아니라, 잘한 일들을 최고로 평가하신다.

2. 그리스도께서 유다의 반론에 대하여 충분한 답변을 하셨다(8절). (1) 섭리에 의해서 세상 나라에는 가난한 자들이 항상 우리와 함께 있고, 그들 중의 일부

는 자선을 받기에 합당한 대상들이 되도록 되어 있다(신 15:11). 인류가 죄악된 상태 속에 있으면서 어리석음과 환난이 그치지 않는 한 그런 일은 계속될 것이다. (2) 은혜의 나라에서는 예수 그리스도께서 육체로 임재하시는 일이 교회에 항상 있지는 않게 되어 있다: "나는 항상 있지 아니하리라. 그러나 오직 잠깐 동안만 너희에게 내가 없을 것이다." 우리에게는 두 가지 의무가 충돌할 때에 어느 쪽을 우선적으로 해야 하고 상황에 따라서 어느 쪽을 선택해야 하는지를 알기 위해서 지혜가 필요하다는 것을 명심하라. 우리는 기회들을 선용하여야 하는데, 가장 짧은 동안만 지속되고 아주 신속하게 사라져 버릴 그러한 기회들을 가장 먼저 열심으로 포착하여야 한다. 선한 의무라고 하더라도 그것을 어느 때라도 할 수 있는 일이라면, 우리는 당장에 외에는 할 수 없는 의무를 먼저 하여야 한다.

VI. 우리 주 예수께서 베다니에서 베풀어진 잔치에 계신다는 것이 백성들에게 알려짐(9절) : 유대인의 큰 무리가 예수께서 여기 계신 줄을 알았다. 왜냐하면, 그리스도께서 온 동네의 화젯거리가 되셨기 때문이다. 그래서 그들은 무리를 지어서 몰려 들었다. 최근에 그리스도께서 사람들에게 모습을 나타내지 않고 피해 계셨기 때문에, 마치 검은 구름에 가려 있던 해가 솟아난 것처럼 더 밝게 빛났기 때문이다.

1. 그들은 최근에 나사로를 다시 살리신 이적을 베푸심으로써 훨씬 더 큰 명성을 얻게 되신 예수를 보기 위하여 왔다. 그들은 예수의 말씀을 듣기 위해서 온 것이 아니라, 예수께서 이번 유월절에는 여느 때와는 달리 사람들 앞에 모습을 나타내지 않을 것이라고 생각해서 베다니에 있는 그의 모습을 보고 싶은 그들의 호기심을 만족시키기 위하여 온 것이었다. 그들은 비록 당국에서 그리스도를 범죄자로 낙인을 찍고 박해하고 있었지만 그를 붙잡거나 밀고하기 위해서 온 것이 아니라 그를 보고 그에게 예를 표하기 위하여 온 것이었다. 원수들이 그리스도를 아무리 나쁘게 폄훼하고자 온갖 시도를 다 한다고 해도, 그리스도를 사랑함으로써 그에게 힘을 실어주는 자들이 있다는 것을 명심하라. 그리스도께서 계신 곳이 알려지자, 큰 무리가 그에게로 왔다. 왕이 있는 곳에 신하들도 있다는 것을 명심하라. 그리스도께서 계시는 곳에 백성이 모여 들게(눅 17:37) 되는 법이다.

2. 사람들은 정말 큰 볼거리였던 나사로와 그리스도를 둘 다 보기 위하여 왔

다. 어떤 이들은 나사로의 입으로 직접 들었던 이야기를 확인해 봄으로써 그리스도에 대한 믿음을 견고하게 하기 위하여 왔다. 또 어떤 이들은 단지 호기심을 충족시키기 위해서 그들이 죽어서 매장되었다가 다시 살아난 사람을 보았다고 자랑하려고 왔다. 따라서 나사로는 이 거룩한 절기 동안에 아덴 사람처럼 새로운 일들을 말하고 듣는 데에 시간을 소모했던 자들에게 **볼거리**를 제공해 주었다. 아마도 어떤 이들은 나사로에게 죽은 자들의 상태에 관하여 호기심어린 질문들을 던지고 저 세상으로부터 어떤 소식을 가져 왔는지를 묻기 위해서 왔을 것이다. 우리 자신도 나사로와 한 시간 동안 대화할 수만 있다면 아무리 먼 거리라도 찾아갈 것이라고 종종 말하곤 한다. 그러나 사람들이 이러한 목적으로 찾아 왔지만, 나사로는 침묵을 지켰고, 그들에게 자기가 죽었다가 살아난 것에 관한 이야기를 하지 않았을 것이다. 적어도 성경은 이것에 대하여 침묵하고 있고, 우리에게 그 어떤 설명도 해 주지 않는다. 우리는 성경에 기록된 것 이외의 것을 너무 알려고 해서는 안 된다. 그러나 거기에는 사람들이 나사로보다 의탁하기에 훨씬 더 적절했던 인물인 우리 주 예수께서 계셨다. 왜냐하면, 우리가 모세와 선지자들, 그리스도와 사도들의 말을 듣지 않고, 그들이 저 세상에 관하여 우리에게 말해 주는 것을 경청하지 않는다면, 우리는 나사로가 죽은 자 가운데서 다시 살아 왔을지라도 결코 설득되지 않을 것이기 때문이다. 우리에게는 더 확실한 예언의 말씀이 있다.

VII. 대제사장들이 우리 주 예수의 세력이 커지는 것을 보고 분노하고, 그 세력을 분쇄할 계획을 세움(10-11절) : 대제사장들이 나사로까지 죽이려고 모의하니(또는 영을 내리니), 이것은 나사로 때문에(나사로가 말하거나 행한 어떤 일 때문이 아니라 예수께서 나사로에게 행하신 일 때문에) 많은 유대인이 가서 예수를 믿음이로라. 좀 더 살펴보자.

1. 이제까지 그들이 그리스도를 해치고자 했던 시도들은 너무도 헛된 일이었고 성공하지 못했다. 그들은 백성들을 그리스도에게서 갈라 놓기 위하여 그들이 할 수 있는 모든 짓을 해 왔었고, 백성들에게 그리스도에 관하여 나쁜 말들을 해 왔지만, 그들의 이웃들이고 동포이며 그들을 존경하였던 수많은 유대인들이 그리스도의 이적들에 관한 설득력 있는 증거에 압도되어서, 제사장들로부터 떠나서 그들의 폭정에 순복하는 것을 그만두고, 예수를 믿었다. 그런데 이것은 나사로 때문이었다. 나사로의 부활은 그들의 신앙에 생명을 불어넣었

고, 그들에게 이 예수야말로 틀림없이 메시야이고 그 안에 생명을 가지고 있으며 생명을 줄 수 있는 권능도 가지고 있다는 것을 확신시켰다. 또한 이 이적은 그리스도께서 갈릴리에서 행하셨다고 그들이 들었던 다른 이적들에 대한 믿음도 그들에게 가져다주었다: 죽은 자를 다시 살리실 수 있는 분에게 무슨 일인들 불가능했겠는가?

2. 나사로를 죽여야 한다는 이 날의 결정은 너무도 부조리하고 어처구니없는 것이었다. 이것은 우리가 상상할 수 있는 가장 야비한 분노의 한 예를 보여준다. 그들은 분노에 가득 차서 주변에 있는 것들을 닥치는 대로 부수는 그물에 걸린 영양 같았다. 그것은 그들이 하나님을 두려워하지 않고 사람을 무시한다는 것을 보여주는 증거였다.

(1) 만약 그들이 하나님을 두려워했더라면, 그들은 하나님께 도전하는 그러한 행동을 하려고 하지 않았을 것이다. 하나님께서는 이적을 통해서 나사로를 다시 살리셨는데, 그들은 악의를 통해서 그를 다시 죽이고자 하고 있다. 하나님께서 아주 최근에 그는 다시 살기에 합당하다고 여기고서 그를 이 땅에 다시 보내셨는데도, 그들은 이러한 자는 세상에서 없애버리자 살려 둘 자가 아니라라고 소리치고 있다. 이런 행동이야말로 하나님을 거슬러 행하는 것이 아니고 무엇이겠는가? 그들은 마치 하나님과 다툴 수 있고 만왕의 왕과 권리를 다툴 수 있기라도 하는 것처럼 그를 다시 살리신 전능하신 분에게 도전해서 나사로를 죽이고자 한다. 사망과 음부의 열쇠를 가지고 계신 분이 누구신가, 하나님이신가 그들인가? 자연스러운 죽음을 죽은 자를 다시 살리실 수 있는 그리스도께서 죽임을 당한 자를 다시 살리실 수 없을 것이라고 생각하는 악의여! (아우구스티누스). 하나님께서 나사로를 자신의 특별한 사랑을 증언해 주는 증거로 선택하셨기 때문에, 그들은 나사로를 그들의 특별한 증오의 대상으로 선택하였다. 마치 그들은 사망 및 음부와 상호 방위 조약을 맺은 것처럼 모든 변절자들에게 응징을 가하여야겠다고 결심한 자들 같았다. 우리는 그들이 어떻게 하면 나사로 및 그의 가족과 친교를 맺어서 그들의 중재로 그들이 그동안 박해하였던 이 예수와 화해할 것인지를 모색했더라면 차라리 좋았을 것이라고 생각해 볼 수 있다. 그러나 이 세상의 신은 그들의 마음의 눈을 멀게 해 버린 것이었다.

(2) 만약 그들이 사람을 존중하였더라면, 그들은 아무런 죄도 없었던 나사로에게 이와 같은 불의한 일을 행하려고 하지 않았을 것이다. 사실 그들은 나사

로를 옭아맬 수 있는 그 어떤 고소거리도 찾아 낼 수 없었다. 인류를 묶어주는 가장 신성한 끈인 공의(公義)조차도 헌신짝처럼 내버릴 수 있고, 자연이 가르쳐 주는 최고의 공리(公理)조차도 쉽게 깨뜨려 버리는 자들을 이토록 견고하게 서로 묶어준 끈은 과연 무엇이었는가? 로마 교회에서처럼, 그들은 자신들의 폭정과 미신을 지지한다는 이유만으로도 최고의 악당들을 옳다고 할 뿐만 아니라 그들을 대단한 공로자들로 치켜세운다.

[12]그 이튿날에는 명절에 온 큰 무리가 예수께서 예루살렘으로 오신다는 것을 듣고 [13]종려나무 가지를 가지고 맞으러 나가 외치되 호산나 찬송하리로다 주의 이름으로 오시는 이 곧 이스라엘의 왕이시여 하더라 [14]예수는 한 어린 나귀를 보고 타시니 [15]이는 기록된 바 시온 딸아 두려워하지 말라 보라 너의 왕이 나귀 새끼를 타고 오신다 함과 같더라 [16]제자들은 처음에 이 일을 깨닫지 못하였다가 예수께서 영광을 얻으신 후에야 이것이 예수께 대하여 기록된 것임과 사람들이 예수께 이같이 한 것임이 생각났더라 [17]나사로를 무덤에서 불러내어 죽은 자 가운데서 살리실 때에 함께 있던 무리가 증언한지라 [18]이에 무리가 예수를 맞음은 이 표적 행하심을 들었음이러라 [19]바리새인들이 서로 말하되 볼지어다 너희 하는 일이 쓸 데 없다 보라 온 세상이 그를 따르는도다 하니라

그리스도께서 나귀를 타고 예루살렘으로 입성하신 것에 관한 이 이야기는 특별히 주목할 만한 가치가 있는 것이었기 때문에 모든 복음서 기자들이 기록하고 있다. 이 이야기 속에서 우리는 다음과 같은 것들을 살펴볼 수 있다.

I. 백성들이 우리 주 예수께 경의를 표함(12-13절).

1. 우리 주님께 이렇게 경의를 표한 자들은 누구였는가: 명절을 맞아서 올라온 자들의 큰 무리. 그들은 예루살렘의 거민들이 아니라, 명절에 예배를 드리기 위해서 먼 곳에서 온 시골 사람들이었다. 주의 성전에 가까우면 가까울수록, 성전의 주님으로부터는 더 멀어진다. 그들은 명절에 온 자들이었다. (1) 아마도 그들은 시골에서 그리스도의 말씀을 듣고서 그를 몹시 추앙했던 자들이었을 것이다. 그러므로 그들은 그리스도의 원수들이 많이 있는 예루살렘에서 그에 대한 경의를 증언하기 위해서 앞다투어 몰려 들었다. 그리스도를 진정으로 소중히 여기고 숭앙하는 자들은 그리스도께 영광을 돌릴 수 있는 기회라면 언제든

지 사람들 앞에서 그리스도를 고백하기를 부끄러워하거나 두려워하지 않는다는 것을 명심하라. (2) 아마도 그들은 스스로를 성결하게 하기 위해서 명절보다 더 일찍 예루살렘에 올라 왔던 독실한 유대인들이었기 때문에, 그들은 남들보다 더 신앙심이 깊었던 자들이었을 것이다. 바로 그러한 자들이 이렇게 앞다투어 나와서 그리스도께 영광을 돌렸다. 일반적으로 하나님과 신앙에 대하여 더 열심을 가지고 있는 자들이 이전의 모든 것들과 제도들을 파괴하는 것이 아니라 온전케 하시는 그리스도와 그의 신앙을 더 잘 받아들이는 법이다. 그리스도를 맞으러 나왔던 자들은 관원들도 아니었고 큰 자들도 아니었고 단지 평범한 사람들이었다. 어떠한 사람들은 그들을 어중이떠중이들이라고 부르고자 했을지도 모른다. 그러나 그리스도께서는 약하고 어리석은 자들을 택하셨고(고전 1:27), 존귀한 자들에 의해서가 아니라 평범한 무리들에 의해서 더 영광을 받으신다. 왜냐하면, 그리스도께서는 사람들의 명성이 아니라 그들의 영혼을 소중히 여기시기 때문이다.

2. 어떤 경우를 맞아서 그들은 주님께 경의를 표하게 되었는가: 그들은 예수께서 예루살렘으로 오신다는 것을 들었다. 앞서 그들은 예수께서 어디에 계신가를 찾았었다(11:55-56): 그가 명절에 오지 아니하겠느냐? 지금 그들은 그리스도께서 오고 계신다는 말을 들었다. 왜냐하면, 그리스도를 찾는 자는 반드시 그리스도를 만나게 되기 때문이다. 이제 그들은 그리스도께서 오신다는 말을 듣고서 그를 반갑게 맞이해야겠다고 결심하였다. 그리스도와 그의 나라가 가까이 왔다는 소식은 우리를 일깨워서 그 날에 할 일이 무엇인지를 생각하고 그 일을 그 날에 다 하도록 만든다. 이스라엘은 그들의 하나님을 맞을 준비를 하여야 하고(암 4:12), 신부들은 신랑을 맞을 준비를 하여야 한다.

3. 무리들은 어떤 방식으로 주님께 경의를 표하였는가. 그들에게는 그리스도께 드릴 도성의 열쇠도 없었고, 그리스도 앞에서 들고 갈 칼이나 권표도 없었으며, 그리스도를 환영하기 위하여 반주할 음악도 없었지만, 그들은 그들이 가지고 있는 것들을 그리스도께 드렸다. 이 무리들은 비록 하찮게 보였다고 할지라도 요한이 보좌 앞과 어린 양 앞에서 보았던 저 영광스러운 무리를 희미하게 보여주는 것이었다(계 7:9, 10). 그들은 보좌 앞에 있지는 않았지만, 통상적인 예식에 따라서 유월절 나흘 전에 우리를 위하여 희생 제물로 구별된 유월절 어린 양 앞에 있었다. 본문에서는 이 천상의 합창대에 대하여 이렇게 기록하고 있

다.

(1) 사람들은 종려나무 가지를 손에 들고 있었다. 종려나무는 언제나 승리와 개선의 상징물이었다. 키케로는 많은 상을 탄 자를 많은 종려나무의 사람(plurimarum palmarum homo)이라고 불렀다. 그리스도께서는 이제 그의 죽음을 통해서 정사(통치자)와 권세들을 정복하실 것이었기 때문에, 사람들이 그 앞에서 승리자의 종려나무를 지니고 흔든 것은 합당한 일이었다. 그는 비록 이제 곧 십자가를 지셔야 했지만, 마치 이미 그 십자가를 벗어버리신 것처럼 행하실 수 있으셨다. 종려나무 가지를 지니는 것은 장막절의 예식 중의 일부였고(레 23:40; 느 8:15), 백성들이 우리 주 예수를 환영할 때에 이런 식으로 기쁨을 표현했다는 것은 모든 명절들, 특히 장막절이 그리스도의 복음 안에서 성취되었다는 것을 암시한다(슥 14:16).

(2) 천상의 합창대는 큰 소리로 외쳐 이르되 구원하심이 보좌에 앉으신 우리 하나님께 있도다 하였다(계 7:10). 여기에서도 무리들은 통상적인 환영 인사에서처럼 그리스도 앞에서 호산나 찬송하리로다 주의 이름으로 오시는 이, 곧 이스라엘의 왕이시여라고 외쳤다. 호산나는 구원을 의미한다. 무리들이 외친 이 말은 시편 118:25-26에서 인용한 것이다. 이 평범한 백성들이 얼마나 성경을 잘 알고 있었는지와 성경의 말씀을 얼마나 적절하게 메시야에게 적용하고 있는지를 보라. 그리스도에 대한 고상한 생각들은 성경 말씀들을 빌려서 가장 잘 표현될 수 있다. 이러한 환호를 통해서 [1] 무리들은 우리 주 예수께서 주의 이름으로 오시는 이스라엘의 왕이라는 것을 인정하고 있다. 그리스도께서는 지금 메시야에 대한 서기관들의 가르침과는 반대로 가난하고 볼품 없는 모습으로 입성하셨지만, 무리들은 그리스도를 왕이라고 고백함으로써, 우리가 마땅히 경배하여야 할 그리스도의 위엄과 존귀하심, 우리가 마땅히 순복하여야 할 그리스도의 통치와 권능을 대변하고 있다. 첫째, 무리들은 그리스도가 하나님으로부터 단지 선지자가 아니라 왕으로 보내심을 받아서 주의 이름으로 오시는 정당한 왕이라고 고백한다(시 2:6). 둘째, 무리들은 그리스도가 유대 백성들이 오랫동안 기다려 왔고 성경에 약속된 왕이신 메시야로서 이스라엘의 왕이라고 고백한다. 그들이 예루살렘 거리에서 그리스도를 이스라엘의 왕이라고 선포한 것은 그들이 지닌 빛 때문이었다. 이러한 선포를 통해서 무리들은 그 자신들이 이스라엘 백성으로서 그리스도가 그들의 왕이라는 것을 단언하였다. [2] 무리들은 그리스도

의 나라가 잘되기를 진심으로 바랐는데, 이것이 호산나의 의미이다. 솔로몬의 대관식 때에 백성들이 솔로몬 왕은 만세수를 하옵소서(왕상 1:39)라고 외쳤듯이, 호산나를 외침으로써 무리들은 세 가지를 위해서 기도한 것이었다. 첫째, 그의 나라가 그 나라의 빛과 지식 안에서 및 그 나라의 권능과 효력 안에서 임하기를 그들은 기도하였다. 하나님께서는 복음이 속히 흥왕하게 하신다. 둘째, 그의 나라가 모든 대적들을 정복하고 승리할 수 있기를 무리들은 기도하였다(계 6:2). 셋째, 그의 나라가 계속될 수 있기를 무리들은 기도하였다. 호산나는 왕은 만세수를 하옵소서라는 뜻이다. 그의 나라가 비록 어지러워질 수는 있다고 하더라도 결코 망하게 하지는 마소서(시 72:17). [3] 무리들은 그리스도께서 예루살렘으로 입성하시는 것을 환영하였다: "찬송하리로다, 오시는 이여. 우리는 그리스도를 영접하게 되어 진심으로 기뻐하나이다. 그의 축복으로 우리를 맞이하시는 주님을 우리가 우리의 축복으로 맞이하는 것이 마땅하나이다." 이러한 환영은 문들아 너희 머리를 들지어다(시 24:7-9)라고 말하는 것과 같다. 이렇게 우리는 각자가 그리스도를 우리의 마음속으로 환영하고 영접해 드려야 한다. 즉, 우리는 그를 찬양하고 그를 기뻐하여야 한다. 우리가 하나님의 존재와 성품들, 우리와 하나님의 관계를 몹시 기뻐하여야 하는 것과 마찬가지로, 우리는 주 예수의 인격과 직분들, 우리와 하나님 사이를 그가 중보하시는 것을 기뻐하여야 한다. 믿음은 찬송하리로다 오시는 이여라고 말한다.

Ⅱ. 백성들의 환호를 받으실 때에 그리스도께서 취하신 모습(14절) : 예수는 한 어린 나귀를 보고, 또는 얻어서 거기에 타셨다. 그것은 보잘것없는 모습이었다. 그리스도께서는 홀로 나귀에 타시고, 거기에 모인 백성들은 호산나라고 외쳤다. 1. 이것은 그리스도께서 늘 취하셨던 것보다는 훨씬 더 장엄한 것이었다. 그는 늘 걸어서 다니셨지만, 지금은 나귀를 타셨다. 그를 따르는 자들은 초라한 것들로 만족해야 했고 장엄해 보이는 그 어떤 것에도 애착을 보이지 않아야 했지만, 지금 그들에게는 하나님께서 섭리를 따라서 노아 및 그의 아들들과 맺은 계약을 좇아 인간에게 일반적인 통치권을 부여하셨던 그러한 것들을 특별히 소유하게 하심을 따라서 짐승의 섬김을 사용하는 것이 허락되었다. 2. 그렇지만 이것은 세상에서 큰 자들이 통상적으로 취하는 것보다는 훨씬 덜 장엄한 것이었다. 그리스도께서 세상에서 지위가 높은 사람의 예를 따라서 도성에 입성하시고자 하셨다면, 그는 기둥은 은이요 바닥은 금이요 덮개는 자색인 솔로몬의

병거(아 3:9-10) 같은 것을 타고 입성하셨을 것이다. 그러나 우리가 이 세상의 방식대로 판단한다면, 이렇게 하는 것은 이스라엘의 왕에게 영광이 아니라 무례가 되었을 것이다. 왜냐하면, 그것은 마치 그가 위대하게 보이고자 하지만 어떻게 할 줄을 모르는 자처럼 보였을 것이기 때문이다. 그의 나라는 이 세상에 속한 것이 아니었기 때문에, 외적인 화려함을 취하지 않는다. 그리스도께서는 지금 자신을 낮추고 계셨지만, 요한은 묵시 속에서 높아지신 그리스도께서 흰 말을 타시고 활을 가지셨으며 면류관을 쓰신 모습을 보았다.

III. 이것을 통해서 성경이 성취됨: 기록된 바 시온 딸아 두려워하지 말라(15절). 이 말씀은 스가랴 9:19에서 인용한 것이다. 모든 선지자들은 그리스도를 증거하였고, 특히 그와 관련된 이 일을 증거하였다.

1. 시온의 왕이 이와 같이 나귀 새끼를 타고 오신다는 것이 예언되어 있었다. 이러한 세세한 정황까지도 예언되어 있었고, 그리스도께서는 그러한 예언이 정확하게 성취되도록 신경을 쓰셨다. 좀 더 살펴보자. (1) 그리스도는 시온의 왕이다. 시온의 거룩한 언덕은 옛적부터 메시야의 도성 또는 왕도가 되기로 예정되어 있었다. (2) 시온의 왕은 이 도성을 돌아볼 것이고 이 도성으로 오실 것이다. 그는 잠시 동안 물러나 계시겠지만 때가 되면 다시 돌아오신다. (3) 그리스도께서는 비록 느리게 오시지만(나귀는 느리게 걷는다) 분명히 오시고, 그의 충성스러운 신민들의 말들과 기대들을 크게 격려하는 그러한 겸손과 겸양의 표현들을 통해서 오신다. 겸손하게 간구하는 자들은 그리스도와 대화할 수 있게 될 것이다. 그리스도께서 장엄하고 힘있는 모습으로 나타나시지 않는 것이 시온에게 실망이 된다면, 시온은 비록 그리스도께서 나귀 새끼를 타시고 그들에게 오시지만 사실은 그들을 도우시려고 하늘을 타고(신 33:26) 원수들을 향해서 돌진하고 계시는 것임을 알아야 한다.

2. 그러므로 시온의 딸은 너의 왕을 보라는 부르심을 받고, 너의 왕이 오고 있는 것을 보라고 요구받는다. 보라, 그리고 기이히 여기라. 왜냐하면, 그리스도께서 비록 외적으로 화려한 모습으로 오시지는 않을지라도 사람들의 눈에 볼 수 있게 오고 계시기 때문이다(아 3:11). 두려워하지 말라. 이 예언 속에서 시온에게는 크게 기뻐하고 소리치라고 말하고 있지만, 여기에서는 두려워하지 말라고 번역되어 있다. 불신으로 말미암은 두려움은 영적인 기쁨을 방해하는 원수이다. 두려움이 치유되고, 두려움이 정복된다면, 기쁨은 자연스럽게 따라올 것이다.

그리스도께서는 그의 백성의 두려움을 잠재우기 위해서 그들에게 오신다. 우리가 두려워한다면 큰 기쁨에 이를 수 없기 때문에, 우리는 두려움이 짓누르는 가운데서도 거기에서 빠져 나오려고 애써야 한다. 크게 기뻐하라. 적어도 두려워하지 말라.

IV. 제자들과 관련해서 복음서 기자가 하고 있는 설명(16절) : 그리스도께서 이렇게 행하신 이유와 어떻게 성경이 성취되었는지를 제자들은 처음에 깨닫지 못하였다. 그러나 예수께서 영광을 얻으시고 그런 후에 성령이 부어졌을 때, 그 때에야 그들은 이런 일들이 구약에서 예수에 대하여 기록된 것임과 이런 일들이 성경의 예언을 따라서 예수께 일어난 것임을 알게 되었다.

1. 여기서 신앙의 초보 상태에 있는 제자들의 불안전한 모습을 보라. 제자들조차도 처음에는 이 일들을 깨닫지 못하였다. 제자들은 나귀를 끌고 와서 그 위에 예수를 타게 할 때에도 그들이 시온의 왕의 취임식을 거행하고 있다는 사실을 생각하지 못하였다. 좀 더 살펴보자. (1) 성경은 흔히 성경에 대한 안목이 없어서 자기들이 무슨 일을 하고 있는지를 알지 못하는 자들의 행위를 통해서도 성취된다(사 45:4). (2) 하나님의 말씀과 섭리 속에는 제자들 자신도 처음에는 깨닫지 못하는 많은 놀라운 일들이 존재한다. 그들은 하나님의 일들에 처음 접했을 때에 그 일들을 깨닫지 못하고, 사람들이 다니는 것은 나무 같은 것들이 걸어가는 것처럼 보일 뿐이다. 그들은 하나님의 일들이 그들에게 처음으로 제시되고 나타날 때에 그 일들이 무엇을 의미하는지를 깨닫지 못한다. 나중에는 분명해지는 일들이 처음에는 어둡고 의심스러운 것들로 보인다. (3) 그리스도의 제자들은 하나님을 아는 지식에 있어서 성숙하여 자라났을 때에 그들이 처음에 저질렀던 어리석은 짓들과 연약함들을 자주 성찰하여서, 거저 주시는 은혜로 말미암아 그들이 성숙함에 이르게 된 것을 감사하고, 아직도 무지한 자들을 긍휼히 여기는 마음을 갖는 것이 합당하다. 내가 어렸을 때에는 말하는 것이 어린 아이와 같았다.

2. 여기에서 신앙이 성숙한 상태에서 제자들의 나아진 모습을 보라. 그들은 처음에는 어린 아이들이었지만 항상 거기에서 머물지 않고 완전을 향하여 나아갔다. 좀 더 살펴보자.

(1) 제자들은 예수께서 영광을 얻으신 후에야 이 일을 깨달았다. 왜냐하면, [1] 예수께서 영광을 받으실 때까지는 그들은 그리스도의 나라의 성격을 제대로

이해하지 못하였고, 그 나라가 외적인 화려함과 능력 속에서 나타날 것이라고 예상하였기 때문에, 그 나라에 관하여 말한 성경 말씀들을 이렇게 초라한 나타남에 어떻게 적용되는 것인지를 알지 못하였기 때문이다. 그리스도의 나라, 그 권능, 영광, 승리가 지닌 영적인 성격에 대한 올바른 이해가 그것에 관하여 말하고 있는 성경 말씀들을 잘못 해석하고 잘못 적용하는 일을 막아 준다는 것을 명심하라. [2] 예수께서 영광을 받으실 때까지는 제자들을 모든 진리 가운데로 인도하실 성령이 아직 그들에게 부어지지 않았기 때문이었다. 그리스도의 제자들은 성경을 쓰신 그 동일한 성령에 의해서 성경을 이해할 수 있다는 것을 명심하라. 모든 성도들에게 계시의 영은 지혜의 영이다(엡 1:17-18).

(2) 제자들은 그것을 어떻게 이해하였는가. 그들은 예언을 사건과 비교하였고, 그것들을 함께 고찰함으로써, 서로로부터 빛을 얻어서, 둘 다를 이해하기에 이르렀다: 제자들은 이러한 일들이 선지자들에 의해서 예수께 대하여 기록되었다는 것과 거기에 따라서 사람들이 예수께 이같이 한 것임을 기억하였다. 하나님의 말씀과 역사 간에는 이렇게 놀라울 정도의 조화가 존재하기 때문에, 성경에 기록된 내용을 기억함으로써 우리는 실제로 행하여진 일을 이해할 수 있게 되고, 실제로 행하여진 일을 살펴봄으로써 성경에 기록된 것을 이해할 수 있게 된다는 것을 명심하라. 우리가 들은 대로 우리가 보았나이다. 성경은 매일매일 성취되고 있다.

V. 당국이 그리스도에 대하여 몹시 적대적이었음에도 불구하고, 백성들이 우리 주 예수께서 예루살렘으로 입성하실 때에 환호를 하게 된 이유. 그것은 그리스도께서 최근에 나사로를 다시 살리시는 저 유명한 이적을 행하셨기 때문이었다.

1. 여기에서 백성들이 이 이적을 무엇이라고 얘기하고 어떠한 확신을 가졌는지를 보라. 의심할 여지 없이, 도성은 이 이적에 관한 소문으로 들끓었고, 이 이야기는 모든 백성들의 입에 오르내렸다. 그러나 이 이적을 그리스도의 사명에 대한 증거로 보고, 그리스도에 대한 그들의 믿음의 토대로 여긴 자들은 이 일을 크게 기뻐하고, 이 일이 허용하는 최대한의 증거를 통해서 이 일의 확실성을 알기 위해서 이 일을 직접 목격한 자들을 찾아갔다: 이렇게 해서 그들은 나사로를 무덤에서 불러 낼 때에 함께 있던 무리를 찾아내서 물었고, 그 무리는 증언하였다(17절). 그들은 이구동성으로 이 일이 논란이나 반박의 여지 없이 참되다는

것을 단언하였고, 맹세를 하라고 하면 기꺼이 할 준비가 되어 있었다. 에마르튀레이 라는 단어 속에는 그와 같은 의미가 함축되어 있다. 그리스도의 이적들의 진실성이 논란의 여지가 없는 증거들에 의해서 입증되었다는 것을 명심하라. 이 이적을 보았던 무리들은 이 일을 묻는 자들에게만이 아니라 묻지 않는 자들에게도 널리 알렸기 때문에, 이것은 이 엄숙한 날의 승리의 분위기에 한 몫을 했을 것이다. 그리고 그리스도께서 지금 그 이적을 행하셨던 베다니에서 오신 것은 백성들로 하여금 그 이적을 생각나게 하였을 것이다. 그리스도의 나라가 잘되기를 원하는 자들은 그리스도께 영광이 될 수 있는 것을 앞장 서서 선포하여야 한다는 것을 명심하라.

2. 그들은 이 일을 통해서 어떠한 진보를 이루었으며, 이 일은 그들에게 어떠한 영향을 주었는가(18절): 그 밖의 다른 요인들과 마찬가지로 이것으로 인해서 무리가 예수를 맞았다. (1) 어떤 이들은 호기심에서 이러한 놀라운 일을 행하신 분을 만나보고자 하였다. 그리스도께서는 예루살렘에서 많은 훌륭한 설교를 하셨지만, 이 단 한 번의 이적만큼 많은 무리를 끌어 모으지 못하였다. 그러나 (2) 어떤 이들은 선한 양심을 따라서 하나님으로부터 보내심을 받은 자인 예수께 존귀를 돌려 드리고자 하였다. 이 이적은 두 번째 부류의 사람들을 위한 것으로서, 앞서 간 자들을 견고케 하고, 고난을 받으시기 직전에 그리스도께서 영광을 얻게 하기 위한 것이었다. 그리스도의 사역들은 모두 잘한(막 7:7) 것일 뿐만 아니라 때를 잘 맞춘 것이었다.

VI.. 이 모든 일들을 보고 바리새인들이 분노함. 바리새인들 중 일부는 아마도 그리스도께서 도성에 입성하신 것을 보았을 것이고, 그들 모두는 곧 이 소문을 듣게 되었다. 예수를 죽일 방도들을 찾아내기 위하여 구성된 위원회는 예수께서 한적한 곳으로 물러나셨을 때에 소기의 목적을 이루었다고 생각하였고, 예수는 곧 예루살렘에서 잊혀질 것이라고 기대했었지만, 이제 그들의 기대가 물거품이 되고만 것을 보고는 분노하여 광분하였다.

1. 그들은 그리스도를 죽일 명분이 그들에게 없다는 것을 고백한다. 그들이 하는 일이 쓸데없다는 것이 명백해졌다. 그들은 온갖 술수를 다 동원해서 백성들을 그리스도에게서 떼어놓고자 했지만 그렇게 할 수 없었고, 백성들을 위협했지만 백성들이 그리스도를 따르는 것을 막을 수 없었다. 그리스도를 반대하고 그의 나라에 대항하는 자들은 그들이 하는 일이 쓸데없다는 것을 깨닫게 되

리라는 것을 명심하라. 하나님께서는 그런 자들의 반대에도 불구하고 자신의 뜻을 이루시며, 그들의 쓸데없는 악의를 수포로 돌아가게 하신다. 너희 하는 일이 쓸데없다(우크 오펠레이케) ― 너희가 하는 일이 아무런 소득이 없다. 그리스도를 반대함으로써 얻는 것이 아무것도 없다는 것을 명심하라.

2. 그들은 그리스도가 득세하였다는 것을 인정한다: 온 세상이 그를 따르는도다. 무수한 무리들, 즉 온 세상 사람들이 그를 따르고 있었다. 이것은 대부분의 언어들에서 공통적인 과정법이다. 그렇지만 여기에서 그들은 가야바와 마찬가지로 알지도 못하는 가운데 온 세상이 그를 따르게 될 것을 예언하였다. 온갖 부류의 사람들, 세상의 모든 지역의 사람들이 그를 따르게 될 것이다. 만민이 그리스도의 제자가 될 것이다. 그러나 이것은 어떠한 의도로 말해진 것이었는가?

(1) 이렇게 해서 그들은 그리스도의 세력이 성장하는 것에 대한 그들의 분노와 당혹감을 표현하고 있다. 그리스도에 대한 시기심이 그들을 광분하게 만들었다. 의인의 뿔이 영광 중에 들릴 때에 악인은 이를 보고 한탄하리로다(시 112:9, 10). 바리새인들이 얼마나 큰 자들이었고, 백성들로부터 얼마나 큰 존경을 받고 있었는지를 생각할 때에, 우리는 그들이 지금 그리스도에게 행해진 것과 같은 미미한 정도의 경의에 대하여 불평할 필요가 없었을 것이라고 생각할지도 모른다. 그러나 교만한 자들은 에스더서에 나오는 하만처럼 백성들의 존경을 독점하고자 하고 그 누구와도 나누어 가지려고 하지 않는 법이다.

(2) 이렇게 해서 그들은 스스로와 서로를 부추겨서 그리스도에 대항한 싸움을 더 격렬하게 수행해 나갈 것을 다짐한다. 그들은 마치 이렇게 말하는 것 같았다: "우물쭈물 시간을 보내거나 지체하는 것은 결코 용납되지 않는다. 우리는 그리스도의 세력이 이렇게 전염병처럼 퍼지는 것을 막기 위해서 모종의 더 강력한 조치를 취하여야 한다. 이 우려스러운 일이 걷잡을 수 없게 되기 전에 우리가 할 수 있는 최대한의 방도를 찾아서 시행해야 한다." 이렇게 신앙의 원수들은 궁지에 몰리게 되면 더욱 결연하고 적극적이 된다. 신앙의 친구들은 그 일이 의롭고 결국에는 승리할 것을 알기 때문에 낙심하고 절망할 필요가 없다.

²⁰명절에 예배하러 올라온 사람 중에 헬라인 몇이 있는데 ²¹그들이 갈릴리 벳새다 사람 빌립에게 가서 청하여 이르되 선생이여 우리가 예수를 뵈옵고자 하나이다 하니 ²²빌립이 안드레에게 가서 말하고 안드레와 빌립이 예수께 가서 여쭈니 ²³예수께

서 대답하여 이르시되 인자가 영광을 얻을 때가 왔도다 [24]내가 진실로 진실로 너희에게 이르노니 한 알의 밀이 땅에 떨어져 죽지 아니하면 한 알 그대로 있고 죽으면 많은 열매를 맺느니라 [25]자기의 생명을 사랑하는 자는 잃어버릴 것이요 이 세상에서 자기의 생명을 미워하는 자는 영생하도록 보전하리라 [26]사람이 나를 섬기려면 나를 따르라 나 있는 곳에 나를 섬기는 자도 거기 있으리니 사람이 나를 섬기면 내 아버지께서 그를 귀히 여기시리라

이 단락에는 몇몇 헬라인들이 그리스도를 찾아와서 영광과 존귀를 돌리는 내용이 나온다. 본문에는 이 일이 그리스도의 공생애의 마지막 주간 중에서 어느 날에 있었는지가 나와 있지 않지만, 아마도 그리스도께서 나귀를 타고 예루살렘으로 입성하셨던 바로 그 날이 아니라 그 날로부터 하루 또는 이틀 후였을 것이다(입성하시던 그 날에는 공적인 일을 하셨을 것이기 때문에).

I. 본문에는 누가 우리 주 예수께 이렇게 영광을 돌렸는지가 나와 있다: 명절에 예배하러 올라 온 사람들 중에 끼여 있었던 헬라인 몇(20절). 어떤 이들은 그들이 흩어진 유대인들, 즉 이방인들 가운데서 흩어져 살았던 열두 지파에 속한 유대인들로서 헬라파로 불렸던 헬레니즘 유대인들이었다고 생각한다. 그러나 어떤 이들은 그들이 에디오피아 내시와 고넬료 같이 성문의 개종자들이라 불렸던 이방인들이었다고 생각한다. 순수한 자연 종교는 유대인들 가운데서 가장 훌륭한 조력자들을 만났고, 그래서 이방인들 가운데서 경건한 자들은 그들에게 허용되는 한에 있어서 유대인들의 예배에 참여하였다. 이스라엘에 대하여 외인인 자들 가운데서조차도 참 하나님을 경건하게 예배하는 자들이 존재하였다. 유대 교회의 후기에는 이방인들이 이렇게 예루살렘 성전으로 몰려 들었는데, 이것은 유대인과 이방인 사이의 벽이 장차 허물어지게 될 것을 보여주는 복된 전조였다. 제사장들이 이방인으로부터 전제나 희생 제사를 받아들여서는 안 된다는 금령(이것은 대제사장이었던 아나니아의 아들 엘르아살에 의해서 내려졌다)은 로마 군대를 불러들인 원인들 중의 하나였다고 요세푸스는 말한다 (「유대 전쟁사」 2.409-410). 이 헬라인들은 할례를 받지 않았다면 유월절 식사를 먹도록 허용되지 않았겠지만 어쨌든 명절에 예배하러 올라왔다. 우리는 어떤 특권들이 우리에게 허용되지 않았다고 할지라도 현재 우리에게 주어진 특권들을 감사한 마음으로 사용할 수 있어야 한다.

Ⅱ. 그들은 그리스도께 어떠한 영광을 돌렸는가: 그들은 그리스도를 뵙고자 하였다(21절). 명절을 맞아서 예배하러 올라 왔던 그들은 그들에게 주어진 시간을 가장 유용하게 사용하고자 하여 빌립에게 가서 그들을 주 예수와 개인적으로 대화를 나눌 수 있도록 해 달라고 부탁하였다.

1. 그들은 그리스도를 보고자 하는 소원을 가지고 있었고, 그 소원을 이룰 수 있는 수단을 열심히 찾았다. 그들은 그리스도 주변에 아주 많은 사람들이 붐비고 있기 때문에 그리스도와 개인적으로 얘기하는 일은 불가능할 것이라고 결론을 내리지도 않았고, 단지 소원만을 품고 움직이지 않았던 것이 아니라, 그들이 할 수 있는 것을 시도해 보기로 결심하였다. 그리스도를 알고자 하는 자들은 적극적으로 그것을 찾아야 한다는 것을 명심하라.

2. 그들은 그리스도의 제자들 중의 한 사람이었던 빌립에게 부탁하였다. 어떤 이들은 그들이 이전에 빌립을 알고 있었고, 그들은 이방의 갈릴리에 있는 벳새다 근방에 살고 있었다고 생각한다. 그러므로 이것은 우리에게 그리스도를 아는 지식을 넓히는 데에 선한 사람들과의 안면을 활용하여야 한다는 것을 가르쳐 준다. 주님을 알고 있는 자들을 안다는 것은 좋은 일이다. 그러나 이 헬라인들이 갈릴리 근방에 살고 있었다면, 그들은 대부분 갈릴리에 머물러 계셨던 그리스도를 거기에서 접촉한 적이 있었을 것이다. 그러므로 나는 그들이 빌립에게 부탁한 것은 그들이 빌립이 그리스도를 가까이에서 따르는 자라는 것을 보았고, 빌립이 그들이 말을 붙여볼 수 있었던 최초의 측근이었기 때문이라고 생각한다. 그들이 그리스도와 개인적으로 대화할 기회를 얻기 위하여 그의 제자들 중의 한 사람에게 관심을 가졌다는 것은 그들이 그리스도에 대하여 공경하는 마음을 지니고 있었다는 것을 보여주는 것임과 동시에 비록 그리스도께서 초라한 모습을 하고 계셨을지라도 그들이 그리스도를 뭔가 크신 분으로 여겼다는 것을 보여주는 징표였다. 그리스도께서는 지금 하늘에 계시지만, 믿음으로 예수를 보고자 하는 자들은 그리스도께서 이러한 목적을 위하여 임명해 놓으신 그의 사역자들에게 불쌍한 영혼들이 그리스도를 만날 수 있도록 이끌어 주기를 부탁하여야 한다. 바울은 아나니아에게 사람을 보내야 했고, 고넬료는 베드로에게 사람을 보내서 부탁하여야 했다. 이 헬라인들이 빌립으로 말미암아 그리스도를 아는 지식에 이르게 되었다는 것은 중매쟁이로서의 사도들의 역할을 보여주는 것이었고, 이방인들을 회심시켜서 믿음을 가지게 하고 모

든 족속을 제자로 삼는 데에 사도들의 사역을 주께서 사용하셨다는 것을 보여 주는 것이었다.

3. 헬라인들이 빌립에게 한 말은 한 마디로 말해서 이런 것이었다: 선생이여 우리가 예수를 뵈옵고자 하나이다. 그들은 빌립이 그리스도와 연관이 있었기 때문에 존귀함을 받을 자로 여겨서 빌립을 존칭을 써서 불렀다. 그들의 용건은 예수를 뵈옵고자 한다는 것이었다. 그들은 고향에 돌아가서, 자기들이 사람들의 입에 그토록 많이 오르내리고 있는 분을 보았다고 자랑하기 위해서 그리스도의 얼굴을 보고자 한 것이 아니라(그들은 그리스도께서 사람들 앞에 공적으로 나타나실 때에 얼마든지 그를 볼 수 있었다), 공적인 일로 인해서 너무나 바빠서 한가로운 틈을 내는 것이 결코 쉽지 않은 일이었지만 그리스도를 직접 만나서 자유롭게 대화를 하고 그로부터 가르침을 받고자 한 것이었다. 명절을 맞아서 예배하러 올라온 기회를 활용해서 그들은 예수를 뵙고자 하였다. 우리가 예배들, 특히 복음적인 유월절에 참여할 때에 우리 영혼의 큰 소원은 예수를 뵙고자 하는 것이 되어야 한다는 것을 명심하라. 우리의 영혼은 그리스도를 더 잘 알게 되고, 우리가 그리스도를 더욱 의지하게 되며, 그리스도의 뜻에 더 합치하는 삶을 살아가게 되고, 그리스도를 우리의 주로 보게 되며, 그리스도와 끊임없는 교통을 이루고, 그리스도로부터 은혜의 대화들을 이끌어 낼 수 있게 되기를 소원하여야 한다. 우리가 예수를 뵙지 못한다면, 우리가 예배하러 올라온 목적은 이루어지지 못한 것이다.

4. 본문에는 빌립이 이러한 사정을 주님께 고하였다는 내용이 나온다(22절). 빌립은 동향 사람으로서 자기와 같이 벳새다 출신이었고 사도들의 무리 속에서 베드로와 더불어 최측근에 속해 있었던 안드레에게 가서 헬라인들의 부탁을 받아 주어야 할지 말아야 할지를 상의한다. 왜냐하면, 그리스도께서는 종종 자기는 이스라엘 집 외에는 보내심을 받지 않았다고 말씀하셨기 때문이다. 빌립과 안드레는 헬라인들의 부탁을 주님께 고하여야 한다는 데에 의견을 같이하였다. 그런 후에, 빌립은 그리스도께서 너희 중의 두 사람이 합심하여 무엇이든지 구하는(마 18:19) 경우에 더 잘 받아 줄 것이라고 그들에게 약속하셨던 것을 기억하고서, 안드레를 대동해서 주님께 갔다. 그리스도의 사역자들은 영혼들을 그리스도께로 인도하는 일에 있어서 서로 돕고 협력하여야 한다는 것을 명심하라: 두 사람이 한 사람보다 낫다. 본문에서 곁에 서서 들은 무리(29절)에 대하여

언급하고 있는 것으로 보아서, 안드레와 빌립은 그리스도께서 사람들 앞에서 공적으로 가르치고 계실 때에 헬라인들의 부탁을 전달했던 것으로 보인다. 그리스도께서는 혼자 계신 적이 드물었다.

III. 그리스도께서 헬라인들이 그에게 돌린 영광을 받으셨다는 것은 그가 23절 이하에서 이것에 관하여 백성들에게 말씀하신 내용을 통해서 드러난다. 거기에서 그리스도께서는 사람들이 그를 많이 따름으로써 그 자신이 받게 될 영광(23-24절)과 그를 따르는 자들이 받게 될 영광(25-26절), 이 두 가지를 다 예언하신다. 이 말씀은 그를 찾아 온 헬라인들과 그를 알고자 한 모든 자들을 지도하고 격려하시기 위한 것이었다.

1. 그리스도께서는 이방인들의 회심 속에서 풍성한 수확을 내다보시는데, 헬라인들의 회심은 이러한 수확의 첫 열매들이었다(23절). 이 헬라인들의 부탁을 그리스도께 전했던 두 제자들은 과연 그들이 잘한 일이었는지를 의심하였지만, 그리스도께서는 그들에게 이방인들이 교회로 들어옴으로써 인자가 영광을 얻을 때가 왔다는 것과 그 일을 위하여 자기가 유대인들로부터 버림을 당해야 한다는 것을 두 제자에게 말씀하셨다. 좀 더 살펴보자.

(1) 헬라인들로 하여금 그리스도를 찾아오게 하신 하나님의 목적은 구속주에게 영광을 얻게 하기 위한 것이었다: "그런 일이 있는가? 이방인들이 나를 찾기 시작하는가? 새벽 별이 그들에게 떠오르고 있는가? 자신의 때와 장소를 알고 있는 저 복된 샘이 땅 끝까지 이르기 시작하고 있는가? 그렇다면, 인자가 영광을 얻을 때가 온 것이다." 이것은 그리스도께는 전혀 이상한 일이 아니었지만, 주변에 있던 무리들에게는 하나의 역설이었다. [1] 이방인들이 하나님의 교회로 부르심을 받게 된 것은 인자의 영광에 크게 기여하였다. 구속받은 자들이 늘어나는 것은 구속주를 더 영화롭게 하는 것이었다. [2] 인자가 영광을 얻을 때가 정해져 있었는데, 그리스도께서 낮아지신 겸비의 날들이 다 끝나고, 마침내 그 때가 온 것이었고, 그리스도께서는 큰 기쁨과 승리감을 담은 어조로 그 때가 온 것을 말씀하신다: 때가 왔도다.

(2) 이 일이 그리스도의 죽음이라는 이상한 방식을 통해서 이루어지리라는 것은 비유를 통해서 암시되어 있다(24절): "내가 진실로 진실로 너희에게 이르노니, 나의 죽음과 고난에 관하여 이제까지 들어왔던 너희에게 말하노니, 한 알의 밀이 땅에 떨어져 죽지 아니하면 한 알 그대로 있고, 거기에서 너희는 결코 열매를

볼 수 없게 된다. 그러나 자연의 이치에 따라서(만약 그런 것이 아니라면 그것은 이적이 될 것이다) 죽으면, 하나님께서 모든 씨앗에 그 몸을 부여하심으로써, 많은 열매를 맺느니라." 그리스도는 밀알, 가장 귀하고 유용한 밀알이시다. 여기에는 다음과 같은 내용들이 나온다.

[1] 그리스도께서 낮아지시는 것이 꼭 필요하였다. 만약 그리스도께서 하늘로부터 이 저주받은 땅으로 내려오셔서 땅에서 저 저주받은 나무로 오르심으로써 우리의 구속을 이루지 아니하셨다면, 그는 결코 모든 사람들을 살리는 교회의 머리와 뿌리가 되지 못하셨을 것이다. 그리스도께서는 자기 영혼을 버려 사망에 이르게 하여야 하셨다. 만약 그렇지 않으셨다면, 그는 강한 자와 함께 탈취한 것을 나눌 수 없으셨을 것이다(사 53:12). 그리스도께는 그에게 주어진 자손들이 있게 될 것이었지만, 그리스도는 그들을 얻고 정결하게 하기 위해서 자신의 피를 흘리셔야 했다. 이렇게 자신의 피를 흘리는 것은 그가 많은 무리들을 그의 교회로 오게 함으로써 장차 얻게 될 저 영광을 위해서도 꼭 필요한 일이었다. 왜냐하면, 그리스도께서 그의 고난을 통해서 죄를 속하시고 영원한 의를 가져오지 않으셨다면, 그는 그에게 나아오는 자들을 맞을 준비를 충분히 하지 못한 것이 되어서, 홀로 그대로 있어야 하셨을 것이기 때문이다.

[2] 그리스도께서 낮아지신 것의 유익이 예시되어 있다. 그리스도께서는 성육신을 통해서 **땅에 떨어지셨고**, 그의 영광은 베일에 가려져서 이 땅에 산 채로 묻힌 것처럼 보였다. 그러나 이것이 전부가 아니였다: 그는 죽으셨다. 영원히 죽지 않는 씨앗이셨던 그리스도께서는 썩고 죽는 법칙에 복종하셔서 마치 흙 아래에 있는 씨앗처럼 무덤에 누우셨다. 그러나 흙에 묻힌 씨앗이 다시 새롭게 싹을 틔우고 잘 자라나서 많은 열매를 맺는 것과 마찬가지로, 한번 죽으신 씨앗인 그리스도께서는 수많은 살아 있는 그리스도인들을 자기에게로 모아들이셨고, 그는 그들의 뿌리가 되셨다. 이제까지 영혼들이 구원받은 것, 그리고 앞으로 종말의 때까지 영혼들이 구원받게 되는 것은 모두 이 밀알이 죽은 덕분이다. 이것을 통해서 아버지와 아들이 영광을 받으시고, 교회는 번성하며, 이 신비의 몸은 보존되어서 마침내 완성될 것이다. 때가 되면, 우리의 구원의 대장이신 그리스도께서는 그의 죽음으로 말미암아 많은 아들들을 이끌어 영광에 들어가게 하시고, 고난에 의해서 온전케 되셔서 성도들과 천사들의 찬송을 통해서 영원히 송축받으시게 될 것이다(히 2:10, 13).

2. 그리스도께서는 진정으로 그와 그의 복음을 받아들여서 그를 위하여 고난받거나 그를 섬기는 일에 있어서 신실함을 보여주는 자들에게 풍성한 상을 예고하시고 약속하신다.

(1) 그리스도를 위하여 고난받는 자(25절): 그리스도보다도 자기의 생명을 사랑하는 자는 그 생명을 잃어버릴 것이다. 그러나 이 세상에서 자기의 생명을 미워하고 하나님의 은혜와 그리스도의 유익을 먼저 구하는 자는 그 생명을 영생하도록 보존하리라. 그리스도께서는 이 가르침을 많이 역설하셨는데, 그것은 우리 앞에 또 다른 세상을 제시하심으로써 우리로 하여금 이 세상에 미련을 두지 않게 하는 것이 그의 가르침의 큰 의도였기 때문이다.

[1] 도가 지나치게 생명을 사랑하는 것이 가져오는 치명적인 결과들. 생명을 지나치게 사랑함으로써 스스로 죽음을 껴안고서 자신의 목숨을 잃는 사람들이 많다. 식욕을 주체할 수 없는 것처럼 자신의 동물적인 생명을 사랑해서 정욕을 위하여 육신의 일을 도모하는 자는 그것으로 인해서 그의 날들을 단축시키고, 그가 그토록 사랑하는 생명을 잃게 될 뿐만 아니라 그 생명보다 이루 말할 수 없이 더 나은 또 하나의 생명도 잃게 될 것이다. 육체의 생명과 그 쾌락들을 너무도 사랑하여 그것들이 드러날까봐 그리스도를 부인하는 자는 이 세상에서 허구적인 행복을 확보하고 있다고 생각하는 동안에 다른 세상에서의 진정한 행복을 잃게 될 것이다. 사람이 자신의 목숨을 살리기 위해서 모든 소유물을 내주는 것은 좋은 거래이지만, 자신의 목숨을 위해서 자신의 영혼, 자신의 하나님, 자신의 하늘을 내주는 자는 그 목숨을 너무 비싸게 산 것이고, 한 그릇 팥죽 때문에 장자권을 판 자의 어리석음을 범한 것이다.

[2] 목숨에 대한 거룩한 경멸이 가져오는 복된 보상. 자신의 영혼의 생명을 보존하기 위해서 과감하게 육체의 생명을 버릴 정도로 자신의 목숨을 미워하는 자는 영원한 삶 속에서 그 두 가지를 모두 얻게 되는 이루 말할 수 없는 유익을 받게 될 것이다. 첫째, 그리스도의 제자들에게는 이 세상에서 자기의 생명을 미워하는 것이 요구된다는 것을 명심하라. 이 세상에서의 생명은 저 세상에서의 생명을 전제하는 것이고, 전자를 후자보다 덜 사랑할 때에 우리는 전자를 미워하는 것이 된다. 이 세상에서 우리의 생명은 우리의 현재적인 상태, 부, 명예, 쾌락, 장수를 소유하고 누리는 온갖 것들을 포함한다. 이러한 것들을 우리는 미워하여야 한다. 즉, 우리는 그러한 것들을 우리를 행복하게 만들어 주는

데에 불충분하고 헛된 것으로 여겨서 멸시하고, 그러한 것들이 지닌 유혹들을 두려워하며, 그러한 것들이 그리스도를 섬기는 일과 경합할 때마다 기꺼이 그러한 것들을 버려야 한다(행 20:24; 21:13; 계 12:11). 여기에서 우리는 가장 강력한 자연적인 욕구들을 정복하는 경건의 능력을 보고, 가장 큰 지혜이자, 사람들을 자신의 목숨을 미워하게 만드는 경건의 비밀을 본다. 둘째, 그리스도를 사랑하여 이 세상에서 자신의 생명을 미워하는 자는 의인들이 부활할 때에 풍성한 보상을 받게 될 것이다. 자기의 생명을 미워하는 자는 보존하리라. 그리스도께서는 그 생명을 영생하도록 보전하게 될 자의 손에 두실 것이고, 이 땅에서의 생명과는 비교할 수 없을 정도로 더 나은 하늘의 생명으로 되돌려 주실 것이다.

(2) 그리스도를 섬기는 자(26절): 사람이 나를 섬기겠다고 고백한다면, 마치 종이 그 주인을 따르듯이, 나를 따르라. 나 있는 곳에 나를 섬기는 자도 거기 있어야 하리라. 이렇게 어떤 이들은 이 본문을 신자들의 의무에 대하여 말한 것으로 보고, 그로 하여금 나 있는 곳에 있게 해서 나를 수종들게 하라는 의미로 해석한다. 하지만 우리는 이 본문을 약속으로 보아서, 그가 거기에 있어서 나와 함께 행복하게 지내게 될 것이라는 의미로 해석한다. 그리스도께서는 이 일이 사소한 일처럼 보일 것을 우려하여서, 사람이 나를 섬기면 내 아버지께서 그를 귀히 여기시리라는 말씀을 덧붙이신다. 헬라인들은 예수를 뵙고자 하였지만(21절), 그리스도께서는 그들에게 그를 보는 것으로는 충분하지 않고 그를 섬겨야 한다는 것을 알게 하신다. 그는 우리에게 볼거리를 제공하기 위해서가 아니라 우리를 다스릴 왕으로 이 세상에 오셨다. 그리스도께서는 그의 종들이 되기 위해서 그를 찾아온 자들을 격려하기 위해서 이 말씀을 하신다. 종들을 받아들임에 있어서 종들이 해야 할 일과 삯을 결정하는 것이 통상적인 관례이다. 그리스도께서는 여기에서 이 두 가지를 행하신다.

[1] 여기에는 그리스도께서 그의 종들에게 기대하시는 일이 나온다. 그 일은 매우 쉽고 이치에 맞는 것으로서 종들에게 합당한 일이다.

첫째, 종들은 주님이 가시는 곳마다 수행해야 한다: 사람이 나를 섬기려면 나를 따르라. 그리스도인들은 그리스도를 따라야 한다. 그들은 그리스도의 방법과 처방을 따라야 하고, 그가 말씀하시는 일들을 행하여야 하며, 그의 본과 모범을 따라야 하고, 그가 걷는 대로 걸어야 하며, 그의 섭리와 성령에 의지해서 그의 행실을 따라야 한다. 우리는 그가 우리를 이끄시는 대로 가야 하고, 그가 우리를 이끄시는 길로 가야 한다. 우리는 어린 양이 어디로 가시든지 그를 따라야 한다. "사람이 나를 섬기고, 나와 그런 관계를 맺으려면, 그는 나를 섬기는 일에 헌신하여, 항상 나의 부름을 준비하고 있어야 한다." 또는, "사람이 진정으로 나를 섬긴다면, 그는 마치 종이 길거리에서 주인을 따름으로써 그분이 주인임을 고백하는 것과 마찬가지로 나를 따름으로써 나에 대한 그의 관계를 공개적이고 공적으로 고백하여야 한다."

둘째, 종들은 주님이 휴식을 취할 때에도 시중들어야 한다: 나 있는 곳에 나를 섬기는 자도 거기 있어서 나를 시중들어야 한다. 그리스도께서는 그의 교회가 존재하는 곳에 계시고, 그의 성도들이 모인 곳에 계시며, 그의 성례전들이 거행되는 곳에 계신다. 그를 섬기는 자도 거기 있어서, 그리스도 앞에 시립하여 그로부터 교훈을 받아야 한다. 또는, "나는 이제 곧 하늘로 가서 거기에 있게 될 것이기 때문에, 나의 종들의 생각과 관심이 그리스도께서 앉아 계시는(골 3:1-2) 곳에 있어야 하고, 거기에서 그리스도와의 교제가 이루어져야 한다."

[2] 여기에 그리스도께서 그의 종들에게 약속하신 삯이 나온다. 그 삯들은 매우 풍성하고 고상한 것들이다.

첫째, 그들은 그와 더불어서 복될 것이다: 나 있는 곳에 나를 섬기는 자도 거기 있으리라. 그리스도께서 여기에서 가난하고 초라한 모습으로 계실 때에 그와 함께 하는 것은 단지 보잘것없는 삯으로 보이기 때문에, 틀림없이 그가 하신 말씀은 종들이 그의 보좌가 있는 낙원에서 그의 상에서 그와 더불어 앉게 되리라는 것이다. 하늘 나라에서 그리스도와 함께 있는 것은 천국의 복이다(17:24). 그리스도께서는 마치 그가 이미 천국에 계신 것처럼 하늘의 복에 관하여 말씀하신다: 나 있는 곳에. 이것은 그가 그것을 확신하고 있고 그것이 가깝기 때문인데, 천국은 그의 마음과 눈에 이미 존재하였다. 또한 그리스도께서는 그의 모든 섬김과 고난에 대하여 충분한 상급이라고 생각하셨던 것과 동일한 기쁨과 영광을 그의 종들에게 그들의 섬김과 고난에 대한 상급으로 제시하신다. 그의 길을 따르는 자들은 결국 그와 함께 있게 될 것이다.

둘째, 종들은 그의 아버지에 의해서 귀히 여김을 받게 될 것이다. 하나님께서는 크신 하나님께 합당한 존귀함을 그들에게 수여하심으로써 그들의 모든 고통과 손실을 보상해 주실 것인데, 이 땅의 무가치한 버러지 같은 인생들이 받으리라고 기대했던 것보다 훨씬 더 큰 존귀함이 그들에게 주어질 것이다. 이렇게 상을 주시는 분은 하나님 자신인데, 하나님은 주 예수께 우리가 행한 섬김들을 하나님 자신에게 행한 것으로 여기신다. 종들에게 상급으로 주어지는 것은 존귀함, 진정으로 영속적인 존귀함, 지극히 높은 존귀함이다. 그것은 하나님으로부터 오는 존귀함이다. 성경에서는 자기 주인에게 (겸손하고 부지런히) 시중드는 자는 영화를 얻느니라(잠 27:18)고 말씀한다. 하나님께서는 그리스도에게 시중드는 자들에게 지금은 베일에 가려져 있지만 그 날에는 알게 될 존귀함을 수여하실 것이다. 그리스도를 섬기는 자들은 스스로를 낮추어야 하고, 세상에 의해서 욕을 먹겠지만, 때가 되면 그 두 가지에 대한 보상으로서 높임을 받게 될 것이다.

이제까지 그리스도께서 하신 말씀은 그를 뵙고자 한 헬라인들과 관련해서 그들에게 그를 섬기도록 격려하기 위한 것이었다. 우리는 이 헬라인들이 어떻게 되었는지를 본문 속에서 듣지 못하지만, 이렇게 하늘로 가는 길을 물었던 그들이 그들의 얼굴을 천국으로 향하고 그 천국을 발견하며 그 속에서 행하였기를 소망한다.

[27]지금 내 마음이 괴로우니 무슨 말을 하리요 아버지여 나를 구원하여 이 때를 면하게 하여 주옵소서 그러나 내가 이를 위하여 이 때에 왔나이다 [28]아버지여, 아버지의 이름을 영광스럽게 하옵소서 하시니 이에 하늘에서 소리가 나서 이르되 내가 이미 영광스럽게 하였고 또다시 영광스럽게 하리라 하시니 [29]곁에 서서 들은 무리는 천둥이 울었다고도 하며 또 어떤 이들은 천사가 그에게 말하였다고도 하니 [30]예수께서 대답하여 이르시되 이 소리가 난 것은 나를 위한 것이 아니요 너희를 위한 것이니라 [31]이제 이 세상에 대한 심판이 이르렀으니 이 세상의 임금이 쫓겨나리라 [32]내가 땅에서 들리면 모든 사람을 내게로 이끌겠노라 하시니 [33]이렇게 말씀하심은 자기가 어떠한 죽음으로 죽을 것을 보이심이러라 [34]이에 무리가 대답하되 우리는 율법에서 그리스도가 영원히 계신다 함을 들었거늘 너는 어찌하여 인자가 들려야 하리라 하느냐 이 인자는 누구냐 [35]예수께서 이르시되 아직 잠시 동안 빛이 너희 중에 있으니 빛이 있을 동안에 다녀 어둠에 붙잡히지 않게 하라 어둠에 다니는 자는 그 가는 곳을 알지 못하느니라 [36]너희에게 아직 빛이 있을 동안에 빛을 믿으라 그리하면 빛의 아들이 되리라 예수께서 이 말씀을 하시고 그들을 떠나가서 숨으시니라

여기에는 아버지께서 하늘로부터의 음성을 통해서 그리스도를 영화롭게 하시는 장면이 나오고, 그 다음에는 그리스도의 말씀이 계속 이어지는데, 이것은 백성들과의 또 다른 논쟁의 계기가 되었다. 우리는 이 단락에서 다음과 같은 것들을 볼 수 있다.

I. 그리스도께서 이 때에 심령이 곤고하여서 아버지께 말씀을 하심 : 지금 내 마음이 괴로우니(27절). 이 말씀이 이 때에 그리스도의 입에서 나온 것은 이상한 일이었다. 왜냐하면, 이 말씀은 여러 가지 즐거운 전망들 가운데서 나왔기 때문이다. 따라서 우리는 그리스도께서 지금 내 마음이 즐거우니라고 말씀하셨어야 했다고 생각할 수 있다. 영혼의 괴로움은 종종 심령이 크게 부풀어 오른 후에 뒤따라 온다는 것을 명심하라. 변화무쌍한 이 세상 속에서 우리는 기쁨 뒤에 낙심이 찾아오고 최고의 위로 다음에 괴로움이 올 것을 예상하여야 한다. 바울은 비록 삼층천에 갔다왔지만 육체에 가시를 지니고 있었다. 좀 더 자세하게 살펴보자.

1. 그리스도께서 다가오는 고난을 두려워하심: 지금 내 마음이 괴로우니. 이제 암울하고 절망적인 장면이 시작되었고, 지금 그의 영혼의 고뇌의 첫 번째 격한 고통이 찾아왔으며, 그의 고뇌가 시작되었고, 그의 영혼은 지극히 큰 슬픔에 잠기기 시작하였다. (1) 그리스도의 영혼이 고통을 당하게 되신 것은 우리 영혼의 죄 때문이었다. 그는 우리를 구속하고 구원하기 위하여 그의 영혼을 우리의 죄를 위한 속죄 제물로 드리는 일을 시작하신 것이었다. (2) 그리스도의 영혼의 고통은 우리 영혼의 고통을 덜어 주기 위한 것이었다. 왜냐하면, 이 일 후에 그리스도께서는 제자들에게 이렇게 말씀하셨기 때문이다(14:1): "너희는 마음에 근심하지 말라. 너희와 내가 왜 괴로워해야 하느냐?" 우리 주 예수께서는 그 앞에 놓인 즐거움을 바라보면서 그의 일을 기쁜 마음으로 수행하셨지만, 영혼의 고통을 당하셨다. 거룩한 슬픔은 영적인 기쁨과 맥을 같이 하는데, 그것은 영원한 기쁨으로의 길이다. 그리스도께서는 지금 괴로워하셨고, 지금 슬퍼하셨으며, 지금 두려움 가운데 계셨고, 지금 잠시 동안 그런 상태에 계셨다. 그러나 그런 상태는 항상 있는 것도 아니었고, 그렇게 오랫동안 지속되는 것도 아니었다. 이것은 그리스도인들에게도 적용되는 것으로서 환난 중에 있는 이들에게 위로가 된다. 그들은 잠시 환난을 당하겠지만, 곧 그 환난은 기쁨으로 바뀌게 될 것이다.

2. 이 때에 그리스도께서 겪으신 괴로움은 내가 무슨 말을 하리요라는 말씀 속에 암시되어 있다. 이 말씀은 그리스도께서 조언이 필요해서 어떤 다른 사람과 상의하겠다는 의미가 아니라, 지금 무슨 말을 해야 합당한지를 혼자 생각하고 계시다는 것을 의미한다. 우리 영혼이 괴로울 때, 우리는 아무 말이나 무턱대고 하지 않도록 주의하여야 하고, 반드시 우리가 무엇을 말해야 할지를 자기 자신과 상의해 보아야 한다. 그리스도께서는 마치 자기가 어떻게 해야 할 줄을 모른다는 듯이 무척 혼란스러운 상태인 것처럼 말씀하신다. 그리스도께서 짊어지셔야 했던 일은 고난을 요구하는 일이었고, 그리스도께서 짊어지고 계셨던 인간적 본성은 그로 하여금 그 고난을 두렵게 만들었기 때문에, 이 둘 사이에서 싸움이 벌어졌다. 이 둘 사이에서 그는 잠깐 멈춰 서서 내가 무슨 말을 하리요라고 말씀한다. 그는 자기를 도울 자가 아무도 없다는 것을 보았고, 이것이 순간적으로 그를 멈칫하게 만들었다. 칼빈은 이것이 그리스도의 겸비를 보여주는 아주 좋은 예라고 말하면서, 그리스도께서는 여기서 마치 어찌할 줄을 모르는 자처럼 말씀하신다고 말한다. 영광의 주께서 자신을 더 온전히 비우면 비울수록, 그가 우리에게 보여주신 사랑의 증거는 더 밝게 드러난다. 이렇게 그리스도께서는 모든 일에 우리와 똑같이 시험을 받으셨는데, 이것은 우리가 어찌할 바를 모를 때에 그를 바라보도록 격려하기 위한 것이었다.

3. 이러한 곤경 속에서 그리스도께서 하나님께 기도를 드리심: 아버지여 나를 구원하여 이 때를 면하게 하여 주옵소서. 이 기도는 그런 일이 일어나지 않도록 하게 해 달라는 것이 아니라 그가 이 일을 잘 통과할 수 있도록 해 달라는 것이었다. 이 때를 면하게 하여 주옵소서. 이것은 무죄한 본성에서 나온 언어였고, 그 감정은 기도 속에서 쏟아 부어졌다. 괴로운 영혼이 해야 할 일은 신실하고 열렬한 기도를 통해서 하나님을 의뢰하고 기도 속에서 아버지이신 하나님을 바라 보는 것임을 명심하라. 그리스도께서는 고난을 자원하셨지만, 그 고난들로부터 구원해 주시기를 하나님께 기도하셨다. 환난을 면케 해 달라는 기도는 환난 속에서 인내하는 것, 그리고 그 안에서 하나님의 뜻에 순복하는 것과 얼마든지 양립할 수 있다는 것을 명심하라. 그리스도께서는 그의 고난을 이 때라고 부르셨는데, 이것은 이 때에 예정된 사건들이 지금 다가왔다는 것을 의미한다. 이것은 (1) 그의 고난의 때가 정해져 있었고, 그가 그것을 알고 있었음을 보여준다. 그리스도께서는 앞서 그의 때가 아직 오지 않았다는 말씀을 두 번 하셨

지만, 지금은 그 때가 아주 가까이 왔기 때문에 그는 이 때가 왔다고 말하실 수 있었다. (2) 이것을 통해서 그리스도께서는 그의 고난의 때가 짧다는 것을 암시하신다. 한 시간이 금방 지나가듯이, 그리스도의 고난도 금방 지나갈 것이었다. 그는 고난 너머에 있는 그 앞에 있는 즐거움을 바라보실 수 있었다.

4. 그럼에도 불구하고, 그리스도께서는 아버지의 뜻에 묵묵히 순종하신다. 그는 곧 올바르게 마음을 바로잡아서 방금 하신 말씀을 취소하신다: 그러나 내가 이를 위하여 이 때에 왔나이다. 자연적인 본성이 먼저 나오기는 했지만, 신적인 지혜와 사랑이 마지막을 장식하였다. 일을 잘 진행하고자 하는 자들은 반드시 한 번 더 생각을 해 보아야 한다는 것을 명심하라. 불평이 먼저 나올 수 있다. 그러나 우리가 올바르게 판단하고자 한다면, 우리는 다른 쪽 말도 듣지 않으면 안 된다. 그리스도께서는 한 번 더 생각하신 후에 자신을 검토하고 수정하셨다: 내가 이를 위하여 이 때에 왔나이다. 그는 이 일을 피할 수 없다는 것, 다른 방도가 없다는 것을 인식하고 체념하신 것이 아니었다. 오히려, 그는 이 일을 회피하고자 하지 않는다는 것을 적극적으로 표현하신다. 왜냐하면, 이 일은 그 자신의 자발적인 참여에 의해서 이루어지는 일이었고, 이제까지 그가 해 오신 일의 절정이 될 것이었기 때문이다. 만약 그가 지금 이 일에서 도망쳐 버린다면, 이제까지 그가 해 오신 모든 일은 좌절되고 말 것이었다. 이 일은 그의 고난에 관한 하나님의 계획과 관련되어 있었기 때문에, 이렇게 하나님의 뜻에 순복하여 고난을 당하는 것이 그에게 합당한 일이었다. 이것은 우리로 하여금 우리 인생의 가장 암울한 시간들도 잘 받아들이도록 격려하는데, 우리는 모두 그러한 시간들을 겪도록 되어 있다는 것을 명심하라. 데살로니가전서 3:3을 보라.

5. 이 일에 있어서 그리스도께서 아버지의 영광을 고려하심. 그리스도께서는 앞서의 청을 철회하고, 그가 지키고자 하는 또 다른 간구를 드린다: 아버지여, 아버지의 이름을 영광스럽게 하옵소서. 이것은 아버지여 당신의 뜻이 이루어지이다라는 기도와 동일한 취지이다. 왜냐하면, 하나님의 뜻은 하나님께서 영광을 받으시는 것이기 때문이다. 이러한 간구는 단순히 하나님의 뜻에 순복한다는 것 이상의 의미를 표현하고 있다. 그것은 그의 고난을 하나님의 영광을 위하여 봉헌한다는 의미이다. 이 간구는 중보의 말씀으로서, 우리의 죄를 위하여 하나님의 공의를 만족시켜야 했던 우리의 보장(堡障)이신 그분에 의해서 말씀된 것이었다. 우리가 죄로 인해서 하나님께 저질러 왔던 잘못은 하나님의 영광,

하나님의 선언적인 영광 속에 존재한다. 왜냐하면, 그 어떤 것으로도 우리는 하나님께 해를 끼칠 수 없기 때문이다. 우리는 우리가 하나님께 저지른 이러한 잘못을 스스로 속할 수 없고, 그 어떤 피조물도 우리를 위해서 우리의 잘못을 속해 줄 수 없었다. 그러므로 하나님께서 우리를 철저하게 파멸시키심으로써 우리와 관련하여 하나님께서 영광을 받으시는 길 이외에는 다른 방도가 남아 있지 않았다. 그러므로 여기에서 우리 주 예수께서는 하나님의 상처입은 영광을 회복하기 위하여 중보 기도하셨고, 그의 겸비를 통해서 이 일을 하셨다. 그리스도께서는 성육신한 하나님의 아들에 합당한 영광을 벗어 버리시고 가장 큰 능욕을 자원하여 겪으셨다. 이제 여기에서 그는 다음과 같이 속죄의 간구를 드린다: "아버지여, 아버지의 이름을 영광스럽게 하옵소서. 죄인들이 아니라 희생 제물을 받으시고 당신의 공의로 만족하게 하옵소서. 그 빚을 내게 청구하소서. 나는 지불 능력이 있지만, 빚을 진 장본인들은 지불 능력이 없나이다." 이렇게 그리스도께서는 그가 빼앗지 아니한 것도 물어주셨다.

Ⅱ. 이러한 말씀에 대한 아버지의 응답. 하나님 아버지는 언제나 그의 기도를 들어 주셨고, 여기서도 들어 주신다. 좀 더 살펴보자.

1. 이 응답이 어떻게 주어졌는가? 하늘로부터의 소리를 통해서. 유대인들은 하나님께서 과거 시대에 선지자들에게 말씀하신 여러 가지 방식들 중의 하나로서 소리의 딸(바트-콜)에 관하여 많이 말하였다. 그러나 우리는 하나님께서 우리 주 예수 외에 그 어떤 자에게 이렇게 말씀하신 예를 성경에서 찾아보지 못한다. 하늘로부터의 음성은 오직 그리스도에게 주어진 영광이었고(마 3:17; 17:5), 여기서도 이 음성은 뭔가 눈으로 볼 수 있는 현상, 즉 빛이나 어둠을 통해서 전달되었을 것이다. 왜냐하면, 빛이나 어둠은 하나님의 영광을 실어 나르는 도구들로 사용되어 왔기 때문이다.

2. 응답의 내용은 무엇이었는가? 그것은 아버지여, 아버지의 이름을 영광스럽게 하옵소서 내가 이미 영광스럽게 하였고 또 다시 영광스럽게 하리라는 주님의 간구에 대한 명백한 회답이었다. 우리가 가르침을 받은 대로 우리 아버지 그 이름이 거룩히 여김을 받으시오며라고 기도할 때, 이 기도가 이미 응답된 기도라는 것은 우리에게 위로가 된다. 이 기도는 여기에서 그리스도께 응답되었고, 그리스도 안에서 모든 참된 신자들에게 응답되었다. (1) 하나님의 이름은 그리스도의 삶, 그의 가르침과 이적들, 그가 보이신 거룩함과 선하심의 모든 모범들 속에서 영

광을 받으셨다. (2) 하나님의 이름은 그리스도의 죽음과 부활을 통해서 추가적으로 영광을 받으실 것이었다. 하나님의 지혜와 능력, 그의 공의와 거룩함, 그의 참되심과 선하심은 크게 영광을 받으셨다. 율법의 파괴로 인한 요구들은 온전히 충족되었다. 하나님의 통치에 가해진 모욕은 온전히 갚아졌다. 하나님은 이러한 대속을 열납하셨고, 자신이 기뻐하신다고 선포하셨다. 하나님께서 자신의 이름을 영화롭게 하기 위하여 행하신 일은 하나님께서 장차 하실 일을 기대하라고 우리에게 격려하신 것이다. 자신의 영광을 지키신 하나님은 장래에도 자신의 영광을 지키실 것이다.

Ⅲ. 하늘에서 난 음성에 관한 구경꾼들의 견해(29절). 우리는 구경꾼들 가운데서 하나님의 계시를 받을 정도로 그 마음이 아주 잘 준비되어 있는 몇몇 사람들이 있어서, 그들이 하늘에서 들려온 음성이 무엇을 말하고 있는지를 이해했고 또한 그것을 기록했기를 소망한다. 그러나 본문에서는 무리들의 왜곡된 견해만이 기록되어 있다. 무리들 중 일부는 천둥이 울었다고 말하였고, 또 어떤 사람들은 분명히 똑똑하게 알아 들을 수 있는 음성이었다는 것을 감지하고서 분명히 천사가 그에게 말하였다고 주장하기도 하였다. 이것은 다음과 같은 것들을 보여준다. 1. 이 일은 그리스도를 전혀 좋아하지 않았던 자들의 판단에서조차도 실제로 일어난 일이었다. 2. 무리들은 그리스도께서 하나님으로부터 보내심을 받았다는 것을 보여주는 아주 명백한 증거를 인정하기를 싫어하였다. 그들은 하나님께서 그의 기도에 응답하여 그에게 말씀하셨다는 것을 인정하지 않고, 이런저런 것으로 달리 해석하고자 하였다. 그렇지만 분명한 음성과 더불어 천둥이 운 것이라면(계 10:3-4에서처럼), 그것이 하나님의 음성이 아니고 무엇이란 말인가? 또한, 천사들이 그에게 말한 것이라면, 천사들은 하나님의 사자들이 아니고 누구란 말인가? 그러나 이렇게 하나님은 한 번 말씀하시고 다시 말씀하시되 사람은 관심이 없다.

Ⅳ. 우리 구주께서 직접 이 음성에 대하여 설명해 주심.

1. 이 음성이 왜 보내심을 받았는가(30절): "이 소리가 난 것은 나를 위한 것, 단지 나를 격려하고 만족시키기 위해서가 아니라(만약 그런 것이었다면, 하나님은 그의 귀에 대고 은밀하게 속삭이셨을 것이다), 너희를 위한 것이니라." (1) "이 소리를 들은 너희 모두가 아버지께서 나를 보내신 것을 믿도록 하기 위해서." 우리 주 예수에 관하여 하늘로부터 들려온 음성과 주님 안에서 아버지께서 영

광을 받으시는 것은 우리를 위한 것으로서, 우리로 하여금 주님께 나아와서 그에게 순복하고 그를 의지하도록 하기 위한 것이다. (2) "나를 고난당하는 자리까지 따라올 내 제자들인 너희들이 나를 지탱해 준 그 동일한 위로로써 위로를 받을 수 있도록 하기 위해서." 이것은 제자들에게 그들이 죽음으로 부르심을 받는 경우에 주님을 위해서 목숨을 버릴 수 있도록 격려하는 것으로서, 그러한 순교는 하나님께 영광을 돌리는 것이 될 것이다. 고난당하실 때에 우리 주 예수께 허락된 약속들과 지지(支持)들은 우리를 위하여 의도된 것이었음을 명심하라. 우리를 위하여 그는 스스로를 거룩하게 하시고 위로를 받으셨다.

2. 이 음성의 의미는 무엇이었는가? 아버지의 품 속에 있었던 주님은 아버지의 음성을 알았고, 그 음성의 의미가 무엇인지도 아셨다. 하나님께서 그리스도가 "나의 이름을 영광스럽게 할" 것이라고 말씀하였을 때에 의도하신 것은 두 가지였다.

(1) 그리스도의 죽음을 통해서 사탄을 정복하는 것(31절): 이제 심판이 이르렀다. 그리스도께서는 신령한 기쁨과 승리감으로 말씀하신다. "이제 나의 구속받은 자들의 해가 왔고, 뱀의 머리를 부수기 위해 예정된 때가 왔으며, 어둠의 세력들을 완전히 분쇄할 때가 왔다. 지금은 저 영광스러운 일을 이룰 때이다. 이제 하나님의 계획 속에서 그토록 오랫동안 작정되었고, 성경 속에서 그토록 오랫동안 얘기되어 왔으며, 그토록 성도들의 소망이자 귀신들이 두려워하였던 저 큰 일이 이루어질 것이다."

[1] 기뻐할 일은 이제 이 세상에 대한 심판이 이르렀다는 것이다. 심판을 의미하는 크리시스는 의학 용어이다: "이제 이 세상을 수술할 때가 이르렀다." 병들고 곪아 터진 세상이 이제 전기(轉機)를 맞이하고 있다. 지금은 흔들리던 눈금이 모든 인류에게 있어서 삶이냐 죽음이냐를 판가름하게 될 심판의 날을 가리키고 있다. 이 심판을 통해서 회복받지 못한 모든 자들은 소망이 없이 절망적인 상태로 버려짐을 당하게 될 것이다. 또한, 심판을 의미하는 크리시스는 법률 용어이다: "지금은 이 세상의 임금을 처형하기 위하여 심판이 시작된 때이다." 그리스도의 죽음은 이 세상에 대한 심판이었다는 것을 명심하라. 첫째, 그것은 발견과 구별의 심판(judicium discretionis)이다(아우구스티누스). 지금은 이 세상을 심판하는 때이다. 왜냐하면, 사람들은 그리스도의 십자가를 어떻게 받아들였느냐에 따라서 운명이 결정될 것이기 때문이다. 어떤 이들에게는 그리스도의 십

자가는 어리석은 것이요 걸림돌이지만, 어떤 이들에게는 하나님의 지혜와 능력이 된다. 그리스도와 함께 십자가에 못 박힌 두 강도는 이것의 좋은 예를 보여주었다. 사람들은 그리스도의 죽음을 무엇이라고 생각하느냐에 따라서 심판을 받게 된다. 둘째, 그것은 세상에 있는 택함받은 자들에게 은혜와 죄 사함의 심판이다. 십자가상의 그리스도께서는 죄를 위한 희생 제물이자 죄인들을 위한 보장으로서 의로우신 하나님과 죄악된 세상을 중보하셨기 때문에, 그가 심판을 받으셨을 때에 하나님은 우리 모두의 죄악을 그에게 담당시키셨고, 우리의 범죄로 인하여 그를 상하게 하셨다. 그것은 이 세상에 대한 심판이었다. 왜냐하면, 그 일로 말미암아 영원한 의가 유대인들만이 아니라 온 세상을 위하여 들어 왔기 때문이다(요일 2:1-2; 단 9:24). 셋째, 그것은 어둠의 세력들에 대한 단죄의 심판이다(16:11). 심판은 신원과 구원, 침해된 권리를 회복하기 위한 것이다. 그리스도께서 죽으실 때에 그리스도와 사탄, 약속된 씨와 뱀 사이에 유명한 실랑이가 있었다. 그 실랑이는 세상에 대한 것이었고, 세상의 지배권을 두고 벌인 것이었다. 마귀는 저 옛적부터 사람의 자녀들 사이에서 오랫동안 권세를 휘둘러 왔었다. 지금도 마귀는 사람들의 죄로 인해서 초래된 실패를 근거로 자신의 통치권을 주장한다. 우리는 마귀가 주님과 협상하기 위해서 자발적으로 왔음을 안다(눅 4:6-7). 마귀는 그리스도께서 자기 밑에서 섬기기만 한다면 이 세상의 나라들을 주겠다고 하였다. 그러나 그리스도께서는 그 권세를 스스로 쟁취하고자 하셨다. 그는 죽으심으로써 하나님의 공의의 실추를 제거하시고, 그런 후에 공정하게 세상에 대한 권세를 다투시고, 천국의 법정에서 그것을 회복하신다. 사탄의 통치권은 찬탈로 선언되고, 세상은 주 예수의 것으로 선고된다(시 2:6, 8). 이 세상에 대한 심판은 세상이 사탄이 아니라 그리스도에게 속한다는 것이다. 그러므로 우리는 모두 소작료를 그리스도께 바쳐야 한다.

[2] 이제 이 세상의 임금이 쫓겨 나리라는 것. 첫째, 여기에서 마귀는 세상의 것들을 통해서 세상 사람들을 다스리고 있기 때문에 이 세상의 임금으로 불린다. 마귀는 이 세상의 어둠의 주관자, 즉 이 어두운 세상의 주관자, 이 세상 속에서 어둠 가운데 행하는 자들의 주관자이다(고후 4:4; 엡 4:12). 둘째, 마귀는 이제 쫓겨 나게 되리라고 말해진다. 왜냐하면, 지금까지 마귀의 나라를 약화시키기 위하여 행해져 왔던 일들은 모두 장차 오실 그리스도를 힘입어서 행해진 일인데, 이제 그리스도께서 오셨기 때문에 마귀가 쫓겨나게 될 것이기 때문이다. 그리스도

께서는 그의 죽음의 공로로 말미암아 세상을 하나님과 화목하게 하심으로써 사망의 권세를 깨뜨리시고, 파괴자인 사탄을 쫓아내셨다. 그리스도께서는 그의 십자가의 가르침을 통해서 세상을 하나님께 귀속시킴으로써 죄의 권세를 깨뜨리시고, 속이는 자인 사탄을 쫓아내셨다. 주님의 발꿈치가 상하는 것은 곧 뱀의 머리를 깨뜨리는 것이었다(창 3:15). 마귀의 신탁들이 침묵하고, 그의 신전들이 버려지며, 그의 우상들이 굶주리고, 세상의 나라들이 그리스도의 나라들이 되었을 때, 이 세상의 임금이 쫓겨난 것이다. 이것은 요한의 환상과 비교해 볼 수 있는데(계 12:8-11), 거기에서는 이 일이 어린 양의 피에 의해서 이루어진 것이라고 말한다. 그리스도께서 사람들의 몸으로부터 귀신들을 자주 쫓아내신 것은 그의 전체 사역의 큰 목적을 보여주는 것이었다. 그리스도께서 여기에서 사탄에 대한 승리를 얼마나 확신있게 말씀하시는지를 주목하라. 그 일은 이미 이루어진 것이나 다름없는 것이었고, 그가 죽음에 순복한다고 할지라도 그는 죽음을 이기시는 것이다.

(2) 그리스도의 죽음으로 말미암아 영혼들이 회심하게 될 것이고, 이것은 사탄을 쫓아내는 것이 되리라는 것(32절): 내가 땅에서 들리면 모든 사람을 내게로 이끌겠노라. 우리는 여기에서 두 가지를 살펴볼 수 있다.

[1] 우리 주 예수의 큰 목적은 오랫동안 하나님에게 가까이 있었던 유대인들만이 아니라 하나님으로부터 멀리 떨어져 있었던 이방인들을 포함해서 모든 사람을 그에게로 이끄는 것이었다. 왜냐하면, 그리스도께서는 모든 나라의 보배(학 2:7)가 되실 것이었고, 모든 족속들이 그에게로 모여 올 것이었기 때문이다. 그리스도의 원수들이 두려워하였던 일은 온 세상이 그를 따르게 되는 것이었다. 그리스도께서는 그들의 반대에도 불구하고 모든 사람을 그에게로 이끄실 것이다. 여기서 그리스도께서 한 영혼의 회심에서 모든 것이 되신다는 것을 주목하라. 첫째, 사람들의 영혼을 이끄시는 분은 그리스도이시다: 내가 이끌겠노라. 사람들을 이렇게 이끄는 일은 종종 아버지께 돌려지기도 하지만(6:44), 여기에서는 여호와의 팔이신 아들에게 돌려진다. 그는 사람들을 무력으로 끌어모으는 것이 아니라, 사람들의 동의를 얻어서(호 11:4; 렘 31:3) 이끄시고, 사람들을 흡인하는 자석으로서 이끄신다. 영혼은 자원하게 되지만, 그것은 권능의 날에만 그렇다. 둘째, 우리가 이끌리는 곳은 바로 그리스도이다: "나는 사람들의 연합의 중심으로서 모든 사람을 내게로 이끌 것이다." 그리스도에게서 멀리 떨어져 있는

영혼은 가까이 데려와져서 그를 알게 되고, 그리스도를 부끄러워하며 불신하는 영혼은 가까이 데려와져서 그리스도를 사랑하고 신뢰하게 되며, 그의 말씀에 이끌려서 그의 품으로 들어오게 된다. 그리스도께서는 지금 하늘로 가시는 중이었지만, 사람들의 마음을 하늘에 있는 그에게로 이끄시고자 하셨다.

[2] 그리스도께서는 땅에서 들리심으로써 이 목적을 이루시는 이상한 방법을 취하셨다. 본문에서는 오해를 미리 방지하기 위해서 그리스도께서 하신 이 말씀이 무엇을 의미하는지를 우리에게 설명해 준다(33절): 이렇게 말씀하심은 자기가 어떠한 죽음으로 죽을 것을 보이심이로라. 유대인들은 그리스도를 돌로 쳐서 죽일 계획을 세웠었지만, 그리스도는 십자가의 죽음을 죽으실 것이었다. 십자가 처형을 당하는 자는 먼저 십자가에 못 박힌 후에 십자가 위에 들리게 되었다. 그리스도께서는 세계에게 구경거리가 되셨다. 그는 하늘과 땅 어디에도 쓸모없는 자인 것처럼 하늘과 땅 사이에 들리셨다. 그렇지만 여기에서 사용된 단어는 영광을 받고 높아지는 것을 의미한다: 에안 휩소도(내가 들리면 또는 내가 높아지면). 그리스도께서는 자신의 고난을 자기가 높아지는 때로 여기셨다. 우리가 어떠한 죽음을 죽든, 그리스도 안에서 죽는다면, 우리는 이 지하 감옥, 이 사자 굴에서 빠져나와서 빛과 사랑이 넘치는 곳으로 들림을 받게 될 것이다. 우리는 주님으로부터 거룩한 즐거움으로 죽으면서 "우리는 그런 후에 들림을 받게 될 것이다"라고 말하는 것을 배워야 한다. 그리스도께서 모든 사람을 그에게로 이끄시는 일은 그가 땅에서 들린 후에 일어났다. 첫째, 이 일은 그리스도께서 죽으신 후에 때가 되자 일어났다. 교회가 크게 부흥한 것은 그리스도의 죽음 이후였다. 그리스도께서 살아 계신 동안에, 우리는 집회에 모인 수천 명의 무리를 이적에 의해서 먹이셨다는 것을 읽지만, 그의 죽음 후에는 한 번의 설교에 수천 명의 무리가 교회에 더해졌다는 것을 읽게 된다. 이스라엘은 요셉의 죽음 이후에 애굽에서 번성하기 시작하였다. 둘째, 이 일은 그리스도의 죽음의 복된 결과로 생겨났다. 그리스도의 죽음 속에는 영혼들을 그에게로 이끄는 능력 있는 덕과 효력이 존재한다는 것을 명심하라. 그리스도의 십자가는 어떤 이들에게는 거치는 돌이지만 어떤 이들에게는 자석이다. 어떤 이들은 모든 사람을 내게로 이끌겠다는 말씀을 물고기들을 그물 속으로 이끌어 오는 것에 대한 암시라고 생각한다. 그리스도께서 들리신 것은 그물을 펼치는 것(마 13:47-48), 또는 군사들을 모으기 위해서 군기를 높이 드는 것이었다. 또한, 그리스도께서

들리신 것은 광야에서 놋뱀을 든 것을 가리킨다. 놋뱀을 들자마자 불뱀에 물린 모든 자들이 거기로 이끌려 와서 그 놋뱀을 보는 순간 나음을 입게 되었다. 놋뱀을 들었을 때에 얼마나 많은 무리들이 거기로 이끌려져 왔었던가! 마찬가지로, 그리스도로 말미암은 구원이 만국에 전파되었을 때에 많은 무리들이 그리스도께로 이끌려져 왔다(3:14-15을 보라). 그리스도께서 들리신다는 묘사는 아마도 그가 십자가에 못 박혔을 때의 자세와도 관련이 있는 것 같다. 그리스도께서 두 팔을 벌리신 것은 모든 사람을 그에게로 초대하는 것이었고, 그에게 오는 모든 자를 껴안는 것이었다. 그리스도를 그러한 치욕스러운 죽음으로 죽인 자들은 이러한 처형을 통해서 모든 사람들을 그에게서 쫓아 버릴 수 있다고 생각하였다. 그러나 마귀는 자신의 화살에 맞고만 것이다. 먹는 자에게서 먹는 것이 나왔다.

V. 무리들이 주님께서 말씀하신 것에 대하여 이의를 제기하고 그 말씀을 비웃음(34절).   무리들은 하늘로부터 들려온 음성을 들었고, 그리스도의 입에서 나온 은혜로운 말씀들을 들었지만, 그리스도의 말씀에 반론을 제기하고 시비를 건다. 그리스도께서는 자신을 인자(23절)라고 불렀었고, 사람들은 인자라는 호칭이 메시야에 대한 호칭들 중의 하나라는 것을 알고 있었다(단 7:13). 또한 그리스도께서는 인자가 들려야 하리라고도 말씀하셨는데, 이 말씀을 무리들은 그가 죽는다는 뜻으로 이해하였다. 아마도 그리스도께서는 직접 그렇게 설명해 주신 것으로 보이고, 어떤 이들은 그리스도께서 니고데모에게 말씀하셨던 것(3:14), 즉 인자도 들려야 하리니라는 말씀을 반복한 것이라고 생각한다. 그리스도께서 이렇게 말씀하시자 무리들은 반론을 제기하였다.

1. 무리들은 메시야의 영속성에 관하여 말하고 있는 구약성서를 근거로 대면서, 메시야는 영원히 제사장(시 110:4), 영원한 왕(시 89:29 등)이기 때문에 그의 수한을 다하고 죽는 것이 결코 아니며, 그의 날은 영원하고 그의 연수는 많은 세대에 이르리라(시 21:4; 61:6)는 구절들을 토대로 메시야가 죽지 않을 것이라고 추론하였다. 이렇게 마음이 거룩하게 되지 못한 상태에서는 성경에 대한 많은 지식은 불신앙의 주장에 봉사하고 기독교를 대항하여 싸우는 병기들로 오용될 수 있다. 무리들이 예수께서 하신 말씀에 대하여 이렇게 반론을 제기한 것이 얼마나 왜곡된 것인지는 우리가 다음과 같은 것들을 살펴볼 때에 드러난다.

(1) 무리들은 메시야가 영원히 계신다는 것을 증명하기 위하여 성경을 근거

로 제시했을 때에 메시야의 죽음과 고난에 관하여 말하고 있는 본문들을 살피지 않았다. 그들은 율법으로부터 그리스도가 영원히 계신다는 것을 들었다. 그렇지만 그들은 율법으로부터 메시야가 끊어질 것이라는 것(단 9:26), 메시야가 자기 영혼을 버려 사망에 이르게 하리라(사 53:12)는 것, 특히 그의 손과 발이 찔림을 당하게 되리라는 것을 결코 들은 적이 없었던가? 그렇다면, 그들은 왜 인자가 들려야 한다는 말에 그렇게 생소했던 것인가? 우리는 흔히 자기가 이미 저지른 큰 실수들을 하나님께서 그의 말씀 속에서 한데 모아 놓은 것들을 따로따로 쪼개어서 하나의 진리를 반대하기 위하여 또 하나의 진리를 지지하는 체함으로써 성경에 근거한 논증들을 통해서 옹호하는 일이 많다는 것을 명심하라. 우리는 복음으로부터 거저 주시는 은혜를 기뻐하라는 말씀을 듣고, 또한 우리가 해야 할 도리들을 행하라는 말씀도 듣는다. 우리는 이 두 가지를 모두 진심으로 받아들이고, 이 두 가지를 서로 분리하거나 서로 다른 것으로 취급해서는 안 된다.

(2) 인자의 고난에 관하여 그리스도께서 말씀하신 것을 반대했을 때, 무리들은 그리스도께서 그의 영광과 높아지심에 관하여 말씀하신 것을 고려하지 않았다. 그들은 율법으로부터 그리스도가 영원히 계신다는 것을 들었었다. 하지만 그들은 우리 주 예수께서 그가 영광을 받게 되고 많은 열매를 맺어서 모든 사람을 그에게로 이끌겠다고 말씀하시는 것을 듣지 못하였던 것인가? 주님께서는 방금 그를 따르는 자들에게 영원히 죽지 않는 존귀함을 약속하셨고, 그것은 그가 영원히 계신다는 것을 말씀한 것이 아니었던가? 그러나 이런 것들을 무리들은 그냥 지나쳐 버렸다. 이렇게 편파적인 논쟁자들은 상대방의 주장을 전체로써 고려한다면 얼마든지 수용할 수 있는 것을 오직 일부만을 지적해서 반대한다. 그리스도의 가르침 속에는 부패한 마음을 지닌 사람들에게는 거치는 돌들이 되는 역설들이 존재한다 ― 그리스도께서 십자가에 못 박히시지만 영광을 받으시리라는 것, 땅에서 들리게 되겠지만 모든 사람을 그에게로 이끌겠다는 것.

2. 그러자 무리들은 이 인자는 누구냐라고 물었다. 무리들이 이렇게 물은 것은 가르침을 받기 위한 것이 아니라, 일단 그리스도를 당혹스럽게 만들었다고 판단해서, 이를 기회로 그를 짓밟아 버리고자 조롱과 모욕의 뉘앙스를 가지고 반문한 것이었다. "당신은 인자가 죽어야 한다고 말하는데, 우리는 메시야가 죽지 않아야 한다는 것을 증명하였다. 그렇다면 당신이 메시야라는 말은 도대체

무엇이란 말인가? 당신은 당신 자신을 인자라고 부르지만, 그러한 인자는 메시야일 수 없다. 그러므로 당신은 메시야인 척하지 말고 다른 길을 생각해 보아야 한다." 이렇게 무리들로 하여금 그리스도에 대하여 편견을 갖게 만든 것은 그리스도께서 초라하고 가난하였기 때문이었다. 무리들은 고난받는 메시야를 보느니 차라리 메시야를 보지 않고자 하였다.

VI. 그리스도께서는 이러한 반론과 관련해서 무엇을 말씀하셨는가? 무리들의 반론은 철저한 트집잡기였다. 사실 무리들은 마음만 먹는다면 얼마든지 스스로 이 반론에 대하여 대답할 수 있었다: 사람은 죽지만 불멸하고 영원히 사는데, 인자도 이와 같다. 그러므로 그리스도께서는 무리들의 어리석은 말에 대하여 이 우매한 자들에게 대답하는 대신에, 그들에게 이와 같은 헛되고 쓸모없는 트집이나 잡아서 기회의 날을 허송세월하여 보내지 않도록 조심하라는 심각한 경고를 주신다(35-36절): "아직 잠시 동안, 그러니까 아주 잠시 동안 빛이 너희 중에 있다. 그러므로 너희는 지혜롭게 처신해서, 빛이 있을 동안에 다녀라."

1. 전체적으로 우리는 여기에서 다음과 같은 것들을 살펴볼 수 있다.

(1) 그리스도께서 사람들의 영혼에 대하여 지니신 관심과 사람들이 잘되기를 바라는 그리스도의 마음. 그리스도께서는 여기에서 그를 악의적으로 괴롭히고자 했던 자들에게 얼마나 온유한 심정으로 스스로를 잘 살펴보라고 권면하고 계시는가! 그리스도께서는 죄인들이 거역한 일을 참으셨을 때에도 그들이 마음을 바꿔서 회심하기를 바라셨다(잠언 29:10을 보라).

(2) 그리스도께서는 이러한 반론을 펴는 자들에게 거역하는 자를 온유함으로 훈계하시는(딤후 2:25) 방법을 취하심. 사람들의 양심이 그들의 영원한 상태에 관한 적절한 관심을 통해서 일깨워지고, 그들에게 남은 시간이 별로 없다는 것을 깨닫게 되면, 사람들은 사소한 트집을 잡아서 시간을 보내는 일에 소중한 생각과 시간을 낭비하지 않을 것이다.

2. 우리는 여기에서 특히 다음과 같은 것들을 본다.

(1) 유대인들은 비록 그리스도와 그의 복음을 짧은 시간 동안 믿음을 가지지도 못한 채 향유하였지만 어쨌든 그리스도와 그의 복음을 향유하게 된 특권을 지녔다: 아직 잠시 동안 빛이 너희 중에 있다. 그리스도는 이 빛이시다. 몇몇 옛 사람들은 그리스도께서 자기 자신을 빛이라고 부르심으로써 무리들의 반론에 대하여 암묵적인 대답을 주신 것이라고 말한다. 그리스도께서 십자가 위에서 죽

으신 것이 그가 영원히 사신다는 것과 아무런 모순이 없는 것은 매일 밤 해가 지는 것이 해가 영속적으로 존재하는 것과 모순되지 않는 것과 마찬가지이다. 그리스도의 나라가 영원히 계속되리라는 것은 해와 달의 영속성에 비유된다 (시 72:17; 89:36-37). 하늘의 규례들은 고정되어 있어서 불변하지만, 해와 달은 지고 기운다. 마찬가지로, 의의 해인 그리스도께서는 영원히 계시지만, 그의 고난으로 말미암아 지셨고, 잠시 후에 다시 우리의 지평 위로 떠오르셨다. [1] 유대인들은 이 때에 그들 중에 빛을 가지고 있었다. 그들은 그리스도의 육체적인 임재를 가지고 있었고, 그의 설교를 들었으며, 그의 이적들을 보았다. 성경은 우리에게 어두운 곳에서 비치는 빛이다. [2] 이 빛은 그들에게 오직 잠시 동안만 있을 것이었다. 그리스도께서는 잠시 후에 그들을 떠나게 될 것이고, 그들의 가시적인 교회 국가는 그 후에 곧 망하게 되고, 하나님의 나라가 그들로부터 빼앗아지며, 눈멀고 완악함이 이스라엘 위에 임하게 될 것이다. 우리에게 잠시라도 빛이 있다는 것은 우리 모두에게 좋은 일이라는 것을 명심하라. 시간은 짧고 아마도 기회도 그리 길지 않다. 촛대가 옮겨질 수 있다. 적어도 우리는 곧 옮겨질 것임에 틀림없다. 그렇지만 아직 잠시 우리에게 생명의 빛이 있다. 우리에게는 복음의 빛이 잠시 동안 있고, 은혜의 날, 은혜의 수단, 은혜의 성령이 있다. 하지만 그것은 오직 잠시 동안만이다.

(2) 그리스도께서는 그들이 지니고 있는 특권을 곧 잃어버릴 위험성이 있기 때문에 그 기회를 최대한으로 활용하라고 경고하심: 빛이 있을 동안에 다녀라. 여행자들은 밤에 다니는 것이 불편하고 안전하지 못하기 때문에 밤에 길을 걷지 않도록 하기 위해서 그들이 가야 할 길을 낮 동안에 최대한으로 가고자 한다. 그들은 이렇게 말한다: "자, 우리에게 보조를 맞춰서, 아직 낮인 동안에 앞으로 나아가자." 이와 같이 우리도 영원을 향하여 여행 중에 있는 우리의 영혼을 위해서 지혜로워야 한다. [1] 천국에 더 합당한 자가 되어감으로써 매일매일 걷고 하늘을 향하여 나아가며 더 가까이 가는 것이 우리의 일이다. 우리의 삶은 오직 하루뿐이고, 우리에게는 하룻길의 여행이 주어져 있다. [2] 여행을 할 때에 가장 걷기 좋은 때는 아직 빛이 있는 동안이다. 낮은 일을 하기에 적절한 때이고, 밤은 휴식하기에 좋은 때이다. 은혜를 받기에 좋은 때는 우리에게 은혜의 말씀이 선포되고 은혜의 성령이 우리에게 다가오는 때이다. 그러므로 그런 때에 우리는 바쁘게 움직여야 한다. [3] 이렇게 우리는 우리에게 주어진 기회들

을 활용하는 일에 큰 관심을 가져야 한다. 왜냐하면, 우리가 하루의 일과 하루의 여행을 끝내기도 전에 우리에게 주어진 날이 끝나버리지 않도록 하기 위해서이다: "어둠에 붙잡히지 않게 하고, 네게 주어진 기회들을 잃지 않도록 하라. 너는 기회들을 다시 되살릴 수 없고, 그러한 기회들 없이는 네가 하여야 할 일을 처리할 수 없다." 어둠이 찾아온다. 즉, 큰 구원을 얻을 수 있는 기회를 영원히 놓쳐 버리고, 부주의한 죄인을 정말 통탄스럽게 만들어 버리는 그런 때가 온다. 그러므로 낮 동안에 일을 마치지 못하는 자는 영원히 그 일을 마치지 못하게 될 것이다.

(3) 복음을 받아들이지 않은 채로 은혜의 날을 보내버린 자들의 서글픈 상태. 그들은 어둠에 다니기 때문에, 그들이 어디에 있는지 또는 어디로 가는지를 알지 못한다. 또한 그들은 그들이 어디를 걷고 있는지, 그들이 어디를 향해서 가고 있는지도 알지 못한다. 복음의 빛이 없는 자, 복음이 주는 지침들을 알지 못하는 자는 수많은 실수들과 잘못들, 굽은 길들 속에서 끝없이 방황하지만, 그런 사실을 알지 못한다. 그리스도의 가르침과 교훈들을 떠나서는 우리는 선과 악의 차이를 거의 알지 못한다. 그런 자는 멸망을 향해서 가고 있지만 자기가 위험하다는 것을 알지 못한다. 왜냐하면, 그는 낭떠러지 위에서 잠자고 있거나 춤을 추고 있는 것이기 때문이다.

(4) 이 모든 일로부터 추론된 우리 각자의 큰 의무와 관심(36절): 너희에게 아직 빛이 있을 동안에 빛을 믿으라. 유대인들은 지금 그리스도와 함께 하고 있을 때에 그 기회를 활용하여야 했다. 나중에 그들은 사도들에 의해서 제시된 복음의 최초의 초청들을 받게 되었다. 지금 이것은 그들에게 그들 내부에서 반기를 들라고 하는 권면이 아니라 그들에게 초대가 주어졌을 때에 그 초대를 받아들이라는 권면이다. 이 동일한 그리스도께서는 복음을 향유하고 있는 모든 자들에게 말씀하신다. [1] 복음의 빛을 믿고 그것을 하나님의 빛으로 받아들여서 그것이 보여주는 진리들에 순종하는 것이 우리 각자의 도리이다. 왜냐하면, 복음은 우리의 눈에 빛이고, 우리의 발에 등불이어서, 우리는 그 안내를 따라야 하기 때문이다. 그리스도는 빛이고, 우리는 우리에게 계시된 대로 그를 믿어야 한다. 그리스도는 우리를 속이지 않는 참된 빛이요 우리를 잘못 안내하는 법이 없는 확실한 빛이시다. [2] 우리는 우리에게 빛이 있는 동안에 그렇게 하여야 하고, 우리에게 그리스도께로 가는 길을 보여주고 그 길에서 우리를 인도하는 복음

이 있는 동안에 그리스도를 붙잡아야 한다. [3] 빛을 믿는 자들은 빛의 아들들이 될 것이다. 그들은 그리스도인들, 빛의 자녀들(눅 16:8; 엡 5:8), 낮의 아들들(살전 5:5)로 불리게 될 것이다. 하나님을 아버지로 모시는 자들은 하나님이 빛이시기 때문에 빛의 자녀들이다. 그들은 위로부터 난 자들이고, 하늘의 상속자들이며, 빛의 자녀들이다. 왜냐하면, 하늘은 빛이기 때문이다.

VII. **그리스도께서 그들로부터 물러나심:** 예수께서 이 말씀을 하시고, 이 때에 더 이상 말씀을 하지 않으시고 그들의 생각에 맡기신 채 그들을 떠나가서 숨으시니라. 그리스도께서 이렇게 하신 이유는 다음과 같은 것들이다. 1. 그들이 스스로 죄를 깨닫도록 하기 위해서. 그들이 그리스도께서 하신 말씀을 존중하지 않는다면, 그리스도께서 그들에게 더 하실 말씀은 없게 된다. 에브라임이 우상들과 짝하였듯이, 그들은 불신앙과 짝하여 있다. 그들을 그냥 두라. 그리스도께서는 그에게 시비를 거는 자들로부터 은혜의 방편들을 옮기시고, 패역한 세대로부터 그의 얼굴을 숨기신다(신 32:20). 2. 자신의 보존을 위해서. 그리스도께서는 무리들의 분노와 광분을 피해서 그가 묵고 계셨던 베다니로 물러가셨다. 이것으로 보건대, 그가 말씀하신 것은 무리들을 자극하고 화나게 하였던 것으로 보인다. 무리들은 마땅히 주님의 말씀을 듣고 더 좋아져야 했음에도 불구하고 오히려 더 악화되었다.

[37]이렇게 많은 표적을 그들 앞에서 행하셨으나 그를 믿지 아니하니 [38]이는 선지자 이사야의 말씀을 이루려 하심이라 이르되 주여 우리에게서 들은 바를 누가 믿었으며 주의 팔이 누구에게 나타났나이까 하였더라 [39]그들이 능히 믿지 못한 것은 이 때문이니 곧 이사야가 다시 일렀으되 [40]그들의 눈을 멀게 하시고 그들의 마음을 완고하게 하셨으니 이는 그들로 하여금 눈으로 보고 마음으로 깨닫고 돌이켜 내게 고침을 받지 못하게 하려 함이라 하였음이더라 [41]이사야가 이렇게 말한 것은 주의 영광을 보고 주를 가리켜 말한 것이라

이 단락에는 구약의 선지자들이 우리 주 예수께 영광을 돌리면서 그를 믿지 않았던 많은 자들의 불신앙을 예언하고 한탄한 내용이 나온다. 그리스도께는 그의 가르침이 사람들에게 거의 받아들여지지 않고 오히려 많은 반대에 부딪치게 된 것은 정말 불명예이자 슬픈 일이었다. 그러나 그것을 통해서

성경이 성취되었다는 것은 기이함과 수치를 벗겨내 주는 것이었고 걸림돌을 없애주는 것이었으며 그 일이 그리스도께 실망이 되지 않게 해 주는 것이었다. 여기에서는 이 완악한 백성들에 관하여 두 가지가 언급되고 있는데, 두 가지는 모두 복음적인 선지자였던 이사야에 의해서 예언되었다: 그들은 믿지 않았고, 믿을 수도 없었다.

I. 그들은 믿지 않았다(37절) : 그리스도께서는 이렇게 많은 표적을 그들 앞에서 행하셨기 때문에, 우리가 생각하기에는 그들이 분명 믿었어야 하는데도, 그들은 믿지 않았고 오히려 그리스도를 배척하였다.

1. 그리스도께서는 그들에게 확신을 줄 수 있는 수많은 것들을 제시하셨다: 그는 표적들, 이렇게 많은 표적들을 행하셨다. 토사아우타 세메이아는 아주 많고 아주 큰 표적들을 의미한다. 이것은 그리스도께서 이전에 행하셨던 모든 이적들을 가리킨다. 또한 이제 눈 멀고 저는 자들이 성전에서 그에게로 나아왔고, 그는 그들을 고치셨다(마 21:14). 그의 이적들은 그가 하나님으로부터 보내심을 받은 자임을 보여주는 큰 증거였고, 이러한 증거들의 증언에 그는 의지하셨다. 여기에서 그는 이적들에 관하여 두 가지를 역설하신다.

(1) 이적들의 수. 이적들은 많이 다양한 종류들로 베풀어졌다. 또한 이적들은 무수하게 많이 베풀어졌고 흔히 반복되었다. 모든 새로운 이적은 이전에 행해졌던 모든 이적들이 실제라는 것을 확증해 주는 것이었다. 그리스도께서 행하신 이적들이 많았다는 것은 그의 다함 없는 권능을 보여주는 증거일 뿐만 아니라, 이적들을 검토해 볼 수 있는 더 많은 기회를 사람들에게 주는 것이었다. 이적들에 어떤 속임수가 있었다면, 그러한 속임수가 여러 번 반복되는 이적들 속에서 발각되지 않는 일은 불가능했다. 이적들은 모두 긍휼의 이적들이었기 때문에, 이적들이 많이 베풀어질수록 더욱 유익한 이적들이 행하여졌다.

(2) 이적들의 공공성. 그리스도께서는 이러한 이적들을 사람들이 잘 볼 수 없는 먼 곳이나 후미진 곳에서 행하신 것이 아니라 많은 증인들이 그들의 눈으로 직접 볼 수 있도록 그들 앞에서 행하셨다.

2. 이러한 수단들이 아무 소용이 없었음: 그렇지만 그들은 그를 믿지 아니하였다. 그들은 전제들을 반박할 수 없었지만, 결론을 받아들이고자 하지 않았다. 사람들에게 확신을 줄 수 있는 가장 강력하고 수많은 수단들이라고 할지라도 사람들의 부패하고 왜곡된 마음속에서 저절로 믿음을 생겨나게 할 수는 없다

는 것을 명심하라. 이 사람들은 이적들을 보았지만 믿지 않았다.

3. 이것을 통해서 성경이 이루어짐(38절): 이는 선지자 이사야의 말씀을 이루려 하심이라. 이 불신앙의 유대인들이 성경을 성취하기로 의도한 것이 아니라(오히려 그들은 교회의 가장 선한 아들들에 관하여 말하고 있는 성경 본문들이 그들 자신 속에서 성취되고 있다고 제멋대로 상상하고 있었다), 사건이 정확하게 예언과 맞아떨어짐으로써, 그 결과로서 선지자 이사야의 말씀이 이루어진 것이었다. 어떤 사건이 도저히 불가능한 것처럼 보이면 보일수록, 그것을 예언하신 하나님의 선견지명은 한층 더 빛나게 된다. 너무도 분명한 증거들에 의해서 밑받침된 메시야의 나라가 유대인들 가운데서 그토록 많은 반대에 부딪치게 될 줄을 생각한 사람은 아무도 없었을 것이다. 그러므로 그들의 불신앙은 기이하고 가장 기이한 일(사 29:14)로 불린다. 그리스도께서도 그것을 이상하게 여기셨지만, 그것은 이사야가 예언한 것이었고(사 53:1), 지금 그것이 성취되었다. 좀 더 살펴보자.

(1) 복음은 여기서 그들이 들은 것이라 불린다: 우리에게서 들은 바(테 아콘 헤몬)를 누가 믿었나이까? 복음을 우리는 하나님으로부터 들었고, 너희는 우리로부터 들었다. 우리가 전한 것은 어떤 사실에 관한 보고 또는 상원에서 결의안을 보고하는 것과 마찬가지로 우리가 행한 보고이다.

(2) 이렇게 전한 것을 비교적 소수의 사람들이 믿게 될 것이라고 예언되어 있다. 많은 사람들이 복음을 듣지만, 복음을 경청하고 받아들이는 자는 소수이다: 누가 믿었나이까? 여기저기에서 드문드문 한 사람씩 복음을 받아들인다. 지혜로운 자들과 고상한 자들은 복음을 받지 않는다. 그들에게 복음은 단지 확증이 결여된 소문일 뿐이다.

(3) 선지자 이사야는 복음을 믿는 자가 이토록 적다는 것은 크게 통탄할 일이라고 말한다. 주여라는 말은 칠십인역에서 가져온 것이고, 히브리어 본문에는 나오지 않는데, 그들이 전한 것을 사람들이 냉정하게 배척하는 것에 대하여 사자(使者)들이 하나님께 서글픈 심정으로 설명드리고 있다는 것을 암시한다. 종이 돌아와 주인에게 그대로 고하였다(눅 14:21).

(4) 사람들이 복음을 믿지 않는 이유는 주의 팔이 그들에게 나타나지 않기 때문이다. 즉, 그들이 하나님의 은혜를 알지 못하고 거기에 순복하지 않기 때문이다. 사람들은 주의 팔이 나타나 있는 그리스도의 죽음과 부활 속에 담겨 있는

능력과 교제를 경험적으로 알지 못한다. 그들은 그리스도의 이적들을 보았지만, 이적들 속에 나타난 주의 팔을 보지 못하였다.

Ⅱ. 그들은 믿을 수가 없었다. 그들은 이사야가 말한 대로 하나님께서 그들의 눈을 멀게 하셨기 때문에 믿을 수가 없었다. 이것은 참으로 믿을 수가 없는 말씀인데, 누가 이 말씀을 설명해 줄 수 있을까? 우리는 하나님이 무한히 의로우시고 긍휼에 풍성하시다는 것을 확신한다. 그러므로 우리는 하나님의 뜻으로 말미암아 그들이 필연적으로 악을 행할 수밖에 없게 되었고 선을 행할 능력이 없게 되었다고 생각할 수 없다. 하나님은 주권자로서 마음대로 아무나 저주하시는 그런 분이 아니다. 그런데도 본문에는 그들은 능히 믿지 못하였다고 되어 있다. 아우구스티누스는 이 어구를 해설하는 대목에 이르러서 이 신비를 살펴보는 것이 두렵다는 거룩한 두려움을 표명하였다. 하나님의 판단들은 의로우시지만 감춰져 있다.

1. 그들은 믿으려 하지 않았기 때문에 믿을 수가 없었다. 그들은 믿지 않기로 완고하게 결심하였다. 크리소스토무스와 아우구스티누스는 이 어구를 이런 식으로 이해한다. 크리소스토무스는 하나님의 뜻을 절대적으로 거부하고 있음을 나타내기 위해서 사람들로 하여금 할 수 없게 하셨다고 말하는 성경의 여러 예들을 제시한다: 예를 들면, 그들은 하나님께 편안하게 말할 수 없었다(창 37:4; 또한 7:7을 참조하라). 이것은 악을 행하는 데에 습관이 되어 있는 자들의 도덕적인 무능력을 나타내는 표현이다(렘 13:23).

2. 그러나 그들이 능히 믿을 수 없었던 것은 이사야가 말한 대로 하나님께서 그들의 눈을 멀게 하셨기 때문이었다. 여기에서 난점이 더 가중된다. 하나님이 죄의 근원이 아니라는 것은 확실하다.

(1) 그렇지만 끈질기게 회개하지 아니하고 믿지 아니하는 자들의 눈멂과 완악함 속에서 종종 하나님의 의로운 손이 감지된다. 이것을 통해서 그들은 그들이 이전에 하나님의 빛을 거부하고 하나님의 율법에 대항한 것에 대한 의로운 징벌을 받는 것이다. 하나님께서 은혜가 악용되는 것을 막고, 사람들을 정욕에 빠지도록 내어 줄 때, 하나님께서 악한 영이 성령을 거역한 자들에 대하여 역사할 수 있도록 허용하실 때, 섭리를 따라서 하나님께서 죄인들의 길에 걸림돌들을 놓아서 그들의 편견을 확증하실 때, 하나님은 그들의 눈을 멀게 하시고 그들의 마음을 완고하게 하시는데, 이러한 것들은 우상 숭배를 하는 이방인들을 부끄

러운 욕심에 내어주고 타락한 그리스도인들을 미혹의 역사에 넘겨 주는 것과 마찬가지로 영적인 심판들이다. 여기에 함축되어 있는 회심의 방법론과 그 단계들을 살펴보자. [1] 죄인들은 그들의 눈으로 보고 하나님에게 속한 것들의 실체를 분별하여서 그러한 것들에 대한 어느 정도의 지식을 갖도록 만들어진다. [2] 그런 후에, 죄인들은 마음으로 깨닫고, 이러한 것들을 자기 자신에게 적용해서, 동의하고 인정할 뿐만 아니라 마음을 합하여 받아들이게 된다. [3] 그런 후에, 죄인들은 돌이키게 된다. 즉, 그들은 죄에서 그리스도에게로, 세상과 육신에서 그들의 지극한 복이자 분깃인 하나님에게로 돌이키게 된다. [4] 그러면, 하나님께서는 그들을 고치시고, 그들을 의롭게 하시며 거룩하게 하신다. 하나님은 피가 흐르는 상처들인 그들의 죄악들을 사하시고, 잠재해 있는 질병들인 그들의 부패함을 고치신다. 하나님께서 은혜를 주시기를 거절하신다면, 이러한 일들은 하나도 일어나지 않을 것이다. 사람의 마음이 하나님과 그분에게 속한 생명으로부터 멀어지고 피하게 되면, 뿌리깊은 반감이 아주 강력하게 자라나서, 절망적인 상황이 되어 버린다.

(2) 심판으로서의 눈멂과 마음의 완악함이 하나님의 말씀을 통해서 의도적으로 집요하게 악을 행하는 자들에 대한 위협으로 선포되고, 특히 유대 교회와 유대 민족에 대하여 예언되었다. 유대인들의 모든 행위들은 하나님께 알려져 있고, 우리의 모든 행위들도 마찬가지이다. 그리스도께서는 누가 자기를 배신할지를 미리 아셨고, 그것에 관하여 말씀하셨다(6:70). 이것은 성경에 나오는 예언들의 진실성을 확증해 주는 것이기 때문에, 유대인들의 불신앙조차도 우리의 믿음을 강화시키는 데에 도움이 될 수 있다. 또한 이것은 선지자들을 통하여 말씀하신 것이 그들에게 미칠까 삼가라(행 13:40)고 주의를 주고자 하는 의도도 있다.

(3) 하나님께서 미리 말씀하신 것은 반드시 이루어지기 때문에, 그 필연적인 결과로서 하나님께서 선지자들을 통해서 그들이 믿으려 하지 않을 것이라고 예언하셨기 때문에, 그들이 능히 믿지 못한 것은 이 때문이다라고 말할 수 있는 것이다. 왜냐하면, 하나님의 지식은 너무도 정확해서 그가 미리 내다보시는 일은 틀림이 없고, 하나님의 말씀이 참되다는 것은 너무도 분명해서 하나님께서 미리 말씀하시는 것은 틀리는 법이 없다. 따라서 성경은 이루어질 수밖에 없는 것이다. 그렇지만 우리가 주의해야 할 것은 이 예언은 특정한 사람들을 거명한

것이 아니라는 것이다. 따라서 "이사야가 이러저러하다고 말했기 때문에 이러 저러한 사람이 능히 믿지 못할 것이다"라고 말할 수는 없다. 그러나 이 예언은 유대 민족 전체를 가리켜서, 그들이 그들의 성읍들이 거민이 없을 정도로 황폐 화될 때까지 끈질지게 불신앙 속에 머물게 될 것이라고 지적하였다(사 6:11-12). 그렇지만 여전히 남은 자들이 보존될 것이다(13절, 그 중에 십분의 일이 아직 남아 있으리라). 이러한 단서는 특정한 사람들에게 소망의 문을 열어둘 수 있을 정도로 충분한 것이었다. 왜냐하면, 각 사람은 "내가 그 남은 자 속에 끼지 못 할 이유가 무엇이 있겠는가"라고 말할 수 있기 때문이다.

마지막으로, 복음서 기자는 이 예언을 인용해서 이 예언은 선지자 자신의 시 대보다 더 멀리 내다본 것으로서, 그 예언이 가리키는 주된 것은 메시야의 시 대였다는 것을 보여준다(41절): 이사야가 이렇게 말한 것은 주의 영광을 보고 주를 보고 말한 것이라. 1. 우리는 이 예언 속에서 이것이 하나님께서 이사야에게 말 씀한 것이었음을 본다(사 6:8-9). 그러나 여기에서는 이 예언이 이사야가 말한 것이었다고 한다. 왜냐하면, 하나님께서 먼저 말씀해 주시지 않은 것은 그 어떤 것도 선지자가 말할 수는 없기 때문이다. 또한, 나중에 주님께서, 보내심을 받 은 자들에게 말씀하지 않은 것은 그 어떤 것도 그 보내심을 받은 자들이 말할 수 없다(이사야 21:10을 보라). 2. 이사야서에서 선지자가 하나님의 영광을 본 것 은 여기서는 그가 예수 그리스도의 영광을 본 것이라고 해석하고 있다: 이사야 는 주의 영광을 보았다. 그러므로 예수 그리스도는 권능과 영광에 있어서 아버 지 하나님과 동등이고, 동등하게 찬양과 송축을 받으신다. 그리스도께서는 창 세 전에 영광을 지니고 계셨고, 이사야는 바로 그것을 본 것이었다. 3. 이사야서 에는 선지자가 그를 가리켜 말하였다고 되어 있다. 이사야서에서는 선지자 자신 을 가리켜서 말했던 것으로 보이지만(왜냐하면, 선지자에게 사명과 지시들이 주어졌기 때문이다), 여기 본문에서는 선지자가 그리스도를 가리켜 말한 것으 로 되어 있다. 왜냐하면, 모든 선지자들이 그리스도를 증거하였던 것과 마찬가 지로, 선지자들은 모두 그리스도에 대한 모형이기 때문이다. 선지자들이 그리 스도에 관하여 예언한 것처럼, 그리스도의 오심은 많은 사람들에게 아무 쓸데 없는 것이 될 뿐만 아니라 사망에서 사망에 이르는 냄새가 되어서 치명적인 것 이 될 것이었다. 그리스도의 가르침에 대하여 그것이 하늘로부터 온 것이었다 면 유대인들이 왜 그것을 믿지 않았겠느냐는 반론이 제기될 수 있다. 그러한 반문에 대한 대답은 이런 것이다. 그것은 증거가 결여되어 있었기 때문이 아니라, 그들의 마음이 둔하여졌고 그들의 귀가 막혔기 때문이었다. 그리스도를 가리켜 예언된 내용은, 그(그리스도)가 믿지 않는 다수의 멸망과 몇몇 남은 자들의 구원을 통해서 영광을 받으시게 되리라는 것이었다.

[42]그러나 관리 중에도 그를 믿는 자가 많되 바리새인들 때문에 드러나게 말하지 못하니 이는 출교를 당할까 두려워함이라 [43]그들은 사람의 영광을 하나님의 영광보다 더 사랑하였더라

그리스도께서는 관리들에 의해서도 어느 정도 영광을 받으셨다. 왜냐하면, 그들은 그를 믿었고, 그가 하나님으로부터 보내심을 받은 자라는 것을 확신하였으며, 그의 가르침을 하나님께로부터 온 것으로 받아들였기 때문이었다. 그러나 그들은 그리스도에 대한 그들의 믿음을 공개적으로 고백할 용기를 가지고 있지 않았기 때문에 그리스도께 충분한 영광을 돌려 드리지는 못했다. 많은 사람들은 그리스도를 사랑한다고 공개적으로 고백하지만, 실제의 행동은 그들의 고백보다 못한 경우가 많다. 그런데 여기에 나오는 관리들은 그리스도를 사랑하였지만 공개적으로 고백하지 못하였다. 여기에서 우리는 이 관리들이 그들의 확신과 그들의 부패한 본성 사이에서 갈등하고 있는 모습을 본다.

I. 사람들로 하여금 믿음을 가지게 하는 말씀의 능력을 보라. 관리들은 이 말씀의 능력 아래에 있었고, 그들은 빛에 대하여 그들의 눈을 의도적으로 감지 않았다. 그들은 니고데모와 마찬가지로 그를 믿었고, 그를 하나님께로부터 온 선생으로 받아들였다. 복음의 진리는 우리가 생각하는 것보다 사람들의 양심 속에서 더 강력하게 역사하는 힘을 지니고 있다는 것을 명심하라. 많은 사람들은 겉으로는 복음의 진리를 잘 받아들이지 않는 체하지만 그들의 마음속에서 그 진리를 수긍하지 않을 수 없다. 아마도 이 관리들은 비록 아주 약하고 그들의 믿음이 꺼져가는 심지 같았을지라도 참된 신자들이었던 것 같다. 세상에는 우리가 생각하는 것보다 더 많은 선한 사람들이 존재한다는 것을 명심하라. 엘리야는 자기만 홀로 남겨져 있다고 생각했지만, 하나님께서는 이스라엘에 칠천 명이나 되는 신실한 자들을 남겨 두셨다. 어떤 사람들은 겉보기보다 그들의 심령의 상태가 실제로 더 나은 경우가 많다. 그들의 잘못들은 알려져 있지만,

그들이 회개한 것은 알려져 있지 않기 때문이다. 한 사람의 선함은, 책망받을 만한 것이기는 하지만 용서받을 수 있는 연약함 ― 그는 진정으로 그것에 대하여 회개하고 있다 ― 에 가려서 은폐되어 있을 수 있다. 하나님의 나라는 볼 수 있게 임하는 것이 아니다. 또한 모든 선한 자들이 겉보기에도 그렇게 선하게 보이는 것은 아니다.

II. 이러한 확신들을 질식시키는 세상의 능력을 보라. 그들은 그리스도를 믿었지만, 그들에게 해를 끼칠 수 있는 권력을 갖고 있었던 바리새인들 때문에 출교를 당할까 두려워서 감히 그리스도에 대한 믿음을 고백할 수 없었다. 좀 더 살펴 보자.

1. 그들은 어떤 점에서 실패하였고 결함을 지니고 있었던가? 그들은 그리스도를 공개적으로 고백하지 못하였다. 사람들 앞에 공개적으로 드러내기를 두려워하거나 부끄러워하는 신앙은 그 진실성을 의심해 볼 만한 이유가 있다. 왜냐하면, 마음으로 믿는 자들은 입으로 시인하여야(롬 10:9) 하기 때문이다.

2. 그들은 무엇을 두려워하였는가? 그들은 그들에게 불명예와 치명적인 타격을 주게 될 출교를 두려워하였다. 그들은, 이미 사탄의 회당이 되어 버렸고 하나님께서 떠나 버리신 그 회당에서 출교를 당하는 것이 그들에게 해가 될 것처럼 생각하였다.

3. 이러한 두려움의 밑바닥에는 무엇이 있었는가? 그들은 하나님의 영광보다 사람의 영광을 더 사랑하여서, 그것을 더 가치 있는 것으로 선택하였고, 더 바람직한 것으로 추구하였다. 이것은 피조물을 조물주보다 더 섬기는(롬 1:25) 것과 마찬가지로 우상 숭배나 다름없는 것이었다. 그들은 이 둘을 저울에 놓고서 그 무게를 달아 보았고, 더 무게가 나간다고 생각되는 것을 따라서 행동하였다.

(1) 그들은 사람의 칭찬을 저울의 한 쪽 접시에 놓고서, 바리새인들의 견해에 존경을 표하고 사람들로부터 칭찬을 받으며 대제사장들로부터 인정을 받고 유대 교회의 선한 아들들로서 백성들로부터 박수 갈채를 받는 것이 얼마나 좋은 일인지를 생각하였다. 그들은 바리새인들의 명성을 훼손시키고 그들 자신의 명성을 잃음으로써 그들의 출세에 방해가 되는 것을 무릅쓸 정도까지는 그리스도를 공개적으로 고백하려 하지 않았다. 게다가, 그리스도를 따르는 자들은 욕을 먹었고 경멸의 눈초리를 감수해야 했기 때문에, 사람들로부터 공경을 받는 것이 습관화 되어 있었던 자들에게 그런 대우는 참을 수 없는 일이었다. 그

렇지만 만약 그들이 서로의 마음과 생각을 알았더라면, 그들은 좀 더 용기를 낼 수 있었을 것이다. 그러나 관리들 각자는 만약 자기가 그리스도를 믿는다고 말을 꺼내면 홀로 고립되어서 아무도 자기를 상대해 주지 않을 것이라고 생각하였다. 하지만 어느 한 사람이 용기를 내어서 먼저 고백할 결단을 했었더라면, 그는 그가 생각했던 것보다 더 많은 지지를 받게 되었을 것이다.

(2) 그들은 저울의 다른 쪽 접시에 하나님의 칭찬을 놓았다. 그들은 그들이 그리스도를 고백하게 되면 그것을 통해서 하나님께 영광을 돌릴 수 있고, 또한 하나님으로부터 칭찬을 받게 되며, 하나님께서 그들을 기뻐하셔서 잘했다고 말씀하실 것을 알고 있었다. 그러나

(3) 그들은 사람들의 칭찬을 더 선호하였고, 이렇게 해서 저울에 달아 보는 일은 결판이 났다. 감각의 힘이 믿음의 힘을 압도해서, 하나님께 열납되는 것보다 바리새인들 편에 서는 것이 더 바람직하다는 결론이 나게 된 것이었다. 사람의 칭찬을 좋아하는 것은 신앙과 경건의 능력과 실천에 있어서 너무도 큰 장애물이 된다는 것을 명심하라. 많은 사람들이 사람들의 칭찬을 중시하고 그것을 가치 있게 여기기 때문에 하나님의 영광에 미치지 못하게 된다. 사람이 선한 일을 좋아함과 더불어서 사람들로부터 칭찬받는 것을 좋아하게 되면, 그 사람은 위선자가 되어서, 신앙은 겉모습이고 진짜 목적은 그것을 통해서 사람들로부터 인정을 받고자 하는 것이 되어 버린다. 사람의 칭찬을 좋아하는 것이 악한 일을 행함에 있어서 그 밑바닥에 깔린 원칙이 되어 있는 사람은, 신앙이 수치스러운 것이 되고 신앙을 갖는 경우에는 사람들로부터 인정을 받지 못하게 되는 상황이 되면 배교자가 된다(로마서 2:29을 보라).

[44]예수께서 외쳐 이르시되 나를 믿는 자는 나를 믿는 것이 아니요 나를 보내신 이를 믿는 것이며 [45]나를 보는 자는 나를 보내신 이를 보는 것이니라 [46]나는 빛으로 세상에 왔나니 무릇 나를 믿는 자로 어둠에 거하지 않게 하려 함이로라 [47]사람이 내 말을 듣고 지키지 아니할지라도 내가 그를 심판하지 아니하노라 내가 온 것은 세상을 심판하려 함이 아니요 세상을 구원하려 함이로라 [48]나를 저버리고 내 말을 받지 아니하는 자를 심판할 이가 있으니 곧 내가 한 그 말이 마지막 날에 그를 심판하리라 [49]내가 내 자의로 말한 것이 아니요 나를 보내신 아버지께서 내가 말할 것과 이를 것을 친히 명령하여 주셨으니 [50]나는 그의 명령이 영생인 줄 아노라 그러므로 내

가 이르는 것은 내 아버지께서 내게 말씀하신 그대로니라 하시니라

우리는 이 단락에서 그리스도께서 이 세상에 오신 목적과 사명에 관하여 말씀하시면서 영광을 스스로 취하시는 것이 아니라 그 영광이 장차 있게 될 것을 단언하시는 것을 보게 된다. 아마도 여기에서 그리스도께서 하신 말씀은 앞의 단락과 동일한 때가 아니라(36절에 그가 떠나셨다로 되어 있기 때문에), 그로부터 얼마 후에 또다시 사람들 앞에 모습을 나타내셨을 때에 하신 말씀인 것 같다. 복음서 기자가 기록하고 있듯이, 여기에 나오는 말씀은 유대인들에 대한 그리스도의 고별 설교, 그의 마지막 대중 설교였다. 그리고 이후에 나오는 모든 말씀들은 그리스도께서 그의 제자들에게 은밀하게 말씀하신 것들이다. 이제 우리 주 예수께서 이 고별의 말씀을 어떻게 전달하셨는지를 살펴보자: 예수께서는 외쳐 이르셨다. 지혜가 부르지 아니하느냐(잠 8:1), 지혜가 광장에서 소리를 높인다(잠 1:20). 그리스도께서 목소리를 높이셔서 외치셨다는 것은 다음과 같은 것들을 의미한다.

1. 담대하게 말씀하셨다는 것. 유대인의 관리들은 그의 가르침에 대한 믿음을 공개적으로 고백할 용기를 가지고 있지 못했지만, 그리스도께서는 공개적으로 말씀을 전파하는 용기를 가지고 계셨다. 그들은 그의 가르침을 부끄러워하였지만, 그리스도께서는 자신의 가르침을 부끄러워하지 않으시고, 부싯돌처럼 얼굴을 굳게 하셨다(사 50:7).

2. 진지하게 말씀하셨다는 것. 그리스도께서는 진지하고 끈질기게 외치셨고, 열심을 가지고 말씀하셨으며, 그들에게 하나님의 복음만이 아니라 그의 목숨까지라도 나눠 주고자 하셨다.

3. 그리스도께서는 모든 사람이 자신의 말을 들을 수 있기를 바라셨다. 복음을 친히 전하시는 것이 이번이 마지막이었기 때문에, 그리스도께서는 "나의 말을 듣고자 하는 자는 누구든지 지금 오라"고 선포하신다. 모든 것의 결론, 그리스도의 모든 말씀들의 이 결론적인 요약은 과연 무엇이었는가? 그것은 모세의 결론과 흡사한 것이었다: 보라 내가 생명과 사망을 네 앞에 두었다(신 30:15). 그리스도께서도 여기에서 세 가지를 엄숙하게 선언하신 후에 성전을 떠나신다.

I. 믿는 자들의 특권과 위엄들. 이것은 우리에게 그리스도를 믿고 그 믿음을 고백하라는 큰 격려가 된다. 복음은 우리가 그것을 행하거나 고백하기를 부

끄러워할 필요가 없는 바로 그런 성질의 것이다. 그 이유는 다음과 같다.

1. 그리스도를 믿음으로써 우리는 하나님을 알게 되는 영광을 받게 된다(44-45절): 나를 믿고 나를 보는 자는 나를 보내신 이를 믿고 나를 보내신 이를 보는 것이니라. (1) 그리스도를 믿는 자는 자기와 같은 그런 평범한 사람을 믿는 것이 아니라, 하나님의 아들이시고 아버지와 동등한 권능과 영광을 지니고 계신 분을 믿는 것이다. (2) 그리스도를 믿는 자는 그의 믿음이 그리스도에게서 끝나는 것이 아니라, 그를 통해서 그를 보내신 아버지께로 이어지는데, 이 아버지는 우리가 우리의 길이 되시는 그리스도로 말미암아 가도록 되어 있는 바로 그분이시다. 그리스도의 가르침은 하나님의 진리로 믿어지고 받아들여진다. 믿는 자는 중보자이신 그리스도로 말미암아 하나님 안에서 안식을 얻는다. 왜냐하면, 우리가 그리스도께 우리 자신을 의탁하는 것은 하나님께 나아가기 위한 것이기 때문이다. 기독교는 철학이나 정치로 이루어져 있는 것이 아니라 순수한 신성으로 이루어져 있다. 이것이 45절에 예시되어 있다. 나를 보는(이것은 그를 믿는 것과 동일한 것인데, 믿음은 영혼의 눈으로 보는 것이기 때문이다) 자는 나를 보내신 이를 보는 것이니라. 우리는 그리스도를 알게 됨으로써 하나님을 아는 지식에 이르게 된다. 왜냐하면, [1] 하나님께서는 그리스도의 얼굴에 자신을 나타내셨기 때문이다(고후 4:6). 그리스도는 하나님의 형상이시다(히 1:3). [2] 그리스도를 믿고 보는 자들은 누구든지 그리스도에 의해서 하나님을 아는 지식으로 인도되는데, 그리스도께서는 그의 말씀과 성령을 통해서 우리에게 하나님을 계시하셨다. 하나님이신 그리스도께서는 성부 하나님의 형상이셨다. 그러나 중보자이신 그리스도께서는 사람과의 관계 속에서 아버지 하나님의 대표자이기 때문에, 하나님의 빛과 법과 사랑이 그리스도로 말미암아 우리에게 전달된다. 따라서 우리는 그리스도를 봄으로써(즉, 구속 사역 속에서 우리의 구주와 왕과 주님이 되신 그리스도를 봄으로써) 창조 사역 속에서 우리의 소유자이자 통치자이며 은혜를 베푸는 자이신 아버지를 보게 된다. 왜냐하면, 하나님께서는 대리자를 세우셔서 타락한 인간을 구원하시기를 기뻐하셨기 때문이다.

2. 우리는 이것을 통해서 우리 자신에 대하여 편안해질 수 있게 된다(46절): 나는 세상에 온 빛이니 나를 믿는 자는(유대인이든 이방인이든) 어둠에 거하지 아니하리라. (1) 그리스도의 성격: 나는 이 세상의 빛이 되기 위해서 빛으로 세상에 왔다. 이 말씀은 그리스도께서 세상에 오시기 전에 하나의 존재, 빛으로서의 존

재로 계셨다는 것을 의미한다 ― 마치 태양이 뜨기 전에 이미 존재하는 것과 마찬가지로. 선지자들과 사도들은 이 세상에 대하여 빛들이 되었지만, 앞서 하늘 나라에서 영광스러운 빛으로 계셨다가 이 세상에 빛으로 오신 분은 오직 그리스도뿐이셨다(3:19). (2) 그리스도인들이 받는 위로: 그들은 **어둠에 거하지 않는다**. [1] 그들은 그들이 본성적으로 태어났던 저 어두운 상태 속에 계속해서 머물지 않아도 된다. 그들은 주 안에서 빛이다. 그들에게는 그 어떤 참된 위로나 기쁨 또는 소망이 없었지만, 이제는 그러한 상태 속에 계속해서 머물러 있지 않아도 된다. 그들에게 빛이 비친 것이다. [2] 앞으로 그들이 환난과 불안과 두려움 같은 그 어떤 어둠 속에 있게 될지라도, 그들이 그 속에 오래 머물지 않도록 하기 위한 방도가 마련되어 있다. [3] 그들은 영속적인 어둠, 영원히 거하는 어둠, 한줄기 빛도 없고 빛이 비출 소망도 없는 철저한 어둠으로부터 건져내심을 받게 되었다.

Ⅱ. 불신앙을 고집하지 않도록 경고하기 위해서 주어진 믿지 않는 자들의 위태로운 처지와 위험(47-48절) : "사람이 내 말을 듣고 지키지 아니할지라도 내가 그를 심판하지 아니하노라. 이것은 내가 한 말을 듣지 않았다고 해서 내가 직접 심판을 함으로써 공평하지 못하다는 말을 듣지 않기 위한 것이다. 그렇지만 믿지 않는 자들은 자기들이 아무런 벌도 받지 않을 것이라고 생각해서는 안 된다. 내가 그를 심판하지는 않겠지만 그를 심판할 이가 있다." 따라서 우리는 여기에서 불신앙의 결국을 보게 된다. 좀 더 살펴보자.

1. 여기서 불신앙으로 말미암아 정죄되고 있는 자들은 누구인가? 그리스도의 말씀을 듣고 믿지 않는 자들. 복음을 들은 적이 없거나 들을 수 없었던 자들은 그들의 불신앙으로 인해서 정죄를 받지 않게 될 것이다. 각 사람은 그가 있었던 처지에 따라서 심판받게 될 것이다: 무릇 율법 없이 범죄한 자는 율법 없이 심판을 받으리라. 그러나 복음을 들었거나 들을 수 있었거나 듣고자 하지 않았던 자들은 이러한 심판에 처해지게 될 것이다.

2. 그들의 불신앙의 근저에 있는 악의는 무엇인가? 그리스도의 말씀을 받지 않은 것이다. 그것은 그리스도를 저버린 것으로 해석된다(48절). 그것은 코웃음 치며 경멸하면서 거부한 것을 의미한다. 복음의 깃발이 나부끼는 곳에서는 중립은 허용되지 않는다. 각 사람은 복음의 신민(臣民)이 되거나 원수가 된다.

3. 우리 주 예수께서 이 땅에 오셨을 때에 그를 멸시한 자들을 놀라울 정도

로 인내하시고 오래 참으심: 내가 그를 심판하지 아니하노라. 그리스도께서는 그의 은혜를 처음 접하고서 거부한 자들에 대하여 신속하게 또는 서둘러서 복수하시는 것이 아니라, 계속해서 그들이 은혜를 받아들이기를 기다리고 계신다는 것을 명심하라. 그는 그를 배척했던 귀먹은 자들이나 죽은 자들을 공격하지 아니하였고, 엘리야와는 달리 결코 이스라엘에 대하여 복수를 해 달라고 중보기도를 하신 적이 없으셨다. 그리스도께서는 심판할 권세를 가지고 계셨지만, 그에게는 그것과는 성질이 다른 먼저 하실 일이 있으셨기 때문에 그 집행을 미루셨는데, 그 일이란 바로 세상을 구원하는 일이었다. (1) 타락한 인류를 심판하시기 전에 그에게 주어진 자들을 효과적으로 구원하시는 일. (2) 사람들이 구원받지 못한다면, 그것은 온전히 그들 자신의 잘못이 되게 하기 위하여 온 세상에 구원을 알리시는 일. 그리스도께서는 자신을 희생 제물로 드리심으로써 죄를 없애실 것이었다. 지금 심판자로서의 권세를 행사하는 것은 그러한 구원 사역과 부합하는 것이 아니었다. 그는 굴욕을 당했을 때에 공정한 재판도 받지 못하였다(행 8:33). 그의 심판의 권능은 잠시 미루어졌다.

4. 저 큰 날, 하나님의 의로운 심판이 나타날 그 날에 있게 될 불신자들에 대한 확실하고도 피할 수 없는 심판: 불신앙은 분명히 저주받을 죄라는 것이 드러나게 될 것이다. 어떤 이들은 그리스도께서 내가 사람을 심판하지 아니하노라고 말씀하신 것은 그들이 이미 정죄받았다는 것을 의미하는 것이라고 생각한다. 그들을 심판할 그 어떤 절차도 필요없는데, 그들은 스스로를 심판하고 있기 때문이다. 또한 그 어떤 집행도 필요없는데, 그들은 스스로 멸망해 가고 있기 때문이다. 물론, 그들에 대한 심판은 있게 될 것이다(히 2:3). 그리스도께서는 그들을 고소하는 자로 나설 필요가 없다. 그가 그들을 위하여 변호자로 나서지 않는다면, 그들은 참담한 처지가 될 것이다. 하지만 그리스도께서는 그들에게 언제 그리고 어디에서 그들이 결산(決算)을 하게 될 것인지를 분명하게 말씀하신다. (1) 그들을 심판할 이가 있다. 그들에게 주어진 오래 참으심을 악용하고 은혜를 짓밟는 일보다 더 무서운 일은 없다. 한동안은 긍휼이 심판을 이기고 자랑하겠지만, 장차 긍휼없는 심판이 있게 될 것이다. (2) 그들에 대한 최후의 심판은 마지막 날로 연기되어 있다. 여기서 그리스도께서는 저 심판의 날을 모든 불신자들이 그를 멸시하였던 모든 일들에 대한 보응(報應)과 결부시키신다. 하나님의 공의는 한 날을 정하셨고, 그 날에 판결이 이루어질 것이다(마 26:64). (3) 그 때에

그리스도의 말씀이 그들을 심판하게 될 것이다: 내가 한 그 말, 그 말을 너희가 아무리 멸시하고 업신여긴다고 할지라도, 그 말이 마지막 날에 믿지 아니하는 자를 심판하리라. 누가복음 22:30에서는 그리스도의 말씀을 전하는 자들인 사도들이 그들을 심판하게 될 것이라고 말한다. 그리스도의 말씀은 불신자들을 두 가지 방식으로 심판하게 될 것이다. [1] 그리스도의 말씀은 그들의 범죄에 대한 증거가 되어서 그들을 단죄하게 될 것이다. 그리스도께서 하신 모든 말씀들, 모든 설교, 모든 논증, 모든 자비로운 제안은 그가 말씀하셨던 모든 것을 멸시한 자들에 대한 증언이 될 것이다. [2] 그리스도의 말씀은 그들의 운명에 대한 잣대로 작용하여 그들을 단죄하게 될 것이다. 그들은 그리스도께서 이루셨고 공표하신 바로 그 계약의 기조에 따라서 심판받게 될 것이다. 믿는 자는 정죄를 받지 아니하리라는 그리스도의 말씀이 모든 불신자들을 영원한 멸망으로 심판하실 것이다. 그리고 그와 같은 말씀들이 많이 있다.

III. 그리스도께서 우리에게 믿음을 요구하시고, 그의 가르침을 받아들일 것을 요구하심에 있어서 그가 지니신 권세를 엄숙하게 선포하심(49-50절). 좀 더 살펴보자.

1. 우리 주 예수께서 그의 가르침을 세상에 전하도록 아버지께로부터 받으신 위임(49절): 내가 내 자의로 말한 것이 아니요, 나는 단순한 사람으로서, 또는 평범한 사람으로서 내 말을 한 것이 아니다. 아버지께서 내가 말할 것을 친히 명령하여 주셨다. 이 말씀은 그가 7:16에서 말하셨던 것과 동일한 것이다.

(1) 내 교훈은 내 것이 아니다. 왜냐하면, 나는 자의로 말한 것이 아니기 때문이다. 인자로서 그리스도께서는 사람으로서 생각해 낸 것이나 고안해 낸 것에 속한 말을 하신 것이 아니었다. 하나님의 아들로서 그리스도께서는 별개로 또는 스스로 홀로 행하신 것이 아니었고, 그가 말씀하신 것은 화평의 모략의 결과였다. 중보자로서 그리스도께서 이 세상에 오신 것은 자원하신 것이었고, 그의 온전한 동의에 의한 것이었지만, 자의적인 것이거나 그의 머리에서 나온 것이 아니었다.

(2) 그리스도의 가르침은 그를 보내신 자의 가르침이었다. [1] 하나님 아버지께서 그에게 사명을 주셨다. 하나님은 그와 인간 사이의 문제를 해결하고, 평화의 조약을 맺으며, 그 조항들을 매듭짓기 위해서 그리스도를 그의 전권 대사로 보내셨다. [2] 하나님 아버지께서는 그리스도께 여기에서 명령이라고 불리고 있

는 지시들을 주셨다. 왜냐하면, 이 지시들은 대사(大使)에게 주어지는 것들과 마찬가지로 그에게 그가 말해도 좋은 것만이 아니라 그가 꼭 말해야 할 것을 지시하는 것이었기 때문이다. 계약의 사자에게 그가 수행해야 할 임무가 맡겨졌다. 우리 주 예수께서는 비록 아들이셨을지라도 우리에게 순종을 가르치시기 전에 스스로 몸소 순종함을 배우셨다는 것을 명심하라. 여호와 하나님께서 첫째 아담에게 명령하셨지만, 그는 불순종으로 말미암아 우리를 파멸시켰다. 하나님께서는 둘째 아담에게 명령하셨고, 그는 순종함을 통해서 우리를 구원하셨다. 하나님께서는 그리스도께 그가 말할 것과 이를 것을 친히 명령하여 주셨는데, 이 두 단어는 동일한 것을 나타내는 것으로서, 그리스도의 모든 말씀이 하나님께로부터 왔다는 것을 나타내는 것이다. 구약의 선지자들은 종종 자기 생각으로 말하는 경우가 있었다. 그러나 그리스도께서는 언제나 성령에 의지해서 말씀하셨다. 어떤 이들은 이 두 단어를 이렇게 구별해서 해석한다: 그리스도께서는 그가 정해진 설교들 속에서 말할 것을 지시받으셨고, 그의 친밀한 대화들 속에서 이를 것을 지시받으셨다. 또 어떤 이들은 이렇게 구별한다: 그리스도께서는 지금 그의 말씀 전파 속에서 말할 것을 지시받으셨고, 마지막 날에 그가 심판할 때에 이를 것을 지시받으실 것이다. 왜냐하면, 그리스도께서는 이 둘 모두에 대한 위임과 지시를 받으셨기 때문이다.

2. 이러한 위임의 범위, 목적, 성향: 나는 그의 명령이 영생인 줄 아노라(50절). 그리스도께 주어진 사명은 사람들의 영원한 상태와 관련된 것이었고, 그러한 상태 속에서의 사람들의 영원한 삶과 행복을 위한 것이었다: 선지자로서의 그리스도께 주어진 지시들은 영원한 삶을 나타내기 위한 것이었다(요1 5:11). 왕으로서의 그리스도께 주어진 권능은 영원한 생명을 주는 것이었다(17:2). 이렇게 그리스도께 주어진 명령은 영생이었다. 그리스도께서는 이것을 그가 알고 있었다고 말씀한다: "나는 그것이 그렇다는 것을 알고 있다." 이것은 그리스도께서 얼마나 기쁜 마음으로 또한 얼마나 큰 확신으로 그의 일을 해 오셨는지를 암시해 준다. 그는 자기가 선한 심부름을 하기 위해서 왔다는 것과 이것은 영생의 열매를 맺게 되리라는 것을 아주 잘 알고 계셨다. 또한 그것은 그리스도와 그의 말씀을 거부하는 자들이 멸망당하는 것이 얼마나 합당한지를 보여준다. 그리스도를 불순종하는 자들은 영생을 멸시하고 거절하는 자들이다. 그렇기 때문에 그리스도의 말씀만이 아니라 그들 자신의 말도 그들을 심판하게 될

것이다. 따라서 그들의 운명은 그들 자신이 결정한 대로 될 것이다. 누가 이것에 대하여 이의를 제기할 수 있겠는가?

3. 그리스도께서는 그에게 주어진 사명과 지시들을 정확하게 이행하셨고, 그것들을 따라서 견실하게 행하고 계시다는 것: 내가 이르는 것은 내 아버지께서 내게 말씀하신 그대로니라. 그리스도께서는 하나님의 뜻을 아주 잘 알고 계셨고, 그 뜻들을 사람들에게 그대로 전달하시는 데에 충실하셨으며, 유익한 것은 무엇이든지 거리낌 없이 전하여 가르치셨다. 충성된 증인이 목숨을 바쳐서 있는 그대로를 증언하듯이, 그리스도께서는 바로 그렇게 하셨고, 오직 진리, 온전한 진리만을 말씀하셨으며, 진리 외에는 아무것도 말씀하지 않으셨다. (1) 이것은 믿음을 지닌 자에게 큰 격려가 된다. 그리스도의 말씀들은 올바르게 이해하기만 하면 우리가 목숨을 걸 만한 것이다. (2) 이것은 순종의 위대한 모범이다. 그리스도께서는 하나님으로부터 명령을 받은 대로 말씀하셨기 때문에 우리도 그렇게 하여야 하고, 그리스도께서는 아버지께서 그에게 말씀하신 것을 전했기 때문에 우리도 그렇게 하여야 한다(사도행전 4:20을 보라). 그리스도에게 온갖 영광이 주어졌다고 해도, 그가 자신에 대하여 소중히 여겼던 영광은 아버지께서 그에게 말씀하신 것을 그가 말했다는 것이었고 아버지께서 그에게 지시하신 대로 그가 말하였다는 것이다. 아들로서의 그리스도께서는 그를 세우신 분에게 충성하였다는 것이 그의 영광이었다. 우리도 그리스도의 모든 말씀을 한 점 의심 없이 믿고 목숨을 다해서 거기에 온전히 순복함으로써 그리스도께 그의 이름에 걸맞는 영광을 돌려 드려야 한다.

제
— 13 —
장

개요

　　우리 구주께서는 "죄인들의 거역하심을 참으시고" 그의 공적인 강론들을 마치신 후에, 이제 성도들을 위로할 목적으로 그의 친구들과 은밀한 대화를 행하신다. 이후에 나오는 내용들은 장차 그가 먼 나라로 출타했을 때에 가사 돌보는 일을 맡게 될 그의 제자들과의 사이에서 일어난 일에 관한 기사이다. 그리스도께서는 그들에게 꼭 필요한 교훈들과 위로들을 주셨다. 그의 때가 가까워 오자, 그는 그의 집을 정리하는 데에 시간을 보내신다. 이 장에는 다음과 같은 내용들이 나온다. I. 그리스도께서 제자들의 발을 씻어 주심(1-17절). II. 그리스도께서 누가 자기를 배신할지를 미리 말씀하심(18-30절). III. 그리스도께서 제자들에게 그 자신의 죽음에 관한 큰 가르침과 형제 사랑에 관한 큰 의무를 가르치심(31-35절). IV. 그리스도께서 베드로가 자기를 부인할 것을 미리 말씀하심(36-38절).

[1]유월절 전에 예수께서 자기가 세상을 떠나 아버지께로 돌아가실 때가 이른 줄 아시고 세상에 있는 자기 사람들을 사랑하시되 끝까지 사랑하시니라 [2]마귀가 벌써 시몬의 아들 가룟 유다의 마음에 예수를 팔려는 생각을 넣었더라 [3]저녁 먹는 중 예수는 아버지께서 모든 것을 자기 손에 맡기신 것과 또 자기가 하나님께로부터 오셨다가 하나님께로 돌아가실 것을 아시고 [4]저녁 잡수시던 자리에서 일어나 겉옷을 벗고 수건을 가져다가 허리에 두르시고 [5]이에 대야에 물을 떠서 제자들의 발을 씻으시고 그 두르신 수건으로 닦기를 시작하여 [6]시몬 베드로에게 이르시니 베드로가 이르되 주여 주께서 내 발을 씻으시나이까 [7]예수께서 대답하여 이르시되 내가 하는 것을 네가 지금은 알지 못하나 이후에는 알리라 [8]베드로가 이르되 내 발을 절대로 씻지 못하시리이다 예수께서 대답하시되 내가 너를 씻어 주지 아니하면 네가 나와 상관이 없느니라 [9]시몬 베드로가 이르되 주여 내 발뿐 아니라 손과 머리도 씻어 주옵소서 [10]예수께서 이르시되 이미 목욕한 자는 발밖에 씻을 필요가 없느니라 온 몸이 깨끗하니라 너희가 깨끗하나 다는 아니니라 하시니 [11]이는 자기를 팔 자가 누구인지 아심이라 그러므로 다는 깨끗하지 아니하다 하시니라 [12]그들의 발을 씻으신

후에 옷을 입으시고 다시 앉아 그들에게 이르시되 내가 너희에게 행한 것을 너희가 아느냐 [13]너희가 나를 선생이라 또는 주라 하니 너희 말이 옳도다 내가 그러하다 [14]내가 주와 또는 선생이 되어 너희 발을 씻었으니 너희도 서로 발을 씻어 주는 것이 옳으니라 [15]내가 너희에게 행한 것 같이 너희도 행하게 하려 하여 본을 보였노라 [16]내가 진실로 진실로 너희에게 이르노니 종이 주인보다 크지 못하고 보냄을 받은 자가 보낸 자보다 크지 못하나니 [17]너희가 이것을 알고 행하면 복이 있으리라

주석자들은 그리스도께서 제자들의 발을 씻어 주시고 이어서 대화하신 것이 그가 배신당하였던 바로 그 밤이었고 그가 유월절 식사를 하시며 성만찬을 제정하셨던 바로 그 자리에서 일어난 일이었다는 것을 일반적으로 당연시하여 왔다. 그러나 이 일이 이 엄숙한 예식이 시작되기 전에 있었는지 아니면 전부 끝난 후에 있었는지, 아니면 유월절 식사를 한 것과 성만찬을 제정하신 것 사이에 있었는지에 대해서는 일치된 견해가 없다. 이 복음서 기자는 다른 복음서 기자들이 생략했던 내용들을 수집해서 기록하는 것을 자신의 일로 삼아서, 다른 복음서 기자들이 기록해 놓은 내용들은 일부러 생략하는데, 그러한 것들을 모두 취합하게 되면 어느 정도 난점이 생겨나기 때문이었다. 우리가 추측하기에는, 유다가 나가서(30절) 주 예수를 동산에서 붙잡기 위해서 사람들을 준비시켜 놓은 것은 바로 이 때인 것 같다. 그러나 라이트푸트(Lightfoot) 박사는 14장 끝까지 기록된 모든 내용에도 불구하고 이 일은 유월절 식사 때가 아니라 — 1절에 유월절 전이라고 되어 있기 때문에 — 유월절 이틀 전에 베다니에서 있었던 저녁 식사(이것에 대해서는 마태복음 26:2-6에 나와 있다) — 이 때에 마리아는 두 번째로 그리스도의 머리에 그녀의 남은 향유를 부었다 — 때에 있었다는 분명한 견해를 밝히고 있다. 또는, 이 일은 유월절 전날 밤에 문둥병자 시몬의 집이 아니라 그리스도와 그의 제자들이 묵고 있던 집에서 있었던 저녁 식사 자리에서 일어난 것일 수도 있다 — 이 때에 그리스도께서는 오직 제자들과 지내시면서 그들과 자유롭게 말씀하실 때였기 때문이다.

이 단락에는 그리스도께서 제자들의 발을 씻어 주신 것에 관한 이야기가 나온다. 그것은 특이한 성격을 지닌 행위였다. 그것은 이적이 아니었다 — 우리가 굳이 그것을 겸비의 이적이라고 부르지 않는다면. 얼마 전에 마리아는 그리스도의 머리에 향유를 부었었다. 이제 그러한 대접을 받은 것이 으시대는 모습으

로 보이지 않도록 하기 위해서, 그는 이러한 자기를 낮추는 행위를 통해서 그것을 곧 상쇄시키신다. 그러나 왜 그리스도께서는 이런 일을 하시고자 하신 것일까? 제자들이 발을 씻어야 했던 것이라면, 그들은 스스로 발을 씻을 수 있었다. 지혜로운 자는 정말 합당한 이유가 있기 전에는 이례적이거나 이상하게 보이는 일을 하지 않는 법이다. 우리는 그리스도께서 장난삼아서 이런 일을 하지 않으셨다는 것을 확신한다. 이 일은 매우 엄숙하게 이루어졌고 아주 진지하게 진행되었다. 본문에는 그리스도께서 왜 이런 일을 하셨는지에 대한 네 가지 이유가 암시되어 있다. 1. 그리스도께서 제자들에 대한 그의 사랑을 증거하기 위해서(1-2절). 2. 그리스도께서 자발적인 겸손과 겸양의 본보기를 보여주시기 위해서(3-5절). 3. 그리스도께서 베드로와의 대화 속에서 언급된 영적인 씻음을 그들에게 눈으로 보여주기 위해서(6-11절). 4. 그리스도께서 그들에게 모범을 제시하기 위해서(12-17절). 이 네 가지 이유를 추적해 나가다 보면 이 이야기 전체에 대한 해설이 이루어지게 될 것이다.

I. 그리스도께서 제자들의 발을 씻어 주신 것은 그가 그들을 큰 사랑으로 사랑하신다는 것을 증명하기 위한 것이었다. 그리스도께서는 그들을 끝까지 사랑하셨다(1-2절).

1. 본문에서는 이 행위를 우리 주 예수께서 세상에 있는 자기 사람들을 사랑하시되 끝까지 사랑하신 틀림없는 진리를 보여준 것으로 서술한다(1절).

(1) 이것은 그리스도를 측근에서 따랐던 제자들, 특히 열두 제자에게 해당된다. 그들은 이 세상에서 그리스도의 사람들이었고 그의 가족이자 그의 문도들이며 흉금을 털어 놓을 수 있는 그의 친구들이었다. 그리스도께는 자녀가 하나도 없었지만, 그는 그들을 입양하여서 자신의 가족으로 삼으셨다. 그리스도께서는 저 세상에 그의 가족인 자들이 있었지만, 이 세상에서 그의 가족인 자들을 보살피기 위해서 한동안 그들을 떠났다. 그리스도께서는 그들을 사랑하셨고, 그들을 불러서 그와 교제하게 하시며, 그들과 친밀하게 대화하셨고, 언제나 그들에게 자상하시며, 그들의 즐거움과 명성을 돌보셨다. 그리스도께서는 그들로 하여금 그에게 격의 없이 대하도록 허락하셨고, 그들의 연약한 것들을 용납하셨다. 그리스도께서는 그들을 끝까지 사랑하셨고, 그들에 대한 그의 사랑을 이 땅에 사시는 동안만이 아니라 부활 후에도 지속하셨다. 그는 결코 그의 인자와 사랑을 거두시는 분이 아니셨다. 그를 따르는 지체 높은 자들이 몇몇 있

었지만, 그는 새로운 친구들을 받아들이기 위해서 옛 친구들을 홀대하지 않으셨고, 여전히 그의 가난한 어부들에게 애착을 보이셨다. 그들은 연약하였고, 지식과 은혜에 있어서 결함이 있는 자들이었으며, 우둔하고 잘 잊어버리는 자들이었다. 그리스도께서는 그들을 자주 책망하시기는 하였지만 결코 그들을 사랑하거나 돌보시는 일을 중단하신 적이 없으셨다.

(2) 이것은 모든 신자들에게 해당된다. 왜냐하면, 이 열두 족장들은 하나님의 영적 이스라엘의 모든 지파들의 대표자들이었기 때문이다. [1] 우리 주 예수께서는 이 세상에 그의 소유인 백성을 가지고 계신다. 그들은 아버지께서 그에게 준 자들이고, 그가 그들을 값비싼 대가를 치르고 사서, 자기 자신의 소유로 구별하신 자들이기 때문에 그의 백성이다. 또한 그들은 특이한 백성으로서 오직 그에게만 주어져 있기 때문에 그의 백성이다: 자기 사람들. 자기 백성이 그를 영접하지 않았다고 말한 대목에서 사용된 투스 이디우스(자기 사람들)는 한 사람에 대하여 그의 아내와 자녀 같은 그런 불변의 관계 속에 있는 자들을 가리킨다. [2] 그리스도께서는 이 세상에 있는 자기 사람들에 대하여 진심어린 사랑을 가지고 계신다. 그는 그들의 구속을 위해서 자기 목숨을 버릴 정도의 사랑으로써 그들을 사랑하셨다. 그는 그들에게 자신과의 교제를 허락하실 정도로 흡족한 사랑으로 그들을 사랑하신다. 그들은 어둠과 소외의 세상, 죄와 부패의 세상, 이 세상에 있지만, 그는 그들을 사랑하신다. 그는 이제 하늘에 있는 자기 사람들, 즉 거기에서 온전하게 된 의인들의 영들에게로 가실 것이었다. 그러나 그는 이 땅에 있는 자기 사람들에게 지극한 관심을 가지고 계신 것으로 보인다. 왜냐하면, 그들은 그의 돌보심을 가장 필요로 하는 자들이었기 때문이다: 부모들은 병든 자녀에게 가장 관심을 쏟는 법이다. [3] 그리스도께서는 그가 사랑하시는 자들을 끝까지 사랑하신다. 그의 백성에 대한 사랑은 변함이 없으시다. 그는 잠잠히 사랑하신다. 그는 영원한 사랑으로 사랑하시는데(렘 31:3), 사랑의 계획에 있어서 영원하며, 그 결과들에 있어서도 영원하다. 그 어떤 것도 믿는 자를 그리스도의 사랑에서 끊을 수 없다. 그는 자기 사람들을 완전하게(에이스 텔로스) 사랑하신다. 왜냐하면, 그는 그들에 관한 것들을 완전하게 하실 것이고, 그들을 사랑이 완전하게 이루어지게 될 곳인 저 세상으로 데려가실 것이기 때문이다.

2. 저 선한 여자(눅 7:38)가 눈물로 그리스도의 발을 씻기고 닦아 준 것으로써 그리스도에 대한 그녀의 사랑을 보여주었던 것과 마찬가지로, 그리스도께

서는 제자들의 발을 씻어 주심으로써 그들에 대한 그의 사랑을 나타내셨다. 이렇게 하심으로써 그는 그들에 대한 그의 사랑이 변함없는 것과 마찬가지로 그 사랑이 겸비한 것이라는 것, 사랑을 실천함에 있어서 그가 기꺼이 자기 자신을 낮추고자 하셨다는 것, 이제 그가 들어가게 될 저 높아지신 상태의 영광들이 그가 그의 택함받은 자들에게 베풀 은혜에 대하여 전혀 장애물이 되지 못하리라는 것을 보여주고자 하셨다. 또한 이렇게 하심으로써 그는 그가 그들을 자리에 앉히고 나아와 수종들며(눅 12:37) 주인이 그의 종들을 섬기는 놀라운 일을 통해서 그들에게 존귀함을 더하실 것이라고 모든 성도들에게 하신 약속을 확증하고자 하셨다. 제자들은 얼마 전에 어떤 여자가 그의 머리에 향유를 붓는 것을 보고 불평함으로써(마 26:8) 그리스도에 대한 그들의 사랑의 연약함을 드러내 보였지만, 그리스도께서는 지금 그들에 대한 그의 사랑의 이러한 증거를 보여주고 계신다. 우리의 연약한 것들은 그리스도의 인자하심을 돋보이게 만드는 것들일 뿐이다.

3. 그리스도께서는 두 가지 이유로 인해서 그의 마지막 유월절을 눈 앞에 둔 바로 이 때를 택해서 이 일을 행하셨다.

(1) 그리스도께서는 오랫동안 기다려 왔던 그의 때가 온 것을 아셨고, 자기가 세상을 떠나 아버지께로 돌아가실 때가 이른 줄 아셨기 때문이다. 좀 더 살펴보자. [1] 우리 주 예수께 곧 일어나게 될 변화. 그는 떠나셔야 한다. 이것은 그의 죽음으로 시작되어서 그의 승천으로 끝나게 될 것이었다. 그리스도 자신과 마찬가지로, 모든 신자들도 그와 연합되어 있기 때문에 그들이 세상을 떠날 때에 몸을 벗어 버리고 아버지께로 가서 주님과 함께 있게 된다. 그것은 세상으로부터 떠나는 것, 이 냉혹하고 해로운 세상, 이 신실함이 없고 속임수가 판치는 세상, 수고와 땀과 유혹이 만연한 이 세상 — 이 눈물 골짜기 — 을 떠나는 것이다. 그것은 아버지께로 가는 것이고, 영들의 아버지를 뵈러 가는 것이며, 하나님을 우리의 아버지로 삼기 위해서 가는 것이다. [2] 이러한 변화의 때: 그의 때가 이르렀다. 이 때는 그의 원수들의 때(눅 22:53), 그들이 승리하는 때로 불리기도 하고, 그의 때, 그가 승리하는 때, 그가 지금까지 내내 기다려 왔던 때로 불리기도 한다. 그의 고난의 때는 특정한 때로 정해져 있었고, 고난은 그 때에만 지속되었다. [3] 그리스도께서 그 때를 미리 내다 보심: 그는 그의 때가 이르렀다는 것을 아셨다. 그는 그 때가 올 것과 언제 올 것이라는 것을 애초부터 알고 계셨고, 지금

그 때가 이르렀다는 것을 아셨다. 우리는 우리의 때가 언제 이를 줄을 알지 못한다. 그러므로 우리는 그 때를 대비하여 항상 준비하고 있어야 한다. 그러나 여러 징조들에 의해서 우리의 때가 이르렀다는 것을 알게 되었을 때에는 우리는 우리 주님께서 하셨던 것과 마찬가지로 실제적인 준비를 열심히 하여야 한다(벧후 3:14). 지금 그리스도께서는 그가 떠날 때가 곧 이른다는 것을 미리 아시고, 제자들의 발을 씻기셨다. 그리스도께서 그의 장례를 위하여 얼마 전에 그 머리에 향유를 부음받았던 것과 마찬가지로, 제자들은 제사장들의 경우와 마찬가지로 50일 후에 성령 강림에 의해서 그들이 성별되는 날을 대비해서 그 발을 씻김받을 필요가 있었다(레 8:6). 우리의 날이 다가오고 있는 것을 볼 때, 우리는 우리가 남겨 두고 떠나는 자들에게 우리가 할 수 있는 선을 베풀어야 한다.

(2) 마귀가 벌써 시몬의 아들 유다의 마음에 예수를 팔려는 생각을 넣었기 때문이다(2절). 보충설명을 위한 삽입구에 속하는 이 말씀은 다음과 같은 것들로 생각될 수 있다. [1] 유다의 배신이 어떻게 이루어졌는지 그 기원을 추적하는 말씀. 유다의 배신은 마귀의 형상과 서명(署名)을 분명하게 담은 그러한 성질의 죄였다. 마귀가 사람들의 마음에 접근하는 통로는 어떤 것들인지, 마귀가 어떤 방법으로 자신의 생각을 사람들 속에 집어넣어서 사람들 자신이 생각해 낸 것과 구별이 안 되도록 섞어 놓는지를 우리는 알 수 없다. 그러나 그 죄악성이 아주 심하고, 세상과 육신으로부터의 유혹이 별로 개입되어 있지 않아서, 사탄이 사람의 마음속에서 부화시킬 목적으로 그 알을 둥지에 넣어 둔 것이 분명한 그런 성격의 죄들이 존재한다. 유다가 예수 같은 그러한 선생을 너무도 값싸게 아무런 가책 없이 팔아 넘긴 것은 오직 사탄만이 만들어 낼 수 있는 하나님에 대한 직접적인 적대감 때문이었다. 이 일을 통해서 사탄은 구속주의 나라를 파멸시킬 수 있다고 생각했지만, 사실은 자기 자신의 나라를 파멸시키고 말았다. [2] 그리스도께서 지금 제자들의 발을 씻긴 이유를 암시하는 말씀. 첫째, 유다가 지금 그리스도를 팔기로 결심했기 때문에, 그리스도께서 떠나실 때가 그리 멀지 않았다. 이 문제가 결정되었다면, 사도 바울의 말처럼 나는 전제와 같이 부어질 준비가 되어 있다고 추론하는 일은 쉬운 일이다. 우리에 대한 원수들의 악의가 더 생생하게 감지되면 될수록, 우리는 더 부지런히 최악의 경우를 준비해야 한다는 것을 명심하라. 둘째, 유다가 지금 덫에 걸려 들었고, 마귀가 베드로를 비롯한 나머지 제자들을 겨냥하고 있는 시점에서(눅 22:31), 그리스도께서는 마귀

에 대항하여 자기 사람들을 견고하게 세우고자 하셨다. 늑대가 양 무리 중의 하나를 붙잡아 갔다면, 그 때는 목자가 나머지 양들을 더 잘 돌보아야 할 때이다. 감염이 시작되었을 때, 해독제가 주입되어야 한다. 라이트푸트 박사는 제자들이 그리스도께서 향유로 기름부음을 받으실 때에 유다가 불평하는 것을 알았었다고 지적한다(12:4 이하를 마태복음 26:8과 비교해 보라). 이제 유다에게서 그런 것을 배운 자들이 더 악한 것을 배우지 않게 하기 위해서, 그리스도께서는 유다의 가장 위험한 공격에 대비해서 겸손의 교훈을 통해서 제자들을 견고하게 하신다. 셋째, 지금 그리스도를 팔려는 계획을 진행하고 있던 유다는 열두 제자 중의 한 사람이었다. 지금 이 일을 통해서 그리스도께서는 한 사람의 잘못 때문에 그들 모두를 버릴 의도가 없으시다는 것을 보여주고자 하셨다. 그들 무리 중의 한 사람이 마귀에게 유혹되어서 변절자가 되었다고 할지라도, 그들은 그것 때문에 상황이 더 악화되어서는 안 된다. 그리스도께서는 그의 교회 속에 위선자들이 존재한다고 할지라도 그의 교회를 사랑하시고, 그의 제자들 속에 유다 같은 자가 있다는 것을 아심에도 불구하고 여전히 그의 제자들에 대한 사랑을 지니고 계셨다.

II. 그리스도께서 제자들의 발을 씻기신 것은 자신의 놀라운 겸손의 본보기를 보여주고, 그가 얼마나 낮아지고 겸양하였는지를 보여주며, 온 세상으로 하여금 그가 자기 사람들을 사랑함에 있어서 얼마나 허리를 굽혀서 사랑하실 수 있으셨는지를 알게 하고자 하기 위한 것이었다. 이것은 3-5절에 암시되어 있다. 예수께서 중보자로서의 자신의 영광을 아시고, 또한 지금 실제로 그것을 생각하시며, 그의 친구들에게 아버지께서 모든 것을 자기 손에 맡기신 것을 말씀하고는, 저녁 잡수시던 자리에서 일어나, 거기에 모인 무리들이 예수께서 무엇을 하시려고 그러는지를 의아해하며 깜짝 놀라고 있을 때에 제자들의 발을 씻으셨다.

1. 여기에는 주 예수께서 받으시기에 합당한 일들이 나온다. 본문에는 중보자이신 그리스도에 관하여 영광스러운 일들이 말씀되어 있다.

(1) 아버지께서 모든 것을 그의 손에 맡기셨다. 하나님은 그리스도께 그의 사업의 큰 목적을 따라서 천지를 주재하시는 분으로서 모든 것에 대한 소유권과 모든 것에 대한 권세를 주셨었다(마태복음 11:27을 보라). 하나님과 인간 사이에서 일어나는 온갖 다양한 문제들을 중재하고 조정하는 일이 큰 심판자이신 그리스도의 손에 맡겨졌다. 또한 사람들 가운데서 하나님의 나라를 운영하는 일

과 그 아래에서 행해질 모든 일들이 그리스도께 맡겨졌다. 따라서 다스리는 일이든 심판하는 일이든 모든 행위들은 그의 손을 거치게 되어 있었다. 그는 만유의 상속자이시다.

(2) 그리스도께서는 하나님께로부터 오셨다. 이것은 그리스도께서 이 세상에서 태어나시기 전뿐만 아니라 세상이 창조되기 전에도 태초부터 하나님과 함께 계셨고 영광을 가지고 계셨다는 것을 의미한다. 그리고 그리스도께서 세상에 오셨을 때에 그는 하나님으로부터 사명을 받아가지고 하나님의 대사로서 오신 것이었다. 그는 하나님의 아들이자 하나님으로부터 보내심을 받은 자로서 하나님께로부터 오셨다. 구약의 선지자들은 하나님에 의해서 세우심을 받았고 하나님을 위하여 쓰임받았지만, 그리스도께서는 하나님께로부터 직접 오셨다.

(3) 그리스도께서는 그가 영원 전부터 하나님과 함께 가지고 계셨던 그 동일한 영광으로 영화롭게 되기 위하여 하나님께로 돌아가실 것이었다. 하나님께로부터 온 것은 하나님께로 돌아가게 되어 있다. 하늘로부터 난 자들은 하늘로 돌아가게 되어 있다. 그리스도께서 이 땅에서 하나님을 위하여 대리자가 되기 위하여 하나님께로부터 오신 것과 마찬가지로, 그는 하늘에서 우리를 위한 대리자가 되시기 위해서 하나님께로 돌아가셨다. 그리스도께서 하늘에서 얼마나 큰 환영을 받았는지를 생각하는 것은 우리에게 큰 위로가 된다: 옛적부터 계신 이는 그리스도를 가까이에 두셨다(단 7:13). 하나님께서는 그리스도에게 내 오른쪽에 앉아 있으라(시 110:1)고 말씀하셨다.

(4) 그리스도께서는 이 모든 것을 아셨다. 그는 자기가 얼마나 큰 영광을 가지고 태어났는지에 대해서 아무것도 모르는 요람에 있는 왕세자 같지도 않으셨고, 얼굴 피부에 광채가 나나 깨닫지 못한 모세와도 같지 않으셨다. 그리스도께서는 그의 높아지신 상태가 지닌 모든 영광을 온전히 보셨지만, 그럼에도 불구하고 허리를 굽혀서 스스로를 낮추셨다. 그러나 이런 일이 어떻게 여기에서 일어나게 된 것인가? [1] 그리스도께서는 제자들과 작별을 고하고 그들과 함께 나누었던 친밀한 교제를 떠나서 높아지시게 될 그의 때가 이제 왔기 때문에 그의 제자들에게 남겨 주어야 할 교훈들과 유산들을 지금 신속하게 물려 주지 않으면 안 되었다(1절). [2] 이 일은 그리스도께서 고난당하는 중에 그를 지지해 주고 이 통렬한 아픔을 즐거운 마음으로 통과할 수 있게 해 줄 그런 일로서 일어

난 것일 수 있다. 유다는 지금 그리스도를 배신하려고 하고 있었고, 그리스도께서는 그것을 아셨고, 또한 그 결과가 어떤 것일지도 알고 계셨다. 그렇지만 그리스도께서는 자기가 하나님께로부터 오셨다가 하나님께로 돌아가실 것도 알고 계셨기 때문에, 뒤로 물러나지 않으시고 즐거운 마음으로 계속 나아가셨다. [3] 이 일은 그리스도의 겸양을 더 돋보이게 만들고 더 상찬(賞讚)하게 만드는 일로서 생겨난 것인 것 같다. 하나님의 은혜의 이유들은 종종 성경에서 이상하고 예기치 않은 것으로 묘사된다(사 57:17-18; 호 2:13-14). 여기에서도 이 일은 의기양양해할 만한 충분한 이유가 있으셨던 그리스도로 하여금 몸을 굽혀서 스스로를 낮추게 하려는 방책으로 주어진 것이다. 왜냐하면, 하나님의 생각은 우리의 생각과 다르기 때문이다. 이번 일을 하나님의 영광이 나타난 후에 겸양의 은혜를 보여주는 가장 분명한 예들이 나오는 그러한 본문들, 즉 시편 68:4-5; 이사야 57:15; 66:1-2과 비교해 보라.

2. 그럼에도 불구하고 여기에는 우리 주 예수께서 자원하여 스스로를 낮추시는 모습이 드러난다. 예수께서 하나님으로서의 자신의 영광과 중보자로서의 자신의 권세와 능력을 아시고 저녁 잡수시던 자리에서 일어나셨을 때, 사람들은 당연히 그가 평상복을 벗어 버리고, 왕이 입는 옷을 가져오라고 명한 후에, 제자들을 그에게서 멀리 떨어지게 하고서, 그에게 충성 맹세를 하도록 하실 것이라고 예상하였을 것이다. 그러나 그러한 예상과는 정반대로, 그리스도께서는 그러한 것들을 아셨을 때에 가장 큰 겸손의 예를 보여주셨다. 천국의 축복을 정말 확신하고 있다면, 그 사람은 교만함으로 높아지는 것이 아니라 스스로를 매우 겸손하게 낮추게 된다는 것을 명심하라. 그리스도께 합당한 자가 되고자 하고 그의 성령에 참여하는 자가 되고자 하는 자들은 그들이 가장 높아졌을 때에 그들의 마음을 낮추고 항상 겸손하도록 애를 써야 한다. 지금 그리스도께서 스스로를 낮추신 것은 제자들의 발을 씻기는 것이었다.

(1) 이러한 행위 자체는 비천하고 굴욕적인 것으로서 가장 낮은 계급의 종들이 하는 일이었다. 내 주의 여종은 내 주의 전령들의 발 씻길 종이니이다라고 아비가일은 말하였는데, 이것은 가장 비천한 일에 자기를 써 달라고 하는 말이었다(삼상 25:41). 그리스도께서 제자들의 손이나 얼굴을 씻어 주셨다고 할지라도, 그것은 큰 겸양이 되었을 것이다(엘리사는 엘리야의 손에 물을 부어 드렸다, 왕하 3:11). 그러나 그리스도께서 몸을 굽혀서 이와 같은 비천한 일을 하신 것

은 우리의 경탄을 자아내기에 충분한 것이었다. 이렇게 해서 그리스도께서는 우리에게 우리가 하나님의 영광과 우리 형제들의 유익을 위하여 섬길 수만 있다면 그 어떤 일도 비천하게 생각해서는 안 된다는 것을 가르치고자 하셨다.

(2) 이러한 겸양은 그리스도께서 그의 제자들을 위해서 이 일을 하셨다는 것에 의해서 훨씬 더 큰 겸양이 되었다. 왜냐하면, 제자들은 그들의 몸에 신경을 쓰지 않는 까닭에 땟물이 줄줄 흐르는 형편없는 상태에 있었을 것이기 때문이다. 그들은 발을 거의 씻지 않았을 것이고, 따라서 매우 더러웠을 것이다. 그들은 그리스도와의 관계에서 볼 때에 그의 문도들, 그의 종들이었고, 모든 것을 그에게 의존하며 그에게 모든 기대를 걸고 있었던 자들이었기 때문에, 마땅히 그들이 그의 발을 씻겨 드려야 했다. 많은 위대한 사람들은 윗 사람의 은총을 입기 위해서 비천한 일을 하는 법이다. 그들은 허리를 굽혀서 출세하고 굽실거림으로써 승진한다. 그러나 그리스도께서 제자들에게 이 일을 하신 것은 의례적인 행위이거나 아부하는 행위일 수 없었고 오직 순수한 겸손의 행위였다.

(3) 그리스도께서는 이 일을 하시기 위해서 저녁 잡수시던 자리에서 일어나셨다. 영어 성경에서는 저녁 식사 후에(2절)라고 번역하고 있지만, 본문은 저녁 식사 중에 또는 예수께서 저녁 잡수시던 중에라고 번역하는 것이 더 옳다. 왜냐하면, 우리는 그리스도께서 이 일을 마치신 후에 다시 앉으셔서(12절) 떡 한 조각을 찍어 드시는 것을 보게 되기 때문이다(26절). 따라서 그리스도께서는 식사를 하시다 말고 이 일을 행하셨다. 이것은 우리에게 다음과 같은 것들을 가르쳐 준다. [1] 우리는 식사 중에 하나님이나 우리 형제들을 섬기는 일에 부르심을 받았을 때에 그것을 우리의 일을 방해하는 것이라거나 귀찮고 성가신 일이라고 생각해서는 안 되고, 우리가 해야 할 일을 하는 것을 우리의 일용할 양식보다 더 중한 것으로 여겨야 한다(4:34). 그리스도께서는 그의 가장 가까운 혈육들이 찾아왔을 때에도 그들을 만나기 위해서 그의 설교를 중단하지 않으셨지만(막 3:33), 그의 제자들에 대한 사랑을 보여주기 위해서는 식사를 중단하셨다. [2] 우리는 식사에 대하여 지나치게 신경을 써서는 안 된다. 저녁 식사 때에 더러운 발을 씻겨 주는 것은 많은 사람들로 하여금 구역질이 나게 만들었을 것이다. 그러나 그리스도께서 이렇게 하신 것은 우리로 하여금 무례하고 단정하지 못한 것을 배우도록 하기 위한 것이 아니라(깨끗함과 경건함이 동시에 있다면 금상첨화일 것이다), 우리에게 식사하는 일에 지나치게 신경을 쓰지 말고 입맛을

까다롭지 않게 하며 그 자리에 합당한 예의를 갖추어서 식사를 하면 된다는 것을 가르치시기 위한 것이었다.

(4) 그리스도께서는 이 일을 하시기 위해서 종의 복장을 하셨다: 그는 겉옷을 벗으셨는데, 이것은 제자들의 발을 씻기는 섬김의 행위에 겉옷이 방해가 되지 않도록 하기 위한 것이었다. 우리는 위풍당당한 모습을 보이기 위한 것이 아니라 수고를 할 자세가 되어 있는 모습으로 우리가 해야 할 일에 임하여야 한다. 우리는 우리의 자존심을 세워 주거나 우리가 해야 할 일에 방해가 되고 거추장스러운 것들은 모두 제거해야 하고, 우리가 할 일에 몰두하기 위해서 우리 마음의 허리를 동여야 한다.

(5) 그리스도께서는 할 수 있는 한 모든 겸손한 예식을 통해서 이 일을 하셨고, 이 섬김의 모든 부분들을 하나하나 남김없이 행하셨으며, 제자들 중 어느한 사람도 빼놓지 않으셨다. 그리스도께서는 마치 이 일을 하도록 고용된 자처럼 이 일을 행하셨다. 그는 이 일을 혼자 하셨고, 그를 돕는 사람 없이 이 일을 하셨다. 종들이 수건을 그들의 팔에 걸치거나 앞치마를 두르듯이, 그리스도께서는 수건을 가져다가 허리에 두르셨다. 그리스도께서는 옆에 있던 물 항아리들에서 물을 떠서 대야에 부으셨고(2:6), 그런 후에 제자들의 발을 씻기셨다. 그는 이 섬김의 일을 다 마무리하는 행위로 제자들의 발을 닦으셨다. 어떤 이들은 그리스도께서 제자들 모두의 발을 씻기신 것이 아니라 그들 중에서 네댓 명의 발을 씻기셨는데, 그것으로도 목적을 달성하는 데에는 충분하였다고 생각한다. 그러나 나는 이러한 추측에 동의할 수 없다. 왜냐하면, 다른 본문들을 보면, 그리스도께서 상식적인 것과 다른 것을 하셨을 때에는 그것에 관한 설명이 나오기 때문이다. 그리스도께서 제자들 모두의 발을 예외 없이 씻겨 주신 것은 우리에게 모든 그리스도의 제자들, 심지어 가장 작은 자들에게조차도 보편적이고 광범위한 사랑을 베풀라고 가르쳐 준다.

(6) 그리스도께서 유다의 발도 씻겨 주신 것이 분명한데, 그것과 반대되는 그 어떤 증거도 보이지 않는다. 유다는 그 자리에 있었다(26절). 과부가 성도들의 발을 씻겨 준 것은 과부의 진실한 성품을 보여주는 것이지만(딤전 5:10), 거기에는 성도의 발을 씻겨주었다는 기쁨이 있다. 그러나 여기에서 찬송받으실 예수께서는 죄인의 발, 죄인들 중에서도 가장 악한 죄인, 이 때에 그를 배신하고자 궁리하고 있었던 가장 악한 죄인의 발을 씻겨 주셨다.

많은 해석자들은 그리스도께서 제자들의 발을 씻기신 것은 그의 사업 전체를 나타내는 것이라고 여긴다. 그리스도께서는 그가 하나님과 동등이고 만물이 그의 것이라는 것을 알고 계셨다. 그렇지만 그는 영광 중에 그의 식탁 자리에서 일어나셔서, 빛으로 된 그의 옷을 벗으시고, 우리의 본성을 입으셨으며, 종의 형체를 취하셔서, 섬김을 받기 위해서가 아니라 섬기기 위해서 오셨고, 그의 피를 쏟으시며, 그의 목숨을 죽음에 내어 주심으로써, 우리를 우리의 죄악들로부터 씻어 주시기 위해서 대야를 준비하셨다(계 1:5).

Ⅲ. 그리스도께서 제자들의 발을 씻기신 것은 그들에게 영적인 씻음, 영원히 죄의 오염들로부터 깨끗하게 되는 것을 나타내기 위한 것이었다.

이것은 6-11절에서 이것을 놓고 베드로와 행한 대화 속에 분명하게 암시되어 있다. 여기에서 우리는 다음과 같은 것들을 살펴볼 수 있다.

1. 주님께서 이 비천한 섬김을 행하시려 하는 것을 보았을 때에 베드로가 깜짝 놀람(6절): 예수께서 수건과 대야를 드시고 베드로에게 이르셔서, 그에게 발을 씻겨 줄 것이니 발을 내밀라고 하셨다. 크리소스토무스는 그리스도께서는 이러한 영광을 기꺼이 받아들이고 주님이 스스로를 비천한 자로 만드는 것을 보고 기뻐하였을 유다의 발을 맨 먼저 씻어 주셨을 것이라고 추측한다. 하지만 그리스도께서 이 섬김을 행하셨을 때에 베드로를 제일 먼저 택하신 것이 거의 분명하다(5절에 나오는 닦기를 시작하였다는 어구가 바로 그러한 것을 의미할 것이다). 나머지 제자들은 그리스도와 베드로 사이에 오고 간 대화를 처음에 듣지 못하였기 때문에 그 일에 별로 신경을 쓰지 않았을 것이다. 그리스도께서 베드로에게 맨 처음으로 갔든지 아니든지, 그가 베드로에게 갔을 때에 베드로는 깜짝 놀랐다: 주여 주께서 내 발을 씻으시나이까? 여기에서는 강조점이 인칭대명사들인 주와 나에 두어져 있다. 본문의 어순은 주목할 만하다: 도대체 주께서 내 발을(쉬 무)? 주께서 내 발을 씻으시나이까 ? 주께서 대체 무슨 일이나이까 ? 내게 무엇을 ? 이러한 것들은 말로 표현하기보다는 묵상하는 편이 더 낫다(아우구스티누스). 우리의 주님이시고 선생이시며 우리가 하나님의 아들로 알고 믿고 있는 분이고 세상의 구주이자 다스리는 자이신 주께서 이 땅에서 벌레만도 못한 나, 죄악된 인간을 위해서, 주여, 도대체 이것이 무슨 일이나이까? 한 번 만져서 문둥병자들을 깨끗하게 하였고 눈먼 자들에게 다시 보게 함을 주셨으며 죽은 자들을 다시 살리셨던 주의 손이 내 발을 씻기시다니요? 테오필락투스

(Theophylact)는 그렇게 말하였다. 베드로는 아주 기꺼이 대야와 수건을 들고서 주님의 발을 씻겼을 것이고 그러한 영광을 자랑스러워 하였을 것이다(눅 17:7-8). "그런 일은 자연스럽고 통상적인 일이었다. 하지만 내 주께서 내 발을 씻기는 것은 지금까지 결코 없었던 파격적인 일이고, 내가 전혀 이해할 수 없는 역설이다. 이것이 사람의 도리인가?" 그리스도의 겸양들, 특히 우리에게 은혜를 주시는 우리를 향한 그의 겸양들은 우리로 하여금 경탄을 금치 못하게 한다(14:22). 여호와 하나님, 내가 누구나이까? 내 조상의 집은 무엇이나이까?

2. 베드로의 이러한 질문에 대하여 그리스도께서 즉시 만족스러운 대답을 해 주심. 이러한 대답은 적어도 베드로의 반대를 침묵시키는 데에 충분한 것이었다(7절): 내가 하는 것을 네가 지금은 알지 못하나 이후에는 알리라. 여기에 베드로가 그리스도께서 행하시는 일에 순복해야 했던 두 가지 이유가 나온다.

(1) 베드로는 지금으로서는 이 일에 관하여 어둠 속에 있었고, 그가 알지 못하는 것을 반대하는 것이 아니라, 자신이 말씀하시고 행하신 모든 일에 대하여 타당한 이유를 제시하실 수 있는 분의 뜻과 지혜를 묵묵히 따라야 했기 때문에. 그리스도께서는 베드로에게 암묵적인 순종을 가르치고자 하셨다: "내가 하는 것을 네가 지금은 알지 못하기 때문에, 너는 이 일을 판단해서는 안 되고, 내가 이 일을 하는 것이기 때문에 이 일이 좋은 일이라고 믿어야 한다." 우리는 어둠 속에서 수고하고 있고 하나님께서 하시는 일을 판단할 수 있는 능력이 없다는 것을 깨닫고, 하나님께서 하시는 일에 대하여 비난하는 일을 삼가야 한다는 것을 명심하라(히브리서 11:8을 보라).

(2) 이 일에는 베드로가 나중에 그 의미를 알게 될 중요한 무언가가 내포되어 있었기 때문에: "네가 나를 부인하는 엄청난 죄를 짓게 될 때에 너는 왜 네가 나에 의해서 발이 씻겨져야 했는지를 이후에 알게 되리라"(어떤 이들은 이렇게 해석한다). "네가 사도의 직을 수행하면서 네게 맡겨진 자들에게서 이 세상의 죄들과 더러운 것들을 씻어 주는 일에 쓰임받게 될 때, 너는 이 일의 의미를 알게 될 것이다"(하몬드 박사의 해석). [1] 우리 주 예수께서는 그의 제자들조차도 당시에는 그 의미를 알지 못했던 많은 일들을 행하셨는데, 하지만 그들은 이후에는 알게 될 것이었다. 그가 우리를 위해서 사람이 되셨을 때에 왜 그렇게 하셨는지, 그가 우리를 위해서 사람보다 못한 벌레가 되셨을 때에 왜 그렇게 하셨는지, 그가 우리와 같은 삶을 사셨을 때에 왜 그렇게 하셨는지, 그가 자기 목

숨을 내놓으셨을 때에 왜 그렇게 하셨는지는 나중에 가서야 이해될 수 있는 일이었고, 그 때에 가서야 그런 일이 그에게 마땅하였다(히 2:17)는 것이 드러났다. 이후의 섭리들은 앞서의 섭리들을 설명해 준다. 우리는 당시에는 가장 고통스러워 보였던 사건들이 얼마나 큰 사랑의 사건들이었는지를 나중에 알게 된다. 우리가 당시에는 어긋난 길이라고 생각하였던 것이 나중에는 옳은 길임이 밝혀진다. [2] 그리스도께서 제자들의 발을 씻기신 것은 그 자체 속에 의미를 지니고 있었지만, 제자들은 나중에 그리스도께서 그것이 중생의 씻음의 모형이라고 설명해 주실 때까지, 그리고 위로부터 성령이 그들에게 부어질 때까지 그 의미를 이해하지 못하였다. 우리는 그리스도께서 규례들과 섭리들 속에서 자신의 길을 가시도록 해 드려야 한다. 결국 우리는 그것이 최선의 길이었다는 것을 알게 될 것이다.

3. 그리스도의 대답에도 불구하고 베드로는 주께서 자기 발을 씻기게 하는 일은 못하겠다고 단호하게 거부함(8절): 내 발을 절대로 씻지 못하시리이다. 원문에는 안 됩니다, 절대 안 됩니다로 되어 있다. 이것은 확고한 결심을 나타내는 표현이다. (1) 여기에는 자기를 낮추는 겸손이 있었다. 이 일을 통해서 볼 때에 베드로는 의심할 여지 없이 주님에 대한 큰 존경심을 지니고 있었던 것으로 보인다(눅 5:8). 이렇게 많은 사람들은 그리스도께서 명하시지도 열납하시지도 않는 자기부인 같은 꾸며낸 겸손(골 2:18, 23)을 통해서 그들이 상을 받을 것이라고 스스로 속는다. (2) 이러한 자의적인 겸손의 밑바닥에는 주 예수의 뜻을 거역하는 마음이 깔려 있었다: 그리스도께서 "내가 네 발을 씻어 주리라"고 말씀하시자, 베드로는 "내 발을 절대로 씻지 못하시리이다 그런 일은 합당한 일이 아니나이다"라고 말하였다. 베드로는 이렇게 말함으로써 자기 자신이 그리스도보다 더 지혜롭다고 여긴 것이었다. 복음의 초대를 마치 그것이 우리가 받아들이기에는 너무도 황송한 것이고 진실이라고 보기에는 너무도 좋은 소식이라고 여겨서 거절하는 것은 겸손이 아니라 불신앙이다.

4. 그리스도께서 그의 제안을 받아들일 것을 강권하시고, 베드로에게 왜 이것을 받아들여야 하는지를 설명해 주심: 내가 너를 씻어 주지 아니하면 네가 나와 상관이 없느니라. 이 말씀은 다음과 같은 것들로 해석될 수 있다.

(1) 불순종에 대한 강력한 경고: "내가 너를 씻어 주지 아니하면, 네가 계속해서 고집을 부리고 이 작은 일에 네 주의 뜻을 따르지 않는다면, 너는 내 제자들 중

의 하나로 인정받지 못하게 될 것이고, 지시를 어긴 죄로 면직되어 버림을 당하게 될 것이다." 몇몇 옛 사람들은 이 본문을 이런 식으로 이해하였다. 베드로가 자기 자신을 주님보다 더 지혜롭게 여겨서, 그가 순종해야 할 명령들에 이의를 제기한다면, 그는 사실상 자신의 충성 맹세를 부정하고, 저 옛적 사람들이 했던 대로 우리가 다윗에게, 다윗의 아들에게 무슨 분깃이 있느냐고 말하는 것이나 다름없다. 그렇게 되면, 베드로는 그가 말한 대로의 운명에 처해지게 되어서, 그리스도 안에서 아무런 분깃도 얻지 못하게 될 것이다. 베드로는 그에게 가장 좋은 길을 택하여야 한다. 왜냐하면, 순종이 제사보다 낫기(삼상 15:22) 때문이다.

(2) 영적인 씻음의 필요성에 대한 선언. 나는 본문을 이렇게 이해해야 한다고 생각한다: "내가 네 영혼을 죄의 오염으로부터 씻어 주지 아니하면, 너는 나와 상관이 없고, 나와 그 어떤 교제도 없으며, 나로 인한 그 어떤 유익도 없게 된다." 그리스도로 말미암아서 영적으로 씻음을 받은 자들만이 그리스도와 상관이 있다는 것을 명심하라. [1] 그리스도와 상관이 있는 것 또는 그리스도 안에서 분깃을 가지는 것은 그러한 관계 속에 마련된 그리스도인의 온갖 복을 갖는 것이고, 그리스도와 함께 참여한 자(히 3:14)가 되는 것이며, 그리스도와의 연합으로부터 생겨나는 이루 말할 수 없는 특권들을 갖게 되는 것이다. 그것은 우리가 꼭 가져야 할 좋은 편이다. [2] 우리가 그리스도와 상관이 있으려면, 그리스도께서 우리를 씻어 주시는 것이 꼭 필요하다. 그리스도께서는 그가 소유하시고 구원하신 모든 자들을 의롭게 하시며 거룩하게 하시는데, 이 두 가지는 모두 그리스도께서 그들을 씻기시는 것 속에 내포되어 있다. 우리가 그리스도의 공로와 의, 그의 성령과 은혜에 참여하지 않는다면, 우리는 그의 영광에도 참여할 수 없다.

5. 베드로는 순복함을 넘어서서 그리스도에 의해서 씻김을 받겠다고 열렬히 간청함(9절). 이것이 이 일의 의미라면, 주여 내 발뿐 아니라 손과 머리도 씻어 주옵소서. 베드로의 마음은 얼마나 순식간에 변화되었는가! 그가 잘못 이해한 것을 주께서 바로잡아 주었을 때, 베드로의 잘못된 결심은 곧 바뀌었다. 그러므로 우리는 어떤 결심이든지 단호해서는 안 된다(그리스도를 따르려는 우리의 결단을 제외하고는). 왜냐하면, 우리는 언제 곧 그러한 결심을 거두어 들일 이유를 발견하게 될지 모르기 때문이다. 우리가 어떤 목적을 단호하게 실정하는 일

에 신중을 기하여야 한다. 좀 더 살펴보자.

(1) 베드로는 그가 방금 말했던 것을 아주 신속하게 거두어 들인다: "주여, 내가 그런 경솔한 말을 하다니 참으로 어리석었나이다!" 이제 그리스도께서 베드로의 발을 씻겨 주는 일이 그리스도의 권세와 은혜의 행위라는 것이 드러나자, 베드로는 그 일을 받아들인다. 그러나 베드로는 그 일이 오직 겸비의 행위로 보였을 때에는 그 일을 거절하였다. [1] 선한 자들은 그들의 잘못을 알게 되면 그것을 철회하는 것을 싫어하지 않는 법이다. [2] 조만간에 그리스도께서는 모든 제자들을 그의 마음과 같게 하실 것이다.

(2) 베드로는 주 예수의 깨끗하게 하시는 은혜를 간절히 사모하여서, 그 효력이 자신의 손과 머리에도 미치게 해 달라고 간구한다. 그리스도로부터 떨어지는 것, 그리스도와 상관이 없게 되는 것은 빛을 받은 모든 자들에게 가장 두려운 재앙이기 때문에, 그들은 그것을 두려워하여 그 어떤 일이라도 하게 된다. 우리도 이것을 두려워하여, 하나님께서 우리를 씻어 주시고 우리를 의롭게 하시며 거룩하게 해 달라고 간절하게 기도하여야 한다. "주여, 중생의 씻음을 통해서 내가 주로부터 끊어지지 않게 하시고 나를 주께 합당한 자로 만들어 주옵소서. 주여, 내 발을 씻어 주셔서 거기에 붙어 있는 더러운 것들을 제하여 주실 뿐만 아니라, 손과 머리도 씻어 주셔서 몸에서 나오는 땀으로 인해서 생겨나는 눈에 잘 보이지 않는 더러움까지도 제하여 주옵소서." 진정으로 거룩하게 되고자 원하는 자들은 철저하게 거룩하게 되어서 마음과 몸의 모든 부분들과 기관들이 전인적으로 깨끗하게 되기를 원한다는 것을 명심하라(살전 5:23).

6. 그리스도께서 이 일이 영적인 씻음을 나타낸다는 것을 좀 더 자세하게 설명해 주심.

(1) 그에게 충성스러웠던 그의 제자들과 관련해서(10절): 몸 전체를 목욕한 자(이러한 나라들에서는 목욕이 자주 행하여졌다)는 자기 집으로 돌아왔을 때에 이미 그의 손과 머리를 다 씻은 상태이고 오직 집으로 걸어 오는 길에 그의 발만이 더럽혀진 것이기 때문에 발밖에 씻을 필요가 없다. 베드로는 한 쪽 극단에서 다른 쪽 극단으로 이동한 것이었다. 처음에 베드로는 그리스도로 하여금 자기 발을 절대로 씻지 못하게 할 것이라고 말하였다. 그런데 지금은 그리스도께서 베드로가 세례를 받을 때에 그를 위하여 행하셨던 것과 그것을 통해서 나타내셨던 것을 간과하고, 베드로는 자신의 손과 머리도 씻어 달라고 소리친다. 그

러자 그리스도께서는 베드로에게 올바른 의미를 가르쳐 주신다. 그는 발만을 씻으면 되고 손과 머리는 씻을 필요가 없다. [1] 여기에서 의로워진 상태에 있는 자들의 위로와 특권이 무엇인지를 보라. 그들은 그리스도에 의해서 씻김을 받은 자들이고, 온 몸이 깨끗한 자들이다. 즉, 그들은 마치 깨끗한 자들처럼 하나님에 의해서 은혜롭게 받아들여졌다. 그들이 범죄한다고 할지라도, 그들은 회개를 하면 되었고, 또다시 의롭게 되는 과정을 밟을 필요는 없다. 의롭게 되는 과정을 또다시 밟아야 한다면 그들은 자주 세례를 받아야 할 것이다. 의롭다 하심을 받은 상태를 보여주는 증거들이 희미해질 수 있고, 그 위로가 중단될 수도 있지만, 의롭다 하심을 받은 상태는 무효화되거나 제거되지 않는다. 우리는 날마다 회개할 필요가 있지만, 하나님의 은사와 부르심에는 후회하심이 없다. 우리의 마음은 마귀에게 차압을 당하여 그의 지배를 받을 수 있고 마귀의 초소가 될 수도 있다. 하지만 그 마음이 씻김을 받는다면, 그의 마음은 그리스도께 속하고, 그리스도께서는 그 마음을 잃지 않으실 것이다. [2] 은혜로 말미암아 의롭다 하심을 받은 상태에 있는 자들이 날마다 돌보아야 할 것이 무엇인지를 보라. 그것은 발을 씻는 것, 즉 회개를 통해서 그리스도의 피 공로를 믿음으로 의지해서, 연약함과 부주의로 말미암아 날마다 범하는 죄악들로부터 스스로를 깨끗하게 하는 것이다. 또한 우리는 우리를 더럽히는 모든 것들을 끊임없이 주의하고 경계함으로써 우리의 발을 씻어야 한다. 왜냐하면, 우리는 주의하고 경계함을 통해서(시 119:9) 우리의 길을 깨끗하게 하여야 하고 우리의 발을 깨끗하게 하여야 하기 때문이다. 제사장들은 성별될 때에 물로 씻김을 받았다. 제사장들은 나중에 몸 전체를 씻을 필요는 없었지만, 성전에 봉사하러 갈 때마다 대야에 담긴 물에서 손과 발을 씻어야 했고, 그렇지 않으면 죽임을 당하였다(출 30:19-20). 우리는 발만 씻으면 된다는 규정을 빌미로 마음껏 죄를 범해서는 안 되고 오히려 더 조심하고 주의하는 마음을 가져야 한다. 내가 내 발을 씻었으니, 어떻게 내가 내 발을 더럽히겠는가? 우리는 어제 용서받은 것을 상기하고서, 오늘에는 모든 유혹을 이겨 내리라고 결심하여야 한다.

(2) 유다와 관련하여: 너희가 깨끗하나 다는 아니니라(10-11절). 그리스도께서는 그의 제자들이 그가 일러준 말로(15:3) 깨끗하게 되었다고 선언하신다. 그리스도께서는 그들을 친히 씻어 주신 후에 너희가 깨끗하다고 말씀하셨다. 그러나 그는 유다를 제외시키신다: 다는 아니니라. 그들은 모두 유다를 포함해서 세례

를 받았지만, 모두가 다 깨끗한 것은 아니었다. 많은 사람들이 세례를 받았지만, 세례가 나타내고 있는 실체를 가지고 있지는 않다. [1] 그리스도의 제자들로 부르심을 받고서 그리스도와의 관계를 고백하는 자들 중에도 깨끗하지 않은 자들이 있다(잠 30:12). [2] 주님께서는 자기의 사람인 자들과 그렇지 않은 자들을 아신다(딤후 2:19). 그리스도의 눈은 귀한 보배로운 자들과 악한 자들, 깨끗한 자들과 부정한 자들을 구별하실 수 있다. [3] 스스로 제자라고 자처해 온 자들이 나중에 변절자들임이 밝혀졌을 때, 결국에 그들의 배교는 이제까지 내내 그들이 위선자로 행해왔다는 것을 보여주는 분명한 증거가 될 것이다. [4] 그리스도께서는 그의 제자들로 하여금 그들이 모두 깨끗하지는 않다는 것을 알게 하는 것이 꼭 필요하다고 보셨다. 이것은 우리가 모두 우리 자신을 열심히 살펴보도록 하기 위한 것이었고(주여, 깨끗하지 않은 자가 내니이까?), 위선자들이 드러날 때에 우리가 그것을 보고 놀라거나 걸려 넘어지지 않도록 하기 위한 것이었다.

IV. 그리스도께서 제자들의 발을 씻겨 주신 것은 우리에게 모범을 보이시기 위한 것이었다. 그리스도께서는 이 일을 다 행하신 후에 자기가 행한 일에 대하여 이러한 설명을 하셨다(12-17절). 좀 더 살펴보자.

1. 그리스도께서는 자기가 하신 일의 의미를 아주 엄숙하게 설명하셨다(12절): 그들의 발을 씻으신 후에, 그리스도께서는 내가 너희에게 행한 것을 너희가 아느냐라고 말씀하셨다.

(1) 그리스도께서는 이 일을 마치실 때까지 설명을 연기하셨다. [1] 그들의 순복함과 암묵적인 순종을 시험해 보시기 위해서. 그리스도께서 자기가 행하신 일의 의미를 나중이 되어서야 제자들에게 알게 하신 것은 그들로 하여금 그들이 그의 뜻을 잘 이해할 수 없을 때에 그의 뜻에 묵묵히 순종하는 법을 배우도록 하기 위한 것이었다. [2] 그리스도께서 수수께끼를 풀어 주시기 전에 수수께끼를 끝마치는 것이 합당하였기 때문에. 이와 마찬가지로 그의 사업 전체와 관련해서 그의 고난이 끝마쳐졌을 때, 그가 그의 높아지신 상태의 옷을 다시 입으시고 하늘 보좌에 앉으실 준비가 다 되었을 때, 그 때에야 그는 비로소 제자들의 마음을 열어 깨닫게 해 주셨고, 그의 성령을 부어 주셨다(눅 24:45-46).

(2) 그리스도께서는 이 일을 설명해 주시기 전에 제자들에게 그들이 이 일을 해석할 수 있는지를 물으셨다: 내가 너희에게 행한 것을 너희가 아느냐? 그리스도

께서 이 질문을 그들에게 던지신 것은 그들로 하여금 그들의 무지와 그들이 가르침을 받아야 할 필요성이 있다는 것을 깨닫게 하기 위해서 일 뿐만 아니라(슥 4:5, 13, 네가 이것들이 무엇인지 알지 못하느냐 하므로 내가 대답하되 주여 내가 알지 못하나이다), 가르침을 받고자 하는 마음과 기대를 그들의 마음속에 불러 일으키기 위한 것이었다: "나는 너희로 알게 하고자 하는데, 너희가 주목한다면, 나는 너희에게 말해 줄 것이다." 예식이 상징하는 것들은 설명되어야 하고, 그의 백성들은 그것들의 의미를 잘 알고 있어야 한다는 것이 그리스도의 뜻이라는 것을 명심하라. 그렇지 않으면, 아무리 중요하고 의미심장한 예식이라고 할지라도, 그 예식이 나타내고 있는 실체를 알지 못하는 자들에게 그 예식은 아무런 의미도 없게 된다. 그런 까닭에 그들은 너희의 이 예식이 무슨 뜻이냐(출 12:26)는 물음을 받게 된다.

2. 그리스도께서 이렇게 말씀해 주시는 근거에 대하여(13절): "너희가 나를 선생이라 또는 주라 한다. 너희는 나에 관하여 말하거나 내게 말할 때에 나에 대하여 이러한 호칭들을 사용하고 있는데, 너희 말이 옳도다. 내가 그러하다. 너희는 내게 대하여 문도로서의 관계에 있고, 나는 너희에게 선생의 역할을 하고 있다."

(1) 예수 그리스도는 우리의 선생이자 주라는 것을 명심하라. 우리의 구속주이자 구주이신 그리스도께서는 그러한 목적을 위해서 우리의 주와 선생이 되신다. 그리스도는 우리에게 하나님의 뜻을 계시해 주는 선지자로서 모든 필요한 진리들과 규례들을 가르쳐 주시고 교훈해 주시는 우리의 선생(디다스칼로스)이시다. 그리스도는 우리에 대하여 권세를 지니고 계시고 우리를 소유하고 계시는 우리의 주(퀴리오스), 즉 우리의 통치자이자 소유자이시다.

(2) 그리스도의 제자들은 그를 선생이자 주라고 부르는 것이 합당하다. 우리는 그를 듣기 좋은 말이 아니라 실제로 그렇게 불러야 하고, 억지로가 아니라 기쁜 마음으로 그렇게 불러야 한다. 경건한 시인 조지 허버트는 그리스도의 이름을 언급할 때마다 나의 선생님이라는 말을 덧붙이곤 하였다. 그는 그의 시를 통해서 이것에 관한 자신의 감정을 표현하고 있다:

나의 선생이라는 말은 얼마나 듣기에 좋은지, 나의 선생님!
향수의 재료가 되는 용연향이 그 향기를 맡는 자에게 짙은 향을 남기듯이,

내 선생님이라는 말은 향기로운 내용물을 담고 있어서
 동방의 향기를 남겨 놓나이다, 나의 선생님.

(3) 우리가 그리스도를 선생이자 주라고 부르는 것은 우리에게 주어진 도리로서, 그리스도께서 우리에게 주신 명령을 받아서 지키는 것이다. 이렇게 하심으로써 그리스도께서는 혈과 육이 기뻐하지 않는 명령일지라도 제자들로 하여금 거기에 순종하도록 훈련을 시키고자 하셨다. 그리스도께서 우리의 선생이자 주이시라면, 그리고 그것이 우리의 자발적인 동의에 의한 것이어서 우리가 자주 그리스도를 그렇게 불러 왔다면, 우리가 그의 말씀을 지키는 것이 정직한 도리를 행하는 것이 될 것이다.

3. 그리스도께서 이 일을 통해서 가르치신 교훈: 너희도 서로 발을 씻어 주는 것이 옳으니라(14절).

(1) 어떤 이들은 이 본문을 문자 그대로 이해해서, 이 말씀은 교회에서 상시적으로 행해져야 할 예식을 제정하신 것이라고 생각하였다. 그리스도인들은 스스로를 낮춰서 서로를 사랑한다는 것을 나타내기 위하여 엄숙한 예식을 통해서 서로 발을 씻어 주어야 한다. 성 암브로시우스는 이 본문을 그렇게 해석해서, 이 예식을 밀라노 교회에서 실천하였다. 성 아우구스티누스는 이 일을 그들의 손으로 하지 않은 그리스도인들일지라도 그들의 마음으로는 겸손하게 이 일을 행하게 되기를 소망한다고 말하였다. 그러나 그는 기회가 있을 때에 이 일을 손으로도 행하는 것이 훨씬 더 좋다고 말하였다(딤전 5:10). 그리스도께서 친히 행하신 일을 그리스도인들이 행하기를 멸시해서는 안 된다. 칼빈은 교황이 수난 주간의 목요일에 해마다 이 예식을 행하는 것은 그리스도를 본받아 따르는 것이라기보다는 그리스도를 흉내내는 것이라고 말하였는데, 그 이유는 본문에서 명령된 행위는 그리스도의 말씀을 따라서 상호적인 것이 되어야 한다는 것이었다: 서로 발을 씻어 주어라. 얀세니우스(Jansenius)는 이 예식이 처음과는 달리 냉랭하고 변질된 상태로(frigide et dissimiliter) 행해지고 있다고 말하였다.

(2) 하지만 이 본문은 비유적으로 이해되어야 한다는 것은 의심의 여지가 없다. 그것은 교훈을 주기 위한 상징 행위이지, 성찬식과 같은 성례전이 아니다. 그것은 행동으로 보여준 비유였다. 이 일을 통해서 우리 주님께서는 세 가지의 것을 우리에게 가르치고자 하셨다.

[1] 겸손한 겸양. 우리는 우리 주님에게서 심령이 가난한(마 11:29)가 되어서 지극히 낮아져서 행하는 법을 배워야 한다. 우리는 우리 자신은 하찮게 여기고, 우리 형제들을 공경하며, 죄를 빼놓고는 우리 아래에 있는 것은 아무것도 없다고 여겨야 한다. 우리는 아무리 초라한 일일지라도 하나님의 영광과 우리 형제들의 유익을 위한 것이라면 기꺼이 행하여야 한다: 다윗이 이것이 악한 자가 되는 것이라면, 나는 한층 더 악한 자가 될 것이다(삼하 6:22)라고 말한 것처럼. 그리스도께서는 그의 제자들에게 자주 겸손을 가르치셨지만, 그들은 그 교훈을 잊어버렸었다. 그러나 이제 그는 그들에게 그들이 결코 잊어버릴 수 없는 방식으로 겸손을 가르치고 계신다.

[2] 섬김을 위한 겸양. 복된 바울 사도가 모든 것으로부터 자유로운 자가 되었지만 스스로 모든 자의 종이 되었던 것과 마찬가지로, 그리고 찬송받으실 예수께서 섬김을 받으러 온 것이 아니라 섬기러 오신 것과 마찬가지로, 서로의 발을 씻겨 주는 것은 서로의 진정한 유익과 선을 위해서 몸을 굽혀 가장 비천한 사랑의 봉사를 행하는 것이다. 우리는 우리가 특별히 의무를 지고 있지 않은 자들, 심지어 우리의 아랫 사람들, 우리에게 되갚을 능력이 없는 자들의 유익을 위해서 시간을 들여서 수고하고 우리를 희생하는 것을 불평해서는 안 된다. 여행 후에 발을 씻는 것은 그 사람의 품위와 편안함에 도움이 되기 때문에, 서로의 발을 씻겨 주는 것은 서로의 신뢰와 기쁨을 돕는 것이고, 우리 형제들의 명성을 지켜내고 그들의 마음을 편안하게 해 주기 위하여 우리가 할 수 있는 일을 하는 것이다(고린도전서 10:24; 히브리서 6:10을 보라). 이 의무는 상호적이다. 우리는 우리 형제들로부터의 도움을 받아들임과 동시에 우리의 형제들에게 도움을 주어야 한다.

[3] 서로를 거룩하게 하기 위한 섬김: 너희도 서로 발을 씻어 주어서 죄의 오염들로부터 깨끗하게 해 주어야 한다. 아우구스티누스를 비롯한 많은 사람들이 이 본문을 이런 식으로 해석한다. 죄를 씻어 주는 것은 오직 그리스도의 권능에 속한 것이기 때문에, 우리는 서로의 죄를 씻어 줄 수가 없지만, 서로를 죄로부터 깨끗하게 하는 데에 도움을 줄 수는 있다. 우리는 먼저 우리 자신을 씻어야 한다. 이러한 사랑의 행위는 집에서부터 시작되어야 하지만(마 7:5), 거기에서 끝나서는 안 된다. 우리는 우리 형제들의 실패들과 어리석은 것들을 슬퍼하여야 하고, 그들의 큰 더러움들을 훨씬 더 슬퍼하여야 하며(고전 5:2), 우리 형제들의

더럽혀진 발을 눈물로 씻어 주어야 한다. 우리는 그들을 신실한 마음으로 책망하여야 하고, 그들로 하여금 회개하게 하기 위하여 우리가 할 수 있는 일을 하여야 하며(갈 6:1), 그들을 권면해서 수렁에 빠지지 않도록 막아 주어야 한다. 이것이 그들의 발을 씻겨 주는 것이다.

4. 그리스도께서는 방금 행하신 본보기를 근거로 해서 이 명령을 인준하시고 시행하신다: 내가 주와 또는 선생이 되어 너희에게 이 일을 행하였으니 너희도 이 일을 서로에게 행하여야 한다. 그리스도께서는 두 가지 점에서 이러한 논증이 적절하다는 것을 보여주신다.

(1) 나는 너희의 선생이고, 너희는 나의 제자들이기 때문에, 너희는 내게 배워야 한다(15절). 다른 일들에서와 마찬가지로 이 일에 있어서도 내가 너희에게 행한 것 같이 너희도 행하게 하려 하여 본을 보였노라. 좀 더 살펴보자. [1] 그리스도께서는 참으로 좋은 선생이시다. 그는 가르침과 아울러서 본을 보이심으로써 우리를 가르치시고, 우리에게 그의 거룩한 신앙이 가르치는 모든 은혜들과 의무들의 본을 제시하기 위해서 이 세상에 오셔서 우리 가운데 거하셨다. 그리스도께서 보이신 모든 본은 한 점 틀림이 없는 올바른 것이다. 이것을 통해서 그리스도께서는 자신의 법들을 우리에게 더 이해될 수 있게 하셨고 존귀함을 받게 하셨다. 그리스도는 그의 군사들에게 나만 보고 내가 하는 대로 하라(삿 7:17)고 말하였던 기드온, 너희는 내가 행하는 것을 보나니 빨리 나와 같이 행하라(삿 9:48)고 말하였던 아비멜렉, 또한 그의 군사들에게 군사들이여(milites)가 아니라 동료 군사들이여(commilitones)로 불렀고 가라(ite illue)가 아니라 오라(venite hue)는 말을 늘 사용하였던 가이사 같은 지휘관이시다. [2] 우리는 어떠한 훌륭한 문도들이 되어야 하는가? 우리는 그가 행하신 대로 행하여야 한다. 왜냐하면, 그리스도께서 우리에게 본을 보이신 것은 우리로 하여금 그 뒤를 따르게 하고, 그가 이 세상에서 보여주셨던 모습이 되게 하며(요일 4:17), 그가 행하셨던 대로 행하도록(요일 2:6) 하기 위한 것이었기 때문이다. 여기에 나오는 그리스도의 모범은 특히 사역자들이 따라야 한다. 그들에게서는 겸손과 거룩한 사랑의 은혜들이 특별히 나타나야 하고, 그러한 은혜들의 행사를 통해서 그들은 효과적으로 그들의 주님의 뜻과 그들의 사역의 목적에 기여하게 된다. 그리스도께서 그의 대리자들로서 사도들을 밖으로 내보내셨을 때에, 그들에게 사람들 위에 군림하거나 고압적으로 일들을 처리하지 말고, 여러 사람에게 여러 모습이 되라(고전 9:22)

고 당부하셨다. 내가 너희의 더러운 발을 씻어 주었듯이, 너희는 죄인들의 더럽혀진 영혼들을 씻어 주어야 한다. 그들을 씻어 주어라. 이 일이 유월절 식사 때에 이루어졌다고 생각하는 사람들은 이 일이 성찬에 참여하는 것과 관련된 규칙을 암시하는 것이라고 생각한다. 즉, 성찬에 참여할 자들은 먼저 마음을 새롭게 함과 흠 없는 대화를 통해서 씻겨지고 깨끗함을 받은 후에, 하나님의 제단에 두루 다니도록 받아들여져야 한다는 것이다. 그러나 모든 그리스도인들은 여기에서 사랑 안에서 서로에 대하여 겸양하고 누가 요청하지 않아도 아무런 대가 없이 그리스도께서 행하신 대로 행하도록 가르침을 받는다. 우리는 사랑의 섬김들에 있어서 용병이 되어서는 안 되고, 마지못해서 그런 일들을 해서도 안 된다.

(2) 나는 너희의 선생이고, 너희는 나의 제자들이기 때문에, 너희는 그 일이 아무리 비천해 보일지라도 내가 한 일이라면 너희가 도저히 못할 일이라고 생각해서는 안 된다. 왜냐하면, 종이 주인보다 크지 못하고 보냄을 받은 자가 아무리 대사로서의 모든 위세와 힘을 지닌 채 보내심을 받았다고 할지라도 보낸 자보다 크지 못하기 때문이다(16절). 그리스도께서는 이 말씀을 그들이 그가 겪으신 일을 겪을 때에 그 일을 이상하게 생각하여서는 안 되는 이유로서 강력히 말씀하셨다(마 10:24-25). 여기에서 그리스도께서는 이 말씀을 그가 하였던 것과 마찬가지로 스스로를 겸손하게 낮추는 일을 그들에게 합당하지 않은 일로 생각하지 말아야 되는 이유로 강력하게 말씀하신다. 그리스도께서 그의 품위를 손상시키는 일이라고 생각하지 않았던 것을 제자들이 그들의 품위를 손상시키는 일이라고 생각해서는 안 된다. 아마도 제자들은 내심으로 앞으로 그들이 곧 받게 될 것이라고 기대하였던 위엄과는 걸맞지 않는 서로의 발을 씻겨 주라는 이 명령을 내켜하지 않았을 것이다.

그러한 생각을 불식시키기 위해서 그리스도께서는 그들에게 그의 종들이라는 그들의 지위를 상기시키신다. 그들은 그들의 선생보다 더 나은 자들이 아니었고, 따라서 그들의 선생의 위엄에 합치하는 일은 그들의 위엄에 훨씬 더 합치하는 것이었다. 그리스도께서 겸손하고 겸양하셨다면, 그들이 교만하고 오만한 것은 그들에게 합당치 않는 일이었다. [1] 우리는 그리스도께서 우리에게 은혜로 겸양하시고 우리를 높이신다고 해서 우리의 부패한 본성으로 말미암아 우리 자신에 대하여 자부하거나 그리스도를 낮게 보는 일이 없도록 우리 자신을 경계하여야 한다는 것을 명심하라. 우리는 우리가 우리 주님보다 더 크지 않다는 것을 명심할 필요가 있다. [2] 우리 주님께서 우리를 사랑하셔서 어떤 일에 겸양하시기를 기뻐하셨다고 할지라도, 우리는 주님을 본받아서 훨씬 더 그 일에 겸양하여야 한다. 그리스도께서는 스스로 낮추심으로써 겸손을 높이셨고, 겸손에 존귀함을 더하셨으며, 그를 따르는 자들로 하여금 죄 외에는 그들보다 못한 것이 아무것도 없다고 생각하게 하셨다. 우리는 이러저러한 일을 하는 것을 경멸하는 자들에게, 실제로 당신들이 그 일을 해 본다면 결코 그 일을 나쁘게 생각하지 않게 될 것이라고 말한다. 우리 주님께서 그 일을 행하셨다면, 그 일은 정말 경멸할 만한 일이 아니다. 우리 주님께서 섬기시는 것을 우리가 보았을진대, 우리가 위세를 부리고 뻐기는 것은 얼마나 합당치 않은 일인지를 우리는 알아야 한다.

5. 우리 구주께서는 그의 강론의 이 부분을 그들이 이 가르침들에 순종하여야 할 필요성이 있다는 것에 대한 암시로써 마무리하신다: 너희가 이것을 알고 행하면 복이 있으리라. 대부분의 사람들은 출세를 해서 남을 다스리는 자들이 복이 있다고 생각한다. 서로의 발을 씻겨 주는 것을 통해서는 결코 재물을 얻지도 못하고 출세도 하지 못하게 될 것이다. 그러나 그리스도께서는 세상 사람들의 그러한 생각에도 불구하고 너희가 이것을 알고 몸을 굽혀서 순종하는 자들은 복이 있다고 말씀하신다. 이 말씀은 그들이 이것을 알고 있는지 아닌지가 의심스럽다는 것을 나타내는 것으로 해석될 수 있다. 세상 나라에 대한 그들의 욕망이 너무 강했기 때문에, 그들이 그러한 욕망과 정반대되는 의무를 받아들일 수 있을지가 의문이었다. 또는, 이 말씀은 그들이 이것을 알지 못한다는 것을 당연시한 말씀으로 해석될 수도 있다. 그들은 그들에게 주어진 이러한 뛰어난 명령들을 가지고 있고, 그러한 뛰어난 모범을 통해서 권고되었기 때문에, 그들의 복을 완성하기 위해서는 그러한 것들에 따라서 그들이 실천할 필요가 있다.

(1) 이것은 그리스도의 명령들에 일반적으로 적용될 수 있다. 우리의 의무를 아는 것은 큰 유익이지만, 우리가 우리의 의무를 행하지 않는다면, 우리는 복에 이르지 못하게 될 것이다. 아는 것은 행함을 위한 것이다. 그러므로 실천에 옮겨지지 않는 지식은 헛되고 열매가 없다. 아니, 오히려 그러한 지식은 죄와 파멸을 촉진시킬 뿐이다(눅 12:47-48; 약 4:17). 알고 행할 때에 우리는 그리스도의

나라의 지혜로운 건축자들이 된다(시편 103:17-18을 보라).

　(2) 그것은 겸손과 섬김의 이 명령에 특히 적용되어야 한다. 겸손해야 한다는 것은 누구나 다 알고 있고 누구나 쉽사리 인정하는 것이다. 그러므로 자신이 감정적이고 무절제하다는 것을 인정하는 사람들은 많지만, 자신이 교만하다고 인정하는 자는 드물다. 왜냐하면, 그것은 변명할 수 없는 죄이고 미움을 받을 수밖에 없는 죄이기 때문이다. 그렇지만 진정으로 겸손한 자를 찾아보기는 힘들고, 그리스도의 법이 그토록 역설하고 있는 서로에 대한 순복과 겸양을 찾아보기는 거의 힘들다! 대다수의 사람들이 이것을 알고 있지만, 남들이 그들에게 그렇게 해 주고 그들을 섬겨 주기를 기대할 뿐이고, 스스로 남들에게 그렇게 하고자 하지는 않는다.

[18]내가 너희 모두를 가리켜 말하는 것이 아니니라 나는 내가 택한 자들이 누구인지 앎이라 그러나 내 떡을 먹는 자가 내게 발꿈치를 들었다 한 성경을 응하게 하려는 것이니라 [19]지금부터 일이 일어나기 전에 미리 너희에게 일러 둠은 일이 일어날 때에 내가 그인 줄 너희가 믿게 하려 함이로라 [20]내가 진실로 진실로 너희에게 이르노니 내가 보낸 자를 영접하는 자는 나를 영접하는 것이요 나를 영접하는 자는 나를 보내신 이를 영접하는 것이니라 [21]예수께서 이 말씀을 하시고 심령이 괴로워 증언하여 이르시되 내가 진실로 진실로 너희에게 이르노니 너희 중 하나가 나를 팔리라 하시니 [22]제자들이 서로 보며 누구에게 대하여 말씀하시는지 의심하더라 [23]예수의 제자 중 하나 곧 그가 사랑하시는 자가 예수의 품에 의지하여 누웠는지라 [24]시몬 베드로가 머릿짓을 하여 말하되 말씀하신 자가 누구인지 말하라 하니 [25]그가 예수의 가슴에 그대로 의지하여 말하되 주여 누구니이까 [26]예수께서 대답하시되 내가 떡 한 조각을 적셔다 주는 자가 그니라 하시고 곧 한 조각을 적셔서 가룟 시몬의 아들 유다에게 주시니 [27]조각을 받은 후 곧 사탄이 그 속에 들어간지라 이에 예수께서 유다에게 이르시되 네가 하는 일을 속히 하라 하시니 [28]이 말씀을 무슨 뜻으로 하셨는지 그 앉은 자 중에 아는 자가 없고 [29]어떤 이들은 유다가 돈궤를 맡았으므로 명절에 우리가 쓸 물건을 사라 하시는지 혹은 가난한 자들에게 무엇을 주라 하시는 줄로 생각하더라 [30]유다가 그 조각을 받고 곧 나가니 밤이러라

　　이 단락에서 주님을 배신하는 유다의 음모가 드러난다. 그리스도께서

는 이것을 처음부터 알고 계셨다. 그러나 이제 처음으로 그는 이 사실을 그의 제자들에게 밝히신다. 제자들은 그리스도로부터 자주 그런 말씀을 듣긴 했지만 그리스도께서 배신당할 것이라고는 생각하지 못하였고, 더더구나 그들 중의 한 사람이 그리스도를 배신할 것이라고는 전혀 예상하지 못하였다.

I. **그리스도께서는 제자들에게 이 일에 대한 일반적인 암시를 주신다**(18절) : 내가 너희 모두를 가리켜 말하는 것이 아니니라. 나는 너희가 모두 배신을 행하리라고 기대할 수 없다. 왜냐하면, 나는 내가 택한 자들이 누구인지를 알고, 내가 지나친 자가 누구인지를 알기 때문이다. 그러나 성경 말씀이 이루어지게 될 것이다(시 41:9): 내 떡을 먹는 자가 내게 발꿈치를 들었다. 그리스도께서는 아직 범죄에 대해서나 범인에 대해서는 말씀하고 있지 않지만, 앞으로 밝혀질 것에 대해 제자들의 기대감을 불러일으키신다.

1. 그리스도께서는 제자들에게 그들이 모두 올바른 자들인 것은 아니라는 것을 암시하신다. 그는 앞서 너희가 깨끗하나 다는 아니니라(10절)고 말씀하셨었다. 그리스도께서는 여기에서도 내가 너희 모두를 가리켜 말하는 것이 아니니라고 말씀하신다. 그리스도께서 제자들의 뛰어난 점들에 대하여 말씀하고 있는 것들은 그렇게 부르심_을 받은 모든 자들에게 적용되는 것은 아니라는 것을 명심하라. 그리스도의 말씀은 가축과 가축 사이를 분리하는 구별의 말씀으로서, 자기들이 천국에 갈 것이라는 소망으로 잔뜩 부풀어 있는 많은 사람들을 구별하여 지옥으로 보내실 것이다: 내가 너희, 나의 제자들이자 나를 따르는 자들인 너희 모두를 가리켜 말하는 것이 아니니라. 아무리 훌륭한 모임들 속에도 악한 자와 선한 자가 서로 섞여 있듯이, 사도들 가운데도 유다가 있었다. 우리가 부정한 것이나 속이는 것은 들어올 수 없는 저 복된 나라에 가게 될 때까지는 이런 일이 계속될 것이다.

2. 그리스도께서는 누가 올바른 자이고 누가 아닌지를 알고 계셨다: 나는 내가 택한 자들이 누구인지 안다. 공통적인 부르심을 통해서 부르심을 받은 많은 자들 중에서 택함받은 소수를 나는 안다. (1) 택하심을 받은 자들은 그리스도께서 친히 그들을 택하신 것이었다. 그리스도께서는 사람들을 지명하시고 그들을 책임지신다. (2) 택함받은 자들은 그리스도께 알려져 있다. 왜냐하면, 그는 그가 사랑의 마음으로 한 번 택하신 자들을 결코 잊으시는 법이 없기 때문이다 (딤후 2:19).

3. 그리스도께 택함받은 것이 아님이 드러난 자의 배신은 성경을 성취하는 것이었는데, 이것은 이 일이 지닌 놀라움과 걸림돌을 많이 제거해 주는 역할을 한다. 그리스도께서는 장차 변절자가 될 것을 내다보시고 유다를 그의 가족으로 받아들이셨고, 은혜의 역사를 통해서도 유다가 변절자가 되는 것을 막지 못하셨는데, 이것은 성경을 응하게 하려는 것이었다. 그러므로 이 일이 그 누구에게도 걸려 넘어지는 걸림돌이 되어서는 안 된다. 왜냐하면, 성경을 응하게 하려는 이러한 목적은 유다의 죄악성을 결코 줄여 주는 것은 아니지만, 이 일에 대한 우리의 걸림돌을 줄여 주는 역할을 할 수 있기 때문이다. 본문에 언급된 성경 말씀은 다윗이 그의 몇몇 원수들의 배신 행위에 대하여 탄식하는 내용이다. 유대교의 주석자들의 해석을 따라서 우리의 해석자들은 일반적으로 이 본문을 아히도벨에 대하여 말하고 있는 내용으로 이해한다: 그로티우스(Grotius)는 이 본문이 유다의 죽음이 아히도벨의 죽음과 같을 것임을 암시하고 있다고 생각한다. 그러나 이 시편은 아히도벨이 다윗을 배신하였을 때에 다윗의 상심(喪心)에 관하여 말하고 있지 않기 때문에, 이 본문이 다윗을 배신한 또 다른 친구에 대하여 말하고 있는 것으로 이해하는 것이 더 나을 것이다. 우리 구주께서는 이 성경 말씀을 유다에게 적용하신다.

(1) 유다는 사도로서 최고의 특권을 허락받았다: 그는 그리스도와 함께 떡을 먹었다. 유다는 그리스도와 친하였고, 그리스도로부터 은혜를 입었으며, 그의 가족 중의 한 사람, 그리스도께서 친밀하게 교제하셨던 자들 중의 한 사람이었다. 다윗은 그를 배신한 친구에 대하여 "그가 내 떡을 먹었다"고 말한다. 그러나 그리스도께서는 가난하였기 때문에 자기의 떡이라고 부를 수 있는 떡을 가지고 있지 않으셨다. 그래서 그리스도께서는 그가 나와 함께 떡을 먹었다고 말씀하신다. 그리스도께서는 그를 수종들었던 그의 친구들의 자비에 의지해서 살아 가셨는데, 그의 제자들은 그 중에 자기 몫을 가지고 있었고, 유다도 거기에 끼여 있었다. 그리스도께서 어디에 가시든지, 유다는 그와 함께 환영을 받았고, 종들과 함께 식사를 한 것이 아니라, 주님과 함께 식탁에 앉아서 동일한 음식을 먹고 동일한 잔을 마셨으며, 모든 점에서 주님과 동등한 대우를 받았다. 유다는 그리스도께서 오병이어로 많은 사람들을 먹이실 때에 그리스도와 함께 이적에 의해 생겨난 떡을 먹었고, 그리스도와 함께 유월절 식사를 하였다. 그리스도와 함께 떡을 먹은 모든 자들이 진정으로 그의 제자들인 것은 아니라는 것

을 명심하라(고린도전서 10:3-5을 보라).

(2) 배교자로서 유다는 가장 비열한 배신의 죄를 범하였다: 그는 그리스도께 **발꿈치를 들었다.** [1] 유다는 그리스도를 버렸고, 그에게 등을 돌리고, 제자들의 모임으로부터 빠져 나갔다(30절). [2] 유다는 그리스도를 멸시하였고, 그리스도와 그의 복음을 경멸하여 그에 대하여 발의 먼지를 털어 버렸다. 또한, [3] 유다는 그리스도에 대하여 원수가 되었다. 유다는 레슬링 선수들이 그들이 업어 치고자 하는 대적들에게 하듯이 발길질을 하였다. 그리스도의 친구로 보였던 자들이 나중에는 결국 그의 진정한 원수들로 밝혀지는 일은 새삼스러운 일이 아니라는 것을 명심하라. 그리스도를 높이는 체하는 자들은 그리스도를 빌미로 자기 자신을 높이는 것이고, 이것을 통해서 그들 자신이 가장 비열한 배은망덕의 죄만이 아니라 가장 비열한 배신의 죄를 범하고 있음이 드러난다.

Ⅲ. 그리스도께서는 제자들에게 왜 그가 그들에게 유다의 배신에 관하여 미리 말해 주는 것인지 그 이유를 설명해 주신다(19절) : "지금부터 일이 일어나기 전에, 유다가 그의 악한 음모를 개시하기 전에 미리 너희에게 일러 둠은 그 일이 일어났을 때에 너희가 걸려 넘어지는 것이 아니라 내가 그인줄, 즉 와야 할 자라는 것을 굳게 믿도록 하기 위한 것이다."

1. 그리스도께서는 다른 경우들에서와 마찬가지로 이 일에서도 앞으로 일어날 일에 대하여 분명하고도 확실하게 예견하고 계시다는 움직일 수 없는 증거를 보여주심으로써, 자신이 참 하나님이시고, 그 앞에서는 만물이 벌거벗은 것 같이 드러난다는 것을 증명하셨다. 그리스도께서는 유다가 그를 배신하리라는 것을 그러한 일을 의심할 만한 그 어떤 근거도 없을 때에 미리 말씀하심으로써, 자신이 마음의 생각과 뜻을 판단하시는 자이신 영원한 말씀이라는 것을 증명하셨다. 나중의 배교에 관한 신약 성경의 예언들(데살로니가후서 2장; 디모데전서 4장; 요한 계시록에 나오는)이 분명하게 성취되었다는 것은 그러한 글들이 하나님의 감동에 의해서 씌어진 것임을 보여주는 증거이고, 성경 전체에 대한 우리의 믿음을 확증해 준다.

2. 구약의 모형들과 예언들을 이렇게 자신에게 적용하심으로써 그리스도께서는 자기가 모든 선지자들이 증거한 참 메시야이심을 증명하였다. 이렇게 그리스도께서 기록된 대로 고난을 받으시는 것이 합당하였고, 그리스도께서는 성경에 기록된 대로 고난을 당하셨다(눅 24:25-26; 요 8:28).

Ⅲ. 그리스도께서는 그의 사도들과 그를 섬겨서 일하는 그의 모든 사역자들에게 격려의 말씀을 주신다(20절) : 내가 보낸 자를 영접하는 자는 나를 영접하는 것이다. 이 말씀의 취지는 다른 복음서들에 나오는 것과 동일하지만, 여기에서 그 본문들의 상호관계를 밝혀내는 것은 쉽지 않다. 그리스도께서는 제자들에게 그들이 겸손해야 하고 스스로를 낮추어야 한다고 말씀하셨다. 그리스도께서는 여기에서 이렇게 말씀하신다: "너희의 겸양으로 인해서 너희를 멸시하는 자들이 있을 수 있지만, 너희를 존귀하게 대함으로써 스스로 존귀하게 될 자들도 있다." 그리스도로부터 사명을 위임받음으로써 자기가 존엄하게 되었다는 것을 아는 자들은 세상 사람들이 자기를 비방하더라도 개의치 않을 수 있다. 또는, 그리스도께서 이 말씀을 하신 목적은 사도들 가운데서 변절자가 있었다는 것을 이유로 해서 사도들을 영접하기를 꺼려하는 자들의 거리낌을 잠재우기 위한 것일 수도 있다. 사도들 중의 한 사람이 주님을 배신하였다면, 사도들 중 그 누구를 믿을 수 있겠는가? 그들도 모두 똑같은 자들이다(ex uno disce omnes). 그리스도께서는 유다의 배신으로 인해서 사도들을 결코 나쁘게 바라보고 계시지 않을 뿐만 아니라, 그들 곁에 서서 그들을 시인하며 그들을 지키고자 하신다. 유다가 말씀을 전하였을 때에 그를 영접하였고 그의 설교에 의해서 회심하여 덕 세움을 입은 자들은 나중에 그가 변절자로 밝혀졌다고 할지라도 자신의 상태가 결코 나빠지는 것도 아니고 그것을 생각하고 후회할 필요도 없는 것이다. 왜냐하면, 유다도 그리스도께서 보내신 자였기 때문이다. 우리는 사람들의 속내를 알 수 없고, 더군다나 사람들이 장차 어떻게 될지에 대해서는 더더욱 알 수 없지만, 그리스도로부터 보내심을 받은 것으로 보이는 자들을 그들이 그렇지 않다는 것이 밝혀질 때까지는 영접하여야 한다. 어떤 이들은 낯선 자들을 영접함으로써 자기도 알지 못하는 사이에 강도들을 영접한 셈이 되기도 했지만, 우리는 그래도 여전히 사람들을 대접하기를 즐겨 하여야 한다. 왜냐하면, 그렇게 함으로써 어떤 자들은 천사들을 영접하였기 때문이다. 우리가 아무리 분별을 잘 해서 대접한다고 할지라도 우리의 대접을 악용하는 자들이 있는데, 그렇다고 해서 우리가 대접을 그만두는 것은 옳지 않으며, 또한 우리가 행한 대접은 결코 상을 잃지 않게 될 것이다.

1. 우리는 여기에서 사역자들을 그리스도께로부터 보내심을 받은 자들로 영접하도록 권고를 받는다: "내가 보낸 자를 영접하는 자는 비록 내가 보낸 사가 연약

나님도 자기로 말미암아 그에게 영광을 주시리니 곧 주시리라 [33]작은 자들아 내가 아직 잠시 너희와 함께 있겠노라 너희가 나를 찾을 것이나 일찍이 내가 유대인들에게 너희는 내가 가는 곳에 올 수 없다고 말한 것과 같이 지금 너희에게도 이르노라 [34]새 계명을 너희에게 주노니 서로 사랑하라 내가 너희를 사랑한 것 같이 너희도 서로 사랑하라 [35]너희가 서로 사랑하면 이로써 모든 사람이 너희가 내 제자인 줄 알리라

이 단락과 그 다음에 나오는 14장 끝까지의 내용은 그리스도께서 제자들과 식탁에서 나눈 대화이다. 저녁 식사가 끝났을 때에 유다가 밖으로 나갔다. 그렇다면, 주님과 그의 제자들은 유다가 떠나고 난 후에 무엇을 하였는가? 그들은 유익한 대화를 나누었는데, 이것은 우리에게 할 수 있는 대로 식탁에서 우리의 친구들과 신앙에 도움이 되는 대화를 하도록 가르치는 것이다. 그리스도께서 이 대화를 먼저 시작하신다. 우리가 덕을 세우기 위한 목적으로 선한 대화를 겸손하게 더욱 적극적으로 추진하면 할수록, 우리는 더욱더 예수 그리스도를 닮아가게 된다. 특히, 그들의 지위와 명성과 은사들로 인해서 무리들을 이끌고 사람들이 그의 말에 귀를 기울이는 그런 자들은 그들이 무리들 가운데서 지니고 있는 영향력을 그들에게 선을 행하는 기회로 사용하여야 한다. 이제 우리 주 예수께서는 제자들과 다음과 같은 것들에 관하여 대화를 나누신다(그리고 아마도 여기에 기록된 것보다 훨씬 더 많은 대화들이 오고갔을 것이다).

I. 그리스도 자신의 죽음과 고난의 큰 신비에 관하여. 이것에 관하여 제자들은 아직 너무도 모르는 것이 많았기 때문에, 이 일 자체를 예상할 수 없었고, 더더구나 이 일의 의미를 이해하는 것은 불가능하였다. 그래서 그리스도께서는 그들에게 십자가의 거치는 것이 제거되도록 하기 위해서 이 일에 관하여 가르침을 주신다. 그리스도께서는 유다가 나갈 때까지는 이러한 대화를 시작하지 않으셨다. 왜냐하면, 유다는 거짓 형제였기 때문이다. 악한 자들의 존재는 흔히 좋은 대화를 방해한다. 유다가 나갔을때, 그리스도께서는 지금 인자가 영광을 받았다고 말씀하셨다. 그들의 사랑의 식사에서 하나의 오점이었고 그들의 가족에 대해서 하나의 걸림돌이었던 유다가 거짓 형제로 발각되어 버림을 당한 지금, 인자가 영광을 받았다. 그리스도인 공동체가 정결하게 됨으로써 그리스도께서 영광을 받으신다는 것을 명심하라. 그리스도의 교회 속에서의 부패함

들은 그리스도께 욕이 된다. 그러한 부패한 것들을 몰아내어서 정결케 하는 것은 수치를 굴려내 버리는 것이다. 또는, 유다가 음모를 수행하기 위해서 나갔기 때문에 그리스도께서 죽으실 때가 곧 다가올 것이었다. 지금 인자가 영광을 받았다는 말씀은 지금 인자가 십자가에 못 박히셨다를 의미한다.

1. 그리스도께서는 그의 고난과 관련해서 그 일이 그들에게 매우 기쁜 일이라는 것을 가르치신다.

(1) 그리스도께서는 그의 고난을 통해서 영광을 받으실 것이다. 이제 인자는 그의 친구들의 비겁한 행동과 그의 원수들의 오만불손하고 무례한 행위를 통해서 이루 말할 수 없는 모욕과 수치를 당하며, 극도로 경멸과 불명예를 당하게 될 것이다. 그렇지만 바로 그러한 지금 인자가 영광을 받았다. 그 이유는 다음과 같다. [1] 지금 인자는 사탄과 모든 어둠의 세력들에 대하여 영광스러운 승리를 얻으시고, 그들의 재물을 노략하며, 그들을 짓밟을 것이다. 그리스도께서는 지금 마치 이미 이기신 것처럼 큰 확신을 가지고, 하나님과 인간의 원수들에 대항해서 싸움을 벌이시기 위하여 갑옷을 입고 계신다. [2] 지금 인자는 그의 죽음을 통해서 그의 백성들을 하나님과 화목하게 하고, 그의 백성에게 영원한 의와 복을 가져다주기 위하여 그의 백성을 위한 영광스러운 구원 사역을 이루어내실 것이다. 그것은 모든 믿는 자들에게 기쁨과 축복의 영원한 샘이 될 것, 즉 그의 피를 흘리시는 것이다. [3] 지금 인자는 십자가 아래에서의 자기 부인과 인내, 세상에 대한 경멸과 용기, 하나님의 영광을 위한 열심, 사람들의 영혼에 대한 사랑의 영광스러운 모범을 보여주실 것이고, 이것으로 인해서 그는 영원히 경배와 존귀를 받으시게 될 것이다. 그리스도께서는 그가 이전에 행하셨던 많은 이적들을 통해서 영광을 받으셨지만, 지금 그의 고난을 통해서 그가 영광을 받았다고 말씀하신다. 이것은 마치 그의 고난을 통한 영광이 그가 낮아진 상태에서 받으신 다른 모든 영광들보다 더 큰 것이라고 말씀하시는 것이나 다름없는 것이었다.

(2) 그리스도의 고난을 통해서 하나님 아버지께서 영광을 받으셨다. [1] 그리스도의 고난은 하나님의 공의를 만족시키는 것이었기 때문에, 하나님은 그리스도의 고난을 통해서 영광을 받으신 것이었다. 그리스도의 고난은 인간의 죄로 말미암아 가리어진 하나님의 영광을 비할 바 없을 정도로 다시 회복시켜 놓았다. 율법의 목적이 풍성하게 성취되었고, 하나님의 통치의 영광이 효과적으

로 나타나고 보전되었다. ⑵ 그리스도의 고난은 하나님의 거룩함과 긍휼하심을 나타내는 것이었다. 하나님의 이러한 속성들은 창조와 섭리 속에서 밝게 빛나고 있지만, 구속 사역 속에서 훨씬 더 밝게 빛난다. 고린도전서 1:24; 고린도후서 4:6을 보라. 하나님은 사랑이신데, 그리스도의 고난을 통해서 그의 사랑을 나타내셨다.

(3) 그리스도의 고난을 통해서 하나님께서 크게 영광을 받으셨기 때문에, 그리스도께서도 그 고난 후에 크게 영광을 받으실 것이었다(32절). 그리스도께서 이것을 어떻게 자세하게 설명하시는지를 살펴보자. [1] 그리스도께서는 하나님께서 그에게 영광을 주시리라는 것을 확신한다. 하나님께서 영광을 주시는 자들은 진정으로 영광된 자들이다. 지옥과 땅은 그리스도를 비방하기로 작정하였지만, 하나님께서는 그를 영화롭게 하시기로 작정하셨으며, 실제로 그를 영화롭게 하셨다. 하나님께서는 그리스도께서 십자가에 못 박혀 죽으실 때에 하늘과 땅에서의 놀라운 표적들과 기사들을 통해서 그의 고난 중에 그에게 영광을 주셨고, 심지어 그를 십자가에 못 박은 자들의 입술로부터 그가 하나님의 아들이었다는 고백이 나오게 하셨다. 그러나 특히 그리스도께서 고난을 받으신 후에 하나님은 그를 자기 우편에 앉게 하시고 그에게 모든 이름 위에 뛰어난 이름을 주심으로써 그에게 영광을 주셨다. [2] 하나님께서는 그를 자기 자신 안에서 그에게 영광을 주실 것이다. 첫째, 이것은 그리스도 자신 안에서를 의미할 수 있다. 하나님께서는 단지 사람들 가운데 있는 그의 나라에서만이 아니라 그의 인격 속에서 그리스도를 영화롭게 하실 것이다. 이것은 그리스도의 신속한 부활을 의미한다. 평범한 사람들은 그가 죽은 후에 사람들이 그를 기억하는 것이나 후손을 통해서 영광을 받을 수 있지만, 그리스도께서는 자기 자신 안에서 영광을 받으셨다. 둘째, 이것은 하나님 자신 안에서를 의미할 수 있다. 하나님께서는 17:5에서 설명된 것과 마찬가지로 자기 자신과 더불어서 그리스도를 영화롭게 하실 것이다. 주께서는 아버지 보좌에 함께 앉게 되시리라(계 3:21). 이것은 참된 영광이다. [3] 하나님께서는 그리스도를 즉시 영화롭게 하실 것이다. 그리스도께서는 자기 앞에 있는 기쁨과 영광을 바라보셨는데, 그 영광은 큰 것일 뿐만 아니라 가까이에 있는 것이었다. 그의 슬픔과 고난은 짧았고 곧 지나갔다. 지상의 왕들에게 충성을 바쳐도 흔히 그 보상은 오랫동안 미루어지기 일쑤이다. 그러나 하나님께서는 그리스도에게 즉시 보상을 해 주셨다. 그리스도께

서 죽음에서 부활에 이르기까지는 40시간 정도가 걸렸고, 부활하셔서 승천하시기까지는 40일이 걸렸기 때문에, 그가 즉시 영광을 받으셨다고 할 수 있는 것이다(시 16:10). [4] 이 모든 것은 하나님께서 그리스도의 고난을 통해서 영광을 받으셨기 때문이다. 하나님이 그로 말미암아 영광을 받으시고 그의 고난으로 말미암아 존귀함을 받으셨기 때문에, 하나님께서는 동일한 방식으로 그리스도에게 영광을 주시고 존귀함을 더하셨다. **첫째**, 그리스도의 높아지심은 그가 낮아지신 것에 대한 보상이었다. 주께서 자기를 낮추셨기 때문에 하나님이 그를 지극히 높이셨다. 그리스도의 죽음으로 말미암아 하나님 아버지께서 아주 큰 영광을 얻으셨다면, 우리는 아들도 그것에 못지않은 영광을 얻게 되시리라는 것을 확신할 수 있다. 하나님과 그리스도 간의 계약을 보라(사 53:12). **둘째**, 하나님께 영광을 돌리는 일에 마음을 쓰는 자들은 틀림없이 하나님과 더불어서 영광을 받는 복을 얻게 될 것이다.

2. 그리스도께서는 그의 고난과 관련해서 제자들을 일깨우기 위해서 가르침을 베푸신다. 왜냐하면, 그들은 아직 그 일을 더디 깨닫고 있었기 때문이다(33절): 작은 자들은 내가 아직 잠시 너희와 함께 있겠노라. 그리스도께서는 여기에서 제자들에게 그들이 현재 처한 기회를 잘 활용하도록 일깨우기 위하여 두 가지를 말씀하신다. 이 두 가지는 매우 중대한 말씀들이었다.

(1) 그리스도께서 이 세상에 머무르면서 제자들과 함께 하는 시간이 매우 짧을 것이라는 것. 작은 자들아. 이러한 호칭은 제자들이 연약하다는 것을 나타내는 것이라기보다는 그리스도의 자상하심과 연민을 나타내는 것이다. 지금 그리스도께서 그들을 떠나시고자 하시면서 그들에게 축복을 남기기 위해서 아버지로서의 애정을 가지고 그들에게 말씀하신다. 그러니까 너희는 내가 아직 잠시 너희와 함께 있는 것임을 알아라. 이것을 그의 죽음을 가리키는 것으로 이해하든, 아니면 그의 승천을 가리키는 것으로 이해하든, 의미는 동일하다. 그리스도께서 그들과 함께 지낼 시간이 이제 별로 남아 있지 않았다. [1] 그러므로 제자들은 그들에게 지금 주어진 기회를 잘 선용하여야 한다. 그들에게 어떤 물어볼 질문이 있거나 그들이 주님으로부터 조언이나 가르침이나 위로를 받기 원한다면, 지금 속히 말하지 않으면 안 된다. 왜냐하면, 내가 잠시 너희와 함께 있을 것이기 때문이다. 우리는 기회가 있을 동안에 우리 영혼을 위해서 필요한 도움들을 최대한으로 선용하여야 한다. 기회는 항상 오는 것이 아니고 오래 머무는

것도 아니기 때문이다. 기회가 우리로부터 떠나가거나 우리가 기회로부터 떠나가게 될 것이다. [2] 제자들은 마치 그들의 복과 위로가 그리스도의 육체적 현존과 결부되어 있는 것처럼 생각해서 그의 육체적 현존에 집착하거나 매달려서는 안 된다. 오히려, 그들은 이제 그리스도의 육체적 현존 없이 살아갈 방도를 생각해야 한다. 그들은 항상 어린아이들이 아니기 때문에, 유모 없이 홀로서야 한다. 방법들과 수단들이 잠시 그들에게 남아 있겠지만, 그들은 거기에 의지해서는 안 되고, 다른 돌파구를 찾아야 한다.

(2) 그들은 그들이 그리스도를 따라서 저 세상으로 가서 거기에 그와 더불어 함께 있는 것이 매우 어렵다는 것을 알아야 한다. 이제 그리스도께서는 앞서 유대인들에게 말씀하셨던 것(7:34)을 그의 제자들에게 말씀하신다. 왜냐하면, 그들은 죄인들의 죄를 자각시키고 일깨우기 위해서 그가 설명해 주신 것과 같은 말씀을 통해서 일깨워질 필요가 있었기 때문이다. 그리스도께서는 여기서 제자들에게 다음과 같은 것들을 말씀하신다.

[1] 그가 떠났을 때에 그들이 그가 없는 결핍감을 느끼게 되리라는 것. 너희가 나를 찾을 것이다. 즉, "너희는 내가 너희와 다시 함께 있게 되기를 바라게 될 것이다." 우리는 흔히 긍휼을 받지 못할 때에 이전에 주어졌던 긍휼이 얼마나 소중한지를 배우게 된다. 위로자의 현존으로 인해서 그들은 곤경과 난관들에서 효과적으로 건지심을 받았지만, 이제는 그의 육체적 현존과 같은 눈에 보이는 만족이 거기에 습관화 되어 있는 그들에게 주어지지 않게 될 것이었다. 그러나 그리스도께서 유대인들에게 "너희가 나를 찾을 것이나 나를 찾지 못하리라"고 말씀하신 것을 주목하라. 그러나 제자들에게는 그리스도께서 오직 너희가 나를 찾으리라고만 말씀하셨는데, 이것은 그들이 유대인들과 마찬가지로 그리스도를 찾을 때에 그의 육체적 현존을 찾을 수는 없겠지만 그것에 상당하는 것을 찾게 되어서 결코 그 찾는 일이 헛되지 않으리라는 것을 암시하는 것이었다. 그들은 무덤에서 그의 시체를 찾았어도 발견하지 못하였지만, 그것보다 더 나은 것을 찾았다.

[2] 그리스도께서는 그들이 올 수 없는 곳으로 가신다는 것. 이것은 제자들에게 장차 눈에 보이지 않는 접근 불가능한 세상으로 가셔서 아무도 접근할 수 없는 빛 속에 거하시게 될 그리스도를 우러러 보게 만들고, 또한 자기 자신에 대해서는 초라한 생각들, 그들의 장래의 상태에 대해서는 상심하는 생각들을 품

게 하였을 것이다. 그리스도께서 제자들에게 그들이 그를 따라올 수 없다고 말씀하신 것은 오직 그들을 일깨워서 더욱더 부지런히 살피게 하기 위한 것이었다(여호수아가 백성들에게 그들이 여호와를 섬길 수 없을 것이라고 말하였던 것과 마찬가지로). 제자들은 십자가를 지신 그리스도를 따라갈 수 없었다. 왜냐하면, 그들에게는 용기와 결단력이 없었기 때문이다. 그들은 그리스도께서 붙잡히실 때에도 그를 따라갈 수 없었고 모두가 그를 버리고 도망쳤다. 또한 그들은 그의 면류관까지 그리스도를 따라갈 수 없었다. 왜냐하면, 그들은 면류관을 얻을 충분한 자격을 갖추고 있지 못했고, 그들이 할 일과 전투도 아직 끝나지 않았기 때문이다.

Ⅱ. 그리스도께서는 제자들에게 형제 사랑의 큰 의무에 관하여 말씀하신다 (34-35절) : 너희는 서로 사랑하라. 유다는 지금 이 자리에서 나가 버림으로써 자기가 거짓 형제라는 것을 증명하였다. 그렇지만 그들은 서로를 질시하고 의심해서는 안 된다. 그러한 것들은 형제 사랑에 해독이 될 것이다. 그들 중에 한 사람 유다가 있었지만, 그들 모두가 유다인 것은 아니기 때문이다. 그리스도와 그를 따르는 자들에 대한 유대인들의 적대감이 최고조에 달해 있었고, 따라서 그들이 유대인들로부터 주님과 동일한 대우를 예상해야 하는 지금에 있어서, 그들은 형제 사랑을 통해서 서로를 견고하게 세워 주는 데에 관심을 가져야 한다. 상호적인 사랑을 위한 세 가지 근거가 여기에 역설되어 있다.

1. 그들의 선생의 명령이라는 것(34절): 내가 새 계명을 너희에게 준다. 그리스도께서는 이 계명을 즐겁고 기쁜 것으로 권하고 뛰어나고 유익한 것으로 권면할 뿐만 아니라, 이 계명을 그의 나라의 기본적인 법들 중의 하나로 삼고서 명령하신다. 이 계명은 그리스도를 믿으라는 명령과 어깨를 나란히 하는 계명이다(요일 3:23; 벧전 1:22). 이 계명은 우리에게 법을 수여할 권한을 가지고 계시는 우리의 통치자의 명령이다. 이 계명은 우리의 영적인 질병들을 치유하시고 우리를 영원한 지복을 위해서 단장시키실 목적으로 이 법을 우리에게 주시는 우리의 구속주의 명령이다. 그것은 새 계명이다. 즉, (1) 그것은 새롭게 갱신된 계명이다. 이 계명은 처음부터 있던 계명(요일 2:7), 자연의 법칙과 마찬가지로 오래된 계명이었고, 모세 율법의 두 번째 큰 계명이었다. 그렇지만 이 계명은 신약의 큰 계명들 중의 하나, 새로운 율법 수여자이신 그리스도의 큰 계명들 중의 하나이기도 하기 때문에 새 계명으로 불린다. 이 계명은 옛 책을 새롭게

교정하고 증보해서 내놓은 새로운 판본과 같다. 이 계명은 유대 교회의 전승들에 의해서 너무도 부패되어 있어서 그리스도께서 이 계명을 새롭게 부활시키시고 참된 빛 가운데서 조명하신 것이기 때문에 새 계명으로 불리는 것이 합당하였다. 복수와 응보의 법칙이 너무도 성행하였고, 자기 사랑이 너무도 뚜렷하게 부각되어 있었기 때문에, 형제 사랑의 법은 시대에 뒤떨어진 것으로 치부되어 망각되고 있었다. 따라서 그리스도께로부터 이 계명이 새롭게 왔을 때에 그 계명은 백성들에게 새로운 것이었다. (2) 그것은 새 노래가 뛰어난 노래인 것과 마찬가지로 그 속에 비상한 은혜를 담고 있는 뛰어난 계명이다. (3) 그것은 영원한 계명이다. 이 계명은 기이할 정도로 새롭고, 또한 항상 새롭다. 이 계명은 결코 쇠하지 않을 새 계명이기 때문에(히 8:13), 믿음과 소망이 낡아질 때에도 영원히 새로울 것이다. (4) 그리스도께서 표현하고 계시듯이, 그것은 새로운 것이다. 이 계명은 이전에는 네 이웃을 사랑할지니라로 되어 있었지만, 지금은 너희가 서로 사랑하라로 되어 있다. 이 계명은 이렇게 서로에게 책임이 있는 상호적인 의무로 표현되어 있기 때문에 더욱 사람들의 마음을 끄는 방식으로 표현되어 있다.

2. 그들의 구주의 모범은 형제 사랑을 위한 또 하나의 근거이다: 내가 너희를 사랑한 것 같이. 이 계명이 새 계명인 것은 사랑의 이러한 잣대와 근거가 되는 것(내가 너희를 사랑한 것 같이)이 온전히 새로운 것으로서 지금까지 수많은 세대 동안에 감춰져 왔던 것이었기 때문이다. 우리는 그리스도께서 그들을 사랑하셨다는 말씀을 다음과 같은 의미로 이해할 수 있다.

(1) 그리스도께서 그의 제자들 가운데서 출입하셨을 동안에 지금까지 그들이 경험하였던 사랑의 모든 예들. 그리스도께서는 제자들에게 인자하게 말씀하셨고, 그들에게 진정으로 관심을 보이셨으며, 그들이 잘되기를 바라셨고, 그들을 가르치시며 권면하시며 위로하셨고, 그들과 더불어서 및 그들을 위해서 기도하셨고, 그들이 비난받을 때에 그들을 옹호해 주셨으며, 그들이 짓밟힐 때에 그들 편이 되어 주셨고, 그들이 그의 어머니나 자매나 형제보다 더 소중한 자들이라고 공개적으로 인정하셨다. 그리스도께서는 제자들이 잘못했을 때에 그들을 책망하셨지만, 그들의 실수들을 연민의 마음으로 품어 주셨고, 그들을 용서하셨으며, 그들을 좋게 바라보셨고, 많은 잘못들을 간과하셨다. 이렇게 그리스도께서는 그들을 사랑하셨고, 이제는 그들의 발을 씻어 주셨다. 이런 식으로

그들은 서로 사랑하여야 하고, 끝까지 사랑하여야 한다.

(2) 그리스도께서 이제 곧 행하시게 될 그의 모든 제자들에 대한 특별한 사랑, 즉 그들을 위하여 자기 목숨을 버리시는 사랑. 이보다 더 큰 사랑은 없다 (15:13). 그리스도께서는 이렇게 우리 모두를 사랑하시지 않았는가? 따라서 그가 우리에게 서로 사랑할 것을 기대하신 것은 지극히 합당한 일이었다. 지금 우리는 서로를 위하여 그리스도께서 행하신 것과 동일한 성격에 속한 것들을 행할 수는 없지만(시 49:7), 몇 가지 점들에 있어서 그리스도께서 행하신 것과 동일한 방식을 따라서 서로를 사랑하여야 한다. 우리는 그리스도께서 우리를 사랑하신 것을 본으로 삼아서, 그것으로부터 교훈들을 얻어야 한다. 서로에 대한 우리의 사랑은 자유롭고 자원하는 것이 되어야 하고, 수고하며 대가를 치르는 것이 되어야 하고, 변함없이 오래가는 것이 되어야 한다. 또한 그것은 서로의 영혼에 대한 사랑이어야 한다. 우리는 그리스도께서 우리를 사랑하셨기 때문이라는 이러한 동기로부터 서로를 사랑하여야 한다(로마서 15:1, 3; 에베소서 5:2, 25; 빌립보서 2:1-5을 보라).

3. 그들의 신앙 고백이 참됨을 보이기 위한 것(35절): 너희가 서로 사랑하면 이로써 모든 사람이 너희가 내 제자인 줄 알리라. 우리는 사랑을 나타내 보일 뿐만 아니라 근본적으로 사랑을 가지고 있어야 한다. 우리는 사랑을 나타내 보일 기회가 존재하지 않을 때에도 사랑을 이미 가지고 있어야 한다. "이런 식으로 나를 따를 때에 너희가 진정으로 나의 제자들인 것이 드러나게 될 것이다." 형제 사랑은 그리스도의 제자라는 것을 보여주는 표지라는 것을 명심하라. 이것을 통해서 그리스도께서는 제자들을 알아보시고, 이것을 통해서 제자들은 자기 스스로 그리스도의 제자임을 알게 되며(요일 2:14), 이것을 통해서 남들이 그리스도의 제자들을 알아볼 수 있다. 이것은 그리스도의 가족이 입는 제복(制服)이고, 그의 제자들이 지닌 남다른 특성이다. 그리스도께서는 그의 제자들이 다른 모든 사람들보다도 서로를 사랑함에 있어서 특출나기를 원하신다. 그들의 주님께서는 바로 그러한 사랑으로 유명하신 분이었다. 그리스도에 관하여 들은 적이 있는 사람들은 누구나 그의 사랑, 그의 크신 사랑에 대하여 들은 적이 있다. 그러므로 너희가 어떤 사람들이 보통 이상으로 서로를 사랑하는 것을 본다면, 너희는 "분명히 이 사람들은 그리스도의 제자들이고, 그들은 예수와 함께 있었던 적이 있는 자들이다"라고 말할 수 있다. 본문을 통해서 우리는 다음

과 같은 것들을 알게 된다.

(1) 그리스도께서는 그의 제자들이 서로 사랑하게 되는 것에 큰 관심을 가지고 계셨다. 서로를 사랑하는 일에 있어서 그들은 특출나야 한다. 세상의 방식은 모든 사람이 각자를 위한 것인 반면에, 그리스도의 제자들은 서로를 진심으로 사랑해야 한다. 그리스도께서는 너희가 이적을 행함으로가 아니라 — 왜냐하면, 이적을 행하는 자는 그저 사랑 없이 행하는 변변치 않은 자이기 때문이다(고전 13:1-2) — 그리스도에 대한 감사와 자기 부인의 원칙에 의거해서 너희가 서로 사랑하면 너희가 나의 제자인 것을 이로써 모든 사람이 알리라고 말씀하신다. 그리스도께서는 형제 사랑을 그의 교회에 꼭 있어야 할 것이자 참된 교회의 주요한 표지가 되어야 한다고 말씀하신다.

(2) 형제 사랑에서 뛰어난 것은 그리스도의 제자들의 참된 영광이다. 그리스도의 제자들이 다른 사람들로부터 존경받고 존중받는 데에 이것보다 더 효과적인 것은 없을 것이다. 그것이 얼마나 강력하게 사람들을 끌어들이는 효과가 있는지는 사도행전 2:46-47을 보라. 테르툴리아누스(Tertulian)는 그리스도인들이 서로를 사랑하는 것으로 유명하였다는 것이 초대 교회의 영광이었다고 말한다. 그들의 대적자들은 그러한 사실을 알고 있었기 때문에, 이 그리스도인들이 서로를 얼마나 사랑하는지를 보라고 말하였다.

(3) 그리스도의 제자들이 서로를 사랑하지 않는다면, 그들은 그들의 신앙 고백을 욕되게 할 뿐만 아니라, 그들의 신앙이 진정으로 참된 것인지 의심을 받을 만한 빌미를 주게 된다. 오, 예수여! 이 감정적이고 악의에 가득 차 있으며 남을 경멸하고 성질이 더러운 이 사람들이 그대의 그리스도인들이란 말인가요? 이것이 그대의 아들됨의 표지입니까? 우리의 형제들이 우리로부터 도움을 받을 필요가 있고, 우리가 그들에게 도움을 주고 섬길 수 있는 기회를 갖게 될 때, 그들이 견해와 실천에 있어서 우리와 다르거나 어떤 식으로든 우리와 경쟁 관계에 있거나 우리를 고발함으로써 우리가 겸양하고 용서할 기회를 갖게 될 때, 바로 그러한 경우들은 우리가 그리스도의 제자라는 이러한 표지를 갖고 있는지 아닌지가 드러나게 되는 때들이 될 것이다.

[36]시몬 베드로가 이르되 주여 어디로 가시나이까 예수께서 대답하시되 내가 가는 곳에 네가 지금은 따라올 수 없으나 후에는 따라오리라 [37]베드로가 이르되 주여 내

가 지금은 어찌하여 따라갈 수 없나이까 주를 위하여 내 목숨을 버리겠나이다 [38]예수께서 대답하시되 네가 나를 위하여 네 목숨을 버리겠느냐 내가 진실로 진실로 네게 이르노니 닭 울기 전에 네가 세 번 나를 부인하리라

이 단락에는 다음과 같은 내용들이 나온다.

I. 베드로의 호기심과 그리스도의 만류.

1. 베드로의 질문은 대담하고 무뚝뚝한 것이었다(36절): 주여, 어디로 가시나이까? 이것은 그리스도께서 너희는 내가 가는 곳에 올 수 없다고 말씀하신 것에 대한 질문이었다(33절). 베드로는 그리스도께서 형제 사랑과 관련해서 그들에게 주신 실천적인 교훈들에 대해서는 별 관심을 갖지 않고 아무런 질문도 하지 않은 채, 그리스도께서 의도적으로 그들에게 감추어 두고자 하셨던 것에 매달린다. 우리와 우리 자손에게 속한 나타난 일들보다는 오직 하나님께만 속한 감추어진 일들에 관하여 더 꼬치꼬치 깨묻기 좋아하고, 우리의 양심에 대고 말씀하신 것보다는 우리의 호기심을 끄는 것을 더 알고 싶어하며, 우리가 행할 수 있는 이 땅에서의 일보다도 하늘에서 이루어지는 일을 알고자 하는 것이 우리가 흔히 저지르는 잘못이라는 것을 명심하라. 그리스도인들의 대화 속에서 누구에게나 분명하고 덕을 세우는 것들에 관한 대화는 곧 중단되고 그 주제가 다 바닥이 나서 더 이상 할 말이 없는 상황이 된 후에 논란이 되는 문제로 넘어가서는 끝없이 논쟁을 벌이는 모습을 보는 것은 쉬운 일이다.

2. 그리스도의 대답은 시사하는 바가 많은 것이었다. 그리스도께서는 그가 곧 가게 될 세상을 상세하게 설명해 줌으로써 베드로의 호기심을 만족시키지도 않으셨고, 장차 그가 받게 되실 영광과 기쁨에 대해서도 그의 고난을 말씀하신 경우와는 달리 그렇게 뚜렷하게 미리 말씀하시지 않았고, 다만 그가 전에 말씀하셨던 것을 다시 되풀이하셨다(36절): 내가 가는 곳에 네가 지금은 따라올 수 없으나 후에는 따라오리라. 이 말씀을 하시는 것으로 충분하였다. (1) 우리는 이 말씀을 베드로가 그리스도를 따라서 십자가를 지게 될 것을 가리키는 것으로 이해할 수 있다: "너는 아직 내 잔을 마실 만한 정도의 믿음과 결단력을 갖고 있지 못하다." 그리스도께서 고난을 받으실 때에 베드로가 보여준 비겁한 행동은 여기서 그리스도께서 하신 말씀이 옳았다는 것을 보여주었다. 이런 이유 때문에 그리스도께서는 잡히셨을 때에 그의 제자들의 안전을 위해서 각자의 길을

가라고 말씀하셨다. 왜냐하면, 그들은 지금은 그를 따라올 수 없었기 때문이다. 그리스도께서는 그의 제자들의 체질을 고려하셔서, 그들이 아직 감당할 수 없는 그러한 일과 곤경을 그들에게 감당하도록 명령하지 않으신다. 그들이 그러한 일들을 감당할 날이 올 것이다. 베드로는 비록 순교를 각오하였더라도 아직 온전히 성장되지 않았기 때문에 지금 그리스도를 따라갈 수 없었지만, 후에는 따르게 될 것이었다. 베드로는 결국 그의 주님과 마찬가지로 십자가에 못 박히게 될 것이다. 그가 지금 고난받는 길을 피한다고 해서 결코 고난을 받게 되지 않을 것이라고 생각해서는 안 된다. 우리는 한 번 십자가를 놓쳤다고 해서 다시는 십자가를 만나게 되지 않을 것이라고 생각해서는 안 된다. 우리는 지금까지 우리가 겪은 적이 없는 더 큰 시련을 맞을 수 있다. (2) 우리는 이 말씀을 베드로가 그리스도를 따라서 면류관을 얻게 되리라는 것을 의미하는 것으로 이해할 수 있다. 그리스도께서는 지금 그의 영광을 얻기 위해서 가는 중이셨고, 베드로는 그리스도와 더불어 가기를 몹시 원했다. 그리스도께서는 이렇게 말씀하신다. "아니다. 네가 지금은 따라올 수 없다. 너는 아직 하늘 나라에 갈 정도로 성숙하지 못했고, 이 땅에서 네가 해야 할 일을 끝마치지 못했다. 내가 먼저 가서 네가 있을 곳을 마련해야 하고, 너는 선한 싸움을 싸운 후에 정한 때에 맞춰서 후에 나를 따라오게 될 것이다." 믿는 자들은 그들이 부르심을 받자마자 영광을 얻게 될 것을 기대해서는 안 된다는 것을 명심하라. 왜냐하면, 홍해와 가나안 사이에는 광야가 있기 때문이다.

II. 베드로의 장담과 그리스도의 만류.

1. 베드로는 자기가 그리스도를 끝까지 따라갈 것이라고 호언장담한다. 베드로는 뒤에 남겨지는 것에 만족할 수 없었기 때문에, 이렇게 반문한다: "주여, 내가 지금은 어찌하여 따라갈 수 없나이까? 주께서는 나의 진심과 결단을 왜 의심하십니까? 내가 주님께 약속드리건대, 기회가 있다면, 주를 위하여 내 목숨을 버리겠나이다." 어떤 이들은 베드로가 이전에 유대인들이 그랬듯이(7:35) 그리스도께서 저 먼 나라로 여행할 것을 계획하고 계신 줄로 알고서 그리스도께서 어디로 가시든지 그를 따라가겠노라고 그의 결심을 밝힌 것으로 해석한다. 그러나 베드로는 주님께서 그의 고난에 대하여 너무도 자주 말씀하시는 것을 들어 왔기 때문에 분명히 그리스도께서 지금 하신 말씀을 죽음을 통해서 이 세상을 떠나는 것으로 이해할 수밖에 없었을 것이다. 베드로는 도마가 그랬던 것처럼

가서 그와 함께 죽자고 결심한다. 그리스도와 함께 죽는 것이 그리스도 없이 사는 것보다 더 낫다.

(1) 우리는 여기에서 베드로가 우리 주 예수에 대하여 얼마나 지극한 사랑을 품고 있었는지를 본다: "주를 위하여 내 목숨을 버리겠나이다. 내가 기필코 그렇게 하겠나이다." 나는 베드로가 그의 마음속에서 생각한 대로 말한 것이라고 믿는다. 이 결심과 관련해서 베드로는 비록 경솔하기는 했지만 부정직했던 것은 아니었다. 우리는 그리스도를 우리 자신의 목숨보다 더 사랑하여야 하기 때문에, 우리가 죽음으로 부르심을 받을 때에는 기꺼이 그리스도를 위하여 죽을 각오가 되어 있어야 한다(행 20:24).

(2) 우리는 여기서 베드로가 그리스도께 무례하게 반론을 제기하고 있는 모습을 본다. 그러한 것은 "주여, 내가 지금은 어찌하여 따라갈 수 없나이까 주께서는 주님에 대한 나의 충성심을 의심하는 것입니까"라는 말 속에 드러나 있다(삼상 29:8). 참된 사랑을 하는 자는 자신의 진심이 의심을 받을 때에 서운한 법이다(21:17). 그리스도께서는 제자들 중의 한 사람이 마귀라고 말씀하셨었지만, 그는 이미 발각되어서 밖으로 나갔기 때문에, 베드로는 자기가 자신의 진심에 대하여 좀 더 확신있게 말할 수 있다고 생각하였다. "주여, 나는 결코 주님을 떠나지 않을 것이라고 결심하였는데, 내가 주를 어찌하여 따라갈 수 없나이까?" 우리는 그리스도 없이는 아무것도 할 수 없는데도, 우리가 이런저런 일을 할 수 없다는 말은 잘못된 것이고 우리는 무슨 일이든지 할 수 있다고 생각하기 쉽다.

2. 그리스도께서는 베드로에게 그가 자기를 부인할 것이라는 뜻밖의 놀라운 예고를 하신다(38절). 예수 그리스도께서는 우리가 우리 자신을 아는 것보다 우리를 더 잘 알고 계시고, 그가 사랑하시는 자들에게 스스로를 볼 수 있게 하셔서 교만을 버리게 만드는 많은 방법들을 가지고 계신다.

(1) 그리스도께서는 베드로의 자신만만한 태도를 나무라신다: 네가 나를 위하여 네 목숨을 버리겠느냐? 내 생각에는 그리스도께서 미소를 지으시면서 다음과 같이 말씀하셨던 것으로 보인다: "베드로야, 너의 약속이 지키기에는 너무 거창한 것 같구나. 너는 목숨을 버리는 일이 얼마나 주저되는 일이며 고민스러운 일이고, 죽는다는 것이 얼마나 어려운 일인지를 생각하지 않는구나. 네가 말한 것처럼 그렇게 쉽게 목숨을 버릴 수 있는 것이 아니다." 그리스도께서 이렇게

하신 것은 베드로에게 다시 한 번 자신의 말을 숙고하게 하여서, 그가 자신의 결심을 철회하거나 그것으로부터 물러나는 것이 아니라, 거기에 꼭 필요한 다음과 같은 전제를 달게 하기 위한 것이었다: "주여, 주의 은혜로 내게 힘을 주시면, 내가 주를 위하여 내 목숨을 버리겠나이다." "네가 나를 위해서 죽고자 한다고? 그게 말이 되느냐? 너는 물 위를 걸어서 내게 오라고 내가 명령했을 때에 두려워 떨지 않았더냐? 내가 고난에 관하여 말하였을 때에 너는 주여, 이 일이 결코 주께 미치지 아니하리이다라고 소리치지 않았더냐? 나를 따르기 위해서 너의 배와 그물을 남겨 두는 것은 쉬운 일이었지만, 네 목숨을 버리는 일은 그리 쉬운 일이 아니다." 주님께서도 죽음이 그에게 닥쳐 왔을 때에 무척 고민하셨다. 제자는 선생보다 더 낮지 않은 법이다. 우리가 우리 자신을 주제넘게 신뢰한 것을 부끄러워하는 것은 좋은 일이라는 것을 명심하라. 상한 갈대가 기둥으로 쓰임을 받겠으며, 병든 아이가 챔피언이 될 생각을 하겠느냐? 네가 그런 엄청난 말을 했다니 얼마나 어리석은 자인가.

(2) 그리스도께서는 베드로가 결정적인 때에 비겁한 행동을 하게 될 것이라고 분명하게 미리 말씀하신다. 베드로가 다시는 그런 호언장담을 하지 못하도록 그의 입을 막기 위해서, 그리스도께서는 단호하게 이렇게 선언하신다: 내가 진실로 진실로 네게 이르노니 닭 울기 전에 네가 세 번 나를 부인하리라. 그리스도께서는 나중에 이 밤에라고 말씀하셨지만 여기에서는 그렇게 말씀하지 않으신다. 왜냐하면, 이 때는 유월절을 이틀 밤이나 남겨 둔 때였기 때문인 것 같다. 그러나 "너는 곧 하룻밤 사이에 세 번 나를 부인하게 될 것이다. 또는, 닭이 처음 울고 나서 마지막 울 때까지 아주 짧은 시간 동안에 너는 나를 세 번 부인하게 될 것이다. 너는 닭이 울 때까지 고난받는 것이 두려워서 거듭거듭 나를 부인할 것이다." 닭이 우는 것을 언급한 이유는 다음과 같은 것들이다. [1] 베드로가 잘못을 저지르게 될 시험이 밤중에 있을 것인데, 그렇다면 닭이 우는 일은 도저히 있을 수 없는 상황이기 때문에, 그리스도께서 그것을 미리 말씀하신 것은 그의 틀림없는 미리 아심을 보여주는 한 예라는 것을 나타내기 위해서. [2] 닭이 우는 때가 베드로가 회개할 기회가 되도록 하기 위해서. 만약에 그리스도께서 이것을 예언 속에 집어넣지 않으셨다면, 닭이 우는 것을 계기로 베드로가 회개할 기회를 얻지 못했을 것이다. 그리스도께서는 유다가 마음속으로만 주님을 배신할 것을 계획하였을지라도 그가 자기를 배신하리라는 것을 미리 아셨을 뿐

만 아니라, 베드로가 전혀 꿈에도 생각하지 않았고 오히려 그 정반대를 호언장담했을 때에 그가 자기를 부인하리라는 것을 미리 아셨다. 그리스도께서는 죄인들의 악함을 아실 뿐만 아니라, 성도들의 연약함도 아신다. 그리스도께서 베드로에게 말씀하신 것은 이런 것들이었다. 첫째, 베드로가 그를 부인하고 그와의 관계를 부정하며, 맹세로써 그를 부인하리라는 것: "너는 나를 따르지 못할 뿐만 아니라, 네가 지금까지 나를 따랐다는 것을 고백하기도 부끄러워하게 될 것이다." 둘째, 베드로는 말이 헛나와서 오직 한 번 그를 부인하는 것이 아니라, 일정 간격을 두고서 세 번이나 그를 부인하게 되리라는 것. 그리고 이것은 실제로 증명되었다. 우리는 흔히 성경의 예언들이 두루뭉술하게 비유적으로 표현된 이유를 다음과 같이 설명한다: 만약 성경의 예언들이 장차 일어날 사건을 분명하게 묘사한다면, 그 성취가 인간의 자유의지에 의해서 실패로 돌아가거나, 인간의 자유의지와 모순되는 결정론에 의해서 필연적으로 일어나게 될 것이기 때문이다. 그렇지만 베드로가 그리스도를 부인하리라는 이 분명하고도 명백한 예언은 그리스도께서 베드로의 죄를 부추긴 면이 조금도 없었다. 우리는 그리스도께서 이렇게 말씀하시는 것을 들었기 때문에 베드로가 자신의 호언장담에 대하여 어느 정도 움츠러들 수밖에 없었고, 만약 이 말씀을 듣지 않았더라면, 하사엘처럼 무엇이라구요 당신 종이 개입니까라고 말했을 것인데, 이제는 감히 그리스도의 말씀에 반박하지 못했을 것이라고 볼 수 있다. 그리스도께서 하신 말씀은 베드로를 혼란에 빠뜨렸을 것이다. 가장 안심하고 있을 때가 보통은 가장 안전하지 않을 때라는 것을 명심하라. 자신의 힘을 가장 자신 있게 장담하는 자들은 그들 자신이 연약하다는 것을 가장 부끄럽게 나타내고 있는 것이다(고전 10:12).

제
— 14 —
장

개요

이 장은 식사 후에 그리스도께서 제자들과 나눈 대화의 연속이다. 그리스도께서는 유다의 죄를 깨닫게 하고 그를 버리신 후에, 그리스도가 그들을 떠나게 될 것이라고 말씀하신 것을 듣고서 슬픔으로 가득 차 있었던 나머지 제자들을 위로하시기로 마음먹으시고, 여기에서 그들에게 아주 많은 좋은 말씀들과 위로가 되는 말씀들을 해 주신다. 여기에 나오는 말씀들은 대화체로 되어 있다. 앞 장에서의 베드로처럼 이 장에서는 도마와 빌립과 유다가 그리스도께서 그들에게 허락하신 자유를 따라서 그리스도께서 하신 말씀에 대한 그들의 생각을 제시한다. 자유로운 대화는 엄숙한 설교만큼이나 교훈적이고, 오히려 그 이상이다. 이 장의 전체적인 주제는 1절에 나와 있다. 이 장에 나오는 것들은 제자들의 마음속에서 괴로움을 덜어 주기 위한 것들이다. 이제 괴로움을 덜기 위해서는 그들은 다음과 같은 것들을 믿어야 하고 그렇게 생각하여야 한다. I. 천국은 그들의 영원한 안식처이다(2-3절). II. 그리스도는 그들의 길이다(4-11절). III. 그들은 그들의 기도에 대한 응답을 통해서 큰 능력을 덧입게 될 것이다(12-14절). IV. 또 다른 보혜사가 오실 것이다(15-17절). V. 그리스도께서 떠나신 후에 그와 그들 사이에 교제와 교통이 있게 될 것이다(18-24절). VI. 성령께서 그들에게 가르침을 주실 것이다(25-26절). VII. 그리스도께서 그들에게 평안을 남겨 두셨다(27절). VIII. 그리스도께서 자기가 떠나는 것을 기뻐하셨다(28-31절). 그리스도께서 그들에게 하신 이 모든 말씀은 그의 신실한 모든 제자들의 위로를 위한 것이다.

¹너희는 마음에 근심하지 말라 하나님을 믿으니 또 나를 믿으라 ²내 아버지 집에 거할 곳이 많도다 그렇지 않으면 너희에게 일렀으리라 내가 너희를 위하여 거처를 예비하러 가노니 ³가서 너희를 위하여 거처를 예비하면 내가 다시 와서 너희를 내게로 영접하여 나 있는 곳에 너희도 있게 하리라

이 단락에는 다음과 같은 내용들이 나온다.

I. 그리스도께서 제자들에게 마음의 근심에 대하여 경계하심(1절) : 너희는 마음에 근심하지 말라. 제자들은 지금 근심이라는 시험 속으로 빠져 들어가기 시작하였다. 여기에서 우리는 다음과 같은 것들을 살펴볼 수 있다.

1. 그리스도께서 그것을 어떻게 알아차리셨는가? 아마도 제자들의 얼굴 표정에 근심하는 기색이 역력히 나타났을 것이다. 성경 본문에서는 제자들이 서로를 쳐다보았다(13:22)고 말하고 있는데, 그리스도께서는 제자들의 얼굴을 모두 쳐다보시고 그것을 감지하셨다. 피 흘리는 내면의 상처를 비롯해서 겉으로 드러나지 않는 우리의 모든 은밀한 슬픔들을 알고 계시는 주 예수께서 이것을 알아차리지 못하셨을 까닭이 없다. 그리스도께서는 우리가 어떠한 것으로 괴로워하고 있는지만이 아니라 그러한 괴로움 속에서 우리가 어떠한 영향을 받고 있는지, 그리고 그 괴로움들이 우리의 마음에 얼마나 가깝게 있는지도 아신다. 그리스도께서는 그의 백성들을 압도하고 짓누를 위험이 있는 모든 괴로움과 근심을 알아차리신다. 그는 환난 중에 있는 우리 영혼을 아신다. 지금 많은 것들이 동시에 제자들을 근심하게 하였다.

(1) 그리스도께서는 방금 제자들 가운데 몇몇이 그를 슬프게 할 것이라고 말씀하셨고, 이 말씀은 제자들 모두를 근심하게 만들었다. 베드로는 그리스도께서 그에게 하신 말씀 때문에 깊은 근심에 빠지게 되었고, 나머지 제자들도 다음 차례로 좋지 않은 말을 듣게 될 사람이 누구일지를 몰랐기 때문에 베드로와 그들 자신을 위해서 근심하였다. 이것에 대하여 그리스도께서는 제자들을 위로하신다. 우리 자신을 경건하게 돌아보고 살펴보는 일은 우리를 겸손하고 깨어 있게 만드는 데에 큰 유익이 있지만, 그러한 것으로 인해서 우리의 영들이 눌리고 우리의 거룩한 기쁨이 질식당해서는 안 된다.

(2) 그리스도께서는 방금 제자들에게 자기가 그들에게서 떠날 것인데, 단지 떠날 뿐만 아니라 상당한 고난을 겪고서 떠나게 될 것이라고 말씀하셨다. 그들은 곧 그리스도께서 많은 욕을 당하시는 것을 보게 될 것인데, 이러한 것들은 그들의 뼈를 찌르는 칼과 같을 것이다. 그들은 그리스도께서 야만적으로 학대를 받으시고 죽임을 당하시는 것을 보게 될 것인데, 이것도 그들의 마음을 씨르는 비수가 될 것이다. 왜냐하면, 그들은 그를 사랑하였고 그를 선택하였으며 그를 따르기 위해서 모든 것을 버렸기 때문이다. 비록 우리가 그리스도의 고난의 영광스러운 결과와 열매를 보게 된다고 할지라도, 우리는 지금 그리스도께서 찔

림을 당하시는 것을 볼 때에 애통하며 통곡하지 않을 수 없다. 이제 더 이상 볼 수 없게 될 그리스도께서 그러한 고난을 당하시는 것은 그들에게 더욱더 슬프고 비통한 일이 될 것임에 틀림없다. 그리스도께서 그들을 떠나신다면, [1] 그들은 모든 일이 수치스럽게 좌절되고 말았다고 생각하게 될 것이다. 왜냐하면, 그들은 그리스도를 이스라엘을 구할 분이라고 여겼고, 세상의 권력과 영광 속에서 그의 나라를 세우시게 될 것이라고 생각하였으며, 이러한 기대 속에서 그를 따르기 위해서 모든 것을 버렸지만, 바로 그 주님께서 이런 모습으로 고난을 당하고 죽임을 당하시는 것을 보았기 때문이다. 그리스도께서 그가 지금까지 살아 오셨던 것과 같이 초라하고 비참한 상태로 세상을 떠나신다면, 아니 그것보다 더 악화된 상태에서 세상을 떠나신다면, 그들은 정말 좌절하고 말 것이다. [2] 그들은 참담하게 버림받고 벌거벗겨졌다고 생각하게 될 것이다. 그들은 그들이 어려운 비상 상황들 속에서 얼마나 취약했었는지를 알고 있었기 때문에, 그들이 주님을 떠난다면 그들에게는 오직 파멸당하고 짓밟히는 길만이 남아 있다는 것을 경험상으로 잘 알고 있었다. 지금 이 모든 것과 관련해서 그리스도께서는 제자들에게 너희는 마음에 근심하지 말라고 말씀하신다. 이 어구에는 세 가지 단어가 나오는데, 그 하나하나가 강조되어 있다. 첫째, 근심하지 말라는 단어: 너희는 잠잠하지 못하고 요동하는 바다 같이 너무 근심을 하여서 허둥대거나 혼란에 빠져서는 안 된다. 그리스도께서는 "너희의 마음이 슬픔들에 민감해서는 안 되고, 그러한 슬픔들로 인해서 슬퍼해서도 안 된다"고 말씀하신 것이 아니라, "슬픔으로 인해서 마음이 교란되고 혼란스러워지며 짓눌리고 불안해하지 말라"(시 42:5)고 말씀하셨다. 둘째, 마음이라는 단어: "민족과 성읍이 괴로움을 당하고, 너희의 작은 가족과 양 무리가 괴로움을 당할지라도, 너희는 마음에 근심하지 말라. 너희는 다른 어떤 것을 지키지는 못하더라도 너희 마음만은 지켜야 한다." 마음은 주된 요새이다. 너희가 무엇을 하든지, 근심으로부터 마음을 지켜야 하고, 모든 지킬 만한 것 중에 더욱 마음을 지켜야 한다. 그러므로 마음이 상하지 않도록 하기 위해서는 영혼이 심령의 연약함을 붙잡아 주어야 한다. 셋째, 너희라는 단어: "다른 사람들은 현세의 슬픔들에 의해서 압도당하고 짓눌린다고 할지라도, 나의 제자들이고 나를 따르는 자들이며, 나의 구속받은 자들이고 택함받은 자들이며 거룩함을 입은 자들인 너희는 그렇게 되어서는 안 된다. 왜냐하면, 너희는 시온의 죄인들이 떨지라도, 시온의 아들들은 그들의 왕을 기뻐하리라는 것을 다른 사람들보다 더 잘 알고 있기 때문이다." 모든 것이 불안정하고 요동한다고 할지라도, 그리스도의 제자들은 다른 사람들과 같지 않아서 그들의 마음을 안온하게 지켜야 한다.

2. 그리스도께서 제자들에게 엄습해 오기 시작한 이러한 마음의 근심에 대하여 치유책을 처방하심: 믿으라(피스튜에테). (1) 어떤 이들은 본문의 두 부분을 모두 명령문으로 해석한다: "하나님을 믿으라. 하나님의 완전하심과 섭리를 믿으라. 또 나를 믿으라. 나의 중보를 믿으라. 자연 종교의 일반적으로 인정되는 원칙들 위에서 확신을 가져라: 신이 있다는 것, 신은 가장 거룩하고 지혜로우며 권능이 있고 선하시다는 것. 그는 세상을 다스리시고, 모든 사건들을 주권적으로 주관하신다는 것. 마찬가지로, 내가 너희에게 가르쳐 왔던 저 거룩한 신앙의 특유의 가르침들로써 편안함을 가져라." 그러나 (2) 우리는 전반부를 그들이 하나님을 믿고 있다는 것을 내용으로 한 서술문으로 해석한다: "그러나 너희가 폭풍우가 치는 날에 효과적으로 대비하고자 한다면, 또 나를 믿으라." 그리스도로 말미암아 우리는 하나님과 계약 관계에 들어서게 되었고, 하나님의 은총과 약속을 받게 되었다. 만약 그렇지 않았다면, 우리는 죄인들로서 절망해야 했을 것이고, 하나님을 생각만 해도 근심이 되었을 것이다. 그러나 하나님과 인간 사이의 중보자이신 그리스도를 믿음으로써 하나님에 대한 우리의 믿음은 편안한 것이 되었다. 사람들이 아버지를 믿듯이 아들을 믿음으로써, 모든 사람으로 아버지를 공경하는 것 같이 아들을 공경하게 하려 하시는 것이 하나님의 뜻이다. 하나님을 올바르게 믿는 자들은 하나님께서 그들에게 알게 하신 예수 그리스도를 믿게 될 것이다. 예수 그리스도로 말미암아 하나님을 믿는 것은 마음으로부터 근심을 없애는 탁월한 수단이다. 믿음으로 인한 기쁨은 감각의 슬픔들을 없애는 최고의 치료약이다. 믿음은 그것에 수반되는 약속과 더불어서 치유책이다. 이 치료약에는 살리라는 약속이 결합되어 있다: 의인은 믿음으로 살리라. 또한 이 치료약에는 연단이 결합되어 있다: 내가 믿지 않았다면 나는 낙심하였으리라.

II. 여기에는 영생에 관한 약속에 의지해서 믿음으로 행하라는 구체적인 지시기 니온다(2-3절). 그리스도께서는 제사들에게 하나님을 믿고 자기를 믿으라고 명하셨다. 그러나 그들은 무엇을 근거로 하나님과 그리스도를 믿어야 하는가? 이 육신과 이 세상이 더 이상 존재하지 않고 끝나게 될 때에 오게 될 복, 영원한 영혼과 영원한 세계처럼 영원토록 지속될 복을 위해서 하나님과 그리스도를 믿으라. 지금 이 복은 현재의 모든 근심들을 없애줄 치료약으로 제시되고 있다. 천국에서의 복은 현세에서의 모든 근심들을 다 상쇄하고도 남음이 있게 될 것이다. 성도들은 이루 말할 수 없이 큰 역경 속에 처해 있을 때에 천국은 이 모든 것을 보상해 주리라는 것을 마음에 품고 힘을 얻어 왔다. 이것이 여기에서 어떻게 표현되고 있는지를 살펴보자.

1. 그러한 복이 진정으로 존재한다는 것을 믿고 마음에 두어라: 내 아버지 집에 거할 곳이 많도다. 그렇지 않다면 너희에게 일렀으리라(2절).

(1) 여기에서 천국의 복이 어떠한 개념으로 표현되고 있는지를 보라: 집들, 그리스도의 아버지의 집에 있는 많은 큰 저택들. [1] 천국은 장막이나 성막이 아니라 집이다. 그것은 손으로 지은 것이 아니요 하늘에 있는 영원한 집이다. [2] 천국은 아버지의 집이다: 내 아버지 집. 그리스도의 아버지는 우리의 아버지이시고, 그리스도께서는 지금 그 아버지께로 올라가고 계시는 중이다. 모든 참된 믿는 자들은 그들의 맏형으로 인해서 그들의 본향인 천국의 복으로 영접을 받게 될 것이다. 천국은 만왕의 왕이시며 만주의 주이신 그리스도께서 빛으로 거하시고 영원히 거하시는 그의 집이다. [3] 거기에는 집들이 있다. 첫째, 그것은 각자를 위한 구별된 거처이다. 아마도 이것은 성전에 부속되어 있었던 제사장들의 방들에 대한 암시인 것 같다. 천국에는 각각의 성도들이 거할 거처가 있다. 모든 것이 하나님 안에 거하게 되고 삼켜지게 되겠지만, 우리의 개성은 거기에서 상실되지 않을 것이다. 모든 이스라엘 사람은 가나안에서 자신의 분깃을 가지고 있었고, 모든 장로는 자신의 자리를 가지고 있었다(계 4:4). 둘째, 그것은 영원한 거처이다. 원문의 모나이 는 므네이오/마네오 에서 온 단어로서 영원한 곳들을 의미한다. 집 자체는 영속적이다. 우리가 거기에 거하는 것은 몇 년의 계약조건으로 거하는 것이 아니라 영원히 거하는 것이다. 우리는 이 세상에서는 여관에서 살아가는 것이지만, 천국에서는 영원히 정착하여 살게 될 것이다. 제자들은 그리스도를 모시기 위해서 그들의 집을 버렸고, 그리스도께서는 이 세상에서 머리 둘 곳도 없으셨지만, 하늘에 있는 집들은 그들에게 충분한 보상이 될 것이다. [4] 거기에는 많은 집들이 있다. 왜냐하면, 거기에는 영광을 받게 될 아들들이 많기 때문이다. 그리스도께서는 그들의 숫자를 정확히 알고 계시기 때문에, 그가 예상했던 것보다 더 많은 사람들이 옴으로써 거처가 비좁아질 가능성은 없다. 그리스도께서는 베드로에게 그를 따르라고 말씀하셨지만

(13:36), 나머지 제자들에게는 낙심하지 말라고 하셨다. 천국에는 그들 모두를 위한 집들이 있다 — 르호봇(창 26:22, 이제는 여호와께서 우리를 위하여 넓게 하셨으니 이 땅에서 우리가 번성하리로다).

(2) 그리스도께서 이러한 복이 실제로 있다는 것과 그것을 우리에게 말씀하신 것이 진실되다는 것을 얼마나 확신 있게 단언하시는지를 보라: "그렇지 않으면 너희에게 일렀으리라. 너희가 눈에 보이지 않는 장래의 복을 바라고 너희의 생업을 그만두고 나를 위하여 기꺼이 목숨을 버리는 것이 모두 스스로 속아서 된 것이었다면, 나는 너희에게 그러한 진실을 즉시 밝혔을 것이다." 이러한 단언은 다음과 같은 것들 위에 구축되어 있다. [1] 그리스도의 말씀이 진실되다는 것. 그리스도의 말씀은 "참으로 귀하고 꼭 얻어야 할 복이 없다면, 나는 너희에게 그런 복이 있다고 말하지 않았을 것이다"라는 의미를 함축하고 있다. [2] 그들에 대한 그리스도의 사랑이 진실되다는 것. 그리스도께서 진실하셔서 그들에게 자신의 말씀을 강요하려 하지 않으시는 것과 마찬가지로, 그리스도께서는 자비하셔서 그들에게 고난을 강요하고자 하지 않으신다. 만약 천국에 그러한 집이 없거나 그리스도를 따르기 위해서 모든 것을 버린 자들을 위해서 그러한 집들이 마련되어 있지 않다면, 그리스도께서는 그들에게 즉시 그 사실을 알려주어서, 그들로 하여금 영예롭게 세상으로 다시 돌아가서 잘살 수 있게 하셨을 것이다. 우리를 향하신 그리스도의 선의는 그리스도께 소망을 둔 우리에게 큰 격려가 된다. 그리스도께서는 우리를 너무 사랑하시고 우리를 너무도 위하시기 때문에, 그가 우리들 속에 친히 불러일으키신 기대들을 실망시키지 않고, 그를 신뢰하며 따라온 자들을 모든 사람들 가운데서 가장 비참한 자들로 만들지 않으신다.

2. 그리스도께서 지금 떠나시는 목적이 하늘에 그의 제자들을 위한 거처를 마련하기 위한 것이라는 것을 믿고 염두에 두어라. "너희는 내가 떠날 것을 생각하고 슬퍼하지만, 사실 나는 너희보다 먼저 너희를 위해서 거기로 가는 것이다." 그리스도께서는 우리를 위한 거처를 마련하시기 위해서 가신 것이었다. 즉, (1) 우리의 대변자이자 변호사로서 우리를 위하여 우리의 직힘이 취소될 수 없는 것으로 확보하시기 위해서. 집들을 사용할 권한이 그리스도께 주어졌고, 그를 믿는 모든 자들은 그 권한을 양도받게 될 것이다. (2) 우리의 친구이자 아버지로서 우리를 위해서 거처를 마련하기 위해서. 천국의 복은 창세 전에 마련

되어 있었지만 타락한 상태에 있는 인간을 위해서 좀 더 준비되어야 했다. 이 일을 위해서 그리스도께서 거기 계셔야 하기 때문에, 그리스도께서는 그의 제자들이 장차 참여하게 될 그 영광 속으로 먼저 가시는 것이 꼭 필요하였다. 만약 그리스도께서 천국에 계시지 않는다면, 천국은 그리스도인들을 위해서 적합하지 않은 곳이 될 것이다. 그리스도께서는 성도들을 위한 식탁을 준비하시고 그들을 위한 보좌들을 준비하시기 위해서 가셨다(눅 22:3). 이렇게 그리스도께서는 천국의 복을 성도들이 받기에 합당하다는 것과 그 복이 성도들을 위해서 준비되어 있다는 것을 분명하게 말씀하신다.

3. 그러므로 그리스도께서 지금 그들을 위하여 준비하기 위해서 가는 저 복된 곳으로 장차 그들을 데려가기 위해서 정해진 때에 다시 틀림없이 오게 되리라는 것을 믿고 염두에 두라(3절): "내가 가서 너희를 위하여 거처를 예비하면, 바로 이것이 내가 지금 떠나가는 목적일진대, 너희가 모든 것이 준비되었을 때에 내가 다시 와서 너희를 내게로 영접하여, 너희가 나를 따르게 됨으로써, 나 있는 곳에 너희도 있게 되리라." 지금 그리스도께서 하신 말씀들은 정말 위로가 되는 말씀들이다.

(1) 예수 그리스도께서 다시 오시리라는 것. 원문에서 내가 와서를 의미하는 에르코마이는 그리스도께서 장차 오실 것이고 또한 날마다 오시고 계시다는 것이 확실함을 암시한다. 우리는 우리가 올 준비를 한창 하고 있을 때에 우리가 올 것이다라고 말하듯이, 그리스도께서도 여기에서 그렇게 말씀하고 계신다. 그리스도께서 말씀하시는 모든 것은 그의 재림과 관련되어 있다. 그리스도께서 여기에서 우리에게 확언하신 재림에 대한 우리의 신앙은 마음의 근심을 없애주는 뛰어난 치료약이라는 것을 명심하라(빌 4:5; 약 5:8).

(2) 그리스도께서 그의 모든 신실한 제자들을 자기에게로 영접하기 위해서 다시 오시리라는 것. 그리스도께서는 성도들이 죽을 때에 개별적으로 그들에게 사자를 보내셔서 한 사람 한 사람씩 그들을 모으신다. 그러나 마지막 날에 그들은 모두 한꺼번에 공개적으로 영광의 나라에 입성하게 될 것인데, 그 때 그리스도께서는 친히 오셔서 그들을 영접하고 그들을 그의 풍성한 은혜 속으로 인도하시며 그들을 그의 풍성한 사랑 안에서 환영하실 것이다. 이 일을 통해서 그리스도께서는 그가 성도들을 얼마나 극진하게 존중하시고 사랑하시는지를 보여주실 것이다. 그리스도의 오심은 우리를 그에게로 모으시기(살후 2:1)

위한 것이다.

(3) 그가 있는 곳에 그들도 있게 되리라. 이것은 다른 많은 성경 본문들이 분명하게 말하고 있듯이 천국의 복의 핵심은 거기에서 그리스도와 함께 있는 것임을 암시한다(17:24; 빌 1:23; 살전 4:17). 그리스도께서는 나 있는 곳이라고 말씀하심으로써 그가 지금 거기에 계시는 것처럼 말씀하신다. 내가 곧 거기로 가서 거기에서 영원히 있게 되리라. 너희도 거기에 곧 가서 영원히 있게 될 것이다. 너희들은 나 있는 곳과 동일한 장소에 있게 될 뿐만 아니라 나와 동일한 상태로 거기에 있게 될 것이다. 너희는 변화산상에서 세 제자들이 나의 영광을 구경만 하였던 것과는 달리 그 때에는 그 영광에 참여하는 자가 될 것이다.

(4) 이것은 그리스도께서 우리를 위하여 거처를 예비하기 위해서 가신다는 것으로부터 추론될 수 있다는 것. 왜냐하면, 그리스도께서 준비하시는 것들은 결코 헛되지 않을 것이기 때문이다. 그리스도께서는 거처들을 지으시고 설비들을 마련하실 뿐만 아니라, 그 거처들을 비워두게 하실 것이다. 그리스도는 그가 시작하신 일을 끝까지 마치시는 분이시다. 그리스도께서는 우리를 위한 거처를 예비하실 뿐만 아니라, 그 거처에서 살 수 있도록 우리를 준비시키실 것이고, 때가 되면 우리로 하여금 그 거처에서 살게 하실 것이다. 그리스도의 부활이 우리의 부활에 대한 보증인 것과 마찬가지로, 그리스도의 승천, 승리, 영광은 우리의 승천, 승리, 영광에 대한 보증이다.

⁴내가 어디로 가는지 그 길을 너희가 아느니라 ⁵도마가 이르되 주여 주께서 어디로 가시는지 우리가 알지 못하거늘 그 길을 어찌 알겠사옵나이까 ⁶예수께서 이르시되 내가 곧 길이요 진리요 생명이니 나로 말미암지 않고는 아버지께로 올 자가 없느니라 ⁷너희가 나를 알았더라면 내 아버지도 알았으리로다 이제부터는 너희가 그를 알았고 또 보았느니라 ⁸빌립이 이르되 주여 아버지를 우리에게 보여 주옵소서 그리하면 족하겠나이다 ⁹예수께서 이르시되 빌립아 내가 이렇게 오래 너희와 함께 있으되 네가 나를 알지 못하느냐 나를 본 자는 아버지를 보았거늘 어찌하여 아버지를 보이라 하느냐 ¹⁰내가 아버지 안에 거하고 아버지는 내 안에 계신 것을 네가 믿지 아니하느냐 내가 너희에게 이르는 말은 스스로 하는 것이 아니라 아버지께서 내 안에 계셔서 그의 일을 하시는 것이라 ¹¹내가 아버지 안에 거하고 아버지께서 내 안에 계심을 믿으라 그렇지 못하겠거든 행하는 그 일로 말미암아 나를 믿으라

그리스도께서는 제자들 앞에 천국의 복을 최종목표로 제시하신 후에, 여기에서는 천국으로 가는 길이 바로 자기 자신임을 보여주시고, 그들이 그 최종목표와 그 목표를 향하여 걸어가야 할 길에 대하여 스스로 생각하는 것보다 더 잘 알고 있다고 말씀하신다: 너희가 아느니라. 1. "너희는 알 수 있다. 그것은 너희에게 속하지 않은 감추어진 일이 아니라 나타난 일 중의 하나이다. 너는 하늘에 올라가지 않아도 되고 무저갱에 내려가지 않아도 된다. 왜냐하면, 말씀이 네게 가깝기 때문이다(롬 10:6-8)." 2. "너희는 알고 있다. 너희는 그것이 너희의 본향이고 그 본향으로 가는 길임을 깨닫고 있지는 못하지만, 본향이 어디이고 어느 것이 그 길인지를 알고 있다. 너희는 그것에 대하여 말씀을 들어 왔기 때문에, 너희가 잘 생각만 해 본다면 금방 알 수 있게 될 것이다." 예수 그리스도께서는 그의 백성들이 연약하고 지식에 있어서 결함이 있을지라도 그들의 지식을 아주 높이 평가하신다는 것을 명심하라. 그리스도께서는 그들 속에 있는 선한 것을 그들 자신이 아는 것보다 더 잘 아시고, 그들이 그러한 지식과 믿음과 사랑을 지니고 있다는 것을 스스로는 알지 못하거나 확신하지 못할지라도 그들이 그러한 것을 가지고 있다는 것을 확실하게 아신다.

그리스도께서 이렇게 말씀하시자, 그의 제자들 중에서 두 사람이 그리스도께 질문하게 되었고, 그리스도는 그들의 질문에 대하여 대답하신다.

I. 도마는 주님의 말씀을 반박하는 것에 대하여 미안해하는 감정을 나타냄도 없이 그 길에 관하여 질문하였다(5절).

1. 도마는 이렇게 말하였다: "주여, 주께서 어디로 가시는지, 어느 곳으로 또는 어떤 상태로 가시는지 우리가 알지 못하거늘 우리가 주님을 따라가야 할 그 길을 어찌 알겠사옵나이까? 우리는 그 길을 추측할 수도 없고 궁리해서 알아낼 수도 없으니, 어찌할 줄을 모르고 답답할 뿐입니다." 그리스도께서 그들이 알고 있다고 증언하신 말씀은 그들로 하여금 더욱 그들의 무지를 깨닫게 만들었고 더 많은 빛을 받기를 구하도록 만들었다. 여기서 도마는 그리스도를 죽기까지 따르겠다고 호언장담하였던 베드로보다는 좀 더 겸손함을 보여준다. 베드로는 그리스도께서 어디로 가시는지를 몹시 알고자 하였다. 여기에서 도마는 비록 그가 알고 있지 못한 것을 한탄하기는 하지만 그 곳으로 가는 길을 더 알고자 한 것으로 보인다. (1) 도마가 자신의 무지를 고백한 것은 칭찬할 만한 일이었다. 선한 사람들은 어둠 속에 있거나 부분적으로밖에 알지 못하는 경우에는 기꺼

이 자신의 무지를 고백한다. 그러나 (2) 도마의 무지의 이유는 책망받을 만한 것이었다. 그리스도께서는 그의 나라에 관하여 제자들이 생각했던 것과는 정반대되는 말씀을 거듭거듭 그들에게 들려주셨지만, 제자들은 화려하고 웅장한 모습으로 큰 권능 중에 이루어질 세상적인 나라를 꿈꾸었고 거기에 매달렸기 때문에 그리스도께서 어디로 가시는지를 알지 못한 것이었다. 그랬기 때문에, 그리스도께서 멀리 간다고 말씀하시고, 그들이 그를 따르게 될 것이라고 말씀하셨을 때, 그들은 다윗이 헤브론으로 간 것과 마찬가지로 어떤 유명한 성읍, 그러니까 베들레헴이나 나사렛이나 가버나움이나 이방인들의 성읍들 중의 어떤 곳으로 그리스도께서 가셔서 거기에서 기름부음을 받고 왕이 되어 이스라엘 나라를 회복하실 것을 말씀하시는 것으로 제멋대로 상상을 하였던 것이다. 그런데 그들은 그 곳이 어느 곳이 될지, 왕의 성채가 동서남북 중에서 어느 곳에 있게 될지를 알 수 없었기 때문에, 그 길을 알지 못한다고 말하였던 것이다. 이와 같이 우리가 교회의 장래의 상태에 관하여 꼭 알아야 하는 것임에도 불구하고 잘 알지 못한다고 스스로 생각하게 되는 것은 주님께서 약속하신 것은 영적인 진보인데 반하여 우리가 기대하는 것은 교회의 세상적인 부흥이기 때문이다. 만약 도마가 그리스도께서 눈에 보이지 않는 세상, 오직 영적인 것들만이 존재하는 영들의 세계로 가신다는 것을 이해하였더라면, 그는 주여, 우리가 그 길을 어찌 알겠사옵나이까라고 말하지는 않았을 것이다.

Ⅱ. 그들의 무지에 대한 이러한 한탄은 가르침을 받고자 하는 마음을 포함하고 있었기 때문에 그리스도께서는 그들에게 자세한 대답을 해주신다(6-7절). 도마는 그리스도께서 어디로 가시고, 그 길이 무엇인지를 물었고, 그리스도께서는 이 두 가지 모두에 대하여 대답을 해 주시면서, 그가 방금 전에 말씀하셨던 것을 설명해 주신다. 만약 그들이 스스로 올바르게 이해했더라면, 그들에게는 그 어떤 대답도 필요하지 않았을 것이다. 왜냐하면, 그들은 그리스도를 알았고, 그리스도가 바로 그 길이었기 때문이다. 그들은 아버지를 알았고, 아버지는 바로 그 최종 종착지였다. 그러므로 그리스도께서는 내가 어디로 가는지 그 길을 너희가 아느니라고 말씀하신 것이었다. 최종 종착지인 하나님을 믿고, 거기로 가는 길인 나를 믿으라(1절). 그러면, 너희는 너희가 해야 할 모든 일을 한 것이다.

(1) 그리스도께서는 자기가 길이라고 말씀하신다(6절). 너희가 그 길을 알지 못

한다고 하였느냐? 내가 길이다. 오직 나만이 길이다. 나로 말미암지 않고는 아버지께로 올 자가 없기 때문이다. 그리스도께서 여기에서 자기 자신에 관하여 말씀하신 큰 일들은 우리에게 다음과 같은 것들을 보여준다.

[1] 그리스도의 중보의 성격: 그리스도는 길이요 진리요 생명이시다.

첫째, 우리는 먼저 이 세 가지를 따로따로 고찰해 보아야 한다. 1. 그리스도는 길, 대로(사 35:8)이시다. 그리스도께서는 자기의 피로 성소에 들어가셨기(히 9:12) 때문에 그 자신의 길이셨고, 우리가 그로 말미암아 지성소로 들어가기 때문에 그리스도는 우리의 길이시다. 그리스도께서는 그의 가르침과 모범을 통해서 우리에게 우리가 해야 할 도리를 가르치시고, 그의 공로와 중보기도를 통해서 우리로 하여금 복을 얻게 하셨기 때문에, 그리스도는 길이시다. 그리스도 안에서 하나님과 인간은 서로 만나고 한데 어우러진다. 우리는 율법에 비추어서 죄를 범하지 않는 길을 통해서 생명나무로 나아갈 수 없지만, 그리스도는 생명나무로 나아가는 또 다른 길이다. 길이신 그리스도로 말미암아 하늘과 땅이 서로 응하게 되었고, 하나님의 천사들이 오르락내리락할 수 있게 되었으며, 우리의 기도들이 하나님께로 올라가고, 하나님의 축복들이 그리스도를 통해서 우리에게 임하게 되었다. 이것은 평강을 얻게 하는 옛적 길 곧 선한 길이다. 제자들은 그리스도를 따랐고, 그리스도께서는 그들에게 그들이 그 길을 지금까지 따라왔고, 그들이 앞으로 계속해서 그를 따른다면 그들은 결코 길을 잃지 않게 될 것이라고 말씀하신다. 2. 그리스도는 진리이시다. (1) 비유 또는 그림자와 반대되는 것으로서의 진리. 그리스도는 참 것의 그림자(히 9:24)인 구약의 모든 모형들의 실체이다. 그리스도는 참된 양식(6:32), 참된 성막(히 8:2)이다. (2) 거짓과 틀린 것에 대한 반대로서의 진리. 그리스도의 가르침은 참된 가르침이다. 우리가 진리를 추구하고자 할 때에 우리는 예수 안에 있는 대로의 진리만을 배우면 된다. (3) 오류나 거짓과 반대되는 것으로서의 진리. 그리스도께서는 진리 자체이시기 때문에 그를 믿는 모든 자들에게 참되시다(고후 1:20). 3. 그리스도는 생명이시다. 왜냐하면, 우리는 예수 그리스도 안에서 및 예수 그리스도로 말미암아서만 하나님에 대하여 살아있기 때문이다(롬 6:11). 우리 안에 형성된 그리스도와 우리 영혼의 관계는 우리 영혼과 우리 육신의 관계와 같다. 그리스도는 부활이요 생명이다.

둘째, 우리는 이 세 가지를 함께 서로 관련시켜서 고찰해 보아야 한다. 그리스도는 길이요 진리요 생명이시다. 이것은 다음과 같은 것들을 의미한다. 1. 그리스도는 시작이요 중간이요 끝이다. 그리스도 안에서 우리는 시작하고 진행하며 끝마쳐야 한다. 진리로서 그리스도는 우리의 길의 지침이다. 생명으로서 그리스도는 우리의 길의 종착지이다. 2. 그리스도는 새로운 살 길(히 10:20)이시다. 그 길의 끝에서만이 아니라 그 길 속에도 진리와 생명이 존재한다. 3. 그리스도는 생명에 이르는 참된 길, 오직 유일하게 참된 길이시다. 그 밖의 다른 길들은 바른 것으로 보이기는 하지만, 그 끝은 사망의 길이다.

[2] 그리스도의 중보의 필요성: 나로 말미암지 않고는 아버지께로 올 자가 없느니라. 타락한 인간은 심판자이신 하나님께 나아가야 하지만, 중보자이신 그리스도로 말미암지 않고는 아버지이신 하나님께 나아갈 수 없다. 우리는 성령과 그리스도의 은혜가 없이는 회개와 예배를 통해서 하나님께 나아가는 의무를 수행할 수 없고, 그리스도의 공로와 의가 없이는 우리의 아버지이신 하나님께 나아가는 복을 얻을 수 없다. 그리스도는 우리 믿는 도리의 대제사장이시고 우리의 변호자이시다.

(2) 그리스도께서는 그의 아버지를 우리 신앙의 종착지라고 말씀하신다(7절): "너희가 나를 올바르게 알았더라면 내 아버지도 알았으리로다. 너희는 내 안에서 및 너희가 내게서 들은 가르침 속에서 보아온 영광으로 말미암아 이제부터는 너희가 그를 알았고 또 보았느니라." 여기에는 다음과 같은 의미들이 내포되어 있다.

[1] 제자들이 내내 예수 그리스도를 따르고 교제하여 왔음에도 불구하고 그리스도를 알지 못한 우둔함과 경솔함에 대한 암묵적인 책망: 너희가 나를 알았더라면. 그들은 그리스도를 알았지만, 그들이 마땅히 알았어야 했던 정도로는 그리스도를 잘 알지 못하였다. 그들은 그가 그리스도시라는 것을 알았지만, 그리스도 안에서 하나님을 알지는 못하였다. 그리스도께서는 유대인들에게 이렇게 말씀하셨었다(8:19): 너희가 나를 알았더라면 내 아버지도 알았으리라. 여기에서 그리스도께서는 제자들에게도 동일한 말씀을 하신다. 왜냐하면, 빛에 대하여 원수들인 자들의 의도적인 무지(無知)와 알 수 있는 기회들을 내내 가져왔던 빛의 자녀들의 우둔함이나 잘못들 중에서 어느 쪽이 더 이상한 것인지를 말하기는 어렵기 때문이다. 그들이 그리스도를 올바르게 알았더라면, 그들은 그의 나라가 영적인 것이며 이 세상에 속하지 않은 것임을 알았을 것이고, 그가 하

늘로부터 강림하셨기 때문에 다시 하늘로 되돌아가야 한다는 것도 알았을 것이다. 또한 그들은 그의 아버지도 알았을 것이고, 그리스도께서 내가 아버지께로 가노라고 말씀하셨을 때에 그가 어디로 가시고자 하시는지, 즉 이 세상이 아니라 저 세상의 영광으로 가시고자 하신다는 것을 알았을 것이다. 우리가 기독교를 더 잘 안다면, 우리는 자연 종교도 더 잘 알게 될 것이다.

[2] 그들의 이해력의 연약함에도 불구하고 그들의 진실성에 대하여 그리스도께서 만족하신다는 호의적인 암시: "내가 지금까지 저희에게 베푼 모든 가르침들에 대한 열쇠 역할을 하게 될 이 힌트를 내가 너희에게 주었기 때문에, 이제부터는 너희가 나를 알고 나를 본 것처럼 그를 알았고 또 보았느니라." 왜냐하면, 우리가 아버지를 닮은 아들 속에서 아버지를 보는 것과 마찬가지로, 우리는 그리스도의 얼굴 속에서 하나님의 영광을 보기 때문이다. 그리스도께서는 그의 제자들에게 그들이 스스로 생각하는 것보다 그렇게 무지하지 않다고 말씀하신다. 왜냐하면, 그들은 비록 작은 어린아이들이지만 아버지를 알았기 때문이다(요일 2:13). 그리스도의 많은 제자들은 그들이 생각하는 것보다 더 많은 지식과 은혜를 가지고 있고, 그리스도께서는 그들 자신이 알지 못하는 그들 속에 있는 선한 것을 알아보시고 기뻐하신다는 것을 명심하라. 왜냐하면, 하나님을 아는 자들은 그들이 하나님을 알고 있다는 것을 단번에 아는 것이 아니기 때문이다(요일 2:3).

III. 빌립은 아버지에 관하여 질문하였고(8절), **그리스도께서는 그의 질문에 대답하셨다**(9-11절). 좀 더 살펴보자.

1. 빌립은 아버지를 좀 더 특별한 방식으로 보여 달라고 요청한다. 빌립은 몇몇 제자들처럼 그렇게 적극적으로 말하는 사람이 아니었지만, 좀 더 조명을 받기를 원하는 강렬한 소원 때문에 아버지를 우리에게 보여주옵소서라고 외쳤다. 빌립은 그리스도께서 도마에게 하신 말씀을 듣고 있다가, 너희가 그를 보았느니라는 마지막 말씀이 그의 심장을 꿰뚫었다. 빌립은 이렇게 말한다: "바로 그것이 우리가 원하는 것이고, 바로 그것이 우리가 갖고자 하는 것입니다: 아버지를 우리에게 보여 주옵소서. 그리하면 족하겠나이다."

(1) 이것은 아버지이신 하나님을 알고자 하는 강렬한 소원을 보여준다. 빌립의 간구는 이런 것이었다: "우리에게 아버지를 보여 주옵소서. 우리로 하여금 우리의 아버지 되시는 분을 알게 하여 주옵소서." 빌립은 오직 자신만을 위해서

가 아니라 나머지 제자들을 위해서 이렇게 간청한다. 이러한 간구의 근거는 이런 것이었다: 그리하면 족하겠나이다. 빌립은 자기 자신만이 아니라 나머지 제자들도 자기와 동일한 생각을 갖고 있다고 말한다. 아버지를 오직 한 번만 우리에게 보게 하여 주옵소서. 그리하면 우리가 족하겠나이다. 얀세니우스(Jansenius)는 이렇게 말한다: "빌립은 그런 의도를 갖고 있지 않았겠지만, 성령께서는 그의 입을 빌려서 여기에서 우리에게 영혼의 만족과 복은 하나님을 뵙는 것에 있다는 것을 가르치고자 하신 것이다"(시 16:11; 17:15). 하나님을 아는 지식은 총명의 시작이고 총명이 최고로 바라는 것이다. 영혼은 우리 아버지이신 하나님을 아는 것으로 만족한다. 하나님을 뵙는 것은 이 땅에서 천국을 누리는 것이고, 우리를 말할 수 없는 기쁨으로 채운다.

(2) 빌립이 여기에서 말한 것은 그리스도께서 그들에게 보여주신 아버지로는 그가 만족하지 못하였고, 모세(출 33:22)와 이스라엘의 장로들(출 24:9-11)에게 보이신 것과 마찬가지로 하나님의 영광을 눈으로 직접 볼 수 있게 해 달라고 그리스도에게 간청하고 조르고자 했다는 것을 보여준다. "우리가 주님을 보듯이, 우리의 육신의 눈으로 아버지를 보게 해 주옵소서. 그리하면 족하겠나이다. 그렇게만 해 주신다면, 우리는 주께서 어디로 가시는지에 대하여 질문함으로써 주님을 괴롭게 하는 일을 더 이상 않을 것입니다." 이것은 그의 믿음이 연약하다는 것만이 아니라 그가 아버지를 나타내는 복음적인 방식, 즉 감각적인 것이 아니라 영적인 방식에 대하여 무지하다는 것을 보여주는 것이다. 빌립은 그렇게 한 번 하나님을 보는 것으로 그들이 족할 것으로 생각하였지만, 실제로 그렇게 하나님을 본 자들은 족한 것이 아니라, 곧 스스로 부패하여 우상을 만들었다. 그리스도께서 우리에게 주신 것들은 우리 자신이 만들어낸 것들보다도 우리의 믿음을 견고케 하는 데에 더 나은 것들이다.

2. 그리스도께서는 이미 아버지를 그들에게 보여주었다고 그에게 대답하심(9-11절).

(1) 그리스도께서는 자기가 이미 아버지를 보여주었다는 것을 지적하신다(9절). 그리스도께서는 빌립의 무지와 부주의함을 나무라신다: "내가 이렇게 오래 너희와 함께 있었고, 3년 넘게 너희와 친밀하게 교제하였음에도 불구하고, 네가 나를 알지 못하느냐? 나를 본 자는 아버지를 보았거늘 어찌하여 아버지를 보이라 하느냐? 네가 이미 가지고 있는 것을 구하는 것이 말이 되느냐?" 좀 더 살펴보자.

[1] 그리스도께서는 두 가지 것에 대하여 빌립을 책망하신다: 첫째, 빌립이 그리스도와 사귀면서 마땅히 그리스도를 분명하고 뚜렷하게 알았어야 함에도 불구하고 그렇게 하지 못한 것에 대하여: "빌립아, 네가 나를 오랫동안 따라다니면서 그토록 많이 교제하였음에도 불구하고, 네가 나를 알지 못하느냐?" 빌립은 그리스도를 만난 첫 날에 그가 메시야라는 것을 알고 있다고 분명하게 말했지만(1:45), 이 날이 될 때까지도 그리스도 안에서 아버지를 알지 못하였다. 성경과 하나님의 일들에 관하여 많은 지식을 갖고 있는 사람들 중에는 그들이 갖고 있는 지식들을 더욱 발전시키고 온전하게 성장시키지 못해서 그들에게서 마땅히 기대되는 정도의 성숙에 도달하지 못하는 자들이 많다. 그리스도를 아는 자들 중에서 그들이 그리스도에 대하여 마땅히 알아야 할 것을 알지 못하고 그리스도 안에서 마땅히 보아야 할 것을 보지 못하는 자들이 많다. 빌립의 우둔함이 더욱더 책망받을 만한 것인 이유는, 그에게는 아주 오랫동안 성장할 수 있는 기회가 주어졌다는 것이다: 내가 이렇게 오래 너희와 함께 있었다. 우리가 하나님을 아는 지식과 은혜의 방편들을 더 오래 누리면 누릴수록, 우리에게서 은혜와 지식의 부족함이 발견되었을 때에 변명할 수 있는 여지가 줄어든다는 것을 명심하라. 그리스도께서는 우리가 항상 어린아이로 있지 않고, 우리의 신앙 연조에 따라서 우리의 지식과 은혜가 성장하기를 기대하신다. 우리 자신에 대하여 한번 생각해 보자: "내가 그토록 오랫동안 설교들을 들어 왔었고 성경을 연구해 왔으며 그리스도의 학교에서 문도로 있어 왔는 데도, 그리스도를 아는 지식에 있어서 이렇게 연약하고, 의의 말씀에 있어서 이렇게 서툰 것인가?" 둘째, 그리스도께서는 아버지를 우리에게 보여 주옵소서라는 기도 속에 내포되어 있는 빌립의 연약함에 대하여 책망하신다. 그리스도의 제자들의 연약함 중에서 많은 부분은 그들이 마땅히 기도할 말을 알지 못하고(롬 8:26), 약속되지 않은 것이나 여기에서처럼 약속을 따라서 이미 주어진 것을 잘못 구한다(약 4:3)는 것이다.

[2] 그리스도께서는 빌립에게 일반적으로 그리스도를 높이고 우리를 그리스도 안에서 하나님을 아는 지식으로 이끌 뿐만 아니라 그리스도께서 방금 하신 말씀이 옳다는 것을 보여주는 금언으로 가르치신다(7절): 너희가 아버지를 알았고 또 보았느니라. 또한 그리스도께서는 이 금언을 통해서 아버지를 우리에게 보여주옵소서라고 빌립이 요청했던 것에 대하여 대답하셨다. 그리스도께서 하나

님을 보는 어려움이 이제 지나갔다고 말씀하신 것은 나를 본 자는 아버지를 본 것이기 때문이었다. 첫째, 육신을 입으신 그리스도를 본 모든 자들은 사탄이 그들의 마음을 가려서 하나님의 형상이신 그리스도를 볼 수 없게 하지만 않는다면 그리스도 안에서 아버지를 본 것이다(고후 4:4). 둘째, 믿음으로 그리스도를 본 모든 자들은 비록 그들이 아버지를 보았다는 것을 금방 깨닫지는 못한다고 할지라도, 그리스도 안에서 아버지를 본 것이다. 그리스도의 가르침의 빛 속에서 그들은 빛들의 아버지이신 하나님을 보았다. 그리스도께서 행하신 이적들 속에서 그들은 권능의 하나님이신 하나님, 하나님의 손가락을 보았다. 그리스도의 흠 없는 순결하신 삶 속에서 하나님의 거룩함이 빛났고, 그리스도께서 행하신 모든 은혜의 역사들 속에서 하나님의 은혜가 빛났다.

(2) 그리스도께서는 빌립에게 그가 믿을 만한 충분한 이유가 있다는 것을 지적하신다(10-11절): "내가 아버지 안에 거하고 아버지는 내 안에 계신 것을 네가 믿지 아니하느냐? 그러므로 나를 본 자는 아버지를 본 것을 믿지 못하느냐? 너는 이것을 믿지 아니하느냐? 그렇다면, 지금 내가 하는 말을 받아들여서 그것을 믿으라."

[1] 여기에서 우리가 믿어야 할 것이 무엇인지를 보라: 내가 아버지 안에 거하고 아버지께서 내 안에 계신다는 것. 즉 그리스도께서 말씀하셨듯이(10:30), 나와 아버지는 하나이니라. 그리스도께서는 아버지와 자기가 두 인격체라고 말씀하시지만, 결코 둘로 분리되어 존재할 수 없을 정도로 하나가 되어 있다고 말씀하신다. 우리는 그리스도께서 하나님 중의 하나님, 빛 중의 빛, 참 하나님 중의 참 하나님, 만들어지지 않고 태어나신 분, 만물을 만드신 아버지와 동일 본질에 속하신 분이라는 것을 아는 것을 통해서 아버지를 안다. 우리는 이렇게 그리스도를 봄으로써 아버지를 본다. 우리는 그리스도 안에서 호렙산에서의 모세보다도 하나님의 영광을 더 많이 본다.

[2] 여기에서 우리가 이것을 믿어야 할 어떤 근거들이 제시되어 있는지를 보라. 그 근거들은 두 가지이다: 우리가 이것을 믿어야 하는 것은 다음과 같은 두 가지 근거 때문이다. 첫째, 그리스도의 말씀으로 인하여: 내가 너희에게 이르는 말은 스스로 하는 것이 아니다. 내 교훈은 내 것이 아니요라고 말씀하는 7:16을 보라. 제자들은 별 생각 없이 그리스도께서 하신 말씀을 그의 뜻을 따라서 그의 생각을 말한 인간의 말로 받아들였을 것이다. 그러나 실제로는 그리스도께서

하신 말씀을 지어낸 것은 하나님의 지혜였고, 그 말씀을 하게 하신 것은 하나님의 뜻이었다. 그리스도께서는 스스로 말씀하신 것이 아니라, 영원한 계획에 따라서 하나님의 뜻을 말씀하신 것이었다. 둘째, 그리스도께서 행하신 일들로 말미암아: 아버지께서 내 안에 계셔서 그의 일을 하시는 것이라. 그러므로 그 일들로 말미암아 나를 믿으라. 1. 신성과 인성의 분리될 수 없는 연합을 통해서 아버지는 그리스도 안에 계신다(호 엔 에모이 메논: 그는 내 안에 거하신다): 하나님께서는 이 땅에서 주 예수의 육체(2:21)만한 성전을 결코 가지신 적이 없으셨다. 그리스도의 몸은 참된 쉐키나였고, 성막의 영광은 이것의 모형일 뿐이었다. 그리스도 안에는 신성의 모든 충만이 육체로 거하시느니라(골 2:9). 아버지께서 이렇게 그리스도 안에 거하시기 때문에, 우리는 그리스도 안에서 아버지를 볼 수 있다. 너희는 여호와를 찾으라. 그리스도 안에서 여호와를 찾으라. 그러면 너희는 여호와를 만나게 될 것이다. 왜냐하면, 여호와 하나님은 그리스도 안에 거하시기 때문이다. 2. 하나님께서 그의 일들을 하신다. 그리스도께서 행하신 많은 능력의 말씀들, 많은 긍휼의 역사(役事)들은 아버지께서 그리스도 안에서 행하신 일들이었다. 구속의 역사도 전부 하나님 자신의 일이었다. 3. 우리는 그 일들로 말미암아 이것을 믿어야 한다. 우리는 하나님의 영광을 선포하는 창조의 일들로 말미암아 하나님께서 계시다는 것과 완전하시다는 것을 믿는다. 마찬가지로, 우리는 구속주의 일들, 자기 자신을 나타내심으로써 자기 안에 있는 하나님을 나타내신(마 14:2) 저 권능 있는 역사들로 말미암아 하나님께서 예수 그리스도 안에서 인간에게 자신을 계시하셨다는 것을 믿어야 한다. 그리스도께서 행하신 이적들은 그가 불신자들의 죄를 정죄하기 위해서만이 아니라 그의 제자들의 믿음을 확증하기 위해서 하나님께로부터 보내심을 받았다는 것을 보여주는 증거들이다(2:11; 5:36; 10:37).

[12]내가 진실로 진실로 너희에게 이르노니 나를 믿는 자는 내가 하는 일을 그도 할 것이요 또한 그보다 큰 일도 하리니 이는 내가 아버지께로 감이라 [13]너희가 내 이름으로 무엇을 구하든지 내가 행하리니 이는 아버지로 하여금 아들로 말미암아 영광을 받으시게 하려 함이라 [14]내 이름으로 무엇이든지 내게 구하면 내가 행하리라

제자들은 주님께서 떠날 것을 생각하며 슬픔에 잠겨 있었던 것과 마

찬가지로 주님께서 떠나시고 난 후에 그들이 어떻게 될 것인지에 대하여 근심하고 있었다. 그리스도께서 그들과 함께 있는 동안에는 그는 그들을 든든하게 받쳐주시는 분이었고, 그들에게 용기를 북돋아주며 끊임없이 격려해 주시는 분이었다. 그러나 그리스도께서 그들을 떠나시고 나면, 그들은 목자 없는 양 같이 되어서, 그들을 짓밟고자 하는 자들에게 쉽게 희생양이 되고 말 것이다. 이제 그리스도께서는 이러한 제자들의 두려움을 잠재우기 위해서 여기에서 그들에게 그들이 사명을 감당하기에 충분한 능력을 덧입게 될 것이라고 약속하신다. 그리스도께서 모든 권능을 가지고 계시듯이, 그들도 그의 이름으로 하늘과 땅에서 큰 권능을 갖게 될 것이다.

I. 땅에서의 큰 권능(12절) : 나를 믿는 자는 내가 하는 일을 그도 할 것이다. 이 말씀은 그리스도께서 자기가 아버지와 하나라는 것을 증명하기 위해서 그가 행한 일들을 근거로 제시했던 주장을 약화시키는 것이 아니라(그보다 큰 일도 하리라는 말씀이 보여주듯이), 오히려 그러한 주장을 강화시킨다. 왜냐하면, 사도들이 행한 이적들은 그의 이름으로 행해진 것이었고 그에 대한 믿음으로 행해진 것이었기 때문이다. 그리스도께서 스스로 이적들을 행하셨을 뿐만 아니라 남들에게도 그렇게 할 수 있는 능력을 주셨다는 것은 그 무엇보다도 그의 권능을 한층 더 높이는 것이다.

1. 그리스도께서 그들에게 약속하신 두 가지.

(1) 그들은 그가 행하였던 그런 일들을 행할 수 있게 되고, 그가 처음으로 그들을 파송하였던 때보다도 훨씬 더 많은 능력을 갖게 되리라는 것(마 10:8). 그리스도께서 병자들을 고치시고 문둥병자를 깨끗하게 하시며 죽은 자를 다시 살리신 것이냐? 그들도 그렇게 하게 될 것이다. 그리스도께서 죄인들을 회개시켜서 많은 사람들을 자기에게로 이끌었느냐? 그들도 그렇게 하게 될 것이다. 그리스도께서는 떠나시지만, 복음의 일은 중단되지 아니하고 땅에 떨어지지 아니하며, 예전과 마찬가지로 활발하고 성공적으로 수행될 것이다. 그 일은 여전히 진행 중에 있다.

(2) 그들이 그보다 더 큰 일도 하게 되리라는 것. [1] 자연계에서 그들은 더 큰 이적들을 행하게 될 것이다. 이적들은 크고 작은 것이 없지만, 우리가 보기에는 어떤 이적들이 다른 이적들보다 더 크게 보이는 것이다. 그리스도께서는 그의 옷자락을 통해서 병자를 치유하셨지만, 베드로는 그의 그림자를 통해서(행

5:15), 바울은 그에게 접촉한 손수건을 통해서 병자를 치유하였다(행 19:12). 그리스도께서는 한 나라에서 2-3년 동안 이적들을 행하셨지만, 그의 제자들은 여러 나라에서 수많은 세대 동안 그의 이름으로 이적들을 행하였다. 기회가 된다면, 너희는 하나님의 영광을 위해서 더 큰 일도 하게 될 것이다. 믿음의 기도는 필요한 경우에는 언제든지 산을 옮기게 될 것이다. [2] 은혜의 세계 속에서 그들은 그리스도께서 이 땅에 계시는 동안에 얻으셨던 것보다 더 큰 승리들을 복음으로 말미암아 얻게 될 것이다. 사실, 외적으로 많은 불이익들에도 불구하고 세상의 아주 넓은 지역을 그리스도께 사로잡은 것 자체가 가장 큰 이적이었다. 나는 이것이 특히 방언의 은사를 가리킨다고 생각한다. 방언의 은사는 성령의 부으심의 직접적인 효과로서, 언어가 형성되는 곳인 마음에 지속적으로 작용하는 이적이었고, 복음을 만국에 그들 자신의 언어로 전파한다는 영광스러운 목적에 기여하는 것이었다. 방언은 그 어떤 이적보다도 믿지 않는 자들에 대한 표적(고전 14:22)으로서 그들의 죄를 깨닫게 하는 데에 아주 강력한 것이었다.

2. 그리스도께서 이렇게 하시는 이유를 이는 내가 아버지께로 감이라고 말씀하셨다. (1) "내가 가기 때문에, 너희의 일이 내가 없는 것으로 인해서 손상되지 않도록 하기 위해서 너희가 그러한 능력을 지닐 필요가 있다." (2) "내가 아버지께로 가기 때문에, 나는 그러한 능력을 너희에게 줄 수 있게 될 것이다. 왜냐하면, 내가 아버지께로 가서 또 다른 보혜사를 보낼 것이고 그 보혜사로부터 너희는 능력을 받게 될 것이기 때문이다"(행 1:8). 그들이 그리스도의 이름으로 행한 놀라운 일들은 그리스도께서 위로 올라가실 때에(엡 4:8) 그의 높아지신 상태에서 받게 된 영광들 중의 일부였다.

II. 하늘에서의 큰 권능: "하나님을 왕으로 모신 이스라엘인 너희가 무엇을 구하든지 내가 행하리라(13-14절). 그러므로 너희는 나와 상관이 있고 나는 내 아버지와 상관이 있기 때문에, 너희가 그러한 권능 있는 일들을 행하게 될 것이다." 좀 더 살펴보자.

1. 그리스도께서 아버지께로 가신 후에 그들은 기도를 통해서 그리스도와 계속 교통하고 그리스도로부터 능력을 받게 될 것이었다. 친한 친구들이 서로 멀리 떨어지게 되었을 때에 그들은 서로 연락할 수 있는 방법을 마련해 놓는다. 마찬가지로, 그리스도께서는 아버지께로 가시면서, 그의 제자들에게 일이 있을 때마다 그에게 어떻게 편지를 쓰면 되는지, 그들의 편지를 어떻게 보내면

도중에 분실될 위험이 없이 안전하게 도달할 수 있는지를 말씀해 주신다: "나는 기도, 믿음의 기도를 통해서 너희의 말을 들을 것이고, 너희는 성령을 통해서 나의 말을 듣게 될 것이다." 이것은 사람들이 여호와의 이름을 부르기 시작한 때로부터 하늘과 교통하는 오래된 방식이었다. 그러나 그리스도께서는 그가 죽으실 때에 이 길을 더욱 활짝 열어 놓으셨고, 그 길은 여전히 우리에게 열려져 있다. (1) 겸손이 요구됨: 너희는 구하여라. 그들은 그리스도를 위하여 모든 것을 버렸지만, 그것을 그리스도께서 빚진 것으로 생각하여 무엇을 요구할 수는 없고, 죽이시든지 살리시든지 겸손하게 간구하는 자들이 되어야 한다. (2) 자유가 허용됨: "무엇이든지, 너희에게 합당하고 선한 것은 무엇이든지 구하라. 너희가 무엇을 구하는지를 알고 있기만 하다면, 무엇이든지 너희는 구할 수 있다. 너희는 지혜를 위해서, 원수들의 손에서 건져 주실 것을 위해서, 필요할 때에 이적들을 행할 수 있는 능력을 위해서, 영혼들을 회심시키는 사역의 성공을 위해서 너희의 일을 도와달라고 구할 수 있다. 또한 알려주고 지시하고 신원해 주실 것을 구하라." 사정들은 다 다를 것이지만, 그러한 것들은 은혜의 보좌 앞에 상달될 것이다.

2. 그들은 간구할 때에 누구의 이름으로 하여야 하는가? 내 이름으로 구하라. 그리스도의 이름으로 구한다는 것은 (1) 그리스도의 공로와 중보에 의지하여 간구하는 것이다. 구약의 성도들은 여호와를 위하여(단 9:17) 기도하거나 기름 부음 받은 자를 위하여(시 84:9) 기도할 때에 이것을 바라보고 기도하였지만, 복음을 통해서 그리스도의 중보는 더 분명하게 드러났기 때문에, 우리는 더 명시적으로 그의 이름으로 구할 수 있게 되었다. 그리스도께서 주기도문을 가르쳐 주실 때에는 이 어구를 삽입하지 않으셨는데, 그것은 그들이 성령을 받게 될 때까지는 이 문제를 충분히 이해할 수 없었기 때문이었다. 만약 우리가 우리 자신의 이름으로 구한다면, 우리는 기도의 응답을 기대할 수 없다. 왜냐하면, 우리는 하늘에서 이방인들로서 거기에 아무런 이름도 가지고 있지 않기 때문이다. 우리는 죄인들로서 하늘에서 악명만을 가지고 있다. 그러나 그리스도의 이름은 하늘에서 잘 알려져 있고 매우 귀한 이름이다. (2) 그리스도의 이름으로 구한다는 것은 그리스도의 영광을 목적으로 하는 것이고, 그것을 우리의 모든 기도 속에서 우리의 가장 높은 목적으로 삼는다는 것이다.

3. 그들은 어떠한 기도 응답을 받게 될 것인가? "너희가 무엇을 구하든, 내가

그것을 행하리라"(13절). 또한 14절에는 이렇게 되어 있다: "내가 행하리라. 너희는 내가 반드시 행하리라는 것을 확신해도 좋다. 너희가 구하는 일이 이루어질 뿐만 아니라, 내가 그것이 행하여지는 것을 감독하고 그 일을 행하도록 지시할 뿐만 아니라, 직접 내가 행하리라." 왜냐하면, 그리스도께서는 중보기도자로서의 지위를 가지고 계실 뿐만 아니라, 하나님의 우편에 앉아서 하나님 나라에서 모든 것을 행하실 수 있는 왕의 권능을 가지고 계시기 때문이다. 믿음을 가지고 그의 이름으로 구하면, 우리는 우리가 구하는 것을 이루게 될 것이다.

4. 그들의 기도는 무슨 까닭으로 그렇게 잘 응답되는 것인가? 이는 아버지로 하여금 아들로 말미암아 영광을 받으시게 하려 함이라. (1) 그들은 구할 때에 이것을 목표로 삼아야 하고 이것을 바라보아야 한다. 우리의 모든 소원과 기도들은 그것들의 중심인 이것 속에서 수렴되어야 한다. 그들은 그리스도 안에서 하나님께서 우리의 섬김을 통해서 및 우리의 구원 속에서 영광을 받으시도록 모든 것을 집중하여야 한다. 하나님의 이름이 거룩히 여김을 받으시옵소서라는 간구는 우리의 기도 속에서 가장 먼저 드려져야 하는 것인데, 이 점에 있어서 우리의 마음이 진실하다면, 그 간구는 나머지 모든 간구들을 성별하는 역할을 하기 때문이다. (2) 그리스도께서 기도 응답을 해 주시는 목적은 바로 이것인데, 아버지의 영광이 아들 안에서 나타날 수 있도록 하기 위하여 그들이 무엇을 구하든지 시행하실 것이다. 그리스도의 사도들과 사역자들이, 그리스도에게서 나오고 그리스도의 이름으로 행사되며 그리스도를 섬기기 위해서 행사되는 능력을 통해서, 그들의 가르침이 옳다는 것을 증명하고 그 성공을 위해서 그러한 큰 일들을 행할 수 있게 될 때, 하나님의 지혜와 권능과 선하심은 구속주 안에서 영광을 받으시게 된다.

[15]너희가 나를 사랑하면 나의 계명을 지키리라 [16]내가 아버지께 구하겠으니 그가 또 다른 보혜사를 너희에게 주사 영원토록 너희와 함께 있게 하리니 [17]그는 진리의 영이라 세상은 능히 그를 받지 못하나니 이는 그를 보지도 못하고 알지도 못함이라 그러나 너희는 그를 아나니 그는 너희와 함께 거하심이요 또 너희 속에 계시겠음이라

그리스도께서는 그들에게 그들을 위로할 목적으로 그러한 것들을 약

속하실 뿐만 아니라, 이러한 일들을 그들로 하여금 행할 수 있게 해 줄 보혜사이신 성령을 보내시겠다고 약속하신다.

I. 그리스도께서는 이것에 한 가지 단서를 다신다(15절) : 너희가 나를 사랑하면 나의 계명을 지키리라. 그리스도의 계명들을 지키는 것은 여기에서 일반적인 경건의 실천과 특히 사도로서의 직분을 신실하고 부지런히 수행하는 것을 위해서 요구된다. 좀 더 살펴보자.

1. 그리스도께서는 그들을 위로하시면서 그의 계명을 지키라고 명하신다. 왜냐하면, 우리는 의무를 다하는 것 이외의 것 속에서 위로를 기대해서는 안 되기 때문이다. 여기에서 사용된 단어(파라칼레오)는 권면하는 것과 위로해서 편안하게 해 주는 것을 둘 다 의미한다.

2. 그들이 주님께서 그들을 떠나시고 나면 이제 그들에게 무슨 일이 생길지, 그들이 무엇을 해야 할지를 염려하고 있을 때, 그리스도께서는 그들에게 그의 계명을 지키라고 명하시는데, 그렇게 하면 그들에게 그 어떠한 해악도 닥치지 않게 될 것이다. 어려운 때에 우리가 그 날에 우리에게 주어진 의무를 잘 살피게 되면 그 날의 사건들에 관한 염려는 사라지게 된다.

3. 그들이 그리스도께서 떠나시게 될 것을 생각하고 슬퍼함으로써 그리스도에 대한 그들의 사랑을 보여주고, 그런 일을 미리 내다보고 마음에 슬픔을 가득 품고 있었을 때, 그리스도께서는 그들에게 그들이 그에 대한 사랑을 보여주고자 한다면 이렇게 연약하고 여성적인 감정들을 통해서가 아니라 그들에게 맡겨진 일을 성실하게 돌보고 그의 명령들에 전폭적으로 순종함을 통해서 그 사랑을 나타내 보이도록 명하신다. 이것이 제사보다 낫고 눈물보다 낫다. 네가 나를 사랑하느냐 내 어린 양을 먹이라.

4. 그리스도께서는 그들에게 그들의 기도가 응답될 것과 보혜사가 오실 것에 관한 소중한 약속들을 주셨을 때, 거기에 "너희가 나를 사랑하는 마음으로 내 계명들을 지킨다면"이라는 단서를 다셨다. 그리스도께서는 그들의 모사이신 그의 충고를 받아들이고 그에 의해서 다스림을 받고자 하는 자들에게만 변호자와 조력자가 되실 것이다. 성령의 인도하심을 따르라. 그리하면 너희는 성령의 위로를 받게 될 것이다.

II. 그리스도께서는 그들에게 이러한 크고 말할 수 없는 축복을 약속하신다 (16-17절).

1. 그들은 또 다른 보혜사를 갖게 될 것이다. 이것은 구약의 메시야에 관한 약속과 마찬가지로 신약의 큰 약속이다(행 1:4). 이것은 슬픔에 빠져 있어서 위로자가 필요하였던 제자들의 현재의 고통에 맞춘 약속이다. 좀 더 살펴보자.

(1) 약속된 축복: 또 다른 보혜사(알론 파라클레톤). 이 단어는 그리스도의 말씀들 중에서 오직 여기에서와 대언자로 번역되고 있는 요한일서 2:1에서만 사용된다. 하몬드 박사는 헬라어 원어인 파라클레테를 그대로 사용하는 것을 선호한다. 사도행전 9:31에서는 성령의 위로하심(파라클레시스 투 하기우 프뉴마토스)이라는 표현을 사용하고 있는데, 이것은 위로자로서의 성령의 전반적인 직분을 내포하고 있다. [1] 너희는 또 다른 변호자를 갖게 될 것이다. 성령의 직분은 이 땅에서 그리스도를 대신하여 그의 일을 수행하고 돌보는 것이 될 것이다. 옛 사람들 중 한 사람은 성령을 그리스도의 대리자(vicarius Christi)라고 불렀다. 성령은 그리스도를 대신하여 대적자들에 맞서서 그의 성도들을 변호하고 돕는 역할을 한다. 그리스도께서는 제자들과 함께 있었을 때에 기회가 있을 때마다 그들을 위하여 변호하셨다. 그러나 그리스도께서 그들을 떠나시고 나면, 아버지의 성령이 그들 속에서 말씀하실 것이기 때문에, 그들은 결코 짓밟히거나 망하게 되지 않게 될 것이다(마 10:19-20). 또한 이러한 변호자가 밑받침해주는 복음 전파는 결코 잘못될 수 없다. [2] 너희는 또 다른 선생 또는 또 다른 권위자(위로하는 자)를 갖게 될 것이다. 그리스도께서는 그들과 함께 있었을 때에 그들로 하여금 그들의 의무를 행하도록 용기를 북돋아 주셨고 권면하셨다. 이제 그리스도께서 떠나시면서, 그들에게 소리 없이 효과적으로 행해 주실 자를 남겨 두실 것이다. 얀세니우스(Jansenius)는 이 단어에 대한 가장 적절한 번역어는 가르치는 일과 보호하는 일을 동시에 행하는 후견인이라고 생각한다. [3] 또 다른 보혜사. 그리스도는 이스라엘을 위로할 자로 기대되었다. 유대인들 가운데서 메시야를 부르는 여러 이름들 중의 하나는 위로자(메나헴)였다. 탈굼은 메시야의 시대를 위로의 해라고 부른다. 그리스도께서는 그의 제자들과 함께 계셨을 때에 그들을 위로하셨고, 이제 그들을 떠나시게 되면서 그들이 큰 곤경에 처하게 되자, 그들에게 또 다른 보혜사를 약속하신다.

(2) 이 축복을 수여하시는 자: 아버지께서 또 다른 보혜사를 너희에게 주실 것이다. 내 아버지이자 너희의 아버지. 아버지라는 말은 이 두 가지를 모두 포함한다. 아들을 우리의 구주로 주신 바로 그 하나님께서 동일한 목적을 위해서

그의 성령을 우리의 위로자로 주실 것이다. 아들이 보혜사를 보낸다고 되어 있기도 하지만(15:26), 일차적으로 보혜사를 보내시는 분은 아버지 하나님이시다.

(3) 이러한 축복이 어떻게 얻어지는가? 예수의 중보를 통해서: 내가 아버지께 구하겠다. 그리스도께서는 내가 행하리라고 말씀하셨다(14절). 여기에서 그리스도께서 내가 그것을 위하여 기도하겠다고 말씀하신 것은 그가 하나님이자 사람인 것을 보이실 뿐만 아니라 그가 왕이자 제사장이라는 것을 보이시기 위한 것이었다. 제사장으로서 그는 사람들을 위하여 중보기도를 할 수 있으셨고, 왕으로서 아버지의 권한을 위임받아서 심판을 집행하실 수 있으셨다. 그리스도께서 내가 아버지께 구하겠다고 말씀하실 때, 그것은 아버지께서 성령을 주시기를 꺼려하신다거나 끈질기게 구하여야 그렇게 해 주신다는 것을 의미하는 것이 아니라, 성령의 수여가 그리스도의 중보의 열매, 즉 그의 공로에 의해서 얻어지고 그의 중보기도에 의해서 시행되는 것임을 나타내는 것이다.

(4) 이러한 축복이 지속될 것임: 영원토록 너희와 함께 있게 하리라. [1] "너희와 함께. 즉, 너희가 살아 있는 동안에, 보혜사가 너희와 함께 있게 될 것이다. 너희가 지금 내가 떠나는 것을 슬퍼하는 것과는 달리 보혜사가 없는 것도 모를 것이고 보혜사가 떠나는 것에도 슬퍼하지 않을 것이다." 잠시 동안 우리에게 계획된 그러한 위로들의 손실 아래 있는 우리에게 영원한 위로가 준비되어 있다는 것은 큰 힘이 된다. 그리스도께서 그들과 영원히 함께 있는 것이 반드시 좋은 일은 아니었다. 왜냐하면, 공적으로 섬겨야 할 자들이 항상 학생의 신분으로 캠퍼스에서 살아가는 것은 합당하지 않기 때문이다. 그들은 흩어져야 하기 때문에, 그들 모두에게 보혜사가 함께 하여서, 그들이 어느 곳으로 흩어지든, 어떠한 고난을 당하든 모든 곳에서 동일하게 그들과 함께 있을 것이기 때문에, 보혜사는 그들에게 영원히 있는 것이 합당하였다. [2] "너희가 죽고 난 후에도 너희의 후손들에게 종말의 때까지 보혜사가 함께 할 것이다. 기독교와 그 사역에 있어서 너희의 뒤를 잇는 후계자들 속에서 보혜사는 영원히 함께 할 것이다." [3] 우리가 영원토록이라는 말을 가장 넓게 해석한다면, 이 약속은 모든 성도들의 영원한 기쁨, 영원한 즐거움이 될 하나님의 위로들 속에서 완성될 것이다.

2. 이 보혜사는 너희가 아는 진리의 영이다(16-17절). 그들은 하나님의 아들이신 분과 동등한 보혜사를 갖게 되는 것이 불가능한 일이라고 생각했을지도 모

른다: 그리스도께서는 "너희는 능력과 영광에 있어서 아들과 동등한 하나님의 성령을 받게 될 것이다"라고 말씀하신다.

(1) 약속된 보혜사는 사람들의 영에 작용함으로써 내면적으로 눈에 보이지 않게 영적인 방식으로 자신의 일을 수행하게 될 성령이다.

(2) "그는 진리의 영이다." 성령은 너희에게 참될 것이고, 너희를 위한 그의 일에 참될 것이며, 그 일을 지극히 참되게 수행하실 것이다. 성령은 너희에게 진리를 가르치시고, 진리를 아는 지식으로 너희의 마음을 밝게 하실 것이며, 진리에 대한 너희의 믿음을 강하게 하고 굳게 하실 것이고, 진리에 대한 너희의 사랑을 더 크게 해 주실 것이다. 이방인들은 그들의 우상숭배로 말미암아서, 유대인들은 장로들의 전통으로 말미암아서 큰 오류와 잘못으로 빠져들었다. 그러나 진리의 성령은 너희를 모든 진리 가운데로 인도하실 뿐만 아니라 너희의 사역을 통해서 다른 사람들도 진리로 인도하실 것이다. 그리스도는 진리이시고, 성령은 그리스도의 영이다. 그리스도께서는 성령으로 기름 부음을 받으셨다.

(3) 성령은 세상이 능히 받을 수 없는 분이다. 그러나 너희는 그를 아나니 그는 너희와 함께 거하시기 때문이다. [1] 그리스도의 제자들은 여기에서 세상과 구별된다. 왜냐하면, 그들은 죄악 속에 놓여 있는 세상으로부터 택하심을 받고 부르심을 받았기 때문이다. 그들은 이 세상이 아니라 저 세상의 자녀들이자 후사들이다. [2] 이 세상에 묶여 있는 자들의 비참한 상황은 그들이 진리의 성령을 받지 못한다는 것이다. 세상의 영과 하나님의 영은 서로 정반대되는 것으로 말해진다(고전 2:12). 왜냐하면, 세상의 영이 판을 치는 곳에서는 하나님의 영이 배제되기 때문이다. 이 세상의 왕들조차도 비록 그들이 왕으로서 많은 것을 아는 이점을 가지고 있다고 할지라도 이 세상의 왕으로서 어찌할 수 없는 편견들 속에서 수고하기 때문에, 그들은 하나님의 성령에 속한 일들(고전 2:8)을 알지 못하였다. [3] 그러므로 사람들은 진리의 영을 능히 받지 못하는데, 이것은 그들이 그를 보지도 못하고 알지도 못하기 때문이다. 성령의 위로는 그리스도의 십자가와 마찬가지로 그들에게 어리석은 것이고, 복음의 큰 일들은 율법의 일들과 마찬가지로 이상한 일로 치부된다. 성령의 위로들은 그들의 눈으로 전혀 볼 수 없는 것들이다. 이 세상의 자녀들에게 성령의 역사들에 대하여 얘기해 보라. 그러면 너희는 그들에게 야만인 취급을 당하게 될 것이다. [4] 진리의 영을 가장 잘 알 수 있는 것은 경험에 의해서이다: 너희는 그를 아나니 그는 너희와 함께 거하시며.

그리스도께서는 그들과 함께 거하셨고, 그들은 그를 알았기 때문에 진리의 영을 알 수밖에 없다. 그들은 어느 정도는 성령을 수여받았었다. 무엇이 그들로 하여금 그리스도를 따르고 그의 모든 시험들 가운데서 함께 있을 수 있도록 해 주었을까? 그들 속에 성령이 거하지 않았다면, 무엇이 그들로 하여금 복음을 전하고 이적들을 행할 수 있게 해 주었을까? 성도들의 경험은 약속들에 대한 해설이다. 사람들에게는 역설들로 보이는 것들이 성도들에게는 공리(公理)들이다. [5] 경험적으로 성령을 아는 자들은 성령께서 그들 가운데 거하신다는 것을 확신하게 된다: 그는 너희와 함께 거하시고 또 너희 속에 계실 것이다. 왜냐하면, 찬송받으실 성령은 자신의 거처를 잘 옮기시지 않기 때문이다. 성령을 아는 자들은 어떻게 성령을 높이고 초청하며 환영할 줄 안다. 그러므로 성령은 공기 속의 빛처럼, 나무 속의 수액처럼, 육신 속의 영혼처럼 그들 안에 거하시게 될 것이다. 그들과 성령의 친교는 친밀할 것이고, 그들과 성령의 연합은 뗄 수 없는 것이 될 것이다. [6] 성령의 수여는 그리스도의 제자들에게 독특한 방식으로 수여된 특별한 은사이다 — 세상이 아니라 오직 그들에게만. 성령은 그들에게 감추었던 만나, 흰 돌이다. 모습도 없고 소리도 없는 성령의 위로와 견줄 수 있는 그 어떤 위로도 존재하지 않는다. 이것은 하나님께서 그의 택하신 자들에게 주신 은총이다. 그것은 주의 이름을 경외하는 자가 얻을 기업이다.

[18]내가 너희를 고아와 같이 버려두지 아니하고 너희에게로 오리라 [19]조금 있으면 세상은 다시 나를 보지 못할 것이로되 너희는 나를 보리니 이는 내가 살아 있고 너희도 살아 있겠음이라 [20]그 날에는 내가 아버지 안에, 너희가 내 안에, 내가 너희 안에 있는 것을 너희가 알리라 [21]나의 계명을 지키는 자라야 나를 사랑하는 자니 나를 사랑하는 자는 내 아버지께 사랑을 받을 것이요 나도 그를 사랑하여 그에게 나를 나타내리라 [22]가룟인 아닌 유다가 이르되 주여 어찌하여 자기를 우리에게는 나타내시고 세상에는 아니하려 하시나이까 [23]예수께서 대답하여 이르시되 사람이 나를 사랑하면 내 말을 지키리니 내 아버지께서 그를 사랑하실 것이요 우리가 그에게 가서 거처를 그와 함께 하리라 [24]나를 사랑하지 아니하는 자는 내 말을 지키지 아니하나니 너희가 듣는 말은 내 말이 아니요 나를 보내신 아버지의 말씀이니라

친구들이 서로 헤어질 때에 그들은 서로에게 "가능한 한 자주 소식

전하기를 바란다"는 말을 하는 것이 보통이다. 마찬가지로, 그리스도께서는 그의 제자들에게 눈에서 보이지 않는다고 마음까지 멀어지는 것은 아니라고 말씀하셨다.

I. 그리스도께서는 그가 그들을 계속해서 돌볼 것이라고 약속하신다(18절) : "내가 너희를 고아와 같이 버려두지 아니할 것이다. 왜냐하면, 내가 지금 너희를 떠난다고 할지라도, 곧 내가 너희에게 올 것이기 때문이다." 그리스도께서 그들을 떠나시는 것은 그들을 슬프게 하는 일이었다. 그러나 그것은 그들이 생각한 것만큼 그렇게 나쁜 일은 아니었다. 그러한 떠남은 영속적인 것이거나 최종적인 것이 아니었기 때문이다. 1. 그리스도께서는 완전히 떠나시는 것이 아니었다. "내가 너희를 떠나면 육체적으로는 너희에게 내가 없는 것이 되겠지만, 나는 아무런 위로나 대책도 없이 너희를 떠나는 것이 아니다." 그리스도께서는 자녀들인 그들을 잠시 떠나 계시겠지만, 그들은 양자가 되어 있기 때문에, 그리스도의 아버지는 그들의 아버지가 되셔서, 그들을 고아와 같이 버려두지 아니하시고 긍휼을 베푸실 것이다. 참된 신자들은 결코 고아가 아니기 때문에 종종 슬퍼할 일들이 생길지라도 결코 위로를 받지 못하는 것이 아니라는 것을 명심하라. 왜냐하면, 하나님은 그들의 아버지시고, 영원한 아버지이시기 때문이다. 2. 그리스도께서는 최종적으로 떠나시는 것이 아니다: 내가 너희에게로 오리라(에르코마이). (1) "나는 부활 후에 너희에게 속히 올 것이다. 나는 오래 떠나 있지 않을 것이고, 너희에게 잠시 후에 다시 오게 될 것이다." 그리스도께서는 자주 제삼일에 내가 다시 살아나리라고 말씀하셨었다. (2) "나의 성령을 통해서 나는 너희에게 날마다 찾아오게 될 것이다." 그리스도께서는 그의 사랑의 징표들과 그의 은혜의 임함을 통해서 지금도 찾아오고 계신다. (3) "나는 종말에 분명히 다시 올 것이다. 분명히 나는 너희를 너희 주님의 기쁨에 참여하도록 하기 위해서 신속하게 올 것이다." 그리스도께서 우리에게 다시 오신다는 것을 생각하면, 우리는 그가 우리를 떠나신 것에 대하여 슬픔에서 벗어날 수 있다는 것을 명심하라. 왜냐하면, 그리스도께서 잠시 우리를 떠나신 것은 우리로 하여금 그를 영원히 영접하도록 하기 위한 것이기 때문이다. 주께서 가까우시다는 것은 우리의 슬픔을 달래준다.

II. 그리스도께서는 그들이 계속해서 그와 사귐이 있고 그와 관계하게 될 것이라고 약속하신다(19-20절) : 조금 있으면 세상은 다시 나를 보지 못할 것이다. 즉,

이제 나는 더 이상 세상에 있지 않을 것이다. 그리스도께서 죽으신 후에 세상은 그를 다시 보지 못하였다. 왜냐하면, 그리스도께서는 다시 부활하셨지만 결코 모든 사람들에게 자신을 나타내신(행 10:41) 것은 아니었기 때문이다. 악의에 찬 세상은 그리스도를 보는 것이 지긋지긋하다고 여겨서, 그를 없이 하소서 그를 십자가에 못 박게 하소서라고 소리쳤다. 그들의 운명은 그들이 말한 대로 될 것이다. 그들은 그리스도를 더 이상 보지 못하게 될 것이다. 그리스도를 믿음의 눈으로 바라보는 자들만이 그를 영원히 보게 될 것이다. 세상은 그리스도께서 재림하실 때까지 그를 더 이상 보지 못한다. 그러나 그의 제자들은 그리스도께서 안 계시는 동안에도 그와 교제하며 교통할 수 있다.

1. 세상이 다시 나를 보지 못할 때에도 너희는 나를 볼 것이고, 계속해서 나를 보게 될 것이다. 그들은 그리스도께서 부활하신 후에 그들의 육안으로 그를 보았다. 왜냐하면, 그리스도께서는 확실한 많은 증거로(행 1:8) 그들에게 모습을 나타내셨기 때문이다. 그리고 제자들은 주를 보고 기뻐하였다. 그들은 그리스도께서 승천하신 후에는 믿음의 눈으로 그리스도께서 하나님의 우편에 만유의 주로서 앉아 계시는 것을 보았다. 그들은 그리스도 안에서 세상이 보지 못했던 것을 보았다.

2. 내가 살아 있기 때문에, 너희도 살아 있겠음이라. 그들을 슬프게 만들었던 것은 그들이 주님께서 죽으시고자 하셨고, 그들은 그와 함께 죽는 길 외에는 다른 길이 없다고 생각했기 때문이었다. 그리스도께서는 그렇지 않다고 말씀하신다: (1) 내가 살아 있다. 크신 하나님께서는 내가 살아 있다는 말씀을 통해서 스스로 영광을 나타내셨는데, 그리스도께서도 이와 동일한 말씀을 하고 계신다. 그리스도께서 그들에게 말씀하신 대로, 나는 살아날 뿐만 아니라 나는 살아 있다. 왜냐하면, 그리스도는 자기 자신 속에 생명을 가지고 계시고 영원히 살아 계시기 때문이다. 우리가 우리 구속주께서 살아 계시다는 것을 알면, 우리는 고아와 같이 쓸쓸해하거나 낙이 없는 자처럼 슬퍼하지 않아도 된다. (2) 그러므로 너희도 살아 있을 것이다. 그리스도인들의 생명은 그리스도의 생명 속에 감추어져 있다는 것을 명심하라. 그리스도께서 살아 계시는 것이 확실히고, 그리스도에서 영원히 살아 계신다면, 믿음으로 그와 연합된 자들도 살아 있게 될 것이다. 그들은 영적으로 살아 있게 될 것이다. 그들은 하나님과의 교통 속에서 하나님의 생명을 갖게 될 것이다. 이 생명은 그리스도와 함께 감추어져 있다. 머리와 뿌

리가 살아 있다면, 지체들과 가지들도 살아 있는 것이다. 그들은 영원히 살아 있게 될 것이다. 그들의 몸은 그리스도의 부활로 말미암아서 다시 살아나게 될 것이다. 장차 올 세상에서 그들에게 이런 일이 일어나게 될 것이다. 그리스도의 소유가 된 모든 자들에게는 이런 일이 일어나지 않을 수 없다(사 26:19).

3. 너희는 이것에 대한 확신을 가지게 될 것이다(20절): 내가 영광을 받고 성령이 강림할 그 날에는 내가 아버지 안에 너희가 내 안에 내가 너희 안에 있는 것을 지금보다 더욱 분명하고 확실하게 너희가 알게 될 것이다. (1) 이러한 영광스러운 신비들은 천국에서 온전히 알려지게 될 것이다. 내가 너희를 내게로 영접하게 될 그 날에 너희는 지금 너희가 거울을 통해서 희미하게 보는 것을 온전하게 알게 될 것이다. 지금은 우리가 장차 어떻게 될 것인지가 분명하게 드러나지 않지만, 그 때에는 우리가 과거에 어떠했는지가 분명하게 드러나게 될 것이다. (2) 그러한 것들은 사도들 위에 성령이 강림한 후에 더욱 온전히 드러났다. 하나님의 빛이 비치고 그들의 눈이 더 분명하게 보게 될 그 날에 그들의 지식은 크게 진보하고 증대되게 될 것이고, 더욱 광범위하고 더욱 뚜렷하게 알게 될 것이며, 처음에는 사람들을 걸어가는 나무로 보았던 맹인을 그리스도께서 손으로 두 번째 만지셨을 때처럼 아주 분명하게 보게 될 것이다. (3) 진리의 성령을 받은 모든 자들은 그러한 것들을 알게 되고 풍성한 만족을 얻게 될 것이다. 왜냐하면, 아버지 및 그 아들 예수 그리스도와의 그들의 교제는 이러한 것을 아는 지식에 토대를 두고 있기 때문이다. [1] 그들은 그리스도께서 아버지 안에 계신다는 것, 그리스도께서 아버지와 하나라는 것을 그가 그들을 위해서 및 그들 안에서 행하신 것을 체험함으로써 알게 된다. 그들은 기독교와 자연 종교 사이에 놀라운 일치와 조화가 존재하고, 기독교가 자연 종교에 접목되어 있다는 것을 발견할 것이기 때문에, 그들은 그리스도께서 아버지 안에 계신다는 것을 알게 된다. [2] 그들은 그리스도께서 그들 안에 계신다는 것을 알게 된다. 체험을 한 그리스도인들은 성령을 통해서 그리스도께서 그들 안에 거하신다는 것을 안다(요일 3:24). [3] 그들은 그들이 그리스도 안에 있다는 것을 안다. 왜냐하면, 그 관계는 상호적이고, 양쪽에서 동일하게 성립하는 관계이기 때문이다. 그리스도께서 그들 안에 계시고 그들이 그리스도 안에 있다는 것은 뗄래야 뗄 수 없는 친밀한 연합을 말한다. 그가 살아 있기 때문에 그들도 살아 있으리라는 것은 바로 이러한 관계 때문에 가능한 것이다. 첫째, 그리스도와의 연합은 신자들의 생명이다. 그

리스도에 대한 그들의 관계, 그리고 그리스도로 말미암아 하나님에 대한 그들의 관계는 그들의 지복(至福)이다. 둘째, 이러한 연합을 아는 지식은 그들의 말할 수 없는 기쁨이자 만족이다. 그들은 지금 그리스도 안에 있었고 그리스도께서는 그들 안에 계셨지만, 그들이 그러한 관계를 알게 되고 그것으로부터 위로를 받게 되리라고 그가 말씀하신 것은 추가적인 은혜의 행위였다. 그리스도 안에서 유익을 얻고 있다는 것과 그것을 안다는 것은 종종 별개의 문제이다.

Ⅲ. 그리스도께서는 그가 그들을 사랑하셔서 그들에게 자신을 나타내실 것이라고 약속하신다(21-24절). 좀 더 살펴보자.

1. 그리스도께서는 어떤 자들을 그를 사랑하는 자들로 여기고 받아들일 것이라고 말씀하고 계시는가? 그의 계명들을 지키는 자들. 이 말씀을 통해서 그리스도께서는 그가 여기에서 그의 제자들에게 말씀하신 모든 좋은 일들은 지금 그를 따르고 있는 자들만이 아니라 그들의 말로 말미암아 그를 믿게 될 모든 자들을 위한 것이라는 것을 보여주신다. 여기에는 다음과 같은 내용들이 나온다. (1) 제자라고 주장하는 자들의 의무. 우리는 그리스도의 계명들을 가지고서 그것들을 지켜야 한다. 그리스도인으로서 신앙 고백을 한 우리들은 그리스도의 계명들을 가지고 있는데, 우리는 그 계명들을 우리의 귀에 쟁쟁하게 들리게 하여야 하고, 우리의 눈 앞에 씌어 있게 하여야 하며, 그 계명들에 대한 지식을 가지고 있어야 한다. 그러나 이러한 것만으로는 충분하지 않다. 우리가 진정으로 그리스도인이라는 것을 인정받고자 한다면, 우리는 그 계명들을 지켜야 한다. 우리의 머릿속에 들어있는 계명들을 우리는 우리의 마음과 삶 속에서 지켜야 한다. (2) 제자들의 의무를 행한 자들의 존엄. 그리스도께서는 그러한 자들을 그를 사랑하는 자로 여기실 것이다. 아주 훌륭한 재치를 가지고 있고 그리스도를 위해서 어떻게 말해야 할지를 알고 있는 자들이 아니라 그의 계명들을 지키는 자들을 그리스도께서는 그를 사랑하는 자로 여기실 것이다. 우리가 그리스도를 사랑한다는 것을 보여주는 가장 확실한 증거는 그리스도의 법에 순종하는 것임을 명심하라. 왕에 대한 신하의 사랑은 왕에게 도리를 다하고 왕을 존중하며 순종하는 것이고 그의 뜻을 따르며 그의 지혜를 만족해하는 것이다.

2. 그리스도께서는 그를 사랑하는 자들에게 어떠한 보답을 하시겠다고 말씀하고 계시는가? 그는 풍성한 보답을 해 주시겠다고 말씀하신다. 그리스도를 사랑해서 손해보는 것은 없다. (1) 그들은 아버지의 사랑을 받게 될 것이다: 나를

사랑하는 자는 내 아버지께 사랑을 받을 것이다. 하나님께서 먼저 그를 사랑할 수 있는 마음을 우리에게 은혜로 주시지 않는다면, 우리는 하나님을 사랑할 수 없다. 그러나 하나님께서는 그를 사랑하는 자들을 사랑하시겠다고 약속하셨다(잠 8:17). 하나님께서는 그들을 사랑하시고, 그들에게 그가 그들을 사랑하신다는 것을 알게 하시며, 그들에게 미소 지으시고, 그들을 껴안으신다. 하나님께서는 아들을 사랑하는 모든 자들을 사랑하실 정도로 아들을 사랑하신다. (2) 그들은 그리스도의 사랑을 받게 될 것이다: 하나님이자 인간이고 중보자인 나도 그를 사랑하리라. 하나님은 아버지로서 그를 사랑하실 것이고, 나는 형제로서, 맏형으로서 그를 사랑하게 될 것이다. 창조주께서는 그를 사랑하실 것이고, 그것은 그의 지극한 복이 될 것이다. 구속주께서 그를 사랑하시게 될 것이고, 그것은 그가 잘되는 것을 보장해 주는 것이 될 것이다. 하나님의 본성에 있어서 하나님은 사랑이시다라는 것보다 더 밝게 빛나는 것은 없다. 그리스도의 사역 중에서 그가 우리를 사랑하셨다는 것보다 더 영광스러운 것은 없다. 이제 이 두 가지 사랑은 주 예수 그리스도를 변함없이 사랑하는 모든 자들에게 주어질 면류관이자 위로이며 은혜이자 영광이다. 그리스도께서는 지금 그의 제자들로부터 떠나시고자 하시지만, 그가 그들을 계속해서 사랑할 것이라고 약속하신다. 그리스도께서는 안 계시는 동안에 신자들에 대한 사랑을 계속해서 가지고 계실 뿐만 아니라, 안 계시는 동안에도 그들에게 자비를 베푸실 것이다. 왜냐하면, 그는 그들을 그의 가슴에 새겨두시고, 항상 그들을 위해서 중보기도하시며 사시기 때문이다. (3) 그들은 그러한 사랑의 위로를 받게 될 것이다: 내가 그에게 나를 나타내리라. 어떤 이들은 이 본문을 그리스도께서 부활하신 후에 그의 제자들에게 살아있는 그의 모습을 나타내 보이신 것을 가리킨다고 이해한다. 그러나 이 말씀은 그를 사랑하여 그의 계명들을 지키는 모든 자들에 대한 약속이기 때문에, 그러한 자들을 포괄하는 의미로 해석되어야 한다. 그리스도께서는 모든 신자들에게 영적으로 자기 자신과 그의 사랑을 나타내신다. 그리스도께서 그들의 마음을 조명하셔서 그의 사랑과 그 모든 차원들을 알게 하실 때(엡 3:18-19), 그들에게 주어진 은혜들을 살아 움직이게 하셔서 그들로 하여금 그러한 은혜들을 알게 하심으로써 그들 속에 위로가 넘치게 하실 때, 그리스도께서 그들이 자기 안에서 유익을 얻고 있다는 것을 분명한 증거로 나타내 보이시고 그들에게 그의 사랑의 증거들을 주시며 그의 인자하심을 맛보게 하시고 그의 나라와 그의 영광을 간절히 구하게 하실 때, 그러한 때들은 그가 그들에게 자기 자신을 나타내시는 것이다. 그리스도께서는 그가 자신을 나타내시기를 기뻐하시는 자들에게만 자신을 나타내신다.

3. 그리스도께서 이러한 약속을 하시자 어떤 일이 일어났는가?

(1) 제자들 중의 한 사람이 그 약속의 말씀을 듣고 의아함과 놀라움을 동시에 표현한다(22절). 좀 더 살펴보자. [1] 이렇게 말한 사람은 누구였는가? **가룟인 아닌 유다.** 유다라는 이름은 유명한 이름이었다. 이스라엘에서 가장 유명한 지파는 유다 지파였다. 그리스도의 제자들 중에서 두 사람이 그런 이름을 지니고 있었다: 그 중 한 명은 배신자 유다였고 다른 한 명은 그리스도의 혈육들 중의 한 사람이던(마 13:55) 야고보의 형제였다(눅 6:16). 후자의 유다는 레베오 또는 다대오로 불렸고, 우리가 유다서라고 부르는 신약 성경의 마지막 서신을 쓴 인물이었다. 여기에서 그리스도께 말씀을 던진 자는 바로 이 유다였다. 좀 더 살펴보자. 첫째, 아주 선한 사람과 아주 악한 사람, 이렇게 두 사람이 모두 동일한 이름으로 불리었다. 왜냐하면, 이름으로 우리가 하나님께 칭찬을 듣는 것도 아니고, 이름이 사람을 나쁘게 만드는 것도 아니기 때문이다. 이름 때문에 사도 유다가 더 나빠질 수도 없었고 배교자 유다가 더 좋아질 수도 없었다. 그러나 둘째, 복음서 기자는 이 두 유다를 주의 깊게 구별한다. 복음서 기자는 이 경건한 유다에 관하여 말할 때에는 **가룟인 아닌**이라는 표현을 덧붙인다. 이것은 착각하지 말라고 주의를 주는 것이다. 우리는 귀한 것과 악한 것을 혼동하여서는 안 된다. [2] 그는 무엇을 말하였는가? **주여, 어찌하여 그렇게 말씀하십니까?** 이것은 다음 둘 중의 하나를 보여주는 것이다. 첫째, 그의 이해력의 연약함. 어떤 이들은 이렇게 해석한다. 유다는 메시야의 나라가 이 세상에 화려하고 웅장한 모습으로 권능 가운데 세워짐으로써 세상의 모든 사람들이 그것을 보고 경탄을 금치 못하게 될 것이라고 기대하였다. 그랬기 때문에, 유다는 이렇게 생각하고 말한 것이다: "그런데 어찌해서 주님께서는 그것을 오직 우리에게만 국한시키고자 하시는 겁니까? 이방인들이 주의 빛으로 나아오고 왕들이 주께서 일어나실 때의 광명으로 나아오리리고 기대되고 있는 마당에, 주께서 공개적으로 사신을 나타내고자 아니하시다니, 이것이 도대체 어찌된 일입니까?" 우리는 그리스도의 나라의 성격을 마치 이 세상에 속한 것처럼 오해함으로써 스스로 난점들을 만들어 낸다는 것을 명심하라. 둘째, 유다가 한 말은 그의 강력한 사랑을 표현한 것

으로서 그가 그들에 대한 그리스도의 특별한 은총에 대하여 가졌던 겸손하고 감사하는 마음을 표현한 것으로 이해될 수 있다: 주여, 어떻게 주께서 그렇게 하실 수 있나이까. 유다는 사무엘하 7:18에 나오는 다윗과 마찬가지로 하나님께서 스스로 낮추셔서 은혜를 베푸시는 것에 대하여 놀라움을 금치 못한다. 우리가 그렇게 큰 은혜를 받을 만한 자격이 어디에 있습니까?' 1. 그리스도께서 그의 제자들에게 자신을 나타내시는 것은 오직 그들에게만 특별히 나타내시는 것이고, 어둠에 앉아 있는 세상에게는 나타내지 않으신다. 또한 그것은 겸손한 자들에게 주어지고, 힘있고 고상한 자들에게는 주어지지 않으며, 어린아이들에게는 주어지고, 지혜롭고 현명한 자들에게는 주어지지 않는다. 우리는 구별된 은혜에 매우 감사하여야 한다. 누가 탈락하고 누가 선별되었는지를 생각해보라. 2. 그것은 당연히 우리 눈에 기이한 것이다. 왜냐하면, 그것은 설명될 수 없고, 거저 주시는 주권적인 은혜로 가능한 것이기 때문이다. 옳소이다 이렇게 된 것이 아버지의 뜻이니이다.

(2) 그리스도께서는 이러한 질문에 대답하셔서 그가 방금 말씀하신 것을 설명하시고 확증하신다(23-24절). 그리스도께서는 유다가 말한 것 속에 내포되어 있는 잘못을 지적하지 않으시고 간과하신 채 계속해서 그의 위로의 말씀을 하신다.

[1] 그리스도께서는 이 약속의 조건, 즉 그를 사랑하고 그의 계명들을 지켜야 한다는 조건을 좀 더 자세하게 설명하신다. 이것과 관련해서 그는 사랑과 순종 간에는 뗄래야 뗄 수 없는 연결 관계가 존재한다는 것을 보여주신다. 사랑은 뿌리이고, 순종은 그 열매이다. 첫째, 그리스도에 대한 진실된 사랑이 마음속에 있는 곳에서는 순종도 있게 될 것이다: "어떤 사람이 나를 사랑한다면, 즉 나에 대한 사랑이 그의 마음속에서 모든 것을 지배하는 원리가 되어 있다면, 그는 의심할 여지 없이 내 말을 지키게 될 것이다." 그리스도에 대한 참된 사랑이 존재하는 곳에는 그의 은총을 소중히 여기는 것과 그의 권세를 숭상하는 것과 온 마음과 몸을 다하여 그의 명령과 통치에 전적으로 순복하는 것이 존재한다. 사랑이 있는 곳에서는 의무가 자연스럽고 쉽게 따라나오고 감사의 마음에서 흘러나온다. 둘째, 반면에 그리스도에 대한 참된 사랑이 없는 곳에서는 그를 순종하고자 하는 마음도 없게 될 것이다: 나를 사랑하지 아니하는 자는 내 말을 지키지 아니한다(24절). 여기에 나오는 이 말씀은 그리스도를 사랑하지 아니하는 자들

을 선별해 내는 방법이다. 그들이 자기가 무엇인 체하더라도, 그리스도의 진리를 믿지 않는 자들, 그의 법에 순종하지 않는 자들, 그리스도의 말씀을 한가한 농담으로 듣고서 주의를 기울이지 않거나 어려운 말씀들로 여겨서 좋아하지 않는 자들은 분명히 그를 사랑하지 않는 것이다. 또한 그것은 그리스도께서 그를 사랑하지 않는 세상에 대하여 자기 자신을 나타내지 않으시는 이유이기도 하다. 왜냐하면, 그들은 그의 말씀을 지키지 않을 뿐만 아니라 그를 욕되게 할 것이기 때문이다. 그리스도께서 그를 낯설게 대하는 자들에게 친하게 대하실 이유가 어디 있겠는가?

[2] 그리스도께서는 약속을 좀 더 자세하게 설명해 주신다(23절): 사람이 나를 사랑하면 나도 그에게 나를 나타내리라. 첫째, 내 아버지께서 그를 사랑하실 것이다. 그리스도께서는 방금 전에 이렇게 말씀하셨는데(21절), 여기에서 우리의 믿음을 견고케 하기 위해서 그 말씀을 되풀이하신다. 위대하신 신이 그의 진노의 그릇들이 되어버린 자들을 그의 사랑의 대상들로 삼으시리라는 것은 상상하기 어려운 일이기 때문에, 유다는 그리스도께서 그들에게 자신을 나타내시겠다고 말씀하신 것에 대하여 의아하게 생각하였다. 그러나 이것에 대해서 그리스도께서는 "내 아버지께서 너희를 사랑하신다면, 내가 너희와 허심탄회하게 사귀지 못할 이유가 어디 있겠느냐"라고 대답하신다. 둘째, 우리가 그에게 가서 거처를 그와 함께 하리라. 이것은 그리스도께서 그에게 자신을 나타내시고 은혜를 더하시겠다는 말씀의 의미를 설명해 준다. 1. 나만이 아니라 우리, 즉 나와 아버지가 그에게 함께 가서 그와 함께 할 것이다. 아버지와 나는 하나이기 때문이다(9절을 보라). 하나님의 빛과 사랑은 구속주의 빛과 사랑 속에서 사람에게 전달되기 때문에, 그리스도가 형성되는 곳마다 하나님의 형상이 각인된다. 2. "내가 멀리서 그에게 나 자신을 나타낼 뿐만 아니라, 우리가 그에게 가서, 그와 가까이 하며 그와 함께 할 것이다." 이렇게 그리스도를 진실하게 사랑하는 자들의 영혼은 하나님의 은혜와 위로의 강력한 영향 아래 놓이게 된다. 3. "나는 그에게 나를 잠시 보이거나 그를 짧게 찾는 것이 아니라", 우리가 그에게 가서 거처를 그와 함께 할 것이다. 이것은 그를 기뻐하여 그와 항상 함께 있겠다는 것을 의미한다. 하나님은 순종하는 신자들을 사랑하실 뿐만 아니라, 그들을 사랑하시는 것을 기뻐하시고, 그들에게 지속적으로 인애를 나타내실 것이다(습 3:17). 하나님께서는 자신의 거처에 있으시는 것처럼 그들과 함께 하실 것이다.

[3] 그리스도께서는 우리에게 약속의 조건을 지키도록 강권하시고 약속에 의지할 것을 격려하기 위해서 그 근거를 제시하신다. 너희가 듣는 말은 내 말이 아니요 나를 보내신 아버지의 말씀이니라(24절). 이러한 취지의 말씀을 그리스도께서는 자주 하셨지만(7:16; 8:28; 12:44), 여기에서 이 말씀을 하신 것은 아주 시의적절한 것이었다. 첫째, 그리스도께서 그의 명령을 우리의 준칙으로 삼아서 그 의무를 다하여야 한다고 강조하신 것은 당연한 것이었다. 왜냐하면, 그리스도께서 우리에게 지키라고 하신 말씀은 아버지의 말씀이고, 그리스도의 뜻은 아버지의 뜻이기 때문이다. 둘째, 그리스도께서는 그의 약속이 우리의 위로라는 점을 강조하신다. 그러나 우리가 그러한 약속에 의거해서 우리 자신을 부인하고 우리 십자가를 지고 모든 것을 버린다고 할지라도, 과연 그 약속이 우리가 우리의 모든 것을 걸 정도로 안전한 것인지가 여전히 우리의 관심사가 될 수밖에 없다. 그러나 이 말씀은 그리스도 자신이 하신 말씀이 아니라 그를 보내신 아버지의 말씀이라는 사실은 우리의 그러한 관심에 충분한 대답이 되고, 그렇기 때문에 우리는 그 약속을 의지할 수 있다.

[25]내가 아직 너희와 함께 있어서 이 말을 너희에게 하였거니와 [26]보혜사 곧 아버지께서 내 이름으로 보내실 성령 그가 너희에게 모든 것을 가르치고 내가 너희에게 말한 모든 것을 생각나게 하리라 [27]평안을 너희에게 끼치노니 곧 나의 평안을 너희에게 주노라 내가 너희에게 주는 것은 세상이 주는 것과 같지 아니하니라 너희는 마음에 근심하지도 말고 두려워하지도 말라

그리스도께서는 여기에서 두 가지의 것으로써 그의 제자들을 위로하신다.

I. 그들은 그의 성령의 가르침을 받게 되리라는 것(25-26절). 여기서 우리는 다음과 같은 것들을 살펴볼 수 있다.

1. 그리스도께서는 그가 그들에게 지금까지 가르치신 것들을 그들로 하여금 다시 한 번 돌아보게 하시고자 하였다: 내가 너희에게 한 이 말들(그들이 그의 문하에 들어온 이래로 그가 그들에게 가르쳐 왔던 모든 선한 교훈들을 가리킨다)이 아직 너희와 함께 있다(개역에서는, 내가 아직 너희와 함께 있어서 이 말을 너희에게 하였거니와). 이것은 다음과 같은 것들을 보여준다. (1) 그리스도께서는 그

가 이제까지 하신 말씀을 철회하시거나 취소하신 것이 아니라 오히려 재가하시고 굳건히 세우셨다는 것. 그는 지금까지 그가 말씀하신 모든 것들을 영속화시키고자 하셨다. (2) 그리스도께서는 그가 육체로 그들과 함께 지내는 기회를 최대한으로 활용하셨다는 것: "내가 아직 그들과 함께 있는 동안에 결코 시간을 허비한 적이 없었다는 것을 너희가 안다." 우리의 선생들이 우리를 곧 떠나시게 되었을 때, 우리는 그들이 우리와 함께 아직 있을 때에 그들이 말씀하신 것을 상기하여야 한다.

2. 그리스도께서는 그가 그들을 떠나신 후에 그들에게 또 다른 선생을 주셔서 그를 통해서 그들에게 말씀하시겠다고 위로하심(26절). 그리스도께서는 앞서 아버지께서 그들에게 다른 보혜사를 주실 것이라고 말씀하셨지만(16절), 여기에서 다시 한 번 그 말씀을 되풀이하신다: 왜냐하면, 메시야에 관한 약속이 이스라엘의 위로였던 것처럼 성령에 대한 약속은 이제 이스라엘의 위로가 되었기 때문이다. 그리스도께서는 여기에서 성령의 보내심과 관련하여 추가적으로 두 가지를 그들에게 더 말씀하신다.

(1) 하나님께서 누구 때문에 성령을 보내시게 되는가? "아버지께서는 내 이름으로 성령을 보내실 것이다. 즉, 나를 인하여, 나의 특별한 요청에 의해서 또는 나의 대리인이자 대표자로서 아버지께서 성령을 보내실 것이다." 그리스도께서는 아버지의 이름으로 아버지의 대사(大使)로 이 땅에 오셨다. 성령은 그리스도의 이름으로 오셔서, 그가 이 땅에 안 계시는 동안에 그 대신에 거하면서, 그의 사업을 지속하고, 그리스도께서 재림하실 때까지 그 일들을 잘 무르익게 할 것이다. 그런 까닭에 성령은 그리스도의 영으로 불린다. 왜냐하면, 성령은 그리스도께서 하신 말씀들을 생각나게 하고 그리스도의 일을 행하시기 때문이다.

(2) 성령은 어떤 목적으로 보내심을 받게 될 것인가? 성령은 두 가지의 일을 하시게 될 것이다. [1] 그리스도께서 그의 제자들에게 선생님이었던 것과 마찬가지로, 성령은 지혜와 계시의 영으로서 너희에게 모든 것을 가르칠 것이다. 그리스도께서 그들을 지금 떠나시게 되면, 그들은 아무런 능력이 없는 상태에서 과연 어떻게 될 것인가? 성령이 그들을 가르치실 것이고, 그들과 항상 함께 있어서 그들의 선생이 되실 것이다. 성령은 그들에게 그들이 스스로 배우거나 남들을 가르치는 데에 필요한 모든 것들을 가르치실 것이다. 왜냐하면, 하나님의 일

들을 가르치고자 하는 자들은 스스로 하나님으로부터 먼저 가르침을 받아야 하기 때문이다. 이것이 성령의 일이다(이사야 59:21을 보라). [2] 성령은 내가 너희에게 말한 모든 것을 생각나게 하리라. 그리스도께서 그들을 수없이 선한 교훈으로 가르치셨지만, 그들은 그러한 것들을 잊어버렸다. 하지만 성령께서는 그들이 그러한 교훈을 필요로 할 때마다 생각나게 하실 것이다. 그들이 많은 것들을 기억하지 못하는 것은 그러한 것들의 의미를 제대로 이해하지 못하였기 때문이었다. 성령은 그들에게 새로운 복음을 가르치시는 것이 아니라, 그들로 하여금 그리스도로부터 가르침을 받았던 것을 이해하게 함으로써 깨닫게 하실 것이다. 사도들은 예수께서 행하시고 가르치신 것들을 먼 나라들과 후세들에게 전달하기 위하여 말씀을 전파하고 글로 기록해야 할 자들이었다. 지금 그들이 홀로 남겨지게 된다면, 그들은 일부 필요한 것들을 잊어버리게 될 것이고, 불완전한 기억으로 인해서 일부 내용들을 잘못 전하게 될 것이다. 그러므로 성령은 그들로 하여금 그리스도께서 그들에게 말씀하신 것을 제대로 말하고 기록할 수 있도록 하기 위하여 약속된 것이다. 모든 성도들에게는 그리스도의 말씀을 생각나도록 하기 위하여 은혜의 성령이 주어지고, 따라서 우리는 믿음과 기도로써 우리가 듣고 아는 것들을 성령께서 기억나게 해 주시도록 구하여야 한다.

Ⅱ. 그들이 그리스도께서 주시는 평안 아래 있게 되리라는 것(27절) : 내가 평안을 너희에게 끼치노라. 그리스도께서는 세상을 떠나실 때에 모든 것을 물려주셨다. 그는 자신의 영혼을 아버지께 맡기셨다. 그는 자신의 몸을 예를 갖춰 장사지내줄 요셉에게 넘겨주셨다. 그의 옷들은 군병들의 차지가 되었다. 그는 그의 어머니를 요한에게 보살펴 줄 것을 부탁하셨다. 그렇다면, 그리스도께서는 그를 위하여 모든 것을 버렸던 그의 가엾은 제자들에게는 무엇을 남겨 주셨는가? 그에게는 금이나 은이 없으셨다. 그러나 그는 그들에게 금이나 은보다 비할 바 없이 더 좋은 것, 즉 그의 평안을 남겨 주셨다. "나는 너희를 떠나지만, 너희에게 나의 평안을 남겨두노라. 나는 평안이라는 명목만을 너희에게 주는 것이 아니라, 너희가 실질적으로 평안을 얻게 해 주겠노라." 그리스도께서는 분노 중에 떠나신 것이 아니라 사랑 가운데서 떠나셨다. 왜냐하면, 마치 죽어가는 아버지가 자녀들에게 유산을 남겨주는 것과 마찬가지로, 내가 평안을 너희에게 끼치노라는 말씀이 그의 고별사였기 때문이다. 그리고 이것은 소중한 유산이다. 좀 더

살펴보자.

1. 그리스도께서 여기에서 제자들에게 남겨주신 유산은 평안, 나의 평안이다. 평안은 그 어떤 것들보다도 가장 좋은 것으로서, 그리스도께서는 우리에게 우리가 진정으로 필요한 것, 가장 좋은 것을 남겨주셨다. 평안은 화해와 사랑의 열매이다. 그리스도께서 물려주신 평안은 하나님과의 평안, 사람들 서로 간의 평안이다. 이 평안은 특히 우리 품 속에 있는 평안을 의미하는 것으로 보인다 — 우리가 하나님 앞에서 의롭다 하심을 받은 것을 아는 것으로부터 생겨나는 마음의 평안. 그것은 우리가 죄 사함받은 것의 결과로서 우리 마음의 평안함이다. 그리스도께서는 이것을 그의 평안이라고 부르신다. 왜냐하면, 그리스도는 바로 우리의 평안이시기 때문이다(엡 2:14). 그것은 그리스도께서 우리를 위하여 값 주고 사셨고 또한 우리에게 전파하신 그 평안인데, 천사들은 그리스도께서 태어나실 때에 이 평안으로 사람들을 축하하였다(눅 2:14).

2. 그리스도께서는 이 유산을 누구에게 물려주셨는가? "장차 고난을 받게 될 것이기 때문에 평안을 필요로 하는 나의 제자들이자 나를 따르는 자들인 너희, 평안의 아들들로서 이 평안을 받을 자격이 있는 너희에게 내가 평안을 물려주노라." 평안이라는 이 유산은 교회의 대표자들인 그들에게, 그리고 그들의 후계자들과 모든 세대의 참된 그리스도인들에게 주어졌다.

3. 그리스도께서는 이 평안을 어떤 방식으로 물려주셨는가? 내가 너희에게 주는 것은 세상이 주는 것과 같지 아니하니라. (1) "나는 너희에게 평안을 주노라는 말로만 끝내는 것이 아니다. 그것은 단순히 인사치레가 아니고 진정한 축복이다." (2) "내가 주는 평안은 세상 사람들의 웃음이 줄 수 없고, 세상 사람들의 찡그린 얼굴이 빼앗아갈 수도 없는 그런 성질의 것이다." (3) 내가 너희에게 주는 선물들은 이 세상이 그 자녀들과 지지자들에게 주는 그런 선물이 아니다. "세상이 주는 것들은 오직 육신에 유익한 것들로서 잠시만 존재하는 것들이다. 그렇지만 그리스도께서 주시는 것들은 영혼을 영원토록 풍성하게 하는 것들이다. 세상은 속이는 헛된 것들을 주어서 우리를 기만한다. 그러나 그리스도께서는 우리를 결코 실망시키지 않는 실질적인 축복들을 주신다. 세상은 주었다가 빼앗아가지만, 그리스도께서는 결코 빼앗기지 않을 좋은 것을 주신다. (4) 그리스도께서 주시는 평안은 세상이 주는 평안보다 비할 바 없이 더 소중하다. 세상의 평안은 무지에서 시작되고, 죄 가운데 머물며, 끝없는 고통으로 끝난다.

그리스도의 평안은 은혜에서 시작되어서, 그 어떤 죄와도 동거하지 않으며, 마침내 영원한 평안으로 끝난다. 사람을 죽이는 혼수상태와 사람에게 다시 원기를 회복시켜 주는 잠이 서로 차이가 있듯이, 그리스도의 평안과 세상의 평안도 차이가 있다.

4. 그들은 그 평안을 어떻게 사용하게 될 것인가? 과거나 현재의 그 어떤 해악에 대해서도 너희는 마음에 근심하지도 말고, 장차 닥쳐올 그 어떤 해악에 대해서도 두려워하지 말라. 은혜의 계약 속에 있고 그리스도께서 주시는 평안을 받은 자들은 슬픔이나 두려움에 굴복하거나 눌려서는 안 된다는 것을 명심하라. 여기에서 이 말씀은 이 문제 전체에 대한 결론으로 나온다. 그리스도께서는 마음에 근심하지 말라(1절)고 말씀하셨고, 여기에서 다시 충분한 근거를 제시하신 후에 이 말씀을 되풀이하신다.

[28]내가 갔다가 너희에게로 온다 하는 말을 너희가 들었나니 나를 사랑하였더라면 내가 아버지께로 감을 기뻐하였으리라 아버지는 나보다 크심이라 [29]이제 일이 일어나기 전에 너희에게 말한 것은 일이 일어날 때에 너희로 믿게 하려 함이라 [30]이후에는 내가 너희와 말을 많이 하지 아니하리니 이 세상의 임금이 오겠음이라 그러나 그는 내게 관계할 것이 없으니 [31]오직 내가 아버지를 사랑하는 것과 아버지께서 명하신 대로 행하는 것을 세상이 알게 하려 함이로라 일어나라 여기를 떠나자 하시니라

그리스도께서는 여기에서 그의 제자들에게 그가 떠나간다고 해서 그들이 근심해서는 안 되는 또 하나의 이유를 말씀하신다. 즉, 그들이 근심하지 않아야 할 또 하나의 이유는 그리스도께서 근심하지 않으시기 때문이다. 여기에서 그리스도께서는 그들에게 무엇이 그로 하여금 십자가를 견디고 수치를 무시해 버릴 수 있게 해 주었는지를 말씀하심으로써, 그들로 하여금 그를 바라보고 인내로써 경주할 수 있게 하셨다. 그리스도께서는 다음과 같은 것들을 스스로의 위로로 삼으셨다.

I. 그는 비록 지금 떠나가지만 다시 올 것이라는 것: "내가 갔다가 너희에게로 온다 하는 말을 너희가 들었는데, 지금 나는 다시 한 번 그런 말을 한다." 우리는 특히 그리스도의 재림에 관하여 그리스도께서 가르치신 말씀들을 반복해서 들

을 필요가 있다는 것을 명심하라. 우리가 열정이나 슬픔이나 두려움이나 근심 같은 어떤 감정에 사로잡혀 있을 때, 우리는 그리스도께서 다시 오시리라는 것을 잊어버린다(빌립보서 4:5을 보라). 그리스도께서는 고난과 죽음을 당하실 때에 그가 다시 오실 것이라는 사실을 생각하고 힘을 내셨는데, 그와 같은 사실은 우리가 죽어서 이 세상을 떠날 때에도 우리에게 큰 위로가 될 것이다. 우리는 지금 떠나가지만 다시 올 것이다. 우리가 죽어서 우리 친구들과 작별할 때 그것은 단지 하룻밤 동안 잘 자라는 인사일 뿐이고 결코 최종적인 작별인사가 아니다(데살로니가전서 4:13-14을 보라).

II. 그가 아버지께로 간다는 것: "너희가 슬픔을 통해서 보여주고 있듯이, 너희가 나를 사랑하였더라면, 너희는 우는 대신에 기뻐하였을 것이다. 왜냐하면, 나는 너희를 떠나지만, 내가 아버지께로 간다고 말했기 때문이다. 그 아버지는 나의 아버지일 뿐만 아니라 너희의 아버지도 되시기 때문에, 내가 아버지께로 가는 것은 나와 너희에게 모두 좋은 일이 될 것이다. 왜냐하면, 내 아버지는 나보다 크심이라." 좀 더 살펴보자.

1. 그리스도께서 아버지께로 가시는 것은 고아들을 위해서 탄원하시며 범죄자들을 위하여 중보기도 하기 위한 것이기 때문에, 그것은 그리스도의 제자들이 기뻐해야 할 일이었다. 그리스도께서 떠나시는 것은 어두운 면과 아울러서 밝은 면도 가지고 있었다. 그러므로 그는 부활 후에 내가 내 아버지 곧 너희 아버지께로 올라간다(20:17)는 아주 기쁜 메시지를 전하셨다.

2. 그리스도께서 아버지께로 가는 것이 기쁜 일인 이유는 아버지가 그보다 크시기 때문이다. 그리스도께서 그의 아버지와 함께 계시는 것은 그의 현재의 상태보다 훨씬 더 멋지고 영광스러운 것이 될 것이다. 그리스도께서 아버지께로 돌아가시는 것은 그가 현재에 있어서보다 훨씬 더 높아지시는 것을 의미한다(하몬드 박사는 이렇게 말하였다). 그리스도께서 아버지께로 가고, 그를 따르는 모든 자들을 천국에서 그에게로 이끌어 오는 것은 그리스도의 사역의 궁극적인 목표였기 때문에, 그 수단보다 더 크다는 것은 당연한 일이었다. 이렇게 그리스도께서는 그의 제자들이 생각과 기대를 이끄서서, 지금 그늘이 그들의 모든 복이 달려 있다고 생각하는 것보다 더 큰 것을 바라보도록 하신다. 그리스도께서 전권(全權)을 가지게 되실 아버지의 나라는 중보자의 나라보다 더 크다.

3. 그리스도의 제자들은 그리스도의 낮아지심의 상태 속에서의 슬픔들에 대하여 애곡하는 것이 아니라 그리스도께서 높아지실 때의 영광들을 기뻐하고, 그가 아버지께로 가시는 것을 기뻐함으로써 그에 대한 그들의 사랑을 나타내 보여야 한다. 그들은 곧 그리스도께서 계시는 아버지의 나라에 가서 그와 함께 있게 될 것이다. 그리스도를 사랑하는 많은 자들이 그들의 사랑을 잘못된 통로로 흘려보내곤 한다. 그래서 그들은 그들이 그를 사랑한다면 그들은 끊임없이 그로 인하여 고통 속에 있어야 한다고 생각한다. 하지만 그를 사랑하는 자들은 그 안에서 평안히 거하며 예수 그리스도를 기뻐하여야 한다.

III. 그리스도께서 떠나가시는 것은 미리 그것에 관하여 말한 예언들에 비추어 볼 때에 그의 제자들의 믿음을 확증하는 수단이 될 것이다(29절) : "내가 죽었다가 다시 살아나서 아버지께로 올라가고 그 후에 보혜사를 보낼 것이라고 일이 일어나기 전에 너희에게 말한 것은 일이 일어날 때에 너희로 믿게 하려 함이라." 이러한 취지의 말씀은 13:19; 16:4에서도 볼 수 있다. 그리스도께서는 그의 제자들이 당혹해하고 근심할 줄 아시면서도 그의 죽음에 관하여 그들에게 말씀해 주었는데, 이것은 나중에 두 가지의 것에 대한 그들의 믿음을 확증해 주는 역할을 할 수 있도록 하기 위한 것이었다.

1. 이러한 일들을 예언하신 그리스도께서 신적인 선견지명을 가지고 계셨다는 것과 그 날이 언제일지를 미리 아셨다는 것. 사도 바울이 예루살렘으로 가고자 했을 때, 그는 거기에서 그를 기다리고 있는 일이 무엇인지를 알지 못했지만, 그리스도께서는 자기 앞에 놓인 일을 아셨다.

2. 그리스도께서 예언하신 일들은 하나님의 목적과 작정하심에 따라서 일어난 것으로서 갑작스러운 결정들이 아니라 영원한 계획에 의해서 일어난 일들이었다는 것. 그러므로 그들은 앞으로 일어나게 될 일이 그들의 믿음을 확증해 주기 위한 것임을 깨닫고서 근심할 필요가 없었고, 오히려 그런 일들은 그들의 진정한 유익이 될 것이었다. 왜냐하면, 우리 믿음의 시련은 비록 그것이 우리에게 현재에 있어서 여러 가지 시험으로 말미암아 무거운 짐(벧전 1:6)으로 다가오고 많은 대가를 요구한다고 할지라도 매우 소중한 것이기 때문이다.

IV. 그리스도께서 그가 이 세상을 떠날 때에 싸움을 하게 될 사탄에 대하여 승리할 것을 확신하셨다는 것(30절) : "이후에는 내가 너희와 말을 많이 하지 않을 것이고, 성령이 부어질 때까지 내가 너희에게 말하는 것은 연기될 것이다." 그리스도께서는 이 말씀을 하신 후에도 제자들에게 아주 많은 좋은 말씀들을 하셨지만(15장과 16장), 그가 이전에 하셨던 말씀에 비교해 보면 그것은 그리 많은 말씀이 아니었다. 이제 그의 때는 얼마 남지 않았고, 따라서 그는 그들에게 지금 대략적으로 말씀하시는데, 이것은 기회가 곧 지나갈 것이기 때문이었다. 우리는 기회가 있을 때마다 적절한 말을 하려고 항상 애를 써야 하는데, 이것은 우리가 말을 많이 할 수 없는 때가 올지도 모르기 때문이다. 우리는 우리의 숨이 언제 멈출지 모르기 때문에, 숨을 쉬고 있는 동안에 항상 선한 것들을 말하여야 한다. 병들거나 죽게 되면, 우리는 우리 주변의 사람들에게 많은 말을 할 수 없게 된다. 그러므로 건강할 때에 우리는 그들에게 선한 말들을 많이 해주어야 한다. 그리스도께서 그들에게 많은 말을 하지 않으려고 하셨던 한 가지 이유는 그에게 지금 다른 일이 있으셨기 때문이었다: 이 세상의 임금이 오겠음이라. 그리스도께서는 마귀를 이 세상의 임금이라고 부르셨다(12:31). 제자들은 주님이 이 세상의 임금이고, 그들은 임금이신 주님 아래에 있는 이 세상의 작은 나라들의 왕들이라고 제멋대로 생각하였다. 그러나 그리스도께서는 그들에게 이 세상의 임금은 그의 원수인 마귀라고 말씀하셨고, 이 세상의 왕들은 마귀에 의해서 부추겨지고 다스림을 받는 자들이었다(고전 2:8). 그러나 그는 내게 관계할 것이 없다. 좀 더 살펴보자.

1. 그리스도께서는 곧 다가올 싸움이 사람들과의 싸움일 뿐만 아니라 어둠의 권세들과의 싸움이라는 것을 내다보셨다. 마귀는 그리스도께서 시험을 받으실 때에 그에게 다가와서(마 4장), 그가 그에게 절하고 조공을 바친다면 이 세상의 나라들을 그에게 주겠다고 제안하였는데, 그리스도께서는 이것을 염두에 두시고 마귀를 경멸적인 표현으로 이 세상의 임금이라고 부르신 것이다. 마귀가 얼마 동안 떠나니라. 그리스도께서는 말씀하신다: "그러나 지금 나는 그가 다시 전열을 가다듬어서 맹렬한 공격을 준비하고 있는 것을 본다. 마귀는 유혹이나 회유를 통해서 나를 이길 수 없다는 것을 알고 두려움과 공포를 통해서 나를 이기려고 하고 있다." 마귀는 그리스도를 유혹해서 그의 사업을 그만두게 할 수 없었기 때문에 그를 두렵게 함으로써 그의 사업을 그만두게 하려고 하였다. 우리가 당할 시험을 미리 알 수 있다면, 그것은 우리에게 그 시험을 이기고 저항하는데 큰 도움이 된다. 왜냐하면, 미리 경고를 받게 되면 미리 대비하는 것이 가능하기 때문이다. 우리가 이 세상에 사는 동안에, 우리는 사탄이 끊임없이 우리

를 공격해 오는 것을 볼 수 있다. 그러므로 우리는 항상 정신을 차리고 깨어 있어야 한다.

2. 그리스도께서는 이 싸움에서 큰 성공을 거두게 되실 것을 확신하셨다: 그는 내게 관계할 것이 없다(우크 에케이우덴 : 그는 내 속에 아무것도 가지고 있지 않다). (1) 그리스도께는 그 어떠한 죄책도 없으셨기 때문에, 이 세상의 임금은 그리스도에게 두려움과 공포를 줄 수 있는 권한이 없었다. 마귀는 사망의 권세(히 2:14)를 가지고 있다고 한다. 유대인들은 마귀를 죽음을 집행하는 죽음의 사자로 불렀다. 지금 그리스도께서는 아무런 악도 행하시지 않았기 때문에, 사탄은 그를 해칠 수 있는 그 어떤 법적인 권한도 가지고 있지 않았다. 그러므로 마귀는 그리스도를 십자가에 못 박는 일을 할 수는 있었지만, 그리스도를 두렵게 하는 일을 성공할 수는 없었다. 마귀는 그리스도를 서둘러서 죽음으로 몰아넣었지만, 그리스도께서는 전혀 낙심하지 않으셨다. 사탄이 와서 우리를 두렵게 할 때, 사탄이 그렇게 행하도록 만들어 준 빌미가 우리 안에 있는 법이다. 왜냐하면, 우리는 모두 범죄하였기 때문이다. 그러나 사탄이 그리스도를 훼방하고자 했을 때에 그를 공격할 수 있는 그 어떤 빌미도 찾아낼 수 없었다. (2) 그리스도께는 그 어떤 부패한 것도 없었기 때문에, 이 세상의 임금은 그리스도를 시험할 그 어떤 빌미도 얻지 못하였다. 그리스도께는 그 어떤 죄악된 것도 없었고, 시험에 빠지게 할 만한 여지도 없었으며, 불을 붙일 만한 소재도 없었기 때문에, 마귀는 그로 하여금 범죄하도록 유혹함으로써 그의 사업을 망칠 수가 없었다. 그리스도의 본성은 흠 없이 순결하였기 때문에, 그는 범죄할 가능성을 넘어서 계셨다. 우리 안에 있는 사탄의 먹이가 분쇄되고 없어지면 없어질수록, 우리는 고난과 죽음을 더욱 편안하게 맞을 수 있다.

V. 그리스도께서 떠나시는 것은 아버지의 뜻에 따라서 거기에 순종하는 것이었다는 것. 사탄은 그리스도께로부터 그의 목숨을 강제로 가져갈 수 없었지만, 그리스도께서는 자원하여 죽고자 하셨다: 내가 아버지를 사랑하는 것을 세상이 알게 하려 함이로라(31절). 우리는 이 말씀을 다음과 같은 것들로 해석할 수 있다.

1. 그리스도께서 자주 말씀해 오셨던 것, 즉 중보자로서의 그의 사역은 다음과 같은 사실을 세상에 나타내 보이기 위한 것이었음을 확증하는 말씀. (1) 그가 아버지의 뜻을 따르셨다는 것. 이것을 통해서 그리스도께서 아버지를 사랑

하셨다는 것이 드러났다. 그가 인간의 구원을 위해서 죽으신 것이 인간에 대한 그의 사랑의 증거였던 것과 마찬가지로, 그가 하나님의 영광과 하나님의 뜻을 이루기 위하여 죽으신 것은 하나님에 대한 그의 사랑의 증거였다. 세상은 아버지와 아들 간에 사랑이 끊어지지 않았다는 것을 알아야 한다. 아버지께서 아들을 사랑하셔서 모든 것을 그의 손에 맡기셨듯이, 아들은 아버지를 사랑해서 그의 영을 주의 손에 부탁하셨다. (2) 그가 아버지의 뜻에 순종하셨다는 것: "아버지께서 내게 명하신 대로 내가 행하였다 ― 나는 아버지께서 내게 명하신 것을 아버지께서 내게 명하신 방식대로 행하였다." 우리가 아버지를 사랑한다는 것을 보여주는 가장 좋은 증거는 우리가 아버지께서 우리에게 명령하신 대로 행하는 것임을 명심하라. 그리스도께서 아버지를 사랑하셔서 죽기까지 순종하셨던 것처럼, 우리도 그리스도를 사랑하여 그에게 순종하여야 한다. 그리스도께서는 아버지의 명령을 중시하였기 때문에, 고난과 죽음을 즐거운 마음으로 견디셨고, 본성이 꺼려하는 것들을 넉넉히 극복하셨다. 그리스도께서 행하신 것은 아버지로부터의 명령에 의한 것이었다는 사실은 십자가의 걸림돌을 제거해 준다. 우리에게는 남들이 아무리 트집을 잡고 논란을 행하는 것일지라도 하나님의 명령이라는 사실만으로 충분하고, 우리에게 아무리 어려운 일이라도 하나님의 명령이라는 사실만으로 우리는 그 일을 감당하기에 충분하다: 이것이 나를 만드시고 나를 보내신 이의 뜻이다.

2. 그가 방금 말씀하셨던 것을 마무리하는 말씀. 그리스도께서는 그 말씀을 여기까지 끌고 오셔서 다음과 같은 말씀으로 마무리하신다: 내가 아버지를 사랑하는 것을 세상이 알게 하려 함이러라. 너희는 내가 얼마나 기쁜 마음으로 내게 정해진 십자가를 맞이하는지를 보게 될 것이다: "일어나라 여기를 떠나서 동산으로 가자." 어떤 이들은 그렇게 해석하고, 어떤 이들은 예루살렘으로 가자는 의미로 해석한다. 우리가 멀리 있는 환난들에 대하여 들을 때는 주여, 내가 주께서 가시는 곳은 어디든지 주를 따르리이다라고 말하기는 쉽다. 그러나 환난이 코앞에 닥쳐와서 피할 수 없는 십자가가 앞에 놓여 있을 때, 그것을 피하기 위하여 도망치는 것이 아니라 "일어나라 그것을 맞으리 가자"라고 말하는 것은 세상이 우리가 아버지를 사랑한다는 것을 알게 하는 것이다. 이 대화가 유월절 식사의 끝 부분에 있었던 것이라면, 그리스도께서는 이 말씀을 하시고 식탁에서 일어나셔서 거실로 물러나, 거기에서 다음 장들에 나오는 이야기들을 그의 제자

들과 좀 더 자유롭게 나누시고 그들과 더불어 기도하셨을 것으로 보인다. 굿윈 (Goodwin) 박사는 이것에 대하여 다음과 같이 설명한다: 그리스도께서 그가 고난을 당하게 되는 큰 동기가 아버지의 명령이라는 것을 언급하신 것은, 어서 고난을 받고 죽으시고자 서두르심으로써 유다가 그를 찾아올 때를 놓칠 것을 우려하셨기 때문이다. 일어나라 여기를 떠나자라고 말씀하신 후에, 그리스도께서는 아직 잔이 비워지지 않은 채로 남아 있는 것을 보시고 다시 앉으셔서 또 다른 설교를 하신다. (1) 이 말씀을 통해서 그리스도께서는 그의 제자들에게 그를 따르라는 격려를 하신다. 그는 나는 가야 한다고 말씀하신 것이 아니라 우리가 가자고 말씀하셨다. 그는 제자들을 곤경 속으로 몰아넣으시는 것이 아니라, 그들의 인도자로서 그들보다 앞서 가신다. 그들은 그리스도를 버리지 않을 것이라고 약속하였었다: 그리스도께서는 "자, 그렇다면 가자. 너희들이 얼마나 약속을 잘 지키는지 보자." (2) 그리스도께서는 그들에게 내내, 특히 고난의 때에 말씀을 가르치시고, 그 밖의 다른 모든 일들에 대해서는 무관심하시며, 자주 그들을 떠날 것에 대하여 생각하고 말씀하시는 모범을 그들에게 보여주신다. 우리는 비록 유쾌한 대화의 즐거움 속에서 편안하게 앉아 있지만, 항상 여기에 있을 것이라고 생각해서 안 된다: 일어나라 여기를 떠나자. 이렇게 말씀하신 것이 유월절 식사의 끝부분이었다면, 곧 그것은 우리에게 이 세상에서 하나님과 우리의 친교는 항상 계속되는 것이 아니라는 것을 가르쳐 주는 것이다. 우리가 그리스도의 그림자 아래에서 기쁨으로 앉아 있어서 여기에 있는 것이 좋사오니라는 생각이 들 때, 우리는 그 자리에서 일어나 떠나서 산 아래로 내려올 것을 생각하여야 한다.

제 —15— 장

개요

이 장과 다음 장에 나오는 그리스도의 말씀은 마지막 식사가 끝날 무렵, 즉 그가 팔리시던 밤에 이루어진 것으로서 앞 장에 나오는 말씀과 중단되는 것이 아니라 연속된 말씀이라는 것이 일반적으로 인정되고 있다. 그리스도께서 여기에서 말씀하시는 내용들은 고별 설교라는 현재의 슬픈 맥락에 아주 적합하다. 그리스도께서 그들을 떠나시고자 하는 지금에 있어서 I. 그들은 그를 떠나서 다시 모세에게로 되돌아가고자 하는 유혹을 받게 될 것이다. 그러므로 그리스도께서는 그들에게 그들이 믿음으로 그에게 붙어 있고 그 안에 거하는 것이 얼마나 필요한 일인지를 말씀하신다. II. 그들은 서로를 모른 체하도록 유혹을 받게 될 것이다. 그러므로 그리스도께서는 그들에게 서로 사랑하고, 그가 떠나고 없을 때에 이제까지 그들의 위로였던 그러한 친교를 계속해서 유지해 나가도록 역설하신다. III. 그들은 역경을 만났을 때에 사도직을 수행하기를 꺼려하고자 하는 시험을 받게 될 것이다. 그러므로 그리스도께서는 그들을 세상으로부터 능욕을 받을 때에 받는 충격을 견뎌낼 수 있도록 준비시키셨다. 이 장에 나오는 그리스도의 말씀은 다음과 같은 네 단어로 요약될 수 있다. 1. 열매(1-8절). 2. 사랑(9-17절). 3. 증오(18-25절). 4. 보혜사(26-27절).

[1]나는 참포도나무요 내 아버지는 농부라 [2]무릇 내게 붙어 있어 열매를 맺지 아니하는 가지는 아버지께서 그것을 제거해 버리시고 무릇 열매를 맺는 가지는 더 열매를 맺게 하려 하여 그것을 깨끗하게 하시느니라 [3]너희는 내가 일러준 말로 이미 깨끗하여졌으니 [4]내 안에 거하라 나도 너희 안에 거하리라 가지가 포도나무에 붙어 있지 아니하면 스스로 열매를 맺을 수 없음 같이 너희도 내 안에 있지 아니하면 그러하리라 [5]나는 포도나무요 너희는 가지라 그가 내 안에, 내가 그 안에 거하면 사람이 열매를 많이 맺나니 나를 떠나서는 너희가 아무 것도 할 수 없음이라 [6]사람이 내 안에 거하지 아니하면 가지처럼 밖에 버려져 마르나니 사람들이 그것을 모아다가 불에 던져 사르느니라 [7]너희가 내 안에 거하고 내 말이 너희 안에 거하면 무엇이든지 원하는 대로 구하라 그리하면 이루리라 [8]너희가 열매를 많이 맺으면 내 아버

지께서 영광을 받으실 것이요 너희는 내 제자가 되리라

그리스도께서는 여기에서 포도나무 비유를 통해서 그의 제자들이 앞으로 맺게 될 열매, 즉 성령의 열매들에 관하여 말씀하신다. 좀 더 살펴보자.

I. 이 비유의 가르침. 우리는 이 비유를 어떻게 이해해야 하는가?

1. 예수 그리스도는 포도나무, 참포도나무라는 것. 그리스도께서 낮고 비천한 비유들을 통해서 자기 자신에 관하여 말씀하시기를 기뻐하신 것은 그리스도의 겸손을 보여주는 것이다. 의의 해이자 광명한 새벽 별이신 분이 자기 자신을 포도나무에 비유하신다. 그리스도의 신비인 교회가 포도나무이듯이(시 80:8), 교회의 모태이신 그리스도도 포도나무이다. 그리스도와 그의 교회는 이렇게 묘사된다.

(1) 그리스도는 저절로 난 포도나무가 아니라 포도원에 심겨진 포도나무, 땅에 심겨진 포도나무이다. 왜냐하면, 그리스도는 육신이 되신 말씀이기 때문이다. 포도나무는 볼품없고 별 볼일 없는 외관을 지니고 있다. 그리스도께서도 고운 모양도 없고 풍채도 없으셨다(사 53:2). 포도나무는 멀리 뻗어나가는 식물인데, 그리스도께서도 땅 끝까지 이르는 구원으로 알려지시게 될 것이다. 포도나무의 열매가 하나님을 영화롭게 하고 사람을 기쁘게 하듯이(삿 9:13), 그리스도의 중보의 열매도 그러하다. 그것은 금보다 낫다(잠 8:19).

(2) 그리스도는 참 포도나무이다. 허울만 좋고 가짜인 포도나무가 아니라 진짜 포도나무라는 말이다. 그리스도는 진정으로 열매를 많이 맺는 식물이고 유명한 식물이다. 그는 사람들이 열매를 거두고자 했지만 아무런 열매도 맺지 못했던 들포도나무(왕하 4:39)가 아니라 참포도나무이다. 열매를 맺지 못하는 나무들은 속이는(학 3:17 난외주) 것이라고 하지만, 그리스도께서는 사람들을 속이지 않는 포도나무이다. 피조물 속에 있는 뛰어난 것이 인간에게 유익한 것이 된다고 할지라도, 그것은 단지 그의 백성의 유익을 위해서 그리스도 안에 있는 저 은혜의 그림자에 불과하다. 그리스도는 유다를 포도즙으로 즐겁게 해 주었던 유다의 포도나무(창 49:11), 그 가지들이 담장 너머로 뻗은 요셉의 포도나무(창 49:22), 이스라엘이 안전하게 거하였던 그 포도나무(왕상 4:25)라는 모형에 의해서 상징된 그 참 포도나무이다.

2. 신자들은 이 포도나무의 가지들이라는 것. 이것은 그리스도가 이 포도나

무의 뿌리라는 것을 의미한다. 뿌리는 눈에 보이지 않는데, 우리의 생명은 그리스도와 함께 감추어져 있다. 뿌리는 나무를 지탱해 주고(롬 11:18) 나무에 수액을 공급하며 나무를 잘 자라게 하고 열매맺게 하는 근원이 된다. 우리를 부양하고 우리에게 공급되는 모든 것들이 그리스도 안에 있다. 포도나무의 가지들은 많아서, 어떤 것들은 집의 한 쪽 면에 있거나 담벽에 있고 어떤 것들은 다른 쪽 면에 있다. 그렇지만 가지들은 모두 뿌리에서 만나기 때문에, 전체가 합쳐져서 하나의 포도나무인 것이다. 이렇게 모든 선한 그리스도인들은 비록 장소와 견해에 있어서는 서로서로 떨어져 있을지라도 그들의 연합의 중심인 그리스도 안에서 만난다. 신자들은 포도나무의 가지들처럼 스스로 서 있기에 충분하지 않을 정도로 연약하지만, 뿌리에 의해서 지탱되고 있다(에스겔 15:2를 보라).

3. 내 아버지는 농부라. 땅은 주님의 것이지만, 주님께서 땅을 경작하지 않으시면 땅은 그에게 아무런 열매도 내지 않는다. 하나님께서는 포도나무와 모든 가지들을 소유하고 계실 뿐만 아니라 돌보신다. 하나님은 심으셨고 물을 주셨으며 열매를 내게 하신다. 왜냐하면, 우리는 하나님의 농부들이기(고전 3:9) 때문이다(이사야 5:1-2; 27:2-3을 보라). 하나님께서는 뿌리이신 그리스도를 주목하시고, 그를 붙드셔서, 그로 하여금 마른 땅에서 번성하게 하셨다. 하나님은 모든 가지들을 주목하시고, 그 가지들을 쳐 주시며, 아무것도 그 가지들을 해하지 못하도록 지켜주신다. 그 어떤 농부도 하나님께서 그의 교회를 돌보실 때처럼 그렇게 지혜롭고 세심하게 자신의 포도원을 돌볼 수 없다. 그러므로 하나님의 교회는 소출을 많이 내고 번성하여야 한다.

II. 그리스도께서 이 비유를 통해서 우리에게 가르치신 것은 열매를 맺으라는 것, 그것을 위해서 그리스도 안에 거하라는것이다.

1. 우리는 열매를 풍성하게 맺어야 한다. 우리는 포도나무에서 포도열매들을 찾듯이(사 5:2), 그리스도인에게서는 그리스도인으로서의 열매를 찾는다. 그리스도인으로서의 열매는 그리스도인다운 성품과 기질, 그리스도인다운 삶과 교제, 그리스도인다운 헌신과 목적들이다. 우리는 하나님께 영광을 돌려야 하고, 선을 행하여야 하며, 우리가 고백하는 신앙의 순수함과 능력을 삶에서 보여야 한다. 이것이 바로 열매를 맺는 것이다. 제자들은 그리스도인으로서 모든 의의 열매들을 맺어야 하고, 사도들로서 그리스도를 아는 지식의 향기를 퍼뜨려야 한다. 그리스도께서는 그들에게 이렇게 하도록 설득하기 위해서 다음과 같

은 것들을 힘주어서 말씀하신다.

(1) 열매 맺지 못하는 자들의 운명(2절): 그들은 제거될 것이다. [1] 여기에서는 열매를 맺지 못하는 가지들이 많을 것임이 암시되어 있다. 그들이 진정으로 믿음으로 말미암아 그리스도와 연합되어 있다면, 그들은 열매를 맺게 될 것이다. 그러나 외적인 신앙 고백만으로 그리스도와 결합되어 있다면, 그들은 겉보기에는 가지처럼 보이겠지만 곧 마른 가지들임이 드러나게 될 것이다. 열매를 맺지 못하는 신자들은 신실하지 못한 고백을 한 자들로서 그저 말로만 신앙 고백을 한 자들일 뿐이다. 이 본문은 내 안에서 열매를 맺지 못하는 가지라고 해석할 수도 있지만, 의미는 거의 동일하다. 왜냐하면, 그리스도 안에서 및 그의 성령과 은혜 안에서 열매를 맺지 못하는 자들은 전혀 열매를 맺지 못한 것과 같기 때문이다(호 10:1). [2] 여기에는 그들이 제거될 것이라는 위협이 나온다. 그러한 가지들을 제거하는 것은 그들에 대한 심판임과 동시에 나머지 가지들에게 유익을 베풀기 위한 것이다. 그리스도와 연합되어 있으면서도 열매를 맺지 못한 자는 그 있는 줄로 아는 것까지도 빼앗길 것이다(눅 8:18). 어떤 이들은 이것이 일차적으로 유다를 가리킨다고 생각한다.

(2) 열매 맺는 자들에게 주어진 약속: 아버지께서 무릇 열매를 맺는 가지는 더 열매를 맺게 하려 하여 그것을 깨끗하게 하시느니라. [1] 더 열매를 맺게 되는 것은 적극적으로 열매를 맺은 것에 대한 복된 상급이다. 첫 번째 축복은 열매를 맺으라였고, 그것만으로도 큰 축복이다. [2] 열매를 맺은 가지들조차도 더욱 열매를 맺기 위해서는 그 가지를 쳐 주어서 깨끗하게 하는 것이 필요하다. 원어에서 카다이레이는 다른 가지들의 성장과 열매 맺는 것을 방해하는 불필요한 가지들을 제거하는 것이다. 가지들 중에서 그 안에 가장 병적인 것을 지니고 있는 가지가 제거되어야 할 것이다. 우리에게서 제거되어야 할 어떤 개념들, 열정들, 감정들은 그리스도께서 그의 말씀과 성령과 섭리를 통해서 제거해 주실 것을 약속하셨다. 이러한 것들은 적절한 때를 따라서 점진적으로 제거될 것이다. [3] 더 많은 열매를 맺도록 하기 위하여 열매 맺는 가지들을 깨끗하게 하시는 것은 위대한 농부이신 하나님께서 그의 영광을 위해서 돌보시는 일이다.

(3) 믿는 자들이 그리스도의 가르침에 의해서 얻게 되는 유익들. 그들은 말씀의 능력을 열매 맺는 삶을 통해서 보여주도록 애를 써야 한다: 너희는 이미 깨끗하여졌느니라(3절). [1] 지금은 유다가 네가 하는 일을 속히 하라는 그리스도의

말씀을 통해서 쫓겨난 상태이기 때문에 제자들의 모임은 깨끗하였다. 그들 중에서 유다가 제거될 때까지는 그들이 다 깨끗한 것은 아니었다. 그리스도의 말씀은 구별하고 분리하는 말씀으로서 귀한 것과 헛된 것을 분리해 내신다. 그리스도의 말씀은 모든 것을 구분하고 가르는 저 큰 날에 장자들의 교회를 깨끗하게 하실 것이다. [2] 그들은 각자가 그리스도의 진리로 말미암아 깨끗하게 되었고 거룩하게 되었다(17:17). 그들이 그리스도의 말씀을 받을 때에 지니고 있었던 바로 그 믿음이 그들의 마음을 깨끗이 하였다(행 15:9). 은혜의 성령께서는 말씀으로 그들을 세상과 육신의 더러운 것으로부터 깨끗하게 하셨고, 그들에게서 서기관들과 바리새인들의 누룩을 제하셨다. 그들이 주님에 대한 서기관과 바리새인들의 뿌리 깊은 분노와 적대감을 보았을 때, 그들은 이제 꽤 그 누룩으로부터 깨끗함을 입었다. 이 말씀을 모든 믿는 자들에게 적용해 보자. 그리스도의 말씀이 그들에게 선포된다. 그 말씀 속에는 깨끗하게 하는 효력이 있어서, 말씀은 은혜를 낳고, 우리 속의 부패한 것을 제거한다. 불이 금으로부터 그 찌꺼기를 제하여 깨끗하게 하고, 약이 몸을 그 질병에서 깨끗하게 하는 것과 마찬가지로, 그리스도의 말씀은 믿는 자들을 깨끗하게 한다. 우리가 거룩함에 이르는 열매를 맺게 될 때, 우리는 비로소 우리가 말씀에 의해서 깨끗하게 되었다는 증거를 얻게 된다. 아마도 여기 이 본문 속에는 가나안에서의 포도원에 관한 율법에 대한 암시가 있는 것 같다. 포도나무의 열매는 그 나무가 심겨진 후에 처음 3년 동안에는 할례받지 못한 것으로서 부정한 것으로 여겨졌고, 넷째 해가 되어서야 그 과실이 거룩하게 되어 여호와께 드려지게 되었다. 그러므로 포도 열매는 제4년에 깨끗하게 되었다(레 19:23-24). 제자들은 지금 그리스도의 가르침을 받은지 3년이 다 되었기 때문에 그리스도께서는 너희는 이미 깨끗하여졌다고 말씀하신 것이다.

(4) 우리가 열매를 맺음으로써 하나님께 영광이 되고, 우리 자신에게는 위로와 존귀함이 임하게 된다(8절). 우리가 많은 열매를 맺으면, [1] 우리 아버지께서 영광을 받으시게 될 것이다. 사도들이 그들의 직분을 열심히 감당해서 많은 열매를 맺고 영혼들을 하나님께 돌아오게 하여 그들을 하나님께 올려드리게 되면 하나님은 영광을 받으시게 될 것이다(롬 15:9, 16). 모든 그리스도인들이 각자의 처지에서 열매를 맺는 것도 하나님께 영광이 될 것이다. 그리스도인들의 뛰어난 선한 일들로 말미암아 많은 이들이 하늘에 계신 우리 아버지께 영광을 돌

리게 된다. [2] 그렇게 되면, 우리는 진정으로 그리스도의 제자들이 될 것이고, 우리 자신도 그렇게 인정할 것이며, 우리가 진정으로 그렇게 우리 자신을 부르는 것을 합당하게 만들 것이다. 그렇게 하면, 우리는 우리가 제자라는 것을 증거할 뿐만 아니라 그 제자됨을 더욱 아름답고 돋보이게 할 것이며, 우리 주님의 이름과 찬송을 위해서 또한 그 영광을 위해서 진정한 제자들이 될 것이다(렘 13:11). 그렇게 하면, 우리 주님께서는 저 큰 날에 우리를 시인하시고, 우리에게 제자들의 상을 주시며, 우리 주님의 즐거움에 참여하게 하실 것이다. 우리가 더 많은 열매를 맺으면 맺을수록, 우리는 선한 것을 더욱 풍성하게 누리게 될 것이며, 그리스도께서는 더욱 영광을 받으시게 될 것이다.

2. 우리는 열매를 맺기 위해서 그리스도 안에 거하여야 하고, 믿음으로 말미암은 그리스도와의 연합을 힘써 지켜야 하며, 그 연합에 의지해서 경건의 모든 일들을 행하여야 한다.

(1) 그리스도께서 명하신 의무(4절): 내 안에 거하라. 나도 너희 안에 거하리라. 모든 그리스도의 제자들이 큰 관심을 가지고 힘써 행하여야 할 것은 끊임없이 그리스도께 의지하고 그리스도와 교제하며 늘 그리스도를 좇고 그리스도로부터 모든 쓸 것을 실제적으로 공급받는 것이다. 그리스도께 나아온 자들은 그리스도 안에 거하여야 한다: "믿음으로 말미암아 내 안에 거하라. 그리하면 나의 성령으로 말미암아 나도 너희 안에 거하리라. 내 안에 거하라. 그리고 그런 후에는 두려워하지 말라. 왜냐하면, 내가 너희 안에 거할 것이기 때문이다." 그리스도와 신자들 간의 교제는 결코 그리스도 편에서 실패하는 법이 없다. 우리는 그리스도의 말씀에 주의함으로써 그 말씀 안에 거하여야 하고, 우리 안에 있는 그리스도의 말씀을 우리 발에 등으로 삼아야 한다. 우리는 우리의 의이신 그리스도의 공로에 거하여야 하고, 그것을 우리 안에서 우리를 지지해 주고 위로해 주는 것으로 삼아야 한다. 가지의 매듭은 포도나무 안에 있고, 포도나무의 수액은 가지에 있기 때문에, 그 둘 간에는 끊임없는 소통이 존재한다.

(2) 우리가 열매를 맺기 위해서는 그리스도 안에 거하여야 함(4-5절): "너희도 내 안에 있지 아니하면 열매를 맺을 수 없느니라. 그러나 너희가 내 안에 거하면, 너희는 열매를 많이 맺으리라. 왜냐하면, 나를 떠나서는 너희가 아무것도 할 수 없음이라." 우리가 기쁘고 복되기 위해서는 열매를 맺는 것이 꼭 필요하기 때문에, 우리로 하여금 그리스도 안에 거하도록 권하는 가장 좋은 논거는 우리가

그리스도 안에 거하지 않으면 열매를 맺을 수 없다는 것이다. [1] 우리가 선한 일을 많이 하기 위해서는 그리스도 안에 거하는 것이 꼭 필요하다. 그리스도에 대한 믿음과 그에 대한 사랑을 끊임없이 나타내 보이고, 그의 약속들에 의거해서 살아가며, 성령의 인도하심을 받는 자는 열매를 많이 맺게 되고, 하나님의 영광을 위하여 많은 일을 할 수 있으며, 저 큰 날에 상급을 많이 받게 될 것이다. 그리스도와의 연합은 가장 고상한 원리로서 모든 선한 것들을 낳는다는 것을 명심하라. 하나님의 아들을 믿는 믿음의 삶은 이 세상에서 사람이 살 수 있는 삶 중에서 그 어떤 것과도 비할 수 없는 가장 훌륭한 삶이다. 그러한 삶은 굴곡이 없이 평탄한 삶이며 순결하고 천상에 속한 삶이다. 그러한 삶은 유익하고 즐거움이 있으며 삶의 목적에 꼭 맞는 그러한 삶이다. [2] 우리가 선을 행하려면 그리스도 안에 거하는 것이 꼭 필요하다. 그리스도 안에 거하는 것은 이미 우리 안에 있는 선을 계발하고 증진시키는 수단일 뿐만 아니라 모든 선의 뿌리이자 원천이다: "나를 떠나서는 너희가 아무것도 할 수 없다. 나를 떠나서는 너희가 병자를 고치거나 죽은 자를 일으키는 것과 같은 큰 일을 할 수 없을 뿐만 아니라 아무것도 할 수 없다." 우리가 자연적인 삶의 모든 행위들과 관련해서 창조주의 섭리에 의지하는 것과 마찬가지로, 우리는 영적이고 거룩한 삶의 모든 행위들과 관련해서 중보자의 은혜에 끊임없이 의지하여야 한다는 것을 명심하라. 왜냐하면, 이 두 가지의 삶과 관련해서 우리가 살며 기동하며 존재하는 것은 하나님의 능력 안에서 이루어지는 것이기 때문이다. 우리는 그리스도의 공로를 떠나서는 우리를 의롭게 만드는 그 어떤 일도 할 수 없다. 우리는 그리스도의 성령을 떠나서는 우리를 거룩하게 하는 그 어떤 일도 할 수 없다. 그리스도를 떠나서는 우리가 아무것도 할 수 없는데, 우리는 하나님을 기쁘시게 해드리거나 우리 자신에게 유익한 열매가 될 수 있는 그 어떤 일도 할 수 없다(고후 3:5). 우리는 담장 위에 있는 포도나무로서 우리를 지탱해 주도록 하기 위하여 그리스도를 의지할 뿐만 아니라, 뿌리에 붙어 있는 가지로서 수액을 공급받기 위하여서도 그리스도를 의지한다.

(3) 그리스도를 떠나게 될 때의 치명적인 결과들(6절): 사람이 내 안에 거하지 아니하면 그는 가지처럼 밖에 버려진다. 이것은 그리스도 안에 있지 않은 위선자들과 그리스도 안에 거하지 않는 배교자들의 비참한 상태에 관한 묘사이다. [1] 그들은 나무의 성장에 방해가 되기 때문에 잘리워져서 밖에 버려져 마르고 시들

게 된다. 그리스도를 필요로 하지 않는 자들은 그리스도로부터 그 어떠한 유익도 받지 못하게 된다. 그리스도를 버리는 자들은 그리스도에 의해서 버림을 당하게 될 것이다. 그리스도 안에 거하지 않는 자들은 그리스도에 의해서 버림받게 될 것이다. 그들은 내버려져서 추악한 죄로 떨어지고, 그런 후에 당연히 믿는 자들의 친교로부터 버려지게 된다. [2] 그들은 나무에서 잘려나간 가지처럼 마르게 된다. 그리스도 안에 거하지 않는 자들은 겉보기에는 그럴 듯한 신앙고백을 통해서 한동안 번성하는 듯이 보일지라도 잠시 후에 말라서 아무것도 아니게 된다. 그들의 여러 부분들과 은사들이 마르고, 그들의 열심과 헌신이 마르며, 그들의 신용과 명성이 마르고, 그들의 소망과 위로가 마른다(욥 8:11-13). 열매를 맺지 못하는 자들은 얼마 후에 잎사귀도 내지 못하리라는 것을 명심하라. 그리스도께서 저주하신 저 무화과나무가 저렇게 빨리 시들다니! [3] 사람들이 그 가지들을 모은다. 사탄의 대리자들과 사자들은 그런 가지들을 주워다가 그들의 손쉬운 희생제물로 삼는다. 그리스도로부터 떨어져나간 자들은 곧 죄인들의 무리 속으로 합류하게 된다. 마귀는 그리스도의 무리로부터 벗어난 양들을 사로잡아서 자신의 소유로 만들 태세를 하고 있다. 주의 성령이 사울로부터 떠났을 때에 악령이 그를 사로잡았다. [4] 사람들은 그 가지들을 불에 던져 넣는다. 즉, 그들은 불에 던져지게 된다. 그들을 유혹해서 그들을 죄로 이끄는 자들은 사실상 그들을 불 속으로 던져 넣는 것이다. 왜냐하면, 그들은 그들을 지옥의 자식들로 만드는 것이기 때문이다. 불은 마른 가지들에게 가장 적합한 곳이다. 왜냐하면, 그 가지들은 다른 데에는 아무 쓸 데가 없기 때문이다(겔 15:2-4). [5] 그 가지들은 불살라진다. 이것은 너무도 당연한 말이지만, 여기에서는 이 사실을 강조하고, 여기에서의 위협을 더욱 두려운 것이 되게 하기 위하여 덧붙여진 것이다. 그들은 솥 밑에서 가시나무(전 7:6) 같이 순식간에 불태위지는 것이 아니라, 결코 꺼지지도 않고 그 화력이 줄어들지도 않는 불 속에서 영원히 불살라질 것이다. 이것이 그리스도를 떠난 결과이고, 이것이 열매 맺지 못하는 나무들의 최후이다. 배교자들은 죽고 또 죽는데(6:12), 본문에서는 그 가지들이 불에 던져 살라진다고 말함으로써, 마치 그것들이 두 번 저주받는 것처럼 말하고 있다. 어떤 이들은 사람들이 그 가지들을 모은다는 것을 저 큰 날, 곧 심판의 날에 천사들의 사역을 묘사한 것이라고 해석해서, 그 때에 천사들은 그리스도의 나라에 걸림돌이 되는 모든 것들을 모아다가 가라지를 거두어 불에 사르게 될 것이라고 말한다.

　(4) 그리스도 안에 거하는 자들이 갖게 되는 복된 특권(7절): 내 말이 너희 안에 거하면, 내 이름으로 내 아버지께 너희가 무엇이든지 원하는 대로 구하라. 그리하면 이루리라. 우리는 여기에서 다음과 같은 것들을 살펴볼 수 있다. [1] 우리와 그리스도의 연합은 어떻게 유지되는가? 말씀에 의해서: 너희가 내 안에 거하고 내가 너희 안에 거하면이라고 그리스도께서는 앞서 말씀하셨는데, 여기에서는 그것을 내 말이 너희 안에 거하면을 의미하는 것으로 친히 설명하신다. 왜냐하면, 그리스도께서는 말씀으로 우리 안에 계시고 우리에게 의사소통을 하시기 때문이다(롬 10:6-8). 또한 우리도 말씀으로 그리스도를 영접한다. 따라서 그리스도의 말씀이 풍성하게 거하는 곳에는 그리스도께서 거하신다. 말씀이 우리를 끊임없이 지도하고 주관하고 있으며, 말씀이 우리 속에 거하고 있다면, 우리는 그리스도 안에 거하고 있는 것이고, 그리스도께서는 우리 안에 거하고 계시는 것이다. [2] 우리와 그리스도의 교통은 어떻게 유지되는가? 기도를 통해서: 너희는 무엇이든지 원하는 대로 구하라. 그리하면 이루리라. 우리가 구하는 것을 받는다면 더 바랄 것이 무엇이 있겠는가? 마음의 기쁨이신 그리스도 안에 거하는 자들은 그리스도로 말미암아 마음의 소원을 갖게 될 것이다. 우리가 그리스도를 소유하게 되면, 우리에게는 선한 그 어떤 것도 부족함이 없게 될 것이다. 이 약속 속에는 두 가지가 함축되어 있다. 첫째, 우리가 그리스도 안에 거하고 그의 말씀이 우리 안에 거하면, 우리는 우리에게 이루어져야 합당한 것 이외에는 아무것도 구하지 않게 되리라는 것. 우리 안에 거하는 약속들은 쉽게 기도로 변하게 되고, 그러한 기도들은 속히 응답을 받을 수밖에 없다. 둘째, 우리가 그리스도 안에 거하고 그의 말씀 안에 거하면, 우리는 하나님의 은총과 그리스도의 중보로 말미암아 우리의 모든 기도에 평안의 응답을 받게 되리라는 것.

⁹아버지께서 나를 사랑하신 것 같이 나도 너희를 사랑하였으니 나의 사랑 안에 거하라 ¹⁰내가 아버지의 계명을 지켜 그의 사랑 안에 거하는 것 같이 너희도 내 계명을 지키면 내 사랑 안에 거하리라 ¹¹내가 이것을 너희에게 이름은 내 기쁨이 너희 안에 있어 너희 기쁨을 충만하게 하려 함이라 ¹²내 계명은 곧 내가 너희를 사랑한 것 같이 너희도 서로 사랑하라 하는 이것이니라 ¹³사람이 친구를 위하여 자기 목숨을 버리면 이보다 더 큰 사랑이 없나니 ¹⁴너희는 내가 명하는 대로 행하면 곧 나의

친구라 ¹⁵이제부터는 너희를 종이라 하지 아니하리니 종은 주인이 하는 것을 알지 못함이라 너희를 친구라 하였노니 내가 내 아버지께 들은 것을 다 너희에게 알게 하였음이라 ¹⁶너희가 나를 택한 것이 아니요 내가 너희를 택하여 세웠나니 이는 너희로 가서 열매를 맺게 하고 또 너희 열매가 항상 있게 하여 내 이름으로 아버지께 무엇을 구하든지 다 받게 하려 함이라 ¹⁷내가 이것을 너희에게 명함은 너희로 서로 사랑하게 하려 함이라

사랑 자체이신 그리스도께서는 여기에서 사랑에 관하여, 사중적인 사랑에 관하여 말씀하신다.

I. 그리스도에 대한 아버지의 사랑에 관하여. 이것에 관해서 그리스도께서는 여기에서 우리에게 다음과 같은 것들을 말씀하신다.

1. 아버지께서 그를 사랑하셨다는 것(9절). 아버지께서 나를 사랑하신 것 같이. 하나님은 그리스도를 중보자로 사랑하셨다: 이는 내 사랑하는 아들이다. 그리스도는 하나님의 사랑의 아들이셨다. 하나님께서는 그를 사랑하셨고, 만물을 다 그의 손에 주셨다. 하나님께서는 그의 아들을 우리 모두를 위해서 주시기까지 세상을 사랑하셨다. 그리스도께서는 고난을 받으실 때에 아버지께서 그를 사랑하신다는 사실을 위로로 삼으시고 기뻐하셨다. 아버지이신 하나님께서 사랑하시는 자는 온 세상이 그를 미워하여도 넉넉히 그것을 무시할 수 있다.

2. 그리스도께서 아버지의 사랑 안에 거하셨다는 것(10절). 그리스도께서는 끊임없이 아버지를 사랑하셨고 아버지의 사랑을 받으셨다. 아버지께서 우리를 위하여 그리스도를 죄와 저주로 삼으셔서 그에게 상함을 받게 하시기를 원하셨을 때에도 그리스도께서는 아버지의 사랑 안에 거하셨다(시편 89:33을 보라). 그리스도께서는 끊임없이 아버지를 사랑하셨기 때문에 기쁜 마음으로 고난을 당하실 수 있었고, 그런 까닭에 아버지께서는 그를 끊임없이 사랑하셨다.

3. 그리스도께서는 아버지의 계명을 지키심으로써 아버지의 사랑 안에 거하셨다는 것: 내가 중보자로서 아버지의 계명을 지켜 그의 사랑 안에 거하였다. 이것을 통해서 그리스도께서는 그가 아버지를 끊임없이 사랑하신다는 것, 그가 계속해서 자신의 사명을 감당하신다는 것, 그런 까닭에 아버지께서는 끊임없이 그를 사랑하신다는 것을 보여주셨다. 그리스도의 영혼은 하나님을 기뻐하였기 때문에, 그는 실망하지도 낙담하지도 않았다(사 42:1-4). 우리는 창조의 법을 깨뜨

렸기 때문에 하나님의 사랑에서 떨어져 나갔다. 그리스도께서는 구속의 법에 순종하심으로써 우리를 위하여 대속하셨고, 하나님의 사랑 안에 거하셨으며, 하나님의 사랑을 우리에게 회복시켜 주셨다.

Ⅱ. 제자들에 대한 그리스도 자신의 사랑에 관하여. 그리스도께서는 그들을 떠났지만 그들을 사랑하신다. 좀 더 살펴보자.

1. 이 사랑의 패턴: 아버지께서 나를 사랑하신 것 같이 나도 너희를 사랑하였다. 이 말씀은 그리스도께서 자신을 낮추셔서 은혜를 베푸신 것을 보여주는 기이한 표현이다! 아버지께서는 정말 사랑받으실 만한 분이신 그리스도를 사랑하셨지만, 그리스도께서는 정말 사랑받지 못할 자들인 인간들을 사랑하셨다. 아버지께서는 그의 아들이신 그리스도를 사랑하셨고, 그리스도께서는 그의 자녀들인 그들을 사랑하신다. 아버지께서는 만물을 다 그의 손에 주셨다. 따라서 그리스도께서는 우리에게 모든 것들을 거저 주신다. 아버지께서는 중보자이자 교회의 머리되신 그리스도를 사랑하셨고, 하나님의 은혜와 은총을 맡은 자로서의 그리스도를 사랑하셨는데, 그리스도께서는 이런 것들을 그 자신뿐만 아니라 그에게 맡겨진 자들의 유익을 위해서 가지고 계셨다. 그리스도께서는 이렇게 말씀하신다: "나는 하나님의 것을 신실하게 맡은 자였다. 아버지께서 그 사랑을 내게 맡기셨듯이, 나는 그 사랑을 너희에게 전달한다." 그러므로 아버지께서는 그를 기뻐하셨고, 그 안에서 우리를 기뻐하셨다. 또한 아버지께서는 그를 사랑하셨고, 그 안에서 우리를 열납하셨다(엡 1:6).

2. 이 사랑의 증거들과 산물들. 그러한 것들은 네 가지이다.

(1) 그리스도께서는 그의 제자들을 사랑하셔서 그들을 위하여 목숨을 버리셨다(13절): 사람이 친구를 위하여 자기 목숨을 버리면 이보다 더 큰 사랑이 없다. 바로 이것이 그리스도께서 우리를 사랑하신 그 사랑이다. 그리스도는 우리의 보석금(안티쉬코스)이시다. 그는 우리가 파산하여 지불불능 상태인 것을 아셨고, 그 대가가 얼마나 큰 것일지를 내다보셨으면서도, 우리의 몸을 위해서 그의 몸을 대신 주셨고 우리의 목숨을 대신해서 그의 목숨을 내놓으셨다. 좀 더 살펴보자. [1] 사람들 서로 간의 사랑의 정도. 사람들이 하는 사랑 중에서 가장 높은 차원의 사랑은 친구의 목숨을 구하기 위해서 자신의 목숨을 대신 내놓는 것이다. 아마도 자신의 눈을 빼주는(갈 4:15) 것보다 더 큰 이러한 영웅적인 사랑을 행한 자들이 역사상에 더러 있었다. 사람이 자신의 목숨을 구하기 위해서 자기가 가진

모든 것을 내놓는다고 할 때, 자신의 친구를 위해서 자기 목숨을 내놓는 자는 모든 것을 주는 것이고 그 이상을 줄 수 없다. 이러한 것은 종종 우리의 의무가 될 수 있다(요일 3:16). 바울은 이러한 영예를 간절히 원하였다(빌 2:17). 선인을 위하여 용감히 죽는 자가 간혹 있다(롬 5:7). 죽음처럼 강한 것은 최고의 사랑이다. [2] 다른 모든 사랑을 뛰어넘는 그리스도의 탁월한 사랑. 그리스도의 사랑은 이 세상에서 가장 유명한 사랑들을 뛰어넘는 것이었다. 사람들은 이 세상에서의 삶으로부터 끊어지는 것으로 만족해서 그들의 목숨을 내어놓는다. 그러나 그리스도께서는 단순히 수동적이 아니라 적극적으로 나서서 자신의 목숨을 버리셨다. 사람들이 내놓은 목숨은 단지 자기가 목숨을 버림으로써 살린 사람의 목숨과 동일한 가치를 지니고 있거나 그것보다 못한 것이다. 그러나 그리스도는 우리 인간들의 무수한 목숨보다도 비할 바 없이 더 가치있는 분이다. 사람들은 친구를 위해서 목숨을 버렸지만 그리스도께서는 우리가 원수 되었을 때에(롬 5:8, 10) 우리를 위해서 자기 목숨을 버리셨다. "하나님의 사랑의 그런 비할 바 없는 감미로움에 의해서 녹아지지 않는 자들의 마음은 쇠나 돌보다 더 굳을 것임에 틀림없다"(칼빈).

(2) 그리스도께서는 제자들을 사랑하셔서 그들과 우정의 계약을 맺으셨다 (14-15절). "너희가 순종함을 통해서 나의 제자인 것을 증명한다면, 너희는 나의 친구이고, 친구로 대우를 받게 될 것이다." 그리스도를 따르는 자들은 그리스도의 친구들이고, 그리스도께서는 그들을 친구로 부르시고 친구로 여기시기를 기뻐하신다는 것을 명심하라. 종으로서의 의무를 다하는 자들은 그리스도의 친구로서의 위엄을 허락받게 된다. 다윗이나 솔로몬은 그의 궁전에서 특별한 방식으로 왕의 친구인 한 명의 종을 가지고 있었다(삼하 15:37; 왕상 4:5). 그러나 그리스도의 모든 종들은 이러한 영광을 갖는다. 우리는 낯선 사람에게는 특별한 경우에만 호의를 베푼다. 그러나 우리는 친구의 모든 좋은 일에 함께 하고, 친구의 모든 근심에 관심을 갖는다. 이렇게 그리스도께서는 믿는 자들을 그의 친구로 삼으신다. 그리스도께서는 그의 친구들인 그들을 찾아오셔서 대화를 나누시고, 그들과 함께 지내시며, 그들을 가장 선대하시고, 그들의 환난에 동참하시며, 그들이 잘되는 것을 기뻐하신다. 그리스도께서는 하늘에서 그들을 위하여 변호하시고, 거기에서 그들의 모든 유익을 위해서 돌보신다. 친구들은 오직 한 마음을 갖고 있지만, 주와 연합된 자는 한 영이다(고전 6:10). 사람들은 흔

히 친구로서 합당치 못한 일들을 종종 보이지만, 그리스도께서는 언제나 변함 없이 사랑을 보이는 친구이다. 이것이 여기에서 얼마나 사랑스럽게 표현되고 있는지를 살펴보라. [1] 그들은 그리스도를 선생과 주로 부르지만, 그는 그들을 종이라 부르지 않을 것이다. 그리스도의 겸손을 닮고자 하는 자들은 모든 경우에 있어서 그들의 권세와 우월성을 주장하며 교만하게 행하여서는 안 되고, 그들의 종들이 그들의 동료 종들이라는 것을 기억하여야 한다. [2] 그리스도께서는 그들을 그의 친구로 부르고자 하신다. 그는 그들을 사랑하실 뿐만 아니라, 그가 사랑한다는 사실을 그들로 하여금 알게 하시고자 하신다. 왜냐하면, 그의 혀에 인애의 법이 있기 때문이다. 그리스도께서는 부활 후에 이전보다 더 제자들에게 애정어린 온유함으로 말씀하신 것으로 보인다: 네 형제들에게 가라(20:10); 얘들아, 너희에게 고기가 있느냐(21:5). 그러나 그리스도께서는 그들을 그의 친구들이라 부르셨지만, 그들은 그들 자신을 그의 종들이라고 불렀다는 것을 주목하라: 베드로는 자신을 그리스도의 종(벧전 1:1)이라 불렀고, 야고보도 자신을 그렇게 불렀다(1:1). 그리스도께서 우리에게 더 많은 존귀를 더하시면 더하실수록, 우리는 그리스도께 더 많은 영광을 돌려 드리도록 애써야 한다. 그리스도께서 우리를 더 높이시면 높이실수록, 우리는 우리 자신을 더욱 낮게 낮추어야 한다.

(3) 그리스도께서는 제자들을 사랑하셔서 그의 마음을 그들에게 허심탄회하게 전하셨다(15절): "그런 까닭에 너희는 오직 현재 할 일만을 지시받는 종들과 달리 내가 하는 일을 앞으로는 모두 알게 될 것이다. 그러나 성령이 너희에게 부어질 때, 너희는 친구들로서 너희 선생의 의도들을 알게 될 것이다. 내가 내 아버지께 들은 것을 다 너희에게 알게 하였다." 하나님의 은밀한 뜻과 관련해서 우리가 알지 못하는 것으로 만족해야 할 것들이 많이 있다. 그러나 하나님의 계시된 뜻과 관련해서 예수 그리스도께서는 그가 아버지께로부터 받으신 것을 우리에게 충실하게 전달해 주셨다(1:18; 마 11:27). 사람의 구속과 관련된 큰 일들을 그리스도께서는 그의 제자들에게 다 알려주셨는데, 이것은 그들로 하여금 그러한 일들을 다른 사람들에게 전하도록 하기 위한 것이었다. 그들은 그리스도와 의논을 하는 자들이었다(마 13:11).

(4) 그리스도께서는 제자들을 사랑하셔서 그들을 택하시고 사도로 임명하여 이 세상에서 그의 영광과 존귀를 드러내는 도구들로 삼으셨다(16절): 내가 너희를 택하여 세웠다. 이것을 통해서 그들에 대한 그의 사랑이 드러났다.

[1] 그들을 사도로 택하심(6:70): 내가 너희 열둘을 택하였다. 이것은 그들 편에서 시작한 것이 아니었다: 너희가 나를 택한 것이 아니요, 내가 먼저 너희를 택하였다. 왜 그들은 그리스도와 친밀하게 교제하는 것이 허락되었고, 그를 위한 대사(大使)로 쓰임받게 되었으며, 하늘로부터 그러한 권능을 덧입게 되었는가? 그것은 그리스도를 그들의 선생으로 택한 그들의 지혜와 선함 때문이 아니었고, 그들을 그의 제자들로 택하신 그리스도의 은총과 은혜 덕분이었다. 그리스도께서 자신의 사역자들을 택하신 것은 합당한 일이었다. 지금도 그리스도께서는 그의 섭리와 성령을 통해서 이 일을 하신다. 사역자들은 그 거룩한 소명을 그들 자신이 선택하는 것으로 보이지만, 그들의 선택에 앞서서 그리스도의 선택이 선행하고, 그리스도의 선택이 그들의 선택을 이끌며 결정한다. 은혜와 영광으로 택함받은 모든 자들에 대하여 그들이 그리스도를 택한 것이 아니라 그리스도께서 그들을 택하신 것이라고 말할 수 있다(신 7:7-8).

[2] 그들을 세우심: 내가 너희를 세웠다. 원문에서 헤데카 휘마스는 "내가 너희에게 직분을 맡겼고(딤전 1:12), 너희에게 위임하였다"를 의미한다. 이것을 통해서 그리스도께서는 그들의 머리에 그러한 존귀함을 관 씌우시고 그들의 손에 그러한 사명을 맡기셨을 때에 그들을 그의 친구들로 여기셨다는 것이 드러났다. 그리스도께서 그들을 이 낮은 세상에서 그의 나라의 일들을 처리할 그의 대사들과 나라를 운영할 총리들로 삼으셨을 때에 그가 그들을 얼마나 신임하셨는지가 드러났다. 복음의 보화가 그들에게 맡겨진 것은 다음과 같은 목적들을 위한 것이었다. 첫째, 복음이 전파될 수 있도록 하기 위하여: 너희는 가야 한다(히나 휘메이스 휘파게테). "너희는 멍에를 메고 가야 한다. 왜냐하면 그 사역은 일이고, 그 일을 하러 가는 너희는 많은 시련을 겪게 될 것을 각오하여야 하기 때문이다. 내가 너희에게 복음을 맡기는 것은 너희가 가서 온 세상을 두루 다니며 열매를 맺게 하기 위한 것이다." 그리스도께서 그들을 세우신 것은 가만히 앉아 있으라는 것이 아니라, 여기저기 돌아다니며 부지런히 일을 하며 지치지 않고 선을 행하는 데에 헌신하도록 하기 위한 것이다. 그리스도께서 그들을 세우신 것은 허공을 치게 하고자 하신 것이 아니라, 만민을 그리스도께 복종시키는 일을 위해서 하나님의 도구가 되기 위한 것이다(롬 1:13). 그리스도께서 세우신 자들은 열매를 맺어야 하고, 또한 열매를 맺게 될 것이다. 또한 그들은 수고하여야 하고, 그 수고는 헛되지 않게 될 것이다. 둘째, 복음의 사역이 계속

될 수 있도록 하기 위해서. 그리스도께서 그들에게 복음을 맡기신 것은 열매가 지속적으로 있게 하고, 그들의 수고의 선한 열매들이 이 세상에서 끝날까지 세대에서 세대로 이어질 수 있도록 하기 위한 것이었다. 그리스도의 교회는 삼일 천하로 끝났던 수많은 철학 학파들과는 달리 단명해서는 안 되는 것이었다. 그리스도의 교회는 하룻밤에 등장하지도 않았고, 하룻밤에 없어져서도 안 되고, 하늘의 날들처럼 영원해야 한다. 사도들의 설교들과 글들은 우리에게 전해지고 있고, 기독교회가 사도들과 칠십 문도들의 사역에 의해서 처음 세워진 이래로 우리는 이 날까지 그 터 위에 세워져 있다. 한 세대의 사역자들과 그리스도인들이 지나간 자리에서 또 한 세대의 사역자들과 그리스도인들이 일어났다. 우리의 변호사들이 법인체들에 대하여 그것들이 죽지 않고 대를 계승해서 살아 있다고 말하는 것처럼, 바로 저 위대한 헌장(마 28:19)으로 인해서 그리스도께서는 이 세상에 영원히 계속되는 교회를 가지고 계신다. 이렇게 그들의 열매는 이 날까지 항상 있고, 천지가 존재하는 동안에는 항상 있게 될 것이다.

[3] 그들에 대한 그리스도의 사랑은 그들이 은혜의 보좌 앞에서 갖게 된 유익을 통해서 드러났다: 너희가 내 이름으로 아버지께 무엇을 구하든지 다 받게 하리라. 아마도 이것은 무엇보다도 먼저 사도들이 덧입게 될 이적을 일으키는 권능, 즉 사도들이 기도를 통해서 사용하게 되어 있었던 바로 그 권능을 가리키는 것 같다. "너희의 수고가 열매를 맺게 하기 위해서 어떤 은사들이 필요하고, 너희에게 하늘로부터의 어떤 도움이 필요할 때, 너희는 그것을 구하면 받게 될 것이다." 여기에서는 우리로 하여금 기도하도록 하기 위하여 세 가지의 것이 우리에게 암시되어 있는데, 그것들은 모두 매우 고무적인 것들이다. 첫째, 우리에게는 우리가 나아가서 아뢸 수 있는 아버지 되시는 하나님이 계시다는 것. 그리스도께서는 여기에서 하나님을 아버지, 즉 나의 아버지이자 너희의 아버지라고 부르신다. 성령은 말씀과 우리의 마음을 통해서 우리에게 **아바 아버지**라고 부르짖도록 가르치신다. 둘째, 우리에게 선한 이름이 주어져 있다는 것. 우리가 하나님의 뜻을 따라서 은혜의 보좌 앞에 어떤 목적으로 나아간다고 할지라도, 우리는 겸손함과 담대함으로 그리스도의 이름을 언급하며, 우리가 그리스도와 상관이 있고, 그리스도께서 우리를 돌보신다는 것을 제시할 수 있다. 셋째, 평안의 응답이 우리에게 약속되어 있다는 것. 너희가 무엇을 구하든지, 그것이 너희에게 주어질 것이다. 이 큰 의무에 대하여 행해진 이 큰 약속은 하늘과 땅 간

의 기쁘고 유익한 교통을 유지시킨다.

Ⅲ. 그리스도께서 그들을 사랑하신 그 큰 사랑에 비추어서 명령된 그리스도를 향한 제자들의 사랑에 관하여. 그리스도께서는 그들에게 세 가지를 권면하신다.

1. 그의 사랑 안에 거하라는 것(9절). "나에 대한 너희의 사랑과 너희에 대한 나의 사랑 안에 거하라." 이 말씀은 이러한 두 가지 의미를 동시에 지닌다. 우리는 아무것도 우리를 유혹해서 그리스도로부터 물러가게 하거나 그리스도를 도발하여 우리로부터 물러가게 하지 못하도록 하기 위해서는 우리에 대한 그리스도의 사랑을 지속시키는 것을 우리의 행복으로 삼고, 그리스도에 대한 우리의 사랑의 증거들을 계속해서 보여주는 것을 우리의 일로 삼아야 한다. 그리스도를 사랑하는 모든 자들은 그리스도에 대한 그들의 사랑을 지속하여야 하고, 언제나 그를 사랑하여야 하며, 기회가 있을 때마다 그 사랑을 보이고, 끝까지 사랑하여야 한다는 것을 명심하라. 제자들은 그리스도를 위하여 밖으로 나가서 섬겨야 한다. 그 일을 할 때에 그들이 많은 환난들을 당한다고 할지라도. 그리스도께서는 이렇게 말씀하신다: "나의 사랑 안에 거하라. 나에 대한 너희의 사랑을 계속 유지하라. 그리하면, 너희가 만나는 모든 환난들이 쉽게 느껴질 것이다. 야곱은 라헬을 사랑했기 때문에 칠 년의 고된 노역을 쉬운 일로 여겼다. 너희가 그리스도를 위하여 일을 할 때에 만나는 환난들로 인해서 그리스도에 대한 너희의 사랑을 질식시키지 말고, 오히려 그 사랑을 일깨워야 한다."

2. 그의 사랑이 그들 안에 있어서 그들을 채우게 하라는 것(11절). 그리스도께서 그들에게 여기에 나오는 명령들과 약속들을 주신 것은 바로 이것을 의도하신 것이었다.

(1) 그의 기쁨이 그들 안에 있게 하기 위해서. 원문의 어순은 다음과 같은 두 가지 중에서 어느 한 쪽으로 해석해도 되도록 배열되어 있다. [1] 너희 안에 있는 내 기쁨이 항상 있게 하기 위해서. 그들이 열매를 많이 맺고 그의 사랑 안에 거한다면, 그리스도께서는 이전에 그랬던 것처럼 그들 안에서 계속해서 기뻐하실 것이다. 열매를 많이 맺는 신실한 제자들은 주 예수의 기쁨이라는 것을 명심하라. 그리스도께서는 그들을 잠잠히 사랑하신다(습 3:17). 죄인들이 회개하고 돌아올 때에 하늘에 큰 기쁨이 있는 것과 마찬가지로, 성도들이 잘 견디어서 신앙을 지킬 때에도 하늘에 기쁨이 있다. [2] 나의 기쁨, 즉 내 안에 있는 너희의 기

쁨이 있게 하기 위해서. 제자들로 하여금 변함없이 그리고 끊임없이 그리스도를 기뻐하게 하는 것이 그리스도의 뜻이다(빌 4:4). 위선자들의 기쁨은 순간적인 것에 불과하지만, 그리스도의 사랑 안에 거하는 자들의 기쁨은 지속적인 큰 기쁨이다. 주님의 말씀이 영원히 있는 것과 마찬가지로, 거기로부터 흘러나오고 그것을 토대로 하고 있는 기쁨도 마찬가지이다.

(2) 너희 기쁨을 충만하게 하기 위해서. 너희로 하여금 기쁨으로 충만하게 하기 위한 것일 뿐만 아니라, 내 안에서 및 나의 사랑 안에서의 너희의 기쁨이 너희가 네 주인의 즐거움에 참여할 때에 온전하게 될 때까지 더 높이 높이 올라갈 수 있도록 하기 위해서. [1] 그들 속에 그리스도의 기쁨이 있는 자들만이 그들의 기쁨을 충만하게 가지게 된다. 세상적인 기쁨은 공허하고 곧 식상하게 되기 때문에 결코 만족을 주지 못한다. 영혼을 충만하게 할 수 있는 것은 오직 지혜의 기쁨이다(시 36:8). [2] 세상에서 그리스도의 목적은 그의 백성의 기쁨을 충만하게 하는 것이다(요한일서 1:4을 보라). 그리스도께서 이런저런 말씀을 하신 것은 우리의 기쁨이 점점 더 충만하게 되어서 결국에는 온전하게 되게 하기 위한 것이었다.

3. 그리스도의 계명들을 지킴으로써 그에 대한 그들의 사랑을 증거로 보이라는 것: "너희가 내 계명을 지키면 내 사랑 안에 거하리라(10절). 이것은 나에 대한 너희의 사랑이 변함없이 신실하다는 것을 보여주는 증거가 될 것이다. 그러므로 그렇게 하면, 너희는 너희에 대한 나의 사랑이 계속될 것임을 확신할 수 있다." 좀 더 살펴보자. (1) 약속: "너희가 내 사랑 안에 거하리라. 너희는 내 사랑을 너희의 거처로 삼아서 그리스도의 사랑 안에서 편안할 것이며, 나의 사랑을 휴식처로 삼아서 그리스도의 사랑 안에서 안식하게 될 것이고, 나의 사랑을 요새로 삼아서 그리스도의 사랑 안에서 안전할 것이다. 너희는 나의 사랑 안에 거하리라. 너희는 나를 사랑함으로써 끝까지 견디며 신앙을 지키는 은혜와 힘을 얻게 될 것이다." 처음에 우리의 마음속에 그리스도의 사랑을 쏟아 부었던 그 동일한 손길이 우리로 하여금 그 사랑 안에 머물도록 지켜주지 않는다면, 우리는 그 사랑 안에 오랫동안 거하지 못하고, 세상에 대한 사랑으로 말미암아 그리스도에 대한 사랑으로부터 빠져나가게 될 것이다. (2) 약속의 조건: 너희가 내 계명을 지키면. 제자들은 스스로 끊임없이 그 계명들을 지키는 것을 통해서만이 아니라 그 계명들을 다른 사람들에게 신실하게 전달해 줌으로써 그리스도의 계

명들을 지켜야 했다. 그들은 그 계명들을 맡은 자들로서, 그들의 손에 저 위대한 보고(寶庫)가 맡겨져 있었다. 왜냐하면, 그들은 그리스도께서 분부하신 모든 것을 가르치도록(마 28:20) 되어 있었기 때문이다. 그들은 이 명령을 흠 없이 지켜야 하고(딤전 6:14), 그렇게 함으로써 그들이 그의 사랑 안에 거하고 있다는 것을 보여주어야 한다.

그리스도께서는 제자들로 하여금 그의 계명을 지키도록 권유하기 위해서 다음과 같은 것들을 힘주어 말씀하신다. [1] 그리스도 자신의 모범: 내가 아버지의 계명을 지켜 그의 사랑 안에 거하는 것 같이. 그리스도께서는 우리에게 중보자의 법들에 순복하도록 가르치시기 위해서 중보의 법에 순종하심으로써 중보의 영광과 위로를 보전하셨다. 왜냐하면, 우리는 그렇게 하지 않으면 그리스도에 대한 우리의 관계가 주는 영광과 위로를 보존할 수 없기 때문이다. [2] 그들이 그리스도와 상관이 있기 위해서는 그의 계명들을 지키는 것이 꼭 필요하다는 것(14절): "너희는 내가 명하는 대로 행하면 곧 나의 친구라. 그렇지 않으면, 너희는 내 친구가 아니다." 첫째, 스스로 그리스도에게 순종하는 종들임을 증명하는 자들만이 그리스도의 신실한 친구들로 여김을 받게 될 것이다. 왜냐하면, 그리스도께서 자기를 다스리는 것을 거부하는 자들은 그의 원수들로 대우받게 될 것이기 때문이다. 우정은 나쁜 것과 좋은 것을 모두 함께 나누는 것을 의미한다(살루스티우스). 둘째, 그리스도께서 열납하시는 순종은 오직 그리스도에 대한 절대적인 순종이다 — 어느 한 명령도 제외함이 없이 그가 우리에게 명하시는 모든 것들을 순종하는 것.

Ⅳ. 제자들 상호 간의 사랑에 관하여. 이것은 그리스도에 대한 그들의 사랑에 대한 증거이자 그리스도께서 그들을 사랑하시는 것에 대한 감사의 보답으로 명령된 것이다. 우리는 그의 계명들을 지켜야 하는데, 우리가 서로 사랑하여야 한다는 것은 그의 명령이다(12절과 17절). 우리 주 예수께서는 신앙의 모든 의무 중에서 형제들 상호 간의 사랑을 가장 자주 되풀이해서 말씀하셨고 가장 열렬히 우리에게 권면하셨는데, 이것은 타당한 이유가 있다. 1. 제자들 상호 간의 사랑은 여기에서 그리스도의 모범을 근거로 권면되고 있다(12절): 내가 너희를 사랑한 것 같이. 우리에 대한 그리스도의 사랑은 우리들 서로 간의 사랑에 대한 모범이 되어야 한다. 이러한 동기 위에서 우리는 그리스도께서 우리를 사랑하셨기 때문에 및 그리스도께서 우리를 사랑하신 대로 서로를 사랑하여야

한다. 그리스도께서는 여기에서 그들에 대한 그의 사랑의 표현들 중 몇 가지를 구체적으로 지적하신다. 그는 그들을 친구라고 불렀고, 그의 마음을 그들에게 전하였으며, 그들이 물은 것을 기꺼이 그들에게 대답해 주었다. 너도 가서 이와 같이 하라. 제자들 상호 간의 사랑은 그리스도의 명령이기 때문에 행해져야 한다. 그리스도께서는 그의 권위를 개입시키셔서, 형제 사랑을 그의 나라의 법들 중의 하나로 삼으셨다. 그것이 이 두 개의 절 속에서 얼마나 다르게 표현되고 있는지를 살펴보라. 이 둘은 매우 강조되어 있다. (1) 이것은 내 계명이다(12절). 이것은 마치 이 계명이 그의 모든 계명들 중에서 가장 필수적인 것이라고 말씀하시는 것 같다. 율법 아래에서는 백성들이 우상숭배의 죄에 빠질 것을 미리 내다보고 다른 어떤 계명들보다도 우상숭배를 금지하는 계명을 더 역설하였던 것과 마찬가지로, 그리스도께서는 기독교회가 사랑 없음에 빠질 것을 미리 내다보시고 이 명령을 가장 강조하셨다. (2) 이것은 내가 명하는 것이다(17절). 그리스도께서는 마치 그가 그들에게 많은 것들을 당부할 생각이었지만 너희가 서로 사랑하라는 오직 이것만을 말씀하시는 것이라는 듯이 말씀하고 계신다. 이 계명은 많은 의무들을 포함하고 있기 때문만이 아니라, 이 계명은 모든 의무들에 선한 영향을 미치게 될 것이기 때문이다.

[18]세상이 너희를 미워하면 너희보다 먼저 나를 미워한 줄을 알라 [19]너희가 세상에 속하였으면 세상이 자기의 것을 사랑할 것이나 너희는 세상에 속한 자가 아니요 도리어 내가 너희를 세상에서 택하였기 때문에 세상이 너희를 미워하느니라 [20]내가 너희에게 종이 주인보다 더 크지 못하다 한 말을 기억하라 사람들이 나를 박해하였은즉 너희도 박해할 것이요 내 말을 지켰은즉 너희 말도 지킬 것이라 [21]그러나 사람들이 내 이름으로 말미암아 이 모든 일을 너희에게 하리니 이는 나를 보내신 이를 알지 못함이라 [22]내가 와서 그들에게 말하지 아니하였더라면 죄가 없었으려니와 지금은 그 죄를 핑계할 수 없느니라 [23]나를 미워하는 자는 또 내 아버지를 미워하느니라 [24]내가 아무도 못한 일을 그들 중에서 하지 아니하였더라면 그들에게 죄가 없었으려니와 지금은 그들이 나와 내 아버지를 보았고 또 미워하였도다 [25]그러나 이는 그들의 율법에 기록된 바 그들이 이유 없이 나를 미워하였다 한 말을 응하게 하려 함이라

그리스도께서는 여기에서 증오에 관하여 말씀하신다. 사랑이 그리스도의 나라의 특성이자 속성인 것과 마찬가지로, 증오는 마귀의 나라의 특성이자 속성이다. 여기에서 우리는 다음과 같은 것들을 살펴볼 수 있다.

I. 이 증오는 누구에게서 찾아볼 수 있는가? 하나님의 자녀들과 구별되는 이 세상의 자녀들. 그들은 이 세상의 신의 세력권 안에 있고, 그 신의 형상을 지니고 있으며, 그 신의 권능에 복종하는 자들이다. 그들은 모두 유대인이든 이방인이든 그리스도께서 이 악한 세상으로부터 부르셔서 눈에 보이게 구별해 놓으신 그리스도의 교회로 오고자 하지 않는 자들이다. 그런 자들을 세상이라고 부르는 것은 다음과 같은 것들을 암시한다.

1. 그들의 수. 그리스도와 기독교를 반대한 자들의 세상이 존재한다. 주여, 다윗의 아들을 괴롭게 하는 자들이 얼마나 많은지요! 만약 우리가 그리스도와 사탄을 놓고 인기투표를 한다면, 아마도 사탄이 우리 가운데서 더 많은 표를 얻게 되지 않을까 나는 생각한다.

2. 그들의 동맹과 연합. 이 무수한 무리들은 마치 한 사람처럼 서로 뭉쳐 있다(시 83:5). 유대인들과 이방인들은 사사건건 충돌하며 마음을 합칠 수 없었지만 오직 그리스도의 사역자들을 박해하는 일에는 서로 의기가 투합하였다.

3. 그들의 영과 성품. 그들은 세상에서 분깃을 받은 사람들(시 16:13-14)로서 온전히 이 세상과 거기에 속한 일들에 몰두해 있으며, 결코 저 너머에 있는 또 하나의 세상을 생각하지 않는다. 하나님의 백성은 죄인들의 죄는 미워하되 사람은 미워하지 말고 모든 사람들을 사랑하고 모든 사람들에게 선대하라는 가르침을 받는다. 악의를 품고 앙심을 품으며 시기하고 질투하는 영은 그리스도의 영이 아니라 세상의 영이다.

II. 이 증오는 누구를 향하여 겨냥되어 있는가? 그것은 그리스도의 제자들, 그리스도 자신과 아버지 하나님을 겨냥하고 있다.

1. 세상은 그리스도의 제자들을 미워한다: 세상은 너희를 미워한다(19절). 그리스도께서는 이러한 것이 그들이 예상하고 고려하여야 할 것이라고 말씀하신다(18절; 요일 3:13).

(1) 이 대목에서 왜 이 말씀이 나오게 되었는지를 살펴보자. [1] 그리스도께서는 친구들인 그들에 대하여 그가 지니고 있는 큰 사랑을 표현하셨었다. 그러나 그리스도께서는 그들이 이 말씀으로 인해서 자고해지는 것을 막기 위해서 바

울에게 하셨던 것과 마찬가지로 그들에게 육체의 가시, 즉 여기에서는 그리스도를 위하여 수치를 당하는 것들과 박해들을 주셨다(고후 12:7, 10). [2] 그리스도께서 그들에게 사명을 주시면서 그 일을 하는 중에 그들이 맞게 될 곤경들을 말씀하신 이유는 그러한 일들이 생길 때에 그들이 놀라지 않고 미리 대비하게 하기 위한 것이었다. [3] 그리스도께서는 그들에게 서로 **사랑하라**고 당부하셨는데, 세상이 그들을 미워할 것이기 때문에, 그들이 서로 사랑해야 하는 것은 꼭 필요한 일이었다. 그들은 세상 사람들로부터 엄청난 냉대와 박해를 받게 될 것이기 때문에, 서로에게 인자하고 서로를 사랑해야 한다. "너희 가운데 화평을 지키라. 이것은 너희를 견고케 하여서 세상과의 싸움에서 이기게 할 것이다." 그들에게 대적하는 원수들은 서로 잘 뭉치는 습성을 지니고 있다.

(2) 여기에 무엇이 포함되어 있는지를 살펴보자.

[1] 그리스도를 따르는 자들에 대한 세상의 적대감: 세상이 그들을 미워한다. 그리스도께서 축복하시는 자를 세상은 저주한다는 것을 명심하라. 하늘의 은총을 받고 후사가 된 자들은 결코 이 세상에서 사랑을 받는 자들이 되지 못한다. 왜냐하면, 여자의 후손과 뱀의 후손 사이에는 해묵은 적대관계가 존재하기 때문이다. 가인이 아벨을 왜 미워하였던가? 그것은 아벨의 행위가 의로웠기 때문이 아니었던가? 에서가 야곱을 미워한 것은 야곱이 축복을 받았기 때문이었다. 요셉의 형들이 요셉을 미워한 것은 그의 아버지가 그를 사랑하였기 때문이다. 사울이 다윗을 미워한 것은 여호와께서 다윗과 함께 계셨기 때문이었다. 아합이 미가야를 미워한 것은 그의 예언들 때문이었다. 바로 이러한 것들이 세상이 믿는 자들을 미워하는 이유 같지 않은 이유들이다.

[2] 그러한 적대감의 열매들. 우리는 여기에서 그 열매들 중 두 가지를 보게 된다(20절). 첫째, 그들은 너희를 미워하여 박해할 것이다. 왜냐하면, 증오는 안식을 모르는 요동하는 열정이기 때문이다. 박해를 받는 것은 예수 그리스도 안에서 경건하게 살고자 하는 자들의 공통된 몫이다(딤후 3:12). 그리스도께서는 그가 보낸 대사들이 이 세상에서 어떠한 박해를 당하게 될지를 미리 아셨지만, 그들의 사역을 통해서 세상으로부터 부르심을 받게 될 소수를 위해서 그들을 이리 가운데로 가는 양들처럼 세상으로 보내셨다. 둘째, 그들의 적대감의 또 다른 열매는 명시적으로 표현되어 있지 않고 함축되어 있는데, 그것은 그들이 제자들이 전하는 가르침을 거부하리라는 것이다. 그리스도께서 그들이 내 말을 지

켰은즉 너희 말도 지킬 것이라고 말씀하신 것은 그들이 내 말을 존중하지 않고 지키지 않은 것처럼 너희 말도 존중하지 않고 지키지 않으리라는 것을 의미하는 것이었다. 우리가 그의 어떤 말에도 귀 기울이지 말자(렘 18:18)고 사람들이 말한 것이 예레미야에게 큰 모욕이었던 것과 마찬가지로, 복음을 전하는 자들은 그들의 메시지가 무시당하는 것을 그들이 겪을 수 있는 가장 큰 상처로 받아들일 수밖에 없다.

[3] 그러한 적대감의 원인들. 세상이 그들을 미워하게 되는 이유는 다음과 같은 것들 때문이다.

첫째, 그들이 세상에 속해 있지 않기 때문에(19절): "너희가 세상에 속하였으면, 그리고 너희가 세상의 영을 지니고 있고 그 세력권 안에 있다면, 또한 너희가 육적이고 세상적이었다면, 세상은 너희를 자기의 것으로 보고 사랑할 것이다. 그러나 너희는 부르심을 받아서 세상으로부터 나와 있기 때문에, 세상이 너희를 미워하고, 또한 영원히 미워하게 될 것이다." 1. 우리는 세상에 빠져 있는 자들이 세상에 의해서 자신의 친구들로 환영받고 옹호되고 있는 것을 이상하게 여겨서는 안 된다. 대부분의 사람들은 탐욕스러운 자들을 칭찬한다(시 10:3; 49:18). 2. 또한 우리는 세상으로부터 건짐받은 자들이 세상에 의해서 그 원수들로 취급되어 미움받는 것을 이상하게 여겨서는 안 된다. 이스라엘이 애굽으로부터 구원받아서 나왔을 때, 애굽인들은 그들을 뒤쫓고자 하였다. 그리스도의 제자들이 이 세상에 속하지 않은 이유는 그들이 그들 자신의 지혜와 힘으로써 스스로를 세상으로부터 구별하였기 때문이 아니라 그리스도께서 그들을 택하셔서 세상으로부터 불러내어 구별하셨기 때문이다. 이것이 세상이 그들을 미워하는 이유이다. (1) 이러한 택하심으로 말미암아 그들에게 예비된 영광은 그들을 세상보다 뛰어나게 만들기 때문에, 그들은 세상의 시기의 대상들이 된다. 성도들은 세상을 심판하게 될 것이고, 의인들은 세상을 다스리게 될 것이다. 그러므로 그들은 미움을 받는 것이다. (2) 이러한 택하심으로 말미암아 그들이 받게 되는 은혜는 그들을 세상과 대적하게 만든다. 그들은 세상의 조류를 거슬러서 헤엄치고, 세상에 영합하지 않는다. 그들은 세상이 잘못되었다고 증언하고, 세상에 영합하지 않는다. 세상이 그들을 미워함으로써 그들에게 닥쳐오는 모든 환난 속에서 그들을 지탱해 주는 것은 그들이 주 예수의 택하신 자들로서 세상에 속하지 않았기 때문에 미움을 받는다는 사실이다. [1] 이것은 세상이 그들을 미워하는 것이 결코 옳다는 말이 아니다. 우리가 스스로 미움을 받을 만한 짓을 했다면, 우리는 미움을 받을 때에 스스로를 탓해야 한다. 그러나 우리가 사람들에게 사랑받고 귀히 여김을 받을 만한 일을 했는데도 불구하고 사람들이 우리를 미워한다면, 우리는 자신을 탓할 이유가 없고 오히려 그들을 불쌍히 여겨야 한다. [2] 이것은 제자들이 기뻐해야 할 이유가 된다. 자신이 부하고 잘살기 때문에 미움을 받는 자는 자신의 처지에 만족을 하기 때문에 다른 사람이 그것에 대하여 화를 내고 못마땅하게 생각하더라도 개의치 않는다. 스스로 온전히 축복을 받았다고 생각하는 자는 사람들이 욕할 테면 욕하라고 소리친다(티몬, Timon: BC 3세기 그리스 철학자). 세상은 미워하지만 그리스도께서는 사랑하시는 자들이야 이것보다 더 스스로를 기뻐할 수 있지 않겠는가.

둘째, "세상이 너희를 미워하는 또 다른 이유는 너희가 그리스도에게 속해 있기 때문이다(21절). 즉, 내 이름으로 말미암아 사람들이 너희를 미워하게 될 것이다." 여기에 논쟁의 핵심이 나온다. 사람들이 무엇을 핑계로 내세우든, 그들이 그리스도의 제자들을 미워하는 것은 그들이 그의 이름을 지니고 있고 이 세상에서 그의 이름을 알리기 때문이라는 것이 분쟁의 이유이다. 1. 그리스도의 제자들의 속성은 그들이 그의 이름을 대표한다는 것이다. 그들은 그리스도의 이름으로 세례를 받았고, 그리스도의 이름으로 살며 죽을 것이다. 2. 그리스도의 이름 때문에 많은 일들과 어려운 일들, 이 모든 일들을 당하는 것이 그리스도의 이름을 지닌 자들의 운명이다. 아무리 큰 고난을 당한다고 할지라도, 그리스도의 이름을 위하여 고난당한다는 것은 그들에게 큰 위로가 된다. 너희가 그리스도의 이름으로 치욕을 당하면 복 있는 자로다(벧전 4:14). 그러한 고난들이 지닌 영광을 생각할 뿐만 아니라(행 5:41), 고난들 속에 주어지는 위로, 특히 그러한 고난들이 가져다줄 영광의 면류관을 생각할 때, 그리스도의 이름을 위하여 고난받는 자들은 진정으로 복된 자들이다. 우리가 그리스도와 함께 고난을 받으면, 그리고 그리스도를 위하여 고난을 받는다면, 우리는 그와 함께 다스리게 될 것이다.

셋째, 결국 세상이 그리스도의 제자들에 대하여 적대감을 갖는 진짜 이유는 세상이 무지하기 때문이다(21절): 이는 나를 보내신 이를 알지 못함이라. 1. 그들은 하나님을 알지 못한다. 사람들이 자연 종교의 바로 첫째가는 원리들을 어느 정도 알고, 하나님을 알기만 한다면, 그들은 기독교를 받아들이지는 않을지라도, 기독교를 미워하거나 박해할 수는 없을 것이다. 하나님의 백성들을 집어삼키는 자들은 하나님을 아는 지식이 없는 자들이다(시 14:4). 2. 그들은 하나님께서 우리 주 예수를 보내셨다는 것과 평안의 큰 중보자의 직책을 맡기셨다는 것을 알지 못한다. 그리스도 안에서 하나님을 알지 않는다면, 그것은 하나님을 올바르게 모르는 것이다. 하나님께서 보내신 자들을 박해하는 자들은 그것을 통해서 그들이 그리스도께서 하나님께로부터 보내심을 받았다는 것을 모른다는 것을 보여주는 것이다(고린도전서 2:8을 보라).

2. 세상은 그리스도를 미워한다. 여기에서 이 말씀을 하신 것은 두 가지 목적 때문이었다.

(1) 세상이 미워하는 것 때문에 생겨나는 그의 제자들의 근심을 완화시키고, 그러한 환난을 이상하게 생각하거나 슬퍼하지 않도록 하기 위해서(18절): 너희는 세상이 너희보다 먼저(프로톤 휘몬) 나를 미워한 줄을 알라. 우리는 이 어구를 시간적인 우선성을 의미하는 것으로 해석한다. 그리스도께서는 고난의 쓴 잔을 먼저 마셨고, 우리의 보증이 되기 위해서 우리를 떠나셨다. 그러나 이 어구는 그들에 대한 그의 우월성을 표현하는 것으로 해석될 수도 있다: "세상이 나, 즉 너희보다 먼저인 나, 너희의 대장이자 너희의 지도자이며 지휘관인 나를 미워하였다는 것을 너희가 알라." [1] 그리스도께서는 선하심에 있어서 탁월하셨고 온전히 무죄하셨으며 모든 사람들에게 긍휼을 베푸신 자이셨지만, 사람들로부터 미움을 받았다. 하물며 내세울 미덕이나 공로가 전혀 없는 우리가 세상으로부터 미움을 받지 않기를 어떻게 기대할 수 있겠는가? [2] 우리 신앙의 창시자이신 우리 주님께서 그 신앙을 이 땅에 세우심에 있어서 그토록 많은 반대를 받으셨다면, 그 신앙을 전하고 고백하는 그의 종들과 제자들은 그러한 반대와 배척 이외의 것을 기대할 수 없다. 이것을 말씀하기 위해서 그리스도께서는 그들에게 그들이 제자로 들어왔을 때에 그가 하신 말씀을 기억하도록 촉구하신다(20절): 내가 너희에게 한 말을 기억하라. 그리스도께서 나중에 하신 말씀들을 그가 전에 하신 말씀들과 비교해 보면, 그것은 그리스도께서 나중에 하신 말씀들을 이해하는 데에 도움이 된다. 또한 그리스도의 섭리들을 설명해 주는 그의 말씀들을 기억하는 것보다 우리를 편안하게 만들어 주는 것은 없을 것이다. 이제 이 말씀 속에는 다음과 같은 것들이 들어 있다. 첫째, 명백한 진리: 종이 주인보다 더 크지 못하다. 그리스도께서는 전에 이 말씀을 그들에게 하신 적이 있으셨다(마 10:24). 그리스도는 우리의 주님이시다. 그러므로 우리는 그의 모든 몸

짓을 부지런히 주목하여야 하고, 그의 모든 말씀들을 인내함으로 묵묵히 순종하여야 한다. 왜냐하면, 종은 주인보다 더 크지 않기 때문이다. 가장 명백한 진리들은 종종 가장 어려운 의무들을 행함에 있어서 가장 강력한 근거들이 된다. 엘리후는 욥의 수많은 불평들에 대하여 하나님은 사람보다 더 크시다는 이 한 가지 자명한 진리로 대답한다(욥 33:12). 여기에서도 마찬가지이다. 둘째, 그 자명한 진리로부터 도출된 적절한 추론: "너희가 이제까지 보아 왔고, 또한 앞으로도 더 많은 것을 보게 되겠지만, 사람들이 나를 박해하였은즉 너희도 박해할 것이다. 너희는 그것을 예상하고, 그것을 당연한 것으로 여겨야 한다." 그 이유는 다음과 같다. 1. "너희는 내가 그들을 자극하기 위하여 행하였던 것과 동일한 일들을 행할 것이기 때문이다. 너희는 그들의 죄를 책망할 것이고, 그들에게 회개를 요구할 것이며, 그들에게 그들이 도저히 감당하지 못할 거룩한 삶의 엄격한 규율들을 제시할 것이다." 2. "너희는 내가 했던 것처럼 그들에게 짐이 될 것이기 때문이다. 사람들이 나의 경우를 본 후에는 그 누구도 좋은 일을 하고서 고난을 받는다고 할지라도 그것을 이상하게 여기는 자는 없게 될 것이다." 그리스도께서는 다음과 같은 말씀을 덧붙이신다: "내 말을 지켰은즉 너희 말도 지킬 것이라. 내가 복음을 전파함으로써 회개하고 돌아온 자들이 일부 있었던 것과 마찬가지로, 너희의 복음 전파를 통해서도 소수가 돌아오게 될 것이다." 어떤 이들은 파레테레산을 에테레산으로 읽어서, 이 본문을 다른 의미로 해석한다. "그들이 나를 함정에 빠뜨리기 위해서 내가 무슨 말을 하는지를 지켜보았던 것과 마찬가지로, 그들은 너희의 말 속에서 꼬투리를 잡기 위해서 호시탐탐 기회를 노릴 것이다."

   (2) 이 믿지 않는 세상의 악함을 더 부각시키고 그 지독한 죄악성을 드러내기 위해서. 사도들을 미워하고 박해하는 것은 나쁜 일이지만, 그리스도를 미워하고 박해하는 것은 훨씬 더 나쁜 일이었다. 세상은 성경에서 나쁘게 묘사되기는 하지만, 세상이 예수 그리스도를 미워하였다는 것보다도 세상을 더 악명 높게 만든 것은 없었다. 그리스도를 미워하는 자들의 세상이 존재한다. 그리스도께서는 그를 미워하는 자들의 악함을 부각시키기 위해서 두 가지를 역설하신다.

   [1] 그들이 그를 사랑했어야 하는 아주 큰 이유가 존재하였다는 것. 사람들은 선한 말들과 선한 행위들을 보통 칭찬한다. 그런데 그리스도의 경우에는 어떠

하였는가.

첫째, 그의 말씀들은 그들의 사랑을 받기에 충분한 그런 것들이었다(22절): "내가 그들에게 말하지 아니하였더라면, 내가 그들의 사랑을 구애하지 않았더라면, 그들은 죄가 없었을 것이고, 그들은 나를 미워하여 배척하지 않았을 것이며, 그들의 죄는 비교적 별 큰 죄도 아니었을 것이다. 그러나 내가 그들에게 사랑받을 만한 많은 것들을 말했기 때문에, 그들은 그들의 죄에 대해서 더 이상 핑계나 변명을 할 수 없게 되었다." 좀 더 살펴보자. 1. 복음을 향유하는 자들이 가진 유익. 그리스도께서는 복음을 통해서 그들에게 오셨고 말씀하셨다. 그리스도께서는 성경과 사역자들을 통해서 우리에 대하여 가장 강력한 권위를 지니고 계시고 우리를 위한 사랑을 가지고 계시는 분으로서 저 세대의 사람들에게 친히 말씀하셨고, 지금도 여전히 우리에게 말씀하고 계신다. 그리스도의 모든 말씀은 하나하나가 순결하며 사람들을 압도하는 위엄을 지니고 있고, 남의 말을 가장 안 듣는 계산적인 사람들조차도 이끌어 올 수 있는 겸양의 온유함을 지니고 있다. 2. 복음을 향유하고 있지 않은 자들이 지닌 변명: "내가 그들에게 말하지 아니하였더라면, 그들이 그리스도 및 그리스도로 말미암은 구원에 관하여 들은 적이 없었다면, 그들은 죄가 없었을 것이다." (1) 그들에게 이런 종류의 죄는 없었을 것이다. 만약 그리스도께서 이 땅에 오시지 않았고, 또한 그들에게 은혜의 말씀을 전하지 않으셨다면, 그들은 그리스도를 멸시하는 죄를 범하지는 않았을 것이다. 율법이 없는 곳에는 범법도 없는 것과 마찬가지로, 복음이 없는 곳에는 불신앙도 없는 법이다. 복음이 전파된 곳에는 불신앙이 유일하게 저주받을 죄가 되는데, 불신앙은 모든 죄를 치유하는 것을 반대한 죄이기 때문에, 다른 죄들을 범하였을지라도 그 죄들이 이 불신앙의 죄와 결부되어 있지 않다면 그러한 죄들은 저주받을 죄는 아니게 된다. (2) 그들은 그러한 정도로 죄를 범하게 되지는 않았을 것이다. 그들이 복음을 듣지 못하였더라면, 그들의 다른 죄들은 그렇게 나쁘게 여겨지지 않았을 것이다. 왜냐하면, 알지 못하던 시대에는 하나님이 간과하셨기(눅 12:47-48) 때문이다. 3. 그리스도께서 오셔서 말씀하셨지만 듣지 않았던 자들이 처해 있는 가중된 죄책. 그리스도께서는 그들을 부르시고 초대하였지만 소용없었고, 그리스도께서는 그들에게 조리 있게 말씀하시고 권하셨지만 소용이 없었다. 따라서 그들은 지금은 그 죄를 핑계할 수 없느니라. 그들은 전혀 변명할 수 없고, 심판의 날에 입을 다물게 될 것이고, 스스로를 위해서 할 말이 전혀 없게 될 것이다. 예수 그리스도의 은혜와 진리가 우리에게 더 분명하고 온전하게 드러나면 드러날수록, 그리스도께서 우리에게 설득력 있고 애정어린 말씀들을 많이 하면 하실수록, 우리가 그를 사랑하고 믿지 않는다면, 우리의 죄는 더욱 커지게 된다. 그리스도의 말씀은 죄악의 껍데기들을 다 벗겨 내서, 그 죄가 죄로 드러날 수 있게 하신다.

둘째, 그리스도께서 하신 일들은 그의 말씀들과 마찬가지로 그들의 사랑을 받을 만한 그런 것들이었다(24절): "그들의 나라에서, 그들이 보는 앞에서 내가 아무도 못한 일을 그들 중에서 하지 아니하였더라면, 그들에게 죄가 없었을 것이고, 그들의 불신앙과 적대감은 변명할 수 있었을 것이며, 나의 말씀이 확신을 주지 못하고 믿을 만한 것이 되지 못한 것이었다고 말할 수 있는 핑곗거리를 갖게 되었을 것이다." 그러나 그리스도께서는 아무도 못한 일들을 하심으로써 그가 하나님께로부터 보내심을 받았다는 만족할 만한 증거들을 사람들에게 보여주셨다. 1. 창조주께서 그의 일들을 통해서 그의 능력과 신성을 나타내 보이셨듯이(롬 1:20) 구속주께서도 그렇게 하신다. 그의 이적들, 그의 긍휼들, 그의 기사들, 은혜의 역사들은 그가 하나님께로부터 보내심을 받았고 선한 일을 위하여 보내심을 받았다는 것을 증명해 주는 것들이다. 2. 그리스도의 일들은 아무도 못한 그런 일들이었다. 하늘로부터 사명을 받지 않은 평범한 사람은 결코 그러한 이적들을 행할 수 없었다(3:2). 그 어떤 선지자도 지금까지 이토록 많고 이토록 유명한 이적들을 행한 적이 없었다. 모세와 엘리야는 하나님으로부터 받은 권능을 통해서 종들로서 이적들을 행하였지만, 그리스도께서는 아들로서 자신의 권능으로 이적들을 행하셨다. 백성들이 놀랐던 것은 그리스도께서 권세 있게 질병들과 귀신들을 명하셨기 때문이었다(막 1:27). 백성들은 그들이 그와 같은 일을 본 적이 없다고 고백하였다(막 2:12). 그리스도께서 행하신 일들은 모두 선한 일들, 긍휼의 역사들이었다. 여기에서 특히 의도되고 있는 것은 바로 이것인 것으로 보인다. 왜냐하면, 그리스도께서는 이것을 근거로 해서 그들이 그를 미워하는 것을 책망하고 계시기 때문이다. 우리가 생각하기에는 그 어떤 사람도 하지 못했던 선한 일들로써 이토록 모든 사람들에게 은혜를 베푼 자는 당연히 모든 사람들에 의해서 사랑을 받아야 했을 것이지만, 실제로 그리스도 께서는 미움을 받으셨다. 3. 그리스도의 일들은 죄인들의 불신앙과 그에 대한 적대감이라는 죄악을 지극히 악한 최고의 정도까지 끌어 올린다. 그들이 오직 그리스도의 말씀만을 들었고 그의 일들을 보지 않았다면, 우리가 오직 기록된 그의 설교들만을 가지고 있고 그의 이적들에 관한 기록들을 가지고 있지 않았다면, 사람들은 증거 부족을 불신앙의 핑계로 사용하였을 것이다. 그러나 이제 그러한 핑계를 댈 수가 없게 되었다. 그들에 의해서 및 우리에 의해서 그리스도께서 버림을 받으신 것은 완고한 불신앙의 죄일 뿐만 아니라 비열한 배은망덕의 죄이기도 하다. 그들은 그리스도가 가장 사랑받을 만하시다는 것과 그들에게 사랑을 베풀기 위하여 온갖 애를 다 쓰신 것을 보았다. 그렇지만 그들은 그를 미워하였고, 그에게 해악을 끼치기 위해서 애를 썼다. 우리는 그의 말씀 속에서 그가 우리를 사랑하신 그 큰 사랑을 보지만, 그것에 의해서 아무런 변화도 받지 않는다.

[2] 그들이 그를 미워할 이유가 전혀 없었다는 것. 사람들은 어떤 때에는 사람들에게 칭찬받을 만한 말을 하고 행동을 하지만 또 어떤 때에는 사람들에게 불쾌감을 주고 사람들이 싫어하는 것을 말하고 행한다. 그러나 우리 주 예수께서는 사람들의 존경과 사랑을 받을 만한 많은 것들을 행하셨을 뿐만 아니라, 그들을 불쾌하게 만드는 그 어떤 일도 행하시지 않으셨다. 그리스도께서는 성경 본문을 인용하심으로써 이 점을 근거로 제시하신다(25절): "사람들이 나를 이유 없이 미워하고, 나를 인하여 내 제자들을 미워하는 이런 일이 일어나게 된 것은 그들의 율법(즉, 그들에 의해서 율법으로 받아들여진 구약성서)에 기록된 바 그들이 이유 없이 나를 미워하였다 한 말을 응하게 하려 함이라." 이 말씀은 그리스도의 모형인 다윗이 자기 자신에 관하여 말한 것이다(시 35:19; 69:4). 첫째, 그리스도를 미워하는 자들은 어떤 정당한 이유도 없이 그를 미워하는 것이다. 그리스도를 미워하는 적대감은 근거 없는 적대감이다. 우리는 교만하고 고집 센 자들은 미움받을 만하다고 생각하지만, 그리스도는 온유하고 겸손하셨으며 연민이 있으시고 자상하신 분이었다. 또한 우리는 겉으로는 공손하지만 악의에 차 있고 시기하며 복수심에 불타는 자들은 미움받을 만하다고 생각하지만, 그리스도는 자기를 괴롭히며 박해했던 자들을 섬기는 데에 온 힘을 쏟으셨고, 다른 사람들을 편하게 하기 위하여 수고하셨으며, 우리들을 부요하게 하기 위해서 스스로 가난해진 분이셨다. 우리는 왕들과 각 도에 손해가 되며 공공의 평안을 해치는 자들은 미움받을 만하다고 생각하지만, 그리스도께서는 정반대로 그의 나라에 있어서 사람들이 생각할 수 있는 가장 큰 축복이셨는데도 불구하

고 미움을 받으셨다. 그리스도께서는 그들을 선하게 만들 목적으로 그들의 행사가 악하다고 증언하셨는데, 이것을 이유로 그를 미워하는 것은 이유 없이 그를 미워하는 것이었다. 둘째, 이것을 통해서 성경이 성취되었고, 성경에 나온 모형이 이루어졌다. 사울과 그의 신하들이 다윗을 이유 없이 미워한 것은 다윗이 그의 수금과 칼로 사울에게 봉사하였기 때문이었다. 다윗은 압살롬에게 인자한 아버지였고 그 무리들에게 큰 은혜를 베푼 자였지만, 압살롬과 그 패거리들은 다윗을 미워하였다. 마찬가지로 다윗의 아들인 그리스도께서도 미움을 받았고 너무도 부당하게 괴롭힘을 당하였다. 그리스도를 미워한 자들은 성경을 성취하기 위해서 그렇게 한 것이 아니었다. 그러나 하나님께서는 성경을 성취하려는 것을 염두에 두시고 그런 일을 허락하셨다. 이것이 그리스도에 관하여 미리 예언되었을 뿐만 아니라 그 예언된 것이 그리스도 안에서 성취되었다는 것은 메시야로서의 그리스도에 대한 우리의 믿음을 확증해 준다. 또한 이런 일이 우리 가운데서 추가적으로 성취된다고 할지라도, 우리는 그것을 이상하게 생각하거나 힘들게 여겨서는 안 된다. 우리는 우리가 겪는 환난들에 대하여 그러한 것들이 이유 없는 것이라고 여겨서 불평하는 것을 정당화하는 경향이 있지만, 그 환난들이 이유 없는 것들일수록, 그것들은 그리스도의 고난을 닮은 것이기 때문에, 우리가 더 쉽게 짊어질 수 있는 것이다.

3. 그리스도 안에서 세상은 하나님을 미워한다. 이 말씀은 여기에 두 번 나온다(23절): 나를 미워하는 자는 그의 증오가 내게 국한된 것이라고 생각할지라도 실제로는 내 아버지도 미워하는 것이다. 또한 24절에서도 다시 한 번 그리스도께서는 그들이 나와 내 아버지를 보았고 또 미워하였도다라고 말씀하신다. (1) 하나님의 본성이 아름다우시고 하나님의 섭리가 풍성하심에도 불구하고, 하나님을 미워하는 자들이 있다. 마귀들이 하나님의 공의를 믿고 두려워 떨면서도 하나님의 통치를 괴로워하며 어떻게든 그의 결박을 벗어 버리고자 하는 것과 마찬가지로, 그들은 하나님의 공의에 대하여 화를 낸다. 하나님이 계시다는 것을 차마 부인할 수는 없지만 하나님이 계시지 않았으면 좋겠다고 생각하는 자들은 하나님을 보고 미워한다. (2) 그리스도를 미워하는 것은 하나님을 미워하는 것으로 해석되고 평가될 것이다. 왜냐하면, 그리스도는 인격적으로 아버지의 나타난 형상이고, 직분에 있어서는 아버지의 대리인이자 대사이기 때문이다. 하나님께서는 모든 사람들로 하여금 아버지께 영광을 돌리는 것과 마찬가지로

아들에게 영광을 돌리게 하고자 하시기 때문에, 사람들이 아들을 어떻게 대하든, 그것은 곧 아버지를 대하는 것이 된다. 그러므로 사람들이 어떠한 자연 종교를 외친다고 할지라도 기독교의 원수가 된 자들은 실제로 모든 신앙에 대하여 원수들이라고 추론하는 것은 쉬운 일이다. 이신론자(理神論者)들은 사실상 무신론자들이다. 복음의 빛을 조롱하는 자들은 할 수만 있다면 자연의 빛조차도 꺼버리고자 하고, 양심의 모든 의무들과 하나님을 경외하는 것을 떨쳐 버리고자 한다. 믿지 않는 악의에 찬 세상은 그리스도의 복음에 대한 그들의 적대감이 저 심판의 날에 찬송받으실 하나님에 대한 적대감으로 여겨지게 되리라는 것을 알아야 한다. 그리고 의를 위하여 하나님의 뜻에 따라서 고난받는 모든 자들은 이것으로부터 위로를 얻어야 한다. 하나님께서 그들 속에서 친히 미움을 받으시고 그들을 통해서 공격을 당하시는 것이기 때문에, 그들은 그들의 복음을 부끄러워하거나 그 결과를 두려워할 필요가 없다.

²⁶내가 아버지께로부터 너희에게 보낼 보혜사 곧 아버지께로부터 나오시는 진리의 성령이 오실 때에 그가 나를 증언하실 것이요 ²⁷너희도 처음부터 나와 함께 있었으므로 증언하느니라

그리스도께서는 그의 복음이 이 세상에서 맞게 될 큰 반대와 배척, 또한 복음을 전하는 자들이 겪게 될 역경들에 관하여 말씀하신 후에 그들로 하여금 그들과 그들이 전하는 복음이 저 격렬한 격류에 의해서 짓밟힐 것을 염려하지 않도록 하기 위해서 여기에서는 그리스도의 복음이 잘되기를 바라는 모든 자들에게 그것을 밑받침하기 위한 효과적인 준비들이 되어 있다는 것, 즉 성령의 일차적인 증언(26절)과 사도들의 부차적인 증언(27절)이 준비되어 있다는 것을 말씀하신다. 증언들은 진리를 가장 적절하게 밑받침해 줄 수 있는 것들이다.

I. 여기에는 그리스도의 복음이 이 세상에서 반대에 부딪친다고 하더라도 찬송받으실 성령께서 복음을 이 세상에서 지키시고 진보하게 하시리라는 약속이 나온다. 그리스도께서는 비방을 받으셨을 때에 그의 상처 입은 복음을 아버지께 부탁하셨고, 아버지의 침묵으로 인해서 용기를 잃지 않으셨다. 왜냐하면, 보혜사가 오셔서 복음을 강력하게 증언하셨고 승리로 이끄셨기 때문이다.

"내가 육체로 너희와 함께 없게 될 것을 보완하기 위해서 내가 아버지께로부터 너희에게 보낼 보혜사 곧 아버지께로부터 나오시는 진리의 성령이 오실 때에 그가 나를 이유 없이 미워하는 자들을 쳐서 나를 증언하실 것이다." 이 절은 성경에 있는 그 어느 절보다도 성령에 관하여 더 많은 것을 말씀하고 있다. 성령의 이름으로 세례를 받은 우리는 성경에 계시되어 있는 한도 내에서는 최대한으로 성령을 알고자 힘써야 한다.

1. 여기에는 성령의 본질에 관한 설명이 나온다. 성령은 아버지께로부터 나오시는 진리의 성령이다. (1) 성령은 별개의 인격이다. 성령은 특질이나 속성이 아니라, 성령이라는 고유한 이름을 지닌 인격, 증언하는 역할에 걸맞는 진리의 성령이라는 고유한 명칭을 지닌 인격이다. (2) 성령은 영원 전부터 아버지께로부터 나오시는 신적인 인격이다. 생기라 불리는 사람의 영 또는 숨은 사람으로부터 나오는데, 사람은 그것을 여러 가지로 변형시켜서 자신의 마음을 전달하고, 그것을 활성화시킴으로써 그가 없애고자 하는 것을 불어 없애기 위해서 자신의 힘을 행사하며, 그가 고양시키고자 하는 것을 고양시킨다. 이와 같이 찬송받으실 성령은 하나님의 빛의 발산이고 하나님의 능력의 에너지이다. 태양은 그 광선들을 통해서 자신의 빛과 열기와 영향력을 발산하고 나누어 주는데, 태양 광선은 태양에서 나오지만 태양과 하나이다. 니케아 신조에서는 성령은 아버지와 아들로부터 나온다고 말하고 있다. 왜냐하면 성령은 아들의 영이라고 불리기 때문이다(갈 4:6). 그리고 여기에서도 아들이 성령을 보낼 것이라고 말하고 있다. 동방 교회에서는 성령이 아들로 말미암아 아버지로부터 나온다는 표현을 선택하였다.

2. 여기에는 성령의 사역에 관한 설명이 나온다. (1) 성령은 이전의 그 어느 때보다도 그의 은사들과 은혜들과 능력들을 더 풍성하게 행하실 것이다. 그리스도께서는 오랫동안 오실 자(호 에르코메노스)였는데, 이제는 찬송받으실 성령이 바로 그 오실 자이다. (2) 내가 아버지께로부터 너희에게 보혜사를 보낼 것이다. 그리스도께서는 앞서 내가 아버지께 구하겠으니 그가 또 다른 보혜사를 너희에게 주시리라(14:16)고 말씀하셨는데, 이것은 성령이 그리스도께서 저 세상에서 행하시는 중보기도의 열매라는 것을 보여주는 것이었다. 여기서 그리스도께서는 내가 보혜사를 너희에게 보낼 것이다라고 말씀하시는데, 이것은 성령이 그리스도께서 저 세상에서 행하시는 통치의 열매라는 것을 보여주는 것이다. [1] 성령은

중보자이신 그리스도에 의해서 보내심을 받았는데, 그리스도께서는 위로 올라가실 때에 사람들에게 선물을 주셨고, 모든 능력이 그에게 주어졌다. [2] 성령은 아버지께로부터 보내심을 받았다: 성령은 "천국, 즉 내 아버지의 집으로부터만이 아니라"(성령은 하늘로부터의 소리를 통해서 주어졌다, 행 2:2), "내 아버지의 뜻과 정하심을 따라서 내 아버지와 동등한 능력과 권세를 지니고" 보내심을 받았다. [3] 성령은 사도들에게 전할 말씀들을 가르쳐 주고 그들로 하여금 일할 수 있는 능력을 수여하며 그들로 하여금 고난을 잘 통과할 수 있도록 하기 위하여 사도들에게 보내심을 받았다. 성령은 기독교와 그 사역 속에서 사도들 및 그들의 후계자들에게 주어졌다. 또한 성령은 사도들과 그들의 후손들, 그리고 그들의 후손들의 후손들에게 약속을 따라서 보내심을 받았다(사 59:21).

3. 여기에는 성령의 직분과 활동에 관한 설명이 두 가지로 나온다. (1) 성령에게 주어진 칭호 속에 함축된 것: 성령은 보혜사 또는 변호자이다. 성령은 세상의 불신앙에 맞서서 그리스도의 가르침을 보존하기 위한 그리스도의 변호자이고, 세상의 증오에 맞서서 성도들을 위로하시는 위로자이다. (2) 명시적으로 표현된 것: 그가 나를 증언하실 것이요. 성령은 변호자일 뿐만 아니라 예수 그리스도에 대한 증인이다. 성령은 하늘에서 증언하는 셋 중의 하나이고, 땅에서 증언하는 셋 중의 첫 번째이다(요일 5:7-8). 성령은 사도들을 가르치셨고, 그들로 하여금 이적들을 행할 수 있게 하셨다. 성령은 그리스도에 대하여 증언하는 상시적인 증인들인 성경의 책들을 지으셨다(5:39). 사역을 감당할 수 있는 힘은 성령으로부터 나온다. 왜냐하면, 성령은 사역자들이 그들의 일을 감당할 수 있는 힘과 자질을 공급해 주시기 때문이다. 또한 기독교의 능력도 성령으로부터 나온다. 왜냐하면, 성령은 그리스도인들을 거룩하게 하고, 그리스도에 대하여 증언하기 때문이다.

II. 여기에는 사도들도 성령의 도우심을 따라서 그리스도의 증인들이 되는 영광을 갖게 되리라는 것이 약속되어 있다(27절) : 너희도 내 사역의 처음부터 나와 함께 있었으므로 자격 있는 증인들로서 나에 대하여 증언하게 될 것이다. 좀 더 살펴보자.

1. 사도들은 이 세상에서 그리스도를 증거하는 증인들로 임명되었다는 것. 그리스도께서는 성령이 나를 증언하실 것이요라고 말씀하신 후에 너희도 증언하게 될 것이다라는 말씀을 덧붙이신다. 성령의 역사가 우리의 사역을 대체하는

것이 아니라 오히려 우리의 사역을 돕고 격려한다는 것을 명심하라. 성령은 그리스도를 증언하는 사역을 행하지만, 사역자들도 증언의 사역을 감당함으로써, 사람들이 그 증언에 귀를 기울이게 되기 때문이다. 은혜의 성령은 은혜의 방편들을 통해서 증언하고 일하신다. 사도들은 그리스도께서 이 세상의 임금과 싸우셔서 그 침입자를 몰아내는 일을 하셨을 때에 그 유명한 싸움을 직접 목격한 최초의 증인들이었다.

(1) 이것은 그들에게 주어진 사역이 무엇인지를 보여준다. 그들은 그리스도의 권리를 회복하고 그의 면류관과 위엄을 유지하기 위해서 그리스도에 관한 진리, 온전한 진리, 오직 진리만을 증거하게 되어 있었다. 그리스도의 제자들은 그리스도께서 대제사장과 빌라도 앞에서 재판을 받으실 때에 그리스도를 위하여 증인들이 되어 주었어야 함에도 불구하고 도망쳤지만, 성령이 그들에게 임하신 후에 그들은 담력을 얻어서 세상 사람들의 고소와 비난을 두려워하지 않고 그리스도의 가르침이 옳다는 것을 용기 있게 전하였다. 기독교 신앙의 진리는 역사적 사실의 증거들, 특히 그리스도의 부활에 의해서 입증되었는데, 사도들은 그리스도의 부활에 대해서 특별한 방식으로 증인들로 선택되었고(행 10:41), 그것에 따라서 증언 사역을 감당하였다(행 3:15; 5:32). 그리스도의 사역자들은 그의 증인들이다.

(2) 이것은 그들에게 주어진 영광을 보여준다 ― 그들이 하나님과 함께 일하는 자라는 것. "성령이 나에 대하여 증언하실 것이고, 너희도 성령의 인도하심과 성령과의 협력 하에서(성령은 너희가 너희 자신이 아는 것을 말할 때에 잘못 말하지 않도록 지켜줄 것이고, 너희에게 오직 계시로만 알 수 있는 것들을 알려주실 것이다) 증언하게 될 것이다." 그리스도께서 그들에게 영광을 주셨고 또한 그들을 시인하리라는 것은 세상의 증오와 경멸에 맞서는 그들에게 큰 용기를 주게 될 것이다.

2. 그들이 그렇게 할 수 있는 자격을 갖추었다는 것: 너희는 처음부터 나와 함께 있었다. 그들은 그의 공적인 설교들을 들었을 뿐만 아니라 끊임없이 그와 사사롭게 대화하였었다. 그리스도께서는 두루 다니시며 선을 일을 행하셨는데, 다른 사람들은 그리스도께서 그들 자신의 마을에서 행하신 이적과 기사들만을 보았지만, 그리스도와 함께 동행했던 그들은 그리스도께서 행하신 모든 일들에 대한 증인들이었다. 또한 그들은 그리스도께서 말씀하시고 행하시는 모든

것들이 한 점 흠도 없는 순결함을 지니고 있다는 것을 보았기 때문에, 그리스도에 대하여 그들이 결코 그에게서 인간의 연약함으로 인한 그 어떤 흠이나 오점도 보지 못했고 듣지 못했다고 증언할 수 있었다.

(1) 우리는 사도들이 그리스도에 대하여 기록한 것을 있는 그대로 받아들여야 할 충분한 근거를 가지고 있다. 왜냐하면, 그들은 남에게서 전해들은 말들을 기록한 것이 아니라, 그들이 아주 확실하게 보고 들은 것을 기록했기 때문이다(벧후 1:16; 요일 1:1, 3).

(2) 그리스도와 항상 함께 있으면서 믿음과 소망과 사랑, 그리고 그리스도 안에서 하나님과 교통하는 삶을 살았던 자들이야말로 그리스도를 증언하기에 가장 적합한 인물들이다. 사역자들은 먼저 그리스도를 배워야 하고, 그런 후에 나가서 그리스도를 전하여야 한다. 경험적으로 말하는 자들이 하나님의 일에 관하여 가장 잘 말하는 자들이다. 특히, 처음부터 그리스도와 사귐을 갖고서, 처음부터 모든 것들을 알 수 있는 자리에 있었다는 것은 큰 장점이다(눅 1:3). 우리 인생의 처음부터 그리스도와 함께 하였다는 것은 참으로 큰 축복이다. 그리스도의 복음을 어릴 적부터 알았고 끊임없이 그 복음을 따라서 살아온 사람은 선한 청지기 같은 사람이 될 것이다.

제
— 16 —
장

개요

하나님께서 자기 자신에 관하여 말씀하였던 여러 영광스러운 일들 중에서 이것은 "내가 상하게도 하며 낫게도 한다"(신 32:39)는 것에 속한다. 그리스도께서 그의 제자들에게 행하시는 고별 설교를 계속해서 이어가다가 끝맺고 있는 이 장에 나오는 말씀은 바로 그런 것이다. I. 여기에는 그들 앞에 놓여 있는 환난에 관한 상처 주는 말씀들이 나온다(1-6절). II. 여기에는 그들이 그러한 환난들을 당할 때에 그들의 힘을 북돋아 주기 위해서 그리스도께서 행하실 일들을 통한 치유하시는 말씀들이 나오는데, 그리스도께서 행하실 일들은 다섯 가지이다: 1. 그리스도께서 그들에게 보혜사를 보내시겠다는 것(7-15절). 2. 그리스도께서 부활 후에 그들을 다시 찾으시리라는 것(16-22절). 3. 그리스도께서 그들의 모든 기도를 응답하시겠다고 보장하시는 것(23-27절). 4. 그리스도께서는 지금 단지 아버지께로 되돌아가시는 것일 뿐이라는 것(28-32절). 5. 그들이 이 세상에서 어떠한 환난들을 만나든지 그리스도께서 세상을 이기셨기 때문에, 그들은 그리스도 안에서 평안을 누리게 되리라는 것(33절).

¹내가 이것을 너희에게 이름은 너희로 실족하지 않게 하려 함이니 ²사람들이 너희를 출교할 뿐 아니라 때가 이르면 무릇 너희를 죽이는 자가 생각하기를 이것이 하나님을 섬기는 일이라 하리라 ³그들이 이런 일을 할 것은 아버지와 나를 알지 못함이라 ⁴오직 너희에게 이 말을 한 것은 너희로 그 때를 당하면 내가 너희에게 말한 이것을 기억나게 하려 함이요 처음부터 이 말을 하지 아니한 것은 내가 너희와 함께 있었음이라 ⁵지금 내가 나를 보내신 이에게로 가는데 너희 중에서 나더러 어디로 가는지 묻는 자가 없고 ⁶도리어 내가 이 말을 하므로 너희 마음에 근심이 가득하였도다

그리스도께서는 그의 제자들에게 자신의 심부름을 시키실 때에 그들에게 신의 있게 행하셨다. 왜냐하면, 그리스도께서는 그들에게 최악의 경우를

말씀하심으로써, 그들로 하여금 앉아서 비용을 계산해 볼 수 있도록 하셨기 때문이다. 그리스도께서는 앞 장에서 세상이 그들을 미워하게 될 것을 각오하라고 하셨었다. 이제 이 단락에서 그리스도께서는 다음과 같은 것들을 말씀하신다.

I. 그리스도께서는 그들에게 왜 환난을 미리 말씀하심으로써 경각심을 갖게 하시는지 그 이유를 말씀해 주신다 : 내가 이것을 너희에게 이름은 너희로 실족하지 않게 하려 함이라(1절). 1. 그리스도의 제자들은 십자가로 인해서 실족하기 쉽다. 십자가는 아무리 선한 자들에게도 하나님의 길들로부터 되돌아서거나 옆길로 빠져나가거나 무작정 하나님의 길들로 돌진하거나 그들의 선함이나 위로를 포기하게 만드는 위험한 시험이다. 따라서 고난의 때를 시험의 때라고 부르는 것은 일리가 있다. 2. 우리 주 예수께서는 우리에게 환난에 대하여 미리 말씀해 주심으로써 장래의 환난에 대한 두려움을 벗어버리고 그 환난이 우리에게 뜻밖의 일이 되지 않도록 하고자 하셨다. 환난 많은 이 세상 속에서 우리의 평안을 해치는 모든 원수들 가운데서도 실망하는 것만큼이나 우리에게 큰 타격을 입히고 우리의 군대를 지리멸렬하게 만들어 버리는 것은 없다. 그러나 미리 경고를 받으면 미리 대비를 할 수 있기 때문에, 우리는 그러한 손님을 얼마든지 쉽게 맞아서 상대할 수 있다.

II. 그리스도께서는 그들이 어떻게 고난을 당하게 될 것인지를 구체적으로 미리 말씀해 주신다(2절) : "권세를 지닌 자들은 너희를 출교할 것이다. 또한 더 나아가서, 사람들은 너희를 죽일 것이다." 주 예수를 따르는 자들을 죽이기 위하여 뽑아든 보라, 두 개의 칼(ecce duogladii).

1. 교회에 의한 비난의 칼. 유대인들은 이 칼을 그들을 향하여 뽑아들었다. 왜냐하면, 유대인들은 그들만이 유일하게 하나님의 교회라고 주장했기 때문이다. 그들은 너희를 회당에서 출교할 것이다. (1) "그들은 너희가 몸을 담고 있는 바로 그 회당에서 너희를 출교하여 쫓아낼 것이다." 유대인들은 처음에는 그들을 율법을 멸시한 자들로 규정해서 그들의 회당에서 그들에게 채찍질하였지만(마 10:17), 마침내 그들을 도저히 구제할 수 없는 자들로 낙인을 찍어서 출교시켜 버렸다. (2) "그들은 너희를 이스라엘의 온 회중, 유대인들의 민족 교회로부터 출교시켜서 쫓아낼 것이다. 또한 그들은 너희를 이스라엘 회중에 속한 자의 특권들을 박탈하고 범법자로 취급할 것이다." 너희는 늑대와 같아서 머리를 쳐서 죽

여야 할 자들이다. "그들은 너희를 사마리아인들, 또는 이교도들과 세리들로 취급할 것이다." 나는 너희에게 물과 불의 사용을 금지한다. 이렇게 해서 초래된 형벌과 몰수와 자격 박탈이 없었다면, 병에 감염되어서 무너져가는 집인 유대교로부터 쫓겨나는 일은 그 어떠한 손실도 아니었을 것이다. 부당하게 출교당하는 것은 흔히 그리스도의 제자들의 운명이었다는 것을 명심하라. 많은 선한 진리가 저주받을 것으로 낙인찍혀 왔고, 많은 하나님의 자녀들이 사탄에게 넘겨져 왔다.

2. 세속 권력에 의한 칼 : "지금까지 그들이 겪었던 것보다 상황이 안 좋게 될 때가 왔다. 너희는 이단자들로 낙인찍혀서 축출되고, 그들은 너희를 죽이면서 이것이 하나님을 섬기는 일이라 생각할 것이고, 다른 사람들도 그렇게 생각할 것이다." (1) 너희는 사람들이 얼마나 잔혹한지를 알게 될 것이다: 그들은 너희를 죽일 것이다. 그리스도의 양들은 도살할 양들로 여김을 받아 왔다. 열두 사도들은 모두 요한을 제외하고는 사형에 처해졌다(소문에 의하면). 그리스도께서는 "너희가 증언하게 될 것인데, 너희는 순교자들이 되어서, 진리를 너희의 피, 너희 마음의 피로 인치게 될 것이다"라고 말씀하셨었다(15:27). (2) 너희는 사람들이 양심대로 행하는 척하는 것을 보게 될 것이다. 그들은 그들이 하나님을 섬기는 일을 하고 있다고 생각할 것이다. 그들은 자신들이 하나님께 선한 제사를 드리는 것으로 여길 것이다. 그리고 그들은 옛적에 하나님의 종들을 박해하고 죽인 자들처럼 여호와께서는 영광을 나타내소서(사 66:5)라고 말할 것이다. [1] 하나님의 진정한 원수들인 자들이 하나님에 대하여 열렬한 열심을 가지고 있는 체하는 일은 얼마든지 가능하다. 마귀의 일은 하나님의 사심을 맹세하는 가운데 행하여진 적이 무수하게 많았고, 기독교에 대한 가장 악독한 원수들 중의 하나는 하나님의 성전에 앉아 있다. [2] 하나님과 그의 교회를 섬긴다는 미명 하에 진정한 신앙을 적대하는 일은 흔한 일이다. 하나님의 백성은 양심적이라고 자처하는 박해자들로부터 가장 심한 곤욕을 치러 왔다. 사울은 예수의 이름을 박해하는 일이 진정으로 그가 해야 할 일이라고 생각하였다. 이것은 박해자들의 죄를 결코 줄어들게 하지 않는다. 왜냐하면, 악당들이 하나님의 이름을 걸친다고 해서 거룩하게 되는 것은 결코 아니기 때문이다. 그러나 그것은 하나님의 원수들이라는 이름으로 죽어가는 박해받는 자들의 고통을 한층 더 심하게 만든다. 그러나 저 심판의 큰 날에는 몸들만이 아니라 이름들의 부활도 있게 될 것이다.

III. 그리스도께서는 그들에게 세상이 그들에 대하여 적대하고 분노하는 진짜 이유를 설명해 주신다(3절) : "그들이 이런 일을 할 것은 너희가 그들에게 어떤 해악을 끼쳤기 때문에 아니라 그들이 아버지와 나를 알지 못함이라. 사람들 중에서 아주 나쁜 자들 외에는 아무도 너희의 원수가 되지 않으리라는 것을 너희의 위로로 삼아라." 1. 하나님을 안다고 자처하는 많은 사람들이 사실은 하나님을 너무도 모른다. 하나님을 섬기는 체하는 자들은 그들이 하나님을 알고 있다고 생각하지만, 그들이 하나님에 대하여 갖고 있는 생각은 잘못된 것이다. 이스라엘은 하나님과 맺은 계약을 범했으면도, 나의 하나님, 우리가 주를 아나이다(호 8:1-2)라고 소리쳤다. 2. 그리스도를 알지 못하는 자들은 하나님을 아는 올바른 지식을 가질 수 없다. 사람들은 하나님과 신앙을 안다고 허풍을 치지만, 사실 그들은 그리스도와 기독교 신앙을 멸시한다. 3. 선한 사람들을 박해하는 것이 하나님을 섬기는 일이라고 생각하는 자들은 하나님과 그리스도에 대하여 너무도 모르는 것이다. 그리스도를 아는 자들은 그리스도께서 사람들의 목숨을 멸하기 위해서가 아니라 구원하기 위해서 이 세상에 오신 것을 안다. 또한 그들은 그리스도께서 불과 칼이 아니라 진리와 사랑의 힘으로 다스리신다는 것도 안다. 선한 자들을 박해하는 교회는 무지를 경건의 어머니로 삼고 있는 것이다.

IV. 그리스도께서는 왜 그가 이런 말을 좀 더 빨리 하지 않으시고 지금 하시는 것인지 그 이유를 그들에게 말씀해 주신다.

1. 그리스도께서는 왜 지금 그런 말씀을 그들에게 하셨는가(4절)? 그것은 그들을 낙심시키기 위해서도 아니었고 그들의 현재의 슬픔을 더하기 위한 것도 아니었다. 또한 그리스도께서 그들이 겪게 될 위험에 대하여 그들에게 말씀해 주신 것은 그들로 하여금 어떻게 하면 그 위험을 피할 수 있을지 궁리하도록 하기 위한 것이 아니라, "그 때를 당하면(너희는 그 때가 올 것이라는 것을 확신해도 좋다), 내가 너희에게 말한 이것을 기억나게 하기 위한 것이다." 고난의 때가 닥쳐올 때, 우리가 그리스도께서 고난에 관하여 우리에게 말씀하셨던 것을 기억하는 것은 우리에게 유익하다는 것을 명심하라. (1) 그리스도께서 미리 아셨다는 것과 그의 신실하심에 대한 우리의 믿음이 견고하게 될 수 있도록 하기 위하여. (2) 닥쳐올 환난이 우리에게 덜 근심스러운 것이 될 수 있도록 하기 위하여. 왜냐하면, 우리가 그것에 관하여 먼저 말씀을 듣고, 그것에 대비하여 마음의 준비를 하고 있게 되면, 그 환난은 우리에게 뜻밖에 닥쳐온 일이 되지 않

고 우리에게 뭔가 잘못된 일로 여겨지지 않기 때문이다. 그리스도께서 고난을 당하시면서 그 고난 속에서 성경이 응한 것을 보신 것처럼, 그리스도를 따르는 자들도 그들의 고난 속에서 성경이 응한 것을 볼 줄 알아야 한다.

2. 그리스도께서는 왜 좀 더 빨리 그것에 관하여 그들에게 말씀해 주지 않으셨는가? "너희와 내가 처음으로 알게 된 처음부터 이 말을 하지 아니한 것은 내가 너희와 함께 있었음이라." (1) 그리스도께서 그들과 함께 계시는 동안에는 세상의 악의에 의한 충격을 스스로 짊어지셨고 전투에서도 앞장서셨다. 어둠의 세력들은 무론대소하고 무차별적으로 공격한 것이 아니라 이스라엘의 왕을 겨냥해서 그들의 모든 화력을 집중시켰다. 그러므로 제자들이 감당해야 할 고난의 몫은 별로 많지 않았기 때문에, 그리스도께서는 그들에게 고난에 관하여 그렇게 많이 말씀할 필요가 없으셨다. 그러나 우리는 그리스도께서 처음부터 그들에게 고난을 대비하도록 명하셨다는 것을 발견하게 된다. 그러므로 (2) 그리스도께서 처음부터 이 말을 하지 아니하였다는 것은 또 다른 보혜사에 관한 약속과 연관이 있는 것으로 보인다. 그리스도께서는 제자들과 함께 계셔서 그들을 가르치시고 인도하시며 위로하셨기 때문에 처음부터 보혜사에 관하여 그들에게 말씀하지 않으셨고, 또한 그들은 성령의 활발한 임재에 관한 약속을 필요로 하지도 않았다. 혼인집 손님들은 신랑을 빼앗길 때까지는 위로자를 별로 필요로 하지 않을 것이다.

V. 그리스도께서는 그가 제자들에게 말씀하신 것을 듣고서 제자들이 슬퍼하는 것에 대하여 매우 애정어린 관심을 표현하신다(5-6절) : "지금 나는 너희와 더 이상 함께 있지 못하지만, 나를 보내신 이에게로 가서 이 피곤한 여정 뒤에 거기에서 휴식을 취하는 것이다. 그런데도 너희 중에서 나더러 어디로 가는지 용기 있게 묻는 자가 없도다. 너희는 너희에게 위로가 될 것을 묻지는 않고 우울하게 보이는 것에만 몰두해서 너희 마음에 근심이 가득하였도다."

1. 그리스도께서는 그들에게 그가 그들을 곧 떠나게 될 것이라고 말씀하셨었다: 지금 내가 간다. 그는 강제로 쫓겨가는 것이 아니라 자원하여 떠나는 것이었다. 아무도 그리스도에게서 그의 목숨을 빼앗을 수 없고, 그리스도께서 스스로 목숨을 버리시는 것이다. 그리스도께서는 그가 행하신 일들을 설명하기 위하여 그를 보내신 이에게로 가신다. 이렇게 우리도 이 세상을 떠날 때, 우리는 이 세상으로 우리를 보내신 이에게로 가게 된다. 그러므로 우리는 저 심판의 날에

계산을 하게 될 사명을 가지고 이 땅에 왔다는 것을 기억하고서 그 선한 뜻을 따라서 살아가려고 애를 써야 한다.

2. 그리스도께서는 그가 떠난 후에 그들이 지금과 같이 편하고 조용한 삶을 기대해서는 안 되고, 그들이 힘든 때를 겪게 되리라는 것을 그들에게 말씀하셨다. 이러한 것들이 그를 위하여 모든 것을 버린 제자들에게 그가 남겨주시는 유산이라면, 그들은 손해나는 거래를 한 것이 아닌가 생각하고자 하는 유혹을 받고서 지금 대경실색하고 있었다. 주님께서는 그들의 이러한 모습에 대하여 연민을 가지고 계시면서도 다음과 같은 것들에 대하여 그들을 책망하신다.

(1) 그들이 위로의 방편들에 대해서는 별 신경을 쓰지 않고 그것을 구하고자 애를 쓰지 않았다는 것: 너희 중에서 나더러 어디로 가는지 묻는 자가 없다. 베드로가 제일 먼저 이러한 질문을 던졌고(13:36), 도마가 그 뒤를 이었지만(14:5), 그들은 끈질기게 그 질문을 물고 늘어져서 대답을 얻어내지 못하였다. 그들은 그것에 관하여 전혀 모르고 있었지만, 더 이상 자세한 대답을 바라고서 묻거나 구하지 않았다. 그들은 끈질기게 구하거나 문을 두드리지 않았다. 그리스도께서는 얼마나 연민이 많으신 선생이고, 약한 자들과 무지한 자들에게 얼마나 겸손하게 자기를 낮추시는 분인지를 보라. 많은 선생들은 동일한 질문을 두 번 던지는 것을 참지 못할 것이다. 배우는 자가 어떤 것을 빨리 깨닫고 소화해서 자기 것으로 삼을 수 없다면, 선생은 그가 그것을 모른다고 해도 그대로 넘어가 버린다. 그러나 우리 주 예수께서는 어린아이들을 어떻게 다루어야 하는지를 알고 계셔서, 교훈에 교훈을 더하여 가르쳐야 한다는 것을 알고 계신다. 여기서 제자들이 그리스도께서 떠나가시는 것이 그가 높아지시기 위한 것이라는 것을 알았더라면, 그들은 그리스도께서 그들을 떠나시는 것을 심하게 근심하지 않았을 것이고(그들이 그리스도께서 높아지시는 것에 대하여 근심할 이유가 어디 있겠는가?), 그리스도께서 떠나시는 것이 그들의 유익을 위한 것임을 알았더라면, 그들은 그리스도를 위한 그들의 고난을 그렇게 심하게 근심하지 않았을 것이다. 왜냐하면, 예수께서 하나님의 우편에 앉아 계시는 것을 보는 것은 그들에게 진정한 힘이 되었을 것이기 때문이다 ― 실제로 이러한 일이 스데반에게 허락되었다. 어떤 일에 내포되어 있는 섭리의 목적과 의도를 겸손하게 믿음으로 살피게 되면, 그것은 우리가 그 일을 받아들이는 것을 쉽게 만들어 주고, 덜 근심하게 만들어 주며, 덜 두려워하게 만들어 준다는 것을 명심하라. "그

일이 어디에서 왔는가"라고 묻는 것은 우리를 침묵시킬 것이지만, "그 일이 어디로 가는가"라고 묻는 것은 우리를 풍성하게 만족시킬 것이다. 왜냐하면, 우리는 그 일들이 합력하여 선을 이룬다(롬 8:28)는 것을 알기 때문이다.

(2) 그들이 지나치게 슬픔에 빠져 있다는 것: 너희 마음에 근심이 가득하였도다. 그리스도께서는 그들을 기쁨으로 충만하게 할 만큼 충분히 말씀하셨었다(15:11). 그러나 그들은 오직 그들에게 불리한 것만을 쳐다보고 그들에게 유리한 것을 간과함으로써 너무도 슬픔과 근심에 가득 차 있었기 때문에, 그들에게 기쁨이 들어갈 여지가 전혀 없었다. 우울해하는 그리스도인들이 흔히 빠지는 잘못과 어리석음은 구름의 어두운 면에만 집착해서 오직 두려운 것만을 생각하고 기쁨과 즐거움의 소리에 대하여 귀를 막아버린다는 것이다. 제자들의 마음을 근심으로 가득 채우고 그리스도께서 그들에게 베푸시는 좋은 것들이 그 마음속에서 활동하지 못하도록 방해한 것은 현세의 삶에 대한 지나치게 큰 애착이었다. 그들은 주님의 영원한 나라와 영광에 대한 소망으로 부풀어 있었고, 그들이 주님과 함께 빛난 영광을 누리고 함께 다스리게 될 것을 꿈꾸고 있었다. 그런데 지금 그런 것 대신에 속박과 환난에 관한 이야기만을 듣게 된 것이 그들을 근심으로 가득 채운 이유였다. 세상을 사랑하는 것보다 하나님 안에서의 우리의 즐거움에 더 크게 방해되는 것은 없다. 세상을 사랑하게 되면, 그 결과는 세상의 근심이다.

7그러나 내가 너희에게 실상을 말하노니 내가 떠나가는 것이 너희에게 유익이라 내가 떠나가지 아니하면 보혜사가 너희에게로 오시지 아니할 것이요 가면 내가 그를 너희에게로 보내리니 8그가 와서 죄에 대하여, 의에 대하여, 심판에 대하여 세상을 책망하시리라 9죄에 대하여라 함은 그들이 나를 믿지 아니함이요 10의에 대하여라 함은 내가 아버지께로 가니 너희가 다시 나를 보지 못함이요 11심판에 대하여라 함은 이 세상 임금이 심판을 받았음이라 12내가 아직도 너희에게 이를 것이 많으나 지금은 너희가 감당하지 못하리라 13그러나 진리의 성령이 오시면 그가 너희를 모든 진리 가운데로 인도하시리니 그가 스스로 말하지 않고 오직 들은 것을 말하며 장래 일을 너희에게 알리시리라 14그가 내 영광을 나타내리니 내 것을 가지고 너희에게 알리시겠음이라 15무릇 아버지께 있는 것은 다 내 것이라 그러므로 내가 말하기를 그가 내 것을 가지고 너희에게 알리시리라 하였노라 구약의 선지자들이 흔히 재앙을 만난 교회를 메시야에 관한 약속을 통해서 위로하였던 것과 마찬가지로(사 9:6; 미 5:6; 슥 3:8), 메시야가 이미 온 지금에 있어서 성령에 대한 약속은 제자들에게 가장 크게 힘을 주는 것이었고, 지금도 여전히 그러하다.

여기에는 보혜사의 오심과 관련하여 세 가지가 언급되고 있다.

I. 보혜사가 오기 위해서는 그리스도께서 떠나시는 것이 절대적으로 필요하다는 것(7절). 제자들은 이러한 사실을 믿고자 하지 않았기 때문에, 그리스도께서는 평소보다 더 엄숙한 어조로 이 사실을 단언하셔야 했다: 내가 너희에게 실상을 말한다. 우리는 그리스도께서 우리에게 말씀하신 모든 것이 참되다는 것을 확신할 수 있다. 그리스도께는 우리에게 무엇을 강요할 의도가 없으시다. 이제 그리스도께서는 그들을 편안하게 만들기 위해서 여기에서 그들에게 다음과 같은 것들을 말씀하신다.

1. 전체적으로 볼 때, 그가 떠나가는 것이 그들에게 유익이었다. 이것은 이상한 말씀이었지만, 만약 그것이 사실이라면, 그 말씀은 충분히 위로가 되고 힘이 되는 말씀이었고, 그들에게 그들이 슬퍼하고 근심하는 것이 얼마나 터무니없는 것인지를 보여주는 말씀이었다. 내가 떠나가는 것이 나를 위해서만이 아니라 너희에게도 유익이라. 그들은 그러한 사실을 알지 못했고, 또한 그것을 믿고자 하지 않았지만, 그것은 사실이었다. (1) 우리를 위해서 진정으로 유익한 일들이 흔히 우리에게 슬픈 일로 보인다. 우리가 우리의 경주를 다 끝내고서 이 세상을 떠나는 일이 특히 그러하다. (2) 우리 주 예수께서는 우리가 그렇게 생각하든 생각하지 않든 우리에게 가장 유익한 것만을 항상 생각하신다. 그리스도께서는 우리 자신의 어리석은 선택에 따라서 우리를 대하시는 것이 아니라, 은혜로 말미암아 그것을 배제하시고 우리에게 우리가 먹기 싫어하는 약을 주신다. 왜냐하면, 그리스도께서는 그 약이 우리를 위해서 유익하다는 것을 아시기 때문이다.

2. 그리스도께서 떠나가는 것이 유익인 것은 그것이 성령을 보내기 위한 것이기 때문이다. 좀 더 자세하게 살펴보자.

(1) 그리스도께서 떠나가시는 것은 보혜사께서 오시기 위한 것이라는 것.

[1] 이것은 소극적인 방식으로 표현되어 있다: 내가 떠나가지 아니하면 보혜사가 너희에게로 오시지 아니할 것이다. 왜 그러한가? 첫째, 이 일과 관련된 하나님

의 계획 속에 그렇게 작정되어 있었고, 그 계획이 변경되지 않아야 하기 때문에. 그들 때문에 땅이 버림을 받겠느냐? 우리는 모든 것을 다 붙잡기를 좋아하겠지만, 거저 주시는 분은 또 다른 은사를 주시기 전에 기존의 은사를 회수해 가실 수 있다. 둘째, 상주하게 될 외교관이 오기 전에 특명 전권 대사를 소환하는 것은 이치에 어긋나는 것이 아니다. 셋째, 성령을 보내는 것은 그리스도의 대속의 열매이기 때문에, 그리스도께서는 죽으셔야 했고, 바로 이 죽음이 그가 떠나가시는 것이었다. 넷째, 성령을 보내는 것은 그리스도께서 저 세상에서 행하신 중보기도에 대한 응답이었다(14:16을 보라). 따라서 우리 주 예수께서는 하나님께 성령을 보내달라고 기도하셨을 뿐만 아니라 그 값을 치러야 하셨는데, 이것은 우리로 하여금 성령께서 오시는 것에 더 큰 가치를 두도록 하기 위한 것이었다. **다섯째**, 성령께서 이 세상의 죄를 깨닫게 하심에 있어서 사용하여야 할 큰 근거는 그리스도께서 하늘에 오르셨고 거기에서 영접을 받으셨다는 것이 되어야 했다(10절과 7:39을 보라). 끝으로, 제자들은 새로운 경륜의 영적인 도움들과 위로들을 받을 적절한 준비가 되기 위해서는 그들이 너무도 쉽게 집착할 수 있었던 그리스도의 육체적인 현존으로부터 떠나야 했다.

[2] 그것은 적극적으로 표현되어 있다: 내가 가면 내가 그를 너희에게로 보내리라. 이것은 마치 그리스도께서 이렇게 말씀한 것이나 다름 없었다: "너희가 나의 떠남으로 인해서 결코 손해보지 않도록 효과적으로 준비하는 일을 내게 맡겨라." 영화롭게 되신 구속주께서는 이 땅에 있는 그의 교회를 돌보시지 않거나 교회가 꼭 필요로 하는 것들을 주심이 없이 교회를 떠나시지 않는다. 그는 떠나시지만, 그는 보혜사를 보내신다. 아니, 그는 보혜사를 보내기 위한 목적으로 떠나시는 것이다. 이렇게 한 세대의 사역자들과 그리스도인들이 떠나면, 또 다른 세대의 사역자들과 그리스도인들이 일으키심을 받아서 그 자리를 메운다. 왜냐하면, 그리스도께서는 자신의 사역을 계속해서 보전하고자 하시기 때문이다.

(2) 그리스도의 영이 그의 교회 속에 임재해 계시는 것은 그리스도께서 육체로 임재해 계시는 것보다 훨씬 더 좋고 바람직한 것이기 때문에, 그리스도께서 떠나가셔서 보혜사를 보내시는 것이 우리에게 진정으로 유익하다는 것. 그리스도께서 그의 교회 속에 육체로 현존해 계실 때에는 한 번에 한 곳만 계실 수 있었지만, 그의 성령은 두세 사람이 그리스도의 이름으로 모이는 곳마다 언제

든지 모든 곳에 동시에 계신다. 그리스도의 육체적 현존은 사람들의 눈을 이끌고, 그의 성령은 사람들의 마음을 이끈다. 문자는 사람을 죽이지만, 그의 성령은 생명을 주신다.

II. 성령이 오시는 것이 이 땅에서 그리스도의 일을 진행함에 있어서 절대적으로 필요하다는 것(8절) : 그가 와서. 보내심을 받은 자는 기꺼이 오시고자 하셨고, 그가 처음 오셨을 때에 그는 책망하시는 일을 하시고자 하셨다. 난외주에서는 이 본문을 이렇게 읽는다: 그는 너희의 사역을 통해서 죄, 의, 심판에 관하여 세상으로 하여금 깨닫게 하실 것이다.

1. 성령의 직분은 무엇이고, 그는 무슨 목적으로 보내심을 받는 것인가? (1) 책망하기 위해서. 성령은 말씀과 양심을 통해서 책망하시는 자이다. 사역자들은 직분상 책망하는 자들이기 때문에, 성령께서는 그들을 통해서 책망하신다. (2) 깨닫게 하기 위해서. 이것은 법률용어로서 증거들을 요약해서 오랫동안 검토해 왔던 일을 분명하고 참된 빛에 비추어서 결정하는 재판관의 일을 말한다. 성령은 깨닫게 할 것이다. 즉, "성령은 그리스도와 복음의 원수들이 주장해 왔던 것들의 거짓됨과 오류들, 그들이 반대해 왔던 것들의 참됨과 확실함을 드러내고 나타냄으로써 그 원수들을 침묵시키실 것이다." 죄를 깨닫게 하는 사역은 성령의 일이라는 것을 명심하라. 성령은 그 일을 효과적으로 행하실 수 있고, 오직 그만이 그 일을 행하실 수 있다. 사람은 입을 열어서 복음을 전할 수 있지만, 사람의 마음을 열 수 있는 것은 오직 성령뿐이다. 앞에서는 성령을 보혜사로 불렀고(7절), 여기에서는 성령이 죄를 깨닫게 할 것이다라고 말씀한다. 우리는 이것이 병주고 약주는 식의 으스스한 위로가 아닌가라고 생각할지도 모르지만, 먼저 죄를 깨닫게 하고 그런 후에 위로하시며, 먼저 상처를 드러낸 후에 치료약을 발라주시는 것이 성령이 취하는 방법이다. 또는, 여기에서 깨닫게 하신다는 것을 좀 더 일반적으로 올바른 것을 나타내신다는 의미로 해석한다면, 그것은 성령의 위로들은 진리에 확고하게 근거를 두고 있다는 것을 보여준다.

2. 성령께서 책망하시고 죄를 깨닫게 하는 자들은 누구인가? 유대인들과 이방인들을 모두 포함한 세상. (1) 그리스도께서는 세상에 죄를 깨닫게 하는 가장 강력한 방편을 두실 것이다. 왜냐하면, 사도들은 성령의 권능을 받고서 온 세상에 두루 다니며 온전히 검증된 복음을 전할 것이기 때문이다. (2) 성령은 복음에 대한 세상의 반대들과 편견들을 제거하고 침묵시키실 것이다. 많은 믿지 않

는 자들이 책망을 들으며 판단을 받았다(고전 14:24). (3) 성령은 이 세상의 모든 것에서 많은 사람들에게 효과적으로 죄를 깨닫게 하여 그들을 그리스도에 대한 믿음으로 돌아오게 할 것이다. 그들이 맞게 될 난관들과 관련해서 제자들에게 힘이 되는 것은 다음과 같은 것들이었다. [1] 그들은 일이 잘 되어서, 사탄의 나라가 번개처럼 떨어지는 것을 보게 되리라는 것 — 이것은 그리스도의 기쁨이자 그들의 기쁨이 될 것이었다. 이 세상이 아무리 악하다고 할지라도 성령께서는 그들에게 역사할 것이다. 죄인들이 죄를 깨닫는 것은 신실한 사역자들에게 위로가 되고 힘이 되는 일이다. [2] 이것은 그들의 섬김과 고난의 열매로 이루어진다는 것과 그들의 수고가 이 선한 일에 매우 큰 기여를 하게 되리라는 것.

3. 성령은 무엇에 대하여 세상으로 하여금 죄를 깨닫게 하는가?

(1) 죄에 대하여라 함은 그들이 나를 믿지 아니함이다(9절). [1] 성령은 죄인들에게 단지 죄에 대하여 말하기 위해서가 아니라 그들로 하여금 죄를 깨닫게 하기 위하여 보내심을 받았다. 죄를 깨닫는다는 것은 죄에 대하여 아는 것 이상의 것을 의미한다. 죄를 깨닫는 것은 양심에 가책을 느끼는(8:9) 것과 마찬가지로 자신의 죄를 알고서 고백하는 것이다. 그들로 그 가증한 일을 알게 하라. 성령은 우리가 이러저러한 일을 했다는 죄의 사실에 대하여 우리로 하여금 깨닫게 하고, 우리가 이러저러한 일을 하면서 잘못 행하였다는 죄의 잘못됨에 대하여 깨닫게 하며, 우리가 올바른 이치와 우리의 참된 유익에 반하여 행동했다는 죄의 어리석음에 대하여 깨닫게 하고, 그 죄로 말미암아 우리가 하나님께 가증스러운 자가 되었다는 죄의 더러움에 대하여 깨닫게 하며, 죄의 원천인 부패한 본성에 대하여 깨닫게 하고, 끝으로, 죄의 결국이 사망이라는 죄의 열매에 대하여 깨닫게 하신다. 성령은 온 세상이 하나님 앞에서 죄악되다는 것, 즉 온 세상의 부패성과 타락성을 드러내신다. [2] 성령은 죄를 깨닫게 하심에 있어서 특히 그들이 그리스도를 믿지 않은 죄, 즉 불신앙의 죄를 뚜렷하게 부각시키신다. 첫째, 불신앙의 죄는 모든 것을 지배하는 가장 큰 죄이다. 세상에는 예수 그리스도를 믿지 않으면서도 그것이 그들의 죄라는 것을 알지 못하는 사람들이 있다. 자연적인 양심은 그들에게 살인과 도적질이 죄라는 것을 가르쳐 준다. 그러나 그들에게 복음을 믿지 않고 복음이 제시하는 구원을 거절하는 것이 죄라는 것을 깨닫게 해주는 것은 성령의 초자연적인 역사이다. 자연 종교는 우리에게 가장 선한 것들을 알려주고 가르쳐 준 후에 우리에게 다음과 같은 추가적인 의무

를 부여한다: 어느 때든지 우리에게 하나님의 계시가 임하고, 그것이 하나님께 로부터 온 것임을 증명해 주는 충분한 증거를 갖고 있을 때, 우리는 그것을 받아들여서 거기에 순종하여야 한다는 것. 하나님께서 아들을 통하여 우리에게 말씀하실 때에 그 말씀하시는 분을 거부하는 자들은 이러한 법을 어기는 것이다. 그러므로 그것은 죄이다. 둘째, 불신앙은 사람을 파멸시키는 큰 죄이다. 모든 죄는 나름대로 사람을 파멸시키는 속성을 지니고 있다. 하지만 그리스도를 믿는 자들에게는 죄는 그러한 속성을 지니지 않는다. 따라서 죄인들을 파멸시키는 것은 불신앙이다. 불신앙으로 인해서 그들은 안식에 들어갈 수 없고, 하나님의 진노를 피할 수 없다. 불신앙은 치료약이 없는 죄이다. 셋째, 불신앙은 모든 죄의 밑바닥에 있는 죄이다(칼빈은 이렇게 말한다). 성령은 세상으로 하여금 죄가 그들 가운데서 다스리는 참된 이유는 그들이 믿음으로 그리스도와 연합되어 있지 않기 때문이라는 것을 깨닫게 할 것이다. 그리스도를 떠나서는 우리에게는 한 점의 옳음도 없다는 것을 알아야 한다(칼빈).

(2) 의에 대하여라 함은 내가 아버지께로 가니 너희가 다시 나를 보지 못함이요(10절). 우리는 이 말씀을 두 가지로 이해할 수 있다. [1] 그리스도 자신의 의. 성령은 세상으로 하여금 나사렛 예수가 백부장의 고백처럼(눅 23:40) 의로운 그리스도였다는 것(요일 2:1)을 깨닫게 하실 것이다: 이 사람은 정녕 의인이었도다. 그리스도의 원수들은 그리스도를 가장 악한 자들 중의 한 사람으로 만들어 놓았고, 사람들은 그리스도가 나쁜 사람이라고 확신하였다. 이것은 그의 가르침에 대한 편견을 강화시켰다. 그러나 그리스도는 영으로 의롭다 하심을 받으셨고(딤전 3:16), 속이는 자가 아니라 의인임이 입증되었다. 그러므로 진상은 이미 판명이 났다. 왜냐하면, 그리스도는 위대한 구속주이거나 위대한 사기꾼일 것이기 때문이다. 그러나 우리는 그리스도가 사기꾼이 아니라는 것을 확신한다. 그렇다면, 성령은 어떠한 수단이나 근거를 통해서 사람들로 하여금 주 예수의 진실성을 깨닫게 하시는가? 첫째, 그들이 그를 다시 보지 못하게 되는 것은 그들의 편견을 제거하는 데에 어느 정도 유효하게 될 것이다. 그들은 그들로 하여금 그를 멸시하게 만들었던 죄 있는 육신의 모양과 종의 형체를 가지신 그리스도를 다시는 보지 못하게 될 것이다. 모세는 살아있는 동안보다도 죽은 후에 더 존경을 받았다. 둘째, 그리스도께서 아버지께로 가는 것은 그들로 하여금 온전히 죄를 깨닫게 하는 계기가 될 것이다. 약속을 따라서 성령이 오시는 것은 그리스도께

서 하나님의 우편으로 높아지셨다는 것을 보여주는 증거가 되는 것이었고(행 2:33), 이것은 그가 의롭다는 것을 보여주는 것이었다. 왜냐하면, 거룩한 하나님은 속이는 자를 결코 그의 우편에 앉히시지는 않을 것이기 때문이다. [2] 우리의 칭의와 구원을 위해서 우리에게 전가된 그리스도의 의, 메시야가 가져오기로 되어 있던 바로 그 영원한 의(단 9:24). 첫째, 성령은 사람들에게 이 의에 대하여 깨닫게 하실 것이다. 성령은 그들에게 죄를 깨닫게 함으로써 그들에게 의가 필요하다는 것을 보여주셨기 때문에, 이것으로 말미암아 그들이 절망에 빠지지 않도록 하기 위하여, 그들에게 의가 어디에 있는지, 어떻게 그들이 의를 얻을 수 있는지, 즉 그들이 믿을 때로부터 자유케 되어서 하나님 보시기에 의로운 자들로 받아들여지게 되리라는 것을 보여주실 것이다. 자신의 의를 세우려고(롬 10:3) 한 자들에게 이 의를 깨닫게 하기는 어려운 일이지만, 성령은 그 일을 하고자 하신다. 둘째, 그리스도의 승천은 사람들에게 이 의를 깨닫게 하는 데에 적합한 아주 좋은 근거가 된다: 내가 아버지께로 가니, 내가 아버지께 영접을 받았음을 보여주는 증거로 너희가 다시 나를 보지 못할 것이다. 만약 그리스도께서 자신의 사명 중에서 한 부분이라도 끝맺지 않고 가신 것이라면, 그는 반드시 다시 보내심을 받게 되었을 것이다. 그러나 우리는 지금 그리스도께서 하나님 우편에 계시다는 것을 확신하기 때문에, 우리가 그로 말미암아 의롭게 된다는 것도 확신한다.

(3) 심판에 대하여라 함은 이 세상 임금이 심판을 받았음이라(11절). 좀 더 자세하게 살펴보자. [1] 이 세상 임금인 마귀는 심판을 받았고, 큰 사기꾼이자 파괴자라는 것이 드러났다. 그런 까닭에 심판이 그에게 행하여졌고 부분적으로 집행이 이루어졌다. 마귀는 그의 신탁들이 침묵당하고 그의 제단들이 훼파되며, 귀신들이 교회에서 지속적으로 행해진 이적의 권능을 통해서 그리스도의 이름으로 많은 사람들의 몸에서 쫓겨났을 때에 이방 세계로부터 축출된 것이었다. 마귀는 그리스도의 복음과 더불어서 역사한 하나님의 은혜로 말미암아 사람들의 영혼으로부터 쫓겨났다. 마귀는 하늘로부터 번개 같이 떨어졌다. [2] 이것은 성령이 세상으로 하여금 심판에 대하여 깨닫게 하는 데에 좋은 근거가 된다. 첫째, 예수의 내재적인 거룩함과 성별됨에 대하여(마 12:18). 이 세상 임금이 심판을 받은 것은 그리스도께서 사탄보다 더 강하셔서 그의 무장을 해제시키고 그의 것들을 빼앗으실 수 있으며 사탄이 멸망한 자리 위에 그의 보좌를 세우실 수 있

다는 것을 보여준다. 둘째, 새롭고 더 나은 경륜에 대하여. 성령은 그리스도께서 이 세상에 오신 목적은 이 세상에 있는 모든 것들을 올바르게 하고 새롭게 됨과 중생의 때를 오게 하기 위한 것이었다는 것을 보여주실 것이다. 그리고 성령은 이 세상 임금, 즉 세상을 못살게 괴롭힌 폭군인 마귀가 심판을 받고 축출되었다는 것을 통해서 그러한 사실을 증명하신다. 세상에 재앙을 가져다주었던 마귀의 세력이 분쇄되었기 때문에, 이제는 모든 것이 잘될 것이다. 셋째, 주 예수의 권능과 다스리심에 대하여. 성령은 세상으로 하여금 하나님께서 심판을 다 아들에게 맡기셨다는 것, 그가 만유의 주시라는 것, 또한 그러한 것이 그가 이 세상 임금을 심판하고 뱀의 머리를 부수었으며 죽음의 세력을 잡은 자를 멸하시며 통치자들을 무력화하신 것을 통해서 입증되었다는 것을 깨닫게 하실 것이다. 사탄이 이렇게 그리스도에 의해서 복속되었다면, 우리는 그 어떤 다른 세력도 그리스도 앞에 설 수 없다는 것을 확신할 수 있다. 넷째, 최후의 심판의 날에 대하여. 그리스도의 복음과 그의 나라에 대적하는 모든 완악한 원수들은 분명히 결국에 결산을 하게 될 것이다. 왜냐하면, 그들의 우두머리였던 마귀가 심판을 받았기 때문이다.

III. 성령께서 행하시는 일 중에는 그리스도의 원수들에게 죄를 깨닫게 하고 낮아지게 하는 일뿐만 아니라 그리스도의 종들과 대리자들에게 가르침을 베풀고 위로하는 일도 들어 있다. 그러므로 그리스도께서 떠나가는 것이 그들에게 유익이었다.

1. 그리스도께서는 제자들에게 그들의 현재의 연약함에 대하여 그가 지니고 있는 연민의 마음을 표현하신다(12절): 내가 아직도 너희에게 이를것이 많으나(꼭 말했어야 하는 것이 아니라 그가 말할 수 있고 또한 말하고자 하는 것), 지금은 너희가 감당하지 못하리라. 그리스도께서 어떠한 선생이신지를 보라. (1) 풍성한 지식에 있어서 그리스도와 같은 자가 없었다. 그리스도께서는 많은 말씀을 하셨지만 아직도 여전히 말씀하시고자 하는 많은 것들이 있었다. 우리가 우리 자신의 마음을 좁게 가지지만 않는다면, 그리스도 안에는 지혜와 지식의 보화들이 무궁무진하게 감춰져 있다. (2) 연민에 있어서 그리스도와 같은 자가 없었다. 그리스도께서는 하나님 나라에 속한 일들, 특히 유대인들이 버림받은 것과 이방인들을 부르신 것에 대하여 그들에게 더 많은 말씀을 하시고자 하셨지만, 그들은 그러한 말씀들을 감당할 수 없었다. 그러한 말씀들은 그들에게 어떤 만

족을 주기보다는 그들을 혼란스럽게 하고 넘어지게 만들 것이었다. 부활 후에 그들이 그리스도께 이스라엘 나라를 회복하는 일에 관하여 물었을 때, 그리스도께서는 성령이 오시면 성령이 그들에게 말해줄 것이라고 말씀하셨다. 성령께서 오시면, 그들은 그들이 지금 지니고 있는 개념들과 너무나 상반되는 것이어서 그들이 지금은 감당하지 못하는 그러한 것들을 감당할 수 있는 권능을 받게 될 것이다.

2. 그리스도께서는 그들에게 성령을 부어 주심으로써 충분한 도움을 주시겠다고 약속하신다. 제자들은 지금 그들 자신이 얼마나 둔하고 많은 잘못을 저지르는지를 잘 알고 있었다. 그런데 그들의 주님이 그들을 떠나시면, 그들은 어떻게 해야 한단 말인가? "그러나 진리의 성령이 오시면, 너희는 안심하게 될 것이고, 모든 일이 잘될 것이다." 진정으로 모든 일이 잘될 것이다. 왜냐하면, 성령이 사도들을 인도하고 그리스도를 영화롭게 하실 것이기 때문이다.

(1) 성령은 사도들을 인도하신다.

[1] 성령은 그들이 잘못된 길을 가지 않도록 돌보실 것이다: 그가 너희를 인도하시리라. 이스라엘의 진영이 구름과 불기둥으로 인도하심을 받아서 광야를 통과하였듯이, 너희도 그렇게 되리라. 성령은 그들이 잘못을 저지르지 않도록 하기 위하여 말할 때에 그들의 혀를 인도하시고, 글을 쓸 때에는 그들의 펜을 인도하셨다. 성령은 끊임없는 도우심과 감동을 통해서 우리에게 길을 보여줄 뿐만 아니라 우리와 함께 동행하는 우리의 안내자가 되도록 하기 위하여 우리에게 주어졌다(롬 8:14).

[2] 성령은 그들이 그들의 목표에 미달하게 되지 않도록 돌보실 것이다: 노련한 조타수가 배를 그 목적지인 항구로 인도하듯이, 성령은 그들을 모든 진리 가운데로 인도하시리라. 진리 가운데로 인도함을 받는다는 것은 단지 진리를 아는 것 이상의 것이다. 그것은 진리를 경험적으로 친밀하게 잘 아는 것이다. 그것은 경건하고 강력하게 진리에 물드는 것이고, 머릿속으로 진리에 대한 개념을 가질 뿐만 아니라 우리의 마음속에 진리의 향기와 능력을 가지는 것이다. 또한 그것은 점점 더 밝게 빛나는 진리를 점진적으로 발견하는 것을 가리킨다: "성령은 명백하고 쉬운 그러한 진리들을 통해서 좀 더 어려운 진리들로 너희를 인도하실 것이다." 그렇다면, 모든 진리로 인도하신다는 것은 무엇을 의미하는가?

첫째, 그들의 사명과 관련된 모든 진리 전체. 그들이 그들의 직분을 온전하게 수행하기 위하여 알아야 할 필요가 있거나 유익한 모든 것들을 그들은 성령에 의해서 온전히 가르침을 받게 될 것이다. 그들이 다른 사람들에게 가르쳐야 할 모든 진리들을 성령은 그들에게 가르치실 것이고, 그들에게 그 진리를 이해할 수 있는 총명을 주실 것이며, 그 진리들을 설명하고 옹호할 수 있는 힘을 그들에게 주실 것이다.

둘째, 성령은 오직 진리 가운데로만 인도하실 것이다. 성령이 너희를 인도하시는 모든 것은 진리일 것이다(요일 2:27). 그의 기름부음은 참되다. 그리스도께서는 다음과 같은 말씀들을 통해서 이 두 가지를 증명하신다. 1. "성령은 진리 외에는 아무것도 가르치지 않을 것이다. 왜냐하면, 그가 나의 가르침과는 다른 어떤 가르침을 스스로 말하지 않고 오직 들은 것을 말하며, 아버지의 뜻만을 말할 것이기 때문이다." 이것은 다음과 같은 것들을 의미한다. (1) 말씀과 사도들을 통한 성령의 증언은 우리가 믿고 의지할 수 있는 증언이라는 것. 성령은 모든 것 곧 하나님의 깊은 것까지도 통달하시는데, 사도들은 그 성령을 받았기 때문에(고전 2:10-11), 우리는 성령의 말씀에 우리의 영혼을 맡길 수 있다. (2) 성령의 증언은 항상 그리스도의 말씀과 협력한다는 것. 왜냐하면, 성령은 스스로 말하지 않고, 자기 나름대로의 별개의 이권이나 의도를 가지고 있지 않으며, 본질에 있어서 아버지 및 아들과 하나(요일 5:7)이기 때문이다. 사람들의 말과 영은 흔히 서로 다르지만, 영원한 말씀과 영원한 성령은 결코 그렇지 않다. 2. "성령은 너희에게 모든 진리를 가르치실 것이고, 너희에게 유익한 것이라면 무엇이든지 숨기지 않으실 것이다. 왜냐하면, 성령은 장래 일을 너희에게 알리실 것이기 때문이다." 성령은 사도들 속에서 예언의 영이었다. 성령께서 그러실 것이라고 미리 예언되었고(욜 2:28), 실제로 성령은 예언의 영이었다. 성령은 장래 일을 그들에게 알리셨다(행 11:28; 20:23; 21:11). 성령은 마지막 때(딤전 4:1)의 배교에 관하여 말씀하셨다. 요한은 성령 안에 있을 때에 장래의 일들을 묵시로 보았다. 이것은 그들의 마음에 큰 만족을 주는 것이었고, 그들의 행실에 유익이 되는 것이었으며, 또한 그들의 사명을 확증해 주는 것이기도 하였다. 얀세니우스(Jansenius)는 이것에 대하여 경건한 해설을 붙였다: 우리는 성령께서 사도들에게 행하신 것처럼 이 세상에서 우리에게 장래 일을 보여주지 않는다고 해서 불평해서는 안 된다. 성령께서 말씀을 통해서 우리의 주된 관심사인 저 세상에서의 장래 일을 우리에게 알려주신 것만으로도 충분하다.

(2) 성령은 그리스도의 영광을 나타내는 일을 하셨다(14-15절). [

[1] 성령을 보내신 것 자체가 그리스도의 영광을 나타내는 것이었다. 하나님 아버지께서는 그리스도를 천국에서 영화롭게 하셨고, 성령은 이 땅에서 그리스도의 영광을 나타내셨다. 성령이 그의 이름으로 및 그의 심부름으로 그의 사역을 계승하여 완성하기 위해서 보내심을 받았다는 것은 구속주의 영광이었다. 성령의 모든 은사들과 은혜들, 성령의 감화 아래에서 사도들이 행한 모든 말씀 전파와 모든 글들, 방언과 이적들은 그리스도의 영광을 나타내는 것이었다.

[2] 성령은 제자들을 예수 안에 있는 진리(엡 4:21)로 인도하심으로써 그리스도의 영광을 나타내셨다. 그리스도께서는 그들에게 이렇게 약속하신다. 첫째, 성령이 그리스도의 것을 그들에게 알려 주리라는 것: 성령은 내 것을 받아다가 너희에게 알리시겠음이라. 본질에 있어서 성령이 아들로부터 나온 것과 마찬가지로, 감화와 역사에 있어서도 성령의 것은 그리스도의 것으로부터 나온다. 그가 내 것을 가지고 너희에게 알리시리라. 성령이 우리에게 보여주시는 모든 것, 즉 성령이 우리를 가르치시고 위로하기 위하여 우리에게 나타내시는 모든 것, 성령이 우리에게 힘을 주시고 일깨우기 위해서 주시는 모든 것, 성령이 우리를 안전하게 하시고 인치시는 모든 것은 그리스도께 속한 것으로서 그리스도로부터 받은 것이다. 모든 것이 그리스도의 것이다. 왜냐하면, 그리스도께서 그것을 비싼 값을 주고 사셨기 때문이다. 그러므로 그리스도께서 그것을 자기 것이라 부르시는 것은 합당하다. 그리스도께서 그것을 맨 처음으로 받으셨기 때문에, 그것은 그의 것이다. 그것은 그로 말미암아 그의 모든 지체들에게 전해지도록 교회의 머리 되신 그에게 주어졌다. 성령이 오신 것은 새로운 나라를 세우기 위한 것이 아니라, 그리스도께서 세우셨던 바로 그 나라를 견고케 하고 흥왕하게 하며, 그리스도께서 가지셨던 것과 동일한 목적을 추구하며, 그리스도께서 가지셨던 것과 동일한 유익을 보존하기 위한 것이었다. 그러므로 성령을 의탁하여 그리스도를 욕하는 자들은 스스로 거짓말을 하는 것이다. 왜냐하면, 성령은 그리스도의 영광을 나타내기 위해서 오셨기 때문이다. 둘째, 성령을 통해서 하나님의 것이 우리에게 전해지리라는 것. 이것을 받는 것이 그들을 훨씬 더 풍성하게 만들지 못할 것이라고 생각하는 자가 혹시라도 있을 것을 우려해서, 그리스도께서는 무릇 아버지께 있는 것은 다 내 것이라는 말씀을 덧붙이신다. 하나님

으로서 그리스도는 아버지께 있는 모든 자존(自存)하는 빛과 자족(自足)하는 복을 가지고 계신다. 아버지께서는 중보자이신 그리스도께 모든 것을 주셨다(마 11:27). 하나님께서는 그가 우리에게 보여주시고자 하시는 모든 은혜와 진리를 주 예수의 손에 두셨다(골 1:19). 하늘에 속한 영적인 축복들은 아버지께서 우리를 위하여 아들에게 주셨고, 아들은 그 축복들을 우리에게 전달하라고 성령에게 맡기셨다. 어떤 이들은 이것이 바로 앞에 나온 것을 가리킨다고 해석한다: 그가 장래 일을 너희에게 알리시리라. 요한계시록 1:1에서는 그렇게 설명하고 있다. 하나님께서는 그것을 그리스도께 주셨고, 그리스도께서는 그것을 요한에게 보이셨으며, 요한은 성령께서 말씀하신 것을 기록하였다(계 1:1).

¹⁶조금 있으면 너희가 나를 보지 못하겠고 또 조금 있으면 나를 보리라 하시니 ¹⁷제자 중에서 서로 말하되 우리에게 말씀하신 바 조금 있으면 나를 보지 못하겠고 또 조금 있으면 나를 보리라 하시며 또 내가 아버지께로 감이라 하신 것이 무슨 말씀이냐 하고 ¹⁸또 말하되 조금 있으면이라 하신 말씀이 무슨 말씀이냐 무엇을 말씀하시는지 알지 못하노라 하거늘 ¹⁹예수께서 그 묻고자 함을 아시고 이르시되 내 말이 조금 있으면 나를 보지 못하겠고 또 조금 있으면 나를 보리라 하므로 서로 문의하느냐 ²⁰내가 진실로 진실로 너희에게 이르노니 너희는 곡하고 애통하겠으나 세상은 기뻐하리라 너희는 근심하겠으나 너희 근심이 도리어 기쁨이 되리라 ²¹여자가 해산하게 되면 그 때가 이르렀으므로 근심하나 아기를 낳으면 세상에 사람 난 기쁨으로 말미암아 그 고통을 다시 기억하지 아니하느니라 ²²지금은 너희가 근심하나 내가 다시 너희를 보리니 너희 마음이 기쁠 것이요 너희 기쁨을 빼앗을 자가 없으리라

우리 주 예수께서는 그의 슬퍼하는 제자들을 위로하기 위해서 여기에서 그가 그들을 다시 찾아올 것이라고 약속하신다.

I. 그리스도께서 그들에게 계획하신 위로에 대하여 말씀하심(16절).

여기에서 그리스도께서는 그들에게 다음과 같은 것들을 말씀하신다.

1. 그들이 이제 곧 그를 보지 못하게 되리라는 것: 조금 있으면 나를 그토록 오랫동안 보아 왔고 지금도 여전히 나를 보기를 원하는 너희가 나를 보지 못하리라. 그러므로 질문할 것이 있다면, 그들은 신속하게 질문해야 한다. 왜냐하면,

그는 지금 그들을 떠날 채비를 하고 계시기 때문이다. 우리가 은혜받을 때가 끝날 날이 얼마 남지 않았다는 것을 생각함으로써 그 때가 아직 남아 있는 동안에 우리가 더욱 깨어서 그 기회들을 선용할 수 있게 되는 것은 좋은 일이다. 지금 우리의 눈은 우리의 선생들을 보고 있고, 인자의 날들을 보고 있지만, 조금 있으면 우리가 그들을 보지 못할 것이다. (1) 그리스도께서 죽으심으로써 이 세상으로부터 물러가셔서 그 후로는 공개적으로 모습을 나타내지 않으셨을 때, 그들은 그리스도를 보지 못하게 되었다. 죽음이 우리 그리스도인 친구들에게 행하는 일은 기껏해야 그들을 우리로 하여금 보지 못하게 하는 것일 뿐이고, 그들의 존재나 그들의 지복(至福), 우리에 대한 그들의 모든 관계를 뺏어가지 못한다. 오직 보지 못하는 것뿐이고, 마음으로부터 멀어지는 것은 아니다. (2) 그리스도께서 그들로부터(부활 후에 한동안 그와 교제하였던 자들로부터) 물러가셔서 승천하셨을 때, 그들은 그리스도를 보지 못하게 되었다. 비록 그들이 그의 뒤를 뚫어져라고 바라보았지만, 구름이 그를 가리어 그들은 그를 다시 보지 못하였다(행 1:9-10; 왕하 2:12; 또한 고린도후서 5:16을 보라).

2. 그렇지만 그들은 곧 그를 다시 보게 되리라는 것. 또 조금 있으면 나를 보리라. 그러므로 너희는 소망 없는 다른 이와 같이 슬퍼해서는 안 된다. 그리스도와의 작별은 영원한 작별이 아니었다. (1) 그리스도께서 죽으신 후에 얼마 되지 않아서 부활하여 많은 틀림없는 증거들을 통해서 40시간이 아니라 40일이라는 기간 동안에 살아 있는 모습으로 스스로를 보이셨을 때, 그들은 그를 다시 보게 될 것이다(호세아 6:2을 보라). (2) 그리스도께서 승천하신 후에 얼마 되지 않아서 성령을 부으심으로써 그들이 그동안 처해 있었던 무지와 오해의 안개를 걷으시고, 그들에게 이전보다 훨씬 더 분명하게 그리스도의 복음의 신비들을 볼 수 있게 하셨을 때, 그들은 그를 다시 보게 될 것이다. 성령께서 오시는 것은 그리스도께서 그의 제자들을 일시적이 아니라 영속적으로 찾아오시는 것으로서, 그러한 찾아오심을 통해서 그리스도를 보는 제자들의 눈은 몰라보게 회복될 것이었다. (3) 그리스도께서 재림하실 때, 그들은 그리스도를 다시 보게 될 것이다. 그들은 한 사람씩 죽어서 그에게로 갔을 때에 다시 그를 보았고, 또한 그들은 종말의 때에 그가 구름을 타고 오시는 것을 각 사람의 눈이 보게 될 때에 한 자리에서 그를 다시 보게 될 것이다. 이것에 대하여 조금 있으면 나를 보리라고 말씀하신 것은 합당한 것이었다. 왜냐하면, 시간의 날들은 영원의 날들에 비하

면 너무도 짧은 것이기 때문이다(벤후 3:8-9).

3. 그리스도께서는 그 이유를 덧붙이신다: "내가 아버지께로 감이라." (1) "내가 윗 세상에서 할 일이 있기 때문에, 나는 잠시 너희를 떠나 있어야 한다. 나의 일이 진정으로 너희의 일이기 때문에 너희는 내가 잠시 떠나 있는 것을 기뻐해야 한다." (2) "그러므로 너희는 나를 곧 다시 보게 될 것이다. 왜냐하면, 아버지께서 너희가 곡해하지 않도록 나를 오래 붙들어 두지 아니하실 것이기 때문이다. 나는 너희의 심부름으로 가는 것이기 때문에, 너희는 내 일이 끝나는 대로 곧 나를 다시 보게 될 것이다."

이러한 모든 말씀은 그리스도께서 그들을 떠나서 승천하시고 종말에 다시 돌아오시는 것을 가리킨다기보다는 그가 그들을 떠나서 죽으시고 난 후에 부활 때에 다시 돌아오실 것을 가리키는 것으로 보인다. 왜냐하면, 그들이 슬퍼한 것은 그의 죽음이었고(눅 24:52), 그의 죽음과 부활 사이의 간격은 실제로 조금이었기 때문이다. 이 본문은 또 조금 있으면(본문은 12:35과는 달리 에티 미크론으로 되어 있지 않다)이 아니라 잠시 동안(미크론)으로 읽어서, 잠시 동안 너희가 나를 보지 못하겠고로 해석해서, 그리스도께서 무덤에 누워 계신 사흘간의 기간을 가리키는 것으로 볼 수도 있다. 또한, 조금 있으면 나를 보리라는 어구도 잠시 동안 너희가 나를 보리라로 해석해서, 그의 부활과 승천 사이의 40일을 가리키는 것으로 볼 수도 있다. 우리는 우리의 사역자들과 그리스도인 친구들에 대해서 그들이 우리를 떠나든지 우리가 그들을 떠나든지 해서 조금 있으면 우리가 그들을 보지 못하리라고 말할 수 있지만, 분명한 것은 우리가 곧 헤어져야 해도 영원히 헤어지는 것은 아니라는 것이다. 죽음은 우리가 아침에 기쁨으로 서로 볼 희망을 가지고 그들에게 잘 자라는 인사를 하는 것일 뿐이다.

Ⅱ. 그리스도께서 하신 말씀을 듣고 제자들이 뭔지를 몰라서 혼란스러워 함. 그들은 그리스도께서 하신 말씀을 어떻게 해석해야 할지를 몰라서 우왕좌왕하였다(17-18절). 제자 중에서 가장 믿음이 연약한 자들이나 가장 호기심이 많은 자들 중에서 몇몇이 서로 말하되 우리에게 말씀하신 바가 무슨 말씀이냐 하고 서로 말하였다. 그리스도께서는 전에도 이런 취지의 말씀을 종종 하셨지만, 그들은 아직도 여전히 오리무중 속에 있었다. 교훈에 교훈을 더하여도, 하나님께서 총명을 주시지 않는다면, 그것은 헛된 일이다. 여기에서 우리는 다음과 같은 것들을 살펴볼 수 있다.

1. 제자들의 연약함. 그리스도께서 이미 그들에게 아주 자주 분명한 표현을 사용하셔서 그가 죽임을 당하고 제삼일에 다시 살아나야 하리라는 핵심적인 말씀을 그들에게 하셨지만, 그들은 이 너무도 분명한 말씀을 이해하지 못하였다. 오히려, 그들은 우리는 무엇을 말씀하시는지 알지 못하노라고 말한다. 이렇게 그들이 그리스도의 말씀을 이해하지 못한 것은 다음과 같은 이유들 때문이었다. (1) 그들의 마음에 근심이 가득하였기 때문에, 그들은 위로의 말씀들을 받아들일 여유가 없었다. 무지에 의한 어둠과 근심에 의한 어둠은 보통 서로를 강화시키고 두텁게 만든다. 오해는 슬픔을 불러일으키고, 슬픔은 오해를 견고하게 만든다. (2) 그리스도의 세속적인 나라라는 개념이 그들 속에 너무도 뿌리 깊게 자리잡고 있었기 때문에, 그들은 그러한 개념과 어떻게 조화시켜야 할지를 몰랐던 그리스도의 말씀들을 전혀 이해할 수 없었다. 우리가 성경을 우리가 품고 있는 잘못된 개념들과 일치시키고자 할 때, 우리는 성경이 어렵다고 불평할 수밖에 없게 되는데, 이것은 전혀 이상한 일이 아니다. 그러나 우리의 사고를 계시에 복종시키기만 하면 이 문제는 쉽게 해결된다. (3) 그들을 혼란스럽게 만들었던 것은 조금 있으면이라는 말씀이었던 것으로 보인다. 그리스도께서 어쨌든 떠나야 하신다면, 그들은 지금까지 그리스도께서 머무신 시간도 비교적 아주 짧았고 잠시에 불과했는데, 어떻게 그가 그들을 신속하게 떠나게 되는 것인지를 이해할 수 없었다. 이렇게 우리가 상황의 변화를 비록 알고 있다고 할지라도 그러한 변화가 분명하게 올 것이고, 또한 갑작스럽게 올 것이라고 생각하는 것은 쉽지 않다. 우리가 조금 있으면 떠나야 한다거나 조금 있으면 우리가 결산하여야 한다는 말을 듣게 되면, 우리는 그러한 말들을 어떻게 소화해야 할지를 알지 못하게 된다. 왜냐하면, 우리는 언제나 여러 날 후에(겔 12:27) 있게 될 것을 꿈꾸기 때문이다.

2. 그들이 기꺼이 가르침을 받고자 함. 그리스도께서 하신 말씀의 의미를 놓고 어떻게 해석해야 좋을지를 모르게 되자, 그들은 서로 상의하며 서로에게 도움을 요청하였다. 우리는 하나님께 속한 일들에 관하여 서로 상의함으로써 남들의 빛을 빌려올 수 있고 우리 자신의 빛을 더욱 개선할 수 있다. 그들이 얼마나 정확하게 그리스도께서 하신 말씀을 그대로 반복하고 있는지를 주목하라. 우리는 성경에서 우리가 만나는 모든 난점들을 온전하게 해결할 수는 없지만, 그러한 난점을 포기하고 던져버려서는 안 되고, 우리가 무엇을 잘 알 수 없는지

를 놓고, 하나님이 이것도 우리에게 나타내실 때까지 기다려야 한다.

Ⅲ. 그리스도께서 방금 하신 말씀에 대한 추가적인 해설.

1. 여기에서 그리스도께서 그것을 왜 설명하셨는지를 보라(19절). 그것은 그리스도께서 그 묻고자 함을 아셨기 때문이었다. 우리는 우리가 풀 수 없는 매듭들을 오직 홀로 총명을 주실 수 있는 주님께로 가져가야 한다는 것을 명심하라. 그리스도께서는 그들이 그에게 묻고자 하였지만 묻기를 부끄러워하고 수줍어한다는 것을 아셨다. 그리스도께서는 비록 그들이 겉으로 나타내지 않는다고 할지라도 경건한 소원들을 아시고, 말할 수 없는 탄식을 아시며, 주의 아름다운 복으로 그들을 영접하신다. 그리스도께서는 실제로 그들이 묻지는 않았지만 묻고자 한다는 것을 아셨기 때문에 그들에게 가르침을 베푸셨다. 주께서는 우리가 부르기 전에 응답하신다. 그리스도께서 방금 전에 하신 말씀을 설명하신 또 다른 이유는 그들이 그들 가운데서 이 문제를 놓고 고심하는 것을 보셨기 때문이었다. "너희가 서로 문의하느냐? 그렇다면, 내가 너희에게 그것을 쉽게 설명해 주리라." 이것은 우리에게 그리스도께서 누구에게 가르쳐 주시고자 하시는지를 보여준다. (1) 자신의 무지를 고백하는 겸손한 자들 — 그들이 서로 문의하였다는 것은 이러한 의미를 함축하고 있다. (2) 그들이 현재 가지고 있는 수단들을 사용하는 부지런한 자들: "너희가 문의하느냐? 너희는 가르침을 받게 될 것이다. 있는 자는 받을 것이다."

2. 여기에서 그리스도께서 방금 전에 하신 말씀을 어떻게 설명하셨는지를 보라. 그리스도께서는 어구들을 비평적으로 훌륭하게 설명하신 것이 아니라, 그 일을 그들에게 좀 더 알기 쉬운 예를 들어서 설명하셨다. 그리스도께서는 방금 전에 조금 있으면 나를 보지 못하겠고 또 조금 있으면 나를 보리라고 말씀하셨지만, 그들은 그 의미를 이해하지 못하였다. 그러므로 그는 이번에는 그들이 슬퍼하는 것과 기뻐하는 것을 통해서 그 말씀을 설명하신다. 왜냐하면, 우리는 보통 어떤 일들이 우리에게 어떤 감정을 불러일으키냐에 따라서 그 일들을 판단하기 때문이다(20절). 내가 떠나는 것에 대해서 너희는 곡하고 애통하겠으나 세상은 기뻐하리라. 내가 없는 동안에 너희는 근심하겠으나, 내가 너희에게 다시 돌아오면, 너희 근심이 도리어 기쁨이 되리라. 그러나 그리스도께서는 조금 있으면 이라는 말씀이 그들을 다른 어느 것보다도 더 혼란스럽게 하였다는 것을 아셨기 때문에 그 말씀에 대해서는 아무 말도 하지 않으신다. 때와 시기를 아는 것

은 우리에게 전혀 중요하지 않다. 믿는 자들은 그들이 그리스도를 보느냐 못 보느냐, 그리스도께서 그들과 함께 계시는 표적들이 있느냐 없느냐에 따라서 기뻐하거나 슬퍼한다.

(1) 그리스도께서 여기에서와 21-22절에서 그들의 슬픔과 기쁨에 관하여 말씀하시는 것은 일차적으로 제자들의 현재적인 상태 및 상황과 관련된 것으로 이해되어야 한다.

[1] 미리 예언된 그들의 슬픔: 너희는 곡하고 애통하겠으며 너희는 근심하리라. 그리스도의 고난은 그의 제자들의 슬픔일 수밖에 없다. 그들은 그리스도를 사랑하였기 때문에 그를 위하여 곡하였다. 우리 친구의 아픔은 우리 자신에게도 아픔이 된다. 나중에 제자들이 잠들게 된 것은 슬픔 때문이었다(눅 22:45). 그들은 그들 자신을 위해서, 그들 자신의 상실감 때문에, 그리스도께서 떠나신 후에 그들은 어떻게 될 것인가에 대하여 서글픈 생각을 가졌기 때문에 곡한 것이었다. 그들이 모든 것을 버리고 따른 분, 그들이 너무도 많은 것을 기대하였던 분을 잃는 것은 슬픔일 수밖에 없다. 그리스도께서 제자들에게 미리 말씀하신 것은 그들로 하여금 슬픔을 예상하고 힘을 낼 수 있도록 하기 위한 것이었다.

[2] 이와 동시에 세상은 기뻐함: 세상은 기뻐하리라. 성도들의 슬픔은 죄인들의 기쁨이다. 첫째, 그리스도 밖에 있는 외인들은 육체적인 쾌락만을 추구할 뿐, 성도들의 슬픔에는 전혀 아랑곳하지 않는다. 그것은 지나가는 모든 사람들에게는 관계가 없다(애 1:12). 둘째, 그리스도에 대하여 원수들인 자들은 그리스도와 그의 사업을 망쳐놓기를 바라기 때문에 기뻐할 것이다. 땅에 거하는 자들이 죽임을 당한 증인들을 보고 기뻐하였던 것과 마찬가지로(계 11:10), 대제사장들은 그리스도를 십자가에 못 박고서 즐거워하였을 것이다. 우리가 법궤로 말미암아 떨 때에 사람들이 의기양양해하는 것은 우리에게 전혀 이상한 일이 아니라는 것을 우리는 알아야 한다.

[3] 때가 되면 그들에게 기쁨이 다시 돌아오게 됨: 너희 근심이 도리어 기쁨이 되리라. 경건치 못한 자의 즐거움과 마찬가지로 참된 그리스도인들의 슬픔도 잠시 동안만일 뿐이다: 제자들은 주를 보고 기뻐하였다. 그리스도의 부활은 그들에게 죽은 자 가운데서 살아나는 것이었기 때문에, 그리스도의 고난으로 인한 그들의 슬픔은 그들 자신의 그 어떤 고난에 의해서도 사그러들 수 없는 그런 성격의 기쁨으로 변하였다. 그들은 근심하는 자 같으나 항상 기뻐하는(고후 6:10) 자들

이었고, 슬픔에 찬 삶을 살았지만 기쁜 마음을 가지고 있었다.

(2) 이 말씀은 어린 양을 신실하게 따르는 모든 자들에게 적용될 수 있고, 그리스도인들의 통상적인 경우를 묘사하고 있다.

[1] 그들의 상태는 모두 애곡하는 것과 같다. 슬픔은 그들의 운명이고, 진지함은 그들의 기질이다. 그리스도를 아는 자들은 질고를 아는 자들이어야 한다. 그들은 남들이 가볍게 여기는 것, 그들 자신의 죄들, 그들 주변 사람들의 죄들에 대하여 곡하고 애통한다. 그들은 고난받아 애곡하는 자들과 함께 애곡하고, 스스로를 위해서 애곡하지 않는 죄인들 때문에 애곡한다.

[2] 이와 동시에 세상은 모든 쾌락과 더불어서 지나간다. 그들은 지금 웃고 너무도 희희낙락하며 세월을 보내기 때문에, 우리는 그들이 결코 슬픔을 알지도 못하고 슬픔을 두려워하지도 않을 것이라고 생각할 수 있다. 육체적인 쾌락과 환희는 분명히 가장 좋은 것들 중의 하나는 아니다. 왜냐하면, 심판의 그 때가 되면 가장 악한 사람들은 가장 좋은 것들의 몫을 그렇게 많이 가지지 못하게 될 것이고, 천국의 은총을 받은 자들은 그들에게 너무도 낯선 자들이 될 것이기 때문이다.

[3] 영적인 애곡은 곧 영원한 기쁨으로 변하게 될 것이다. 마음이 정직한 자는 기쁨을 뿌리는 것인데, 눈물을 흘리며 씨를 뿌리는 자는 기쁨으로 거두리로다. 그들의 슬픔 뒤에는 기쁨이 올 뿐만 아니라, 그들의 슬픔 자체가 기쁨으로 변화될 것이다. 왜냐하면, 가장 귀한 위로들은 경건한 슬픔들로부터 생겨나기 때문이다. 이렇게 그리스도께서는 해산하는 여자와 관련된 비유를 통해서 제자들의 슬픔을 산고를 겪는 여자의 슬픔에 비유하여 제자들을 격려하신다. 왜냐하면, 그의 백성이 위로를 받고 힘을 얻는 백성이 되도록 하시는 것이 그리스도의 뜻이기 때문이다.

첫째, 여기에는 직유 또는 비유 자체가 나온다(21절): 우리가 알듯이, 여자가 해산하게 되면 그 때가 이르렀으므로, 즉 자연과 섭리가 정해 놓은 때, 그녀가 예상하여 왔던 때, 그리고 그녀가 피할 수 없는 때가 왔기 때문에 그녀는 극심한 고통 속에서 근심한다. 그러나 아기를 낳으면, 그렇게 해서 그녀가 안전하게 해산을 하고 아이가 나와서, 그 아기가 베노니(창 35:18)가 아니라 야베스(대상 4:9)라고 할지라도, 세상에 사람이 난 기쁨으로 말미암아 ― 여기서 사람을 가리키는 안드로포스는 딸이든 아들이든 가리지 않고 인류의 자손인 한 아기를 가리킨다

― 그 고통을 다시 기억하지 않는다. 그녀의 고통스러운 신음소리와 탄식은 끝이 났고, 그 후에 오는 산후통은 좀 더 쉽게 극복이 된다.

a. 하나님의 선고에 따른 저주의 열매로서의 여자의 산고와 슬픔(창 3:16): 네가 수고하고 자식을 낳으리라. 이러한 산고는 지극히 큰 것으로서, 가장 큰 슬픔과 고통이 산고에 비유되는데(시 48:6; 사 13:3; 렘 4:31; 6:24), 그러한 산고는 피할 도리가 없다(살전 5:3). 이 세상이 어떤 곳인지를 보라. 세상의 모든 장미들은 가시들로 둘러져 있고, 사람들의 모든 자녀들은 어리석은 자녀들이어서, 애초부터 그들을 낳은 어미의 짐이다. 이러한 것은 죄로부터 온 것이다.

b. 축복의 열매인 세상에 사람이 난 기쁨. 만약 인간이 타락한 후에 하나님께서 생육하고 번성하라는 축복을 보존하지 않으셨다면, 부모들은 그들의 자녀들을 그들의 위로로 결코 바라볼 수 없었을 것이다. 그러나 세상에 난 아기는 축복의 열매이기 때문에 기쁨의 대상이다. (a) 살아 있는 아기의 출생은 부모의 기쁨이다. 아기는 그들을 매우 기쁘게 만든다(렘 20:15). 자녀들은 확실한 근심거리, 불확실한 위로이고, 흔히 가장 큰 십자가임이 증명되지만, 자녀들이 태어났을 때에 그것을 기뻐하는 것은 우리에게 자연스러운 일이다. 우리가 우리의 자녀들이 세례 요한과 같이 성령으로 충만하게 되리라는 것을 확신할 수 있다면, 우리는 정말 세례 요한의 부모와 마찬가지로 우리 자녀들이 태어날 때에 기쁨과 즐거움을 갖게 될 것이다(눅 1:14-15). 그러나 우리의 자녀들이 죄 가운데서 태어날 뿐만 아니라, 본문에 나와 있듯이 그들이 세상으로 태어난다는 것, 즉 유혹과 덫들이 널려 있는 세상, 눈물 골짜기인 세상 속으로 태어난다는 것을 생각할 때, 우리는 나지 않았더라면 더 나았을 것임이 증명되지 않도록 하기 위하여 두려움과 떨림으로 기뻐해야 할 것이다. (b) 살아 있는 아기의 출생은 이제까지의 고통을 기억나지 않게 만드는, 또는 흘러가 버린 물처럼 기억나지 않게(욥 11:16) 만드는 그러한 기쁨이다. 하나님이 내게 내 모든 고난과 내 아버지의 온 집 일을 잊어버리게 하셨다(창 41:51). 이러한 비유는 다음과 같은 것들을 표현하는 데에 매우 적절한 것이었다. [a] 이 세상에서 그리스도의 제자들이 겪는 슬픔들. 그러한 슬픔들은 해산하는 고통과 마찬가지로 확실한 것이고 통렬한 것이지만 그리 오래가지 않고, 또한 기쁨을 가져다줄 것이 분명한 고통들이다. 그들은 교회(계 12:2) 및 온 피조물(롬 8:22)과 마찬가지로 해산하는 고통 속에 있다. [b] 이러한 슬픔들 후에 찾아올 그들의 기쁨들. 그렇게 찾아온 기쁨들은 모든 눈물을

씻어줄 것이다. 왜냐하면, 처음 것들이 다 지나갔기 때문이다(계 21:4). 그리스도께서 자기 영혼의 수고한 것을 보고 너무도 만족하셨기 때문에 모든 고통들을 잊으신 것과 마찬가지로(사 53:11), 그들이 저 복된 세상 속으로 태어나서 모든 섬김과 슬픔들의 열매를 거두게 될 때, 이 세상에서의 수고와 고통은 더 이상 기억되지 않을 것이다.

둘째, 이 비유의 적용(22절): "지금은 너희가 근심하고, 앞으로 더 많은 근심을 하게 될 것이지만, 내가 다시 너희를 보고 너희가 나를 보리니, 그 때가 되면 모든 것이 잘될 것이다."

a. 여기에서 다시 한 번 그리스도께서는 그들에게 그들의 슬픔에 관하여 말씀하신다: "지금은 너희가 근심한다. 그것은 내가 너희를 떠날 것이기 때문이다." 그리스도께서 떠나시리라는 것은 내가 다시 너희를 보리니라는 말씀 속에 암시되어 있다. 그리스도께서 떠나가시는 것이 그의 제자들의 슬픔의 원인이었다는 것을 명심하라. 그리스도께서 그의 얼굴을 감추시면, 그들은 근심할 수밖에 없다. 해가 지면, 해바라기는 머리를 숙이는 법이다. 그리스도께서 이러한 슬픔들을 알아차리시고, 모든 애곡하는 자들의 눈물을 병에 담으시고 그들의 한숨을 책에 기록하신다.

b. 그리스도께서는 이전보다 더 강조해서 그들에게 기쁨이 다시 찾아올 것을 약속하신다(시 30:5, 11). 그리스도께서는 친히 그 앞에 있는 기쁨을 위하여 자신의 슬픔들을 겪으셨고 우리의 슬픔들을 짊어지셨다. 그리스도께서는 우리에게 그와 같은 동일한 마음을 지니도록 격려하고자 하신다. 그는 제자들이 기뻐하여야 할 세 가지 이유를 제시하신다. (a) 기뻐해야 할 이유: "내가 다시 너희를 볼 것이다. 나는 인자하고 호의적인 마음으로 너희를 찾을 것이고, 너희에게 찾아와서 위로를 줄 것이다." [a] 그리스도께서는 잠시 동안 그들을 버리신 것처럼 보였을지라도 은혜로우시게도 그를 기다리는 자들에게 돌아오실 것이다(사 54:7). 사람들은 출세를 하게 되면 그들의 아랫 사람들을 거의 돌아보지 않는 법이다. 그러나 높아지신 예수께서는 그의 제자들을 찾아오실 것이다. 그들은 영광을 입으신 그리스도를 보게 될 뿐만 아니라, 그리스도께서는 초라한 상태에 있는 그들을 찾아오실 것이다. [b] 그리스도께서 돌아오시는 것은 그의 모든 제자들에게 기쁨이 다시 찾아오는 것이다. 구름 속에 가리어졌던 증거들이 분명하게 드러나고, 중단된 교제가 다시 부활할 때, 입에 웃음이 가득하게 될 것이

다. (b) 기쁨이 주는 힘: 너희 마음이 기쁠 것이다. 하나님의 위로는 마음에 기쁨을 준다. 마음속의 기쁨은 잠시 반짝이다가 사라져 버리는 것이 아니라 견고한 것이다. 그 기쁨은 은밀해서 타인이 참여하지 못하는 그런 기쁨이다. 그 기쁨은 감미로워서 선한 자에게 만족을 준다. 그 기쁨은 확실해서 쉽게 부숴지지 않는다. 그리스도의 제자들은 그가 돌아오신 것을 진심으로 크게 기뻐하게 될 것이다. (c) 그 기쁨이 지속됨: 너희 기쁨을 빼앗을 자가 없으리라. 사람들은 그들로부터 기쁨을 빼앗아 가고자 할 것이다. 그들은 할 수만 있다면 그렇게 하고자 하겠지만, 결코 뜻을 이루지 못할 것이다. 어떤 이들은 이 말씀을 영광을 입은 자들이 누리게 될 영원한 기쁨을 가리키는 것이라고 이해한다. 주인의 즐거움에 참여한 자들은 다시는 거기에서 나오지 않게 될 것이다. 우리가 이 땅에서 누리는 기쁨들은 수많은 사건들에 의해서 도둑맞기 쉽지만, 하늘의 기쁨은 영원하다. 나는 이 말씀을 거룩하게 된 자들의 영적인 기쁨, 특히 사도들이 그들의 사도직을 수행하면서 느끼는 기쁨을 가리키는 것으로 이해하고자 한다. 바울은 그리스도의 이름으로 항상 우리를 이기게 하시는 하나님께 감사한다(고후 2:14)고 말하였다. 악의적인 세상이 그들로부터 그것을 빼앗아 가고자 했다면, 그들은 그것을 잃었을 것이다. 그러나 세상이 그들로부터 다른 모든 것을 빼앗아 간다고 할지라도, 이것만은 빼앗아 갈 수 없다: 근심하는 자 같으나 항상 기뻐한다. 세상은 그들에게서 기쁨을 빼앗아 갈 수 없다. 왜냐하면, 세상은 그들을 그리스도의 사랑에서 끊을 수 없고, 그들에게서 그들의 하나님이나 하늘에 있는 보화를 빼앗아 갈 수 없기 때문이다.

²³그 날에는 너희가 아무 것도 내게 묻지 아니하리라 내가 진실로 진실로 너희에게 이르노니 너희가 무엇이든지 아버지께 구하는 것을 내 이름으로 주시리라 ²⁴지금까지는 너희가 내 이름으로 아무 것도 구하지 아니하였으나 구하라 그리하면 받으리니 너희 기쁨이 충만하리라 ²⁵이것을 비유로 너희에게 일렀거니와 때가 이르면 다시는 비유로 너희에게 이르지 않고 아버지에 대한 것을 밝히 이르리라 ²⁶그 날에 너희가 내 이름으로 구할 것이요 내가 너희를 위하여 아버지께 구하겠다 하는 말이 아니니 ²⁷이는 너희가 나를 사랑하고 또 내가 하나님께로부터 온 줄 믿었으므로 아버지께서 친히 너희를 사랑하심이라

그들이 구하는 것에 대하여 응답하겠다는 약속이 여기에서 그들에 대한 추가적인 위로를 위해서 주어지고 있다. 구하는 것에는 두 가지가 있다: 모르는 것을 묻는 것과 부족한 것을 요청하는 것. 그리스도께서는 여기에서 이 두 가지 모두에 관하여 말씀하신다.

I. 묻는 것과 관련해서 그들은 물을 필요가 없게 될 것이다(23절): "그 날에는 너희가 아무것도 내게 묻지 아니하리라('너희가 그 어떤 질문도 하지 않게 될 것이다'). 너희는 너희의 총명이 열림으로써 복음의 비밀들에 대하여 아주 분명한 지식을 갖게 될 것이기 때문에 더 이상 물을 필요가 없게 될 것이다"(히 8:11). "너희는 지금까지 부지런히 들음으로써 알게 된 것보다 더 많은 지식을 갑자기 얻게 될 것이다." 그들은 지금까지 무지한 질문들(9:2), 야심에 찬 질문들(마 18:1), 불신하는 질문들(마 19:27), 무례하고 건방진 질문들(21:21), 호기심어린 질문들(행 1:6)을 던지며 그리스도께 물었었다. 그러나 성령이 그들에게 부어진 후에는 이런 모든 질문들이 아무 필요 없게 될 것이다. 사도행전의 이야기 속에서 우리는 사도들이 다윗처럼 내가 이것을 해야 하나요라거나 내가 거기에 가야 하나요라고 어떤 질문들을 던지는 모습을 거의 발견할 수 없다. 왜냐하면, 그들은 끊임없이 하나님의 인도하심 아래 있었기 때문이다. 이방인들에게 복음을 전하는 막중한 사명을 띤 베드로는 아무것도 의심하지 않고 나아갔다(행 10:20). 질문을 한다는 것은 우리가 어찌할 줄 모르는 상태에 있다는 것을 전제하는 것으로서, 우리 중에 가장 지혜로운 자도 질문을 할 필요를 가지고 있다. 그러나 우리는 총명을 주실 것에 대하여 온전한 확신을 지니고 있기 때문에, 주저함이 없이 분명한 진리와 의무의 길로 끊임없이 인도하심을 받을 수 있다.

이제 그리스도께서는 이것과 관련된 이유를 제시하시는데(25절), 그것은 분명히 그들이 다시는 물을 필요가 없게 될 것이라는 약속을 가리킨다: "이것을 너희에게 비유로 일러서, 너희가 원한 대로 그렇게 분명하고 알아듣기 쉽게 말하지 않았지만, 때가 이르면 다시는 비유로 너희에게 이르지 않고 아버지에 대한 것을 밝히 이를 것이기 때문에, 너희는 물을 필요가 없게 될 것이다."

1. 그리스도께서 그들을 이끌고자 하시는 큰 일은 바로 하나님을 아는 지식이었다: "내가 아버지에 대한 것을 이르겠고, 너희로 하여금 아버지를 알게 하리라." 이것이 바로 그리스도께서 주시고자 하시고, 모든 참된 그리스도인들이 가지고자 하는 그것이다. 그리스도께서는 그의 제자들을 위해서 의도된 가장

큰 은총을 표현하고자 하셨을 때에 그들에게 그것이 아버지에 대한 것을 밝히 이르는 것이라고 말씀하신다. 왜냐하면, 천국의 복은 하나님을 직접 대면해서 영원히 뵙는 것이기 때문이다. 우리 주 예수 그리스도의 아버지이신 하나님을 아는 것은 가장 큰 신비로서 묵상하기에 기쁜 일이다. 우리의 아버지 되시는 하나님을 아는 것은 우리의 의지와 감정이 누리기를 기뻐하는 가장 큰 복이다.

2. 이것에 대해서 그리스도께서는 이제까지 그들에게 비유들을 통해서 말씀하셨는데, 비유들은 지혜롭고 교훈적인 말씀들로서 일반적인 원리들에 의거해서 비유적으로 말하는 것이다. 그리스도께서는 그들에게 많은 것들을 매우 분명하게 말씀하셨고, 그가 사용한 비유들을 제자들에게는 은밀하게 설명해 주셨다. (1) 그리스도께서는 그들이 둔하다는 것과 그가 그들에게 말씀하신 것들을 받아들이기 쉽지 않다는 것을 감안하셔서 비유를 통해서 그들에게 말씀하셨을 것이다. 그리스도께서 그들에게 말씀하신 것은 봉인된 책과 같은 것이었다(사 29:11). (2) 그리스도께서 그들의 귀에 대고 그들에게 말씀하셔서 나타낸 것들을 이제 그가 성령을 그들 마음속에 두시고서 말씀하시게 될 것들과 비교해 보면, 이제까지 그리스도께서 말씀하셨던 모든 것들은 비유들이었다고 할 수 있다. 그들은 하나님께 속한 일들에 관한 현재의 분명하고도 뚜렷한 지식과 비교해 볼 때에 이전에 그들이 지니고 있었던 모든 개념들이 혼란스럽고 수수께끼 같았다는 것을 되돌아보고서는 그들 자신이 새로운 세상에 와 있다고 생각하게 될 것이고, 그것은 그들 자신에게 기쁘고도 놀라운 일이 될 것이다. 율법 조문의 직분은 영의 직분에 비하면 아무것도 아니다(고후 3:8-11). (3) 그 범위를 그리스도께서 아버지와 아버지의 계획들에 대하여 말씀하셨던 것에 국한시킨다고 하더라도, 그리스도께서 방금 말씀하셨던 것은 곧 나타날 것에 비하면 너무도 어두운 것이었다(골 2:2).

3. 그리스도께서 그들에게 아버지에 대하여 밝히(파르레시아, 허심탄회하게) 말씀하실 것이다. 성령이 부어졌을 때, 사도들은 하나님께 속한 일들에 관하여 훨씬 더 큰 지식에 도달하게 되었는데, 이것은 성령으로 말미암아 그들이 한 말에 의해서 드러난다(행 2:4). 그들은 이전에는 매우 혼란스러워하였던 그러한 일들의 비밀 속으로 이끌림을 받았다. 성령이 그들에게 일러준 것은 그리스도께서 여기에서 그들에게 이르시겠다고 약속하신 바로 그러한 것이었다. 왜냐하면, 아버지께서 아들을 통해서 말씀하시는 것과 마찬가지로, 아들은 성령을

통해서 말씀하시기 때문이다. 그러나 이 약속은 우리가 지금처럼 거울을 통해서 희미하게 보는 것이 아니라 얼굴을 대하여 있는 그대로 보게 될 저 천국에서 온전히 이루어지게 될 것인데(고전 13:12), 이것은 현재의 어둠의 구름 속에 있어서 말을 제대로 할 줄 모르고 흔히 엉뚱한 말을 하게 되는 우리에게 큰 위로가 된다. 우리는 이 세상에 있는 동안에 눈에 보이지 않는 하나님과 눈에 보이지 않는 세상에 관하여 물을 것들이 많이 있다. 그러나 그 날에 우리는 모든 것들을 분명하게 보게 될 것이고, 다시는 아무것도 묻지 않게 될 것이다.

Ⅱ. 그리스도께서는 그들이 구하는 것은 무엇이든지 헛되이 구하는 것이 되지 않을 것이라고 약속하신다. 여기에서는 그리스도의 모든 제자들이 기도하리라는 것이 당연한 것으로 전제되고 있다. 그리스도께서는 그들에게 그의 명령과 모범을 통해서 많이 기도할 것을 가르치셨다. 그리스도께서 떠나신 후에, 기도는 그들이 의지하고 위로를 받는 수단이 되어야 한다. 그들은 가르침과 인도하심과 능력과 성공을 기도를 통해서 가져와야 한다.

1. 여기에는 기도 응답에 관한 명백한 약속이 나온다(23절). 이 약속 앞에 그리스도께서 덧붙이신 말씀은 이 약속을 더할 나위 없이 확실한 것으로 만들고 있고, 그것에 의문을 제기할 수 있는 여지를 남겨두지 않는다: "내가 진실로 진실로 너희에게 이르노니, 내가 나의 진실성을 두고 맹세하노니." 약속 자체는 감미로운 것이다. 그대의 청이 무엇이나 곧 허락하겠노라는 말씀과 함께 황금 홀(笏)이 우리에게 여기에서 건네지고 있다. 왜냐하면, 그리스도께서는 너희가 무엇이든지 아버지께 구하는 것을 내 이름으로 주시리라고 말씀하고 계시기 때문이다. 이 말씀은 앞에서도 한 번 나왔었다(14:13). 우리가 무엇을 더 바라겠는가? 이 약속은 우리가 원하는 것만큼 아주 분명하게 표현되어 있다.

(1) 우리는 여기에서 어떻게 구하여야 하는지에 대하여 가르침을 받는다. 우리는 그리스도의 이름으로 아버지께 구하여야 한다. 우리는 아버지 되시는 하나님을 바라보고, 그분에게 자녀로서 나아가야 한다. 그리고 우리는 중보자이신 그리스도를 바라보고 요청을 하는 자들로서 나아가야 한다. 아버지께 구한다는 것은 영적인 축복들에 대한 인식을 포함하고 있는데, 거기에는 영적인 축복들은 오직 하나님께로부터만 올 수 있다는 확신이 내포되어 있다. 또한 아버지께 구한다는 것은 아버지께서 우리를 도우실 수 있고 또한 기꺼이 도우시고자 하신다는 그분에 대한 믿음과 신뢰를 가지고 겸손하게 그분을 부른다는 것

을 포함하고 있기도 하다. 그리스도의 이름으로 구한다는 것은 우리 자신이 하나님께로부터 그 어떤 은총을 받을 가치가 없는 자들이라는 고백과 하나님께서 그의 아들을 통해서 우리와의 끊임없는 교통을 위해서 취하시는 방법에 만족한다는 것, 우리의 의가 되시는 주님이신 그리스도께 온전히 의지한다는 것을 포함하는 것이다.

(2) 우리는 여기에서 어떻게 우리가 응답을 받게 될 것인지에 대하여 듣게 된다: 아버지께서 그것을 너희에게 주시리라. 우리가 원하는 것을 갖게 된다면, 아니 우리가 아버지의 뜻에 따라서 구하는 것을 갖게 된다면, 우리가 그 이상 더 무엇을 원할 수 있겠는가? 하나님께서는 그것을 너희에게 주실 것인데, 온갖 좋은 은사와 온전한 선물이 다 하나님께로부터 내려온다. 그리스도께서 그의 죽음의 공로를 통해서 값 주고 사신 것은 그리스도 자신을 위해서는 필요 없는 것이었고, 오로지 그의 신실한 제자들을 위한 것이었으며, 그들에게 주시기 위한 것이었다. 지금까지 하나님께 온전히 받아들여지게 될 자신의 죽음에 대하여 여러 가지로 말씀하신 후에, 그리스도께서는 이 약속을 통해서 천국의 보화를 사용하는 데에 필요한 약속어음을 우리에게 끊어주시는데, 기도를 통해서 그의 이름으로 그가 값 주고 사셨고 약속하신 것들을 새 계약의 진정한 의도에 따라서 구하는 것이 바로 우리가 하나님 앞에 그 약속어음을 제시하는 것이다. 그리스도께서는 그들에게 성령에 의한 큰 조명을 약속하셨지만, 그들은 그것을 위해서 기도하여야 했고, 실제로 그렇게 하였다(행 1:14). 그들은 이것을 위해서 하나님께 구하여야 하였다. 그리스도께서는 그들이 장차 온전하게 되리라는 것을 약속하셨지만, 그들은 그렇게 될 때까지 무엇을 해야 하는가? 그들은 끊임없이 기도하여야 한다. 온전하게 되는 열매는 우리의 안식의 땅에서 이루어지게 되어 있다. 우리의 순례의 땅에서 우리에게 위로가 되고 힘이 되는 것은, 구하고 받는 것이다.

2. 여기에는 그들에게 구하라는 초대가 나온다. 위대한 분이 우리에게 말을 붙일 수 있도록 허락하신 것만으로도 충분할 것인데, 그리스도께서는 우리에게 구하라고 명령하신다(24절).

(1) 그리스도께서는 이제까지 그들이 해왔던 것을 되돌아보신다: 지금까지는 너희가 내 이름으로 아무것도 구하지 아니하였다. 이것은 다음 둘 중의 하나를 가리킨다. [1] 그들의 기도: "너희는 지금까지는 너희가 구했어야 하는 것들을 전

혀 구하지 않았지만, 성령이 부어지게 되면, 구하게 될 것이다." 우리 주 예수께서는 은혜를 베푸는 모든 자들 중에서 가장 뛰어나게 너그러운 분이심을 보라. 그리스도께서는 후하게 주시는 분으로서, 그가 우리에게 그의 은사들을 자주 큰 것으로 주셨다는 것을 근거로 우리를 나무라시는 것이 아니라, 오히려 우리가 별로 구하지 않았다는 것을 나무라신다: "너희는 너희가 원하는 것, 내가 주고자 하는 것, 내가 주기로 약속한 것을 아무것도 내게 구하지 아니하였다." 우리는 우리의 입을 크게 열라는 말씀을 듣는다. [2] 그들이 기도할 때에 그리스도의 이름으로 기도하지 않았다는 것. 그들은 많은 기도를 하였지만, 결코 그가 지금 그들에게 하라고 명하신 것처럼 그리스도의 이름으로 명시적으로 기도한 적은 없었다. 왜냐하면, 그리스도께서는 아직 저 큰 제사를 드리시지 않았기 때문이다. 저 큰 제사가 드려져야만, 우리의 기도들은 하나님께 열납되게 될 것이었고, 그리스도께서 우리를 위하여 중보기도 하시게 될 것이었으며, 그리스도의 중보기도로 말미암아 우리가 드리는 모든 기도들이 하나님 앞에 열납되고, 우리는 그의 이름으로 기도할 수 있게 될 것이었다. 지금까지 그들은 왕이자 선지자이셨던 그리스도의 이름으로 귀신들을 쫓아내었고 질병들을 고쳐 왔지만, 아직은 제사장이신 그의 이름으로 기도를 드릴 수는 없었다.

(2) 그리스도께서는 그들이 장차 어떻게 해야 할지를 가르치신다: 구하라 그리하면 받으리니 너희 기쁨이 충만하리라. [1] 그리스도께서 그들에게 그들이 필요로 하고 그가 약속한 모든 것을 구하라고 명령하신다. [2] 그리스도께서는 그들에게 그들이 받게 될 것이라고 약속하신다. 우리가 은혜에 의지해서 구하는 것을 하나님께서는 은혜로 주실 것이다: 너희가 받으리라. 이 말씀 속에는 하나님께서 주실 것이라는 약속 이상의 것이 내포되어 있다. 하나님께서는 그것을 주실 뿐만 아니라, 그것을 너희에게 주셔서 너희로 하여금 받게 하시고, 너희에게 그것의 위로와 유익을 주셔서, 너희의 영혼으로 하여금 그것을 누리도록 허락하실 것이다(전 6:2). [3] 이것을 통해서 그들의 기쁨이 충만하게 되리라는 것. 이것은 다음과 같은 것들을 의미한다. 첫째, 믿음의 기도의 복된 결과. 그것은 믿음의 기쁨을 충만하게 하는 데에 도움이 된다. 우리가 우리의 기쁨을 이 세상에서 가능한 정도로 충만하게 하고자 한다면, 우리는 많이 기도해야 한다. 성경에서는 항상 기뻐하라고 말씀하시면서 그 뒤에 쉬지말고 기도하라고 명하신다. 우리는 기도에서 얼마나 높은 것을 목표로 삼고 있는지를 보라: 단지 평안만이 아니라

기쁨, 충만한 기쁨. 둘째, 평안의 응답의 복된 결과들: "구하라 그리하면 너희는 너희의 기쁨을 충만하게 해 줄 것을 받게 될 것이다." 그리스도로 말미암은 하나님의 은사들은 영혼의 창고를 가득 채우고, 영혼의 기쁨을 충만하게 만든다(잠 8:21). "성령의 은사를 구하라. 그리하면 너는 그것을 받게 될 것이다. 다른 지식들은 근심을 더하는(전 1:18) 반면에, 하나님께서 주시는 지식은 너희 기쁨을 더할 것이고 충만하게 할 것이다."

3. 여기에는 그들이 응답을 받게 되는 근거들이 나오는데(26-27절), 그것은 요한 사도에 의해서 짤막하게 요약되어 있다(요일 2:1): "아버지 앞에서 우리에게 대언자가 있다."

(1) 우리에게는 대언자가 있다. 이것에 대해서 그리스도께서는 여기에서 힘주어 말씀하실 필요를 느끼지 못하셨기 때문에, 그것은 오직 다음에 나오는 격려의 말씀을 더 빛나게 하는 역할만을 할 뿐이다: "내가 너희를 위하여 아버지께 구하겠다 하는 말이 아니니라. 내가 너희를 위하여 중보기도 하겠다고 너희에게 말하지 않고, 너희가 그것에 의지하여 가지고 있는 모든 구체적인 사정을 간구하지 않는다고 하더라도, 너희에게 위로가 되고 힘이 되는 일반적인 근거가 있는데, 그것은 내가 너희와 하나님 사이에 서로 교통할 수 있는 길을 열어 놓았고, 은혜의 보좌를 세워 놓았으며, 너희를 위하여 지성소로 들어가는 새로운 살 길을 성별하여 놓았다는 것이다." 그리스도께서는 성령이 그들에게 주어져서 양자의 영으로서 아바 아버지라고 부르짖으며 그들 안에서 중보기도하게 되면 더 이상 그 어떤 은총도 필요로 하지 않게 될 것인 것처럼 말씀하신다. 그리스도께서는 마치 지금처럼 그가 그들을 위해서 기도하는 일이 앞으로는 더 이상 필요치 않게 될 것인 것처럼 말씀하시지만, 우리는 그리스도께서 그가 하시겠다고 말씀하신 것보다 우리를 위해서 더 많은 일을 하고 계신다는 것을 알게 될 것이다. 사람들은 흔히 약속한 것에 비해서 행동이 못 미치는 경우가 많지만, 그리스도의 행동은 그가 하신 약속을 뛰어넘는다.

(2) 우리는 아버지와 상관이 있고, 우리와 아버지의 관계가 어떤 면에서는 우리와 그리스도의 관계를 뛰어넘는다는 것은 우리에게 큰 위로가 된다: "이는 아버지께서 친히 너희를 사랑하심이라. 아버지는 너희에게 친구가 되시고, 너희를 더할 나위 없는 친구로 대하신다." 그리스도의 제자들은 하나님 자신의 사랑하는 자들이라는 것을 명심하라. 그리스도께서는 우리에게서 하나님의 진노

를 거두시고 우리를 화평과 화해의 계약 속으로 인도하셨을 뿐만 아니라, 우리로 하여금 하나님의 은총을 받도록 값 주고 사셨으며 우리를 우정의 계약 속으로 인도하셨다. 이 점이 얼마나 강조되고 있는지를 살펴보라. "하나님 아버지는 스스로 자족하시면서도 온전히 복되시고, 그의 무한한 올바름과 그의 무한한 복됨 속에서 스스로를 사랑하시는 분인데, 그런 아버지께서 친히 너희를 사랑하신다. 또한 아버지께서는 너희를 사랑하시기를 기뻐하신다." 너희는 이전에 아버지의 은총을 상실하였었고, 아버지의 진노를 불러일으켰으며, 아버지께 나아갈 때에 변호자(대언자)가 필요하였지만, 이제는 아버지께서 친히 너희를 사랑하신다.

[1] 왜 아버지께서 그리스도의 제자들을 사랑하셨는가? 이는 너희가 나를 사랑하고 또 내가 하나님께로부터 온 줄 믿었기 때문이다. 즉, 너희가 진정으로 나의 제자들이기 때문이다. 사랑은 그들 편에서 시작된 것이 아니라, 그리스도의 은혜로 말미암아 그들 안에 그리스도를 향한 사랑이 생겨나게 되었고, 하나님께서는 그리스도께서 손수 만드신 작품인 그들을 기뻐하셨다. 첫째, 그리스도의 제자들의 성격은 무엇인가? 그들은 그가 하나님께로부터 온 줄 믿고, 그가 아버지의 독생자이며 세상에 큰 사명을 위임받아서 보내심을 받은 자임을 믿기 때문에 그를 사랑한다. 그리스도를 믿는 믿음은 그리스도에 대한 사랑으로 말미암아 역사한다는 것을 명심하라(갈 5:6). 그리스도께서 하나님의 아들이심을 우리가 믿는다면, 우리는 이루 말할 수 없이 사랑할 만한 그분을 사랑하지 않을 수 없다. 그리스도께서 우리의 구주라는 것을 우리가 믿는다면, 우리는 우리에게 지극한 사랑을 보여주신 그분을 사랑하지 않을 수 없다. 그리스도께서 그에 대한 제자들의 사랑에 대하여 얼마나 기뻐하시며, 그 사랑을 얼마나 기꺼운 마음으로 받아들이고 계시는지를 보라. 그리스도께서는 제자들의 그러한 사랑이 그들을 아버지의 은총을 받을 만하게 만든 것이라고 말씀하고 계신다: "세상이 나를 미워하고 배척하였을 때, 너희는 나를 사랑하였고 나를 믿었다. 그러므로 너희는 특별한 대우를 받게 될 것이다." 둘째, 그리스도의 신실한 제자들이 어떠한 유익을 얻게 되는지를 보라: 아버지께서 그들을 사랑하신다. 그런데 그것은 그들이 그리스도를 사랑하기 때문이다. 아버지께서는 그리스도를 너무도 기뻐하시기 때문에, 그의 모든 친구들도 기뻐하신다.

[2] 이러한 말씀은 그들이 기도할 때에 어떠한 격려를 주었는가? 그들은 그들

을 사랑하고 그들이 잘되기를 바라시는 분에게 나아갈 때에 응답해 주시지 않으면 어쩌나 하고 염려할 필요가 없다. 첫째, 이것은 우리에게 하나님을 완고한 분으로 생각하는 것에 대하여 경계한다. 우리가 기도 속에서 그리스도의 공로와 중보기도에 의지하라고 가르침을 받을 때, 그것은 마치 모든 사랑은 오직 그리스도 안에만 있고, 하나님 안에는 오직 진노와 분노 외에는 아무것도 없는 것처럼 말하는 것이 아니다. 결코 그렇지 않다. 그리스도를 중보자로 정하신 것 자체가 우리를 향하신 아버지의 사랑과 은혜를 보여주는 것이다. 따라서 우리는 그리스도의 공로를 우리를 위하여 그리스도를 주신 하나님의 긍휼하심에 돌려야 한다. 둘째, 우리는 하나님을 선하게 여기는 마음을 품어야 하고, 그런 마음을 확고하게 지녀야 한다. 그리스도를 사랑하는 신자들은 하나님께서 그들을 사랑하신다는 것을 알아야 하고, 사랑하는 아버지께 나아가는 자녀들로서 하나님께 담대히 나아가야 한다.

[28]내가 아버지에게서 나와 세상에 왔고 다시 세상을 떠나 아버지께로 가노라 하시니 [29]제자들이 말하되 지금은 밝히 말씀하시고 아무 비유로도 하지 아니하시니 [30]우리가 지금에야 주께서 모든 것을 아시고 또 사람의 물음을 기다리시지 않는 줄 아나이다 이로써 하나님께로부터 나오심을 우리가 믿사옵나이다 [31]예수께서 대답하시되 이제는 너희가 믿느냐 [32]보라 너희가 다 각각 제 곳으로 흩어지고 나를 혼자 둘 때가 오나니 벌써 왔도다 그러나 내가 혼자 있는 것이 아니라 아버지께서 나와 함께 계시느니라 [33]이것을 너희에게 이르는 것은 너희로 내 안에서 평안을 누리게 하려 함이라 세상에서는 너희가 환난을 당하나 담대하라 내가 세상을 이기었노라

그리스도께서는 여기에서 두 가지의 것으로 그의 제자들을 위로하신다.

I. 그리스도께서 이제 세상을 떠나가지만 그가 먼저 있었던 곳인 그의 아버지께로 되돌아가는 것이라는 단언을 통해서(28-32절).   여기에는 다음과 같은 것들이 나온다.

1. 그리스도께서 아버지께로부터 나와서 다시 아버지께로 되돌아간다는 것에 대한 분명한 선언(28절): 내가 아버지에게서 나와, 너희가 보듯이, 세상에 왔고, 너희가 곧 보게 되겠듯이, 다시 세상을 떠나 아버지께로 가노라. 이것은 모든 문

제의 결론이다. 그리스도께서 제자들에게 이 두 가지보다 더 역설하신 것은 아무것도 없으셨다 ─ 그가 어디에서 와서, 그가 어디로 가셨는지. 구속주께서 이 땅에 들어오셨을 때에 육신으로 나타나신 하나님이셨고, 이 세상을 떠나실 때에는 영광 가운데서 올려지셨다는 것은 경건의 비밀(딤전 3:16)의 알파와 오메가이다.

(1) 이 두 가지 위대한 진리는 여기에 다음과 같이 표현되어 있다. [1] 축약되어서 몇 마디의 말씀으로 표현되어 있음. 기독교 교리의 짧막한 요약들은 어린 신자들에게 매우 유익하다. 신조들과 요리문답들을 통해서 짧막하게 요약된 하나님의 말씀들에 관한 원리들은 돋보기로 응축된 태양광선들처럼 하나님의 빛과 열기를 놀라울 정도의 능력으로 전달하여 왔다. 그러한 요약문들로는 욥기 28:28; 전도서 12:13; 디모데전서 1:15; 디도서 2:11-12; 요한일서 5:11 등등이 있다. [2] 이 둘은 서로 대비되어 표현되어 있음. 하나님의 진리들은 놀라울 정도로 서로 조화를 이룬다. 하나님의 진리들은 서로를 강화시키고 서로를 예시해 준다. 그리스도께서 오신 것과 그가 가신 것도 마찬가지이다. 그리스도께서는 그의 제자들에게 그가 하나님께로부터 왔다는 것을 믿은 것에 대하여 칭찬하셨고(27절), 그것으로부터 그가 하나님께로 다시 되돌아가야 한다는 것을 도출해 내시면서, 그러므로 그들이 그것을 이상하거나 슬픈 일로 여겨서는 안 된다고 말씀하셨다. 우리가 알고 고백하는 것이 더 나아지게 되면, 우리에게 지금 어렵고 의심스러워 보이는 것들도 더 잘 이해하게 된다는 것을 명심하라.

(2) 우리가 구속주에 대하여 그가 어디에서 오셨고 어디로 가시는지를 묻는다면, 우리는 다음과 같은 대답을 듣게 된다. [1] 그리스도께서는 아버지에게서 오셨고, 아버지는 그를 거룩하게 하시며 인치셨다는 것. 그리스도께서는 이 세상, 이 낮은 세상, 인간들이 사는 이 세상 속으로 오셨고, 성육신을 통해서 인간들 가운데서 스스로 사람이 되는 것을 기뻐하셨다. 그리스도께서 하셔야 할 일은 인간 세상에 있었고, 그래서 그는 그 일을 하시기 위해서 세상에 오신 것이었다. 그는 이 낯선 나라에 오시기 위해서 본향을 떠나셨다. 그는 이 초라한 오두막집에 오시기 위해서 그의 궁전을 떠나셨다. 이 얼마나 기가 막힌 겸비인가! [2] 그리스도께서는 이 땅에서 하실 일을 다 끝내신 후에 이 세상을 떠나셔서 승천하여 아버지께로 돌아가셨다는 것. 그는 강제로 어쩔 수 없이 떠밀려서 떠나신 것이 아니라, 스스로의 의지와 행위를 통해서 세상을 떠나셨고, 이 세상을

멸하시기 위해서 오실 때까지는 이 세상에 다시 돌아오지 않으실 것이었다. 그렇지만 그리스도께서는 여전히 영으로 그의 교회와 함께 하시고 끝까지 함께 하실 것이다.

2. 그리스도께서 이렇게 말씀하시자 제자들이 만족해함(29-30절): 지금은 밝히 말씀하시나이다. 그리스도께서는 지금까지 그들을 견고하게 붙들어 주기 위하여 아주 많은 것들을 말씀하셨지만, 지금 그리스도께서 하신 이 한 마디 말씀이 그들에겐 다른 모든 말씀들보다 더 선하게 받아들여진 것으로 보인다. 성령은 바람처럼 언제 그리고 어디에서 어떤 말씀으로 행하실지를 임의대로 정하신다. 한 번 말하고 다시 말해도 깨닫지 못한다고 하더라도, 자주 반복하게 되면, 결국에는 그 말씀이 이해되는 법이다. 제자들은 이 말씀을 통해서 두 가지에 있어서 진보를 이루었다.

(1) 지식에 있어서: 지금은 밝히 말씀하시나이다. 그들은 그리스도께서 무엇을 말씀하시는지 알지 못하였을 때에는 그리스도를 책망하여 주께서는 지금 모호하게 말씀하시나이다라고 말하지 않았다. 그러나 그리스도께서 하신 말씀의 의미를 깨닫게 된 지금에 있어서 그들은 그리스도께서 스스로 낮추셔서 그들의 처지가 되어 설명해 주신 것에 대하여 그에게 영광을 돌린다: 지금은 밝히 말씀하시나이다. 하나님의 진리들은 분명하고 밝히 선포될 때에 유익을 가져올 가능성이 가장 높아진다(고전 2:4). 제자들은, 수학자가 오랫동안 풀고자 했던 어떤 문제를 해결하는 방법을 찾아냈을 때 유레카 유레카라고 외치며 무척 기뻐했던 것과 마찬가지로 너무도 기뻐하였다: 내가 찾아냈다, 내가 발견해 냈다. 그리스도께서 우리의 영혼에게 밝히 말씀하시고 우리로 하여금 그의 영광을 밝히 보게 하실 때, 우리는 그것을 기뻐해야 할 이유가 있다는 것을 명심하라.

(2) 믿음에 있어서: 우리가 지금에야 믿사옵나이다. 좀 더 살펴보자.

[1] 그들이 믿은 것은 무엇이었는가? 우리가 주께서 하나님께로부터 나오심을 믿사옵나이다. 그리스도께서는 그들이 이것을 믿는다는 것을 이미 말씀하셨다(27절). 그들은 이렇게 말한다: "주여, 우리가 그것을 믿고, 우리에게는 그것을 믿을 만한 근거가 있으며, 우리는 우리가 그것을 믿는다는 것을 알고, 그것이 주는 위로를 받고 있나이다."

[2] 그들의 믿음의 동기는 무엇이었는가? 그리스도의 전지전능하심. 그리스도께서 모든 것을 아신다는 것은 그가 하나님께로부터 보내심을 받은 선생으

로서 단순한 선지자 이상의 존재라는 것을 증명하는 것이었다. 그들은 그리스도께서 그들의 마음속에 감춰져 있던 의심들을 해결해 주시고 그들이 겉으로 나타내지 않았던 거리낌들에 대하여 대답해 주시는 것을 보고 그러한 사실을 확신하게 되었다. 경험에 의해서 그리스도를 아는 자들, 그의 능력에 대해서 그의 능력이 내 안에서 역사한다고 말할 수 있고, 그의 사랑에 대하여 그가 나를 사랑하였다고 말할 수 있는 자들이 그리스도를 가장 잘 알고 있는 것임을 명심하라. 그리스도께서 사람들의 마음의 생각과 의도를 알아내신다는 것은 그리스도가 하나님께로부터 보내심을 받은 자일 뿐만 아니라 신적인 인격에 속한 자로서 영원한 말씀이라는 것을 증명해 주는 것이다(히 4:12-13). 그리스도께서는 모든 교회들에게 그가 뜻과 마음을 감찰하신다는 것을 알게 하셨다(계 2:23). 그리스도께서 사마리아 여자를 처음 보시고 그녀가 행한 모든 일을 말씀하신(4:29) 것과 나다나엘에게 그가 무화과나무 아래에 있는 것을 보았다(1:48-49)고 말씀하신 것은 여기에서 제자들의 믿음을 견고하게 해 주었다.

또 사람의 물음을 기다리시지 않는다는 말은 다음 둘 중의 하나를 나타내는 것인 것 같다. 첫째, 그리스도께서 가르치시기를 좋아하심. 그리스도께서는 우리가 묻기 전에 가르침들을 베푸시고, 그 안에 감춰져 있는 지혜와 지식의 보화들을 전해 주시기 때문에, 우리가 끈질기게 구할 필요가 없다. 둘째, 그리스도께서 미리 아시고 대답해 주신다는 것: "주님은 다른 선생들과는 달리 제자들이 지닌 의문점들을 직접 주님께 말씀드릴 필요가 없다. 왜냐하면, 주님께서는 질문을 하지 않아도 그들이 무엇을 궁금해하고 무엇에 걸려 넘어져 있는지를 아시기 때문이다." 아무리 훌륭한 선생이라 할지라도 오직 배우는 자들이 묻는 것에 답할 수 있을 뿐인데, 그리스도께서는 여기에 나오는 제자들처럼(막 9:32) 우리가 묻기를 주저하고 마음속에 생각만 하고 있는 것에 대해서도 대답해 주실 수 있다. 이렇게 그리스도는 연민을 가지고 용납하실 수 있으신(히 5:2) 분이다.

3. 그리스도께서 제자들이 지금 그의 말씀을 이해했다고 자신하는 것에 대하여 가볍게 꾸중하심(31-32절). 제자들이 마침내 주님의 말씀을 이해하게 되었다고 의기양양해하는 모습을 보신 그리스도께서는 이렇게 말씀하셨다: "이제는 너희가 믿느냐? 이제는 너희가 너희 자신을 상당한 지식을 지닌 견고한 믿음의 제자들로 여기느냐? 이제는 너희가 더 이상 실수나 잘못을 하지 않게 될 것이라고 생각하느냐? 슬프다! 너희는 너희 자신의 약점을 알지 못한다. 너희는 곧

각각 제 곳으로 흩어지게 될 것이다." 여기에는 다음과 같은 것들이 나온다.

(1) 그들에게 다시 한 번 심사숙고해 보도록 하기 위하여 던지신 질문: 이제는 너희가 믿느냐? [1] "너희가 이제 믿는다면, 왜 좀 더 빨리 믿지 못하였느냐? 너희는 동일한 말씀들을 이전에도 수없이 듣지 않았더냐?" 많은 가르침들과 초대들이 있은 후에야 비로소 믿게 된 자들은 그들이 그토록 오랫동안 믿음 밖에 있었다는 것을 부끄러워하여야 한다. [2] "너희가 이제는 믿는다면, 왜 영원히 믿지는 못하는 것인가? 시험의 때가 올 때, 그 때에도 너희의 믿음이 과연 남아 있을까?" 우리의 믿음에 변덕이 존재하는 한, 우리의 믿음의 진실성을 의심해서 "우리가 정말 믿는 것인가"라고 물을 이유는 충분히 존재한다.

(2) 그들이 지금 그들의 믿음의 견고성에 대하여 아무리 자신만만해한다고 할지라도 얼마 후에 그들이 모두 그를 버리게 되리라는 예언. 이러한 예언은 바로 그 밤에 그리스도께서 수비대의 한 무리에 의해서 붙잡히실 때에 제자들이 다 그를 버리고 도망한(마 26:56) 일을 통해서 성취되었다. [1] 그들은 서로 뿔뿔이 흩어졌다. 그들은 서로를 돌보거나 서로에게 관심을 가질 여유도 없이 각자의 살 길을 찾아서 도망쳤다. 고난의 때는 그리스도인들의 무리에게는 흩어지는 때이다. 흐리고 어두운 날에 그리스도의 양 무리들은 흩어진다(겔 34:12). 따라서 하나의 무리로서의 그리스도는 눈에 보이지 않게 된다. [2] 그들은 그리스도를 버려두고 흩어졌다: 너희는 나를 혼자 두게 될 것이다. 그들은 그리스도께서 재판을 받으실 때에 그를 위하여 증인들이 되어 주어야 했고, 그리스도께서 고난을 당하실 때에 그를 수종들어야 했다. 그렇게 함으로써 그들이 그리스도께 어떤 위로가 될 수는 없었다고 할지라도, 어쨌든 그들은 그리스도께 그들의 면목을 세울 수 있었을 것이다. 그러나 그들은 그리스도와 연루되어 있다는 것을 부끄러워하였고 그리스도와 함께 고난받는 것을 두려워하였기 때문에, 그리스도를 홀로 내버려 두었다. 많은 훌륭한 운동이 그 원수들에 의해서 압박을 받게 될 때에 그 운동을 지지하던 친구들에 의해서 버림을 받게 된다. 제자들은 그리스도께서 다른 시험들을 받으실 때에는 그리스도와 함께 머물렀지만, 이번에는 그리스도께 등을 돌렸다. 시험이 닥쳐왔을 때에 사람들은 항상 믿을 만하다는 것이 증명되지는 않는다. 우리가 어느 때든지 우리의 친구들이 우리에게 냉정하다는 것을 발견하게 된다면, 우리는 그리스도의 친구들도 그리스도께 그렇게 하였다는 것을 기억하자. 그들은 그리스도를 홀로 남겨두고서, 각각

제 곳으로 흩어졌다. 그들은 갈릴리에 있었던 그들의 재산이나 거처를 찾아서 흩어진 것이 아니라, 예루살렘에 있는 그들의 친구들이나 아는 사람들에게로 흩어졌다. 그들은 각각 각자가 가장 안전할 것이라고 생각한 곳으로 갔다. 그들은 각각 자기 자신과 자신의 목숨을 부지하기 위하여 흩어졌다. 그리스도의 일들보다 자기 일을 구하고, 이 세상의 것들을 그들의 소유로 여기며, 이 세상 속에서 행복을 찾고자 하는 자들은 그들의 신앙을 위해서 고난을 달게 받으려 하지 않는다는 것을 명심하라. 첫째, 그리스도께서는 그의 제자들이 결정적인 때에 그를 버리게 되리라는 것을 미리 아셨지만, 여전히 그들에게 자비하셨고, 그들에게 냉정한 것이 전혀 없으셨다. 우리는 그런 자들에 대하여 "우리가 그들의 배은망덕을 미리 알 수만 있었다면, 우리는 그들에게 우리의 호의를 그렇게 후하게 베풀지 않았을 것이다"라고 말하겠지만, 그리스도께서는 그들의 배은망덕을 미리 아셨으면서도 그들에게 인자하셨다. 둘째, 그리스도께서 그들에게 이런 말씀을 하신 것은 그들이 현재 이룬 것을 크게 기뻐하며 의기양양해하는 것에 대한 책망이었다: "이제는 너희가 믿느냐? 자고하는 마음을 가지지 말고 두려워하라. 왜냐하면, 너희는 얼마 안 있어서 너희의 믿음이 진실한 것인지 그렇지 않은지를 의심할 정도로 아주 심하게 흔들리게 되는 것을 보게 될 것이기 때문이다." 우리가 받은 은혜를 기뻐하고 있을 때조차도 우리의 부패한 본성으로 인한 위험들을 명심하는 것은 좋은 일이다. 우리의 믿음이 강하고 우리의 사랑이 불타오르며 우리의 증거들이 분명하다고 하더라도, 우리는 내일도 오늘 같으리라는 것을 장담할 수 없다. 우리가 견고하게 서 있다고 생각할 만한 충분한 이유가 있다고 하더라도, 우리는 넘어지지 않도록 조심해야 할 충분한 이유가 있다. 셋째, 그리스도께서는 이 일이 아주 가까운 일이라고 말씀하셨다. 그들이 이제까지 그를 좋아했던 것만큼이나 그를 부끄러워하게 될 때가 벌써 왔도다. 우리와 우리 속에 있는 것들이 순식간에 크게 변할 수 있다는 것을 명심하라.

(3) 그럼에도 불구하고 그리스도께서 위로로 삼을 것이 있다고 말씀하심: 그러나 내가 혼자 있는 것이 아니다. 그리스도께서는 그들이 그를 버리는 것이 마치 그에게 큰 타격이라도 되는 듯이 한탄할 생각은 전혀 없으셨다. 왜냐하면, 그들이 없다고 할지라도 아버지께서 그와 함께 하시리라는 것을 그리스도께서는 확신하셨기 때문이다. 아버지는 모든 것이시다: 아버지께서 나와 함께 계시느니

라. 우리는 이것을 다음과 같은 것으로 생각할 수 있다. [1] 주 예수께 고유한 특권. 아버지께서는 다른 사람들에게는 결코 그렇게 하지 않으셨지만 그리스도께서 고난받으실 때에 그와 함께 하셨다. 왜냐하면, 여전히 그리스도는 아버지의 품 속에 계셨기 때문이다. 그의 신성은 인성을 버리지 아니하고 오히려 그것을 밑받침하였고, 그의 고난에 이루 말할 수 없는 위로와 비할 바 없는 가치를 두셨다. 아버지께서는 그리스도께서 행하신 모든 일 속에서 그와 함께 하셨고(시 89:21 등) 그를 지키셨다(사 49:8). 이것이 그리스도를 담대하게 만들었다(사 50:7). 아버지께서 그를 버리신 것을 탄식할 때에도, 그리스도께서는 아버지를 내 하나님이라고 불렀고, 잠시 후에 그의 영혼을 하나님의 손에 맡길 정도로 아버지께서 그와 함께 하신다는 것을 확신하셨다. 나를 보내신 이가 나와 함께 하시고 아버지께서 나를 혼자 두지 아니하셨다(8:29)는 것이 항상 그리스도께 위로가 되었고, 특히 지금 이 마지막 순간에 있어서 큰 위로가 되었다. 이것은 그리스도의 대속이 하나님께 열납될 만한 것이었다는 우리의 믿음을 붙들어 준다. 의심할 여지 없이 아버지께서는 그리스도를 기뻐하셨다. 왜냐하면, 아버지께서는 그리스도가 하시는 모든 일에서 처음부터 마지막까지 그와 함께 하셨기 때문이다. [2] 그리스도와의 연합으로 말미암아 모든 신자들에게 주어진 특권. 그들이 홀로 있을 때, 그들은 홀로 있는 것이 아니라 아버지께서 그들과 함께 계시는 것이다. 첫째, 홀로 있는 것이 그들이 선택한 것일 때, 그들이 밭에 있는 이삭, 무화과나무 아래 있는 나다나엘, 옥상에 있는 베드로처럼 홀로 묵상하며 기도하고 있을 때, 아버지께서는 그들과 함께 계신다. 홀로 하나님과 교제하는 자들은 홀로 있을 때보다 결코 외롭지 않다. 선한 하나님과 선한 마음은 언제든지 좋은 친구이다. 둘째, 홀로 있는 것이 그들이 겪는 환난일 때, 그들의 원수들은 그들을 홀로 두고, 그들의 친구들은 그들을 떠나며, 욥의 경우처럼 친구들과 함께 하는 것은 끝장이 나게 된다. 그렇지만 그들은 생각하는 것만큼 그렇게 외롭지 않다. 왜냐하면, 하나님께서 요셉이 옥에 갇혔을 때에 함께 하셨고 요한이 유배를 당했을 때에 거기에 함께 계셨던 것처럼 아버지께서 그들과 함께 계시기 때문이다. 그들은 아무리 큰 환난을 당한다고 할지라도 그의 아버지가 불쌍히 여기는 자이고 그의 어머니가 위로하시는 자이다. 온 세상이 우리를 버린다고 할지라도, 하나님께서 은혜로 우리와 함께 하시면, 우리는 복되고 편안할 수밖에 없다. 우리가 오직 하나님만 계시면 모든 것이 풍족하다고 생각하지 않는다면, 우리는

하나님께 합당한 영광을 돌려 드리는 것이 아니다(칼빈).

Ⅱ. 그리스도께서는 그들이 세상에서 어떠한 환난을 만난다고 할지라도 그가 세상을 이기었기 때문에 그들은 그 안에서 평안을 누리게 될 것이라는 약속으로 그들을 위로하신다(33절) : "이것을 너희에게 이르는 것은 너희로 내 안에서 평안을 누리게 하려 함이라. 너희가 내 안에서 평안을 누리지 못한다면, 너희는 평안을 전혀 누리지 못하게 될 것이다. 왜냐하면, 세상에서는 너희가 환난을 당하게 될 것이기 때문이다. 너희는 환난 이외의 것을 기대해서는 안 된다. 하지만 너희는 담대하라. 왜냐하면, 내가 세상을 이기었기 때문이다."

1. 그리스도께서 제자들에게 이 고별 설교를 하시는 목적: 그들로 평안을 누리게 하려 함이라. 그리스도께서 제자들에게 고별 설교를 하신 목적은 그들에게 이제 그들이 곧 성령을 받고서 잘 알게 될 그 가르침을 한번 조감할 수 있게 해 주기 위한 것이 아니라, 그가 그들을 떠나는 것이 진정으로 가장 좋은 것임을 그들에게 알게 하기 위한 것이었다. 또는, 우리는 이것을 좀 더 일반적으로 이렇게 해석해 볼 수 있다: 그리스도께서 이 모든 말씀을 그들에게 하신 것은 그들로 하여금 그를 누리게 하심으로써 그들 자신을 가장 잘 누릴 수 있도록 해 주시기 위한 것이었다. (1) 그의 제자들이 밖에서는 어떠한 환난을 당한다고 할지라도 안으로는 평안을 누릴 수 있게 하는 것이 그리스도의 뜻이다. (2) 그리스도 안에 있는 평안만이 유일하게 참된 평안이고, 오직 그리스도 안에서만 신자들은 평안을 갖는다. 왜냐하면, 이 사람은 내게 평강이 될 것이기(미 5:5) 때문이다. 그리스도로 말미암아 우리는 하나님과 화평을 이루게 되고, 따라서 그리스도 안에서 우리는 우리 자신의 내면 속에서 평안을 얻게 된다. (3) 그리스도의 말씀은 그 안에서 우리로 평안을 누리게 하는 것을 목표로 한다. 평안은 입술의 열매, 그의 입술의 열매(사 57:19)이다.

2. 그들이 세상에서 받게 될 대접: "너희는 외적인 평안을 갖지 못할 것이고, 결코 그러한 것을 기대할 수 없을 것이다." 그들은 비록 이 땅의 평화를 선포하고 사람들에게 은혜를 선포하도록 보내심을 받았지만, 이 땅에서 환난을 예상해야 하고 사람들로부터 욕을 당할 것을 예상하여야 한다. 이 세상에서 어느 정도의 환난을 당하는 것이 그리스도의 제자들의 운명이라는 것을 명심하라. 그리스도의 제자들은 선하기 때문에 사람들이 그들을 박해하고, 그리스도의 제자들은 더 선하게 되어야 하기 때문에 하나님께서는 그들을 교정하신다. 사람

들은 그들을 이 땅에서 끊어 버리고자 하고, 하나님은 환난을 통해서 그들을 천국에 적합한 자들로 만드시고자 하신다. 따라서 이 양자 사이에서 그들은 환난을 당하게 되어 있다.

3. 이것과 관련해서 그리스도께서 그들에게 주신 격려: 그러나 담대하라. "너희는 위로를 받을 뿐만 아니라 용기를 내어야 한다. 용기만 낸다면, 너희에게 모든 것이 잘될 것이다." 이 세상의 환난 가운데서 용기를 잃지 않고 담대하며, 아무리 절박한 상황 속에서도 하나님을 기뻐하며, 어떠한 위협이 닥쳐온다고 해도 하나님을 소망하는 것이 그리스도의 제자들의 도리라는 것을 명심하라. 이 세상의 풍토에 그래서 실제로 슬픈 일이 많겠지만, 그리스도의 제자들은 항상 기뻐하고 즐거워하여야 하며(고후 6:10), 환난 중에서도(롬 5:3) 즐거워하여야 한다.

4. 그러한 격려의 근거: 내가 세상을 이기었노라. 그리스도의 승리는 그리스도인들의 승리이다. 그리스도께서는 이 세상 임금을 이기시고 그의 무장을 해제시키셨으며 그를 쫓아내셨다. 그리고 여전히 그리스도께서는 사탄을 우리의 발 아래에 밟고 계신다. 그리스도께서는 많은 사람들을 믿음으로 돌아오게 하셔서 그의 복음에 순종하게 하심으로써 그의 나라의 자녀들로 삼으셔서 이 세상의 자녀들을 이기셨다. 제자들을 온 세상에 복음을 전하도록 보내실 때, 그리스도께서는 이렇게 말씀하신다: "담대하라. 내가 가는 곳마다 내가 세상을 이기었노라. 그러므로 너희도 이기게 될 것이다. 비록 너희가 이 세상에서 환난을 당할지라도, 너희는 결국 너희의 목적을 이루게 될 것이고 이 세상을 사로잡게 될 것이다"(계 6:2). 그리스도께서는 무수하게 그의 원수들을 침묵시키고 부끄럽게 하심으로써 이 세상의 악한 자들을 이기셨다. "너희는 담대하라. 왜냐하면, 성령께서 너희로 하여금 그렇게 하도록 힘을 주실 것이기 때문이다." 그리스도께서는 세상의 악한 것들을 승복시키심으로써 그러한 것들을 이기셨다. 그는 십자가와 그 수치를 멸시하고 견디셨다. 그리스도께서는 세상의 좋은 것들에 대하여 철저하게 죽으심으로써 세상의 좋은 것들을 이기셨다. 세상의 영광들은 그의 눈에는 아무런 아름다운 것이 없었고, 세상의 쾌락들은 그의 눈에 그 어떠한 매력도 없었다. 지금까지 그리스도만큼 세상을 정복한 자가 없었다. 그러므로 우리는 이것으로 인해서 격려를 받고 힘을 얻어야 한다. (1) 그리스도께서 우리보다 앞서 세상을 이기셨기 때문에. 따라서 우리는 세상을 정복당한

원수, 무수하게 패배한 원수로 여길 수 있다. (2) 그리스도께서는 우리 구원의 대장으로서 우리를 위하여 세상을 정복하셨다. 우리는 그의 승리에 참여한다. 그의 십자가로 말미암아 세상은 우리를 대하여 십자가에 못 박혔는데, 이것은 세상이 철저하게 정복되어서 우리의 손에 의해서 장악되었다는 것을 나타낸다. 모든 것이 너희의 것이고, 심지어 세상도 너희의 것이다. 그리스도께서 세상을 이기셨기 때문에, 신자들은 이미 승리하신 그리스도를 뒤따라가면서 노략물을 나누는 일밖에는 할 일이 없다. 그리고 이 일을 우리는 믿음으로 행한다(요일 5:4). 이 모든 일에 우리를 사랑하시는 이로 말미암아 우리가 넉넉히 이기느니라.

제
— 17 —
장

개요

이 장은 기도문, 주님의 기도문, 주 그리스도의 기도문이다. 복음서에는 주님께서 우리에게 기도하라고 가르치신 하나의 주기도문이 나오지만, 주님께서는 그 기도문으로 스스로 기도하지는 않으셨다. 왜냐하면, 그리스도께서는 죄를 사하여 달라고 기도하실 필요가 없으셨기 때문이다. 그러나 여기에 나오는 기도문은 중보자이신 주님께만 합당하고 어울리는 기도문으로서, 그의 중보기도의 한 예를 보여주지만, 우리가 기도에 있어서 가르침을 받고 격려를 받는 데에 유익하다. I. 기도의 배경(1절). II. 기도 자체. 1. 그리스도께서 자신을 위해 기도하심(1-5절). 2. 그리스도께서 그의 백성인 자들을 위하여 기도하심. (1) 그리스도께서 그들을 위하여 간구하시는 일반적인 이유들(6-10절). (2) 그리스도께서 그들을 위하여 드리신 특별한 간구들. [1] 그들을 지켜주시라는 것(11-16절). [2] 그들을 거룩하게 해 달라는 것(17-19절). [3] 그들로 하여금 연합하게 해 달라는 것(11절과 20-23절). [4] 그들을 영화롭게 해 달라는 것(24-26절).

¹예수께서 이 말씀을 하시고 눈을 들어 하늘을 우러러 이르시되 아버지여 때가 이르렀사오니 아들을 영화롭게 하사 아들로 아버지를 영화롭게 하게 하옵소서 ²아버지께서 아들에게 주신 모든 사람에게 영생을 주게 하시려고 만민을 다스리는 권세를 아들에게 주셨음이로소이다 ³영생은 곧 유일하신 참 하나님과 그가 보내신 자 예수 그리스도를 아는 것이니이다 ⁴아버지께서 내게 하라고 주신 일을 내가 이루어 아버지를 이 세상에서 영화롭게 하였사오니 ⁵아버지여 창세 전에 내가 아버지와 함께 가졌던 영화로써 지금도 아버지와 함께 나를 영화롭게 하옵소서

이 단락에는 다음과 같은 내용들이 나온다.

I. 그리스도께서 하신 이 기도의 배경(1절). 그리스도께서는 육체에 계시는 날 동안에 많은 기도를 하셨지만(종종 그는 밤을 새워 기도하신 적도 있으셨다), 그의 기도들 중에서 여기에 나오는 기도만큼 자세하게 기록된 것은 없다.

좀 더 살펴보자.

1. 그리스도께서 이 기도를 하신 때. 그리스도께서는 이 말씀을 하시고, 즉 그의 제자들에게 앞에 나온 고별 설교를 하신 후에 그들이 듣는 가운데 이 기도를 하셨다. (1) 이 기도는 설교 후의 기도였다. 그리스도께서는 하나님께로부터 말씀을 받아서 그들에게 말씀하신 후에 이번에는 그들을 위하여 하나님께 말씀하셨다. 말씀을 전하는 자들은 말씀을 듣는 자들을 위하여 기도하여야 한다는 것을 명심하라. 마른 뼈들에게 예언하였던 자는, 생기야 와서 그들에게 불어라고 기도하였다. 우리는 우리가 전하는 말씀을 위해서 기도하여야 한다. 왜냐하면, 하나님께서 열매를 맺게 하실 것이기 때문이다. (2) 이 기도는 성례전 후의 기도였다. 그리스도와 그의 제자들이 유월절 식사와 주의 만찬을 함께 하고서, 그리스도께서 그들에게 적절한 권면을 행하신 후에, 그리스도께서는 이 엄숙한 예식을 하나님께서 이 성례전이 그들에게 준 선한 감화들을 보존해 주시라는 이 기도로써 마무리하셨다. (3) 이 기도는 가족 기도였다. 그리스도의 제자들은 그의 가족이었는데, 그리스도께서는 가장(家長)들에게 선한 모범을 제시하기 위해서 아브라함의 아들로서 그의 가족을 가르치셨을 뿐만 아니라(창 18:19) 다윗의 자손으로서 그의 가족을 축복하며(삼하 6:20) 그들을 위해서 및 그들과 함께 기도하셨다. (4) 이 기도는 헤어짐의 기도였다. 우리와 우리의 친구들이 헤어질 때에 기도로써 헤어지는 것이 좋은 일이다(행 20:36). 그리스도께서는 죽음으로써 곧 헤어지게 되실 것인데, 그러한 헤어짐은 기도로써 거룩하게 되고 아름답게 되어야 마땅하였다. 야곱이 임종할 때에 열두 족장들을 축복하였고, 모세가 죽기 전에 열두 지파를 축복하였듯이, 여기에서 예수께서는 죽으시기 전에 열두 사도를 축복하셨다. (5) 이 기도는 그의 희생제사 직전에 드려진 기도였다. 그리스도께서는 이제 이 땅에서 자신을 희생 제물로 드리고자 하시면서, 이 기도를 통해서 그의 백성된 자들을 위하여 그의 죽음의 공로를 통해서 얻게 될 은총들과 축복들을 구체적으로 말씀하신다. 이 기도는 종지부를 향하여 나아가는 행위, 희생제사를 드리게 되는 목적과 의도를 보여주는 그런 기도였다. 이 때에 그리스도께서는 지금 희생제사를 드리는 제사장으로서 기도하셨는데, 모든 기도들은 바로 이 희생제사 덕분에 드려질 수 있게 될 것이었다. (6) 이 기도는 그리스도께서 장차 저 세상에서 우리를 위하여 항상 살아 계셔서 드리시게 될 그의 중보기도의 한 예를 보여주는 기도였다. 그리스도께서는 그가 이 땅에

계셨을 때와 마찬가지로 높아지신 상태에서도 겸손한 간구로써 아버지께 말씀을 드리는 것이 아니다. 하늘에서의 그의 중보기도는 아버지께 자신의 공로를 아룀으로써 그것으로부터 그의 모든 택함받은 자들을 위한 유익을 이끌어 내는 것이다.

2. 그리스도께서 이 기도를 열렬한 소원으로 드리셨다는 것이 외적으로 표현됨: 그리스도께서는 이전처럼(11:41) 눈을 들어 하늘을 우러러 보셨다. 그리스도께서는 정신을 집중하기 위해서 굳이 이렇게 하실 필요가 없으셨지만, 이러한 자세를 사용하는 자들에게 본을 보여서 그러한 자세를 거룩하게 하시며, 그것을 비웃는 자들에 맞서서 그 자세가 옳다고 하시기를 기뻐하셨다. 기도를 하면서 영혼을 들어서 하나님을 우러러 보는 것은 의미심장한 것이다(시 25:1). 영혼을 들라(sursum corda)는 예로부터 너희의 마음을 하늘을 향하여 들라는 뜻으로 기도에로의 부름에서 사용되었다. 우리는 기도할 때에 우리의 소원을 하늘로 향하여야 하고, 또한 우리가 기도하는 선한 것들을 하늘로부터 받을 것을 기대하여야 한다.

II. 기도문의 첫 번째 부분. 여기에서 그리스도께서는 자신을 위해서 기도하셨다. 좀 더 살펴보자.

1. 그리스도께서는 아버지이신 하나님께 기도하신다: 예수께서 눈을 들어 하늘을 우러러 이르시되 아버지여. 우리가 오직 하나님께 기도를 드려야 하는 것과 마찬가지로, 우리가 기도할 때에는 아버지이신 하나님을 바라보고 하나님을 우리 아버지라고 불러야 한다는 것을 명심하라. 양자의 영을 가진 모든 자들은 하나님을 아바 아버지(25절)라고 부르도록 가르침을 받고 있다. 왜냐하면, 우리가 기도할 때에 하나님을 우리가 그분을 발견하고자 소망하는 대로 부르는 것은 정신을 집중하고 힘을 얻는 데에 대단히 유익하기 때문이다.

2. 그리스도께서는 먼저 자기 자신을 위하여 기도하셨다. 그리스도께서는 하나님이시기 때문에 기도를 받으시는 분이지만 지금은 인간으로서 기도하신 것이었다. 이렇게 하여서 모든 의를 이루는 것이 그에게 합당하였다. 구하라 그리하면 내가 주리라(시 2:8)는 말씀은 우리에게와 마찬가지로 그리스도께도 적용되는 것이었다. 그리스도께서는 그가 이미 값 주고 사신 것을 구하고 있는 것임에 틀림없다. 우리가 그리스도께서 이미 값 주고 사신 것을 얻고자 기도하지 않는다면, 그것을 얻는 데에 무수하게 실패를 거듭했고 그것을 구할 아무런 자

격도 없는 우리가 어떻게 그것을 얻기를 기대할 수 있겠는가? 여기에서 그리스도께서 기도하신 것은 기도에 존귀함을 더하시고자 하신 것이었다. 기도는 그리스도께서 그의 심부름을 위해서 보낸 사자(使者)임과 동시에 그리스도께서 하늘과 교통하기 위한 길이었다. 또한, 기도는 기도하는 자들에게 큰 힘을 주고, 하나님께서 빈궁한 자들의 기도조차도 멸시하지 않으실 것이라는 소망을 불러일으킨다. 우리를 위한 대언자이신 그리스도께서 자기 자신과 관련하여 간절히 구하여야 할 때가 왔는데, 중보자로서의 그의 모든 영광이 그 일의 성공 여부에 달려 있었다. 그리스도께서는 그것을 우리에게 명하신 것과 동일한 방법, 즉 기도와 간구(히 5:7)를 통해서 간절히 구하셨기 때문에, 그는 간구하는 자의 심정을 아시고(출 23:9), 또한 그 길을 아신다. 또한 주목할 것은 그리스도께서는 자기 자신을 위한 기도로 시작해서 그 후에 그의 제자들을 위하여 기도하셨다는 것이다. 이러한 사랑은 가정에서 시작되어야 한다 — 물론, 그것이 거기에서 끝나서는 안 되지만. 우리는 우리 자신과 마찬가지로 우리 이웃을 위해서도 사랑하고 기도하여야 하기 때문에, 먼저 우리 자신을 위하여 올바른 방식으로 사랑하고 기도하여야 한다. 그리스도께서는 자기 자신을 위해서는 그의 제자들을 위해서보다 훨씬 더 짧게 기도하셨다. 우리의 기도도 우리 자신을 위하여 기도하느라고 교회를 위하여 기도하는 것이 뒷전으로 물러나게 해서는 안 된다. 우리는 모든 성도들을 위하여 간구하는 것에 대해서 넓은 마음을 가져야 하고, 결코 우리 자신의 마음을 좁혀서는 안 된다. 여기에는 그리스도께서 자신을 위하여 드리신 두 가지의 간구가 나오는데, 이 두 가지는 사실 하나이다 — 그가 영광을 받을 수 있게 해 달라는 것. 그러나 나를 영화롭게 하소서라는 이 하나의 간구는 두 개의 어구에 앞뒤로 동시에 걸리기 때문에 두 번 표현된다: 앞으로 그가 자신의 일을 잘 수행하는 것과 관련해서, 나를 영화롭게 하사 나로 하여금 아버지를 영화롭게 하게 하옵소서. 이렇게 그리스도께서는 앞으로 할 일을 아버지의 뜻에 합당하게 행할 수 있도록 하게 해 달라는 기도를 드리신다(1-3절). 다음으로, 그가 이제까지 해 오신 일과 관련해서, "나를 영화롭게 하옵소서. 이는 내가 아버지를 영화롭게 하였음이니이다. 나는 내가 할 일을 다 했사오니, 이제 여호와께서 하실 일을 하시옵소서"(4-5절).

(1) 그리스도께서는 여기에서 그가 하나님을 영화롭게 하기 위하여 자신을 영화롭게 해 달라고 기도하신다(1절): 당신의 약속을 따라서 아들을 영화롭게 하사

나의 순종을 통하여 아들로 아버지를 영화롭게 하게 하옵소서. 좀 더 살펴보자.

[1] 그리스도께서는 무엇을 위하여 기도하고 계시는가? 그는 그가 이 세상에서 영화롭게 되게 해 달라고 기도하신다: "어둠의 모든 권세들이 힘을 합쳐서 아들을 공격하고 비방할 **때가** 이르렀사오니, 아버지여, 그를 영화롭게 하옵소서." 아버지께서는 이 땅에서 아들을 영화롭게 하셨다. **첫째**, 아들이 고난을 당하시는 중에도 아버지께서는 그 고난에 수반된 표적들과 기사들을 통해서 아들을 영화롭게 하셨다. 그리스도를 잡으러 온 자들이 말씀으로 얻어 맞았을 때, 유다가 그리스도는 아무 죄도 없다고 고백하고서 그러한 고백을 자신의 피로써 인쳤을 때, 재판장인 빌라도의 아내가 잠들어 있고 재판장 자신이 깨어 있는 동안에 하나님께서 그리스도가 무죄하고 의롭다는 것을 알려주셨을 때, 해가 어두워지고 성전의 장막이 찢어졌을 때, 그 때에 아버지께서는 아들을 의롭다 하셨을 뿐만 아니라 영화롭게 하셨다. **둘째**, 아들의 고난에 의해서. 그리스도께서는 십자가에 못 박히셨을 때에 크게 되셨고 영화롭게 되셨다(13:31). 그리스도께서 사탄과 사망을 정복하신 것은 바로 십자가에서였다. 그의 가시들은 면류관이었고, 빌라도는 그리스도의 머리 위에 붙어 있던 명패에 그가 생각했던 것 이상의 내용을 썼다. **셋째**, 아들의 고난 후에 아버지께서는 아들을 훨씬 더 영화롭게 하셨다. 아버지께서는 죽은 자 가운데서 아들을 다시 살리시고, 택하신 증인들에게 그를 공개적으로 보이시며, 그리스도의 가르침을 밑받침하고 사람들 가운데서 그의 나라를 세우기 위하여 성령을 부으셨을 때, 아버지께서는 그를 영화롭게 하셨다. 이러한 것을 그리스도께서는 여기에서 힘써 기도하신다.

[2] 그리스도께서는 이러한 간구에 힘을 더하기 위하여 무엇에 호소하고 계시는가?

첫째, 그는 관계에 호소하셨다: 당신의 아들을 영화롭게 하옵소서 — 하나님인 당신의 아들, 중보자인 당신의 아들. 하나님께서는 이것을 생각하셔서 이방인들을 그에게 기업으로 주셨다. 왜냐하면, 너는 내 아들이기(시 2:7-8) 때문이다. 마귀는 하나님의 아들됨을 포기하면 이 세상의 모든 나라들을 다 주겠다고 그리스도께 제안하며 그를 시험하였었다. 그러나 그리스도께서는 그러한 제안을 코웃음치며 거절하셨고, 아버지께서 자기를 높여 주기를 원하셨는데, 여기에서 바로 그러한 것을 아버지께 간구한다. 양자가 된 자들은 아들로서의 유업을 달라고 믿음으로 기도할 수 있다는 것을 명심하라. 하나님께서는 거룩하게 하신 자들을 영화롭게 하신다: 아버지여, 당신의 아들을 영화롭게 하옵소서.

둘째, 그리스도께서는 때에 호소한다: 때가 이르렀나이다 — 하나님께서 정하신 때. 그리스도께서 고난당하실 때는 하나님의 계획 속에서 이미 결정되어 있었다. 그리스도께서는 자주 그의 때가 아직 오지 않았다는 말씀을 하셨다. 그러나 이제는 그 때가 왔고, 그리스도께서는 그것을 아셨다. 사람은 자기의 시기도 알지 못하지만(전 9:12), 인자는 그의 때를 아셨다. 그리스도께서는 그의 때를 이 때(12:27)라고 부르시고, 여기에서는 때라고 부르신다(마가복음 14:35; 요한복음 16:21과 비교해 보라). 왜냐하면, 구속주가 죽는 때는 구속주가 태어나는 때이기도 하였고, 그 때는 시간이 처음으로 움직이기 시작한 이래로 가장 중요하고 의심할 여지 없이 가장 결정적인 때였기 때문이다. 이와 같은 때는 결코 없었고, 과거의 어떤 때도 지금의 이 때에 비견할 만한 것이 없었으며, 이후에도 이 때와 같은 때가 없을 것이었다. 1. "내가 나를 밝혀야 할 때가 이르렀다." 지금은 이 엄청난 일이 위기를 맞게 된 때이다. 수많은 작은 접전들 후에 하늘과 지옥 간의 결정적인 전투가 이제 막 벌어지려 하고 있고, 이제 하나님의 영광과 인간의 복이 달려 있는 저 큰 사업이 이루어지느냐 영원히 실패하느냐가 결정될 것이다. 다윗과 골리앗, 미가엘과 용이라는 양쪽 진영의 주장(主將)들이 지금 나서고 있다. 어느 한 쪽에게 치명적인 타격이 될 접전을 알리는 나팔소리가 울려 퍼진다: "지금 아들을 영화롭게 하옵소서. 지금 그에게 정사와 권세들에 대하여 승리할 수 있게 해 주옵소서. 지금 그의 발꿈치가 상하는 것이 뱀의 머리를 깨뜨리는 것이 되게 하옵소서. 지금 당신의 아들을 굳게 붙들어 주셔서, 실패하거나 낙심하지 않도록 하여 주옵소서." 여호수아가 나아가서 이기고 또 이기었을 때, 여호와께서 여호수아를 크게 하셨다고 성경에서는 말한다. 마찬가지로, 하나님께서는 아들이 그의 승리의 병거인 십자가를 지셨을 때에 아들을 영화롭게 하셨다. 2. "때가 이르렀사오니, 이 때가 끝나면 나는 면류관을 얻게 될 것이니이다. 내가 영화롭게 되어서 당신의 우편에 앉게 될 때가 이르렀나이다." 그리스도와 그 영광 사이에는 피비린내나는 고난의 장면이 끼여 있었다. 그러나 고난의 시간은 아주 짧을 것이기 때문에, 그리스도께서는 마치 그가 그러한 고난을 아랑곳하지 않으시는 것처럼 말씀하신다: 내가 영화롭게 될 때가 이르렀나이다. 그리스도께서는 그 때까지는 그것을 기대하지 않으셨다. 선한 그리스도인들은 시험의 때, 특히 죽을 때에 다음과 같이 말할 수 있다: "지금 때가 이르렀고, 그 때가 내 곁에 서 있으며, 내게 보이나이다. 이제야말로 절호의 기회가 왔나이다. 땅에 있는 장막 집이 무너지고 내가 영광을 받을 때가 이르렀나이다"(고후 5:1).

셋째, 그리스도께서는 이것과 관련된 아버지 자신의 유익과 관심에 호소하신다: 아들로 아버지를 영화롭게 하게 하옵소서. 왜냐하면, 그리스도께서는 그의 모든 사업을 아버지의 영광을 위하여 봉헌하였기 때문이었다. 그리스도께서는 그의 고난을 통과하여 그의 영광으로 승리하여 나아감으로써 아버지를 두 가지 방식으로 영화롭게 하기를 원하였다. 1. 그리스도께서 이제 겪게 되실 십자가의 죽음을 통해서. 아버지여, 당신의 이름을 영화롭게 하옵소서라는 간구는 그리스도의 고난의 위대한 목적을 표현한 것으로서, 아버지의 상처 입은 영광을 사람들 가운데서 다시 회복시키고, 인간으로 하여금 그들의 죄로 말미암아 도달하지 못했던 하나님의 영광에 그의 대속으로 말미암아 도달하게 하는 것이었다: "아버지여, 나의 고난을 받아주셔서, 나로 하여금 그 고난을 통해서 당신을 영화롭게 하옵소서." 2. 십자가의 가르침을 통해서. 이것은 이제 곧 세상에 선포될 것이었고, 이것을 통해서 하나님의 나라가 사람들 가운데 다시 세워질 것이었다. 그리스도께서는 아버지께서 그의 고난을 열납하심으로써 십자가의 걸림돌을 벗겨주실 뿐만 아니라 십자가가 구원받는 자들에게 하나님의 지혜와 하나님의 능력이 되게 해 달라고 기도하신다. 만약 하나님께서 십자가에 못 박히신 그리스도를 죽은 자 가운데서 다시 일으키셔서 영화롭게 하지 않으셨다면, 그리스도께서 행하신 모든 사역은 수포로 돌아가고 말았을 것이다. 그러므로 아들을 영화롭게 하사 아들로 아버지를 영화롭게 하게 하옵소서. 이것을 통해서 그리스도께서는 우리에게 다음과 같은 것들을 가르치셨다. (1) 우리가 기도할 때에 무엇을 바라보고 무엇을 목적으로 하여야 하며, 우리의 모든 의도와 소원이 무엇을 목적으로 하여야 하는가? 그것은 하나님의 영광이다. 하나님을 영화롭게 하는 것이 우리의 주된 목적이기 때문에, 우리는 그 밖의 다른 구하는 것들은 하나님께 영광을 돌리는 것에 종속시켜야 한다. "당신의 종에게 이런저런 일을 하게 하셔서, 당신의 종으로 하여금 당신을 영화롭게 하게 하옵소서. 내게 건강을 주셔서, 내가 나의 몸으로 당신을 영화롭게 하게 하시고, 내게 성공을 주셔서, 나로 나의 재산으로 당신을 영화롭게 하게 하옵소서." 당신의 이름이 거룩히 여김을 받으시옵소서라는 기도는 우리의 첫 번째 간구가 되어야 하고, 우리의 모든 다른 간구들의 목적이 되어야 한다(벧전 4:11). (2) 그리스도께서는 무엇을 기대하고 무엇을 소망해야 하는지를 우리에게 가르치셨다. 우리가 진심으로 아버지를 영화롭게 하리라고 작정한다면, 아버지께서는 우리가 아버지를 영화롭게 하는 데에 꼭 필요한 것들이 우리에게 부족하지 않게 하실 것이고, 우리에게 필요한 은혜를 주실 것이며, 우리에게 적절한 기회를 주실 것이다. 그러나 우리가 은밀하게 아버지보다 우리 자신을 더 높이고자 한다면, 아버지께서는 우리를 우리 자신의 꾀에 내버려 두실 것이고, 그러면 우리는 우리 자신을 높이는 것이 아니라 부끄러움을 당하게 될 것이다.

넷째, 그리스도께서는 아버지가 그에게 맡기신 일에 호소하신다(2-3절). 그리스도께서는 아버지가 그에게 맡기신 일에 맞춰서 아버지를 영화롭게 하기를 원한다: "아버지께서 아들에게 권세를 주셨음으로 아들을 영화롭게 하옵소서. 아버지께서 아들에게 주신 권세를 집행할 때에 아들을 영화롭게 하옵소서." 이렇게 아버지께서 아들에게 맡기신 일은 이 간구와 연결되어 있다. 또는, 아들에게 주신 권세를 따라서 아들로 아버지를 영화롭게 하게 하옵소서라고 해석할 때, 그것은 간구의 이유와 연결될 수 있다. 여기에서 중보자의 권세를 보라.

a. 그리스도의 권세의 원천: 아버지께서 아들에게 권세를 주셨다. 그리스도께서는 모든 권세가 속해 있는 하나님으로부터 그 권세를 받으셨다. 인간은 그의 타락한 상태에서 회복되기 위해서는 새로운 통치 모델 아래에 놓여져야 하는데, 이러한 통치 모델은 오직 천국의 인침을 받으시고 특별한 사명을 띠고서, 그 영광스러운 일을 수행하도록 명령을 받고, 하나님과 인간 사이에서 그 엄청난 차이를 중재하며 그 엄청난 화해를 이루는 일을 맡으신 유일한 분 그리스도에 의해서만 세워질 수 있다. 이러한 일을 위해서 그리스도께서는 권세를 받으셨고, 이제 창조주로서의 그의 권세 및 통치권과는 구별되는 방식으로 그러한 권세를 수행하고자 하셨다. 교회의 왕은 이 세상의 임금과는 달리 결코 찬탈자가 아니라는 것을 명심하라. 그리스도께서 다스리는 권세를 지니고 계시다는 것은 논란의 여지가 없다.

b. 그리스도의 권세의 범위: 그리스도께서는 만민을 다스리는 권세를 가지고 계신다. (a) 모든 인류에게 미치는 권세. 그리스도께서는 영들의 세계에 대하여 권세를 가지고 계시고, 눈에 보이지 않는 윗 세상의 권세들은 그에게 복속되어 있다(벧전 3:22). 그러나 하나님과 인간 사이를 중보하시기 위해서 그리스도께

서는 여기에서 만민을 다스리는 권세에 호소하신다. 그리스도께서 복속시키시고 구원하시고자 하신 것은 사람들이었다. 인류 가운데서는 그리스도께 주어진 남은 자들이 있었기 때문에, 온갖 부류의 만민들이 그의 발 아래 놓이게 되었다. (b) 부패하고 타락한 것으로 여겨진 인류에 대한 권세. 왜냐하면, 인류는 여기에서 육체로 불리기 때문이다(창 6:3). 인류가 이러한 의미에서 육체가 아니었다면, 인류는 구속주를 필요로 하지 않았을 것이다. 이 죄악된 인류에 대하여 주 예수께서는 모든 권세를 가지고 계신다. 또한 그들과 관련된 모든 심판이 그에게 맡겨져 있다 — 묶거나 풀 권세, 무죄방면하거나 단죄할 권세. 이 땅에서 죄를 사하거나 사하지 않을 권세. 중보자로서 그리스도께서는 온 세상을 통치하는 권세를 그의 손 안에 가지고 계신다. 그는 열국의 왕으로서 그를 알지 못하거나 그의 복음에 복종하지 않는 자들에 대해서도 권세를 가지고 계신다. 그러한 자들을 그리스도께서는 다스리시는 것이 아니라 짓밟으신다(시 22:28; 72:8; 마 28:18; 요 3:35).

c. 이러한 권세의 목적과 의도: 아버지께서 아들에게 주신 모든 사람에게 영생을 주게 하시려고. 여기에 우리의 구원의 신비가 밝혀져 있다.

(a) 아버지께서는 택하신 자들을 구속주에게 넘겨주셨고, 그들을 그리스도에게 맡기셨으며, 그리스도의 사역의 면류관이자 상급으로 그들을 그에게 주셨다. 그리스도는 모든 타락한 인류에 대하여 왕의 권세를 가지고 계시지만, 택함받은 남은 자들에 대하여는 특별한 관계에 계신다. 만물이 그의 발 아래 두어졌지만, 그들은 그의 손에 넘겨졌다.

(b) 아들은 그에게 주어진 자들의 복을 얻어내고자 하고 계시고, 그는 그들에게 영생을 주고자 하신다. 구속주의 권세가 얼마나 큰지를 보라. 그리스도께서는 사람들에게 줄 생명과 면류관, 곧 죽지 않는 영원한 삶과 결코 시들지 않는 영원한 면류관을 가지고 계신다. 그러한 엄청난 것들을 우리에게 주시고자 하시는 주 예수께서 얼마나 크신지를 생각해 보라. 또한 그가 구원하시고자 하시는 자들에게 영원한 생명을 주시는 주 예수께서 얼마나 은혜가 많으신지를 생각해 보라. [a] 그리스도께서는 이 세상에서 그들을 거룩하게 하시고, 그들에게 영생의 맛보기인 영적인 생명을 주신다(4:14). 영혼 속에 있는 은혜는 그 영혼 속에 있는 천국이다. [b] 그리스도께서는 저 세상에서 그들을 영화롭게 하실 것이다. 그들의 복은 하나님을 직접 뵙는 것을 통해서 완성될 것이다. 오직 이것

만이 언급되고 있는 것은 그것이 그의 사역의 다른 모든 부분들, 즉 그들을 가르치고, 그들을 위하여 대속하시며, 그들을 거룩하게 하시고, 그들을 저 영원한 생명을 위하여 준비시키시는 것 등을 모두 전제하기 때문이다. 그리고 실제로 다른 모든 것들은 이것을 위해서 존재한다. 우리는 그의 나라와 영광으로 부르심을 받았고 그 유업을 잇기 위해서 태어났다. 마지막으로 집행되는 것은 가장 우선적으로 의도된 것인데, 그것은 영생이다.

(c) 만민을 다스리는 구속주의 권세는 이것을 위한 것이다: 그리스도께서는 택함받은 자들에게 영생을 주시기 위한 목적으로 만민을 다스리는 권세를 가지고 계신다. 그리스도께서 사람의 자녀들을 다스리시는 것은 하나님의 자녀들의 구원을 위한 것임을 명심하라. 모든 것이 그들을 위한 것이다(고후 4:15). 그리스도께서 우리 모두에게 주신 모든 법들과 규례들과 약속들은 그리스도께 주어진 모든 자들에게 영적인 생명을 전달하고 영생을 이루도록 하기 위하여 의도된 것이다. 그리스도는 만물 위에 교회의 머리이시다. 섭리의 나라와 은혜의 나라의 운용(運用)은 동일한 목적을 지니는데, 그것은 만물로 하여금 부르심을 받은 자들에게 선을 이루게 하기 위한 것이다.

d. 이 위대한 목적에 대한 추가적인 설명이 나온다(3절): "내가 능력을 받고 사람들에게 주고자 한 것은 영생인데, 영생의 본질이자 영생에 이르는 길은 유일하신 참 하나님을 아는 것이다. 자연 종교의 모든 발견물들과 원리들, 하나님께서 중보자로 보내신 예수 그리스도, 그리스도께서 인간을 타락한 상태에서 구하시기 위하여 제정하신 저 거룩한 신앙의 가르침들과 법들은 모두 이것을 위한 것이다."

(a) 기독교 신앙이 우리 앞에 제시하는 위대한 목적은 영생, 불멸의 영혼이 영원한 하나님을 뵙고 누리는 복이다. 이것을 그리스도께서는 모든 사람들에게 알리고자 하셨고, 그에게 주어진 모든 자들에게 주고자 하셨다. 복음으로 말미암아 **생명과 썩지 아니할 것이 드러났고**, 시간적으로 영속될 뿐만 아니라 질적으로도 탁월한 생명이 우리에게 주어지게 되었다.

(b) 이 복된 목표를 이룰 수 있는 확실한 길은 하나님과 예수 그리스도를 바르게 아는 것이다: "영생은 곧 하나님을 아는 것이니이다"라는 말씀은 두 가지로 해석될 수 있다. [a] 영생은 하나님과 예수 그리스도를 아는 것에 있다. 현세에서 이것은 하나님과 그리스도를 믿고 아는 것이다. 내세에서 이 지식의 완성

은 하나님과 그리스도를 직관적으로 아는 것이 될 것이다. 그리스도와 연합되어서 그리스도 안에서 하나님과 교통하는 삶을 사는 자들은 어느 정도 경험에 의해서 영생이 어떤 것이라는 것을 알기 때문에, "이것이 천국이라면, 천국은 감미로운 곳이다"라고 말할 것이다(시편 17:15을 보라). [b] 하나님과 그리스도를 아는 지식은 영생으로 이어진다. 이것은 그리스도께서 영생을 주시는 방식으로서, 그는 그리스도를 아는 지식을 통해서 우리를 부르셨으며(벧후 1:3), 이것은 우리가 영생을 받게 되는 방식이다. 기독교 신앙은 우리에게 천국으로 가는 길을 다음과 같은 것들을 통해서 보여준다. 첫째, 우리 존재의 근거이자 지복이신 하나님께로 우리를 인도함으로써. 왜냐하면, 그리스도께서는 우리를 하나님 앞으로 인도하기 위하여 죽으셨기 때문이다. 우리의 창조자이신 하나님을 알고, 우리의 소유자이시며 통치자이시고 은혜를 베푸는 자이신 하나님을 사랑하고 순종하며 순복하며 의지하는 것, 여호와께 헌신하고, 우리의 최고의 선이신 하나님을 의지하며, 모든 것을 우리의 최고의 목적이신 하나님의 찬양을 위하여 행하는 것, 이것이 영생이다. 여기에서 하나님을 유일하신 참 하나님이라고 부르고 있는 것은 아들의 위격과 구별하기 위한 것이 아니라, 하나님을 참칭하는 이교의 거짓 신들로부터 구별하기 위한 것이다. 아들은 참 하나님이시요 영생(요일 5:20)이시라고 명시적으로 말씀되고 있고, 그러한 맥락 속에서 아버지와 더불어 동일한 경배의 대상으로 제시되고 있다. 유일하게 살아 계시고 참되신 한 분 하나님이 존재한다는 것은 확실하고, 우리가 경배하는 그 하나님이 바로 그분이다. 그는 참 하나님이시고 단순한 이름이나 개념이 아니다. 유일하신 참 하나님이 계시고, 그분과 경쟁하여 세워진 모든 다른 신들은 헛 것이고 거짓이다. 바로 이 유일하신 하나님을 섬기는 것이 유일하게 참된 신앙이다. 둘째, 하나님과 인간 사이의 중보자이신 예수 그리스도께 우리를 인도하심으로써: 그가 보내신 자 예수 그리스도. 만약 인간이 계속해서 무죄한 상태에 있었다면, 유일하신 참 하나님을 아는 지식은 인간에게 영생이었을 것이다. 그러나 인간이 타락한 지금에 있어서는 그것과 더불어서 그 이상이 필요하였다. 우리가 죄악 가운데 있는 지금에 있어서, 하나님을 아는 것은 의로우신 재판장이신 하나님을 아는 것인데, 우리는 그의 저주 아래에 있다. 이것을 아는 것보다 사람을 더 괴롭게 하고 못살게 만드는 것은 없다. 그러므로 우리는 우리의 구속자이신 그리스도를 아는 데에 관심을 갖는다. 오직 그리스도로 말미암아서만 우리는 이제 하나님께 나아갈 수 있다. 그리스도를 믿는 것이 영생이다. 그리스도께서는 이것을 그에게 주어진 많은 자들에게 주시고자 하셨다(6:39-40을 보라). 하나님과 그리스도를 아는 자들은 이미 영생의 언저리에 와 있는 것이다.

(2) 그리스도께서는 여기서 그가 이제까지 아버지를 영화롭게 하였다는 것을 근거로 아버지께서 그를 영화롭게 해달라고 기도하신다(4-5절). 앞서의 간구의 의미는 이 세상에서 나를 영화롭게 해 달라는 것이었고, 여기에서의 간구의 의미는 저 세상에서 나를 영화롭게 해달라는 것이다. 내가 이 땅에서 아버지를 영화롭게 하였사오니 이제 나를 영화롭게 하옵소서.

[1] 그리스도께서는 그가 이 땅에서 살아 오셨던 삶을 기쁜 마음으로 회고하신다: 내가 나의 일을 이루어 아버지를 영화롭게 하였나이다. 그리스도의 일은 마친 것이나 다름없는 것이었다. 그리스도께서는 사람들이 자기가 살아온 인생을 후회하는 것과는 달리 그가 가난하고 욕된 가운데 살아 오셨다는 것을 불평하지 않으시고, 그가 이 땅에서 얼마나 고단한 삶을 사셨는지를 말씀하지 않는다. 그는 그러한 것들을 다 간과하시고, 오직 그가 아버지를 섬긴 일과 그에게 맡겨진 일에 있어서 진보를 이룬 것을 회고하면서 기뻐하신다. 이것이 여기에 기록된 것은 다음과 같은 이유들 때문이다. 첫째, 그리스도의 영광을 위해서. 그리스도께서 이 땅에서 살아온 삶은 모든 점에서 그가 이 세상에 오신 목적을 온전히 이루는 것이었다. 1. 우리 주 예수께서는 그를 보내신 자가 그에게 맡기신 일을 가지고 있었다. 그는 편안하게 살기 위해서 이 세상에 오신 것이 아니라, 두루 다니시며 선한 일을 행하시고 모든 의를 이루시기 위해서 오셨다. 아버지께서는 그에게 포도원에서 하실 일을 주셨고, 그런 일을 하도록 명하셨을 뿐만 아니라 그 일을 하심에 있어서 그를 도우셨다. 2. 아버지께서 내게 하라고 주신 일을 그리스도께서는 다 이루셨다. 아직 마지막 일이 남겨져 있었지만, 그리스도께서는 고난을 통해서 온전하게 되신 것이나 다름없었기 때문에, "내가 그 일을 다 이루었다"고 말씀하실 수 있었다. 그 일은 다 이루어진 것이나 다름없었고, 그리스도께서는 마지막 일격만을 남겨두고 계셨다. 내가 다 이루었다(에델레이오사). 이 단어는 그리스도께서 그에게 맡겨진 일의 모든 부분을 가장 완전하고 완벽한 방식으로 행하셨다는 것을 의미한다. 3. 이것을 통해서 그리스도께서는 아버지를 영화롭게 하셨고 기쁘게 하셨으며 아버지께 찬송을 드리셨다.

그가 하신 일이 완전하다는 것은 하나님의 영광이자 구속주의 영광이다. 하나님께서 시작하신 일을 그리스도께서 끝마치셨다. 아들이 스스로를 낮추심으로써 아버지께 영광을 돌리는 것은 이상한 방식이었지만(이것은 그를 비하하는 것으로 보였을 것이다), 이렇게 한 것은 그리스도께서 하나님을 영화롭게 하기 위한 것이었다. "이 땅의 사람들이 당신의 영광이 나타난 것을 볼 수 있도록 내가 아버지를 이 땅에서 영화롭게 하였나이다." 둘째, 모든 사람에 대한 모범을 위해서. 이것은 우리에게 본을 끼쳐 그 자취를 따라오게 하려 하신 것이었다. 1. 우리는 하나님께서 우리의 능력과 우리의 활동 영역에 따라서 우리에게 하라고 정해 주신 일을 하는 것을 우리의 일로 삼아야 한다. 우리는 각자 이 세상에서 우리가 할 수 있는 모든 선을 행하여야 한다. 2. 우리는 모든 일에서 하나님의 영광을 목적으로 삼아야 한다. 우리는 하나님께서 인생에게 주시고 오직 소작료만을 요구하시는 이 땅에서 하나님을 영화롭게 하여야 한다. 우리는 영원한 삶을 위한 준비 기간이자 수습 상태에 있는 이 땅에서 하나님을 영화롭게 하여야 한다. 3. 우리는 우리가 사는 날 동안 끝까지 믿음을 지키고 하나님께 영광을 돌려야 한다. 우리는 우리의 일을 다 마치고 우리에게 맡겨진 일을 완수할 때까지는 앉아 있지 말아야 한다. 셋째, 그에게 의지하는 모든 자들에게 힘을 주기 위해서. 아버지께서 그에게 하라고 주신 일을 다 이루었기 때문에, 그리스도는 완전한 구주이시다. 그는 자신의 일을 반쯤 하다가 그만두신 것이 아니었다. 우리를 위하여 그의 일을 다 이루신 그리스도께서는 우리 안에서 그 일을 그리스도의 날에 이루실 것이다.

[2] 그리스도께서는 그 앞에 있는 기쁨을 확신 가운데 기대하신다(5절): 아버지여 지금도 나를 영화롭게 하옵소서. 이 영화는 그리스도께서 기대하시는 것이었고, 결코 그에게 거절될 수 없는 것이었다.

첫째, 그리스도께서 무엇을 위하여 기도하셨는지를 보라: 나를 영화롭게 하옵소서(1절에서와 마찬가지로). 기도할 때에 반복해서 하는 모든 것들은 중언부언하는 것들이어서는 안 된다. 그리스도께서는 같은 말씀으로 기도하셨지만(마 26:44), 더욱 간절히 기도하셨다. 아버지께서 그에게 약속하신 것을 그리스도께서는 확신하셨지만, 그럼에도 불구하고 그것을 놓고 기도하셔야 했다. 우리는 하나님께서 약속하신 것들이기 때문에 기도하지 않아도 된다고 생각해서는 안 되고, 그러한 약속을 우리의 소원의 지침이자 우리의 소망의 토대로 삼고서 기도하여야 한다. 그리스도께서 영화롭게 되는 것은 그가 높아진 상태에서 누리게 될 모든 존귀와 능력과 즐거움을 포함하는 것이었다. 그것이 어떻게 묘사되고 있는지를 보라. 1. 그것은 하나님과 함께 하는 영광이다. 이 땅에서 내 이름을 영화롭게 하실 뿐만 아니라, 아버지와 함께 나를 영화롭게 하옵소서. 아버지와 함께 하는 곳이 낙원이요 천국이다(잠 8:30; 단 7:13; 히 8:1). 높아지신 구속주의 가장 밝은 영광들은 아버지께서 그의 영광을 나타내시는 저 세상에서 드러나게 될 것이다. 윗 세상의 찬송들은 보좌에 앉으신 이와 어린 양에게(계 5:13) 드러지고, 아래 세상의 기도들은 하나님 우리 아버지와 우리 주 예수 그리스도로부터 은혜와 평강을 가져온다. 이렇게 아버지께서는 자기 자신과 함께 그리스도를 영화롭게 하셨다. 2. 그것은 창세 전에 그가 아버지와 함께 가졌던 영화이다. 이것을 통해서 우리는 다음과 같은 것들을 알게 된다. (1) 하나님이신 예수 그리스도께서는 창세 전에 계신 분으로서 아버지와 함께 영원하신 분이라는 것. 우리의 신앙은 우리에게 만물보다 먼저 계시고 만물이 그로 말미암아 생겨난 분을 우리에게 알게 해준다. (2) 그리스도께서 창세 전에 아버지와 함께 계셨던 것과 마찬가지로, 그리스도께서 아버지와 함께 하시는 영광도 창세 전에 그가 누리셨던 영화라는 것. 왜냐하면, 그리스도께서는 영원 전부터 아버지의 영광의 광채(히 1:3)이셨기 때문이다. 하나님께서 만드신 세상은 오직 그의 영광을 선포할 뿐이고, 그의 영광에 실제로 아무것도 더해 주는 것이 없는 것과 마찬가지로, 그리스도께서 구속 사역을 하신 것은 그에게 영광이 필요했기 때문이 아니라 — 왜냐하면, 그는 창세 전에 아버지와 함께 영광을 누리셨기 때문이다 — 우리에게 영광이 필요했기 때문이었다. (3) 예수 그리스도께서는 낮아지신 상태에서 이 영광을 벗으시고 그 영광 위에 휘장을 치셨다는 것. 그리스도께서는 여전히 하나님이셨지만, 그의 영광을 드러내신 하나님이 아니라 육신으로 나타나신 하나님이셨다. 그리스도께서는 아버지께서 정하신 것을 따라서 그의 일을 수행하기 위하여 잠시 동안 이 영광을 저당물로 맡기셨다. (4) 그리스도께서는 높아지신 상태에서 이 영광을 다시 취하셨고, 그가 이전에 입고 계셨던 빛의 옷을 다시 입으셨다는 것. 그리스도께서는 그의 일을 다 행하시고, 나를 영화롭게 하옵소서라는 요구를 통해서 그가 맡긴 저당물을 다시 찾고자 하셨다. 그리스도께서는 그의 인성조차도 지극한 영광을 입게 해 달라고, 즉 그의 몸이 영화로운 몸이 되게 해달라고 기도하신다. 또한 그는 성부 하나님의 영광이 이제 중보자, 임마누엘,

하나님이자 인간이신 분의 인격 속에 나타나게 해 달라고 기도하신다. 그리스도께서는 이 땅의 왕들 및 대인들과 더불어서 영광을 받게 해 달라고 기도하시지 않는다: 두 개의 세상을 아시고, 어느 세상에서 높아지기를 원하는지를 선택하실 수 있는 그리스도께서는 이 세상의 모든 영광보다 비할 바 없이 뛰어난 저 세상의 영광을 선택하셨다. 그리스도께서는 사탄이 그에게 제안한 세상 나라들과 그 영광을 멸시하셨기 때문에, 저 세상의 영광들을 더욱 담대하게 요구하실 수 있으셨다. 우리 안에 이와 같은 그리스도의 마음을 품게 하옵소서. "주여, 이 세상의 영광들을 주께서 주시고자 하시는 자들에게 주옵시고, 내게는 저 세상에서 나의 영광의 몫을 주옵소서. 내가 사람들에게 비방을 당하는 것은 조금도 중요치 않사오니, 아버지여, 아버지와 함께 나를 영화롭게 하옵소서."

둘째, 그리스도께서 무엇을 근거로 제시하셨는지를 보라: 내가 아버지를 영화롭게 하였나이다. 이제 그러한 점을 생각하셔서, 나를 영화롭게 하옵소서. 1. 만일 하나님께서 그로 말미암아 영광을 받으셨다면, 하나님도 자기로 말미암아 그에게 영광을 주시는 것은 그리스도께서 이미 말씀하신 대로(13:32) 공평한 일이었고 너무도 합당한 일이었다. 그리스도께서 아버지를 영화롭게 하기 위하여 행하신 일은 이렇게 무한한 가치를 지니고 있는 것이었기 때문에, 그리스도께서는 그의 높아지신 상태의 모든 영광들을 받을 만한 충분한 자격을 갖추셨다. 아버지께서 아들의 겸비를 통해서 영광을 얻으셨다면, 아들이 마침내 그 일을 통해서 그의 영광을 되찾는 것은 합당한 일이었다. 2. 아들이 그의 영혼을 속건제물로 드리기에 이르면 하나님께서 탈취한 것을 강한 자와 함께 나누고(사 53:10, 12) 그 나라를 그의 것이 되게 한다는 것은 아버지와 아들 사이에 맺은 계약이었다. 그리스도께서는 고난을 받으시면서 바로 이 계약을 바라보셨고 그것을 의지하셨다. 그리스도께서는 그 앞에 있는 기쁨을 위하여 십자가를 참으셨다: 지금 자신의 높아지신 상태 속에서 그리스도께서는 여전히 그가 그의 일을 다 이루었기 때문에 그의 높아지심이 완성될 것을 기대하신다(히 10:13). 3. 그리스도의 높아지심은 아버지께서 그가 다 이루신 일을 열납하시고 인정하셨다는 것을 보여주는 가장 적절한 증거였다. 그리스도께서 영화롭게 되신 것을 통해서 우리는 하나님께서 만족하셨다는 것을 알게 되고, 하나님께서 그리스도를 영화롭게 하신 것은 아버지께서 그의 사랑하는 아들인 그를 기뻐하셨다는 것을 보여주는 것이다. 4. 이렇게 우리는 이 땅에서 하나님을 영화롭게 하며 하나님께서 그들에게 하라고 주신 일을 인내로써 감당하는 자들만이 이 세상을 떠난 후에 아버지와 더불어 영화롭게 되리라는 것을 가르침 받아야 한다. 하지만 우리는 그리스도와는 달리 그 영광을 받을 만한 자격이 없는 자들이고, 우리가 하나님을 영화롭게 하는 것은 우리가 그리스도의 사람이라는 것을 보여주는 증거로 요구될 뿐이다. 우리는 모두 그리스도로 말미암아 영생을 하나님의 거저주시는 선물로서 받은 자들이다.

[6]세상 중에서 내게 주신 사람들에게 내가 아버지의 이름을 나타내었나이다 그들은 아버지의 것이었는데 내게 주셨으며 그들은 아버지의 말씀을 지키었나이다 [7]지금 그들은 아버지께서 내게 주신 것이 다 아버지로부터 온 것인 줄 알았나이다 [8]나는 아버지께서 내게 주신 말씀들을 그들에게 주었사오며 그들은 이것을 받고 내가 아버지께로부터 나온 줄을 참으로 아오며 아버지께서 나를 보내신 줄도 믿었사옵나이다 [9]내가 그들을 위하여 비옵나니 내가 비옵는 것은 세상을 위함이 아니요 내게 주신 자들을 위함이니이다 그들은 아버지의 것이로소이다 [10]내 것은 다 아버지의 것이요 아버지의 것은 내 것이온데 내가 그들로 말미암아 영광을 받았나이다

그리스도께서는 자기 자신을 위하여 기도하신 후에, 다음으로 그의 사람들인 자들을 위하여 기도하시는데, 그는 그들을 이름으로 알고 계셨지만, 여기에서는 그들의 이름을 부르지는 않으셨다. 좀 더 살펴보자.

I. 그리스도께서는 누구를 위해서 기도하지 않으셨는가(9절)? : 내가 비옵는 것은 세상을 위함이 아니요. 세상에는 예수 그리스도께서 기도하지 않으신 자들이 있다는 것을 명심하라. 여기에서 세상은 인류 전체를 의미하는 것은 아니다(그는 21절에서는 인류 전체를 위해서 기도하신다 ― 세상으로 아버지께서 나를 보내신 것을 믿게 하옵소서). 또한 여기에서 세상은 유대인들과 구별되는 이방인들을 의미하는 것도 아니다. 여기에서 세상은 세상으로부터 구별되어 그리스도께 주어진 택함받은 자들과 반대되는 개념이다. 세상을 타작되지 않은 채로 마당에 쌓여 있는 곡식들이라고 본다면, 하나님께서는 그 세상을 사랑하시고, 그리스도께서는 그 세상을 위하여 기도하시며 그 세상을 위해서 죽으셨다. 왜냐하면, 거기에 복이 있기 때문이다. 그러나 주께서는 그의 사람들인 자들을 온전히 아시기 때문에, 그는 세상 중에서 그에게 주신 자들을 알아보시고 그들을 빼내신

다. 그런 후에, 세상을 버림받은 자들, 아무 쓸데없는 가지의 남은 더미라고 본다면, 그리스도께서는 그 세상을 위해서는 기도하지 않으시고 죽으시지 않으셨고, 그 세상을 버리신다. 따라서 바람이 그것을 몰고 가버린다. 이러한 무리들이 세상이라 불리는데, 그것은 그런 자들은 이 세상의 영에 의해서 지배를 받고, 세상 속에 그들의 분깃이 있기 때문이다. 이러한 자들을 위해서 그리스도께서는 기도하지 않으신다. 농부가 열매 맺지 않는 나무에게 얼마간의 유예 기간을 주는 것과 마찬가지로, 그리스도께서 그들을 위하여 하나님께 중보기도를 하지 않는다는 것이 아니라, 그리스도께서는 여기에서 그가 기도하고 있는 축복들이 그들에게 관계도 없고 분깃 될 것도 없기 때문에 이 기도 속에서 그들을 위하여 기도하지 않으시는 것이다. 엘리야가 이스라엘을 쳐서 기도한 것과는 달리, 그리스도께서는 "내가 세상을 쳐서 기도한다"고 말씀하지 않으신다. 그리스도께서는 내가 비옵는 것은 세상을 위함이 아니요, 나는 그들을 간과하고 그들을 그들 자신에게 내버려둔다고 말씀하신다. 그들은 어린 양의 생명책에 기록되지 않은 자들이기 때문에, 대제사장의 흉패에도 기록되어 있지 않은 자들이다. 그러한 자들의 형편은 예레미야 선지자가 그들을 위하여 기도하지 말도록 하나님께로부터 명령을 받은 것이 보여주듯이 비참한 것이다(렘 7:16). 누가 택함받은 자인지, 누가 버려둠을 받은 자인지를 알지 못하는 우리는 모든 **사람**을 위하여 기도하여야(딤전 2:1, 4) 한다. 생명이 붙어 있는 한, 소망은 있고, 기도의 여지가 있다(사무엘상 12:23을 보라).

II. 그리스도께서는 누구를 위하여 기도하셨는가? 그는 천사들을 위해서가 아니라 사람들을 위해서 기도하셨다. 1. 그리스도께서는 그에게 주어진 자들을 위해서 기도하셨는데, 그런 자들은 일차적으로 이 세대에서 그를 따랐던 제자들을 가리킨다. 하지만 그리스도께 주어진 자들이란 좀 더 그 뜻을 확장해서 그리스도의 말씀을 받아서 믿는 모든 자들을 가리키고 있음이 분명하다(6, 8절). 그리스도께서는 장차 그를 믿게 될 모든 자들을 위하여(20절) 기도하신다. 이하에 나오는 간구들만이 아니라 앞서 나온 기도들도 모든 시대, 모든 곳에서 그리스도를 믿은 모든 신자들에게 해당되는 것으로 해석되어야 한다. 왜냐하면, 그리스도께서는 그들 모두에 대하여 관심을 가지고 계시고, 없는 것을 있는 것으로 부르시는 분이기 때문이다.

**III. 그리스도께서는 무슨 근거로 그들을 위하여 기도하셨고, 그들을 위하여 간구하시고 그들을 아버지의 은총에 맡기실 때에 그가 제시한 일반적인 근거들은 무엇이었는가 ? 그러한 것들은 다섯 가지이다.

1. 하나님께서는 그리스도에게 그들을 맡기셨다: 그들은 아버지의 것이었는데 내게 주셨나이다(6절). 또 다시, 9절에서 내게 주신 자들. "아버지여, 내가 지금 위하여 기도하고 있는 자들은 아버지께서 내게 맡기신 자들이고, 내가 그들을 위하여 기도하고자 하는 것은 내가 그들에 관하여 아버지께로부터 받은 책임 때문이나이다."

(1) 이것은 일차적으로 거기에 있던 제자들을 가리키는 것이었다. 하나님께서는 그들을 그리스도에게 주셔서, 그리스도께서 이 땅에 계시는 동안에 그로부터 제자로서 가르침을 받게 하셨고, 그가 장차 하늘에 오르셨을 때에는 그를 위하여 대신 일할 수 있게 하셨다. 그들은 그리스도의 가르침을 배우는 자들, 그의 삶과 이적들을 증거하는 증인들, 그의 은혜와 은총을 보여주는 기념물들로 그리스도께 주어진 것인데, 이것은 그들로 하여금 그리스도의 복음을 널리 전하고 그리스도의 교회를 세우게 하고자 하신 것이었다. 그들이 그리스도를 따르고자 모든 것을 버렸을 때, 그것은 저 기이한 하나님의 뜻이 은밀하게 솟아나온 것이었다. 그들은 하나님에 의해서 그리스도께 주어졌다. 만약 그렇지 않았다면, 그들은 스스로 그리스도를 따르게 되지 않았을 것이다. 그리스도께서 교회에 주신 사도직과 직분들은 사실 먼저 아버지께서 예수 그리스도에게 주신 것들이라는 것을 명심하라. 율법 아래에서 레위인들이 아론에게 주어진 것과 마찬가지로(민 3:9), 아버지께서는 우리의 믿음의 대제사장이신 그리스도에게 먼저 사도들을 주셨고 시대시대마다 사역자들을 주셨는데, 이것은 그리스도의 일과 온 회중의 일을 감당하게 하시고 성막을 돌보는 일을 하게 하시고자 하신 것이었다(엡 4:8, 11; 시 68:18). 그리스도께서는 사람들을 위하여 이 선물을 하나님으로부터 받으셨는데, 그것은 그가 그 선물을 사람들에게 주시기 위한 것이었다. 이것은 복음의 사역에 존귀함을 더하고, 사람들로부터 그토록 많이 비방을 받는 그 직분을 높이는 것인 동시에, 복음의 사역자들에게 그에게 주어진 자로서 그리스도를 섬기는 데에 온전히 헌신해야 할 막중한 책무를 부여하는 것이다.

(2) 그러나 이 말씀은 모든 택함받은 자들에게 적용되도록 의도되었다. 왜냐하면, 다른 곳에서 그들은 그리스도께 주어졌다고 언급되고 있고(6:37, 39), 그리

스도께서는 그가 구원할 자들은 그의 것으로 그에게 주어진 자들이라는 것을 자주 강조하셨기 때문이다. 그들은 그리스도께서 돌보시도록 맡겨졌고, 그들과 관련하여 그리스도께서는 명령을 받으셨다. 여기에서 그리스도께서는 다음과 같은 것들을 보여주신다.

[1] 아버지께서 그들을 주실 권세를 가지고 계시다는 것: 그들은 아버지의 것이었나이다. 하나님께서는 자신의 소유가 아닌 것을 주신 것이 아니었고, 그들이 그에게 속한 것이라는 것을 맹세하셨다. 아버지께서 그리스도에게 주신 택한 자들은 세 가지 방식으로 하나님의 것이었다. 첫째, 그들은 피조물들이었고, 그들의 생명과 존재는 하나님으로부터 나왔으며, 그들이 귀하게 쓰일 그릇들로 그리스도에게 주어졌을 때에 그들은 하나님의 지혜를 따라서 하나님께 가장 영광을 돌리는 방향으로 처분될 토기장이의 손에 맡겨진 진흙처럼 그리스도의 손에 맡겨졌다. 둘째, 그들은 범죄자들이었고, 그들의 목숨과 존재는 하나님께 몰수되었다. 그리스도께 주어져서 구속받기로 되어 있던 자들은 타락한 인류 중에서 남은 자들이었는데, 그들은 공의를 따라서 희생 제물들이 되었어야 하는데, 긍휼의 기념비들이 되었고, 마땅히 옥졸들에게 넘겨졌어야 함에도 불구하고 구주에게 넘겨졌다. 셋째, 그들은 택함받은 자들이었고, 그들의 목숨과 존재는 하나님께 달려 있었다. 그들은 하나님을 위하여 구별되었고, 하나님의 대리자이신 그리스도께 맡겨졌다. 이것을 그리스도께서는 다시 한 번 역설하신다(7절): 아버지께서 내게 주신 것이 다 아버지로부터 온 것이나이다. 이것은 중보자로서의 그리스도의 직분에 속한 모든 것을 가리킬 수 있지만, 여기에서는 특히 그에게 주어진 자들을 가리키는 것으로 보인다. "그들은 아버지로부터 온 자들인데, 그들의 존재는 자연의 하나님이신 아버지로부터 온 것이고, 그들이 잘되는 것은 은혜의 하나님이신 아버지로부터 온 것이다. 그들은 모두 아버지로부터 온 자들이기 때문에, 아버지여, 내가 그들 모두를 아버지께로 이끌어서, 그들이 다 아버지를 위하는 자들이 되게 하겠나이다."

[2] 이것에 따라서 하나님께서는 아들에게 그들을 주셨다는 것. 아버지께서 그들을 내게 주신 것은 목자에게 양 떼를 지키라고 준 것과 같은 것이다. 또한 그것은 의사에게 환자들을 치료하라고 준 것과 같고, 가정교사에게 어린아이들을 주어서 교육하라고 한 것과 같다. 이렇게 하나님께서는 아버지께서 내게 주신 자녀들을 돌볼 책임을 그리스도께 넘겨주시고자 하셨다(히 2:13). 그들이

그리스도께 맡겨진 것은 다음과 같은 것들을 위한 것이었다. 첫째, 은혜의 택하심이 실패로 돌아가게 하지 않기 위하여: 그 중의 하나도, 작은 자들 중 하나도 멸망하지 않도록 하기 위해서. 택하심을 따라 되는 하나님의 뜻이 서게 하기 위해서는 그러한 것을 충분히 지킬 수 있는 능력을 갖춘 선한 자에게 그 일이 맡겨지도록 큰 관심을 기울여야 한다. 둘째, 그리스도의 사업이 아무런 열매도 맺지 못하게 되는 것을 막기 위해서. 그들이 그의 씨로서 그에게 주어진 것은 그로 하여금 자기 영혼의 수고한 것을 보고 만족하게 여기게 하기(사 53:10-11) 위한 것이었고, 그의 힘을 헛되이 쓰지 않고 그의 피를 헛되이 흘리지 않도록 하기 위한 것이었다(사 49:4). 우리도 그리스도처럼 "주여, 내게 주신 은혜와 위로들을 거두지 마옵소서. 그것들은 아버지의 것이옵고, 아버지께서 그것들을 내게 주셨음이니이다"라고 호소할 수 있다.

2. 그리스도께서 그들을 가르치시는 데에 심혈을 기울이심(6절): 내가 그들에게 아버지의 이름을 나타내었나이다. 나는 아버지께서 내게 주신 말씀들을 그들에게 주었사옵나이다(8절). 좀 더 살펴보자.

(1) 그리스도의 가르침의 위대한 목적은 하나님의 이름을 나타내고 그 이름을 선포하며(1:18), 무지한 자들을 훈계하고, 하나님에 관한 어둡고 어리석은 세상의 오해들을 바로잡음으로써 하나님께서 더 사랑받으시고 예배받으시도록 하기 위한 것이었다.

(2) 그리스도께서 이러한 일을 충성스럽게 수행하심: 내가 그 일을 다 하였나이다. 그리스도께서 충성하셨다는 것은 다음과 같은 것들 속에서 드러난다. [1] 가르침이 참되다는 것 속에서. 그리스도의 가르침은 그가 아버지께로부터 받은 말씀들과 정확하게 일치하였다. 하나님께서는 그리스도께 단지 일들만을 주신 것이 아니라 말씀들도 주셨다. 사역자들은 설교할 때에 어떤 표현들을 사용하는 것과 관련해서 성령이 가르쳐 주시는 말씀들에 주의를 기울여야 한다. [2] 그리스도의 가르침은 하나님의 이름을 나타낸다는 방향성을 지니고 있었다는 점에서. 그리스도께서는 자신의 영광을 구하신 것이 아니라, 그가 행하시고 말씀하시는 모든 것 속에서 아버지를 높이는 것을 목적으로 하였다. 첫째, 하나님의 이름을 사람들의 영혼에 나타내시는 것은 그리스도의 대권이다. 아들의 소원대로 계시를 받는 자 외에는 아버지를 아는 자가 없느니라(마 11:27). 오직 그리스도만이 아버지를 알고 계시기 때문에 오직 그만이 진리를 열어 주실 수 있다.

그리고 오직 그리스도만이 사람들의 영에 접근하실 수 있기 때문에 오직 그만이 사람들의 총명을 열어 주실 수 있다. 사역자들은 여호와의 이름을 전파할 수 있지만(모세처럼, 신 32:3), 오직 그리스도만이 그 이름을 나타내실 수 있다. 그리스도의 말씀을 통해서 하나님은 우리에게 계시된다. 그리스도의 영에 의해서 하나님은 우리 안에 계시된다. 사역자들은 우리에게 하나님의 말씀을 전할 수 있지만, 오직 그리스도만이 하나님의 말씀을 우리에게 양식으로 주실 수 있고, 우리 안에 보화로 쌓아 두실 수 있다. 둘째, 조만간에 그리스도께서는 하나님의 이름을 그에게 주어진 모든 자들에게 나타내시고 그들에게 하나님의 말씀을 주셔서, 그들을 거듭나게 하는 씨앗이 되게 하고, 그들의 영적인 삶을 지지해 주는 것이 되게 하며, 그들의 영원한 축복의 맛보기가 되게 하실 것이다.

3. 그리스도께서 그들을 돌보시고 수고하신 선한 결과: 그들은 아버지의 말씀을 지키었나이다(6절); 그들은 모든 것이 다 아버지로부터 온 것인 줄 알았나이다(7절); 그들은 아버지께서 내게 주신 말씀들을 받고, 그 말씀들에 동의해서, 내가 아버지께로부터 나온 줄을 참으로 아오며 아버지께서 나를 보내신 줄도 믿었사옵나이다(8절). 좀 더 살펴보자.

(1) 그리스도의 가르침이 몇 가지 세부적인 점에서 그에게 주어진 자들 가운데서 어떠한 성공을 거두게 되었는가?

[1] "그들은 내가 그들에게 준 말씀들을 땅이 씨앗을 받고 흙이 비를 흡수하듯이 받았나이다." 그들은 그리스도의 말씀을 경청하였고, 어느 정도 그 의미를 이해하였으며, 그 말씀들에 감화를 받았다. 그리스도의 말씀은 그들에게 심겨진 말씀이었다.

[2] "그들은 아버지의 말씀을 지켰고, 그 안에 머무르며, 그 말씀대로 행하였나이다." 그리스도의 명령들은 그것이 순종될 때에만 지켜진 것이 된다. 그리스도의 명령들을 남들에게 가르쳐야 하는 자들은 스스로 그 명령들을 지켜야 한다. 그리스도께서 그들에게 의탁하신 것을 지키는 것은 필수적인 것이었다. 왜냐하면, 그것은 모든 시대에 모든 곳에 그들에 의해서 전해져야 할 것이었기 때문이다.

[3] "그들은 말씀을 이해하였고, 그들이 어떤 근거 위에서 말씀을 받아서 지키게 되었는지를 깨닫게 되었나이다. 그들은 하나님이 내가 제정하러 온 저 거룩한 신앙의 원천이라는 것을 깨달았고, 아버지께서 내게 주신 모든 것이 다 아버

지로부터 온 것인 줄 알았나이다." 그리스도의 모든 직분들과 권능들, 성령의 모든 은사들, 하나님께서 그에게 한량 없이 주신 그의 모든 은혜들과 위로들은 다 하나님으로부터 온 것이었고, 하나님의 지혜에 의해서 고안된 것들이며, 하나님의 뜻에 의해서 정해진 것들이고, 하나님의 은혜로 말미암아 계획된 것들이었는데, 이것은 모두 인간의 구원을 통하여 하나님께서 스스로 영광을 받기 위한 것이었다. 그리스도, 그리고 그리스도의 존재, 그리스도께서 가지신 모든 것, 그리스도께서 말씀하시고 행하셨던 모든 것, 그가 지금도 행하고 계시고 앞으로도 행하실 모든 것이 하나님으로부터 온 것이라는 사실은 그리스도를 의지하는 우리에게 큰 만족이 된다(고전 1:30). 그러므로 우리는 우리의 영혼을 그리스도의 중보에 맡길 수 있는데, 이것은 그리스도는 굳건한 토대를 가지고 계시기 때문이다. 하나님께서 의롭다 하시기로 작정하신 것이라면, 우리는 의롭다 하심을 받게 될 것이다. 하나님께서 은혜를 나누어 주시기로 하셨다면, 우리는 거룩하게 될 것이다.

[4] 그들은 말씀을 확실하게 인쳤다: 그들은 내가 아버지께로부터 나온 줄을 참으로 아옵나이다(8절). 첫째, 믿는다는 것은 무엇인가? 믿는다는 것은 참으로 아는 것, 그것이 진리에 속한다는 것을 아는 것이다. 제자들은 매우 연약하고 부족한 지식을 가지고 있었다. 그렇지만 그들 자신보다 그들을 더 잘 알고 계셨던 그리스도께서는 그의 말씀을 그들에게 전하셨고, 그들은 그 말씀을 믿었다. 우리는 온전히 알 수는 없다고 할지라도 확실하게 알 수는 있다. 우리는 눈으로 볼 수 없는 것들의 성격을 자세하게 묘사할 수는 없지만, 눈에 보이지는 않는 것들의 확실함을 알 수 있다. 우리는 보는 것에 의지해서 알고서 행하는 것이 아니라, 믿음으로 확실하게 알고서 행한다. 둘째, 우리가 믿어야 하는 것은 무엇인가? 예수 그리스도께서 하나님으로부터 나왔다는 것, 그가 하나님의 아들이고, 보이지 아니하는 하나님의 형상을 지니고 계시고, 하나님께서 그를 보내셨으며, 그는 영원한 왕의 대사로서 일을 하셨다는 것. 따라서 기독교 신앙은 자연 종교와 동일한 토대 위에 서 있고 동등한 권위를 지닌다. 그러므로 그리스도의 모든 가르침들은 하나님의 진리들로 받아들여야 하고, 그의 모든 명령들은 하나님의 법들로 순종해야 하며, 그의 모든 약속들은 하나님의 보증들로 신뢰해야 한다.

(2) 예수 그리스도께서 이것에 대하여 어떻게 말씀하고 계시는가? [1] 그리스도께서는 그것을 기뻐하셨다. 그의 제자들의 둔함과 연약함이 무수하게 그를

슬프게 하였지만, 그럼에도 불구하고 그들이 끊임없이 그를 따라다니며 점진적으로 나아지고 마침내 큰 깨달음을 얻게 된 것은 그의 기쁨이었다. 그리스도는 그의 제자들이 진보하는 것을 기뻐하시는 선생이다. 그는 그들의 믿음이 진실하다는 것을 받아들이시고, 은혜로 그 믿음이 지닌 연약함을 간과하신다. 그리스도께서는 우리를 가장 좋게 보시고, 우리에 대하여 가장 좋게 말하심으로써 그에 대한 우리의 믿음을 격려하시며 우리에게 서로 사랑할 것을 가르치신다. [2] 그리스도께서는 그것을 아버지께 호소하는 것의 근거로 삼으셨다. 그리스도께서는 그에게 주어진 자들을 위해서 기도하고 계신다. 그리고 그는 그들이 그들 자신을 그에게 의탁하였다는 것을 그 기도의 근거로 제시하신다. 받은 은혜를 잘 선용해서 진보를 이루는 것은 새 계약에 따라서 더 많은 은혜를 주시라고 간구할 수 있는 좋은 근거가 된다는 것을 명심하라. 왜냐하면, 무릇 있는 자는 받으리라고 약속되어 있기 때문이다. 그리스도께서는 그의 말씀을 지키고 그를 믿는 자들을 칭찬하실 뿐만 아니라 그들을 아버지께 천거하신다.

4. 그리스도께서는 아버지가 그들과 관련이 있다는 것을 호소하신다(9절): 내가 그들을 위하여 비옵나니 그들은 아버지의 것이로소이다. 이렇게 그리스도와 아버지는 그들에 대한 공통의 관심을 가지고 있고, 각자에게 속한 몫을 가지고 계신다: 내 것은 다 아버지의 것이요 아버지의 것은 내 것이옵나이다. 아버지와 아들 사이에는 내 것 네 것을 놓고 다툼이 있을 수 없다(사람들 간에는 이런 일이 종종 있지만). 왜냐하면, 이 문제는 영원 전부터 해결되어 있는 문제이기 때문이다. 내 것은 다 아버지의 것이요 아버지의 것은 내 것이옵나이다.

(1) 그의 제자들을 위하여 특별히 제시된 호소: 그들은 아버지의 것이로소이다. 아버지께서 택하신 자들을 그리스도께 맡기신 것은 그들을 아버지의 것으로 삼지 않기 위해서가 아니라, 오히려 그들을 더욱더 아버지의 것으로 삼고자 하셨기 때문이었다. [1] 그리스도의 말씀을 받고 그를 믿는 모든 자들은 아버지와 계약관계에 있고, 아버지의 것으로 간주된다. 그리스도께서는 그들을 아버지께 바치고, 그들은 그리스도로 말미암아 아버지께 나아간다. 그리스도께서는 그의 피로 말미암아 오직 자신에 대해서만이 아니라 하나님에 대하여 우리를 구속하셨다(계 5:9-10). 그들은 하나님께 처음 익은 열매들(계 14:4)이다. [2] 이것은 기도할 때에 좋은 근거가 되기 때문에, 그리스도께서는 여기서 그것을 기도의 근거로 내놓으신다. 그들은 아버지의 것이로소이다. 우리는 우리 자신에 대하여 나

는 아버지의 것이오니 나를 구원하소서라고 호소할 수 있다. 그리고 또한 우리는 다른 사람들을 위해서도 이렇게 호소할 수 있다(모세처럼, 출 32:11): "그들은 여호와의 백성이옵나이다. 주께서 주의 백성을 돌보지 아니하시겠나이까? 주께서 그들을 돌보시지 않으셔서, 그들로 하여금 마귀와 세상에 의해서 짓밟히도록 내버려 두시겠나이까? 주께서 그들과의 관계를 생각지 않으셔서, 그들로 하여금 주를 떠나게 하시겠나이까? 그들은 아버지의 것이로소이다."

(2) 그러한 호소의 토대: 내 것은 다 아버지의 것이요 아버지의 것은 내 것이옵나이다. 이것은 다음과 같은 것들을 나타낸다. [1] 아버지와 아들은 본성에 있어서 하나라는 것. 모든 피조물은 하나님께 내 것은 다 아버지의 것이나이다라고 말해야 한다. 그러나 하나님과 동일한 본질을 가지고 계시고 권능과 영광에 있어서 동등하신 분을 제외하고는 그 누구도 하나님께 아버지의 것은 다 내 것이나이다라고 말할 수 없다. [2] 아버지와 아들은 유익한 것이 하나라는 것. 아버지와 아들 간에는 유익된 것이 분리되거나 갈리는 법이 없다. 첫째, 아버지께서 창조주로서 가지고 계시는 것은 아들에게 넘겨져서, 그의 큰 사업을 위해서 사용되고 처분된다. 아버지께서 모든 것을 그에게 주셨다(마 11:27). 아버지께서 아들에게 주신 것은 이렇게 포괄적이기 때문에, 만물을 그 아래 두신 이 외에 그 어떤 것도 예외일 수 없다. 둘째, 아들이 구속주로서 가지고 있는 것은 아버지를 위한 것이고, 그의 나라는 곧 아버지께 드려지게 될 것이다. 아들에 의해서 값 주고 얻어진 구속의 모든 은택들은 아버지께서 찬양을 받으시도록 하기 위한 것이고, 그리스도께서 행하신 모든 일들은 하나님의 영광을 위한 것이다: 내 것은 다 아버지의 것이요. 아들은 자기를 위해서 아무것도 소유하고 있지 않고, 모든 것은 아버지를 섬기는 데에 바쳐진다. 자연 종교의 법칙들과 충돌하는 그 어떤 것도 기독교 신앙에 속하는 것으로 받아들여지지 않을 것이다. 제한적인 의미에서 모든 참된 신자는 아버지의 것은 내 것이옵나이다라고 말할 수 있다. 계약에 의해서 하나님은 우리의 하나님이시기 때문에, 그가 가지신 모든 것과 그의 존재는 우리의 것이고 우리의 선을 위해서 사용될 것이다. 무제한적인 의미에서 모든 참된 신자는 주여 내 것은 다 아버지의 것이나이다라고 말하여야 한다. 모든 것이 그의 발 앞에 두어지고, 그를 섬기는 데에 드려진다. 우리는 우리가 가진 모든 것을 기꺼이 하나님의 통치와 처분에 맡길 때에 하나님의 돌보심과 축복을 기대할 수 있다. "주여, 내가 가진 모든 것을 돌보아 주옵소서. 그것은 모두 다 아

버지의 것이옵나이다."

5. 그리스도께서는 그들 속에 자신의 이권을 가지고 있다는 것을 호소의 근거로 제시하신다: 내가 그들로 말미암아 영광을 받았나이다.

(1) 내가 그들로 말미암아 영광을 받았나이다. 그리스도께서 이 세상에서 제자들로부터만 영광을 받으셨다. 그리스도는 그들이 그를 따르고 그에게 순종하며 그의 이름으로 말씀을 전하고 이적을 일으킴으로써 영광을 받으셨다. 그러므로 내가 그들을 위하여 비옵나이다. 그리스도를 영화롭게 하는 자들을 위해서 그리스도께서는 중보기도를 하시게 되리라는 것을 명심하라.

(2) "내가 하늘로 가고 난 후에, 내가 그들로 말미암아 영광을 받게 될 것입니다. 그들은 내 이름을 지니게 될 것입니다." 사도들은 그리스도의 이름으로 복음을 전파하고 이적들을 행하였다. 그들 속에서 성령이 그리스도의 영광을 나타내었다(16:14). [1] "내가 그들로 말미암아 영광을 받았기 때문에, 내가 그들에게 관심을 갖나이다." 그리스도께서 이 타락한 세상 속에서 관심을 갖고 있는 것이 있다면, 그것은 그의 교회이다. 그러므로 교회와 그 모든 일들은 저 세상에서 그리스도의 가슴에 가까이 있다. [2] "내가 그들로 말미암아 영광을 받았기 때문에, 내가 그들을 아버지께 의탁하옵나니, 아버지께서는 아들을 영화롭게 하셨고, 그러한 이유 때문에 아들을 영화롭게 한 자들을 은혜로운 눈으로 바라보실 것을 아나이다." 하나님과 그리스도를 영화롭게 한 자들은 겸손한 신뢰 속에서 자신을 하나님의 특별한 보살피심에 의탁할 수 있다.

[11]나는 세상에 더 있지 아니하오나 그들은 세상에 있사옵고 나는 아버지께로 가옵나니 거룩하신 아버지여 내게 주신 아버지의 이름으로 그들을 보전하사 우리와 같이 그들도 하나가 되게 하옵소서 [12]내가 그들과 함께 있을 때에 내게 주신 아버지의 이름으로 그들을 보전하고 지키었나이다 그 중의 하나도 멸망하지 않고 다만 멸망의 자식뿐이오니 이는 성경을 응하게 함이니이다 [13]지금 내가 아버지께로 가오니 내가 세상에서 이 말을 하옵는 것은 그들로 내 기쁨을 그들 안에 충만히 가지게 하려 함이니이다 [14]내가 아버지의 말씀을 그들에게 주었사오매 세상이 그들을 미워하였사오니 이는 내가 세상에 속하지 아니함 같이 그들도 세상에 속하지 아니함으로 인함이니이다 [15]내가 비옵는 것은 그들을 세상에서 데려가시기를 위함이 아니요 다만 악에 빠지지 않게 보전하시기를 위함이니이다 [16]내가 세상에 속하지 아니함 같

이 그들도 세상에 속하지 아니하였사옵나이다

그리스도께서는 그의 제자들을 아버지의 보살핌에 의탁하는 일반적인 부탁을 하신 후에, 그들을 위하여 구체적인 간구들로 들어가신다. 1. 그 간구들은 모두 하늘에 속한 영적인 축복들과 관련되어 있다. 그리스도께서는 그들이 이 세상에서 부자가 되고 출세하게 되며, 많은 재산을 모아서 영화를 누리게 해 달라고 기도하시는 것이 아니라, 그들을 죄로부터 지켜 주시고, 그들이 할 일을 다할 수 있도록 힘을 주시며, 안전하게 천국으로 갈 수 있게 해 달라고 기도하신다. 영혼이 잘되는 것이 가장 잘되는 것임을 명심하라. 왜냐하면, 영혼이 잘되는 것을 위하여 그리스도께서 이 땅에 오셔서 구속 사역을 하셨고, 또한 우리에게 무엇보다도 먼저 다른 사람들과 자기 자신을 위해서 영혼이 잘되는 것을 구하도록 가르치셨기 때문이다. 2. 그 간구들은 제자들의 현재의 상태와 처지, 그들의 다양한 절박한 사정들에 적합한 그러한 축복들이었다. 그리스도께서는 언제나 우리에게 가장 적절한 중보기도를 하신다는 것을 명심하라. 아버지 앞에서 우리를 변호하시는 자는 베드로가 자기에게 닥쳐올 위험을 전혀 알고 있지 못했던 때에 내가 너를 위하여 기도하였노라(눅 22:32)고 하신 것처럼, 우리의 부족함과 근심들의 세부적인 내용들을 모두 아시고, 우리가 처한 위험들과 어려움들을 아시며, 우리 각각에 대해서 어떠한 중보기도를 드려야 하는지를 알고 계신다. 3. 그리스도께서는 폭넓고 자세하게 아버지 앞에서 간구들을 드리시고, 변론할 말을 그 입에 채우시는데, 이것은 우리에게 열렬하고 끈질기게 기도하며, 폭넓게 기도하라는 것을 가르치는 것이고, 그가 은혜의 보좌에서 우리를 위하여 야곱처럼 씨름하시며 내게 축복하지 아니하면 가게 하지 아니하겠나이다라고 하나님께 끈질기게 구하고 있음을 알게 하시기 위한 것이다.

그리스도께서 그의 제자들을 위하여 여기에서 제일 먼저 구하시는 것은 그들을 보전해 달라는 것인데, 이것을 위하여 그는 그들 모두를 아버지의 보살피심에 의탁하신다. 보전해 달라고 간구하시는 것은 제자들에게 위험이 닥쳐올 것을 전제하는 것인데, 그들의 위험은 세상으로부터, 즉 그들이 처한 세상으로부터 일어나는 것이고, 그리스도께서는 이 악으로부터 그들을 보전해 달라고 하나님께 간구하신다. 좀 더 살펴보자.

I. 간구의 내용 : 그들을 세상에서 보전하옵소서. 그들을 세상으로부터 건지는

방법은 두 가지가 있었다.

1. 그들을 세상으로부터 나오게 함으로써. 그러나 그리스도께서는 그들이 그렇게 건짐을 받게 해 달라고 기도하지 않으신다: 내가 비옵는 것은 그들을 세상에서 데려가시기를 위함이 아니요. 이 말씀은 다음과 같은 것들을 의미한다.

(1) "내가 기도하는 것은 그들을 속히 죽게 하여서 이 세상에서 데려가 달라고 하는 것이 아닙니다." 세상이 그들을 못살게 굴면, 그들을 안전하게 보존할 수 있는 가장 손쉬운 방법은 그들을 세상에서 신속하게 데려가서 그들을 더 낫게 대우해 줄 더 좋은 세상으로 보내는 것이 될 것이다. 그들을 위해서 불병거와 불말을 보내셔서 그들을 천국으로 데려가옵소서. 욥과 엘리야와 요나와 모세는 그들을 괴롭게 하는 일이 생겼을 때에 그들을 이 세상에서 데려가 달라고 기도하였다. 그러나 그리스도께서는 두 가지 이유로 그의 제자들을 위해서 그렇게 기도하고자 하지 않으셨다. [1] 그리스도께서는 사람들로 하여금 이 세상에서의 삶을 참지 못하고 죽기를 졸라대게 만드는 그러한 무절제한 혈기와 감정들을 지지(支持)하기 위해서가 아니라 정복하기 위해서 오셨기 때문에. 우리가 우리의 십자가를 피해서 달아나는 것이 아니라 그 십자가를 지는 것이 그리스도의 뜻이다. [2] 제자들은 이 세상에서 그리스도를 위하여 할 일이 있었기 때문에. 세상은 비록 그들에게 넌더리를 내고(행 22:22) 그들을 무가치한 자들로 여겼지만(히 11:38) 그들을 어찌할 수 없었다. 그러므로 이 어두운 세상을 긍휼히 여기셔서, 그리스도께서는 이러한 빛들을 세상으로부터 제거하고자 하지 않으셨고, 특히 그들의 말로 말미암아 그를 믿게 될 이 세상에 있는 자들을 위하여 세상 속에 그들을 계속해서 두고자 하셨다. 그들의 주님이 계실 때에 그들을 세상에서 데려가지 마옵소서. 그들은 각자의 순서를 따라서 순교자의 죽음을 죽어야 하겠지만, 그들이 증언의 사역을 다 마칠 때까지는 그렇게 되지 않을 것이다. 첫째, 선한 자들을 세상에서 데려가는 것은 바람직한 일이 아니고, 오히려 두려워하고 마음에 새겨야 할 일이다(사 57:1). 둘째, 그리스도께서는 그의 제자들을 사랑하시지만, 그들이 부르심을 받자마자 즉시 그들을 천국으로 보내시지 않고, 그들을 이 세상에 한동안 남겨 두셔서, 그들로 하여금 이 땅에서 선을 행하고 하나님을 영화롭게 함으로써 천국에 들어갈 준비를 무르익게 하고자 하신다. 선한 사람들 중에는 이 세상에서 더 사는 것이 그들에게 유익이 되지 못하기 때문에 하나님께서 그들을 더 이상 이 세상에서 살게 내버려두

지 않으시는 경우가 많다.

(2) "나는 그들이 이 세상의 고통과 환난으로부터 완전히 자유롭고 면제되며 세상의 수고와 두려움으로부터 벗어나서 편안하고 안전한 곳으로 가서 거기에서 아무런 방해도 없이 살아가게 해 달라고 기도하는 것이 아닙니다. 그런 것은 내가 그들을 위하여 원하는 방식으로 그들을 보전하는 것이 아닙니다." 그들이 모든 고통과 환난에서 해방되어서 풍족하고 편안하게 살아가게 해 달라는 것이 아니라, 하나님의 도우심으로 그들이 위험의 현장에서 보전될 수 있도록 해 달라는 것이다(칼빈). 그들이 세상과의 모든 갈등에서 벗어날 수 있도록 해 달라는 것이 아니라, 그들이 그러한 갈등에 압도되지 않도록 해 달라는 것이다. 예레미야가 원했듯이, 그들이 그들의 백성을 떠나갈 수(렘 9:2) 있게 해 달라는 것이 아니라 에스겔처럼 그들의 얼굴이 악인들의 얼굴을 마주보도록 굳게(겔 3:8) 해 달라는 것이다. 수도사의 서원을 하고서 세상으로부터 물러가는 것이 아니라 믿음으로 세상을 이기는 것이 그리스도의 군사된 자들의 영광이 된다. 수도원의 골방에서 그리스도를 섬기는 것이 아니라 사람들이 사는 성읍에서 그리스도를 섬기는 것이 더 그리스도께 영광이 된다.

2. 그들을 이 세상의 더러움으로부터 지키고 보전함을 통해서. 그리스도께서는 그들을 이런 식으로 보전해 달라고 기도하신다(11, 15절). 여기에는 이 간구의 세 가지 세부적인 내용들이 나온다.

(1) 거룩하신 아버지여, 내게 주신 그들을 보전하옵소서.

[1] 그리스도께서는 이제 그들을 떠나시게 되어 있었다. 그러나 그들은 그들의 보호막이 이제 없어질 것이라고 생각해서는 안 된다. 그리스도께서는 여기에서 그들이 듣는 가운데 그들을 그의 아버지와 그들의 아버지의 돌보심에 의탁한다. 그리스도께서 친히 그들을 하나님의 돌보심에 의탁하셨다는 사실은 모든 믿는 자들의 말할 수 없는 위로가 되고 힘이 된다는 것을 명심하라. 전능하신 하나님께서 지켜 주시는 자들은 안전할 수밖에 없고, 하나님은 그의 사랑하는 아들이 그에게 부탁하신 자들을 지켜 주실 수밖에 없다. 그러므로 우리는 믿음으로 우리 영혼을 하나님께 의탁할 수 있다(벧전 4:19; 딤후 1:10). 첫째, 그리스도께서는 여기에서 그들을 하나님의 보호하심 아래에 두시고, 그들이 그들의 원수들의 악의에 의해서 짓밟히지 않도록 하신다. 따라서 그들과 그들의 모든 관심들은 하나님의 섭리의 특별한 보살핌의 대상이 된다. "그들이 일을 다

마칠 때까지 그들의 목숨을 보전하옵소서. 그들에게 끊임없이 위로와 힘을 주셔서, 그들로 하여금 그들이 만나게 되는 역경들로 말미암아 낙심하지 않게 하여 주옵소서. 이 세상에서 그들로 하여금 계속해서 힘 있게 하셔서, 그들이 하는 일이 실패로 돌아가는 일이 없게 하옵소서." 이 세상에서 복음 사역과 복음 교회가 오늘날까지 놀라울 정도로 잘 보전되고 있는 것은 바로 이러한 기도 덕분이다. 만약 하나님께서 복음 사역과 복음 교회를 둘 다 지켜주시고 은혜로 보전하여 주지 않으셨다면, 그것들은 이미 오래 전에 소멸되고 말았을 것이다. 둘째, 그리스도께서는 그들이 제멋대로 그들의 의무로부터 도망치거나 그들 자신의 마음의 속이는 생각을 따라서 곁길로 가지 않도록 하기 위해서 그들을 하나님의 지도 아래에 두신다. "그들을 온전하게, 그들이 계속해서 제자의 직무를 다하게 하옵소서." 우리는 우리가 은혜의 상태로 들어갈 때뿐만 아니라 거기에 지속적으로 머무는 데에도 하나님의 능력을 필요로 한다(10:28-29; 벧전 1:5을 보라).

[2] 그리스도께서 그의 기도를 받으시는 자를 부르는 호칭과 그가 위하여 기도하는 자들을 부르는 호칭은 이러한 간구를 더욱 강화시켜 준다. 첫째, 그리스도께서는 하나님을 거룩하신 아버지라고 부른다. 우리가 우리 자신과 다른 사람들을 하나님의 보호하심에 의탁할 때, 우리는 다음과 같은 것들로부터 힘을 얻게 된다. 1. 하나님의 거룩하심이라는 속성으로부터. 왜냐하면, 이것은 그의 거룩한 자들을 보전하시는 동기가 되기 때문이다. 하나님께서는 그의 거룩함으로 맹세하셨다(시 89:35). 하나님께서 거룩한 하나님이시고 죄를 미워하신다면, 하나님은 그의 소유인 자들을 거룩하게 만드실 것이고, 죄를 가장 큰 악으로 여겨서 미워하고 두려워하는 자들을 죄로부터 지켜 주실 것이다. 2. 아버지라는 관계로부터. 하나님은 그리스도로 말미암아 우리에게 아버지가 되신다. 하나님께서 아버지시라면, 하나님은 그의 자녀들을 돌보실 것이고, 그들을 가르치시며 보전하실 것이다. 아버지 외에 누가 자녀들을 돌보겠는가? 둘째, 그리스도께서는 그들을 아버지께서 그에게 주신 자들이라고 부르신다. 우리는 아버지께서 우리에게 선물로 주신 것을 아버지께서 직접 돌보아 주시도록 편안한 마음으로 의탁할 수 있다. "아버지여, 아버지께서 내게 주신 은혜들과 위로들을 보전하옵소서. 아버지께서 내게 주신 자녀들, 내가 받은 직분을 지켜 주옵소서."

(2) 아버지의 이름으로 그들을 보전하옵소서. [1] 아버지의 이름을 위하여 그들

을 보전하옵소서. "나를 보전하시는 것과 마찬가지로 그들을 보전하시는 것은 아버지의 이름과 영광에 관한 것입니다. 왜냐하면, 그들이 반기를 들거나 좌절한다면, 아버지의 이름과 영광이 그것으로 인하여 손상을 받게 될 것이기 때문입니다." 구약의 성도들은 흔히 주의 이름을 위하여를 내세우며 호소하였다. 진정으로 자기 자신의 유익이 아니라 하나님의 이름이 영광을 받으시는 것에 관심을 갖는 자들은 편안한 마음으로 이렇게 호소할 수 있다. [2] 아버지의 이름으로 그들을 보전하옵소서 — 어떤 이들은 이렇게 해석한다. 원문은 엔 토 오노마티로 되어 있다. "그들로 하여금 아버지의 이름을 알게 하시고 그 이름을 경외하게 하옵소서. 그들로 하여금 어떠한 대가를 치르더라도 아버지의 이름을 고백하고 아버지를 섬길 수 있도록 보전하여 주옵소서. 그들로 하여금 아버지의 이름에 유익이 되는 자들이 되도록 보전하여 주시고, 그들로 하여금 아버지의 이름에 신실한 자가 되게 하여 주옵소서. 그들을 보전하사 아버지의 진리들, 아버지의 규례들, 아버지의 명령들을 지키게 하여 주옵소서." [3] 아버지의 이름으로 말미암아 그들을 보전하옵소서 — 어떤 이들은 이렇게 해석한다. "아버지의 능력으로, 그리고 아버지 자신의 손으로 그들을 보전하옵소서. 그들을 아버지께서 직접 돌보셔서 보전하여 주옵소서. 그들을 아버지께서 친히 정하신 보전의 수단들을 통해서 지키시고, 이것을 통해서 스스로를 나타내시옵소서. 그들을 아버지의 말씀과 규례들을 통해서 보전하옵소서. 아버지의 이름이 그들의 강력한 요새가 되게 하시고, 아버지의 장막이 그들의 차양막이 되게 하여 주옵소서."

(3) 그들을 악에 빠지지 않게 보전하여 주옵소서 또는 그들을 악에서 보전하여 주옵소서. 그리스도께서는 그들에게 우리를 악에서 구하옵소서라고 날마다 기도하도록 가르치셨는데, 이 기도는 그들에게 그렇게 기도할 것을 격려하고자 하신 것이다. [1] "그들을 악한 자 마귀와 그의 모든 도구들로부터 지키시옵소서. 그들을 저 악한 자와 그의 모든 자녀들로부터 보전하옵소서. 그들을 시험하는 자인 사탄으로부터 지키셔서, 사탄이 그들을 까부를 빌미를 얻게 하지 마시고, 그들의 믿음이 떨어지지 않도록 하여 주옵소서. 그들을 멸망시키는 자인 사탄으로부터 지키셔서, 사탄이 그들을 절망 속으로 몰아가지 않게 하옵소서." [2] "그들을 악한 것, 즉 죄로부터 지켜 주옵소서. 그들을 죄의 모양을 하고 있는 것이나 죄로 이끄는 모든 것으로부터 보전하옵소서. 그들을 보전하셔서, 그들

이 악을 행하지 않게 하옵소서"(고후 13:7). 죄는 그 어떤 악보다도 우리가 두려워하고 거기에서 면죄되기를 빌어야 하는 바로 그런 악이다. [3] "그들을 이 세상의 악, 그리고 세상 속에서 그들의 환난이 지닌 해악으로부터 보전하셔서, 거기에 독이나 악의가 없게 하옵소서." 이것은 그들을 환난을 당하지 않도록 지켜 달라는 것이 아니고, 그들이 환난을 통과하면서 믿음을 지킴으로써, 그들의 환난의 속성이 그 속에 아무런 악이나 해를 지니지 않는 것으로 바뀔 수 있도록 해 달라는 것이다.

Ⅱ. 그리스도께서는 그들을 보전해 달라고 간구하시면서 그 근거로 다섯 가지를 제시하신다.

1. 그리스도께서는 이제까지 그가 그들을 보전하였다는 것을 근거로 제시하신다(12절): "내가 그들과 함께 있을 때에 내게 주신 그들을 아버지의 이름으로 복음에 대한 참된 믿음과, 하나님을 섬김 속에서 보전하고 지키었나이다. 아버지께서 내게 주어서 나를 항상 따르게 하셨던 자들을 내가 보전하고 지키었고, 그들은 모두 지금 안전하며, 그들 중의 하나도 멸망하거나 반기를 들거나 없어진 자가 없고, 다만 멸망의 자식뿐이온데, 그가 멸망한 것은 성경을 응하게 하기 위한 것이니이다."

(1) 그리스도께서 그의 제자들과 관련된 사역을 신실하게 수행하심: 그가 그들과 함께 있을 때에 그는 그들을 보전하고 지키었다. 그들에 대한 그의 보살핌은 결코 헛된 것이 아니었다. 그리스도께서는 그들을 하나님의 이름으로 지키셨고, 그들이 어떤 위험스러운 잘못이나 죄로 빠져드는 것으로부터 보전하셨으며, 그들이 교인 한 사람을 얻기 위하여 바다와 육지를 두루 다녔던 바리새인들의 수중에 떨어지는 것을 막고 지키었다. 그리스도께서는 그들을 보전하셔서 그들이 그를 버리고 원래의 상태로 되돌아가는 것을 막으셨다. 그리스도께서는 그들을 전도를 위하여 보내셨을 때에도 여전히 자신의 보살핌 속에 두셨다. 그의 마음이 그들에게 있지 않더냐? 그리스도를 잠시 믿다가 이런저런 것에 걸려 넘어져서 떠나가 버린 자들이 많았다. 그러나 그리스도께서는 열두 제자들을 지키셔서, 그들이 떠나가지 않도록 하셨다. 그리스도께서는 그들을 보전하셔서 그들을 박해하며 죽이고자 한 원수들의 수중에 떨어지는 것을 막으셨다. 그리스도께서는 스스로 붙잡히실 때에도 그들을 보전하셨다(18:9). 그가 그들과 함께 있을 때에 그는 그들의 귀에 들리는 가르침들, 그들의 눈 앞에서 행해진 이적들

을 통해서 가시적인 방법으로 그들을 보전하고 지키셨다. 이제 그리스도께서 그들을 떠나신 후에는 그들을 좀 더 영적인 방식으로 보전하시고 지키실 것이다. 눈에 보이는 위로들과 지지(支持)들은 어떤 때에는 주어졌다가 어떤 때에는 거두어진다. 그러나 그러한 것들이 거두어진다고 해도, 그들은 고아와 같이 남겨지는 것은 아니다. 그리스도께서 여기에서 그를 직접적으로 따른 제자들에 대하여 말씀하신 것은 이 세상에서 살아가는 모든 성도들에게도 해당된다. 그리스도께서는 하나님의 이름으로 그들을 보전하시고 지키신다. 여기에는 다음과 같은 의미들이 함축되어 있다. [1] 그들은 연약하여 스스로를 지킬 수 없다는 것. 그들은 그들 자신의 손으로 그들을 지키기에는 역부족이다. [2] 그들은 하나님의 손길을 통해서 지켜질 가치가 있다는 것. 그들은 하나님께서 보시기에 소중하고 귀한 자들이며 하나님의 보화요 보석들이다. [3] 그들의 구원이 예정되어 있다는 것. 왜냐하면, 그들을 보전하시는 것은 바로 이러한 목적을 위한 것이기 때문이다(벧전 1:5). 하나님께서는 악인들을 재앙의 날을 위해서 보전하여 두듯이, 의인들을 지복의 날을 위해서 보전하여 두신다. [4] 그들은 주 예수께 맡겨진 자들이라는 것. 왜냐하면, 그리스도께서 그들을 자기에게 맡겨진 자들로서 지키시고, 양 무리를 보전하시기 위해서 선한 목자 같이 행하셨기 때문이다.

(2) 그리스도께서 그가 하신 일에 대하여 자신 있게 말씀하심: 그 중의 하나도 멸망하지 않았나이다. 예수 그리스도께서는 그에게 맡겨진 모든 자들을 확실하게 보전하고 지키실 것이기 때문에, 그들 중 그 어느 누구도 최종적으로 완전히 멸망하지 않게 되리라는 것을 명심하라. 그들은 스스로 멸망했다고 생각하거나 거의 멸망 직전이라고 생각할지 모르지만, 그 중의 하나도 멸망하지 않고, 그 중의 하나도 잃지 않게 되는 것이 아버지의 뜻이다(6:39). 따라서 그들이 모두 함께 모일 때가 되면 그들 중의 하나도 멸망받지 않았다는 것이 드러나게 될 것이다.

(3) 유다는 그리스도께서 보전하고 지키셨던 자들 중에 속하지 않은 자로 낙인이 찍힘. 유다는 그리스도께 주어진 자들 가운데 있었지만, 그들 중에 속하지는 않았다. 그리스도께서는 유다가 이미 멸망한 것으로 말씀하신다. 왜냐하면, 유다는 그의 주님과 그의 동료 제자들의 모임을 버렸고, 자기 자신을 마귀에게 넘겨주었으며, 잠시 후에 제 곳으로 가게 될 것이기 때문이었다. 따라서 유다는

멸망한 것이나 다름없었다. 그러나 유다의 배교와 멸망은 결코 주님이나 주님의 가족에게 수치가 되지 않았다. 그 이유는 다음과 같다. [1] 유다는 멸망의 자식이었기 때문에, 하나님께서 그리스도에게 보전하라고 주신 자들 중의 하나가 아니었다. 유다는 멸망을 받을 만한 자였고, 따라서 하나님께서는 그가 멸망을 향하여 치닫는 것을 내버려 두셨다. 유다는 악한 자였던 가인과 마찬가지로 멸망시키는 자의 아들이었다. 주님께서 삼켜버리실 저 큰 원수는 불법의 사람이기 때문에 멸망의 아들로 불린다(살후 2:3). 사도들 중의 한 사람이 멸망의 자식으로 판명이 났다는 것은 참으로 끔찍한 일이다. 어떤 사람이 교회에서 높은 자리에 있거나 이름 있는 자라고 할지라도, 그가 은혜를 받는 특권이나 기회를 가졌다고 할지라도, 그가 신앙 고백을 하고 외적으로 예배를 드린다고 할지라도, 그의 마음이 하나님 앞에서 올바르지 않다면, 그는 멸망당하는 것으로부터 결코 안전하지 않을 것이다. 유다와 같이 돈궤를 사랑하는 자들은 그 누구보다도 겉보기에 신앙의 삶을 산다고 하여도 결국은 멸망의 자식으로 판명날 가능성이 가장 높다. 그러나 그리스도께서 유다를 그에게 주어진 자들로부터 구별하신 것은 진리와 참된 신앙은 거짓된 자들의 속임수로 인해서 손상을 입지 않아야 한다는 것을 보여준다(요일 2:19). [2] 성경이 응하였다. 유다의 범죄는 하나님의 계획 속에서 이미 알려져 있었고 하나님의 말씀 속에서 이미 말씀되어 있었다. 그러한 예언이 있었기 때문에 필연적으로 이 사건이 일어난 것이 아니라, 이 사건이 확실하게 일어나리라는 것을 하나님께서 예언으로 미리 말씀하신 것이다(시 41:9; 69:25; 109:8을 보라). 만약 우리가 그것에 관하여 미리 듣지 않았다면, 우리는 배교자들의 속임수에 경악했을 것이다.

2. 그리스도께서는 그가 이제 그들을 떠나야 하기 때문에, 이제까지 그가 그들에게 행하였던 방식으로 그들을 더 이상 돌볼 수 없다는 것을 근거로 제시하신다(11절): "내가 그들과 함께 있는 동안에 그들에게 쏟았던 수고가 헛되지 않도록 하기 위해서 그들을 이제 보전하옵소서. 우리와 같이 그들도 하나가 되게 하기 위하여 그들을 보전하옵소서." 이것에 대해서는 우리는 다시 한 번 얘기할 기회를 갖게 될 것이다(21절). 여기에서는 다음과 같은 것들을 살펴보자.

(1) 그리스도께서 자기가 떠나는 것에 관하여 얼마나 기쁜 마음으로 말씀하고 계시는가? 그리스도께서는 그가 떠나게 될 세상 및 그가 가게 될 세상과 관련해서 승리와 큰 기쁨에 찬 어조로 이 말씀을 하신다. [1] "나는 세상에 더 있지

않고, 이 환난 많은 세상에 이제 작별을 고한다. 나는 세상에서 충분히 많은 일을 하였고, 이제 내가 세상에 더 있지 않게 될 반가운 때가 이르렀다. 나는 내가 세상에서 해야 할 일을 다 마쳤기 때문에, 이 세상에 대하여 더 볼 일이 없다. 이제 가능한 한 신속하게 이 세상을 떠나는 일만이 남아 있을 뿐이다." 저 세상에 자신의 본향이 있는 자들에게는 이 세상에 더 있지 않게 된다는 것을 생각하는 것은 즐거운 일이 될 수밖에 없다. 왜냐하면, 우리가 이 세상에서 해야 할 일을 다 마치고 저 세상에 들어갈 준비가 되었을 때에 이 세상에서 우리의 발걸음을 붙잡는 것은 아무것도 없을 것이기 때문이다. 우리가 우리 자신 속에서 사형선고를 받을 때, 우리는 기쁨으로 이렇게 말할 것이다: "이제 나는 세상에 더 있지 않게 되었다 — 이 어둡고 속이는 세상, 이 가엾고 헛된 세상, 이 유혹하고 더럽히는 세상. 나는 이 세상의 가시와 엉겅퀴에 더 이상 괴롭힘을 당하지 않아도 되고, 이 세상의 그물과 덫들에 의해서 위태롭게 되지도 않을 것이다. 이제 나는 이 텅빈 광야 속에서 더 이상 방황하지 않게 될 것이고, 이 폭풍이 이는 바다 위에서 더 이상 요동하게 되지도 않을 것이다. 이제 나는 세상에 더 있지 않게 되겠지만, 나는 즐거운 마음으로 세상을 버릴 수 있고, 세상에 대하여 최종적인 작별을 할 수 있다." [2] 이제 나는 아버지께로 가옵나이다. 이 세상을 떠나는 것은 죽으실 그리스도, 또한 죽게 될 그리스도인의 위로의 절반에 불과한 것이다. 그것보다 훨씬 더 좋은 절반은 아버지께로 가서 아버지 곁에 앉아서 아버지를 아무런 방해도 없이 직접적으로 영원히 향유한다고 생각하는 것이다. 하나님을 사랑하는 자들은 하나님께로 간다고 생각하는 것을 기뻐할 수밖에 없다 — 물론, 그 길이 사망의 음침한 골짜기를 지나는 길이라고 할지라도. 우리가 육체를 벗고서 이 세상을 떠날 때, 그것은 마치 학교에서 나와서 아버지의 집으로 가는 아이들처럼 주와 함께 거하기 위한 것이다. "이제 나는 내가 선택하여 섬겨 왔고 내 영혼이 갈급해하는 아버지께 왔나이다. 이제 나는 빛과 생명의 원천이시고 지복과 즐거움의 면류관이자 중심이신 아버지께 가나이다. 이제 나의 갈망은 충족될 것이고, 나의 소망은 이루어질 것이며, 나의 복은 완성될 것이다. 왜냐하면, 이제 내가 아버지께로 가기 때문이다."

(2) 그리스도께서는 그가 남겨두실 자들에 대하여 얼마나 자상한 관심을 보이고 계시는가? "그러나 그들은 세상에 있사옵나이다. 나는 이 세상이 얼마나 악한지를 알고 있나이다. 이 세상에 머물게 될 이 사랑하는 작은 자들은 어떻게

되겠나이까? 거룩하신 아버지여, 그들을 보전하옵소서. 이제 내가 그들에게 없게 될 것인데, 그들에게 아버지의 임재를 주시옵소서. 이제 내가 그들을 세상 속으로 보낼 것이기 때문에, 그들을 보전하는 일이 그 어느 때보다도 절실하나이다. 그들은 깊은 물 속으로 뛰어들어야 하고, 이 큰 물 속에서 아버지께서 그들을 보전하지 않으시면, 그들은 멸망하게 될 것입니다.” [1] 우리 주 예수께서는 아버지께로 가실 때에 세상에 있는 자기 사람들에 대한 자상한 관심도 아울러 가지고 가셨다는 것. 그리스도께서는 계속해서 그들을 긍휼히 여기셨다. 그리스도께서는 그들의 이름을 그의 흉패, 아니 그의 가슴속에 기록하시고, 그의 십자가의 못들로 그의 손바닥에 새기셨다. 이제 그는 그들이 볼 수 없게 되었지만, 그들이 그의 마음에서 빠져 나간 것은 아니었다. 우리는 우리가 이 세상을 떠날 즈음에 이 세상에 막 진입하고 있는 자들을 불쌍히 여겨야 하고, 우리가 이 세상을 떠날 때에 우리 뒤에 남겨진 자들을 불쌍히 여겨야 한다. [2] 그리스도께서는 하나님께서 그의 제자들을 보전하시는 것이 너무도 절박하다는 것을 표현하고자 하실 때에 단지 그들은 세상에 있사옵고라고만 말씀하셨다는 것. 이것은 천국을 향해 가는 자들이 이 아첨하는 세상으로부터 얼마나 많은 유혹을 받게 되고 이 악의에 찬 세상으로부터 미움과 박해를 받게 될 것인지를 보여주는 것이다.

3. 그리스도께서는 그들 자신이 안전하다는 것을 알게 되는 것이 그들에게 얼마나 큰 만족이 되고, 그들이 안심하는 것을 보는 것이 그에게 얼마나 큰 만족이 되는지를 근거로 제시하신다: 내가 이 말을 하옵는 것은 그들로 내 기쁨을 그들 안에 충만히 가지게 하려 함이니이다(13절).

(1) 그리스도께서는 그의 제자들의 기쁨이 충만하기를 간절히 바라셨는데, 이것은 그들이 항상 기뻐하는 것이 그의 뜻이기 때문이다. 그리스도께서는 그들을 눈물과 환난 속에 남겨 두셨지만, 그들을 효과적으로 돌보셔서 그들의 기쁨을 충만하게 하실 것이었다. 그들이 그리스도 안에서의 그들의 기쁨이 끝났다고 생각했을 때, 그 기쁨은 이전보다 더 온전케 되었고, 그들은 기쁨으로 더욱 충만하게 되었다. 우리는 여기에서 다음과 같은 가르침들을 받는다. [1] 우리의 기쁨은 그리스도 안에 있다는 것: “그것은 내 기쁨, 즉 내가 주는 기쁨이고, 아니 내가 바로 기쁨이다.” 그리스도는 그리스도인들의 기쁨이고, 그리스도인들의 주된 기쁨이다. 세상이 주는 기쁨은 세상과 더불어서 시들어 가지만, 그리

스도께서 주시는 기쁨은 그리스도와 마찬가지로 영원하다. [2] 우리의 기쁨을 부지런히 쌓아 가야 한다는 것. 왜냐하면, 기뻐하는 것은 모든 참된 신자들의 특권이자 의무이기 때문이다. 그리스도인들의 삶 속에서 기쁨만큼 더 간절하게 요구되는 것은 없다(빌 3:1; 4:4). [3] 우리 안에 이 기쁨을 충만하게 하여 그 기쁨을 온전히 이루는 것을 목적으로 삼아야 한다는 것.

(2) 이것을 위해서 그리스도께서는 이렇게 그들을 아버지의 보살핌과 지키심에 의탁하였고, 그들을 그가 그렇게 하셨다는 것을 증언하는 증인들로 삼으셨다: 내가 아직 이 세상에서 그들과 함께 있는 동안에, 내가 세상에 이 말을 하옵나이다. 그리스도께서 하늘에 오르셔서 거기에서 하나님께 그들을 보전해 달라고 중보기도 하셨다면, 그것은 그대로 받아들여졌을 것이다. 그러나 그리스도께서 이 세상에서 이 말씀을 하신 것은 그들에게 더 큰 만족을 주고 더 크게 격려하여서, 그들로 하여금 환난 중에 기뻐할 수 있게 하기 위한 것이었다. [1] 그리스도께서는 그들이 장차 잘되도록 준비하기 위하여 그의 백성을 위하여 좋은 것들을 쌓아 두셨을 뿐만 아니라, 그들이 현재적으로 만족하게 될 위로들을 그들에게 주셨고 또한 말씀하셨다. 그리스도께서는 여기에서 그의 제자들 앞에서 자신의 마지막 뜻과 유언을 남기시면서, 그들에게 그가 어떠한 유산들을 그들에게 남겨 놓았는지, 그들이 얼마나 안전하게 보호받게 될 것인지를 알게 하셔서(많은 유언하는 자들이 이러한 것들을 말하기를 부끄러워하지만), 그들로 하여금 강력한 위로를 받게 하셨다. [2] 그리스도께서 우리를 위하여 중보기도 하신다는 것은 우리를 기쁨으로 충만하게 하기에 충분하다. 그리스도께서 항상 하나님 앞에서 우리를 위하여 중보기도 하신다는 것은 우리의 모든 두려움과 불신들을 잠재우고 우리에게 강력한 위로를 줌에 있어서 그 어떤 것보다도 더 효과적이다. 그러므로 사도는 이 말씀 다음에 뿐만 아니라를 더한다(롬 8:34; 히브리서 7:25을 보라).

4. 그리스도께서는 그들이 이 세상에서 자기 때문에 환난을 당하게 되리라는 것을 근거로 제시한다(14절): "내가 아버지의 말씀을 그들에게 주어서, 그들로 하여금 이 세상에 널리 전하게 하였고, 그들은 그 말씀을 받아서 믿었고, 그 말씀을 세상에 전하는 책무를 받아들였나이다. 그러므로 세상이 그들을 미워하였는데, 이것은 그들이 나와 마찬가지로 세상에 속하지 아니하였기 때문이나이다."

(1) 세상이 그리스도를 따르는 자들을 미워함. 그리스도께서 그들과 함께 계시는 동안에도 비록 그들이 세상을 배척하는 말들을 별로 하지 않았는데도 세상은 그들을 미워하였는데, 이제 그들이 천하를 어지럽게 할 것처럼 복음을 더 광범위하게 전하게 되면, 세상은 그들을 훨씬 더 미워하게 될 것이다. 그리스도께서는 이렇게 기도하신다: "아버지여, 그들에게는 많은 원수들이 있을 것이기 때문에 그들을 견고하게 붙잡아 주옵소서. 세상이 그들을 미워할 것이기 때문에, 그들에게 아버지의 사랑을 주옵소서. 불화살이 빗발치는 가운데서도 그들을 방패와 같은 은혜로 호위하옵소서." 약한 자 편에 서고 힘 없는 자들을 돕는 것이 하나님의 영광이다. 주여, 그들에게 긍휼을 베풀어 주옵소서. 이는 사람들이 그들을 삼키려고 함이니이다.

(2) 이러한 적대감의 원인들. 이러한 것들은 그리스도의 호소를 더욱 힘 있게 만든다. [1] 그리스도의 말씀 속에 내포되어 있는 한 가지 이유는 세상의 대부분이 하나님의 말씀을 거부할 뿐만 아니라 그 말씀을 선포하고 고백하는 자들을 배척하는 상황 속에서 그들이 그리스도의 손에 의해서 그들에게 전해진 하나님의 말씀을 받았기 때문이다. 그리스도의 선하신 뜻과 선하신 말씀을 받아들이는 자들은 세상으로부터 악한 뜻과 악한 말을 들을 것을 예상하여야 한다. 복음 사역자들은 세상에 의해서 특별한 방식으로 미움을 받아 왔는데, 이것은 그들이 사람들을 세상으로부터 불러내서 구별시키고 그들에게 세상을 따르지 말고 세상을 정죄하도록 가르치기 때문이다. "그들이 고난을 겪는 것이 아버지를 위한 것이고, 그들이 아버지를 위하여 고난을 당하는 자들이 되었기 때문에, 아버지여, 그들을 보전하옵소서." 시편 기자는 이와 마찬가지로 내가 주를 위하여 비방을 받았나이다(시 69:7)라고 호소한다. 그리스도의 인내의 말씀을 지키는 자들은 시험의 때에 특별한 보호하심을 받을 자격이 있다는 것을 명심하라(계 3:10). 하나님의 말씀을 인하여 순교하는 자들을 하나님께서 기쁜 마음으로 고난을 받도록 해 주시는 것은 마땅한 일이다. [2] 또 한 가지의 이유는 좀 더 명시적으로 표현되어 있다. 세상이 그들을 미워하는 것은 그들이 세상에 속하지 아니하였기 때문이다. 그리스도의 말씀이 권능으로 임한 자들은 세상에 속하지 아니한 자들이다. 왜냐하면, 그리스도의 말씀은 그의 말씀을 사랑해서 받아들이는 모든 자들에게 세상의 부에 대하여 시들해지게 만들고 세상의 악함에 대하여 돌아서게 만드는 효과를 지니기 때문이다. 그러므로 세상이 그들을 못마

땅해하는 것이다.

5. 그리스도께서는 그들이 세상에 영합하지 않고 거룩함을 지킨다는 점에서 자기 자신과 닮아 있다는 것을 근거로 제시하신다(17절): "내가 세상에 속하지 아니함 같이 그들도 세상에 속하지 아니하여, 그들은 나의 영과 마음에 속하여 있기 때문에, 아버지여, 그들을 보전하옵소서." 다음과 같은 자들은 믿음으로 자기 자신을 하나님의 보호하심에 의탁할 수 있다. (1) 그리스도께서 이 세상에서 하셨던 것처럼 그의 발자취를 따르는 자들. 하나님께서는 그리스도를 닮은 자들을 사랑하실 것이다. (2) 세상이 좋아하는 것에 관여하지 않고 세상을 섬기는 일에 헌신하지 아니하는 자들. [1] 예수 그리스도께서는 이 세상에 속하지 아니하셨다. 그리스도께서는 결코 세상에 속하신 적이 없으셨고, 특히 세상을 떠나고자 하시는 지금에 있어서는 더욱 그러하셨다. 이것은 다음과 같은 것들을 말해준다. 첫째, 그의 상태. 그리스도는 세상이 좋아하는 자들 중의 한 사람이 아니었고, 세상의 왕들이나 대인들 중 한 사람이 아니었다. 그리스도께서는 세상의 소유들을 전혀 가지고 계시지 않았고, 심지어 머리 둘 곳도 없으셨다. 그리스도께서는 세상적인 권력을 가지고 계시지 않았고, 재판장이나 물건을 나누는 자가 아니셨다. 둘째, 그의 정신. 그리스도께서는 세상에 대하여 완전히 죽은 자이셨고, 이 세상의 임금은 그와 아무런 상관이 없었으며, 이 세상의 것들은 그에게 아무것도 아니었다. 그리스도께서는 이 세상의 영광을 가지고 계시지 않았다. 왜냐하면, 그는 자신을 무명한 자로 만드셨기 때문이다. 그리스도께서는 부를 가지고 계시지 않았다. 왜냐하면, 그는 우리를 위하여 가난하게 되셨기 때문이다. 그리스도께서는 이 세상의 기쁨들을 가지시지 않으셨다. 왜냐하면, 그는 질고를 아는 자이셨기 때문이다(요한복음 8:23을 보라). [2] 그러므로 참된 그리스도인들은 이 세상에 속한 자들이 아니다. 그들 속에 있는 그리스도의 영은 세상의 영과 반대된다. 첫째, 세상에 의해서 멸시를 당하는 것이 그들의 운명이다. 그들은 그들보다 앞서 주님께서 그러셨듯이 세상으로부터 사랑을 받지 못한다. 둘째, 세상으로부터 건짐을 받은 것이 그들의 특권이다. 이것은 아브라함이 그의 고향 땅으로부터 나온 것과 같다. 셋째, 이 세상에 대하여 죽는 것이 그들의 의무이자 특성이다. 그들이 가장 기뻐하는 교제는 저 세상과의 교제이어야 하고, 그들의 주된 관심은 이 세상 일이 아니라 저 세상의 일이 되어야 한다. 그리스도의 제자들은 연약하였고 많은 약점들을 지니고 있었다. 그렇지만 그리스

도께서는 그들에 대하여 "그들이 세상에 속하지 아니하였고 이 땅에 속하지 아니하였기 때문에, 그가 그들을 하늘의 돌보심에 의탁하신다"고 말씀하실 수 있으셨다.

[17]그들을 진리로 거룩하게 하옵소서 아버지의 말씀은 진리니이다 [18]아버지께서 나를 세상에 보내신 것 같이 나도 그들을 세상에 보내었고 [19]또 그들을 위하여 내가 나를 거룩하게 하오니 이는 그들도 진리로 거룩함을 얻게 하려 함이니이다

그리스도께서 그들을 위하여 다음으로 기도하신 것은 그들을 거룩하게 해 달라는 것, 즉 단지 악에서 지켜주는 것만이 아니라 선하게 만들어 달라는 것이었다.

I. 여기에는 간구가 나온다(17절) : 그들을 진리로, 즉 아버지의 말씀으로 거룩하게 하옵소서 아버지의 말씀은 진리니이다. 아버지의 말씀은 참되고, 진리 자체이다. 그리스도께서는 그들이 거룩하게 되기를 바라신다.

1. 그리스도인으로서. 아버지여, 그들을 거룩하게 하옵소서. 이것이 그들을 보전하시는 것이 될 것입니다(살전 5:23). 좀 더 살펴보자.

(1) 그리스도께서 원하신 은혜 — 거룩하게 함. 제자들은 거룩하게 되어 있었다. 왜냐하면, 그들은 세상에 속하지 않았기 때문이다. 그렇지만 그리스도께서는 아버지여, 그들을 거룩하게 하옵소서라고 기도하신다. 이것은 다음과 같은 것들을 의미한다. [1] "그들 속에 있는 거룩함의 일을 확증하시고, 그들의 믿음을 강하게 하시며, 그들의 선한 사랑을 불붙게 하시고, 그들의 선한 결단을 견고하게 하옵소서." [2] "그들 속에 있는 저 선한 일을 지속하게 하시고 계속하게 하소서. 그 빛이 점점 더 밝아지게 하옵소서." [3] 그것을 온전하게 하시고, 거룩함의 온전함으로 그것을 관 씌우시옵소서. 철두철미하게 그들을 거룩하게 하옵소서. 첫째, 그들을 거룩하게 해 달라는 것은 그리스도께서 그의 소유인 모든 자들을 위한 기도이다. 그것은 만약 그들이 거룩하게 되지 않는다면 그리스도께서 지금이나 나중이나 그들을 그의 소유로 시인하실 수가 없고 그의 일에 사용하실 수가 없으며 그들로 하여금 아버지께 나아가게 할 수 없기 때문이다. 둘째, 은혜로 말미암아 거룩하게 된 자들은 더욱더 거룩하게 될 필요가 있다. 제자들조차도 그들을 거룩하게 하시는 은혜를 달라고 기도하여야 한다. 왜냐

하면, 선한 일을 시작하신 분이 그 일을 끝마치시는 분이 되지 않는다면, 우리는 헛 것이기 때문이다. 전진하지 않는 것은 후퇴하는 것이다. 거룩한 자는 그대로 거룩되게 하고, 아직 목표에 도달하지 못한 자들처럼 더 멀리 앞으로 나아가고 더 높이 치솟아서 더욱더 거룩해져야 한다. 셋째, 우리를 의롭다고 하시는 분이 하나님이신 것처럼, 거룩하게 하시는 이도 하나님이시다(고후 5:5). 넷째, 우리가 우리를 거룩하게 하시는 은혜를 달라고 기도할 때에 바로 그것이 그리스도께서 우리를 위하여 중보기도 하신 것이라는 것을 아는 것은 우리에게 큰 힘이 된다.

(2) 이 은혜를 수여하는 수단: 아버지의 진리로. 아버지의 말씀은 진리니이다. 여기에서 이스라엘의 거룩한 자는 수단으로 전락하는 것이 아니라, 하나님께서 평강의 모략 속에서 진리를 나타내시기로 정하신 것이다. [1] 우리에게 필요한 모든 진리는 하나님의 말씀 속에 포괄되어 있고 요약되어 있다는 것. 성경 말씀 속에 기록되어 있는 하나님의 계시는 혼잡함이 없는 순수한 진리일 뿐만 아니라 결함이 없는 온전한 진리이다. [2] 이 진리의 말씀이 우리의 성화(聖化)를 위한 외적이고 통상적인 수단이 되어야 한다는 것. 하나님의 말씀은 저절로 언제나 사람들을 거룩하게 하는 것이 아니라, 성령이 그러한 선한 일을 시작하시고 수행하실 때에 도구로 사용된다. 진리의 말씀은 거듭남의 씨앗이고(벧전 1:23) 새 생명의 양식이다(벧전 2:1-2).

2. 사역자로서. "그들을 거룩하게 하옵소서. 그들을 아버지와 아버지를 섬기는 일을 위하여 구별하옵소서. 사도직으로의 그들의 부르심을 하늘에서 재가하옵소서." 선지자들은 성별되었다고 한다(렘 1:5). 또한 제사장들과 레위인들도 마찬가지였다. 그들을 거룩하게 하옵소서. 이 말씀은 다음과 같은 것들을 의미한다. (1) "그들을 그리스도의 은혜들과 사역자에게 주어지는 은사들로 채워주셔서 그 직분을 감당할 수 있는 자들이 되게 하시고, 새 계약의 사역자들이 되게 하여 주옵소서." (2) "그들을 그 직분으로 구별하옵소서(롬 1:1). 내가 그들을 불렀고, 그들이 뜻을 합하였나이다. 그것에 대하여 아멘이라 말씀하옵소서." (3) "그들의 직분을 시인하셔서, 아버지의 손이 그들과 함께 하옵소서. 비유 또는 그림자와 반대되는 진리, 아버지의 진리로 그들을 거룩하게 하옵소서. 레위인 제사장들이 기름부음과 희생제사를 통해서 예식에 따라 성별된 것과는 달리, 그들을 진정으로 거룩하게 하옵소서. 그들을 아버지의 진리의 말씀을 따라서

거룩하게 하셔서, 그들로 하여금 아버지의 진리를 세상에 전하는 자들이 되게 하옵소서. 제사장들이 제단에서 섬길 수 있도록 성별된 것처럼, 그들을 거룩하게 하셔서 복음을 전하게 하옵소서"(고전 9:13-14). [1] 예수 그리스도께서는 그의 사역자들을 위해서 특별한 관심을 가지고 중보기도 하시고, 그의 오른손에 든 저 별들(사역자들)을 아버지의 은혜에 부탁하신다. [2] 그리스도께서 복음 사역자들을 위하여 하나님께 구하신 큰 것은 그들을 거룩하게 하시고, 세상으로부터 구별되게 하시며, 하나님께 온전히 헌신되게 하시고, 그들이 다른 사람들에게 전하는 말씀의 능력을 그들의 마음속에서 체험적으로 알게 해 달라는 것이었다. 그들에게 우림과 둠밈, 빛과 흠 없음을 주옵소서.

II. 그리스도께서는 여기에서 제자들을 거룩하게 해 달라는 그의 간구를 더욱 강화시키기 위하여 두 가지의 호소 또는 근거를 제시하신다.

1. 그들이 그리스도로부터 받은 사명(18절): "아버지께서 나를 세상에 보내셔서, 인간들에게 아버지의 대사(大使)가 되게 하신 것처럼, 이제 나도 그들을 세상에 보내서 나의 사절들이 되게 하였나이다."

(1) 그리스도께서는 자신의 사명에 관하여 큰 확신으로 말씀하신다: 아버지께서 나를 세상에 보내셨나이다. 기독교 신앙의 위대한 창시자께서는 그의 사명과 가르침들을 모든 종교의 기원이자 목적이신 분으로부터 받으셨다. 그리스도께서는 그를 믿는 자들에게 하나님께서 말씀하신 것을 전하고 하나님께서 행하신 것을 행하며 하나님이 어떤 분이신지를 보여주기 위하여 하나님께로부터 보내심을 받으셨다. 이것은 그리스도께서 그의 일을 하실 때에 큰 위로가 되는 것이었고, 이제 그리스도를 의지하는 우리도 우리에게 주어진 일을 할 때에 이것이 큰 위로가 된다. 그리스도에 관한 기록은 저 하늘에 있다. 왜냐하면, 그리스도께서는 그의 사명을 거기로부터 받으셨기 때문이다.

(2) 그리스도께서는 그가 그의 제자들에게 주신 사명에 대하여 큰 만족감으로써 말씀하신다: "나도 그들을 세상에 보내서, 동일한 심부름을 하게 하고, 동일한 목적을 이루게 하였나이다." 그리스도께서는 그들을 세상에 보내셔서, 그가 전하신 것과 동일한 가르침을 전하게 하셨고, 동일한 증거들로 그것을 확증하게 하셨으며, 그들에게 맡겨진 일을 다른 신실한 자들에게 맡기도록 하셨다. 그리스도께서는 자신의 사명에 비추어서 그들에게 사명을 주셨고(20:21), 그 사명이 그리스도로부터 왔다는 것은 그들의 직분을 존귀하게 하는 것이었으며, 화

해의 사역자들에게 주어진 사명과 중보자에게 주어진 사명 간에는 어느 정도 유사성이 있다는 것도 그들의 직분을 영화롭게 하는 것이다. 그들은 사도(히 3:1), 사역자(롬 15:8), 사자(말 3:1)로 불린다. 차이가 있는 것은 그들은 종들로 보내심을 받은 것이지만 그리스도께서는 아들로 보내심을 받았다는 것이다. 이제 이것은 여기에서 다음과 같은 것들에 대한 이유로 나온다. [1] 왜 그리스도께서 그토록 이들에게 관심을 가지시고, 그들을 그의 마음속에 그렇게 깊이 두고 계시는가? 그것은 그리스도께서 친히 그들을 어려운 직분 속에 두셨기 때문이다. 이 직분은 그것을 수행하는 데에 커다란 능력을 필요로 하는 것이었다. 그리스도께서는 그가 보내신 자들을 옆에서 지켜주실 것이고, 그를 위하여 쓰임 받는 자들에게 관심을 가지시며, 그가 우리를 부르신 그 자리에 적합하도록 우리를 준비시키시고, 그 직분을 감당할 수 있는 힘을 우리에게 주신다는 것을 명심하라. [2] 왜 그리스도께서는 그들을 아버지께 의탁하셨는가? 그것은 그리스도께서 그들이 할 사역에 관심을 가지셨기 때문인데, 그들의 사명은 그리스도의 일을 수행하는 것이었고, 그리스도의 일로부터 나온 과제였기 때문이다. 그리스도께서는 사람들을 위해서 은사들을 받아서(시 68:18), 그런 후에 그 은사들을 나누어 주셨다(엡 4:8). 그러므로 그리스도께서는 그러한 은사들을 붙들어 주시고 보장해 주시도록 아버지께 도와 주시기를 기도하시고, 그가 그들에게 준 것들을 견고하게 해 주실 것을 기도하신다. 아버지께서는 그리스도를 거룩하게 하사 세상에 보내셨다(10:36). 그리스도께서 보내심을 받은 것과 마찬가지로 그들도 보내심을 받을 것이기 때문에, 그들도 거룩하게 되어야 한다.

2. 그리스도께서 그들을 위하여 행하신 공로는 여기에서 제시되고 있는 또한 가지의 근거이다(19절): 그들을 위하여 내가 나를 거룩하게 하옵나이다.

(1) 그리스도께서 친히 중보자의 사역과 직분을 자기 자신에게 돌리심: 내가 나를 거룩하게 하옵나이다. 그리스도께서는 중보자의 모든 일들, 특히 그가 이제 하고자 하시는 일에 자기 자신을 온전히 헌신하셨다 ─ 영원하신 성령으로 말미암아 흠 없는 자기를 하나님께 드리신 것. 제사장이자 제단으로서 그리스도께서는 희생제물인 자기 자신을 거룩하게 하셨다. 그리스도께서 "아버지여, 아버지의 이름을 영화롭게 하옵소서, 아버지여, 당신의 뜻이 이루어지리이다, 아버지여, 내 영혼을 아버지의 손에 맡기나이다"라고 말씀하셨을 때, 그는 그가 이루어야 할 대속을 값 주고 온전히 이루셔서, 자신을 거룩하게 하신 것이었다. 그리스도께

서는 이것을 근거로 제시하시면서, 아버지께 제자들을 의탁하신다. 왜냐하면, 그리스도의 중보기도는 그의 대속으로 말미암아 효력이 있는 것이기 때문이다. 대제사장이 속죄일에 휘장 안에서 향을 피움과 동시에 희생제물의 피를 뿌린 것처럼(레 16:12, 14), 그리스도께서는 그의 피를 가지고 성소에 들어가셨다(히 9:12).

(2) 이것을 통해서 그리스도께서 그의 제자들에 대하여 가지신 사랑의 계획. 그것은 그들을 위하여, 즉 그들로 거룩함을 얻게 하려 한 것이다. 즉, 그들이 순교자들이 될 수 있도록 하기 위한 것이다. 어떤 이들은 이렇게 해석한다. "내가 나 자신을 희생제물로 드리는 것은 그들이 하나님의 영광과 교회의 유익을 위하여 자기 자신을 희생제물로 드리도록 하기 위한 것이다." 바울은 자기 자신을 희생제물로 드리고 있다고 말한다(빌 2:17; 딤후 4:6). 성도들의 죽음 속에 여호와께서 보시기에 귀중한 것이 있다면, 그것은 주 예수의 죽음 덕분이다. 그러나 나는 이 말씀을 좀 더 일반적으로 해석해서, 그들이 하나님께 열납될 만한 성도들과 사역자들이 되게 하기 위한 것이라고 본다. [1] 사역자의 직분은 그리스도의 피로 사신 것이고, 그의 대속의 복된 열매들 중의 하나이기 때문에, 그 효력과 가치는 모두 그리스도의 공로 덕분이다. 율법 아래에서 제사장들은 황소와 염소의 피로 성별되었지만, 복음 사역자들은 예수의 피로 성별되었다. [2] 모든 선한 그리스도인들의 진정한 거룩함은 그리스도의 죽음의 열매인데, 그리스도께서는 그의 죽음으로써 성령이라는 선물을 값 주고 사셨다. 그리스도께서는 그의 교회를 거룩하게 하시기 위하여 자기 몸을 내어주셨다(엡 5:25-16). 그리스도께서는 목표를 정해 놓으심과 동시에 수단도 정해 놓으셨다. 그들은 진리로 거룩함을 얻게 될 것이다. 그리스도께서는 이 진리를 증거하기 위하여 세상에 오셨고, 이 진리를 확증하기 위하여 죽으셨다. 진리의 말씀이 거룩하게 하는 효력과 능력을 지니는 것은 그리스도의 죽음 덕분이다. 어떤 이들은 이 본문을 그들로 참으로 거룩함을 얻게 하려 하기 위한 것이라고 해석하기도 한다. 우리가 하나님을 섬기기 위해서는 성령과 진리로 거룩함을 입어야 한다. 그래서 그리스도께서는 그의 소유인 모든 자들을 위하여 이것을 기도하셨다. 왜냐하면, 그들이 거룩하게 되는 것이 그의 뜻이기 때문이다. 이것은 우리로 하여금 이것을 위하여 기도하도록 격려한다.

[20]내가 비옵는 것은 이 사람들만 위함이 아니요 또 그들의 말로 말미암아 나를 믿는 사람들도 위함이니 [21]아버지여, 아버지께서 내 안에, 내가 아버지 안에 있는 것 같이 그들도 다 하나가 되어 우리 안에 있게 하사 세상으로 아버지께서 나를 보내신 것을 믿게 하옵소서 [22]내게 주신 영광을 내가 그들에게 주었사오니 이는 우리가 하나가 된 것 같이 그들도 하나가 되게 하려 함이니이다 [23]곧 내가 그들 안에 있고 아버지께서 내 안에 계시어 그들로 온전함을 이루어 하나가 되게 하려 함은 아버지께서 나를 보내신 것과 또 나를 사랑하심 같이 그들도 사랑하신 것을 세상으로 알게 하려 함이로소이다

그리스도께서는 그들의 순전함을 위하여 기도하신 후에 그들의 하나됨을 위하여 기도하신다. 왜냐하면, 위로부터 온 지혜는 첫째 성결하고, 다음에 화평하기 때문이다. 친교는 아론의 거룩한 머리에 부어진 기름과 같고 시온의 거룩한 언덕 위의 이슬 같을 때에 진정으로 사랑스럽다.

I. 이 기도 속에는 누가 포함되어 있는가(20절)? "내가 비옵는 것은 이 사람들만 위함이 아니요, 즉 지금 내 곁에 있는 나의 제자들(열한 제자와 70문도, 그리고 그리스도께서 이 땅에 계셨을 때에 그를 따랐던 그 밖의 다른 남녀들)만 위한 것이 아니요, 그들 당시에 그들의 설교로 말미암거나 장래의 세대들을 위해서 그들에 의해서 기록된 그들의 말로 말미암아 나를 믿는 사람들도 위한 것이다. 나는 그들 모두가 하나가 되어 이 기도를 통해서 모두 유익을 얻게 되기를 그들 모두를 위해서 기도한다."

1. 그리스도를 믿는 자들, 오직 그들만이 그리스도의 중보를 통해서 유익을 얻게 된다. 그리스도께서 여기에서 말씀하고 있는 것은 그런 자들에 관한 것이고, 그것은 그리스도인으로서의 모든 품성과 의무를 포괄하는 것이다. 당시에 살아서 보고 믿은 자들만이 아니라 후세에 보지 않고도 믿은 자들도 여기에 포함된다.

2. 영혼들이 그리스도를 믿게 되는 것은 말씀으로 말미암는 것이고, 그리스도께서는 이런 목적을 위해서 성경이 기록되도록 하셨고, 사역자들을 세우셔서 교회가 존재하는 한, 즉 세상이 존재하는 한 교회 속에서 씨앗을 키우는 일을 하게 하셨다.

3. 그리스도께서는 그를 믿게 될 자들을 분명하고도 틀림없이 아신다. 그리스

도께서는 여기에서 인간의 거짓된 의지(意志)에 의거해서 조건부로 기도하고 계시는 것이 아니다. 인간은 자유로운 체하지만, 죄로 말미암아 그 자녀들과 더불어 종노릇 하고 있다. 그리스도께서는 사람들을 위하여 기도하셨지만, 사람들이 어떤 존재인지를 전지전능하심을 통해서 확실하게 알고 계셨다. 그리스도께서는 누가 그에게 주어졌는지, 누가 영생을 얻도록 정해졌는지, 의심 없이 믿어서 어린 양의 책에 기록된 자들이 누구인지를 아셨다(행 13:48).

4. 예수 그리스도께서는 훌륭한 믿음을 가진 자들만이 아니라 아주 약하고 보잘것없는 믿음을 지닌 자들을 위해서도 중보기도 하신다. 그리스도께서는 그의 나라에서 아주 높은 영광스러운 자리에서 쓰임을 받는 자들만이 아니라 세상 사람들의 눈으로 볼 때에 보잘것없는 자들을 위해서도 중보기도 하신다. 하나님의 섭리가 가장 미천한 피조물에게도 미치는 것과 마찬가지로, 하나님의 은혜도 가장 보잘것없는 그리스도인들에게도 미친다. 선한 목자는 양무리 중에서 가련한 양들에게도 눈길을 주신다.

5. 예수 그리스도께서는 중보기도를 하실 때에 아직 태어나지 않았지만 장차 택함받을 자들, 앞으로 태어날(시 22:31) 백성들, 우리에 들지 않은 다른 양들도 바라보셨다. 그들이 모태에서 짓기 전에 그는 그들을 아셨고(렘 1:5), 시초부터 종말을 아시고 없는 것을 있는 것으로 부르시는 자께서는 그들을 위하여 미리 하늘에 기도들을 쌓아 두신다.

Ⅱ. 이 기도를 통해서 무엇이 의도되고 있는가(21절)?　그들도 다 하나가 되게 하옵소서. 이 말씀은 앞에서도 한 번 나왔는데(11절, 그들도 다 하나가 되어), 여기 22절에서 다시 한 번 나온다. 이것은 그리스도께서 여기에 마음을 많이 쏟으셨기 때문이다. 어떤 이들은 11절에서 하나가 되게 해달라고 기도하신 것은 특별히 사역자들이자 사도들이었던 제자들과 관련된 것으로서 그들이 그리스도를 증언하는 일에 있어서 하나가 되게 해 달라는 것이었다고 해석한다. 또한 그들은 복음서 기자들이 서로 조화를 이루고, 복음을 처음으로 전한 자들이 서로 마음을 같이 한 것은 이 기도 덕분이었다고 말한다. 그들로 하여금 한마음이 되게 해 주실 뿐만 아니라, 한 입이 되게 하셔서 동일한 것을 전하게 하옵소서. 복음 사역자들의 하나됨은 복음 전파를 아름답게 함과 동시에 힘 있게 한다. 그러나 21절에서 그리스도께서 하나가 되게 해 달라고 기도하신 것은 분명히 모든 신자들과 관련되어 있다. 그들도 다 하나가 되어 우리 안에 있게 하시고(21

절), 우리가 하나가 된 것 같이 그들도 하나가 되게 하시며(22절), 그들로 온전함을 이루어 하나가 되게(23절) 하여 달라는 기도는 그리스도께서 그의 소유인 모든 자들을 위해서 하신 기도이고, 우리는 그 기도가 응답된 기도라는 것을 확신할 수 있다. 이 기도에는 세 가지가 포함되어 있다.

1. 그들이 모두 연합하여 한 몸이 되게 해달라는 것. "아버지여, 그들 모두를 하나로 보셔서, 하나의 교회로서 그들이 구현하고 있는 저 큰 신앙 고백을 재가하옵소서. 그들이 비록 하늘의 이쪽 끝에서부터 저쪽 끝에까지 멀리 떨어져 있는 곳들에서 살고 있고, 시간의 처음부터 시간의 마지막까지 여러 세대에 걸쳐서 살고 있기 때문에, 개인적으로 서로 알 수 없고 교통할 수 없지만, 그들로 하여금 그들의 공통의 머리되는 내 안에서 연합하게 하여 주옵소서." 그리스도께서는 그들 모두가 하나가 되게 하기 위하여 죽으셨고 또한 그렇게 기도하셨다 (11:52; 엡 1:10).

2. 그들이 모두 한 성령으로 말미암아 활동할 수 있게 해달라는 것. 이것은 그들도 다 하나가 되어 우리 안에 있게 해 달라는 기도 속에 분명히 함축되어 있다. 아버지 및 아들과의 연합은 오직 성령으로 말미암아서만 이루어지고 유지된다. 주와 합하는 자는 한 영이라(고전 6:17). 그들로 하여금 모두 동일한 형상과 표지(標識)를 지니게 하시고, 동일한 능력에 의해서 감화를 받게 하옵소서.

3. 사랑의 끈으로 연합하여 모두 한마음이 되게 해 달라는 것. 그들이 다 하나가 되게 하옵소서. (1) 판단과 정서에 있어서. 그들이 모든 사소한 일에까지 하나가 되는 것은 불가능하거니와 또한 그럴 필요도 없다. 그들은 단지 이 기도로 말미암아서 하나님의 큰 일들에서 하나가 되면 된다: 하나님의 은총이 목숨보다 더 귀하다는 것; 죄는 모든 악들 중에서 가장 큰 악이고, 그리스도는 모든 친구들 중에서 가장 좋은 친구라는 것; 현세의 삶 이후에 또 다른 삶이 있다는 것 등등. (2) 성품과 성향에 있어서. 거룩하게 된 모든 자들은 동일한 신적인 본성과 형상을 지니고 있다. 그들은 모두 새 마음을 지니고 있고, 그것은 한마음이다. (3) 그들이 지닌 모든 의도들과 목적들에 있어서. 모든 참된 그리스도인들은 그가 참된 그리스도인인 한에서 하나님의 영광을 자신의 가장 지고한 목표로 삼고 있고, 하늘의 영광을 그의 가장 큰 선으로 생각한다. (4) 그들의 모든 소원들과 기도들에 있어서. 그들은 비록 말들과 표현하는 방식은 다르지만, 동일한 양자의 영을 받아 동일한 규례를 지키기 때문에, 사실상 동일한 것들을 위해서

기도한다. (5) 그들의 모든 사랑에 있어서. 모든 참된 그리스도인은 자신의 마음속에 모든 참된 그리스도인들을 사랑하게 만드는 성향을 지니고 있다. 그리스도께서 여기에서 기도하시는 것은 사도신경에서 우리가 믿는다고 고백하고 있는 성도가 교통하는 것, 모든 신자들이 하나님과 갖고 있는 사귐, 하늘과 땅에서 모든 성도들과 나누는 친밀한 연합이다(요일 1:3). 그러나 그리스도의 이 기도는 모든 성도들이 천국에 갈 때까지는 온전한 응답을 받게 되지는 않을 것이다. 그때가 되어서야 그들은 온전함을 이루어 하나가 될 것이다(23절; 엡 4:13).

Ⅲ. 그리스도께서는 이 간구를 강화하기 위하여 어떤 것들에 호소하거나 근거로 제시하고 계시는가 ? 그러한 것들로는 세 가지가 있다.

1. 아버지와 아들은 하나라는 것. 이것은 거듭거듭 언급된다(11, 21-23절). (1) 아버지와 아들이 하나라는 것, 본성과 본질에 있어서 하나라는 것, 능력과 영광에 있어서 동등하시다는 것, 서로 사랑하심에 있어서 하나라는 것은 당연한 것으로 받아들여진다. 아버지께서는 아들을 사랑하시고, 아들은 언제나 아버지를 기쁘게 하셨다. 그들은 목적에 있어서 하나이고, 활동에 있어서 하나이다. 이러한 하나됨의 친밀성은 아버지께서 내 안에, 내가 아버지 안에라는 말씀으로 표현된다. 그리스도께서는 그의 원수들이 그를 엄습해 오고 그의 친구들이 그로부터 떨어져 나갔을 때에 그의 현재적인 고난 중에서 스스로 힘을 내기 위해서 이 말씀을 자주 언급하였다. 그리스도께서는 아버지 안에 계셨고, 아버지는 그리스도 안에 계셨다. (2) 그리스도께서는 그의 제자들이 하나가 되도록 기도하시면서 이러한 사실을 역설하신다. [1] 그러한 하나됨의 모범으로서. 그리스도께서는 이것을 통해서 그가 얼마나 그들이 하나 되는 것을 원하시는지를 보여 주신다. 신자들은 하나님과 그리스도가 하나이신 것처럼 어느 정도 하나이다. 첫째, 신자들의 연합은 엄밀하고 밀접한 연합이다. 그들은 신적인 본성에 의해서, 신적인 은혜의 능력에 의해서 하나님의 계획을 따라 연합되어 있다. 둘째, 신자들의 연합은 거룩한 목적을 위한 성령 안에서의 거룩한 연합이다. 그것은 어떤 세속적인 목적을 위한 결사(結社)가 아니다. 셋째, 신자들의 연합은 완전한 연합이고, 결국에는 그렇게 될 것이다. 아버지와 아들은 동일한 속성들, 자질들, 온전함들을 가지고 계신다. 따라서 신자들은 그들이 거룩하게 된 한에 있어서 지금 그러한 것들을 가지고 있고, 영광 중에 은혜가 온전하게 될 때에 그들은 모두 동일한 형상으로 변하여 서로에 대하여 정확히 하나가 될 것이다. [2]

그러한 하나됨의 중심으로서. 그들은 하나가 되어 우리 안에 있게 되어야 한다. 모든 것은 여기에서 만난다. 한 분 하나님과 한 분 중보자가 계신다. 신자들은 모두 그들의 지복이신 이 한 분 하나님의 은총에 의지하고 있고, 그들의 의인이신 이 한 분 중보자의 공로에 의지하고 있다는 점에서 하나이다. 목표이신 하나님과 길이신 그리스도를 중심으로 하지 않는 것은 공모(共謀, conspiracy)이지 연합(聯合, union)이 아니다. 하나이신 하나님 및 그리스도와 진정으로 연합되어 있는 모든 자들은 곧 서로에 대하여 연합되게 될 것이다. [3] 그러한 하나됨의 근거로서. 창조주와 구속주는 이익과 의도에 있어서 하나이다. 그러나 그리스도께서 모든 신자들을 위하여 하나님께로부터 은사들을 받았지만, 신자들이 그리스도와 더불어 한 몸을 이루고 있지 않고, 모두 하나가 되어서 그리스도로부터 은혜를 받지 않는다면, 창조주와 구속주의 하나됨이 무슨 소용이 있겠는가? 그리스도의 목적은 반기를 든 인류를 하나님께 복속시키는 것이었다: 그리스도께서는 "아버지여, 모든 믿는 자들이 하나가 되게 하시고, 한 몸으로 화해를 이루게 하옵소서"(엡 2:15-16)라고 기도하고 계시는데, 이것은 교회 안에서 유대인들과 이방인들이 연합되는 것을 말하는 것이다. 즉, 그것은 저 위대한 신비, 이방인들이 동일한 상속자이자 동일한 몸(엡 3:6)이 되는 것을 가리킨다. 나는 그리스도의 이 기도가 일차적으로 바로 그것을 가리킨다고 생각하는데, 그것은 그가 죽으면서 목표로 삼았던 하나의 큰 일이었다. 나는 내가 아는 주석가들 중에서 그 누구도 이 본문을 그렇게 해석하지 않는 것에 대하여 의아하게 생각한다. "아버지여 믿는 이방인들로 하여금 믿는 유대인들과 연합하게 하셔서, 이 둘로 한 새 사람이 되게 하여 주옵소서." 내가 그들 안에 있고 아버지께서 내 안에 계시어라는 말씀은 그의 교회의 아름다움뿐만 아니라 그의 교회의 존재 자체에 있어서 꼭 필요한 연합이 어떤 것인지를 잘 보여준다. 첫째, 그리스도와의 연합: 내가 그들 안에 있고. 신자들의 마음속에 거하시는 그리스도는 새 사람의 생명이자 영혼이다. 둘째, 그리스도로 말미암은 하나님과의 연합: 아버지께서 내 안에 계시어, 따라서 나로 말미암아 그들 안에 아버지께서 계시게 된다. 셋째, 이러한 것들로부터 생겨나는 서로와의 연합: 그들로 온전함을 이루어 하나가 되게 하옵소서. 우리는 그리스도 안에서 완전해진다.

2. 그리스도께서 그들에게 빛과 은혜를 전하신 목적(22절): "아버지께서 내게 주신 영광, 아버지께서 은혜를 맡은 자이자 전달의 통로인 내게 주신 영광을 내

가 그들에게 주었사오니 이는 우리가 하나가 된 것 같이 그들도 하나가 되게 하려 함이니이다. 따라서 만약 그들이 하나가 되지 않는다면, 이러한 은사들은 헛된 것이 되고 말 것입니다." 여기서 이러한 은사들은 다음 둘 중의 하나를 가리킨다. (1) 사도들, 즉 교회를 처음으로 세운 자들에게 수여된 은사들. 세상에 대하여 하나님의 대사들이 된 영광, 이적들을 일으키는 영광, 세상으로부터 교회를 모아서 사람들 가운데서 하나님의 나라의 보좌를 세우는 영광, 이러한 영광은 그리스도께 주어진 것이었고, 그리스도께서는 이러한 영광 중의 일부를 모든 족속으로 제자를 삼도록 사도들을 보내실 때에 그들에게 주셨다. (2) 모든 신자들에게 공통적으로 주어진 은사들. 아버지와 계약을 맺고 아버지께 받아들여져서 그의 품 속에 놓여서 장차 그의 우편에 한 자리를 차지하게 되어 있는 그러한 영광은 아버지께서 구속주에게 주신 영광이었고, 그리스도께서는 그 영광을 구속받은 자들에게 약속하셨다. [1] 그리스도께서는 이러한 영광을 그가 그들에게 주었다고 말씀하신다. 왜냐하면, 그리스도께서는 그들에게 이 영광을 주기로 작정하셨고, 그들이 그리스도의 약속들을 실제의 은사들로 믿었을 때에 그들에게 그러한 영광을 갖게 하셨기 때문이다. [2] 이 영광은 그들에게 주도록 그리스도께 주어진 것이었다. 하나님께서는 이 영광을 사람들을 위하여 그리스도께 주셨고, 그리스도께서는 이 영광을 그에게 맡기신 분에 대하여 신실하게 행하셨다. [3] 그리스도께서는 그들이 하나가 되게 하기 위하여 그들에게 이 영광을 주셨다. 첫째, 그리스도께서 그들에게 하나됨의 특권을 받을 수 있게 하신 것은 한 분 하나님 아버지와 한 주 예수 그리스도에 대한 그들의 공통의 관계 덕분에 그들이 진정으로 하나가 될 수 있도록 하기 위한 것이었다. 성령이라는 선물, 아버지께서 아들에게 주셨고 아들에 의해서 모든 믿는 자들에게 주어진 이 큰 영광은 그들을 하나로 만든다. 왜냐하면, 은사는 여러 가지나 성령은 같기 때문이다(고전 12:4 등). 둘째, 그들로 하여금 하나됨의 의무를 수행하도록 하기 위하여. 그들이 모두 하나의 신조와 하나의 계약, 한 성령과 하나의 성경 속에서 서로 마음을 합하여 교통한다는 점에서, 그들이 한 분 하나님과 한 분 그리스도 안에서 가지고 있는 것과 그들이 하나의 천국 속에서 소망하고 있는 것을 고려할 때에 그들은 한마음과 한 입을 가질 수 있다. 세상의 영광은 사람들을 무수하게 갈라놓는다. 왜냐하면, 출세하는 사람이 있으면 기우는 사람들도 있는 법이기 때문이다. 그러므로 제자들이 세상적인 나라를 꿈꿔 왔던 동안에는,

실 때에 그리스도께서는 세상이 아버지를 알지 못하였다고 말씀하셨는데, 우리는 그 다음에 그러나 그들은 아버지를 알았나이다라는 말씀이 올 것으로 기대할 것이지만, 하나님을 아는 그들의 지식은 자랑할 것이 못되었기 때문에, 그러나 나는 아버지를 알았사옵나이다라는 말씀이 나온 것이다. 이것은 우리 안에는 우리로 하여금 하나님의 은혜를 받게 해 줄 만한 그 어떤 것도 존재하지 않고, 하나님 안에서의 우리의 모든 유익과 하나님과의 교통은 온전히 그리스도의 공로와 그리스도와의 교제로부터 나온다는 것을 말해주는 것이다. 우리는 무가치한 자들이지만, 그리스도는 가치있는 분이시다.

(4) 그리스도께서 그의 제자들을 위하여 역설하시는 호소: 그들도 아버지께서 나를 보내신 줄 알았사옵나이다. [1] 이것을 통해서 그들은 믿지 않는 세상과 구별된다. 그리스도께서 오셔서 그의 은혜를 제시하셨을 때에 많은 무리들이 하나님께서 그를 보내신 것을 믿지 않았지만 이 제자들은 그것을 알았고 믿었으며 그것을 고백하는 것을 부끄러워하지 않았다. 무지와 불신앙을 고집하는 세상 가운데서 예수 그리스도를 알고 믿는 것은 하나님을 크게 기쁘시게 하는 일이고, 분명히 놀라운 영광을 받게 될 일이라는 것을 명심하라. 특별한 믿음은 특별한 은총을 받을 자격이 있다. [2] 이것을 통해서 그들은 그리스도의 중보로 인한 유익을 얻게 되었고, 아버지와 아들의 사귐으로 인한 유익에 참여할 수 있게 되었다: "나는 직접적이고도 온전히 아버지를 알았사옵나이다. 이 제자들은 아버지를 그렇게까지는 알지 못하였고 또한 그렇게까지 아버지를 알 수도 없었지만 아버지께서 나를 보내신 줄 알았사옵고, 구속주 속에서 창조주를 아는 데에 필요한 것을 알았고, 구속주 속에서 창조주를 알았나이다." 그들은 그리스도를 하나님께로부터 보내심을 받은 자로 알았기 때문에, 그리스도 안에서 아버지를 알게 되었고, 아버지와 사귐을 갖게 되었다. 그러므로 "아버지여, 나를 인하여 그들을 돌보아 주옵소서."

2. 그리스도께서 그의 제자들에게 보이신 존중(26절): "나는 그들을 아버지를 아는 지식으로 이끌었고, 앞으로도 아버지께서 나를 사랑하신 사랑이 그들 안에 있고 나도 그들 안에 있게 하려는 이 크고 인자한 의도를 가지고 더욱 그렇게 할 것이옵나이다." 좀 더 살펴보자.

(1) 그리스도께서 그들을 위하여 무엇을 하셨는가? 내가 아버지의 이름을 그들에게 알게 하였나이다. [1] 그리스도께서는 그를 직접적으로 따르는 자들이었던

그의 제자들에게 이런 일을 하셨다. 그들 가운데 출입하실 때에 그리스도께서는 아버지의 이름을 그들에게 알리시고 그들 속에서 아버지에 대한 경외심을 불러일으키는 것을 자신의 일로 삼으셨다. 그리스도께서 행하신 모든 설교들과 이적들의 목적은 아버지의 영광을 높이고 아버지를 아는 지식을 널리 퍼뜨리는 것이었다(1:18). [2] 그리스도께서는 그를 믿는 모든 자들에게 이런 일을 하셨다. 왜냐하면, 그리스도께서 아버지의 이름을 그들에게 알게 하지 않으셨다면, 그들은 믿음으로 나아오지 않았을 것이기 때문이다. 첫째, 우리는 우리가 아버지의 이름에 대하여 알고 있는 모든 지식과 관련해서 그리스도에게 빛을 지고 있다. 그리스도께서는 아버지의 이름을 분명하게 알리셨고, 사람들의 총명을 여셔서, 그 계시를 받아들일 수 있게 하셨다. 둘째, 그리스도께서는 하나님의 은총에 의탁하실 자들을 먼저 하나님을 알게 이끄신다.

(2) 그리스도께서는 이제 그들을 위하여 무엇을 하시고자 하셨는가? 내가 아버지의 이름을 알게 하리라. 그리스도께서는 부활 후에 제자들에게 더 많은 가르침을 베풀고자 하셨고(행 1:3), 승천 후에 성령을 부으심으로써 제자들로 하여금 하나님께 속한 일들에 대하여 훨씬 더 자세하게 알 수 있게 하고자 하셨다. 또한 그리스도께서는 모든 신자들에게 빛을 비춰 주신 후에, 계속해서 점점 더 밝은 빛을 비춰 주신다. 그리스도께서는 아버지의 이름을 알게 하신 이후에도 아버지의 이름을 알게 하신다. 왜냐하면, 무릇 있는 자는 받아 넉넉하게 되기 때문이다. 하나님을 아는 자들은 하나님에 대하여 더 많이 알 필요가 있고, 또한 알고자 한다. 그리스도께서 그들을 위하여 다음과 같이 호소하신 것은 합당한 것이었다. "아버지여, 그들을 시인하시고 은혜를 베푸소서. 이는 그들이 아버지를 시인하고 영광을 돌릴 것이기 때문입니다."

(3) 그리스도께서는 이 모든 것을 통해서 무엇을 목적으로 하셨는가? 그리스도께서는 그들의 머리를 흥미로운 사변들로 채우고, 그들에게 유식한 자들 가운데서 말할 거리를 제공해 주기 위한 것이 아니라, 다음과 같은 두 가지 것 속에서 그들의 진정한 복을 얻고 더 누리게 하기 위하여 이렇게 하신 것이었다.

[1] 하나님과의 교통. "그러므로 내가 그들에게 아버지의 이름을 아는 지식을 주고, 아버지께서 자신을 알게 하신 모든 것에 대한 지식을 그들에게 준 것은 아버지의 사랑, 심지어 아버지께서 나를 사랑하신 사랑이 그들을 향해서만이 아니라 그들 안에 있게 하기 위한 것이나이다." 첫째, 그것은 "그들로 하여금 그 사랑

의 열매인 그들의 성화를 이루게 하기 위한 것이고, 아버지께서 나를 충만하게 하신 사랑의 성령이 그들 안에 있게 하기 위한 것이나이다." 그것은 그리스도께서 아버지의 이름을 믿는 자들에게 알게 하셔서, 그 거룩한 빛이 그들의 마음 속에 뚫고 들어가서, 하나님의 사랑이 그들의 마음에 넓게 비추어, 그들 속에 강력한 거룩함의 힘이 되어서, 그들로 하여금 하나님의 성품에 참여하는 자들이 되게 하기 위한 것이었다. 우리를 향하신 하나님의 사랑이 우리 안에 거하게 될 때, 그것은 바늘을 자석에 대면 자석이 그 바늘을 자기 쪽으로 끌어당기는 힘을 갖는 것과 같은 것이다. 하나님의 사랑은 영혼 속에 깃들어 있는 신적인 생명의 정신들로서 존재하는 거룩하고 경건한 감정들을 하나님께로 이끄는 역할을 한다. 둘째, "그들로 하여금 그 사랑을 맛보고 그것을 그들의 위로로 삼게 하여 주옵소서. 그들로 하여금 그들에게 선포된 하나님의 이름을 아는 것을 통해서만이 아니라 그것을 널리 전파함으로써 하나님의 사랑과 상관이 있게 하시고, 아울러 그러한 관계로부터 오는 위로를 받게 하옵소서. 이것은 그들로 하여금 하나님을 알 뿐만 아니라, 그들이 하나님을 안다는 것을 알게(요일 2:3) 하기 위한 것이나이다." 믿는 자들의 마음을 기쁨으로 충만케 하는 것은 그들의 마음에 부어진 하나님의 사랑(롬 5:3, 5)이다. 하나님께서 이렇게 하신 것은 우리로 하여금 하나님의 사랑하심으로 만족할 뿐만 아니라, 하나님의 사랑으로 인하여 만족함으로써 하나님으로 만족하고 하나님과의 교통 속에서 사는 삶을 살아가게 하기 위한 것이다. 우리는 이것을 위하여 기도하여야 하고, 우리는 이것을 부지런히 좇아야 한다. 또한 우리가 그것을 갖게 되면, 우리는 그것을 인하여 그리스도께 감사드려야 하고, 우리에게 그것이 없다면, 우리는 그것을 자신의 탓으로 돌려야 한다.

[2] 이러한 것을 위한 그리스도와의 연합: 나도 그들 안에 있게 하려 함이니이다. 그리스도로 말미암지 않고는 하나님의 사랑을 얻을 수 없고, 또한 그리스도 안에 거하지 않으면, 즉 그리스도로 하여금 우리 안에 거하시게 하지 않으면, 그러한 사랑 속에서 우리가 머물 수 없게 된다. 또한 우리는 그리스도께서 내주하시는 체험, 즉 그리스도의 영이 우리의 마음속에 계시는 체험을 통해서만 그러한 사랑을 느끼고 알 수 있게 된다. 우리를 부끄럽게 하지 않을 유일한 영광의 소망은 우리 안에 계신 그리스도(골 1:27)이다. 우리와 하나님의 모든 교통, 우리를 향하신 하나님의 사랑을 받아들이고, 다시 하나님을 향한 우리의 사랑을 돌

려드리는 것은 모두 주 예수의 손을 거쳐야 하고, 그러한 모든 것들로 인한 위로는 순전히 그리스도의 덕분이다. 그리스도께서는 조금 전에 내가 그들 안에 있고(23절)라고 말씀하셨는데도 그 말씀을 여기에서 다시 되풀이하시고(이 말씀이 여기에 나오지 않아도 의미는 통함에도 불구하고) 이 기도를 끝내신 것은 그리스도께서 이 말씀에 얼마나 많이 마음을 쏟으셨는지를 잘 보여준다. 그리스도의 모든 간구들은 이 말씀을 중심으로 하는데, 다윗의 아들 예수의 기도들은 다음과 같은 말씀으로 끝이난다: "내가 그들 안에 ; 나로 하여금 이렇게 하게 해달라. 나는 그 이상을 원하지 않는다." 구속받은 자들 안에 거하시는 것은 구속주의 영광이다. 그 곳은 그리스도의 영원히 쉴 곳이기 때문에, 그리스도께서는 그것을 원하셨다. 그러므로 우리는 우리가 그리스도와 연합되어 있는가를 살펴보고, 그런 후에 그리스도의 중보로 인한 위로를 받아야 한다. 여기에 나오는 기도는 끝났지만, 그리스도께서는 항상 살아 계셔서 우리를 위하여 다른 기도들을 드리고 계신다.

제
— 18 —
장

개요

이 복음서 기자는 이제까지 그리스도의 행적에 관해서는 그리스도께서 말씀하신 것들을 소개하는 데에 꼭 필요한 것을 제외하고는 거의 기록하지 않았었다. 그러나 이제 예수께서 죽으셔야 할 때가 가까워 오자, 이 복음서 기자는 그리스도의 고난과 관련된 상황들을 아주 자세하게 설명하는데, 특히 그리스도께서 하신 말씀들과 관련해서는 다른 복음서 기자들이 생략했던 것들까지도 기록해 놓고 있다. 그리스도를 따르는 자들은 그의 십자가를 부끄러워하거나 그의 십자가를 감추려고 애쓰는 것이 전혀 없었기 때문에, 그리스도의 십자가는 그들이 말과 글을 통해서 선포하고자 가장 애를 썼고 또한 가장 자랑스러워하였던 것이었다. 이 장에서는 다음과 같은 것들을 이야기한다. I. 그리스도께서 어떻게 붙잡히셨고, 스스로 죄수가 되셨는가(1-12절). II. 그리스도께서 어떻게 대제사장의 관저에서 욕을 당하시고, 그러는 동안에 베드로가 어떻게 그리스도를 부인하였는가(13-27절). III. 그리스도께서 어떻게 빌라도 앞에서 심문을 받고 재판을 받으셨으며, 백성들이 그리스도 대신에 바라바를 석방하도록 선택하게 되었는가(28-40절).

¹예수께서 이 말씀을 하시고 제자들과 함께 기드론 시내 건너편으로 나가시니 그 곳에 동산이 있는데 제자들과 함께 들어가시니라 ²그 곳은 가끔 예수께서 제자들과 모이시는 곳이므로 예수를 파는 유다도 그 곳을 알더라 ³유다가 군대와 대제사장들과 바리새인들에게서 얻은 아랫사람들을 데리고 등과 횃불과 무기를 가지고 그리로 오는지라 ⁴예수께서 그 당할 일을 다 아시고 나아가 이르시되 너희가 누구를 찾느냐 ⁵대답하되 나사렛 예수라 하거늘 이르시되 내가 그니라 하시니라 그를 파는 유다도 그들과 함께 섰더라 ⁶예수께서 그들에게 내가 그니라 하실 때에 그들이 물러가서 땅에 엎드러지는지라 ⁷이에 다시 누구를 찾느냐고 물으신대 그들이 말하되 나사렛 예수라 하거늘 ⁸예수께서 대답하시되 너희에게 내가 그니라 하였으니 나를 찾거든 이 사람들이 가는 것은 용납하라 하시니 ⁹이는 아버지께서 내게 주신 자 중에서 하나도 잃지 아니하였사옵나이다 하신 말씀을 응하게 하려 함이러라 ¹⁰이에

시몬 베드로가 칼을 가졌는데 그것을 빼어 대제사장의 종을 쳐서 오른편 귀를 베어버리니 그 종의 이름은 말고라 ¹¹예수께서 베드로더러 이르시되 칼을 칼집에 꽂으라 아버지께서 주신 잔을 내가 마시지 아니하겠느냐 하시니라 ¹²이에 군대와 천부장과 유대인의 아랫사람들이 예수를 잡아 결박하여

고난을 통해서 온전하게 되셔야 하셨던 우리 구원의 창시자이신 그리스도께서 원수와 접전해야 할 때가 이제 이르렀다. 우리는 여기에서 그리스도께서 이러한 접전에 들어가시는 것을 보게 된다. 상급의 날이 그의 마음속에 있었고, 그가 구속할 해가 왔고, 그의 팔은 구원을 행하신다. 왜냐하면, 그리스도께는 차선책이란 없으셨기 때문이다. 우리가 돌이켜 가서 이 큰 광경을 보자.

I. 우리 주 예수께서는 담대한 주장(主將)처럼 전장에 먼저 나가신다(1-2절): 예수께서 이 말씀을 하시고, 즉 설교와 기도를 하심으로써 그의 유언을 마치신 후에, 그는 시간을 허비하지 않으시고, 즉시 집에서 나와서 도성을 빠져나와 달빛 속에서 나가셨다. 왜냐하면, 유월절은 보름에 지켜졌기 때문이다. 그는 제자들과 함께(유다가 없었기 때문에 열한 명) 기드론 시내 건너편으로 가셨는데, 이 시내는 예루살렘과 감람산 사이를 흐르고 있었고, 그 곳에 동산이 있었다. 이 동산은 그리스도의 소유가 아니라, 어떤 친구의 소유였는데, 그가 그리스도께 이 동산을 자유롭게 사용할 수 있게 해 준 것이었다. 좀 더 살펴보자.

1. 우리 주 예수께서는 그의 고난에 들어가셨다: 예수께서 이 말씀을 하시고. 마태복음 26:1에는 예수께서 이 말씀을 다 마치시고로 되어 있다. 이 말씀은 다음과 같은 것들을 의미한다.

(1) 우리 주 예수께서 하실 일이 있으셨다는 것. 제사장의 직분은 가르치고 기도하고 제사를 드리는 것이었다. 그리스도께서는 가르치시고 기도하신 후에 이제 속죄하시는 일을 시작하신다. 그리스도께서는 선지자로서 그가 말하여야 했던 모든 것을 말씀하셨기 때문에, 이제 그의 영혼을 속건제물로 드리는 제사장으로서의 자신의 직분을 수행하고자 하신다. 그리스도께서는 이 일을 마치신 후에 왕의 직분에 오르셨다.

(2) 그리스도께서는 그의 설교를 통해서 제자들을 이 시험의 때를 위하여 준비시키셨고, 그의 기도를 통해서 이 시험의 때를 스스로 준비하신 후에, 용기있게 이 시험을 맞기 위하여 나아가셨다는 것. 그리스도께서는 충분히 무장을

하신 후에 전투로 들어가셨다. 선한 양심을 가지고 분명한 부르심을 따라서 하나님의 뜻에 따라 선한 싸움을 싸우며 고난받는 자들은, 그리스도께서는 그의 소유인 자들을 막무가내로 전투에 내보내시는 것이 아니라 그 자신이 먼저 그들을 위하여 전투를 벌이셔서 그들에게 꼭 필요한 준비를 시키신 후에 그들을 내보내신다는 것을 알고서 그것을 위로로 삼아야 한다. 우리가 그리스도의 가르침들과 위로들을 받고 그의 중보기도로 인한 힘을 얻는다면, 우리는 요동치 않는 결심으로써 우리가 해야 할 일을 위해서 아무리 어려운 역경도 헤쳐나갈 수 있다.

2. 예수께서 제자들과 함께 나가셨다. 유다는 예루살렘 도성 중에 그리스도께서 어느 집에 묵고 계시는지를 알고 있었기 때문에, 그리스도께서는 거기에 머물면서 그의 고난을 맞이하실 수도 있으셨다. 그러나

(1) 그리스도께서는 평소에 하시던 대로 습관을 따라서 하신 것이었고, 그의 때가 이르렀을 때에 십자가를 맞거나 피하기 위해서 수단을 변경하지 않으셨다. 그리스도께서 예루살렘에 계실 때에는 낮에는 공적인 활동을 하시다가 밤에는 감람산으로 물러나서 쉬시는 것이 그의 습관이었다. 그리스도의 일행이 머물던 곳은 도성의 변두리에 있었다. 왜냐하면, 그리스도께서는 왕궁이나 도성의 중심지에 머무를 형편이 되지 않으셨기 때문이다. 이것이 그의 습관이었기 때문에, 그는 그의 고난을 예견하고서 습관을 변경하려 하지 않으셨다. 오히려, 다니엘과 마찬가지로 그는 전에 하던 대로(단 6:10) 하셨을 뿐이었다.

(2) 그리스도께서는 그의 원수들과 마찬가지로 민란이 일어나는 것을 원치 않으셨다. 왜냐하면, 다투거나 들레는 것은 그리스도의 방법이 아니었기 때문이다. 만약 그가 도성 안에서 붙잡히셨고 그것으로 말미암아 백성 가운데 소요가 일어나서 많은 사람들이 피를 흘리게 된다면, 그것은 불행한 일이 될 것이었기 때문에, 그는 도성에서 물러나오셨다. 우리가 환난 중에 처해 있을 때, 우리는 다른 사람들이 우리와 더불어서 환난에 연루되지 않도록 주의하여야 한다는 것을 명심하라. 유순하게 물러나는 것은 그리스도를 따르는 자들에게 결코 수치가 아니다. 사람들로부터 영광을 얻고자 하는 자들은 그들의 목숨을 될 수 있는 한 비싸게 팔 결심을 하여 소동을 일으킴으로써 자신의 가치를 높이고자 한다. 그러나 사람들의 피가 그리스도께 소중하다는 것을 알고 있고, 진정으로 소중한 것을 위해서가 아니면 사람들의 피 한 방울도 함부로 흘려서는 안 된다

는 것을 알고 있는 자들은 사람들의 이목을 고려할 필요가 없다.

(3) 그리스도께서는 그의 고난의 끝에서 하셨던 것과 마찬가지로 이 시작에 있어서도 세상으로부터 물러나는 모범을 우리에게 보여주시고자 하셨다. 그런 즉 우리도 그의 치욕을 짊어지고 영문 밖으로 그에게 나아가자(히 13:13). 우리가 즐거운 마음으로 우리의 십자가를 지고자 하고 그것을 통해서 하나님과의 교통을 유지하고자 한다면, 우리는 비록 거룩한 도성이라고 할지라도 도성의 인파들과 근심들과 위로들을 버리고 그러한 것들을 뒤로 하여야 한다.

3. 그리스도께서는 기드론 시내 건너편으로 가셨다. 그리스도께서는 감람산으로 가시기 위해서는 기드론 시내를 건너야 하셨지만, 특별히 이것을 언급한 것은 이 말씀 속에 어떤 중요한 의미가 있다는 것을 보여준다. 이 말씀은 다음과 같은 것들을 암시하는 것 같다.

(1) 그가 길 가의 시냇물을 마시리라(시 110:7)는 메시야에 관한 다윗의 예언. 기드론 시내는 그리스도의 영광과 우리의 구원을 향하여 가는 도중에 있는 고난의 시내를 의미하는 것이었다. 기드론 시내는 검은 시내라는 의미인데, 이러한 이름이 붙여진 것은 이 시내가 흐르는 골짜기가 어두웠기 때문이거나 도성의 더러운 것으로 오염되어서 그 물이 검은 빛을 띠었기 때문인 것 같다. 그리스도께서는 우리를 구속하시는 길에 놓여 있는 그러한 시내의 물을 마셨고, 그렇게 하심으로써 그 자신과 우리의 머리를 들게 해 주셨다.

(2) 메시야의 모형으로서의 다윗의 행동. 다윗이 압살롬을 피하여 도망가면서, 기드론 시내를 건너서 감람산을 올라가면서 울었고, 그를 따르던 모든 자들도 눈물을 흘렸다는 것이 특별히 기록되어 있다(삼하 15:23, 30). 다윗의 아들인 그리스도께서도 그가 그들의 왕 됨을 원하지 아니하여 반역한 유대인들(그리고 아히도벨처럼 그러한 음모에 가담하였던 유다)에 의해서 쫓겨서 초라하고 굴욕적인 모습으로 진정으로 애곡하는 한 무리의 사람들을 이끌고 기드론 시내를 건너셨다. 유다의 경건한 왕들은 기드론 시내에 있던 우상들을 불태우고 파괴하였었다: 아사(대하 15:16), 히스기야(대하 30:14), 요시야(왕하 23:4, 6). 기드론 시내에는 가증스러운 것들이 버려졌다. 하나님께서 우리를 대신하여 죄로 삼으신 그리스도께서는 죄를 멸하시고 없이 하시기 위해서 그 동일한 시내를 통해서 자신의 고난을 시작하셨다. 그리스도께서 그의 고난을 시작하셨던 감람산은 예루살렘 동편에 있었고, 그리스도께서 그의 고난을 마치셨던 골고다(갈보

리) 산은 서편에 있었다. 그리스도께서는 그러한 산들 속에서 동서로부터 오게 될 자들을 바라보셨다.

4. 그리스도께서는 동산으로 들어가셨다. 이러한 상황, 곧 그리스도의 고난이 동산에서 시작되었다는 것은 오직 이 복음서 기자에 의해서만 기록되어 있다. 에덴 동산에서 죄는 시작되었다. 거기에서 저주가 선포되었고, 거기에서 구속주가 약속되었다. 그러므로 하나님께서 약속하신 씨는 동산에서 옛 뱀과 접전에 들어가셨다. 또한 그리스도께서는 동산에 매장되셨다.

(1) 우리가 우리의 동산들을 거닐 때면 우리는 그 때에 그리스도께서 동산에서 고난받으신 것을 묵상할 기회로 삼자. 우리가 우리의 동산에서 누리는 모든 즐거움들은 다 그리스도의 고난 덕분이다. 왜냐하면, 인간으로 인해서 임한 땅에 대한 저주가 그리스도의 고난으로 말미암아 제거되었기 때문이다.

(2) 우리가 우리의 소유들과 즐거움들 속에 있을 때, 우리는 다가올 환난을 예상하여야 한다. 왜냐하면, 우리의 기쁨의 동산은 눈물 골짜기 속에 있기 때문이다.

5. 그리스도께서는 제자들과 함께 가셨다. (1) 이것은 그리스도께서 기도하시러 한적한 곳으로 물러가실 때마다 그들을 대동하곤 하셨기 때문이다. (2) 그들은 그리스도의 고난의 증인들, 그리스도께서 고난 중에 인내하셨음을 증거하는 증인들이 되어야 했고, 그렇게 함으로써 그들은 더욱 확신과 사랑을 가지고 그리스도의 고난을 세상에 전할 수 있게 될 것이었고(눅 24:48), 그들 스스로도 고난을 받을 준비가 될 수 있었을 것이기 때문이다. (3) 그리스도께서는 그들이 믿음을 지킬 것을 장담했음에도 불구하고 그들이 얼마나 연약한지를 보여주시기 위하여 그들을 위험 속으로 데리고 가시고자 하였다. 그리스도께서는 종종 그가 그들을 구원하신 일이 얼마나 큰 일인지를 보여주시기 위해서 그의 백성을 어려운 일들로 이끌어 가신다.

6. 배신자 유다는 그 곳을 알았고, 그 곳이 그리스도께서 물러가시곤 했던 곳이라는 것을 알고 있었으며, 아마도 그리스도께서 던지신 어떤 말씀을 통해서 그가 그 밤에 다른 더 좋은 곳이 없었기 때문에 그 곳에 계시고자 하신다는 것을 알았을 것이다. 한적한 동산은 우리가 생각을 가다듬고 서원을 새롭게 하여 마음을 확정하게 해 달라고 기도함에 있어서 묵상과 기도를 위한 적합한 장소였고, 유월절은 은밀하게 한적한 곳으로 물러나서 기도할 수 있는 적합한 때였

다. 유다가 그 곳을 알고 있었다는 것을 언급한 것은 다음과 같은 것들을 위한 것이었다.

(1) 유다가 주님과 친밀하게 사귐을 가졌음에도 불구하고 주님을 배신하였다는 것을 보여줌으로써 유다의 죄가 얼마나 큰 것인가를 나타내기 위하여. 유다는 그리스도와의 친밀한 관계를 그를 팔아넘기는 기회로 삼은 것이었다. 아무리 너그러운 사람이라고 할지라도 유다의 그러한 비열한 짓을 경멸하지 않을 자가 없을 것이다. 이렇게 그리스도의 거룩한 신앙은 다른 곳에서 상처입는 것보다도 훨씬 더 큰 상처를 친구의 집에서 받았다. 많은 배교자들은 만약 그들이 신앙을 고백한 자들이 아니었다면 그렇게 하나님을 모독하는 짓을 할 수 없었을 것이고, 만약 그들이 성경과 규례들을 알지 못하였다면, 성경과 규례들을 그토록 심하게 조롱하지는 못하였을 것이다.

(2) 그리스도께서 배신자가 그를 어디에서 찾을 것인지를 아시면서도 그의 때가 이르렀다는 것을 아시고 친히 거기로 가신 것을 보여줌으로써 그리스도의 사랑을 더 드높이기 위해서. 이렇게 그리스도께서는 자원해서 우리를 위해서 고난받고 죽고자 하신다는 것을 보여주셨다. 그리스도께서 행하신 것은 누구의 강제에 의한 것이 아니라 자발적인 동의에 의한 것이었다. 인간으로서 그리스도께서는 이 잔을 지나가게 하옵소서라고 말씀하셨지만, 중보자로서 그는 "보라, 내가 왔노라, 내가 선한 뜻을 가지고 왔노라"고 말씀하셨다. 그리스도께서 동산에 가신 것은 늦은 밤이었다(아마도 8시나 9시경이었을 것이다). 왜냐하면, 그를 보내신 이의 뜻을 행하는 것은 그의 양식일 뿐만 아니라 그의 안식이자 잠자는 것이기도 하였기 때문이다. 다른 사람들이 잠자리에 들러 가고 있을 때, 그리스도께서는 고난당하기 위하여 기도하러 가시고 계셨다.

Ⅱ. 우리 구원의 창시자이신 그리스도께서 전장에 나서신 후에, 원수가 곧 그 자리에 모습을 나타내서 그리스도를 공격한다(3절). 유다는 대제사장들로부터 위임을 받고서 사람들을 이끌고 거기로 왔는데, 사람들 가운데는 특히 그리스도의 가장 큰 원수들이었던 바리새인들도 끼여 있었다. 다른 세 복음서 기자가 그리스도의 고뇌에 관한 기사를 충분히 다루었기 때문에 이 복음서 기자는 그러한 내용을 건너뛰고서 곧바로 그리스도를 붙잡으러 온 유다와 그의 무리들을 소개한다.

1. 이 일에 동원된 사람들: 유다가 군대와 대제사장들과 바리새인들에게서 얻은

아랫사람들을 데리고 왔다.

(1) 그리스도를 붙잡기 위해서 많은 무리가 동원되었다: 군대(헬라어로는 스페이라, 라틴어로는 cohors) — 이것은 로마의 군대 단위인데, 어떤 이들은 500명이었다고 주장하고, 어떤 이들은 1,000명이었다고 주장한다. 그리스도의 친구들은 적었고 그의 원수들은 많았다. 그러므로 우리는 다수를 따라 악을 행하지 말아야 하고, 하나님이 우리를 위하시면 우리에게 해를 끼치고자 하는 무리를 두려워하지 않아야 된다.

(2) 무리 속에는 여러 부류들이 섞여 있었다. 군대는 이방인들, 즉 도성을 감시하기 위해서 안토니아 망대에 주둔해 있던 로마 수비대의 일부였다. 대제사장들에게서 얻은 아랫사람들은 대제사장들이나 바리새인들이 집에서 부리던 종들이었거나 그들의 휘하에 있었던 관리들로서 유대인들이었다. 이 두 부류는 서로에 대하여 적대감을 지니고 있었지만, 그리스도를 대적하는 일에 있어서는 서로 연합하였다. 그리스도께서는 이 둘을 한 몸으로 하나님께 화해하게 하기 위해서 오셨다.

(3) 이 무리는 군중이 아니라 어떤 일을 위임받고 온 무리였다. 그들은 대제사장들에게서 지시를 받은 자들이었는데, 아마도 대제사장들은 이 예수가 위험 인물이라는 것을 총독에게 보고하여서, 그로부터 예수를 붙잡아도 좋다는 허락을 받아냈던 것 같다. 왜냐하면, 그들은 백성을 두려워하였기 때문이다. 그리스도와 그의 복음에 대한 원수들은 수가 많고 힘을 지니고 있기 때문에 만만치 않은 상대였고, 앞으로도 그럴 것이다: 교회의 세력과 시민의 세력이 믿는 자들을 박해하는 데에 힘을 합쳤다(시 2:1-2). 그리스도께서는 그렇게 될 것이라고 말씀하셨고(마 10:18), 실제로 그렇게 되었다.

(4) 이 무리는 모두 유다의 지휘 하에 있었다. 유다는 이 무리들을 얻었다. 유다는 불의의 삯을 탐내었던 것과 마찬가지로 이 일에 있어서 많은 무리들을 지휘하는 영광을 탐내어서 상당한 규모의 무리를 보낼 필요가 있다고 주장하며 그렇게 요구하였을 것이다. 유다는 저 보잘것없는 열두 제자의 꼬리에 있다가 수백 명이나 되는 무리의 머리로 올라간 자기 자신을 대견스럽게 생각하였을 것이다. 유다는 앞서 이것이 그의 마지막이라고 생각하지 않았을 것이고, 그가 이 일에 성공한다면 대장의 자리를 상으로 받는 약속을 받아내었을 것이다.

2. 그들은 공격을 위해서 어떠한 준비를 하였는가? 그들은 등과 횃불과 무기

를 가지고 왔다.

(1) 만약 그리스도께서 피신한다면, 비록 달빛이 있기는 하였지만, 그들에게는 조명이 필요하게 될 것이었다. 그러나 그들은 그러한 도구들을 쓸 필요가 없게 되었다. 둘째 아담은 첫째 아담과는 달리 두려워하거나 부끄러워서 동산 나무 사이에 숨지 않으셨다. 태양을 찾기 위해서 등불을 켜는 것은 어리석은 짓이다.

(2) 만약 그리스도께서 저항한다면, 그들에게는 무기가 필요했을 것이다. 그리스도의 무기는 영적인 것이었고, 그리스도께서는 그러한 병기를 사용하셔서서 자주 그들을 무찌르시고 그들로 대답할 수 없게 하셨는데, 그들은 지금 다른 병기들인 검과 몽치에 의지하고 있다.

Ⅲ. 우리 주 예수께서는 원수의 첫 번째 공격을 영광스럽게 반격하셨다(4-6절). 우리는 여기에서 다음과 같은 것들을 살펴볼 수 있다.

1. 그리스도께서는 그들을 지극한 온유함과 지극한 평정 속에서 맞으셨다.

(1) 그리스도께서는 그들을 매우 부드럽고 온유한 질문을 통해서 맞으셨다(4절): 그리스도께서는 그 당할 일을 다 아셨기 때문에 이 갑작스러운 상황에 대하여 전혀 놀라지 않으시고 놀라울 정도의 담대함과 흐트러지지 않은 평정으로써 그들을 맞으러 나아가, 마치 아무 일도 없는 것처럼, 부드럽게 이렇게 물으셨다: "너희가 누구를 찾느냐? 도대체 무슨 일이냐? 이 밤중에 웬 소란이냐?" 여기에서 우리는 다음과 같은 것들을 볼 수 있다.

[1] 그리스도께서 그의 고난을 미리 아셨다는 것. 그리스도께서는 그 당할 일을 다 아셨다. 왜냐하면, 그는 고난을 당하게 되어 있었기 때문이다. 우리가 그리스도처럼 장차 우리에게 닥칠 일을 감당할 수 있는 힘을 가지고 있지 않다면, 우리는 장차 무슨 일이 우리에게 닥칠지를 알고자 해서는 안 된다. 장래의 일을 아는 것은 단지 우리의 고통을 앞당겨서 가중시킬 뿐이다. 한 날의 괴로움은 그 날로 족하니라. 하지만 일반적으로 고난이 닥쳐올 것이라는 것을 예상하는 것은 우리에게 좋은 일인데, 그것은 고난이 닥쳐왔을 때에 우리가 "이 고난은 우리가 이미 충분히 예상했던 것이고, 우리가 치러야 할 대가이다"라고 말할 수 있기 때문이다.

[2] 그리스도께서 그의 고난을 적극적으로 맞이하심. 그리스도께서는 고난으로부터 도망치신 것이 아니라, 고난을 맞으러 앞으로 나가셨고, 쓴 잔을 집으러

손을 앞으로 내미셨다. 갈릴리에서 백성들이 그에게 강제로 관을 씌워서 왕으로 삼고자 했을 때, 그리스도께서는 물러가셔서 몸을 숨기셨다(6:15). 그러나 무리들이 그를 강제로 십자가로 데리고 가고자 했을 때, 그리스도께서는 순순히 응하셨다. 왜냐하면, 그는 고난당하기 위하여 이 세상에 오셨고, 다스리시기 위하여 저 세상으로 가셨기 때문이다. 그렇다고 해서 우리는 쓸데없이 우리 자신을 환난에 내줄 필요는 없다. 왜냐하면, 우리는 우리의 때가 언제 올 것인지를 알지 못하기 때문이다. 우리는 죄를 범하지 않고는 고난을 피할 도리가 없을 때에 고난을 받도록 부르심을 받았다. 고난이 이렇게 올 때, 우리는 이러한 것들 중 어느 것도 우리를 움직이게 해서는 안 된다. 왜냐하면, 그러한 것들은 우리를 해칠 수 없기 때문이다.

(2) 그리스도께서는 그들이 누구를 찾고 있는지를 말하였을 때에 아주 침착하고 온유한 대답으로 그들을 맞이하셨다(5절). 그들은 나사렛 예수라고 말하였다. 그러자 그리스도께서는 내가 그니라고 대답하셨다.

[1] 그들의 눈은 그를 알아볼 수 없도록 감겨 있었던 것으로 보인다. 로마 군사들 중에서 많은 수, 특히 성전을 지키던 군인들은 그들의 호기심을 만족시키기 위해서라도 그리스도를 자주 보았을 가능성이 매우 높다. 또한 유다는 분명히 그리스도를 아주 잘 알고 있었다. 그렇지만 그들 중의 누구도, 당신이 우리가 찾고 있는 사람이라고 말할 수 없었다. 이렇게 그리스도께서는 그들에게 그를 찾기 위해서 등불을 가져오는 것이 어리석은 짓이라는 것을 보여주셨다. 왜냐하면, 그는 그들이 그를 눈으로 보았을지라도 그를 알아보지 못하도록 만드실 수 있으셨기 때문이다. 이것을 통해서 그리스도께서는 그가 얼마나 쉽게 그의 원수들의 계략을 무력화시키실 수 있고, 그들이 해치고자 할 때에 그들을 정신 못 차리게 만드실 수 있는지를 우리에게 보여주셨다.

[2] 그들은 그리스도를 찾으면서 그를 나사렛 예수라고 불렀는데, 이것은 그들이 그에 대하여 알고 있었던 유일한 호칭이었고, 아마도 그들이 가져온 영장 속에 그렇게 기재되어 있었을 것이다. 나사렛 예수는 그리스도에게 붙여진 수치스러운 이름이었고, 그가 메시야라는 것을 보여주는 증거를 은폐하는 이름이었다. 이것을 통해서 그들은 그리스도를 몰랐고 그가 어디에서 왔는지를 알지 못했다는 것이 드러난다. 왜냐하면, 그들이 그를 알았더라면, 분명히 그들은 그를 박해하지 않았을 것이기 때문이다.

[3] 그리스도께서는 그들에게 솔직하게 대답하신다: 내가 그니라. 엘리사는 수리아인들의 무지를 이용해서 그들에게, 이는 그 길이 아니요 이는 그 성읍도 아니라고 그들에게 말하였지만, 그리스도께서는 그들의 무지를 이용해서 그들에게 타격을 입히신 것이 아니라, 오히려 그들의 무지를 그가 기꺼이 고난받고자 한다는 것을 보여주는 기회로 삼으셨다. 그들은 그를 나사렛 예수라고 불렀지만, 그리스도께서는 그 이름에 대하여 응답하셨다. 왜냐하면, 그는 자기가 모욕을 당하는 것을 아무렇지 않게 생각하셨기 때문이다. 그리스도께서는 베들레헴의 예수이셨기 때문에, 나는 그가 아니라고 말씀하실 수도 있으셨다. 그러나 그는 애매한 말로써 얼버무리는 일을 결코 하고자 하지 않으셨다. 이것을 통해서 그리스도께서는 우리에게, 어떠한 대가를 치르더라도 그리스도를 시인하고, 그 또는 그의 말씀을 부끄러워하지 말며, 어려운 때라 할지라도 십자가에 못 박히신 그리스도를 시인하고 그의 깃발 아래에서 용감하게 싸우도록 가르치셨다. 내가 그니라(에고 에이미)는 찬송받으실 하나님의 영광스러운 이름이었는데(출 3:14), 찬송받으실 예수께서 그 영광스러운 이름을 사용하신 것은 합당한 것이었다.

[4] 보충설명을 위한 삽입구 속에 유다도 그들과 함께 섰더라는 말씀이 기록되어 있다. 그리스도를 따르던 자들과 함께 서 있곤 했던 자가 지금 그리스도에 대항하여 싸우고자 하는 자들과 함께 서 있었다. 이것은 배교자에 관한 묘사이다. 배교자는 자기가 서 있는 자리를 바꾸는 자이다. 그는 그의 마음이 항상 함께 하였던 자들과 섞여서 서 있고, 그가 심판의 날에 운명을 함께 할 자들과 섞여서 서 있다. 이것이 언급된 것은 다음과 같은 것들을 위한 것이다. 첫째, 유다의 뻔뻔스러움을 보여주기 위해서. 우리는 유다가 지금 주님과 맞대면하면서 조금도 부끄러워하지 않을 뿐 아니라 얼굴도 붉어지지 아니한 채 자신만만하게 서 있는 것을 보고 의아하게 여기지 않을 수 없다. 그의 마음속에 있던 사탄이 그에게 음녀의 이마를 주었다. 둘째, 내가 그니라라는 말씀이 지니고 있는 권능을 통해서 그리스도께서 특히 유다를 겨냥하고 있음을 보여주기 위해서. 이 말씀은 배신자의 양심을 겨냥한 화살로서 그의 폐부를 찌르는 말씀이었다. 왜냐하면, 그리스도께서 오시는 것과 그의 목소리는 그 어떤 다른 부류의 죄인들에게보다도 배교자들과 배신자들에게 더욱 끔찍한 것이 될 것이기 때문이다.

2. 그리스도께서는 그들을 두렵게 만들어서 그들로 하여금 물러나지 않을 수 없게 하셨다(6절): 그들이 물러가서 마치 벼락에 맞은 자들처럼 땅에 엎드러지

는지라. 그들은 그리스도 앞에서 스스로를 낮추어서 그에게 복종한다는 뜻으로 앞으로 엎드러진 것이 아니라 끝까지 저항하다가 뒤로 엎드러진 것으로 보인다. 이렇게 그리스도께서는 그가 사람이 아니라 벌레 같이 짓밟히실 때에도 자기가 사람 이상의 존재임을 드러내셨다. 내가 그로라는 말씀은 그의 제자들을 새롭게 떨쳐 일어나게 만들었지만(마 14:27), 바로 그 동일한 말씀은 그의 원수들을 쳐서 쓰러뜨렸다. 이것을 통해서 그리스도께서는 다음과 같은 것들을 분명하게 보여주셨다.

(1) 그리스도께서 그들을 어떻게 하실 수 있었는지? 그리스도께서는 그들을 쳐서 쓰러뜨리셨을 때에 그들을 죽게 하실 수도 있으셨다. 그리스도께서는 말씀으로 그들을 땅에 엎드러지게 하셨을 때에 그들에게 지옥으로 가라고 말씀하심으로써 고라의 무리들의 경우에서와 마찬가지로 거기로 보내 버리실 수도 있으셨지만 그렇게 하고자 하지 않으셨다. [1] 그의 고난의 때가 이르렀고, 그는 그 고난을 지나가게 하고자 하지 않으셨기 때문에. 그리스도께서는 단지 그의 목숨을 다른 사람들이 강제로 뺏을 수 있는 것이 아니라 그가 전에 말씀하셨던 대로 스스로 목숨을 버리는 것임을 보여주고자 하셨다. [2] 그리스도께서는 가장 악한 자들에게도 인내와 오래 참으심을 보이시고, 그의 철천지원수들에게도 긍휼어린 사랑을 보이시는 모범을 우리에게 가르치시고자 하셨기 때문에. 그리스도께서는 그들을 말씀으로 쓰러뜨리심으로써 그들에게 회개할 기회와 회개할 시간적 말미를 주셨다. 그러나 그들의 마음은 완악해져 있었기 때문에, 이 모든 것은 소용이 없었다.

(2) 그리스도께서, 회개하여 그에게 영광을 돌리려 하지 않는 그의 모든 어찌할 수 없는 원수들에게 마지막에 무엇을 행하실 것인지? 그들은 그 앞에서 도망칠 것이고 넘어질 것이다. 이제 주께서 그들을 돌아서게 하리라(시 21:12)는 성경 말씀이 성취되었다(시 20:8). 그리고 장차 이 말씀은 더욱더 온전하게 성취될 것이다. 주께서 그 입의 기운으로 악한 자를 죽이시리라(살후 2:8; 계 19:21). 그리스도께서 재판받기 위해서 오셨을 때에 이런 일을 행하신 것을 보건대, 그가 심판하기 위하여 오실 때에는 과연 어떻게 하시겠는가?(아우구스티누스).

IV. 그리스도께서는 그의 원수들을 말씀으로 물리치신 후에, 또한 말씀으로 그의 친구들을 보호하신다(7-9절). 여기에서 우리는 다음과 같은 것들을 살펴볼 수 있다.

1. 그리스도께서는 계속해서 그들의 분노에 스스로를 노출시키셨다(7절). 하나님의 허락하심을 따라서 그들은 오랫동안 넘어져서 누워 있지 않고 다시 일어났다. 하나님의 심판이 영원히 지속되는 것은 오직 저 세상에서이다. 우리는 그들이 넘어졌을 때에 그리스도께서 피하셔야 했다고 생각할지도 모른다. 또한 우리는 그들이 다시 일어났을 때에 그들을 다시 넘어지게 하여서 뒤를 쫓지 못하도록 하여야 했다고 생각했을지도 모른다. 그러나 (1) 그들은 여전히 그리스도를 붙잡고자 혈안이 되어 있었다. 혼란 속에서 잠시 어쩔 줄 모르다가 그들은 제정신으로 돌아왔다. 그들은 무엇 때문에 그들이 넘어져서 정신을 차릴 수 없었는지를 알아낼 수 없었기 때문에, 그리스도의 능력이 아니라 다른 무언가에 의해서 그런 일이 일어난 것이라고 생각하였을 것이다. 죄 가운데서 너무도 완악한 마음을 지니고 있기 때문에 그 어떤 것으로도 그들의 정신을 차리게 할 수 없는 그런 자들이 있다는 것을 명심하라. (2) 그리스도께서는 여전히 기꺼이 붙잡히시고자 하였다. 그들이 그 앞에서 엎드러졌을 때, 그리스도께서는 그들을 모욕하신 것이 아니라, 그들이 정신을 못 차리고 어찌할 바를 모르는 것을 보시고는, 그들에게 누구를 찾느냐고 동일한 질문을 던지셨다. 그러자 그들은 나사렛 예수라는 동일한 대답을 하였다. 그리스도께서는 동일한 질문을 되풀이하심으로써 그들의 양심에 좀 더 가까이 다가가신 것으로 보인다: "너희는 너희가 누구를 찾는지를 알지 못하느냐? 너희는 너희가 잘못을 행하고 있다는 것을 알지 못하면서 싸움을 하려고 드느냐? 너희는 그 싸움에 대하여 충분히 알지도 못하면서 싸움을 싸우고자 하느냐? 하나님을 거슬러 스스로 완악하게 행하고도 형통할 자가 누구이랴?" 그들은 동일한 대답을 반복함으로써 악한 길을 걷는 그들의 발걸음이 완고하다는 것을 보여주었다. 그들은 여전히 그리스도를 앞에서와 마찬가지로 경멸적인 호칭인 나사렛 예수로 불렀고, 유다도 그들과 마찬가지로 조금도 마음의 동요를 보이지 않았다. 그러므로 처음에 죄악된 길로 담대하게 몇 걸음 내딛음으로써 우리의 마음이 완악해지지 않도록 두려워하자.

2. 그리스도께서는 그들의 분노로부터 그의 제자들을 지키시고자 하셨다. 그는 그들을 엎드러지게 한 이러한 유리한 고지를 그의 제자들을 보호하는 기회로 삼으셨다. 그리스도께서는 자기 자신과 관련해서는 너희에게 내가 그니라 하였다고 말씀하심으로써 자신의 용기를 보여주셨지만, 이 사람들이 가는 것은

용납하라는 말씀을 통해서 그의 제자들에 대한 배려를 보여주셨다. 그리스도께서는 그들과의 협약이 아니라 그들에 대한 명령으로써 이 말씀을 하신다. 왜냐하면, 그리스도께서 그들의 수중에 계신 것이 아니라, 그들이 그의 수중에 있는 것이기 때문이다. 그러므로 그리스도께서는 그들에게 권위 있는 자로서 명하신다: "이 사람들이 가는 것은 용납하라. 너희가 그들에게 간섭하려 든다면, 너희가 위험해질 것이다." 그리스도께서 제자들을 이렇게 보호해 주셨음에도 불구하고, 그들은 그리스도의 보호하심을 의지할 수 있는 믿음과 용기를 갖지 못하고, 그들이 살기 위해서 비열하고 비겁한 행동들을 취하였다는 것은 제자들이 그리스도를 버렸고, 특히 베드로가 그리스도를 부인한 죄를 더욱 가중시킨다. 그리스도께서 이 사람들이 가는 것은 용납하라고 말씀하셨을 때에 그의 의도는 다음과 같은 것들이었다.

(1) 그의 제자들에 대한 그의 애정어린 관심을 나타내기 위해서. 그리스도께서는 자기 자신을 위험에 노출시키셨을 때에 제자들을 그 위험에서 면제해 주셨는데, 이것은 그들이 아직 고난을 감당할 만큼 준비되어 있지 못하였기 때문이었다. 그들의 믿음은 연약하였고, 그들의 정신은 낮았기 때문에, 그들은 목숨을 바쳐서 지금 고난을 감당할 수 있을 정도로 그 영혼이 자라지 못하였다. 새 포도주를 헌 부대에 담아서는 안 된다. 게다가 그들에게는 따로 할 일이 있었다. 그들은 그들에게 주어진 길을 가야 한다. 왜냐하면, 그들은 온 세상으로 나가서 복음을 전파하여야 했기 때문이다. 그들을 상하지 말라. 거기 복이 있느니라. 이것을 통해서 [1] 그리스도께서는 우리에게 그를 따름에 있어서 큰 힘을 주신다. 왜냐하면, 그리스도께서는 우리에게 고난을 허락하셨지만, 우리의 체질을 고려하셔서 우리의 힘에 따라서 십자가를 질 때를 지혜롭게 정하시고, 경건한 자들을 시험에서 건지시기 때문이다. [2] 그리스도께서는 우리에게 형제들을 사랑하고 그들이 잘 되도록 관심을 가져야 한다는 좋은 모범을 보여주신다. 우리는 우리 자신의 편안함과 안전만을 생각해서는 안 되고, 우리 자신만이 아니라 다른 사람들의 편안함과 안전을 생각하여야 하고, 어떤 경우에는 우리보다 다른 사람들을 더 생각하여야 한다. 우리에게 형제들을 위하여 목숨을 버릴(요일 3:16) 수 있는 힘을 주는 너그럽고 영웅적인 사랑이 여기에 있다.

(2) 그리스도께서는 그가 중보자로서 행하시는 일의 표본을 여기에서 보여주고자 하셨다. 그리스도께서 자기 자신을 고난과 죽음에 내어주셨을 때, 그것

은 우리로 하여금 그러한 것들을 피할 수 있도록 하기 위한 것이었다. 그리스도는 우리 대신에 고난을 받으신 자이셨다. 그리스도께서는 보라, 내가 왔노라고 말씀하셨을 때에 이 사람들이 가는 것은 용납하라고 말씀하셨다. 이렇게 그리스도께서는 이삭 대신에 제물로 드려진 숫양과 같으셨다.

3. 이렇게 하심으로써 그리스도께서는 그가 조금 전에 하셨던 말씀, 즉 내게 주신 자 중에 내가 하나도 잃어버리지 아니하였다(17:12)는 말씀을 확증하셨다. 그리스도께서는 이 일을 통해서 자신의 말씀을 성취하심으로써 그 말씀이 지금 그와 함께 있던 자들에게만이 아니라 그들의 말을 통해서 그를 믿게 될 모든 자들에게 온전히 성취되리라는 것을 보장하셨다. 그리스도께서 그들을 보전하시는 것은 특별히 그들의 영혼을 죄와 배교로부터 지키시는 것을 의미하는 것이었지만, 여기에서는 그것이 그들의 자연적인 목숨들을 보전하는 것에 적용되었는데, 육체는 그리스도께서 맡아서 돌보시는 자들의 일부에 속하기 때문에, 그것은 매우 합당한 것이다. 그리스도께서는 마지막 날에 육신을 다시 살리실 것이기 때문에, 영과 혼만이 아니라 육신까지 보전하실 것이다(살전 5:23; 딤후 4:17-18). 그리스도께서는 자연적인 목숨도 그를 섬기는 데에 필요하기 때문에 그 목숨을 보전하실 것이다. 자연적인 목숨은 그리스도를 위하여 사용하도록 주어진 것이기 때문에, 그리스도께서는 그 자연적인 목숨을 통한 섬김을 잃지 않으실 것이고, 오히려 그 자연적인 목숨을 통해서 영광을 받으시고자 하신다. 자연적인 목숨이 그리스도를 섬기는 데에 사용되는 동안에는 그리스도께서 그 목숨을 보전하실 것이다. 그리스도의 증인들은 그 증인의 사역을 다 마칠 때까지는 죽지 않을 것이다. 그러나 이것이 전부는 아니다. 그리스도께서 이렇게 제자들을 보전하신 것은 자연적인 목숨을 보전하심으로써 영적으로 그들을 보전하신 것이었다. 그들은 지금 믿음과 결단에 있어서 아주 연약한 상태에 있었기 때문에, 만약 그들이 이 때에 고난을 당하도록 부르심을 받았더라면, 그들은 십중팔구 그들 자신과 그들의 주님을 부끄러워하였을 것이고, 그들 중에서 믿음이 더 약한 일부 제자들은 멸망을 받게 되었을 것이다. 그러므로 그리스도께서는 그들 중 하나도 잃지 않기 위해서 그들을 고난에 노출시키고자 하지 않으셨다. 성도들이 안전하게 보존되는 것은 그들의 힘에 맞춰서 시험을 당하게 하시는 하나님의 은혜만이 아니라 시험에 맞춰서 힘을 주시는 하나님의 섭리 덕분이다.

V. 제자들의 안전을 확보하신 후에, 그리스도께서는 제자들 중의 한 사람의 경솔한 행동을 꾸짖으시고, 앞서 그를 박해하러 온 자들의 폭력을 물리치셨던 것과 마찬가지로 그의 제자들의 폭력도 억제하신다(10-11절).

1. 베드로의 경솔한 행동. 그에게는 칼이 있었다. 베드로가 항상 칼을 지니고 다녔던 것 같지는 않고, 그들에게 전부 합해서 두 자루의 칼이 있었는데(눅 22:38), 베드로가 그 중 하나를 맡아서 가지고 있다가, 이 때에 칼을 뽑아든 것 같다. 왜냐하면, 칼을 사용해야 한다면, 그는 지금이 바로 그 때라고 생각하였기 때문이다. 베드로가 대제사장의 종, 아마도 가장 앞장선 자들 중의 한 사람이었을 종을 쳐서 오른편 귀를 베어 버렸다. 베드로는 이 종의 머리를 쳐서 죽이려고 했던 것 같은데, 빗맞아서 귀가 잘려나간 것으로 보인다. 그 종의 이름을 기록한 것은 이 이야기가 확실하다는 것을 보여주기 위한 것이다. 그 종은 말고 또는 말룩(느 10:4)이었다.

(1) 우리는 여기에서 베드로가 좋은 뜻에서 이렇게 했다는 것을 인정하여야 한다. 베드로는 지금 방향이 좀 잘못되었긴 했지만 주님에 대한 정직한 열심을 지니고 있었다. 그는 최근에 주님을 위해서라면 자기 목숨까지 바치겠다고 약속한 바 있었는데, 지금 자신의 말을 지키고자 하였다. 아마도 베드로는 유다가 이 일의 선두에 서 있는 것을 보고 격분하였을 것이다. 유다의 비열함이 베드로의 담대함을 자극하였고, 나는 베드로가 칼을 빼서 이 배신자의 머리를 겨냥한 것이 아닌가 생각한다.

(2) 그렇지만 우리는 베드로의 행위가 잘못되었다는 것을 인정하여야 한다. 베드로의 의도가 아무리 선한 것이었다고 할지라도, 그것이 그의 행위를 정당화시켜 주지는 못할 것이다. [1] 베드로는 주님의 허락을 받고 그런 일을 한 것이 아니었다. 그리스도의 군사들은 명령을 기다려야 하고, 명령 없이 무슨 일을 행하여서는 안 된다. 그들은 스스로를 고난에 노출시키기 전에, 그들의 행동이 선하다는 것뿐만 아니라 그러한 행동으로 그들을 부르신 것이 분명하다는 것을 확인하여야 한다. [2] 베드로는 자신의 본분을 어기고, 그리스도께서 결코 찬성하지 않으셨을 뿐만 아니라 명시적으로 금지하셨던 일, 즉 권세들에 대항하는 일을 한 것이었다: 악한 자를 대적하지 말라(마 5:39). [3] 베드로는 주님께서 고난을 당하시는 것을 반대하였고, 그것으로 인해서 주님께 한 번 책망을 들었음에도 불구하고, 반복해서 주여 그리 마옵소서 이 일이 결코 주께 미치지 아니하리이

다라고 말하기를 서슴지 않았다. 그리스도께서는 베드로에게 자기가 고난을 당하여야 하고, 또한 기꺼이 고난을 당하겠다고 말씀하셨고, 그의 때가 지금 이르렀다고 말씀하셨기 때문에, 겉으로 보기에 베드로의 행동은 그리스도를 위하여 싸운 것처럼 보였지만, 사실 그는 그리스도를 대적하여 싸운 것이나 다름없었다. [4] 베드로는 주님께서 방금 원수와 맺은 합의를 깨뜨렸다. 그리스도께서는 이 사람들이 가는 것은 용납하라고 말씀하셨을 때에 사실상 그들이 아무런 도전적인 행위도 하지 않을 것이니 그들을 안전하게 보내 달라고 말씀하신 것이었다. 베드로는 이 말씀을 분명히 들었지만 그 말씀에 의해서 구속받고자 하지 않았다. 우리가 앞에 나서라고 부르심을 받았을 때에 비겁하게 나서지 않는 것도 죄를 짓는 것이지만, 우리가 물러나라는 부르심을 받았을 때에 앞으로 나서는 것도 죄를 범하는 것이 된다. [5] 베드로는 어리석게도 자기 자신과 그의 동료 제자들을 이 분노한 무리 앞에서 위태로운 처지에 놓이게 만들었다. 만약 베드로가 말고의 귀가 아니라 머리를 베었더라면, 거기에 있던 군사들은 모든 제자들을 죽여서 갈가리 찢어놓았을 것이고, 그들은 그리스도를 바라바보다 결코 더 낫지 않은 자로 여겼을 것이다. 이렇게 많은 사람들이 자신을 보전하려는 열심으로 말미암아 스스로 자멸하는 죄를 짓는 일이 비일비재하였다. [6] 베드로는 이 일 후에 얼마 되지 않아서 겁쟁이처럼 행동하였는데(그는 주님을 세 번이나 부인하였다), 이것을 볼 때, 우리는 베드로가 주님께서 그들을 땅에 엎드러지게 만드시는 것을 보고 나서 주님이 그들을 넉넉히 해치울 수 있으시다는 것을 알게 되었다면 그런 일을 하지 않았을 것이라고 생각할 만한 충분한 근거를 가지고 있다. 그러나 베드로는 그리스도께서 그 무리들에게 스스로 굴복하시는 것을 보고서 용기를 잃어버렸다. 반면에, 참된 신앙의 영웅은 복음의 세력이 우세한 때뿐만 아니라 그 세력이 약한 듯이 보이는 때에도 담대하게 그리스도의 복음을 위하여 나서고, 비록 복음이 득세하고 있지 못하더라도 올바른 편에 서는 법이다.

(3) 우리는 베드로의 칼이 내려쳐진 방향에 있어서도 하나님의 포괄적인 섭리가 있다는 것을 인정하여야 한다(베드로의 칼이 종의 귀만을 베었기 때문에, 그것은 그를 불구로 만든 것이 아니라 그에게 하나의 흔적을 남긴 것이었다). 이러한 것은 그리스도에게 종의 다친 상처를 낫게 하는 것을 통해서 그의 능력과 선하심을 드러내 보일 기회를 주었다(눅 22:51). 이렇게 해서 이 일은 그리스

도에게 욕을 가져다줄 일이 될 위험성이 많았었지만, 결국에는 그리스도께서 그의 대적들 앞에서 영광을 나타내실 기회가 되었다.

2. 주님께서 베드로를 책망하심(11절): 칼을 칼집에 꽂으라. 베드로는 그의 열심으로 인하여 잠시 분별력을 잃은 것이었기 때문에, 그리스도께서는 그를 가볍게 책망하신다. 그리스도께서는 이 문제를 크게 부각시키지 않으셨고, 단지 그에게 다시는 그렇게 하지 말라고 명하셨다. 많은 사람들은 그들이 근심과 고민에 싸여 있었기 때문에 주변 사람들에게 화를 내고 경솔하게 대한 것이라면 그런 행동은 어느 정도 용납이 될 수 있다고 생각한다. 그러나 그리스도께서는 여기에서 고난 중에서도 온유함을 잃지 않으시는 모범을 우리에게 보여주셨다. 베드로는 그의 칼을 빼들지 않아야 했다. 왜냐하면, 그에게 맡겨진 병기는 성령의 검, 즉 육신에 속한 것이 아니라 강력한 영적인 병기였기 때문이다. 그리스도께서는 그를 잡으러 온 무리들을 말씀 한 마디로 땅에 엎드러지게 하심으로써 베드로에게 살아 있고 활력이 있어 좌우에 날선 어떤 검보다도 예리한 말씀으로 무장해야 한다는 것을 보여주셨는데, 이 일이 있고 나서 그리 오래지 않아서 베드로는 말씀으로 아나니아와 삽비라를 그의 발 앞에서 죽게 만들었다.

3. 그리스도께서 베드로를 이렇게 책망하신 이유: 아버지께서 주신 잔을 내가 마시지 아니하겠느냐? 마태는 그리스도께서 베드로를 책망하신 또 다른 이유를 기록하고 있지만, 요한은 마태가 생략하였던 이 이유를 보전하고 있다. 이 말씀을 통해서 그리스도께서는 우리에게 다음과 같은 것들을 보여주신다.

(1) 그리스도께서 아버지의 뜻에 순복하고 계시다는 것을 보여주는 온전한 증거. 그리스도께서는 베드로가 이 일을 통해서 잘못한 모든 것들 중에서 특히 그의 때가 이르른 지금에 있어서 베드로가 자신의 고난을 방해하는 일을 하였다는 것에 대해서 가장 분개하신 것으로 보인다: "베드로야, 네가 어찌해서 내가 마실 잔과 내 입술 사이로 끼어들고자 하는 것이냐? 사탄아 내게서 물러가라." 그리스도께서 이미 고난과 죽음을 당하기로 결심한 상태에서, 베드로가 말이나 행위를 통해서 그것에 반대하는 것은 주제넘은 짓이다: 아버지께서 주신 잔을 내가 마시지 아니하겠느냐? 이러한 표현방식은 확고한 결심, 즉 그리스도께서 다른 생각은 품지 않으시겠다는 결심을 보여준다. 아버지께서 주신 잔은 우슬초와 쓸개가 섞인 쓴 잔이고 두렵고 떨리는 잔이며 피로 물든 잔이고 여호와의 분노의 잔(사 51:22)이었지만, 그리스도께서는 기꺼이 그 잔을 마시고자 하셨

다. 그리스도께서는 우리의 손에 구원의 잔, 위로의 잔, 축복의 잔을 쥐게 해 주시기 위해서 그 잔을 마셨다. 그러므로 그리스도께서는 아버지께서 그 잔을 그의 손에 두셨기 때문에 그 잔을 마시고자 하신다. 아버지께서 마시라고 하시는 잔이라면, 그 잔은 진정으로 가장 좋은 것을 위한 잔일 것이고, 또한 실제로 그러하였다.

(2) 그리스도께서는 우리가 우리와 관련된 모든 일에 있어서 하나님의 뜻에 순복해야 한다는 모범을 보여주심. 우리는 그리스도께서 마신 잔을 두고 맹세하여야 하고(마 20:23), 우리 자신을 설득하여 거기에 순종하도록 하여야 한다. [1] 그것은 단지 잔일 뿐이다. 그것이 무엇이 되든지 간에, 그것은 비교적 작은 문제이다. 그것은 바다도 아니고 홍해도 아니고 사해도 아니다. 왜냐하면 그것은 지옥이 아니기 때문이다. 그것은 잠시 동안만 겪는 것이기 때문에 가벼운 것이다. [2] 그것은 우리에게 주어지는 잔이다. 고난은 선물이다. [3] 그것은 아버지로서의 권세를 가지고 계시고 우리에게 결코 나쁜 일을 하지 않으시는 아버지께서 우리에게 주시는 것이다. 그것은 아버지의 사랑이고, 따라서 우리에게 아무런 해도 되지 않는다.

VI. 그리스도께서는 하나님의 경륜을 온전히 마음으로 받아들이신 후에 순순히 자신을 그들에게 내어주셔서 죄수가 되셨다. 이것은 그리스도께서 피하실 수 없으셨기 때문이 아니라, 피하고자 하지 않으셨기 때문이다. 우리는 그리스도께서 말고의 귀를 치유하신 것을 보고 그 무리들이 동요되었을 것이라고 생각하겠지만, 그 어떤 것으로도 그 무리들의 마음을 움직일 수는 없었을 것이다. 저주받은 분노는 엄청난 이적으로도 달랠 수 없고, 인자한 은혜로도 누그러뜨릴 수 없다(안셀무스). 좀 더 살펴보자.

1. 어떻게 그들은 그리스도를 붙잡았는가? 그들은 예수를 잡았다. 무리들 중에서 오직 일부만이 그리스도께 손을 대었겠지만, 그리스도를 붙잡은 것은 그들 모두의 책임이다. 왜냐하면, 그들은 모두 서로를 방조하며 부추겼기 때문이다. 반역죄에는 종범들이 없다. 모두가 주범들이다. 이렇게 해서 성경이 성취되었다: 황소들이 나를 에워쌌고(시 22:12), 벌들처럼 나를 에워쌌으며(시 118:12), 우리의 콧김이 그들의 함정에 빠졌다(애 4:20). 그들은 그리스도를 붙잡고자 시도했지만 그동안 번번이 실패하였었기 때문에, 이제 그를 붙잡고자 할 때에 훨씬 더 큰 폭력을 사용해서 그에게 달려들었을 것이다.

2. 어떻게 그들은 그리스도를 안전하게 확보하였는가? 그들은 예수를 결박하였다. 그리스도의 고난과 관련된 이 구체적인 내용은 오직 이 복음서 기자만이 기록하고 있는데, 그리스도께서는 붙잡히시자마자 결박당했고 수갑이 채워졌다. 전승에서는 이렇게 말한다: "그들은 그를 아주 잔혹하게 결박하였기 때문에, 그의 손가락 끝에서는 피가 흘러나오기 시작했다. 그들은 그의 손을 뒤로 묶고 목에 쇠사슬을 채운 후에 그를 끌고 갔다"(Gerhard. Harm. 제5장을 보라).

(1) 이것은 그리스도를 박해하는 자들이 얼마나 깊은 앙심을 품고 있었는지를 보여준다. [1] 그들이 그를 결박한 것은 사람들이 삼손을 결박해서 괴롭게 했던 것과 마찬가지로 그리스도에게 괴로움을 주고 고통스럽게 하기 위한 것이었다. [2] 그들이 그를 결박한 것은 그를 욕되게 하고 수치스럽게 하기 위한 것이었다. 노예들은 결박당했는데, 그리스도께서는 자유인이었지만 결박당하셨다. [3] 그들이 그를 결박한 것은 유다가 그들에게 그를 단단히 붙잡으라고 말했기 때문에 그가 도주하는 것을 막기 위한 것이었다. 그들이 방금 전에 그리스도께서 전능하시다는 것을 입증하셨음에도 불구하고 그를 꼼짝못하게 묶을 수 있다고 생각한 것은 얼마나 어리석은 짓인가. [4] 그들은 그를 이미 정죄를 받은 자로 취급하여 결박하였다. 왜냐하면, 그들은 그를 재판하여 죽이고자 결심하였고, 그가 손이 묶인 채로 악행자로서 죽게 될 것이라고 그들은 생각하였기 때문이었다(삼하 3:33-34). 그리스도께서는 그를 박해하는 자들의 양심을 그의 말씀의 능력으로써 결박하였었는데, 이것이 그들을 쓸쓸하게 만들었다. 그래서 그들은 그에게 보복하기 위하여 그를 이런 식으로 결박한 것이었다.

(2) 그리스도께서 결박당하신 것은 매우 의미있는 일이었다. 다른 일들에서와 마찬가지로 이 일 속에도 신비가 숨어 있었다. [1] 그들이 그를 결박하기 전에, 그는 중보자의 사역과 직분을 수행하는 일을 통해서 스스로를 결박하였었다. 그리스도께서는 인간에 대한 그의 사랑과 아버지에 대한 그의 의무라는 끈을 통해서 제단의 뿔에 이미 묶여져 있었는데, 그렇지 않았다면 그들의 끈은 그를 결박하지 못하였을 것이다. [2] 우리는 우리의 죄의 줄에 매여(잠 5:22) 있었고, 우리 죄악의 멍에(애 1:14)로 묶여 있었다. 죄악은 영혼을 묶는 끈이고, 이 끈을 통해서 우리는 하나님의 심판에 묶여 있다. 부패는 영혼을 묶는 끈이고, 이 끈을 통해서 우리는 사탄의 권능 아래 결박되어 있다. 우리를 이러한 결박들로부터 자유케 하기 위하여 우리 대신에 죄를 짊어지신 그리스도께서는 스스로

우리를 위하여 순순히 결박당하셨는데, 그렇지 않았다면, 우리는 손과 발이 결박되고, 어둠의 쇠사슬들로 묶여 있었을 것이다. 그리스도께서 결박당하심으로 우리는 자유를 얻었다. 그리스도께서 갇히심으로 우리가 해방을 얻었다. 이렇게 아들은 우리를 자유하게 하신다. [3] 이것을 통해서 구약의 모형들과 예언들이 성취되었다. 이삭이 결박당한 것은 그가 희생제물로 드려지기 위한 것이었다. 요셉이 결박당하고, 그의 영혼이 쇠사슬에 매인 것은 그가 감옥에서 나와서 다스리기 위한 것이었다(시 105:18 등). 삼손이 결박당한 것은 그가 살아서 했던 것보다도 죽을 때에 블레셋 사람들을 더 많이 죽이기 위한 것이었다. 성경에서는 메시야가 죄수가 될 것이라고 예언하였다(사 53:8). [4] 그리스도께서 결박당한 것은 그가 우리를 의무와 순종으로 결박하시기 위한 것이었다. 그리스도께서 우리를 위하여 결박당하심으로써 우리는 그리스도께 결박당한 것이다. 따라서 우리는 영원히 그를 사랑하고 섬길 의무를 지게 되었다. 바울이 그의 친구들에게 한 인사말은 그리스도께서 우리 모두에게 한 인사말이다: "내가 매인 것을 기억하라(골 4:18). 그리스도와 더불어 모든 죄로부터 벗어나서 모든 의무에 결박당했음을 기억하라." [5] 그리스도께서 우리를 위하여 결박당하신 것은 우리가 그를 위하여 결박당하는 것을 우리로 하여금 쉽게 받아들일 수 있게 하기 위한 것이었다. 언제라도 우리가 그리스도를 위하여 고난을 받도록 부르심을 받을 때에, 그리스도께서 우리를 위하여 결박당하신 것을 생각하면, 우리는 그 결박들을 거룩히 여기고 달게 감내하며, 거기에 존귀함을 부여할 수 있게 된다. 그러므로 바울과 실라는 감옥에 갇혀서 차꼬에 묶여 있을 때에도 찬송할 수 있었고, 이그나티우스(Ignatius)는 그리스도를 위하여 그가 결박당한 것을 영적인 진주라고 부를 수 있었다(에베소에 보낸 서신).

[13]먼저 안나스에게로 끌고 가니 안나스는 그 해의 대제사장인 가야바의 장인이라 [14]가야바는 유대인들에게 한 사람이 백성을 위하여 죽는 것이 유익하다고 권고하던 자러라 [15]시몬 베드로와 또 다른 제자 한 사람이 예수를 따르니 이 제자는 대제사장과 아는 사람이라 예수와 함께 대제사장의 집 뜰에 들어가고 [16]베드로는 문 밖에 서 있는지라 대제사장을 아는 그 다른 제자가 나가서 문 지키는 여자에게 말하여 베드로를 데리고 들어오니 [17]문 지키는 여종이 베드로에게 말하되 너도 이 사람의 제자 중 하나가 아니냐 하니 그가 말하되 나는 아니라 하고 [18]그 때가 추운 고로 종과

아랫사람들이 불을 피우고 서서 쬐니 베드로도 함께 서서 쬐더라 [19]대제사장이 예수에게 그의 제자들과 그의 교훈에 대하여 물으니 [20]예수께서 대답하시되 내가 드러내 놓고 세상에 말하였노라 모든 유대인들이 모이는 회당과 성전에서 항상 가르쳤고 은밀하게는 아무 것도 말하지 아니하였거늘 [21]어찌하여 내게 묻느냐 내가 무슨 말을 하였는지 들은 자들에게 물어 보라 그들이 내가 하던 말을 아느니라 [22]이 말씀을 하시매 곁에 섰던 아랫사람 하나가 손으로 예수를 쳐 이르되 네가 대제사장에게 이같이 대답하느냐 하니 [23]예수께서 대답하시되 내가 말을 잘못하였으면 그 잘못한 것을 증언하라 바른 말을 하였으면 네가 어찌하여 나를 치느냐 하시더라 [24]안나스가 예수를 결박한 그대로 대제사장 가야바에게 보내니라 [25]시몬 베드로가 서서 불을 쬐더니 사람들이 묻되 너도 그 제자 중 하나가 아니냐 베드로가 부인하여 이르되 나는 아니라 하니 [26]대제사장의 종 하나는 베드로에게 귀를 잘린 사람의 친척이라 이르되 네가 그 사람과 함께 동산에 있는 것을 내가 보지 아니하였느냐 [27]이에 베드로가 또 부인하니 곧 닭이 울더라

이 단락에는 그리스도께서 대제사장 앞에서 심문을 받으시는 장면에 관한 기사가 나오는데, 여기에는 다른 복음서 기자들에 의해서 생략되었던 부수적인 정황들이 기록되어 있다. 베드로가 그리스도를 부인한 사건은 다른 복음서 기자들은 그 이야기만을 따로 집중적으로 다루었던 것과는 달리 여기에서는 다른 이야기들과 섞여 짜여 있다. 그리스도께 붙여진 죄목은 종교와 관련이 있었기 때문에, 영적인 문제를 다루는 법정의 재판관들은 그것을 직접적으로 그들의 관할권 아래에 있는 것으로 여겼다. 유대인들과 이방인들이 둘 다 그리스도를 붙잡았고, 유대인들과 이방인들이 서로 힘을 합쳐서 그리스도를 심문하고 재판하며 정죄하였다. 왜냐하면, 그리스도께서는 이 둘 모두의 죄를 위하여 죽으셨기 때문이다. 이제 이 이야기를 차례대로 살펴보기로 하자.

I. 그리스도를 붙잡은 후에 그들은 그를 가야바의 집에 마련되어 있었던 법정으로 끌고 가기 전에 먼저 안나스에게로 끌고 갔다(13절).

1. 그들은 그들의 승리의 트로피나 되는 것처럼 의기양양하게 그를 끌고 갔다. 그들은 그를 도수장으로 끌려가는 어린 양처럼 끌고 갔고, 느헤미야 3:1에 나오는 양문을 통과해서 그를 끌고 갔다. 왜냐하면, 그 문을 통과해야만 그들은 감람산에서 예루살렘으로 들어갈 수 있었기 때문이다. 그들은 마치 그가 이 세상에서

가장 악독한 범법자라도 되는 것처럼 폭력을 사용해서 억지로 급히 그를 끌고 갔다. 우리는 우리의 맹렬한 사욕(私慾)에 의해서 끌려갔었고 사탄에 의해서 붙잡혀서 끌려갔었는데, 그리스도께서 사탄의 대리인들과 도구들을 통해서 붙잡혀서 끌려가신 것은 우리를 구하시기 위한 것이었다.

2. 그들은 그들을 보낸 주인들에게로 그리스도를 끌고 갔다. 때는 자정 무렵이었기 때문에, 우리는 그들이 법정을 열기에 적합한 시간이 될 때까지 그리스도를 감옥으로 끌고 가서 가두어 두고 지켰어야 했을 것이라고 생각할지 모른다(레 24:12). 그러나 그리스도께서는 공평하게 재판받기 위해서가 아니라 단죄를 받기 위해서 재판관들에게 신속하게 끌려가셨다. 그리스도에 대한 심문과 재판이 이렇게 극단적인 폭력으로 이루어지게 된 것은 부분적으로는 그들이 백성들이 그를 구하고자 하는 시도를 하지 않을까 두려워해서 그럴 시간을 주지 않고자 했기 때문이기도 하고, 부분적으로는 먹이에 날아 내리는 독수리 같이 그들이 그리스도의 피에 몹시도 목말라 있었기 때문이기도 하였다.

3. 그들은 그리스도를 먼저 안나스에게로 끌고 갔다. 아마도 안나스의 집은 가야바의 관저로 가는 길 도중에 있었을 것이고, 그들이 잠시 머물러서 휴식하며 기운을 차리기에 편리한 곳이었을 것이다. 어떤 이들은 그들이 자신들이 행한 일의 보수를 받기 위해서 들른 것이었다고 주장한다. 나는 안나스가 늙고 쇠약해서 밤중에 열린 회의에 참석할 수 없었지만 그 먹이를 몹시 보고 싶어했을 것이라고 생각한다. 그들이 성공했다는 것을 확실하게 보여주어서 안나스를 기쁘게 하고, 그 노인이 잠을 더 잘 잘 수 있게 하며, 이 일과 관련해서 그의 축복을 받기 위해서, 그들은 그들의 죄수를 그 앞에 내보였을 것이다. 늙고 병들어서 이전처럼 죄를 자행할 수 없는 자들이 다른 사람들이 죄를 범하는 것을 보고 기뻐하는 것은 참으로 서글픈 일이다. 라이트푸트(Lightfoot) 박사는 안나스가 성전에서 볼 일을 보기 위해서 그 날 아침에 일찍 나가야 했고, 그 날에 드려지게 될 희생제물들이 흠이 있는지 없는지를 살펴보러 나가야 했기 때문에 회의에 참석할 수 없었을 것이라고 말한다. 그렇다면, 위대한 희생제물이신 그리스도께서 제단에 바쳐져도 좋은지 검사를 받기 위해서 결박당하신 채로 안나스에게 보여졌다는 것은 의미심장한 일이었다.

4. 이 안나스는 대제사장이었던 가야바의 장인이었다. 그들 간의 혼인관계로 인한 이러한 친척관계는 가야바가 안나스에게 제일 먼저 이 죄수를 볼 수 있는

편의를 제공해 주어서 안나스에게 예를 표하라고 지시한 이유 또는 안나스가 마음을 몹시 쓰고 있었던 이 문제에 있어서 가야바의 의견에 기꺼이 동조하였던 이유로 나온다. 악한 사람들끼리 서로 힘을 합치고 뭉치는 것은 많은 사람들에게 그들의 악한 길을 인정하게 만드는 큰 힘을 발휘한다는 것을 명심하라.

II. 안나스는 다른 사람들과 마찬가지로 재판이 신속하게 진행되기를 원하였기 때문에 그들 일행을 오랫동안 붙잡아 두지 않고, 그리스도를 결박한 채로 가야바에게 보내었다. 가야바의 관저는 이 사건을 다루기 위해서 산헤드린이 모이기로 되어 있었던 곳이었거나 성전에서 대제사장이 법정을 열 때에 통상적으로 사용하던 장소였을 것이다. 이것은 24절에 언급되어 있다. 그러나 우리의 번역자들은 그 내용이 여기에 와야 한다고 생각해서, 난외주에서 안나스가 예수를 보내니라를 여기에 갖다 놓았다. 좀 더 살펴보자.

1. 가야바의 권세가 언급됨(13절). 그는 그 해의 대제사장이었다. 원래 대제사장의 직분은 종신직이었다. 그러나 당시에는 성직 매매를 통해서 대제사장이 자주 바뀌었고, 거의 해마다 대제사장이 바뀌었는데, 이것은 대제사장직이 없어질 때가 되었다는 것을 보여주는 전조였다. 사람들이 대제사장직을 놓고 이 전투구를 벌이고 있는 동안에, 하나님께서는 그들 모두를 전복시키고, 본래의 대제사장인 그리스도에게 그 자리를 내어 줄 계획을 진행시키고 계셨다. 가야바는 메시야가 죽으시던 바로 그 해의 대제사장이었다. 이것은 다음과 같은 것들을 말해준다. (1) 대제사장에 의해서 악한 일이 저질러지게 되었을 때에 하나님의 미리 아심에 따라서 하나님의 섭리는 악한 자가 그 자리를 차지하도록 정해 놓으신다는 것. (2) 하나님께서 악한 자의 마음속에 부패함이 있다는 것을 보이시고자 하실 때에는 그를 권세 있는 자리에 앉혀놓음으로써 그가 자신의 부패함을 드러낼 기회와 유혹을 갖게 하신다는 것. 가야바가 그 해의 대제사장이 되어서 그리스도를 죽으시게 하는 데에 주모자가 되었다는 것은 그에게 큰 재앙이었다. 높은 자리에 올라감으로써 자신의 명성을 잃게 되는 사람들이 많은데, 만약 그들이 출세하지 않았더라면, 그들은 그런 불명예를 당하지는 않았을 것이다.

2. 가야바의 악의는 그가 얼마 전에 말했던 것, 즉 옳든 그르든 죄를 지었든 안 지었든 한 사람이 백성을 위하여 죽는 것이 유익하다(11:50)는 것을 되풀이함을 통해서 암시되고 있다(14절). 이 말씀이 여기에 나온 것은 다음과 같은 것들을

보여주기 위한 것이었다. (1) 가야바가 얼마나 악한 자였는지. 가야바는 공평의 원칙을 무시하고 권모술수를 통해서 자기 자신과 교회를 장악하였던 인물이었다. (2) 그리스도께서 그의 법정에서 얼마나 부당한 대우를 받게 될 것인지. 그리스도를 심문하기 전에 이미 이 사건에 대한 판단은 정해져 있었고, 그들은 이미 그리스도를 어떻게 할 것인지를 정해 놓았다: 그는 죽어야 한다. 따라서 그리스도에 대한 재판은 통과의례에 불과한 것이었다. 이렇게 그리스도의 복음의 원수들은 그 복음이 참이든 거짓이든 상관 없이 짓밟고자 이미 작정하고 있다. (3) 그것은 그리스도의 가장 악한 원수들 중의 한 사람의 입에서 나온 우리 주 예수의 무죄함에 대한 증언으로서, 그는 그리스도께서 백성들의 유익을 위하여 희생제물이 되었다는 것과 그리스도를 죽이는 것이 의로운 일이 아니라 단지 편의에 의해서 된 것임을 고백한 것이었다.

3. 안나스가 그리스도를 재판하는 데에 협력함. (1) 안나스는 법도 무시하고 긍휼도 없이 그리스도를 결박하였던 군사들 및 하인들과 더불어서 죄악에 동참하는 자가 되었다. 왜냐하면, 안나스는 그리스도께서 어떤 범죄에 대하여 유죄판결을 받지도 않았고 도망하려고 시도하지도 않았음으로 당연히 그를 풀어 주었어야 했음에도 불구하고 계속해서 그를 결박해 놓음으로써 군사들과 하인들의 행위를 묵인하였기 때문이다. 우리가 다른 사람들이 저지른 나쁜 짓을 취소시키기 위하여 우리가 할 수 있는 일을 하지 않는다면, 우리는 사후적인(ex post facto) 공범들이 된다. 사정을 잘 몰랐던 군사들이 그리스도를 결박한 것보다 누구보다도 사정을 잘 알고 있었을 안나스가 계속해서 그리스도를 결박한 채로 놓아 둔 것이 더 악한 범죄였다. (2) 안나스는 그리스도를 정죄하고 그를 사형에 처한 대제사장 및 산헤드린과 더불어 범죄에 동참한 자였다. 안나스는 그들과 함께 있지는 않았지만, 그들이 일을 신속하게 처리하기를 바랐고, 그들의 악한 일에 참여하는 자가 되었다.

Ⅲ. 가야바의 집에서 시몬 베드로는 주님을 부인하기 시작하였다(15-18절).

1. 고심 끝에 베드로는 법정이 설치되어 있었던 대제사장의 집 뜰로 들어갔는데, 이것에 관한 기사는 15-16절에 나와 있다. 여기에서 우리는 다음과 같은 것들을 볼 수 있다.

(1) 그리스도에 대한 베드로의 사랑. 이것은 두 가지로 나타났다(비록 그것이 사랑이 아니라는 것이 밝혀졌지만).

[1] 그리스도께서 끌려가셨을 때에 베드로는 예수를 따랐다. 베드로는 처음에는 다른 제자들과 마찬가지로 함께 도망을 쳤지만, 나중에 조금 용기를 내어서, 그리스도께서 어디로 가시든지 자기는 무슨 대가를 치르더라도 그를 좇겠다고 약속한 것을 생각하고서, 어느 정도 거리를 두고 예수를 따랐다. 백성들이 그리스도께 호산나라고 외쳤던 때에 그리스도께서 영광을 받으시는 중에 그리스도를 따라 다니면서 그와 더불어서 이러한 영광을 함께 누린 자들은 그리스도께서 욕을 당하실 때에도 그와 더불어 그러한 욕에 동참하기 위하여 그리스도를 따르는 것이 마땅한 일이다. 그리스도를 진정으로 사랑하고 소중히 여기는 자들은 상황이 어떻게 변하더라도 그리스도를 따르고자 할 것이다.

[2] 베드로는 예수께서 계신 원수들의 한복판 속으로 들어갈 수 없어서, 될 수 있으면 그리스도께 더 가까이 가기 위하여 문 밖에 서서, 좀 더 가까이 갈 수 있는 기회를 엿보고 있었다. 이렇게 우리는 그리스도를 따름에 있어서 반대에 부딪칠 때에 우리의 선한 뜻을 보여야 한다. 그러나 베드로의 이러한 사랑은 결코 사랑이 아니었다. 왜냐하면, 그에게는 그 사랑을 지킬 만한 힘과 용기가 없었고, 따라서 결국 그가 덫에 걸리게 된 것임이 드러났기 때문이다. 모든 것을 고려해 볼 때, 베드로가 그리스도를 따른 것조차도 책망받아 마땅한 일이었다. 왜냐하면, 베드로 자신보다도 베드로를 더 잘 알고 계신 그리스도께서 그에게 분명히 내가 가는 곳에 네가 지금은 따라올 수 없다(13:36)고 말씀하셨고, 또한 베드로가 그를 부인하게 될 것이라고 거듭거듭 말씀하셨으며, 베드로는 최근에 그리스도를 버리는 자신의 연약함을 체험했었기 때문이다. 우리는 우리의 힘으로 감당할 수 없는 어려운 일들에 무작정 뛰어들어서 감당할 수 없는 고난을 자초함을 통해서 하나님을 시험하지 않도록 주의하여야 한다. 하나님께서 우리로 하여금 고난을 감당하도록 부르시고 계시다는 것이 분명하다면, 우리는 하나님께서 우리에게 힘을 주셔서 하나님을 영화롭게 하실 것이라고 소망할 수 있다. 그러나 그렇지 않다면, 우리는 하나님께서 우리를 부끄러움을 당하도록 내버려 두실 것을 염려하여야 한다.

(2) 다른 제자가 베드로에게 베푼 사랑. 그렇지만 이 사랑은 결국 사랑이 아닌 것으로 드러났다. 요한은 이 복음서에서 몇 차례에 걸쳐서 스스로를 다른 제자라고 부르고 있기 때문에, 많은 해석자들은 그러한 것을 근거로 해서 여기에 나오는 다른 제자가 요한이었다고 제멋대로 상상해 왔다. 또한 그들은 요한

이 어떻게 대제사장을 알게 되었는지에 관해서도 많은 추측들을 제시한다. 제롬(Jerome)은 요한과 그의 동생 야고보는 둘다 어부였던 세베대의 아들들이었지만 요한은 출생이 더 고귀한자로서 동생보다 더 신사였다고 말한다. 어떤 이들은 요한이 자신의 재산을 팔아서 대재사장에게 바쳤다고 말하고, 또 어떤 이들은 요한이 대제사장의 가족에게 생선을 공급해 주는 일을 하였다고 주장하지만, 이런 주장들은 거의 신빙성이 없다. 그러나 나는 이 다른 제자가 요한이었거나 열두 제자 중의 한 사람이었다고 생각할 근거가 없다고 본다. 그리스도께서는 무리에 들지 않은 다른 양들도 가지고 계셨다. 따라서 이 본문은 수리아 역본이 읽고 있는 것처럼 그리스도를 믿으면서 예루살렘에 거주하였던 다른 제자들 중의 한 사람이었을 것이다. 아마도 아리마대 사람 요셉이었거나 니고데모였을 수도 있다. 그들은 대제사장을 알고 있었지만, 대제사장은 그들이 그리스도의 제자라는 것을 알지 못하였다. 제자인 것처럼 보이지만 실제로는 제자가 아닌 자들이 많이 있는 것과 마찬가지로, 제자이면서도 겉으로는 그렇게 보이지 않는 자들도 많이 있다. 선한 사람들은 무리들 중에 감추어져 있기도 하고 심지어 네로의 궁정 같은 그러한 곳들에도 감추어져 있다. 우리는 어떤 사람이 단지 그리스도의 원수들과 알고 지낸다는 이유만으로 그가 그리스도의 친구가 아니라고 단정해서는 안 된다.

[1] 이 다른 제자는 그가 누구였든지 간에 베드로에게 호의를 베풀어서, 그의 호기심과 사랑을 만족시킬 뿐만 아니라, 그에게 혹시라도 기회가 주어진다면 그리스도를 재판하는 자리에서 주님을 섬길 수 있는 기회를 주기 위해서, 베드로를 대제사장의 집으로 안내해 주었다. 그리스도와 그의 길들에 대하여 진정한 사랑을 지니고 있는 자들은 비록 그들의 기질이 내성적이고 상황으로 인해서 소극적이 되고 잘 나설 수 없게 된다고 할지라도, 그들의 믿음이 진실하다면, 그들이 그 일로 부르심을 받았을 때에 기꺼이 참된 제자에게 좋은 기회를 제공해 주는 일을 통해서 그들이 어떻게 해야 할지를 발견하게 될 것이다. 아마도 이 제자는 이전에 베드로의 소개로 그리스도와 교제를 나눈 적이 있었을 것인데, 지금 그는 베드로가 비록 초라하고 풀이 죽은 모습을 하고 있었을지라도 전에 자기에게 베풀어준 은혜를 잊지 않고 그 은혜에 보답하고자 하였고, 베드로를 부끄러워하지 아니하고 반갑게 아는 척하였을 것이다.

[2] 그러나 이러한 호의는 결코 호의가 아니라는 것이 판명되었고, 실제로 크

게 해악을 끼치는 일이라는 것이 드러났다. 그가 베드로를 대제사장의 집의 뜰로 데리고 옴으로써, 베드로는 시험에 빠지게 되었고, 그 결과는 나쁜 것이었다. 우리 친구들의 호의가 종종 방향이 잘못된 애정이 되어서 우리에게 덫으로 작용하였다는 것이 판명되는 경우가 흔히 있다는 것을 명심하라.

2. 베드로는 들어가자마자 시험을 받고 넘어졌다(17절). 좀 더 살펴보자.

(1) 공격이 얼마나 시시했는가? 베드로를 공격한 사람은 문을 지키는 작은 일을 맡고 있던 하찮은 여종이었고, 그 여종은 베드로에게 단지 별 생각 없이 너도 이 사람의 제자 중 하나가 아니냐고 물었을 뿐이었다. 이 여종이 그렇게 물은 것은 베드로가 들킬까봐 매우 조심하며 어색한 표정으로 들어 왔기 때문일 것이다. 우리가 복음에 대하여 착하고 좋은 마음을 가지고 있고 선한 얼굴로 복음을 받아들이고 있다면, 우리는 훨씬 더 잘 복음을 전할 수 있을 것이다. 만약 말고가 베드로를 지목하여, "이 자가 내 귀를 베어버린 자이니, 내가 그의 목을 베어버리겠다"고 말했다면, 베드로가 경악했다고 해도 우리는 충분히 수긍을 할 것이다. 그러나 단지 여종 하나가 그에게 너도 이 사람의 제자 중 하나가 아니냐고 물었을 뿐이고, 이 때에 베드로는 내가 그렇다면 어쩔 건데라고 대답했어도 아무런 위험이 없었을 것이다. 그러한 대답을 듣고 종들이 베드로를 조롱하며 모욕했다고 하자. 그러한 것을 참을 수 없는 자들이 어떻게 그리스도를 위하여 참을 수 있겠는가? 그런 일은 단지 보행자와 함께 달리는 것일 뿐이어서 너무도 쉬운 일이다.

(2) 베드로가 얼마나 신속하게 무너졌는가? 베드로는 잠시 생각할 겨를도 갖지 않은 채 불쑥 나는 아니라고 대답하였다. 만약 베드로가 사자 같은 담대함을 가지고 있었다면, 그는 "내가 이 사람의 제자인 것이 나의 영광이다"라고 말하였을 것이다. 만약 베드로가 뱀 같은 지혜를 가지고 있었다면, 그는 때가 좋지 좋은 것을 감안해서 이 때에 침묵을 지켰을 것이다. 그러나 베드로는 자신의 안전을 확보하는 데에 모든 관심이 집중되어 있었기 때문에 여종의 질문에 대하여 단호하게 부정하지 않으면 스스로 안전할 수 없다고 생각하게 되었던 것이다: 나는 아니라. 베드로는 여종의 말을 부인할 뿐만 아니라, 심지어 경멸하고 비꼬기까지 한다.

(3) 그렇지만 베드로는 시험 속으로 더 깊이 들어간다: 종과 아랫사람들이 불을 피우고 서서 쬐니 베드로도 함께 서서 쬐더라(18절).

[1] 종들이 얼마나 자기 자신들만을 챙겼는지를 보라. 밤 날씨가 추웠기 때문에 그들은 뜰에 불을 피웠는데, 이 불은 그들의 주인들을 위한 것이 아니라(그들의 주인들은 그리스도를 박해하느라고 너무나 열심이어서, 추운 줄도 모르고 있었다) 그들 자신의 언 몸을 녹이고 힘을 차리기 위한 것이었다. 그들은 그리스도에게 무슨 일이 일어나든 그런 것에는 아무런 관심이 없었다. 그들의 모든 관심은 그들 자신이 편하게 앉아서 몸을 녹여 훈훈하게 하는 것이었다(암 6:6).

[2] 베드로가 그들 무리 속에 끼어서 그들 중의 하나로 행세하고 있는 모습을 보라. 베드로도 함께 서서 쬐더라. 첫째, 베드로가 뜰 앞쪽에서 심문을 받고 계셨던 주님께 가까이 가서 수종들지 않은 것은 충분히 나쁘고 잘못된 일이었다. 만약 주님께서 그를 불렀더라면, 그는 주님을 위해서 증인이 되었을 것이고, 주님에 대하여 맹세로써 나쁜 말들을 하는 거짓 증인들을 반박하였을 것이다. 적어도 베드로는 그리스도께서 당하신 일에 대한 증인이 되었을 것이고, 거기에서 일어난 일들을 정확하게 지켜 보고서, 심문하는 자리에 올 수 없었던 다른 제자들에게 그 이야기를 해 줄 수 있었을 것이다. 또한 베드로는 이렇게 고난 당하는 일이 자기에게 닥쳐올 때에 어떻게 처신해야 하는지를 주님의 모범을 보고서 배울 수 있었을 것이다. 그렇지만 양심이든 호기심이든 그 어떤 동기로도 베드로는 법정 가까이에 다가가지 못했고, 마치 갈리오(Gallio)처럼 이러한 일들에는 아무런 관심도 없는 것처럼 저 멀리 앉아 있었다. 베드로는 틀림없이 슬픔과 근심으로 가득 차 있었겠지만, 그것을 시인할 용기를 가지고 있지 않았다. 주여, 우리를 시험에 들게 하지 마옵소서. 둘째, 베드로가 주님의 원수들인 자들과 함께 어울린 것은 더 나쁜 일이었다: 베드로는 그들과 함께 서서 불을 쬐고 있었다. 불을 쬐기 위한 것이었다는 설명은 그들과 함께 어울린 것에 대한 구차한 변명이었다. 불을 쬐기 위해서 나쁜 무리들과 어울릴 수 있는 자들은 작은 일로 인해서도 나쁜 무리들과 어울릴 수 있을 것이다. 주님을 향한 베드로의 열심이 얼어붙지 않았고, 몇 시간 전만 해도 그렇게 보였던 것처럼 마음속에서 그 열심이 여전히 불타고 있었다면, 그는 지금 스스로를 훈훈하게 하기 위해서 불을 쬘 필요가 없었을 것이다. 베드로는 다음과 같은 것들로 인하여 책망을 들어야 한다. 1. 그가 이 악한 자들과 함께 어울려서 그들 중에 있었기 때문에. 틀림없이 그들은 이 밤에 이루어진 쾌거를 화제로 삼아서 그리스도와 그가 말

하고 행하였던 것을 비웃으며, 그들이 그리스도를 제압한 것에 대하여 의기양양해하며 즐거워하고 있었을 것이다. 베드로는 이런 말들을 어떻게 받아들였을까? 그가 그들의 말에 맞장구치거나 침묵함으로써 동의를 표했다면, 그는 죄악에 연루된 것이었다. 만약 그렇지 않았다면, 그는 스스로 위험에 노출되어 있었을 것이다. 베드로는 주님을 변호하기 위해서 사람들 앞에 공개적으로 나설 용기가 없었다면, 차라리 뜰 구석으로 물러나서 주님께서 고난당하시는 것을 위해서 기도하고 은밀하게 울며 주님을 부인한 자신의 죄를 뉘우쳐야 했을 것이다. 그는 선한 일을 할 수 없었다면, 악을 행하는 길에서 멀리 떨어져 있어야 했다. 아무런 목적도 없이 또는 나쁜 목적을 가지고 현장에 있는 것보다 멀리 피해 있는 것이 더 낫다. 2. 베드로는 그리스도의 제자로 의심받지 않기 위해서 그들 중의 하나로 보이고자 했기 때문에. 이것이 베드로란 말인가? 이것은 내 영혼을 죄인들과 함께 거두지 마소서라는 모든 선한 자들의 기도와 얼마나 모순되는 것인가! 사울이 선지자들 중에 있는 것은 다윗이 블레셋 사람들 중에 있는 것만큼이나 부조리한 것이다. 오만한 자들에게 임할 운명을 나중에 피하고자 하는 자들은 지금 오만한 자의 자리에 앉는 것을 두려워하여야 한다. 우리를 태워 버릴 위험성을 지니고 있는 자들과 어울려서 우리 자신을 더럽히는 것은 잘못된 일이다(시 141:4).

IV. 그리스도의 친구인 베드로가 그를 부인하기 시작하였을 때, 그리스도의 원수인 대제사장은 그를 고소하기 시작하고, 그로 하여금 스스로 죄를 인정하도록 강요하였다(19-21절).   심문 과정에서 첫 번째 시도는 그리스도가 백성을 미혹하는 자였고 거짓된 가르침을 베푼 선생이었다는 것을 증명하는 일이었던 것 같은데, 이 복음서 기자는 그러한 시도를 기록해 놓고 있다. 그들은 이러한 것을 증명하는 데에 실패하자 그를 신성모독죄로 고소하였는데, 이것은 다른 복음서 기자들에 의해서 기록되었기 때문에 여기에는 생략되어 있다. 좀 더 살펴보자.

1. 그리스도께서 심문받으신 내용들(19절): 그의 제자들과 그 교훈에 대하여.

(1) 심문 과정의 불법성. 그리스도에 대한 심문 과정은 모든 법과 평등의 정신을 위배한 것이었다. 그들은 그리스도를 범죄자로 규정하여 체포하였고, 지금 그리스도는 그들의 죄수가 되어 있지만, 그들은 그를 고소할 그 어떤 죄목도 가지고 있지 않았다. 기소장도 없었고 검사도 없었다. 재판장 자신이 검사 역

할을 해야 했고, 죄수 자신이 증인 역할을 해야 했으며, 모든 이성과 정의에 반해서 그리스도는 스스로를 고소하는 자가 되어야 했다.

(2) 이러한 심문의 의도. 그러므로(이것은 14절을 가리키는 것 같다) 대제사장은 백성의 유익이라는 미명 하에 그리스도를 그들의 은밀한 악의의 희생제물로 삼기로 이미 결단하였기 때문에 사형에 해당하는 죄목들을 가지고 그리스도를 심문하였다. 대제사장이 심문한 것은 다음과 같은 것들이었다.

[1] 그의 제자들에 대하여. 이것은 그리스도에게 선동죄를 뒤집어 씌워서 그가 유대 교회와 로마 정부에 위험 인물이라는 것을 밝히기 위한 것이었다. 대제사장은 그리스도에게 그의 제자들이 누구였고, 그들의 수가 얼마나 되었으며, 그들이 어느 지역 출신이고, 그들의 이름과 성격이 어떠했는지를 물었는데, 이것은 그리스도의 제자들이 군대양성을 위해서 모집되었고, 때가 되면 상당한 규모의 군대로 전환되게 되어 있었다는 것을 인정하도록 유도하기 위한 것이었다. 어떤 이들은 대제사장이 그리스도의 제자들에 관하여 물은 것은 "지금 그들은 모두 어떻게 되었느냐? 그들이 어디에 있느냐? 왜 그들이 나타나지 않느냐?"고 반문하면서, 제자들이 그를 버린 비겁한 행동을 들먹이며 힐난함으로써 그리스도에게 고통을 더하고자 한 것이었다고 생각한다. 그리스도께서 제자들을 부르시고 자기 사람들로 삼으신 것이 그의 첫 번째 죄목이었다는 것은 의미심장한 일이다. 왜냐하면, 그리스도께서 자신을 거룩하게 하시고 고난을 받으신 것은 바로 그들을 위한 것이었기 때문이다.

[2] 그의 교훈에 대하여. 이것은 그리스도에게 이단의 죄목을 뒤집어 씌워서, 그를 거짓 선지자에 대한 율법의 형벌을 내리기 위한 것이었다(신 13:9-10). 이 것은 이 법정에서만 다루어질 수 있었던 문제였기 때문에(신 17:12), 선지자는 그 법정이 있는 예루살렘 밖에서 죽을 수는 없었다. 그들은 그리스도께서 거짓된 가르침을 가르쳤다는 것을 증명할 수 없었지만, 그리스도에게 말을 시켜서 그로부터 나온 말들을 왜곡하여 그리스도께서 하신 이런저런 말에 대하여 죄목을 뒤집어씌울 수 있기를 바랐다(사 29:21). 그리스도께서는 많은 이적들을 베푸셔서 선을 행하셔서서 자신의 가르침을 확고하게 증명하셨지만, 그들은 그의 이적들에 대해서는 그 어떤 꼬투리도 잡을 수 없었기 때문에 거기에 대해서는 일체 언급하지 않았다. 이렇게 그리스도의 원수들은 그리스도께서 잘못되었다는 것을 어떻게 해서든지 찾아내기 위해서 그리스도가 참되다는 것을 보

여주는 증거들에 대해서는 의도적으로 눈을 감아버리고 알려고 하지 않았다.

2. 이러한 심문 사항들에 대한 그리스도의 변론.

(1) 그리스도께서는 그의 제자들에 대한 심문 사항에 대해서는 아무런 말씀도 하지 않으셨는데, 이것은 그것이 별 관계가 없는 질문이었기 때문이었다. 그리스도의 가르침이 건전하고 선한 것이라면, 그가 그 가르침을 전하기 위해서 사람들을 제자로 삼는 것은 다른 랍비들에게 허용된 것과 다를 것이 없는 것이었다. 가야바는 그리스도께 그 제자들에 관하여 물음으로써 그들을 덫에 걸리게 하여서 고통을 주고자 했지만, 그리스도께서는 제자들을 사랑하셨으므로 그들에 대하여 아무런 말도 하지 않으셨다. 왜냐하면, 그는 이 사람들이 가는 것은 용납하라고 말씀하셨기 때문이다. 대제사장의 이러한 심문이 제자들의 비겁한 행동을 들먹이며 그리스도를 힐난하는 것이었다면, 그리스도께서 아무런 말씀도 하지 않으신 것은 이상한 일이 아니었다. 왜냐하면, 반박할 수 없는 고소들이 제시될 때에 수치가 따라오기 때문이다. 그리스도께서는 제자들을 정죄하는 말씀도 하고자 하지 않으셨고, 제자들이 옳다고 하는 말씀도 하실 수 없으셨다.

(2) 그리스도께서는 그의 가르침에 대해서는 구체적인 내용을 말씀하지 않으시고, 그의 말씀을 들었던 자들에게 물어보라고 하시면서, 그의 가르침은 하나님께만 드러나 있는 것이 아니라, 그들의 양심에도 드러나 있다고 지적하셨다(20-21절).

[1] 그리스도께서는 자기에 대한 심문이 불법적이라고 그의 재판관들에게 암묵적으로 말씀하신다. 그리스도는 실제로 너희는 악하다라고 백성의 관원들이나 방백들에게 말하며 비방하지 않으신다. 그러나 그는 그들의 법정이 마련해 둔 규칙들에 따라서 그들이 과연 그를 공정하게 다루고 있는지를 항의하고 계시는 것이다. 너희가 올바르게 판결하는 것이냐?(시 58:1). 마찬가지로, 여기에서 그리스도께서는 어찌하여 내게 묻느냐고 말씀하신다. 이것은 이 재판과 관련해서 두 가지 부조리함이 있다는 것을 함축한다. 첫째, "너희가 이미 나의 가르침을 정죄해 놓은 상태에서, 나의 가르침에 대하여 어찌하여 내게 묻느냐?" 그들은 이미 그리스도를 시인하는 모든 자들을 출교하겠다고 영을 내려 놓았고(9:22), 그리스도에 대한 체포령을 내려놓은 상태였다. 그런데 지금 그들은 그의 가르침이 어떤 것이냐고 묻고 있는 것이다! 이렇게 그리스도께서는 그의 가르침과 마찬가지로 아무런 심리도 받지 않은 채로 정죄되셨다. 둘째, "어찌하여 내게 묻

느냐? 너희가 나를 칠 그 어떤 증거도 가지고 있지 않기 때문에, 내가 나 자신을 스스로 고소해야 하느냐?"

[2] 그리스도께서는 그가 가르침을 베푸실 때에 공정하고 공개적으로 행하셨다는 것을 역설하시면서, 이것을 통해서 자신이 옳다는 것을 증명하신다. 율법에 의하면, 산헤드린이 심문할 수 있는 범죄는 위험한 가르침들을 은밀하게 전파해서 백성들을 은밀하게 선동하고 유혹하는 것이었다(신 13:6). 그러므로 이 심문 사항에 대해서 그리스도께서는 전혀 혐의가 없으시다는 것을 분명하게 증명하고 계시는 것이다. 첫째, 그리스도께서 가르치신 방식에 대하여. 그는 드러내 놓고(거침없고 명백한 말로써) 말씀하였다. 아폴로 신이 그의 신탁들을 애매모호하게 전하였던 것과는 달리, 그리스도께서는 그 어떤 것도 애매모호하게 전하시지 않으셨다. 진리를 훼손하고 부패한 사상을 전파하고자 하는 자들은 교묘한 암시, 질문하는 것, 난해한 것들로 시작하는 것, 아무것도 단언하지 않는 것 등을 통해서 자신의 목적을 달성하고자 한다. 그러나 그리스도께서는 진실로 진실로 내가 너희에게 말하노니라는 말씀으로 시작하여서 자신의 의도를 자세하게 설명하셨다. 그리스도께서 행하신 책망들은 거침없고 담대한 것들이었고, 그리스도께서 행하신 증언들은 세상의 부패한 것들을 치는 말씀들이었다. 둘째, 그리스도께서 말씀을 전하신 대상들에 대하여: 그는 세상에 말하였다. 그리스도께서는 들을 귀 있는 모든 자들, 그의 말씀을 듣고자 하는 모든 자들, 지위 고하를 막론하고 배운 자이든 못 배운 자이든, 유대인이든 이방인이든, 친구이든 적이든 가리지 않고 모든 자들에게 말씀을 전하셨다. 그리스도께서는 말씀을 가르치실 때에 사람들의 비난을 두려워하지 않으셨고, 자신이 알고 있는 지식을 다른 사람들에게 가르쳐 주시는 일에 인색하지 않으셨으며(뭔가 희귀한 지식을 지닌 장인들이 흔히 그런 것과는 달리), 마치 태양이 햇살을 누구에게라도 비춰주는 것 같이 그 지식을 거저 전해주셨다. 셋째, 그리스도께서 가르치신 장소들에 대하여. 그리스도께서는 지방에 계셨을 때에 통상적으로 사람들이 예배를 위해서 모이는 곳인 회당들에서 예배를 위해 모이는 때인 안식일에 가르침을 베푸셨다. 또한 예루살렘에 올라오셨을 때에는 전국 각지의 유대인들이 절기를 지키기 위해서 모여든 때에 성전에서 동일한 가르침을 베푸셨다. 그의 말씀과 예배가 성전과 회당들에 국한되어서는 안 된다는 것을 보여주기 위해서 그는 개인 집들이나 산 위에서나 바닷가에서 자주 말씀을 가르치셨

지만, 그가 그러한 곳들에서 가르치신 내용은 많은 사람들 앞에서 공개적으로 가르치신 것과 동일한 것이었다. 순전하고 명백하게 가르쳐진 그리스도의 가르침은 수많은 무리들이 모인 자리에 내놓기에 전혀 부끄러운 것이 아니었다. 왜냐하면, 그 가르침 자체 속에 힘과 아름다움을 지니고 있기 때문이다. 그리스도의 신실한 사역자들은 그들이 전하는 말씀을 온 세상 사람들이 듣기를 원하여야 한다. 지혜는 많은 사람들이 모이는 곳에서 외친다(잠 1:21; 8:3; 9:3). 넷째, 가르침 자체에 대하여. 그리스도께서는 은밀하게는 그가 사람들 앞에서 공개적으로 말씀하신 내용과 어긋나는 것에 대해서는 아무것도 말씀하지 않으셨고, 오직 많은 사람들 앞에서 그가 말씀하신 내용을 반복하고 설명하신 것뿐이었다: 내가 은밀하게는 아무것도 말하지 아니하였다. 그리스도께서는 자신의 가르침이 참되다는 것을 전혀 의심하지 않으셨고 그 가르침 속에 악한 의도가 있다는 것을 생각하지 않으셨기 때문에 후미진 곳을 찾아서 가르치실 필요가 없으셨다. 왜냐하면, 그는 자신의 본색이 드러날 것을 염려할 필요가 없으셨고, 부끄러워할 만한 그 어떤 것도 말씀하지 않으셨기 때문이다. 그리스도께서는 그가 그의 제자들에게 은밀하게 말씀하신 것을 지붕 위에서 선포하라고 그들에게 명하셨다(마 10:27). 하나님께서는 스스로에 대하여 나는 감추어진 곳에서 말하지 아니하였노라(사 45:19)고 말씀하신다. 하나님의 명령은 감춰져 있지 않다(신 30:11). 믿음의 의도 마찬가지로 말한다(롬 10:6). 진리가 두려워하는 것은 오직 은폐되는 것뿐이다(테르툴리아누스).

[3] 그리스도께서는 그의 가르침을 들었던 자들에게 그가 어떤 가르침을 베풀었으며, 그 가르침 속에 과연 위험스러운 내용이 들어 있었는지를 조사해 보라고 대답하신다: "내가 무슨 말을 하였는지 들은 자들에게 물어보라. 그들 중의 일부는 이 법정에 있을지도 모르고, 또한 사람을 보내어서 그들을 깨워서 데려오면 될 것이다." 그리스도의 가르침을 들은 자들에게 물어보라고 하신 것은 그를 위하여 호의적으로 말해 줄 그의 친구들과 제자들에게 물어보라는 의미가 아니라, 그의 가르침에 대하여 공정하게 말해줄 수 있는 자들에게 물어보라는 의미였을 것이다. 너희 아랫사람들에게 물어보라. 어떤 이들은 그리스도께서 그들을 손가락으로 가리키시면서 보라 그들이 내가 하던 말을 아느니라고 말씀하셨다고 생각한다. 그들은 그리스도의 가르침에 대하여 그 사람이 말하는 것처럼 말한 사람은 이 때까지 없었나이다(7:46)라고 말하였었다. 방청석에 앉아 있

는 자들에게 물어보라. 그들 중의 일부는 그리스도의 가르침을 들었을 것이고, 어떤 사람들은 그리스도에 의해서 말문이 막혔던 사람들도 있었을 것이다. 그리스도의 가르침을 들은 자들은 누구나 다 그 가르침이 옳다는 것을 알기 때문에, 공정하게 재판하고자 하는 자들은 그 증언들을 듣지 않으면 안 되는 것이었다.

V. 재판관들이 그리스도를 심문하고 있는 동안에 옆에 서 있던 종들은 그리스도를 능욕하였다(22-23절).

1. 아랫사람 하나가 그리스도를 능욕하였다. 그리스도께서는 아주 침착하고 설득력 있는 증거를 대시면서 말씀하셨지만, 이 무례한 자는 마치 그리스도께서 법정을 모독하는 행위를 하기라도 한 것처럼, 네가 대제사장에게 이같이 대답하느냐고 말하며, 손으로 그리스도의 머리 또는 뺨을 쳤다.

(1) 그는 예수를 쳤다(에도케 라피스마). 어떤 이들은 랍도스로 읽어서, 이것이 막대기 또는 곤장, 또는 관직을 상징하는 지휘봉으로 친 것을 의미한다고 생각한다. 이렇게 해서 다음과 같은 성경 말씀들이 성취되었다: 이사야 50:6, 나를 때리는 자들에게 나의 뺨을 맡겼다(에이스 라피스마타, 칠십인역에는 여기에 나오는 이 단어가 사용되고 있다). 미가서 5:1, 그들이 막대기로 이스라엘 재판자의 뺨을 치리로다. 그리고 구약의 모형이 이루어졌다: 욥기 16:6, 무리들은 나를 모욕하여 뺨을 치는구나. 잘못 말하였거나 잘못 행하지 않은 사람을 치는 것은 불의한 일이었다. 비천한 종이 명망 있는 사람을 치는 것은 무례한 일이었다. 양 손이 결박되어 있는 사람을 치는 것은 비겁한 짓이었다. 법정에 서 있는 죄수를 치는 것은 야만적인 행위였다. 여기에 법정 앞에서 화평을 깨는 행위가 자행되었지만, 재판관들은 그것을 용인하였다. 뺨을 맞을 사람은 바로 우리였는데, 그리스도께서는 여기에서 그런 모욕을 자신이 당하셨다: "수치와 욕은 내가 담당하리라."

(2) 그는 오만하고 고압적인 자세로 그리스도를 질책하였다: 네가 대제사장에게 이같이 대답하느냐? 그는 마치 찬송받으실 예수께서 재판관에게 말할 자격도 없을 정도로 악한 자이고, 재판장에게 어떻게 말해야 할지도 모르는 지혜롭지 못한 무례하고 무식한 죄수여서, 간수로부터 통제를 받아야 하고, 어떻게 처신해야 하는지를 가르침받아야 할 자인 것처럼 대하였다. 어떤 이들은 이 아랫사람이 바로 말고였다고 주장한다. 그렇다면, 말고는 그리스도 덕분에 잘린 귀

가 치유되었고 목숨을 건졌음에도 불구하고 그리스도께 이렇게 악하게 대한 것이 된다. 그러나 그리스도의 뺨을 친 자가 누구였든지 간에, 그것은 대제사장을 기쁘게 하고 대제사장의 눈에 들기 위해서 행하여진 일이었다. 왜냐하면, 그가 말한 것 속에는 대제사장의 위엄을 높이고자 하는 의도가 내포되어 있기 때문이다. 악한 관원들 밑에는 악한 종들이 있어서, 그들은 그들의 주인들에 의해서 박해를 받는 자들의 고통을 더욱 가중시키는 법이다. 이 대제사장의 후계자는 옆에 있는 자들에게 명하여서 바울의 입을 치라고 하였다(행 23:2). 어떤 이들은 이 아랫사람이 그리스도께서 그의 가르침에 관하여 주변 사람들에게 물어보라고 함으로써 자기가 증인으로 나서게 될 수도 있다는 생각에 모욕감을 느꼈을 것이라고 생각한다. 그리고 아마도 이 아랫사람은 전에 그리스도에 대하여 좋게 말했던 사람들 중의 한 사람으로서(7:46) 지금 그리스도의 은밀한 친구로 생각될 것을 우려하여 이렇게 원수로 돌변하여 그리스도를 모욕한 것이라고 한다.

2. 그리스도께서는 놀라운 온유함과 인내심을 가지고 이러한 모욕을 견디셨다(23절): "내가 지금 말한 것 중에서 내가 말을 잘못하였으면 그 잘못한 것을 증언하라. 그 일을 법정에 맡기고, 원래의 재판관들인 자들에게 그것을 판단하게 하라. 그러나 내가 한 말 속에 잘못한 것이 없다면, 네가 어찌하여 나를 치느냐?" 그리스도께서는 진노의 이적으로써 그에게 답하실 수도 있으셨고, 그를 쳐서 벙어리가 되게 하거나 죽게 하실 수도 있으셨으며, 그의 뺨을 친 손을 말라버리게 하실 수도 있으셨다. 그러나 지금은 그리스도께서 참으시고 고난받으실 때였기 때문에, 그는 지혜의 온유함으로 그에게 대답하심으로써, 우리에게 스스로 복수하지 말고, 욕을 욕으로 갚지 말며, 비둘기의 순결함으로 모욕을 참으며, 우리 구주처럼 뱀의 지혜로써 그들의 불의함을 나타내 보이고, 그들을 방백들에게 맡기라고 가르쳐 주셨다. 그리스도께서는 여기에서 다른 쪽 뺨도 내밀지는 않으셨는데, 이것을 통해서 우리는 마태복음 5:39의 원칙이 문자 그대로 이해되어서는 안 된다는 것을 알게 된다. 다른 쪽 뺨을 내밀면서도 마음속에는 악의가 가득 차 있는 사람도 있을 수 있다. 그러나 그리스도의 명령과 그가 행하신 모범을 비교해 보면, 우리는 다음과 같은 것들을 배우게 된다.

(1) 그러한 경우들에 있어서 우리는 우리 자신의 복수자가 되거나 우리 자신의 주장에 있어서 재판관이 되어서는 안 된다는 것. 우리는 맞받아서 치는

것보다는 맞는 것이 낫다. 왜냐하면, 맞받아서 치게 되면 싸움이 일어나기 때문이다. 우리는 스스로를 방어할 수는 있지만, 스스로 복수해서는 안 된다: 복수를 해줄 사람은 방백이다(롬 13:4). 방백은 공공의 질서를 보전하고 악행하는 자들을 억제하며 벌하기 위해서 있기 때문이다.

(2) 우리에게 가해진 해악에 대한 우리의 반응은 언제나 이성적인 것이 되어야 하고 결코 감정적인 것이 되어서는 안 된다. 여기에서 그리스도의 행동도 바로 그러한 것이었다. 그는 욕을 당하셨지만 위협하지 않으시고 조리 있게 따지셨다. 그리스도께서는 그에게 해를 가한 자를 조리 있게 타이르셨는데, 우리도 그렇게 하여야 한다.

(3) 우리가 고난으로 부르심을 받았을 때, 우리는 고난의 상태가 주는 불편한 것들을 인내로써 참아내어야 하며, 모욕을 당하였을 때에 또 다른 모욕을 받을 준비를 하여야 하고, 그러한 모욕을 좋게 여겨야 한다.

VI. 이렇게 종들이 그리스도를 학대하고 있는 동안에 베드로는 그리스도를 부인하는 일을 진행하고 있었다(25-27절). 이것은 슬픈 이야기이고, 그리스도의 고난을 가중시키는 것이었다.

1. 베드로는 주님을 부인하는 죄를 두 번째 되풀이하였다(25절). 베드로가 종들 틈에 끼어서 불을 쬐고 있는 동안에, 그들이 그에게 너도 그 제자 중 하나가 아니냐고 물었다. 너는 우리 중에 끼어서 도대체 여기서 무엇을 하고 있는 것이냐? 베드로는 그리스도께서 그의 제자들에 관하여 심문을 받는 것을 들었을 것이기 때문에, 자기가 그 제자라는 것을 시인하면 붙잡히게 되거나 적어도 주님처럼 매를 맞게 될 것을 두려워하여, 나는 아니라고 단호하게 부인하였다.

(1) 베드로가 저지른 어리석은 짓은 그에게 전혀 어울리지 않고 그와는 아무 상관도 없는 자들과 계속해서 어울려서 스스로를 시험 속으로 몰아넣은 것이었다. 베드로는 뜰에 머물면서 계속해서 불을 쬐고 있었다. 그러나 악을 행하는 자들과 더불어서 불을 쬐고 있는 자들은 선한 사람들과 선한 일들에 대하여 점점 차가워지게 되고, 마귀의 불가를 좋아하는 자들은 마귀의 불에 타버릴 위험성이 있다. 만약 베드로가 법정에 서 계신 주님 곁에 있었다면, 그는 많은 물로도 끌 수 없는(아 8:6-7) 주님의 사랑의 불로 인해서 아랫사람들이 피운 불 옆에 있는 것보다 더 따뜻하고 훈훈했을 것이다. 그렇게 했더라면, 베드로는 주님에 대한 열심과 박해자들에 대한 분노로 온 몸이 더웠을 것이다. 그러나 베드

로는 원수들에 대한 분노로 더워지는 것보다도 원수들과 함께 불을 쬐는 쪽을 택하였다. 그러나 어떻게 한 사람(한 제자)이 홀로 따뜻해질 수 있겠는가(전 4:11)?

(2) 베드로가 또 다시 시험을 받게 된 것은 그의 큰 불행이었다. 하지만 이곳은 시험의 장소였고, 이 때는 시험의 때였기 때문에, 시험 이외의 그 어떤 것을 기대할 수는 없는 노릇이었다. 재판장이 그리스도에게 그의 제자들에 관하여 심문하였을 때, 아마도 종들은 어떤 낌새를 알아차리고, 베드로에게 "네 이름을 말하라"고 하면서 베드로에게 제자들 중의 하나가 아니냐고 윽박질렀을 것이다. 여기서 우리는 다음과 같은 것들을 볼 수 있다. [1] 시험하는 자는 영악하다. 시험하는 자는 누가 넘어진 것을 보면 그를 짓밟고, 더 많은 세력을 규합해서 그 넘어진 자를 친다. 앞서는 여종 하나였지만, 지금은 종들이 모두 합세해서 베드로에게 물었다. 하나의 시험에 지게 되면, 이번에는 더 강한 시험이 찾아온다. 우리가 땅을 내어주게 되면, 사탄은 공격을 두 배로 강화시킨다. [2] 악한 무리의 위험성. 우리는 흔히 우리가 어울리는 사람들에게 인정받고자 애쓴다. 우리는 그들에게서 좋은 말을 듣고자 하고, 그들이 보기에 괜찮은 자로 불리기를 원한다. 우리가 사귀는 사람들을 선택할 때, 우리는 이미 누구에게서 칭찬을 받을 것인지를 선택하는 것이고, 누구의 견해에 따라서 우리의 행동을 결정지을지를 선택하는 것이다. 그러므로 우리는 첫 번째 선택을 잘하도록 관심을 가져야 하고, 하나님을 노엽게 함이 없이는 기쁘게 할 수 없는 그런 자들과 사귀고 어울려서는 안 된다.

(3) 베드로의 큰 약점, 아니 그의 큰 악함은 시험에 져서 자기가 그리스도의 제자들 중 하나가 아니라고 말한 것이었다. 이것은 그의 영광이었던 것을 부끄러워한 것이었고, 그의 더 큰 영광이 되었을 그리스도를 위한 고난을 두려워한 것이었다. 우리는 여기에서 사람을 두려워하면 올무에 걸리게 된다는 것을 보게 된다. 그리스도께서 사람들로부터 칭송을 받고 사랑을 받으며 대접을 받았을 때, 베드로는 자기가 그리스도의 제자라는 사실을 기뻐하였고 자랑스러워하였으며 주님에게 주어진 영광에 함께 참여하였다. 이렇게 신앙이 사람들 가운데서 평판이 좋을 때에 그것을 누리던 사람들이 신앙이 사람들 가운데서 욕을 먹게 되었을 때에는 그 신앙을 부끄러워하는 경우가 많다. 그러나 우리는 상황이 어떻게 변하더라도 신앙을 굳게 지켜야 한다.

　2. 베드로는 주님을 부인하는 죄를 세 번째로 되풀이하였다(26-27). 여기에서 베드로는 종들 중의 한 사람, 즉 말고의 친척인 자에 의해서 공격을 받았다. 그는 베드로가 그리스도의 제자인 것을 부인한다는 말을 듣고서, 그것이 거짓말이라는 것을 자신 있게 증언하였다: "네가 그 사람과 함께 동산에 있는 것을 내가 보지 아니하였느냐. 내 친척의 귀가 그 증거니라." 그러자 베드로는 마치 그가 그리스도에 대하여 아무것도 모르고, 동산에 대해서도 아무것도 모르며, 이 모든 일에 대해서 아무것도 모르는 양 다시 부인하였다.

　(1) 이 세 번째 시험은 이전보다 더 치밀한 것이었다. 앞서의 시험에서는 사람들이 그리스도에 대한 그의 관계만을 의심하였지만, 여기에서는 한 종이 나서서 베드로가 예수와 함께 있었고, 그가 칼을 빼어서 자기 친척의 귀를 잘랐다고 증언한다. 한 번 눈을 딱 감고 죄를 범함으로써 곤경에서 벗어날 수 있다고 생각하는 자들은 사실 점점 더 죄에 묶이고 연루되어서 어찌할 수 없는 지경에 이르게 된다는 것을 명심하라. 과감하게 용감히 행하라. 왜냐하면, 진리는 드러나게 될 것이기 때문이다. 우리가 거짓말로 은폐하고자 하는 것을 공중의 새가 그 소리를 전하게 될 것이다. 여기에서 증언한 이 종이 말고의 친척이었다는 사실을 본문에서 기록하고 있는 것은 이 상황으로 인해서 베드로가 더욱더 큰 두려움을 지니게 되었을 것임을 말하고자 했기 때문이다. 베드로는 이렇게 생각하였을 것이다: '이제 나는 끝장이 났고, 어쩔 수가 없게 되었다. 다른 증인이나 고소하는 자도 필요없게 되었다.' 우리는 가능하다면 특정한 사람을 우리의 원수로 삼아서는 안 된다. 왜냐하면, 그 사람 또는 그의 친척 중의 어떤 사람이 우리를 좌지우지할 수 있는 때가 올지도 모르기 때문이다. 사람은 누구나 친구를 필요로 하기 때문에 원수를 삼지 말아야 한다. 그러나 여기에 베드로를 칠 만한 충분한 증거가 있었고, 베드로의 부인(否認)은 그를 고소할 만한 충분한 도발이었음에도 불구하고, 베드로는 아무런 해악도 입지 않은 채로 빠져나올 수 있었고, 또한 그에게 해악을 가하고자 하는 시도도 없었다. 우리는 흔히 근거 없는 두려움 때문에 죄에 빠지는데, 약간의 지혜와 결단만 있다면 넉넉히 해결할 수 있는 그런 두려움 때문에 죄에 빠진다.

　(2) 베드로가 이 시험에 진 것은 이전의 시험들보다 결코 덜 비열한 것이 아니었다: 베드로가 또 부인하였다. 우리는 여기에서 다음과 같은 것들을 볼 수 있다. [1] 이 죄의 일반적인 성격: 너희 중에 누구든지 죄의 유혹으로 완고하게 되지 않

도록 하라(히 3:13). 베드로는 거짓말임이 명백한 증거가 있는데도 너무도 확신 있게 거짓말을 할 수 있을 정도로 순식간에 뻔뻔스러움의 극치에 도달하였다. 그러나 죄의 시작은 물이 새는 것과 같느니라. 일단 둑이 무너지면, 사람들은 쉽게 점점 더 악하게 되어간다. [2] 구체적으로 거짓말하는 죄에 대하여. 거짓말하는 죄는 다른 죄들을 양산하는 죄이기 때문에 극히 악한 죄이다: 하나의 거짓말은 그것을 밑받침하기 위한 또 다른 거짓말을 필요로 하고, 이러한 악순환은 계속 된다. 발각되지 않기 위해서 죄로써 죄를 덮는 것이 마귀의 행동원칙이다.

(3) 베드로에게 양심을 일깨우기 위해서 주어진 암시는 시의적절하고 복된 것이었다: 곧 닭이 울더라. 이것은 여기에서 베드로의 회개에 관하여 말하고 있 는 모든 것으로서, 다른 복음서 기자들에 의해서도 기록되고 있다. 닭이 우는 소리를 듣고서야 베드로는 제정신으로 돌아왔고, 그리스도께서 그에게 하신 말씀을 기억하게 되었다. 우리는 여기에서 다음과 같은 것들을 볼 수 있다. [1] 그리스도께서는 자기 사람들이 어리석은 짓을 저지른다고 하여도 그들을 보살 피신다는 것. 그들은 넘어지나 아주 엎드러지지 않고, 완전히 버려지지도 않는다. [2] 우리에게 진리를 일깨우는 것들이 우리 가까이에 있는 것의 이점. 그러한 것 들은 비록 우리에게 우리가 이미 알고 있는 것 이상으로 말해줄 수는 없지만, 우리가 잊어버리고 있던 것을 우리에게 상기시켜 준다. 닭이 우는 소리는 다른 사람들에게는 별 일 아닌 것으로서 별 의미가 없었다. 그러나 그것은 베드로에 게는 하나님의 음성이었고, 그의 양심을 일깨워서 그리스도의 말씀을 생각나 게 해 준 복된 것이었다.

[28]그들이 예수를 가야바에게서 관정으로 끌고 가니 새벽이라 그들은 더럽힘을 받지 아니하고 유월절 잔치를 먹고자 하여 관정에 들어가지 아니하더라 [29]그러므로 빌라 도가 밖으로 나가서 그들에게 말하되 너희가 무슨 일로 이 사람을 고발하느냐 [30]대 답하여 이르되 이 사람이 행악자가 아니었더라면 우리가 당신에게 넘기지 아니하 였겠나이다 [31]빌라도가 이르되 너희가 그를 데려다가 너희 법대로 재판하라 유대인 들이 이르되 우리에게는 사람을 죽이는 권한이 없나이다 하니 [32]이는 예수께서 자 기가 어떠한 죽음으로 죽을 것을 가리켜 하신 말씀을 응하게 하려 함이러라 [33]이에 빌라도가 다시 관정에 들어가 예수를 불러 이르되 네가 유대인의 왕이냐 [34]예수께 서 대답하시되 이는 네가 스스로 하는 말이냐 다른 사람들이 나에 대하여 네게 한

말이냐 ³⁵빌라도가 대답하되 내가 유대인이냐 네 나라 사람과 대제사장들이 너를 내게 넘겼으니 네가 무엇을 하였느냐 ³⁶예수께서 대답하시되 내 나라는 이 세상에 속한 것이 아니니라 만일 내 나라가 이 세상에 속한 것이었더라면 내 종들이 싸워 나로 유대인들에게 넘겨지지 않게 하였으리라 이제 내 나라는 여기에 속한 것이 아니니라 ³⁷빌라도가 이르되 그러면 네가 왕이 아니냐 예수께서 대답하시되 네 말과 같이 내가 왕이니라 내가 이를 위하여 태어났으며 이를 위하여 세상에 왔나니 곧 진리에 대하여 증언하려 함이로라 무릇 진리에 속한 자는 내 음성을 듣느니라 하신대 ³⁸빌라도가 이르되 진리가 무엇이냐 하더라 이 말을 하고 다시 유대인들에게 나가서 이르되 나는 그에게서 아무 죄도 찾지 못하였노라 ³⁹유월절이면 내가 너희에게 한 사람을 놓아 주는 전례가 있으니 그러면 너희는 내가 유대인의 왕을 너희에게 놓아 주기를 원하느냐 하니 ⁴⁰그들이 또 소리 질러 이르되 이 사람이 아니라 바라바라 하니 바라바는 강도였더라

이 단락에는 그리스도께서 로마 총독 빌라도 앞에서 심문받으시는 장면에 관한 기사가 나온다. 그리스도께서는 총독의 관저를 뜻하는 '프라이토리움'(헬라어화 된 라틴어), 즉 관정에서 심문을 받으셨다. 유대인들은 그리스도를 로마 법정에 세워서 단죄를 받게 하고 로마 권력에 의해서 처형당하도록 하기 위하여 급히 그를 총독에게로 데려갔다. 그리스도를 죽이기로 결안하였던 그들이 이러한 절차를 밟은 것은 다음과 같은 이유들 때문이었다.

1. 그들이 로마의 속주가 되어 있었기 때문에, 그들은 현재의 통치체제에 따라서 그리스도를 좀 더 합법적이고 정상적으로 사형에 처하기 위해서. 그들은 스데반의 경우처럼 유대 율법에 따라서 돌로 쳐 죽임으로써 군중들의 소요가 일어나는 것을 원하지 않았기 때문에, 현재의 사법제도를 이용해서 그리스도를 죽이고자 하였다. 이렇게 하나님께서 그리스도를 우리를 대신하여 죄로 삼으셨기 때문에 그는 행악자로 취급되셨다.

2. 그리스도를 좀 더 안전하게 죽일 수 있도록 하기 위하여. 백성들이 두려워하는 로마 정부를 이 일에 개입시킬 수 있다면, 군중들의 소요가 일어날 위험성은 적어질 것이었기 때문이다.

3. 그리스도가 좀 더 치욕적으로 죽임을 당하도록 하기 위하여. 로마인들이 흔히 사용하였던 십자가 처형은 모든 사형 수단들 중에서 가장 치욕스러운 것

이었기 때문에, 그들은 그리스도를 십자가형으로 처형함으로써 그에게 씻을 수 없는 오명을 씌워서, 그의 명성을 영원히 가라앉게 하고자 하였다. 그러므로 그들은 그를 십자가에 못 박으소서라고 합창을 했던 것이다.

4. 그들이 비난을 덜 받는 방향으로 그리스도를 죽이기 위해서. 세상에서 그토록 많은 선을 행한 자를 죽이는 일은 만인의 분노를 살 만한 일이었기 때문에, 그들은 그러한 오명을 로마 정부에 뒤집어 씌우고, 백성들의 비난이 로마 정부에 향하게 만듦으로써, 그들 스스로는 그러한 비난에서 면제받고자 하였다. 이렇게 많은 사람들은 악한 행위의 죄성보다는 그것으로 인하여 받을 비난을 더 두려워한다(사도행전 5:28을 보라). 여기서 우리는 이 재판 과정과 관련해서 두 가지를 살펴볼 수 있다. (1) 이 재판에 대한 그들의 방침과 열성: 새벽이라. 어떤 이들은 오전 2-3시 경이었다고 생각하고, 어떤 이들은 5시나 6시였다고 생각하는데, 이러한 시간은 대부분의 사람들이 잠들어 있을 시간이었다. 따라서 그리스도에게 호의적이었던 사람들이 소동을 일으킬 위험성이 적었을 것이다. 이와 동시에, 그들은 사람들을 보내서 그리스도를 못 박으라고 외침으로써 재판에 영향을 주기 위하여 사람들을 동원하였다. 이 재판에서 그들의 마음이 어디에 있었으며, 그들이 얼마나 폭력적이었는지를 보라. 일단 그리스도가 그들의 수중에 들어오자, 그들은 그리스도에게 십자가를 지울 때까지는 한 시간도 허비함이 없이 조금도 쉬지 않고 이 일을 밀어부쳤다(미가서 2:1을 보라). (2) 그들의 미신과 악한 위선: 대제사장들과 장로들은 일이 잘 진행되는지를 확인하기 위하여 죄수를 따라서 왔지만, 더럽힘을 받지 아니하고 유월절 잔치를 먹고자 하여 할례받지 않은 이방인의 집이었던 총독의 관정에 들어가지 아니하고 문 밖에 서 있었다. 여기에 나오는 유월절 잔치는 유월절 어린 양을 말하는 것이 아니라(그 어린 양은 유월절 전날 밤에 먹게 되어 있었다), 제15일에 드려진 희생제물들, 즉 '하기가'로 불린 유월절 황소들(신 16:2; 대하 30:24; 35:8-9)을 먹는 유월절 잔치를 말한다. 그들은 이러한 유월절 잔치를 먹게 되어 있었기 때문에, 이방인과 접촉함으로써 부정을 타게 될까봐 법정으로 들어가고자 하지 않았다. 그러나 이러한 부정(不淨)은 사실 율법에 기록된 것이 아니라 단지 유대인들의 전통일 뿐이었다. 그들은 이러한 부정에 대해서는 몹시 마음을 썼지만, 모든 율법 정신을 깨뜨리고서 그리스도를 죽이고자 하는 것에 대해서는 전혀 개의치 않았다. 그들은 하루살이는 걸러내고 낙타는 삼켰다. 이제 관정에서 무

슨 일이 일어났는지를 살펴보기로 하자.

I. 빌라도가 고소한 자들과 상의함.

빌라도가 그리스도를 고소한 자들을 먼저 불러서, 그들이 무엇 때문에 죄수를 고소하였는지를 물은 것은 매우 합당한 일이었다(29-32절).

1. 재판장은 고소 내용을 확인한다. 그들이 법정으로 들어오고자 하지 않았기 때문에, 빌라도가 밖으로 나가서 관정 앞에 있는 뜰에서 그들과 얘기를 나눴다. 방백으로서 빌라도를 볼 때, 그에게는 세 가지 칭찬할 만한 점이 있다 — 우리는 각 사람을 정당하게 평가해야 한다. (1) 그가 부지런하고 치밀하게 일을 살핀 것. 이것이 중요한 사건이었다면, 그가 이른 아침에 재판석에 나오고자 한 것은 아주 잘한 일이었다. 공직에 있는 사람들은 그들의 편안함을 추구해서는 안 된다. (2) 그가 자신을 낮추고 사람들의 기분에 맞추어서 위엄을 과시하지 않고 그들이 거리끼는 일들을 배려해 준 것. 빌라도는 "그들이 내게로 들어오고자 하지 않는다면, 그들로 하여금 집으로 가게 하라"고 말할 수도 있었을 것이다. 마찬가지로, 우리도 "고소하는 자가 방백에게 모자를 벗어서 예를 갖추는 것을 꺼려한다면, 그의 고소를 듣지 말아야 한다"고 말할 수 있을 것이다. 그러나 빌라도는 그렇게 우기지 않고 그들을 용납해서 자기가 친히 그들에게로 나아갔다. 왜냐하면, 선을 위해서라면 우리는 여러 사람에게 여러 모습이 되어야 하기 때문이다. (3) 그가 정의의 원칙에 충실해서, 이 소송이 악의적인 것은 아닌가 의심하여, 고소 내용을 확인한 것: "너희가 무슨 일로 이 사람을 고발하느냐?" 너희는 무슨 죄목으로 그를 고소하고 있고, 그것에 대하여 어떤 증거를 가지고 있느냐? 아무도 심리를 받지 않은 채로 단죄되지 아니한다는 것은 발레리우스 푸블리콜라(Valerius Publicola)가 그것을 로마법으로 삼기 이전부터 자연법에 속한 것이었다(사도행전 25:16-17을 보라). 체포영장에 죄목을 기재하지 않은 채로 어떤 사람을 체포하거나 고소장도 없는 상태에서 심문하는 것은 옳지 않은 일이다.

2. 그리스도를 고소한 자들은 그가 죽이거나 결박할 사유에 해당하는 어떤 특정한 죄를 저질렀다는 주장이나 증거도 없이 단지 범죄자일 것이라는 일반적인 추정 위에서 그에 대한 재판을 요구한다(30절): 이 사람이 행악자가 아니었다면 우리가 당신에게 넘기지 아니하였겠나이다. (1) 이것은 그들이 빌라도에게 매우 무례하고 공손치 못한 자들로서 통치권을 멸시하기를 좋아하는 잘못된 성

품을 지닌 자들의 무리라는 것을 보여준다. 빌라도는 그들에게 예를 갖추어서 그들과 상의하기 위하여 밖으로 나왔지만, 그들은 그의 호의를 완전히 무시해 버린 것이었다. 빌라도는 그들에게 너무도 당연한 질문을 했다. 만약 빌라도가 시답지 않은 질문을 하였더라면, 그들은 아예 그 질문을 무시한 채 대답도 하지 않았을 것이다. (2) 이것은 그들이 우리 주 예수에 대하여 큰 앙심을 품고 있었고 매우 악의적이었다는 것을 보여준다. 그들은 빌라도 앞에서 그리스도는 악행자이고, 또한 악행자로 다루어져야 할 것이라고 막무가내로 주장한다. 우리는 어떤 사람이 유죄로 입증되기 전까지는 그 사람이 무죄일 것이라고 추정하여야 한다. 그러나 그들은 스스로 무죄임을 입증할 수 있는 자를 유죄로 추정하고자 한다. 그들은 "그가 민족반역자요 살인자요 흉악범이요 평화를 깨뜨린 자이다"라고 말할 수 없었기 때문에 "이 사람이 행악자이다"라고 말한다. 두루 다니며 선한 일을 행하신 자가 행악자라니! 그가 고쳐주었고 먹였고 가르쳤던 자들을 불러 오라. 그가 귀신들로부터 구해 주었고, 죽음에서 다시 살리신 자들을 불러오라. 그리고 그들에게 그가 악행자인지 아닌지를 물어 보라. 가장 선한 일을 한 자들이 가장 흉악한 행악자들로 낙인찍혀서 짓밟히는 일은 새삼스러운 일이 아니다. (3) 이것은 그들이 매우 오만하고 스스로 뽐내는 자들임을 보여준다. 그들은 그들이 스스로 행악자라고 판단해서 한 사람을 넘겨주었으면, 그것으로 방백이 사법적인 절차를 진행하기에 충분한 근거가 된다고 생각하는 것 같았다. 이것보다 더 오만한 태도가 어디에 있을 수 있겠는가?

3. 재판장은 그리스도를 유대인들의 법정으로 반송하고자 한다(31절): "너희가 그를 데려다가 너희 법대로 재판하라. 그리고 이 일로 나를 괴롭히지 말라." (1) 어떤 이들은 빌라도가 그들에게 경의를 표하여, 그들의 권력을 인정하며, 그 권력을 행사하도록 허용한다는 의미로 이 말을 했다고 생각한다. 그들은 공동체적인 징벌을 가하여서, 그들의 회당에서 채찍질할 수 있었다. 사형에 처할 수 있었는지의 여부는 불확실하다. 빌라도는 "너희의 율법이 허용하는 대로 하라. 너희가 더 나아간다고 해도, 내가 그것을 묵인하겠다"고 말하고 있는 것이다. 빌라도가 이렇게 말한 것은 유대인들을 기쁘게 하고자 하는 의도였지만, 그들에게 그들이 원하는 것을 해 주고자 하지 않은 것이었다. (2) 어떤 이들은 빌라도가 그들을 희롱한 것이며, 그들의 현재의 연약하고 굴종적인 모습을 힐난한 것이라고 생각한다. 그들은 이 사건에 대한 유일한 재판관들이 되고자 한다.

빌라도는 이렇게 말한다: "너희가 그렇게 하고자 한다면, 너희가 시작한 대로 계속해서 그렇게 하여라. 너희가 너희 율법에 따라서 그가 유죄라는 것을 발견했다니, 어디 한번 너희의 율법에 따라서 너희 마음대로 그를 단죄하여 보아라." 힘이 없고 약한 처지에 있어서 명령을 받아야 할 자리에 있는 자들이 명령을 하려 하고 자신의 지혜를 뽐내는 것보다 더 볼썽사나운 일은 없고 더 수치를 당할 일은 없다. 어떤 이들은 빌라도가 여기에서 모세의 율법이 로마법에서는 결코 허용하지 않는 것, 즉 심리를 하지 않고 사람을 판단하는 것을 허용하고 있다는 것에 생각이 미친 것이라고 본다. "너희의 율법으로는 그런 일이 가능하겠지만, 우리의 법으로는 가능하지 않다." 이렇게 그들의 부패로 말미암아 하나님의 율법이 욕을 당하였다. 하나님의 복음도 또한 마찬가지이다.

4. 그들은 재판관으로서의 권세를 주장하지 않고 고소하는 자들로 만족한다(그럴 수밖에 없었기 때문에). 그들은 이제 점점 덜 무례해지고 더 공손해져서, "우리가 어떤 가벼운 형벌을 가할 수는 있겠지만, 우리에게는 사람을 죽이는 권한이 없나이다. 그런데 이 사람은 우리가 죽이고자 하는 악행자이나이다"라고 말한다.

(1) 어떤 이들은 그들이 그들 자신의 부주의함으로 인해서 사람을 사형에 처하는 재판을 할 권한을 잃어버리고, 비겁하게도 당대의 권세에 굴복하고 있는 것이라고 생각한다. 라이트푸트 박사는 없나이다(우크 엑세스티)를 어떤 범죄에 대해서도 사형을 언도할 힘이 우리에게 없는데, 만약 우리가 사형을 언도한다면, 군중들이 즉시 봉기하게 될 것이라는 것을 의미하는 것으로 해석한다.

(2) 어떤 이들은 로마인들이 유대인들의 권력을 그들로부터 뺏어갔는데, 이것은 그들이 그 권력을 잘 사용하지 못했기 때문이거나 정복민들의 손에 그러한 엄청난 권력을 쥐어준 것이 합당하지 않다고 여겼기 때문이라고 생각한다. 그들이 이렇게 자신의 처지를 인정한 것은 빌라도에게 잘 보이기 위한 것이었고 그들의 무례를 용서받기 위한 것이었지만(30절), 그것은 규가 유다를 떠났고, 이제 메시야가 도래하였다는 것을 보여주는 온전한 증거에 해당하는 것이었다(창 49:10). 유대인들이 사람을 죽이는 권한을 가지고 있지 않다면, 규(珪)는 도대체 어디에 있는 것인가? 그렇지만 그들은 실로는 어디에 있는가라고 묻지 않는다.

(3) 하지만 그들에게 사람을 죽일 권한이 없었던 것이든 이 사건과 관련해서

그러한 권한을 행사하기를 사양한 것이든, 그것 속에는 섭리가 있었는데, 이는 예수께서 자기가 어떠한 죽음으로 죽을 것을 가리켜 하신 말씀을 응하게 하려 함이러라(32절). [1] 일반적으로 그리스도의 말씀들이 이루어지지 못하도록 방해하고자 한 자들조차도 그들의 의도와는 달리 모든 것을 관장하시는 하나님의 손길에 의해서 그 말씀들이 성취되는 데에 사용되었다. 그리스도의 말씀은 하나도 땅에 떨어지지 않을 것이다. 그리스도께서는 결코 속이실 수도 없고 속임을 당하실 수도 없으시다. 그리스도를 속이는 자로 규정하고 박해하고 있던 대제사장들조차도 다른 조치들을 취하였다면 그들이 그리스도의 예언들을 이루어지지 못하게 하였을 것인데도 불구하고 그들의 마음이 그리스도의 말씀들을 이루어지게 하고 참되다는 것이 증명되도록 하는 방향으로 작용하였다. 그의 뜻은 이 같지 아니하며 그의 마음의 생각도 이 같지 아니하였다(사 10:7). [2] 그리스도께서 자신의 죽음에 관하여 말씀하셨던 그러한 말씀들이 구체적으로 성취되었다. 유대인들이 그들의 율법을 따라서 재판할 것을 거부함으로써 그리스도께서 그의 죽음에 관하여 하신 두 가지 말씀이 성취되었다. 첫째, 그리스도께서는 그가 이방인들에게 넘겨져서, 그들이 그를 죽이리라고 말씀하셨는데(마 20:19; 막 10:33; 눅 18:32-33), 이 일을 통해서 그 말씀이 성취되었다. 둘째, 그리스도께서는 그가 십자가에 못 박히셔서(마 20:19; 26:2) 들리게 되리라고 말씀하셨었다(3:14; 12:32). 만약 지금 대제사장들이 그들의 율법에 따라서 그를 재판하였다면, 그리스도께서는 돌에 맞아 죽으셨을 것이다. 불에 태워 죽이는 화형과 목매어 죽이는 교수형, 머리를 잘라 죽이는 참수형은 유대인들 가운데서 종종 사용되었지만 십자가형은 결코 사용된 적이 없었다. 그러므로 그리스도께서 나무에 달려서 우리를 위하여 저주를 받으셔서(갈 3:13) 그의 손과 발이 찔리게 되기 위해서는 로마인들에 의해서 죽으셔야 했다. 로마 권력 때문에 그리스도께서는 베들레헴에서 나셨듯이, 이제도 로마 권력 때문에 그는 십자가 위에서 죽으셔야 했는데, 이 두 가지는 모두 성경 말씀을 응하게 하려 한 것이었다. 마찬가지로, 우리가 알지는 못하지만 우리가 어떠한 죽음으로 죽을 것은 이미 결정되어 있는데, 이것은 그 문제에 관한 모든 불안한 근심들로부터 우리를 해방시켜 준다. "주여, 우리가 어떠한 죽음으로 언제 어떻게 죽을 것인지를 주께서는 이미 정해 놓으셨나이다."

Ⅱ. 여기에는 빌라도가 죄수를 불러서 대화하는 장면이 나온다(33절 이하).

1. 법정에 세워진 죄수. 빌라도는 관정 밖에서 대제사장들과 얘기를 나눈 후

에 관정으로 다시 돌아와서 예수를 들어오게 하라고 명하였다. 빌라도는 군중들의 떠들썩한 소리에 의해서 방해를 받지 않기 위해서 무리들이 보는 앞에서 그리스도를 심문하고자 하지 않았고, 그를 관정으로 데려오도록 지시하였다. 왜냐하면, 그리스도께서는 이방인들과 접촉하는 것을 꺼리지 않았기 때문이었다. 우리는 죄로 말미암아 하나님의 심판을 받을 수 있고, 하나님의 법정 앞에 끌려가게 될 것이다. 그러므로 우리를 대신하여 죄로 정함을 받으시고 우리를 위하여 저주를 받으신 그리스도께서 범죄자로서 심문을 받으셨다. 그리스도께서 빌라도에게 재판을 받으신 것은 우리가 하나님 앞에서 심판을 받지 않도록 하기 위한 것이었다.

2. 빌라도의 심문. 다른 복음서 기자들은 우리에게 그리스도를 고소하는 자들이 이 사람이 백성을 선동해서 가이사에게 세금 바치는 것을 금하였다고 고소하였고, 그리스도께서는 이 죄목에 대해서 심문을 받으신 것으로 말하고 있다.

(1) 빌라도는 그리스도를 덫에 걸리게 하고 뭔가 고소할 빌미가 될 수 있는 것을 찾아내기 위해서 그리스도에게 이렇게 질문한다: "네가 유대인의 왕이냐? 네가 유대 백성들이 그토록 오랫동안 기다려 왔고 많은 말들을 하였던 저 유대인의 왕, 즉 왕인 메시야이냐? 네가 유대인의 왕이라고 자처하는 자이냐? 네가 네 스스로를 그렇게 부르고, 네가 그런 자라고 생각하느냐?" 빌라도는 그리스도가 진정으로 유대인의 왕이라고 전혀 생각하지 않았고, 또한 진짜 그것이 궁금해서 이런 질문을 던진 것이 아니었다. 어떤 이들은 빌라도가 멸시하고 경멸하는 어조로 이러한 질문을 던진 것이라고 생각한다: "무엇이라고! 이토록 초라한 인물인 네가 왕이라고? 유대인들에 의해서 이토록 미움을 받고 박해를 받는 네가 유대인의 왕이란 말이냐? 황제만이 실질적으로(de facto) 유일한 왕이거늘, 네가 법적으로(de jure) 왕이란 말이냐?" 그리스도께서 이런 말씀을 하신 적이 있었는지를 증명할 수가 없었기 때문에, 빌라도는 그리스도에게 과연 그런 말을 한 적이 있는지 지금 실토하라고 압박하는 것인데, 이것은 그리스도 자신의 자백 위에서 재판을 진행하기 위한 것이었다.

(2) 그리스도께서는 이 질문에 대하여 또 다른 질문으로 대답하신다. 그리스도께서는 대답을 회피하기 위한 것이 아니라, 빌라도에게 그가 지금 무슨 짓을 하고 있고 어떤 근거 위에서 그렇게 하고 있는지를 생각해 보도록 촉구하기 위하여 반문을 하신 것이었다(34절): "이는 네가 네 마음속에서 생겨난 의구심으로

부터 스스로 하는 말이냐, 아니면 다른 사람들이 나에 대하여 네게 한 말을 네가 되풀이하여 묻고 있는 것이냐?" [1] "네가 이런 말을 스스로 할 리가 없다는 것은 분명하다." 빌라도는 직책상으로 로마 정부의 이익을 위하여 일하게 되어 있었지만, 우리 주 예수께서 말씀하시거나 행하신 것으로 인해서 로마 정부가 위험에 빠졌다거나 어떤 손해를 보았다고 말할 수 없었다. 그리스도께서는 세상적으로 화려한 모습으로 등장하신 것도 아니었고 어떤 세속적인 권력을 표방한 것도 아니었으며 재판관이나 물건 나누는 자로서 행세하신 적도 없으셨다. 또한 그리스도께서는 반역 행위와 관련된 주의(主義)나 주장을 펴거나 활동을 하신 것도 아니었고, 조금이라도 반역의 의심을 살 수 있는 그 어떤 것도 행하신 적이 없으셨다. [2] "다른 사람들이 나에 대하여 네게 말하여서, 당신에게 나에 대하여 헐뜯는 말을 한 것이라면, 당신은 그들이 누구이며, 그들이 어떤 원칙들 하에서 움직이고, 나를 가이사의 원수라고 주장하는 자들이 그들의 악의를 은폐하기 위해서 하나의 구실로써 그러한 명목을 사용하고 있는 것은 아닌지를 살펴보아야 한다. 왜냐하면, 그렇게 할 때에만 이 문제는 공의를 행하는 재판장에 의해서 제대로 다루어질 수 있기 때문이다." 만약 빌라도가 이 문제를 꼼꼼하게 심문해 보았더라면, 그는 대제사장들이 예수에 대하여 분노하는 진짜 이유는 그가 로마 권력에 반대하여 세상 나라를 세우지 않았기 때문이라는 것을 발견할 수 있었을 것이다. 만약 그리스도께서 로마에 반기를 들고 세상 나라를 세우고자 하여, 마치 모세가 이스라엘 백성을 애굽인들의 손에서 구원하였던 것과 마찬가지로, 유대인들을 로마인들의 속박으로부터 구해내는 이적들을 베풀었다면, 그들은 로마인들의 편에 서서 그리스도를 대적하기는커녕, 오히려 그리스도를 그들의 왕으로 삼아서, 그의 영도 하에 로마인들과 싸웠을 것이다. 그러나 그리스도께서 그들의 그러한 기대에 부응하지 않자, 그들은 그들 자신이 꿈꾸었던 범죄, 즉 현재의 로마 정권을 타도하고자 반란을 획책하고 있다는 죄목을 그리스도에게 뒤집어 씌운 것이었다. 그리고 그와 같은 정보는 빌라도의 구미에 맞는 것이 아니었던가?

(3) 빌라도는 그리스도의 대답에 적개심을 나타내면서 매우 못마땅하게 여긴다(35절). 여기에 그리스도의 질문에 대한 직접적인 대답이 나온다(34절). [1] 그리스도께서는 빌라도에게 그가 스스로 한 말이냐고 물었다. 빌라도는 이렇게 말한다: "아니다. 내가 너를 죽일 음모를 꾸미고 있다고 의심하다니, 내가

유대인이냐? 나는 메시야에 대해서 아무것도 알지 못하고, 또한 알고자 하지도 않기 때문에, 누가 메시야이고 누가 메시야가 아닌지에 관한 그런 논란에 아무런 관심도 없다. 누가 메시야이고 누가 메시야가 아닌지를 놓고 벌이는 논쟁은 나와는 아무 상관이 없는 일이다." 내가 유대인이냐라는 빌라도의 반문 속에는 경멸의 어조가 묻어 있다는 것을 주목하라. 유대인들은 여러 가지 이유로 인해서 영광스러운 민족이었다. 그러나 유대인들이 그들의 하나님의 계약을 타락시켰으므로, 하나님께서는 그들로 하여금 모든 백성 앞에서 멸시와 천대를 당하게 하셨기(말 2:8-8) 때문에, 지각이 있고 명예를 존중하는 사람은 유대인으로 여겨지는 것을 불명예로 생각하게 되었다. 이렇게 좋은 이름들이 그 이름들을 지닌 악한 자들 때문에 흔히 고생을 한다. 한 이슬람교도가 부정직하다고 의심을 받을 때에 그가 "무엇이라고! 너는 나를 그리스도인으로 취급하는 것이냐?"라고 반문한다면, 그것은 슬픈 일이다. [2] 그리스도께서는 빌라도에게 다른 사람들이 그에게 말해 준 것인지를 물으셨다. 빌라도는 이렇게 말한다: "그렇다. 당연히 네 편이 되어 주어야 할 네 나라 사람과, 내 입장에서는 그 증언을 당연히 존중할 수밖에 없는 대제사장들이 너를 내게 넘겼으니, 나는 그들의 고소 내용에 따라서 너에 대한 재판을 진행할 수밖에 없다." 이렇게 그리스도께서는 그의 신앙 때문에 그의 나라에 속한 자들, 그것도 다름 아닌 제사장들에 의해서 고통을 겪으신다. 그러한 자들은 그리스도와 관련이 있다고 고백하지만, 실제로는 그들의 신앙 고백에 따라서 살아가지 않는 자들이다. [3] 그리스도께서는 네가 유대인의 왕이냐는 질문에 대하여 대답하기를 거절하셨다. 그래서 빌라도는 그리스도께 다음과 같은 좀 더 일반적인 또 다른 질문을 던진다: "네가 무엇을 하였느냐? 네가 네 나라 사람들, 특히 제사장들에게 어떠한 도발을 하였기에, 그들이 이토록 격렬하게 너를 해치고자 하는 것이냐? 분명히 아니 땐 굴뚝에 연기날 리가 없는데, 도대체 너는 무슨 짓을 한 것이냐?"

(4) 그리스도께서는 그의 다음 답변 속에서 네가 유대인의 왕이냐라는 빌라도의 앞서의 질문에 대해서 좀 더 자세하고 직접적인 대답을 하신다. 그리스도께서는 어떤 의미에서 그가 왕인지를 설명하시면서, 자기는 로마 정부에 어떤 식으로든 위협이 되는 그런 왕이 아니고, 또한 이 세상에서의 왕도 아닌데, 이것은 그의 나라는 세속적인 방법들을 통해서는 이루어지지 않기 때문이라고 설명하신다(36절).

[1] 그리스도의 나라의 본질과 구성에 관한 설명. 그리스도의 나라는 이 세상에 속한 것이 아니다. 그리스도께서는 그의 나라에 관한 현재의 오해들을 바로잡아 주기 위해서 소극적으로 그의 나라에 대하여 표현하셨다. 그러나 그 말씀 속에는 그의 나라는 천국으로서 또 다른 세상에 속한다는 적극적인 의미가 내포되어 있다. 그리스도는 왕이시고, 나라를 소유하고 계시지만, 이 세상에 속한 것은 아니다. 첫째, 그리스도의 나라는 이 세상으로부터 생겨나는 것이 아니다. 인간 세상의 나라들은 바다와 땅에서 생겨난다(단 7:3; 계 13:1, 11). 그러나 거룩한 도성은 하나님에게서 하늘로부터 임한다(계 22:2). 그리스도의 나라는 계승이나 선거나 정복에 의해서 이루어지는 것이 아니라, 하나님의 뜻과 계획에 의한 직접적이고 특별한 지명에 의해서 이루어진다. 둘째, 그리스도의 나라의 성격은 세상적인 것이 아니다. 그 나라는 사람들 안에 있는 나라이고(눅 16:21), 사람들의 마음과 양심 속에 세워지는 나라로서(롬 14:17), 그 나라의 부는 영적인 것이고, 그 나라의 권세도 영적인 것이며, 그 나라의 모든 영광은 안에 있다. 그리스도의 나라에서 일을 보는 사역자들은 세상의 영(고전 2:12)을 가지고 있지 않다. 셋째, 그 나라를 지키고 지지하는 것들도 세상적인 것이 아니다. 그 나라의 병기는 영적인 것이다. 그 나라를 지키고 진보시키기 위해서 세속적인 권력이 필요하지도 않고 사용되지도 않으며, 그 나라는 왕들과 각 도에 손해를 주는 방식으로 운영되지도 않는다. 그리스도의 나라는 왕들의 대권이나 그들의 신민들의 재산에 추호도 간섭하지 않는다. 그리스도의 나라는 세속적인 것들과 관련된 기존의 그 어떤 체제도 변경하고자 하지 않고, 죄와 사탄의 나라 이외에는 그 어떤 나라에도 반대하지 않는다. 넷째, 그리스도의 나라의 성향과 의도는 세상적인 것이 아니다. 그리스도께서는 그의 제자들이 이 땅의 왕족들 같이 화려한 겉모습과 권세를 목표로 하도록 허락하지 않으셨다. 다섯째, 그리스도의 나라의 신민들은 비록 세상에 있기는 하지만 세상에 속한 것이 아니다. 그들은 세상으로부터 부르심을 받고 택함을 받아서, 또 다른 세상을 위해서 태어난 자들이고, 또 다른 세상에 속해 있다. 그들은 세상의 문도들도 아니고 세상에 살아가는 자들도 아니며, 세상의 지혜에 의해서 지배받지도 않고 세상의 부에 의해서 부요하게 되지도 않는다.

[2] 그리스도의 나라가 영적인 성격을 지니고 있음을 보여주는 증거. 만약 그리스도께서 현 정부에 대하여 맞설 의도를 지니고 계셨다면, 그는 병기를 들고

그들과 싸워서, 동일한 성격의 세력을 가지고 그 세력을 물리쳤을 것이다. 그러나 그리스도께서는 그렇게 하지 않으셨다: 만일 내 나라가 이 세상에 속한 것이었더라면 내 종들이 싸워 나로 유대인들에게 넘겨지지 않게 하였을 것이고, 내 나라가 그들에 의해서 망하도록 내버려 두지 않았을 것이다. 첫째, 그리스도를 따르는 자들은 싸우고자 하지 않았다. 도성에는 지금 갈릴리 사람들, 그의 친구들과 동향 사람들로 가득 차 있었고, 그들은 대체로 무장을 하고 있었지만, 그리스도를 구출하기 위한 그 어떤 소동이나 시도도 없었다. 오히려, 그리스도께서 잡혀 가셨을 때에 그의 제자들이 보여준 평화로운 행동은 어리석은 사람들의 무식한 말을 막으시기에 충분한 것이었다. 둘째, 그리스도께서는 그의 제자들에게 싸우라고 명령하지 않으셨다. 오히려, 그리스도께서는 제자들이 싸우고자 하는 것을 금하셨는데, 이것은 그가 세상적인 수단에 의존하지 않았다는 것(왜냐하면, 그는 열두 군단 더 되는 천사들을 호출해서 그를 섬기게 할 수 있었고, 그것은 그의 나라가 위로부터 온 것임을 보여주는 것이 되었을 것이기 때문이다)과 그가 세상의 반대를 두려워하지 않았다는 것(왜냐하면, 그는 그 어떤 세상 나라의 멸망을 초래하게 될 일이 그의 나라의 진보가 되리라는 것을 아시고서, 아주 기꺼이 유대인들에게 넘겨지셨기 때문이다)을 보여주는 증거였다. 그러므로 그리스도께서는 이렇게 결론을 내리신다: 이제 내 나라는 여기에 속한 것이 아니라는 것을 네가 알 수 있으리라. 내 나라는 이 세상에 있지만 이 세상에 속한 것은 아니다.

(5) 빌라도의 추가적인 심문에 대답하여 그리스도께서는 한층 더 직접적으로 답변하신다(37절). [1] 빌라도의 명백한 질문: "그러면 네가 왕이 아니냐? 너는 네가 소유하고 있는 나라에 관하여 말하고 있다. 그렇다면, 어떤 의미에서이든 너는 왕인 것이냐? 너는 도대체 어떤 의미로 그러한 주장을 하는 것이냐? 스스로 설명해 보아라." [2] 우리 주 예수께서는 이 질문에 답하여 본디오 빌라도 앞에서 선한 고백을 하심(딤전 6:13): 네 말과 같이 내가 왕이니라. 왜냐하면, 내가 진리에 대하여 증언하려 세상에 왔기 때문이다. 첫째, 그리스도께서는 비록 빌라도가 의도한 의미에서는 아니지만 자기가 왕이라는 것을 시인하신다. 메시야는 왕으로 오시게 되어 있었다: 메시야 왕. 그러므로 그리스도께서는 가야바에게 자기가 그리스도라는 것을 시인하셨듯이, 그의 말씀이 스스로 모순에 빠지는 듯이 보이지 않기 위해서, 빌라도에게 자기가 왕이라는 것을 부인하지 않으셨

다. 그리스도께서는 종의 형체를 가지셨지만, 그가 왕의 영광과 권세를 주장하신 것은 합당한 일이었다. 둘째, 그리스도께서는 자기 자신에 대하여 진리에 대하여 증언하려 세상에 오신 왕이라고 설명하셨다. 그리스도는 진리의 능력으로써 사람들의 마음속에서 통치하신다. 만약 그리스도께서 자기가 세상의 왕이라는 것을 선포하려는 의도에서 이런 말씀을 하신 것이라면, 그는 만민을 다스리고 왕들을 정복하며 나라들을 점령하기 위해서 이러한 목적으로 내가 태어났고 그러한 목적을 위해서 세상에 왔다고 말씀하셨을 것이다. 그렇지만 그리스도께서는 증언하려 오셨고, 세상을 지으신 하나님에 대하여 증언하고, 세상을 망쳐 놓은 죄에 대하여 증언하며, 이러한 증언의 말씀을 통해서 그의 나라를 세우고 견고케 하기 위하여 오신 것이었다. 그리스도께서 만민에게 증인이 되시며 만민의 인도자와 명령자가 되시리라는 것은 이미 성경에 예언된 것이었다(사 55장). 그리스도의 나라는 진리가 서지 못하는(사 59:15, 가장하지 못하는 자는 다스릴 줄 모른다) 이 세상에 속한 것이 아니라, 진리가 영원히 다스리는 저 세상에 속한 것이었다. 그리스도께서 이 세상에 오신 목적은 진리에 대하여 증언하기 위한 것이었다.

1. 하나님과 그의 뜻과 하나님께서 사람들에 대하여 가지신 선한 뜻(1:18; 17:26)에 대하여 알지 못하고 있던 세상에게 그러한 것들을 밝히고 드러내기 위해서.

2. 진리를 확증하기 위해서(롬 15:8). 그리스도께서 이적들을 통해서 이 신앙의 진리, 하나님의 계시의 진리, 하나님의 온전하심과 섭리의 진리, 하나님의 약속과 계약의 진리에 대하여 증언하신 것은 모든 사람이 그로 말미암아 믿게 하기 위한 것이었다. 지금 이 일을 하심으로써 그리스도께서는 왕이시고, 또한 그의 나라를 세우고 계신 것이다. (1) 그리스도의 나라의 토대와 권세, 정신과 속성은 진리, 신적인 진리이다. 내가 진리이다라고 말씀하셨을 때, 그리스도께서는 실질적으로 내가 왕이라고 말씀하신 것이다. 그리스도께서는 진리의 설득력 있는 증거를 통해서 정복하신다. 그리스도께서는 진리의 압도적인 권능에 의해서 다스리시는데, 진리를 위하여 왕의 위엄을 세우신다(시 45:4). 그리스도께서는 진리로써 백성들을 심판하실 것이다(시 96:13). 진리는 그의 나라의 홀(笏)이다. 그리스도께서는 진리를 우리에게 계시하심으로써 사람들을 이끄시고, 진리를 사랑하는 자들은 그리스도를 영접하게 된다. 이렇게 그리스도께서는 사람들

의 모든 생각을 사로잡아 복종하게 하신다. 그리스도께서는 세상에 빛으로 오셨고, 날마다 해(sun)로서 다스리신다. (2) 이 나라의 신민들은 진리에 속한 자들이다. 하나님의 은혜로 말미암아 거짓의 아비의 권세로부터 건져내심을 받아서 진리를 받아들여 진리의 권능과 감화에 순종하게 된 모든 자들은 그리스도의 음성을 듣게 될 것이고, 그의 신민들이 될 것이며, 그리스도에 대한 믿음과 참된 충성을 낳게 될 것이다. 참된 신앙에 대한 진정한 의식을 지니고 있는 자들은 누구나 다 기독교 신앙을 받아들여서, 그리스도의 나라에 속하게 된다. 그리스도께서는 진리의 능력으로써 그들로 하여금 그렇게 할 마음을 갖게 만드신다(시 90:3). 진리를 사랑하는 모든 자들은 그리스도의 음성을 듣게 될 것인데, 이것은 은혜와 진리를 가져오신 그리스도 안에서보다 더 크고 더 나으며 더 확실하고 더 달콤한 진리들은 그 어디에서도 찾아볼 수 없기 때문이다. 따라서 그리스도의 음성을 들음으로써 우리는 우리가 진리에 속한 줄을 안다(요일 3:19).

(6) 그러자 빌라도는 그리스도께 선한 질문을 던지지만, 그 대답을 기다리지는 않는다(38절). 빌라도는 진리가 무엇이냐고 묻고서는, 곧장 다시 유대인들에게 나갔다.

[1] 빌라도가 던진 질문은 선한 질문이었고, 그 질문에 가장 잘 대답하실 수 있는 분에게 던져졌다는 것도 분명하다. 진리는 인간의 오성(悟性)이 찾고자 하고 또한 추구하는 극히 값진 진주이다. 왜냐하면, 인간의 오성은 진리인 것, 또는 적어도 진리라고 인식되는 것이 아니면 안식을 가질 수 없기 때문이다. 우리가 성경을 연구하고, 말씀을 들을 때, 우리는 진리가 무엇이냐라는 질문을 가지고 그렇게 하여야 한다. 또한 우리는 그럴 때에 나를 주의 모든 진리 가운데로 인도하옵소서라고 기도하여야 한다. 그러나 많은 사람들이 이러한 질문을 던지기는 하지만, 인내심과 꾸준함이 부족해서 진리를 끈기 있게 찾아 나서지 못하고, 그들이 진리를 발견하였을 때에 그 진리를 받아들이기에 충분한 겸손과 진지함을 갖추고 있지 못하다(딤후 3:7). 많은 사람들이 이런 식으로 그들 자신의 양심을 다루고 있다. 그들은 스스로 "나는 어떤 존재인가" 또는 "나는 무엇을 해 왔는가"라는 꼭 필요한 질문들을 던지기는 하지만, 시간을 가지고 그 대답을 기다리고자 하지는 않는다.

[2] 빌라도가 무슨 의도로 이러한 질문을 했는지는 확실하지 않다. 첫째, 아마도 빌라도는 뭔가를 배우고자 이러한 질문을 한 것일 수 있다. 그는 그리스도

에 대하여 좋게 생각하고, 그를 존중하는 마음을 지니기 시작했기 때문에, 그가 어떠한 새로운 사상을 제시하였고, 신앙과 학문에 있어서 어떤 진보를 이루었는지를 알고자 하였다. 그러나 그는 그리스도로부터 뭔가 새로운 진리를 듣고자 하였지만 — 헤롯이 그리스도에게서 뭔가 이적을 보기를 원했던 것처럼 — 문 밖에서 제사장들의 무리가 소리를 지르며 소동을 일으키자, 갑자기 심문을 중단할 수밖에 없었다. 둘째, 어떤 이들은 빌라도가 재판장으로서 자기 앞에 새롭게 드러난 것을 좀 더 자세하게 알아보기 위하여 이런 질문을 한 것이라고 생각한다: "그 비밀이 무엇인지, 이 사건의 진상이 무엇인지를 내게 말하라." 셋째, 어떤 이들은 빌라도가 그리스도의 대답을 조롱하며 비웃는 의미로 이러한 질문을 한 것이라고 생각한다: "네가 진리라는 말을 하는데, 너는 진리가 무엇인지 말할 수 있느냐? 아니면, 너는 내게 진리에 대한 정의를 해 보일 수 있는 것이냐?" 이런 식으로 빌라도는 저 영원한 복음, 대제사장들이 그토록 미워하고 박해하였던 저 큰 진리, 그리스도께서 지금 증언하고 계시며 그것을 위하여 고난받고 계시는 바로 그 진리를 조롱하고 있다. 모든 신앙들을 희롱하는 것을 재미로 삼는 신앙 없는 자들과 마찬가지로, 빌라도는 양쪽을 모두 비웃고 있는 것이다. 그래서 그리스도께서는 그에게 아무런 대답도 하지 않으셨다: 미련한 자의 어리석은 것을 따라 대답하지 말라; 진주를 돼지 앞에 던지지 말라. 그러나 그리스도께서는 빌라도에게는 무엇이 진리인지를 말씀해 주고자 하지 않으셨지만, 그의 제자들에게는 말씀해 주셨고, 그들을 통해서 우리에게 또한 말씀해 주셨다(14:6).

Ⅲ. 빌라도가 고소한 자들과 죄수를 만나서 얘기해 본 결과(38-40절).

그 결과는 두 가지로 살펴볼 수 있다.

1. 재판장은 그리스도의 친구인 것으로 보였고 그에게 호의적인 것처럼 보였다.

(1) 빌라도는 그리스도에게 죄가 없다고 공개적으로 선언하였다(38절). 이 문제 전체와 관련해서 나는 그에게서 아무 죄도 찾지 못하였노라. 빌라도는 그리스도와 유대인들 사이에 신앙 문제를 놓고 어떤 논쟁이 있는데, 거기에서 그리스도는 유대인들과 마찬가지로 잘못한 것이 없다고 생각한 것 같다. 그리스도에게서는 그 어떤 범죄가 될 만한 것이 드러나지 않았다. 그리스도께서 죄가 없으시다는 것을 이렇게 엄숙하게 선포한 것은 다음과 같은 것들을 위한 것이

었다. [1] 주 예수께서 의로우시다는 것과 그 영광을 위해서. 이것을 통해서 그리스도께서는 비록 가장 흉악한 행악자로 취급받으셨지만 결코 그러한 취급을 받을 사람이 아니었다는 것이 드러났다. [2] 그리스도의 죽음의 목적과 의도를 설명하기 위해서. 그리스도께서는 재판장 자신의 판단에 있어서조차도 자신의 어떤 죄로 인하여 죽으신 것이 아니었다. 그러므로 그리스도께서는 고소하는 자들의 판단에 있어서조차도 한 사람이 백성을 위하여 죽는 것이 유익하다(11:50)고 한 것처럼 우리의 죄를 위한 희생제물로 죽으신 것이었다. 그는 강포를 행하지 아니하였고 그 입에 거짓이 없으셨으며(사 53:9), 그는 이 땅에서 끊어져 없어졌으나 자신을 위하여 죽으신 것이 아니었다(단 9:26). [3] 그토록 폭력적으로 그리스도를 고소하였던 유대인들의 죄를 가중시키기 위하여. 한 죄수가 공정한 재판을 받아서, 그 범죄를 합당하게 재판할 수 있는 자들에 의해서 무죄방면되었다면, 특히 그 재판관들이 그를 봐준 것이라고 의심할 만한 그 어떤 이유도 없다고 한다면, 그는 죄가 없다는 것으로 믿어져야 하고, 그를 고소했던 자들은 그 판결을 순순히 받아들여야 한다. 그러나 유대인들은 우리 주 예수를 아무런 죄도 없이 끌고 와서, 지금도 여전히 행악자로 취급하여 짓밟고, 그의 피에 목말라 하고 있다.

(2) 빌라도는 그리스도를 놓아줄 좋은 방도를 제안하였다(39절): 유월절이면 내가 너희에게 한 사람을 놓아주는 전례가 있다. 이 전례를 따라서, 내가 너희에게 이 유대인의 왕을 놓아주면 어떻겠는가? 빌라도는 이러한 제안을 대제사장들에게 한 것이 아니라(그는 그들이 거기에 동의하지 않으리라는 것을 잘 알고 있었다) 무리들에게 한 것이었다. 마태복음 27:15에서도 빌라도가 이러한 제안을 백성들에게 한 것으로 나온다. 아마도 빌라도는 이 예수가 최근에 백성들로부터 호산나라는 찬송을 들으며 입성했다는 것을 전해 들었을 것이다. 그래서 빌라도는 그리스도가 백성들의 사랑을 받고 있는 자라고 여겼고, 오직 유대인들의 지도자들에게만 시기를 받고 있는 것으로 생각했기 때문에, 백성들이 당연히 예수를 놓아줄 것을 요구할 것이라고 믿어 의심치 않았고, 그렇게 함으로써 그리스도를 고소한 자들의 입을 막고, 모든 일이 잘 마무리될 것이라고 생각하였다. [1] 빌라도는 유대인들의 관습을 용납하였다. 아마도 유대인들은 그들이 해방된 것을 기념해서 유월절에 죄수 하나를 놓아주는 관습을 오랫동안 지켜 왔던 것 같다. 그러나 이러한 관습은 하나님의 말씀에 무엇을 더하는 것

이었다. 왜냐하면, 그러한 관습은 하나님께서 유월절을 합당하게 기념하는 데에 충분한 신경을 쓰지 못하셨고, 유월절이 비록 긍휼의 역사이긴 했지만, 백성들에게 별로 잘해 주지 못한 것이었다고 생각하는 것이나 다름없었기 때문이다(잠 17:15). [2] 빌라도는 관습을 따라서 그들에게 예수를 놓아 주겠다고 제안한다. 만약 빌라도가 재판장에게 합당한 정직성과 용기를 지니고 있었다면, 그는 한 무죄한 사람을 악명 높은 범죄자와 경합을 벌이도록 하지는 않았을 것이다. 그가 그에게서 아무 죄도 찾지 못하였다면, 그는 양심적으로 그리스도를 놓아 주어야 했다. 그러나 빌라도는 이 문제를 놓고 협상을 벌여서 양쪽 모두를 만족시키고자 한 것인데, 이것은 평등의 정신을 따른 것이 아니라 세상적인 지혜를 따른 것이었다.

2. 백성들은 그리스도의 원수로 보였고 그리스도에 대하여 무자비하였다(40절): 그들이 또 소리 질러 이르되 놓아줄 사람은 이 사람이 아니라 바라바라 하였다.

(1) 무리들은 아주 사납고 난폭하였다. 빌라도는 이 일을 신중히 생각해 볼 만한 가치가 있는 것으로서 그들에게 침착하게 제안하였지만, 무리들은 아우성을 치며 큰 소리를 내고 극도의 혼란 속에서 그들의 요구를 외치며 관철시키고자 하였다. 그리스도의 거룩한 신앙의 원수들은 아우성을 쳐서 그 신앙을 끌어내리고자 하고 짓밟고자 한다. 에베소에서의 소동이 그 증거이다(행 19:34). 그러나 무리들이 그 사람에 대하여 아우성치며 반대한다고 해서 그 사람을 더 나쁘게 생각하는 자들은 사려 깊거나 일관성 있는 행동을 거의 보여주지 못한다. 또한 군중들의 소동을 이용하고자 하는 측도 이성과 정의가 결핍되어 있다고 볼 만한 이유가 충분히 있다.

(2) 여기에 나와 있는 다른 후보자에 관한 짤막한 설명 속에 암시되어 있는 것처럼, 그들은 참으로 어리석고 어처구니 없는 자들이었다: 바라바는 강도였더라. [1] 하나님의 법을 어긴 자. 무리들은 제사장들과 장로들의 교만과 탐욕과 압제를 책망하신 자보다도 바로 이 강도의 목숨을 살리고자 하였다. 바라바는 비록 강도였지만, 그들에게서 모세의 자리나 그들의 전통들을 빼앗으려고 한 것이 아니었기 때문에, 그들에게 아무런 문제가 되지 않았다. [2] 바라바는 공공의 안전과 개인의 재산에 대한 적이었다. 강도들에 대한 원성이 도성 전체에 들끓어야 했지만(욥 30:5, 무리가 도둑에게 소리치듯 그들에게 소리쳤다) 여기에서

는 무리들이 오히려 강도를 옹호한다. 이렇게 그들은 그리스도 앞에서 그들의 죄를 옹호하는 자들이다. 죄는 강도이고, 모든 비열한 욕망은 강도인데, 그들은 우리를 진정으로 풍요롭게 해줄 그리스도보다 어리석게도 강도를 선택하였다.

제
— 19 —
장

개요

이 복음서 기자는 이제까지의 이야기 속에서는 다른 복음서 기자들이 기록해 놓은 그러한 내용들에 대해서는 일부러 생략해 온 것으로 보이지만, 그리스도의 고난과 죽음에 이르러서는, 그러한 이야기들을 주님의 쇠사슬과 십자가를 부끄러워하고 그것들을 주님의 이야기에 대한 오점들로 여겨서 빼 버리는 것이 아니라, 그리스도와 그가 십자가에 못 박히신 것 외에는 아무것도 알기를 원하지 않고 그리스도의 십자가 외에는 아무것도 자랑하고자 하지 않는 자처럼 이전에 다른 복음서 기자들이 기록해 놓았던 내용들을 상당히 확대해서 되풀이하여 얘기한다. 이 장의 이야기 속에는 다음과 같은 내용들이 나온다. I. 소동과 혼란 가운데서 벌어진 빌라도 앞에서의 그리스도의 재판의 나머지 부분(1-15절). II. 선고가 내려지고, 그것에 따라서 집행이 개시됨(16-18절). III. 그리스도의 머리 위에 붙어 있던 죄패(19-22절). IV. 군사들이 그리스도의 옷을 나누어 가짐(23-24절). V. 그리스도께서 그의 어머니를 요한에게 부탁하심(25-27절). VI. 그리스도께 신 포도주를 마시라고 줌(28-29절). VII. 그리스도께서 죽으시면서 하신 말씀(30절). VIII. 그리스도의 옆구리가 창에 찔리심(31-37절). IX. 그리스도의 시신이 매장됨(38-42절). 이러한 일들을 묵상함으로써 우리는 그리스도의 죽음의 권능을 경험적으로 알 수 있게 되고, 그리스도의 고난에 동참하게 된다!

[1]이에 빌라도가 예수를 데려다가 채찍질하더라 [2]군인들이 가시나무로 관을 엮어 그의 머리에 씌우고 자색 옷을 입히고 [3]앞에 가서 이르되 유대인의 왕이여 평안할지어다 하며 손으로 때리더라 [4]빌라도가 다시 밖에 나가 말하되 보라 이 사람을 데리고 너희에게 나오나니 이는 내가 그에게서 아무 죄도 찾지 못한 것을 너희로 알게 하려 함이로라 하더라 [5]이에 예수께서 가시관을 쓰고 자색 옷을 입고 나오시니 빌라도가 그들에게 말하되 보라 이 사람이로다 하매 [6]대제사장들과 아랫사람들이 예수를 보고 소리 질러 이르되 십자가에 못 박으소서 십자가에 못 박으소서 하는지라 빌라도가 이르되 너희가 친히 데려다가 십자가에 못 박으라 나는 그에게서 죄

를 찾지 못하였노라 ⁷유대인들이 대답하되 우리에게 법이 있으니 그 법대로 하면 그가 당연히 죽을 것은 그가 자기를 하나님의 아들이라 함이니이다 ⁸빌라도가 이 말을 듣고 더욱 두려워하여 ⁹다시 관정에 들어가서 예수께 말하되 너는 어디로부터냐 하되 예수께서 대답하여 주지 아니하시는지라 ¹⁰빌라도가 이르되 내게 말하지 아니하느냐 내가 너를 놓을 권한도 있고 십자가에 못 박을 권한도 있는 줄 알지 못하느냐 ¹¹예수께서 대답하시되 위에서 주지 아니하셨더라면 나를 해할 권한이 없었으리니 그러므로 나를 네게 넘겨 준 자의 죄는 더 크다 하시니라 ¹²이러하므로 빌라도가 예수를 놓으려고 힘썼으나 유대인들이 소리 질러 이르되 이 사람을 놓으면 가이사의 충신이 아니니이다 무릇 자기를 왕이라 하는 자는 가이사를 반역하는 것이니이다 ¹³빌라도가 이 말을 듣고 예수를 끌고 나가서 돌을 깐 뜰[히브리 말로 가바다]에 있는 재판석에 앉아 있더라 ¹⁴이 날은 유월절의 준비일이요 때는 제육시라 빌라도가 유대인들에게 이르되 보라 너희 왕이로다 ¹⁵그들이 소리 지르되 없이 하소서 없이 하소서 그를 십자가에 못 박게 하소서 빌라도가 이르되 내가 너희 왕을 십자가에 못 박으랴 대제사장들이 대답하되 가이사 외에는 우리에게 왕이 없나이다 하니

이 단락에는 사람들이 우리 주 예수를 부당하게 재판한 것에 관한 추가적인 설명이 나온다. 고소하는 자들은 백성들이 큰 혼란을 야기시키는 가운데 재판을 진행하고 있고, 재판장은 스스로 큰 혼란에 빠져서 재판을 진행하고 있는데, 여기에 나오는 이야기는 이러한 두 가지 모습을 번갈아 묘사하고 있기 때문에, 쉽게 단락 구분이 되지 않는다. 따라서 우리는 본문 순서대로 하나씩 살펴보아야 한다.

I. 재판장 빌라도는 비록 그리스도에 대하여 죄가 없다고 선언하였지만 죄수를 학대함으로써 고소한 자들을 달래고자 하였다. 이렇게 한 것은 그의 의도가 실제로 선한 것이었다고 할지라도 너무도 명백하게 불의한 것임이 드러난 이 재판을 결코 정당화해 주지는 못한다.

1. 빌라도는 그리스도를 범죄자로 규정하고 채찍질하라고 명하였다(1절). 빌라도는 백성들이 큰 소동을 벌이며, 백성의 뜻대로 그리스도를 놓아 주겠다고 그가 제안했음에도 불구하고 그런 제안에 대하여 백성들이 실망하는 모습을 보고서, 예수를 데려다가 채찍질하게 하였다. 즉, 빌라도는 사형 집행관들에게 그

렇게 하라고 명하였다. 비드(Bede: 영국 교회사가)는 본문에 빌라도가 예수를 데 려다가 채찍질 하더라로 되어 있다는 것을 근거로 해서, 빌라도가 호의를 베풀 목적으로 예수를 자기 손으로 직접 채찍질하였다고 주장한다. 마태와 마가는 빌라도가 그리스도에게 사형 판결을 내린 후에 채찍질한 것으로 되어 있지만, 여기에서는 이 일이 판결 이전에 이루어진 것으로 기록하고 있는 것 같다. 누 가는 빌라도가 그를 때려서 놓으리라고 제안한 것으로 말하고 있는데, 이것은 선고 이전에 이루어졌을 것이다. 이렇게 그리스도를 채찍질한 것은 오직 유대 인들을 달래기 위한 것이었고, 빌라도는 그렇게 함으로써 이제까지의 자신의 생각과는 달리 그들의 말을 들어주기로 했다는 것을 그들에게 보이고자 한 것 이었다. 유대인들은 매질을 40대로 제한했지만, 로마의 채찍질 형은 통상적으 로 아무런 제한이 없었고 매우 가혹하였다. 그렇지만 이러한 고통과 수치를 그 리스도께서는 우리를 위하여 당하셨다.

(1) 이것은 그리스도께서 찔림은 우리의 허물 때문이요 그가 상함은 우리의 죄악 때문이라 그가 징계를 받으므로 우리는 평화를 누리고 그가 채찍에 맞으므로 우리는 나음을 받았도다(사 53:5)라고 말하고 있는 성경 본문, 무리들이 그리스도의 등 을 치리라는 본문(사 50:6), 쟁기를 가는 자들이 그리스도의 등 위에서 쟁기를 갈리라는 본문(시 129:3) 등과 같은 성경을 응하게 하기 위한 것이었다. 그리스도 께서는 친히 이와 같은 일을 예언하셨었다(마 20:19; 마 10:34; 눅 18:33).

(2) 그가 채찍에 맞음으로 우리가 나음을 입게(벧전 2:4) 하기 위해서. 우리는 하 나님의 뜻을 알고도 행하지 않았기 때문에 채찍과 전갈로 징계를 받고 많이 맞 아야 했다. 그러나 그리스도께서는 우리를 위하여 대신 채찍을 맞으셨고, 아버 지의 진노의 막대기를 친히 짊어지셨다(애 3:1). 빌라도가 그리스도를 채찍질한 목적은 그리스도에게 사형 선고를 내리지 않기 위한 것이었는데, 이것은 비록 효과를 거두지 못했지만, 하나님께서 의도하신 것, 즉 그리스도께서 채찍에 맞 으심으로 우리가 정죄당하는 것을 막으시고, 우리로 하여금 그의 고난에 동참 하게 하시고자 하신 의도는 이루어졌다: 의사가 채찍에 맞으므로, 환자가 나음 을 입었다.

(3) 그리스도를 따르는 자들이 그리스도로 말미암아 맞는 매들이 거룩하게 되고 좀 더 쉽게 되도록 하기 위하여. 그들은 바울과 마찬가지로 수없이 매(고 후 11:23)를 맞을 때에 그러한 수치를 즐거워할 수 있었고, 또한 즐거워하였다

(행 5:41; 16:22, 25). 그리스도께서 채찍에 맞으심으로 그 채찍에서 독침이 빠졌고, 채찍의 속성이 변화되었다. 우리가 판단을 받는 것은 주께 징계를 받는 것이니 이는 우리로 세상과 함께 정죄함을 받지 않게 하려 하심이라(고전 11:32).

2. 빌라도는 그리스도를 그의 군사들에게 넘겨서, 조롱을 당하고 노리갯감이 되게 하였다(2-3절): 총독의 친위대였던 군인들이 가시나무로 관을 엮어 그의 머리에 씌웠다. 그들은 그러한 면류관이 유대인의 왕에게 적절하다고 생각하였다. 또한 그들은 그에게 자색 옷을 입혔는데, 그들은 그가 왕이라는 표시로 자색 옷이 어울린다고 생각하였다. 그리고 나서 그들은 유대인의 왕이여 평안할지어다(그 백성에 그 왕이다)라고 말하며, 손으로 때렸다.

(1) 여기에서 빌라도의 비열함과 불의함을 보라. 그는 자신이 무죄한 자라고 여긴 자를 고통받게 하였고, 그렇게 고명한 자를 자신의 종들에게 학대하고 짓밟도록 내어 주었다. 법에 의해서 체포된 자들은 법의 보호를 받아야 한다. 그들을 구금하는 것은 그들의 안전을 위한 것이 되어야 한다. [1] 빌라도가 이렇게 한 것은 그의 군사들을 즐겁게 해 주고, 재판장에게서 예상할 수 있는 중압감에도 불구하고 자기 스스로를 즐겁게 하기 위한 것이었다. 헤롯과 그의 군인들도 얼마 전에 이와 똑같은 짓을 하였었다(눅 23:11). 명절 때인 지금에 있어서 이 사건은 그들에게 놀이 마당이나 다름없었다. 그것은 마치 블레셋 사람들이 삼손을 가지고 논 것과 마찬가지였다. [2] 빌라도가 이렇게 한 것은 유대인들의 악의를 만족시켜 주기 위한 것이었다. 유대인들은 그리스도에게 가능한 한 모든 모욕을 주고 가장 극심한 수치를 안겨 주기를 원하였다.

(2) 여기에서 군사들의 오만무례함을 보라. 그들은 정의와 인간성을 완전히 상실하고서, 비참한 처지에 있는 한 사람, 지혜와 존귀함으로 유명하였었고 그러한 것들을 잃을 만한 일을 전혀 한 적이 없었던 분을 이렇게 짓밟고 의기양양해할 수 있었다. 그러나 그리스도께서 여기에서 당하신 것처럼, 그리스도의 거룩한 종교는 악한 자들에 의해서 비열하게 짓밟히고 그들의 놀잇감이 되었으며 경멸과 조소를 받아 왔다. [1] 그들은 그리스도께 자색 옷을 입혔는데, 그러한 것은 그리스도를 희롱하고자 하는 열띤 광기의 산물일 뿐이었다. 군사들은 여기에서 그리스도를 가짜 왕으로 묘사하고, 그의 종교를 가짜 종교로 묘사하며, 하나님과 영혼, 죄와 의무, 천국과 지옥을 뿔 달린 괴물들로 묘사한다. [2] 그들은 그리스도께 가시 면류관을 씌웠다 — 마치 그리스도의 종교가 이 세상

에서 완전한 고행이고 지극한 고통이며 역경인 것처럼; 또한 하나님과 양심을 좇는 것이 머리를 가시더미에 처박는 것과 같다는 듯이. 그러나 이러한 것은 부당한 것이었다. 패역한 자의 길에는 가시와 올무가 있지만, 경건의 길로 가는 자들 앞에는 장미와 월계관이 있다.

(3) 여기에서 우리를 위해 고난당하시는 우리 주 예수의 놀라운 겸양을 보라. 위대하고 너그러운 마음을 지닌 사람들은 수치와 욕을 제외하는 그 어떤 수고나 고통이나 손실도 잘 감내할 수 있다. 그렇지만 위대하고 거룩하신 예수께서는 우리를 위하여 수치와 욕을 감당하셨다.

[1] 그리스도께서는 고난받는 자로서 이루 말할 수 없는 인내를 보여주심으로써, 우리에게 의무를 행하는 길에서 우리가 만나게 될 극심한 역경 속에서 스스로 만족하고 용기를 가지며 마음을 편하고 차분하게 가져야 한다는 모범을 남겨 주셨다.

[2] 구주의 이루 말할 수 없는 사랑과 인자하심. 그리스도께서는 즐겁고 결연한 마음으로 이 모든 고난을 통과하셨을 뿐만 아니라, 우리를 위하여 및 우리의 구원을 위하여 자원해서 그러한 고난을 감당하셨다. 여기에 그리스도의 사랑이 있는데, 그는 우리를 위해서 죽으셨을 뿐만 아니라, 우리를 위해서 어리석은 자처럼 죽으셨다. **첫째**, 그리스도께서는 고통을 참으셨다. 그는 십자가의 죽음을 통해서 가장 극심하게 다가온 죽음의 고통만이 아니라, 마치 그것으로도 부족한 듯, 죽음에 앞서 여러 가지 고통을 당하셨다. 그리스도께서 스스로를 낮추셔서 머리에 가시들을 이시고, 우리를 구원하고 가르치시기 위하여 이러한 고통들을 당하셨는데, 우리가 어떻게 육체 속에 있는 가시나 환난에 의한 고통을 탄식하며, 또한 그러한 고난으로 인하여 자랑하는 마음을 품을 수 있겠는가 (고후 12:7)? **둘째**, 그리스도께서는 군사들이 입혀준 자색 옷의 수치, 유대인의 왕이여 평안할지어다라는 조롱 등과 같은 수치를 멸시하셨다. 우리가 어느 때든지 잘했는데도 조롱을 당한다면, 우리는 그것을 부끄러워하지 말고, 오히려 하나님께 영광을 돌려야 한다. 왜냐하면, 그렇게 함으로써 우리는 그리스도의 고난에 동참하는 자들이 될 것이기 때문이다. 이러한 수치들을 담당하신 그리스도께서는 진정한 영광으로 보상받으셨기 때문에, 우리도 인내로써 그리스도를 위하여 수치를 감당한다면, 장차 그렇게 될 것이다.

II. 빌라도는 이렇게 죄수를 학대하고 능욕한 후에, 그를 고소한 자들이 이제

만족해서 고소를 취하할 것을 기대하고서, 고소한 자들에게로 그리스도를 데려온다(4-5절). 여기서 빌라도는 그들에게 두 가지를 생각해 보도록 제안한다.

1. 그는 그리스도에게서 로마 정부에 해가 될 만한 그 어떤 것도 발견하지 못하였다는 것(4절): 내가 그에게서 아무 죄도 찾지 못하였다. 나는 그에게서 아주 작은 잘못 또는 고소할 거리도 찾지 못하였다. 빌라도는 좀 더 심문을 해보고서도 그가 앞서 말하였던 것을 되풀이해서 말한다(18:38). 이것을 통해서 빌라도는 스스로를 정죄하고 있는 것이다. 그가 그리스도에게서 죄를 찾지 못하였다면, 왜 그리스도를 채찍질하고, 군사들에게 내어주어서 능욕을 받게 하였는가? 잘못을 저지르지 않은 자들은 학대받거나 능욕을 받아서는 안 된다. 그렇지만 이렇게 그들이 진지하기만 하다면 기독교 신앙 속에서 그 어떤 잘못도 발견할 수 없다는 것을 시인할 수밖에 없는데도, 기독교 신앙을 조롱하고 괴롭히는 자들이 많다. 그가 그리스도에게서 아무런 죄도 발견하지 못하였다면, 왜 그는 당연히 그를 놓아 주었어야 함에도 불구하고, 그를 고소한 자들에게로 끌고 왔고, 즉각적으로 놓아 주지 않은 것인가? 빌라도가 오직 자신의 양심만을 따라서 행하였다면, 그는 그리스도를 채찍질하거나 십자가에 못 박지 않았을 것이다. 그러나 그리스도를 채찍질함으로써 무리들을 기쁘게 해줌과 동시에 그를 십자가에 못 박지 않음으로써 자신의 양심을 지키고자, 이 문제를 적당히 타협하여 해결하려고 함으로써, 오히려 빌라도는 아무것도 이루지 못하게 되었다. 반면에, 그가 애초부터 그리스도를 십자가에 못 박고자 했다면, 그는 그리스도를 채찍질할 필요가 없었을 것이다. 작은 죄를 일부러 범함으로써 더 큰 죄로부터 빠져 나올 수 있다고 생각하는 자들은 흔히 작은 죄와 큰 죄 모두에 빠져드는 법이다.

2. 빌라도가 그리스도에게 이렇게 한 것은 그리스도를 유대인들과 그들의 통치에 덜 위험스러운 자로 보이게 하기 위한 것이었다(5절). 빌라도는 그리스도에게 가시 면류관을 씌워서 그의 머리와 얼굴을 온통 피로 물들인 채로 그들에게 데리고 나와서, "너희가 그토록 질시하던 자인 **이 사람을 보라**"고 말하였는데, 이것은 그리스도가 백성들에게 인기가 있었을 때에는 그의 세력으로 인해서 유대 당국자들의 세력이 줄어들까 두려워할 이유가 조금 있었지만, 그를 노예로 취급해서 수치와 경멸을 당하게 함으로써 그런 일을 효과적으로 차단하였기 때문에, 이후로는 백성들이 결코 그를 존경하거나 그의 명성이 다시 되

살아나는 일은 없을 것임을 보여주고자 한 것이었다. 빌라도는 그리스도께서 받으신 이런 고난들이 후세에 아주 훌륭하고 위대한 사람들을 위해서 얼마마한 공경으로 기념되게 될지, 그가 그리스도와 그리스도를 따르는 자들에게 영원히 지울 수 없는 수치가 되리라고 생각하였던 저 십자가와 채찍질을 그들이 얼마나 자랑스러워하게 될지를 꿈에도 생각하지 못하였을 것이다.

(1) 여기에서 우리 주 예수께서는 온갖 수치스러운 모습으로 등장하신다. 그리스도께서는 그가 이런 모습으로 나타나심으로써 비방을 받는 표적(눅 2:34)이 되기로 정해지셨다는 것을 알고 계셨을 것이고, 사람들의 구경거리와 야유거리가 되기 위해서 기꺼이 나오셨다. 그리스도께서는 이렇게 우리의 수치를 지고 나오신 것이 아닌가? 우리도 그의 치욕을 짊어지고(히 13:13) 그에게로 나가자.

(2) 빌라도는 그리스도를 유대 지도자들에게 보였다: 빌라도가 그들에게 말하되 보라 이 사람이로다 하였다. 하지만 원문에는 그가 그들에게 말하되라고 되어 있기 때문에, 여기서 그는 바로 앞에 나온 예수를 가리킨다고 보아서, 이 말이 그리스도께서 친히 하신 말씀이라고 보아도 전혀 문제가 없다. 그리스도께서 그들에게 말씀하시되, "너희가 그토록 비방하였던 이 사람을 보라." 그러나 몇몇 헬라어 사본들과 전체적인 번역자들은 이 본문을 여기에서 우리가 하고 있는 것처럼 빌라도가 유대 지도자들에게 그들을 달랠 목적으로 보라 이 사람이로다라고 말한 것으로 해석한다. 너희가 전혀 질시할 필요가 없고 오히려 너희의 동정을 필요로 하는 한 사람을 보라, 너희가 이후로는 의심하거나 두려워할 필요가 없는 한 사람을 보라. 그의 면류관은 땅에 던져져 욕을 당하였고, 이제 모든 사람들이 그를 비웃게 될 것이다. 그러나 여기에 나오는 단어는 매우 힘이 있다: 이 사람을 보라. 우리는 모두 믿음의 눈을 가지고 고난 중에 계시는 그리스도 예수, 이 사람을 보는 것이 좋다. 그의 어머니가 씌운 왕관이 그 머리에 있는 이 왕을 보라(아 3:11) – 가시면류관. "그를 보라, 그리고 그 광경을 보고 느껴야 할 것을 느껴라. 그를 보라, 그리고 그로 인하여 애곡하라. 그를 보라, 그리고 그를 사랑하라. 계속해서 예수를 바라보라."

III. 고소자들은 진정이 되기는커녕 더욱더 격분하였다(6-7절).

1. 여기에서 그들의 아우성과 광분을 보라. 무리들의 앞에 있었던 대제사장들은 격분하여 소리를 질렀고, 그들의 종들인 아랫사람들은 그들을 따라서 십자

가에 못 박으소서 십자가에 못 박으소서라고 외쳤다. 아마도 보통 사람들은 빌라도가 그리스도에 대하여 죄가 없다는 것을 선언하였을 때에 그것에 동의하였겠지만, 그들의 지도자들인 제사장들은 그들을 부추겨서 어그러진 길로 가게 하였다. 이것을 통해서 그리스도에 대한 그들의 악의가 다음과 같은 것이었음이 드러난다.

(1) 그들은 그리스도를 고소할 때에 그들이 제시한 죄목들을 제대로 증명하지 못하였고 그리스도에 대하여 빌라도가 행한 판단에 대하여 반론을 펼 수 없었다는 점에서, 그들의 주장은 불합리하고 매우 부조리한 것이었다. 그리스도는 죄가 없음에도 불구하고, 그들은 그를 십자가에 못 박아서 죽이기로 작정한 것이었다.

(2) 그들의 주장은 만족할 줄 모르는 것이었고 매우 잔혹한 것이었다. 그리스도께서 심하게 채찍질을 당하셨고, 그런 고통을 참아내셨으며, 재판장이 온건하게 설명하고 제안을 했음에도 불구하고, 그들의 분노는 조금도 진정되지 않았다. 또한 빌라도가 이 사건을 희롱거리로 만들어 버렸을 때에도 그들은 그것을 즐거워하지 않았다.

(3) 그들은 폭력적이었고, 그들의 의지는 극히 단호하였다. 그들은 총독의 호의를 잃을 위험이 있고 도성의 평안과 그들 자신의 안전을 위태롭게 하는 일이 있더라도 그들의 요구를 조금도 굽히지 않고 원래대로 관철시키고자 하였다. 그들은 우리 주 예수를 짓밟는 일에 있어서 아주 폭력적이었고, 십자가에 못 박으소서라고 외쳤는데, 우리는 과연 그리스도의 이름을 높이면서 열렬함과 열심으로 그에게 면류관을 주소서 그에게 면류관을 주소서라고 외칠 수 있을 것인가? 그들은 그리스도를 미워하였기 때문에 그를 해치려고 온갖 애를 다 썼는데, 과연 우리는 그리스도를 사랑하는 마음으로써 그리스도와 그의 나라를 위한 우리의 열심으로써 더욱 분발할 수 있겠는가?

2. 빌라도는 여전히 죄수가 무죄하다는 것을 주장하며 그들의 분노를 억제함: "그가 십자가에 못 박혀야 한다면, 너희가 친히 데려다가 십자가에 못 박으라." 이것은 반어법적인 표현이었다. 빌라도는 그들이 그리스도를 십자가에 못 박을 수도 없고 감히 그렇게 하지도 못하리라는 것을 알고 있었다. 빌라도가 이런 말을 한 것은 다음과 같이 말한 것이나 다름없었다: "너희는 나를 너희의 악의를 대신 처리해 줄 자로 삼지 못할 것이다. 나는 온전한 양심으로 그를 십

자가에 못 박을 수 없다." 이것은 선한 결단으로서, 빌라도가 그 결단을 끝까지 지켰더라면 참으로 좋았을 것이다. 빌라도는 그리스도에게서 아무런 죄도 찾을 수 없었기 때문에, 고소한 자들과 계속해서 협상하지 않아야 했다. 죄로부터 자유롭고자 하는 자들은 시험과 유혹에 대하여 귀를 막아야 한다. 아니, 빌라도는 오히려 죄수가 그들로부터 능욕을 당하지 않도록 지켜 주었어야 했다. 빌라도가 권세로 무장한 것은 무엇 때문인가? 그것은 상처받은 자들을 보호하기 위한 것이 아니던가? 총독의 수비대들은 정의를 수비하는 군대가 되어야 한다. 그러나 빌라도는 양심에 따라서 행동할 만큼 충분한 용기를 지니고 있지 않았다. 그의 비겁함이 그를 덫으로 몰아넣은 것이었다.

3. 고소한 자들이 그들의 요구를 들어 주어야 한다면서 내놓은 또 다른 근거(7절): 우리에게 법이 있으니 그 법대로 하면, 그리고 그 법을 집행할 권한이 우리에게 있다면, 그가 당연히 죽을 것은 그가 자기를 하나님의 아들이라 함이니이다. 좀 더 살펴보자.

(1) 그들은 유대인들에게 주어진 율법을 범함으로써 하나님을 욕되게 하면서도 율법을 자랑하였다(롬 2:23). 유대인들에게는 실제로 다른 민족들이 가지고 있었던 법령들과 판결들보다도 훨씬 뛰어난 율법을 가지고 있었지만, 그들은 그 율법을 악한 목적으로 악용하였기 때문에, 그들이 율법을 자랑하는 것은 헛된 일이었다.

(2) 그들은 우리 주 예수에 대한 뿌리 깊은 악의를 끊임없이 드러낸다. 그들은 그리스도가 자칭 왕이라고 참칭하였다고 주장함으로써 빌라도의 분노를 이끌어낼 수 없게 되자, 이번에는 그리스도가 스스로 하나님을 참칭하였다고 주장하였다. 이렇게 그들은 조그마한 꼬투리라도 잡아서 어떻게 해서든지 그리스도를 없애고자 하고 있다.

(3) 그들은 율법을 왜곡해서, 그들의 악의를 이루는 도구로 삼고 있다. 어떤 이들은 그들이 특히 그리스도를 해하기 위하여 만들어진 법령을 가리키며, 그것이 법령이기 때문에 옳든 그르든 집행되어야 한다고 주장하고 있는 것이라고 생각한다. 불의한 법령을 만들며 불의한 말을 기록하는 자들에게는 화가 있을 것이다(사 10:1; 미가서 6:16을 보라). 그러나 그들이 가리키고 있는 것은 아마도 모세의 율법인 것 같다. 그렇다면 다음과 같은 것들이 성립한다. [1] 율법에서는 하나님을 모독한 자, 우상숭배를 한 자, 거짓 선지자들을 사형에 처하도록 규정

하고 있다는 것은 사실이었다. 누구든지 하나님의 아들이라고 거짓되이 자처한 자들은 신성모독의 죄를 범한 것이었다(레 24:16). 그러나 그렇다고 할지라도, [2] 그리스도께서 하나님의 아들이라고 참칭했다는 것은 거짓이었다. 왜냐하면, 그는 진정으로 하나님의 아들이셨기 때문이다. 그들은 그리스도께서 하나님의 아들이심을 나타내 보이기 위하여 행하신 증거들을 잘 살펴보아야 했다. 그리스도께서 자기가 하나님의 아들이라고 말하였고, 그의 가르침이 백성들을 하나님으로부터 멀어지게 하는 것이 아니라 오히려 하나님께로 이끄는 것이었으며, 이적들을 통해서 자신의 사명과 가르침을 확증하였다면, 그들은 그들의 율법에 따라서 당연히 그의 말에 귀를 기울여야(신 18:18-19) 했고, 만약 그들이 그렇게 행하지 않았다면, 그들은 이스라엘 회중에서 끊어져야 하였다. 그들이 자신의 생각 속에 빠져서 제멋대로 판단하지만 않았더라면 그리스도께는 영광이 되었고 그들에게는 복이 되었을 바로 그런 내용을 그들은 그리스도의 범죄의 증거로 제시한 것이었는데, 사실 그것으로 인해서는 그리스도께서 십자가에 못 박히실 이유가 되지 않았고, 그들의 율법에 비추어서 죽음에 처해질 죄가 되지도 않았다.

Ⅳ. 재판장 빌라도는 이 새로운 주장을 듣고 나서 다시 죄수를 재판정으로 끌고 간다.

1. 빌라도가 유대인들로부터 새로운 주장을 듣고 나서 보인 관심과 태도(8절). 빌라도는 그의 죄수가 왕을 참칭할 뿐만 아니라 하나님을 참칭한다는 말을 들었을 때에 더욱 두려워하였다. 이것은 빌라도를 이전보다 더욱 당혹스럽게 만들었고, 이 사건은 두 가지 점에서 더욱 어려워지게 되었다. 그 이유는 다음과 같은 것들이다.

(1) 빌라도가 그를 무죄방면 한다면, 백성들의 분노는 더 커질 위험성이 있었다. 왜냐하면, 빌라도는 유대 백성이 한 분 하나님에 대하여 얼마나 열심을 지니고 있고, 다른 신들에 대해서는 얼마만한 혐오감을 지니고 있는지를 잘 알고 있었기 때문이다. 그러므로 빌라도는 왕을 참칭하는 자에 대한 그들의 분노를 누그러뜨릴 수 있는 가능성은 있었지만, 하나님을 참칭하는 자를 그들에게 용납하도록 하게 할 수는 결코 없었다. 빌라도는 '이것이 이러한 소동의 밑바닥에 있는 것이라면, 그것은 단순한 희롱거리로 끝날 문제가 아니다' 라고 생각한다.

(2) 빌라도가 그리스도를 단죄한다면, 자신의 양심을 더 크게 저버릴 위험성이 있었다. 빌라도는 이렇게 생각한다: '그가 스스로를 하나님의 아들이라고 하는 자란 말인가? 정말 그가 하나님의 아들이라는 것이 증명된다면, 도대체 어떻게 되는 것인가? 그 때에는 내가 무엇이 되겠는가?' 자연적인 양심조차도 사람들을 하나님과 대적하여 싸우는 것을 두려워하게 만든다. 이교도들은 신들이 종종 사람의 모양을 하고 초라한 모습으로 나타나서, 그들에게 나쁜 짓을 하는 자들에게 혹독한 대가를 치르도록 해 준다는 우화 같은 전설들을 가지고 있었다. 빌라도는 자기가 그런 처지에 빠지게 되는 것은 아닌가 우려하였다.

2. 빌라도가 이것과 관련해서 우리 주 예수를 추가적으로 심문함(9절). 빌라도는 고소자들이 원하는 대로 공정하게 재판하기 위하여, 재판정으로 가서 심리를 재개해서, 그리스도에게 너는 어디로부터냐라고 물었다.

(1) 빌라도가 심문을 하기 위해서 선택한 장소: 그는 무리들의 소란과 아우성을 피해서 심리를 좀 더 치밀하게 하기 위해서 관정에 들어갔다. 예수 안에 있는 진리를 있는 그대로 발견하고자 하는 자들은 편견이 들끓는 소란으로부터 벗어나서 재판정 같은 곳으로 물러나 그리스도와 홀로 교제하여야 한다.

(2) 빌라도가 그리스도께 물은 질문: 너는 어디로부터냐? 너는 사람들로부터냐 하늘로부터냐? 너는 위로부터냐 아래로부터냐? 빌라도는 앞서 네가 왕이냐라고 직설적으로 물었었다. 그러나 여기에서 그는 네가 하나님의 아들이냐라고 직설적으로 묻지 않는다. 이것은 그가 하나님의 일들에 너무 노골적으로 간섭하는 듯이 보이는 것을 꺼려했기 때문이다. 그래서 빌라도는 두루뭉술하게 이렇게 묻는다: "너는 어디로부터냐? 너는 이 세상에 오기 전에 어디에 있었고, 어떤 세상에 있었느냐?"

(3) 이 문제에 대해서 심문을 받으셨을 때에 우리 주 예수께서는 침묵을 지키심: 예수께서 대답하여 주지 아니하셨다. 그리스도께서 침묵을 지키신 것은 기분이 상해서나 법정을 경멸해서도 아니었고, 어떻게 말해야 할지를 알지 못하셨기 때문도 아니었다. [1] 그것은 털 깎는 자 앞에서 잠잠한 양 같이 그의 입을 열지 아니하였도다(사 53:7)는 성경 말씀이 성취되도록 하기 위하여 인내하고 침묵하신 것이었다. 이러한 침묵은 그리스도께서 현재의 고난 속에서 아버지의 뜻에 순종하고 계심을 웅변으로 말해 주는 것이었다. 그리스도께서는 그의 고난을 방해할 수 있는 그 어떤 것도 말씀하고자 하지 않으셨기 때문에 침묵을

지키셨다. 만약 그리스도께서 자기가 왕이라고 맹세하셨던 것처럼 명백하게 자신이 하나님이라는 것을 말하고 맹세하셨다면, 빌라도가 그를 단죄하지 않았을 가능성이 높다(빌라도가 고소한 자들이 그 말을 한 것을 듣고 두려워한 것을 보아서). 그리고 로마인들은 열국의 왕들에 대해서는 그들을 정복하고 기뻐하였지만, 열국의 신들에 대해서는 경외하는 마음을 지니고 있었다. 고린도전서 2:8을 보라. 그들이 그가 영광의 주라는 것을 알았더라면 그를 십자가에 못 박지 아니하였으리라. 만약 그랬다면, 우리는 어떻게 구원받을 수 있었겠는가? [2] 그것은 사려 깊은 침묵이었다. 대제사장들이 그에게 네가 찬송받으실 이의 아들이냐고 물었을 때, 그리스도께서는 내가 그니라고 대답하셨다. 왜냐하면, 그리스도께서는 그들이 메시야에 관하여 말하고 있는 구약의 말씀들을 잘 알고 있다는 것을 아셨기 때문이다. 그러나 빌라도가 그에게 질문하였을 때, 그리스도께서는 빌라도가 자신이 던진 질문의 의미를 이해하지 못한다는 것, 그에게는 메시야에 관한 그 어떤 개념도 없고, 그가 하나님의 아들이라는 것에 대한 그 어떤 개념도 없기 때문에, 이교의 신학으로 그 머리가 가득 차 있는 자에게 그가 대답을 해보아야 그 대답을 그가 어떤 식으로 받아들일지를 알고 계셨다.

(4) 그리스도께서 침묵을 지키자 빌라도가 그에게 엄포를 놓음(10절): "내게 말하지 아니하느냐? 네가 침묵을 지킴으로써 나를 모욕하는 것이냐? 이 속주의 통치자로서 내가 너를 놓을 권한도 있고 십자가에 못 박을 권한도 있는 줄 알지 못하느냐?" 좀 더 살펴보자.

[1] 빌라도는 느부갓네살에 못지않을 정도로 자기 스스로를 높였고 자신의 권세를 자랑한다. 느부갓네살은 임의로 죽이며 임의로 살렸다(단 5:19)고 성경에 기록되어 있다. 권력을 쥔 자들은 그들이 지닌 권세를 자랑하며 위세를 부리기 쉽고, 그 권세가 절대적이고 자의적이면 자의적일수록 그들의 교만은 더욱 높아진다. 그러나 빌라도는 자기가 직접 죄가 없다고 선언하였던 자를 십자가에 못 박을 권세가 있다고 자랑함으로써 자신의 권세를 터무니없을 정도로 부풀린다. 그 어떤 왕이나 방백도 잘못을 저지를 권세를 가지고 있지는 않다. 우리는 오직 우리가 의롭게 행할 수 있는 것만을 행할 수 있다.

[2] 빌라도는 우리의 찬송받으실 구주를 깔보고 짓밟는다: 내게 말하지 아니하느냐? 첫째, 빌라도는 그리스도께서 그의 질문에 대답하여 말씀하지 않으시는 것이 권세 있는 자들을 무시하고 존중하지 않는 것처럼 여긴다. 둘째, 빌라도는

그리스도를 그에게 베풀어준 호의를 무시하는 배은망덕한 자로 여긴다: "내가 너를 석방하려고 이렇게 애를 썼는데, 너는 내게 대답하지 않는 것이냐?" 셋째, 빌라도는 그리스도가 스스로를 위해서 현명치 못한 자처럼 여긴다: "너는 너를 석방해 주고자 하는 자에게 네 자신을 분명하게 소상하게 말하고자 하지 않는 것이냐?" 만약 그리스도께서 실제로 자신의 목숨을 구하고자 하셨다면, 지금이 그가 말씀했어야 할 때였다. 그러나 그리스도께서 하시고자 하신 것은 그의 목숨을 버리는 것이었다.

(5) 이러한 엄포에 대하여 그리스도께서 적절한 대답을 하심(11절).

[1] 그리스도께서는 담대하게 그의 오만을 책망하시고, 그가 잘못 생각하고 있는 것을 바로잡아 주신다: "너는 네 자신을 크다고 여기고 그렇게 말하지만, 위에서 주지 아니하셨더라면, 너는 나를 해할 권한도 없고 채찍질할 권한도 없으며 십자가에 못 박을 권한도 없었으리라." 그리스도께서는 빌라도가 적절치 않은 질문을 하였을 때에는 그에게 대답하는 것이 합당하지 않다고 생각하셨지만(미련한 자의 어리석은 것을 따라 대답하지 말라 두렵건대 너도 그와 같을까 하노라, 잠 26:4), 빌라도가 오만하게 말하였을 때에는 그에게 뭔가를 말해주는 것이 합당하다고 생각하셨다(미련한 자에게는 그의 어리석음을 따라 대답하라 두렵건대 그가 스스로 지혜롭게 여길까 하노라, 잠 26:5). 빌라도가 그의 권세를 사용하였을 때, 그리스도께서는 묵묵히 그 권세에 순종하셨다. 그러나 빌라도가 그 권세를 자랑하며 방자하게 굴자, 그리스도께서는 그에게 그 자신을 알게 해 주셨다: "네가 가지고 있는 모든 권세는 위로부터 너에게 주어진 것이다." 이 말씀은 두 가지로 해석해 볼 수 있다. 첫째, 빌라도가 총독으로서 지닌 권세는 제한된 권세이고, 하나님께서 그에게 주신 것 이상의 권세를 행사할 수 없다는 것을 상기시켜준 것. 하나님은 모든 권세의 원천이시다. 모든 권세는 하나님이 정하신 것이고 하나님으로부터 나온 것이기 때문에, 모든 권세는 하나님께 복종하여야 한다. 모든 권세는 하나님의 법이 정하신 것 이상으로 나아가서는 안 된다. 모든 권세는 하나님의 섭리가 허용하는 범위를 벗어나서는 안 된다. 모든 권세는 하나님의 손이자 하나님의 칼이다(시 17:13-14). 도끼가 찍는 자에게 스스로 자랑한다고 할지라도, 도끼는 여전히 도끼일 뿐이다(사 10:5, 15). 오만한 압제자들은 그들이 장차 결산하여야 할 그들보다 더 높은 자(전 5:8)가 계심을 알아야 한다. 바로 그분이 여호와시라는 것은 압제받는 자들의 불평을 잠재운다. 하

나님께서는 시므이에게 다윗을 욕하는 것을 금지하셨다. 박해하는 자들이 하나님이 그들에게 허용하신 것 이상으로 행할 수 없다는 사실은 박해받는 자들에게 큰 위로가 된다(이사야 51:12-13을 보라). 둘째, 빌라도에게 구체적으로 그를 해치는 빌라도의 권세와 그 권세의 모든 시도들은 하나님께서 정하신 뜻과 미리 아신 대로(행 2:23) 되는 것임을 알게 하기 위한 것. 빌라도는 많은 사람들에 의해서 하나님의 아들이자 이스라엘의 왕으로 여겨지고 있던 그리스도 같은 죄수를 재판하기 위하여 앉아서, 그토록 위대한 인물의 운명을 자기 마음대로 처분할 수 있다는 것을 생각하고서, 지금처럼 자기가 그렇게 높게 보인다고 생각한 적이 없었다. 그러나 그리스도께서는 빌라도에게 그가 여기에 하나님의 손에 잡힌 도구로 앉아 있는 것이고, 하나님의 뜻에 반해서는 아무것도 할 수 없으며, 오직 하늘에서 정하신 것을 따라서 행할 수 있다는 것을 알게 하고자 하셨다(행 4:27-28).

[2] 그리스도께서는 유대인 주모자들의 죄에 비해서 빌라도의 죄는 덜한 것이라고 말씀하신다: "그러므로 나를 네게 넘겨준 자의 죄는 더 크다. 왜냐하면, 총독으로서 너는 위로부터의 권세를 가지고 있고, 네 자리에서 직무를 행하는 것이므로, 네 죄는 시기와 악의에 의해서 너로 하여금 네 권세를 남용하도록 억지를 부리고 있는 그들의 죄보다 덜하기 때문이다."

첫째, 여기에는 빌라도가 행한 일이 죄, 큰 죄라는 것, 유대인들이 그에게 행사한 영향력과 그가 스스로 행사한 영향력은 빌라도가 한 일을 정당화시킬 수 있는 변명이 될 수 없다는 것이 분명하게 암시되어 있다. 이 말씀을 통해서 그리스도께서는 빌라도의 양심을 일깨우고 그의 마음속에 있었던 두려움을 증폭시킬 의도를 가지고 계셨다. 남들이 죄를 범한다고 해서 우리의 죄가 사해지는 것은 아니고, 저 심판의 큰 날에 남들이 우리보다 더 악하였다고 말하여도 아무 소용이 없을 것이다. 왜냐하면, 우리는 남들과 비교해서 심판을 받는 것이 아니라 각각 자기의 짐을 져야 하기 때문이다.

둘째, 그렇지만 그리스도를 빌라도에게 넘겨준 자들의 죄는 더 큰 죄였다. 이것을 통해서 모든 죄들이 동일한 것이 아니라, 어떤 죄들은 다른 죄들보다 더 크다는 것이 드러난다. 어떤 죄들은 하루살이에 비할 수 있고, 어떤 죄들은 낙타에 비할 수 있다. 어떤 죄들은 눈에 있는 티라고 할 수 있고, 어떤 죄들은 들보라고 할 수 있다. 어떤 것들은 일 펜스짜리 죄고, 어떤 죄들은 일 파운드짜리 죄이다. 그리스도를 빌라도에게 넘겨준 자는 다음과 같은 자들이었다.

1. 십자가에 못 박으소서 십자가에 못 박으소서라고 외쳤던 유대 백성. 그들은 그리스도의 이적들을 보았고, 빌라도는 보지 못하였다. 메시야는 그들에게 처음으로 보내졌고, 그들은 메시야의 백성이었다. 지금 종살이를 하고 있던 그들은 마땅히 구속주를 가장 환영했어야 할 자들이었기 때문에, 그리스도에게 해를 끼침에 있어서 그들은 빌라도보다 훨씬 더 악한 자들이었다.

2. 그리스도를 죽이고자 한 음모를 처음으로 제안하고 앞장섰던 인물이었던 가야바(11:49-50). 가야바의 죄는 빌라도의 죄보다 훨씬 더 컸다. 가야바는 그리스도와 그의 가르침에 대한 적대감만을 이유로 의도적으로 철저한 악의 속에서 그리스도를 재판에 넘겼다. 빌라도는 순전히 유대 백성들이 두려워서 그리스도를 단죄했는데, 그것은 그가 백성들의 분노를 식힐 시간적 여유를 가지고 있지 못했기 때문에 성급하게 내려진 결정이었다.

3. 어떤 이들은 그리스도께서 이 말씀을 통해서 유다를 의미하셨다고 생각한다. 왜냐하면, 유다는 직접적으로 그리스도를 빌라도의 손에 넘겨주지는 않았지만, 그를 그렇게 한 자들에게 팔아넘겼기 때문이다. 여러 가지를 고려할 때, 유다의 죄는 빌라도의 죄보다 더 큰 것이었다. 빌라도는 그리스도에게 낯선 자였다. 그러나 유다는 그리스도의 친구였고 제자였다. 빌라도는 그리스도에게서 아무런 죄도 발견하지 못하였지만, 유다는 그리스도께서 얼마나 많은 선을 행하셨는지를 잘 알고 있는 자였다. 빌라도는 비록 편견을 지니고 편파적이었지만 뇌물을 받지는 않았다. 그러나 유다는 무죄한 자를 해하고 그 삶을 받았다. 유다의 죄는 주도적인 죄였고, 그 밖의 다른 모든 죄들은 거기에서 파생되었다. 유다는 예수 잡는 자의 길잡이가 되었다. 유다의 죄는 너무도 컸기 때문에, 공의가 그를 살지 못하게 하였다. 그리스도께서 이 말씀을 하셨을 때에, 또는 그 직후에, 유다는 제 곳으로 갔다.

V. 빌라도는 예수를 그들의 손에서 건져내기 위해서 유대인들과 싸웠지만 헛수고였다. 우리는 이 일 이후에 빌라도와 죄수 간에 오고 간 그 어떤 대화에 대해서도 더 이상 들을 수가 없다. 우리는 오직 빌라도와 고소자들 사이에서 오고 간 대화만을 들을 수 있을 뿐이다.

1. 빌라도는 예수를 놓아 주려고 이전보다 더 열심이었던 것으로 보인다(12절): 이러함으로, 즉 이때로부터, 그리스도께서 그에게 대답하신 바로 그 이유

때문에(11절), 비록 그 대답 속에는 책망이 들어 있긴 하였지만, 빌라도는 그 대답을 좋게 받아들였다. 그리스도께서는 빌라도에게서 잘못을 발견하였지만, 빌라도는 여전히 그리스도에게서 죄를 발견할 수 없었기 때문에, 예수를 놓으려고 힘썼고, 그렇게 하고자 원하였다. 빌라도가 예수를 놓으려고 힘썼다. 빌라도는 제사장들의 비위를 거스르지 않는 가운데 이 일을 무리 없이 안전하게 처리하고자 애를 썼다. 우리는 우리가 마땅히 해야 할 일에 있어서 그 일을 어떻게 하면 무리 없이 순탄하게 해결할까 하는 생각에 기울어서 우리의 단호한 의지를 버려서는 안 된다. 만약 빌라도가 술수를 쓰지 않고 자신의 정의감에 따라서 이 일을 처리하였더라면, 그는 오랫동안 예수를 놓아주고자 애쓰지 않았을 것이고, 즉시 그를 놓아 주었을 것이다. 하늘이 무너진다고 하여도 정의는 세워져야 한다(fiat justitia, ruat coelum).

2. 유대인들은 이전보다 더 분노하고 더 포악해져서 예수를 십자가에 못 박으라고 요구하였다. 그들은 여전히 이전과 마찬가지로 소란과 아우성을 통해서 그들의 목적을 달성하고자 하였다. 그래서 그들은 지금 소리를 쳤다. 그들은 그리스도께서 백성들의 원성을 사고 있다는 생각이 들 수 있게 만들고자 하였고, 그래서 무리들로 하여금 소리를 쳐서 그리스도의 기를 꺾어 놓고자 하였는데, 무리를 동원하는 일은 어려운 일이 아니었다. 반면에, 공정한 투표가 허락되었더라면, 나는 대다수의 사람들이 그리스도를 놓아 주는 쪽에 찬성표를 던졌을 것이라는 것을 의심하지 않는다. 몇몇 미친 사람들은 소리를 질러서 많은 지혜로운 자들을 압도하고는, 자기가 민족 또는 온 인류의 생각을 대변하고 있다고 제멋대로 생각한다(그것은 말도 되지 않는 소리이지만). 그러나 잘못된 백성들의 의식을 바꿔 놓고 그들의 아우성을 바꿔 놓는 일은 그렇게 쉬운 일이 아니다. 그리스도께서 그의 원수들의 수중에 놓여 있는 지금에 있어서 그의 친구들은 기가 죽어서 침묵을 지켰고 사라졌으며, 그리스도를 반대하는 자들만이 앞장서서 그들의 세력을 과시하였다. 이것은 대제사장들에게 모든 유대인들이 그리스도를 십자가에 못 박기를 원하는 것이라고 빌라도를 압박할 수 있는 기회를 주었다. 이 아우성을 통해서 그들은 두 가지를 추구하였다.

(1) 죄수에게 가이사의 원수라는 누명을 씌우는 것. 그리스도께서는 분명히 이 세상의 나라들과 그 영광을 거부하였고, 그의 나라는 이 세상에 속한 것이 아니라고 선언하였지만, 그들은 그리스도가 가이사를 반역하고 있다고 고소하

였다. 원문에서 안티레게이는 가이사의 위엄과 주권을 침해하였다는 것을 의미한다. 기독교 신앙은 왕들과 나라들에게 지극히 유익한 것임에도 불구하고, 마치 기독교 신앙이 왕들과 나라들에게 해를 끼치는 것인 것처럼 고소하는 것이 기독교 신앙의 원수들이 항상 행하는 술수였다.

(2) 재판장인 빌라도를 가이사의 충신이 아닌 것으로 위협하는 것: "당신이 이 사람을 벌하지 않고 놓아 주어서, 그로 하여금 자유롭게 활동하도록 내버려 둔다면, 당신은 가이사의 충신이 아니니이다. 그러므로 그렇게 하는 것은 당신의 임무에 충실한 것이 아니고 당신의 직책을 제대로 수행한 것이 아니기 때문에, 황제의 노여움을 사서 그 자리에서 쫓겨날 수도 있다." 그들은 황제에게 빌라도의 잘못된 처신을 알려서 그를 파면당하게 할 수도 있다고 위협하고 있다. 여기서 그들은 빌라도의 아주 민감한 부분을 건드렸다. 그러나 다른 민족은 몰라도 유대인들은 그들이 가이사에게 관심을 가지고 충성을 하고 있는 것처럼 가장해서는 안 되었다. 사실 그들은 그 어느 민족 사람들보다도 가이사와 그의 통치를 못마땅해하고 있었기 때문이다. 또한 그들은 가이사의 충신 운운하면서 말할 자격도 없었다. 그들 스스로가 가이사의 역적들이었기 때문이다. 그렇지만 이렇게 선한 것에 대한 가장(假裝)된 열심은 흔히 더 선한 것을 반대하는 진정한 악의를 은폐하는 역할을 한다.

3. 다른 수단들을 써 보아도 아무 소용이 없자, 빌라도는 그들의 분노를 가라앉히려고 회유책을 썼지만, 그렇게 하는 동안에 자기 자신을 그들에게 팔아넘겨서, 결국 급한 물살에 휩쓸려가고 말았다(13-15절). 빌라도는 이런 식으로 옥신각신하면서 한참 동안을 서 있었고, 유대인들의 공격에 대하여 격렬하게 저항하고 있는 것처럼 보였지만(12절), 비열하게 굴복하고 말았다. 좀 더 살펴보자.

(1) 빌라도에게 충격을 준 것은 무엇이었는가(13절)? 빌라도가 이 말을 듣고, 즉 그가 예수를 사형에 처하지 않는다면 가이사의 진정한 충신이 될 수 없고 가이사의 은총도 보장받을 수 없다는 말을 듣고서, 그는 다시 예수를 살펴보아야 하겠다고 생각하였다. 그리스도를 행악자라고 규정하며 그것을 증명하기 위하여 그들이 말했던 모든 것, 그렇기 때문에 빌라도가 그리스도를 단죄하는 것이 도리라고 그들이 말한 것은 빌라도의 마음을 움직이지 못했고, 그는 여전히 그리스도에게 죄가 없다는 자신의 확신을 고수하고 있었다. 그러나 그들이

그리스도를 단죄하는 것이 그에게 이득일 것이라고 강력하게 주장하자, 빌라도는 마음이 움직이기 시작하였다. 사람들의 칭찬 속에서 행복을 구하는 자들은 사탄의 시험과 유혹들에 손쉽게 넘어가게 된다.

(2) 이 문제를 최종적으로 선고하기 위해서 어떠한 준비가 이루어졌는가? 빌라도는 예수를 끌고 나가서 위세를 부리며 재판석에 앉았다. 빌라도는 위풍당당하게 보이기 위해서 자신의 제복을 가져 오라고 해서 입은 후에 재판석에 앉았을 것이다.

[1] 그리스도께서는 온갖 절차를 다 거쳐서 단죄를 받으셨다. **첫째**, 그것은 우리를 하나님의 법정에서 건지기 위한 것이었다. 모든 믿는 자들은 지금 여기에서 재판받고 계시는 그리스도로 말미암아 하늘의 법정에서 무죄방면 될 것이다. **둘째**, 그것은 장차 그의 제자들이 그를 위하여 끌려갔을 때에 위세당당한 재판정을 보고 두려워하지 않도록 하기 위한 것이었다. 바울은 주님께서 자기보다 앞서 가이사의 재판석에 서셨을 때보다도 더 잘 견딜 수 있었을 것이다.

[2] 여기에는 장소와 때가 기록되어 있다.

첫째, 그리스도께서 단죄된 장소: 그는 돌을 깐 뜰, 히브리말로 가바다라 불리는 곳, 빌라도가 소청(訴請)들을 듣거나 범죄자들을 심문할 때에 사용하곤 하였던 장소에서 단죄를 받으셨다. 어떤 이들은 가바다는 담이 쳐진 장소를 의미하고, 백성들의 소란과 욕지거리를 막기 위해서 담을 친 장소인데, 거기에서는 빌라도가 백성들을 의식할 필요가 별로 없었을 것이라고 말한다. 또 어떤 이들은 가바다가 다른 곳보다 더 높이 올라간 장소를 의미하고, 이것은 모든 사람이 빌라도를 볼 수 있도록 하기 위한 것이었다고 말한다.

둘째, 시간(14절). 때는 유월절의 준비일이었고 제육시였다. 좀 더 살펴보자. 1. 날짜. 이 날은 유월절의 준비일, 즉 유월절 안식일과 무교절의 나머지 날들을 준비하는 날이었다. 이것은 누가복음 23:54에 나오는 이 날은 준비일이요 안식일이 거의 되었더라는 설명으로부터 분명하게 드러난다. 따라서 이 준비일은 안식일을 준비하는 날이었다. 유월절을 맞기 전에는 준비가 있어야 한다는 것을 명심하라. 이 날짜를 언급한 것은 그들의 죄를 부각시키기 위한 것이었다. 그들은 마땅히 묵은 누룩을 버리고 스스로를 정결케 하여 유월절을 맞을 준비를 하였어야 함에도 불구하고, 그토록 지독한 악의와 분노로써 그리스도를 박해하고 있었다. 그 날이 거룩한 날이면 날일수록 그 행위는 더욱 악하게 된다. 2. 때.

때는 제육시라. 몇몇 고대 헬라어와 라틴어 사본들은 이 본문을 제삼시로 읽고 있는데, 이것은 마가복음 15:25과 일치한다. 그리고 마태복음 27:45에 의하면, 그리스도께서는 제육시 이전에 십자가에 달리신 것으로 보인다. 그러나 여기에 나오는 때에 관한 기록은 그 정확한 때를 기록해 놓았다기보다 그리스도를 고소한 자의 죄를 추가적으로 부각시키기 위한 것이었다고 할 수 있다. 그들은 엄숙한 절기의 날, 즉 준비일에 그리스도에 대한 재판을 밀어부치고 있었을 뿐만 아니라, 그 날 중에서도 제삼시에서 제육시까지(이 시간대는 예배를 드리는 시간이었다) 이 악한 짓을 저지르는데에 몰두하였다. 그들은 비록 제사장들이었지만 성전 예배를 빼먹고 제육시까지 그리스도 곁을 떠나지 않다가, 어둠이 짙게 깔리자, 기겁을 해서 도망을 쳤다. 어떤 이들은 이 복음서 기자가 말하고 있는 제육시는 로마와 우리의 시간 계산법에 따라서 오전 6시로 유대인들이 말하는 제일시에 해당하는 때라고 생각한다. 그리스도께서 빌라도 앞에서 재판을 받으신 것이 해가 뜨고 얼마 지나지 않은 아침 6시경이었을 가능성이 대단히 높다.

(3) 빌라도가 판결을 진행하기 전에 유대인들, 즉 제사장들과 백성들을 다시 한 번 만나서 얘기했지만, 그들의 분노의 물줄기를 거스르고자 하는 그의 시도는 아무 소용이 없었다.

[1] 빌라도는 유대인들에게 보라 너희 왕이로다라고 말하였다. 이것은 이 예수가 스스로 왕을 참칭하였다고 하는 그들의 고소가 얼마나 터무니없고 악의적인지를 그들에게 암시하면서 책망하는 말이었다: "너희가 왕을 참칭하는 자라고 고소하였던 너희 왕을 보라. 이 같은 사람이 너희의 통치에 위험인물인 것 같으냐? 나는 그가 위험인물이 아니라는 것을 확신하고 있고, 너희도 그렇게 확신할 것 같으니, 그를 놓아주자." 어떤 이들은 이 말을 통해서 빌라도가 유대인들이 가이사에 대하여 못마땅해하는 은밀한 마음을 품고 있는 것에 대하여 책망한 것이라고 생각한다: "만일 이 사람이 가이사를 반역하는 일에 앞장선 것이라면, 너희는 이 사람을 너희의 왕으로 삼고자 했을 것이다." 그러나 빌라도는 전혀 그런 의미로 말을 한 것은 아닐지라도 하나님의 음성을 그들에게 전해 준 것으로 보인다. 하나님께서는 그리스도에게 지금 가시 면류관을 씌우셔서 이 대관식을 통해서 유대 백성의 왕으로 삼으셨다: "보라 너희 왕이로다. 이 사람이 하나님께서 그의 거룩한 산 시온 위에 세우신 왕이다." 그러나 그들은 기

뻠의 환호성으로 그를 맞이하는 대신에 그에게 대들며 그를 거역하고 있다. 그들은 하나님께서 택하신 왕을 갖지 못하게 될 것이다.

[2] 그들은 심히 분노하여 없이하소서 없이하소서라고 외쳤는데, 이 말 속에는 악의와 더불어서 경멸이 내포되어 있다 — "그는 우리 사람이 아니니, 그를 없이하소서. 그는 우리의 동포도 아닐 뿐더러, 우리의 왕은 더더욱 아니니이다. 우리에게는 그에 대한 존경심은커녕 연민의 마음도 없나이다. 그를 없이하여서, 우리의 눈에서 사라지게 하소서." 이것은 성경에 그에 대하여 기록된 다음과 같은 말씀들을 응하게 하기 위한 것이었다: 그는 백성에게 미움을 받는 자가 되겠고(사 49:7), 그는 마치 사람들이 그에게서 얼굴을 가리는 것 같이 멸시를 당하였다(사 53:2-3); 이러한 자는 세상에서 없애 버리자 살려 둘 자가 아니라(행 22:22). 첫째, 이것은 우리가 하나님의 법정에서 어떻게 취급되어야 마땅했는지를 보여준다. 우리는 죄로 말미암아 그들을 없이하소서 그들을 없이하소서라고 외치는 하나님의 거룩함을 싫어하였다. 왜냐하면, 하나님은 눈이 정결하시므로 악을 차마 보지 못하시기 때문이다. 또한 우리는 우리를 쳐서 "그들을 십자가에 못 박으소서 그들을 십자가에 못 박으소서, 율법의 선고를 집행하소서"라고 외치는 하나님의 공의를 혐오하였다. 만약 그리스도께서 이 일에 개입하셔서, 이렇게 사람들로부터 버림받지 않으셨다면, 우리는 하나님에게서 영원히 버림받게 되었을 것이다. 둘째, 이것은 우리가 우리의 죄들을 어떻게 다루어야 하는지를 보여준다. 우리는 흔히 성경 속에서 그리스도의 죽음과 합하여 죄를 십자가에 못 박으라는 말씀을 듣는다. 그리스도를 십자가에 못 박은 자들은 엄청난 혐오감으로 그 일을 하였다. 우리는 그들이 우리 대신 죗값을 치르신 그리스도를 불경건한 분노로써 짓밟았듯이 경건한 분노로써 우리 안에 있는 죄를 짓밟아야 한다. 진정한 회개를 하는 자들은 자신의 범죄들을 자기로부터 떨쳐버리려고, 그것들을 없이하소서 그것들을 없이하소서(사 2:20; 30:22), 그것들을 십자가에 못 박으소서 그것들을 십자가에 못 박으소서라고 외친다. 그러한 범죄들이 내 영혼 속에 사는 것은 합당하지 않다(호 14:8).

[3] 빌라도는 그들의 반대에도 불구하고 예수를 놓아주려고 하여, 그들에게 내가 너희 왕을 십자가에 못 박으라고 묻는다. 빌라도가 이렇게 말한 의도는 다음 둘 중의 하나였다. 첫째, 그들이 어느 때보다도 왕이 필요한 때에 그들에게 그들의 왕이라고 밝힌 자를 거부하는 것이 그들에게 얼마나 부조리한 일인지를

보여줌으로써 그들의 입을 막기 위해서. 너희에게는 종살이를 하고 있다는 의식도 없느냐? 너희에게는 해방되고자 하는 욕구도 없는 것이냐? 너희에게는 구원자가 아무 쓸데없는 것이냐? 빌라도는 그리스도를 두려워할 그 어떤 이유도 찾지 못했지만, 그들은 그리스도로부터 뭔가 희망의 싹을 찾을 수 있을지도 모른다. 모든 것이 좌절되고 분쇄되었을 때에 사람들은 지푸라기라도 잡고자 하기 때문이다. 둘째, 빌라도 자신의 양심의 소리를 막기 위해서. 빌라도는 이렇게 생각한다: '이 예수가 왕이라면, 그는 단지 유대인들의 왕일 뿐이기 때문에, 나는 그들이 그를 어떻게 대우하든 아무 상관이 없다. 그들이 그를 왕으로 인정하지 않고 그들의 왕을 십자가에 못 박고자 한다면, 그것이 내게 무슨 상관이 있겠는가?' 빌라도는 그들이 메시야를 기다리고 있으면서도 메시야일 가능성이 큰 자를 짓밟는 것은 어리석은 일이라고 생각하여 그들을 조롱하고 있는 것이다.

[4] 대제사장들은 그리스도를 효과적으로 처치하고 빌라도로 하여금 그를 못 박게 하고자 하여 가이사 외에는 우리에게 왕이 없나이다라고 소리쳤다. 그들은 가이사와 그의 통치를 미워하고 있었지만, 이렇게 빌라도가 좋아할 만한 말을 함으로써 그들의 뜻을 관철시키고자 하였다. 그러나 우리는 여기에서 다음과 같은 것들을 볼 수 있다.

첫째, 이것은 메시야가 등장할 때, 바로 그 정한 때가 이르렀다는 것을 분명하게 보여주는 지표라는 것. 왜냐하면, 유대인들에게 가이사 이외에 왕이 없다면, 규가 유다에게서 떠나고 통치자의 지팡이가 유다의 발 사이에서 떠난 것이어서, 이 때는 실로가 와서 영적인 나라를 세울 때였기 때문이다.

둘째, 이것은 하나님께서 머지않아 로마인들을 통해서 유대인들을 멸망시키신 것이 얼마나 의로운 일이었는지를 보여준다. 1. 그들은 가이사에게 충성하고, 따라서 가이사에게 갈 것이다. 하나님께서는 곧 그들에게 차고 넘치는 가이사들을 보내 주실 것이었다. 요담의 비유에 의하면, 나무들이 포도나무와 감람나무가 아니라 가시나무를 그들의 왕으로 선택하였기 때문에 악한 영이 그들 가운데로 보내졌다. 왜냐하면, 그들은 올바른 정신으로 진지하게 그것을 행할 수는 없기 때문이다(삿 9:12, 19). 그러므로 그들은 가이사의 사람들에게 역도들이 되었고, 가이사의 사람들은 그들에게 압제자들이 되었으며, 그들의 불만은 그들의 땅과 나라가 전복되는 것으로 끝이 났다. 하나님께서 우리가 그리스도보다 더 좋아하는 것을 우리에 대한 회초리와 재앙으로 삼으시는 것은 합당한 일이다. 2. 그들은 가이사 이외에 다른 왕을 갖고자 하지 않았고, 이 날까지 그 어떤 다른 왕도 가진 적이 없었다. 그들은 지금 많은 날 동안 왕도 없이 지내었다(호 3:4). 그들에게는 그 어떤 왕도 없었고, 열방의 왕들이 그들을 지배하여 왔다. 그들이 가이사 외에 다른 왕을 갖고자 하지 않았기 때문에, 그들의 운명은 그들이 스스로 결정한 대로 될 것이다.

[16]이에 예수를 십자가에 못 박도록 그들에게 **넘겨 주니라** [17]그들이 예수를 맡으매 예수께서 자기의 십자가를 지시고 해골[히브리 말로 골고다]이라 하는 곳에 나가서 [18]그들이 거기서 예수를 십자가에 못 박을새 다른 두 사람도 그와 함께 좌우편에 못 박으니 예수는 가운데 있더라

이 단락에는 우리 주 예수에 대한 사형 선고가 내려지고, 곧이어서 집행이 이루어지는 것에 관한 기사가 나온다. 빌라도는 속으로 자신의 확신과 자신의 부패한 성품 사이에서 큰 갈등을 해 왔었다. 그러나 결국 그의 양심의 확신이 굴복하였고, 그의 부패한 심성이 승리를 거두었으며, 사람을 두려워하는 것이 하나님을 두려워하는 것보다 더 큰 힘을 발휘하였다.

I. 빌라도는 그리스도를 단죄하는 선고를 내렸고, 그리스도에 대한 사형을 집행하라는 명령서에 서명하였다(16절). 우리는 여기에서 다음과 같은 것들을 볼 수 있다.

1. 빌라도는 자신의 양심을 거슬러 범죄하였다. 그는 거듭거듭 그리스도가 무죄하다고 분명하게 말하였음에도 불구하고 결국 그를 유죄로 단죄하였다. 빌라도는 총독으로 부임한 이래로 유대 민족을 분노하게 만든 많은 일들을 하였다. 그는 오만하고 고집센 성품을 지닌 자였고, 극도로 변덕이 심한 자였기 때문이다. 그는 고르반 제도에 의해서 유대 백성들이 성전에 바친 제물들을 탈취하여 수로 공사에 사용하였다. 그는 가이사의 초상이 새겨진 방패들을 예루살렘에 들여와서 유대인들을 격분시켰다. 그는 자신의 뜻을 관철시키기 위해서 많은 사람들의 목숨을 빼앗았다. 그러므로 빌라도는 이런저런 악행들에 대하여 백성들로부터 불만을 들을 것을 염려해서, 유대인들을 어떻게 해서든지 진정시키고자 하였던 것이다. 지금 빌라도의 그러한 태도가 이 문제를 훨씬 더

악화시켜 놓았다. 만약 그가 편안하고 부드럽고 유화적인 성품을 지닌 자였다면, 그가 유대인들의 거센 요구에 굴복한 것은 어쩌면 좀 더 용서받을 수 있는 일이었을 것이다. 그러나 다른 일들에 있어서는 그토록 자신의 뜻을 완강하게 관철시키던 자가 이런 성격의 일에서 유대인들에게 굴복하였다는 것은 그가 진정 악한 자임을 보여주는 것이고, 그가 기분이 망치는 것보다 양심을 거스르는 것을 더 참을 만하게 여기는 자였음을 보여주는 것이다.

2. 빌라도는 책임을 유대인들에게 떠넘기려고 애를 썼다. 그는 그의 군관들에게가 아니라(통상적으로는 그렇게 하였다) 고소한 자들, 즉 대제사장들과 장로들에게 예수를 넘겨 주었다. 빌라도는 이렇게 함으로써 그리스도를 넘겨준 것은 어쩔 수 없어서 그런 것이었으며, 그가 그리스도를 죽인 것이 아니라, 단지 그리스도를 죽인 자들을 묵인했을 뿐이라는 것을 보여줌으로써 자신의 양심의 가책에서 어느 정도 벗어나고자 하였다.

3. 하나님은 그리스도를 우리를 대신하여 죄로 삼으셨다. 우리는 정죄받아 마땅한 자들이었지만, 그리스도께서 우리를 위하여 정죄 받으심으로써, 우리에게는 정죄함이 없게 되었다. 하나님께서는 그의 종들을 심판하지 않으시기 위해서 그의 아들을 지금 심판하고 계시는 것이었다.

II. 재판이 끝나자마자 자신의 뜻을 관철시킨 고소자들은 아주 신속하게 집행을 수행하고자 하였다.   이것은 빌라도가 다시 마음을 바꾸어서 사형 집행을 미루라고 지시할 것을 우려하였기 때문이며(우리로 하여금 범죄하도록 서두르게 만들고, 그런 후에 우리가 잘못 저질러 놓은 일을 취소할 여지를 남겨 두지 않는 것은 우리의 영혼에 가장 큰 적이다), 또한 민란이 일어나지 않게 하며, 그리스도를 반대하는 많은 수의 사람들이 그 자리에 있는 동안에 이 일을 처리하기 위한 것이었다. 만약 우리가 선한 일에 신속해서 더 많은 난점들이 생기지 않도록 시간을 끌지 않은 것이라면, 그것은 잘하는 일이었을 것이다.

1. 그들은 즉시 죄수를 급히 끌고 갔다. 대제사장들은 그들이 오랫동안 기다려 왔던 먹이가 수중에 들어오자 탐욕스럽게 낚아챘다. 이제 그 먹이는 그들의 수중에 들어온 것이다. 또는, 여기에서 그들은 사형 집행을 맡은 군사들을 의미할 수 있다. 그들은 그리스도를 붙잡아서 감옥이 아니라 집행 장소로 곧장 끌고 갔다. 제사장들과 군사들은 힘을 합쳐서 그리스도를 끌고 갔다. 인자는 사람들, 즉 악하고 이성 없는 사람들의 손에 넘겨졌다. 모세의 율법에 의하면(우리의

법에 의거하더라도) 고소한 자들은 집행하는 자들이 되게 되어 있었다(신 17:7). 여기에서 제사장들은 그러한 직분을 자랑하였다. 그리스도께서 끌려가셨다는 것은 그가 어떤 저항을 하셨다는 것을 의미하는 것이 아니라, 그것은 단지 그가 도살자에게로 가는 양과 같이 끌려가셨다(행 8:32)는 성경을 응하게 하기 위한 것이었다. 범죄자들이 처형되듯이, 우리는 죄를 범한 자들로서 끌려가야(시 125:5) 마땅하였다. 그러나 그리스도께서 우리를 대신하여 끌려가셨기 때문에, 우리는 끌려가지 않고 피할 수 있게 되었다.

2. 그리스도에게 비참함을 더하기 위해서 그들은 로마인들의 관습에 따라서 그에게 가능한 한 오랫동안 그의 십자가를 지고 가게 하였다(17절). 십자가에 못 박힌 자라는 것은 로마인들 가운데서 수치스러운 호칭이었다. 우리의 처형장에 있는 단두대와는 달리, 로마인들의 십자가 형틀은 항상 세워져 있었던 것이 아니라, 범죄자가 십자가 형틀을 지고 가서 땅에 내려 놓으면, 사형 집행자들이 그것을 일으켜 세워서 땅에 고정한 후에, 처형이 끝나고서는 통상적으로 시신과 함께 묻어버리는 것이 관례였다. 따라서 십자가형을 선고받은 자는 누구나 자신의 십자가를 지고 가야 했다. 지금 그리스도께서 자신의 십자가를 지신 것은 다음과 같은 것들이라고 할 수 있다.

(1) 그리스도의 고난의 일부. 그리스도께서는 문자 그대로 십자가를 견디셨다. 십자가는 사형 집행에 필요했던 길고 두꺼운 기둥이었는데, 어떤 이들은 그 십자가 형틀은 건조되거나 다듬어지지 않은 것이었다고 생각한다. 찬송받으실 주 예수의 몸은 연약하였기 때문에, 그러한 짐을 지기에 익숙하지 않으셨다. 또한 주님의 몸은 최근에 많은 괴롭힘을 당해서 지쳐 있었다. 그의 어깨는 그들이 내리친 채찍질로 인해서 상해 있었다. 십자가가 몸에 닿을 때마다 그의 몸은 통증으로 쑤셨을 것이고, 머리에 쓰신 가시 면류관이 그를 찔렀을 것이다. 그렇지만 이 모든 것을 그리스도께서는 인내로써 감당하셨고, 그것은 단지 재난의 시작일 뿐이었다.

(2) 그리스도보다 앞서 있었던 모형을 성취한 것. 이삭은 제물로 드려지기로 되어 있었을 때에 자기를 묶는 데에 사용될 나무, 거기에 묶여서 그가 태워질 그 나무를 친히 지고 갔었다.

(3) 그리스도께서 하신 사역을 상징한 것. 아버지께서는 우리 모두의 죄악을 그에게 담당시키셨고(사 53:6), 그는 친히 나무에 달려 그 몸으로 우리 죄를 담당하

심으로써(벧전 2:24) 죄를 없이 하셨다. 그리스도께서는 사실상 내가 저주를 받으리라고 말씀하신 것이었다. 왜냐하면, 그는 우리를 위하여 대신 저주를 받으셨으므로 십자가를 짊어지신 것이었기 때문이다.

(4) 우리에 대한 교훈. 이 일을 통해서 우리 주님께서는 그의 모든 제자들에게 그들의 십자가를 지고서 그를 따르라고 가르치셨다. 그리스도께서 우리에게 어떤 때든지 십자가를 지라고 부르실 때, 우리는 그리스도께서 가장 먼저 십자가를 지셨고, 우리를 위하여 십자가를 지셨으며, 우리가 지게 될 십자가를 가볍게 하기 위하여 지셨다는 것을 기억하여야 한다. 왜냐하면, 그리스도께서는 스스로 십자가를 지심으로 그의 멍에가 쉽고 그의 짐이 가볍게 하셨기 때문이다. 그리스도께서는 그 위에 저주가 있었던 십자가를 지셨는데, 그 십자가는 무거운 것이었다. 그러므로 그리스도의 소유인 모든 자들은 그리스도를 위한 그들의 환난을 잠시 받는 경한 것이라고 부를 수 있게 되었다.

3. 그들은 그리스도를 처형 장소로 데리고 갔다. 그리스도께서는 자신의 뜻에 반하여 끌려가신 것이 아니라, 자원하여 자신의 고난 속으로 나아가셨다. 그는 성문 밖에서 고난을 받으시게(히 13:12) 되어 있었기 때문에 도성 밖으로 나아가셨다. 그들은 그리스도에게 더 큰 수치를 안겨주기 위해서 그를 모든 점에서 범죄자 중 하나로 헤아림을 받으시게 하려 보통 사람들을 처형하는 곳인 골고다(해골의 곳)라 불리는 곳으로 끌고 갔는데, 사람들은 바로 그 곳에 죽은 사람들의 두개골과 뼈들을 버렸고, 참수당한 행악자들의 머리를 버렸기 때문에, 그 곳은 부정한 곳이었다. 그리스도께서 거기에서 고난당하신 것은 그가 우리를 대신하여 죄로 삼아지시고, 우리의 양심을 죽은 행실에서 깨끗하게 하여 우리를 모든 더러움에서 벗어나게 하기 위한 것이었다. 장로들로부터 전해져 온 전승들을 살펴보면, 고대의 많은 저술가들이 이 장소와 관련해서 두 사람을 언급하고 있다

(1) 이곳은 아담이 묻힌 곳이었고, 그의 두개골이 있는 장소였다. 그들은 죽음이 첫째 아담에 대하여 승리를 거둔 곳에서 둘째 아담이 죽음에 대하여 승리를 거둔 것이라고 말한다. 게르하르트(Gerhard)는 오리게네스, 키프리아누스, 에피파니우스, 아우구스티누스, 제롬 등이 이러한 전승을 보전하고 있다고 인용한다.

(2) 이 곳은 아브라함이 이삭을 드렸던 모리아 땅의 그 산이었고, 거기에서 숫양이 이삭을 대신한 대속물로 사용되었다.

4. 그들은 그 곳에서 그리스도를 십자가에 못 박았고, 그와 더불어서 다른 행악자들도 십자가에 못 박았다(18절): 그들이 거기서 예수를 십자가에 못 박았다. 여기에서 다음과 같은 것들을 살펴보자.

(1) 그리스도께서는 어떠한 죽음을 죽으셨는가? 십자가의 죽음, 피비린내나고 고통스러우며 수치스러운 죽음, 저주받은 죽음. 그리스도께서는 제단에 드려지는 희생제물처럼 그의 사역을 위해 준비된 구주로서 십자가에 못 박히셨다. 그리스도의 귀는 하나님을 영원히 섬기기 위하여 하나님의 문설주에 못 박히셨다. 그리스도께서 하늘과 땅 사이에 매달려서 놋뱀처럼 높이 들리신 것은 우리가 하늘이나 땅에 아무런 가치가 없는 자들이 되었고 하늘과 땅에 의해서 버림을 받았기 때문이었다. 그리스도의 손은 우리를 초대하고 껴안기 위해서 넓게 뻗쳐졌다. 그리스도께서는 몇 시간 동안 나무에 매달려서, 제정신으로 말씀을 온전히 하실 수 있는 상태 속에서 점차 죽어가셨는데, 이것은 그가 실제로 자신을 희생제물로 드리시기 위한 것이었다.

(2) 그리스도께서는 어떠한 무리와 함께 죽으셨는가? 그들은 다른 두 사람도 그와 함께 못 박았다. 아마도 원래 이 두 행악자는 그 때에 처형되기로 되어 있지 않았을 것인데, 대제사장들의 요청에 의해서 우리 주 예수의 수치를 한층 더하기 위하여 그 때에 함께 처형된 것으로 보인다. 이것이 그들 중의 한 사람이 그리스도를 욕한 이유였을 것이다. 왜냐하면, 그들의 죽음이 그리스도로 말미암아 앞당겨졌기 때문이다. 만약 그들이 그의 제자들 중 두 사람을 잡아와서 그리스도와 더불어서 그들을 십자가에 못 박았다면, 그것은 그리스도께 영광이 되었을 것이다. 그러나 그리스도의 제자들이 그런 식으로 해서 그리스도의 고난에 동참한 자들이 되었다면, 마치 그들이 그리스도의 대속에 함께 참여한 자들인 것처럼 보이게 되었을 것이다. 그러므로 그리스도께서는 가장 흉악한 죄인들과 함께 고난을 받으시기로 되어 있었는데, 이것은 그가 우리의 치욕을 짊어지신 공로가 오직 그만의 것임을 나타내기 위한 것이었다. 이렇게 해서 그리스도께서는 사람들의 멸시와 미움을 한층 더 많이 받게 되셨는데, 사람들은 흔히 한 묶음으로 싸잡아서 판단하기 쉽고, 어떤 것들을 세밀하게 구별해서 보고자 하지 않기 때문이다. 그들은 그리스도가 행악자들과 함께 멍에를 메었기 때문에 그리스도도 행악자일 것이라고 결론을 내렸을 것이고, 그가 한복판에 있었기 때문에 셋 가운데서 가장 흉악한 자라고 여겼을 것이다. 그러나 이렇게

해서 그가 범죄자 중 하나로 헤아림을 받으셨다는 성경이 응하게 되었다. 그리스도께서는 제단에서 다른 희생제물들과 함께 죽으신 것도 아니었고, 그의 피가 황소 및 염소의 피와 섞인 것도 아니었다. 그리스도께서는 범죄자들 가운데서 죽으셨고, 그의 피가 공공의 정의를 세우기 위하여 희생제물이 된 자들의 피와 섞였다.

그러면 이제 잠시 멈춰 서서, 믿음의 눈으로 예수를 바라보자. 그리스도께서 겪으신 슬픔만한 것이 과연 존재한 적이 있었는가? 그리스도께서는 영광으로 옷 입은 자이셨지만 그 모든 영광을 벗기우신 채 수치의 옷을 입게 되셨다. 그리스도께서는 천사들의 찬송이셨던 분이었는데 사람들의 비방거리가 되셨다. 아버지의 품 속에서 영원한 즐거움과 기쁨으로 함께 계셨던 그리스도께서 지금 극도의 고통과 고뇌 속에 계신다. 피 흘리시는 그를 보라, 고군분투하시는 그를 보라, 죽어 가시는 그를 보라, 그를 보고 그를 사랑하라. 그를 사랑하여 그의 말씀대로 살고, 우리가 마땅히 되어야 할 모습으로 되기 위하여 애쓰라.

[19]빌라도가 패를 써서 십자가 위에 붙이니 나사렛 예수 유대인의 왕이라 기록되었더라 [20]예수께서 못 박히신 곳이 성에서 가까운 고로 많은 유대인이 이 패를 읽는데 히브리와 로마와 헬라 말로 기록되었더라 [21]유대인의 대제사장들이 빌라도에게 이르되 유대인의 왕이라 쓰지 말고 자칭 유대인의 왕이라 쓰라 하니 [22]빌라도가 대답하되 내가 쓸 것을 썼다 하니라 [23]군인들이 예수를 십자가에 못 박고 그의 옷을 취하여 네 깃에 나눠 각각 한 깃씩 얻고 속옷도 취하니 이 속옷은 호지 아니하고 위에서부터 통으로 짠 것이라 [24]군인들이 서로 말하되 이것을 찢지 말고 누가 얻나 제비 뽑자 하니 이는 성경에 그들이 내 옷을 나누고 내 옷을 제비 뽑나이다 한 것을 응하게 하려 함이러라 군인들은 이런 일을 하고 [25]예수의 십자가 곁에는 그 어머니와 이모와 글로바의 아내 마리아와 막달라 마리아가 섰는지라 [26]예수께서 자기의 어머니와 사랑하시는 제자가 곁에 서 있는 것을 보시고 자기 어머니께 말씀하시되 여자여 보소서 아들이니이다 하시고 [27]또 그 제자에게 이르시되 보라 네 어머니라 하신대 그 때부터 그 제자가 자기 집에 모시니라 [28]그 후에 예수께서 모든 일이 이미 이루어진 줄 아시고 성경을 응하게 하려 하사 이르시되 내가 목마르다 하시니 [29]거기 신 포도주가 가득히 담긴 그릇이 있는지라 사람들이 신 포도주를 적신 해면을 우슬초에 매어 예수의 입에 대니 [30]예수께서 신 포도주를 받으신 후에 이르시되

다 이루었다 하시고 머리를 숙이니 영혼이 떠나가시니라

여기 이 단락에는 그리스도와 그가 십자가에 못 박히신 것을 알고자 하는 자들이 특별히 관심 있게 볼 만한 그리스도의 죽음을 둘러싼 주목할 만한 정황들이 앞의 여러 복음서들보다 더 자세하게 기록되어 있다.

I. 그리스도의 머리 위에 붙여진 패.

1. 빌라도가 써서 십자가의 위쪽에 붙이라고 명한 패에는 그리스도를 십자가에 못 박게 된 죄목이 씌어져 있었다(19절). 마태는 이 패를 죄패(아이티아)라고 불렀고, 마가와 누가는 에피그라페라고 불렀으며, 요한은 원래의 라틴어 명칭대로 패(티틀로스)로 부르고 있다. 패에는 나사렛 예수 유대인의 왕이라고 씌어 있었는데, 빌라도는 그리스도를 수치스럽게 하기 위하여 이러한 패를 써 붙인 것이었다. 나사렛 출신의 예수에 불과한 자가 유대인의 왕을 칭하며 가이사에 대항하였다. 빌라도는 이렇게 명목상의 왕, 유명무실한 왕을 가장 악독한 행악자로 벌함으로써 자기가 가이사에 대하여 열렬한 충성심을 지니고 있다는 것을 널리 알리고자 하였다. 그러나 여기에는 하나님의 더 깊은 뜻이 담겨져 있었다. 그것은 우리 주 예수께 죄가 없다는 것을 추가적으로 증언하기 위한 것이었다. 왜냐하면, 이 패에 씌어진 어구를 보면 그 어디에도 범죄가 될 만한 죄목이 없었기 때문이다. 이것이 그리스도를 고소하기 위하여 그들이 제시한 모든 것이라면, 분명히 그리스도는 사형을 당하거나 감옥에 갇힐 만한 죄를 저지르신 것이 아니었다. 그것은 그리스도의 위엄과 영광을 나타내 보이기 위한 것이었다. 이 분이 하나님께 성별된 저 복된 나실인이신 구주 예수시다. 이 분은 유대인의 왕, 메시야 왕, 발람이 예언했던 대로 이스라엘에게서 일어나게 될 규이시다. 그는 지금 가야바가 예언한 대로 그의 백성의 유익을 위해서 죽어가고 계신다. 이렇게 이 세 명의 악인들은 모두 그들의 의도와는 달리 그리스도에 대하여 증언한 것이었다.

2. 백성들이 이 패를 읽음(20절): 예루살렘에 사는 사람들만이 아니라 시골에서 올라온 사람들, 그리고 전국 각지에서 온 사람들과 절기를 맞아서 예배하러 올라왔던 개종자들과 여행자들을 비롯해서 많은 유대인이 이 패를 읽었다. 많은 사람들이 이 패를 읽었고, 그것은 사람들에게 아주 분분한 생각과 사변을 불러 일으켰다. 그리스도 자신은 표적이 되기 위해서 세우심을 입으셨다. 여기에 이

패가 그렇게 많이 읽히게 된 두 가지 이유가 나온다.

(1) 예수께서 십자가에 못 박히신 곳은 비록 성문 밖이었기는 하지만 성에서 가까웠기 때문에. 이것은 예수께서 못 박히신 곳이 성에서 멀리 떨어진 곳이었다면, 그들은 그것을 가서 보고자 하는 호기심에 이끌리지 못하였을 것이고, 결국 그 패를 읽지 못하게 되었을 것임을 보여준다. 그리스도를 알게 해 줄 수단들이 우리에게 가까이 있다는 것은 큰 유익이다.

(2) 이 패가 히브리어와 헬라어와 라틴어로 기록되어 있었기 때문에, 모든 사람들이 이 패의 내용을 읽을 수 있었다. 그들은 모두 이 언어들 중에서 한 가지 이상을 이해할 수 있었고, 일반적으로 유대인들보다 그들의 자녀에게 글 읽는 법을 더 신경 써서 가르치는 민족은 없었다. 또한 이 패가 세 가지 가장 잘 알려져 있는 언어들로 아주 신경 써서 기록되어 있었다는 것이 원인이 되어서, 사람들은 과연 그것이 어떤 내용인지를 알고자 무척 궁금해하였을 것이다. 하나님의 말씀은 히브리어로 기록되어 있었고, 철학자들의 지식은 헬라어로 기록되어 있었으며, 로마 제국의 법률은 라틴어로 기록되어 있었다. 이 각각의 언어로 그리스도는 왕으로 선포되었다. 그리스도는 그 속에 계시와 지혜와 능력의 모든 보화들이 감춰져 있는 왕이시다. 하나님께서는 이 내용이 당시에 알려져 있었던 세 가지 가장 유명한 언어로 기록되게 하심으로써, 예수 그리스도께서 오직 유대인들만의 구주가 아니라 만민의 구주시라는 것을 암시하셨다. 또한 모든 민족은 구속주의 큰 일을 그들 자신의 각 언어로 듣게 될 것임을 하나님께서는 암시하셨다. 히브리어, 헬라어, 라틴어는 당시에 팔레스타인에서 일상적으로 사용되었던 언어들이었다. 따라서 이것은 성경이 여전히 이 세 가지 언어로 보존되어야 한다는 것을 말해주는 것이 결코 아니다(교황주의자들이 주장하는 것과는 달리). 오히려 정반대로, 그것은 우리에게 그리스도를 아는 지식은 모든 민족에게 각 민족의 언어로 전파되어야 하고, 사람들이 이웃 사람들과 교제하듯이 성경과 자유롭게 교제할 수 있도록 하여야 한다는 것을 가르친다.

3. 고소한 자들이 이것을 보고 못마땅해하였다(21절). 그들은 패에 유대인의 왕이라고 쓰지 말고, 자칭 유대인의 왕이라고 말한 것으로 쓰도록 요청하였다. 그들의 이러한 행위는 다음과 같은 것들을 보여준다.

(1) 그들이 그리스도에 대하여 얼마나 앙심을 품고 악의를 지니고 있었는지를 보여준다. 그들은 그리스도를 십자가에 못 박는 것으로도 부족해서, 그의 이

름까지 십자가에 못 박고자 하였다. 그들은 그리스도를 그렇게 악하게 취급한 그들의 행위를 정당화하기 위해서 그리스도를 흉악한 자로 만들고, 그가 자격도 없는 자로서 왕의 영광과 권력을 참칭했다고 규정하고자 하였다.

(2) 그들은 그들의 민족의 영광을 어리석게도 질시하였다. 그들은 비록 로마에게 정복당해서 종살이 하는 백성이었지만, 그들의 명예에 대한 대단한 자존심을 가지고 있었기 때문에, 이 사람 예수가 그들의 왕이라는 말을 비웃었다.

(3) 그들은 빌라도에게 매우 무례하였고 그를 괴롭혔다. 그들은 빌라도의 뜻을 거슬러서 그들이 스스로 그리스도를 단죄할 수 없다는 것을 알고 있었지만, 이러한 사소한 일에까지 계속해서 빌라도를 괴롭혔다. 그들이 그리스도를 유대인의 왕을 참칭한 죄로 고소하였지만, 실제로 그리스도께서는 그런 말씀을 하신 적이 없었고, 또한 그들도 그런 말씀을 그가 했다는 것을 증명할 수 없었다는 점에서, 그들의 이러한 주장은 더욱더 악한 것이었다.

4. 빌라도는 그 패를 그대로 두게 함: "내가 쓸 것을 썼다. 나는 그들의 비위를 맞추려고 그 패를 변경하고자 하지 않겠다."

(1) 이것을 통해서 여전히 고압적이었던 대제사장들이 모욕을 당하였다. 빌라도가 말한 방식을 보건대, 그는 그들에게 굴복해서 자신의 뜻을 꺾은 것에 대하여 불편한 심기를 가지고 있었고, 그리스도를 강제로 십자가에 못 박도록 만든 그들에 대하여 화가 나 있었기 때문에, 그들의 말을 들어주지 않기로 작정하였던 것으로 보인다. 빌라도는 이 패를 통해서 다음과 같은 것들을 암시하였다. [1] 그들이 겉으로는 가이사와 그의 통치에 대하여 지지를 보내고 있는 것처럼 행동하였지만 사실은 그렇지 않다는 것. 그들은 언제든지 그들의 마음에 맞는 자가 있기만 하다면 유대인의 왕을 기꺼이 세우고자 하였다. [2] 이 사람 예수 같이 초라하고 멸시받을 만한 그러한 왕이 유대인의 왕으로서 충분하다는 것. 이것은 로마 권력에 반대하는 모든 자들의 운명이 될 것이다. [3] 그리스도에게서 아무런 죄도 찾을 수 없었기 때문에, 그들이 이 예수를 잡아와서 심문한 것은 매우 불의하고 불합리한 짓이었다는 것.

(2) 이것을 통해서 우리 주 예수께는 영광이 돌려졌다. 빌라도는 예수가 유대인의 왕이라는 패를 단호하게 옹호하였다. 빌라도가 쓴 글은 하나님께서 쓰신 것이었기 때문에, 빌라도가 그것을 변경할 수는 없었다. 왜냐하면, 성경에 메시야 왕이 끊어지리라(단 9:26)고 기록되어 있기 때문이다. 그러므로 이것은

그리스도께서 죽으신 진짜 이유였다. 그가 죽으신 것은 이스라엘의 왕이 죽어야 했고, 또한 이러한 방식으로 죽어야 했기 때문이다. 유대인들이 그리스도를 버리고, 그를 그들의 왕으로 삼고자 하지 아니하였을 때, 이방인이었던 빌라도는 그리스도가 왕이라는 주장을 굽히지 않고 고수하였다. 이것은 믿지 않는 유대인들이 메시야에게 반기를 든 후에 이방인들이 메시야의 나라에 순복하게 되는 일이 곧 일어나게 되리라는 것을 보여주는 전조였다.

II. 사형 집행인들이 그리스도의 옷을 나누어 가짐(23-24절).   사형을 집행하는 데에는 네 명의 군사가 동원되었는데, 군인들이 예수를 십자가에 못 박고 난 후에, 그가 극심한 고통을 거쳐서 숨을 거두기를 기다리는 동안에, 죄수가 죽고 나면 그의 옷을 사형 집행인들이 서로 나눠 갖는 관습에 따라서, 각자가 동등한 몫을 가지고자 그의 옷을 취하여 네 깃에 나눠 각각 한 깃씩 얻었다. 그러나 그의 속옷, 또는 외투이든지 겉에 걸치는 가운이든지 윗옷은 흥미롭게도 호지 아니하고 위에서부터 통으로 짠 것이어서, 그들은 제비를 뽑아서 그 임자를 정하기로 합의하였다.

1. 그들은 우리 주 예수를 십자가에 못 박기 전에 옷을 벗겨서 수치를 줌. 벌거벗음의 수치는 죄와 함께 이 세상에 들어온 것이었다. 하나님께서 우리를 대신하여 죄로 삼으신 자가 그 수치를 짊어지심으로써 우리의 수치를 굴려버리시는 것이 합당하였다. 그리스도께서 벌거벗김을 당하신 것은 우리로 하여금 흰 옷(계 3:18)을 입게 하기 위한 것이었고, 우리가 옷을 입지 않고 벗은 자들로 발견되지 않게 하기 위한 것이었다.

2. 이 군사들이 그리스도를 십자가에 못 박음으로써 받은 삯. 그들은 그리스도의 헌 옷들을 기꺼이 나누어 가지고자 하였다. 그런 짓은 참으로 악한 짓이었지만, 악한 자들은 그런 일을 재미삼아서 할 수 있는 자들이다. 아마도 그들은 그리스도의 옷가를 만지기만 해도 병이 나았다는 이야기를 들은 적이 있었을 것이기 때문에 그의 옷은 다른 옷보다 더 특별한 것이 있을 것이라고 생각했거나 그리스도를 추종하는 자들이 그의 옷을 돈을 주고 사 가게 될 것이라고 기대하였을 것이다.

3. 그들은 그리스도의 호지 않은 속옷을 가지고 장난을 침. 우리는 이 속옷 외에는 그리스도께서 어떤 귀중하거나 주목할 만한 물건을 가지고 계셨다는 얘기를 듣지 못하는데, 이 속옷을 가지셨던 것은 결코 부의 상징이 아니라 단지

다양한 용도로 사용하기 위해서였다. 왜냐하면, 그것은 위에서부터 통으로 짠 것이었기 때문이다. 그러므로 옷의 모양새에는 그 어떤 흥미로운 것도 없었고 다만 평범한 것뿐이었다. 전승에 의하면, 이 속옷은 그의 어머니께서 짜 주신 것으로서, 그리스도가 어릴 때에 그를 위해서 짜 주셨다고 하는데, 이 속옷은 광야에서 이스라엘 백성이 입었던 옷과 마찬가지로 해어지지 않았다고 한다. 그러나 이것은 근거 없는 이야기일 뿐이다. 군사들은 이 속옷을 찢는 것을 아까워하였다. 왜냐하면, 그 옷을 찢게 되면, 실이 풀어져서 그 조각들은 아무데도 쓸모가 없게 될 것이기 때문이었다. 그러므로 그들은 누가 얻나 제비를 뽑기로 하였다. 그리스도께서 고통 중에서 죽어가고 계시는 동안에, 그들은 노략물들을 나누며 즐거워하고 있었다. 그리스도의 호지 않은 속옷이 그대로 보전된 것은 모든 그리스도인들은 분쟁과 파당으로 그리스도의 교회를 찢어서는 안 된다는 것을 보여주기 위한 것이라고 흔히 말해진다. 그렇지만 어떤 이들은 군사들이 그리스도의 속옷을 찢지 않은 이유는 그리스도에 대한 어떤 공경심에서가 아니라 그들 중 한 사람이 그 속옷을 통째로 가지고자 했기 때문이라고 지적하였다. 아주 많은 사람들이 교회의 분열을 반대하며 소리치는 것은 단지 그들이 교회의 모든 부와 권력을 통째로 가지기 위한 것이다. 루터가 로마 교회로부터 분리해 나가는 것을 반대했던 자들은 호지 아니한 속옷(tunica inconsutilis)을 많이 역설하였다. 그들 중 일부는 이것을 너무도 강조하였기 때문에, 그들은 호지 아니한 자들(Inconsutilistae)로 불리게 되었다.

4. 이것을 통해서 성경이 성취됨. 다윗은 시편 22:18에서 그리스도의 고난과 관련된 이러한 정황을 성령으로 예언하였다. 이 사건이 이토록 정확하게 예언에 따라서 이루어졌다는 것은 다음과 같은 것들을 증명해 준다.

(1) 성경이 하나님의 말씀이라는 것. 성경은 그리스도에 관하여 우연인 것 같은 사건들을 이미 아주 오래 전에 예언하였고, 그 사건들은 예언에 따라서 일어나게 되었다.

(2) 예수가 참 메시야라는 것. 왜냐하면, 메시야에 관한 구약의 모든 예언들이 그리스도 안에서 온전히 성취되었기 때문이다. 군인들은 이런 일을 하였다.

III. 그리스도께서는 그의 가엾은 어머니를 배려하심.

1. 그리스도의 어머니는 그가 죽을 때에 그 자리에 함께 있었다(25절): 예수의 십자가 곁에는 그 어머니와 그의 친척들 및 친구들 중 일부가 서 있었다. 본문

에서 말하고 있듯이, 그들은 처음에는 십자가 곁에 서 있다가, 나중에 군사들이 그들을 더 멀리 가 있으라고 강제로 밀어내는 바람에, 마태와 마가가 말하고 있듯이 멀리서 바라보았을 것이다. 또는, 그들은 스스로 그 자리에서 물러 나왔을 수도 있다.

(1) 이 경건한 여자들은 고난을 당하시는 우리 주 예수에게 따뜻한 사랑을 보여주었다. 요한을 제외한 모든 제자들이 그를 버렸을 때에도 이 여자들은 계속해서 그의 곁을 지켰다. 약한 자가 그 날에는 다윗 같으리라(슥 12:8). 이 여자들은 원수의 분노에 의해서도 훼방받지 않았고, 십자가 처형의 두려운 광경을 보고서도 물러서지 않았다. 그들은 그리스도를 구할 수는 없었지만, 그의 곁을 지킴으로써 그들의 선의를 보여주었다. 교황주의자들인 몇몇 저술가들이 동정녀 마리아가 십자가 곁에 서 있음으로써 그녀는 그리스도와 더불어서 인간의 죄를 대속하는 데에 기여했고 우리의 구원에 있어서 공동의 중보자가 되었다고 주장하는 것은 불경건하고 신성모독적인 해석이다.

(2) 우리는 그리스도께서 이렇게 욕을 당하시는 모습을 보는 것이 이 가엾은 여자들, 특히 찬송받으실 동정녀 마리아에게 얼마나 큰 고통을 주었을지를 충분히 짐작하고도 남는다. 이렇게 해서 칼이 네 마음을 찌르듯 하리라(눅 2:35)는 시므온의 말이 성취되었다. 그리스도의 고통과 괴로움은 그녀의 고통과 괴로움이었다. 그리스도께서 십자가에 계시는 동안에 그녀는 큰 고통 속에 있었다. 그녀의 마음은 상처들로 피가 흘렀다. 주를 비방하는 자들의 비방은 그리스도의 곁에서 지켜보고 있던 자들에게 떨어졌다.

(3) 이러한 극심한 시련 속에서 이 여자들, 특히 동정녀 마리아를 붙들어 주신 하나님의 은혜의 능력을 찬송하는 것이 마땅하다. 그리스도의 어머니는 손을 비틀거나 머리를 뽑거나 옷을 찢거나 고함을 지르지 않고, 기이한 자태로 십자가 곁에 그녀의 친구들과 함께 서 있었다. 분명히 마리아와 이 여자들은 그러한 것을 참아낼 수 있을 정도로 하나님의 능력으로 강건해졌을 것이다. 그리고 분명히 동정녀 마리아는 다른 사람들보다도 그리스도의 부활을 더 온전히 기대하였을 것이고, 이것이 그녀를 이렇게 지탱해 주었을 것이다. 우리는 시련을 당해보기 전에는 얼마나 우리가 그 시련을 참아낼 수 있는지를 알 수 없지만, 우리는 내 은혜가 네게 족하다고 말씀하신 분이 누구신지를 알고 있다.

2. 그리스도께서는 죽으실 때에 자상하게도 그의 어머니를 챙기셨다. 아마

도 그녀의 남편이었던 요셉은 오래 전에 죽었고, 그녀의 아들인 예수가 그녀를 보살폈으며, 그녀에게는 예수가 마음의 의지가 되어 있었을 것이다. 그런데 이제 그리스도께서 죽으시면, 마리아는 어떻게 되는 것인가? 그리스도께서는 어머니가 곁에 서 계시는 것을 보았고, 그녀의 근심과 슬픔을 아셨다. 그런데 그리스도께서는 요한이 거기에서 멀지 않은 곳에 서 있는 것을 보시고, 그의 사랑하는 어머니와 그의 사랑하는 제자를 새롭게 관계를 맺어 주셨다. 왜냐하면, 그리스도께서 마리아에게 "여자여 보소서 아들이니이다. 이후로 어머니께서는 그를 어머니 같은 사랑으로 대해 주셔야 합니다"라고 말씀하셨고, 요한에게는 "보라 네 어머니라. 너는 네 어머니에게 자식으로서의 도리를 다해야 한다"라고 말씀하셨기 때문이다. 그 때부터 그 제자가 마리아를 자기 집에 모셨다.

(1) 그리스도께서 그의 사랑하는 어머니를 배려하심. 그리스도께서는 고통에 사로잡혀 계셨던 것이 아니라 고통 중에서도 그의 마음속에 품고 있었던 모든 사람들, 그의 친구들을 잊지 않았다. 그의 어머니는 아마도 그의 고통당하는 모습에 온통 정신이 팔려서, 자기가 앞으로 어떻게 될 것인지에 대해서는 생각하지 못했을 것이다. 그러나 그리스도께서는 그러한 생각에 미치셨다. 그리스도께서는 남겨줄 만한 은이나 금을 가지고 계시지 않으셨고, 그 어떤 부동산이나 값나가는 물건도 가지고 계시지 않으셨다. 그가 입고 있던 옷은 군사들이 나누어 가졌고, 유다가 떠난 이래로 돈궤에 관한 말을 우리는 전혀 듣지 못하는데, 아마도 유다가 그 돈궤를 들고 가 버렸을 것이다. 그래서 그리스도께서는 친구에게 부탁하는 것 외에는 그의 어머니를 배려할 수 있는 다른 길이 없었기 때문에, 여기에서 그렇게 하고 계신 것이다.

[1] 그리스도께서는 마리아를 어머니가 아니라 여자여라고 부르시는데, 이것은 마리아에게 불손하게 대하시기 위한 것이 아니라, 이삭이 아브라함을 내 아버지라고 불렀을 때에 아브라함의 마음이 몹시 아팠던 것처럼, 그 마음이 이미 슬픔으로 상처를 받은 마리아가 어머니라는 말에 더욱 살을 에는 아픔을 느끼실까봐 그렇게 부르신 것이었다. 그리스도께서는 이 세상에 더 이상 계시지 않는 자처럼, 즉 이 세상에서 그에게 가장 소중했던 것들에 대하여 이미 죽은 자같이 말씀하고 계신다. 그리스도께서 이렇게 겉보기에 무시하는 투로 그의 어머니를 부르신 것은 이전에도 그렇게 하셨는데, 그것은 장차 로마 교회에서 마리아에게 부당한 공경을 드려서, 마치 그녀가 구속주와 더불어서 공동의 중보자

로서의 영광을 지니고 있는 것처럼 주장하는 것을 억제하고자 하신 것이었다.

[2] 그리스도께서는 마리아에게 요한을 아들로 여기라고 당부하신다: "당신 곁에 서 있는 요한을 당신의 아들로 삼으시고, 그에게 어머니가 되어 주소서." 여기에서 우리는 다음과 같은 것들을 볼 수 있다. 첫째, 우리에게 격려가 될 만한 하나님의 선하심을 보여주는 한 예. 하나님께서는 종종 한 가지 위로를 우리로부터 가져가실 때에 우리가 바라지도 않았던 또 다른 위로를 우리를 위해서 준비해 놓으신다. 우리는 성경에서 교회가 자녀를 잃은 후에 또 다른 자녀들을 갖게 되리라는 말씀을 읽게 된다(사 49:21). 그러므로 하나의 샘물이 말라버렸다고 해서 모든 것이 끝났다고 생각해서는 안 된다. 왜냐하면, 그 동일한 샘물에서 또 다른 물이 솟아나와 흘러 넘칠 것이기 때문이다. 둘째, 우리가 본받아야 할 아들로서의 도리에 관한 한 예. 그리스도께서는 여기에서 자녀들은 그들의 힘이 닿는 데까지 나이드신 부모를 돌보고 봉양하여야 한다는 것을 가르치셨다. 다윗은 곤경에 처해 있을 때조차도 그의 부모를 보살폈고, 그들을 위하여 보금자리를 마련해 드렸다(삼상 22:3). 여기에 나오는 다윗의 아들도 마찬가지였다. 자녀들은 죽을 때에 그들의 부모가 여전히 살아 계시고 그들의 도움을 필요로 하는 경우에는 그들의 능력이 닿는 데까지 부모를 배려하여야 한다.

(2) 그리스도께서 사랑하시는 제자를 신뢰하심. 그리스도께서는 요한에게 보라 네 어머니라고 말씀하심으로써, 마리아에게 아들이 되어서 그녀를 잘 보살펴 줄 것을 부탁하시고(사 51:18), 그녀가 나이들어 늙었을 때에도 버리지 말 것(잠 23:22)을 당부하셨다.

[1] 이것은 요한에게 주어진 영광이었고, 요한의 사려 깊음과 그의 충성심을 그리스도께서 인정하셨다는 것을 보여주는 증언이었다. 모든 것을 아시는 그리스도께서 요한이 그를 사랑한다는 것을 알지 못하셨다면, 그는 요한을 그의 어머니의 후견인으로 삼지 않으셨을 것이다. 이 세상에서 그리스도를 위하여 쓰임을 받고 그리스도의 일을 맡게 되는 것은 큰 영광이다.

[2] 그것은 요한에게 어느 정도 부담되는 짐이었을 것이다. 그러나 그는 흔쾌히 그 지시를 받아들여서, 그것으로 인한 곤란이나 비용, 그 자신의 가족에 대한 의무들, 이 일로 인해서 그가 나쁜 말을 듣게 될 것 등을 생각하지 아니하고, 그녀를 자기 집에 모셨다. 그리스도를 진정으로 사랑하고 그리스도에게서 사랑을 받는 자들은 그리스도 또는 그리스도의 것을 섬길 기회를 갖게 되는 것에

대하여 기뻐하는 법이다. 니케포루스(Nicephorus : 14세기 비잔틴 교회사가)는 동정녀 마리아가 예루살렘에서 요한과 함께 11년을 살다가 죽었다고 말한다(교회사 제2권3장). 또 어떤 이들은 마리아가 요한과 함께 에베소로 이사해서 거기에서 살았다고 전한다.

Ⅳ. 사람들이 그리스도께 마시라고 신 포도주를 줌으로써 성경이 응하게 됨(28-29절).

1. 그리스도께서는 성경을 지극히 존중하셨다(28절): 그 후에 예수께서 모든 일이 이미 이루어진 줄 아시고, 그가 고난 중에서 마시리라고 말하는 성경을 응하게 하려 하사 이르시되 내가 목마르다 하셨다.

(1) 그리스도께서 목마르신 것은 전혀 이상한 일이 아니었다. 그리스도께서는 여행 중에 목말라 하셨는데(4:6-7), 지금 여행의 끝자락에서 그는 목이 마르셨다. 그가 모든 땀과 수고로 인해서 목이 마르신 것은 당연한 일이었고, 지금은 죽음의 고통 속에서 피를 많이 흘리고 극심한 고통에 의해서 운명하시기 직전이었다. 지옥의 고통은 그의 혀를 식혀줄 물 한 방울을 구걸하였던 저 부자의 한탄 속에 나오는 심한 갈증으로 대변된다. 만약 그리스도께서 우리를 위하여 고난받지 않으셨다면, 우리는 저 영원한 갈증을 느끼도록 단죄받았을 것이다.

(2) 그러나 그리스도께서 목마르다고 하신 이유는 놀라운 것이었다. 이 말씀은 그리스도께서 고난을 받으시면서 내뱉으신 유일한 탄식처럼 보였다. 그들이 그를 채찍질하고 그에게 가시 면류관을 씌우실 때에 그는 "아, 내 머리야! 아, 내 등이야!"라고 소리지르지 않으셨다. 그런데 그는 지금 내가 목마르다라고 소리치셨다. 이렇게 하신 이유는 다음과 같은 것들이었다.

[1] 그리스도께서는 이렇게 그의 영혼의 수고한 것(사 53:11)을 표현하고자 하셨다. 그는 하나님을 영화롭게 하는 것, 우리를 구속하는 사역을 완성하시는 것, 그의 사역의 복된 결과를 갈급해하셨다.

[2] 그리스도께서는 이렇게 하여서 성경이 응하는 것을 보고자 하셨다. 이제까지 모든 일이 이루어졌고, 그는 그러한 사실을 알고 계셨다. 왜냐하면, 그런 일은 그가 지금까지 주의 깊게 내내 살펴보아 오셨던 일이었기 때문이다. 그런데 지금 그리스도께는 이 때가 그 일을 해야 할 적절한 때인 한 가지 일이 더 생각이 나신 것이었다. 이것을 통해서 성경이 그리스도 안에서 정확하게 이루어졌다는 것뿐만 아니라, 그리스도께서 성경을 엄밀하게 살피셨다는 점에서

그는 메시야였음이 드러난다. 이것을 통해서 그리스도께서는 그가 행하신 모든 일 속에서 정확히 하나님의 말씀을 따라 행하셨고 율법과 선지자를 폐하는 것이 아니라 완전하게 하는 데에 관심을 가지셨다는 점에서 하나님께서 진리로 그와 함께 하셨다는 것이 드러난다. 첫째, 성경은 메시야의 목마름에 대하여 예언하였고, 그래서 그리스도께서는 내가 목마르다라고 말씀하지 않으면 다른 사람들이 모를 것이었기 때문에 그렇게 말씀하셨다. 메시야의 혀가 그의 턱에 달라붙게 될 것이라는 것이 예언되었다(시 22:15). 그리스도의 모형이었던 삼손은 블레셋 사람들을 무더기로 쌓아 놓고서 스스로 심히 목이 말랐다(삿 15:18). 그리스도께서도 십자가에 매달려 계셨을 때에 통치자들과 권세들을 무력화하셨다. 둘째, 성경은 메시야가 목마를 때에 사람들이 그에게 신 포도주를 마시라고 줄 것임을 예언하였다(시 69:21). 사람들은 그리스도를 십자가에 못 박기 전에 그에게 마시라고 신 포도주를 주었지만(마 27:34), 그가 목마를 때에 주어진 것이 아니었기 때문에 성경을 정확히 성취한 것이 아니었다. 그러므로 이제 그리스도께서는 내가 목마르다고 말씀하시면서, 다시 한 번 그것을 요구하셨다. 앞서는 신 포도주를 마시고자 하지 않으셨지만, 이제 그는 신 포도주를 받아 마셨다. 그리스도께서는 그 어떤 예언이 성취되지 않는 것을 보기보다는 차라리 모욕을 당하는 편을 택하시고자 하셨다. 하나님의 뜻이 이루어지고 하나님의 말씀이 성취된다는 사실은 모든 시련 가운데 있는 우리에게 큰 위로가 된다.

2. 고소한 자들은 그리스도께 예를 갖추지 않았다(29절): 거기 신 포도주가 가득히 담긴 그릇이 있었다. 이것은 아마도 사형을 집행할 때의 관습에 의한 것인 것 같다. 또는, 어떤 이들이 생각하듯이, 그것은 그들이 죽게 된 자에게 주곤 하였던 포도주 잔 대신에 그리스도를 능욕하기 위하여 일부러 준비한 것일 수도 있다. 사람들이 신 포도주를 적신 해면을 우슬초에 매어 예수의 입에 대었다 ― 횟소포 페리덴테스는 그들이 해면을 우슬초 주위에 붙였다로 해석될 수도 있다. 또는, 어떤 이들의 해석처럼, 그들은 신 포도주를 우슬초 물에 타서, 그리스도께서 목이 마르다고 하자, 그에게 마시라고 주었다. 한 방울의 물이 신 포도주보다 그의 혀를 더 시원하게 해 주었을 것이다. 그러나 그리스도께서는 우리를 위하여 신 포도주를 기꺼이 마셨다. 우리가 신 포도를 먹었으므로 그의 이빨이 시었다. 우리는 모든 위로들과 원기 있게 해 주는 것들을 다 상실하였기 때문에, 그러한 것들은 그리스도께 허용되지 않았다. 하늘이 그리스도께 한 줄기 빛도 거부하

였을 때, 땅도 그에게 한 방울의 물을 거부하고 그 대신에 신 포도주를 주었다.

V. 그리스도께서 숨을 거두시면서 하신 말씀(30절).　신 포도주를 마시는 것이 합당하다고 생각하셔서, 예수께서 신 포도주를 받으신 후에 이르시되 다 이루었다 하시고 머리를 숙이니 영혼이 떠나가시니라.

1. 그리스도께서는 무엇을 말씀하셨는가? 우리는 그가 큰 기쁨 속에서 승리감으로 이 말씀을 하셨다고 생각할 수 있다. 다 이루었다는 말씀은 여러 가지 의미를 내포한 포괄적인 말씀이었고 위로가 되는 말씀이었다.

(1) 다 끝났다. 즉, 그를 고소하던 자들의 악의와 적개심이 이제 다 끝났다. 그리스도께서는 사람들이 그에게 준 신 포도주를 받으시는 마지막 수치를 당하신 후에, "이것이 마지막이다. 나는 이제 그들이 오지 못하고, 악한 자가 소요를 그치는 곳으로 간다"고 말씀하셨다.

(2) 다 이루었다. 즉, 그리스도의 고난에 관한 아버지의 계획과 명령이 이제 다 이루어졌다. 그것은 하나님께서 정하신 뜻이었고, 그리스도께서는 그 계획의 일점일획이라도 정확히 다 이루어지도록 하는 데에 모든 신경을 다 쓰셨다(행 2:23). 그리스도께서는 그의 고난에 들어가시면서 아버지여, 당신의 뜻이 이루어지리이다라고 말씀하셨었다. 그리고 지금 그는 기쁜 마음으로 그 일이 이루어졌다고 말씀하고 계시는 것이다. 하나님의 일을 온전히 이루는 것이 그의 양식(4:34)이었는데, 사람들이 그에게 쓸개와 신 포도주를 주었을 때에 그 양식은 그의 힘을 새롭게 하였다.

(3) 다 이루어졌다. 즉, 메시야의 고난에 관하여 말하였던 구약의 모든 모형들과 예언들이 다 이루어졌다. 그리스도께서는 사람들이 그에게 신 포도주를 주었을 때에 그와 그의 죽음 사이에서 이루어져야 할 구약의 말씀들 중에서 이루어지지 않은 것은 하나도 없다고 생각하시는 것처럼 말씀하신다. 그가 은 삼십에 팔리고 그의 손과 발이 찔림을 당하며 군인들이 그의 옷을 나누어 갖는 일이 다 이루어졌다. 다 이루었다.

(4) 다 끝났다. 즉, 구약의 의식법이 폐하여졌고, 그것을 의무적으로 지켜야 할 기간이 끝났다. 본체가 지금 왔으니, 모든 그림자들은 소용없게 되었다. 휘장이 찢어졌고, 중간에 막힌 담은 허물어졌으며, 법조문으로 된 계명의 율법도 폐하여졌다(엡 2:14-15). 모세의 경륜은 더 나은 소망에 길을 내주기 위해서 해소되었다.

(5) 다 끝났다. 즉, 영원한 의가 드러남으로써 죄는 끝났고 범죄함도 끝났다. 이것은 다니엘 9:24을 가리키는 것으로 보인다. 세상 죄를 없이 하시려고 하나님의 어린 양이 희생되셨는데(히 9:26), 이제 그 일이 이루어졌다.

(6) 다 끝났다. 즉, 그리스도의 고난들, 즉 그의 영혼의 고난과 그의 육신의 고난이 이제 다 끝났다. 폭풍은 지나갔고 나쁜 일들도 지나갔다. 그의 모든 고통과 고뇌도 끝이 나고 있고, 그는 이제 낙원으로 가서 그 앞에 놓인 즐거움으로 들어가게 될 것이다. 그리스도를 위하여 고난받는 모든 자들은 그리스도처럼 그들도 조금 있으면 다 이루었다고 말하게 되리라는 것을 위로로 삼자.

(7) 다 끝났다. 즉, 그의 목숨이 이제 끝나서 마지막으로 거둘 때이다. 이제 그는 세상에 더 있지 않게(17:11) 될 것이다. 이것은 바울이 내가 나의 달려갈 길을 마쳤다고 한 것과 내 모래 시계가 세어서 끝이 났다(메네 메네)고 한 것과 다름없었다. 우리도 모두 곧 그렇게 될 것이다.

(8) 다 이루었다. 즉, 인간의 구속과 구원의 사역이 이제 끝이 났고, 적어도 그 사역의 가장 어려운 부분이 지나갔다. 하나님의 공의를 위한 온전한 대속이 이루어져서 사탄의 권세가 치명타를 입게 되고, 은혜의 샘물이 열려서 영원히 흐를 것이며, 평화와 행복의 터가 놓여져서 영원히 무너지지 않게 되었다. 그리스도께서는 지금 그의 사역을 완수하셨고 그 일을 이루었다(17:4). 왜냐하면, 하나님의 일은 완전하기 때문이다. 하나님께서는 내가 시작한 일을 반드시 이루리라고 말씀하신다. 값 주고 구속을 사실 때와 마찬가지로 그 구속을 적용함에 있어서도 착한 일을 시작하신 이가 그 일을 이루실 것이다. 하나님의 신비는 다 이루어지게 될 것이다.

2. 그리스도께서 무엇을 하셨는가? 예수께서 머리를 숙이니 영혼이 떠나가시니라. 그리스도께서는 자원하여 죽으셨다. 왜냐하면, 그는 단순한 희생제물이 아니라, 그 제물을 드리는 자요 제사장이셨기 때문이다. 드리는 자의 마음(animus offerentis)이 희생제사에 있어서 모든 것이었다. 그리스도께서는 그의 고난 속에서 자신의 뜻을 보이셨고, 이 뜻을 따라 우리가 거룩함을 얻었다.

(1) 영혼이 떠나 가셨다. 그리스도의 목숨은 누가 그에게서 강제로 뺏어간 것이 아니라 그가 자유롭게 내어 놓으신 것이었다. 그는 아버지여, 나의 영을 아버지의 손에 부탁하나이다라고 말씀하심으로써 이러한 행위의 의도를 표현하였다. 나는 나의 목숨을 많은 사람을 위한 대속물로 내어 놓는다. 이렇게 그리스도

께서는 영혼이 떠나가심으로써 아버지의 손에 죄 사함과 생명의 값을 지불하셨다. 아버지여, 아버지의 이름을 영화롭게 하옵소서.

(2) 예수께서 머리를 숙이셨다. 십자가에 못 박힌 자들은 죽어가면서 숨쉬기가 곤란하여 헐떡거리며 머리를 곧추세우고 있다가 마지막 숨을 거둘 때에 머리를 떨구었다. 그러나 그리스도께서는 자기 자신이 적극적으로 죽고자 한다는 것을 보이시기 위하여 먼저 머리를 숙이셔서 잠드는 자세를 취하셨다. 하나님께서는 우리 모두의 죄악을 그에게 담당시키셨는데, 그 모든 죄악을 이 위대한 희생 제물의 머리 위에 두셨다. 어떤 이들은 그리스도께서 이렇게 머리를 숙이신 것은 그를 짓누르는 무게를 느끼셨기 때문이라고 생각한다(시 38:4; 40:12을 보라). 그가 머리를 숙이신 것은 아버지의 뜻에 순복하셨다는 것과 죽음에 순종하셨다는 것을 보여주는 것이다. 야곱이 그 발을 침상에 모으고 숨을 거둔 것처럼, 그리스도께서는 자신의 죽는 일에 스스로를 맡기셨다.

[31]이 날은 준비일이라 유대인들은 그 안식일이 큰 날이므로 그 안식일에 시체들을 십자가에 두지 아니하려 하여 빌라도에게 그들의 다리를 꺾어 시체를 치워 달라 하니 [32]군인들이 가서 예수와 함께 못 박힌 첫째 사람과 또 그 다른 사람의 다리를 꺾고 [33]예수께 이르러서는 이미 죽으신 것을 보고 다리를 꺾지 아니하고 [34]그 중 한 군인이 창으로 옆구리를 찌르니 곧 피와 물이 나오더라 [35]이를 본 자가 증언하였으니 그 증언이 참이라 그가 자기의 말하는 것이 참인 줄 알고 너희로 믿게 하려 함이니라 [36]이 일이 일어난 것은 그 뼈가 하나도 꺾이지 아니하리라 한 성경을 응하게 하려 함이라 [37]또 다른 성경에 그들이 그 찌른 자를 보리라 하였느니라

그리스도께서 죽으신 후에 옆구리를 창으로 찔리신 것에 관한 기사는 오직 이 복음서 기자만이 기록하고 있다.

I. 이 일과 관련된 유대인들의 미신(31절) : 이 날은 준비일이라. 유대인들은 그 안식일이 유월절 주간에 속해 있었기 때문에 큰 날이므로 그 안식일을 거룩하게 지키기 위하여 그 안식일에 시체들을 십자가에 두지 아니하려 하여 빌라도에게 그들의 다리를 꺾어 시체를 치워 달라 하였는데, 이렇게 하는 것은 비록 잔혹하지만 확실하게 사람을 죽일 수 있는 방법이었다. 그렇게 해서 그들은 사형수들의 시체를 눈에 보이지 않게 매장하도록 하고자 하였다.

1. 유대인들은 안식일이 다가오자 그 날은 무교절의 한 날이었고(어떤 이들의 주장에 의하면) 첫 열매를 드리는 날이었기 때문에 거룩하게 지키고자 하였다. 모든 안식일은 거룩한 날이고 좋은 날이지만, 특히 이 날은 큰 날(메갈레 헤메라)이었다. 유월절 기간에 속한 안식일들은 큰 날들이었다. 성례전이 행해지는 날들, 성찬이 행해지는 날들은 큰 날들이고, 그러한 날들은 우리에게 하늘의 날들처럼 큰 날들이기 때문에 평상시보다 더 정성스럽게 준비되어야 한다.

2. 유대인들은 죽은 시체들이 십자가에 달린 채로 있게 되면, 그 날에 욕이 된다고 생각하였다. 죽은 시체들은 언제든지 그대로 두어져서는 안 되는 것이었다(신 21:23). 그렇지만 이 경우에 있어서 유대인들은 특별한 날이 아니었다면, 로마인들의 관습을 따라서 시체들을 십자가에 그대로 두었을 것이다. 그리고 제국의 전역으로부터 올라와서 예루살렘에 머물고 있던 많은 순례자들에게 그것은 크게 불쾌한 일이 되었을 것이다. 또한 유대인들은 그리스도께서 못 박히신 시신이 눈앞에 그대로 있는 것을 참을 수 없었다. 왜냐하면, 분노의 열기가 잠시 가라앉게 되자 그들의 양심은 완전히 마비된 것이 아니어서 그들을 책망할 것이기 때문이다.

3. 유대인들은 빌라도에게 거의 죽은 것이나 다름없는 그들의 시체를 신속하게 처리해 달라고 요청하였다. 교수형이나 참수형을 집행하였다면, 그들은 은혜의 한 방(coup de grace, 프랑스인들은 그렇게 부른다)을 통해서 신속하게 그들을 고통에서 해방시켜 줄 수 있었을 것이고, 형차(刑車) 위에서 죽였다면 긍휼의 한 방에 의해서 그들이 죽었을 것이지만, 다리를 꺾는 것은 가장 지독한 고통 속에서 숨을 거두게 하는 것이었다.

(1) 악인의 긍휼은 잔인이다.

(2) 위선자들이 베푸는 자선은 가증스러운 것이다. 이 유대인들은 안식일에 대해서는 큰 경외감을 지니고 있었다고 생각될 수 있겠지만, 공의와 의에 대해서는 전혀 아랑곳하지 않았다. 그들은 무죄하고 고명한 자를 십자가에 못 박는 일에는 전혀 양심의 가책을 느끼지 않았지만, 죽은 시체를 십자가에 그대로 두는 것에 대해서는 양심의 거리낌을 느꼈다.

II. 예수와 함께 못 박힌 두 강도는 신속하게 처치됨(32절).   빌라도는 여전히 유대인들에게 잘 보이려고, 그들이 원하는 대로 하라고 명령을 내렸다. 그러자 군인들이 가서, 사형수들에 대한 일말의 동정심도 보이지 않은 채, 두 강도의 다리를 꺾었는데, 틀림없이 이 때에 그 두 강도는 소름끼칠 정도로 울부짖으며 죽어갔을 것이지만, 그들은 피에 굶주린 네로처럼 눈 하나 깜짝하지 않았을 것이다. 이 강도들 중 한 명은 죽기 전에 회개를 하고, 그리스도에게서 그가 자기와 더불어 곧 낙원에 있게 될 것이라는 약속을 받았지만, 회개하지 않은 다른 강도와 동일한 고통과 처참함 속에서 죽었다. 왜냐하면, 모든 사람에게 임하는 그 모든 것이 일반이기 때문이다. 천국에 가는 많은 사람들도 보통 사람들과 동일한 죽음을 죽으며 마음에 고통을 품고 죽는다. 죽어갈 때에 겪는 극심한 고통은 죽음 저편에서 거룩한 영혼들을 기다리는 생명의 위로들에 전혀 장애물이 되지 않는다. 그리스도께서는 죽으셨고 낙원에 가셨지만, 거기로 그를 호위해 줄 경호원을 지명하셨다. 첫 열매이신 그리스도께서 먼저 가시고 다음에는 그리스도에게 속한 자들이 가는 것이 천국에 가는 순서이다.

Ⅲ. 군인들이 그리스도께서 죽으셨는지 안 죽으셨는지를 살펴본 후에 확실하게 죽이기 위해서 창으로 옆구리를 찌름.

1. 그들은 그리스도가 죽은 것을 보고, 다리를 꺾지 아니하였다(33절). 여기에서 우리는 다음과 같은 것들을 볼 수 있다.

(1) 예수께서는 십자가에 못 박힌 사람들이 죽는 데에 통상적으로 걸리는 시간보다 좀 더 짧은 시간에 죽으셨다. 그리스도의 체질은 연약하였기 때문에 고통에 의해서 좀 더 빨리 숨을 거두시게 된 것으로 보인다. 또는, 이것은 그리스도께서 자신의 목숨을 스스로 내 놓으셨다는 것을 보여주는 것일 수 있는데, 비록 그의 손은 못 박혀 있었지만, 그리스도께서는 자기가 원하는 때에 죽으실 수 있었다. 그리스도께서는 죽으셨지만, 사망에 의해서 정복당하신 것이 아니었다.

(2) 그리스도의 원수들은 그가 진짜 죽은 것을 만족해하였다. 사형 집행이 효과적으로 이루어지는 것을 보기 위해서 옆에 서 있었던 유대인들은 만약 그들이 그리스도가 진정으로 죽었다는 것을 확신하지 못하였다면 그의 다리를 꺾는 이 잔인한 행위를 결코 생략하려고 하지 않았을 것이다.

(3) 사람의 계획에는 많은 계획이 있어도 오직 여호와의 뜻만이 서리라. 그리스도의 다리가 꺾여지는 것이 충분히 예상되는 일이었음에도 불구하고, 하나님의 계획은 그것과 달랐기 때문에, 그 일이 효과적으로 방지되었다.

2. 그들은 그리스도가 죽었다는 것을 확인하고서도 확실히 해두기 위해서

논란의 여지 없이 그를 죽이는 조치를 취하였다. 그 중 한 군인이 그리스도의 심장을 겨냥해서 창으로 옆구리를 찌르니 곧 피와 물이 나오더라(34절).

(1) 이 군인은 이것을 통해서 그리스도가 죽었느냐 안 죽었느냐라는 논란을 해결하고자 하였고, 그리스도의 옆구리에 난 이 영광스러운 상처로 말미암아 다른 두 강도가 당하였던 다리를 꺾는 수치스러운 일을 피할 수 있게 하였다. 전승에 의하면, 이 군인의 이름은 롱기누스(Longinus)였는데, 그는 눈에 안질이 있어서, 그리스도의 옆구리에서 흘러나온 몇 방울의 피를 그 눈에 떨어지게 하여서 안질을 즉시 고침받았다고 한다. 이 이야기가 어느 정도 신빙성이 있는 것이라면, 그 이야기는 참으로 의미심장하다.

(2) 그러나 하나님은 이것과 관련해서 더 깊은 뜻을 지니고 계셨다. 그러면 하나님의 뜻은 무엇이었는가?

[1] 그리스도의 부활의 증거를 삼기 위해서 그가 죽은 것이 확실하다는 것을 증거로써 보여주기 위한 것. 그리스도께서 단지 혼수상태에 빠지거나 기절한 것이라면, 그의 부활은 사기가 된다. 그러나 군인들의 이러한 조치로 인해서 그리스도께서는 확실하게 죽으셨다. 왜냐하면, 군인의 창은 바로 그리스도의 생명의 원천인 심장을 꿰뚫었기 때문이다. 자연의 모든 법과 규칙에 의하면, 이와 같은 치명적인 상처를 입은 사람, 곧 심장이 뚫린 사람이 살아나는 것은 불가능한 것이었다.

[2] 그리스도의 죽음이 지닌 의미를 보여주기 위해서. 그리스도의 죽음 속에는 많은 신비가 있었고, 그것은 엄숙하게 확인되고 있다(35절). 피와 물이 동일한 상처에서 서로 구분된 채로 나왔다는 것은 기적적인 일이었다. 적어도 그러한 것은 매우 의미심장한 일이었다. 요한 사도는 이 일을 매우 중요한 것으로 언급하고 있다(요일 5:6, 8).

첫째, 그리스도의 옆구리가 열렸다는 것은 의미심장한 일이었다. 우리는 우리의 진실을 항변하고자 할 때, 우리의 심장을 꺼내서 그 속에 어떤 생각과 의도가 있는지를 모든 사람들에게 보여주고 싶다고 말한다. 그리스도의 옆구리에 열린 이 구멍을 통해서 너희는 그리스도의 심장을 들여다 볼 수 있고, 죽음처럼 강한 사랑이 거기에서 불타고 있는 것을 볼 수 있을 것이다. 또한 우리의 이름들이 거기에 씌어져 있는 것을 보라. 어떤 이들은 이것을 무죄한 상태에 있을 때에 아담의 옆구리가 열린 것에 대한 암시라고 본다. 둘째 아담이신 그리스도께서 십자가 위에서 깊은 잠에 떨어졌을 때에 그의 옆구리가 열렸고, 거기로부터 그의 신부인 교회가 나왔다(에베소서 5:30, 32을 보라). 우리의 경건한 시인인 조지 허버트(Geoge Herbert)는 『가방』(The Bag)이라는 그의 시에서 우리 구주께서 옆구리가 창에 찔리셨을 때에 그의 제자들에게 이렇게 말씀하신 것으로 읊고 있다:

> 너희에게 아버지의 손이나 눈에 보내거나 쓸 것이 있다면
> (내게는 가방이 없지만 여기에 그런 것들을 넣을 공간이 있다),
> 그것은 안전하게 도달하게 되리라(나를 믿어라).
> 너희가 보내고자 하는 것에 내가 마음을 쓰리라.
> 보라, 너희는 그것을 나의 심장에서 가장 가까운 곳에 둘 수 있다.
> 이후에도 내 친구들 중의 어떤 사람이
> 나를 이런 용도로 사용하고자 한다면
> 그 문은 여전히 열려 있다.
> 그가 보내는 것을 내가 전달할 것이고
> 거기에 더 많은 것을 더하여서 전달하리라.
> 그 사람에게는 결코 해가 없으리라.
> 한숨들은 그 무엇이라도 내게 전달할 것이다.
> 절망이여, 들으라, 썩 물러가라.

둘째, 그리스도의 옆구리에서 흘러나온 피와 물은 의미심장한 것이었다. 1. 피와 물은 모든 믿는 자들이 그리스도로 말미암아 참여하게 되는 두 가지 큰 유익을 의미한다 — 칭의와 성화; 죄 사함을 위한 피와 중생을 위한 물; 속죄를 위한 피와 정화를 위한 물. 피와 물은 율법 아래에서도 아주 많이 사용되었다. 죄를 범하였을 때에 그 죄는 피를 통해서 속함을 받아야 했다. 어떤 사람이 부정하게 되었다면, 그 부정은 부정을 씻어주는 물로 씻음받아야 했다. 피와 물은 항상 결합되어야 한다. 너희는 거룩함과 의롭다 하심을 받았다(고전 6:11). 그리스도께서 피와 물을 결합시켜 놓으셨기 때문에, 우리는 그것들을 분리하려고 생각해서는 안 된다. 피와 물은 둘 다 창에 찔린 우리 구속주의 옆구리에서 흘러나왔다. 우리가 의롭다 하심을 받은 것은 십자가에 못 박히신 그리스도 덕분이

고, 우리가 거룩하게 되는 것은 성령과 은혜로 말미암은 것이다. 우리에게는 전자만큼 후자도 필요하다(고전 1:30). 2. 피와 물은 세례와 성찬이라는 두 가지 큰 성례들을 의미하는 것으로서, 이 성례들은 칭의와 성화의 유익들을 상징하고 인치고 신자들에게 적용하는 것이다. 이 두 성례의 제정과 효력은 모두 그리스도로 말미암는다. 우리에게 중생의 씻음이 되는 것은 샘에서 나오는 물이 아니라 그리스도의 옆구리에서 나온 물이다. 우리의 양심을 평안하게 하고 우리의 영혼을 새롭게 하는 것은 피 같은 포도즙이 아니라 그리스도의 옆구리에서 나온 피이다. 지금 반석이 쳐졌고(고전 10:4), 지금 샘이 열렸으며(슥 13:1), 지금 구원의 우물이 파졌다(사 12:3). 여기에 우리 하나님의 성읍을 기쁘게 하는 시내가 있다.

IV. 이 일이 참되다는 것을 목격자, 즉 이 복음서 기자 자신이 증언함(35절).

1. 이 목격자는 이 일에 대한 적절한 증인이었다.

(1) 그는 그가 본 것을 기록하였다. 그는 다른 사람들의 말을 전해 듣고서 기록한 것도 아니었고, 자신의 추측을 근거로 해서 기록한 것도 아니었으며, 그 일을 직접 목격한 자로서 기록한 것이었다. 이 일은 우리가 눈으로 본 바(요일 1:1; 벧후 1:16)요, 그것에 대하여 온전히 아는 것(눅 1:3)이다.

(2) 그는 그가 본 것을 충실하게 기록하였다. 그는 신실한 증인으로서 진리를 기록했을 뿐만 아니라 온전한 진리를 기록하였다. 그는 이 일을 단지 입의 말로만 증언한 것이 아니라, 영원히 기억되도록 문서로 기록해서 남겼다.

(3) 그 증언은 의심할 여지 없이 참이다. 왜냐하면, 그는 자신이 직접 알고 본 것을 토대로 기록하였을 뿐만 아니라, 우리를 모든 진리 가운데로 인도하시는 진리의 성령의 지시를 따라서 기록하였기 때문이다.

(4) 그는 스스로 그가 쓴 것이 참이라는 것을 온전히 확신하였고, 그가 스스로 믿지도 않는 일을 다른 사람들에게 믿으라고 설득한 것이 아니었다: 그는 자기의 말하는 것이 참인 줄 안다.

(5) 그가 이 일들을 증언한 것은 우리로 믿게 하려 함이다. 그는 단지 자신의 만족이나 그의 친구들이 사사롭게 사용하도록 하기 위해서가 아니라 이 일을 온 세상에 알리기 위해서 기록하였다. 그는 호기심이 있는 자들을 기쁘게 하거나 뭔가 특이한 일을 즐기는 자들을 만족시키기 위해서가 아니라 사람들을 이끌어서 복음을 믿고 영생을 얻게 하기 위해서 기록하였다.

2. 그는 이 구체적인 일에 있어서 세심하게 살폈다. 우리로 하여금 그리스도께서 죽으신 것이 사실임을 확신할 수 있도록 하기 위하여 그는 그리스도의 심장의 피, 그의 생명의 피가 흘러나오는 것을 보았다. 또한 이것은 우리로 하여금 그리스도의 옆구리에서 흘러나온 피와 물이 의미하는 유익들이 그리스도의 죽음으로부터 우리에게 흘러나오는 것임을 확신하게 하고자 한 것이었다. 이것은 연약한 그리스도인들의 두려움들을 잠재워 주고, 죄악으로 인하여 그들이 멸망하지 않을 것이라는 소망을 북돋아 준다. 왜냐하면, 창에 찔린 그리스도의 옆구리에서 흘러나온 물과 피가 그들을 의롭게 하고 거룩하게 하였기 때문이다. 당신이 "어떻게 우리가 이것을 확신할 수 있느냐"고 묻는다면, 당신은 이를 본 자가 증언하였기 때문에 확신할 수 있다.

V. 이 모든 일을 통해서 성경이 응함(36절) : 이 일이 일어난 것은 성경을 응하게 하려 함이라. 이렇게 해서 구약의 영광이 보존되었고, 신약의 진리가 확증되었다. 여기에는 두 개의 성경 본문이 제시되어 있다.

1. 그리스도의 다리가 꺾이지 않고 보전되리라는 성경의 예언이 성취되었다. 이 일을 통해서 그 뼈가 하나도 꺾이지 아니하리라는 말씀이 이루어졌다.

(1) 이 약속의 말씀은 실제로 모든 의인들에 대한 것이었지만, 주로 의로우신 그리스도(시 34:20)이신 예수를 가리키는 것이었다: 그의 모든 뼈를 보호하심이여, 그 중에서 하나도 꺾이지 아니하도다. 또한 다윗은 성령으로 이렇게 말하였다: 내 모든 뼈가 이르기를 여호와와 같은 이가 누구냐 하리로다(시 35:10).

(2) 여기에서 특별히 언급되고 있는 것으로 보이는 모형은 어린 양에 관한 것이다(출 12:46): 너희가 그 중의 하나의 뼈도 꺾지 말지니라. 그리고 이 말씀은 민수기 9:12에 그대로 반복되어 있다: 너희가 그 뼈를 하나도 꺾지 말지니라. 율법을 만드신 자의 뜻이 어느 쪽에 있는 것인지는 알 수 없지만, 원형은 모형과 응하고 있음에 틀림없다. 우리의 유월절 양 곧 그리스도께서 우리를 위하여 희생되셨느니라(고전 5:7). 그리스도는 하나님의 어린 양(1:29)이시고, 참 유월절 어린 양으로서 그 뼈는 하나도 꺾이지 않고 보전되었다. 이 명령은 요셉이 죽을 때에 그의 뼈에 관하여 한 것이었다(히 11:22).

(3) 이것 속에는 의미가 깃들어 있었다. 사람의 몸의 힘은 뼈에 있다. 뼈를 가리키는 히브리어 단어는 힘을 의미하기 때문에, 그리스도의 뼈가 하나도 꺾이지 않은 것은 비록 그가 연약함 속에서 십자가에 못 박히셨지만 구원하시는 그 힘

은 하나도 꺾이지 않았다는 것을 보여주는 것이다. 죄가 다윗의 뼈를 꺾었듯이 (시 51:8), 죄는 우리의 뼈를 꺾는다. 그러나 죄는 그리스도의 뼈를 꺾지 못하였다. 그리스도께서는 구원하실 힘을 지니신 채 죄의 짐 아래에서 견고하게 서 계셨다.

2. 그들이 그의 옆구리를 찔렀다는 성경이 응하였다(37절): 그들이 그 찌른 자를 보리라 — 스가랴서 12:10에 이렇게 기록되어 있다. 스가랴서에서는 은혜의 성령을 부으시는 자, 거룩한 선지자들의 하나님보다 결코 못하지 않은 자가 그들이 나를 보리라고 말씀하시는데, 여기에서는 그 말씀을 그리스도께 적용해서 그들이 그를 보리라고 기록하고 있다.

(1) 이 말씀은 메시야가 창에 찔리게 되리라는 의미를 함축하고 있다. 여기에서 이 말씀은 그의 손과 발이 못 박히신 것의 경우보다도 더 온전히 성취되었다. 그리스도는 다윗의 집과 예루살렘 거민들에 의해서 찔림을 받으셨고, 그의 친구의 집에서 상처를 받으셨다(슥 13:6).

(2) 성경에서는 성령이 부어질 때에 그들이 그를 보고 애곡하게 되리라고 약속하고 있다. 이것은 성령이 강림하였을 때에 그를 배반하고 죽였던 많은 자들이 마음에 찔림을 받아서 그를 믿게 되었을 때에 부분적으로 성취되었다. 또한 이것은 하나님의 긍휼하심을 따라서 온 이스라엘이 구원을 받게 될 때에 성취될 것이고, 하나님의 진노를 따라서 불신앙을 고집하던 자들이 그들이 찔렀던 자를 보고 그로 인하여 애곡하게(계 1:7) 될 때에 성취될 것이다. 그러나 이 말씀은 우리 모두에게 적용된다. 우리는 모두 주 예수를 찌른 죄를 범하였고, 우리는 모두 적절한 사랑을 지닌 채 그리스도를 보게 되기를 원한다.

³⁸아리마대 사람 요셉은 예수의 제자이나 유대인이 두려워 그것을 숨기더니 이 일 후에 빌라도에게 예수의 시체를 가져가기를 구하매 빌라도가 허락하는지라 이에 가서 예수의 시체를 가져가니라 ³⁹일찍이 예수께 밤에 찾아왔던 니고데모도 몰약과 침향 섞은 것을 백 리트라쯤 가지고 온지라 ⁴⁰이에 예수의 시체를 가져다가 유대인의 장례 법대로 그 향품과 함께 세마포로 쌌더라 ⁴¹예수께서 십자가에 못 박히신 곳에 동산이 있고 동산 안에 아직 사람을 장사한 일이 없는 새 무덤이 있는지라 ⁴²이 날은 유대인의 준비일이요 또 무덤이 가까운 고로 예수를 거기 두니라

이 단락에는 우리 주 예수의 시체를 장사지낸 것에 관한 기사가 나온 다. 사람들은 위대한 사람들의 엄숙한 장례를 흥미있게 지켜보는 것이 보통이고, 사랑하는 친구들의 슬픈 장면은 관심을 가지고 함께 하는 법이다. 이 놀라운 장례를 와서 보라. 이와 같은 장례는 결코 없었다! 무덤을 정복하고 무덤을 묻어버린 장례, 무덤을 아름답게 만들고 모든 신자들로 하여금 무덤을 친근하게 여기도록 만든 장례를 와서 보라. 우리가 돌이켜 가서 이 큰 광경을 보자.

I. 빌라도에게 부탁하여 시체를 가져옴(38절). 이 일을 행한 사람은 라마 사람 또는 아리마대 사람 요셉이었는데, 신약에서는 이 사람에 관한 언급이 오직 각각의 복음서 기자들이 그리스도의 장례와 관련하여 우리에게 전해 주는 이야기 속에서만 나온다.

1. 이 요셉은 누구였는가? 요셉은 그리스도의 숨은(incognito) 제자로서 겉으로 알려진 것보다 더 신실했던 그리스도의 친구였다. 그가 그리스도의 제자였다는 것은 그의 영광이었다. 큰 사람들 중에는 어쩔 수 없이 악한 자들과 연결되어 있기는 하지만 그리스도의 제자인 자들이 일부 있다. 그러나 그가 자신의 모든 것을 잃지 않기 위하여 사람들 앞에서 공개적으로 그리스도를 고백하지 않고 아주 은밀하게 그리스도를 따른 것은 그의 약점이었다. 제자들은 스스로 공개적으로 신앙을 고백해야 하지만, 그리스도에게는 비록 은밀하게 행하기는 하지만 신실하게 그의 제자로 행하는 많은 자들이 있다. 여기에 나오는 요셉처럼 그들의 신앙이 점점 더 강해지기만 한다면, 신앙을 전혀 갖지 않는 것보다는 은밀하게나마 신앙을 갖고 있는 편이 더 낫다. 어떤 사람들은 작은 시련들 속에서는 겁을 집어먹고 소극적이다가도 큰 일을 당해서 아주 큰 용기를 발휘하곤 한다. 바로 요셉이 그런 자였다. 요셉은 유대인이 두려워서 그리스도에 대한 그의 애정을 숨겼는데, 이것은 그들이 그를 회당에서 출교하거나 적어도 산헤드린에서 쫓아낼 것을 염려하였기 때문이었다. 바로 이런 것들이 그들이 할 수 있는 전부였다. 요셉은 총독인 빌라도에게는 담대하게 갔지만, 유대인들을 두려워하였다. 오직 비난하고 욕하고 야유밖에 할 수 없는 자들의 무력한 악의가 종종 지혜롭고 선한 자들에게 우리가 생각하는 것보다도 더 큰 두려움이 될 수 있다.

2. 이 일에 있어서 요셉이 맡은 역할. 요셉은 직책상으로 빌라도에게 접근할 수 있었기 때문에 그에게 가서 그리스도의 시체를 넘겨줄 것을 요청하였다. 그

리스도의 어머니와 가까운 친척들은 그러한 일을 시도할 생각도 하지 못했고 엄두도 내지 못하였다. 그리스도의 제자들은 도망가 버리고 없었다. 아무도 그리스도의 시체를 가져가려고 하지 않았다면, 유대인들 또는 군사들은 그를 강도들과 함께 묻어 버렸을 것이다. 그래서 하나님께서는 이 신사를 일으키셔서 그 일에 관여하게 하심으로써 성경을 응하게 하셨고, 다가올 그리스도의 부활을 염두에 두시고 예를 갖추어 장사지내게 하셨다. 하나님께서 하실 일이 있으실 때에는 하나님은 그 일을 하기에 적합한 자를 찾아내셔서 그에게 그 일을 할 수 있도록 담대함을 주신다는 것을 명심하라. 그리스도께서 자신의 시체를 이교도인 재판장의 처분에 맡기시고, 장사되기 위해서 빌라도에게 사정을 해야 했으며, 요셉도 총독에게 요청해서 허락을 받기 전에는 그리스도의 시체를 가져올 수 없었다는 것은 그리스도의 겸비를 보여주는 한 예였다. 왜냐하면, 총독의 권세과 관련되어 있는 이 일들에 있어서 우리는 그러한 권세를 존중해야 하고 거기에 순복하여야 하기 때문이다.

II. 장사지내기 위한 향품이 준비됨(39절).   이 일은 니고데모가 하였는데, 그는 또 한 사람의 고명한 인물로서 공직에 있었다. 그는 몰약과 침향 섞은 것을 가져왔는데, 어떤 이들은 이것이 방부제였다고 생각하고, 어떤 이들은 향품이었다고 생각한다.

1. 니고데모는 어떤 사람이었는가? 그는 요셉과 거의 비슷한 인물이었다. 그는 그리스도를 항상 따라다니지는 않았지만 그의 은밀한 친구였다. 그는 처음에 예수께 밤에 찾아왔지만, 지금은 이전처럼 그리스도를 공개적으로 고백하였다(7:50-51). 처음에는 상한 갈대처럼 연약했던 은혜가 나중에는 튼튼한 백향목 같이 되는 수가 있고, 두려워 떨던 어린 양이 사자 같이 담대해지는 경우도 있다(로마서 14:4을 보라). 그리스도를 이렇게 위하였던 요셉과 니고데모가 좀 더 빨리 나타나서, 그리스도를 단죄하기를 싫어하는 빌라도를 권하여서 그를 놓아 주도록 하지 않았다는 것은 이상한 일이다. 그리스도의 목숨을 살려 달라고 부탁하는 것은 그의 시체를 내어달라고 하는 것보다 더 고상한 섬김의 일이었을 것이다. 그러나 그리스도께서는 그의 때가 이르렀을 때에 그의 친구들이 그의 죽음을 가로막는 그 어떤 시도도 하게 하고자 하지 않으셨다. 그를 박해하는 자들이 성경을 응하게 하기 위하여 적극적으로 나서고 있는 마당에, 그의 제자들이 그 일을 가로막아서는 안 된다.

2. 니고데모의 호의는 비록 요셉의 경우와는 성격이 약간 달랐지만 상당한 것이었다. 요셉은 자신의 관심으로써 그리스도를 섬겼고, 니고데모는 그의 지갑으로 그를 섬겼다. 아마도 그들 사이에서는 한 사람이 총독의 허락을 받아내고, 다른 사람은 향품을 준비하기로 합의가 되어 있었던 것 같다. 그들이 이렇게 한 것은 시간이 촉박하였기 때문이었다. 그런데 왜 그들은 그리스도의 시체를 놓고 이렇게 분주하게 소동을 벌인 것인가?

(1) 어떤 이들은 이 일 속에서 그들의 신앙이 약하다는 것을 볼 수 있다고 주장한다. 그리스도께서 제삼일에 부활하실 것을 굳게 믿었다면, 그들은 이러한 수고와 비용을 들이지 않아도 되었을 것이고, 그들의 그러한 믿음은 모든 향품보다 더 하나님께 열납될 것이었다. 실제로 무덤을 영원한 집으로 삼게 될 시체들에 대해서는 그 시체들을 보전하기 위한 조치들이 취해질 필요가 있다. 그러나 길가는 나그네처럼 잠시 무덤에 들러서 하루나 이틀 밤을 유숙하고 가게 될 분을 위해서 무덤에 그러한 장식이 무슨 필요가 있단 말인가?

(2) 하지만 우리는 이 일 속에서 그들의 사랑이 강렬했다는 것을 알 수 있다. 이 일을 통해서 그들은 그리스도와 그의 가르침을 그들이 소중히 여겼다는 것을 보여주었고, 그러한 마음은 십자가의 수치로 말미암아서 결코 줄어들지 않았다. 그리스도의 면류관을 욕보이고 그의 영광을 땅에 던져 버리고자 애를 써왔던 자들은 이미 그들이 헛된 것을 꿈꾸었다는 것을 알았을 것이다. 왜냐하면, 하나님께서 그리스도를 그의 고난 중에서 높이셨던 것과 마찬가지로, 사람들, 심지어 큰 사람들조차도 그리스도를 높였기 때문에 그들은 그리스도의 시체를 땅에 묻어주는 자비의 공경을 보였을 뿐만 아니라, 위대한 사람들에게 보이는 존귀의 공경도 보였다. 그들은 이렇게 그리스도를 장사지내었지만, 그리스도의 부활을 믿고 기다렸을 것이다. 아니, 그들은 그리스도의 부활에 대한 믿음과 기대 속에서 이렇게 장례를 치렀을 것이다. 하나님께서 그리스도의 시체에 존귀함을 더할 것을 계획하셨기 때문에, 그들은 그리스도의 시체에 존귀함을 더하고자 하였다. 하지만 우리는 오늘날 우리에게 주어진 것에 따라서 우리가 해야 할 도리를 다하여야 하고, 하나님께서 자신의 약속들을 자신의 방식과 때에 따라서 성취하시는 것은 온전히 하나님께 맡겨 드려야 한다.

Ⅲ. 그리스도의 시체를 장사할 준비를 마침(40절).　　그들은 예수의 시체를 가져다가 인근에 있는 집으로 옮겨서, 시체에 묻은 피와 흙을 씻은 다음에, 유대인

의 장례법대로 그 향품과 함께 세마포로 쌌다. 우리가 시체들을 염하듯이, 그들은 시체에 향유를 붓고 방부 처리를 하였다(하몬드 박사의 표현).

1. 그리스도의 시체는 어떻게 다루어졌는가? 그들은 예수의 시체를 세마포로 쌌다. 우리가 입는 옷들 중에서 그리스도께서는 심지어 수의까지도 입어 보셨는데, 이것은 우리로 하여금 수의를 편안하게 받아들이고, 그것을 우리의 혼인 예복으로 부를 수 있게 하기 위한 것이었다. 그들은 그리스도의 시체를 향품과 함께 세마포로 쌌는데, 이것은 그의 모든 옷(그의 수의도 예외는 아니다)은 상아궁에서 나는 몰약과 침향의 향기를 낸다고 성경에 기록되어 있기 때문이다(시 45:8). 바위를 깎아 만든 무덤은 그리스도께 상아궁이었다. 시체들과 무덤은 고약한 냄새를 풍겨서 사람들을 역겹게 하기 때문에, 흔히 사람들은 죄를 사망의 몸 또는 열린 무덤에 비유한다. 그러나 그리스도의 시체는 하나님께 향기로운 냄새를 풍기는 희생제물이었기 때문에 우리의 더럽고 고약한 것들을 제거할 수 있었다. 그 어떤 향유나 향품도 우리 구속주의 무덤만큼 우리의 마음을 즐겁게 해줄 수 없다 ― 그 향기로운 향내를 맡을 수 있는 자에게만.

2. 이 모범을 따라서 우리는 그리스도인들의 시체에 예를 표하여야 한다. 이것은 그들의 유해를 안치해 놓고 경배를 드리자는 것도 아니고, 아주 유명한 성인들과 순교자들의 시체를 경배의 대상으로 삼으라고 하는 것도 아니고(그와 같은 일은 그리스도의 시체에 대해서도 행하여지지 않았다), 오히려 성도들의 시체가 여전히 그리스도와 연합되어 있고, 마지막 날에 영광과 불멸을 위하여 보전되고 있다고 믿는 자들처럼 그들의 시체를 소중히 다루어야 한다는 것이다. 성도들의 부활은 그리스도의 부활로 말미암는 것이기 때문에, 그들을 장사지냄에 있어서 우리는 그리스도의 장례를 눈여겨 보아야 한다. 왜냐하면, 그리스도께서는 죽으셨지만 주의 죽은 자들은 살아나리라(사 26:19)고 말씀하고 계시기 때문이다. 우리의 죽은 자들을 장사지냄에 있어서 우리가 그리스도께서 장사되신 모든 정황을 본받아서 그 죽은 자를 세마포에 싸서 동산에 묻고 그리스도의 시체에 했던 것처럼 방부 처리를 할 필요는 없다. 그러나 그리스도께서 유대인의 장례법을 따라서 장사되었다는 것은 우리에게 이러한 성격의 일들에 있어서 우리는 미신에 속한 것들만을 제외하고는 우리가 살고 있는 곳의 관습을 따라야 한다는 것을 가르친다.

Ⅳ. 그리스도께서 십자가에 못 박히신 곳에서 아주 가까이에 있던 아리마대

요셉의 소유인 동산에 무덤이 마련됨. 그 동산에 아직 한 번도 사용되지 않았던 무덤이 있었다. 좀 더 자세하게 살펴보자.

1. 그리스도께서는 도성 밖에 장사되었다. 왜냐하면, 도성 안이나 회당에 장사하지 않는 것이 유대인들의 장례법이었기 때문이다. 어떤 이들은 그러한 관습이 우리의 장례 방식보다 더 낫다고 생각해 왔다. 그렇지만 유대인들이 그렇게 한 데에는 특별한 이유가 있었는데, 그것은 무덤을 접촉하는 자는 의식적(儀式的)으로 부정한 것으로 여겨졌기 때문이었다. 하지만 그러한 이유는 오늘날에 와서는 적용되지 않는다. 지금에 있어서는 그리스도의 부활이 무덤의 속성을 변화시켰고 모든 신자들과 관련해서 무덤의 부정(不淨)을 없이하셨기 때문에, 우리는 무덤을 멀리 할 필요가 더 이상 없게 되었다. 또한 죽은 자들의 회중을 교회 마당에 매장함으로써 교회에 여전히 살아있는 자들의 회중을 둘러싸게 한 것은 어쩌면 좋은 방향으로의 진보일 수 있다. 왜냐하면, 지금 살아 있는 자들도 죽어 가고 있는 것이고, 산다는 것은 곧 죽어가는 것이기 때문이다. 미신적으로가 아니라 믿음으로 말미암아 거룩한 무덤을 찾고자 하는 자는 이 세상의 소란으로부터 벗어나야 한다.

2. 그리스도께서는 동산에 묻히셨다.

(1) 요셉은 그의 동산에 그의 무덤을 가지고 있었다.

[1] 요셉이 그렇게 한 것은 그 무덤이 자기가 살아 있는 동안에 자기 자신에게 죽음을 일깨우는 것이 되도록 하기 위한 것이었다. 그가 동산을 즐거워하고 거기에서 나는 소출들을 거둘 때, 그는 무덤을 보고서 죽음을 생각하고, 그 죽음을 준비하도록 일깨움을 받았을 것이다. 동산은 묵상하기에 좋은 장소이고, 거기에 있는 무덤은 우리에게 묵상의 좋은 소재(素材), 우리가 즐거움 가운데 있을 때에 생각하기 싫어하는 바로 그러한 묵상의 소재를 제공해 준다.

[2] 요셉이 그렇게 한 것은 그가 죽고 난 후에 그의 후사들이 그를 기억하도록 하기 위한 것이었다. 우리 조상들의 묘실과 친숙해지는 것은 좋은 일이다. 우리가 조상들의 묘와 친숙해지면 질수록, 우리는 우리 자신의 죽음에 대해서도 별로 겁내지 않게 될 것이다.

(2) 이 동산에 있는 무덤 속에 그리스도의 시체가 두어졌다. 죽음과 무덤은 에덴 동산에서 처음으로 권세를 얻었고, 이제 이 동산에서 죽음과 무덤은 정복되고 무장해제 되었다. 동산에서 그리스도께서는 그의 고난을 시작하셨고, 동

산으로부터 그는 다시 부활하셔서, 높아지신 상태에서의 사역을 시작하시게 될 것이었다. 그리스도께서는 한 알의 밀알(12:24)로서 땅에 떨어져서 동산에서 여러 씨앗들 가운데 뿌려지셨다. 왜냐하면, 주의 이슬은 빛난 이슬(사 26:19)이기 때문이다. 그리스도는 동산의 샘(아 4:15)이다.

3. 그리스도께서는 새 무덤에 묻히셨다.

(1) 이것은 그리스도를 존귀하게 하기 위한 것이었다. 그리스도는 평범한 사람이 아니었기 때문에 평범한 흙과 섞여서는 안 되었다. 동정녀의 모태(virgin-womb)에서 나신 분은 동정녀 무덤(virgin-tomb)으로부터 다시 부활하셔야 한다.

(2) 이것은 그리스도께서 부활하신 것이 참이라는 것을 확증하기 위한 것으로서, 부활한 것은 성도들의 많은 시체들이 부활하였을 때에 다시 살아난 어떤 다른 사람이지 그리스도가 아니었다는 주장이 나오지 않도록 하기 위한 것이었다. 또는, 그것은 그리스도께서 부활하신 것은 자기 자신의 능력에 의해서가 아니라 마치 엘리사의 뼈를 만짐으로써 부활하게 된 자와 마찬가지로 어떤 다른 사람의 능력에 의해서 이루어진 것이라는 주장을 막기 위한 것이었다. 만물을 새롭게 하신 그리스도께서는 우리를 위해서 무덤까지도 새롭게 하셨다.

V. 장례가 치러짐(42절) : 그들은 예수를 거기 두었다. 즉, 그들은 예수의 시체를 거기에 두었다. 어떤 이들은 여기서 예수라고 부른 것은 신성과 인성의 분리할 수 없는 연합을 암시하는 것이라고 생각한다. 이 죽은 시체조차도 **예수**, 즉 구주였다. 왜냐하면, 그리스도의 죽음은 우리의 생명이기 때문이다. 예수는 여전히 동일하시다(히 13:8). 이 날이 유대인의 준비일이었기 때문에, 그들은 거기에 예수의 시체를 두었다.

1. 여기에서 우리는 유대인들이 안식일과 그 준비일을 얼마나 정성스럽게 지켰는지를 볼 수 있다. 유월절에 속한 안식일 전날에 그들은 엄숙한 준비를 하였다. 그들 자신을 교회라고 불렀던 대제사장들은 이 날을 잘 지키지 않았지만, 그들에 의해서 교회의 위험인물로 낙인찍혔던 그리스도의 제자들은 이 날을 잘 지켰다. 이런 일은 흔히 일어난다.

(1) 그들은 안식일까지 장례를 미루고자 하지 않았다. 왜냐하면, 안식일은 거룩한 안식과 기쁨의 날이 되어야 했으므로, 장례를 지내는 일과 거기에 수반된 슬픔은 그 날에 어울리지 않았기 때문이다.

(2) 그들은 그 안식일을 준비하는 날에 너무 늦게 장례를 서둘러서 치르고자 하지 않았다. 안식일 전날 저녁에 해야 할 일이 있다면, 우리는 그 일이 안식일 날까지 이어지거나 안식일을 허겁지겁 맞게 하는 일이 없도록 해야 한다.

2. 그들은 편의상 인접한 무덤을 사용하였다. 그들이 사용했던 무덤은 가까운 곳에 있었다. 그들에게 시간이 있었다면, 그들은 아마도 그리스도를 베다니로 옮겨서, 거기에 있던 그의 친구들과 함께 그를 장사지내었을 것이다. 나는 그리스도께서 유다의 어떤 왕들보다도 다윗의 아들들의 무덤들 중에서 최고의 무덤 속에 장사될 권한을 가지고 계셨다고 믿는다. 그러나 그리스도께서 가까이에 있는 무덤 속에 두어지도록 하나님께서는 그렇게 정하셨는데, 이것은 다음과 같은 이유들 때문이었다.

(1) 그리스도께서는 그 무덤 속에 마치 여인숙에 들르는 것처럼 잠시 동안만 누워 계실 것이었기 때문에, 그가 십자가에 못 박히신 곳에서 가장 가까운 무덤에 두어지게 되었다.

(2) 그 무덤이 새 무덤이었기 때문에. 그 무덤을 준비한 사람들은 누가 그 무덤을 제일 먼저 사용하게 될 것인지를 거의 생각하지 못하였을 것이다. 그러나 하나님의 지혜는 우리의 지혜보다 무한히 크시기 때문에, 하나님은 우리가 가진 모든 것을 그가 기뻐하시는 용도로 사용하신다.

(3) 이것을 통해서 우리는 우리가 장사될 장소에 지나치게 신경을 쓰지 말라는 가르침을 받는다. 우리가 묻힐 곳이 어느 곳이 될지 우리가 어떻게 알겠는가? 왜냐하면, 그리스도께서는 바로 가까이에 있는 무덤 속에 묻히셨기 때문이다. 족장 요셉이 가나안 땅에 묻히기를 원했던 것은 가나안에 대한 하나님의 약속을 믿은 믿음 때문이었다. 그러나 그러한 약속이 이제 더 나은 것에 의해서 대체되었기 때문에, 우리는 그럴 필요가 없게 되었다.

이렇게 예수의 시체는 그 어떤 화려한 의식이나 엄숙한 절차 없이 차고 정적이 흐르는 무덤 속에 놓여지게 되었다. 그리스도께서는 우리의 빚 대신에 저당잡히셔서 이렇게 무덤에 갇히시게 된 것이었다. 따라서 그리스도께서 풀려나시는 날, 우리도 우리의 빚에서 풀려나게 될 것이다. 그리스도께서는 의의 해로서 더 큰 영광으로 다시 떠오르셔서 이후로는 다시 지는 일이 없기 위해서 잠시 동안 무덤에 갇혀 계셨다. 그리스도께서는 겉으로는 죽음의 포로가 되신 것 같았지만, 실제로는 죽음을 정복하신 자이셨다. 왜냐하면, 무덤 속에 누워 있는 것은 바로 죽음이었고, 무덤은 정복되었기 때문이다. 우리에게 승리를 주시는 하나님께 감사하리로다.

제 — 20 — 장

개요

이 복음서 기자는 비록 나머지 복음서 기자들과는 다르게 그의 복음서를 시작했지만, 끝낼 때에는 그들과 마찬가지로 그리스도의 부활에 관한 이야기로 그의 복음서를 끝낸다. 물론, 그는 나머지 복음서 기자들과 마찬가지로 어떻게 그리스도께서 다시 살아나셨는지에 관하여 말하는 것이 아니라 그리스도께서 다시 살아나셨음을 보여주는 부활의 증거들에 관하여 말한다. 이 장에 나오는 그리스도의 부활에 관한 증거들은 다음과 같은 것들이다. I. 무덤에서 일어난 일들과 관련된 증거들. 1. 빈 무덤과 가지런히 놓여 있는 수의(1-10절). 2. 무덤에서 막달라 마리아에게 나타난 두 천사(11-13절). 3. 그리스도께서 친히 마리아에게 나타나심(14-18절). II. 나중에 사도들이 모였을 때에 일어난 일들과 관련된 증거들. 1. 그리스도께서 다시 살아나신 바로 그 날 저녁에 도마가 없었던 때에 일어난 일(19-25절). 2. 부활하신 후 여드레가 지나서 도마가 제자들과 함께 있었던 때에 일어난 일(26-31절). 여기에서 얘기되고 있는 내용은 대체로 다른 복음서 기자들이 생략한 것들이다.

[1]안식 후 첫날 일찍이 아직 어두울 때에 막달라 마리아가 무덤에 와서 돌이 무덤에서 옮겨진 것을 보고 [2]시몬 베드로와 예수께서 사랑하시던 그 다른 제자에게 달려가서 말하되 사람들이 주님을 무덤에서 가져다가 어디 두었는지 우리가 알지 못하겠다 하니 [3]베드로와 그 다른 제자가 나가서 무덤으로 갈새 [4]둘이 같이 달음질하더니 그 다른 제자가 베드로보다 더 빨리 달려가서 먼저 무덤에 이르러 [5]구부려 세마포 놓인 것을 보았으나 들어가지는 아니하였더니 [6]시몬 베드로는 따라와서 무덤에 들어가 보니 세마포가 놓였고 [7]또 머리를 쌌던 수건은 세마포와 함께 놓이지 않고 딴 곳에 쌌던 대로 놓여 있더라 [8]그 때에야 무덤에 먼저 갔던 그 다른 제자도 들어가 보고 믿더라 [9][그들은 성경에 그가 죽은 자 가운데서 다시 살아나야 하리라 하신 말씀을 아직 알지 못하더라] [10]이에 두 제자가 자기들의 집으로 돌아가니라

사도들이 실질적인 증거를 제시하려고 관심을 가졌던 것들 중에서 주님의 부활보다 더 큰 관심을 가진 것은 없었다.

1. 사도들이 이렇게 주님의 부활에 관심을 가진 이유는 주님께서 자기가 메시야라는 것을 보여주는 최후이자 가장 설득력 있는 증거로서 친히 부활을 언급하셨기 때문이었다. 주님께서는 다른 표적들을 믿고자 하지 않았던 자들에게 선지자 요나의 이 표적을 언급하셨다. 그러므로 원수들은 모든 것이 이 문제에 달려 있었기 때문에 어떻게든 이 일이 알려지지 않도록 하기 위해서 무척 애를 썼다. 그리스도께서 부활하셨다면, 그들은 살인자들이 되고 말 뿐만이 아니라 메시야를 죽인 자들이 되고 말 것이기 때문이다.

2. 사도들이 이렇게 주님의 부활에 관심을 가진 이유는 우리의 구속과 구원이 주님의 부활에 달려 있었기 때문이었다. 그리스도께서 자기 목숨을 대속물로 내놓으신 후에 다시 살아나지 않으신다면, 그의 제사는 열납되었다고 볼 수 없다. 그리스도께서 다시 살아나신 일이 없으면 우리의 믿음도 헛되고 우리가 여전히 죄 가운데 있을 것이다(고전 15:17).

3. 사도들이 이렇게 주님의 부활에 관심을 가진 이유는 주님께서 부활하신 후에 모든 사람들에게 살아 계신 모습으로 자신을 나타내 보이지 않으셨기 때문이었다(행 10:40-41). 우리 같으면 '주님의 수치스러운 죽음은 은밀하게 이루어지게 하고 주님의 영광스러운 부활은 모든 사람으로 보게 하여야 한다' 고 생각했을 것이다. 그러나 하나님의 생각은 우리의 생각과 같지 않았다. 하나님께서는 주님의 죽음이 해 아래에서 모든 사람들이 볼 수 있게 이루어지도록 정하셨고, 게다가 해는 부끄러워서 얼굴을 감추게 하셨다. 그러나 하나님께서는 주님의 부활의 현현들은 주의 특별한 친구들을 위한 은총이 되게 하시고 그들로 하여금 세상에 이 사실을 알리게 하셔서, 보지 않고 믿는 자들이 복되게 하셨다. 부활의 증거들은 그리스도의 가르침과 법을 경건하게 받아들이고자 하는 자들에게는 풍성한 만족을 주지만 불신앙 가운데서 의도적으로 모른 체하고 완악한 자들에게는 반대할 여지를 남겨주는 그런 증거들이었다. 이것은 이 땅에서 실습 중에 있는 자들에게 적합한 공정한 시험이다.

이 단락에서 우리는 그리스도의 부활의 증거를 향한 첫 걸음을 내딛게 되는데, 그것은 무덤이 비어 있었다는 것이다: 그가 여기 계시지 않는다. 그렇지 않다면, 그들은 우리에게 그가 계신 곳을 말하여야 한다. 아니면, 우리는 그가 다시 살아나셨다는 결론을 내리지 않을 수 없다.

I. 무덤으로 간 막달라 마리아는 돌이 옮겨진 것을 보았다. 이 복음서 기자는 막달라 마리아와 함께 간 다른 여자들을 언급하지 않는데, 오직 여기에서만 그렇게 한 이유는 마리아가 무덤으로 찾아가는 일에서 가장 적극적이었고 주님께 가장 많은 사랑을 보였기 때문인 것 같다. 그리고 그리스도께서 그녀에게 행하신 큰 일들을 생각해 보면, 그런 사랑은 충분히 이유 있는 사랑이었다. 마리아는 많이 사함을 받았기 때문에 더 많은 사랑을 갖게 되었다. 그녀는 주님께서 살아 계시는 동안에도 주님께 그녀의 사랑을 보였고, 그의 가르침을 들었으며, 물질로 주님을 섬겼었다(눅 8:2-3). 마리아는 예루살렘에 어떤 볼 일이 있어서가 아니라 주님을 수종들기 위해서 올라온 것으로 보인다. 왜냐하면, 여자들은 명절에 예루살렘에 올라올 필요가 없었기 때문이다. 마리아를 비롯한 여자들은 하나님께서 주님을 곧 그들의 머리 위로 데려가실 줄을 알고서, 엘리사가 엘리야를 따랐던 것과 마찬가지로 주님을 바짝 따랐을 것이다(왕하 2:1-6). 마리아가 주님께서 살아계실 때나 죽으신 후에나 한결같이 공경한 것을 보면, 그녀의 사랑은 진실된 것임이 입증된다. 그리스도에 대한 사랑이 진실한 것이 되려면 언제나 변함이 없이 꾸준해야 한다는 것을 명심하라. 그리스도를 향한 그녀의 사랑은 십자가의 죽음, 그 죽음 같이 강한 것이었다. 왜냐하면, 그녀는 그 십자가 옆에 서 있었기 때문이다. 또한 그녀의 사랑은 음부 같이 잔인한 것이었다. 왜냐하면, 그녀는 사랑에 이끌려서 무덤을 찾아갔고, 거기에 따른 두려움으로 방해받지 않았기 때문이다.

1. 마리아는 주님의 시신을 그녀의 눈물로 씻기 위해서 무덤으로 갔다. 그녀는 무덤으로 가서 거기서 울며 그녀가 준비해 온 향유로 기름을 바르려고 했다. 무덤은 사람들이 찾아와서 돌보려고 하지 않는 집이다. 죽은 자 중에 던져진 바 된 자들은 산 자들과 분리되어 있다. 죽은 자의 무덤을 사모하게 만든다면, 그것은 그 사람에 대한 엄청난 사랑임에 틀림없다. 특히 놀라운 것은 그것이 연약하고 수줍음 타는 여인의 사랑이라는 것이다. 돌을 굴릴 수 있는 힘조차 없었던 그녀가 어떻게 무덤에 들어갈 마음을 먹을 수 있었을까? 유대인들의 종교에서는 무덤과 죽은 시신에 대해서는 꼭 필요한 조치 외에는 함부로 건드리는 것을 금하였다. 마리아나 제자들이 그리스도의 무덤을 찾아가게 되면, 그들은 시체를 도둑질하여 가고자 한 것이라는 의심을 받게 되어 있었다. 마리아가 무덤을 찾아

가서 진정으로 도움이 될 수 있는 일이 과연 있었는가? 그러나 이러한 반문들과 무수히 제기될 수 있는 반론들에도 불구하고 그의 발걸음을 무덤으로 이끈 것은 주님에 대한 그녀의 사랑이었다. (1) 우리는 그리스도께 별 도움이 될 수 없을 것 같은 그러한 일들에서 그리스도께 영광을 돌리려고 애를 써야 한다. (2) 그리스도에 대한 사랑은 죽음과 무덤에 대한 두려움을 없애줄 것이다. 우리가 저 캄캄한 죽음의 골짜기를 통과하지 않으면 그리스도께 갈 수 없을 때라도, 우리가 그를 사랑한다면, 우리는 해를 두려워하지 않게 될 것이다.

2. 마리아는 할 수 있는 한 최대한도로 빨리 무덤을 찾았다. (1) 그녀는 안식 후 첫 날에 안식일이 지나자마자, 곡식을 팔며 밀을 내기(암 8:5) 위해서가 아니라 무덤에 있기 위하여 내달려 왔다. 그리스도를 사랑하는 자들은 그를 공경하는 마음을 표현할 길이 생기자마자 그 기회를 놓치지 않고 가장 먼저 행하는 법이다. 이 날은 기독교의 첫 번째 안식일이었고, 마리아가 이 날을 그리스도를 찾아가는 것으로 시작한 것은 합당한 일이었다. 그녀는 창조의 사역을 기념하면서 안식하며 전 날을 보내었었다. 그러나 지금 그녀는 구속의 사역을 찾아나서서 그리스도, 십자가에 못 박히신 그리스도를 찾아간다. (2) 마리아는 일찍이 아직 어두울 때에 무덤을 찾았다. 그녀는 아주 일찍 집을 나섰다. 그리스도를 찾아나서고자 하는 자들은 일찍 길을 나서야 한다는 것을 명심하라. [1] 잠을 설칠 정도로 간절히 그리스도를 찾아야 하고, 그리스도를 놓칠 것이 두려워서 일찍 일어나야 한다. [2] 부지런히 그리스도를 찾아야 한다. 우리는 자신을 부인하고 쉼 없이 그리스도를 찾아야 한다. [3] 늦기 전에, 우리가 살아 있는 동안에 일찍, 매일매일 일찍 그리스도를 찾아야 한다. 네가 아침에 나의 소리를 들으리라. 이렇게 시작이 좋은 날은 끝도 좋게 될 것이다. 아직 어두울 때에 그리스도를 부지런히 찾는 자들은 점점 더 그리스도에 대한 광명한 빛을 받게 될 것이다.

3. 마리아는 앞서 사람들이 큰 돌을 굴려 무덤 문에 놓은 것을 보았었는데, 지금 그 돌이 무덤 입구에서 옮겨져 있는 것을 보았다. (1) 이것은 그녀가 전혀 예상하지 못했던 일이었기 때문에 그녀에게 의외의 놀라운 일이었다. 십자가에 못 박히시는 그리스도는 생명의 원천이시다. 그의 무덤은 구원의 샘들 중의 하나이다. 그 샘은 육신적인 심령에게는 닫혀 있는 샘이지만, 우리가 믿음으로 그 샘에 나아가면, 우리는 그 입구를 막고 있던 돌이 굴려서 옮겨져서(창 29:10) 그 샘물을 거저 마실 수 있다는 것을 알게 될 것이다. 일찍 그리스도를 찾는 자들

은 흔히 의외의 놀라운 일들을 통해서 격려를 받는다. (2) 이것은 영광스러운 발견의 시작이었다. 주님께서 부활하셨다 — 비록 마리아는 처음에 그 사실을 인식하지 못했지만. [1] 그리스도를 변함없이 붙들고 부지런히 그를 찾는 자들은 결국 하나님의 은혜를 가장 먼저 가장 큰 감격으로 맛보게 된다는 것을 명심하라. 그리스도께서 겸비의 상태에 계실 때에 마지막까지 그를 좇았던 막달라 마리아는 그리스도께서 높아지셨을 때에 가장 먼저 그를 만나게 되었다. [2] 하나님께서는 통상적으로 우리에게 정도 차이를 두고서 자기 자신과 그의 위로들을 계시하시는데, 이것은 우리의 기대들을 불러일으키고 우리에게서 찾고자 하는 마음을 일깨우기 위해서이다.

II. 돌이 옮겨져 있는 것을 보고서 마리아는 거기에서 얼마 멀지 않은 마을 언저리에 함께 묵고 있었던 베드로와 요한에게 급히 달려가서 이 사실을 알렸다: "주님께서 그렇게 고상한 곳에 장사지내져서 영광을 받으시는 것을 시기하여 사람들이 주님을 무덤에서 가져다가 어디 두었는지 우리가 알지 못하겠다. 우리가 마지막으로 주님께 예를 올리려고 찾아갔으나 우리는 주님을 어디에서 찾아야 할지를 모르겠다." 좀 더 자세하게 살펴보자.

1. 마리아는 지금 일어난 일을 어떻게 해석하였나? 그녀는 돌이 치워져 있는 것을 발견하고, 무덤 속을 들여보고서는 무덤이 비어 있는 것을 보았다. 일이 이렇게 되었을 때에 그녀는 주님께서 부활하신 것이 확실하다고 금세 알아차렸어야 했다. 왜냐하면, 그리스도께서는 제자들에게 그가 십자가에 못 박힐 것이라고 말씀하실 때마다 — 마리아는 이미 이 일이 이루어진 것을 직접 목격한 바 있었다 — 연이어서 제삼일에 그가 다시 살아나리라는 것을 말씀하셨기 때문이다. 마리아는 무덤으로 가는 도중에 또는 갈 준비를 하고 있을 때에 일어난 큰 지진을 느꼈을 것이고, 이제 무덤이 비어 있는 것을 보았는데도, 주님께서 부활하신 것이라는 생각을 전혀 하지 못하였다. 도대체 마리아는 그런 추측이나 의심을 잠깐 동안만이라도 해보지 않았단 말인가? 그녀가 돌이 옮겨진 것을 엉뚱하게 해석한 것을 보면, 그녀는 그런 생각을 전혀 해보지 않은 것 같다. 흐리고 캄캄한 날에 우리가 행한 일들을 다시 생각해 보면, 우리는 나중에 생각했을 때에는 너무도 명백한 것들을 그 당시에는 왜 전혀 생각하지 못했는가 하고 우리의 우둔함에 놀라지 않을 수 없게 된다. 마리아는 사람들이 주님을 무덤에서 가져갔다고 생각하였다. 마리아는 대제사장들이 주님을 더 나쁜 곳에 두기 위

해서 그 시신을 가져갔거나 요셉과 니고데모가 숙고한 후에 유대인들이 그 시신을 훼손할까봐 가져간 것이라고 생각하였을 것이다. 마리아가 어떠한 추측을 하였든지 간에, 주님의 시신이 없어진 것은 그녀에게 무척 당혹스럽고 황당한 일이었던 것 같다. 하지만 그녀가 이 일을 올바르게 해석했더라면, 이 일보다 더 기쁜 일은 없었을 것이다. 믿음이 연약한 자들은 사실은 소망의 토대가 되고 기뻐해야 할 일을 불평하는 일이 자주 있다는 것을 명심하라. 우리는 육체적인 안락을 주는 이런저런 것들이 없어져 버렸다고 소리를 치면서, 그러한 것들을 만회하려고 방법을 모색한다. 하지만 실제로는 하나님께서 우리의 현세적인 낙(樂)들을 없애시는 것 — 이것에 대하여 우리는 울고불고 난리를 친다 — 은 우리가 진정으로 기뻐해야 할 우리의 영적인 낙들을 부활시키기 위한 것이다.

　2. 마리아는 이 일을 베드로와 요한에게 어떤 식으로 이야기하였는가? 그녀는 혼자 눈물을 흘리며 서 있었던 것이 아니라 그녀의 친구들에게 이 사실을 알렸다. 슬픔을 서로 나누는 일은 성도들의 교제를 개선하는 좋은 길이라는 것을 명심하라. 베드로는 주님을 세 번이나 부인하였지만 주님의 친구들을 버리고 떠나지 않았다는 것을 주목하라. 베드로가 예수께서 사랑하시던 제자와 함께 있었다는 것은 그의 회개가 진실했다는 것을 보여준다. 그리고 제자들이 베드로의 실수에도 불구하고 이전처럼 그와 친밀하게 교제했다는 것은 잘못을 범한 자들을 온유한 심령으로 받아들여야 한다는 것을 우리에게 가르친다. 하나님께서 회개한 그들을 받으셨다면, 우리가 그들을 받지 못할 이유가 어디 있겠는가?

Ⅲ. 베드로와 요한은 그들이 들은 이야기가 사실인지를 확인해 보고 어떤 다른 것을 추가적으로 발견해낼 수 있지는 않은지 알아보기 위해서 무덤으로 쏜살같이 함께 달려갔다(3-4절). 　어떤 이들은 베드로와 요한이 이 소식을 접하였을 때에 거기에 다른 제자들도 함께 있었다고 생각한다. 왜냐하면, 그들은 무덤에서 돌아가 이 모든 것을 열한 사도와 다른 모든 이에게 알렸기(눅 24:9) 때문이다. 또 어떤 이들은 막달라 마리아는 오직 베드로와 요한에게만 이 이야기를 했고, 그녀와 함께 무덤에 갔던 다른 여자들이 다른 제자들에게 이 일을 얘기한 것이라고 생각한다. 그렇지만 제자들 중에서 무덤으로 달려간 사람은 그리스도로부터 특별한 총애를 입었던 세 애제자 중 두 사람인 베드로와 요한이었

다. 남들보다 제자로서 더 많은 특권으로 존귀함을 받는 자들이 제자로서의 도리를 행할 때에도 남들보다 더 적극적으로 열심을 보이고 기꺼이 더 많은 수고를 감당하며 선한 일에 위험을 무릅쓰는 것은 좋은 일이다.

1. 우리는 여기서 다른 사람들이 경험하고 본 것들을 어떻게 활용하여야 하는지를 알게 된다. 마리아가 그들에게 그녀가 본 것을 얘기해 주었을 때, 그들은 그녀의 말을 듣는 것으로 만족하는 것이 아니라 가서 그들의 눈으로 직접 보고자 하였다. 다른 사람들이 우리에게 성례전들의 위로와 유익을 얘기해 준다고 하자. 그러면, 우리는 그 말이 진실인지를 확인하기 위해서 직접 성례전에 참여해 보아야 한다. 하나님께 가까이 나아가는 것이 얼마나 좋은 일인지 와서 보라.

2. 우리는 여기서 우리 친구들의 관심과 염려를 기꺼이 함께 나누어야 한다는 것을 알게 된다. 베드로와 요한이 무덤으로 급히 달려간 것은 마리아에게 그녀의 염려에 대해서 만족할 만한 대답을 해 줄 수 있기 위해서였다. 우리는 그리스도를 따르는 연약하고 소심한 형제들을 돕고 위로하는 일에 어떤 수고를 하더라도 불평하지 말아야 한다.

3. 우리는 선한 일, 선한 심부름을 할 때에는 서둘러서 해야 한다는 것을 알게 된다. 베드로와 요한은 자신의 안위(安危)를 돌아보지 않고, 시간을 허비함이 없이 곧장 무덤으로 달려갔는데, 이것은 그들의 열심과 애정을 보여주는 것이었다. 우리가 하나님의 명령을 수행하고 있다면, 우리는 그런 식으로 곧장 달려가야 한다.

4. 우리는 선한 일에 좋은 동행이 있다는 것이 얼마나 좋은 일인지를 알게 된다. 두 제자 중에서 어느 한 사람만 있었다면 그가 무덤으로 혼자 가고자 마음먹는 일은 쉽지 않았을 것이지만, 두 사람이 힘을 합쳤을 때에 아무런 어려움도 없었다. 전도서 4:9을 보라.

5. 우리는 제자들 가운데서 선한 일에 특심(特甚)하려고 더 애쓰는 것이 얼마나 칭찬할 만한 경쟁인지를 알게 된다. 나이가 어린 요한이 베드로보다 더 빨리 달려가서 먼저 무덤에 이른 것은 결코 무례한 짓이 아니었다. 우리는 각자 최선을 다해야 하고, 특별히 예수께서 사랑하셨고 특별히 예수를 사랑하였던 제자 같이 이 경주에서 가장 먼저 도달할 수 있었던 자들을 시기해서는 안 된다. (1) 이 경주에서 먼저 간 자는 예수께서 특별히 사랑하시던 제자였다. 그러므

로 그는 특별히 예수님을 사랑하였다. 그리스도의 사랑이 우리 속에서 감지될 때에 그 사랑은 우리 안에서 그리스도에 대한 사랑을 점화시키고, 우리를 선을 행하는 데에 특심하게 만든다는 것을 명심하라. 그리스도의 사랑은 그 어떤 것보다도 우리로 하여금 우리가 해야 할 일에 열심을 내도록 만든다. (2) 뒤에 처진 사람은 베드로였는데, 이것은 그가 주님을 부인하고나서 그 일에 대한 슬픔과 부끄러움이 그에게 큰 짐으로 작용하여 그의 발목을 붙잡았기 때문이다. 죄의식은 우리의 발목을 붙잡고, 우리가 열심히 하나님을 섬기지 못하도록 방해한다. 양심에 가책이 생길 때, 우리는 발을 디딜 토대를 잃어버리게 된다.

IV. 베드로와 요한은 무덤에 도착해서 살펴보았지만 그 이상의 것을 발견해 내지는 못하였다.

1. 요한은 막달라 마리아와 마찬가지로 무덤 속을 들여다는 보았지만 그 이상으로 무덤 속으로 들어가지는 않았다. (1) 요한은 호기심에 무덤 안을 들여다 보았고, 무덤이 비어 있다는 것을 확인하였다. 그는 몸을 구부려 무덤 속을 들여다보았다. 그리스도를 아는 지식을 얻고자 하는 자들은 허리를 구부려서 들여다보고, 겸손한 마음으로 하나님의 계시의 권위에 순복하는 가운데, 유심히 살펴야 한다. (2) 그렇지만 요한은 무덤 속으로 들어가 볼 용기를 갖고 있지는 못하였다. 가장 따뜻한 애정이 언제나 가장 담대한 결단을 수반하는 것은 아니다. 신앙의 경주를 신속하게 달려가기는 하지만 용감하게 싸움을 하지 못하는 자들이 많다.

2. 베드로는 비록 나중에 도착하였지만 먼저 무덤 안으로 들어갔고, 요한보다 더 정확하게 무덤 속을 살필 수 있었다(6-7절). 요한은 베드로보다 더 빨리 달려서 앞질러 갔지만, 베드로는 되돌아가거나 멈춰선 것이 아니라 자기가 할 수 있는 한도에서 빨리 요한을 따라갔다. 그리고 요한이 조심스럽게 무덤 속을 들여다보고 있는 동안에, 베드로는 그 때에야 당도해서 큰 용기를 내어 무덤에 들어갔다.

(1) 우리는 여기에서 베드로의 담대함과 하나님께서 사람들에게 얼마나 다양하게 은사들을 배분해 주시는지를 보게 된다. 요한은 베드로보다 더 재빨랐지만, 베드로는 요한보다 더 큰 용기를 지녔다. 다윗이 시를 읊어서 사울과 요나단에 관하여 말한 것처럼, 동일한 사람이 독수리보다 빠르면서 동시에 사자보다 강할 수는 없는 노릇이다(삼하 1:23). 어떤 제자들은 행동이 민첩해서, 그들

은 느린 자들을 각성시키는 데에 유익하다. 또 어떤 제자들은 담대해서, 소심한 자들을 담대하게 하는 데에 유익하다. 은사는 다양하지만 성령은 하나이다. 베드로가 담대하게 무덤에 들어간 것은 우리에게 다음과 같은 것들을 가르쳐준다. [1] 그리스도를 열심히 찾는 자들은 근거 없는 걱정들과 어리석은 공상들에 겁을 집어먹어서는 안 된다: "게으른 자는 길에 사자가 있다 무덤에 유령이 있다고 한다." [2] 그리스도께서 무덤 안에 누워 계셨기 때문에 선한 그리스도인들은 무덤을 두려워할 필요가 없다. 왜냐하면, 그들을 두렵게할 것이 무덤 안에는 없기 때문이다. 무덤은 멸망의 구덩이도 아니고, 그 안에 있는 벌레들도 영원히 죽지 않는 벌레들이 아니다. 그러므로 우리는 죽은 시신을 보거나 공동묘지에 홀로 있을 때에 품기 쉬운 두려움에 빠질 것이 아니라 정복해야 한다. 그리고 우리는 죽어서 잠시 무덤 속에 있어야 하기 때문에, 죽음과 무덤을 우리의 가까운 친척으로 생각하고 친밀하게 여기는 것이 좋다(욥 17:14). [3] 우리는 기꺼이 그리스도께 나아가기 위해서 무덤을 통과하여야 한다. 그리스도께서 무덤을 통과해서 영광에 들어가셨듯이, 우리도 그래야 한다. 우리가 하나님의 얼굴을 보지 못한 채로 살아가야 한다면, 차라리 죽는 편이 더 낫다(욥기 19:25 등을 보라).

(2) 베드로는 무덤에 있는 물건들이 어떻게 놓여 있는지를 보았다. [1] 그리스도께서는 거기에 수의를 남겨 두셨다. 그리스도께서 제자들에게 어떤 옷을 입고 나타나셨는지는 성경에 기록되어 있지 않지만, 그가 유령들과는 달리 수의를 입고 나타나지는 않으셨다는 것은 분명하다. 그가 수의를 무덤에 그대로 남겨두신 것은 다음과 같은 이유들 때문이었다. 첫째, 그는 다시 살아나셔서 다시는 죽지 않으실 것이었기 때문이다. 죽음이 다시는 그를 주관하지 못할 것이었다(롬 6:9). 나사로는 수의를 걸치고 무덤에서 나왔는데, 이것은 그가 그 수의를 다시 사용해야 했기 때문이었다. 그러나 그리스도께서는 영원한 생명으로 부활하셨기 때문에 그러한 거추장스러운 것을 벗어버리고 무덤에서 나오셨다. 둘째, 그는 곧 영광의 옷을 입게 되실 것이었기 때문에, 이전의 누더기를 무덤 안에 그대로 놓아 두셨다. 천국에서는 이 땅에서와는 달리 옷을 입을 기회가 없게 될 것이다. 하늘로 승천한 선지자 엘리야는 그의 외투를 땅에 떨어뜨렸다. 셋째, 죄의 사망에서 의의 생명으로 부활할 때, 우리는 우리의 수의를 버리고 우리의 모든 썩어질 것들을 벗어 버려야 한다. 넷째, 그리스도께서 수의를

무덤에 놓아두신 것은 무덤이 성도들에게 침상으로 사용될 것을 생각하셔서 그 침상에 자리를 펴서 성도들을 위해 준비해 두신 것이었다. 그리고 수건은 살아남아서 애곡하는 자들이 그들의 눈물을 닦을 때에 사용하게 하셨다. [2] 수의는 아주 가지런히 놓인 채로 발견되었는데, 이것은 보초들이 잠자는 사이에 주님의 시신이 도둑맞은 것이 아니라는 것을 보여주는 증거로서의 역할을 한다. 도굴꾼들은 시신을 남겨둔 채 옷가지들만을 훔쳐가는 것으로 알려져 있다. 오늘날에 시체를 훔쳐가는 자들이 생겨나기 이전에는 시신을 가져가고 옷들 — 그것도 새 세마포로 된 수의(막 15:46) — 을 남겨놓는 자는 아무도 없었다. 누구라도 시신을 수의에 싸인 채로 운반하지 벌거벗겨서 운반할 생각을 하는 자는 없을 것이다. 설령 어떤 자들이 훔쳐 시신을 훔쳐가면서 수의를 남겨둘 생각을 했다고 하더라도, 그들이 세마포 수의를 한가롭게 가지런히 포개 놓을 생각을 했다고 보기는 불가능하다.

(3) 베드로의 담대함이 요한에게 어떠한 힘이 되었는지를 보라. 그 때에야 요한도 용기를 내어서 무덤 속으로 들어가서(8절) 보고 믿었다. 요한은 주님의 시신이 없어졌다고 마리아가 말했을 때에는 믿을 수가 없었고(그가 믿은 것은 그가 보았기 때문이었다), 여전히 그의 믿음은 연약하고 요동하는 것이긴 했지만, 예수께서 다시 살아나셨다는 것을 믿기 시작하였다.

[1] 베드로가 담대하게 행하자, 요한도 그의 뒤를 따랐다. 만약 베드로가 먼저 무덤 속으로 들어가지 않았다면, 요한은 감히 무덤 속으로 들어갈 엄두를 내지 못하였을 것이다. 다른 사람들의 담대함으로 인해서 선한 일에 담대해지는 것은 좋은 일이다. 다른 사람들의 결단과 용기를 지켜봄으로써 우리는 난관과 위험에 대한 두려움을 벗어버릴 수 있다. 요한이 빨리 달려간 것이 베드로를 자극하여 더 빨리 달리게 하였고, 베드로의 담대함이 요한을 자극하여 담대하게 만든 것이었다. 만약 둘 중의 한 사람이 없었다면, 이런 결과도 없었을 것이다. 베드로는 최근에 변절자라는 불명예를 안게 되었었고, 요한은 신임을 받는 자의 명예를 얻게 되었지만(그리스도께서는 그의 어머니를 요한에게 부탁하였다), 요한은 베드로와 어울렸을 뿐만 아니라 베드로를 좇는 것이 창피한 일이라고 생각하지도 않았다.

[2] 그렇지만 믿음에 있어서는 요한이 베드로를 앞섰다. 베드로는 보고 의아하게(개역에서는 놀랍게) 생각했지만(눅 24:12), 요한은 보고 믿었다. 숙고하는

성향의 사람들은 행동이 앞서는 사람들보다 하나님의 진리의 증거들을 더 빨리 받아들이는 것 같다. 그러나 그들이 이토록 더디 믿게 된 이유는 무엇이었는가? 복음서 기자는 우리에게 그리스도께서 죽은 자 가운데서 다시 살아나야 하리라고 한 성경의 말씀을 아직 알지 못하였기 때문이라고 말해준다(9절). 즉, 그들은 그들이 성경에 대하여 알고 있던 것을 숙고하지도 못했고 적절하게 활용하고 적용하지도 못했다. 구약 성경은 메시야의 부활에 관하여 말하고 있었다. 그들은 예수께서 메시야라는 것을 믿었다. 또한 그리스도께서는 친히 그들에게 구약 성경에 따라서 그가 다시 살아나야 하리라는 것을 자주 말씀하셨다. 그런데도 그들은 현재의 여러 정황들을 그러한 말씀들에 비추어서 해석해 낼 수 없었다. 여기에서 우리는 다음과 같은 것들을 살펴볼 수 있다. 첫째, 제자들은 처음에 그리스도의 부활을 믿으려 하지 않았는데, 이것은 역으로 나중에 그들이 확고한 확신으로 증언한 그리스도의 부활이 사실이라는 것을 확증해 준다. 왜냐하면, 처음에 그들이 잘 믿으려 하지 않았다는 것은 그들이 남의 말을 잘 믿는 자들이거나 다른 사람의 말이라면 무엇이든지 믿는 단순한 자들이 아니었음을 보여주기 때문이다. 만약 그들이 그리스도의 부활을 통해서 자신의 이익을 추구하고자 하는 의도를 가지고 있었다면, 그들은 그 증거가 처음 나오자마자 그것을 탐욕스럽게 붙잡고서, 그리스도의 부활에 관한 서로의 기대를 불러일으키고 밑받침했을 것이고, 그들을 따르는 자들로 하여금 그 부활을 받아들이도록 부추겼을 것이다. 그러나 이와는 정반대로 우리는 그리스도께서 죽자 그들의 소망은 좌절되었고, 그리스도의 부활은 그들에게 이상한 일로 보였으며, 그들이 전혀 예상치 못했던 일이었음을 발견하게 된다. 베드로와 요한은 처음에 그리스도의 부활을 믿으려 하지 않았기 때문에, 가장 설득력 있는 증거가 아니고서는 그들로 하여금 나중에 그 부활을 그토록 확신 있게 증언할 수 있게 할 수는 없었을 것이다. 이것은 그들이 남을 속일 줄 모르는 정직한 자들이었을 뿐만 아니라 스스로도 남에게 잘 속지 않는 신중한 자들이었음을 보여준다. 둘째, 그들이 더디 믿게 된 이유는 무엇이었는가? 그것은 그들이 아직 성경에 나와 있는 말씀을 알지 못하였기 때문이었다. 이것은 복음서 기자가 특히 자신의 잘못을 인정하는 말인 것으로 보인다. 그는 "예수께서 아직 그들에게 나타나셔서 손과 옆구리를 보여주지 않으셨기 때문"이라고 말하는 것이 아니라, "주께서 그들의 마음을 열어 성경을 깨닫게 하시지(눅 24:44-45) 않으셨기 때문"이라고 말한다. 왜냐하면, 성경은 가장 확실한 예언의 말씀이기 때문이다.

3. 베드로와 요한은 반신반의하면서도 더 이상 살피는 일을 계속하지 않고 중단하였다(10절): 두 제자는 자기들의 집으로, 즉 그들의 친구들과 동료들, 그들과 함께 묵고 있던 나머지 제자들에게로 돌아갔는데, 이것은 그들의 집이 예루살렘에 있지 않았기 때문이다.

(1) 그들이 돌아간 것은 주님의 시신을 훔쳐가고자 한다는 의심을 받고 붙잡히거나 이미 시신이 없어진 상황에서 그 죄를 뒤집어쓰게 될 것을 염려하였기 때문이다. 그들은 믿음을 굳게 하려고 한 것이 아니라, 자신의 안전을 도모하여 몸을 피하는 데에 관심이 있었다. 어렵고 위험한 때에는 선한 자들조차도 그들에게 합당한 결단을 가지고 자신의 일에 매진하기는 힘들다.

(2) 그들이 돌아간 것은 그들이 어찌할 바를 몰랐고, 다음으로 무슨 일을 해야 할지, 그들이 본 것을 어떻게 해석해야 할지를 몰랐기 때문이다. 그러므로 그들은 무덤에 계속해서 머물 용기가 없었으므로 집으로 돌아가서 하나님께서 이 일을 그들에게 계시하실 때까지 기다리기로 작정한 것인데, 이것은 아직까지 그들이 연약하였음을 보여주는 한 예이다.

(3) 다른 제자들은 함께 모여 있었을 것이다. 베드로와 요한은 그들이 살펴본 것을 알리고 앞으로 어떻게 해야 할지를 상의하기 위해서 다른 제자들에게로 돌아왔다. 아마도 그들은 그리스도께서 그들을 찾아오셨던 바로 그 밤에 모임을 갖기로 이 때에 약속하였던 것 같다. 베드로와 요한이 무덤에 오기 전에 한 천사가 거기에 나타나서 돌을 굴려 놓았고 무덤을 지키던 자들을 혼비백산하게 만들었으며 여자들을 위로하였다는 것은 주목할 만하다. 베드로와 요한이 무덤에서 떠나자마자, 거기에 있던 막달라 마리아는 무덤에서 두 천사를 보게 되지만(12절), 베드로와 요한은 무덤에 와서 안으로 들어갔지만 천사를 보지 못하였다. 우리는 이 일을 어떻게 보아야 하는가? 베드로와 요한이 무덤에 오기 전과 후에 걸쳐서 나타났던 천사들은 그들이 무덤에 와 있는 동안에는 어디에 있었던 것일까?

[1] 천사들은 그들에게 주어진 명령과 지시를 따라서 마음대로 나타났다가 사라진다. 천사들은 사람들의 눈에 보이지 않는 곳에 있을 수 있고 또한 실제로 거기에 있다. 또한 천사는 동일한 때에 어떤 사람에게는 보이면서 어떤 사람에게는 보이지 않을 수도 있다(민 22:23; 왕하 6:17). 천사들이 어떻게 사람들

의 눈에 보였다가 안 보이며 또 다시 보이게 되는 것인지를 탐구하는 것은 우리 인간으로서 주제넘은 짓이다. 그러나 천사들이 그렇게 한다는 것은 이 이야기로부터 분명하다.

[2] 이 은총은 일찍 그리스도를 찾아나서서 꾸준히 그리스도를 찾은 자들, 맨처음에 와서 맨마지막까지 남아 있던 자들에게 상급으로 주어졌고, 잠깐 동안 찾아왔던 자들에게는 주어지지 않았다.

[3] 사도들은 이제부터는 천사들로부터가 아니라 은혜의 성령으로부터 지시를 받게 될 것이었다(히브리서 2:5을 보라).

¹¹마리아는 무덤 밖에 서서 울고 있더니 울면서 구부려 무덤 안을 들여다보니 ¹²흰 옷 입은 두 천사가 예수의 시체 뉘었던 곳에 하나는 머리 편에, 하나는 발 편에 앉았더라 ¹³천사들이 이르되 여자여 어찌하여 우느냐 이르되 사람들이 내 주님을 옮겨다가 어디 두었는지 내가 알지 못함이니이다 ¹⁴이 말을 하고 뒤로 돌이켜 예수께서 서 계신 것을 보았으나 예수이신 줄은 알지 못하더라 ¹⁵예수께서 이르시되 여자여 어찌하여 울며 누구를 찾느냐 하시니 마리아는 그가 동산지기인 줄 알고 이르되 주여 당신이 옮겼거든 어디 두었는지 내게 이르소서 그리하면 내가 가져가리이다 ¹⁶예수께서 마리아야 하시거늘 마리아가 돌이켜 히브리 말로 랍오니 하니[이는 선생님이라는 말이라] ¹⁷예수께서 이르시되 나를 붙들지 말라 내가 아직 아버지께로 올라가지 아니하였노라 너는 내 형제들에게 가서 이르되 내가 내 아버지 곧 너희 아버지, 내 하나님 곧 너희 하나님께로 올라간다 하라 하시니 ¹⁸막달라 마리아가 가서 제자들에게 내가 주를 보았다 하고 또 주께서 자기에게 이렇게 말씀하셨다 이르니라

마가는 우리에게 그리스도께서 막달라 마리아에게 처음으로 나타나셨다고 말해 주는데(막 16:9), 이 단락에서는 그 현현 사건이 꽤 자세하게 서술된다. 우리는 다음과 같은 것들을 여기에서 살펴볼 수 있다.

I. 주 예수에 대한 막달라 마리아의 변함없고 열렬한 사랑(11절).

1. 베드로와 요한이 돌아간 후에도, 마리아는 무덤가에 서 있었는데, 이것은 이 곳이 주님께서 누워 계셨던 곳이고, 주님에 관한 소식을 들을 가능성이 가장 많은 곳이었기 때문이었다. (1) 그리스도를 진정으로 사랑하는 자는 그에 대

한 변함없는 충성과 그를 끝까지 좇으려는 결연한 마음을 갖게 되는 법이다. 이 선한 여자는 그리스도를 상실한 지금에 있어서도 그를 버리는 것이 아니라 그의 무덤에 머물며, 위로를 받지 못하는 가운데서도 그의 사랑 안에 계속해서 머문다. (2) 그리스도를 진정으로 알고자 하는 자는 그를 알 수 있게 해 줄 수 있는 곳에 변함없이 머물고자 하는 법이다. 호세아 6:2-3을 보라: 여호와께서 셋째 날에 우리를 일으키시리라. 우리가 여기에서의 마리아처럼 계속해서 알고자 한다면, 그 때에 우리는 부활의 의미를 알게 될 것이다.

2. 마리아는 무덤가에서 울며 서 있었고, 그 눈물은 주님에 대한 그녀의 사랑을 큰 소리로 말해주는 것이었다. 그리스도를 잃어버린 자들은 울어야 할 이유가 있다. 마리아는 그리스도께서 겪으셨던 처절한 고난을 기억하고 울었다. 그녀는 그의 죽음을 생각하고 울었으며, 그 죽음으로 인해서 그녀와 그녀의 친구들, 이 나라가 겪은 상실감 때문에 울었다. 그녀는 그리스도 없이 집으로 돌아가야 할 것을 생각하고 울었고, 지금 그의 시신을 찾지 못했기 때문에 울었다. 그리스도를 찾는 자들은 근심하며 그를 찾아야(눅 2:48) 하고, 그리스도를 위해서가 아니라 그들 스스로를 위해서 울어야 한다.

3. 마리아는 울면서 구부려 무덤 안을 들여다 보았는데, 그녀의 눈이 그녀의 마음에 영향을 미쳤을 것이다. 우리는 잃어버린 물건을 찾을 때에 그 물건이 마지막으로 있었던 곳에서 그 물건을 찾을 수 있지 않을까 해서 반복해서 그 곳을 들여다보게 된다. 그녀는 마침내 그녀가 뭔가 위로가 될 만한 것을 보게 되리라는 것을 알지 못한 채 일곱 번이라도 들여다보고자 한다. (1) 우는 것 때문에 찾는 것이 방해를 받아서는 안 된다. 마리아는 울고 있었지만, 우는 가운데서도 몸을 구부려 안을 들여다 보았다. (2) 애정을 갖고 찾는 자들, 눈물을 흘리며 찾는 자들은 결국 구하는 것을 찾아낼 가능성이 많다.

II. 마리아가 무덤 안에서 두 천사를 봄(12절). 여기에서 우리는 다음과 같은 것들을 살펴볼 수 있다.

1. 마리아가 본 존재들에 관한 묘사. 흰 옷 입은 두 천사가 하나는 무덤의 머리편에 하나는 발 편에 앉아(아마도 어떤 의자나 튀어나온 곳에) 있었다. 여기에는 다음과 같은 내용들이 나온다.

(1) 이 존재들은 누구였는가? 그들은 이 중요한 때에 다음과 같은 목적들을 위해서 하늘로부터 일부러 보내심을 받은 사자(使者)들인 천사들이었다. [1] 성

자(聖子)를 영화롭게 하고, 그의 부활에 장엄함을 더하기 위해서. 지금 하나님의 아들이 부활하여 세상에 다시 오게 되었을 때, 천사들은 그 아들이 태어날 때에 그랬던 것과 마찬가지로 그를 수종들 책임이 있었다(히 1:6). [2] 성도들을 위로하기 위해서. 슬픔에 빠져 있는 자들에게 선한 말들을 해주고, 주님께서 부활하셨다는 것을 성도들에게 알려줌으로써 그들로 하여금 주님을 다시 뵈올 준비를 할 수 있도록 하기 위해서.

(2) 그들은 몇 명이었는가? 찬송을 부르는 데에는 무수한 천군 천사가 필요했지만, 여기에서 증언을 하는 데에는 오직 두 천사로 충분하였다. 왜냐하면, 두 사람의 입에서 나온 말은 사실로 확정될 수 있기 때문이었다.

(3) 그들은 어떤 옷을 입고 있었는가? 그들은 흰 옷을 입고 있었는데, 이것은 다음과 같은 것들을 나타내는 것이었다. [1] 그들의 순결함과 거룩함. 사람들 중에서 가장 선한 자라도 천사들 앞에 서서 그들과 비교하면 더러운 옷을 입고 있는 것이다(슥 3:3). 그러나 천사들은 흠이 없다. 영화롭게 된 성도들은 천사들과 같이 될 때에 흰 옷을 입고 그리스도와 함께 거닐게 될 것이다. [2] 이 일이 지닌 영광. 그들이 입고 있던 흰 옷은 그리스도께서 지금 부활하셔서 빛나는 상태로 들어가신 것을 나타내는 것이었다.

(4) 그들은 어느 자리에 어떤 자세로 있었는가? 그들은 그리스도의 무덤에 앉아서 쉬고 있었다. 왜냐하면, 천사들은 원기를 회복하는 것이 필요하지는 않았지만 그리스도의 지시를 따라서 움직여야 했기 때문이다. 이 천사들은 우리에게 무덤을 두려워하거나 우리가 무덤에 잠시 머무는 것이 우리의 영원한 삶에 어떤 해가 될 것이라고 생각하지 않도록 하기 위해서 무덤에 온 것이었다. 무덤은 천국으로 가는 우리의 길을 가로막지 못하게 되어 있다. 마찬가지로, 이것은 천사들이 성도들이 죽을 때에 그 영혼을 아브라함의 품 속으로 데려다줄 뿐만 아니라 저 큰 날에 그들의 몸을 다시 살리는(마 24:31) 일에 동원될 것임을 암시한다. 이 천사들(천사들은 순찰자들로 불린다, 단 4:23)이 원수들이 세워 놓은 보초들을 겁을 주어 쫓아낸 후에 무덤을 지키고 있다는 것은 그리스도께서 어둠의 권세들을 궤멸시키고 물리쳐서 승리하셨다는 것을 나타낸다. 이렇게 미가엘과 그의 천사들은 정복자들 이상의 존재들이다. 그들이 하나는 머리 편에 하나는 발 편에 앉아서 마주보고 앉아 있었다는 것은 그들이 그리스도의 몸 전체 ― 그의 자연적인 몸만이 아니라 신비적인 몸도 ― 를 머리부터 발까지 돌

보고 계시다는 것을 의미한다. 또한 그것은 우리에게 속죄소의 두 끝에서 서로 마주보고 있는 두 그룹 천사를 연상시키기도 한다(출 25:18). 십자가에 못 박히신 그리스도는 참된 속죄소이셨기 때문에, 두 그룹 천사는 우리가 가까이 하지 못하도록 화염검을 들고 그 머리와 발에 서 있었던 것이 아니라 우리를 환영하고 우리에게 생명의 길을 안내해 주는 사자(使者)들로서 거기에 서 있었던 것이다.

2. 천사들이 막달라 마리아가 슬퍼하는 이유를 연민의 마음으로 물음(13절): 여자여, 어찌하여 우느냐? (1) 천사들이 이렇게 물은 것은 마리아가 우는 것에 대한 책망이었다: "지금은 네가 기뻐해야 할 때인데, 어찌하여 우는 것이냐?" 우리가 무수하게 흘린 눈물들 중 많은 부분은 여기에서처럼 그렇게 눈물을 흘리게 된 이유를 찾아보면 말라 버리게 될 것이다. 어찌하여 너는 낙심하느냐? (2) 천사들이 이렇게 물은 것은 천사들이 성도들의 슬픔에 얼마나 많은 관심을 갖고 있는지를 보여주고, 성도들을 수종들며 위로하는 것이 그들의 임무라는 것을 보여주기 위한 것이었다. 이렇게 그리스도인들은 서로에 대하여 연민을 가져야 한다. (3) 천사들이 이렇게 물은 것은 마리아에게 그녀의 눈물을 기쁨으로 바꾸어주고 그녀의 베옷을 벗기고 기쁨의 옷을 입혀주게 될 일을 알려줄 수 있는 기회를 마련하기 위한 것이었다.

3. 마리아가 천사들에게 그녀가 현재 처한 곤경에 대한 우울한 이야기를 들려줌: 내가 주님의 몸에 향유를 바르기 위해서 왔지만, 사람들이 내 주님을 옮겨다가 어디 두었는지 내가 알지 못하나이다. 마리아는 앞에서 이것과 똑같은 이야기를 베드로와 요한에게도 한 적이 있었다(2절). 이 말 속에서 우리는 다음과 같은 것들을 알 수 있다.

(1) 그녀의 믿음이 약하였다는 것. 그녀가 겨자씨 한 알 만한 믿음이라도 가지고 있었다면, 이 산이 옮겨졌을 것이다. 그러나 우리는 흔히 믿음의 눈으로 바라보면 우리에게 진정으로 유익이 될 것들을 쓸데없이 장애물들로 생각하여 걱정하곤 한다. 많은 선한 사람들이 그들이 처해 있는 구름과 어둠에 대하여 불평을 한다. 사실 그 구름과 어둠들은 그들의 영혼을 낮추고 그들의 죄를 씻어내며 그들로 하여금 그리스도를 사랑하게 만드는 데에 꼭 필요한 은혜의 수단들인데도 말이다.

(2) 그녀의 사랑의 힘. 그리스도를 진정으로 사랑하는 자들은 그들의 영혼

속에 그의 사랑에 관한 표지(標識)들 또는 성례전들 속에서 그와 교제하고 그에게 영광을 돌릴 수 있는 기회들을 상실해 버렸을 때에 큰 고통 중에 있을 수밖에 없다. 막달라 마리아는 갑자기 천사들을 보았을 때에 기겁을 하고 그리스도를 찾는 일을 그만두거나 그러한 영광을 입은 것으로 만족하지 않았다. 그러나 그녀는 여전히 동일한 말을 되풀이하고 있다: 사람들이 내 주님을 옮겨갔나이다. 마리아에게는 천사들과 그들의 미소를 보는 것만으로는 충분하지 않았고, 어떻게 해서든지 그리스도와 그 안에 있는 하나님의 미소를 보아야 했다. 아니, 천사들을 본 것은 그리스도를 계속해서 찾아볼 수 있는 하나의 기회일 뿐이었다. 모든 피조물들, 아무리 뛰어나고 사랑스러운 피조물들이라도 그것들은 하나의 수단으로, 우리로 하여금 그리스도 안에서 하나님을 알 수 있도록 이끌어 주는 수단으로 사용되어야 한다. 천사들은 그녀에게 여자여 어찌하여 우느냐고 물었다. 마리아는 말한다: 내게는 울 만한 충분한 이유가 있나이다. 사람들이 내 주님을 옮겨갔으니 내게 남은 것이 무엇입니까?(미가가 말한 것 같이). 당신들은 "내가 왜 우느냐"고 묻고 있는 것인가요? 내가 사랑하는 자는 벌써 물러갔네. 그리스도 안에서 하나님의 사랑과 천국의 소망에 관한 증거들을 지니고 있다가 이제는 버림받아서 그러한 것들을 잃어버리고 어둠 속에서 걷는 영혼이 겪는 슬픔은 당해 보지 않은 사람은 아무도 알 수가 없다. 그러한 상처 입은 영혼을 누가 감당할 수 있겠는가?

Ⅲ. 마리아가 천사들과 얘기하면서 자신의 사정을 말하고 있는 동안에 그리스도께서 그녀에게 나타나심. 천사들이 그녀에게 어떤 대답을 주기도 전에, 그리스도께서는 친히 그녀가 찾는 것에 대답해 주기 위하여 들어와 계셨다. 왜냐하면, 하나님께서는 이제 그의 아들을 통해서 우리에게 말씀하시기 때문이다. 오직 그리스도 외에는 우리를 그에게로 이끌 자가 없다. 마리아는 주님께서 어디에 계신지를 알고자 하였는데, 보라, 주님께서는 그녀의 오른편에 계신다.

1. 그리스도를 뵙지 않으면 만족하려고 하지 않는 자들에게는 그것보다 좋지 않은 것들이 주어지지 않고 반드시 그리스도께서 그들을 만나주신다. 그리스도께서는 그를 찾는 자에게 찾아보아도 쓸데없느니라고 말씀하시지 않는다. "네가 진정으로 갖고자 하는 것이 그리스도냐? 너는 그리스도를 갖게 되리라."

2. 그리스도께서는 그를 찾는 자들에게 나타나실 때에 흔히 그들이 기대했던

것 이상으로 행하신다. 마리아는 그리스도의 시신을 보기를 갈망하였고, 그 시신이 없어진 것을 한탄하였지만, 보라, 그녀는 살아 계신 그리스도를 뵙게 되었다. 이렇게 그리스도께서는 그의 기도하는 백성들에게 그들이 구하거나 생각하는 것 이상으로 응답하신다. 그리스도께서 마리아에게 나타나신 이 사건 속에서 우리는 다음과 같은 것들을 살펴볼 수 있다.

(1) 마리아는 처음에 그리스도를 알아보지 못하였다.

[1] 그리스도께서는 평범한 사람처럼 서 계셨고, 마리아도 그리스도를 평범한 사람으로 여겼다(14절). 마리아는 자신의 한탄에 대하여 천사들로부터 대답을 듣기를 기대하며 서 있었다. 그녀는 어떤 사람의 그림자를 보았거나 등 뒤에서 인기척을 느껴서 천사들과 말을 하다가 뒤로 돌이켜 예수께서 서 계신 것을 보았지만, 그녀가 본 바로 그 사람이 예수이신 줄은 알지 못하였다. 첫째, 여호와는 마음이 상한 자를 가까이 하시는데(시 34:18), 그들이 생각하는 것보다 더 가까이 계신다. 그리스도를 찾는 자들은 비록 그들이 그를 보지 못한다고 할지라도 그가 그들로부터 멀리 계시지 않는다는 것을 확신할 수 있다. 둘째, 주님을 부지런히 찾는 자들은 모든 것들 속에서 그를 찾으려 한다. 마리아는 주님과 관련된 단서를 찾고자 하는 소망 속에서 뒤를 돌아보았다. 몇몇 옛 사람들은 마리아가 뒤를 돌아보게 된 것은 천사들이 마리아보다 먼저 주 예수를 보고서 경배를 드리기 위하여 자리에서 일어났기 때문이라고 말한다. 마리아는 천사들이 그렇게 경배를 드리는 분이 누구신지를 보기 위해서 뒤를 돌아본 것이었다는 것이다. 그러나 만약 그런 주장이 사실이라면, 마리아는 그 사람을 동산지기로 여기지 않았을 것이다. 그러므로 마리아가 뒤를 돌아본 것은 조그마한 인기척에도 혹시 주님이 아니신가 하는 그녀의 열렬히 찾는 마음 때문이었다고 보아야 한다. 셋째, 그리스도께서는 흔히 그의 백성 가까이에 계신데, 다만 그들이 그를 알아보지 못할 뿐이다. 마리아는 예수이신 줄을 알지 못하였다. 그리스도께서 다른 모습으로 나타나신 것이 아니라, 마리아가 그리스도를 눈여겨 보지 않고 얼핏 보았고 또한 그녀의 눈에는 근심이 가득 차 있어서 사람을 제대로 알아볼 수 없었거나 엠마오 도상의 두 제자처럼 눈이 가리어져서 그인 줄 알아보지 못한(눅 24:16) 것이었던 것 같다.

[2] 그리스도께서는 마리아에게 평범한 질문을 던졌고, 그녀는 그에게 대답하였다(15절).

첫째, 그리스도께서 마리아에게 던진 질문은 너무도 자연스러운 것으로서 누구라도 그녀에게 물어보았을 그런 것이었다: "여자여 어찌하여 울며 누구를 찾느냐? 무슨 일로 이른 아침에 여기 동산에 와 있는 것이냐? 무엇 때문에 이 소란을 피우는 것이냐?" 아마도 그리스도께서는, 요셉이 그의 형들에게 자신의 신분을 알리기 전에 남남으로서 말했던 때처럼 다소 퉁명스럽게 말씀하였을 것이다. 이 말씀은 그리스도께서 부활 후에 하신 최초의 말씀인 것으로 보인다: "여자여 어찌하여 우느냐? 나는 다시 살아났느니라." 그리스도의 부활은 우리의 슬픔을 어루만지고 우리의 흐르는 눈물을 그치게 하며 우리의 눈물 샘을 마르게 하기에 충분한 것을 그 속에 지니고 있다. 1. 그리스도께서는 그의 백성을 슬픔을 아시고, 너는 어찌하여 우느냐고 물으신다. 그는 그들의 눈물을 병에 담으시고, 그 눈물을 그의 책에 기록하신다. 2. 그리스도께서는 그의 백성의 염려를 아시고, 너는 누구를 찾으며 네게 무엇이 필요하냐고 물으신다. 그는 그들이 그를 찾고 있다는 것을 아시지만, 그러한 사실을 그들로부터 직접 듣고자 하신다. 그들은 그들이 누구를 찾고 있는지를 그에게 말씀드려야 한다.

둘째, 마리아가 그리스도께 드린 대답도 지극히 자연스러운 것이었다. 그녀는 그에게 직접적인 대답을 하지 않았다. 그녀의 대답은 마치 이런 것이었다: "당신은 왜 나를 놀리며, 내가 눈물을 흘린다고 나를 힐난하느냐? 당신은 내가 왜 우는지, 내가 누구를 찾고 있는지를 알고 있지 않느냐?" 그리고나서, 마리아는 그가 동산지기인 줄 알고, 즉 그가 요셉이 동산을 관리하도록 채용한 사람으로서 아침 일찍 일하러 동산에 온 동산지기로 알고서, 주여 당신이 옮겼거든 제발 어디 두었는지 내게 이르소서 그리하면 내가 가져가리이다라고 말하였다. 1. 마리아의 오해. 그녀는 우리 주 예수를 동산지기로 착각하였는데, 이것은 아마도 그가 그녀에게 여기에 왜 왔느냐고 따졌기 때문일 것이다. 곤고한 영혼들은 암울한 날에 그리스도를 착각해서 그의 섭리와 은혜의 수단들을 잘못 해석하기 쉽다는 것을 명심하라. 2. 마리아의 사랑의 진실성. 그녀의 마음이 그리스도를 찾는 일에 몰두해 있는 것을 보라. 그녀는 만나는 사람마다 아가에 나오는 연인처럼 내 마음으로 사랑하는 자를 너희가 보았느냐고 묻는다. 그녀는 자기가 사랑하는 자에 관하여 뭔가 정보를 얻을까 하여 동산지기에게 주여라는 존칭을 사용해서 말한다. 그녀는 그리스도에 관하여 말할 때에 그의 이름을 말하지 않고, 이 동산지기도 자기처럼 이 예수에 관한 생각으로 가득 차 있을 것이기 때문에 당연히 자기가 한 말의 의미를 알 것이라고 여겨서 당신이 옮겼거든이라고 말한다. 그녀의 사랑의 힘을 보여주는 또 하나의 증거는 주님의 시신이 어디에 있든지 자기가 그를 가져가겠다고 말한 것이다. 주님의 시신에다 그녀가 준비해 온 향료의 무게를 더하면, 그것은 그녀가 옮기는 것이 불가능할 정도로 아주 무거운 것이었다. 그러나 참 사랑은 자기가 할 수 있는 것 이상의 것을 할 수 있고 그 어떤 난관도 극복할 수 있다고 생각한다. 그녀는 이 동산지기가 수치스러운 십자가 형으로 죽은 자의 시신이 그의 주인의 새 무덤에 안치되는 영예를 누리는 것은 합당치 않다고 여겨서 그 시신에 더 합당한 어디 보잘 것없는 곳으로 옮겨다 놓은 것이라고 추측하였다. 그렇지만 마리아는 주인에게 이 사실을 알려서 동산지기를 해고시키게 하겠다고 위협한 것이 아니라, 그리스도께서 환영을 받을 수 있는 다른 묘실을 찾아보고자 하였다. 그리스도께서 그를 짐으로 생각하는 곳에 머무실 필요가 없다.

(2) 그리스도께서는 마침내 마리아에게 자신을 알게 하셨고, 이 의외의 기쁜 일을 통해서 그가 부활했다는 움직일 수 없는 확신을 그녀에게 주셨다. 요셉이 마침내 그의 형들에게 나는 요셉이라고 말하였듯이, 그리스도께서는 높아지신 상태로 들어가신 지금 여기서 막달라 마리아에게 그렇게 말씀하셨다. 좀 더 살펴보자.

[1] 그리스도께서는 눈물로 그를 찾고 있던 이 선한 여자에게 자신을 어떻게 드러내셨는가(16절)? 예수께서 마리아야 하셨다. 그의 말씀은 강조된 것이었고, 그녀를 부르는 말씀 속에는 온유함과 자유함이 깃들어 있었다. 이제 그는 목소리를 바꾸어서, 동산지기가 아니라 원래의 주님으로서 말씀하셨다. 그리스도께서는 그의 말씀, 각각의 영혼들에게 맞는 그의 말씀을 통해서, 각각의 영혼들에게 특별히 말씀하심으로써 그의 백성들에게 자신을 알리신다. 하나님께서 그의 사랑의 계획 속에서 이름으로 알고 있는 자들에게 은혜를 주실 때에 그 이름을 부르시는(출 33:12) 것과 마찬가지로, 그리스도께서 바울을 사울아 사울아라고 이름으로 부르셨던 것처럼 하나님은 그의 아들을 그들 속에 나타내시기를 기뻐하신다(갈 1:16). 그리스도의 양들은 그의 음성을 안다(10:4). 마리아야라는 이 한 마디 말씀은 폭풍우 속에서 제자들에게 하신 나다(It is I)라는 말씀과 같은 것이었다. 우리의 이름을 그리스도의 계명들과 약속들에 둘 때, 그리스도의 말씀은 우리에게 선을 가져다준다. "말씀 안에서 그리스도께서는 나를 부르시고 내게 말

쓸하신다."

[2] 마리아는 그리스도를 아주 쉽게 알아보았다. 그리스도께서 "마리아야, 네가 나를 몰라보는 것이냐?. 너와 내가 언제부터 낯선 사람이 되어 버렸느냐"고 말씀하셨을 때, 그녀는 아가의 연인처럼 내 사랑하는 자의 목소리로구나(아 2:8)라고 생각하고 그분이 누구신지를 금방 알아보았다. 그녀는 뒤로 돌이켜서 랍오니, 나의 선생님이라고 말하였다. 이 본문은 의문문으로 읽어야 할 것이다: "랍오니? 나의 선생님이시죠? 그렇죠?" 좀 더 살펴보자. 첫째, 마리아는 그리스도에 대하여 경칭을 사용하였다: 나의 선생님(디다스칼레). 유대인들은 그들의 박사들을 랍비, 즉 큰 자들이라고 불렀다. 유대인 비평가들은 랍온은 랍비보다 더 경칭이었다고 말한다. 그러므로 마리아는 랍온이라는 경칭을 선택하고, 거기에 나의를 덧붙여서, 그리스도를 나의 큰 선생님(랍오니)이라고 불렀던 것이다. 그리스도께서는 우리에게 그와 자유롭게 교통하도록 허락하셨지만, 우리는 그가 우리의 선생님이시라는 것을 기억하고 경외함으로 그에게 나아가야 한다는 것을 기억하여야 한다. 둘째, 마리아는 사랑에 의한 쾌활함으로 그리스도를 이러한 경칭으로 불렀다. 그녀는 천사들로부터 돌이켜서 예수를 바라보았다. 우리는 모든 피조물들 — 아무리 밝고 좋은 것이라고 해도 — 로부터 눈길을 돌려서 그리스도를 응시하여야 하고, 아무것도 우리의 시선을 그리스도로부터 돌려놓지 못하고 아무것도 그 사이에 낄 수 없게 하여야 한다. 마리아는 그가 동산지기인 줄 알았을 때에는 그에게 말을 하면서도 다른 쪽을 바라보았지만, 이제 그리스도의 음성을 알아본 지금에 와서는 몸을 돌이켰다. 그리스도의 음성을 듣고 그에게로 몸을 돌이킨 영혼은 기쁨과 승리의 어조로 그를 나의 선생님이라고 부른다. 그리스도를 사랑하는 자들이 그들에 대한 그의 권위를 얼마나 기쁜 마음으로 인정하는지를 보라. 나의 선생님, 나의 큰 선생님.

[3] 그리스도께서 마리아에게 하신 추가적인 지시들(17절): "나를 붙들지 말고, 가서 이 소식을 제자들에게 전하라."

첫째, 그리스도께서는 이 때에 그와 친밀하게 교제하고 대화하고자 한 마리아의 기대를 만류하신다: 나를 붙들지 말라 내가 아직 아버지께로 올라가지 아니하였노라. 마리아는 사랑하는 주님을 보자 너무 기쁜 나머지 정신이 없어서 주님께서 지금 영광의 상태로 들어가시는 중이라는 것을 잊어버리고, 주님을 포옹함으로써 자신의 기쁨을 표현하고자 했고, 이 때에 그리스도께서는 그것을 만류하셨다. 1. 나를 붙들지 말라. 내가 하늘로 올라가야 하기 때문이다. 그리스도께서는 제자들에게 그들의 믿음을 견고하게 하기 위하여 그를 만지도록 지시하셨다. 그는 여자들이 그의 발을 붙잡고 경배하는 것을 허락하셨다(마 28:9). 그러나 마리아는 그리스도께서 나사로와 마찬가지로 다시 살아나셔서 그들 중에 변함없이 살아 계셔서 예전처럼 그들과 자유롭게 교제하실 줄로 생각하고서 그러한 전제 위에서 여느 때처럼 자유롭게 그의 손을 붙잡고자 하였다. 바로 이러한 오해를 그리스도께서는 바로잡아 주신 것이었다. 그녀는 높아지신 그리스도를 믿고 경배하여야 하고, 예전처럼 친밀하게 교제하려고 들어서는 안 된다(고린도후서 5:16을 보라). 그리스도께서는 그녀가 그의 육체적 현존에 집착하고 마음을 거기에 빼앗기는 것을 금하시고, 그녀를 앞으로 그가 아버지께로 올라간 후에 이루어질 영적인 교제와 교통으로 인도하신다. 왜냐하면, 그리스도의 부활이 지극히 기쁜 일인 것은 그것이 그의 승천을 향한 첫 걸음이라는 데에 있었기 때문이다. 마리아는 주님께서 다시 살아나신 지금 사람들이 오랫동안 기다려 왔던 대로 그가 곧 이 세상에 나라를 세우실 것이라고 생각하였다. 그리스도께서는 이렇게 말씀하신다: "아니다. 그러한 생각으로 나를 만지지 말라. 나를 붙잡아서 여기에 나를 머물게 하려고 생각하지 말라. 이것은 내가 아직 아버지께로 올라가지 아니하였기 때문이다. 너는 내 형제들에게 가서 이르되 내가 내 아버지께로 올라간다 하라." 그는 죽으시기 전에와 마찬가지로 부활하신 지금에서도 여전히 그가 먼 길을 가야 하고 이 세상에 더 있지 않을 것이라는 말씀을 되풀이하신다. 그러므로 그들은 그의 육체적 현존보다 더 높이 보아야 하고, 현재의 상황보다 더 멀리 보아야 한다. 2. "나를 붙들지 말라. 지금은 나를 만지지 말고, 지금은 더 이상 묻지 말며, 더 이상의 기쁨도 표현하지 말라. 왜냐하면, 나는 아직 올라가지 아니하였기 때문이다. 나는 당장 떠나지 않을 것이니, 나를 만져도 좋을 때가 곧 올 것이다. 지금 네가 할 수 있는 최선의 섬김은 이 소식을 제자들에게 전하는 것이다. 그러므로 시간을 허비하지 말고, 속히 떠나거라." 사적인 만족보다 공적인 섬김을 앞세워야 한다는 것을 명심하라. 주는 것이 받는 것보다 복이 있다(행 20:35). 야곱은 날이 밝자 천사를 보내어야 하고, 지금은 그가 그의 가족을 돌볼 때이다. 마리아는 시간을 끌며 주님과 대화를 나누는 것이 아니라 그의 메시지를 제자들에게 전하여야 한다. 왜냐하면, 이 날은 복된 소식의 날이고, 마리아는 이 날의 기쁨을 독점하지 말고 남들에게도 전해야 하기 때문이다. 열왕기하 7:9에 나오는 이야기를 보라.

둘째, 그리스도께서는 마리아가 제자들에게 어떤 메시지를 전해야 할지를 지시하신다: 너는 내 형제들에게 가서 이르되 내가 다시 살아났을 뿐만 아니라(이 것은 그녀가 본 일이기 때문에 혼자 알아서 전할 수 있는 것이었다) 내가 내 아 버지께로 올라간다고 전하라. 좀 더 살펴보자.

a. 이 메시지는 누구에게 전해졌는가? 이 메시지를 가지고 내 형제들에게 가라. 그는 그들을 내 형제들이라고 부르시는 것을 부끄러워하지 않으신다. (a) 그 리스도께서는 이제 영광으로 들어가고 계셨고, 이전보다 더 큰 능력으로 하나님 의 아들로 선포되셨지만, 제자들을 그의 형제들로 인정하시고, 예전보다 더 큰 그들에 대한 사랑을 표현하신다. 이제까지 그는 제자들을 친구들이라고 부르 시기는 했지만 형제들이라고 부르시지는 않았다. 그리스도께서는 높이 계시지 만 오만하지는 않으시다. 그는 높아지셨지만 그의 보잘것없는 형제들을 인정 하기를 주저하지 않으신다. (b) 그의 제자들은 최근에 그에 대하여 매우 불성실 하게 처신해 왔었다. 그는 그가 잡혔을 때에 그들이 모두 그를 버리고 도망한 이 래로 그들이 함께 모인 것을 보신 적이 없었다. 따라서 그는 지금 그들에게 진 노의 메시지를 보내어야 마땅했다: "저 파렴치한 변절자들에게 가서, 내가 그 들을 더 이상 신뢰하지 않을 것이고 그들과 더 이상 아무 상관도 없다고 전하 라." 그러나 그는 용서하시고 잊으시고 나무라지 않으신다.

b. 이 메시지는 누구에 의해서 전해졌는가? 이 메시지는 주님께서 전에 일곱 귀신을 쫓아내어 주신 막달라 마리아, 주님으로부터 그러한 은혜를 받았던 막달 라 마리아에 의해서 전해졌다. 이것은 그녀가 변함없이 그리스도를 붙잡고 찾 은 것에 대한 상급이었다. 이것은 그녀만큼 죽어 가는 예수 옆을 가까이서 지 키지 않았고 그녀처럼 이른 아침에 나와서 부활하신 예수를 맞지도 않았던 사 도들을 은연중에 꾸짖으시는 것이었다. 마리아는 사도들에 대하여 사도(보내 심을 받은 자)가 되었다.

c. 메시지의 내용은 무엇이었는가? 내가 내 아버지께로 올라간다. 이 말씀 속 에는 두 가지 엄청난 위로가 내포되어 있다:

(a) 우리가 그리스도와 연합함으로써 하나님과 맺게 된 관계는 말할 수 없는 위로가 된다. 그리스도께서는 저 다함 없는 빛과 생명과 지복(至福)의 샘에 관 하여 말씀하시면서 그는 내 아버지 곧 너희 아버지, 내 하나님 곧 너희 하나님이라

고 말씀하신다. 이것은 그리스도와 신자들 사이에 존재하는 가까운 관계를 단적으로 표현해 준다: 거룩하게 하시는 이와 거룩하게 함을 입은 자들이 다 한 근원에서 난지라 그러므로 형제라 부르시기를 부끄러워하지 아니하셨다(히 2:11). 여기에서 우리는 그리스도께서 그리스도인들과 하나가 되기 위하여 그리스도인들을 한없이 높이시고 그리스도 자신은 한없이 낮아지신 놀라운 일이 일어난 것을 보게 된다. [a] 우리 주 예수 그리스도의 아버지가 그리스도 안에서 그들의 아버지라는 것은 신자들의 큰 영광이다. 하지만 이 두 관계의 토대는 판이하게 다르다. 하나님은 그리스도를 영원한 출생으로 낳으심으로써 그의 아버지가 되신 반면에, 은혜로 말미암아 우리를 양자로 삼으심으로써 우리의 아버지가 되셨다. 어쨌든 우리는 그리스도와 마찬가지로 하나님을 아바 아버지로 부를 수 있게 되었다. 이것이 그리스도께서 그들을 형제라고 부르신 이유이다. 왜냐하면, 그의 아버지는 곧 그들의 아버지였기 때문이다. 그리스도께서는 아버지 앞에서 대언자가 되기 위해서 곧 하늘로 올라가시게 되어 있었는데, 이 아버지는 그의 아버지이심 — 따라서 우리는 그가 어떤 것도 간구하실 것이라고 소망할 수 있다 — 과 동시에 우리의 아버지이시다. 따라서 우리는 그가 우리를 위하여 간구하실 것을 소망할 수 있다. [b] 그리스도께서 그의 하나님을 신자들의 하나님으로 인정하기를 기뻐하신 것은 지극히 자신을 낮추신 것이다: 내 하나님 곧 너희 하나님. 하나님은 나의 하나님이시기 때문에, 너희의 하나님이 되실 수 있다. 하나님은 구속주(救贖主)의 하나님이시기 때문에 그를 지지해 주실 수 있고(시 89:26), 구속받은 자들의 하나님이 되시기 때문에 그들을 구원하실 수 있다. 새 계약을 요약해 본다면, 그것은 하나님께서 우리에게 하나님이 되시리라는 것이다. 그러므로 그리스도께서는 이 계약의 보장(保障)이자 머리이시고 신자들은 그의 영적인 씨로서 오직 그를 통하여 이 계약에 참여한 것이기 때문에, 이 계약 관계는 먼저 그리스도께 적용되어서 하나님은 그의 하나님이 되시고, 그리스도로 말미암아 우리의 하나님이 되신다. 우리는 신성(神性)에 참여함으로써, 그리스도의 아버지는 우리의 아버지이시다. 그리스도께서는 인성(人性)에 참여하심으로써, 우리의 아버지는 그의 아버지이시다.

(b) 그리스도께서 우리를 위한 그의 사업을 계속해서 수행하시기 위하여 하늘에 오르시는 것은 말할 수 없는 위로가 된다: "내가 곧 승천하여야 한다고 그들에게 말하라. 그것이 내가 취해야 할 다음 단계이다." 그리스도께서 이 말씀

을 하신 것에는 다음과 같은 의도들이 내포되어 있다. [a] 그의 육체적 현존이 이 땅에서 지속될 것이라거나 인간 세상에 그의 나라가 세워질 것이라고 기대하지 말라는 제자들에 대한 주의의 말씀(제자들은 그러한 것들을 꿈꾸었다). "내가 부활한 것은 그들과 함께 있기 위해서가 아니라 그들을 위한 일을 하기 위해서 하늘로 올라가기 위해서라고 그들에게 전하라." 그리스도의 부활과 합하여 영적인 생명으로 부활하게 된 자들은 이렇게 그들이 승천하기 위하여 부활한 것임을 명심하여야 한다. 하나님께서는 그들을 그리스도 예수 안에서 함께 하늘에 앉히시려고 그리스도와 함께 일으키셨다(엡 2:5-6). 그들은 이 땅이 그들의 본향이고 안식처가 될 것이라고 생각해서는 안 된다. 하늘로부터 난 그들은 하늘을 바라보아야 한다. 그들의 눈과 목표는 저 세상에 두어져야 하고, 그들의 마음에는 항상 저 세상이 있어야 한다. 나는 승천한다. 그러므로 너희는 위에 있는 것들을 찾아야 한다. [b] 제자들 및 그들의 말씀을 통하여 그를 믿게 될 모든 자들을 향한 위로의 말씀. 그리스도께서는 그 때에 그의 아버지 곧 우리의 아버지께로 올라가셨고, 지금은 거기에 올라가 계신다. 그것은 그의 승진이었다. 그는 그의 겸비에 대한 보상으로서 존귀와 능력을 받으러 올라가셨다. 그는 그를 사랑하는 자들이 기뻐하도록 하기 위해서 이 사실을 큰 기쁨으로 말씀하신다. 그것은 우리의 유익이다. 왜냐하면, 그는 우리를 위하여 사로잡은 자들을 취하시고(시 68:18) 정복자로서 승천하신 것이고, 우리가 있을 곳을 마련하여 우리를 영접할 준비를 하기 위하여 우리보다 먼저 승천하신 것이기 때문이다. 이 메시지는 요셉의 형들이 야곱에게 요셉이 지금까지 살아 있어 애굽 땅 총리가 되었더이다라고 말한 것과 같은 것이었다(창 45:26). 모든 권력이 그의 것이 되었다.

어떤 이들은 내가 내 하나님 곧 너희 하나님께로 올라간다는 어구 속에는 그리스도의 부활로 말미암은 우리의 부활에 대한 약속이 내포되어 있다고 본다. 왜냐하면, 그리스도께서 나는 아브라함의 하나님이요(마 22:32)라는 말씀에 의거해서 죽은 자의 부활을 증명하셨었기 때문이다. 그러므로 그리스도께서는 여기서 다음과 같은 것을 넌지시 암시하신 것이다: "하나님이 나의 하나님이시기 때문에 나를 다시 살리신 것처럼, 하나님은 너희 하나님이시기 때문에 너희를 다시 살리시고 너희의 하나님이 되실 것이다(계 21:3). 내가 살아 있기 때문에 너희도 살아 있겠음이라. 나는 이제 내 하나님께 영광을 돌리기 위하여 올라가노니, 너희도 장차 너희 하나님이신 그분께로 올라가게 되리라."

IV. 막달라 마리아는 자기가 직접 보고 들은 것을 제자들에게 충실하게 전한다(18절) : 마리아는 가서 함께 모여 있던 제자들에게 내가 주를 보았다고 말하였다. 베드로와 요한은 그녀가 눈물을 흘리며 주님을 주의 깊게 찾는 것을 내버려두고, 거기에 머물러서 그녀와 함께 주님을 찾고자 하지 않았다. 마리아는 지금 그들에게 와서 자기가 주님을 보았다고 말하며, 자기가 시신을 찾음으로써 그들을 오도한 실수를 바로잡았다. 왜냐하면, 그녀는 이제 살아 있는 몸을 지니시고 영화롭게 되신 주님을 만났기 때문이다. 결국 그녀는 그녀가 찾았던 것을 만났고, 더할 나위 없이 좋은 일은 그녀가 주님을 직접 만나 눈으로 보는 기쁨을 누릴 수 있었다는 것이다. 그녀는 이 일이 그들에게 기쁜 소식이 될 것을 알았기 때문에, 자신의 기쁨을 기꺼이 전하고자 하였다. 하나님께서 우리를 위로하시는 것은 바로 이러한 목적, 즉 우리로 하여금 남들을 위로하게 하기 위한 것이다. 그리고 마리아는 제자들에게 그녀가 본 것을 전한 것과 마찬가지로 그녀가 들은 것도 전하였다. 그녀는 주님이 살아 계신 것을 보았고, 주께서 자기에게 이런 것들을 말씀하시고 그 메시지를 제자들에게 전하라고 하신 것은 주님이 살아 계시다는 분명한 증거였다. 그녀는 그 메시지를 충실하게 전달하였다. 그리스도의 말씀을 잘 알고 있는 자들은 다른 사람들의 유익을 위하여 그들의 지식을 전해 주어야 하고, 남들이 그들만큼 알지 못한다고 불평해서는 안 된다.

[19]이 날 곧 안식 후 첫날 저녁 때에 제자들이 유대인들을 두려워하여 모인 곳의 문들을 닫았더니 예수께서 오사 가운데 서서 이르시되 너희에게 평강이 있을지어다 [20]이 말씀을 하시고 손과 옆구리를 보이시니 제자들이 주를 보고 기뻐하더라 [21]예수께서 또 이르시되 너희에게 평강이 있을지어다 아버지께서 나를 보내신 것 같이 나도 너희를 보내노라 [22]이 말씀을 하시고 그들을 향하사 숨을 내쉬며 이르시되 성령을 받으라 [23]너희가 누구의 죄든지 사하면 사하여질 것이요 누구의 죄든지 그대로 두면 그대로 있으리라 하시니라 [24]열두 제자 중의 하나로서 디두모라 불리는 도마는 예수께서 오셨을 때에 함께 있지 아니한지라 [25]다른 제자들이 그에게 이르되 우리가 주를 보았노라 하니 도마가 이르되 내가 그의 손의 못 자국을 보며 내 손가락을 그 못 자국에 넣으며 내 손을 그 옆구리에 넣어 보지 않고는 믿지 아니하겠노라 하니라

그리스도의 부활을 보여주는 틀림없는 증거는 그가 친히 살아 계심을 나타내신 것이었다(행 1:3). 이 단락에는 그리스도께서 다시 살아나신 바로 그 날에 함께 모여 있던 제자들의 무리에게 나타나신 사건에 관한 기사가 나온다. 그리스도께서는 신뢰할 만한 사자(使者)들을 통해서 그의 부활에 관한 소식을 제자들에게 전하셨었다. 그러나 그리스도께서는 그들에 대한 그의 사랑을 나타내 보이시고 그에 대한 그들의 믿음을 견고케 하기 위하여 직접 그들을 찾아 오셔서 그의 부활이 진실이라는 것을 확증해 줄 수 있는 모든 것들을 그들에게 보여주셨는데, 이것은 그들로 하여금 남의 말을 통해서 전해 듣는 것이 아니라 직접 그가 살아 계신 것을 본 목격자들이 되도록 하기 위해서였다. 왜냐하면, 그들은 이 일을 온 세상에 증언하고 그 증언 위에 교회를 세워야 할 자들이었기 때문이다. 좀 더 살펴보자.

I. 그리스도께서는 언제 어디에서 나타나셨는가(19절)? 그것은 그가 부활하신 바로 그 날, 유대인들의 안식일이 지난 다음 날, 즉 안식 후 첫 날에 제자들 중 열 명과 그들의 몇몇 친구들이 함께 모여 있던 때였다(눅 24:33).

우리 주 예수께서 주된 규례들 — 말씀, 성례전, 기도 — 을 밑받침하고 그 적절한 거행을 위해서 교회에서 지속하도록 제정하신 세 가지 부차적인 규례들이 있다. 그것들은 주의 날, 예배, 상시적인 목회직이다. 이것들 각각에 대한 그리스도의 생각은 이 단락 속에 분명하게 암시되어 있다. 처음 두 가지는 이 현현 사건을 배경으로 여기에 나오고, 나머지 하나는 21절에 나온다. 그리스도의 나라는 그의 부활 직후에 사람들 가운데 세워질 것이었다. 따라서 우리는 그가 부활하신 바로 그 날이 사소한 일들로 채워진 평범한 한 날임에도 불구하고 교회의 모든 세대에 걸쳐서 신앙을 유지시키는 데에 도움을 주는 의식(儀式)들로 영화롭게 되었다는 것을 발견한다.

1. 제자들은 기독교의 안식일을 지켰고, 우리 주 예수께서는 그것을 인정하셨다. 그리스도께서 제자들을 찾아오신 때는 안식 후 첫 날(한 주간의 첫 날)이었다. 한 주간의 첫 날은 신약성경에서 숫자로 언급되는 한 주간, 한 달, 한 해의 유일한 날이다(내 생각에는). 이 날은 몇 번 종교 의식이 준수된 날로 얘기된다. 본문에서는 그리스도께서 안식 후 첫 날에 다시 살아나셨다고 명시적으로 표현하고 있지만(1절), 사실 여기에서는(19절) 그가 그 날 저녁에 나타나셨다고 말했어도 충분했을 것이다. 그렇지만 그 날에 존귀함을 더하기 위해서, 안식 후

첫 날이라는 표현이 반복된다. 사도들이 이 날에 존귀함을 더하기로 의도한 것이 아니라(그들은 아직 이 날이 그리스도의 부활의 날인 줄도 확실하게 모르고 의심하고 있었다), 하나님께서 제자들이 이 날에 그리스도께서 그들을 처음으로 찾아오시는 것을 맞이하게 하기 위해서 함께 모이도록 정하심으로써 이 날에 존귀함을 더하실 계획을 하셨던 것이다. 이렇게 하나님께서는 그 날을 복주시고 거룩하게 하셨다. 왜냐하면, 그 날에 구속주께서 안식하셨기 때문이다.

2. 제자들은 기독교적인 집회를 엄숙하게 거행하였고, 주 예수께서는 그것을 인정하셨다. 제자들은 아마도 신앙적인 활동, 즉 함께 기도하기 위해서 여기에서 만났던 것 같다. 또는, 그들은 서로의 말들을 듣고서 그들에게 주님의 부활에 관한 충분한 증거가 있는지를 살펴보고, 앞으로 어떻게 해야 할지, 함께 모여 있어야 할지 아니면 흩어져야 할지를 상의하기 위해서 모였을 것이다. 그들은 서로의 마음과 생각을 알아보고, 서로에게 힘을 북돋워 주며, 서로 힘을 합쳐서 현재의 위기 상황을 타개해 나가기 위해서 모였다. 그들은 공공연하게 하나의 무리로 사람들 앞에 모습을 나타낼 수 없었기 때문에 은밀하게 모임을 가졌다. 그들은 집에서 모이기는 했지만, 그들이 모여 있는 것을 남이 알지 못하게 하고 그들이 아는 자들 외에는 아무도 그들 가운데 들어오지 못하도록 하기 위해서 문을 걸어 잠궜다. 왜냐하면, 그들은 유대인들을 두려워하였는데, 유대인들은 그의 제자들이 밤에 와서 우리가 잘 때에 그를 도둑질하여 갔다는 거짓말을 믿고서 제자들을 범죄자들로 몰아서 잡아갈지도 모를 일이었기 때문이다.

(1) 그리스도의 제자들은 비록 어려운 때라 할지라도 모이기를 폐하는 어떤 사람들의 습관과 같이 하지 말아야 한다(히 10:25). 폭풍우가 몰아치자 양 떼가 흩어졌다. 그러나 양들은 서로 잘 모이는 성질이 있어서 곧 다시 모이게 된다. 그리스도의 제자들이 후미진 곳으로 쫓겨나고 광야로 내쫓겨서 거기에서 모임을 갖게 되는 것은 새삼스러운 일이 아니다(계 12:14; 잠 28:12).

(2) 하나님의 백성은 여기에서처럼 흔히 유대인들을 두려워하여 방으로 들어간 후에 문들을 잠글 수밖에 없었다. 박해가 그들의 운명이기 때문에, 박해를 피해서 물러가는 것도 그들에게 허락된다. 그 때에 우리는 그들을 동굴과 토굴에서 찾게 될 것이다. 이렇게 피하는 것은 그리스도의 제자들에게 슬픈 일이지만 수치스러운 일은 아니다.

II. 그리스도께서 제자들을 찾아오셔서 그들과 대화하시면서 무엇을 말씀하

시고 행하셨는가? 그들이 함께 모여 있을 때, 예수께서는 동일한 모습으로 그들 가운데 오셨지만, 이제 영광을 받으시기 시작하셨기 때문에 그의 몸에서 나는 광채를 베일로 가리셨다. 그렇게 하지 않으셨다면, 제자들은 변화산에서의 그리스도의 모습처럼 눈부셔서 그를 볼 수 없었을 것이다. 그리스도께서 그들 가운데 오신 것은 두세 사람이 그의 이름으로 모인 곳에는 그가 그들 중에 있으리라고 하신 약속의 말씀을 장차 꼭 시행하시리라는 것을 직접 보여주시기 위한 것이었다. 문들이 닫혀 있었지만, 그리스도께서는 그들 가운데 오셨다. 이것은 그리스도께서 부활 후에 진정한 인간의 몸을 지니고 계셨음을 보여주는 증거를 결코 약화시키지 않는다. 문들은 닫혀 있었지만, 그리스도께서는 어떤 소리도 없이 그 문들을 여는 방법을 알고 계셨고, 전에 그가 진정한 몸을 입으시고 물 위를 걸어 오셨던 것처럼 그들이 알지 못하는 사이에 들어오실 수 있었다. 그리스도의 제자들이 은밀하게 예배를 드릴 때에도 닫혀진 문들이 그리스도의 임재를 그들로부터 가로막을 수 없다는 것은 큰 위로가 된다. 그리스도께서 나타나신 이 일 속에서 우리는 다섯 가지를 살펴볼 수 있다.

(1) 그리스도께서 제자들에게 사랑이 넘치고 친근한 인사를 하심: 너희에게 평강이 있을지어다. 이 인사말은 평소에 친구들이 서로 만날 때에 사용하는 것이기는 했지만 여기서는 단순히 의례적인 인사말이 아니었고, 그들 모두에게 그의 죽음과 부활의 복된 열매들과 결과들을 수여하는 엄숙하고 특별한 축도였다. 이 인사말은 흔한 것이었지만, 지금 여기에서는 그 의미가 특별하였다. 너희에게 평강이 있을지어다라는 말은 "너희에게 모두 좋은 일만 생기고, 항상 무슨 일이 있든 평안하기를 빈다"라는 뜻이다. 그리스도께서는 그의 평안을 그들에게 물려 주셨다(14:27). 유언한 자가 죽음으로써 그 유언은 효력을 발생하게 되었고, 이제 그가 죽은 자 가운데서 부활하셔서, 그 유언을 확인하며 스스로 집행자가 되신 것이다. 따라서 그리스도께서는 여기서 자기가 제자들에게 물려준 유산을 즉시 집행하고 계신다: 너희에게 평강이 있을지어다. 그리스도께서 평강을 말씀하시면 입술의 열매인 평강이 이루어진다. 하나님과의 평강, 너희 자신의 양심 속에서의 평강, 너희 서로 간의 평강, 이 모든 평강이 너희에게 있을지어다 — 세상이 주는 평안이 아니라 그리스도 안에 있는 평안. 그들이 그리스도에 관한 온갖 의구심으로 가득 차 있었고, 그들 자신에 관하여 온갖 두려움으로 가득 차 있었을 때에 그리스도께서 갑자기 그들 가운데 나타나셨기 때

문에, 그들은 크게 당황하여 웅성거렸을 것인데, 그리스도께서는 그 소란의 물결을 너희에게 평강이 있을지어다라는 말씀으로 잔잔하게 하신다.

(2) 그리스도께서 자기 자신을 제자들에게 분명하고 부인할 수 없게 나타내심(20절). 여기에서 우리는 다음과 같은 것들을 볼 수 있다.

[1] 그리스도께서 그들에게 그가 부활했다는 것이 사실이라는 것을 확신시키고자 취하신 방법. 그들은 지금 많은 무리들이 이삼 일 전에 그 죽는 모습을 직접 보았던 그리스도께서 살아 있는 것을 보게 되었다. 이제 유일한 의심은 그들이 보고 있는 이 살아 있는 자가 앞서 죽었던 바로 그 주님인가 하는 것이었다. 이것을 확인하는 데에는 몸에 난 상처 자국들보다 더 확실한 증거는 있을 수 없었다. 첫째, 주 예수의 몸에는 부활 후에도 상처 자국들이 여전히 남아 있었는데(물론, 그 어떤 고통이나 염증은 없었다), 이것은 그 상처 자국들이 그리스도의 부활이 참이라는 것을 보여줄 수 있는 것들이었기 때문이다. 정복자들은 그들이 입은 상처 자국들을 자랑스러워 한다. 그리스도의 상처 자국들은 이 땅에서 그가 앞서 죽었던 자임을 나타내기 위한 것이었기 때문에, 그리스도께서는 상처들을 지니고 부활하셨다. 그리스도의 상처들은 그가 하늘에서 영원히 하시게 될 중보기도에서도 필요한 것이었기 때문에, 그는 상처들을 지니고 승천하셨으며, 일찍이 죽임을 당하시고 피를 흘리신 어린 양으로서 보좌에(계 5:6) 나타나셨다. 또한 그리스도께서는 그들이 찌른 자를 보도록 하기 위해서 그의 상처들을 지닌 채로 다시 오시게 될 것으로 보인다. 둘째, 그리스도께서는 상처 자국들을 그의 제자들에게 확신을 갖게 하기 위하여 보여주셨다. 그들은 그들이 오랫동안 익숙하게 알아왔던 것과 동일한 모습으로 그리스도께서 나타나셔서 바로 그 동일한 목소리로 말씀하시는 것을 보고 들으면서 만족하였을 뿐만 아니라(sic oculos, sic ille manus, sic ora, ferebat — 그의 몸짓은 이러했고, 그의 눈과 손은 저러했다), 이러한 특이한 상처 자국이라는 추가적인 증거를 갖게 되었다. 그리스도께서는 그들에게 자신의 손들을 펴서 그 위에 나 있는 상처 자국들을 볼 수 있게 하셨다. 그리스도께서는 옆구리에 난 상처들도 제자들에게 보여주셨다. 높아지신 구속주께서는 항상 그의 모든 신실한 친구들과 제자들에게 모든 것을 열어서 보여주시고자 하신다는 것을 명심하라. 그리스도께서는 믿는 자들에 대한 그의 사랑을 성령의 위로들을 통해서 나타내실 때에 그들에게 그가 살아 있기 때문에 그들도 살게 될 것을 확신시키시고 나서 그의 손과 옆구리를

보여주신다.

[2] 그리스도께서 상처 자국들을 보여주셨을 때 제자들이 보인 반응. **첫째**, 그들은 그들이 주님을 보고 있다는 것을 확신하였다. 따라서 그들의 믿음도 견고해졌다. 처음에 그들은 유령을 보고 있는 것이 아닌가 생각하였지만, 이제는 그것이 주님이시라는 것을 알았다. 이와 같이 참된 신자들은 그들이 연약한 동안에는 그들에게 주어진 위로들이 단지 가상적인 것이 아닌가 생각하지만, 나중에는 은혜로 말미암아 그러한 것들이 실제적인 것임을 알게 된다. 그들은 "이 분이 주님인가"라고 묻는 것이 아니라, "이 분이 주님이시다"라고 확신한다. **둘째**, 제자들이 기뻐하였다. 그들의 믿음을 강하게 해 주었던 바로 그것은 그들의 기쁨도 생겨나게 해 주었다. 그들이 믿고서 기뻐하더라. 이 복음서 기자는 이 본문을 엄청난 기쁨으로 쓰고 있는 것으로 보인다. 제자들은 주님을 보았을 때, 바로 그 때에 기뻐하였다. 요셉이 아직 살아 있다는 말을 듣고서 야곱의 기운이 소생하였을진대, 예수께서 다시 살아나셨다는 말을 듣고서 제자들의 마음이 어찌 되살아나지 않겠는가? 그것은 그들에게 죽은 자가 다시 살아 돌아온 것이었다. 이제 그리스도께서 하신 말씀이 성취되었다(16:22): 내가 다시 너희를 보리니 너희 마음이 기쁠 것이다. 이것은 그들의 눈에서 모든 눈물을 씻어 주었다. 언제라도 그리스도를 한 번 보기만 하면 제자들의 마음은 기뻐지게 된다. 우리가 그리스도를 뵙기를 더 간절히 원하면 원할수록, 우리가 그를 뵙게 될 때에 그 기쁨도 더욱 커지게 될 것이다. 그리고 우리가 주님의 참 모습 그대로 보게 될 때에 우리의 기쁨은 온전해질 것이다.

(3) 그리스도께서 제자들에게 그의 대리인들이 되어서 그의 교회를 세우는 영광스럽고 풍성한 사명을 맡기심(21절).

[1] 그리스도께서 제자들에게 사명을 맡기시기 전에 다시 한 번 동일한 인사말을 엄숙하게 반복하심: 너희에게 평강이 있을지어다. 그리스도께서 이렇게 하신 것은 다음 둘 중의 하나 때문이었다. **첫째**, 그가 이제 곧 그들에게 줄 사명에 그들이 주목하도록 하기 위하여. 앞서의 인사말은 그들의 두려움으로 인한 소동을 잔잔하게 해서, 그들로 하여금 그의 부활의 증거들에 조용히 주목할 수 있도록 하기 위한 것이었다. 그리고 여기에서 인사말을 다시 하신 것은 그들의 기쁨을 가라앉혀서, 그들로 하여금 그가 이제부터 하고자 하는 말을 잘 경청할 수 있도록 하기 위한 것이었다. **둘째**, 그가 이제 그들에게 줄 사명을 받아들이

도록 그들을 격려하기 위해서. 그들에게 주어진 사명으로 인해서 그들이 큰 환난을 당하게 될 것으로 생각하겠지만, 그리스도께서는 그 사명을 통해서 그들이 존귀하게 되고 위로를 받게 되기를 계획하셨고, 결과적으로 그들의 사명은 그들에게 평강을 가져다주게 될 것이었다. 기드온은 네게 평강이 있을지어다(삿 6:22-23)라는 말씀을 통해서 자신의 사명을 받았다. 그리스도는 우리의 화평이시다. 그리스도께서 우리와 함께 하신다면, 우리에게는 평강이 있다. 그리스도께서는 지금 제자들을 세상에 평안을 전하도록 보내시고 계신데(사 52:7), 여기에서 그는 평안을 단지 그들의 만족을 위해서만 수여하고 계시는 것이 아니라, 모든 평강의 아들들에게 평안을 전하도록 그들에게 평안을 위탁하고 계시는 것이다(눅 10:5-6).

[2] 사명을 맡기심. 이 말씀은 매우 엄청나게 들린다: 아버지께서 나를 보내신 것 같이 나도 너희를 보내노라.

첫째, 그리스도께서 어떻게 그들을 보내셨는지를 이해하는 것은 쉽다. 그리스도께서는 그들로 하여금 그의 일을 계승하여 그의 복음을 사람들 가운데 전파하며 그의 나라를 세우는 일에 전념하도록 그들을 세우셨다. 그리스도께서는 그들을 하나님의 보증으로서 권세를 주시고, 하나님의 능력으로 무장시켜서 보내셨으며, 평화를 이룰 대사들, 평강을 선포할 전령관들로 보내셨고, 혼인식에 오라고 사람들에게 전갈하는 종들로 보내셨다. 그렇기 때문에 그들은 사도들(보내심을 받은 자들)로 불리었다.

둘째, 그러나 아버지께서 그리스도를 보내신 것 같이 그리스도께서도 그들을 보내신다는 말씀은 이해하기가 그렇게 쉽지 않다. 그들이 위임받은 사명과 권능은 분명히 그리스도의 사명과 능력에 비해서 이루 말할 수 없을 정도로 열등한 것이었다. 그러나 1. 그들의 사역은 그리스도의 사역과 동일한 종류에 속하였고, 그들은 그리스도께서 남겨놓으신 일을 계승하도록 되어 있었다. 그들은 그리스도와는 달리 제사장과 왕으로 보내심을 받은 것이 아니라, 오직 선지자들로 보내심을 받은 것이었다. 그리스도께서 진리에 대하여 증언하시도록 보내심을 받은 것처럼, 그들도 마찬가지였다. 그들은 화해의 중보자들이 아니라, 단지 그것을 널리 전하는 자들이었다. 그리스도께서 보내심을 받은 것은 섬김을 받으려 함이 아니라 섬기기 위해서가 아니던가? 그리스도께서 보내심을 받은 것은 자신의 뜻을 행하려 함이 아니요 그를 보내신 자의 뜻을 행하기 위한 것이 아닌가? 그리스도께서 보내심을 받은 것은 율법과 선지자를 폐하기 위해서가 아니라 완전하게 하기 위한 것이 아닌가? 그리스도의 제자들도 마찬가지였다. 아버지께서 그리스도를 이스라엘 집의 잃어버린 양들에게로 보내신 것과 마찬가지로, 그리스도께서는 그들을 온 세상으로 보내셨다. 2. 그리스도께서는 아버지께서 그를 보내실 권한을 가지고 계셨던 것과 마찬가지로 그들을 보낼 권한을 가지고 계셨다. 여기에 비교의 의미가 놓여 있는 것으로 보인다. 아버지께서 나를 보내신 것과 동일한 권세로 나는 너희를 보낸다. 이것은 그리스도께서 하나님이라는 것을 증명해 주는 것이다. 그리스도께서 주신 사명들은 아버지께서 주신 사명들과 동일한 권세를 지니고 있고, 모든 의도와 목적에 있어서 타당하고 유효하며, 아버지께서 구약의 선지자들에게 묵시 가운데서 주신 사명들과 동일한 것이었다. 그리스도의 분명한 말씀에 의하면, 베드로와 요한에게 주어진 사명은 보좌에 앉으신 여호와께서 이사야와 에스겔에게 주신 사명과 다를 바가 없다. 아니, 베드로와 요한에게 주어진 사명은 중보자 자신에게 그의 사역을 위해서 주어진 사명과 동등한 것이었다. 그리스도께서는 그의 사역을 위해서 아무도 이의를 제기할 수 없는 권세를 지니고 계셨고 누구도 저항할 수 없는 능력을 가지고 계시지 않았던가? 그리스도의 제자들도 자신의 일을 위해서 그러한 권세와 능력을 가지게 되었다. 또는, 아버지께서 나를 보내신 것 같이라는 말씀은 그리스도의 권세의 근원을 가리키는 것으로 해석될 수도 있다. 아버지께서는 중보자로서의 그리스도에게 주어진 권세로 말미암아 그의 제자들에게 그의 사역자들로서 사람들 가운데서 그를 위하여 그의 이름으로 행할 권세를 주셨다. 따라서 그들을 영접하거나 배척하는 자들은 그리스도와 그를 보내신 자를 영접하거나 배척하는 것이 된다(13:20).

(4) 그리스도께서 제자들에게 주신 사명을 감당할 수 있도록 능력을 주심(22절): 예수께서 그들을 향하사 숨을 내쉬며 이르시되 성령을 받으라. 좀 더 살펴보자.

[1] 그리스도께서 그들에게 확신을 주기 위하여 사용하신 표적과 그가 이제 그들에게 수여하시고자 한 은사: 예수께서 그들을 향하사 숨을 내쉬셨다. 그리스도께서 이렇게 생명의 숨을 내쉰 것은 그 자신이 진정으로 살아 있다는 것을 그들에게 보여주기 위한 것뿐만 아니라, 그들이 장차 수행하게 될 모든 사역들을 위하여 그로부터 받게 될 영적인 생명과 능력을 그들에게 보여주기 위한 것이기도 하였다. 아마도 그리스도께서는 제자들 한 사람 한 사람에게 숨을 내쉰

것이 아니라 그들 모두에게 한꺼번에 숨을 내쉰 것으로 보인다. 또한 주의 성령은 엘닷과 메닷을 찾아내신 것과 마찬가지로(민 11:26), 비록 도마가 그들과 함께 없었지만 그가 어디에 있는지를 아셨다. 여기서 그리스도께서는 처음에 인간을 창조하실 때에 생기를 인간에게 불어넣으신 것(창 2:7)을 상기시키면서, 바로 자기 자신이 그러한 인간의 창조를 수행한 장본인이었다는 것과 사역자들과 그리스도인들의 영적인 생명과 힘이 아담과 그의 자손의 자연적인 생명과 마찬가지로 그로부터 나오고 그에게 의존해 있다는 것을 보여주시는 것 같다. 전능자의 기운이 인간에게 생명을 주었고 이 세상을 개시시킨 것과 마찬가지로, 전능하신 구주의 숨은 그의 사역자들에게 생명을 주었고 새 세상을 개시시켰다(욥 33:4). 이제 이것은 우리에게 다음과 같은 것들을 말해준다. 첫째, 성령은 아들로부터 나오는 그리스도의 숨이라는 것. 구약에서 성령은 숨에 비교되었다(겔 37:9): 생기여, 오라. 그러나 신약은 성령이 그리스도의 숨이라는 것을 우리에게 말해준다. 하나님의 진노의 능력은 하나님의 숨으로 표현된다(사 11:4; 30:33). 그러나 그리스도의 숨은 그의 은혜의 능력을 의미한다. 위협의 숨은 그리스도의 중보로 말미암아 사랑의 숨으로 변화된 것이다. 우리의 말들은 우리의 숨에 의해서 나오게 되기 때문에, 그리스도의 말씀은 영이요 생명이다. 말씀은 성령으로부터 오고, 성령은 말씀에 따라 온다. 둘째, 성령은 그리스도의 선물이라는 것. 사도들은 안수함으로써 성령을 전해 주었는데, 그들은 기도하는 가운데 안수하였다. 왜냐하면, 그들은 단지 그러한 축복을 간구할 수 있을 뿐이고, 사자들로서 그러한 축복을 전달할 수 있을 뿐이기 때문이다. 그러나 그리스도께서는 성령의 원천이시고, 그로부터 성령이 원래 나오기 때문에, 숨을 내쉼으로써 성령을 제자들에게 수여하셨다. 모세는 칠십인의 장로들에게 성령을 줄 수 없었기 때문에 하나님께서 그들에게 성령을 주셨다(민 11:17). 그러나 그리스도께서는 성령을 직접 제자들에게 주셨다.

[2] 그리스도께서는 이러한 몸짓을 통해서 제자들이 성령을 받게 될 것을 허락하시고, 성령을 받으라고 말씀하심으로써 그들이 몇 날이 못되어 받게 될 성령을 지금 부분적으로 수여해 주셨다. 그들은 지금 그들이 이제까지 받았던 것보다 더 많이 성령을 받았다. 이렇게 영적인 축복들은 점진적으로 주어진다. 가진 자에게는 더 많이 주어지게 될 것이다. 예수께서 영광을 얻으시기 시작하자, 성령은 더 많이 주어지기 시작하였다(7:39을 보라). 그리스도께서 이렇게 성령

을 허락하신 것 속에는 어떤 의미가 내포되어 있는지를 살펴보자. 첫째, 이것을 통해서 그리스도께서는 제자들에게 지금 그들에게 주어진 사명을 장차 수행하는 과정에서 성령께서 그들의 사역을 도우시리라는 확신을 주신다: "내가 너희를 보내리니, 성령이 너희와 동행하게 될 것이다." 이제 주의 성령이 그들에게 임하여, 그들에게 주어진 모든 사역들을 감당할 수 있는 능력을 그들은 갖추게 되었다. 그리스도께서는 그가 사용하시는 자를 그의 성령으로 옷 입게 하시고, 그에게 필요한 모든 능력을 수여하신다. 둘째, 이것을 통해서 그리스도께서는 제자들에게 그들의 현재의 상태 속에서 성령의 감화를 체험할 수 있게 하신다. 그리스도께서는 그의 부활이 참이라는 것을 확신시키기 위하여 그들에게 자신의 손과 옆구리를 보여주셨었다. 그러나 부활의 유일한 목격자들이었던 로마의 군사들이 신앙을 갖지 않았다는 것이 보여주듯이, 아무리 명백한 증거들일지라도 그것 자체가 저절로 믿음을 만들어내지는 못한다. "그러므로 너희 속에 믿음을 만들어 내고 너희에게 깨달음을 열어줄 수 있도록 성령을 받으라." 그들은 지금 유대인들의 위협 아래에 있었다: "그러므로 너희 속에 담력을 생겨나게 하기 위하여 성령을 받으라." 그리스도께서 그들에게 말씀하신 것은 모든 참된 신자들에게 말씀하고 계시는 것이다: 너희는 성령을 받으라(엡 1:13). 우리는 그리스도께서 주시는 것을 받아야 하고, 찬송받으실 성령의 깨우치시고 거룩하게 하시는 감화력에 우리 자신과 우리의 영혼 전체를 맡겨 드려야 한다. 우리는 성령의 움직임들을 따라야 하고, 성령의 능력들을 받아서 사용하여야 한다. 그리스도의 명령으로서의 이 말씀에 순종하는 자들은 약속으로서의 이 말씀이 지닌 유익을 얻게 될 것이다. 그들은 그들이 가는 길을 인도하여 줄 인도자와 그들이 받게 될 유업의 첫 열매인 성령을 받게 될 것이다.

(5) 제자들에게 주어진 사명으로 인해서 그들이 받게 될 한 가지 특별한 권능(23절): "너희에게 맡겨진 권능들의 적절한 행사를 통해서 너희가 누구의 죄든지 사하면, 그 죄가 사하여져서, 그 사람이 죄 사함의 유익을 받게 될 것이다. 또한, 누구의 죄든지 그대로 두면, 즉 너희가 어떤 사람의 죄를 사하지 않고 그의 죄책을 그대로 두면, 그 죄는 그대로 있게 되어서, 그 죄인은 그에게 죄가 그대로 있다는 것을 알게 될 것이다." 이제 그들이 성령을 받게 되면, 이런 일이 그들에게 뒤따르게 된다. 왜냐하면, 만약 그들에게 비상한 정도의 분별의 영이 없다면, 그들은 그러한 권세를 위임받기에 적합한 자들이 되지 못할 것이기 때문

이다. 또한, 엄밀한 의미에서 이것은 사도들 자신과 최초의 복음 전도자들에게 특별히 위임된 권세였다. 그들은 누가 악독이 가득하며 불의에 매인 바 된 자인지, 누가 그렇지 않은지를 분별해 낼 수 있었다. 이 권능으로 말미암아서 베드로는 아나니아와 삽비라를 쳐서 죽게 하였고, 바울은 엘루마를 쳐서 눈멀게 하였다. 그렇지만 이 권세는 이 세상에 있는 어떤 특정한 사람 또는 특정한 무리의 판단이 무오(無誤)하다는 것을 보장해 주는 것이 아니라, 하나님의 비밀을 맡은 신실한 청지기들을 격려하여 복음에 견고히 서서 전하도록 하기 위한 것으로서 교회와 그 사역자들에게 일반적으로 해당되는 것으로 이해되어야 한다. 왜냐하면, 하나님 자신이 복음을 견고히 붙잡아 주실 것이기 때문이다. 비록 예루살렘은 최근에 그리스도의 피를 흘리게 한 죄를 범하였지만, 사도들은 죄 사함의 복음을 예루살렘에서부터 먼저 전파하기 시작하여야 한다: "너희는 복음을 따라서 그들의 죄가 사함받았다는 것을 선포할 수 있다." 그리고 베드로는 실제로 그렇게 하였다(행 2:38; 3:29). 우리를 의롭다 하시기 위하여 부활하신 그리스도께서는 그의 복음의 전령관들을 보내셔서, 희년이 시작되었고 사면령이 공포되었다는 것을 알리게 하신다. 그리고 이 잣대에 따라서 사람들이 심판을 받게 될 것이다(12:48; 롬 2:16; 약 2:12). 하나님께서는 이러한 심판의 잣대를 결코 변경시키지 않으실 것이고, 또한 거기에서 벗어나지도 않으실 것이다. 복음이 그 죄를 사하는 자들은 사함을 받게 될 것이고, 복음이 그 죄를 정죄하는 자들은 정죄를 받게 될 것인데, 이것은 이 복음의 사역을 무한히 존귀하게 하는 것이고, 사역자들에게 무한한 담력을 부여해 주는 것이다. 그리스도의 사도들과 사역자들은 두 가지 방식으로 죄를 사하기도 하고 그대로 두기도 하는데, 이 두 가지를 권세로써 지니고 있다.

[1] 건전한 가르침을 통해서. 그들은 복음을 따라서 구원을 얻어야 하며 다른 길은 없다는 것을 세상에 전하도록 위임을 받았고, 하나님께서 그러한 복음 전파에 대하여 아멘이라 말씀하시리라는 것을 알게 될 것이다. 또한 그들도 하나님에 대하여 아멘이 될 것이다.

[2] 복음의 일반적인 잣대를 구체적인 사람들에게 적용하는 엄격한 치리를 통해서. "너희가 복음의 잣대에 따라서 어떤 사람을 너희와의 친교 속으로 받아들이게 되면, 하나님께서는 그 사람에게 자기 자신과의 친교를 허락하시게 될 것이다. 그리고 너희가 추악하고 더러운 죄를 범하고 회개함이 없이 그 죄

가운데 완고하게 머무는 자를 너희의 친교로부터 쫓아내면, 그 자는 하나님의 의로운 심판에 넘겨지게 될 것이다."

III. 제자들로부터 이 소식을 전해들은 도마가 믿으려 하지 않았고, 이것이 그리스도께서 두 번째로 나타나신 이유가 됨.

1. 도마는 그리스도께서 제자들을 처음 찾아오셨을 때에 그 자리에 없었음(24절). 도마는 열두 제자 중의 하나, 즉 사도들의 무리에 속한 자였다고 언급되고 있는데, 사도들은 지금은 열한 명이었지만 과거에는 열두 명이었고, 또한 앞으로 열두 명이 될 것이었다. 그들 중의 한 명인 유다가 빠지는 바람에 그들은 열한 명이 되었다. 그리스도의 제자들은 저 심판의 큰 날에 있을 대성회 때까지는 모두 함께 모이지는 못할 것이다. 도마가 건강이 좋지 못해서였든 아니면 통지를 받지 못해서였든 그리스도께서 제자들에게 처음 나타나셨을 때에 그 자리에 없었다는 것은 그의 불행이었다. 또한, 그가 어떤 일 때문에 또는 다른 사람들과 어울리기 위해서 그 자리에 오지 않았거나 유대인들을 두려워하여 오지 않은 것이라면, 그것은 그의 죄이자 어리석은 짓이 되었다 — 도마는 그것을 사려 깊고 조심스러운 행동이라고 생각했겠지만 사실 그것은 겁이 많고 소심한 것이었다. 어쨌든 도마는 그 자리에 없었기 때문에 부활하신 주님을 뵙는 만족감과 그것으로 인해 제자들이 크게 기뻐한 것에 동참할 기회를 놓쳐 버렸다. 그리스도인들의 공식 예배에 부주의하게 빠지는 자들은 그들이 무엇을 놓치고 있는지를 알아야 한다.

2. 다른 제자들이 도마에게 주님께서 그들을 찾아오신 것에 관하여 설명해 줌(25절). 제자들은 나중에 도마를 만나서, 큰 기쁨으로 그에게 이르되 우리가 주를 보았노라고 말하였다. 의심할 여지 없이, 그들은 도마에게 그 자리에서 일어났던 모든 일들, 특히 주님께서 그의 손과 옆구리를 보여주심으로써 그들에게 확신을 주셨다는 이야기를 했을 것이다. 도마는 그 때 다른 제자들과 함께 있지는 않았지만 그들과 거리를 두고 있었던 것은 아니었던 것 같다. 한동안 눈에 보이지 않고 뜸하다고 해서 영원한 배교자로 단죄해서는 안 된다: 도마는 유다가 아니었다. 제자들은 도마에게 큰 기쁨과 승리감으로 말하였다: "우리가 주를 보았노라. 그것은 우리가 지금까지 본 것 중에서 가장 기쁜 광경이었다." 제자들이 도마에게 이렇게 말한 것은 다음과 같은 이유들 때문이었다. (1) 도마가 그 자리에 없었다는 것을 힐책하기 위해서: "우리는 주를 보았지만, 너는 보지

못하였다." 또는, (2) 도마에게 그 사실을 알려주기 위해서: "우리가 주를 보았노라. 네가 그 자리에 있었으면 너도 주님을 뵙고 무척 기뻐하였을 텐데." 그리스도의 제자들은 그 자리에 없었던 자들에게 들려줌으로써 그들로 하여금 간접적으로나마 그 내용을 알 수 있게 하고, 또한 그들이 경험한 것을 전달해 줌으로써 지극히 거룩한 믿음 위에 서로를 세워 주도록 애써야 한다. 믿음으로 인해서 주를 보았고 주님이 은혜로우시다는 것을 맛본 자들은 하나님께서 그들의 영혼을 위해서 무엇을 해 주셨는지를 다른 사람들에게 말해야 한다. 다만 그럴 때에 자랑하는 말은 배제되어야 한다.

3. 도마가 증거가 불충분하다고 하여 제자들이 말한 것을 선뜻 믿으려 하지 않고 반론들을 제기함: "너희가 살아계신 주님을 보았다고 내게 말하지 말라. 너희는 너무 쉽게 믿는 경향이 있다. 어떤 사람이 너희를 우롱한 것이다. 나는 내가 그의 손의 못 자국을 보며 내 손가락을 그 못 자국에 넣으며 내 손을 그 옆구리에 넣어보지 않고는 믿지 아니하겠노라." 어떤 이들은 이 말을 그가 앞서 말했던 것과 비교해서(11:16; 14:5) 그가 거칠고 까다로운 성질을 지닌 자로서 트집을 잘 잡는 성향을 지니고 있었을 것이라고 추측한다. 믿음이 좋은 사람이라고 해서 그 성질이 모두 똑같이 좋은 것은 아니다. 하지만 이 때에 도마가 보인 행동 속에는 분명히 많은 잘못들이 있었다.

(1) 도마는 그리스도께서 전에 자주 말씀하셨고 구약에서도 예언되어 있던 것, 즉 그리스도께서 제삼일에 다시 살아나리라는 말씀에 주의를 기울이지도 않았고 귀담아 듣지도 않았다. 도마는 부활하신 주님을 뵙지 않았고, 또한 제자들이 부활하신 주님을 보았다고 말하지 않았어도, 당연히 주께서 부활하셨구나라고 말했어야 했다.

(2) 도마는 그의 동료 제자들의 증언을 존중하지 않았다. 그 제자들은 지혜와 고결한 인품을 지닌 자들로서, 그는 마땅히 그들을 신뢰하였어야 했다. 그는 그들이 정직한 사람들이라는 것을 알고 있었다. 또한 그들 모두, 즉 열 사람이 한결같이 큰 확신을 가지고 증언하였는데도, 도마는 그들의 증언이 참되다는 것을 확신하지 못하였다. 그리스도께서는 바로 이 일을 만민에게 증언하도록 그들을 선택하셨다. 그렇지만 그 증인들 중 하나가 되어야 할 도마는 그들이 자격을 갖춘 증인들이라고 믿어 주려고 하지 않았고, 또한 그가 그들에 대하여 생각하는 것 이상으로 그들을 신뢰하려고 하지 않았다. 하지만 도마가 의문을

제기하였던 것은 그들의 진실성이 아니라 그들의 사려 깊음에 관한 것이었다. 도마는 그들이 너무 쉽게 믿어 버린 것은 아닌가 하고 우려하였다.

(3) 도마는 자기식의 방법이 아니면 확신할 수 없다고 말함으로써 그리스도를 시험하였고 이스라엘의 거룩한 이를 노엽게 하였다. 도마는 사도들이 주님의 못 자국을 보았다고 말하자 그 못 자국 속에 자신의 손가락을 넣어보고 주님의 옆구리에 난 상처 속에 자신의 손을 집어넣어 보지 않는다면 믿을 수 없다고 생각하였다. 산 자의 몸에 그와 같이 난폭한 일을 하는 것은 합당한 일이 아니었다. 그렇지만 도마는 그러한 증거를 확보해야 믿을 수 있겠다고 단호하게 말한다. 주님께서 도마의 비위를 맞추어 주셔서 그의 터무니없는 생각을 따라주지 않으셨다면, 도마는 믿으려 하지 않았을 것이다(마 16:1; 27:42을 보라).

(4) 도마가 제자들 앞에서 이것을 공개적으로 맹세한 것은 제자들의 마음을 상하게 하고 낙심하게 하는 것이었다. 그것은 죄일 뿐만 아니라 장애물이기도 하였다. 한 사람의 겁쟁이가 많은 겁쟁이를 만들어 내고, 한 사람의 믿는 자가 많은 믿는 자를 만들어 내듯이, 한 사람의 의심하는 자는 그의 형제들의 마음을 그의 마음과 같이 낙심하게 만든다(신 20:8). 만약 도마가 이러한 폐해를 생각해서 그의 손으로 입을 막고서 말을 입 밖으로 내지 않았다면, 그의 잘못은 겉으로 드러나지 않고 자기 자신 속에 머물러 있었을 것이다. 그러나 그가 자신의 불신앙을 그토록 단호하게 선포함으로써, 그렇지 않아도 연약하고 흔들리는 믿음을 지니고 있었던 나머지 제자들은 그에게서 좋지 않은 영향을 받았을 것이다.

²⁶여드레를 지나서 제자들이 다시 집 안에 있을 때에 도마도 함께 있고 문들이 닫혔는데 예수께서 오사 가운데 서서 이르시되 너희에게 평강이 있을지어다 하시고 ²⁷도마에게 이르시되 네 손가락을 이리 내밀어 내 손을 보고 네 손을 내밀어 내 옆구리에 넣어 보라 그리하여 믿음 없는 자가 되지 말고 믿는 자가 되라 ²⁸도마가 대답하여 이르되 나의 주님이시요 나의 하나님이시니이다 ²⁹예수께서 이르시되 너는 나를 본 고로 믿느냐 보지 못하고 믿는 자들은 복되도다 하시니라 ³⁰예수께서 제자들 앞에서 이 책에 기록되지 아니한 다른 표적도 많이 행하셨으나 ³¹오직 이것을 기록함은 너희로 예수께서 하나님의 아들 그리스도이심을 믿게 하려 함이요 또 너희로 믿고 그 이름을 힘입어 생명을 얻게 하려 함이니라

이 단락에는 그리스도께서 부활하신 후에 제자들에게 또 다시 나타나신 것에 관한 기사가 나오는데, 이 때에는 도마도 제자들과 함께 있었다. 이 일과 관련해서 우리는 다음과 같은 것들을 살펴볼 수 있다.

I. 그리스도께서 그의 제자들을 다시 찾으신 것은 언제였는가? 그것은 그가 부활하신 후 일곱 밤이 지난 때, 즉 여드레를 지나서 한 주간의 첫 날이었다.

1. 그리스도께서는 제자들에게 두 번째 나타나시는 것을 한동안 미루셨는데, 이것은 그가 이전에 살았던 것과 같은 그러한 삶으로 부활하지 않았다는 것, 저 세상에 속한 자로서 잠시 잠깐만 그들과 만날 수 있을 뿐이고 그들과 상시적으로 만날 수 없다는 것, 천사들처럼 일이 있을 때에만 그들을 찾아오실 수 있다는 것을 보여주기 위한 것이었다. 그리스도께서 이 여드레 동안, 아니 부활 후 이 땅에 계셨던 나머지 기간 동안에 어디에 계셨는지를 묻는 것은 어리석고 주제넘은 일이다. 그가 어디에 계셨든지간에, 틀림없이 천사들이 그를 수종들었을 것이다. 사역 초기에 그리스도께서는 40일 동안 홀로 마귀의 시험을 받으셨다(마 4:1-2). 그리고 지금 그는 영광을 받으시기 시작하신 때인 40일 동안 대부분의 기간을 사람들의 눈에 보이지 않은 채로 천사들의 수종을 받으셨다.

2. 그리스도께서는 제자들을 다시 찾아오시는 것을 칠 일 동안이나 미루셨는데, 그 이유는 무엇이었는가?

(1) 도마의 믿지 못함을 책망하시기 위해서. 도마는 그리스도께서 제자들을 첫 번째로 찾아오신 것을 무시해 버렸었다. 그리스도께서는 도마에게 장차 그러한 은혜의 기회들을 소중히 여기는 마음을 가질 수 있도록 가르치시기 위하여 그러한 때가 자주 찾아오지 않는다는 것을 보여주실 필요가 있으셨다. 한 번 기회를 놓친 자는 상당한 기간 동안 다음 기회를 기다려야 한다. 다른 제자들은 기쁨에 충만하여 있는 동안에, 도마는 어깨가 쭉 처진 채 긴장을 하며 매우 우울한 한 주간을 보냈을 것이다. 그런데 그것은 그 자신 때문이었고 그의 어리석음 때문이었다.

(2) 나머지 제자들의 믿음과 인내를 시험하시기 위해서. 그들은 주님을 보았을 때에 만족하였고 큰 힘을 얻었었다: 그 때에 제자들은 **기뻐하였다**. 그러나 그리스도께서는 그들이 그를 며칠 동안이나 더 이상 보지 못할 때에도 그들이 이미 얻은 힘을 그대로 유지할 수 있는지를 시험해 보고자 하셨다. 이런 식으로

그리스도께서는 그들이 지나치게 집착하고 있었던 그의 육체적 현존으로부터 점진적으로 그들을 떼어 놓고자 하셨다.

(3) 한 주간의 첫 날을 거룩히 하여서, 그의 교회 속에서 그 날을 거룩한 안식과 성회를 갖는 기독교의 안식일로 지키는 것이 그의 뜻이라는 것을 분명하게 보여주기 위하여. 일주일에 한 날을 거룩하게 지키는 것은 태초부터 하나님께서 정하신 것이었다. 그리스도께서 한 주간의 첫 날에 집회를 가지고 있던 그의 제자들을 한 번도 아니고 두 번씩이나 찾아오셨다는 것은 메시야의 나라에서 한 주간의 첫 날이 바로 예배의 날이라는 것을 너무도 분명하게 보여주는 것이었다. 아마도 그리스도께서는 첫 번째 나타나셨을 때 그들에게 일주일 후에 그들이 다시 모이면 그들에게 다시 찾아오겠다고 약속하셨을 가능성이 높다. 또한 그리스도께서는 부활하신 후에 이 땅에 계셨던 40일 동안에 한 주간의 첫 날마다 그들을 찾아오셨을 것이다. 이 날을 거룩하게 지키는 것은 그 후로 교회의 모든 세대를 거쳐서 우리에게 전해져 왔다. 그러므로 이 날은 주께서 정하신 날이다.

II. 그리스도께서는 어디에서, 그리고 어떻게 제자들을 다시 찾아오셨는가? 장소는 예루살렘이었고, 제자들은 유대인들을 두려워해서 앞서와 마찬가지로 문들을 다 걸어 잠궈 놓았다. 그들은 일주일 동안 무교절을 지키기 위해서 거기에 머물러 있었는데, 그리스도께서 찾아오신 것은 무교절이 끝난 그 다음 날이었다. 그렇지만 그들은 한 주간의 첫 날에 갈릴리로 출발하고자 하지 않고 하루를 더 묵었는데, 이것은 그 날이 기독교의 안식일이었기 때문이다. 좀 더 살펴보자.

1. 도마가 제자들과 함께 있었다는 것. 도마는 저번에는 혼자 빠졌지만 이번에는 그렇지 않았다. 한 번의 기회를 놓쳤을 때, 우리는 우리의 손실을 만회하기 위해서 다음번 기회를 꼭 붙잡기 위해서 한층 더 주의를 기울여야 한다. 그러한 손실이 우리의 소원을 더 뜨겁게 하였다면 그것은 좋은 징조이지만, 그러한 손실이 우리의 소원을 냉랭하게 만들었다면 그것은 나쁜 징조이다. 제자들은 그리스도의 부활을 믿었지만 도마에게는 그것을 믿으라고 강요하지 않았는데, 이것은 그리스도의 부활이 아직 희미하게밖에는 계시되지 않았기 때문이었다. 그들은 그것을 놓고 도마와 논쟁을 벌인 것이 아니라, 그에게 와서 보라고 하였다. 그리스도께서는 도마가 나머지 제자들과 어울리는 것을 보고서야

도마에게 모습을 나타내셨다. 왜냐하면, 그리스도께서는 신자들과 사역자들의 모임을 기뻐하시고 인정하시기 때문이다. 거기에 그리스도께서는 그들 가운데 계실 것이다. 또한 그리스도께서는 모든 제자들이, 그가 도마를 책망하시면서도 그에게 세심한 배려를 베푸셨다는 것을 보고 증인들이 되게 하고자 하셨다.

2. 그리스도께서 그들 가운데 오셔서 가운데 서셨고, 그들 모두는 그를 알아보았다는 것. 왜냐하면, 그리스도께서는 앞서 모습을 나타내셨을 때와 동일한 모습으로 아무런 변화도 없이 나타나셨기 때문이다(19절). 우리 주 예수의 겸양을 보라. 천국 문들은 그리스도께 항상 열려 있었고, 거기에서 그는 얼마든지 천사들의 경배 가운데 계실 수 있으셨다. 그렇지만 그의 교회의 유익을 위해서 그는 이 땅에 머무셨고, 그의 초라한 제자들의 작은 은밀한 모임을 찾아오셔서, 그들 가운데 서셨다.

3. 그리스도께서는 앞서와 마찬가지로 그들 모두에게 다정하게 인사하셨다. 너희에게 평강이 있을지어다. 이것은 의례적으로 반복하시는 말씀이 아니었고, 그리스도께서 주시는 풍성하고 확실한 평강, 그러한 축복이 그의 백성에게 계속되리라는 것을 의미하는 것이었다. 왜냐하면, 그의 축복들은 무궁하시므로, 모일 때마다 아침마다 새롭기 때문이다.

III. 이때에 그리스도와 도마 간에는 무슨 일이 있었는가? 그리스도께서는 이때 나머지 제자들에게도 많은 것을 말씀하셨겠지만, 여기에는 오직 그리스도와 도마 간에 일어난 일만이 기록되어 있다.

1. 그리스도께서 은혜로우시게도 도마에게 겸양을 베푸심(27절). 그리스도께서는 제자들 가운데서 유독 도마를 부르셔서 자기를 특별히 만져보게 하셨다: "네가 원하는 대로 네 손가락을 이리 내밀어 내 손을 보고, 못 자국을 실컷 만져 보거라. 네가 꼭 이래야만 믿고자 한다면, 네 손을 내밀어 내 옆구리에 넣어 보라."

(1) 여기에는 도마가 믿지 못하는 것에 대한 암묵적인 책망이 들어 있다. 그리스도께서는 비록 제자들의 눈에 보이지 않으셨지만 도마가 했던 말을 들으시고 거기에 대하여 하나하나 분명하게 대답해 주셨다. 아마도 그리스도께서 도마에게 이렇게 말씀하셨을 때에 도마의 얼굴은 부끄러움에 붉어졌을 것이다. 언제라도 우리의 입술에 불신앙의 말이 없어야 하고, 우리의 마음속에 불신앙의 생각이 없어야 한다. 주 예수께서 그것을 아시기 때문이다(시 78:21).

(2) 도마의 연약함에 대하여 그리스도께서 분명하게 보이신 겸양. 이러한 겸양은 두 가지로 나타났다. [1] 그리스도께서는 자신의 지혜를 내려 놓으시고 도마의 생각을 따라 주신다. 위대한 인물들은 그들의 아랫사람들에 의해서 지시를 받고자 하지 않는데, 특히 그들이 은혜를 베푸는 행위들에 있어서는 더욱 그러하다. 그렇지만 그리스도께서는 여기에서 도마와의 관계를 끊어버리고 그를 불신앙 속에 버려 두시는 것이 아니라 하찮은 일에 있어서도 도마의 엉뚱한 생각에 자기 자신을 맞추기를 기뻐하신다. 그리스도께서는 상한 갈대를 꺾지 않으시고, 선한 목자로서 잃어버린 양들을 모으신다(겔 34:16). 우리도 이와 같이 믿음이 약한 자들의 약점을 담당해야(롬 15:1-2) 한다. [2] 그리스도께서는 도마로 하여금 믿게 하기 위하여 그의 손을 자기 옆구리에 넣어보게 하심으로써 자신의 상처가 그의 손에 닿아서 아픈 것을 감내하신다. 이렇게 우리의 믿음을 견고케 하기 위하여 그리스도께서는 그의 죽음이 수치스럽고 부끄러운 죽음이어서, 우리가 생각할 때에는 빨리 잊어버리고 더 이상 거기에 대해서 말하지 않는 편이 좋겠다고 생각할 것 같은데도 그의 죽음을 기념하는 성례전을 의도적으로 제정하셨다. 그의 죽음은 우리의 신앙에 힘이 되는 그의 사랑의 증거였기 때문에 그는 그의 죽음을 기념하도록 정하신 것이다. 주님의 죽으심을 전하는 목적을 지닌 그러한 성례전에서 우리는 우리의 손가락을 그 못 자국에 넣어보도록 부르심을 받는다. 너를 도우시고 초대하시며 네게 손을 내미시는 그분께 네 손을 내밀어라.

그리스도께서는 애정어린 말씀으로 도마를 향하여 그가 꼭 말씀해 주고자 하셨던 것을 끝맺으신다: 믿음 없는 자가 되지 말고 믿는 자가 되라. 그리스도께서는 마치 도마가 지금 자신의 고집을 꺾고 순복하지 않는다면 영원히 불신앙 아래에 놓이게 될 것인 것처럼 말씀하신다. 이러한 경고는 우리 모두에게 주어진다: 믿음 없는 자가 되지 말라. 왜냐하면, 우리에게 믿음이 없다면, 우리에게는 그리스도도 없고 은혜도 없으며 도우심도 없고 기쁨도 없을 것이기 때문이다. 그러므로 우리는 주여, 내가 믿나이다. 나의 믿음 없음을 도와주소서라고 말하여야 한다.

2. 도마가 예수 그리스도의 말씀에 동의하고 믿음. 그는 이제 자기가 믿지 못한 것에 대하여 부끄러워하며, 나의 주님이시요 나의 하나님이시니이다(28절)라고 외친다. 도마가 실제로 그의 손가락을 못자국 속에 넣어 보았는지는 본문

에 나와 있지 않다. 하지만 그리스도께서 너는 나를 본 고로 믿느냐(29절)고 말씀하고 계시는 것으로 보아서 도마는 그렇게 하지 않은 것으로 보인다. 보는 것으로 충분했던 것이다. 결국 신앙이 불신앙과 싸워서 승리자가 된 것이다.

(1) 도마는 이제 그리스도께서 부활하신 것이 참이라는 것을 온전히 믿었다 ― 십자가에 못 박히신 바로 그 예수께서 지금 살아 계시고, 그가 보고 있는 분이 바로 그 예수시라는 것. 도마가 쉽사리 믿으려 하지 않고 더디 믿은 것은 우리의 믿음을 견고히 하는 데에 도움이 되었다. 왜냐하면, 그리스도의 부활을 세상에 전하였고 그 일에 자신의 목숨을 건 증인들은 결코 쉽게 믿은 자들이 아니었고, 그들이 원하는 가장 확실한 증거를 볼 때까지 그 부활에 대한 믿음을 보류했을 정도로 매우 조심스러웠다는 것이 드러났기 때문이다. 이렇게 먹는 자에게서 먹는 것이 나왔다.

(2) 도마는 그리스도께서 주님이자 하나님이시라는 것을 믿었는데, 우리도 그리스도를 그렇게 믿어야 한다. [1] 우리는 그리스도께서 하나님이시라는 것을 믿어야 한다. 그리스도는 이 복음서 기자가 1:1에서 처음부터 설명했던 것과 마찬가지로 하나님이 된 인간이 아니라 인간이 되신 하나님이었다. 우리의 거룩한 신앙을 시작하신 분이자 그 신앙의 머리되신 분은 하나님으로서의 지혜, 권능, 주권, 불변함을 가지고 계신다. 이러한 속성들이 그에게 꼭 필요했던 것은 그가 이 신앙의 창시자일 뿐만 아니라 이 신앙의 영속성을 위한 토대가 되시고 이 신앙에 생명을 공급하시는 원천이 되셔야 했기 때문이다. [2] 그리스도의 중보자적 지위 ― 그는 주님이시고 유일하신 주님이시다(고전 8:6; 딤전 2:5). 그리스도는 전권 대사로서 하나님과 인간 사이에 놓여 있는 큰 관심사들을 해결하고, 인간을 결국 멸망으로 이끌 수밖에 없는 논쟁을 종식시키며, 우리의 복에 꼭 필요한 하나님과의 교통을 열어놓기에 충분한 권세를 가지고 계신다(행 2:36; 롬 14:9을 보라).

(3) 도마는 그리스도를 자신의 주님과 자신의 하나님이라고 고백하였다. 믿음 속에는 복음의 조건에 대한 의지(意志)의 동의와 복음의 진리들에 대한 오성(悟性)의 동의가 있어야 한다. 우리는 아버지께서 정하신 대로 그리스도를 받아들여야 한다. 나의 주님은 원어로 아도나이로서 나의 토대이자 내가 머물 곳임을 의미한다. 나의 하나님은 원어로 엘로힘으로서 나의 왕이자 재판장이라는 것을 의미한다. 하나님께서는 그리스도를 우리에 대한 재판장으로 정하셨

기 때문에, 우리는 그러한 선택을 인정하고서, 우리 자신을 전적으로 그에게 맡겨야 한다. 나는 그에게 속하였도다(아 2:16)라는 말은 결정적인 믿음의 행위이다.

(4) 도마는 그가 믿지 않고 의심하는 것을 직접 목격했던 자들 앞에서 이것을 공개적으로 고백하였다. 그는 그리스도를 향하여 "당신은 나의 주님이시요 나의 하나님이시니이다"라고 말했거나, 그의 형제들을 향하여 "이 분이 나의 주님이시요 나의 하나님이시다"라고 말했을 것이다. 우리는 그리스도를 우리의 주 하나님으로 받아들이고 있는가? 우리는 다윗처럼(시 16:2) 그리스도께 나아가서 그렇게 말하여야 하고, 우리의 행사이신 그에게 순복하여야 하며, 또한 우리와 그리스도의 관계를 기뻐하는 자들로서 다른 사람들에게 그렇게 전하여야 한다: 이는 내 사랑하는 자다. 도마는 그의 온 힘을 다해서 그리스도를 붙잡은 자처럼 열렬한 사랑으로 나의 주님이시요 나의 하나님이시니이다라고 말한다.

3. 이 모든 것에 대한 그리스도의 판단(29절): "도마야, 너는 나를 본 고로 믿느냐. 그러나 어쨌든 결국 네가 믿게 되었으니 그것은 잘된 일이다. 그러나 보지 못하고 믿는 자들은 복되도다."

(1) 그리스도께서는 도마가 믿는 자임을 시인하신다. 주 예수께서는 건전하고 진지하게 믿는 자들을 비록 그들이 더디 믿고 연약한 믿음이라 할지라도 은혜롭게 받아들이실 것이다. 오랫동안 믿음 밖에 있었다고 할지라도 결국에 자신을 꺾고 믿음을 가지는 자들을 그리스도께서는 기꺼이 받아들일 준비가 되어 계신다. 도마가 그리스도의 말씀에 순복하자마자, 그리스도께서는 그에게 위로를 주시고, 그가 믿는다는 것을 알게 하신다.

(2) 그리스도께서는 도마가 이전에 쉽게 믿지 않은 것에 대하여 책망하신다. 도마는 당연히 다음과 같은 것들을 부끄러워하여야 했다. [1] 그가 믿기를 그토록 주저하고 그의 위로가 되는 것들을 아주 더디게 받아들이게 된 것. 진정으로 그리스도와 교제하게 된 자들은 그들이 좀 더 빨리 그렇게 하지 못한 것에 대하여 한탄해야 할 많은 이유들을 보게 될 것이다. [2] 그가 결국 믿게 되기까지 여러 가지 우여곡절을 겪게 되었던 것: "내가 다시 살아난 것을 네가 보지 않았더라면, 너는 믿고자 하지 않았을 것이다." 그러나 네가 네 자신의 감각에 의한 증거 외에는 아무것도 인정하지 않고, 네 자신이 직접 목격한 것 외에는 아무것도 믿지 않으려 한다면, 나와의 모든 교제는 끝이 난다. 그러한 것이 유

일한 증명방법이라면, 세상이 어떻게 그리스도를 믿는 믿음으로 돌아올 수 있겠는가? 그러므로 도마가 그러한 감각적인 증거들에 너무 매달린 것에 대해서 책망을 받는 것이 마땅하다.

(3) 그리스도께서는 좀 더 쉬운 조건 위에서 믿는 자들의 믿음을 칭찬하신다. 도마는 믿는 자로서 참으로 복된 자였다. 그러나 보지 못하고 믿는 자들은 복되도다. 이 말씀은 믿음의 대상들을 보는 것과는 아무 상관이 없고(왜냐하면, 그러한 것들은 원래 눈으로 볼 수 없기 때문이다, 히 11:2; 고후 4:18), 믿음의 동기들과 관련된 말씀이다 – 그리스도의 이적들, 특히 그의 부활. 이러한 것들을 보지 않고도 그리스도를 믿는 자들은 복되다. 이 말씀은 과거로 소급해서 조상들이 보았던 것들을 보지 못했으면서도 조상들에게 주어진 약속을 믿고서 그 믿음으로 살아 갔던 구약의 성도들을 염두에 둔 것일 수도 있고, 장래와 관련해서 유대인들과는 달리 육신을 입으신 그리스도를 결코 본 적이 없으면서도 믿었던 이방인들을 염두에 둔 것일 수도 있다. 이러한 믿음은 보고서 믿은 자들의 믿음보다 더 칭찬받을 만하다. 그 이유는 다음과 같다.

[1] 보지 못하고 믿는다는 것은 그 믿는 자들의 성품이 좋다는 것을 보여주는 것이기 때문이다. 보지 않고 믿는다는 것은 진리를 더 부지런히 추구한다는 것과 더 순수하고 소박한 마음으로 진리를 받아들인다는 것을 말해주는 것이다. 보고서 믿는 자는 일종의 강제에 의해서 어쩔 수 없이 믿는 측면을 지니고 있다. 그러나 보지 않고 믿는 자는 베뢰아 사람들 같이 더 고상하다.

[2] 보지 않고 믿는 것은 하나님의 은혜가 역사하였음을 보여주는 더 뚜렷한 증거이기 때문이다. 증거들이 덜 감각적일수록, 그 사람 속에서 믿음을 불러일으킨 것은 주님께서 하신 일임이 더 분명해진다. 베드로의 믿음이 복된 것은 혈과 육이 그에게 그 믿음을 계시한 것이 아니었기 때문이다(마 16:17). 보지 않고 믿는 자들보다 보고 믿는 자들에게 혈과 육은 더 많이 작용을 한 것이다. 라이트푸트 박사는 한 랍비의 말을 인용한다: "한 (이방인) 개종자가 시내 산 앞에 서 있었던 무수한 이스라엘 백성보다 하나님께 더 열납된다. 왜냐하면, 그들은 보고 율법을 받아들였지만, 이 개종자는 보지 않고 율법을 받아들였기 때문이다."

Ⅳ. 이 복음서 기자는 역사가가 결론을 쓰듯이 자기가 쓴 이야기에 대하여 논평함(30-31절).

1. 복음서 기자는 우리에게 그 밖에도 여기에 기록될 만한 가치가 있는 많은 일들이 일어났고, 예수께서 다른 표적도 많이 행하셨으나, 그러한 것들이 이 책에 기록되지 아니하였다고 말한다. 어떤 이들은 이 말이 예수께서 그의 공생애 동안에 행하셨던 모든 표적들, 그가 말씀하셨던 모든 기이한 말씀들, 그가 행하셨던 모든 기사(奇事)들을 가리킨다고 본다. 그러나 이 말은 그리스도께서 부활하신 후에 행하신 표적들로 국한시키는 것이 좋을 것 같다. 왜냐하면, 여기에서 말하고 있는 표적들은 사도행전 10:41에 언급되어 있듯이 제자들이 보는 앞에서 그리스도께서 행하신 표적들이기 때문이다. 고린도전서 15:5-7이 보여주듯이, 그리스도께서 제자들에게 여러 번 그 모습을 나타내셨지만, 그러한 일들은 여기에 기록되어 있지 않다(행 1:3을 보라).

(1) 우리는 그리스도께서 행하신 다른 표적들, 많은 표적들이 있었다는 이러한 일반적인 증언을 우리의 믿음을 견고케 하는 데에 활용할 수 있을 것이다. 또한 그러한 많은 표적들은 이 복음서에 나오는 구체적인 이야기들에 더하여져서 그 증거들을 훨씬 더 강화시켜 준다. 그리스도의 부활을 기록한 자들은 그들이 찾아낼 수 있는 증거들이 너무 적고 단편적이어서 어떻게든 증거들을 찾아내려고 애를 쓴 것도 아니었고 불충분한 부분들을 추측으로 메울 수밖에 없었던 것도 아니었다. 그들에게는 그들이 필요로 하는 내용들을 쓰고도 남을 만큼의 충분한 증거들과 증인들이 있었다. 그리스도께서 부활하신 후에 표적들을 행하시는 것을 본 제자들은 그리스도의 부활을 다른 사람들에게 전파하기로 되어 있었던 자들이었기 때문에, 그들이 목숨을 걸고 부활을 강력하게 전하기 위해서는 부활에 관한 증거들이 풍부하게(ex abundanti) 존재하는 것이 꼭 필요하였다.

(2) 우리는 복음서 기자들이 그러한 다른 표적들을 왜 기록하지 않았는지, 또는 복음서에 나오는 것보다 더 많은 표적들을 기록하지 않았는지를 물을 필요가 없다. 왜냐하면, 성경을 기록하도록 영감을 주신 성령께서 이 정도로 충분하다고 여기셨다는 것이 우리에게 충분한 대답이 되기 때문이다. 만약 이 이야기가 단순히 사람이 만들어낸 창작이었다면, 그것은 논란이 된 그리스도의 부활의 사실성을 증명하기 위한 무수한 서류들과 선서들, 그리고 그것을 증명하기 위한 긴 논증으로 차고 넘쳐났을 것이다. 그러나 이 이야기는 성령의 영감으로 이루어진 이야기이기 때문에, 그 기자들은 부활에 관하여 가르침을 받고

자 하는 자들에게 확신을 주고, 자신의 불신앙을 완고하게 고집하고자 하는 자들을 정죄하기에 충분한 정도의 유력한 증거들을 제시하는 정도로만 간결하게 글을 썼다. 사람이 이것으로 믿음을 갖지 못한다면, 더 많은 증거들이 기록되었다고 해도 그 사람은 믿음을 갖지 못하게 될 것이다. 사람들은 신뢰를 얻기 위해서 그들이 해야 할 말을 다 쏟아 놓지만, 하나님께서는 사람들에게 믿음을 주실 수 있는 분이기 때문에 그렇게 하지 않는다. 만약 이 이야기가 호기심 많은 자들을 즐겁게 해 주기 위하여 씌어진 것이었다면, 이 이야기는 좀 더 풍성하게 씌어졌을 것이고, 이 이야기와 관련된 모든 정황들이 아름다운 수식어와 함께 세세하게 기록되었을 것이다. 그러나 이 이야기는 사람들로 하여금 믿게 하기 위하여 씌어진 것이기 때문에, 사람들이 듣든지 아니 듣든지 그러한 의도에 충분한 정도로만 기록되었다.

2. 복음서 기자는 이 복음서에 나오는 것들을 기록한 목적을 통해서 우리를 가르친다(31절): "이 장과 다음 장에서 이러한 기사들을 기록한 것은 그러한 증거들을 보고서 너희로 믿게 하고, 예수께서 그리스도시고, 그의 부활을 통해서 능력으로 하나님의 아들로 선포되신 분임을 믿게 하기 위한 것이다."

(1) 복음서를 쓴 자들의 의도. 어떤 자들은 소일거리로 책들을 써서 돈을 벌거나 사람들로부터 찬사를 듣기 위해서 책을 출판하고, 어떤 자들은 아테네 사람의 정신을 가지고 책을 쓰며, 어떤 사람들은 학문과 예술을 세상에 가르쳐서 그들로 하여금 세속적인 유익을 얻게 하기 위하여 책을 쓴다. 그러나 복음서 기자들은 자기 자신이나 다른 사람들의 세속적인 이익을 염두에 두고 글을 쓴 것이 아니라, 사람들을 그리스도와 천국으로 이끌기 위해서, 그리고 그러한 목적으로 사람들로 하여금 믿도록 설득하기 위하여 글을 썼다. 이것을 위해서 그들은 가장 적합한 방법들을 택하였고, 적절한 증거들로 밑받침된 하나님의 계시를 세상에 전하였다.

(2) 복음은 읽고 듣는 자들의 도리. 그리스도에 관한 가르침과 그에 관하여 기록된 것을 믿고 받아들이는 것이 그들의 도리이다(요일 5:11).

[1] 우리가 믿어야 할 위대한 복음의 진리는 무엇인가? 예수께서 하나님의 아들 그리스도라는 것. 첫째, 예수가 메시야라는 이름 하에 구약의 성도들에게 약속되었고 또한 그들이 기다려왔던 인물, 그 이름이 의미하는 바와 같이 하나님에 의해서 왕과 구주로 기름 부음을 받은 자인 그리스도라는 것. 둘째, 예수가 하

나님의 아들이라는 것. 예수는 중보자로서 하나님의 아들이었을 뿐만 아니라, 중보자가 되기 이전에도 하나님의 아들이셨다(만약 그렇지 않다면, 그는 선지자요 중보기도자요 율법 수여자였던 모세보다 더 크다고 할 수 없게 된다). 왜냐하면, 예수께서 하나님의 능력을 수여받고 하나님의 영광을 지닌 신적인 존재가 아니었다면, 그는 그의 사역에 필요한 자격을 갖추지 못한 것이 되기 때문이다 — 그럴 경우에 그는 구속주의 사역을 하거나 구속주의 면류관을 쓰기에 합당치 않은 자가 된다.

[2] 우리가 소망할 수 있는 복음이 가져다주는 큰 복은 무엇인가? 우리가 믿고 그 이름을 힘입어 생명을 얻는 것. 첫째, 이것은 우리의 믿음의 방향을 설정하기 위한 것이다. 믿음은 생명, 생명의 면류관, 우리 앞에 있는 생명나무를 바라보아야 한다. 그리스도의 이름으로 말미암은 생명, 그리스도 안에서 하나님께서 우리와 맺으신 계약 속에서 제시된 생명은 우리가 우리의 기쁨의 충만함과 우리의 모든 섬김과 고난에 대한 풍성한 상급으로 기대해도 좋은 바로 그것이다. 둘째, 이것은 우리의 믿음을 격려하고, 우리로 하여금 믿도록 초대하기 위한 것이다. 장차 뭔가 큰 유익이 주어질 것이라고 생각하게 되면, 사람들은 과감하게 나아가고자 한다. 이 생명의 말씀이 주는 것보다 더 큰 유익은 존재할 수 없다(행 5:20에서는 복음을 그렇게 부른다). 그것은 하나님과 합하여 그와 교제하는 영적인 삶과 하나님을 뵙고 그 안에 거하는 영원한 삶을 포함한다. 이 두 가지는 그리스도의 이름으로 말미암아 그의 공로와 권능에 의해서 주어지고, 모든 참된 신자들에게 어김없이 주어진다.

제 21 장

개요

복음서 기자는 앞 장으로 그의 이야기를 끝낸 것으로 보인다. 그러나 새로운 문제가 생겨나자, 그는 다시 글을 쓰기 시작한다(사도 바울이 그의 서신들에서 종종 그렇게 하듯이). 그는 예수께서 그의 부활을 증명하기 위해서 행하신 그 밖의 다른 많은 표적들이 있다고 말했었다. 그리고 이 장에서 그는 그 많은 표적들 중에서 하나를 언급하는데, 그것은 그리스도께서 디베랴 호수에서 몇몇 제자들에게 나타나신 일이었다. 우리는 여기서 다음과 같은 이야기를 듣는다. I. 그리스도께서 고기를 잡고 있던 제자들에게 나타나셔서 그들의 그물을 가득 채우시고, 그런 후에 매우 친근하게 다가오셔서 그들이 잡은 물고기로 그들과 함께 식사를 하심(1-14절). II. 그리스도께서 식사 후에 베드로와 함께 나누신 대화: 1. 자기 자신에 관하여(15-19절). 2. 요한에 관하여(20-23절). III. 이 복음서의 엄숙한 결미(24-25절). 예수께서 사랑하시던 제자가 이 일들을 증거한 이라고 분명히 언급되고 있는데도(24절), 이 장을 다른 사람이 첨가한 것이라고 생각하는 자가 있다면, 그것은 이상한 일이다.

¹그 후에 예수께서 디베랴 호수에서 또 제자들에게 자기를 나타내셨으니 나타내신 일은 이러하니라 ²시몬 베드로와 디두모라 하는 도마와 갈릴리 가나 사람 나다나엘과 세베대의 아들들과 또 다른 제자 둘이 함께 있더니 ³시몬 베드로가 나는 물고기 잡으러 가노라 하니 그들이 우리도 함께 가겠다 하고 나가서 배에 올랐으나 그 날 밤에 아무 것도 잡지 못하였더니 ⁴날이 새어갈 때에 예수께서 바닷가에 서셨으나 제자들이 예수이신 줄 알지 못하는지라 ⁵예수께서 이르시되 얘들아 너희에게 고기가 있느냐 대답하되 없나이다 ⁶이르시되 그물을 배 오른편에 던지라 그리하면 잡으리라 하시니 이에 던졌더니 물고기가 많아 그물을 들 수 없더라 ⁷예수께서 사랑하시는 그 제자가 베드로에게 이르되 주님이시라 하니 시몬 베드로가 벗고 있다가 주님이라 하는 말을 듣고 겉옷을 두른 후에 바다로 뛰어 내리더라 ⁸다른 제자들은 육지에서 거리가 불과 한 오십 칸쯤 되므로 작은 배를 타고 물고기 든 그물을 끌고

와서 [9]육지에 올라보니 숯불이 있는데 그 위에 생선이 놓였고 떡도 있더라 [10]예수께서 이르시되 지금 잡은 생선을 좀 가져오라 하시니 [11]시몬 베드로가 올라가서 그물을 육지에 끌어 올리니 가득히 찬 큰 물고기가 백쉰세 마리라 이같이 많으나 그물이 찢어지지 아니하였더라 [12]예수께서 이르시되 와서 조반을 먹으라 하시니 제자들이 주님이신 줄 아는 고로 당신이 누구냐 감히 묻는 자가 없더라 [13]예수께서 가셔서 떡을 가져다가 그들에게 주시고 생선도 그와 같이 하시니라 [14]이것은 예수께서 죽은 자 가운데서 살아나신 후에 세번째로 제자들에게 나타나신 것이라

이 단락에는 그리스도께서 디베랴 호수에서 제자들에게 나타나신 것에 관한 이야기가 나온다. 이제 1. 이 현현 사건과 앞서 있었던 현현 사건들을 비교해 보자. 앞서 있었던 현현 사건들에서 그리스도께서는 제자들이 주의 날에 예배를 위해 함께 모여서 주님께서 나타나시기를 기대하고 있을 때에 그들에게 모습을 나타내셨다. 그러나 이번에 그리스도께서는 몇몇 제자들이 물고기를 잡고 있을 때에 전혀 생각지도 않은 때에 한 주간의 평일에 그들에게 나타나셨다. 그리스도께서는 그의 백성들에게 자기 자신을 알게 하시는 수많은 방식들을 가지고 계시는데, 통상적으로는 성례전들을 통해서 자신을 나타내시지만, 종종 목자들이 밤에 자기 양 떼를 지키는(눅 2:8) 것과 같이 일상 생활을 하고 있는 제자들을 그의 성령을 통해서 찾아오시는데, 이 경우가 그러하였다(창 16:13). 2. 이 현현 사건을 나중에 그리스도께서 거기에서 그를 만나게 될 것이라고 제자들에게 약속하셨던 갈릴리의 한 산에서 있었던 현현 사건(마 28:16)과 비교해 보자. 무교절이 끝나자마자 그들은 갈릴리로 옮겨가서, 약속된 만남의 때까지 나름대로의 시간을 보내고 있었다. 지금 이 현현 사건은 그들이 그 만남의 때를 기다리면서 시간을 보내고 있는 동안에 일어난 일이었기 때문에, 그들은 기다리는 데에 지쳐 있지 않았다. 그리스도께서는 흔히 말씀하신 것보다 더 잘 하시고, 더 잘못하는 경우는 결코 없으시며, 흔히 그의 백성들의 기대보다 앞서 가시며 그 기대 이상으로 이루시고, 그들을 결코 실망시키지 않으신다. 이 이야기의 세부적인 내용들과 관련해서 우리는 다음과 같은 것들을 살펴볼 수 있다.

I. 그리스도께서는 지금 누구에게 나타나신 것인가(2절)? 열두 제자 모두에게가 아니라 오직 일곱 제자에게만. 1장 이후에는 한 번도 나오지 않았던 나

다나엘이 이 일곱 제자 중 한 사람으로 언급되어 있다. 그러나 어떤 이들은 나다나엘은 열두 제자 중의 한 사람인 바돌로매와 동일 인물이었다고 생각한다. 본문에 이름이 나와 있지 않은 나머지 두 제자는 벳새다 사람 빌립과 가버나움 사람 안드레였을 것으로 추측된다. 좀 더 살펴보자.

1. 그리스도의 제자들은 많이 모일수록 좋다. 신앙적인 집회와 예배들에서만 아니라 일상적인 대화나 일상적인 일들에 있어서도. 선한 그리스도인들은 이러한 모임들 속에서 대화와 모범을 통해서 서로에 대한 사랑과 서로를 기뻐하는 마음을 증거하고 키워야 하며 서로에게 덕을 세워야 한다.

2. 그리스도께서는 제자들이 함께 있을 때에 그들에게 모습을 나타내기로 선택하셨다. 그것은 단지 그리스도인들이 서로 모이는 것을 장려하기 위해서만이 아니라 그들로 하여금 동일한 사건에 대한 증인들이 되어서 서로의 증언을 강화시켜 주도록 하기 위한 것이었다. 여기에 일곱 제자들이 있어서, 그들이 함께 이 일을 증언하는데, 이것과 관련해서 어떤 이들은 로마법에서는 유언에 대한 증인으로 일곱 사람을 요구하였다고 지적한다.

3. 도마는 여기에 있던 일곱 제자 중의 한 사람으로서 베드로 다음으로 거명되고 있는데, 이제는 이전보다 사도들의 모임에 더 밀착되어 있었던 것으로 보인다. 이전에 소홀함으로 손해를 보고나서는 기회들을 놓치지 않기 위해 더 주의를 기울이는 자가 되었다면, 그것은 좋은 일이다.

Ⅱ. 그들이 어떻게 사용되었는가(3절)? 좀 더 살펴보자.

1. 그들은 물고기를 잡으러 가는 데에 의기가 투합하였다. 그들은 무슨 일을 해야 할지를 잘 알지 못하였다. 베드로가 먼저 나는 물고기 잡으러 가노라고 말하였고, 그러자 나머지 제자들도 함께 하고 싶어서 우리도 함께 가겠다고 하였다. 보통 두 사람이 동업하는 경우에 서로의 마음이 같을 수 없지만, 이 제자들은 마음을 같이 할 수 있었다. 어떤 이들은 제자들이 전에 버렸던 그들의 배와 그물로 되돌아온 것은 잘못이었다고 생각한다. 그러나 만약 그리스도께서 물고기를 잡는 그들을 기뻐하지 않으셨다면 그들을 찾아오지 않으셨을 것이다. 제자들이 물고기 잡는 일로 되돌아온 것은 오히려 장려할 만한 일이었다. 왜냐하면, 그들은 다음과 같은 목적을 위해서 그렇게 한 것이었기 때문이다.

(1) 빈둥거리며 시간을 때우는 것이 아니라 남는 시간을 잘 선용하기 위해서. 그들은 아직 그리스도의 부활을 전파하도록 지시를 받지 않은 상태였다.

그들의 사명은 준비 중에 있었고 아직 확정되지는 않았다. 행동에 옮길 때는 아직 오지 않았다. 주님께서 그들에게 그의 승천 때까지 또는 성령이 강림해서 그들이 예루살렘에서 복음을 전파하기 시작할 때까지는 그의 부활에 대하여 아무 말도 하지 말도록 지시하셨던 것일 가능성이 크다. 그동안에 그들은 아무 일도 안 하느니 물고기나 잡으러 가고자 했다. 지금 그들은 재미 삼아서가 아니라 일로써 물고기를 잡으러 갔다. 그것은 그들의 겸손을 보여주는 예이다. 그들은 비록 그리스도께서 아버지께로부터 보내심을 받은 것과 마찬가지로 그리스도께로부터 보내심을 받아서 귀한 자들이 될 것이었지만 거들먹거리지 않고 오히려 그들을 떠낸 반석을 기억하였다. 또한 그것은 그들의 근면성을 보여주는 예이기도 하고, 그들이 당시에 좋은 남편들이었음을 보여주는 것이기도 하다. 그들은 약속된 때를 기다리고 있는 동안에 게으름을 피우며 빈둥거리고자 하지 않았다. 각자에게 주어진 시간을 어떻게 보냈지는 기쁜 마음으로 직고하고자 하는 자들은 빈 시간들을 충실하게 보내고 조각 시간들을 잘 선용하려고 애써야 한다.

(2) 스스로 개척하여 살아나가면서 다른 사람에게 짐이 되지 않도록 하기 위해서. 주님께서 그들과 함께 계신 동안에는 주님께 수종들었던 자들은 제자들에게도 잘 대해 주었다. 그러나 신랑을 빼앗길 날이 이른 지금 그들은 금식하여야 하기 때문에, 바울과 같이 자기 손으로 쓸 것을 충 당하여야 한다. 이런 이유로 그리스도께서는 그들에게 너희에게 고기가 있느냐고 물으신 것이다. 이것은 우리에게 조용히 일하여 자기 양식을 먹을 것을 가르친다.

2. 제자들이 아무것도 잡지 못해서 실망함. 그 날 밤에 그들은 밤이 새도록 수고하였던(눅 5:5) 것 같지만 아무것도 잡지 못하였다. 이 세상의 허무함을 보라. 부지런히 일을 해도 빈 손으로 돌아가야 하는 일이 허다하다. 선한 사람들일지라도 정직하게 일을 해도 바라던 성공을 거둘 수 없다. 우리는 할 일을 다 하는데도 잘 살지 못한다. 섭리에 의해서 하나님께서 그들이 밤새도록 아무것도 잡지 못하게 하신 것은 아침에 물고기들이 이적처럼 많이 잡히는 것이 그들에게 더 놀랍고 기쁜 일이 되게 하기 위해서였다. 우리에게 매우 참담한 실패들 속에서 하나님은 매우 은혜로운 계획들을 갖고 계시는 경우가 많다. 인간은 사실 바다의 물고기를 다스리는 권능을 가지고 있지만, 항상 그런 권능을 휘두를 수 있는 것은 아니다. 오직 하나님만이 바닷길을 아시고, 그 길들을 지나가는 것들

을 주관하신다.

Ⅲ. 그리스도께서 어떠한 방법으로 그들에게 자신을 알게 하셨는가? 본문에서는 예수께서 자기를 나타내셨다고 말한다(1절). 그리스도의 몸은 진정한 진짜 몸이었지만 영적인 몸으로 부활하셨기 때문에(우리도 장차 그렇게 될 것이다), 그가 그 몸을 나타내기를 기뻐하실 때에만 그 몸은 가시적이 될 수 있었다. 또는, 그의 몸은 아주 신속하게 나타났다가 사라질 수 있었기 때문에, 순식간에, 눈 깜짝할 사이에 여기에 있다 저기에 있을 수 있었다. 그리스도께서 제자들에게 나타나신 사건 속에서 우리는 네 가지의 것을 살펴볼 수 있다:

1. 그리스도께서는 때를 맞춰서 제자들에게 나타나셨다(4절): 날이 새어갈 때에, 즉 제자들이 밤새워서 수고하였지만 아무 소득이 없었을 때에 예수께서는 **바닷가에 서셨다.** 그리스도께서 그의 백성에게 나타나시는 때는 그들이 어찌할 줄을 몰라 하고 있을 때이다. 그들이 어쩔 도리가 없다고 생각할 때, 그리스도께서는 그들에게 방도가 있다는 것을 알게 하시고자 하신다. 저녁에는 울음이 깃들일지라도, 그리스도께서 오시면, 아침에는 기쁨이 오리로다. 그리스도께서는 물 위를 걸어서 그들에게 나타나신 것이 아니라, 죽은 자 가운데서 다시 살아나셔서 예전처럼 그들과 함께 있을 수 없게 될 것이었기 때문에 나타나신 것이었다. 그가 **바닷가에 서신** 것은 지금 제자들이 그를 향하여 올 것이었기 때문이다. 어떤 옛 사람들은 이 어구를 그리스도께서 일을 마치신 후에 폭풍이 이는 바다, 피의 바다를 뚫고서 안전하고 고요한 해변가로 오셔서 승리한 자로서 바닷가에 서 계신 것이라고 해석하였다. 그러나 제자들은 여전히 일을 하느라 바다에서 위험을 무릅쓰고 땀 흘리며 수고하고 있었다. 우리가 가는 길이 험하고 폭풍이 몰아친다고 하더라도 우리 주님께서 바닷가에 서 계시고 우리는 주님께로 달려가고 있는 것이라고 생각할 때, 그것은 우리에게 위로가 된다.

2. 그리스도께서는 제자들에게 점진적으로 자신을 나타내셨다. 제자들은 비록 주님을 친밀하게 잘 알고 있었지만 단번에 예수이신 줄 알지 못하였다. 그들은 거기에서 주님을 뵈올 줄은 꿈에도 생각하지 못했을 뿐더러 유심히 살펴본 것도 아니었기 때문에 어떤 사람이 그들이 잡아온 물고기를 사기 위해서 그들의 배가 도착하기를 기다리고 있거니 생각한 것이었다. 그리스도께서는 우리가 생각하는 것보다 우리에게 더 가까이 계시는 경우가 많다는 것은 우리에게 위로가 되는데, 이것을 우리는 나중에야 깨닫게 된다.

3. 그리스도께서는 긍휼을 베푸시는 한 행동을 통해서 제자들에게 나타나셨다(5절). 그는 그들을 얘들아라고 부르시며, "너희에게 고기가 있느냐? 너희는 물고기를 잡았느냐?"고 물으셨다.

(1) 제자들을 부르신 호칭이 매우 다정하다. 그리스도께서는 아버지의 자상함으로 아들을 부르듯이 제자들을 부르셨다: 얘들아. 그는 지금 높아지신 상태에 들어가셨지만 예전과 마찬가지로 인자하고 다정하게 제자들에게 말을 붙이셨다. 제자들은 어린아이들이 아니었지만, 주님의 자녀들, 하나님께서 주님께 주신 자녀들이었다.

(2) 질문의 내용도 매우 다정하다: 너희에게 고기가 있느냐? 그리스도께서는 자상한 아버지로서 그의 자녀들에게 필요한 것들이 다 공급이 되어 있는지를 물으신다 — 만약 그렇지 않다면 그러한 것들을 공급해 주시려는 의도를 가지시고. 주는 몸을 위하여 계신다(고전 6:13)는 것을 명심하라. 그리스도께서는 그의 백성들이 현세에서 필요한 것들을 아시고, 그들에게 풍성한 은혜만이 아니라 먹을 것도 공급해 주실 것을 약속하셨다. 진실로 내가 그들을 먹이리라(시 27:3). 그리스도께서는 가난한 자들의 초가집들을 들여다보시고는 얘들아 너희에게 고기가 있느냐고 물으심으로써, 그들로 하여금 그 앞에 그들의 사정을 다 내어놓고, 믿음의 기도로써 그들이 구할 것들을 그에게 아뢰도록 하시고는, 그런 후에 아무것도 염려하지 않게 하신다. 왜냐하면, 그리스도께서는 그들을 돌보시며 그들에게 필요한 것을 살피시기 때문이다. 이것을 통해서 그리스도께서는 우리에게 연민을 가지고 형제들을 돌아보는 모범을 보이셨다. 일을 할 수 없어서 또는 일을 하다가 실패하여서 곤궁한 삶으로 전락한 많은 가난한 가정들이 있는데, 부자들은 그런 가정들을 살펴서 그들에게 너희에게 고기가 있느냐고 물어야 한다. 왜냐하면, 보통 가장 절실한 가정들일수록 힘써 살피지 않으면 겉으로 잘 드러나지 않기 때문이다. 이 질문에 대하여 제자들은 짧게 대답하였는데, 어떤 이들은 제자들이 불만족과 언짢음이 묻어나는 태도로 퉁명스럽게 대답한 것이라고 생각한다. 그들은 없나이다라고 대답하였다. 그들은 예전과는 달리 주님께 친근한 존칭을 사용하지 않았다. 주 예수에 대한 그들의 사랑의 응답은 너무나 기대에 못 미치는 것이었다. 그리스도께서 그들에게 질문하신 것은 그가 그들이 필요로 하는 것을 모르셨기 때문이 아니라 그들로부터 직접 듣고 싶으셨기 때문이었다. 그리스도에게 공급을 받고자 하는 자들은 스스로 무엇이

부족하고 필요한지를 말씀드려야 한다.

4. 그리스도께서는 그의 권능을 보여주시는 행동을 통해서 제자들에게 스스로를 나타내셨다. 이것을 통해서 제자들은 주님을 알아보게 되었다(6절): 그는 제자들에게 그들이 평소에 했던 것과는 반대로 그물을 배 오른편에 던지라고 명하셨다. 그러자 빈손으로 돌아가야 했던 그들은 엄청나게 많은 물고기를 잡게 되었다. 여기에서 우리는 다음과 같은 것들을 본다.

(1) 그리스도께서 제자들에게 명령하셨고, 그 명령에는 약속이 수반되어 있었다: 이러저러한 곳에 그물을 던지라. 그리하면, 너희가 잡으리라. 물에서 사는 것들(욥 26:5)을 비롯해서 그 어떤 것도 그에게서 숨겨질 수 없기 때문에, 그는 배의 어느 쪽에 많은 물고기들이 있는지를 알고 계셨고, 제자들에게 그 쪽으로 그물을 던지라고 명하셨다. 하나님의 섭리는 아주 사소하고 우연적인 일들에까지도 미친다는 것을 명심하라. 자신의 일들을 행함에 있어서 섭리를 통해서 단서들을 얻는 법을 알고, 자신의 모든 길에서 그 섭리를 인정하는 자들은 복되다.

(2) 제자들은 명령에 순종하였고 큰 성공을 거두었다. 아직 제자들은 예수이신 줄 알지 못하였다. 하지만 그들은 다른 사람의 조언을 기꺼이 받아들였다. 그들은 이 낯선 사람에게 자기 일이나 하고 남의 일에 간섭하지 말라고 쏘아부치지 않고 그의 조언을 받아들였다. 이렇게 낯선 사람들의 조언을 흘려버리지 않고 경청함으로써 제자들은 알지 못하는 사이에 주님의 말씀에 순종한 셈이 되었다. 그리고 일은 기가 막히게 잘 되었다. 이제 그들은 그들이 밤새도록 한 모든 수고를 다 갚고도 남을 정도로 많은 물고기를 잡았다. 겸손하고 부지런하며 인내하는 자들(비록 그들이 하는 일이 잘되지 않는다고 하여도)은 결국 유종의 미를 거두게 된다는 것을 명심하라. 그런 자들은 종종 살아 있는 동안에 수많은 분투와 실패 후에 큰 성공을 거두게 된다. 그리스도의 명령을 지켜서 손해나는 일은 없다. 말씀의 법칙과 성령의 인도하심, 섭리의 암시들을 따르는 자들은 잘되게 되어 있다. 왜냐하면, 그것은 그물을 배 오른편에 던지는 것이기 때문이다. 물고기가 많이 잡힌 것은 다음과 같은 것들이라고 할 수 있다.

[1] 그것은 그 자체로 하나의 이적이었다: 이 이적은 예수 그리스도께서 비록 욕된 것으로 심겨지셨지만 영광스러운 것으로 다시 살아나셔서 만물을 그 발 아래 두시게 되었고 바다의 물고기들도 예외일 수 없다는 것을 증명하기 위하여 의도

된 것이었다. 그리스도께서는 아무도 할 수 없는 일, 그들이 바라지도 않았던 일을 행하심으로써 그의 백성들에게 스스로를 나타내신다.

[2] 그것은 제자들에게 베푸신 긍휼이었다. 왜냐하면, 이것은 그들에게 꼭 필요한 것들을 때에 맞춰서 풍성하게 공급해 주신 것이기 때문이다. 제자들이 그들의 지혜와 열심으로 일을 했지만 실패하였을 때, 그들을 구원하기 위하여 그리스도의 능력은 때를 맞춰서 찾아왔다. 왜냐하면, 그리스도께서는 그를 위하여 모든 것을 버린 자들에게 그 어떤 선한 것도 부족하지 않도록 돌보시기 때문이다. 우리가 어찌할 바를 모를 때, 여호와께서 준비하신다(여호와 이레).

[3] 그것은 그리스도께서 이전에 베푸신 긍휼의 이적을 일깨우는 것이었다. 앞서 그는 이 이적을 통해서 그에게 배를 빌려 주었던 베드로에게 보상하신 적이 있었다(눅 5:4 등). 이 이적은 바로 그 때의 이적과 닮은 것이었기 때문에, 베드로는 그 이적을 상기할 수밖에 없었을 것이고, 그것은 베드로가 주님을 알아보는 데에 도움이 되었을 것이다. 왜냐하면, 그 때의 이적이나 지금의 이적은 둘 다 동일한 베드로의 배에서 동일한 일로 주님을 만난 것이어서 베드로에게 크게 각인되었기 때문이다. 지금의 이적을 통해 베풀어진 은총은 이전의 은총을 상기시켜서 떡을 먹은 일을 잊지 않도록 하기 위한 것이었다.

[4] 그것은 하나의 신비로서, 그리스도께서 이제 제자들에게 큰 사명으로 맡기시게 될 그 일과 관련하여 매우 의미심장한 것이었다. 선지자들은 영혼들을 낚아 왔었지만, 아무것도 낚지 못하거나 아주 조금만 낚았었다. 그러나 사도들은 그리스도의 말씀을 따라서 그물을 내림으로써 놀라운 성공을 거두었다. 홀로 사는 자의 자녀가 남편 있는 자의 자녀보다 많음이라(갈 4:27). 제자들은 그들이 처음으로 사람을 낚는 어부들이 되었던 이전의 사명을 따랐을 때에는 이제 앞으로 있게 될 것과 비교해서 작은 성공을 거두었었다. 이 일 후에 얼마 안 있어서 사도들이 그물을 배 오른편에 던졌을 때에 하루에 삼천 명이 회개하고 돌아왔다. 이것은 부지런히 자기 할 일을 계속하고 있는 그리스도의 사역자들에게 큰 격려가 된다. 마침내 한 번의 복된 대량의 어획(漁獲)은 복음의 그물을 던지며 수고했던 오랜 세월의 노고를 보상해 주기에 충분할 것이다.

IV. 그리스도께서 자신을 밝히시자 제자들이 어떤 반응을 보였는가(7-8절)? 여기에서 우리는 다음과 같은 것들을 발견할 수 있다.

1. 요한은 매우 영리하고 눈썰미가 있는 제자였다는 것. 예수를 알아보고 주

님이시라고 말한 사람은 예수께서 사랑하시는 그 제자였다. 왜냐하면, 그리스도께서는 그가 사랑하시는 자들에게 자신을 특별한 방식으로 나타내시기 때문이다. 그리스도를 사랑하시는 자들은 그리스도의 비밀을 안다. 요한은 제자들 중에서 그 누구보다도 고난 중에 계셨던 주님을 가장 밀착해서 따라다녔었다. 그러므로 요한은 그의 변함없는 충성에 대한 상급으로 다른 어느 제자보다도 더 분명하게 볼 수 있는 눈과 더 분명하게 분별할 수 있는 판단력을 가지고 있었다. 요한은 그 분이 주님이시라는 것을 알게 되자, 그 사실을 그와 함께 한 제자들에게 알렸다. 왜냐하면, 이렇게 각 사람에게 성령을 나타내심은 유익하게 하려 하심이기 때문이다. 그리스도를 아는 자들은 다른 사람들이 그리스도를 알도록 애써야 한다. 그리스도 안에는 우리 모두를 위한 충분한 것이 존재하기 때문에, 우리는 그리스도를 독점할 필요가 없다. 요한은 베드로가 주님을 보게 되면 그 누구보다도 기뻐할 것이라고 생각해서 그분이 주님이시라는 것을 특히 베드로에게 말하였다. 비록 베드로는 주님을 부인하기는 했지만, 회개하고 다시 제자들의 친교 속으로 들어왔고, 다른 제자들은 베드로를 예전처럼 허물없고 친근하게 대하였다.

2. 베드로는 가장 열심이 있고 따뜻한 마음을 가진 제자였다는 것. 왜냐하면, 베드로는 그분이 주님이라는 말을 듣자마자(이것에 대해서 그는 요한의 말을 곧이곧대로 받아들였다), 배가 해변에 닿을 때까지 기다릴 수가 없었기 때문에, 그리스도께 가장 먼저 가기 위하여 즉시 바다에 뛰어들었기 때문이다.

(1) 베드로는 가장 좋은 옷을 입고서 주님 앞에 나가기 위하여 겉옷을 두름으로써 그리스도에 대한 예를 갖추었다. 그가 조끼와 속바지만을 입은 채로 있었던 것은 이제 막 땀 흘리는 고된 작업을 할 참에 겉옷들이 거추장스러웠기 때문이었는데, 그런 차림새로 주님 앞에 나가는 것은 무례한 일이 되었을 것이다. 아마도 어부들의 겉옷은 가죽으로 만들어졌거나 기름칠이 되어 있었기 때문에 물에 젖지 않았을 것이다. 베드로가 겉옷을 두른 것은 물고기를 잡고자 그물들을 손질할 때에 겉옷을 입는 것과 마찬가지로 물을 통과해서 그리스도께 가장 잘 갈 수 있게 하기 위한 것이었다.

(2) 베드로는 바다에 뛰어드는 것을 통해서 그리스도에 대한 그의 사랑이 얼마나 강하고, 그리스도와 함께 하고자 하는 그의 열망이 얼마나 열렬한지를 보여주었다. 그는 얕은 바닷물을 건너서 또는 수영을 해서 해변가에 계신 그리스

도에게 나아갔다. 베드로가 물 위를 걸어서 그리스도께 갔을 때(마 14:28-29)에 성경 본문에서는 베드로가 배에서 내려갔다고 말하였다. 그러나 여기에서는 마음이 급하여 베드로가 바다에 뛰어내렸다고 말한다. 물 아래로 가라앉았든 헤엄을 쳤든, 베드로의 일념은 예수와 함께 하는 것이었다. 베드로는 이렇게 생각하였을 것이다: '그리스도께서 나로 하여금 물에 빠져 익사하여 그에게 도달하지 못하게 하신다면, 그것은 내가 주님을 부인한 마땅한 대가일 뿐이다.' 베드로는 많이 사함을 받았기 때문에, 그리스도께 가고자 위험을 무릅쓰고 기꺼이 역경을 헤쳐 나가고자 함으로써 많이 사랑한다는 것을 보여주었다. 예수와 함께 있어 보았던 자들은 그에게 나아가기 위하여 폭풍이 이는 바다, 피의 바다를 기꺼이 헤엄을 쳐서 건너고자 하는 법이다. 그리스도의 제자들이 서로 먼저 그리스도와 함께 있고자 애쓰는 것은 칭찬할 만한 경쟁이다.

3. 나머지 제자들은 신중하고 정직한 마음을 지닌 자들이었다는 것. 그들은 비록 베드로처럼 기쁨에 못 이겨서 열정적으로 바다에 뛰어들지는 않았지만, 서둘러서 배를 타고 해변으로 나오는 데에 최선을 다하였다(8절). 주님이시라는 것을 처음으로 알아차렸던 요한을 비롯한 다른 제자들은 느리게 오긴 하였지만 역시 그리스도께 왔다. 여기서 우리는 다음과 같은 것들을 살펴볼 수 있다.

(1) 하나님께서 얼마나 다양하게 그의 은사들을 나누어 주시는가? 베드로와 요한 같은 몇몇 사람들은 탁월하다. 그들은 은사들과 은혜들에 있어서 매우 탁월하기 때문에 다른 형제들과 구별이 된다. 또 어떤 사람들은 단지 평범한 제자들로서 그들이 해야 할 일을 충실하게 하는 데에 마음을 쓰고, 특별히 눈에 띄는 주목할 만한 일을 하지는 않는다. 그렇지만 전자나 후자, 탁월한 자들이나 눈에 잘 띄지 않는 자들이나 둘 다 영광 중에 그리스도와 함께 앉게 될 것이다. 또한, 나중된 자가 먼저 될 것이다. 탁월한 자들 중에서도 요한 같은 사람들은 식견이 풍부해서 놀라운 지식의 은사들을 가지고 교회를 섬기고, 베드로 같은 사람들은 활동적이고 담력이 있으며 힘이 세고 힘든 일들을 척척 해내는 자들이기 때문에 그런 것들로 회중을 아주 잘 섬길 수 있다. 어떤 사람들은 교회의 눈이 되는 일에 유익하고, 어떤 사람들은 교회의 손이 되는 일에 유익하지만, 그들 모두는 그리스도의 몸의 유익을 위해서 존재한다.

(2) 믿는 자들 가운데서도 그리스도를 영화롭게 하는 방식이 서로 상당히 다

르지만, 그들 모두는 그리스도를 기쁘시게 하는 자들이다. 어떤 이들은 그리스도를 경건의 행위들, 종교적 열심의 탁월한 표현들을 통해서 섬긴다. 그들은 주를 위하여 그런 일을 행한다. 우리는 베드로를 자신의 몸을 바다에 던졌다고 해서 비난해서는 안 되고, 오히려 그리스도를 향한 그의 열심과 강렬한 사랑을 칭찬해 주어야 한다. 그리스도를 사랑하는 마음에서 세상 일을 그만두고, 마리아처럼 주의 발치에 앉은 자들도 칭찬받아야 한다. 그러나 어떤 이들은 세상 일들을 통해서 그리스도를 섬긴다. 그들은 여기에 나온 다른 제자들처럼 계속해서 배를 타고 그물을 당기고 물고기를 해변으로 나른다. 우리는 그러한 사람들을 세상적인 자들이라고 비난해서는 안 된다. 왜냐하면, 그들은 앞에서 말한 부류들과 마찬가지로 그들의 자리에서 심지어 식탁을 마련하는 것을 통해서까지도 진정으로 그리스도를 섬기고 있는 것이기 때문이다. 모든 제자들이 베드로처럼 행하였다면, 그들이 잡아온 물고기와 그들의 그물은 어떻게 되었겠는가? 그렇지만 베드로가 다른 제자들처럼 행하였다면, 우리는 거룩한 열심의 모범을 보지 못하게 되어서 아쉬워했을 것이다. 그리스도께서는 이 두 부류 모두를 기뻐하셨고, 따라서 우리도 그렇게 해야 한다.

(3) 그리스도의 제자들로 하여금 이 세상의 바다를 벗어나서 그리스도가 계시는 해변으로 나오게 하는 여러 가지 방식들이 있다는 것. 어떤 사람들은 순교자들처럼 그리스도를 향한 열심으로 바다에 몸을 던져서 폭력적인 죽음을 통해서 그에게로 나아간다. 어떤 이들은 그것보다는 덜 두려운 방식으로 그물을 끌면서 자연스러운 죽음을 통해서 그에게 나아간다. 그러나 이 두 부류는 결국 안전하고 고요한 해변에서 그리스도를 만나게 된다.

V. 주 예수께서 그들이 해변에 도착하자 어떠한 대접을 하셨는가?

1. 그리스도께서는 제자들을 위해서 식사 준비를 해 놓으셨다. 온 몸이 젖은 채로 춥고 지치고 배고픈 몸을 이끌고 해변에 도착했을 때, 그들은 그들의 몸을 따뜻하게 해 주고 말려줄 좋은 불과 좋은 식사를 위한 생선과 떡이 마련되어 있는 것을 발견하였다.

(1) 우리는 까마귀들이 엘리야에게 어디에서 고기를 가져다주었는지를 묻지 말아야 하는 것과 마찬가지로 그리스도께서 이 불과 생선과 떡을 어디에서 가져 오셨는지를 호기심을 품고 물을 필요가 없다. 그리스도께서는 오병이어로 수많은 무리들을 먹이실 수 있었던 것과 마찬가지로 마음만 먹는다면 새로운

떡과 생선을 만들어 내실 수도 있고 돌들을 떡으로 변하게 하실 수도 있으며 그의 천사들을 보내서 떡과 생선이 있는 곳에서 그것들을 가져오게 하실 수도 있다. 여기에서 식사가 야외에 준비된 것인지, 아니면 해변가에 있는 어부들의 휴식처에 마련된 것인지는 불확실하다. 그러나 여기에 차려진 식사는 거창한 것도 아니었고 진수성찬도 아니었다. 우리는 그리스도께서 그러하셨듯이 간소한 식사로 만족할 줄 알아야 한다.

(2) 우리는 그리스도께서 이렇게 제자들을 배려하신 것을 보고 힘을 얻게 된다. 그리스도께서는 우리에게 필요한 모든 것들을 공급해 주시고자 하시고, 우리에게 있어야 할 것을 아신다. 제자들이 일을 끝내고 지쳐서 돌아왔을 때, 그리스도께서는 인자하시게도 이 어부들을 위하여 식사를 차려 놓으셨다. 왜냐하면, 주께서는 주를 의뢰하여 선을 행하는 자들을 먹이실 것이기 때문이다. 그리스도에 의해서 사람을 낚는 어부들이 된 사역자들에게는 그리스도께서 그가 사용하시는 자들을 친히 먹이시리는 것은 큰 위로가 된다. 그들이 이 세상에서 격려를 받지 못하고, 바울처럼 주리며 목마르고 여러 번 굶게 된다면, 그들은 여기에서 그들이 가지고 있는 것으로 만족하여야 한다. 그리스도께서는 그들을 위하여 더 좋은 것들을 예비해 두고 계시고, 그들은 그리스도의 나라에 있어 그와 한 상에서 먹고 마시게(눅 22:30) 될 것이다. 얼마 전에 제자들은 구운 생선으로 그리스도를 대접해 드렸었는데(눅 24:42), 이제 그리스도께서는 친구로서 그들의 호의에 보답하기 위하여 그들을 구운 생선으로 대접하셨다. 게다가, 그리스도께서는 그들에게 물고기를 가득 잡게 해 주심으로써 백 배 이상으로 그들에게 갚아 주셨다.

2. 그리스도께서는 그들이 잡아 온 물고기 중에서 일부를 가져오라고 하셨고, 그들은 그것을 내놓았다(10-11절). 좀 더 살펴보자.

(1) 그리스도께서 그들에게 잡은 물고기를 해변으로 가져오라고 명하심: "너희가 방금 잡은 물고기를 여기로 가져와서 그 중 일부를 먹자." 그리스도께서 이렇게 말씀하신 것은 그에게 물고기가 필요했거나 그 물고기가 없이는 그들을 위한 식사를 준비할 수 없으셨기 때문이 아니었다.

[1] 그리스도께서는 그들이 그들의 손으로 한 수고의 열매를 먹게 하고자 하셨다(시 128:2). 하나님께서 우리에게 수고의 열매를 먹을 권한을 주셨기 때문에, 우리 자신의 일과 정직한 수고에 대한 하나님의 축복으로 인해서 얻어진 것 속에

는 특별한 달콤함이 있다. 게으른 자에 대해서 성경에서는, 그는 그가 사냥으로 잡은 것을 굽지도 않는다고 말한다. 게으른 자는 어렵사리 얻은 옷도 입기를 귀찮아 한다(잠 12:27). 그러나 그리스도께서는 이 일을 통해서 우리에게 우리가 가지고 있는 것을 사용하도록 가르치시고자 하셨다.

[2] 그리스도께서는 그들로 하여금 그의 능력과 그의 선하심에 대한 증인들이 되도록 하기 위하여 그들이 자신의 이적에 의한 풍성한 선물을 맛보게 하고자 하셨다. 그리스도께서 우리에게 주시는 은사들은 땅에 묻어 두어서는 안 되고 사용되어야 한다.

[3] 그리스도께서는 모든 신자들에게 너무도 자유롭고 친밀한 영적인 접대를 그가 준비해 두었다는 것을 보여주고자 하셨다 — 그는 그들과 더불어 먹고 그들은 그와 더불어 먹으리라는 것. 그들이 받은 은혜들은 그리스도를 기쁘게 하는 것이고, 그리스도의 위로들은 그들을 기쁘게 하는 것이다. 그리스도께서는 그가 그들 속에서 일하신 것을 그들에게서 받으신다.

[4] 사람을 낚는 어부들인 사역자들은 그들이 낚은 모든 것을 가져와야 한다. 왜냐하면, 그들의 성공은 주님께 달려 있기 때문이다.

(2) 제자들이 그리스도의 명령에 순종함(11절). 앞에서는 이렇게 설명되어 있었다: 물고기가 많아 그물을 들 수 없더라(6절). 즉, 그들은 그물을 잡아당기는 것이 어렵고, 그들의 힘에 부치는 것임을 발견하였다. 그러나 그들에게 물고기를 해변으로 가져오라고 명하셨던 그리스도께서 그 일을 쉽게 만드셨다. 이와 같이 사람을 낚는 어부들은 복음의 그물로 영혼들을 에워싼 후에 하나님의 은혜의 지속적인 감화가 없이는 그 영혼들을 해변으로 가져올 수도 없고 한 번 시작된 선한 일을 완성할 수도 없다. 우리로 하여금 그들을 낚도록 도와 주신 주님께서 — 주님의 도움이 없었다면 우리는 아무것도 낚지 못했을 것이다 — 그들의 지극히 거룩한 믿음 위에 그들을 세우심으로써(고전 3:7) 그들을 지키시고 그들을 뭍으로 끌어오는 데에 우리를 도우시지 않는다면, 우리는 결국에는 그들을 모두 잃게 될 것이다.

[1] 물고기를 뭍으로 가져오는 데에 가장 적극적이었던 사람은 누구였는가? 앞서의 경우에서처럼(7절) 다른 어느 제자보다도 주님에 대한 뜨거운 열심과 사랑을 보여주었던 베드로가 물고기를 해변으로 가져오는 데에도 가장 적극적이었다. 이것을 통해서 베드로는 주님의 명령에 누구보다도 더 기꺼이 순종할

준비가 되어 있다는 것을 보여주었다. 그러나 모든 신실한 자들이 똑같이 적극적인 것은 아니다.

[2] 잡은 물고기의 수. 그들은 물고기의 수를 세는 데에 관심을 갖고 있었는데, 이것은 아마도 물고기를 분배하기 위한 것이었을 것이다. 물고기는 모두 백쉰세 마리였고, 전부 큰 물고기였다. 이렇게 많은 물고기는 그들이 현재 먹을 것으로 사용하기에는 아주 많은 수였지만, 그들은 그 물고기들을 팔아서 예루살렘으로 다시 돌아가는 데에 쓸 여비를 마련할 수 있었을 것이다. 그들은 곧 예루살렘으로 돌아가게 되어 있었기 때문이다.

[3] 그리스도께서 제자들에게 이적과 긍휼을 풍성하게 베푸시고 돌보신다는 것을 보여주는 또 하나의 예: 가득히 찬 큰 물고기가 이 같이 많으나 그물이 찢어지지 아니하였더라. 그들은 잡은 물고기 중 한 마리도 놓치지 않았고, 그들의 그물도 손상되지 않았다. 누가복음 5:6에서는 그물이 찢어지는지라라고 기록하였었다. 아마도 그들이 이번에 사용한 그물은 남에게서 빌린 것이었을 것이다. 왜냐하면, 그들은 오랫동안 그들의 그물을 버려두었었기 때문이다. 만약 그렇다면, 그리스도께서는 우리에게 우리 자신의 것만큼이나 우리가 빌린 것을 조심해서 사용해야 한다는 것을 가르치고자 하신 것이다. 그들의 그물이 찢어지지 않은 것은 잘된 일이었다. 왜냐하면, 그들에게는 이제 이전처럼 그물을 손질할 여유가 없었기 때문이다. 복음의 그물은 하루에 삼천 명이나 되는 많은 무리들을 에워쌌지만 찢어지지 않았다. 복음의 그물은 영혼들을 하나님께로 인도하기에 충분한 견고함을 지니고 있다.

3. 그리스도께서는 그들을 식사에 초대하셨다. 제자들이 멀리서 주님이신 줄 아는 고로 당신이 누구냐 감히 묻는 자가 없는 것을 보시고, 그리스도께서는 그들에게 와서 조반을 먹으라고 아주 친근하게 부르셨다.

(1) 여기서 그리스도께서 그의 제자들을 얼마나 허물없이 대하셨는가를 보라. 그리스도께서는 그들을 친구로 대하셨다. 그는 그들에게 "와서 시중을 들어라"고 말씀하신 것이 아니라, 와서 조반을 먹으라고 말씀하셨다. 그는 종들에게 말씀하시듯이 "너희가 가서 스스로 식사를 차려서 먹어라"고 말씀하신 것이 아니라, 와서 나와 함께 조반을 먹자고 말씀하셨다. 이러한 인자한 초대를 여기에서 언급한 것은 다음과 같은 것들을 보여주기 위한 것이었다.

[1] 그리스도께서 그의 제자들을 여기에서 은혜 가운데 그와의 친교 속으로

부르셨다는 것. 모든 것이 지금 준비되어 있으니 와서 조반을 먹으라. 그리스도는 잔칫상이다. 와서 그에게서 먹으라. 그리스도의 살은 진정한 양식이고, 그의 피는 진정한 음료이다. 그리스도는 친구이시다. 와서 그와 함께 조반을 먹으라. 그는 너희를 환영하실 것이다(아 5:1).

[2] 그리스도께서 이후에 영광 중에 그를 만나도록 제자들을 부르시리라는 것: 내 아버지께 복을 받은 자들이여 오라 아브라함과 이삭과 야곱과 함께 앉으라. 그리스도께서는 그 때에 그의 모든 친구들 및 제자들과 더불어서 함께 식사를 하시게 될 것이다. 거기에는 그들 모두를 위해서 충분한 자리와 음식이 준비되어 있다.

(2) 제자들이 그리스도 앞에서 얼마나 공손하였는지를 보라. 그들은 그리스도께서 허물없이 그들을 대하셨지만 조심스러워하였고, 그리스도께서 그들에게 식사를 하라고 초대하였을 때에 잠시 멈칫하였던 것으로 보인다. 관원과 함께 앉아 음식을 먹게 되거든 삼가 네 앞에 있는 자가 누구인지를 생각하여야 한다. 그들 중에 당신이 누구냐 감히 묻는 자가 없더라. 제자들이 이런 태도를 보인 이유는 다음 둘 중의 하나 때문이었을 것이다.

[1] 그들은 담대하게 그리스도와 함께 하고자 할 수 없었기 때문에. 그리스도께서는 지금 엠마오의 두 제자에게 나타나셨을 때와 마찬가지로 처음에는 뭔가 다른 모습으로 나타나셔서, 그들의 눈이 가리어져서 그인 줄 알아보지 못하였을 것이지만, 그들은 이 분이 주님이시고 다른 사람일 수 없다고 생각할 만한 아주 충분한 근거를 가지고 있었다.

[2] 그들은 여전히 그들의 어리석음을 드러내고자 하지 않았기 때문에. 그리스도께서 이렇게 그들에게 그의 능력과 선하심을 나타내셨을 때, 만약 그들이 이 분이 주님이신가 아니신가를 물었다면, 그들은 진정으로 우둔한 자가 되었을 것임에 틀림없다. 하나님께서 그의 섭리 가운데 우리에게 그가 우리의 몸을 보살피신다는 증거들을 주시고, 그의 은혜 속에서 우리 영혼에 대한 그의 선한 뜻을 보여주는 명백한 증거들을 주셨을 때, 우리는 우리의 믿지 못함을 부끄러워하여야 하고, 하나님께서 우리에게 의문의 여지를 전혀 남겨두지 않으셨는데도 그것에 감히 의문을 가지는 그런 일은 없어야 한다. 근거 없는 의심들은 아예 싹부터 잘라내야 한다.

4. 그리스도께서는 잔치의 주인으로서 그들을 간절히 원하셨다(13절). 그들

이 여전히 주저하고 머뭇거리는 것을 보신 예수께서 가셔서 떡을 가져다가 그들에게 주시고 생선도 그와 같이 하시니라. 의심할 여지 없이 그리스도께서는 떡과 생선을 가지고 축사하셨을 것이지만(눅 24:30에서 보는 바와 같이), 그러한 일은 그의 일상적인 습관이셨기 때문에, 굳이 여기에서 언급할 필요가 없었다.

(1) 여기에 나오는 접대는 지극히 일상적인 것이었다. 반찬은 생선뿐이었고, 그것도 양념이 제대로 된 것도 아니었다. 여기에는 화려하거나 흥미로운 것이 하나도 없었다. 풍성한 식사였기는 하지만, 소박하고 조촐한 식사였다. 시장이 최고의 반찬이다. 그리스도께서는 높아지신 상태로 들어가셨지만 잔치를 벌여서 자신이 왕이라는 것을 보여주신 것이 아니라 단지 먹으심으로써 친히 살아계심을 나타내셨다. 양념과 포도주가 곁들여지지 않으면 단순히 떡과 생선으로는 만족할 수 없는 자들은 그리스도와 더불어 함께 식사하는 일을 별로 내켜하지 않았을 것이다.

(2) 그리스도께서 먼저 잡수시기를 시작하셨다. 그리스도께서는 영화롭게 된 몸을 지니고 계셨기 때문에 식사할 필요가 없으셨지만 자기가 먹을 수 있다는 것을 보여주심으로써 진짜 몸을 지니고 있음을 증명하시고자 하셨다. 후에 사도들은 그들이 그리스도를 모시고 함께 먹고 마셨다(행 10:41)는 것을 그리스도의 부활을 보여주는 한 가지 증거로 제시하였다.

(3) 그리스도께서는 그의 모든 손님들에게 음식을 나누어 주셨다. 그는 그들을 위해서 식사를 준비하시고 그들을 식사에 초대하셨을 뿐만 아니라, 친히 음식을 그들에게 나누어 주시면서 그들의 손에 음식을 들려주셨다. 이렇게 그리스도께서는 구속의 유익들을 스스로 값 주고 사셨을 뿐만 아니라 그것들을 우리에게 친히 나누어 주신다. 그리스도께서는 우리에게 그것들을 먹을 수 있는 힘을 주신다.

복음서 기자는 그들이 식사하는 장면에서 이 이야기를 끝내면서 다음과 같은 설명을 덧붙인다(14절): 이것은 예수께서 죽은 자 가운데서 살아나신 후에 세 번째로 제자들에게 나타나신 것이라. 어떤 이들은 예수께서 죽은 자 가운데서 살아나신 후에 제자들에게 나타나신 것은 삼일 째 되는 날이었다고 해석하기도 한다. 그리스도께서는 그가 부활하신 날에 다섯 번이나 모습을 나타내셨다. 둘째 날에는 그 날 밤 제7시경에 나타나셨고, 이것은 세 번째 날이었다. 또는, 이것은 그리스도께서 그의 제자들 중 상당수가 함께 모여 있을 때에 그들에게 세 번째로 모습을 나타내신 사건이었다고 해석될 수도 있다. 그리스도께서는 마리아, 여자들, 두 제자, 게바에게 나타나셨지만, 제자들이 모여 있을 때에 자신을 나타내신 것은 이 사건 이전에는 두 번밖에 없었다. 복음서 기자가 이와 같은 설명을 덧붙인 것은 다음과 같은 이유들 때문이었다.

[1] 그리스도께서 부활하신 것이 참이라는 것을 확증하기 위하여. 어떤 일이 확실하다는 것을 보여주기 위해서 묵시는 두 번, 세 번 반복되었다. 이것은 첫 번째 증거를 믿지 않았던 자들이라 하더라도 나중에 보여진 증거들을 믿도록 하기 위한 것이었다.

[2] 그리스도께서 계속해서 그의 제자들에게 사랑과 애정을 보여주셨다는 것을 나타내기 위해서. 한 번이나 두 번도 아니고 세 번씩 그리스도께서는 그들을 찾아 주셨다. 그리스도의 은혜로운 방문들을 꼼꼼하게 기억하고 명심해 두는 것은 좋은 일이다. 왜냐하면, 솔로몬은 어그러진 길로 갔을 때에 이스라엘의 하나님 여호와께서 그에게 두 번이나 나타나셨다는 것을 기억하였듯이, 우리도 잘못된 길로 행할 때에 그러한 것들을 기억하고서 바른 길로 나아갈 수 있게 될 것이기 때문이다. 이것은 세 번째로 나타나신 것이라. 우리는 첫 번째와 두 번째를 적절하게 선용하였는가? 이것은 세 번째로 나타나신 것이라(고린도후서 12:14을 보라). 아마도 이번이 마지막일지도 모른다.

[15] 그들이 조반 먹은 후에 예수께서 시몬 베드로에게 이르시되 요한의 아들 시몬아 네가 이 사람들보다 나를 더 사랑하느냐 하시니 이르되 주님 그러하나이다 내가 주님을 사랑하는 줄 주님께서 아시나이다 이르시되 내 어린 양을 먹이라 하시고 [16] 또 두번째 이르시되 요한의 아들 시몬아 네가 나를 사랑하느냐 하시니 이르되 주님 그러하나이다 내가 주님을 사랑하는 줄 주님께서 아시나이다 이르시되 내 양을 치라 하시고 [17] 세번째 이르시되 요한의 아들 시몬아 네가 나를 사랑하느냐 하시니 주께서 세번째 네가 나를 사랑하느냐 하시므로 베드로가 근심하여 이르되 주님 모든 것을 아시오매 내가 주님을 사랑하는 줄을 주님께서 아시나이다 예수께서 이르시되 내 양을 먹이라 [18] 내가 진실로 진실로 네게 이르노니 네가 젊어서는 스스로 띠 띠고 원하는 곳으로 다녔거니와 늙어서는 네 팔을 벌리리니 남이 네게 띠 띠우고 원하지 아니하는 곳으로 데려가리라 [19] 이 말씀을 하심은 베드로가 어떠한 죽음으로 하나님께 영광을 돌릴 것을 가리키심이러라 이 말씀을 하시고 베드로에게 이르시

되 나를 따르라 하시니

이 단락에는 그리스도께서 조반을 드신 후에 베드로와 함께 나누신 대화가 나오는데, 그 대부분의 내용은 베드로와 관련된 것이다.

I. 그리스도께서는 그에 대한 베드로의 사랑을 확인하신 후에, 그에게 자신의 양을 먹일 책임을 맡기신다(15-17절). 여기에서 다음과 같은 것들을 살펴보자.

1. 그리스도께서는 언제 베드로와의 대화로 들어가셨는가? 그것은 그들이 조반을 먹은 후였다. 그들은 모두 식사를 하고서 배가 부른 후에, 우리 주 예수께서 평소에 자주 하셨던 식탁 담화 같은 덕을 세우는 대화를 즐겼다. 그리스도께서는 자기가 베드로에게 해야 할 말씀이 그에게 어느 정도 부담감을 줄 것임을 아셨기 때문에, 식사를 망치지 않기 위해서 식사가 끝날 때까지 그 대화를 미루셨다. 베드로는 자기가 주님을 노여우시게 하였기 때문에, 자신의 기만적인 행위와 배은망덕한 행위에 대하여 책망받게 될 것이라는 것을 의식하고 있었다: "그것이 너의 친구에 대한 네 우정이었느냐? 내가 네게 네가 얼마나 비겁한지가 드러날 것이라고 말하지 않았느냐?" 베드로는 제자들의 반열에서 탈락되어서 그 거룩한 모임에서 쫓겨날 것을 예상하는 것이 당연한 일이었다. 베드로는 세 번 아니면 두 번이나 부활하신 주님을 만나 뵈었지만, 주님께서는 그 일에 관하여 한 말씀도 하신 적이 없으셨다. 베드로는 도대체 주님께서 그를 어떻게 보시고 계시는지 종잡을 수가 없었을 것이다. 주님께서 다른 제자들과 마찬가지로 그에게도 호의를 베푸셨기 때문에, 좋은 쪽으로 소망을 품기도 했겠지만, 마침내 불호령이 떨어질 것이라는 약간의 두려움도 없지 않았을 것이다. 그런데 지금 마침내 주님께서는 베드로의 아픈 상처를 꺼내셔서, 베드로에게 꼭 해 주어야 할 말씀을 하셨고, 사도로서의 그의 지위를 확인해 주셨다. 그리스도께서는 베드로의 잘못을 성급하게 말씀하신 것이 아니라, 일정 기간 동안 그것을 미루셨다. 그는 제자들의 식사를 방해하지 않기 위해서 적절치 않은 때에 그 일에 관하여 말씀하지 않으셨고, 화해의 표시로 그들이 함께 조반을 먹은 후에, 베드로를 범죄자가 아니라 친구로 대하시며 그 일에 관하여 대화를 나누셨다. 베드로는 그 일로 인해서 스스로를 자책하였었기 때문에, 그리스도께서는 그 일에 대하여 그를 책망하지 않으셨고, 또한 그에게 그 일을 직접적

으로 말씀하지도 않으셨으며, 단지 암묵적인 암시를 통해서만 그 일에 관하여 말씀하셨다. 베드로의 진실성이 확인되자, 그의 잘못은 용서되었을 뿐만 아니라 잊혀졌다. 그리스도께서는 베드로에게 그가 예전처럼 자신에게 사랑스러운 제자라는 것을 알게 하셨다. 이 일을 통해서 그리스도께서는 우리에게 회개하는 자들에게 그가 온유하시다는 것을 모범으로 보여주셨고, 마찬가지로 우리도 잘못을 범한 자들을 온유한 심령으로 바로잡도록 가르치셨다.

2. 대화의 내용은 무엇이었는가? 여기에는 동일한 질문이 세 번 나오고, 거기에 대하여 동일한 대답이 세 번 나오는데, 이 동일한 세 번의 대답은 아주 약간씩 차이가 있고, 중언부언한 것이 아니었다. 우리 구주께서 동일한 것을 세 번이나 반복해서 물으신 것은 그 자리에 있었던 베드로와 그 밖의 다른 제자들에게 매우 큰 영향을 주었다. 복음서 기자는 그 일을 기록하면서 우리와 이 글을 읽는 모든 자들에게 더 깊은 인상을 주기 위해서 구주께서 반복하신 세 번의 말씀을 그대로 되풀이하여 기록해 놓았다.

(1) 그리스도께서는 베드로에게 "네가 나를 사랑하느냐"라고 세 번 물으신다. 첫 번째 질문은 요한의 아들 시몬아 네가 이 사람들보다 나를 더 사랑하느냐라는 것이었다. 좀 더 살펴보자.

[1] 그리스도께서 베드로를 어떻게 부르셨는가? 요한의 아들 시몬아. 그리스도께서는 누가복음 22:31에서와 마찬가지로 그에게 더 강한 인상을 주기 위해서 그의 이름으로 그를 부르신다: 시몬아 시몬아. 그리스도께서는 그를 그가 지어준 이름인 게바 또는 베드로라고 부르지 않으시고(왜냐하면, 그는 그러한 이름들이 의미하는 힘과 견고함을 잃었기 때문이다), 그의 원래의 이름인 시몬으로 부르신다. 그렇지만 그리스도께서는 베드로에게 심한 말씀을 하시거나 아예 그의 이름을 부르시지 않은 것이 아니었다 — 물론, 베드로는 그런 대우를 받아도 마땅하였지만. 그리스도께서는 그에게 축복을 선언하실 때에도 그를 바요나 시몬아(마 16:17)라고 부르신 적이 있었다. 여기서 그리스도께서 그를 요한의 아들이라고 부르신 것은 그의 혈통이 미천하다는 것과 그가 그에게 지금 주어진 영광을 받을 만한 가치가 없는 자라는 것을 그에게 상기시키고자 하신 것이었다.

[2] 그리스도께서는 베드로와 어떤 문답을 하고 계시는가? 네가 이 사람들보다 나를 더 사랑하느냐.

첫째, 네가 나를 사랑하느냐. 우리가 진정으로 그리스도의 제자인지를 시험하고자 한다면, "우리가 그를 사랑하는가"라는 질문을 던져 보아야 한다. 그러나 그리스도께서 지금 베드로에게 이런 질문을 하신 특별한 이유가 있었다. 1. 베드로의 잘못은 그의 사랑을 의심할 수밖에 없게 만들었다: "베드로야, 나는 네 사랑을 의심할 만한 이유를 갖고 있다. 왜냐하면, 네가 나를 사랑했더라면, 너는 내가 고난을 받을 때에 나를 부끄러워하거나 나를 시인하는 것을 두려워하지 않았을 것이기 때문이다. 네 마음이 나와 함께 하지 않는데, 어떻게 네가 나를 사랑한다고 말할 수 있느냐?" 우리는 우리의 사랑을 의심받을 만한 짓을 스스로 했을 때에 다른 사람들이 우리의 진실성을 의심하는 것을 우리에 대한 모욕으로 받아들여서는 안 된다. 흔들려서 넘어졌을 때에는 우리는 우리가 잘못된 토대 위에 서지 않도록 하기 위하여 즉시 바로 서는 데에 최선을 다하여야 한다. 그리스도께서 던지신 질문은 감동적이다. 그는 이렇게 묻지 않으셨다: "네가 나를 두려워하느냐? 네가 나를 자랑으로 여기느냐? 네가 나를 경배하느냐?" 오히려 그는 이렇게 물으신다: "네가 나를 사랑하느냐? 네가 나를 사랑한다면, 그 증거를 보여라. 그러면 이러한 모욕은 지나가게 될 것이고, 그 일은 다시는 거론되지 않을 것이다." 베드로는 눈물을 흘리고 통곡하였을 뿐만 아니라 제자들의 모임에로 다시 돌아옴으로써 스스로 자신의 잘못을 회개하고 근신하는 참회자임을 고백하고 행동으로 보여주었었다. 그는 지금 참회자로서 심문을 받고 있는 것이었다. 그러나 베드로에게 던져진 질문은 "시몬아, 네가 얼마나 많이 울었느냐? 네가 얼마나 자주 금식하였으며, 네 영혼을 괴롭게 하였느냐?"는 것이 아니라, 단지 "네가 나를 사랑하느냐"라는 것이었다. 이 질문은 다른 회개의 표현들을 열납될 수 있게 만들어 주는 그러한 질문이었다. 참회하는 자에게 그리스도께서 원하시고 바라시는 큰 것은 그들이 회개 속에서 그리스도를 바라보고 있느냐 하는 것이다. 마리아가 더 많이 죄 사함을 받은 것은 그녀가 많이 울었기 때문이 아니라 그리스도를 더 많이 사랑하였기 때문이다. 2. 베드로에게 주어진 직분은 그의 사랑을 보여줄 수 있는 좋은 기회가 될 것이다. 그리스도께서는 그의 양을 베드로에게 맡기시기 전에 네가 나를 사랑하느냐라고 물으셨다. 그리스도께서는 그의 양 무리를 너무도 사랑하시기 때문에, 아무에게나 맡기시는 것이 아니라 그를 사랑해서 그로 인하여 그의 소유인 모든 것을 사랑하게 될 자들에게 맡기시고자 하신다. 그리스도를 진정으로 사랑하지 않는 자들은 사람들의 영혼을 진정으로 사랑하지 않을 것이고, 당연히 자신들의 이익만을 추구하게 될 것이다. 또한 주님을 사랑하지 않는 사역자는 그의 일도 사랑하지 않는다. 그리스도의 사랑 외에는 그 어떤 것도 사역자들로 하여금 그들이 사역을 하면서 만나게 되는 온갖 어려움들과 낙심할 일들을 기쁜 마음으로 극복할 수 있도록 해주지 못한다(고후 5:13-14). 그러나 그리스도를 사랑하게 되면, 그들의 일은 쉬워질 것이고, 그들은 그 일에 큰 열심을 갖게 될 것이다.

둘째, 네가 이 사람들보다 나를 더 사랑하느냐? 1. "네가 이 사람들을 사랑하는 것보다 나를 더 사랑하느냐?" 네가 너의 친한 친구들인 야고보나 요한, 또는 너의 형제이자 동료인 안드레보다 나를 더 사랑하느냐? 이 세상에서 그들이 갖고 있는 가장 좋은 친구보다 그리스도를 더 사랑하지 않는 자들은 그리스도를 올바르게 사랑하는 것이 아니고, 그러한 것은 그리스도와 친구가 서로 경쟁관계에 있을 때마다 드러나게 될 것이다. 또는, "네가 이것들보다 나를 더 사랑하느냐. 네가 이 배들과 그물들보다 나를 더 사랑해서, 물고기를 잡는 모든 즐거움보다 나를 더 사랑하느냐? 네가 물고기를 잡아서 돈을 버는 것보다 나를 더 사랑하느냐?" 이 세상의 모든 감각의 기쁨들과 모든 유익들보다 그리스도를 더 사랑하는 자들만이 오직 그리스도를 진실로 사랑하는 것이다. "네가 지금 종사하고 있는 이 직업들보다 나를 더 사랑하느냐? 네가 정말 그렇게 나를 사랑한다면, 그러한 것들을 버려두고, 내 양을 먹이는 일에 전적으로 헌신하라." 휘트비 (Whitby) 박사는 이렇게 해석한다. 2. "네가 이 사람들, 즉 이 나머지 제자들이 나를 사랑하는 것보다 나를 더 사랑하느냐." 이러한 질문은 모든 사람이 주님을 부인한다고 할지라도 나는 결코 부인하지 않겠나이다라고 허풍을 떨며 뽐내었던 베드로를 책망하고자 한 것이었다: "너는 아직도 그 때와 동일한 마음을 지니고 있느냐?" 또는, 그리스도께서 이렇게 질문하신 것은 베드로가 이제 다른 제자들보다도 더 많이 그리스도를 사랑할 근거를 가지게 되었다는 것을 알려주시기 위한 것일 수도 있다. 왜냐하면, 더 많이 사함을 받은 자는 더 많이 사랑하게 되는데, 베드로는 그 어떤 제자들보다도 더 많이 사함을 받았기 때문이다. 베드로가 그리스도를 부인한 죄는 다른 제자들이 그리스도를 버리고 도망한 죄보다 더 큰 것이었다: 그러므로 내게 그들 중에 누가 그를 더 사랑한 것인지를 말하라(눅 7:42). 우리는 모두 그리스도를 사랑하는 일에 있어서 남들보다 뛰어나려고 애써야 한다. 누가 그리스도를 가장 많이 사랑하는지를 놓고 다투는 것은 평안을 깨는 것이 아니다. 또한 그리스도를 사랑하는 일에 있어서 남들보다 앞서는 것은 결코 예의에 벗어나는 것이 아니다.

셋째, 두 번째와 세 번째에 걸쳐서 그리스도께서는 이 질문을 반복하셨다. 1. 베드로는 대답을 하면서 자기 자신을 나머지 형제들과 비교하거나 자기 자신을 나머지 형제들보다 더 나은 것으로 말하고자 하지 않으려고 겸손하게 그 부분의 질문에 대해서는 대답하지 않은 채로 남겨두었기 때문에, 그리스도께서는 두 번째와 세 번째에서는 이 사람들보다라는 표현을 제외하셨다. 우리가 남들보다 그리스도를 더 사랑한다고 말할 수는 없지만, "우리가 그리스도를 진정으로 사랑한다"고 말할 수 있다면, 우리는 그리스도께 열납될 것이다. 2. 원문을 보면, 마지막 질문에서 그리스도께서는 단어 하나를 바꾸어 쓰셨다. 처음 두 번의 질문 속에서 사용된 원문의 단어는 아가파스 메 인데, 이것은 네가 여전히 나에 대한 사랑을 간직하고 있느냐를 의미한다. 이 질문에 대답하여 베드로는 좀 더 강력한 또 다른 단어인 필로 세 를 사용하는데, 이것은 내가 당신을 정말 사랑하나이다를 의미한다. 그리스도께서는 마지막으로 질문하시면서 바로 그 단어를 사용하신다: 너는 나를 진정으로 사랑하느냐?

(2) 베드로는 그리스도께 세 번 다 동일한 대답을 돌려드린다: 주님, 그러하나이다. 내가 주님을 사랑하는 줄 주님께서 아시나이다.

[1] 베드로는 나머지 제자들보다 그가 그리스도를 더 많이 사랑하는 체하지 않는다. 그는 지금, 전에 그가 모두 주를 버릴지라도 나는 결코 버리지 않겠나이다라고 성급하게 말했던 것을 부끄러워한다. 당연히 그는 그 일을 부끄러워해야 했다. 우리는 남들보다 그리스도를 더 사랑하는 것을 목표로 삼아야 하지만, 겸손한 마음으로 자기보다 남을 낮게 여기는 마음에서 그렇게 하여야 한다. 왜냐하면, 우리는 우리 형제들의 악에 대해서보다도 우리 자신의 악에 대하여 더 잘 알기 때문이다.

[2] 그렇지만 베드로는 자기가 그리스도를 사랑한다는 것을 거듭거듭 고백한다: "주님, 그러하나이다. 진정으로 내가 주님을 사랑하나이다. 만약 내가 주님을 사랑하지 않는다면, 나는 인생을 살 만한 가치가 없는 자이나이다." 베드로는 그리스도에 대한 지극한 존경심과 소중히 여기는 마음으로 그리스도께서 베풀어 주신 사랑에 대하여 감사하는 마음을 가지고 있었고, 그리스도의 영광

과 유익을 위해서 전적으로 헌신할 마음을 지니고 있었다. 베드로는 그리스도가 없이는 자기가 아무것도 아닌 자인 것처럼 그리스도께 모든 것을 걸고 있었다. 또한 베드로는 그리스도 안에 있을 때에만 말할 수 없이 행복한 자처럼 그리스도를 기뻐하였다. 이것은 자신의 죄를 공개적으로 회개한 것과 같았다. 왜냐하면, 우리가 사랑하는 자가 모욕을 당하면, 그것은 우리를 슬프게 하기 때문이다. 또한 주여, 내가 주님을 사랑하나이다라는 말은 이후로는 결코 주님을 떠나지 않고 주님께 충성할 것이라는 약속과 다름없는 것이었다. 그리스도께서는 베드로의 믿음이 떨어지지 않기를 기도하셨고(눅 22:32), 그의 믿음이 떨어지지 아니하였기 때문에, 그의 사랑도 떨어지지 아니하였다. 왜냐하면, 믿음은 사랑으로 말미암아 역사하기 때문이다. 베드로는 그리스도와의 관계를 상실하였었다. 하지만 이제 그는 회개하고나서 다시 받아들여질 것이었다. 그리스도께서는 이 문제를 놓고 시험을 하신다: 네가 나를 사랑하느냐? 베드로는 다음과 같은 대답으로써 이 문제를 확실하게 결론낸다: 주여, 내가 주님을 사랑하나이다. 은혜로 말미암아 그들이 예수 그리스도를 사랑한다고 진정으로 말할 수 있는 자들은 그들이 매일매일이 보여주는 연약함들에도 불구하고 그리스도와의 관계 속에서 오는 위로를 받을 수 있다.

[3] 베드로는 그것을 증명하는 일을 그리스도께 떠넘긴다: 내가 주님을 사랑하는 줄 주님께서 아시나이다. 베드로는 세 번째에 이르러서는 더욱 강력하게 그렇게 호소한다: 모든 것을 아시오매 내가 주님을 사랑하는 줄을 주님께서 아시나이다. 베드로는 자기를 위해서 증언해 달라고 동료 제자들을 끌어들이지 않았다 — 이미 그들 간의 신뢰는 파괴되었기 때문에, 그들은 베드로의 말에 또 속을 수 있었고, 또한 베드로도 자신의 말이 먹혀들지 않을 것이라고 생각했을 것이다. 그래서 베드로는 그리스도께서 친히 그것을 증언해 달라고 요청한다. 첫째, 베드로는 그리스도께서 모든 것을 아신다는 것, 특히 그가 사람들의 마음을 아시고, 마음의 생각과 의도를 분별하시는 자(16:30)시라는 것을 확신하였다. 둘째, 베드로는 모든 것을 아시는 그리스도께서 그에 대한 자신의 사랑이 진실하다는 것도 아실 것이라는 사실에 만족하였고, 그리스도께서 원하는 방식대로 그것이 진실인지를 확인하시게 하고자 하였다. 그리스도께서 모든 것을 아신다는 것은 위선자에게는 공포스러운 일이다. 왜냐하면, 하나님의 전지전능하심은 위선자의 모든 행동을 치는 증인이 될 것이기 때문이다. 그러나 진실한 그리스도

인에게는 그리스도께서 모든 것을 아셔서, 자기가 호소할 곳이 있다는 것이 큰 위로가 된다: 나의 증인이 하늘에 계시고 나의 중보자가 높은 데 계시느니라. 그리스도께서는 우리가 우리 자신을 아는 것보다 우리를 더 잘 아신다. 우리는 우리가 올바르다는 것을 알지 못하지만, 그리스도께서는 그것을 아신다.

[4] 그리스도께서 베드로에게 세 번째 네가 나를 사랑하느냐고 물으시자, 베드로가 근심하였다(17절). 첫째, 베드로가 근심한 것은 그것이 그가 그리스도를 세 번 부인한 것을 상기시켰기 때문이었다. 사실 그리스도께서 베드로에게 세 번 질문하신 것 속에는 분명히 그런 의도가 있었다. 베드로가 그 일을 생각하고 울었더라. 비록 사함을 받은 죄들이라고 할지라도 과거의 죄들을 떠올리게 되면, 참된 참회자는 다시 슬픔을 지니게 된다. 내가 너와 화평하게 될 때에 네가 부끄러워하리라. 둘째, 베드로가 근심한 것은 주님께서 베드로가 앞으로 또 잘못을 저지르게 될 것을 내다보신 것이 아닌가 염려하였기 때문이었다. 베드로는 이전에도 큰소리를 치다가 그리스도를 세 번 부인하는 잘못을 저지르게 되었는데, 이번에도 주님을 사랑한다고 고백해 놓고 또다시 잘못을 저지르게 된다면, 그것은 큰 낭패가 될 것이었다. 베드로는 이렇게 생각하였을 것이다: '주님은 분명히 그럴 만한 이유가 있지 않다면 이렇게 나를 궁지로 몰아붙이실 분이 아니다. 내가 다시 시험을 받아서 넘어진다면, 나는 어떻게 되는 것인가?' 경건한 슬픔은 조심함과 두려움을 가져온다(고후 7:11).

(3) 그리스도께서는 세 번에 걸쳐서 그의 양무리를 베드로에게 맡기셨다: 내 어린 양을 먹이라; 내 양을 치라; 내 양을 먹이라.

[1] 그리스도께서 베드로에게 맡기신 자들은 그리스도의 어린 양들과 양들이었다. 그리스도의 교회는 그의 피로 사신(행 20:28) 그의 양 무리이고, 그리스도는 그 양 무리의 목자장이시다. 이 양 무리 속에는 어리고 연약하며 여린 어린 양들도 있고, 다 자라서 힘이 센 양들도 있다. 목자이신 그리스도께서는 둘 다 보살피시지만, 특히 어린 양들을 먼저 보살피신다. 왜냐하면, 모든 경우들에 있어서 그는 어린 양들에 대하여 특별한 애정과 자상하심을 보여주셨기 때문이다. 그는 목자 같이 양 떼를 먹이시며 어린 양을 그 팔로 모아 품에 안으시리로다(사 40:11).

[2] 그리스도께서 양들과 관련해서 베드로에게 맡기신 일은 그들을 먹이라는 것이다. 15절과 17절에서 사용된 단어는 보스케 로서, 이것은 엄밀하게 그들

에게 먹을 것을 주라를 의미한다. 그러나 16절에서 사용된 단어는 포이마이네 인데, 그것은 좀 더 포괄적으로 양들을 치는 목자로서의 모든 직분들을 의미한다: "어린 양들을 그들에게 적합한 것으로 먹이고, 양들도 마찬가지로 필요한 양식으로 먹이라. 이스라엘 집의 잃은 양들을 찾아서 먹이고, 이 우리에 들지 않은 다른 양들도 찾아서 먹이라." 그리스도의 어린 양들과 양들을 먹이는 것이 모든 그리스도의 사역자들이 해야 할 일이라는 것을 명심하라. 그들을 먹이라, 즉 그들을 가르치라. 왜냐하면, 복음의 교훈은 영의 양식이기 때문이다. 그들을 먹이라, 즉 "그들을 푸른 초장으로 인도하여서, 예배에 참석하게 하고, 그들에게 모든 성례전들을 베풀어라. 그들을 각각의 상태와 처지에 따라서 각자에 맞게 먹이라. 그들 앞에 양식을 놓아둘 뿐만 아니라, 양식을 먹고자 하지 않는 자들이나 연약해서 스스로 먹을 수 없는 자들에게 직접 그 양식을 먹여 주어라." 그리스도께서는 위로 올라가실 때에 목자들을 주셨는데, 그리스도를 사랑하는 자들에게 그의 양 무리를 맡기셔서, 그들로 하여금 그리스도를 위하여 그 양 무리를 돌보게 하셨다.

[3] 그러나 왜 그리스도께서는 이러한 책임을 특히 베드로에게 맡기셨는가? 교황의 수장권(首長權)을 주장하는 자들에게 이 질문을 한다면, 그들은 이 말씀을 통해서 그리스도께서는 베드로, 그러므로 그의 후계자들, 즉 로마의 주교들에게 모든 기독교회에 대한 절대적인 통치권과 수장권을 주시고자 하셨다고 말할 것이다. 그들은 마치 양 무리를 섬길 책임을 모든 목자들을 지배할 권력을 주신 것처럼 말한다. 하지만 베드로는 결코 그러한 권력을 주장한 적도 없었고, 다른 제자들도 베드로가 그러한 권력을 받았다고 시인한 적도 없다는 것은 분명하다. 복음을 전파하라는 베드로에게 주어진 이러한 그리스도의 당부는 이상한 조작을 통해서 그의 후계자라고 자처하는 자들이 그리스도의 양 무리를 강탈해서 그들을 먹이는 대신에 그들을 볼모로 이득을 챙기는 폭정을 밑받침하는 근거가 되어 버리고 말았다. 그러나 그리스도께서 베드로에게 특별히 이러한 책임을 맡기신 것은 다음과 같은 의도 때문이었다. 첫째, 그것은 베드로가 자신의 사도직을 부인한 것에 대하여 회개한 지금에 있어서 그의 사도직을 회복시키고, 베드로와 그 밖의 다른 형제들의 만족을 위해서 그의 사명을 새롭게 하기 위한 것이었다. 범죄를 저질러서 유죄로 확정된 자에게 사명이 주어진 것은 죄 사함과 동일한 것으로 여겨질 수 있다. 의심할 여지 없이, 그리스

도께서 베드로에게 이렇게 사명을 주신 것은 그리스도께서 베드로와 화해했다는 것을 보여주는 증거였다. 만약 그렇게 하지 않았다면, 베드로는 결코 그리스도 안에서 그러한 확신을 가지지 못했을 것이다. 우리를 속인 자들에 대해서 우리는 "우리는 그들을 용서하지만 결코 그들을 신뢰하지 않을 것이다"라고 말한다. 그러나 그리스도께서는 베드로를 용서하시면서, 그에게 이 땅에서 가장 귀한 보화를 맡기셨다. 둘째, 그것은 베드로를 일깨워서 사도로서의 그의 직분을 부지런히 행하도록 하기 위한 것이었다. 베드로는 언제나 앞장서서 말하고 행하는 담력 있고 열심 있는 정신의 소유자였다. 그래서 그리스도께서는 그가 목자들을 지배하고자 하는 시험을 받지 않도록 하기 위해서, 그에게 양들을 치고 하나님의 양 무리에게 주장하는 자세를 하지(벧전 5:2-3) 않도록 당부하신 것이었 ─ 나중에 베드로 자신이 모든 장로들에게 당부하고 있는 것처럼. 베드로가 뭔가를 하고자 한다면, 그는 바로 그 일을 해야 하고, 그 이상의 다른 일을 하려고 나서지 말아야 한다. 셋째, 그리스도께서는 그가 베드로에게 하신 말씀을 그의 모든 제자들에게 말씀하셨다. 그리스도께서는 모든 제자들에게 죄인들을 회개케 함으로써 사람을 낚는 어부들이 될 뿐만 아니라(이러한 말씀을 베드로에게도 하셨지만, 눅 5:10) 성도들의 덕을 세우는 일을 함으로써 양 떼를 먹이는 자들이 되어줄 것을 당부하셨다.

Ⅱ. 그리스도께서는 이렇게 베드로에게 그가 할 일을 정해 주신 후에 다음으로 그에게 고난의 사역이 있을 것임을 말씀해 주신다. 베드로에게 사도로서의 영광을 다시 확증하신 후에, 그리스도께서는 이제 그에게 계획된 또 다른 영광스러운 일, 즉 순교자로서의 영광에 대하여 말씀하신다. 좀 더 살펴보자.

1. 베드로의 순교가 어떻게 예언되고 있는가(18절): 내가 강제적으로 네 팔을 벌리리니 남이 네게 띠 띠우고(묶여 있는 죄수로서) 당연히 원하지 아니하는 곳으로 데려가리라.

(1) 그리스도께서는 베드로에게 그의 고난에 관하여 알려주시기 전에, 내가 진실로 진실로 네게 이르노니라는 표현을 통해서 엄숙하게 맹세하신다. 그리스도께서는 일어날 수도 있는 일로 말씀하고 계신 것이 아니라, 내가 네게 이르노니라는 말씀을 통해서 확실하게 일어날 일에 대하여 말씀하신 것이었다. "아마도 다른 사람들은 내게 네가 전에 나에게 말했던 것처럼 이 일이 결코 주께 미치지 아니하리이다라고 말할지도 모르겠지만, 그 일이 정녕 일어나게 될 것이라고

나는 네게 말한다." 그리스도께서는 자신의 모든 고난들을 내다보셨던 것과 마찬가지로, 그의 모든 제자들이 겪게 될 고난들도 내다보시고, 특별히 베드로에게만은 아니지만 모든 제자들과 관련해서 그들이 자신의 십자가를 져야 할 것을 예언하셨다. 그리스도께서는 베드로에게 자신의 양을 치라고 당부하신 후에, 그에게 그 일을 함에 있어서 편안함과 존귀함을 기대하지 말고 오히려 환난과 박해를 예상하며, 선한 일을 하고 고난을 겪게 될 것을 예상해야 할 것이라고 말씀하신다.

(2) 그리스도께서는 특히 베드로가 사형 집행자의 손에 의해서 폭력적인 죽음을 맞게 되리라는 것을 예언하신다. 어떤 이들은 베드로가 팔을 벌린다는 말씀은 그가 십자가형에 의해서 죽게 될 것을 가리키는 것이라고 생각한다. 옛사람들의 전승에 의하면 — 우리가 그러한 전승을 믿을 수 있다면 — 베드로는 네로 치하에서 주후 68년 또는 79년에 로마에서 십자가에 못 박혀서 죽었다고 한다. 또 어떤 이들은 이 말씀이 사형 선고를 받은 자들이 옥에 갇혀서 쇠사슬에 묶여 있는 모습을 가리킨다고 생각한다. 고대의 사형 집행은 거창하고 엄숙하게 진행되어서, 사형수의 공포를 한층 더해주었고, 보는 사람들도 갑절이나 두려움을 가졌다. 이러한 무시무시한 형태의 죽음은 흔히 그리스도의 신실한 자들의 몫이었지만, 그들은 어린 양의 피로써 그것을 이겼다. 이 예언은 일차적으로 베드로의 죽음을 가리키는 것이었지만, 베드로가 죽기 이전에 겪었던 여러 고난들을 통해서도 성취될 것이었다. 베드로가 감옥에 갇혔을 때, 이 예언은 즉시 성취되기 시작하였다(행 6:3; 5:18; 12:4). 베드로가 원하지 아니하는 곳으로 끌려가리라는 말씀 속에는 그가 끌려가게 될 폭력적인 죽음, 즉 아무리 무죄한 사람이라도 두려움 없이는 생각할 수 없고 주저함 없이는 다가갈 수 없는 그러한 죽음 이상의 의미를 내포하고 있지는 않다. 그리스도인이라고 해서 인성을 벗어버리는 것은 아니다. 그리스도께서도 친히 쓴 잔을 비켜가게 해 달라고 기도하셨다. 고통과 죽음을 싫어해서 피하고자 하는 자연적인 본성은 고통과 죽음 속에서 하나님의 뜻에 따르고자 하는 거룩한 순복(順服)과 얼마든지 공존할 수 있다. 사도 바울은 육신의 짐을 벗어버리기를 간절히 바랐지만 그가 옷을 벗어 버리기를(고후 5:4) 바랄 수는 없다고 고백한다.

(3) 그리스도께서는 이러한 고난을 베드로가 이전에 누렸던 자유와 비교하신다: "네가 이러한 역경들을 모른 채, 스스로 띠 띠고 원하는 곳으로 다녔던 때가

있었다." 환난이 찾아올 때에 우리는 그러한 환난이 찾아오지 않을 수도 있었다는 생각에 더욱 고통스러워하는 경향이 있다. 또한 우리는 자유와 건강과 풍요의 달콤한 것들을 맛보았기 때문에 구속과 질병과 가난이라는 슬픈 일들에 더욱 놀라고 상심하는 경향이 있다(욥 29:2; 시 42:4). 그러나 우리는 그것과는 정반대로 생각해서, 우리 자신에게 이렇게 말하여야 한다: "나는 얼마나 가당치 않게 수많은 세월 동안 잘 살아 왔던가? 내가 좋은 것을 받았으니 나쁜 것도 받아야 하지 않겠는가?"

[1] 이 세상에서 우리의 처지가 얼마나 다르게 변할 수 있는지를 보라! 힘과 존귀함으로 띠 띠고, 자유를 만끽하던 자들도 그 모든 것의 정반대가 되는 상황으로 바뀔 수 있다(사무엘상 2:5을 보라).

[2] 모든 것을 버리고 그리스도를 좇은 자들에게 즉시 어떠한 변화가 이루어지는가를 보라! 그들은 더 이상 스스로 띠를 띠어서는 안 되고, 그리스도께서 그들에게 띠를 띠어 주어야 한다. 그들은 더 이상 그들이 원하는 곳으로 다녀서는 안 되고, 그리스도께서 원하시는 곳으로 다녀야 한다.

[3] 우리가 오래도록 살아 있다면, 우리에게 얼마나 큰 변화가 분명히 있게 될지를 보라! 젊을 때에는 몸에 힘이 있고 마음에 활기가 있어서 쉽게 사업과 역경을 잘 헤쳐 나가면서 그들이 원하는 대로 즐거움을 누렸던 자들일지라도 늙게 되면 그들의 힘이 쇠하고 삼손처럼 머리털이 잘려서 더 이상 예전처럼 힘을 쓸 수 없게 된다는 것을 알게 될 것이다.

(4) 그리스도께서는 베드로에게 그가 이렇게 그의 노년에 고난을 받게 되리라는 것을 말씀하신다. [1] 베드로는 나이가 들어서 자연적으로 오래 살지 못하게 되었을 때에 천수를 다하고 평화롭게 세상에서 물러가기를 원하겠지만, 그의 원수들은 그를 폭력적으로 세상에서 급하게 몰아내고자 하고, 베드로의 기력이 다하여 거의 소진되었을 때에 그의 촛불을 빨리 꺼버리고자 할 것이다(역대하 36:17을 보라). [2] 하나님께서는 베드로가 노년에 이르게 될 때까지는 그의 원수들의 분노로부터 그를 지켜주셔서 베드로가 고난을 잘 감당할 수 있게 하시고, 교회로 하여금 베드로의 섬김을 더 오랫동안 누리게 하실 것이다.

2. 이 예언에 대한 설명(19절): 이 말씀을 하심은 베드로가 그의 갈 길을 다 마친 후에 어떠한 죽음으로 하나님께 영광을 돌릴 것을 가리키심이러라.

(1) 한 번 죽는 것은 사람에게 정해진 것일 뿐 아니라, 각자에게는 어떠한 죽음

을 죽게 될지, 즉 자연적인 죽음을 죽을지 폭력적인 죽음을 죽을지, 서서히 죽을지 갑자기 죽을지, 편안하게 죽을지 고통스럽게 죽을지가 정해져 있다. 바울이 큰 사망이라고 말하였을 때, 그는 죽음에도 정도차가 있다는 것을 암시한 것이다. 이 세상에 들어오는 길은 한 길뿐이지만, 이 세상에서 나가는 길은 많은 길들이 있어서, 하나님께서는 우리가 어떠한 길로 나가게 될지를 결정해 놓으셨다.

(2) 자기가 어떠한 죽음을 죽어서 하나님께 영광을 돌리게 될 것인지는 모든 선한 자들의 큰 관심사이다. 왜냐하면, 모든 신실한 자들의 최고의 목적은 주의 말씀을 따라 주를 위하여 죽는 것이기 때문이다. 우리가 하나님의 뜻에 순복하여 고난을 견디며 죽든, 하나님의 영광에 대한 소망 속에서 기뻐하며 죽든, 신앙의 진리와 유익을 다른 사람들에게 증언하고 격려하면서 유익하게 죽든, 우리는 이 모든 죽음을 통해서 하나님께 영광을 돌리는 것이다: 바울이 말했듯이, 사나 죽으나 그리스도께서 높임을 받으시는 것이 모든 선한 그리스도인들의 간절한 기대와 소망(빌 1:20)이다.

(3) 순교자들의 죽음은 특별한 방식으로 하나님께 영광을 돌리는 일이라는 것. 순교자들은 하나님의 진리들은 옹호하면서 죽고, 이것을 통해서 하나님의 진리들은 확증된다. 순교자들은 하나님의 은혜로 말미암아 그들의 고난을 굴함이 없이 견뎌내는데, 이것으로 인해서 하나님의 은혜가 찬양을 받게 된다. 고난 중에 있는 순교자들에게 풍성하게 주어졌던 하나님의 위로들과 그러한 위로들의 원천인 하나님의 약속은 이러한 순교를 통해서 모든 성도들의 믿음과 기쁨의 대상이 되어 왔다. 순교자들의 피는 교회의 씨앗이었고, 수많은 사람들을 하나님께로 돌아오게 하였으며, 그들의 믿음을 견고하게 세워 주었다. 그러므로 하나님께 영광을 돌리는 성도들의 죽음은 여호와께서 보시기에 귀중한 것이다. 하나님께서는 순교를 통해서 그러한 대가를 치르고서 하나님께 영광을 돌린 자들을 높이실 것이다.

3. 그리스도께서 이 말씀을 하시면서 베드로에게 주신 명령의 말씀: 그는 이 말씀을 하시고 멍하니 쳐다보고 있던 베드로에게 이르시되 나를 따르라 하셨다. 아마도 그리스도께서는 조반을 드셨던 곳에서 일어나셔서 잠시 산책을 하고자 하시면서, 베드로에게 자기를 따라오라고 명하신 것 같다. 나를 따르라는 이 말씀은 다음과 같은 것들을 의미하는 것이었다.

(1) 베드로가 주님의 총애와 사도직을 회복하였다는 것을 보여주는 또 하나의 확증. 왜냐하면, 나를 따르라는 말씀은 베드로가 처음으로 그리스도를 만났을 때에 그리스도께서 그를 부르신 첫 번째 부르심이었기 때문이다.

(2) 이 말씀은 베드로의 고난에 대한 예언을 구체화시킨 것으로서, 아마도 베드로는 그리스도께서 고난의 열쇠인 나를 따르라는 말씀을 하시기 전까지는 그의 고난에 대하여 온전히 깨닫지 못하였을 것이다: "너는 내가 대우받아 왔던 대로 대우받을 것을 기대하여야 하고, 내가 너보다 앞서 밟았던 것과 동일한 피 흘리는 길을 밟을 것으로 기대하여야 한다. 왜냐하면, 제자는 선생보다 높지 못하기 때문이다."

(3) 이 말씀은 베드로에게 사도로서의 직분을 충성스럽고 부지런하게 감당할 것을 일깨우고 격려하기 위한 것이었다. 그리스도께서는 베드로에게 내 양을 먹이라고 말씀하셨고, 그의 선생으로서 목회의 모범을 그에게 보여주셨다: "내가 해 왔던 대로 행하라." 목자들은 목자장이신 그리스도를 본받으려고 애써야 한다. 그리스도께서 여기 이 땅에 계시는 동안에 그들은 그리스도를 따랐었는데, 이제 그리스도께서는 그들을 떠나시면서, 나를 따르라는 동일한 의무를 그들에게 말씀해 주셨다 ─ 물론, 그 수행하는 방식은 달라지겠지만. 그들은 여전히 그리스도께서 그들에게 주신 규례들을 따라야 하고, 그리스도께서 그들에게 보여주신 모범을 따라야 한다. 섬김과 고난에 있어서 그들에게 이것보다 더 큰 위로가 있을 수 있겠는가? [1] 그들은 그리스도를 따랐고, 그것이 그들의 현재의 영광이었다는 것. 그러한 지도자를 따르는 것을 누가 수치스러워하겠는가? [2] 장차 그들이 그리스도를 따르면, 그것이 그들의 장래의 복이 되리라는 것. 따라서 이 말씀은 그리스도께서 전에 베드로에게 네가 후에는 나를 따라오리라(13:36)고 말씀하신 약속의 반복이다. 은혜 가운데서 그리스도를 신실하게 따르는 자들은 분명히 영광에 이르기까지 그리스도를 따르게 될 것이다.

[20]베드로가 돌이켜 예수께서 사랑하시는 그 제자가 따르는 것을 보니 그는 만찬석에서 예수의 품에 의지하여 주님 주님을 파는 자가 누구오니이까 묻던 자더라 [21]이에 베드로가 그를 보고 예수께 여짜오되 주님 이 사람은 어떻게 되겠사옵나이까 [22]예수께서 이르시되 내가 올 때까지 그를 머물게 하고자 할지라도 네게 무슨 상관이냐 너는 나를 따르라 하시더라 [23]이 말씀이 형제들에게 나가서 그 제자는 죽지 아

니하겠다 하였으나 예수의 말씀은 그가 죽지 않겠다 하신 것이 아니라 내가 올 때까지 그를 머물게 하고자 할지라도 네게 무슨 상관이냐 하신 것이러라 [24]이 일들을 증언하고 이 일들을 기록한 제자가 이 사람이라 우리는 그의 증언이 참된 줄 아노라 [25]예수께서 행하신 일이 이 외에도 많으니 만일 낱낱이 기록된다면 이 세상이라도 이 기록된 책을 두기에 부족할 줄 아노라

이 단락에는 다음과 같은 내용들이 나온다.

I. 그리스도께서 사랑하시는 그 제자인 요한에 대하여 베드로와 함께 나누신 대화.

1. 베드로가 요한을 봄(20절). 베드로는 주님의 명령에 순종해서 그를 따르다가, 주님께서 지금 그에게 주신 영광에 기뻐하면서 돌이켜 예수께서 사랑하시는 그 제자가 뒤에서 따르는 것을 보았다.

(1) 요한은 어떻게 묘사되고 있는가? 요한은 마치 복음서의 기록 속에 자신의 이름은 보존할 가치가 없다고 생각하는 것처럼 자신의 이름을 언급하지 않고, 다만 우리에게 그가 누구를 의미하는지를 분명히 알 수 있게 해 주는 그러한 방식으로 자기 자신을 묘사하고 있고, 그렇게 함으로써 그가 그리스도를 그렇게 바짝 따른 이유를 제시하고 있다. 그는 예수께서 사랑하시는 그 제자였다 그리스도께서는 다른 어떤 제자들보다도 요한에게 특별한 사랑을 가지고 계셨다. 그러므로 우리는 그리스도께서 그의 제자들에게 은혜로 허락하신 이 얼마 안 되는 소중한 시간 동안에 그가 들려 주시는 은혜로운 말씀들을 가능한 한 놓치지 않고 듣기 위해서 요한이 바짝 뒤쫓아 온 것을 나무라서는 안 된다. 여기에서 요한이 만찬석에서 예수의 품에 의지하여 있다가 베드로의 부추김으로 배신자가 누군지를 물었다는 것(13:24)을 언급하고 있는 것은 베드로가 요한이 이전에 베푼 친절을 보답하기 위하여 그에 대해서 그리스도께 물었다는 것을 보여주기 위한 것인 것 같다. 그 때에 요한은 총애받는 자의 자리에 있어서 그리스도의 품에 누워 있었고, 베드로는 그 기회를 잘 선용하였었다. 이제 그리스도와 함께 걷도록 부르심을 받은 총애받는 자의 위치에 있게 된 베드로는 요한에게 진 빚을 갚을 생각으로, 누구나 다 장래 일을 알고 싶어한다는 것을 알고서, 요한의 장래에 관하여 물어볼 생각을 하게 된 것이었다. 우리가 은혜의 보좌 앞에서 은총을 받게 되면, 우리는 그 기회를 서로의 유익을 위하여 선용하

여야 한다. 어떤 때에는 그들의 기도로써 우리를 도운 자들이 또 다른 때에는 우리의 기도를 통해서 도움을 받게 될 것이다. 이것이 성도가 교통하는 것이다.

(2) 요한은 무엇을 하였는가? 요한도 예수를 따랐다. 이것은 요한이 이 무리를 얼마나 사랑하였는지를 보여준다. 그리스도께서 계시는 곳에는 그의 종인 요한도 있고자 하였다. 그리스도께서 베드로에게 자기를 따르라고 부르셨을 때, 그것은 그가 베드로와 뭔가 은밀한 대화를 가질 의도였던 것으로 보인다. 그러나 요한은 주님에 대한 사랑이 컸기 때문에, 그리스도의 말씀이 주는 유익을 잃어버리는 것보다는 무례해 보일 수 있더라도 말씀을 놓치지 않는 쪽을 택하고자 하였다. 요한은 그리스도께서 베드로에게 하신 말씀을 자기 자신에게 말씀하신 것으로 받아들였다. 왜냐하면, 나를 따르라는 명령의 말씀은 모든 제자들에게 주어진 것이었기 때문이다. 적어도 요한은 그리스도와 친교를 나누는 자들과 친교를 나누기를 원했고, 그리스도를 따르는 자들과 함께 어울리기를 원했다. 한 사람이 그리스도를 따르게 되면, 다른 사람들도 거기에 참여하게 된다. 왕이 나를 그의 방으로 이끌어 들이시니 너는 나를 인도하라 우리가 너를 따라 달려가리라(아 1:4).

(3) 베드로가 요한이 따라오는 것을 봄: 베드로가 돌이켜 그 제자가 따르는 것을 보았다. 베드로의 이러한 행위는 다음 둘 중의 하나로 보아질 수 있다.

[1] 주님을 따르면서 다른 데에 정신을 판 책망받을 만한 일. 베드로는 그리스도를 따르는 일에 전적으로 주의를 집중해서, 그리스도께서 그에게 추가적으로 말씀하실 것을 듣고자 기다린 후에, 누가 따라오는지를 보기 위해서 돌아보아야 했다. 가장 선한 자들일지라도 흐트러짐이 없이 주를 섬기는 것이 어렵고, 그리스도를 따르면서 마음을 그리스도께 집중하는 것이 어렵다는 것을 발견한다. 시도 때도 없이 우리 형제들에게 불필요한 관심을 갖는 것은 흔히 하나님과의 교통을 방해하는 장애물이 된다.

[2] 동료 제자들에 대한 칭찬받을 만한 관심. 베드로는 주님께서 그를 나머지 제자들로부터 특별히 뽑아서 영광을 주신 것에 대하여 마음이 한껏 고양되어서 뒤따라오는 동료 제자를 따뜻한 마음으로 바라볼 수 없었던 그런 자가 아니었다. 우리 형제들에 대한 사랑의 행위들은 그리스도를 믿는 믿음의 행위들과 함께 공존하여야 한다.

2. 베드로가 요한에 대하여 주님께 물은 질문(21절): "주님, 이 사람은 어떻게

되겠사옵나이까? 주님께서는 내게 내가 할 일 ― 양을 먹이는 일 ― 을 일러주셨고, 내 운명 ― 남이 네가 원하지 아니하는 곳으로 데려가리라는 것 ― 도 일러주셨나이다. 그렇다면, 요한이 할 일과 그의 운명은 무엇이나이까?" 베드로의 이러한 말은 다음과 같은 것들의 표현이라고 할 수 있다.

(1) 요한에 대한 관심과 그에 대한 애정: "주님, 주께서는 내게 너무도 큰 은총을 베풀어 주고 계시나이다. 저기에 저와는 달리 주님의 은총을 잃은 적이 없는 사랑하시는 제자가 오나이다. 그는 분명히 주님께서 바라보아 주시기를 기대하고 있을 것인데, 주께서는 그에게 하실 말씀이 없으시나이까? 주님께서는 그가 어떻게 쓰임을 받고 어떠한 영광을 얻게 될지를 말씀해 주고자 하지 아니하시나이까?"

(2) 그리스도께서 베드로의 고난에 대하여 그에게 말씀하셨던 것에 대한 불편한 심기를 표현한 것: "주님, 나만 혼자 내가 원하지 아니하는 곳으로 끌려가야 하나이까? 나만 혼자 짓밟히고, 이 사람은 십자가를 함께 지지 않아도 된다는 것이나이까?" 우리는 우리만 홀로 받는 특별한 고난과 환난을 수용하기가 쉽지 않다.

(3) 자기 자신과 다른 사람들의 장래에 관하여 알고자 하는 호기심의 표현. 그리스도의 대답으로 보아서, 베드로의 질문 속에는 뭔가 잘못된 것이 있었던 것으로 보인다. 그리스도께서 베드로에게 그러한 귀한 책임을 맡겨 주시고 그의 고난에 대하여 미리 알려주셨을 때, 베드로는 이렇게 말하는 것이 합당했을 것이다: "주여, 그러한 책임과 그러한 고난을 신실하게 잘 감당하려면 내가 어떻게 해야 하나이까? 주여, 내게 믿음을 더하소서. 나의 날들 동안에 나를 힘이 있게 하소서." 그러나 베드로는 그렇게 하지 않았다.

[1] 베드로는 자기 자신보다는 남에게 더 많은 관심을 가지고 있었던 것으로 보인다. 우리는 우리 자신의 영혼에 대한 관심을 게을리하고 다른 사람들의 문제에 간섭하기 쉽고, 멀리는 아주 잘 보지만 가까운 곳은 잘 보지 못하며, 각각 자기의 일을 살피고 각자 자기의 길을 깨닫는 데에도 많은 힘을 들여야 함에도 불구하고 다른 사람들이 무엇을 하게 될지를 진단하며 남들을 판단하는 일에 시간을 소모하기 쉽다.

[2] 베드로는 그가 해야 할 일이 아니라 외적인 사건들에 더 많은 관심을 가지고 있었던 것으로 보인다. 요한은 베드로보다 어렸기 때문에 자연의 순리에

따르면 그보다 더 오래 살 가능성이 많았다. 베드로는 이렇게 말한다. "주여, 그는 얼마나 오랫동안 살게 되겠나이까?" 하지만 하나님께서 은혜를 주셔서 우리가 끝까지 믿음을 지키고 일을 잘 끝내서 안전하게 천국에 들어갈 수 있게 된다면, 우리는 "우리 뒤에 오게 될 자들의 운명은 어떻게 되나이까?"라고 물을 필요가 없다. 내가 사는 날 동안에 평안과 진리가 있다면, 그것으로 좋은 것 아닌가? 성경의 예언들은 우리의 호기심을 만족시키기 위한 것이 아니라 우리의 양심을 인도하기 위한 것이 되어야 한다.

3. 이 질문에 대한 그리스도의 대답(22절): "내가 올 때까지 그를 너처럼 고난받게 하지 않고 머물게 하고자 할지라도 네게 무슨 상관이냐? 너는 네가 지금 해야 할 일에 마음을 써서 너는 나를 따르라."

(1) 여기에는 요한에 대한 그리스도의 목적과 관련된 암시가 내포되어 있는 것으로 보이는데, 그것은 두 가지이다.

[1] 요한은 베드로와는 달리 폭력적인 죽음을 죽지 않을 것이고, 그리스도께서 친히 오셔서 자연적인 죽음에 의해서 그를 자기에게로 데려갈 때까지 머물게 되리라는 것. 옛 역사가들 중에서 가장 신뢰할 만한 사람은 우리에게 요한이 열두 사도 중에서 실제로 순교자로 죽지 않았던 유일한 인물이었다고 말한다. 요한은 자주 위험에 처했었고 감옥에 갇혔으며 추방당하였지만, 결국에는 나이가 많이 들어서 침상에서 죽음을 맞이하였다. 첫째, 죽을 때에 그리스도께서는 우리에게 오셔서 결산할 것을 요구하신다. 그러므로 우리는 그리스도께서 오실 것을 대비하여야 한다. 둘째, 그리스도께서는 그의 제자들 중 몇몇을 불러내셔서 피 흘리기까지 싸우게 하시지만, 모든 제자들을 그렇게 하시는 것은 아니다. 순교의 면류관은 눈부시고 영광스러운 것이지만, 이 사랑하시는 제자는 거기에 도달하지 못하였다.

[2] 요한은 그리스도께서 오셔서 예루살렘을 멸망시키신 후에도 여전히 살아 있게 되리라는 것. 이렇게 어떤 이들은 이 말씀을 요한이 그리스도께서 오실 때까지 머물게 되리라는 말씀으로 이해한다. 요한을 제외한 다른 모든 제자들은 예루살렘 멸망 이전에 죽었다. 그러나 요한은 그 사건이 있은 후에도 오랜 세월 동안 살아 있었다. 하나님께서는 지혜로우시게도 사도들 중의 한 사람을 아주 오랫동안 살아 있게 하셔서, 신약 성경을 마무리하게 하심으로써(계 22:18), 종들이 잠들기 전에도 가라지들을 뿌렸던 저 원수 마귀의 의도를 좌절

시킬 수 있게 하셨다. 요한은 오랫동안 살아 있으면서, 때를 따라 일어나서 어그러진 말을 한 에비온(Ebion), 케린투스(Cerinthus)를 비롯한 여러 이단들에 맞섰다.

(2) 어떤 이들은 그리스도께서 하신 말씀은 베드로의 호기심에 대한 책망일 뿐이고, 요한을 그리스도의 재림 때까지 머물게 하리라는 것은 하나의 가정으로 말씀하신 것이라고 생각한다: "어찌하여 너는 너와는 아무 상관도 없는 감춰진 비밀을 알고자 하느냐? 내가 요한을 결코 죽지 않도록 한다고 할지라도, 그것이 너와 무슨 상관이 있느냐? 요한이 언제 어디에서 어떻게 죽든, 그것은 너와는 아무 상관이 없다. 나는 이미 너에게 네가 어떻게 죽을 것인지를 일러 주었다. 네가 그것을 아는 것만으로 이미 충분하니, 너는 나를 따르라." 제자들이 자신에게 현재 맡겨진 일에 충실하고, 자기 자신이나 다른 사람들에 관한 장래의 일들을 궁금해하고 묻는 데에 마음을 쓰지 않아야 한다는 것이 그리스도의 뜻이다.

[1] 우리는 우리와는 아무 상관도 없는 많은 것들에 대하여 알고 싶어하는 경향이 있다. 다른 사람들이 어떤 사람이냐 하는 것은 우리와 아무 상관이 없고, 그런 것을 판단하는 것은 우리의 일이 아니다(롬 14:4). 바울은 그들이 어떤 사람이든지 간에 그것은 나에게 아무 문제가 되지 않는다고 말한다. 다른 사람들의 일은 우리와 아무 상관이 없는 것이기 때문에, 우리가 거기에 간섭해서는 안 된다. 우리는 조용히 우리의 일을 하고, 우리의 일에 마음을 써야 한다. 이 세상의 선비들과 변론가들은 하나님의 계획과 눈에 보이지 않는 세계에 관하여 수많은 멋지고 흥미로운 질문들을 던지지만, 그러한 것들에 대하여 우리는 그것이 우리와 무슨 상관이 있는가라고 말할 수 있어야 한다. "이러저러한 일이 어떻게 되어야 한다고 당신은 생각하느냐"라는 질문은 우리가 흔히 받는 질문인데, 우리는 거기에 대해서 그것이 나와 무슨 상관이 있느냐라는 또 다른 질문으로 쉽게 대답할 수 있다. 각 사람은 자신의 주님에 대하여 넘어지기도 하고 서기도 한다. 때와 시기를 아는 것이 우리와 무슨 상관이 있는가? 감추어진 일들은 우리에게 속한 것이 아니다.

[2] 우리가 마음을 써야 하는 모든 것은 무슨 일이 일어날 것인가(사건)가 아니라 우리가 무엇을 해야 하는가(의무) 하는 것이다. 왜냐하면, 우리가 해야 할 일을 하는 것은 우리에게 속한 것이고, 무슨 일이 일어날 것인지는 하나님께

속한 것이기 때문이다. 우리는 남이 해야 할 일이 아니라 우리가 해야 할 일에 마음을 써야 한다. 왜냐하면, 모든 사람은 각자 자신의 짐을 지게 되어 있기 때문이다. 우리는 장래 우리에게 주어질 의무가 아니라 현재 우리에게 주어진 의무를 다해야 한다. 왜냐하면, 그 날에 주어진 일을 하는 것으로 충분하기 때문이다: 여호와께서 사람의 걸음을 정하신다(시 37:23). 하나님께서는 그런 자의 발걸음을 한 걸음 한 걸음 인도하신다. 따라서 우리의 모든 의무는 그리스도를 따르라는 이 한 가지 의무에 집약되어 있다. 우리는 그리스도의 움직임을 눈여겨 보아서 그 움직임에 우리 자신을 맞춰야 하고, 종이 주인에게 하는 것처럼, 그리스도를 따라다니며 그에게 영광을 돌려야 한다. 우리는 그리스도께서 걸어가신 길로 걸어야 하고, 그리스도께서 가시는 곳으로 가야 한다. 우리가 그리스도를 따르는 의무를 충실하게 이행하면, 우리는 우리에게 속하지 않은 일들에 간섭할 마음이나 시간이 없게 될 것이다.

4. 그리스도께서 하신 이 말씀으로 인해서 일어난 오해. 형제들은 이 말씀을 듣고서 그 제자는 죽지 아니하겠고, 교회와 더불어서 끝날까지 살게 될 것이라고 오해하였다. 그래서 복음서 기자는 그리스도의 말씀을 생생하게 재현함으로써 이러한 오해를 억제하고자 하였다(23절). 좀 더 살펴보자.

(1) 교회에서는 그리스도의 말씀들을 오해해서, 가정(假定)을 단정(斷定)으로 변화시킴으로써 오해가 쉽게 일어난다. 요한이 순교자의 죽음을 죽지 않을 것이라는 그리스도의 말씀을 그들은 요한이 결코 죽지 않게 될 것이라고 말씀하신 것으로 결론을 내렸다.

[1] 그들은 그리스도께서 하신 말씀을 그들이 원하는 대로 해석하고자 하였다. 우리는 우리가 참이라고 믿고 싶어하는 것을 쉽게 믿는다. 그들의 생각에, 나머지 제자들이 다 죽고 난 후에도 요한이 육체를 지니고 살아서 그리스도의 재림 때까지 이 세상에 남아 있게 된다면, 그것은 교회에 큰 축복이 될 것이고, 모든 세대의 교회가 살아 있는 신탁(神託)인 요한을 의지할 수 있게 될 것이었다. 그들은 그리스도의 육체적 현존을 잃어버려야 한다면, 그의 사랑하시는 제자의 육체적 현존이라도 소유하고자 하였다. 그들은 보혜사이신 찬송받으실 성령께서 그리스도를 대신하여 일하시게 되리라는 것을 잊어버린 채 그리스도께서 안 계시는 것을 요한이 죽지 않고 끝까지 살아 있는 것으로 보충하고자 하였다. 우리는 사람들과 수단들, 도구들과 외적인 도움들에 지나치게 의존하기 쉽

고, 우리에게 그러한 것들이 언제나 함께 있기만 한다면 우리는 복될 것이라고 생각하기 쉽다. 그러나 하나님께서는 능력이 하나님께 있고 사람에게 있지 아니함을 보여주시기 위해서 자신의 일을 계속 진행해 가시면서도 일꾼들을 바꾸신다. 교회가 영원한 성령의 인도하심 아래 있는 동안에는, 영원히 죽지 않는 사역자들이 교회를 이끌 필요가 전혀 없다.

[2] 아마도 그들은 요한이 다른 모든 제자들이 죽은 후에도 여전히 살아 있는 것을 보고서, 그들의 생각이 맞았다고 여겼을 것이다. 요한은 오랫동안 살았기 때문에, 그들은 그가 영원토록 살 것이라고 생각하게 되었다. 하지만 낡아지고 쇠하는 것은 없어져 가기 마련이다(히 8:13).

[3] 하지만 이러한 오해는 그리스도의 말씀을 오해한 것에서 생겨났고, 그 후에 교회의 격언이 되어 버렸다. 여기에서 우리는 다음과 같은 것들을 배우게 된다. 첫째, 인간의 전통이 불확실하다는 것과 그 토대 위에 우리의 신앙을 세우는 것이 어리석다는 것. 여기에 전승, 사도적 전승이 있었다. 그것은 형제들 가운데서 널리 퍼져나간 전승이었다. 그 전승은 일찍부터 생겨난 것이었고, 널리 퍼져 있는 것이었으며, 공공연한 것이었지만, 거짓된 것이었다. 하물며 기록되지 않은 전승들은 어떠하겠는가? 그런데도 트렌트 공의회는 교회의 전승들을 거룩한 성경에 기인한 것들과 동등한 존경과 경건한 사랑으로 받아들이도록 공포하였다. 여기에 성경에 대한 해석과 관련된 전승이 있다. 그것은 그리스도께서 새롭게 말씀하신 것이 아니라, 그리스도께서 실제로 말씀하신 것을 형제들이 단지 해석한 것인데, 그것은 잘못된 해석이었다. 성경으로 하여금 성경을 해석하고 설명하도록 해야 한다. 성경은 자신의 내적 증거들을 가지고 스스로를 증명한다. 왜냐하면, 성경은 빛이기 때문이다. 둘째, 사람들은 그리스도의 말씀들을 잘못 해석할 소지가 많다는 것. 엄청난 오류들이 종종 이의를 제기할 수 없는 진리라는 미명 하에 은폐되어 있다. 성경 자체는 배우지 못하고 불안정한 신앙을 지닌 자들에 의해서 왜곡되어 왔다. 우리는 그리스도의 말씀들이 잘못 해석되어서, 적그리스도의 오류들과 화체설(化體說)이라는 후안무치한 교리를 옹호하기 위하여 인용되는 것을 이상하게 생각해서는 안 된다. 예를 들면, 화체설은 이것은 내 몸이다라는 그리스도의 저 복된 말씀에 토대를 둔 것처럼 가장한다.

(2) 그리스도의 말씀에 충실하고 그 말씀에 거함으로써 그러한 오해들을 쉽

게 바로잡을 수 있다는 것. 그래서 복음서 기자는 여기에서 그리스도의 말씀 자체를 되풀이하여 재현함으로써 형제들 사이에서 퍼져나간 잘못된 해석을 바로잡고 통제한다. 그리스도께서는 그 제자가 죽지 않을 것이라고 말씀하신 것이 아니었다. 그러므로 우리도 그렇게 말해서는 안 된다. 그리스도께서는 내가 올 때까지 그를 머물게 하고자 할지라도 네게 무슨 상관이냐라고 말씀하셨다. 그리스도께서는 그렇게 말씀하셨고, 그 이상은 말씀하지 않으셨다. 너는 그의 말씀에 더하지 말라. 우리는 그리스도의 말씀들로 하여금 스스로 말씀하시게 하여야 하고, 진정하고 자연스러운 의미 외에는 그 어떤 의미도 그 말씀들에 덧붙여서는 안 된다. 우리는 이 점에서 서로 뜻을 같이하여야 한다. 사람들이 논쟁을 할 때에 최고의 목적은 성경의 분명한 말씀들에 충실해서, 그 말씀을 따라서 생각하고 말하는 것이 되어야 한다(사 8:20). 성경에 나오는 표현은 성경의 진리를 전달하는 데에 가장 안전하고 가장 적합한 도구이다: 우리는 오직 성령께서 가르치신 것으로 한다(고전 2:13). 성경 자체는 합당하게 경청하기만 한다면 모든 위험한 오류들을 막아내는 데에 최고의 병기이듯이(그러므로 무신론자들, 소키누스주의자들, 교황주의자들, 열광주의자들은 성경의 권위를 끌어내리기 위해서 온갖 짓을 다 한다), 성경 자체는 겸손하게 경청하기만 한다면 동일한 진리들에 관한 서로 다른 표현방식들에 의해서 생겨나는 상처들을 치유할 수 있는 가장 좋은 치료제이기도 하다. 사람들이 모두 동일한 논리와 형이상학에 동의할 수 없고, 동일한 용어들이 적절하다고 생각하지도 않으며, 그 용어들을 적용하는 것에도 동의할 수 없지만, 성경에 나오는 용어들에는 동의할 수 있고, 그렇기 때문에 서로 뜻을 같이하여 사랑할 수 있다.

Ⅱ. 여기에는 이 복음서의 결론이자 복음 이야기의 결론이 나온다(24-25절). 이 복음서 기자는 다른 세 복음서 기자와는 달리 자신의 복음서를 갑작스럽게 끝내는 것이 아니라 일종의 종결 단락을 두고 있다.

1. 이 복음서는 저자에 대한 설명으로 끝나는데, 이 저자에 대한 설명은 앞에 나온 이야기와 자연스럽게 연결되어 있다(24절). 현재의 세대에 이 일들을 증언하고 후대의 유익을 위하여 이 일들을 기록한 제자가 이 사람인데, 그는 바로 앞 단락에서 베드로와 주님이 거론하였던 사도 요한이다.

(1) 그리스도에 관한 이야기를 쓴 사람들은 자신의 이름을 밝히는 것을 부끄러워하지 않았다. 여기에서도 요한은 사실상 자기가 쓴 이야기에 서명을 하고

있는 것이다. 우리가 구약 계시의 토대가 되었던 구약의 처음 다섯 권의 책을 쓴 저자가 누구였는지를 확실히 알고 있듯이, 우리는 신약의 오경인 사복음서와 사도행전의 저자가 누구였는지를 확실하게 알고 있다. 그리스도의 삶과 죽음에 관한 기록은 우리가 알지 못한 사람이 쓴 것이 아니라 기꺼이 맹세로써 선서하고자 하였을 뿐만 아니라 거기에서 더 나아가 자신의 피로써 그 기록을 인친 고결한 사람들에 의해서 작성된 것이었다.

(2) 그리스도에 관한 이야기를 쓴 사람들은 남들에게서 들은 것을 가지고 쓴 것이 아니라, 그들 자신이 직접 목격하였고 또한 목격자들로부터 들은 것을 토대로 자신이 알고 있는 것을 기초로 해서 썼다. 이 이야기의 저자는 그리스도의 한 제자, 그리스도의 품 속에 기대어 있었고 그리스도의 설교들과 대화들을 들었으며 그의 이적들을 보았고 그의 부활의 증거들을 직접 경험하였던 사랑하시는 제자였다. 여기에서 이 기록이 참되다는 것을 보증하고 있는 사람은 바로 그 제자이다.

(3) 그리스도에 관한 이야기를 쓴 사람들은 그들이 직접 본 것을 증언하였을 뿐만 아니라 그들이 증언한 것들을 글로 기록하였다. 이 기록은 글로 씌어지기 전에 입으로 공표된 것이었다. 그들은 이것을 강대상에서도 증언하였고, 법정에서도 엄숙한 선서로써 증언하였는데, 그것은 여행자들이 사람들을 즐겁게 해 주기 위하여 자신의 여행담을 들려 주는 그런 것이 아니라, 맹세를 한 증인들로서 평결(評決)을 받기 위하여 그들이 중요한 문제에 대하여 알고 있는 바를 가장 세심하고 정확하게 진술한 것이었다. 그들이 복음서들을 쓸 때, 그들은 일종의 선서 진술서로 복음서를 썼다. 그들의 글들은 그리스도의 가르침이 참되다는 것을 세상에 증언하는 글들로서, 우리가 그것을 받아들이느냐 안 받아들이느냐에 따라서 우리를 위한 증언이 되기도 하고 우리를 치는 증언이 되기도 할 것이다.

(4) 그리스도에 관한 이야기가 글로 씌어져서 더 온전하고 확실하게 모든 곳으로 전파되고 모든 세대에 걸쳐서 지속되게 하신 것은 하나님께서 교회를 밑받침하고 유익을 주기 위해서 은혜로 정하신 일이었다.

2. 이 복음서는 복음서 기자가 여기에 기록한 내용이 참되다는 것을 선서하는 것으로 끝이 난다: 우리는 그의 증언이 참된 줄 아노라. 이것은 다음 둘 중의 하나로 받아들여질 수 있다.

(1) 이러한 성격의 문제에 있어서 인간의 상식을 표현한 것. 즉, 직접 목격한 증인이자 아주 고결한 명성을 지니고 있는 자이며 자기가 본 것을 엄숙하게 선서하고자 그 본 것을 좀 더 확실하게 하기 위하여 글로 기록한 자의 증언은 의심할 여지 없이 분명한 증거가 된다는 것. 그러한 사람의 증언은 유효하고, 우리가 그것이 잘못되었다는 것을 증명할 수 없는 한 우리는 인간의 통념상 그 증언을 신뢰해야 한다는 것을 우리는 안다, 즉 온 세상이 안다. 다른 경우들에 있어서 그러한 증언들에 대하여 평결과 심판이 내려진다. 이 복음서의 진리는 우리가 이러한 성격의 일에 있어서 합리적으로 기대할 수 있는 모든 증거들에 의해서 확증되게 된다. 예수께서 그러한 가르침들을 전하셨고 그러한 이적들을 행하셨으며 죽은 자 가운데서 부활하셨다는 것이 사실이라는 것은 다른 경우들에 있어서 언제나 받아들여지는 것과 같은 그러한 증거들, 따라서 공평한 마음을 지닌 모든 자를 만족시킬 수 있는 그러한 증거들에 의해서 반박할 수 없을 정도로 증명되었다. 그러므로 그리스도의 가르침과 이적들은 하나님께 속한 것으로 증명된 것이다.

(2) 여기서 이야기된 것이 참되다는 것에 관한 당시 교회들의 만족감을 표현한 것. 어떤 이들은 이 말씀을 에베소 교회가 시인하고 동의한 것으로 보고, 또 어떤 이들을 이 이야기를 아시아의 여러 교회의 사자들 또는 사역자들이 동의하여 서명한 것으로 본다. 성령의 감동으로 씌어진 글이 사람들로부터의 어떤 확인을 필요로 하는 것은 아니고, 또한 그러한 확인을 통해서 그 신빙성이 더 높아지는 것은 아니지만, 이러한 서명을 통해서 그들은 이 복음서가 성령의 감동을 받고 씌어진 글이라는 것을 교회들에게 천거하였고, 이 글에 대하여 그들이 만족한다는 것을 분명하게 밝혔다.

(3) 그가 자기의 말하는 것이 참인 줄 안다(19:35)는 말씀과 마찬가지로, 복음서 기자가 자신이 쓴 글이 참되다는 것을 스스로 확언하고 있는 것. 이 복음서 기자가 우리는 아노라라고 자기 자신에 대하여 복수형으로 표현한 것은 요한일서 1:1(우리가 눈으로 본 바요)와 베드로후서 1:16의 말씀들과 마찬가지로 위엄을 표현하기 위한 것이 아니라 겸손을 표현하기 위한 것이다. 복음서 기자들은 그들이 우리에게 증언하고 전한 것이 참되다는 것을 온전히 확신하였다. 그들은 우리로 하여금 그들 자신이 믿지 못한 것을 믿으라고 강요하는 것이 아니다. 그들은 그들의 증언이 참되다는 것을 알고 있었다. 왜냐하면, 그들은 자신들의 증

언이 참되다는 것에 현세에서와 내세에서의 그들의 생명을 걸었기 때문이다. 그들은 그들이 말하고 기록한 것을 믿었기 때문에 현세에서의 목숨을 던져버리고 내세에서의 생명을 부여잡았다.

3. 이 복음서는 예수께서 행하신 일이 이 외에도 많다는 언급으로 끝이 난다. 당시에 살아 있던 많은 증인들은 우리 주 예수께서 말씀하시고 행하셨던 그 밖의 다른 많은 것들도 잘 알고 있었지만, 그러한 것들을 후세를 위해서 기록하는 것이 적합하지 않다고 생각하였다(25절). 예수께서 행하신 그 밖의 다른 많은 일들을 다 기록하고자 한다면, 이 세상이라도, 즉 이 세상에 있는 모든 도서관들이라도 그 기록된 책들을 다 담을 수 없을 것이다. 이렇게 복음서 기자는 바울과 마찬가지로 마치 웅변가처럼 내가 무슨 말을 더 하리요 이것들을 다 말하려면 내게 시간이 부족하리로다(히 11:32)라고 결론을 짓는다. 왜 복음서들이 좀 더 자세하지 않는가, 왜 복음서 기자들은 신약의 이야기를 구약처럼 방대하게 쓰지 않았는지를 누가 묻는다면, 그 대답은 다음과 같은 것들이 될 수 있을 것이다.

(1) 그것은 그들이 소재가 다 떨어져서, 더 이상 쓸 만한 가치가 있는 내용이 없었기 때문이 아니었다. 그리스도의 말씀들과 행위들 가운데는 금박을 입힌 글자로 기록될 가치가 있으면서도 복음서 기자들에 의해서 기록되지 않은 것들이 많이 있었다.

[1] 그리스도께서 말씀하시고 행하신 모든 것은 우리가 눈여겨 볼 가치가 있는 것들이었고 우리가 선용할 수 있는 것들이었다. 그리스도께서는 쓸데없는 말씀을 결코 하시지 않으셨고 쓸데없는 일도 하시지 않으셨다. 그리스도께서는 하찮거나 사소한 것들을 말씀하시거나 행하시지 않았는데, 그리스도께서 말씀하시고 행하신 것은 아무리 사소해 보일지라도 이 세상에서 가장 지혜로운 자나 가장 고명한 자의 말이나 행동보다 더 의미심장한 것이었다.

[2] 그리스도께서 행하신 이적들은 무수하게 많았고, 그 종류도 아주 다양하였으며, 기회가 주어질 때마다 동일한 이적들이 자주 반복되었다. 하나의 참된 이적만으로도 그리스도께서 하나님께로부터 오셨다는 것을 증명하기에 충분하였을 것이지만, 아주 다양한 사람들에게 아주 다양한 상황 속에서 아주 다양한 증인들 앞에서 그리스도께서 이적들을 반복해서 행하신 것은 그 이적들이 참된 이적이라는 것을 증명하는 데에 아주 큰 도움을 주었다. 모든 새로운 이

적은 이전의 이적에 관한 소문을 더 신빙성 있게 해주었다. 이적들이 무수하게 행해짐으로써 그 이적에 관한 모든 소문은 확고부동한 것이 되었다.

[3] 복음서 기자들은 여러 번에 걸쳐서 많은 구체적인 것들을 포괄하는 그리스도의 설교와 이적들에 관한 일반적인 설명들을 제시하고 있다(마 4:23, 24; 9:35; 11:1; 14:14, 36; 15:30; 19:2). 우리는 그리스도에 관하여 말할 때에 풍부한 소재를 가지고 있다. 복음서들에 기록된 내용은 그리스도께서 실제로 말씀하시고 행하신 것보다 훨씬 작은 분량이기 때문에 우리가 들은 말은 그 절반도 못 된다. 사도 바울은 그 어느 복음서 기자도 기록하지 않았던 그리스도의 한 말씀을 인용하고 있는데(행 20:35), 이것만 보더라도 그리스도께서 하신 그 밖의 다른 말씀들이 얼마나 많을지를 우리는 추측할 수 있다. 그리스도께서 하신 모든 말씀들은 경구(警句)들이었다.

(2) 복음서 기자들이 그리스도께서 행하신 말씀과 행위의 모든 것을 다 기록하지 않은 데에는 다음과 같은 세 가지 이유가 있었다.

[1] 복음서들에 기록된 것 이상으로 기록할 필요가 없었기 때문에. 이러한 의미는 여기에 나와 있는 말씀 속에 함축되어 있다. 복음서에 기록되지 않은 그 밖의 다른 많은 것들이 있지만, 그러한 것들을 기록할 기회가 없었다. 복음서들에 기록된 것은 그리스도의 가르침과 그 증거를 충분히 드러낸 것으로서, 나머지의 것들은 단지 동일한 취지의 것들일 뿐이었다. 이 말씀을 토대로 해서 성경은 우리의 신앙과 실천의 규범으로서 충분하지 않기 때문에 기록되지 않은 전승들이 보충될 필요가 있다고 주장하는 자들은 기록된 말씀을 보충하고 온전케 한다는 전승들 속에 무엇이 존재하는지를 보여야 한다. 우리는 전승들 속에는 성경과 모순되는 것들이 존재하고, 따라서 우리는 그 전승들을 거부하여야 한다고 확신한다. 그러므로 이러한 것들을 통해서 우리는 많은 책들을 짓는 것은 끝이 없다(전 12:12)는 권고에 귀를 기울여야 한다. 만약 우리가 성경에 이미 기록되어 있는 것을 믿지도 않고 잘 선용하지도 않는다면, 그것보다 훨씬 더 많은 것들이 기록되었다고 할지라도, 우리는 그것을 믿지도 않고 선용하지도 않게 될 것이다.

[2] 모든 것을 기록한다는 것이 불가능했기 때문에. 성령께서 모든 것을 기록하는 것은 가능한 일이었지만, 저자들이 모든 것을 글로 기록한다는 것은 실제로 불가능한 일이었다. 이 세상이라도 이 기록된 책을 두기에 부족할 줄 아노라.

이러한 말씀은 믿을 수 없을 정도로 방대한 기록이 될 것임을 의미하는 것으로
서 통상적인 수준의 과장법이다. 예수의 행적을 다 기록하게 되면 그것은 인류
역사상 결코 존재하지 않았던 방대한 이야기가 될 것이고, 다른 모든 책들을
다 밀어내어서, 우리에게 다른 책들을 저술할 여지를 남겨 두지 않게 될 것이
다. 그리스도께서 중언부언함이 없이 밤이 새도록 하나님께 기도하셨을 때에 그
모든 기도 내용들을 우리가 다 기록한다면, 그리스도의 기도를 담은 책들은 과
연 얼마나 될까? 하물며 그리스도께서 행하신 설교들과 대화들, 그의 이적들과
치유들, 그의 모든 수고들, 그의 모든 고난들을 세세하게 다 기록한다면, 우리
가 기록해야 할 내용은 끝이 없었을 것이다.

　[3] 많은 것을 기록하는 것은 바람직하지 않았기 때문에. 왜냐하면, 상식적으
로 생각해서, 이 세상이라도 이 기록된 책을 두기에 부족할 것이기 때문이다. 그리
스도께서는 그의 제자들이 아직 말씀을 감당할 수 없었기 때문에 그들에게 들려
주고 싶으셨던 이야기들을 해 주지 못하셨다. 마찬가지로, 복음서 기자들은 이
세상이라도 기록된 책을 두기에 부족할 줄을 알았기 때문에 그들이 기록하고 싶
었던 것들도 기록하지 않았다. 여기에서 사용되고 있는 이 단어는 8:37에 나오
는 "내 말이 너희 안에 있을 곳이 없도다"라는 말씀 속에서 사용된 바로 그 단어
이다. 그리스도의 행적은 너무도 많아서, 세상이 다 수용할 수 없다. 만약 그리
스도의 행적을 다 기록해 놓았다면, 사람들은 그 글을 읽는 데에 모든 시간을
소비하게 되었을 것이고, 다른 할 일들은 소홀하게 되었을 것이다. 또한 기록된
것들 중에서 많은 것이 그대로 지나쳐졌을 것이고, 많은 것들이 잊혀졌을 것이
며, 많은 것들은 의심스러운 논쟁의 대상이 되었을 것이다. 또한 이 이야기 전
체를 해설하는 대등한 권위를 지닌 방대한 책들이 존재하였다면, 상황은 더욱
심각하게 되었을 것이다. 왜냐하면, 글로 씌어진 것은 묵상되고 해설되는 것이
필수적이고, 하나님께서는 지혜로우시게도 그럴 여지를 남겨두는 것이 합당하
다고 생각하셨기 때문이다. 부모들과 사역자들은 가르칠 때에 가르침을 받는
자들의 능력을 고려하여야 하고, 야곱의 경우처럼 지나친 혹사를 주의하여야
한다. 우리는 현재 기록되어 있는 책들에 대하여 감사하여야 하고, 그 책들이
쉽고 간결하다고 해서 가볍게 여겨서는 안 되며, 하나님께서 계시하기에 적당
하다고 생각하셨던 분량만을 부지런히 선용하여야 하며, 우리의 능력이 높아
지고 커져서 기록된 것들이 우리에게 지나친 부담이 되지 않기를 갈망하여야

한다.

　복음서 기자는 자신의 글을 아멘으로 끝마침으로써 자신의 도장을 찍고 있는데, 우리도 이 복음서가 참되며 극히 참되다는 것을 믿음의 아멘으로 인쳐야 한다. 이 아멘은 여기에 기록된 것이 우리로 하여금 구원에 이르도록 지혜롭게 만들어 줄 수 있다는 것에 대한 확신의 아멘이다. 아멘. 그렇게 되어지이다.

● **독자 여러분들께 알립니다!**

'**CH북스**'는 기존 '**크리스천다이제스트**'의 영문명 앞 2글자와
도서를 의미하는 '**북스**'를 결합한 출판사의 새로운 이름입니다.

매튜 헨리 주석전집 18

매튜 헨리 주석 요한복음

1판 1쇄 발행 2006년 9월 20일
1판 중쇄 발행 2022년 4월 6일

발행인 박명곤 **CEO** 박지성 **CFO** 김영은
기획편집 채대광, 김준원, 박일귀, 이은빈, 김수연
디자인 구경표, 한승주
마케팅 임우열, 유진선, 이호, 김수연
펴낸곳 CH북스
출판등록 제406-1999-000038호
전화 070-4917-2074 **팩스** 0303-3444-2136
주소 서울시 강서구 마곡중앙6로 40, 장흥빌딩 10층
홈페이지 www.hdjisung.com **이메일** main@hdjisung.com
제작처 영신사

© CH북스 2006

'그리스도와 그의 나라를 위하여'
CH북스는 여러분의 의견 하나하나를 소중히 받고 있습니다.
원고 투고, 오탈자 제보, 제휴 제안은 main@hdjisung.com으로 보내 주세요.